기업의 새로운 성장동력,

M&A 실전 교과서

기업의 새로운 성장동력,
M&A 실전 교과서

김근수 지음

한

차 례

| 제1부 M&A의 사전 전략

제1장 거래의 동향

1. 역사적 흐름 ··· 017
1) 역사적 배경_17 / 2) 역사적 전개_19 / 3) 최근의 동향_22

2. 연도별 동향 ··· 028
1) 2015년 동향_28 / 2) 2014년 동향_29

3. 한국의 동향 ··· 030

제2장 거래의 전략

1. 용어와 개념 ··· 036
2. 전략적 선택 ··· 038
3. 불법과 조사 ··· 040
1) 조사와 처벌_40 / 2) 임원의 책임_40

4. 거래의 전략 ··· 044

제3장 매각의 전략

1. 출구전략론 ··· 045
1) 전략의 부재_45 / 2) 벤처의 출구_47 / 3) 매각 가능성_48 / 4) 매각 타이밍_51 / 5) 전략의 수립_58 / 6) 출구의 대안_59 / 7) 위기와 출구_59 / 8) 비영리 법인_74

2. 매각의 사유 ··· 077
1) 사유의 개요_77 / 2) 회수와 투자_78 / 3) 은퇴와 질병_78 / 4) 승계의 위험_80 / 5) 경영의 어려움_80 / 6) 사업의 조정_85 / 7) 자본 재구성_87

3. 인수와 사기 ··· 087
4. 매각과 경영 ··· 089
1) 기업주 의존_89 / 2) 고객 다변화_91 / 3) 매각 가능성_92 / 4) 장기적 매각_94 / 5) 기업의 정비_95

제4장 인수의 전략

1. 인수 전략론 ··· 099
1) 전략적 선택_99 / 2) 인수의 위험_102 / 3) 인수의 계획_105 / 4) 성공전략론_113

2. 인수의 목적 ··· 123
1) 목적의 개요_123 / 2) 시너지의 목적_125 / 3) 규모의 경제_132 / 4) 신사업 진출_133 / 5) 영업망 확보_135 / 6) 승계의 구도_136 / 7) 변혁적 인수_136 / 8) 전략적 확장_137 / 9) 전략적 가치_140 / 10) 재무적 목적_141 / 11) 재무적 투자자_141 / 12) 기술력 인수_142 / 13) 임직원 인수_144 / 14) 자원 인수_144 / 15) 법률과 규제_145 / 16) 개인적 목적_145 / 17) 경쟁사 견제_145 / 18) 부실의 정상화_146

제5장 국가 간 거래

1. 기회와 위험 ··· 149
2. 거래의 추세 ··· 152
1) 세계의 거래_152 / 2) 유럽의 거래_152 / 3) 중국의 거래_153 / 4) 아시아의 거래_157 / 5) 아프리카 대륙의 거래_157 / 6) 국내의 거래_158

3. 거래의 목적 ··· 163
1) 전략적 의미_163 / 2) 세계화 전략_163 / 3) 절세의 목적_164 / 4) 지역별 목적_166 / 5) 업종별 목적_166

4. 거래의 전략 ··· 168
1) 해외의 경우_168 / 2) 국내의 경우_168 / 3) 일반적 전략_170 / 4) 업종별 전략_171

5. 자금의 조달 ……………………………………………………… 171

6. 제도와 전략 ……………………………………………………… 173
1) 규제와 전략_173 / 2) 문화와 전략_175

제6장 기업 평가

1. 평가의 이해 …………………………………………………… 183
1) 평가와 개념_183 / 2) 거래 사례_185 / 3) 시장의 이해_187 / 4) 평가의 오해_190 /
5) 시너지 가격_198 / 6) 자문사 평가_199

2. 평가 방법 ……………………………………………………… 200
1) 평가의 개요_200 / 2) 차이와 전략_204 / 3) 평가의 절차_205 / 4) 상대가치법_205 /
5) 거래의 사례_224 / 6) 이론적 평가_227 / 7) 자산접근법_256 / 8) 평가의 조정_258 /
9) 손익 재계산_264

3. 가격의 이해 …………………………………………………… 268

제7장 거래와 세금

1. 매각과 세금 …………………………………………………… 269

2. 양도세 대상 …………………………………………………… 271
1) 과세의 구분_271 / 2) 상장된 주식_271 / 3) 비상장법인_272 / 4) 부동산 주식_273 / 5)
골프장 주식_275 / 6) 회원권 주식_275 / 7) 기타 사례_276

3. 양도의 이익 …………………………………………………… 278
1) 이익의 계산_278 / 2) 양도의 가액_278 / 3) 취득의 가액_279 / 4) 필요경비 등_280

4. 세액 계산 ……………………………………………………… 281
1) 양도세 세율_281

5. 가격과 세금 …………………………………………………… 283
1) 가격의 문제_283 / 2) 양도세 추가_283 / 3) 증여세 과세_287 / 4) 배당의 의제_292

6. 세액의 감면 …………………………………………………… 292

7. 인수와 세금 …………………………………………………… 293

제2부 M&A의 진행 전략

제1장 절차의 개요

1. 절차의 이해 ·· 299
2. 기본적 절차 ··· 300

제2장 자문사 선정

1. 자문사 이해 ··· 304
1) 자문사의 역할_304 / 2) 자문사 경영_311 / 3) 자문사의 종류_320 / 4) 자문사 선정_325

2. 자문사 미팅 ··· 328
1) 미팅과 소개_328 / 2) 정보 수집_329

3. 자문사 계약 ··· 333
1) 거래의 제안_333 / 2) 자문 수수료_335 / 3) 자문 계약_344

4. 자문사의 자문 ··· 368
5. 비밀 유지 ·· 370
1) 비밀과 전략_370 / 2) 비밀과 처벌_371

제3장 거래의 준비

1. 매각의 준비 ··· 374
1) 마음의 준비_374 / 2) 전략의 검토_379 / 3) 회사의 정비_382 / 4) 요약소개서_386 / 5) 자료실 준비_389

2. 인수 준비 ·· 393
1) 선정 기준_393 / 2) 인수팀 구성_394

제4장 거래의 탐색

1. 탐색의 절차 ··· 396
1) 기초적 접근_396 / 2) 매각의 탐색_397/ 3) 인수의 탐색_409

2. 적대적 인수 ··· 420
1) 의의와 개념_420 / 2) 인수의 제안_421 / 3) 공개적 매수_423 / 4) 위임장 경쟁_424 / 5) 소송 제기_427 / 6) 투자의 목적_427 / 7) 대응 전략_428

3. 예비적 만남 ···································· 441
1) 만남의 전략_441 / 2) 예비적 검토_442 / 3) 인수자 구분_458 / 4) 자문사 계약_465

4. 비밀 유지 ···································· 466
1) 진행 조율_466 / 2) 매각의 경우_468 / 3) 인수의 경우_471 / 4) 유출과 관리_472 /
5) 비밀 유지약정서_473

5. 예비적 검토 ·································· 497
1) 정보의 제공_497 / 2) 회사소개서_502 / 3) 예비적 조율_528 / 4) 예비의향서_530 /
5) 장기적 인수_536

제5장 미팅의 진행
1. 최초의 미팅 ································· 537
1) 미팅의 개요_537 / 2) 미팅 참석자_538 / 3) 미팅의 장소_539 / 4) 미팅의 주제_539 /
5) 잠정적 결론_541 / 6) 인수자 결정_542

2. 설명회 개최 ································· 544
1) 설명회 준비_544 / 2) 인수자 접견_548 / 3) 설명회 진행_548

3. 사업장 탐방 ································· 551
1) 탐방의 여부_551 / 2) 비밀 유지_552 / 3) 유의할 사항_552

4. 타당성 검토 ································· 553
1) 인수의 기준_553 / 2) 명확한 전략_555 / 3) 인수 시너지_556 / 4) 비경제적 요인_561 /
5) 인수 모델링_562

5. 사후 진행 ···································· 571

제6장 협상 진행
1. 협상 진행 ···································· 574
1) 협상의 의의_574 / 2) 협상의 절차_575/ 3) 협상 당사자_576 / 4) 체계적 협상_576

2. 협상의 기술 ································· 577
1) 난해한 협상_577 / 2) 우호적 무드_578 / 3) 창의적 협상_578 / 4) 민감한 대응_579 /
5) 양보와 타협_580 / 6) 진실한 협상_583 / 7) 입장 차이_584 / 8) 장기 레이스_584

3. 협상의 내용 ································· 585
1) 사업 이해_585 / 2) 거래 구조_585 / 3) 가격 협상_585 / 4) 자금 조달_597 / 5) 거래
형식_598 / 6) 선결 조건_614 / 7) 조세와 법률_615 / 8) 노조와 협상_616 / 9) 협상의 사
례_619

　　4. 사업 제휴 ··· 623
　　5. 협상과 결정 ··· 626
　　1) 협상의 타결_626 / 2) 협상 중단_627

제7장 자금 조달

　　1. 인수와 자금 ··· 629
　　1) 지급 수단_629 / 2) 결정의 요인_632

　　2. 자금조달처 ··· 633
　　3. 매각인 금융 ·· 634
　　1) 의의와 개념_634 / 2) 지급 연기_635 / 3) 주식의 지급_635 / 4) 언아웃 방식_636 /
　　5) 조건부 지급_642 / 6) 매각 패키지_642

　　4. 차입금 인수 ·· 643
　　1) 의의와 개념_643 / 2) 차입매수론_644 / 3) 차입과 처벌_645 / 4) 차입금 펀드_648

　　5. 차입과 채권 ·· 649
　　1) 차입 회사채_649 / 2) 메자닌 투자_650

　　6. 주식 발행 ·· 652
　　1) 증자의 참여_652 / 2) 주식의 지급_653 / 3) 종류 주식 등_654

　　7. 개인투자자 ··· 655

제8장 펀드의 활용

　　1. 의의와 배경 ·· 657
　　2. 기업과 펀드 ·· 663
　　1) 전략적 파트너_663 / 2) 인수 자금 조달_665

　　3. 투자자의 종류 ··· 666
　　1) 개요_666 / 2) 헤지펀드 등_667 / 3) 엔젤투자자_671 / 4) 벤처캐피탈_673 / 5) 국부펀
　　드(Sovereign Wealth Fund)_674 / 6) 기업 인수 목적 회사_675

　　4. 자금 조달 ·· 677
　　5. 운영과 조직 ·· 680
　　1) 조직과 구성원_680 / 2) 운영과 수익_681

　　6. 투자의 방식 ·· 683
　　1) 개요_683 / 2) 투자와 경영_684 / 3) 투자의 제한_685 / 4) 투자의 대상_686 /
　　5) LBO_687

7. 투자의 절차 ·· 694
1) 기업의 발굴과 평가_694 / 2) 투자 방식의 결정_694 / 3) 성장 전략의 개발_696 /
4) 기업의 인수_696 / 5) 성장 전략의 실행_697 / 6) 투자 금액 회수_697

8. 법률적 이슈 ·· 698
1) 투자 손실 등_698 / 2) 배임과 알선_699

9. 조세 관련 이슈 ·· 699
1) 부가세 관련 이슈_699 / 2) 부동산펀드_700

10. 법인세 관련 이슈 ·· 702
11. 세계의 펀드 ·· 703
1) 사모펀드와 연기금_703 / 2) 사모대출펀드_708 / 3) 헤지펀드_709 / 4) 국부펀드_715 /
5) 벤처기업과 벤처캐피탈_716 / 6) 엔젤투자자_718 / 7) 부동산펀드_719

12. 국내의 펀드 ·· 720
1) 사모펀드의 연혁_720 / 2) 사모펀드의 활동 현황_723 / 3) 개별 사모펀드 현황_726 /
4) 사모펀드의 수익성_728 / 5) 사모펀드의 투자와 회수_729 / 6) 정부정책펀드_732 /
7) 사모대출펀드_734 / 8) 메자닌펀드_736 / 9) 벤처펀드_736 / 10) 엔젤투자와 개인투자
조합_740 / 11) 헤지펀드_741 / 12) 업종과 펀드_742 / 13) 부동산펀드_745 / 14) 특허와 펀
드_747

제9장 의향서 제출

1. 의향서의 의의 ·· 749
1) 기초적 개념_749 / 2) 투자조건서(Term Sheet)_751 / 3) 신중함 요구_756

2. 효력과 보장 ·· 757
1) 법적 효력_757 / 2) 이행의 보장_758 / 3) 이행보증금_759

3. 내용과 형식 ·· 761
1) 의향서의 내용_761 / 2) 의향서 구성_762 / 3) 의향서 양식_767 / 4) 영문의 양식_778

4. 제출과 서명 ·· 781
1) 제출의 시점_781 / 2) 의향서 제출_782 / 3) 제출과 검토_782 / 4) 의향서 수정_787 /
5) 의향서 서명_787

5. 의향서 이후 ·· 788
6. 양해각서 등 ·· 790
1) 의미와 명칭_790 / 2) 법적 효력_791

제10장 실사의 진행

1. 실사의 이해 ·· 793
1) 실사의 개념_793 / 2) 실사의 목적_794

2. 실사와 경영 ·· 796
1) 경영의 계속_796 / 2) 매각의 공개_797

3. 실사 준비 ··· 798
1) 준비 기간_798 / 2) 대응 전략_798 / 3) 정보의 범위_799 / 4) 필요한 자료_800 / 5) 법률적 문제_814

4. 실사 진행 ··· 820
1) 실사 방법_820 / 2) 전략적 실사_823 / 3) 전통적 실사_825 / 4) 법률적 실사_827 / 5) 실사의 진행_829

5. 실사와 종결 ·· 830
6. 실사와 통합 ·· 832

제11장 종결과 계약

1. 거래 마무리 ·· 833
1) 종결의 개요_833 / 2) 사전적 검토_833

2. 변호사 자문 ·· 836
3. 계약의 이해 ·· 838
1) 인수 계약_838 / 2) 투자 계약_840

4. 작성 시작 ··· 841
5. 계약 조율 ··· 843
6. 승인과 공시 ·· 844
7. 인수 계약서 ·· 848
1) 구성의 검토_848 / 2) 계약서 양식_857

8. 중도금 지급 ·· 906

제12장 거래 종결

1. 사전적 준비 ·· 907
1) 준비의 개요_907 / 2) 서류 준비_908 / 3) 인수 승인_909 / 4) 지급 준비_909

2. 최종적 종결 ·· 911
1) 최종 참가자_911 / 2) 서명과 지급_911

제3부 M&A의 사후 전략

제1장 사후 마무리

　1. 거래의 공개 ·· 915
　1) 공개 범위_915 / 2) 임직원 공개_916 / 3) 언론 공개_917

　2. 대금 정산 ·· 917
　1) 정산의 개요_917 / 2) 순 운전자금_918 / 3) 기타의 정산_919 / 4) 보장과 보증_919 /
　5) 매각 후 사후 관리_920

　3. 기타 마무리 ·· 921
　1) 경영의 계속_921 / 2) 세금 납부_922 / 3) 거래 축하연_922 / 4) 사후적 검토_922

제2장 통합과 전략

　1. 통합 전략 ·· 923
　1) 통합의 전략_923 / 2) 통합의 성패_925

　2. 절차의 개요 ·· 926

　3. 통합 계획 ·· 927
　1) 계획 수립_927 / 2) 초기 조치_934 / 3) 통합의 속도_936

　4. 의사소통 등 ·· 937
　1) 고객 유지_937 / 2) 구매처 통합_938 / 3) 직원 통합_938

　5. 조직 구성 ·· 942
　1) 구성 방향_942 / 2) 부서 통합_942

　6. 문화 통합 ·· 943
　1) 비전 전달_943 / 2) 문화와 통합_943

　7. 사후적 평가 ·· 945

저자 후기 ··· 947
참고문헌 ··· 949
주석 ··· 951

제1부

M&A의 사전 전략

제1장 거래의 동향

1. 역사적 흐름

1) 역사적 배경

아주 먼 옛날부터 인류는 M&A를 통해 성장했다. 바로 침략과 정복이다. M&A는 기업에서 사용하는 용어이긴 하지만, 역사적으로 살펴보면 부족, 민족, 국가 등 정치·경제적으로도 있어 온 현상이다. 'Deal'이라는 단어를 일반적으로 많이 사용하고 있지만 Transaction이 Deal보다는 더 공식적인 용어로 사용된다. 대부분의 공식적인 문서에서는 Transaction이 사용되고, 이메일이나 대화에서는 두 가지 단어를 같이 쓴다. M&A는 두 가지 측면이 있다. 인수하는 기업에게는 성장 엔진을 확보할 수 있는 기업의 전략이며, 매각되는 기업과 기업주 또는 투자자에겐 투자 금액을 회수할 수 있는 기회이며 많은 사람들이 생각하듯이 일방적인 거래가 아니다.

글로벌 경영컨설팅 회사 베인앤컴퍼니(Bain & Company)에 따르면, 글로벌 금융자산 중 약 300조 달러가 투자 가능한 자본이라고 한다. 이는 전 세계 상장 기업의 시장 가치보다 6배나 많은 금액이다.[1] M&A 거래는 세계 경제의 흐름을 반영한다. 이러한 글로벌 M&A를 통해 산업의 흥망성쇠와 기술의 흐름을 읽고 미래의 흐름까지 파악할 수 있다. 또한 기업 경영에서 필수적인 경영 전략으로, 기업가뿐만 아니라 경제에 관심이 있는 사람이라면 최소한적으로 꼭 알아야 할 분야이다. 주식 시장에서 투자를 하는 사람에게도 M&A 시장에 대한 이해는 필수적이다. 전문가들은 주가가 높게 평가돼 있을 때 인수·합병이 활발하게 전개되는데, 기업들이 다른 기업을 인수하기 위해 높은 주가의 힘을 빌리기 때문이라고 본다. 결국 역사적으로 볼 때 대규모 M&A는 주식 급락의 경고이다. 이는 과거 5차례 대규모 기업 인수·합병 이후 주식 급락이 발생한 것으로 알 수 있다. 기업들의 인수·합병이 증가하고 있는 것은 시장이 상당히 과다 평가돼 있다는 사실을 입증해주는 셈이다. 물론 M&A 붐이 얼마나 지속될지는 알 수 없으며 미래는 알 수 없다.[2]

기업의 세계는 흔히 정글로 묘사된다. 시장이라는 생태계에서 첨예한 경쟁을 벌이던 기업들은 경영사정이 악화된 기업이 발생하면 서로 먹고 먹히는 관계로 변한다. 그러나 이것은 나쁜 의미의 M&A이다. 진정한 M&A는 급변하는 경영 환경에 적응하기 위해 취하는 일종의 경영 전략으로, 대상 기업들이 합쳐져 단일 회사가 되는 '합병(Merger)'과 경영권 획득을 목적으로 주식을 취득하는 '매수(Acquisition)'를 합한 개념이라고 볼 수 있다.[3] 경영권이 바뀌는 인수를 보통 Takeovers 또는 Buy outs이라고 부른다. 또한 M&A는 기업의 전략적 결정 중 하나이다. 이는 기업의 구조 조정과 연관되므로 두 개념은 같은 맥락에서 이해되어야 한다. 구조 조정과 M&A를 이해하기 위해서는 그 역사가 시작된 미국의 구조 조정과 인수·합병의 흐름 및 배경을 파악하는 것이 바람직하다. 지금부터 미국의 M&A의 역사를 돌아보기로 한다.[4]

2) 역사적 전개

(1) 첫 번째 물결(1895~1905년)

이 시기에는 철도기술 발전으로 경제활동이 미국 전역에 확대되었다. 그러한 변화로 인해 기업들은 격렬한 경쟁에 직면하게 되었다. 교통과 기술의 발전은 경쟁을 전국적인 현상으로 전개시켰고, 기업들은 경쟁 회피와 시장 확대를 목적으로 수평통합을 시도하여 거대 독점기업으로 재탄생하였다. '수평적(Horizontal) 통합'이란 동일 산업 내에서의 합병을 말한다. 이때는 '독점을 향한 M&A'의 시대라고 할 수 있었다. 그러나 1904년의 주식 시장 붕괴로 M&A 시장도 축소되었다. 우리나라의 예로는 현대자동차와 기아자동차의 합병, 금융 기관 간의 합병이 있다. 이때 탄생한 미국의 거대 기업으로는 스탠더드오일과 아메리칸타바코가 있다. 오늘날에는 '세계화'의 물결로 경쟁이 더욱 치열해지고 전 세계로 시장이 확대되어 국가의 벽을 넘어 수평적 통합이 이루어지고 있다. 외국 자동차 회사가 국내 자동차 회사(GM대우)를, 외국 금융 기관이 국내 금융 기관을 인수하는 것이 대표적인 사례이다.

(2) 두 번째 물결(1920년대 전후, 1916~1929년)

이 시기는 제1차 세계대전에 미국이 개입하고, 그 전쟁이 끝나면서 경제부

흥이 일어난 시기이다. 이 당시에는 수평통합은 계속되었고 산업의 집중도 심해졌다. 그러나 수평적 통합을 통하여 탄생한 독점기업은 가격을 마음대로 올리는 등 시장에 안 좋은 영향(독점의 폐해)을 주었고 대공황과 함께 미국은 독점에 대한 법률을 강화하여 수평적 통합을 억제하기 시작하였다. 수평적 통합을 할 수 없게 된 미국의 기업들은 수직적 통합에 의한 M&A를 활발하게 시도하기 시작하였다. 수직적(Vertical) 합병은 자동차 회사와 부품 납품 회사와의 합병, 항공사와 여행사 합병 등을 예로 들 수 있다.

(3) 세 번째 물결(1950년대 중반~1970년)

첫 번째, 두 번째 물결을 거치면서 미국은 반(反)트러스트 법(Antitrust law)을 강화하였고, 수평적 통합뿐만 아니라 수직적 통합도 어려워졌다. 기업들은 다른 업종의 기업을 인수·합병하면서 성장을 지향하는 복합기업(Conglomerate)을 탄생시켰다. 복합기업은 우리나라의 재벌기업과 유사한 개념으로, 하나의 기업이 다양한 사업을 경영하는 거대기업을 말한다. 이 시기는 '성장을 향한 M&A' 시기, 즉 사업 영역의 확대 시기였다.

(4) 네 번째 물결(1975년 이후~1980년대)

이 시기는 미국 경제의 불경기 겸 주식 시장의 침체기였다. 세 번째 매수·합병 물결까지는 미국 경제의 번영기에 발생했으나, 네 번째 물결은 침체기에 일어났다. 거대기업들이 불경기를 극복하기 위해서 거대기업들 간에 M&A가 이루어져 초대형기업 시대라고 불렸다. 이때의 합병은 세 번째 물결의 복합기업들과 달리, 상호 간에 어느 정도 관련성이 있는 대형기업 간의 인수·합병이었지만 수평적 합병이나 수직적 합병은 아니었다. 세 번째 물결까지는 우호적인 매수·합병이 많았던 데 반해, 1975년 이후에는 적대적인 매수·합병이 적극적으로 이루어졌다. 매수·합병이 회사 간 합의로 이루어지는 경우가 우호적인 경우이고 그렇지 않은 경우가 적대적인 경우이다. 그러니 이 시기의 M&A는 기업의 가치를 창출하는 전략이 부족하였다. 이로 인하여 당시에는 애널리스트들은 거대기업 할인(conglomerate discount)을 적용하여 기업 가치는 낮아졌다.

(5) 1980년대와 1990년대의 구조 조정

1980년대에는 적대적 인수와 차입 매수를 통하여 저평가된 기업의 가치를 높이기 위한 기업 인수꾼(corporate raider)들이 나타났다. 주주의 가치를 창출하지 못하는 기업은 인수꾼들의 인수 대상이 되었다. 그러나 이들의 인수 목적은 단기적인 이익실현이어서 장기적으로 기업 가치를 높이지는 못했다. 1970년대나 1980년대에는 M&A 전략이 미비하여 인수 기업의 기업 가치 상승에 도움을 주기는커녕 1990년대 들어 기업 가치의 악화로 귀결되었다. 1960~1970년대에 이루어진 M&A를 통하여 만들어진 거대기업들은 1980년대부터 관련 없는 사업부를 매각하기 시작하였다. 1980년대엔 사상 처음으로 미국 기업의 해외 기업 인수보다 외국 기업의 미국 기업 인수가 더 많았다.

1990년대에는 1990년대 말까지 M&A 거래는 기록을 갱신했으나 인터넷거품이 꺼지면서 하락했다. 그리고 매수·합병에 중점을 두었던 미국은 1990년대에 들어서면서 인원감축과 생산설비 통폐합과 같은 기업 내부의 개선에 관심을 두기 시작했다. 21세기에 들어서야 기업은 M&A를 기업 전략의 일환으로 생각하기 시작하였다.

(6) 2003~2008년 차입거래의 재출현

특히 2005~2007년에는 미국 금융 시장은 높은 차입 매수를 기록했다. 많은 거래가 신디케이트론의 형태였다. 이는 낮은 이자율, 높은 유동성, 유연한 금융정책이 그 원인으로 과도한 차입과 지나치게 높은 가격의 인수를 촉발하였다. 그러나 유럽발 금융 위기로 붕괴되었다.

3) 최근의 동향

(1) 세계의 M&A 동향

역사적 사이클

세계 M&A 시장은 역사적으로 과열과 침체를 거듭하며 현재에 이르고 있다. 즉, M&A 시장은 변동하며(cyclical business), 주식 시세(stock market valuation), 차입 금융 시장 동향(availability of debt financing) 및 경기 예측(views on the economy)에 의해 좌우된다. 주가가 오르면 인수자는 더 적은 주식을 지급하거나 높은 가격에 주식을 발행할 수 있어 M&A를 활성화시킨다. 1890년대부터 현재 시점까지 총 6번의 거대한 M&A 흐름이 있었다. 이를 '합병의 물결(Merger wave)'이라고 한다. 이러한 현상은 여러 가지 요인으로 설명할 수 있다. 한 설명은 그것이 산업의 충격(industry shock)으로부터 발생한다고 한다. 즉, 규제완화, 새로운 기술, 새로운 유통채널, 대체재의 출현, 상품가격의 지속적인 증가가 원인이라는 것이다. M&A 시장의 큰 흐름은 그 시대의 경제, 기술, 규제 등 환경변화에 따라 각각 특색을 달리했다. 세계 M&A 시장을 주도하고 있는 미국을 보면, 보유하고 있는 현금의 규모가 지난 수십 년간 지속적으로 커지고 있다는 사실을 알 수 있다. 여러 이유가 있겠지만 가장 주된 이유는 글로벌 기업 경영이 한 치 앞도 내다볼 수 없는 무한경쟁에 돌입했기 때문일 것이다. 따라서 현금보유액 증가는 기업 생존과 관련된 다양한 전략적 동기의 M&A로 이어진다고 볼 수 있다. 역사적으로 미국 기업의 총자산 대비 순 현금 흐름 비율이 높은 시기는 '합병의 물결' 시작 시기와 대체적으로 일치한다. 예를 들어 2012년을 기준으로 이 비율은 6.5%로, 역사적 최고점에 근접해 있다. 따라서 지금 불고 있는 글로벌 M&A 시장의 활황 조짐은 바로 일곱 번째 물결을 예고하는 것이라고 할 수 있다.[5] 미국의 테이퍼링(점진적 양적완화 축소)이 시작되고 경기 전망이 긍정적인 사인을 보내면서 글로벌 기업들이 모아놓은 자금을 풀기 시작했다. 이들이 풀어놓은 자금은 주로 M&A 시장으로 들어가므로 7번째 '합병의 물결'이 시작됐다는 분석도 나오고 있다.[6] 미국을 중심으로 글로벌 M&A가 활발히 일어나고 있는 배경은 여러 가지가 있다. 우선, 미국의 장기간에 걸친 유동성 공급과 저금리 정책으로 M&A에 사용할 수 있는 자금이 많아진 것이다. 주식 시장의 활황으로 높아진 주가로 자신감이 충만해진 회사들은 좀 더 과감하게 M&A 대상을 물색하고 있다. 그리고 성장 정체와 치열한 경쟁도 기업들이 M&A를 통해 합종연횡을 모색하는 계기가 되고 있다.[7]

금융 위기 이후

금융 위기 전후인 2007년에는 기업들이 무리하게 현금을 차입해 M&A에 나서는 경우가 많았다. M&A 대금을 현금으로만 치른 경우가 전체의 70%를 상회했다. 이 시기에는 기업들이 강력한 자본 시장 환경에 힘입어, 막대한 차입을 이용해 너나없이 M&A 시장에 뛰어들었다. 그러나 글로벌 금융 위기를 거치면서 기업들은 대형 M&A의 위험성을 확실히 인식하였다. 2013~2014년 들어 현금 지급 비율은 40~50%로, 2001년 이후 가장 낮은 수준을 기록하였다. 과거 거품경제 때처럼 호황을 보이고 있지만 기업들은 신중한 자세를 취하고 있다.[8] 세계 M&A 규모는 2007년에 4조 9000억 달러를 기록한 이후 줄곧 2조 달러 수준에서 머물러왔다.[9]

2015년에는 M&A 규모가 약 4조 달러를 달성하면서 2007년의 기록인 3조 4000억 달러를 훌쩍 넘어 사상 최대 기록을 경신하였다. 과거 M&A 시장의 호황이 경기 악화의 전조가 됐다며 우려하는 이들이 있는가 하면, 이번에는 상황이 다르다는 주장도 만만치 않다. 2007년에 글로벌 M&A 시장이 역대 최대 호황을 누리자마자 2008년의 글로벌 금융 위기가 세계 경제를 강타했고, 사상 최대 M&A 기록을 쓴 2000년에는 닷컴버블(거품)이 붕괴했었다. 즉, 기업들의 M&A 바람은 전통적으로 호황기의 막바지 국면을 의미한다는 것이다. 기업들이 더 이상 유기적(자체적) 성장이 어렵다고 말하고 있는 셈이다. 미국 경제는 2009~2015년에 연평균 2.2%라는 미약한 성장세를 보였지만, 미국 증시는 2009년 3월 저점에 비해 3배 가까이 상승했다. 그러나 기업들의 실적은 2014년 여름에 정점을 찍었고, 2015년에는 실적 침체에 대한 우려가 커졌다. 기업들은 결국 스스로 매출을 늘리기보다 이례적인 속도로 기업 인수전에 뛰어들었다.

그러나 2015년 M&A 시장이 과거와는 다르다고 강조하는 이들은 우선 M&A가 이전에 비해 미국에 더 집중됐다는 데 주목한다. 미국 기업들의 M&A 규모는 세계 M&A 규모의 절반이 넘는 2조 달러에 달한다. 이에 비해 세계 M&A에서 유럽 기업이 차지한 비중은 21%로, 17년 만에 가장 낮았다. 낙관론자들은 세계에서 '나 홀로 성장'을 구가하고 있는 미국에 M&A가 집중된 것은 M&A 시장이 전반적으로 과열되지 않았음을 의미한다고 지적한다.

또한 과거의 침체는 한 업종에서 전보다 더 위험한 M&A가 성행한 뒤에 닥쳤다면서 2000년의 닷컴버블 붕괴, 2008년 금융 위기를 든다. 닷컴버블 때는 인터넷 기업들이 M&A에 열을 올리다 직격탄을 맞았고, 금융 위기 때는 주택 업자들과 은행들이 충격을 받았다. 아울러 경기확장기는 제2차 세계대전 이후 평균 5년 미만씩 지속되었으며, 오래 지속되었기 때문이 아니라 불균형 때문에 끝났다고 강조했다. 하지만 지금 당장에는 큰 불균형이 보이지는 않는다. 또 과거의 경기 침체는 대개 인플레이션을 동반했다고 지적했다. 이에 반해 미국을 비롯한 전 세계는 현재 저인플레이션으로 고전하고 있다. 이에 따라 일부 전문가들은 M&A 시장의 호황이 기존 우려와 달리 경제에 청신호가 될 것으로 본다. 어느 것이 진실일지는 두고 볼 일이지만 말이다.[10] 2016년 S&P는 미국 기업들의 부채가 기록적인 수준(10년래 최고 수준)으로 급증하면서 2008년 금융 위기와 같은 디폴트 및 신용등급 강등 위험에 처해있다고 밝혔다. 낮은 금리와 저조한 기업 실적이 기업들의 부채를 증가시키고 기업들이 인수·합병을 통해 매출 규모를 늘리려고 빚을 지고 있다.

〈표 1-1〉 세계 연도별 M&A 규모

연도	규모	건수
2005	25,368	22,057
2006	37,130	25,266
2007	41,719	28,702
2008	24,518	23,185
2009	15,019	18,243
2010	21,307	20,805
2011	21,194	20,936
2012	19,945	20,158
2013	22,448	20,600
2014	38,351	24,400

(출처: 블룸버그, 자본 시장연구원, 연합뉴스, 2015.2.2) (단위: 억 달러)

자료와 추정에 의하면 전 세계적으로 연간 3만~4만 개의 거래가 이루어지고 있다. 대형 거래는 금액으로 60%를 차지한다. 75%는 매출이 1억 달러 이하인 기업의 거래이고, 97%의 거래는 거래 금액이 1억 달러 이하이다.

정치와 M&A 시장

2016년 당선된 도널드 트럼프 미국 대통령은 M&A 시장에 단기적으로 차질을 주겠지만, 장기적으로는 오히려 촉진 요인이 될 것으로 보인다. 단기적으로는 시장이 새로운 정책에 따른 불확실성을 주시하며 유보적인 입장을 취할 것인 만큼 당분간은 대형 M&A를 유보할 가능성이 있다고 보고 있다. 그러나 시간이 흐르면서 불확실성이 제거되면 다시 M&A 플랜을 짜고 시장에 나설 것으로 보인다. 또한 힐러리 클린턴이 당선되면 규제가 더 심해질 수도 있다고 본 근거는, 오바마 행정부가 M&A를 까다롭게 보았기 때문이다. 공화당 조지 W. 부시 후보가 당선됐던 2004년 11~12월 2개월간 M&A 계약이 그 전 2개월의 두 배로 늘어났지만 2012년 11~12월 민주당의 오바마 대통령이 연임에 성공했을 때는 계약 물량이 43% 감소한 것도 좋은 신호로 본다.

(2) 한국의 M&A 동향

오래전 이야기지만 박정희 전 대통령 시절에도 기업들은 인수·합병 경쟁을 치열하게 벌였다. 1970년대 초, 재계에는 기업 인수의 바람이 거셌다. 1960년대 말부터 정리되기 시작한 부실기업들이 1970년대 중반에 대거 매물로 나왔기 때문이다. 또한 1973년에 불어닥친 오일쇼크로 인해 휘청대는 기업들이 많았다. 1975년 제정된 종합상사 제도도 기업의 대형화를 부채질했다. 삼성, 현대, 한국화약(현 한화), 쌍용, 선경(현 SK) 등 23개 대형 그룹들은 1976년 4월부터 1977년 4월까지 13개월 동안 모두 49개의 기업을 인수했다. 김우중 전회장이 이끌었던 대우그룹도 당시 공격적인 인수를 통해 성장했다. 특히 김 전회장은 박정희 전 대통령이 서둘러 준공해줄 것을 주문한 옥포조선소(현 대우조선해양) 건설을 완수하면서 단숨에 재계에서 두각을 드러냈다.

2000년대 이후에는 기업의 M&A 환경이 달라졌다. 인수 기회도 줄어들었고 그룹을 지속하는 것 또한 어려워졌다. 강덕수 STX그룹 회장이 2001년 쌍용중공업을 인수하며 성장한 STX는 조선업계의 상황 악화로 조선 부문만 남기고 그룹이 해체되었다. 웅진그룹은 2007년 극동건설을 인수한 뒤로 자금난을 겪어 2013년에 기업 회생 절차(법정 관리)를 신청했다. 동양그룹은 핵심 사업 부문인 시멘트의 경쟁력 저하와 취약한 재무 구조로 법정 관리에 돌입했다. 재계 관계자는 "2000년대 이후 기업들이 해외에 팔리거나 줄줄이 쓰러지는 이유는 그룹 경영진의 실책도 있지만, 과거와 같은 정부의 적극적 지원이 이루어지지 않은 것이 주요 원인"이라고 풀이했다.[11]

또한 국내 M&A의 역사는 크게 1997년 IMF 외환위기 전과 후로 나눌 수 있다. IMF 외환위기 전에는 M&A라는 말이 낯설 정도로 우리나라에서는 건수가 많지 않았다. IMF 외환위기를 거치며 수많은 기업들이 매각됐고, 국내 경제는 전면 개방의 길을 밟았다.[12] 전통적으로 국내 M&A 시장은 부실기업을 중심으로 한 매도자 주도의 시장이 주류를 이루면서 양질의 회사가 M&A의 대상이 되는 경우는 드물었다. 우리나라 기업의 창업자와 기업주는 자신의 회사에 대한 지나친 소유욕과 집착을 가지고 있기 때문이다. 그렇다 보니 존폐위기에 몰려서야 M&A 시장에 매물로 나온다. 이런 이유로 우리나라의

M&A 시장은 생존의 임계치에 도달한 회사가 모이는 중환자실 역할에 그치고 있다. 세계적으로 M&A가 창업투자 성장의 핵심 역할을 하는 것에 비하면 완전히 다른 양상이다.[13] 여기서 가장 명심해야 할 점은, 기업의 매각시점은 "지금보다 더 좋을 수 없다"는 생각이 들 때라는 것이다.

최근 10여 년간 국내의 M&A 거래 규모는 〈표 1-2〉와 같다.[14]

〈표 1-2〉 우리나라 연도별 M&A 규모

연도	규모	건수
2005	182	168
2006	404	441
2007	294	387
2008	288	409
2009	254	404
2010	338	433
2011	204	394
2012	227	394
2013	418	482
2014	797	468

(출처: 블룸버그, 자본 시장연구원, 연합뉴스, 2015.2.2) (단위: 억 달러)

2. 연도별 동향

1) 2015년 동향

(1) 세계의 동향

2015년 글로벌 M&A 규모는 2007년의 것을 넘어 무려 4조 6000억 달러 (약 5413조원) 규모라는 역대 최고 기록을 달성했다. 헬스케어 기업들의 M&A

가 6875억 달러, 기술 기업들이 6070억 달러, 그리고 부동산, 원유·가스, 통신 분야가 뒤를 잇고 있다. 이는 신규 성장에 목마른 글로벌 기업들이 글로벌 성장 둔화와 낮은 인플레이션 국면에서 인수·합병 카드를 외형 확대 수단으로 선택했기 때문이다. 아울러 행동주의 투자자들의 지속적인 사업 재편 압박도 M&A 촉발 요인으로 작용했다.[15]

(2) 한국의 동향

2015년 국내 기업의 국내외 M&A 규모는 2008년 금융 위기 이후 가장 컸다. 투자은행의 재무 자문 실적 총계 기준으로 87조 원 규모이다. 2014년에는 70조 원, 2013년에는 30조 원이었다. 그중 23%인 20조 원어치에 삼성그룹 계열사들이 관여됐다.[16]

2) 2014년 동향

(1) 세계의 동향

2014년 사모펀드업계가 보유한 현금은 무려 1조 달러로 사상 최대치에 달한다. 2008년 금융 위기 전 수준을 웃도는 것은 물론 2013년보다 12% 증가하였다.[17]

2014년은 사모펀드에는 투자 회수(exit)의 해였다. 전체 M&A에서 사모펀드가 주도한 거래가 11%에 그쳤던 반면, 회수규모는 사상 최대로 집계됐다.[18]

(2) 한국의 동향

2014년 국내 기업 M&A 규모는 1065억 달러(약 122조 원)로 사상 최대치를 기록했다.[19] 그러나 2014년 국내 M&A 시장 규모는 2013년의 규모보다 47% 증가한 648억 달러(약 71조 8600억 원)로 훨씬 작게 제시한 보도 내용도 있다.[20] 주로 제조업과 금융업을 중심으로 M&A를 추진했고, 서로 사업 분야가 다른 이종산업들 간의 인수·합병 사례도 증가하고 있다.[21] 거래건수도 12% 늘어난 941건을 기록했던 바, 이는 최근 5년 이래 연간 거래 규모와 건수가 모두 가장 큰 기록이다.[22]

3. 한 국 의 동 향

2016년 발표에 따르면 우리나라의 국내총생산(GDP) 대비 M&A 시장 규모가 세계 3위 수준이다. 캐나다가 14.7%로 가장 높았고, 미국이 10.2%, 한국 7.1%, 영국 6.5%, 중국 5.4%, 호주 5.2%, 일본 4.3%, 프랑스 3.8% 등의 순으로 나타났다.

한국 기업의 M&A는 국경 간 거래 비중이 작고, 신기술·신사업보다는 제조업 위주로 이루어지고 있다. 2000년대 초반에 세계적으로 국경 간 M&A가 활발히 이루어지던 것과 마찬가지로, 2014년 한국 기업들의 국경 간 M&A도 2013년 대비 143.8% 상승한 294억 달러를 기록했다. 이에 따라 전체 대비 국경 간 M&A가 차지하는 비중은 전년보다 9.2% 포인트 상승한 27.6%로 늘었다. 그러나 여전히 세계 전체 M&A 대비 국경 간 M&A 비중인 42.8%보다는 낮은 수준이다. 세계적으로는 동종 산업 간 M&A 비중이 2004~2014년

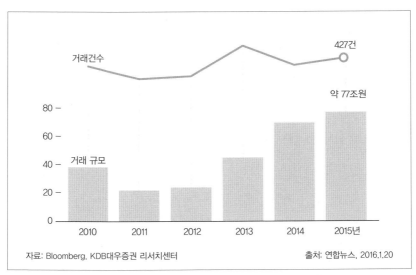

자료: Bloomberg. KDB대우증권 리서치센터   출처: 연합뉴스, 2016.1.20

〈그림 1-1〉 국내 M&A 시장 거래 추이(2010~2015)

에 60~70%를 유지했지만, 한국에서는 하락세에 접어들어 2014년 전체에는 33.6%에 그쳤다.[23)]

2015년을 기준으로 우리나라 중견·중소기업의 M&A 거래 규모는 100억 원 미만의 거래가 전체의 43%를 차지하고 있다. 이어 100억~300억 원을 거래한 업체가 전체의 35%, 300억~500억 원을 거래한 업체가 5%, 500억~1000억 원을 거래한 업체가 10%, 1000억 원 이상을 거래한 업체가 7%이다.[24)] 우리나라 중견기업(2014년 말 기준 2,979개)은 M&A 경험이 불과 3.3%이다. 2014년 평균 R&D 투자금액도 16.7억 원에 불과하다.

우리나라 벤처기업에 M&A를 제의하면 검토할 의향이 있느냐는 질문에는 절반 이상(51.7%)이 M&A보다 자체성장을 택하겠다고 답했다. 또 벤처캐피탈의 66%가 선호하는 회수방법으로 상장을 꼽았으며, M&A라고 답한 곳은

20%뿐이었다. 아울러 벤처기업인들이 "회사는 내 것"이라는 소유욕이 강해 쉽사리 기업을 매물로 내놓지 않는다. 특히 성장가도를 달리는 등 소위 잘 나가는 시점에는 전혀 회사 매각을 고려하지 않다가 사세가 기울었을 때 회사를 내놓는 경우가 대부분이다. 사업이 잘 되는 회사일수록 지분 유치, 즉 투자를 받으려 하지 회사를 매각하려 하지 않는다.

기업이 인수에 소극적인 이유는 자금력 있는 대기업이 문어발 확장 등 비판 여론을 의식하고 있기 때문으로 분석된다. 또 대기업들이 기업 인수 등 정당한 대가를 지불하는 대신 기술탈취나 인력 빼가기 등 불공정행위를 통해 중소벤처기업의 핵심 역량을 싸게 얻으려는 행태도 M&A를 막는 원인이다.[25]

다른 의견도 있다. 이재용체제의 삼성은 M&A이다. 경영진이 독자기술만으로는 발 빠른 혁신이 어렵다며 M&A를 강조한다. 하지만 M&A는 그 대상이 모두 해외 기업이었다. 일차적으로는 국내에는 기술력 있는 기업들이 그만큼 적기 때문이라는 해석도 가능하다. 그러나 설사 그런 기업이 나타난다고 해도 M&A가 외국에서만큼 자유롭지 못하다는 점도 지적해야 마땅하다.

삼성이 소규모 기술 기업에 대한 M&A에 나서면 당장 문어발 경영이요 기술 탈취라는 비판이 튀어나온다. 게다가 내부거래다 뭐다 해서 대기업의 계열사 확장에 온갖 규제로 불이익을 주는 것도 M&A에는 악조건이다. 이런 규제의 굴레 속에서는 정상적인 M&A 시장이 형성되기 어렵다.[26]

우리나라의 M&A 시장은 작고, 거래할 만한 바이아웃(Buy-out) 대상도 적다. 시장 규모에 비해 국내·외국계 중소형 사모펀드는 지나치게 많다. 경쟁은 치열하고, 매매가도 높아지고 있다. 오히려 중국, 인도네시아, 말레이시아가 우리나라보다 더욱 매력적인 시장이다. 사정이 이렇다보니 해외 사모펀드들도 국

내에 지사 설립하기를 미루고 있다. 우리나라의 M&A 시장을 계륵 취급하고 있는 것이다.[27)]

우리나라에서 M&A가 활성화되지 못하는 이유는 무엇보다 M&A 시장의 큰손이 돼야 할 대기업들이 계열사 증가에 따른 부담 때문에 적극적으로 시장에 뛰어들지 않기 때문이다. 현행법상 대기업이 중소·벤처기업 지분의 30% 이상을 인수함으로써 최대출자자가 되면, 피인수 기업은 상호 출자 제한 기업 집단에 편입돼 상호 출자 금지, 채무 보증 제한, 특수 관계자와의 거래 금지 등 기업 집단에 부과되는 규제를 적용받게 된다. 또한 중소기업 간 합병 시에도 관계 기업의 제도에 따라 중소기업의 범위를 벗어나게 되면, 즉시 중소기업 지위를 상실하면서 동시에 각종 지원 제도에서도 제외된다. 정부는 M&A 활성화를 위해 대기업이 우호적 M&A로 일정 중소기업(벤처기업 또는 매출액 대비 R&D 투자 비중 5% 이상 중소기업)의 대주주가 되는 경우, 피인수 기업의 계열사 편입을 3년간 유예하는 방향으로 2013년 하반기에 '공정거래법 시행령'을 개정했다. 하지만 재계에서는 벤처기업이 초기 성장 단계에서 기술 개발 투자와 업무 제휴 등을 하는 데 드는 기간이 약 10년 정도라고 본다. 그래서 3년 유예는 M&A 활성화 유도에 역부족이라고 지적한다.[28)] 삼성전자가 2015년 4월까지 10개월간 성사시킨 8건의 M&A 가운데 국내 기업 관련 건은 단 1건도 없는 것도 이런 사정과 무관하지 않을 것이다.[29)]

글로벌 기업의 M&A 생태계는 기술 개발과 마케팅 전문 기업 구도로 변화했다. 기술을 가진 스타트업은 개발된 기술을 토대로 성장한 후, 마케팅 능력을 가진 글로벌 기업에 매각되는 바, 이런 과정이 빈번하게 이루어진다. 기술력을 가진 기업들은 성장과 매각, 이후 기술 기업으로의 재창업 과정을 밟고 플랫폼을 보유한 글로벌 기업은 보유한 마케팅 능력을 토대로 이런 기업들을 인수해 또 다른 성장/혁신의 기회로 삼고 있다. 초연결사회를 특징으로 하는 4차 산업혁명의 시대에서 창업과 매각, 재창업의 과정을 밟는 이른바 '연속기업가(Serial Entrepreneurs)'의 등장은 자연스러운 현상이다. 아울러 기술 기업과 글로벌 기업이 상생할 수 있는 상생형 M&A 시장은 필연적으로 커질 수밖에 없다.[30]

'실리콘밸리의 착한 마피아'는 모바일 결제업체인 '페이팔'에서 비롯됐다. 2003년 미국의 청년사업가들은 '페이팔'을 글로벌유통업체인 '이베이'에 우리 돈 2조 원이 넘는 가격에 매각하여 확보한 자금으로 유튜브(스티브 첸), 테슬라(엘론 머스크), 링크드인(리드 오프먼) 등을 만들거나 스타트업에 재투자했다. 이것이 성공하면서 이들은 '페이팔 마피아'로 불리게 되었다. 심지어 구글의 예전 직원도 거액의 퇴직금을 스타트업에 투자해 '제2의 구글' 만들기에 나서고 있다. 다음카카오의 잇따른 인수·합병과 투자도 국내에 미국 실리콘밸리식 벤처기업 생태계를 구축하는 새로운 실험의 일환으로 화제를 모으고 있다. M&A를 통해 다음카카오는 창의적인 아이디어로 새로운 사업 기회를 얻는 반면, 스타트업은 기업 가치를 인정받아 '제값'에 기업을 매각한 뒤, 그 매각자금으로 또 다른 도전의 기회를 얻는 선순환 구조가 마련되고 있는 것이다. 이를 통해서 동안 국내에서는 안착되지 않던 실리콘밸리의 '착한 마피아'식 M&A 토가 한국에서도 자리를 잡게 되는 것 아니냐고 벤처기업계에서는 기대하고 있다.

이 과정에서 다음카카오는 크게 세 가지 범주로 나눠 스타트업에 대한 M&A를 진행하고 있다고 본다. 첫 번째 유형으로 다음카카오는 '국민내비 김기사'처럼 자신들의 사업과 시너지를 낼 수 있는 스타트업에 M&A를 집중한다.

두 번째 유형은 투자 전문 자회사인 케이벤처그룹이 이미 성과를 내고 있는 스타트업을 중심으로 투자를 진행한다. 세 번째 유형은 김범수 다음카카오 의장이 만든 케이큐브벤처스가 유망 스타트업 발굴에 초점을 맞춰 창업 초기 기업에 대한 자금을 지원하는 형태다.[31] 그러나 우리나라 스타트업 M&A 시장은 2015~2016년경 2500억 원 규모에 불과했다.[32]

제2장 거래의 전략

1. 용어와 개념

기업의 구조 조정(corporate restructuring)은 사업조정(reorganizing business units), 경영권인수(takeover), 조인트벤처, 매각(divestiture), 분할(spin-offs, carve-out) 등을 포괄하는 개념이다. 그 안에 M&A전략이 있다. 구조 조정은 크게 두 가지로 나뉜다. 사업 구조 조정(operational restructuring)은 인수, 사업매각, 분할매각, 분사에 의하여 구성사업이나 자산을 조정하는 것이다. 여기에는 사업축소(downsizing)도 포함된다. 재무 구조 조정(financial restructuring)은 자기 자본과 타인 자본과 관련된 전략적 결정이다. 기업 결합(business combination)은 흡수·합병(mergers, statutory or direct mergers), 신설·합병(consolidation, statutory consolidation), 인수(acquisitions, takeovers)를 포괄하는 단어이다. 자회사편입인수(subsidiary mergers)는 인수 대상 기업이 모회사의 자회사로 편입되는 인수를 말한다. 인

수(acquisition)는 경영권인수와 사업인수를 포함한다. 사업부를 분리하여 상장(carve-outs)시키는 경우도 있다. 기업의 구조 조정을 표로 정리하면 〈표 2-1〉과 같다.

〈표 2-1〉 기업의 구조 조정의 구분

구조 조정 (Corporate Restructuring)	사업 구조 조정 (Operational Restructuring)	인력감축 재배치 (Workforce Reduction/ Realignment)			
		조인트벤처와 전략적 제휴 (Joint Venture/ Strategic Alliance)			
		매각, 기업분할, 분리 상장 (Divestiture, Spin-off, or Carve-Out)			
		인수 (Takeover or Buyout)	적대적 인수 (Hostile Takeover/Hostile Tender Offer)		
			정상적 인수 (Friendly Takeover)	인수와 흡수·합병 (Merger)	흡수·합병 (Statutory Merger)
					종속 회사 편입 (Subsidiary)
				인수와 신설·합병 (Consolidation)	
				사업인수 (Acquisition of Assets)	
	재무 구조 조정 (Financial Restructuring)	차입 매수 또는 경영인수 (Leveraged/ Management Buyout)			
		회생 또는 청산 (Reorganization/ Liquidation)			
		자기주식 취득 (Stock Buyback)			

(출처: Donald DePamphilis, Mergers and Acquisitions Basics, Burlington, Elsevier, 2011, p. 18.)

2. 전략적 선택

경영의 중요한 목표 중 하나는 기업의 가치를 극대화하는 것이다. 기업을 인수할 것인지 매각할지, 언제 매각할 것인지 언제 인수할 것인지는 기업의 가치를 극대화한다는 관점에서 결정할 전략이다. 기업 경영은 내적인 성장(organic growth), 조직개선, 성과개선 등의 내적인 전략(internal means)뿐만 아니라 기업 인수, 파트너십, 기업 또는 사업매각 등 외적인 전략(external means)도 모두 고려하여야 한다. 즉 모든 전략은 M&A를 옵션으로 고려해야 하고 모든 M&A는 전략과 연관하여 진행하여야 한다. 기업은 기존 사업의 경쟁력 강화와 신성장동력 확보를 위한 M&A, 선택과 집중을 통한 사업 구조 조정, 신사업 영역으로의 진출을 지속적으로 모색해야 한다.

"M&A는 크게 두 가지 측면에서 접근할 수 있는데, 하나는 M&A를 통해 외형적인 성장을 이루는 관점이고, 또 하나는 회사가 그리는 큰 그림에 부족한 부분을 채우는 관점이다. 여기서 중요한 점은 내실 없이 몸집만 불리는 M&A는 굉장히 위험하다. 몸을 조절하고 움직이는 머리는 그대로인데 몸집만 2배, 3배로 늘리면 반드시 건강에 적신호가 오기 마련이기 때문이다. LG생활건강의 경우 M&A가 비교적 많은 회사인데, 성공적인 M&A를 진행해왔다. 그 이유는 우리가 지향하는 M&A가 큰 그림을 먼저 그리고 퍼즐을 맞추듯 꼭 필요한 분야의 회사를 인수하는 형태이기 때문이다. 실례로 최근 인수한 차앤박은 화장품과 의약품이 결합된 '코스메슈티컬'로 향후 성장성이 매우 높고 기존 매스티지 화장품과의 시너지 창출과 경쟁력 강화에도 큰 도움이 될 것으로 기대하고 있다. "LG생활건강은 '고객의 아름다운 꿈을 실현하는 최고의 생활문화 기업'이라는 큰 그림이 있다. 이를 위해 지난 10년간 13건의 크고 작은 M&A 를 차근차근 진행해 성공시켰고, 앞으로도 큰 그림을 맞추는 관점에서 한발 한발 더 나아갈 것이다." 차석용 LG생활건강 부회장이 자신의 M&A 철학에 대해 밝힌 글이다.

사실 한국 재계에서 대규모 인수·합병을 통한 사업 구조 재편은 매우 드문 편이다. 외국과 달리 대규모 M&A를 직접 주도해본 경험이 거의 없고 기업 문화도 보수적인 탓이다. 2014년에 삼성그룹과 한화그룹이 대규모 계열사 인수· 합병을 단행했다. 이러한 분위기 변화의 배경에는 우선 "바꾸지 않으면 죽는 다"는 기업의 절박한 위기의식이 있다. 국제경쟁력이 약화돼 한계상황을 맞고 있는 업종에서 M&A는 생존과 직결되는 문제다. 2000년대 초반이 지나면서 큰 변화가 일고 있다.[1] 2017년 말 우리나라 주요 그룹은 M&A에서 두각을 나 타낸 사람이 대거 승진하였다. 그룹사들이 미래 '먹거리'를 발굴·육성하는 데 집중하고 있는 것이다. SK텔레콤, 한화그룹, LG그룹, 삼성그룹 등 많은 그룹이 파격적인 승진인사를 단행하였다.

어떤 기업은 매각을 시도하고 어떤 기업은 인수를 추진한다. 하지만 인수와 매각은 모두 기업의 경영 전략에서 늘 함께 고려해야 하는 전략적 고려사항이 어야 한다. 매각 대상은 인수 기업에는 이익이 되고 매각 기업에도 문제가 없 는 사업이나 자산이다. 보유하는 것보다 인수자에게 더 큰 가치가 있다면 매 각하여 더 큰 이익을 회수할 수 있을 것이다. 즉, 직접 경영하여 얻는 가치가 매각가치보다 적다면 매각하는 것이 합리적이다. 이것은 구조 조정이 유행하 는 시대의 추세이다.

3. 불법과 조사

1) 조사와 처벌

2018년 삼부토건 노조는 인수자가 자본시장법을 위반했다고 검찰에 고발하여 수사에 착수했다. 인수 후 검찰조사 등으로 삼부토건은 인수된 후 1년도 안되어 경영상 어려움을 겪게 됐다. M&A는 늘 세무 조사와 감찰 조사의 대상이다. M&A 과정에서의 탈세와 불법거래는 커다란 위험이 있음을 잊지 말아야 한다.[2] 이러한 조사에 인수 자문을 맡았던 투자은행들도 위험하다. 인수전략, 인수 가격대 및 조건 제시, 시너지 등을 자문하기 때문이다. 물론 결정 권한은 기업에 있기는 하다.[3]

M&A는 세수 부족으로 압박을 받고 있는 세무당국의 입장에서는 좋은 사냥감이다. M&A가 성사되면 국세청이 무조건 그 자금의 흐름을 들여다본다고 봐야 한다. M&A만을 확인하기 위해 특별세무 조사를 할 수도 있고, 정기세무 조사에서 M&A 관련 자료까지 함께 들여다보기도 한다. 국세청이 통상 5년 단위로 정기세무 조사를 하는데, 조사 대상인 기간 중에 M&A가 있었다면 당연히 그 부분의 자금 흐름도 확인하게 된다. 물론 때에 따라 조사 기간을 확장해 별도의 추가 세무 조사를 진행하기도 한다.[4]

2) 임원의 책임

(1) 일반적 책임

기업의 임원에게는 회사에 대하여 신의성실의 의무(duties of care and

loyalty)가 있다. M&A 과정에서도 마찬가지이다. 기업을 매각하고 인수하고 합병할 때 임원은 정당한 관리책임을 가진다. M&A에서의 전략적 판단, 가격 결정, 공시의무 같은 법률적 의무가 그것이다. 또한 M&A를 진행하면서 사적인 이익을 추구하는 것은 처벌의 대상임을 알아야 한다.

(2) 적대적 인수

적대적 인수·합병 시에 이사들이 겪게 되는 딜레마는 두 가지 상반되는 지위에서 비롯된다. 기본적으로 이사들은 지배주주로부터 지명을 받아 선임된다. 따라서 지위 상 적대적 인수·합병 시도에 대해 방어적일 수밖에 없다. 경영권이 바뀌는 경우에 이사 자리에서 물러나야 하는 현실적인 부담도 있다. 그러나 또 한편으로 이들은 이사라는 지위에 근거해 회사의 이익에 충실해야 할 의무를 갖기도 한다. 때문에 진정 기업의 이익에 부합하는 것이 무엇인지를 따져야 할 필요성이 있다. 이 같은 지위의 상충 때문에, 실제로 지배주주나 경영권자의 의사에 반한 인수·합병 시도가 있을 경우 이사들이 어떠한 기준으로 대처해야 하는지가 쉽지 않은 과제로 남게 된다. 적절하게 대응하지 못하면 민사상의 손해 배상 책임뿐만 아니라 형사적인 책임, 즉 배임 등의 문제가 제기될 수도 있다. 학계는 이사의 경영권 방어 행위에 대해 긍정설과 부정설로 나뉘어 있지만, 방어 행위는 이사의 경영판단사항으로서 회사의 이익의 관점에서 행사되어야 한다는 주장이 일반적이다. 미국의 경우는 적대적 인수·합병에 대해 'Cheff 판례' 등에서 보는 바와 같이 주요 목적 기준에 따라 이사의 방어 행위를 인정하고 있다. 독일은 경영진의 통상적인 사업 활동의 일환으로 취할 수 있는 조치나, 우호적인 제3자를 물색하는 행위, 그리고 감사가 동의하는 행위에 대해서는 이사가 재량권을 가지고 방어수단을 활용할 수 있도록 하고 있다. 우리나라의 경우는 적대적 인수·합병에 관한 판례가 많지 않으나, 일반적으로 알려진 판례로는 한화종금, 미도파, 현대 엘리베이터, SK, 동아제약 및 유비케어 사건 등을 꼽을 수 있다. 법원은 기본적으로 이사의 경영 판단 원칙에 따라 판단을 하지만, 경영권 분쟁 하에서 단지 경영권 유지만을 위해 방어 행위를 하는 경우에는 회사나 주주들의 이익에 반하는지 여부에 대해 엄격하게 적법성을 살펴보고 있는 것으로 보인다. 따라서 추후 법적 분쟁에 대비해 인수 대상 기업의 이사로서 이러한 방어 행위가 회사 및 주주에 대해 어떠한 이익을 가져올 것인지에 대한 논리적인 근거와 이를 뒷받침할 수 있는 객관적 증빙을 준비할 필요가 있다. 특히 적대적 인수자가 회사를 인수할 경우에 이사는 그 직위에서 퇴직해야 하고, 이사의 개인적 이해관계도 개입될 수 있어 경영판단의 원칙을 주장할 때 더욱 신중을 기해야 할 것이다. 이사의 방어 행위가 위법한 경우에 이사는 회사 및 주주에 대한 손해 배상책임을 지는 것은 물론, 경우에 따라서는 형사적인 배임죄의 책임도 부담할 수 있다. 따라서 이를 효과적으로 방어하기 위해선 먼저 "회사 및 주주의 이익"이라는 방어 행위의 객관적 정당성을 확보해야 할 것이다. 그리고 사안별로는 방어 행위에 대해 주주총회에 보고하여, 주주들의 동의를 구하는 것이 절차적인 정당성을 확보하는 데 도움이 될 것이다. 과거에는 외국 기업의 국내 기업에 대한 적대적 인수·합병에 대해 비난 여론이 높았다. 그렇지만 타성에 젖어 안주하거나 무능한 경영진을 교체하는 등 긍정적인 측면도 무시할 수는 없다. 따라서 이사들의 방어 행위에 대한 명확한 지침 설정이 절실히 필요하다. 그렇지 않으면, 현실적으로 지배주주에 종속적인 지위에 있는 이사들의 경우, 기존 경영권자의 지시에 따른 행위가 궁극적으로 민형사상의 책임으로 전이될 가능성이 높기 때문이다. 반대의 경우로서, 기존 이사들이 인수인의 이익을 위해 기존 회사나 주주들의 이익에 반하여 행동할 유인도 적지 않다. 따라서 경영권분쟁이 발생한 경우, 인수 대상 기업에 충실 의무를 부담하는 이사의 행위기준에 대해 좀 더 명확한 가이드라인을 구축해야 한다. 이를 통해, 경영권분쟁이 발생할 경우 합리적인 공격과 방어가 이루어지도록 함으로써, 인수 대상 기업도 살리고 관련 주주뿐만 아니라, 이사의 방어 행위도 합리성과 절차적인 적정성이 보장되도록 유도해야 할 것이다. 이러한 가이드라인의 설정을 통해 적대적 인수·합병이 보다 활성화되는 계기가 마련되기를 기대해 본다.[5]

미국 델라웨어 주(Delaware) 대법원의 레블론사와 맥앤드류포브스지주 회사 사건(Revlon, Inc. v. MacAndrews & Forbes Holdings, Inc)은 적대적 인수에 대한 대표적인 판례이다. 법원은 기업의 매각 또는 파산이 필연적인 어쩔 수 없는 상황에서는 매각 대상 기업 임원의 경영책임(the fiduciary obligation)은 주식을 가장 높은 가격에 판매하여 주주의 부를 최대화하는 단 하나의 책임으로 매우 제한된다고 판결했다. 이사회의 역할은 기업보호자에서 기업을 매각하여 주주의 주식을 최고 가격에 매각하는 경매자의 역할로 바뀐다는 것이다. 이 판결은 기업 인수시장에 중대한 영향을 주었다. 이사들은 주주에 대한 책임을 위반하지 않으려면 기업을 매각할 때 그 매각 작업에 전념하도록 요구했다. 레블론 회사의 입장(Revlon mode)에 놓인 기업의 임원은 자신의 기업이 최고의 가격으로 팔리도록 할 레블론 책임(Revlon duties)을 가진다.

4. 거래의 전략

어떤 기업이든 인수 전략과 출구 전략을 동시에 고려해야 한다. 언제 팔지를 명확히 규정하는 것이다. 제너럴일렉트릭(GE)은 "특정 산업 내에서 1등이나 2등이 아니면 철수한다"는 전략을 가지고 있다. 이에 따라 1981~2011년에 1,035개 기업에 투자하고 610개를 철수했다. 기업을 인수하거나 매각하는 것은 정말 어렵다. '운7 기3(運七機三)'이라는 말이 통할 정도다. 그러나 인수·합병에서의 운은 사실 운에 달려있지 않다(Luck in the M&A isn't just happenstance.). 그러니까 신중하게 준비해야 한다는 뜻이다.

M&A의 타이밍은 단순하고도 명쾌하다. 비쌀 때 팔고, 쌀 때 사는 것이다. 그러나 대부분의 2류 기업은 거꾸로 간다. 쌀 때 매각하려 하고, 비쌀 때 사려고 한다. 2015~2016년 원자재 시장 폭락 시 우리 기업의 행태가 대표적이다. 이때 일본 기업들은 글로벌 원자재 기업에 투자 확대에 나섰다. 저평가된 유전, 가스전, 광산 등을 공격적으로 인수한 것이다. 반면 한국은 보유 중인 자산마저 급매로 내놓는 '역주행' 투자를 했다.[6]

제3장 매각의 전략

1. 출구전략론

1) 전략의 부재

 존재하는 모든 것은 언젠가 사라지게 마련이다. 이는 기업 또한 마찬가지이다. 여타 생명체처럼 수명에 한계가 있는 것은 아니지만 흥망성쇠를 거듭하면서 소멸되고 만다. 영원한 기업이란 존재하지 않는다. 맥킨지에 따르면 1975년에는 30년이던 기업 수명이 2005년에는 15년으로 줄어들었다. 액센추어 컨설팅은 2020년에는 10년으로 단축될 것으로 예측했다.[1] 출구 전략(Exit strategy)이란 기업에 투자한 기업주가 투자 자금을 회수하는 전략을 말한다. 기업의 최후의 길은 여러 갈래가 있다. 가족승계 또는 종업원승계, 매각, 경영에 참가하지 않는 주주로 남기(Absentee owner), 청산 그리고 죽을 때까지 경영하기 또는 파산이나 도산이 있을 수 있다.

건강을 위해 담배와 술을 줄이고 운동을 많이 하라고 말하는 것이나 기업 승계를 사전에 면밀히 준비하라는 것이나 기업가들에겐 같은 잔소리로 들릴 수 있다. 대부분의 기업가들은 출구 전략에 대하여 잠시 생각만 하다가 일상 업무로 복귀하여 정신없이 지낸다. 다람쥐가 쳇바퀴 돌듯 시간에 쫓기며 '중요한' 업무에만 매달린다. 미래를 결정지을 중대한 출구 전략은 생각으로만 끝낸다. 그리고 나중에 다시 생각하자고 다짐한다. 이처럼 대부분의 기업가들은 출구전략의 필요성은 인정하면서도 실제로는 놀라울 만큼 아무런 준비도 하지 않고 있다. 이 글을 읽고 있는 기업가가 있다면 이 말에 동감하거나, 생각은 해보았다고 말할 것이다. 그러나 실제로 얼마나 준비를 했는지 의문이다.

많은 기업가들이 일으키는 기본적인 실수 중 하나는 출구 전략을 생각하지 않는다는 점이다. 즉, 기업가들은 경영을 시작하면서 기업의 최후의 순간은 염두에 두지 않는다. 그저 막연하고 단순하게 언젠가는 회사를 팔고 남은 생을 행복하게 살지 않을까 생각한다. 또한 나이가 30세가 되든, 60세가 되든 지금은 그런 생각을 할 이유가 없다고 생각한다. 어떤 기업주들은 자신의 기업을 사겠다는 사모펀드나 타 기업들을 많이 만난다. 특히 이런 경우는 언젠가 마음만 먹으면 기업을 팔 수 있을 것이라 생각한다. 그러나 출구 전략은 기업의 시작과 함께 염두에 두어야 한다. 이는 기업의 경영에도 도움이 된다. 잘 세운 출구 전략은 기업의 가치 창출과 함께 잠재적 투자자가 '원하는' 기업 시스템의 구축으로 연결되기 때문이다. 출구 전략과 함께 경영을 해나가면 기업주는 인재를 키워 분야별 경영자와 CFO를 양성할 수 있고, 외부자문을 받아 능력 있는 임원을 채용하여 기업 경영에 임하게 할 수 있다.

기업가는 CEO, 가장 그리고 보스라는 위치에 익숙해져 있다. 기업이 매각된다는 것은 이러한 권력의 상실을 의미한다. 기업가에게 있어서 자신의 기업이 매각된다는 것은 때때로 자신의 약한 모습이 드러나거나 인생의 끝에 서 있다는 느낌을 받게 한다. 많은 기업가들은 자신이 자리에서 물러난 후에도 기업이 지속되기를 원한다. 스스로 기업을 세워 현재의 기업형태를 만든 기업가들은 매각 후 기업이 잘못되기를 원하지 않으며, 그래서 이런 느낌이 들면 매각을 꺼리게 된다.

이런저런 이유에도 불구하고 대부분의 기업가들이 출구 전략을 구체화하거나 매각하려 하지 않는 실질적인 원인은 다른 데에 있다. 이들은 기업을 성공시키기 위해 수십 년을 헌신하였고, 기업 자체가 자신의 명예이며 삶의 가치를 구성한다. 사업을 매각하는 것은 인생에 큰 '공허함'이 찾아오는 것이나 다름없다고 여기는 것이다. 자신은 혼신의 힘을 다하여 운영해왔기 때문에 그 누구도 자신처럼 기업을 운영할 수 없으며, 사업과 더불어 만난 사람들은 오랜 친구라고 생각한다. 또한 일을 그만두면 부부관계가 힘들어지기만 하고 골프 이외에는 별다른 할 일이 없을 것이라 생각하기 쉽다. 그러나 언젠가는 회사를 떠나야 하며, 그 '시기'를 잘못 결정하면 어떤 결과가 나타날지 예측할 수 없다는 점을 명심해야 한다.

2) 벤처의 출구

벤처기업은 새로운 시도를 하는 기업과 자본을 제공하는 벤처캐피탈의 결합으로 탄생한 개념이다. 따라서 벤처기업은 벤처캐피탈 없이 존재할 수도, 성장할 수도 없다. 우리나라에서는 벤처기업의 창업부터 상장까지 대략 10년 안팎의 시간이 필요하다. 그러나 중소기업은 창업 10년 후 생존율이 대략 13%에 불과하다. 기업 공개까지 갈 경우 벤처캐피탈의 자금 회수 가능성은 그만큼 줄어든다는 것을 뜻하며, 이것이 미국에서 인수·합병이 활발한 이유다.

M&A는 창업, 투자, 매각, 재창업이라는 선순환 메커니즘을 완성시키는 요인이다. 하지만 벤처캐피탈협회에 따르면 2012년 초부터 9월까지 우리나라의 벤처캐피탈들이 M&A를 통해 자금을 회수한 비율은 겨우 1.5%에 불과했다. 미국의 M&A를 통한 자금 회수율이 70~80%에 달하는 것을 보면 비교조차 할수 없는 수준이다.[2] 2014년 국내외 벤처캐피탈 투자 회수 비율을 보면 미국의 M&A 비율이 85.5%를 기록할 때 한국은 1.8%인 것으로 나타났다. 유럽이 91.3%, 이스라엘은 83.3%, 인도 92.9%, 중국도 57%다. 한국이 세계적으로도 비교할 수 없을 만큼 M&A가 안 이루어지는 시장인 셈이다.[3]

스타트업 창업가들이 M&A를 통해 도약하려면 가격에 대해 고려하기보다는 '스타트업의 제품·서비스가 대형 기업의 충분한 자본력을 바탕으로 발전할수 있는 기회'임을 고려하여 관련 연관성이 높은 기술을 보유한 파트너 회사를 찾는 게 바람직하다. 관련 기술력이 부족하거나 제품·서비스에 대한 철학을 공유할 수 없는 대기업과의 M&A는 스타트업의 잠재력을 오히려 저해할 위험이 크다.[4]

3) 매각 가능성

우리나라는 기업에 투자하거나 기업을 창업한 후 투자 자금을 회수하기 위한 중간시장인 M&A를 통한 투자 자금 회수가 부진하다. 기업에 투자된 자금이 M&A로 회수된 비율은 2011년 전체의 7.4%에 그쳤다. 이는 같은 해 기업 공개 비중의 10%에도 못 미친다. 이에 반해 미국은 M&A가 기업 공개보다 10배가량 많았다.5) 중국의 M&A 규모는 200억 달러로 우리나라 5억 달러 규모의 40배다. GDP를 감안해도 우리나라가 중국의 6분의 1 수준이다. 중국의 GDP 대비 M&A 규모는 0.279%로 이미 미국 0.257%을 추월하였다. 또 다른 회수 수단인 기업 공개 규모도 중국이 GDP 대비 0.317%로 일본(0.189%)과 한국(0.080%)보다 각각 2배, 4배 많다.6) 벤처기업의 경우도 마찬가지이다. 벤처캐피탈이 벤처기업에 투자한 금액도 2002년 6277억 원에서 2012년 1조 2000억 원으로 늘어났다. 수혜기업은 매년 600곳이다. 하지만 그 회수 비중은 기업 공개가 무려 97.7%에 이른다. 기업 인수·합병은 2.3%에 그쳤다. M&A 비중이 57.9%에 이르는 미국과 대조된다. 많은 벤처기업이 기업 상장에 이르기 전에 자금난을 겪어 제대로 펼쳐보지도 못하고 사업을 접는다. M&A는 벤처생태계를 활성화하는 촉매 역할을 한다. 미국 애플, 구글, 페이스북 등이 글로벌 기업으로 성장할 수 있었던 것도 활발한 M&A 덕분이다. 대기업의 벤처기업 인수를 "문어발식 경영"으로만 볼 것이 아니라 벤처기업 생태계를 조성하는 방법으로 인식해야 한다. 벤처기업 생태계에서의 선순환을 이룰 실질적인 M&A 활성화 지원이 필요하다. 대기업 인수 벤처기업의 계열사 편입 유예와 같은 정책이 더 많이 나와야 한다.7) 미국 실리콘밸리에서 M&A는 벤처에게는 일상적인 자금 회수(exit) 수단이고, 대기업에는 신규 사업을 진출하는 유용한 통로다. 벤처는 기발한 기술과 사업 아이템을 선보이고, 대기업은 이들을 인수해 손쉽게 새로운 분야로 진출하는 식이다. 검색 업체로 시작한 구글은 다방면에 걸쳐 공격적으로 사업을 전개하는 기업이다. 원동력은 M&A인데, 지난 2001년 이후 2013년까지 인수한 회사만 129개에 달한다.8)

우리나라만 유독 M&A 시장이 위축되는 이유는 뭘까? 2005~2007년 증가하던 국내 M&A는 2010년을 기점으로 하락세로 돌아섰고 특히 2013년 이후론 크게 위축되는 모습이다. 특히 중소기업 M&A는 연평균 40여 건에 불과한 데다 거래 규모도 10억~100억 원의 소규모이다.[9] 우리나라의 중소중견기업의 경우 M&A에 실패하는 경우가 90%가 넘는다. 물론 2013년에는 80건대 2조 5000억 원 수준이었고 2014년 상반기에는 67건으로 2조 5000억 원 규모로 점차 활성화되고 있지만 아직도 어렵다.[10] 첫째 요인은 M&A에 대한 사회적 인식의 부족이다. 헐값 인수, 팔 비틀기, 승자의 저주(winner's curse) 같은 부정적 시각과 그동안 일어났던 불법거래와 부당거래 등으로 불신의 뿌리가 깊다. 따라서 M&A에 대한 인식을 전환하기 위한 문화를 키워야 한다. 둘째 요인은 M&A를 통해 성장동력을 찾기보다 구조 조정에 치중하는 기업이 많고, 기업들은 M&A에 보수적이다. 셋째 요인은 M&A에 관한 시장 정보, 특히 해외 기업에 대한 정보가 부족하다. 넷째 요인으로 국내 투자은행, M&A 자문기업과 사모펀드의 역량이 부족하고 신뢰성이 떨어지는 것도 이유 중 하나다. 정보의 부족, 인수 기업과 피인수 기업의 니즈 파악 부족, 거래 가격의 자문 및 협상 능력 등이 취약하다.[11] 특히 기업 매각에 실패하는 요인은 가격의 문제이다. 시장에서 통용되는 가격을 넘는 높은 가격을 요구하는 경우에는 매각될 기회는 거의 없다. 많은 기업들이 이렇게 높은 가격을 생각한다. 특히 중소기업의 경우 EBITDA(영업 이익+감가상각비)의 7배 이상의 가격(주식 가치+차입금)을 요구하는 경우 사실상 매각은 어렵다고 보아야 한다.

4) 매각 타이밍

(1) 개요

기업 매각에서 기업가의 가장 큰 관심사는 가격과 거래 조건이다. 하지만 사실은 매각가능성이 가장 중요하다. 대부분의 기업은 매각을 시도해도 매각 되지 않는다. 매각가능성과 관련하여 매각 타이밍도 중요하다. 기업의 매각은 쉽지 않으며 언제 팔릴지 과연 팔릴지조차 알 수 없다.

우리나라 M&A 시장에서 기업을 매각하려는 기업의 대표들을 만나 보면 '아직 때가 되지 않았'거나, '이미 때를 놓친'경우를 많이 본다. 전자는 설익은 상태에서 어설프게 가치를 높게 책정해달라며 매각을 의뢰하는 경우다. 이런 거래는 성사되기는커녕 소개하기조차 어렵다. 후자는 회사가 이미 정점을 찍 고 내리막을 달릴 때다. 즉, 매각·합병이 이루어지지 않으면 문을 닫아야 하 는 상황이다. 인수자 입장에서 검토하다 보면 인수 가격은 낮아지고, 결국 회 사가 고사된 후에 헐값에 팔리거나 아예 거래 자체가 무산된다. 반면 우리나 라에서 기업을 인수하려는 기업은 매각하려는 기업과 정반대의 태도를 가진 다. 자사와 큰 시너지가 나는 회사, 매출·수익 면에서 성장하는 회사, 기술력 이나 아이템이 우수한 회사를 찾는다. 사정이 이렇다보니 거래 가능성은 매우 낮다. 우리나라에서의 M&A 거래는 미국의 10%에도 이르지 않는다.[12]

사업은퇴, 가족문제, 자금의 어려움, 건강문제 등으로 매각을 서두르게 되 면 좋은 조건에 매각할 수가 없다. 우리나라에서는 부도 위기나 자금 압박 또는 파산의 위기에 몰려야만 M&A 시장에 매물로 나오고 있다. 국내 기업 M&A 시장은 생존의 임계치에 달한 회사가 모이는 중환자실 역할에 그치고 있는 것이다. M&A가 전 세계적으로는 기업 성장의 핵심적인 역할을 하고 있는 것과 비교하면 격세지감이 들 정도다.[13] 그러나 중환자실에 모인 대부분의 기업은 결국 파산하고 만다.

대표적인 것이 2016년의 외식업계이다. 커피, 햄버거, 치킨 등 다양한 외식 업체들이 일거에 매각에 나선 것이다. 하지만 매물로 나온 외식업체들은 주목을 받지 못하고 있다. 이미 외식업계 트렌드는 나빠지고 있고 세계경제가 침체되는 마당에 경기와 민감한 업종이기 때문이다. 과거 잘 나가던 시절이 매각시점이었다.

면세점도 마찬가지다. 면세점은 한때 '황금알을 낳는 거위'로 불렸다. 그러나 2017년 들어 적자까지 나면서 경영 위기에 직면하고 급여 삭감 및 반납, 명퇴, 대표이사 교체, M&A 등에 휘말렸다. 면세점에 지분 투자를 했던 기업도 대주주에게 매각을 시도하고 있다. 서울에만 시내 면세점이 10곳에 달하는 등 시장이 포화되었고, 면세점 허가도 이어지고 있다. 국내 시장에서 과당 경쟁이 벌어지자 롯데면세점과 신라면세점은 해외에서 돌파구를 찾기 위해 해외 국제 공항 면세점 운영 신규 사업자 선정 입찰에 참여하기도 했다.

(2) 매각 추진의 시작 시점

기업을 매각하는 것을 고려하는 시점은 기업을 창업하는 때여야 한다. 황당한 말이라고 생각할지 모르지만 사실이다. 인생과 기업은 영원할 수 없으며 언젠가는 떠나야 한다. 창업과 함께 매각을 고려하면 기업의 시스템을 갖추고, 수익성을 장기적인 관점에서 향상시키고, 장기적 성장 가능성을 고려하게 만든다. 결국 기업의 성공을 보장하고 기업 가치를 최대화시킬 수 있는 동기부여의 역할도 한다. 그러나 대부분의 기업들은 이러한 권고를 무시하거나 관심을 기울이지 않는다. 물론 그럴 겨를이 없기도 하다.

(3) 매각 결정과 경영 전략

언제 매각하는 것이 좋을지는 이론적으로도 현실에서도 말할 수가 없다. 미래는 불확실하고 기업의 앞날을 예측하기도 어렵다. 따라서 매각을 염두에 두는 기업가는 물론 매각에 관심이 없는 기업가도 경영에 헌신해야 하지만 늘 매각가능성을 시장에 열어놓고 기다리는 자세가 필요하다. 물론 회사의 경영을 시스템화하고, 기업이 최고의 실적을 달성하고 금융 시장과 해당 산업이 호황이고 높은 가격에 적극적인 인수의 의사가 있는 기업이 나타났을 때가 매각의 최적시기이다. 그러나 그때가 언제일지는 알 수가 없다. 기업가나 경영자는 매각에 성공하려면 준비를 하여야 한다. 그런데 매각 준비는 기업의 경영 전략이 포함된다. 개인적으로는 기업의 매각 전략과 기업의 경영 전략은 동전의 양면과도 같다고 생각한다.

첫째, 기업을 매각하는 출구 전략의 계획을 수립하여야 한다(A successful exit is planned). 기업의 출구 전략은 하룻밤 사이에 만들 수는 없으며 몇 달 또는 몇 년의 준비기간이 필요하다. 어느 날 갑자기 또는 중병이 생겨서야 매각을 시도하는 것은 사자 굴로 뛰어드는 것과 다름이 없다.

둘째, 최소한 외부 회계 감사를 받고 기업을 시스템에 의하여 경영하여야 한다. 인수를 추진하는 기업은 인수 대상 기업의 장단점(the relative strength and weakness)을 평가한다. 따라서 매각 기업은 인수 기업의 입장에서 자신의 기업을 객관적으로 바라볼 수 있다면 큰 이익을 얻을 수 있다. 사실 이러한 요소들은 매각 기업 입장에서도 매우 중요하므로 기업의 경영 전략의 핵심이라

할 수 있다. 인수 기업은 매각 기업을 만나기 전에 이미 상당히 객관적인 기업 정보를 입수하고 매각 기업을 만난다. 인수를 추진하는 기업은 인수 대상 기업을 냉정하게 분석하고 평가한다. 매각 기업은 최소한 1년 이상 매각 준비를 하여야 한다. 많은 기업들은 별다른 준비 없이 그냥 매각하려고 생각한다. 이러한 시도는 매각가액에서도 불리하며 또한 매각가능성도 낮다. 핵심은 현 상황에서 기업의 가치를 최대화하도록 재정비하여야 한다는 점이다. 우선 자신의 기업을 인수자의 입장에서 비판적이고 객관적으로 보아야 한다. 문제점이 있으면 몇 달 또는 몇 년 동안 지속적으로 개선하여야 한다. 설령 몇 년 내에 또는 10년 이상 매각할 생각이 없더라도 잠시 마음을 가다듬고 회사를 객관적으로 돌아보는 것이 필요하다. 이렇게 함으로써 회사의 경영 프로세스를 개선하고, 경영을 효율화하고, 리스크를 감소시키고 수익성을 향상시킬 수 있는 기회를 가질 수 있다. 또한 기업의 매각을 잠재적 인수자에게 알리는 것보다 잠재적 인수자가 인수를 위하여 찾아오게 만드는 것이 훨씬 유리하다. 잠재적 인수자와 늘 어떤 관계를 유지하는 것도 좋다. 특히 상장을 준비하는 것은 매각 기회를 잡는데 유리하다. 회계 감사도 꼭 받아야 한다. 인수하는 기업은 반드시 회계실사를 하기 때문에 사전에 받는 것이 필요하다.

또한 기업과 관련된 각종 법적 문제를 정리하여야 한다. 회계와 관리시스템을 정비하고 문서화하여 시행하여야 한다. 기업은 상품별로 수익성을 분석할 수 있는 정보를 보유하고 매출예측과 설비 투자예산을 갖추어야 한다. 공장 설비나 사무실의 청결도도 중요한 요소이며 환경과 관련된 법적 문제에 대하여도 사전에 검토를 하는 것이 좋다. 이렇게 회사를 전반적으로 정비하고 매각 가치를 최대화하는 것을 컨설팅해주는 일을 자문사들이 효과적으로 수행한다. 매각을 고려하는 기업은 이 요소들을 감안하여 조금만 개선하면 쉽게 기업 가치를 20%는 향상시킬 수 있다. 100억 규모의 거래인 경우 무려 20억 원이 왔다 갔다 하는 것이다. 다만 매각을 추진하기 최소 2년 이상 전에 준비를 하여야 한다. 물론 외부 전문가에게 자문용역계약을 하여 자문을 받는 것이 좋다. 결국 기업의 장기적인 수익성과 성장성을 높이고, 리스크를 감소시켜서 기업의 가치를 높여야 한다.

셋째, 기업주가 개인적으로나 정신적으로 기업을 떠날 마음의 준비가 되어 있어야 한다. 개인의 인생의 문제로 기업의 매각에서도 가장 중요하다. 자신의 삶과 사업의 목적을 명확히 하여야 한다. 사업의 목적과 인생의 목적을 분명히 하는데 시간을 투자하지 않는다면 기업을 매각할지, 언제 기업을 매각할지 그리고 어떻게 매각을 할지도 판단할 수가 없다. 시간을 갖고 자신의 삶의 목적이 무엇인지 그리고 기업과 사업의 목적이 무엇인지를 명확히 하여야 한다. 그리고 매각한 후 무엇을 할지를 구체적으로 결정하여야 한다. 정신적으로 마음의 결정을 분명히 하여야 한다. 사업을 떠나는 것은 어려운 결정이다.

넷째, 거시경제, 금융 시장과 산업이 호황이어야 한다. M&A 시장도 사이클이 있다. 오랜 M&A 거래 불경기가 지나면 M&A 거래가 크게 늘어난다. M&A에 유리한 상황으로는 거시경제지표의 호황, 기업이 속한 산업의 호황, 해당 국가나 지역의 성장성, 그리고 자금 시장의 호황기이다. 일반적으로 비상장 기업 M&A 시장(overall private capital market)은 5~7년 주기로 성수기가 찾아온다는 것이 지금까지의 통계적 사실이다. 또한 이 시기의 마지막 18~24개월 동안이 가장 피크이다. 투자은행과 M&A 자문사는 이러한 거래 사이클을 주시한다.

다섯째, 기업은 최고의 성과, 최고의 경쟁력 그리고 너무도 유리한 시장상황 등이 동시에 찾아오는 최고의 시기이어야 한다. 그리고 높은 가격으로 인수할 의사가 있는 기업이 나타날 때이다.

(4) 최적의 매각시점

기업을 매각할 최적 시기는 최고의 수익성, 최고의 성장성으로 기업이 너무나 창창하여 모든 것이 걱정 없고 미래가 너무도 낙관적일 때이다. 그러나 이럴 때 기업주를 만나면(물론 만나기도 힘들다) 왜 파냐는 핀잔을 듣는다. 어쩌면 이 순간이 기업을 매각할 마지막일수도 있다.

2007년 대우조선의 매출액과 영업 이익은 각각 7조 1048억 원과 3275억 원에 이르렀다. 당시 인수 가격은 경영권 프리미엄을 얹어 최소 6조~7조 원으로 평가됐다. 많게는 10조 원이 넘을 것이라는 전망도 나왔다. 그러나 갑자기 불어닥친 글로벌 금융 위기로 지금까지 주인 없는 신세이다. 많은 우량기업들이 여러 차례 매각, 재매각 등 우여곡절을 겪는가 하면 경기 불황이 겹쳐 이른바 "계륵 기업"으로 전락하였다. 동부그룹의 동부발전당진은 2014년 매각할 때만 해도 국내 석탄 화력발전소 중 유일하게 남은 매물인 데다 매년 수백억 원씩 영업 이익을 올리는 회사였다. 하지만 갑자기 상황이 달라졌다. 기존의 송전선로를 사용하려면 과부하에 대비하기 위한 예비 송전선로를 추가로 갖춰야 했는데 공사비용만 최소 5000억 원 이상 소요될 것으로 추산됐고, 화력발전소 가동 시기도 한없이 늦춰질 수밖에 없다. 결국 동부발전당진 매각은 무산되었다. 기업이 잘나갈 때 과감하게 매각가능성 있는 가격에 매각하여야 한다. 언제 상황이 바뀔지 모른다.[14]

경기가 호황이고 모든 것이 좋을 때가 기업을 매각할 최적시점이다. 이때에는 대부분의 기업은 매각에 관심이 없으며 득의양양하고 희망에 차서 경영에 매진한다. 2006년 금융 위기가 나기 전 M&A 시장은 뜨거웠다. 많은 기업이 인수 희망자들이 쇄도하여 몸값이 올라갔다. 하지만 지나친 욕심으로 대부분 매각에 성공하지 못했다. 이제 금융 위기가 나고 기업의 몸값은 반 토막 이하로 떨어졌다. 금융 위기 전 최종 가격 협상이 400억 원이었던 기업이 이제는 인수 희망자조차 없다. 2014년경만 해도 외식업체는 M&A 시장에서 인기가 많았다. 사모펀드들이 적극적으로 외식업체 인수에 나섰기 때문이다. 3년이 지난 2016~2017년 상황은 완전히 바뀌었다. 내수 부진과 외식업체 경쟁이 심화된 가운데 외식업체들도 고전하고 있다. 기업의 실적이 좋고 앞으로는 더욱 좋아질 것이 예상될 때가 매각의 최적기이다. 그러나 대부분의 기업가는 이것이 영원히 계속될 것 같은 착각에 빠진다. 지금이 가장 좋은 시기라면 앞으로는 상황이 나빠질 것 밖에는 기다리는 것이 없다는 것을 명심해야 한다. 경기가 하강하고 산업이 불황에 접어들고 자금 시장이 위축되면 매각 기업이 많아지고 인수자가 유리한 시장(buyer's market)이 되고 기업의 가격은 폭락하고 거래가능성은 사실상 거의 없어진다.

기업의 실적이 가장 좋은 때 또는 실적이 가장 좋아질 것으로 예상되는 때가 최적의 매각시점(guide-star)이다. 최고의 매출실적과 수익이 달성된 때보다는 향후 최고의 실적이 예상되는 경우에 그리고 그것이 지속될 것으로 예상되는 때에 인수자는 최고의 가격을 제시한다는 점이다. 한때 782억 달러였던 블랙베리의 시가총액은 2013년에 40억 달러까지 떨어졌으니 95% 이상 추락한 것이다. 기업은 언제 이런 꼴을 당할지 모르는 것이 현대의 경제현실이다.

"(잘 나가는) 현 사업은 신기루다, 언제든 버릴 준비를 하라." 리타 건터 맥그래스 컬럼비아대 비즈니스스쿨 교수의 말이다. 기업이 장기적으로 지속 성장하는 것은 거의 불가능하다. 기존 비즈니스 모델이 영원할 수 없기 때문이다. 시간이 흘러가면 세상은 바뀐다는 것은 진리이다. 미래는 분명히 오늘과 다르다는 점을 사람들은 늘 잊는다. The future is not the same as today. But too many people forget it.

5) 전략의 수립

우선 시간을 가지고 자신의 인생목적 또는 목표를 종이에 적어보자. 인생의 목적은 사람마다 다르다. 여행계획, 기부금, 공익사업 설립, 손자손녀와 시간 보내기, 새로운 일의 시작 등이 포함될 수 있다. 인생에서 무엇을 하고자 하는지 또는 무엇을 원하는지를 파악해야 한다. 그러다 보면 이를 위한 자금이 얼마나 필요할지도 계산이 될 것이다. 이처럼 원하는 바를 명확하게 하고 구체화시켜야 기업의 출구 전략도 수립할 수 있다. 만일 심리적인 요인으로 출구 전략을 세우기 쉽지 않은 경우에는 전문가의 도움을 받을 필요도 있다.

주주가 여러 명이거나 공동경영인 경우에는 당사자가 죽거나 중대한 문제가 발생할 때를 대비해야 한다. 이를 위해서는 주주 간의 약정서를 준비하는 것이 좋다. 약정서에는 출구와 관련된 사항(Exit mechanism), 이사회와 주주총회 진행, 주식거래의 제한, 배당정책, 신주 발행 방법 및 자금 조달과 관련된 사항이 들어간다. 당사자 중 주주가 사망한 경우 주식을 다른 주주에게 매각하는 내용(매매가격, 평가의 기준과 방법, 지급의 시기 및 방법)도 포함된다. 그러나 실제로는 주주약정을 준비하기 위해 방문하는 경우보다, 공동사업을 하다가 분쟁이 발생하여 변호사 사무실을 찾는 경우가 더 많다.

6) 출구의 대안

기업의 출구 전략의 대안으로는 승계, M&A, 청산, 회생 또는 파산 신청 등이 있다. 이러한 대안 중에서 선택할 때 고려할 것은 기업의 평가와 가격이다. 〈표 3-1〉은 이러한 선택을 할 때의 고려 사항이다.

〈표 3-1〉 기업의 평가와 가격에 따른 출구 전략 이해

사례	기업의 선택	선택의 결과
매각금액이 계속 기업 가치나 청산 가치보다 큰 경우	M&A를 통한 출구 전략	• 주식 매각이나 자산 매각을 통한 투자금액 회수 • 부실기업은 동종 산업에 속한 기업이 부실기업의 자산을 인수함으로써 시너지를 낼 수 있기에 매각하여 채무 상환 및 주주가치를 보전함
계속 기업 가치가 매각금액이나 청산 가치보다 큰 경우	• 경영을 지속하여 M&A를 통한 출구 전략을 모색하거나 가업 승계 • 경영이 부실한 경우 자발적 구조조정이나 회생 신청	가업 승계, 청산 또는 M&A를 통한 출구전략
청산 가치가 매각가치나 계속 기업 가치보다 큰 경우	청산 진행	투자금액 회수

(출처: Donald DePamphilis, Mergers and Acquisitions Basics, Burlington, Elsevier, 2011, p. 619 저자 재편집.)

7) 위기와 출구

(1) 기업 부실과 M&A

기업을 매각하려는 기업가 중 절반은 부실기업이나 위기에 처한 기업을 경영하고 있는 상황이다. 우량기업도 매각하기가 하늘에 별 따기이므로 부실기업의 매각은 사실상 불가능한 실정이다. 부실기업은 말 그대로 엄청난 부채를

가지고 있으며 미래도 불투명하다. 기업가들은 경영이 잘될 때는 '잘되고 있는데 왜 팔지?'라는 생각을 한다. 그러나 잘될 때가 유일하게 제값을 받고 팔 수 있는 기회이다. 외환위기 직후에는 외부 경제상황의 악화로 기업구조 조정이 이루어진 것과는 달리 최근에는 기업자체의 문제와 산업 사이클 차원에서 부실이 발생하는 경우가 많다. 물론 기업이 어려워지기 전에 매각을 발 빠르게 하는 것이 가장 합리적이다. 그러나 쉽지 않은 의사 결정이다. 경영 환경이 어려워지면 부실이 심각해진 후에나 매각이나 워크아웃과 법정 관리 등 사후적 구조 조정에 나서는 것이 일반적이다. 경영이 악화되면 보유자산과 기업 가치도 급격히 하락한다. 따라서 사전적 구조 조정이 워크아웃이나 법정 관리 등 사후적 구조 조정 프로세스에 비해 손실을 줄일 수 있다. 혹시나 하는 마음이나 끝까지 버텨보려는 생각은 버려야 한다.[15] 기업 회생 절차는 파산 위기에 있지만 청산보다 존속가치가 높은 기업을 구제하는 제도다. 기업은 파산을 막을 수 있고 채권자들은 기업이 법정 관리를 통해 정상 궤도로 올라설 경우 파산 때보다 손실폭을 줄일 수 있다는 점에서 재무 구조가 악화된 기업 이해당사자들에게 선호되고 있다. 법정 관리 중인 기업 대부분은 M&A를 회생수단으로 원한다. 그러나 경기 침체가 장기화되면서 회생기업은 해마다 불어나고 있는 M&A를 통해 회생하는 기업은 극소수에 불과하다. 반면 매각에 성공한 회생 중소기업들 대다수는 환차손 등 대외 여건과 외부 환경 때문에 망가졌지만 뛰어난 생산시설과 기술, 노하우를 보유하고 있다. 회생기업들이 매각에 성공하려면 매각가액을 낮추고 부채를 최대한 줄여야 한다. 일부 회생기업들은 M&A로 모든 것을 해결하려는 생각으로 터무니없는 가격을 고수하고 시장의 가치 평가를 무시하는 것이 주원인이다.[16] 물론 회생 신청을 하면 출자 전환을 통해 재무 구조를 개선하고 외부 출자를 유치하여 회생할 수 있다. 팬오션은 2014년 회생 계획을 인가받음으로써 출자 전환을 통해 재무 구조를 획기적으로 개선할 수 있었다. 그럼으로써 M&A 계약을 체결해 채무변제재원을 마련하여 2015년에는 변경회생 계획안을 가결시킬 수 있었다. 이것이 인가되면 팬오션은 우량기업으로 거듭날 수 있게 된다.[17]

《주역》의 한 구절인 "행복은 불행 때문에 가능하고 불행은 행복 속에 숨어 있다. … 확실한 것은 없다. 의로운 것이 갑자기 사악한 것이 되고 선한 것이 갑자기 악한 것이 된다"라는 말은 기업에도 적용시킬 수 있다. 기업의 경기가 좋을 때 미리 위기에 대비해야 하고 경기가 좋지 않을 때는 다시 찾아올 기회를 대비한 준비를 해야 한다. 기업이 위기로 가는 경우는 대대적인 성공을 거둔 경우, 잘못될 일이 하나도 없을 것이라고 생각하는 경우, 시장에서 우위를 점하고 있는 경우, 세상 사람들이 멋지다고 감탄할 만한 근사한 제품을 만들었을 경우이다. 그때부터 기업가들은 현 상태를 유지하려고 애를 쓴다. 퇴화의 치명적인 이유는 단순한 자기만족이라고 볼 수 있다.[18] 성공을 거뒀다고 생각하는 순간부터 시장과 고객을 무시하기 쉽다. 인텔 전 회장 앤드 그로브는 "성공은 자기만족을 낳고, 자기만족은 실패를 낳는다"고 말하면서 자기만족을 경계해야 한다고 말했다. 토인비도 역사 속에서 그리스, 로마 등 영원한 영광을 누릴 줄 알았던 강대국들이 얼마 가지 않아 망해 버린 원인은 천재지변이나 외부침략이 아닌 교만과 안이함 때문이라고 지적했다. 위기에 처한 기업의 대부분이 한때는 승승장구하던 기업들이라는 사실을 명심해야 한다.

(2) 부실기업 M&A 시장

M&A 시장은 '프라이머리(Primary) 시장'과 '세컨더리(Secondary) 시장'으로 구분된다. 전자는 정상적으로 경영되고 있는 기업이 거래되는 시장을, 후자는 부실기업이나 부도 위기에 처한 기업이 거래되는 시장을 말한다.

잠재력이 있는 부실기업에 투자를 하면 성공할 가능성이 있다. 세컨더리 M&A 시장에 투자를 하는 것은 'Cherry picking' 투자기법을 사용한다고 볼 수 있다. IMF 외환위기나 금융 위기 같은 시기에 실제 기업 가치에 비해 주가가 과도하게 떨어진 주식을 골라 투자하는 방식이다. 하지만 부실기업을 잘못 인수할 경우 한순간에 위기에 처할 수 있다. 심지어는 모기업까지 동반부실화되면서 기업이 망할 수 있다.[19]

회복이 어려워보이는 기업이라도 인수 기업이 새로운 경영모델이나 사업 모델을 도입하여 경영을 개선한다면 매력적인 인수 대상이 될 수 있다. 또한 회복 가능성이 보이는 매력적인 자산이나 사업만 인수하고 부채는 제외시키는 방법도 고려해볼 수 있다.

(3) 부실기업의 구조 조정과 회생

부실기업이 선택할 수 있는 길은 정해져 있다. 구조 조정 또는 매각, 회생, 부도이다.

구조 조정이란 위기의식을 느낀 기업이 기업 가치를 창조하지 못하는 사업을 정리하고 가치를 창조할 수 있는 핵심 사업 중심으로 계획적인 추진을 하려는 급격한 변화를 말하며 M&A를 포괄하는 개념으로 사용된다. 이러한 구조 조정은 기업의 입장에서 보면 미시적인 정의이다. 반면 거시적인 구조 조정은 한 국가의 비교 열위에 있는 업종이 도태되고 고부가가치 산업을 중심으로 산업구조가 변화되는 형태를 말한다. 미국에서는 M&A를 통하여 산업의 구조 조정이 성공적으로 이루어져, 미국 경제를 발전시킨 원동력이 되기도 했다. 즉, M&A는 구조 조정의 맥락에서 이해되어야 하는 개념이다.

구조 조정의 궁극적 목적은 비용 절감이 아니다. 인력감축 등을 통해 일시적으로 재무 건전성이 회복되고 수익성이 개선됐다고 해서 구조 조정이 성공한 것은 아니다. 시장에서 생존 가능한 시스템을 만들어 내지 못하면 위기는 금방 다시 찾아온다. 회사의 경쟁력을 회복하고 경영 환경을 개선한 뒤 재도약을 준비하는 것이 목적이다. 따라서 구조 조정은 재도약에 필요한 조건을 만들어 내는 데 초점을 맞춰야 한다. 인력 감축은 구조 조정의 한 방편이기는 하지만 경영 개선을 위해 모든 조치를 다 해도 안 될 때 마지막 방법으로 검토해야 한다. 구조 조정 과정에서 가장 중요한 것은 사업에 필요한 핵심 인력을 유지하는 것이다. 구조 조정 과정에서 우수한 직원은 떠나고 상대적으로 경쟁력이 뒤지는 직원들만 남는 경우가 많다. 구조 조정을 잘못하면 핵심 인재들이 대거 이탈해 회사의 경쟁력이 급격하게 약해질 수 있다. 이렇게 되면 회사의 재도약은커녕 유지조차 어려워진다. 구조 조정 과정에서 많이 범하는 실수 중 하나는 능력과 무관하게 경영진과 가까운 직원들이 남는 것이다.[20]

현실 세계의 구조 조정으로는 부실기업의 정리와 회생을 지원하기 위한 제도인 기업 개선 작업(Workout), 각종 법률(기업구조 조정촉진법, 회사정리법-법정관리, 화의 법)에 의한 채무 재조정(Debt restructuring), 증자, 감자·출자 전환 등에 의한 자본 구조 재편(Re-capitalization), 기업주의 사재 출연에 의한 기업 갱생 시도가 있다. 2015년에 정부는 조선, 해운, 철강, 유화 등 4개 산업에 대한 구조 조정을 추진했다. 조선과 해운은 동일 업종 내 기업 간 M&A, 일부 부실기업은 청산 또는 통폐합을 추진했다. 상대적으로 양호한 철강, 유화는 공급 과잉을 자율적으로 해소하는 방안을 추진했다. 물론 산업 구조 조정은 채권은행과 기업 자율로 실시된다. 채권은행의 제안을 기업이 거부하면 채권단이 납득할 만한 수준의 대주주 사재 출연과 자구 계획, 그리고 자구 계획에 대한 노조의 동의를 요구했다. 금융 기관들은 대기업에 대한 신용위험평가를 한 뒤 C등급은 워크아웃(기업의 재무 구조 개선 작업), D등급은 법정 관리(회생 절차)를 하기로 방향을 잡았다. C등급 기업은 채권은행에 자구 계획안을 내야 하는 바, 자구 계획이 미흡한 기업은 M&A 대상이 될 수도 있다.[21] 통상 법정 관리는 기업이 회생개시 결정을 받은 뒤에야 비로소 계획안을 만들어 채권자와 협의에 나선다. 법정관리는 채권자 목록 제출, 채권조사기관 선정, 채권 확정 등에 6주가 소요되고, 보고서 및 회생계획안 제출에 몇 개월이 걸린다. 'P 플랜'은 'pre-packaged plan'의 약자로 법원이 부채를 신속히 탕감해주면 채권단이 신규 자금을 투입하는 구조조정 방식이다. 부채의 2분의 1 이상을 보유한 채권자, 부채 2분의 1 이상의 채권자의 동의를 얻은 채무자가 사전 회생 계획안을 법원에 제출하면 법원이 심사해 회생개시 여부를 결정하고 2~3개월 내에 회생절차가 종결될 수 있다. 회생절차 개시 결정과 함께 영업활동을 포괄 허가하면 해당기간 동안 기업을 정상적으로 운영할 수 있다. 회생절차 전에 채무자가 인수예정자를 결정하고 인수예정자의 투자 계획 등을 반영하여 인수 합병을 추진한다.

세법상으로도 구조 조정을 위하여 자산을 양도하면 '조세특례제한법' 제 34조에 따라 법인세 납부를 연기할 수도 있다. 기업의 회생과 관련하여 조심할 것은 불법행위로 인한 처벌이다. 2015년에 검찰은 신원그룹의 기업주가 수백억 원대의 재산을 숨겨둔 채 허위로 개인파산과 개인회생을 신청해 270여억 원의 빚을 면제받은 혐의 등에 대해 수사했다. 검찰은 신원그룹의 기업주가 부인과 아들, 지인 등 명의로 수백억 원대 재산을 감춰 놓았다는 혐의가 있다고 발표했다. 법원을 속여 채무를 면제받는 것은 사기회생죄에 해당된다. 1999년 신원이 경영난으로 워크아웃에 들어가면서 지분을 모두 포기했지만, 이후 부인과 아들 등의 이름으로 페이퍼컴퍼니를 만든 것이다. 그럼으로써 이 회사 명의로 신원의 지분을 다시 확보해 실질적인 경영권을 되찾았다. 워크아웃 당시에는 1조 원대의 채무를 조정받아 기업을 살렸다. 또한 100억 원대의 회사자금 횡령 혐의에 대해서도 조사받았다.[22]

(4) 부실기업의 M&A와 법률

부실기업을 매각할 때 유의할 것은, 부실기업을 제3자의 배정에 의해 아주 낮은 가격으로 증자하는 경우 배임 문제가 발생할 수 있다는 점이다. 또한 부실한 기업의 자산만을 인수하는 경우 거래가액이나 거래의 성격에 관해 그 기업의 채권자로부터 사해행위 취소와 관련된 법령이나 파산 관련 법령에 의한 문제에 부딪힐 수 있다. 채권자가 매각 후 법원에 파산을 신청하면 법원이 거래를 무효화시킬 수 있기 때문이다. 따라서 채권자들과의 협의를 통해 거래가 진행되어야 한다.

최근에 회생 과정에서 매각된 안성큐 골프장의 판결은 향후 전반적인 부실이 예상되는 골프장의 매각과 관련하여 알아두어야 할 사례이다. 우선 매각 전에 골프장회원과 맺은 입회금 반환약정은 회생 전 매각에는 적용이 되지 않는다는 점이다. 〈체육시설의 설치이용에 관한 법률〉 제27조에 따르면 〈민사집행법〉에 따른 경매, 〈채무자 회생 및 파산에 관한 법률〉에 따른 환가(압류재산 매각), 〈국세징수법〉, 〈관세법〉 또는 〈지방세기본법〉에 따른 압류 재산의 매각 등을 통한 영업양수도 매각인 경우에만 골프장회원들과 맺은 약정을 승계한다. 따라서 회생인가 전 M&A는 여기에 해당하지 않으므로 회원들은 입회금을 보장받을 수 없다. 동 회원들은 당초 입회금의 17%만을 돌려받았다. 이에 대하여 소송을 제기했지만 이도 인정될 수 없다. 이 주장이 받아들여지기 위해서는 청산 가치 때 받는 경제적 이익보다 회생 절차를 통해 변제받을 수 있는 현재 가치가 낮아야 한다. 골프클럽Q안성의 경우 청산 시 회원들의 입회금의 배당률은 0%이기 때문에, 회생 절차를 통해 17% 변제율을 기록한 것은 청산 가치 보장의 원칙을 지켰기 때문이다. 헐값 매각 논란에 대해서도, 골프존카운티−케이스톤 컨소시엄은 공개경쟁입찰을 통해 골프장을 인수한 것으로 과정상 문제점이 발견되지 않는다고 판결했다.[23)]

(5) 자율 구조 조정

채무가 과다하여 회생이 어려운 기업을 인수할 기업은 없다. 이런 경우 채권자로서는 손실을 줄이고 채권을 확보하기 위해 채무 구조 조정을 하여 새로운 주인을 찾을 필요가 있다. 과도한 채무로 위기에 처한 기업의 인수를 위한 채무 구조 조정은 두 가지 대안이 있다. 첫째는 법원에 회생(법정 관리)을 신청하여 채무를 탕감받는 것이고, 둘째는 채권자와 협의하여 채무를 조정하는 것이다. 법정 관리에는 상당한 비용(수천만 원대)이 들고 오랜 시간이 소요된다. 또한 회생을 신청하려면 기업주가 회사와 얽힌 법적인 문제나 회계상의 문제가 없어야 한다. 법원이 회사 돈을 횡령한 기업주의 민형사상 책임을 면제해주고 채무를 탕감하여 회생시켜 주지는 않을 것이기 때문이다.

사전에 변호사나 회계사, 또는 M&A 전문가와 상의해야 한다. 법인회생 제도는 사업부진이나 금융사고 등의 다양한 이유로 기업이 일시적인 재정상태의 악화를 겪어 채무 변제가 어려울 경우, 법률관계를 조정함으로써 법인이 감당할 수준으로 재조정하고, 일부 채무를 탕감하거나 주식으로 전환하는 방법 등으로 기업의 재기가 가능하게끔 만들어주는 것이다. 회생 신청 자격은 회사 자산보다 부채가 많은 개인사업자나 중소기업, 또는 사업성은 있지만 과다한 금융 비용이나 유동성 위기로 부도가 났거나 부도의 위험이 있는 중소기업, 신규 사업 투자 실패로 인한 도산 위기 기업 등이다. 기업 회생 신청 이후 채무를 변제하면서도 장기간 회사 유지가 어렵다고 판단되는 경우라면, 법인파산 제도를 이용해야 한다.[24]

반면 채권자와 채무자 간의 협의에 의한 자율 조정 방식이 기업 재무 구조 개선 작업, 즉 워크아웃(workout)이다. 채권자는 기업의 재무 구조를 재조정하여 경영이 계속되도록 할 것인지, 어떻게 계속할 것인지, 아니면 청산할 것인지를 조율한다. 부채 구조 조정(debt restructuring)은 상환기간 연장, 이자 부담과 원금상환의 유예, 채무 탕감(composition), 자본 전환(debt-for-equities swap) 등을 통해 대출 상환이나 이자 부담을 조정하는 방식이다. 자본 전환은 채무를 포기하는 대신에 장기적으로 기업의 성장에 의한 지분가치의 상승을 기대하는 조정 방식이다. 68페이지의 〈표 3-2〉는 자본 전환으로 인한 효과를 분석한 것이다.

〈표 3-2〉 채무의 자본 전환의 효과 분석 사례

주식회사 한국의 자본금은 주당 액면 가액 1만 원 발행 주식 수 40만 주로 구성되어있다. 회사의 차입금은 이자율 8%로 20년 간 상환된다. 회사의 유효법인세율은 40%이다. 50억 원의 회사채 채권자는 보통주식 액면 가액으로 전환을 받아들였다. 따라서 50만 주의 주식을 발행해야 한다.

자본 전환 전 현금 흐름 및 자본 구조

1. 손익과 현금 흐름		2. 자본 구조	
영업 이익(Earnings before interest and taxes)	500,000,000	부채	10,000,000,000
이자 비용	800,000,000	자본	4,000,000,000
법인세비용 전 이익	(−)300,000,000	합계	14,000,000,000
법인세비용(환급)	120,000,000	부채/(부채+자본)	71.4%
당기순이익	(−)180,000,000		
감가상각	400,000,000		
차입금 상환	500,000,000		
현금 흐름	(−)280,000,000		

자본 전환 후 현금 흐름 및 자본 구조

3. 손익과 현금 흐름		4. 자본 구조	
영업 이익(Earnings before interest and taxes)	500,000,000	부채	5,000,000,000
이자 비용	400,000,000	자본	9,000,000,000
법인세비용 전 이익	100,000,000	합계	14,000,000,000
법인세비용(환급)	40,000,000	부채/(부채+자본)	35.7%
당기순이익	60,000,000		
감가상각	400,000,000		
차입금 상환	250,000,000		
현금 흐름	210,000,000		

(출처: Donald DePamphilis, Mergers and Acquisitions Basics, Burlington, Elsevier, 2011, p. 619.)

2014년 세월호 침몰 사건이 일어나자 세모그룹 회장이 기업 회생 절차를 부채탕감의 수단으로 악용했다는 비판이 일어 회생 절차가 엄격해졌다. 기업 파탄의 책임이 있는 종전 기업주는 물론 관련자 모두가 관리인에서 배제될 수 있다. 회생 절차를 악용해 경영권을 회복하려는 시도도 어려워졌다. 회생기업 을 매각하면 매각주간사는 인수 희망자와 종전 기업주와의 연관성 여부를 반 드시 확인해야 한다.[25] 회생 절차도 의미가 없는 경우에는 결국 청산하는 것이 유일한 선택이다. 법원에 의한 청산 절차는 시간과 비용이 많이 들기 때문에 직접 하는 것이 합리적이다. 관리인(assignee, trustee)이 위임(assignment)을 받아 진행한다.

(6) 부실기업 매각

부도 위기에 몰린 기업을 매각하는 경우는 두 가지로 분류할 수 있다. 첫째는 매각으로 모든 채권자들의 부채를 값을 수 있는 경우로, 법적절차가 필요하지 않다. 둘째는 모든 부채를 값을 수 없는 경우이다. 이 경우에 금융 기관이나 담보채권자는 법적인 절차를 진행해야 한다. 금융 기관과 청산 대신 매각을 진행할 때 어려운 점은 기업을 평가할 때 청산 가치로 평가하려는 점이다. 금융 기관은 채권회수 금액이 감소되는 것에만 관심을 가지며 향후 회사가 개선되어 회수 금액이 증가할 가능성에는 관심을 덜 가진다. 회사를 매각하거나 자본 재구성(Recapitalization)이 설득되지 않으면 금융 기관은 청산을 시도하려 할 것이다.

부도가 나거나 위기에 처한 기업을 매각하는 일은 특히 어려운 문제이다. 납품업체는 납품을 거절하고, 직원들은 떠나고, 고객들은 구매를 꺼린다. 경쟁기업은 이를 이용하여 고객을 빼앗아가고, 회사의 실적이 나빠져 매각은 더욱 어려워진다. 때문에 우선적으로 기업주와 경영자는 상황의 심각성을 인지해야 한다.

채권자와 기업주는 '치킨 게임(Game of chicken)'에 직면하게 된다. 치킨게임은 '겁쟁이(Chicken) 게임'이라고도 불린다. 선수 A와 B가 양쪽 끝에서 자동차를 타고 출발해 정면으로 충돌하려는 상황을 생각해보자. 만일 양쪽이 계속 달린다면 A와 B 모두 죽게 된다(가장 나쁜 결과). 한쪽이 겁이 나서 옆으로 피하면 그 행위자는 겁쟁이가 되어 체면을 잃게 된다(회피한 행위자에게는 최악의 결과 다음에 해당되는 나쁜 결과, 회피하지 않은 행위자에게는 최선의 결과). 만일 양쪽 모두 옆으로 피하면 생명은 잃지 않지만 승리자도 없기 때문에 차선의 결과가 나온다. 결과가 어느 쪽으로 나오는가에 따라 이득은 크게 달라진다. 자신에게 유리한 상태로 이끌기 위해서는 직진을 취할 수밖에 없다. 결국 비합리적으로 '자신의 손을 묶어' 직진하는 것이 최선의 결과를 낳는다('비합리의 합리성'). 국제 정치·경제에서는 치킨 게임과 같은 위험한 상황이 종종 발생한다. 은행이나 기업이나 회사가 파산하는 것은 바라지 않는다. 그러나 어느 한쪽도 양보하려 하지 않을 것이다. 이러한 기업을 매각할 때 성공적인 결과를 원한다면 회사에게 시간적 여지를 주어 자금을 조달할 수 있도록 긴밀히 협력해야 한다. 그렇지 않으면 기업은 희생될 수밖에 없다. 위기 상황에 빠진 기업을 매각할 때는 일반적인 절차를 생략하고 압축 진행하는 것이 바람직하다. 우량기업을 매각할 때와 같은 방법으로 절차를 진행하면 얻는 것보다 잃는 것이 더 많다. 궁지에 몰린 기업을 매각하는 것은 50만 원짜리 스포츠 티켓을 사놓고 경기에 가지 못해서 되파는 상황에 비유할 수 있다. 한 시간 전에는 열성팬이 40만 원을 부르며 티켓을 사려고 할 것이다. 이때는 원가를 생각하여 제의를 거절할 것이다. 30분이 지나고, 또 한 사람이 45만 원을 부르는데 이번에도 거절을 한다. 그런데 갑자기 비가 오기 시작한다. 이젠 누군가가 10만 원을 부른다. 하지만 또 다시 거절한다. 비가 폭우로 변하고, 이젠 아무도 없다. 궁지에 몰린 기업도 이와 마찬가지이다. 시시각각 회사는 어려워진다. 빨리 팔기 위해 진행하는 것만이 답이다. 그러나 계속적인 매각 시도는 채권자들을 기다리게 할 수 있으므로 절차 등에 가능한 한 구애받지 않고 진행하는 것이 바람직하다.

(7) 회생 또는 법정 관리

회생(법정 관리, conservatorship)은 부도를 내고 파산 위기에 처한 기업에 회생 가능성이 보일 때 법원의 결정에 따라 법원에서 지정한 자(관리인)가 자금을 비롯한 기업 활동 전반을 대신 관리하는 제도이다. 회생을 신청하여 법원의 결정에 따라 회생기업으로 결정되면, 부도를 낸 기업주의 민사상 처벌이 면제되고 모든 채무가 동결되어 채권자는 그만큼 채권 행사의 기회를 제약받는다. 법원이 회사나 주주 또는 채권자로부터 회생 신청을 받으면 보통 3개월 정도의 시간을 가지고 합당 여부를 심의하며, 법원이 신청을 기각하면 파산절차를 밟거나 항고·재항고할 수 있다. 이 기간 중에는 법원의 회사재산보전처분 결정이 그대로 효력을 발휘하게 되어, 시간 벌기 작전으로 파산 위기를 넘기는 데 이용되는 등 부실기업의 도피 방식으로 악용·남용되는 사례도 많다. 회생허가가 나지 않으면 파산관재인(receivership)에 의하여 관리된다. 회생과는 달리 은행 관리는 법원이 지정한 제3자가 아닌 주거래은행에서 직원을 파견하여 자금을 관리하는 제도이다. 회생에 들어간 뒤 매각을 하려면 관할 지방법원에 매각허가신청서를 제출하여 허가를 받아야 한다. 그러나 회생에 들어간 후 1년도 채 되지 않은 빠른 시점에 매각허가신청서를 제출하면 반려될 수도 있다.

이러한 업무는 법원의 파산부가 담당한다. 법원의 파산부 규모가 비대해지고 있다는 것은 암울한 경기 상황을 고스란히 반영한다고 볼 수 있다. 서울 중앙지방법원의 경우, 2008년에 110건이었던 기업 회생 신청건수가 2013년에는 272건으로 162%나 늘었다. 회생 신청이 늘어난 데는 과거의 법정 관리 시절에 비해 기업 회생 절차에 대한 기업인식이 달라진 것이 크게 작용했다. 기존 경영진이 회생에 대한 희망을 안고 경영권을 지키고자 법원으로 향하는 경우가 늘어난 것이다. 〈채무자 회생 및 파산에 관한 법률〉을 따르는 기업 회생 절차는 기존 경영진이 계속 회사를 운영토록 하는 기존관리인 유지제도를 갖추고 있다.[26] 기존관리인 유지제도(Debtor in possession, DIP)는 재산 유용이나 은닉 같은 문제가 있거나 부실경영에 중대한 책임이 있는 경우가 아닐 때, 기업 회생 과정에 기존법인 대표자를 관리인으로 선임하는 제도이다. 미국의 회생 절차를 참고한 제도로, 2006년에 일명 '통합도산법'인 〈채무자 회생 및 파산에 관한 법률〉이 제정되면서 도입되었다. 경영진이 회생 절차를 꺼려 회생 가능한 회사가 기회를 놓치는 일이 없도록 하자는 취지였다. 그러나 이 제도는 회생 절차를 적극적으로 이용하여 경영 노하우를 활용하자는 처음의 취지와는 달리, 기존 경영진이 경영권을 유지하면서 채무 탕감이나 이자 감면 등 채무 재조정을 받기 위한 방편으로 활용하는 사례가 늘면서 비판의 목소리가 계속되고 있다.[27]

또한 회생은 M&A을 통해 재기를 노릴 수 있다는 점 때문에 이를 기대하는 기업 경영진과 채권단의 선호도 높아졌다. 과거에는 계속 기업 가치보다 청산 가치가 높으면 곧바로 청산 수순으로 돌입했지만, 최근에는 청산 가치가 더 높아도 M&A를 통해 회생하는 기업의 수가 늘고 있다. 2012년 12월에 회생 절차에 돌입한 나드리 화장품의 경우가 그 예이다. 청산 가치가 계속 기업 가치보다 높게 책정되어 청산 수순을 밟을 뻔했지만 M&A를 통해 이를 극복하고 2013년 6월에 회생 절차를 종결했다. 법원이 내놓는 매물에 대한 시장 관심도 커지면서 제값을 받고 팔 수 있겠다고 생각하는 기업과 채권단의 기대도 높아지고 있다. 청산으로 소위 빚잔치를 하기보다는, 매각을 통해 기업도 살리고 채권단도 투자 금액을 회수하는 쪽을 점점 더 선호하는 추세가 되어가고 있는 것이다. 기업 회생 절차 매물로 나오는 기업들은 법원에 의해 우발채무 등의 위험 요소들이 조정되거나 제거되기 때문에 '보다 싼값에 괜찮은 기업을 살 수 있는 기회'라는 인식도 높아져 이를 노리는 곳이 많아지고 있다.[28]

　서울중앙지방법원의 파산부는 회생기업 M&A의 중심으로서 굵직굵직한 회생기업 매각을 성공시키고 있다. 과거에는 법적 절차에만 얽매였던 것과 달리, 요즘에는 한층 유연해졌다. 2015년 팬오션 본 입찰 직전 '유상 증자 + 회사채 인수' 구조로 가격을 제시하면서 증자 금액이 최소 8500억 원이어야 한다는 조건을 걸었다. 시장에서 예상했던 매각가격보다 2000억 원가량 높은 금액이었지만 1조 원에 매각되었다. 인수 후보들의 인수 의지를 간파한 법원의 전략이 통한 것이다. '조건부 우선협상대상자 선정'과 같은 새로운 M&A 방식도 적극적으로 사용하고 있다. 인기가 없는 매물들에 대해서는 원매자가 제시한 가격과 조건이 청산가격을 밑돌거나 기대에 부응하지 못해도 일단 조건부 우선협상대상자로 선정해 묶어두고 다른 원매자를 찾는 식으로 매각 성사 가능성을 높이려 하는 경우도 있다. 과거에는 기준에 맞지 않으면 유찰시키고 재매각 수순을 밟는 것이 당연했다. 파산부의 중심에는 윤준 수석부장판사가 있다. 윤관 전 대법원장의 뒤를 이어 2대째 사법부에서 봉직하고 있다. 윤준 판사는 경제적 관점에서 M&A를 제대로 이해하고 있는 법관으로 정평이 나있다.[29]

(8) 개인회생 제도의 현황

개인채무자 회생제도는 신용불량자와 채무자를 구제해주는 제도이다. 2004년부터 관할 법원을 통해 개인회생 제도가 시행되고 있다. 개인회생 제도는 신용불량자와 채무자가 현재 가지고 있는 재산을 그대로 유지한 상태에서 돈을 벌어 빚을 갚을 수 있도록 한 제도이다. 신용회복지원위원회가 시행하는 개인 워크아웃(개인 신용회복 지원)과 법원이 결정하는 개인파산 제도의 중간 정도에 위치하는 제도이다. 신청 자격은 빚이 많지만 돈을 벌 수 있는 급여소득자와 자영업자이며, 채무감면 대상에는 금융 기관 채무 및 개인 간 사채 등 모든 채무가 포함된다(단, 무담보 채권 10억 원, 담보 채권 5억 원 이하여야 한다).

채무자가 관할 지방법원에 개인회생 신청과 함께 변제 계획서를 제출하면 법원은 재산조사와 채권자 이의 수렴 등의 절차를 통해 개인회생 절차 개시를 결정한다. 개시가 결정되면 채무자의 재산에 대한 가압류나 채권추심이 금지된다. 기간은 최장 8년이며, 정해진 기간 동안 변제 계획을 끝내면 나머지 빚은 면책된다. 채무자가 제출한 변제 계획서의 금액이 채무자의 모든 재산을 팔아서 받을 수 있는 돈(파산 배당액)보다 많으면, 채권자들이 이의를 제기하더라도 법원이 직권으로 변제 계획을 인가할 수 있어 원금이 감면될 수 있다. 그러나 개인회생 제도를 거치면 법원에 기록이 남으며, 채무자가 계획된 변제를 마쳐 면책되어도 은행연합회의 공동신용 정보망에는 기록이 남게 된다. 이에 따라 신용카드 발급 및 계좌개설 등 금융 경제 활동상 불이익을 받을 수 있다.

8) 비영리 법인

대학이 과도하게 늘어나면서 우리 사회에서는 대학 경영이 어려워지고 있다. 대학 같은 학교법인은 비영리법인이기에 매각 자체가 불법으로 인식된다. 그런데 대법원은 이를 불법으로 보지 않는다는 판결을 내렸다.

'사립학교법' 제20조 제1항, 제2항, 제20조의 2, 제20조의 3, 제28조 제1항, 제47조, 제73조 제2호의 내용과 취지 등을 종합적으로 고려하여 보면, 학교법인 운영권의 유상 양도를 금지·처벌하는 입법자의 명시적 결단이 없는 이상 학교법인 운영권의 양도 및 그 양도대금의 수수 등으로 인하여 향후 학교법인의 기본재산에 악영향을 미칠 수 있다거나 학교법인의 건전한 운영에 지장을 초래할 수 있다는 추상적 위험성만으로 운영권양도계약에 따른 양도대금 수수행위를 형사 처벌하는 것은 죄형법정주의나 형벌법규 명확성의 원칙에 반하기에 허용될 수 없다는 것이다.

사실, 학교법인의 이사장 또는 사립학교경영자가 학교법인의 임원을 변경하는 방식을 통하여 학교법인의 운영권을 양수인에게 이전하고, 그 대가로 양수인으로부터 운영권 양도에 상응하는 금전을 지급받기로 약정하는 내용의 계약(이하 '운영권양도계약'이라 한다)을 체결하는 경우가 있는데, '사립학교법'은 이러한 운영권양도계약을 제한·금지하는 취지의 규정을 두고 있지 않으며, 그 운영권의 양도에 교육부장관 등 관할청의 허가를 받을 것을 요구하거나 운영권 양도 행위를 형사 처벌하는 규정도 두고 있지 않다. 나아가 운영권양도계약은 학교법인을 소유한 사람의 기본재산의 소유권을 전혀 변동시키지 않으며, 단지 학교법인 이사회의 의결을 통해 운영권을 이전받는 양수인 혹은 그가 지정하는 사람이 학교법인의 임원 등으로 선임되는 형태의 변동이 있을 뿐이다. 이에 관하여 '사립학교법'은 학교법인 이사회가 선임한 임원은 관할청의 승인을 얻어 취임하고(제20조 제1항과 제2항), 새로 선임된 임원이 일정한 행위를 하면 관할청은 그 임원의 취임 승인을 취소하거나 직무집행을 정지할 수 있고 (제20조의 2, 제20조의 3), 임원이 변경된 후 학교법인이 설립허가조건을 위반하거나 정관에 정한 목적을 달성하기가 불가능하다면 교육부장관이 학교법인에 해산을 명할 수 있도록(제47조) 규정함으로써 관할청에 사후적·행정적 감독 및 규제 권한을 부여하고 있을 뿐이다.

이러한 관련 규정의 내용과 취지 등을 종합적으로 고려해보면, 학교법인 운영권의 유상 양도를 금지·처벌하는 입법자의 명시적 결단이 없는 이상 학교법인 운영권의 양도 및 그 양도대금의 수수 등으로 인하여 향후 학교법인의 기본재산에 악영향을 미칠 수 있다거나 혹은 학교법인의 건전한 운영에 지장을 초래할 수 있다는 추상적 위험성만으로 운영권양도계약에 따른 양도대금 수수행위를 형사 처벌하는 것은 죄형법정주의나 형벌법규 명확성의 원칙에 반하기에 허용할 수 없다는 것이다. 따라서 학교법인의 이사장 또는 사립학교경영자가 학교법인 운영권을 양도하고 양수인으로부터 양수인 측을 학교법인의 임원으로 선임해주는 대가로 양도대금을 받기로 하는 내용의 '청탁'을 받았더라도, 그 청탁의 내용이 당해 학교법인의 설립 목적과 다른 목적으로 기본재산을 매수하여 사용하려는 것으로서 학교법인의 존립에 중대한 위협을 초래할 것임이 명백하다는 등의 특별한 사정이 없는 한, 그 청탁이 사회상규 또는 신의성실의 원칙에 반하는 것이라고 할 수 없다. 그러므로 이를 배임수재죄의 구성 요건인 '부정한 청탁'에 해당한다고 할 수 없다. 나아가 학교법인의 이사장 또는 사립학교경영자가 자신들이 출연한 재산을 회수하기 위하여 양도대금을 받았다거나 혹은 당해 학교법인이 국가 또는 지방자치단체로부터 일정한 보조금을 지원받아왔다는 등의 사정은 위와 같은 결론에 영향을 미칠 수 없다.

학교법인을 계속 운영한다는 의사의 합치 아래 그 운영권 자체를 양도하는 등 법인의 설립 목적과 다른 목적으로 기본재산을 매수하여 사용하려는 의도로 운영권양도계약을 체결하였거나 혹은 실제로 이사장 변경 후 학교 운영 이외의 다른 목적으로 법인을 운영하였다고 볼 만한 사정도 찾아볼 수 없어, 법인의 이사장으로 선임되도록 해달라는 청탁을 받고 양도대금을 수령하였다고 하더라도 이를 사회상규 또는 신의성실의 원칙에 반하는 것으로 볼 수도 없다.

그럼에도 원심은 유죄로 인정하였는바, 이는 배임수증재죄의 구성 요건인 부정한 청탁에 관한 법리를 오해하여 판단을 그르친 것이기 때문이. '형법'제357조에 규정된 배임수재죄 또는 배임증재죄에 있어서의 '부정한 청탁'은 사회상규와 신의성실의 원칙에 반하는 청탁을 말한다. 아울러 이를 판단함에 있어서는 청탁의 내용, 이와 관련하여 취득한 재물이나 재산상 이익의 종류·액수 및 형식, 재산상 이익 제공의 방법과 태양, 보호법익인 거래의 청렴성 등을 종합적으로 고찰하여야 한다.[30]

2. 매각의 사유

1) 사유의 개요

기업을 매각하는 동기는 다양하다. 사업은퇴, 공동사업의 갈등, 기업주의 병이나 사망, 기업의 전략적 입장의 변화, 재무적 어려움, 수익성 있는 투자 대상의 발견, 투하자본의 회수, 예상치 못한 인수제의 등이다. 대부분의 기업들은 부정적 'D'(dismal D's)라 불리는 문제들로 인해 매각을 희망한다. 이 문제들은 마음속에서 작게나마 매각의 동기가 된다. 사망(Death), 오너의 능력부족(Disability), 자식에게 상속(Desire), 이혼(Divorce), 사업갈등(Dissension), 심경의 변화(Distraction, 하고 싶은 일, 사업에 대한 회의와 고통 등), 사업철수(Divestment, 자금 부족, 시장 포화 등) 등으로 인해 기업가들의 머릿속은 늘 매각에 대한 고민이 맴돈다.

2) 회수와 투자

미국에서는 전자결제업체인 페이팔을 매각한 후 전기자동차 업체 테슬라를 설립한 엘론 머스크(Elon Musk)처럼 M&A를 통해 번 돈으로 다시 창업에 나서는 창업가들로 벤처기업 생태계의 선순환 구조가 형성돼있다.[31]

3) 은퇴와 질병

삶은 영원하지 않다. 기업도 영원할 수 없다. 문제는 마지막 순간까지 기업에서 손을 놓으려 하지 않는 사람들에게 있다. "나이가 들어서도 욕심을 부리는 것은 여행길이 끝나가는데 다시금 준비물을 챙기는 것과 같다"라는 키케로의 말처럼, 나이를 먹어서도 물질에 집착하면 정신적으로나 금전적으로나 좋지 않은 결과를 가져온다.

인생이란 어느 날 갑자기 마지막 지점에 서게 된다. 시간이 빠르게 흘러 순식간에 은퇴할 시기가 찾아온다. 인생은 의외로 짧다. 비상장 기업을 매각하는 가장 많은 경우는 기업주가 사업에서 은퇴하는 경우이다. 기업과 사업에 지루함을 느끼거나 회의를 느껴 은퇴하려는 기업주도 있다. 이제는 현업을 떠나 새로운 삶을 영위하고자 하기도 한다. 또한 어느 정도 사업에 성공하면 여유 있게 살고 싶어진다. 사업이 잘되면 그렇게도 즐거웠던 일이 어느 날 갑자기 재미없어지기도 하고, 나이가 들수록 무상하게 느껴지기도 한다. 많은 기업가들이 나이를 먹으면서 느끼는 감정이기도 하다. 아주 정상적인 과정이다. 우리나라 중소기입 경영자의 연령대는 1993년에는 40~49세가 40%로 주류를 차지했지만, 2013년에는 50~59세가 45% 이상을 차지했다.

병이나 죽음으로 인한 경우도 있다. 사람은 어느 날 갑자기 건강이 나빠질 수 있지만, 그때를 알 수는 없다. 건강이 안 좋아지면 기업은 위기에 봉착하고 매각도 불가능해진다. 안타깝게도 상당히 많은 기업들이 기업주의 갑작스런 병이나 죽음으로 인해 매각된다. 이는 여러 가지 면에서 불행한 결과를 낳는다. 가족과 경영자들이 혼란에 빠지는 것은 물론, 이러한 고통은 기업의 가치가 매각 절차에서 불리한 결과를 발생시켰을 때 배가될 수 있다. 많은 우량기업들이 기업을 경영할 적임자를 찾지 못해 저렴하게 매각되고, 심지어는 파산하고 만다.

21세기 들어 1960~70년대에 창업한 일본 중소기업의 기업주가 은퇴하면서 후계자가 없어 매각을 추진하는 승계형 M&A가 많다. 저출산과 자녀들의 기피로 중소기업의 후계자 선정이 제대로 이뤄지지 못하고 있는 상황이다. 일본은 매년 수만 개의 중소기업이 사업승계 문제에 직면할 것이라고 추정된다. 우리나라도 비슷한 상황이다. 저출산에 따라 자녀 수가 감소하고, 상속세 부담 과중, 전통산업 기피 추세 등으로 우리나라도 일본처럼 중소기업의 승계와 후계자 이슈가 부각될 것이란 전망이다.

4) 승계의 위험

비상장 기업은 가족경영이 일반적이므로 가족관계와 상황을 항상 염두에 두어야 한다. 경영 승계는 어려운 작업이다. 잘되던 사업이 2대째에서 무너지는 경우가 많다. 또한 기업승계 과정에는 엄청난 '세금폭탄'이 기다리고 있다. 증여나 상속으로 인한 세금은 많은 기업가들에게 속수무책이다. 상속의 경우, 상속받는 자녀는 모든 부채를 지급 보증해야 한다. 가업이 2대까지 이어지는 것은 기적과 같은 일이다. 당장 잘되고 있는 회사라도 중장기적으로는 어떻게 될지 모르는 일이다. 이런 경우, 기업의 파산이란 곧 상속자의 파산을 의미한다. 기업승계가 위험한 것은 바로 이런 문제 때문이다. 결국 기업가들은 매각을 고려하지 않을 수 없게 된다. 기업가들은 점차적으로 현금보유를 원하게 되고, 상속과 증여를 생각해 노후자금도 마련해야 하기 때문이다. 이때 기존의 전문경영진에게 양도하는 방법이 있는데, 이를 경영진에 의한 인수라 한다.[32]

5) 경영의 어려움

기업가들은 나이가 들수록 새로운 환경과 기술에 적응하고 대응하려 하지 않는다. 기업환경이 변하면서 이젠 떠나야 하는 시점이 다가온 것이다. 사업을 확장하다 보면 자금이 부족해지거나 조달하기가 어려운 경우도 많다. 무리하게 확장을 진행하려다 어려움을 겪기도 한다. 회사의 규모가 커지고 사업이 확대됨에 따라 기업주는 경영 능력의 한계를 느끼며 경영진 구성에 어려움을 겪기도 한다. 기업이 커지면 사람을 관리하기 어려워 경영진들 간에 갈등이 발생하기 때문이다. 비상장 기업을 매각하는 이유로는 주주의 갈등도 원인 중 하나이다. 한편 공동투자자와 의견이 맞지 않거나 분쟁이 생기는 경우도 있어,

이 경우에는 새로운 투자자를 받아들여 파트너를 바꾸기도 한다.

설립 초기의 기업은 기업가를 중심으로 운영되지만, 회사가 성장함에 따라 그야말로 '기업(Professional company)'이 된다. 회사가 커지면서 기업을 경영할 사람들이 많이 필요해지고 역학구조도 변하면서 기업가의 역할과 영향은 작아진다. 중앙 집중적이고 기업가의 통찰에 의존하여 모든 것이 결정되는 구조에서 점차적으로 역할이 분산되고 고도로 구조화되는 것은 자연스러운 흐름이다. 그러나 성공한 기업가라고 해서 모두가 이렇게 기업을 경영할 능력을 가진 것은 아니다. 때때로 이런 기업가들은 자신의 기업을 더 크고 경영 능력이 뛰어난 기업에 매각하고자 한다.

기업의 전략적 포지션 변화도 매각의 이유가 된다. 기술의 변화, 시장경쟁 상황의 변경, 새로운 경쟁 기업의 진출 등이 그것이다. 이런 일이 기업에 중대한 문제로 작용한다면 기업의 가치가 남아 있을 때 매각하는 것이 최선이다. 특히 2000년대 들어 국내 제조업체의 실적은 급격하게 나빠지고 있다. 상장 제조업의 경우, 1970년대에는 연평균 30%대였던 매출증가율이 1990년대 들어 10%대, 2012년에는 4.8%, 2013년에는 3.4%까지 떨어졌다.[33] 산업구조가 세계적으로 고도화되면서 글로벌 경쟁에서 도태되는 기업들이 많아졌다. 특히 대기업의 납품업체는 계속 투자를 해야 하는 상황을 따라가기가 어렵고, 빚도 쌓여만 갔다. 이 때문에 중소 부품업체들의 구조 조정이 활발하게 진행되고 있다.[34]

컨설팅 회사 베인(Bain & Company)의 분석에 의하면 높은 성장성과 수익성을 10년 이상 지속적으로 낸 기업은 전체의 10%에 미달한다. 지금 피크에 와있는 기업 중 90% 이상이 추락한다는 뜻이다. 30년 전 미국의 500대 기업 중 살아남는 기업은 30%에 미달하고, 50년 전과 비교하면 15%밖에 안 된다. 중소기업은 더할 것이다. 기업이 한번 부진의 늪에 빠지면 살아남을 확률은 10%도 안 된다.[35] 세계 500대 기업의 평균수명은 40~50세 정도이다. 그리고 우리나라 코스피 상장 기업 686개의 평균수명은 2011년 기준 약 32.9세이다. 10년 이내 소멸하는 기업은 107개, 수명이 10~19년인 기업은 64개, 30~39년인 기업은 182개, 40~49년인 기업은 154개, 50~59년인 기업은 131개, 60~69년인 기업은 40개, 70~79년인 기업은 9개, 80~89년인 기업은 3개, 90년 이상인 기업은 16개이다.[36] 300만 개가 넘는 국내 중소기업 평균 수명은 12.3년, 글로벌 기업의 평균수명도 2015년에는 15년까지 떨어질 것으로 예상된다. 대기업도 29.1년에 불과하다.[37] 우리나라 기업의 5년 생존율은 30.2%이다. 독일(39.8%), 스페인(45.7%), 프랑스(51.4%), 이탈리아(49.9%), 영국(41.0%) 등 보다 훨씬 낮다. 우리나라가 개발도상국이고 경제의 변동성이 상대적으로 크기 때문일 것이다.[38]

　기업의 평균수명은 점차 줄어들고 있다. 맥킨지의 보고서에 따르면 1935년에는 평균수명이 90년에 달했지만 1975년에는 30년, 1995년에는 22년으로 단축되었다. 이러한 추세에는 가속도가 붙어 2015년에는 15년 수준까지 떨어졌다. 미국의 '스탠더드앤드푸어스 500'에 속하는 대형 기업의 평균수명도 1990년에는 50년이었지만 2010년에는 15년으로 단축됐다. 아마 2020년에는 10년 수준까지 낮아질 것으로 예측된다.[39] 신설기업의 생존율도 비슷하다. 2006년 서울 지역의 자료이지만 1년 61.5%, 2년 48.5%, 3년 40.6%, 4년 35.1%, 5년 29.5%의 생존율을 보인다.[40] 단순히 숫자만 가지고 볼 때 우리나라 기업의 10년 생존율은 결국 9%이고, 20년 생존율은 1%에도 미치지 못한다. 기업가들은 매출이 성장하고 이익이 크게 나면 그것이 영원할 것으로 착각한다. 또한 오랫동안 성공한 기업은 마음을 놓고 자녀들에게 승계를 시도한다. 그러나 통계적 숫자의 위험은 자신만 피해가라는 법이 없음을 알아야 한다. 기술과 아이디어를 기반으로 하는 창업은 더욱 심하다. 세상을 바꿀 혁신적 기술과 아이디어로 많은 사람들이 창업을 한다. 기술 개발 이후 양산에 이른 과정은 흔히 "죽음의 계곡"에 비유된다. 이 계곡을 건너는 기술은 1% 정도다. 죽음의 계곡을 건넌 기업을 기다리는 게 "다윈의 바다"인데, 이 바다에서 살아나와 수익을 내는 기업으로 성장하는 확률은 또 절반으로 줄어든다.[41]

금융 기관이 평가하는 기업의 신용위험도는 A·B·C·D등급으로 나뉜다. 그중 C·D등급에 속하면 워크아웃이나 법정 관리 대상으로 분류된다. C등급은 부실 징후가 있지만 경영이 정상화될 가능성은 있는 기업이고, D등급은 경영 정상화 가능성이 없는 기업이다. 2015년에 은행이 중소기업 1만 7,594개를 대상으로 정기 신용위험평가를 실시했던 바, 그중 10%가 넘는 1,934개 기업을 재무 구조가 취약한 기업으로 선정했다. 그리고 그중 C~D 등급에 속하는 구조 조정 대상 기업 175개를 최종 선정했다. 이는 2014년보다 50개 증가한 수치로, 글로벌 금융 위기' 직후인 2009년에 512개가 선정된 뒤 최대 규모였던 것이다. C등급은 2014년보다 16개 증가한 70개, D등급은 34개 늘어난 105개다. 제조업이 105개(C등급 51개, D등급 54개)로 2014년보다 29개 증가했고, 비제조업도 21개 증가한 70개였다.[42] 수익성이 좋고 성장하고 있는 기업임에도 자금 부족으로 매각하는 경우가 발생한다. 현재 기업운영으로 얻어지는 현금 수입으로는 기업의 성장이나 도약에 필요한 자금을 조달할 수 없는 경우이다. 또한 일부 기업주들은 더 이상 자신이 가진 돈을 지나치게 위험한 곳에 투자하는 부담을 기피하고 싶어 하기도 한다. 이러한 기업은 자금력이 좋고 경영 능력이 뛰어난 기업에게 매각되고 싶어 한다.

한편 폐업기업에 자금을 지원하는 펀드도 있다. 큐브벤처파트너스는 150억 원 규모의 재기기업펀드를 조성했다. 재기기업펀드는 폐업기업의 대표이사나 임원, 지분을 30% 이상 가진 주요 주주였던 자가 창업(타인명의 기업 인수 포함) 해 대표이사 및 주요주주(지분 30% 이상 가짐)인 등기임원으로 근무하는 중소· 벤처기업에 60% 이상을 투자한다. 대표이사 등이 국세청에 사업자 등록 폐업 신고를 했던 이력이 있고, 폐업 사유가 고의 부도, 회사자금 유용, 사기 등 부도덕한 경우 때문이라면 투자 대상에서 제외된다.[43]

아무리 잘나가는 기업이라도 어느 날 갑자기 위기는 닥친다. 그러나 그 시기는 아무도 알 수가 없다. 잘나가는 기업가들의 대부분은 자신의 사업은 절대로 망할 일이 없을 것이라며 득의양양해한다. 그러다 부도 막바지에 이르러서야 매각 자문사를 찾아가 매각을 의뢰한다. 위기에 빠진 기업을 매각시키려는 경우는 많다. 이런 기업은 마음을 비우고 처분을 진행해야 한다. 조금이라도 더 건지려다간 돌이킬 수 없는 상황으로 이어진다.

어려운 기업은 상속 문제에 특별한 관심을 가져야 한다. 부모가 사망하면 재산은 상속된다. 부모가 빚이 재산보다 많아도 자동으로 상속되기 때문에 자식이 그 빚을 갚아야 한다. 따라서 '민법'은 빚이 많은 부모가 사망하면 상속을 포기할 수 있도록 하였다. 손자는 어떻게 될까? 대법원은 사망한 사람의 자녀가 상속을 포기하면 사망한 사람의 배우자와 손자손녀가 '공동상속인'이 된다고 본다. 그러니까 배우자와 손자손녀가 그 빚을 함께 갚아야 한다는 것이다. 그러나 대법원은 손자손녀들이 부모가 상속을 포기했다고 해서 바로 자신들이 상속인이 된다는 것을 알지는 못했을 경우에는 상속 포기 신청을 할 수 있다고 본다. '민법'상 상속 개시가 이루어지기 시작했음을 안 날로부터 3개월 내에 상속 포기를 할 수 있기 때문이다. 이 판례는 기업가가 늘 부도의 위험이 있음을 고려하여 사업 승계와 더불어 유의하여야 할 판례다. 잘못하면 빚이 3대에 걸쳐 '가업 상속'이 될 수 있기 때문이다.[44]

6) 사업의 조정

구조 조정의 일환으로 매각하는 경우도 있다. 회사의 중장기 사업전략과 맞지 않는 제품라인의 철수, 채무 상환 등 재무 구조 개선을 위한 매각, 투자 자금 조달을 위한 매각, 적자경영 사업 부문이나 계열사의 매각, 향후 전망이 불투명한 사업의 철수, 다각화 대신 전문화를 추구하기 위해 핵심 부문이 아닌 사업을 매각하는 경우이다. 우리나라 증권회사들의 사례가 이에 해당한다. 대기업의 지주회사 전환과 증권사의 수익성 악화로 증권사가 매물로 나왔다 (2017년). 대기업 계열 증권사는 SK증권, 하이투자증권, 이·베스트투자증권, 삼성증권, 한화투자증권, HMC투자증권, 동부증권 등이 있다. 이 중 SK증권, 하이투자증권 등은 그룹의 지주사 체제 전환에 따라 매각하여야 한다. 산업 자본의 금융 자본 소유를 제한하는 공정거래법상 금산분리법 조항에 따라 대기업이 지주사로 전환하면 증권사 지분을 정리해야 되기 때문이다.

SK그룹은 매각주관사를 선정하고 제3자 매각을 본격화했다. 지주사인 현대로보틱스를 중심으로 지주사 체제로 재편되는 현대중공업그룹도 하이투자증권의 정리를 추진했지만 가격차가 커 매각이 무산되기도 했다. 지주사 전환을 고려하고 있는 현대자동차그룹 계열사인 HMC투자증권과 삼성그룹 계열사인 삼성증권, 동부그룹 계열사인 동부증권 등도 잠재적인 매물이다. 수익성 악화로 매물로 나온 곳은 골든브릿지의 자회사인 골든브릿지증권과 LS그룹 이베스트투자증권이다. 기업을 매각하는 경우에는 다양한 매입자를 모색하여 대안을 탐색해야 한다. M&A 조건을 사전에 협상하여 최고 가격에 매각되도록 추진해야 하고, 종업원 보호 등을 위한 협상도 준비해야 할 것이다. 환경의 변화는 산업의 변화를 가져온다. 따라서 성장기나 성숙기로 들어간 산업에서 과감하게 철수하고 성장성이 있는 새로운 산업으로 진입하는 M&A 전략은 특별한 것이 아닌 통상적 기업 전략으로 활용되어야 한다.

핵심 분야가 아닌 사업을 과감하게 매각하는 것은 전략경영에 중요하다. 비핵심 사업을 매각함으로써 경영진은 핵심 사업에 집중할 수 있게 된다. 통계분석을 보더라도 이러한 매각의 결과 주가가 큰 폭으로 상승하는 경우가 많다. 그러나 매각만이 유일한 대안은 아니다. 기업 매각을 결정하기 전에 반드시 다른 대안들을 검토해야 한다. 유동성 확보가 목적인 경우 기업 공개를 통한 자금 조달 또는 회사채나 주식 등 유가 증권의 사모(Private placement), 부채 출자 전환 등에 의한 재무 구조 개선, 다른 기업과의 공동투자 등이 있다. 여러 수단에 의해 경영권을 잃지 않고 유동성 문제를 해결할 수 있다. 또한 매각을 하지 않고 다른 회사와의 합병, 유휴자산 등의 일부 처분, 계열사의 청산을 이행할 수도 있다. 우리나라 호텔들은 부도 등으로 매각되는 경우가 많다. 우리나라도 창업으로 만들어낸 계열사 매각을 금기시하고 인수에만 관심이 있던 1세대 경영인과 달리 2세대나 3세대 경영인은 전체 사업 경쟁력을 높일 수 있다면 알짜기업이라도 과감하게 매각한다. 소비재기업에서 중화학공업으로 체질을 바꾼 두산그룹이 대표적인 사례이다.

7) 자본 재구성

많은 기업가들은 소득과 수입을 회사에 의존하고 있다. 회사가 어려워지면 기업가도 어려워지게 되고, 이때 일부 지분을 매각함으로써 유동성이 없는 주식 대신 현금을 확보할 수 있게 된다. 이러한 전략을 "자본 재구성"이라고 한다. 또한 투자자로부터 자금 조달을 받을 수도 있으며, 매각자금으로 재투자를 할 수도 있다. 기업주가 5년 또는 10년 뒤에 은퇴할 것을 고려하여 일부만 매각하고 나머지 사업을 계속 성장시켜 향후 전체적인 매각을 진행할 수도 있다.

3. 인수와 사기

M&A와 관련한 각종 사기, 불법 거래가 신문지상에 자주 오르내린다. 기업을 매각하려는 기업은 이러한 사기행각 때문에 매각을 주저한다. 이러한 문제는 M&A전문가나 자문사와 상의하여 해결하여야 한다.

지난 2000년 대우자동차 인수를 시도했던 포드자동차는 우선협상대상자로 선정된 지 3개월 만에 16개 공장과 300여개 부품업체 등에 관한 정보만을 입수한 채 인수를 돌연 포기했다. 포드는 대우차 정밀 실사에 200여 명의 해외 컨설턴트를 투입하는 등 1000만 달러 이상을 투자했지만 국내외 자동차 관련 산업 및 계약현황과 재무제표, 향후 사업 계획 등 상당량의 자료를 넘겨받아 투자비용 이상의 정보를 빼갔을 것이라고 전문가들은 분석했다. 사실 인수 희망 기업 중에는 정보만 빼가려는 업체가 많다. 조심하여야 한다.

무자본 M&A 사기꾼도 조심하여야 한다. 사채를 동원하여 회사를 인수한 후 자산을 빼돌리는 사기범들이 많다. 이들은 '특정경제범죄가중처벌법'상 횡령 등으로 처벌된다. 사채나 대출 등을 이용해 기업을 인수한 뒤 회사돈을 빼내 갚는 수법을 쓴다. 회사돈을 빼돌린 사실을 무마해달라며 회계사에게 뇌물을 주고 재무제표를 조작공시해 '주식회사의 외부 감사에 관한 법률'과 '증권거래법'을 위반하기도 한다.[45] 사채를 동원한 사기 인수의 대표적인 사례 기업으로 2012년 디지텍시스템스를 들 수 있다. 유망 중소기업과 "히든챔피언"에 선정된 터치스크린 생산 1위 업체지만 2012년 3월 기업사냥꾼이 사채업자 등을 동원해 인수한 후 부족한 인수 대금을 회사 계열사 자금을 빼돌려 지급하였다. 이 과정에서 각종 계약을 체결하여 빼돌리는 등 700억 원 가까이를 빼돌렸다.[46] 보통 현금 보유액이 많은 반면 시가총액이 낮은 기업이 주로 인수목표가 된다. 인수자들이 주식양수도 계약을 맺거나 피인수 기업 보유 자산을 담보로 차입한 다음 자산 횡령이나 시세 조종 등을 통해 주식을 매각하는 경우가 많다.[47] 또한 해외 유명회사 금융 기관을 사칭하는 기업사냥꾼도 조심하여야 한다. 대표적인 사례가 2010년 3월 그린골드홀딩스리미티드(GGHL)라는 회사를 내세워 엑큐리스를 인수한 것이다. 이 회사는 프랑스계 투자회사로 가장한 유령회사에 불과했으며 실제 인수는 사채업자에게 빌린 돈으로 이루어졌다. 이들은 인수 후 주가를 올리고 내다팔아 약 20억 원의 시세차익을 올렸다.[48]

4. 매각과 경영

1) 기업주 의존

M&A와 기업 매각을 설명하면서 기업 경영 전략을 논하는 이유가 있다. 매각 대상 기업의 경영 전략과 경영 관리는 매각 가능성과 매각 금액에 결정적인 요인이기 때문이다. 기업을 매각할 때, 특히 중소기업이나 비상장 기업을 매각할 때 문제점 중 하나가 기업주이다. 기업의 모든 핵심적인 일을 기업주가 모두 관장하고 통제하면서 인재를 키우지 않은 기업은 매각이 어렵다. 이러한 기업은 기업이 아니라 직업이다. 이런 기업은 주인이 바뀌면 장사가 안 되는 떡볶이집과 다름없다. 기업주가 없어서 아무 문제가 없는 회사가 기업이다. 이런 기업만이 매각이 가능하다. 따라서 매각을 고려하는 기업이나 인수를 고려하는 기업이나 대상 기업의 기업 전략과 경영 관리시스템에 관심을 가져야 한다. 매각 기업은 경영 시스템을 구축하여야 하고, 인수 기업은 경영 시스템이 제대로 갖추어졌는지 평가하여야 한다. 국내 경제가 높은 성장을 하던 1970~1980년대는 기업주의 주관에 따라 사업 영역을 확장하고 M&A를 감행하며 사세를 키워나갈 수 있었다. 그러나 저성장시대, 세계 경제가 촘촘하게 연결되어 예측가능성이 작아진 요즘에는 오너의 직관에만 의존하기에는 무리가 있다.[49]

구멍가게와 기업은 다르다. 구멍가게는 부동산중개인의 거래대상이고, 기업은 독자적으로 팔릴 수 있는 M&A 대상이다. Mom-and-pop store sells himself, but a real company is sellable. 기업주에 지나치게 의존하는 기업은 매각이 어렵고 좋은 가격과 조건에 팔 수 없다. 기업주가 없으면 문을 닫아야 하는 기업이 구멍가게이다. 너무 지나치게 기업주나 핵심 인력(key employees)에만 의존하는 기업은 리스크가 크다.

기업주와 특정 임직원이 없어도 그 기업자체가 존속능력이 있고 수익성과 성장성이 보장되는 기업이야말로 최고의 기업이며 높은 평가를 받는 기업이다. 기업주나 핵심 인력 의존성이 큰 기업은 인수를 꺼리며, 인수한다고 하더라도 가격을 하향 조정하거나 거래 조건을 까다롭게 한다. 중소기업과 비상장기업은 대부분 기업주에 지나치게 의존하거나 특정임직원들이 좌지우지하는 경향이 강하다. 모든 것이 기업주나 경영자에 집중되어 있고, 그들에 의해 좌지우지 되면 기업을 매각이 어렵다. 기업은 없고 기업주나 경영자만 있는 꼴이 되기 때문이다. 기업주나 주요경영진이 없더라도 장기적으로 외유를 하거나 휴가를 가더라도 기업이 문제가 없다면 그 기업은 최고의 기업이다. 지나친 기업주의존 기업은 경영의 비효율을 가져올 뿐만 아니라 기업 매각(exit)에서도 불리하여 거래 가격에서도 불리하고 거래가 되지 않을 가능성도 커진다.

지나친 기업주 의존도를 푸는 것은 어렵다. 거기엔 감정적이고 심리적인 면이 포함되어 있다. 직원들이 잘못 할까봐 또는 그만한 능력이 있을까 하는 우려도 한몫을 한다. 단기적으로는 해결되지 않는다. 이를 해결하기 위하여 비즈니스 컨설팅을 받는 것도 좋은 방법이다. 우선 기업가가 없어도 기업을 경영할 수 있는 경영자를 양성하는 것이 좋다. 그에게 의사 결정의 권한과 신뢰를 부여하는 것부터 시작한다. 장기적이고 지속적인 훈련과 교육이 필요하다. 그래도 안 된다면 사람을 잘못 뽑은 것이다.

2) 고객 다변화

터치스크린 패널 업체 모린스는 2014년 매각을 추진했지만 인수 희망 가격이 생각했던 수준의 절반에 그쳤다. 매각은 무산되었다. 이 회사는 과거 삼성전자 매출 비중이 97%에 달했다. 그러나 삼성전자의 휴대폰 사업 방향에도 변화가 일면서 삼성전자가 보장해주던 수익이 사라졌다. 액정표시장치(LCD) 부품업체인 태산엘시디도 마찬가지이다. 삼성전자가 TFT-LCD 생산 물량을 중국으로 옮기면서 실적이 추락했다. 공개 매각에 실패한 후 법원은 파산선고를 내렸다. 이렇게 삼성전자 같은 한 기업에 대한 의존도가 높은 경우 M&A 시장에서도 외면을 받는다. 위험하기 때문이다. 또한 삼성전자 같은 대기업 납품기업들이 M&A 시장에 나오면 원청업체로부터 외면을 받았다고 보거나 기술력이 없다고 보기 때문에 매각이 어렵다. 그리고 협력사들이 줄줄이 M&A 시장에 나오고 있지만 원청업체들은 복수의 협력사를 둔 탓에 다른 업체로 대체 가능하기 때문에 어려움이 있다. 이는 매각 성사를 방해하는 또 다른 요인이다. 어렵사리 새 인수자를 찾아도 다시 납품하기가 쉽지 않기 때문이다.[50] 고객이 몇 군데로 집중되는 것은 위험하다. 또한 매각에도 불리하기 때문에 다변화를 모색해야 한다.

그러나 현대자동차는 약간 다르다. 국내 현대차와 대형 1차 협력업체들은 오랜 협력 관계를 유지하고 있어 협력업체 기업주의 사망, 또는 외국계 주주가 철수하는 특별한 상황 외에는 매물로 잘 등장하지 않는다. 정보통신 산업과 같이 트렌드의 급격한 변화로 다수의 협력업체들이 M&A 시장에 단골손님으로 등장하는 것과는 대조적이다. 자동차 부품업체들은 M&A 시장에서 찾아보기 힘든 것은 상대적으로 제품 주기가 긴 자동차 산업의 특성 때문이다. 신차 출시 이후에도 부품 A/S 등의 서비스가 제공 돼야 하는 탓에 장기공급 계약을 맺는 것이 일반적이다. 현대차를 비롯한 완성차 업체로의 매출처 확보만 이루어지면 안정적인 경영이 가능하기 때문에 투자자들이 선호하는 투자처가 된다. 그러나 현대자동차 협력업체는 매물로 잘 나오지 않고 시장에 나타날 경우 이를 탐내는 투자자는 많다. 자동차 부품회사는 제품수명 주기가 길고, 안정적인 수익이 보장되기 때문에 좋은 매물인 것은 확실하다. 특히 GM이나 쌍용자동차 협력업체들은 현대차에 제품 공급하기가 어려워 현대차 협력업체의 인수에 높은 관심을 갖고 있다. 현대차가 협력업체의 교체를 꺼려한다는 점도 부품업체의 몸값을 높이는 요인이 되고 있다. 투자자 입장에선, 인수만 성사된다면 안정적인 공급처를 확보하게 되기 때문이다. 현대차는 협력업체가 바뀔 경우 품질을 담보할 수 없고, 안정적인 부 품의 공급에 차질을 빚을 수도 있다고 판단된다. 현대자동차는 협력업체의 기업주에 문제가 발생하는 경우 직접적으로 완성차 라인에 영향을 주기 때문에 굉장히 민감해 한다. 이러한 이유로 현대차가 직접 나서 협력업체들의 M&A를 주선하는 경우도 있다. 실제로 현대차 협력업체들은 M&A를 비롯해 경영상의 주요한 변화가 예상되면, 현대차에 협조를 요청하기도 한다. M&A에 나선 업체는 인수자를 확보하고, 현대차는 협력업체의 변동 없이 기존 거래 선을 유지할 수 있는 셈이다. 업무추진은 현대차 구매부서에서 주로 담당하고 있는 것으로 전해진다.[51]

3) 매각 가능성

기업을 매각하는 것은 하루아침에 이루어지는 것이 아니다. 아니, 매각되지 않을 가능성이 훨씬 높다. 사람들은 매각하려고 마음만 먹으면 팔릴 것이라고 생각한다. 절대 그럴 리 없다! 특히 중소기업이나 비상장 기업을 매각하는 것은 어려운 일이다. 기업 매각은 매각을 희망하는 기업이 원하는 때에 이루어지는 것이 아니다. 매각 기업이 제시한 가격과 조건을 수용할 인수자가 있어야만 성사될 수 있다. Your M&A transaction won't close when you would like it to-it will close when the market delivers a buyer who is willing to pay a price that you are willing to accept. 회사가 수익성이 좋고 성장성이 좋으면 인수 희망 기업은 많을 것이다. 그러나 실제로 거래가 될 가능성은 별개의 문제이다. 매각을 시도하더라도 팔릴 확률은 작다. 얼마나 작은지는 이 글을 읽는, 매각을 희망하는 기업가들을 실망시키지 않기 위하여 말하고 싶지 않다. 그러나 사전에 M&A 전문가의 매각자문을 꾸준히 받고 체계적인 준비를 하면 매각가능성이 높아지는 것은 분명하다.

일반적으로 매각할만한 인수할만한 기업으로 평가되기 위해서는 몇 가지 기준이 있다. 물론 절대적인 기준이 아니다. 우선 외형은 100억 원($10million)은 넘어야 한다. 외형이 이 정도를 넘으면 설령 이익이 없더라도 인수 기업에겐 매력적일 수 있다. EBITDA 기준으로는 20억 원($2million)이다. 외형이나 이익에 관계없이 브랜드인지도, 높은 평판이 있는 기업도 해당될 수 있다. EBITDA나 기업의 수익성이나 재무 상태도 인수 시 자금 조달에서 중요한 역할을 한다. 예를 들어 인수 기업이 인수를 위한 대출을 받을 때 EBITDA의 일정한 배수만큼만 대출을 할 수 있기 때문이다. 한 가지 분명하게 알아야 할 것은 보유하고 있는 부동산의 가치는 중요한 의미를 가지지 않는다는 점이다. 인수 기업은 기업을 인수하여 영구적으로 경영을 원하는 기업이다. 따라서 중간에 부동산을 팔고자 인수하지는 않는다. 따라서 인수금액 대비 수익성이 중요한 요소이며 보유부동산은 중요하지 않음도 명심하여야 한다.

4) 장기적 매각

매각가능성을 높이려면 기업을 체계적으로 정비하여야 한다. 또한 매각가격을 높이려면 경영 전략을 수립하고 가치를 창출하여야 한다. 매각을 하려면 많은 준비를 하여야 하며, 기업을 정상화시켜야 한다. 우선 기업을 매각하기로 하여 계획을 세우고 준비하는 데에만 2년 내지 3년이 걸릴 수 있다. 무대를 떠날 기업인이 매각할 때 통상적으로 걸리는 준비기간이다. 그러나 극히 일부의 기업가만이 이 점을 정확하게 이해한다. 무턱대고 매각을 시도하는 것은 매각가능성을 고려하면 무모하며 잘못하다가는 큰 피해를 볼 수도 있다. 매각을 생각한다면 장기적인 안목을 가져야 한다. 어느 날 기업이 최고의 실적을 내고 앞으로도 승승장구할 것이라는 비전이 보일 때 팔아야 하는 것이다. 그때에야 매각가능성이 있으며 최고의 가격으로 팔 수 있는 것이다. 어느 날 갑자기 회사가 어려워지자 매각하려고 한다면 가능성은 없다고 보는 것이 냉혹하게 말해 현실이다. 매각을 하려면 장기적인 관점에서 기업 가치의 근간이 되는 전략을 실행하여야 한다. 인수자의 입장에서 서서 신기술 투자, 새로운 생산라인 투자, 새로운 시장 진입을 통하여 성장성 있는 기업을 만드는 커다란 그림(big picture)을 그려야 한다. 장기적 안목을 가지고 향후 3~10년을 바라보며 잠재적 인수 기업이 인수하고 싶은 기업을 만들어야 한다. 통찰력 있는 기업가라면 전략적으로 자문사, 변호사 또는 회계사와 자문 계약을 체결하고, 장기적인 안목에서 기업을 경영하고 매각을 준비한다.

5) 기업의 정비

(1) 인수자가 원하는 기업 만들기

기업을 매각하려면 매각 기업이 위험이 작고 성장성과 수익성이 있는 기업이라는 확신이 들어야 한다. 기업을 결국엔 매각할 생각이 있다면 그는 잠재적 인수 기업이 어떤 기업을 원하는지를 파악하고 바로 그러한 회사를 만들 것이다. 원하지도 않은 물건을 만들 이유가 없지 않은가? 현명한 기업가라면 유리한 시점이 왔을 때 잠재적 인수 기업에 전략적으로 적합하도록 자신의 사업을 정립시킬 것이다.

(2) 문제점 사전 정지

기업에 해결되지 않은 경영상의, 회계와 법률상의 문제가 있는 경우 매각의 장애가 된다. 따라서 기업의 문제를 정리하고, 문제점을 해결한 뒤 매각에 임하여야 한다. 이러한 준비를 사전 정지(clearing the deck)라 한다. 기업의 중대 문제를 정리하지 않고 인수자가 나타나서야 허둥지둥 하는 것은 배가 난파되기 시작하자 구명장비를 배에 다는 것이나 다름없다. 인수자가 바보가 아닌 이상 실사가 진행되면 다 드러나기 마련이다. 시간만 낭비하고 회사만 더욱 어려워진다.

기업이 가진 문제 중 하나는 주주 및 차명 주식과 관련된 문제이다. 주식의 소유권은 주주명부에 명의개서함으로써 이전된다. 이런 이유로 '명의신탁주식'은 일부 기업들이 증여세를 회피하기 위한 변칙적인 증여 수단으로 악용되어 왔다. 따라서 실질 과세 원칙에 해당하지 않는데도 조세 회피 의도가 있는 '명의신탁주식'에 대해서는 증여의제하여 증여세를 과세하고 있다. 차명 주식은 증여세 과세 같은 세금 문제뿐만 아니라 가업 승계 및 소유권 분쟁, 경영 위험 등의 불씨를 남길 수 있어 환원 필요성에 대한 당위성에 반론이 있을 수 없다.

주식의 명의신탁 문제는 세법, 민법, 상법 등을 고려한 실무적인 현안이 동반되어야 한다.[52] 국세청에서는 2014년 6월 23일 '명의신탁주식 실제 소유자 확인 제도'를 발표했다. 명의신탁주식 실제 소유자 확인 신청은 주식발행법인이 2001년 7월 23일 이전에 설립되었고, 실명전환일 현재 '조세특례제한법 시행령' 제2조에서 정하는 중소기업에 해당하여야 한다. 그러니까 실제 소유자와 명의수탁자 모두 법인 설립 당시 발기인으로서 명의신탁한 주식을 실제 소유자에게 환원하는 경우여야 한다. 아울러 실제 소유자별, 주식 발행법인별로 실명전환하는 주식가액의 합계액이 30억 원 미만이어야 한다. 명의신탁주식 실제 소유자 확인 제도와 관련하여 실제 소유자의 거주지에서 가까운 세무서의 재산세과를 방문하면 신청 대상자 해당 요건 여부와 확인 신청 방법, 제출할 서류 등에 대해 안내를 받을 수 있다. 대상 요건에 해당하더라도 실제 소유자로 인정되지 않으면 실질적 거래에 따라, 유상거래인 경우에는 양도소득세 및 증권거래세가 발생할 수 있다. 무상거래인 경우에는 증여세가 부과될 수 있다. 또한 사안이 정리된 후에도 과세관청에서는 추가적인 증빙자료 제출을 요구할 수 있다.[53]

매각 기업이 하는 가장 큰 실수 중 하나는 실사에 대한 준비를 하지 않는 것이다. 당장 인수자가 나타나서 인수가 진행되어야 준비하는 것은 너무 늦다. 인수의향서가 준비되면 실사를 위한 자료가 제공되어야 한다. 매도자 실사 (Seller due diligence or vendor due diligence)란 매도기업 스스로 M&A 진행 과정에서 고려하여야 할 사항을 사전에 파악하기 위하여 기업 정보를 검토하고 분석하는 절차를 말한다. 이에는 회사소개서의 작성 과정, 'Data Room' 준비, 공인회계사, 변호사 등 외부전문가의 조언, 매도를 위한 회계 감사 사전 실시 등이 포함된다. 자기 자신을 정확히 알아야 협상 시 유리한 고지를 점할 수 있다. 매도자의 대응은 전문적이어야 한다. 실사에 대한 잘못된 대응은 거래의 실패로 연결될 수 있으며, 거래 금액에 불리한 영향을 주기도 한다. 분식 결산 등의 민감한 부분에 대하여는 매수자의 인수 실사가 시작되기 전에 전문가와 상의하여야 한다.

분식회계는 매각의 가장 큰 걸림돌이다. 대부분의 기업, 특히 상장 기업이나 대기업은 분식회계가 발견되면 인수를 중단한다. 인수 기업도 분식회계를 알고 인수하는 것은 경영진의 책임이 있기 때문이다. 또한 매각 기업도 손해 배상을 할 수 있다. 분식회계로 M&A가 무산되면서 소액주주들이 피해를 봤다면 경영진이 손해를 배상할 수 있다.

2015년 대법원은 소액주주가 산업용 보일러 제조업체인 신텍 경영진을 상대로 낸 손해 배상 청구소송에서 손해 배상을 인정한 것이다. 신텍은 2011년 7월 주식의 27%를 삼성중공업에 넘기는 방식으로 M&A를 추진하고 있었지만, 재무 상태 실사 과정에서 분식회계 사실이 드러나 계약이 무산됐다. 이 과정에서 신텍의 주가는 4,000원대에서 9,000원대에 가깝게 급등했다가 다시 폭락했으며, 분식회계 사실이 드러나면서 상장 폐지 위기까지 몰렸다. 소액주주는 삼성중공업이 신텍을 인수하기로 한 직후에 주식을 샀다가 손해를 보게 됐으며, 그 이유가 신텍의 분식회계 때문이라는 것을 알고 손해 배상 소송을 냈다.[54]

(3) 매각 후 수익성의 지속성 확보

매각 기업의 경영자가 기업을 매각하고 떠나는 경우 인수 기업의 실적이 지속된다는 보장은 없다. 이러한 위험 요인은 거래 가격을 낮추게 만든다. 이 문제를 해결하는 방법으로 사전에 계획을 세워 새로운 경영자를 양성하는 것이다. 현재 확실한 승계자가 없는 경우 외부에서 영입하여야 한다. 1년 전에 하는 것이 좋지만, 최소한 6개월 전에 이를 완료해야 한다. 매각 기업의 기업주는 가능한 빨리 새로운 사장(president)이 가시적인 리더십을 발휘하게 하여, 매주 임직원회의를 주재하고, 업무를 지휘하고, 의사 결정을 하도록 하게 한다. 이러한 경영권 승계의 중요한 상징으로 자신은 작은 사무실로 가고 새로운 사장이 더 큰 사무실을 쓰도록 하게 한다. 종전 기업주는 이사회의 수장으로 회장(chairman)의 명함을 가진다.

이렇게 기업주가 경영일선에서 물러나 시간을 보내면 상황은 좋아진다. 인수 기업은 기업주의 간여 없이도 기업이 잘 돌아가는 것을 보게 되면, 그 기업이 기업주에 의존하지 않고 자존 가능한 조직임이 증명되는 것이므로 인수자로서는 인수 후 통합 기간을 단축할 수 있고, 따라서 매각가치는 높아질 수 있게 된다. 기업주가 새로운 사장을 꺼려하는 경우라도 최소한 부사장, CFO 등의 직함을 주어 양성하여야 한다.

제4장 인수의 전략

1. 인수 전략론

1) 전략적 선택

경제 전문지 포천은 1999년부터 2008년까지 약 10년간 글로벌 500대 기업의 순위 변동과 M&A 활용도를 분석결과에 따르면 10년간 순위를 유지한 236개 기업 중 61%가 M&A를 전략적으로 활용했다. 반면 순위를 유지하지 못한 175개 기업은 31% 정도만이 M&A를 활용한 것으로 조사됐다. 이처럼 M&A는 기업의 성장을 견인하는 데 크게 영향을 주는 효과적인 전략 수단으로 인식된다.[1] 미국의 경우를 보더라도 M&A를 활용하지 않고 산업의 정산에 오르는 예는 적다. 성장을 추구하는 미국 기업들은 대부분 M&A를 활용한다. 물론 다양한 성장엔진을 활용하여 내적 성장을 하는 기업도 있다.

특정 산업이 재편되거나 구조 조정이 이루어지는 환경하에서는 M&A는 경쟁력 유지와 생존을 위하여 필수적이며, 때로는 유일한 선택 대안일 수도 있다. 특히 디지털 시대에는 통상적인 방법으로는 기업 경영에 성공할 수 없다. 주류(主流) 시장으로 단번에 치고 나갈 기회를 잡아야 한다. M&A가 이런 모든 것을 충족시키기 때문이다.

손정의 일본 소프트뱅크 회장의 말이다. 그는 또 이런 말을 남겼다. M&A를 손 안 대고 코 푸는 일로 여기는 사람도 있다. 그러나 거저 되는 것은 절대 아니다. 비용 대비 효과를 가늠하기 위해 2만 쪽이 넘는 분석 보고서를 만들 때도 있다. 온갖 데이터를 통해 가능한 모든 변수를 계산하고 있기 때문에 신속하고 확고한 결정을 내릴 수 있는 것이다. 실제로 나는 컴덱스(세계 최대 ICT 전시회 운영)와 지프 데이비스(세계 최대 컴퓨터 관련 출판사)를 인수하기 위해 미국에서 8~9개월을 살았다. 당시 인수를 많은 사람이 미친 짓이라고 얘기했다. 하지만 나는 이 인수로 정보의 길목을 장악할 수 있다는 계산을 하고 있었고, 당시 M&A가 없었다면 오늘의 소프트뱅크도 없다.[2] 그러나 월마트 같이 인수·합병 없이 성공한 기업도 많다. 특히 경쟁력 있는 제품 또는 사업 모델을 개발할 수 있다면 독자적 성장을 추구할 수도 있다.

2016년에 인공지능(AI)인 알파고와 인간이 벌인 세기의 바둑대결은 알파고의 승리로 막을 내렸다. 하지만 알파고를 인수한 구글의 혜안이 더욱 빛나 보였다. 구글은 알파고의 개발사인 영국의 '딥마인드(Deepmind)'를 2014년에 3억 파운드(약 5000억 원)를 주고 인수했다. 알파고는 강화학습 기술로 무장한 인공지능 프로그램이다. 강화학습은 인공지능 스스로 성공과 실패를 반복 경험하면서 이를 분석하고, 그 결과를 토대로 성공 확률을 끌어올리는 기계학습법이다. 구글은 과거에 모토로라의 인수와 같이 M&A 실패 사례를 겪기도 했다.

하지만 구글을 있게 한 비즈니스 모델들 중에는 M&A를 통해 얻어진 것들이 많다. 이렇듯 구글은 굵직한 AI 관련 기업들을 빠르게 인수해나가고 있다.[3]

삼성그룹은 M&A에 매우 소극적이었다. 오랫동안 삼성전자는 자체 개발한 기술을 토대로 혁신을 추구하고 신제품 영역으로 진출해왔다. 그러나 구글과 애플 같은 경쟁사를 따라잡기 위해 적극적인 M&A로 방향을 선회했다. 실리 콘밸리를 본받아, 콘텐츠나 서비스 같은 분야로 사업을 확대하는 과정에서 신속한 M&A를 단행하는 한편 흡수하는 스타트업들에도 이전보다 많은 경영자 율권을 주고, 혁신을 촉진하기 위해 적극적으로 스타트업 인수에 나서는 전략이 삼성 내에서 보편화되고 있다.[4] 삼성그룹의 전장(자동차에 들어가는 전기전자 제품) 분야 진출이 그 사례이다. LG전자는 오래전부터 전장부품 사업에 뛰어들어 유기적 성장으로 자리를 잡은 반면, 삼성전자는 인수·합병으로 뛰어들고 있다. 2020년경 자율주행차 시장이 500만 대 이상으로 성장하고, 2035년 경에는 시장 규모가 1천억 달러가 넘을 것으로 예상되면서 자동차의 전장부품 구성도 50%를 넘길 것으로 보여 시장 규모는 엄청나다. 물론 삼성그룹은 자체 시스템도 구축하여 부품 부문에 반도체를 중심으로 한 전장팀을 신설하였다. LG전자와 삼성전자의 전장 부문 경쟁의 행보가 앞으로 흥미로워질 것이다. 우리 기업들은 M&A에 익숙하지도 않고 M&A를 선호하는 편도 아니었다. 우리나라의 M&A 시장 규모는 세계 30위로, 경제규모에 비하면 상당히 낮은 순위이다. 글로벌기업이 유기적 성장과 인수를 통한 전략을 모두 사용하고 있지만 우리나라의 기업들은 후자에 너무 약하다.[5] 대부분의 산업 중 자체 성장(Organic growth)으로 크게 성장한 기업은 소수이다. 인수는 이러한 약점을 메워주는 수단이다. 유기적 성장은 자체성장을 의미하며 M&A는 다른 기업의 인수를 통한 성장 전략이다. 우리 기업들도 M&A를 통한 전략에 더욱 관심을 기울여야 한다.

2) 인수의 위험

(1) 높은 실패율

전 세계 기업들이 매년 3000조 원(2012년 기준)에 달하는 거금을 투자하지만 자주 실패를 맛보는 분야는 무엇일까. 바로 M&A 분야이다. M&A 성패의 기준을 어떻게 정하느냐에 따라 다르겠지만 전문가들은 M&A 실패율이 최소 50%, 최대 90%에 달할 것이라고 추정하고 있다. 즉, M&A를 시도한 기업 중 절반 이상은 실패한다는 뜻이다.[6] 또한 인수 후 3년 내에는 거의 50%가, 5년 내에는 60% 정도가 인수한 기업을 매각하거나 문을 닫는다고 한다.

2000년대 초반 10년 동안에도 북미와 유럽에서 이루어진 2,000개 이상의 10억 달러 이상 거래 중 과반수가 주주가치를 훼손시킨 것으로 나타났다. 그러나 수십 년간 성사된 대형 M&A를 대상으로 한 조사에 의하면 대부분의 기업이 M&A의 성공을 확신하고 실패란 그저 신화적인 얘기(myths)라고 생각하는 경향이 있다고 한다. 또한 인수를 못하고 인수자체가 중단된 경우 경영진에 대한 신뢰감을 떨어뜨리기도 한다. 2010년부터 5년간 국내 상장사의 M&A도 3분의 2가 기업 가치 증대에 실패했다. 더욱이 50%에 해당하는 인수가 인수 후 50% 이상이나 성과가 떨어졌다. 성공 가능성은 지난 5년간 30% 정도라는 얘기다.[7]

'왜 M&A의 절반은 실패하는가.' 2013년 9월 미국 경제 전문지 〈포브스〉의 기사 제목이다. 포브스는 기업 M&A를 동전 던지기 게임에 비유했다. M&A를 한다는 것은 동전의 앞면과 뒷면, 각각의 50% 확률에 베팅하는 것과 같다는 말이다. 50% 밖에 안 되는 성공 확률에 엄청난 돈과 시간, 기업 미래를 거는 M&A는 위험하기 짝이 없다. 사실 절반의 가능성을 보고 M&A에 나서는 기업은 없다.[8] 또한 성공을 하더라도 늘 위험이 잠재되어 있다. "M&A로 흥한 자, M&A로 망한다"는 말이 2013년 증권업계 종사자들 사이에서 자주 언급될 정도였다.[9]

M&A를 통한 성장 전략은 기업 자체의 경쟁력을 키우는 것이 아니기 때문에 늘 위험이 도사리고 있다. 기업 인수는 중요하지만 서둘러서는 안 된다. 모든 것을 한 번에 해결하는 만병통치약이 절대로 아니며, 오히려 새로 시작하는 도전일 뿐이다. 아무리 좋은 인수 대상 기업이라도 구체적인 선정기준과 성장 전략이 없다면 '그럴싸해 보이는' 기회일 뿐이다. M&A는 기업의 사활이 걸려 있는 중요한 의사 결정이다. 따라서 M&A를 추진하기로 했다면 기업의 성장과 경영 전략 간의 연관성을 다시 한 번 검토해야 한다. M&A를 추진할 때도 다각화라는 명분이나 외형적인 몸집 불리기가 아니라, 기업 본연의 핵심 역량과 전문분야에 집중하여 추진하고 중장기적으로 기업 가치를 창출할 수 있는 방향으로 나아가야 한다. 요약하면, 인수 대상 기업을 '현명하게' 선택하고 지나치게 높은 가격을 지불하지 말아야 한다. 인수의 긍정적 효과를 추정해볼 때는 보수적으로 고려해야 하고, 실사 시에는 모든 것을 처음부터 다시 검토해서 인수를 했을 때 뚜렷하게 가치를 창출할 수 없다면 과감하게 철수해야 한다.

(2) 위험과 실패

인수위험은 크게 세 가지로 구분할 수 있다. 첫 번째는 사업경영 위험(operating risk)으로, 인수 대상 기업을 경영할 수 있는 능력과 관련된 위험이다. 두 번째는 재무상의 위험(financial risk)으로, 인수로 인하여 단기적인 기업수익률 감소에도 불구하고 과감하게 인수하는 위험이다. 세 번째는 높은 인수 가격으로 인한 위험(overpayment risk)으로, 인수 대상 기업의 경제적 가치보다 높은 가격을 주고 인수함으로써 주당 순이익이나 성장률이 둔화되는 위험이다.

M&A가 종결된 후 성패의 원인은 시간이 지나면서 다른 요인들이 개입되므로 명확하게 파악하기는 쉽지 않다. M&A의 실패 요인은 잘못된 계획으로 인한 실패와 실행 과정에서의 실패로 나누어진다. 먼저 잘못된 계획으로 인한 실패를 살펴보자. 기업이 금융 부채를 갚기 위해 수익성 있는 핵심 사업부를 매각하여 부채 상환을 한 뒤, 잔존사업의 수익성이 떨어지면서 기업 가치가 더 떨어지는 경우가 있다. 이런 경우에는 차라리 부실한 사업을 아주 싸게 매각하고 수익성 있는 사업을 계속 경영하여 그 수익으로 부채를 갚는 것이 더 합리적일 것이다.

또한 시너지의 과대 평가, 시장잠재력의 과대 평가, 수익모델의 과대 평가, 인수 대상 기업에 대한 정보 부재, 예측 실패(기대했던 기술 개발의 실패, 환경과 기술수준의 변화), 지나치게 상이한 업종 등으로 인한 사전 계획의 오류 등이 있다. 특히 상이한 업종으로의 진출은 인수 후 경영 관련 위험이 높으므로 조심스럽게 검토하여야 한다. 실행 과정상에서 실패하는 경우를 살펴보면 잘못된 실사로 인한 부실 채무를 인수하거나 분식회계를 떠안게 되는 경우, 노조의 반발 등으로 조직 통합에 실패한 경우 등이다. 사실 이러한 실행 과정의 실패는 잘못된 계획에 그 뿌리가 있을 수 있다.

인수 주체 기업이 중소기업보다는 대기업일수록 인수로 인한 실패율이 높다.

자만심, 높은 인수 가격 등이 그 원인이다. 우리나라 대기업의 경우 의사 결정의 복잡성과 시간 낭비가 실패의 원인이 될 수 있다. 대기업이나 대그룹의 경우 계열사가 인수를 추진하는 경우 그 기업 임원과 CEO의 승인을 받고, 그룹 지주사를 거쳐 오너까지 길고도 복잡한 보고 체계를 거친다. 이 과정에서 의사 결정의 오류가 발생하기 마련이며, 좋은 매물을 빨리 선점해야 하는 M&A 시장에서 대응이 느려 놓치는 경우도 많다.[10] 또한 대리인비용(agency cost) 문제도 있다. 주주가 아닌 경영진이 개인의 이익을 추구하는 목적으로 인수가 진행되는 경우이다. 특히 대주주가 없거나 주식이 분산된 경우 더욱 그렇다.

3) 인수의 계획

(1) 인수 전략과 인수 계획

인수 전략은 전략적 계획의 일환이다. 따라서 기업의 미션과 비전, 전략 계획을 정확히 이해하여야 한다. 이러한 미션 등에 기초하여 인수 전략을 실행하는 것이다. M&A에 성공한 기업들은 M&A를 핵심 사업전략으로 채택하여 지속적인 인수를 하는 기업들이 많다. 이러한 기업들은 M&A를 위한 탁월한 기법과 실무관행을 보여준다. 인수 계획(acquisition plan)은 전략적이고 장기적인 시각이 아니라 전술적이고 단기적인 이슈에 중점을 둔 구체적인 실행 전략(implementation strategy)이다. 인수 계획에는 경영목표, 기업자금 분석(resource assessment), 시장 분석, 인수 절차에 대한 경영진 지침, 인수 타임테이블, 인수 담당 책임자 등이 포함된다.

경영진이 인수팀에 인수와 관련하여 사전에 제시하는 지침의 사례는 〈표 4-1〉과 같다.

〈표 4-1〉 인수팀을 위한 지침

구분	내용
인수 대상 기업 선정기준	규모, 인수 가격의 범위, 수익성, 성장률, 입지, 기업 문화 등
인수 대상 기업의 탐색방법	인수 대상 경영진 접촉, 경쟁사 분석, M&A 자문사 선정, 금융 기관의 정보, 법무법인 등
인수팀의 역할과 책임	자문사 선정, 인수팀 예산 포함
인수 자금의 조달	신주 발행, 차입, 사채 발행, 매각 기업 금융, 자산 매각 등
인수의 방법	사업인수, 주식 인수, 인수 대금의 지급 수단 등
인수 기업 평가	평가의 기준(EBITDA multiple 등), 프리미엄의 한도
인수의 비율	경영권인수와 부분 투자 여부
적대적 인수	사용여부

(출처: Donald DePamphilis, Mergers and Acquisitions Basics, Burlington, Elsevier, 2011, p. 139.)

많은 기업들이 눈앞의 이익을 보고 인수 대상과 인수 가격을 결정한다. 그것이 실패 요인이다. 대표적인 사례가 2011년 SK텔레콤의 하이닉스 인수이다. 당시 대부분의 사람들의 반응은 회의적이었다. 내수 시장에 주력하는 통신 기업이 수출이 주력인 반도체 기업을 인수하는 것은 무리라는 평가가 많았다. 그러나 SK텔레콤은 자사의 통신기술과 하이닉스의 반도체 기술이 만들어 낼 장기적 시너지를 보았다. 물론 단기적으로 하이닉스의 실적은 좋지 않았다. 하지만 2013년 영업 이익 3조 3798억 원이라는 사상최대 실적을 냈다. 물론 아직 끝난 게임은 아니지만 기업 인수는 단기적인 마인드로 하면 안 된다는 경종이다.

(2) 인수 전략의 명확화

성공적인 인수를 위한 기본적인 전략은 인수 대상 기업, 인수 가격과는 무관하다. 우선 인수논리(deal logic)가 명확하고 설득력이 있어야 한다. 그리고 인수 대상 기업은 동 인수논리에 비추어 조직문화가 적합하여야 한다. 마지막으로 인수논리에 기초하여 인수 후 통합실행 계획이 구체적이고 명확히 결정되어야 한다. M&A로 성공한 세계적인 기업 시스코의 M&A는 크게 세 단계로 이루어져 있다. 전략(Strategy), 준비(Readiness), 실행(Action) 수순이다. 전략단계에서는 해당 거래가 시스코의 전략과 사업 우선순위에 부합하는지를 점검한다. 준비단계에선 합병을 통해 통합을 이루어낼 만한 경영진을 고려하였다. 마지막 실행단계에서는 인수를 통해 시장에서 노릴 수 있는 기회요소와 적절한 시기 등을 결정한다.[11]

(3) 인수 계획 수립

인수 계획은 기업 전략에 상응하여야 하며 재무계획과 기타 계획으로 나누어진다. 재무계획에는 인수 후 사전에 정한 기한 내에 달성할 최소수익률, 영업 이익, 매출 또는 현금 흐름이 포함된다. 인수와 관련된 최소수익률은 기업이 목표로 하는 수익률보다 훨씬 높다. 인수로 인한 위험이 그만큼 크기 때문이다. 비 재무적 계획은 기업의 사업 계획에 제시된 재무수익률의 달성을 위한 인수 목적을 포함한다. 특정 제품 또는 지적 소유권, 성장기회, 유통채널, 생산설비, 연구·개발 능력, 기술력 등의 확보가 그것이다.

인수 계획과 사업 계획의 관련성을 〈표 4-2〉로 나타내었다.

<표 4-2> 인수 계획과 사업 계획의 연관성 사례

비즈니스 플랜의 목적 (Business Plan Objective)	인수 계획의 목적 (Acquisition Plan Objective)
재무(Financial) • 20XX년까지 자기 자본 비용 또는 기업 자본 비용을 능가하는 수익률 달성 • x%의 부채 비율 유지	수익률 기준(Financial returns) • 인수 대상 기업은 최소 x%의 총자산수익률 • 인수 대상 기업의 부채 비율은 y% 이하 • 최소 x원의 영업 현금 흐름
기업 규모(Size) • 20XX년까지 국내 최고의 시장점유율 달성 • 20XX년까지 매출 x원 달성	기업 규모(Size) 인수 대상 기업은 최소 매출 규모 1000억 원 이상
기업 성장(Growth) • 목표 매출성장률 x% • 목표 EPS 성장률 y% • 목표 영업 현금 흐름 성장률 z%	기업 성장(Growth) • 인수 대상 기업의 매출성장률 x%, 이익성장률 y%, 영업 현금 흐름 성장률 z% • 인수결과 20XX년까지 새로운 제품과 시장으로 매출 x원 가능
다각화(Diversification) x%만큼 이익변동성 감소	다각화(Diversification) 인수 대상 기업은 회사의 이익과 관련성이 작아야 함
기술(Technology) 회사는 시장에서 산업 내 최고 기술을 가진 기업(industry technology)으로 인식되어야 함	기술(Technology) 인수 대상 기업은 특허권 등 주요 지적 재산권을 보유하여야 함
품질(Quality) 회사는 시장에서 산업 내 최고 품질을 가진 기업으로 인식되어야 함	품질(Quality) 인수 대상 기업의 불량률은 100만 개당 x개 미만이어야 함
서비스(Service) 회사는 시장에서 산업 내 최고 서비스 기업으로 인식되어야 함	서비스(Service) 인수 대상 기업의 고객 클레임은 백만 개당 x개 미만이어야 함(warranty record)
원가(Cost) 회사는 시장에서 산업 내 최저 원가 기업으로 인식되어야 함	원가(Cost) 인수 대상 기업은 노동조합이 없어야 하며 노동시장 규제가 작아야 함.
혁신(Innovation) 회사는 시장에서 산업 내 최고의 혁신기업으로 인식되어야 함	혁신(Innovation) 회사는 과거 2년간 총매출에서 최소 x%에 상당하는 신제품을 출시하는 연구·개발 능력을 보유하여야 함

(출처: Donald DePamphilis, Mergers and Acquisitions Basics, Burlington, Elsevier, 2011, p. 137.)

인수를 위한 일정계획(timetable)은 인수 절차의 모든 것을 포괄하여야 한다. 각 단계마다 그 시작시기, 종결의 기한, 성취조건과 책임자가 확정되어야 한다. 다음은 일반적인 인수 계획과 절차의 구성요소를 〈표 4-3〉으로 요약하였다.

〈표 4-3〉 인수의 계획

구분	내용
목표설정 (Plan Objectives)	• 구체적인 인수 목적의 설정(원가 절감, 새로운 고객, 유통채널 확보, 기술 확보, 생산시설 확대 등) • 인수 목적의 달성으로 기업 전략 달성에 미치는 영향 구체화
인수일정 (Timetable)	인수를 위한 일정(통합 계획 포함)의 구체화
기업의 능력평가 (Resource & Capability Evaluation)	• 인수와 관련하여 자금 조달 능력과 경영 능력의 평가 • 인수를 위하여 지급할 수 있는 최대금액의 설정 • 최대 인수금액 설정의 근거 제시
인수지침 마련 (Management Guidance)	선호하는 인수 제시(우호적 인수, 경영권 인수여부, 지급 수단 등)
대상 기업 탐색 계획 (Search Plan)	• 인수 대상 기업(target firms)의 탐색을 위한 기준 마련 • 탐색 계획의 기술 • 인수 대상 기업을 선정한 이유 • 인수 대상 기업에 처음 접촉하는 방법
협상 전략 (Negotiation Strategy)	• M&A의 핵심 이슈 기술 • 당사자에 맞는 거래 구조(Deal Structure)의 제시 • 거래 구조를 집행을 위한 인수를 위한 법적 구조(legal structure) 등 인수 구조 (acquisition vehicle), 인수 후 법적 실체, 지급 수단, 사업인수 또는 주식 인수 등 인수방법 등 • 거래 가격의 갭의 해소를 위한 전략
최초 가격의 제안 (Determining Initial Offer Price)	• 인수 대상 기업, 인수 주체 기업과 인수 후 기업의 5년(필요한 경우 그 이상 기 간) 손익, 재무 상태, 현금 흐름 추정(시너지 효과를 감안한 경우와 감안하지 않 은 경우 포함) 및 추정을 위한 주요변수(key forecast assumption) 선정 • 인수 대상 기업의 최소 및 최대 인수 가격 결정 • 인수 대금 지급 수단과 최초 제안 가격과 그 근거를 결정
자금 조달계획 (Financing Plan)	• 제안한 인수 가격이 인수 후 기업의 신용평가와 수익성 및 현금 흐름에 중대한 영향을 미치는지 분석 • 인수 주체가 상장 기업인 경우 EPS에 단기적으로 미치는 영향 분석
통합 계획 (Integration Plan)	• 통합의 어려움(challenge)과 가능한 해결방법 모색

(출처: Donald DePamphilis, Mergers and Acquisitions Basics, Burlington, Elsevier, 2011, p. 139.)

(4) 인수 목적의 명확화

기업의 인수는 협상 및 통합 과정에서 많은 어려움이 기다리고 있으며 예상
보다 심각한 문제점이 드러나기도 한다. 이러한 문제점들을 하나하나 풀어나
가려면 문제해결의 기준이 필요하다. 그 기준이 바로 당초 기업이 인수를 추진
하게 된 동기와 목적, 즉 M&A 성장 전략이다.

(5) 인수 대상 사업과 기업의 결정

인수로 인한 위험을 관리하기 위하여 인수 대상 기업을 탐색하고, 평가하고 거래를 협상할 때 필요한 지침을 사전에 만들어야 한다.

성공적인 인수를 위해서는 목표로 정한 시장 입지 달성을 위한 기업역량을 확장해야 하고, 인수 가능한 거래 규모(size)를 결정해야 한다. 일반적으로 소규모 인수가 성공 확률이 높고 실패하더라도 후유증이 작다. 소규모 인수를 통한 경험을 쌓아 큰 거래를 성공적으로 진행할 수도 있는 능력을 키울 수 있다. 협상을 위해 지불할 수 있는 금액의 마지노선을 정확하게 파악하고, 이 금액 안에서 협상이 타결되지 않으면 과감하게 포기할 줄도 알아야 한다. M&A를 실패하는 많은 기업들이 지나친 인수전을 펼치다가 능력보다 많은 대금을 지급한 뒤 이를 만회하지 못하는 경우를 많이 봐왔다.[12] 인수를 하고자 한다면 목표시장에서 인수 대상 기업의 규모, 시장점유율, 기업의 명성, 성장률 등과 같은 선정기준에 따라 잠재적 인수 대상 기업을 추려내야 한다. 인수하려는 기업의 규모가 당초 계획에 적합한지 검토하고, 자신의 몸집과 인수여력 등을 고려해 이에 알맞은 곳을 선택해야 한다.[13] 또한 기업의 가치를 평가할 기준도 정해놓아야 한다.

전설적인 워렌 버핏(Warren Buffet)이 최고경영자로 있는 버크셔 해서웨이(Berkshire Hathaway)는 1965년 이후 연 수익률 20.2%의 경이적인 이익을 실현하였다. 이 회사는 인수 대상 기업의 경영에 대하여 이사회로서 참여만 하는 관리자(controller)의 역할만을 하는 수동적인 투자자이다. 이 회사의 2009년 사업보고서에 나타난 인수 대상 기업의 기준은 참고할만한 가치가 있다.

〈표 4-4〉 인수 대상 기업 기준의 사례(Berkshire Hathaway)

- 인수 대상 기업의 이익규모: 인수 대상 기업이 기존 사업에 적합하지 않는 한 최소 세전 이익은 7500만 달러 이상.
- 과거 지속적인 이익실현: 기업의 장래성이나 회생 가능성(turnaround)은 의미 없음.
- 차입금이 작거나 무 차입경영을 실현하고 높은 자기 자본 수익률 실현.
- 우수한 경영진 보유: 경영진을 파견할 수 없음.
- 사업의 단순성: 기술이 복잡하면 이해할 수가 없음.
- 명확한 가격 제시: 가격을 제시하지 않는 경우 예비적인 논의조차 시간 낭비임.

(6) 인수 대상 기업의 파악

실제로 인수 대상 기업과 인수협상을 진행하게 되었다면, 인수 대상 기업을 정확하게 알아야 한다. 재무제표 분석은 물론, 인수 대상 기업의 본질적인 가치, 보유하고 있는 핵심 역량을 객관적으로 평가해야 한다.

인수 대상 기업은 인터넷에서 쉽게 찾아볼 수 있다. 미국의 경우, 'Google Finance', 'Yahoo! Finance', 'Hoover's', 'EDGAR Online'에 많은 정보가 있다. 다양한 정보를 제공하는 사이트도 운영되고 있는데, 미국 증권 거래위원회 사이트(http://www.sec.gov)에 들어가면 상장 기업의 정보를 수집할 수 있다. 10-K 문서는 사업운영, 사업현황, 경쟁사, 시장현황, 법률 문제, 리스크 요인과 같은 정보를 제공한다. S-1은 신주를 발행하려고 할 때의 문서로, 회사 연혁과 사업 리스크를 확인할 수 있다. 부속문서인 14A는 정기 주주총회와 주주와 임원의 정보를 제공한다. 특히 8-K 문서는 임박한 M&A 거래 정보를, S-2 문서는 실현된 M&A 거래 정보를 제공한다. 우리나라에서는 업종별로 회계 감사를 받는 기업과 등록법인은 전자공시시스템 사이트에서 수집할 수 있으며, 기타 업종별협회에서도 찾아볼 수 있다.

매각 기업이든 인수 기업이든, 거래당사자의 목적과 동기는 중요하다. 상대방의 거래목적이나 동기를 정확하게 파악하는 것은 거래 성사의 지름길이다. 특히 인수자에게는 매각의 사유를 정확히 파악하는 것이 거래성공을 위한 중요 요소이다. 특히 기업이 작을수록 더욱 중요하다. 인수 기업은 늘 숨어 있는 매각 동기에 대해 궁금해한다. 그러나 숨어 있는 매각 동기는 거래를 실패하게 만드는 요인이다. 따라서 자문사도 이를 명확히 파악하고 있어야 한다.

(7) 통합 전략과 방식의 결정

통합 전략을 세운다는 것은 M&A 후 어떤 일이 일어날지 미리 예측하라는 뜻과 일맥상통한다. 인수한 기업의 경영진에게 동기를 부여하기 위해 어떤 인센티브를 줄지, M&A 후 매출 증대와 비용 절감은 어떤 방식으로 할지 등을 미리 검토해야 한다는 것이다. 인수 대상 기업의 가치를 평가하려면 M&A 후 나타날 시너지 효과를 반드시 고려해야 하므로, 시너지 효과를 파악할 때는 통합 과정까지 함께 반영해야 한다.[14]

(8) 투자 금액과 자금 조달

인수를 추진하기로 한 경우 처음부터 투자가능 최대금액을 정해야 한다. 이를 기초로 하여 인수 대상 기업을 찾는 기준을 정할 수 있다. 투자가능 금액은 회사 내 보유자금과 증자금액과 차입가능성을 기준으로 설정한다. 유의할 것은 과도한 차입을 통한 무리한 투자는 지양하여야 한다는 것이다. 우리나라 M&A 시장에서 안정적인 현금창출력(Cash Cow)을 바탕으로, 가치 있는 신사업에 투자한 기업들은 성장세를 유지하였지만 무리하게 차입 인수를 추진한 그룹들은 어려움을 겪었다(2017년). 전자로는 한화, CJ, 미래에셋, 현대백화점 등이, 후자로는 STX나 이랜드가 사례이다.

다음으로 자금조달계획을 세운다. 사모펀드의 경우, 펀드를 구성할 때는 그 펀드의 전략이 사전에 논의된 후 설정된다. 자금 조달 계획은 차입이든 증자이든 간에 기업의 전략이 명확하게 설정된 상태에서 출발해야 한다. 특히 자신의 경영 능력이나 자금 조달 능력을 과도하게 투입하면 인수 실패의 원인이 될 수 있다. M&A의 열기가 달아올랐을 때 지나치게 낙관적으로 접근하거나 높은 가격으로 인수하는 경우가 그렇다.

(9) 전문가의 도움

마지막으로 중요한 것은 M&A 경험을 가진 전문인력, 즉 M&A 프로세스를 조언해주고 도와줄 전문가들이다. M&A 대상 기업을 찾는 것뿐만 아니라 향후 '출구 전략'을 어떻게 가져갈지 결정하기 위해서라도 경험 있는 전문가가 필요하다.[15]

기업 인수 시 고려해야 할 점은 법적인 문제와 회계정보의 정확성이다. 기업 인수는 '공정거래법' 및 '증권거래법', '민법', '형법', '상법', '세법' 등 다양한 법률과 관련이 있다. 이와 관련된 문제 해결을 도와줄 전문가 비용은 비싸지만, 인수의 실패로 생겨날 엄청난 손실을 생각하면 절대로 아껴서는 안 된다. 변호사나 공인 회계사 같은 외부 전문가의 도움은 필수적이다.

4) 성공전략론

(1) 개요

제너럴일렉트릭의 잭 웰치는 M&A를 통해 회사를 '글로벌' 강자로 만들었다.

반면 야후는 M&A 대부분이 실패로 돌아가며 역사 속으로 사라졌다. 대한전선은 M&A 역풍에 사라졌다. 2011년 SK그룹 회장은 하이닉스반도체를 '도박'이라는 주변의 반대에도 인수하여 오랜 적자 끝에 성공을 이루어냈다. 하지만 최적의 인수 전략이 어떤 것인지를 명확히 할 수는 없다. 또한 최적의 인수 전략이 바로 기업 가치를 창출한다기보다는, 변화하는 환경에 따라 기업은 그에 대응한 의사 결정을 함으로써 성장할 수 있는 것이다. 실증적인 증거에 의하면 가장 성공적인 인수는 자신의 핵심 사업을 강화시키는 인수라고 한다. 인수 기업은 해당 사업에 경험이 있고 중복되는 기능이 많아 원가 절감도 가능하기 때문이다. 인수에 성공하려면 초기부터 고위 임원이 개입하는 것이 큰 도움이 된다. 그렇지 않으면 잘못된 의사소통, 진행의 혼란과 오류에 쉽게 노출된다.

성공적인 인수를 위하여 〈표 4-5〉와 같은 35가지를 제안할 수 있다.

〈표 4-5〉 인수 성공을 위한 전략

1	M&A의 성공을 경쟁력 강화와 주주의 실질 이익에 기초하여 측정하라.	Measure M&A success based on the creation of competitive advantage and real shareholder value.
2	거래를 진행하기 전에 해당 산업의 미래 트렌드와 위험에 대하여 통찰하라.	Gain insight into industry challenges and future trends before pursuing a deal
3	관련 없는 사업의 인수는 진행하지 말라.	Pass up acquisitions in non-related business.
4	M&A의 절차를 이해하고, 그 기업주와 제품을 분명히 확인한 뒤 그 인수 절차의 진행 기간을 명확히 하라.	Understand the M&A process and clearly establish owners, deliverables, and timetables.
5	인수 진행상의 핵심적인 의사 결정 사항을 예측하고, 그것에 집중하라.	Anticipate and focus on key M&A decisions.
6	M&A의 모든 절차에 가급적 고위 경영자가 개입하라.	Drive every aspect of the M&A deal from the senior leadership level.
7	사업 잠재력이 없는 거래에서는 즉시 철수하라.	Be prepared to walk away from a deal that does not show potential.
8	회사를 견고하게 할 수 있는 전략적 선택을 하라.	Choose strategic moves that strengthen the company.
9	회사가 정한 인수 대상 기업의 조건에 맞는 대상 기업을 찾아내라.	Seek out attractive targets in alignment with the deal rationale.
10	기업을 평가하는 방법론의 한계를 고려하라.	Consider the limitations of valuation methodologies.

11	합리적인 가격을 지급하라.	Pay the right price.
12	최선의 정보에 근거하여 결정하라.	Do your homework with the best available information.
13	시작 단계부터 인수 대상 기업의 조건을 명시하라.	Promote the deal rationale from first contact.
14	매각 기업의 의도를 이해하라.	Know the seller's intents.
15	깐깐하지만 합리적인 논의 기준을 따르라.	Pursue tough but fair discussion criteria.
16	인수 대상 기업의 경영진의 실불 평가하라.	Assess the quality of the target's management.
17	시너지가 실제로 실현할지를 확인하라.	Verify that synergies will result in real value.
18	인수 사례를 명확하게 계발하라.	Develop a clear M&A business case.
19	'기업의 가치'라는 관점에서 평가하라.	Align the two businesses based on sources of value.
20	실사는 적시에 효과적으로 하라.	Conduct a timely and effective due diligence.
21	어떤 것도 전제하거나 가정하지 말라.	Assume nothing.
22	문화적 차이를 진지하게 분석하라.	Evaluate and assess cultural dissimilarities.
23	실사를 효과적으로 할 수 있도록 IT 기술을 활용하라.	Utilize the power of the information technology to accelerate the due diligence process.
24	해외 인수·합병의 위험을 알아야 한다.	Know the added risks of cross-border M&A.
25	인수를 공표할 때 통합 책임자를 임명하라.	Name an integration manager at the time of the announcement.
26	거래가 완료되기 전에 통합 계획을 만들어라.	Develop detailed integration plans prior to the closing.
27	인수 대상 기업의 좋은 임직원을 확보하라.	Retain the best people by treating them as the company's most valuable asset.
28	고객에게 최선의 관심을 두라.	Maintain a strong focus on customers.
29	조직을 신속히 '통합 경영진'으로 변화시켜라.	Transition to an integrated management team quickly.
30	통합을 신속하게 추진하라.	Maintain a fast integration tempo.
31	통합의 우선순위를 알려라.	Communicate the integration priorities.
32	공유할 경영철학과 비전을 제시하라.	Define a common operating philosophy and consistent practices.
33	인수·합병의 이점을 적기에 구체적으로 실현하라.	Realize M&A deal benefits tangibly and in a timely manner.
34	시너지·통합의 실현을 종업원 인센티브와 연결시켜라.	Tie employee incentives to synergy realization and tp the fulfillment of integration requirements.
35	내부적으로 인수·합병 기법을 개발하라.	Develop in-house M&A skills.

(출처: B. Barry Massoudi, Do the Right Deal Do the Deal Right, 2006, p. xiv~xv.)

(2) 사업전략과 인수의 성공

인수의 성공 여부는 네 가지 질문을 가진 사업전략(business plan)을 제대로 알고 집중하는 것에 달려있다. "우리 회사는 어느 분야에서 경쟁할 것인가? 어떻게 경쟁할 것인가? 어떻게 경쟁 기업보다 고객을 더 만족시킬까? 우리 회사의 기업 전략은 왜 우월한가?"가 그것이다. 야후는 『걸리버 여행기』에 등장하는 사람과 비슷한 종족의 명칭으로, 이를 차용해 1994년 '모든 정보를 계층적으로 제시해주는 안내자'라는 의미로 모자이크 한 'Yet Another Hierarchical Officious Oracle'이라는 약어로 만들었다. 2000년 기업의 가치는 약 1200억 달러였다. 그러나 22년이 지난 2016년 5조 원에 핵심 사업을 매각하면서 실질적으로 사라졌다. 1994년 처음 서비스를 시작한 지 22년이 지난 시점에서 벌어진 일이다. 구글이 빠르게 검색을 통한 광고 시장을 장악하는 동안, 야후는 지속적인 M&A와 해외 진출을 통한 성장을 추구하였고 검색 엔진을 2009년 마이크로소프트에 팔아버리는 결정을 했다. 야후는 자신의 사업을 명확히 하고 그 사업 영역에서 수익성과 성장을 달성하는 데 모두 실패했다. M&A를 통한 성장은 핵심 사업을 중심으로 이루어져야 함에도 핵심 사업 모델과는 관련이 없는 마구잡이식 인수는 결국 실패를 가져온다는 교훈을 남겼다.

핵심 사업에의 집중으로 성공한 사례는 AB인베브를 들 수 있다. 핵심 사업인 맥주에 집중하여 경쟁력을 키우고 국내에서 해외로 순차적으로 인수함으로써 세계 1위에 오른 것이다. 2008년에는 520억 달러에 버드와이저 브랜드를 가진 안호이저-부시를 인수해 세계 1위 맥주 업체로 도약했지만 '글로벌' 금융위기로 유동성 위기에 처하자 엔터테인먼트 부문을 매각하는 등 비핵심 사업을 매각하여 위기에서 벗어났다.

(3) 경기변동과 인수의 전략

글로벌 경영컨설팅 회사인 베인앤컴퍼니는 인수를 추진하는 기업을 경기변동과 관련하여 네 가지 유형으로 분류하였다. 첫째, 지속적 인수 기업이다. 경기 변동에 영향을 받지 않고 끊임없이 M&A를 실행하는 기업이다. 둘째, 침체기 인수 기업이다. 경기 침체기에 M&A를 확대하는 경향이 있다. 셋째, 성장기 인수 기업으로, 주로 경기확장기에 M&A를 실행한다. 넷째, 정체기 인수 기업이다. 침체기와 성장기 사이에서 M&A를 실행한다. M&A에 가장 성공적인 기업은 지속적 인수 기업으로, M&A를 자주 진행하고 거래의 평균 규모가 작으며 끊임없이 거래를 추진한다는 결과를 얻었다. 지속적 인수 기업은 성장기 인수 기업보다 2.3배, 정체기 인수 기업보다 1.8배 높은 성공률을 기록했다.

여러 차례에 걸친 소규모 기업 인수를 통해 인수 능력을 연마해온 기업은 인력과 기능 면에서 통합이 반드시 필요한 부분이 어디인지를 판단하는 역량이 아주 중요하다는 것을 알게 된다. 2012년 한 해 동안 한국을 포함한 5개국에서 5개 기업을 인수하는 등, 지난 12년간 총 65개 기업을 성공적으로 인수한 기업이 있다. 바로 90% 이상의 M&A 평균 성공률을 자랑하는 글로벌 동력전달장치 기업 이튼(Eaton)이다. 피어런 부회장은 "재무 상태가 좋은 기업을 5~10년간 관찰해 잘 아는 상태에서 인수를 결정한다는 점이 중요한 성공 요인"이라고 밝혔다. 그는 "모든 M&A 결과를 자체 데이터베이스에 기록해 향후 M&A 전략에 활용하는 점도 큰 도움이 됐다"고 덧붙이며, M&A의 기본 원칙은 "잘 알지 못하는 기업은 인수하지 않는다"라고 말했다.[16]

똑같은 기업을 호황기에는 불황기보다 더 비싸게 인수해야 한다. 증시 격언을 보면, "겨울에는 밀짚모자, 여름에는 모피코트를 사라"는 말이 있다. 이는 제철을 만나 비싸질 때를 대비해 미리 사두는 것이 좋다는, 일종의 역발상 전략이다. M&A 시장에도 그대로 적용될 수 있다. 호황기 때 비싼 가격으로 M&A를 하다가 위기 상황으로 내몰린 사례를 심심치 않게 볼 수 있다. M&A 시장에서 인수의 최적기는 불황기이다. 2008년 금융 위기가 발생했을 때 세계적인 기업들은 금융 위기 전 시장 가격보다 훨씬 싼 가격에 인수를 하여 큰 성공을 거두었다. 하지만 많은 기업들은 오히려 사업매각을 추진하고 투자를 줄였다.

국내에서는 M&A를 통해 쓴 맛을 본 그룹이 적지 않다. 일각에서는 '승자의 저주'라는 극단적인 표현까지 쓰기도 한다. 반대로 매각은 호황기에 해야 한다. 그래야 제값을 받을 수 있고 매각 가능성도 커진다. 그러나 많은 기업들, 특히 우리나라의 기업들은 정반대로 의사 결정을 한다. 매각 기업은 경제가 어렵고 기업에 위기가 찾아왔을 때 팔려고 하고, 인수 기업은 호황기에 어떻게든 인수를 하려고 한다. 이것이 성장 기업과 실패 기업을 가르는 기준이다.

(4) 시장 변화와 인수의 전략

세계인구의 상당한 비중을 차지하는 중국, 인도 등의 경제 성장으로 고기, 우유 같은 단백질 식품에 대한 수요가 급증하고 있다. 전 세계 육류 소비는 10년간 1.9% 증가할 전망이다. 반면 중국의 육류 수입은 50% 이상 증가할 것으로 보인다. 이에 따라 사료 수요도 크게 늘 것으로 보인다. 식품산업에 새로이 뛰어드는 것은 어렵다. 이에 따라 중국 기업들은 M&A를 통해 해외 식음료 기업을 인수하고 있다. 더욱이 유엔식량농업기구는 인류의 육류소비량이 1991년 36kg, 2007년 43kg, 2030년 45kg로 급증할 것으로 예측하고 있다.

그렇듯이 식품산업은 점점 거대해질 것으로 보인다. 세계 2위 육가공업체인 미국 타이슨푸즈가 육류업체 힐샤이어를 77억 달러에 인수한 것도 이러한 맥락에서 이해할 수 있다.[17]

삼성전기는 2012년 세계 2위 HDD(hard disk drive) 모터 업체인 일본 알파나 테크놀로지를 약 1500억 원을 들여 인수했다. 이 거래를 통해 2%에 불과했던 HDD 모터 시장점유율 을 13%로 높였다. 또 기존 2.5인치 HDD 모터에 한정돼 있던 라인업이 3.5인치 제품으로 확대되면서 사업 확장 기회도 모색할 수 있었다. 하지만 대규모 적자와 함께 실패한 인수로 끝났다. 전력 소모가 적고 빠른 처리 속도를 가진 솔리드스테이트드라이브(SSD)가 기존 HDD 시장을 빠른 속도로 잠식해나가면서 성장세가 꺾인 것이다. 여기에 압도적인 HDD 모터 1위 기업 시장점유율 80%의 "니덱"의 시장 지배력에 밀리면서 수익성 확보도 어렵게 된 것이다. 변화하는 기술과 시장점유율 1위 기업의 경쟁력이 실패의 원인으로 보인다.[18]

(5) 인수타이밍과 인수의 전략

전략적 우위를 선점하는 기업이 성공가능성이 높듯이 먼저 인수하는 기업이 유리하다. 인수시장에 늦게 뛰어들면 가격이 높아지기 마련이다. 특히 M&A 시장의 붐이 일어나는 경우 초기에 또는 일찍이 뛰어든 기업이 성공적인 결과를 낳는다.

(6) 거래 규모와 인수의 전략

최고의 M&A 수익률을 보인 기업은 자사보다 규모가 훨씬 작은 회사들을 주로 인수했다. 자사규모와 비교했을 때 15% 미만인 소규모 기업의 인수에 집중한 미국의 한 기업은 자사규모 대비 3분의 1 이상의 대규모 기업을 인수한 기업보다 거의 6배나 높은 성과를 이루었다. 역으로, 최악의 성과는 대규모 인수를 감행한 기업이 기록했다. 미국만큼 두드러지진 않지만 유럽에서도 미국과 유사한 유형이 나타났다. 소규모 인수에 집중한 기업은 대규모 인수를 단행한 기업보다 1.8배 높은 성과를 보였다.

하지만 대규모 인수의 경우에도 결과가 좋은 경우도 있다. 성장속도가 큰 분야보다는 성장이 낮은 분야에서 대규모 인수가 더 성공적이다. 새로운 제품이 천천히 출시되고 변화가 느리므로 통합이 쉽고 시너지를 낼 수 있기 때문이다. 대상 기업이 비상장 기업이거나 상장 기업의 자회사인 경우 주주가치 증가에 성공하나(미국의 경우 2000년대 초반 주주 초과수익률이 1.5~2.6%) 인수 대상이 상장대기업인 경우 주주가치 창출에 실패하는 확률이 높다. 인수 희망 기업의 수도 적고 인수 가격도 높지 않은 것이 원인의 하나이다. 상장 기업 간의 M&A가 주식 교환에 의하여 이루어지는 경우 인수 기업 주주의 초과이윤이 마이너스인 것으로 보통으로 나타났다.

우리나라도 새로운 성장동력을 확보하거나 기존 사업과 핵심 역량을 강화하기 위해 특정 분야에서 기술력을 가진 국내외 중소기업을 인수하는 스몰 M&A가 많아지고 있다. 이들의 기술을 저렴한 비용으로 확보할 수 있을 뿐 아니라 해외 시장 진출도 용이하게 만들 수 있다. 경기전망이 불투명한 것도 원인이지만 "승자의 저주"에서도 자유로워 위험도 작기 때문이다. 해외에 새로 진출하는 경우에도 지사를 설립하고 사람을 뽑는 데 걸리는 시간과 비용, 리스크 등을 감안하면 스몰딜을 통한 시장 진출이 더 효과적이다. 스몰딜의 명

확한 정의는 없지만 흔히 국내외 중소중견기업을 1000억 원대 이하의 가격에 인수하는 것을 말한다.[19)

(7) 인수 가격과 인수의 전략

싸게 인수하는 것은 당연히 좋다. 그러나 인수 가격과 인수의 성공과는 직접적인 연관은 없다. 인수 후 얼마나 인수한 기업을 성공적으로 경영하는가가 결정적인 인수 성공의 결정요소이다. 인수 가격도 중요하지만 인수 후 경영성공에 더 비중을 두어야 한다.

(8) 성장기 창업기업과 인수의 전략

성공한 M&A의 상당수는 혁신적인 기술력을 보유한 기업을 초기에 인수한 경우이다. 최근, 기업은 부분적 자산과 역량을 갖고자 기업 전체를 M&A한다. 기업의 외형적 성장보다는 지속 성장에 필요한 무형자산 확보에 집중한다. 구글의 안드로이드가 대표적인 사례이다. 구글은 단 5000만 달러를 투자해 안드로이드를 인수한 후 세계 1위의 모바일 운용체계로 만들어냈다. 안드로이드가 없었다면 구글은 지금처럼 애플과 경쟁할 수 없었을 것이다. 90%대의 M&A 성공신화를 쓴 시스코 역시 혁신적인 신제품을 개발했던 기업들만 주로 인수했다. 구글의 벤처기업 인수 기준과 전략은 칫솔 테스트 작업(Toothbrush Test Framework)이다. 칫솔처럼 인간에게 없어서는 안 되는 커다란 효용을 제공하든지, 또는 누구나 쓰고 매일 여러 번 쓰는 기술인지를 확인한다. 기업을 인수한 뒤에는 기술 개발 열정에 투자만 하고 기술 개발 자체에는 개입하지 않는다는 원칙을 지킨다. 스타트업 단계의 기업이 원하는 일에만 집중할 수 있도록 어려워하는 재무인재육성법률 등만 떠맡는다.[20] 시스코에 인수된 기업은 엔지니어와 과학자 수준이 매우 높다.[21]

대기업이나 성숙기에 접어든 기업들이 종종 성장성이 큰 중소기업을 인수하여 혁신과 성장을 추구한다. 즉 성장성이 큰 기업을 최고의 인수 대상으로 고려한다. 그러나 이런 인수는 종종 실패로 끝난다. 인수 대상 기업의 인수대가가 이러한 성장성을 반영하여 상대적으로 높게 평가되는 것이 하나의 원인이다. 또 하나의 원인은 인수 후 성장성을 지속하지 못하는 것이다. 인수 후 대기업의 경영문화가 성장성을 이끌었던 중소기업의 기업 문화를 압도하여 억제하기 때문이다.

(9) 법정 관리 기업 인수의 전략

법정 관리 기업을 인수하여 정상화하고 성공하는 전략도 있다. 법정 관리 기업 매물은 정상 기업 매물보다 가격이 저렴하다. 법원에 의하여 파산에 들어가지 않는 경우 회생 가능성이 있어 흑자 전환에 성공하는 확률도 크다.

법원의 관리를 받는 기업은 청산 가치와 계속 기업 가치의 사이에서 가치가 결정되고, 기업 가치 외에 경영권 프리미엄은 거의 없다. 법정 관리 기업은 최저가격과 최고가격의 범위가 설정되어 그 범위 내에서 입찰한다. 통상 계속 기업 가치가 높아야 법정 관리가 이루어지지만, 청산 가치가 높은 경우에는 파산 절차에 들어가지만 법원은 매각을 추진할 수 있으며, 이 경우 청산 가치로 인수할 수 있다. 법정 관리 기업의 M&A는 절차 시작부터 종료에 이르기까지 법원의 감독을 받고, 우발 채무가 생길 염려가 거의 없고, 법원이 관리하므로 투명하다.

기업이 법정 관리에 돌입하면 법원은 일정한 기간을 정해 채무자 기업의 채권자들에게 법원에 채권을 신고 받아 우발채무가 없어진다. 법원이 정한 기간 안에 채권신고를 하지 않으면 그 채권은 소멸하기 때문이다.

법정 관리 기업은 채무를 상당 부분 감면받는다. 법정 관리에 들어가면 조사위원이 실사를 하여 기업이 장래 벌어들일 수 있는 수익을 산출하고, 그 수익에서 회사 운영에 필요한 경비를 공제한 나머지로 통상 10년 동안 채무를 매년 상환하게 하고 여력이 되지 않는 채무는 면제한다. 10년이면 부채가 소멸될 수 있는 것이다.

그러나 이해관계인이 많아 M&A 절차 진행 방식은 통상 6개월에서 1년 정도 기간이 소요된다. 법정 관리 기업 인수로 성공한 SM그룹은 10여 년 만에 자산 규모 700억 원대에서 4조 원대로, 매출액 700억 원대에서 2조 원대로, 순이익 수십억 원에서 1000억 원대로 성장했다(2017년).

2. 인수의 목적

1) 목적의 개요

기업을 인수하는 이유는 너무도 단순하다. 바로 인수 기업의 주주에게 돈을 벌어주는 것이다. '주주 가치 창조'라고 말하기도 하지만, 기업을 인수하는 가장 기본적인 목적은 기업의 이익과 가치를 증대시키기 위한 것이다. 그러나 그 자체가 경영의 목표는 아니다. M&A는 기업 성장을 위한 가장 강력한 전략수단 중의 하나이며, 경영목표를 달성하기 위한 도구이다.

기업의 인수는 크게 네 가지로 나누어 볼 수 있다. 수평적(horizontal), 수직적(vertical), 전략적(strategic, diversification, conglomerate), 그리고 사모펀드이다. 수평적 인수는 전체 거래의 75% 정도를 차지할 정도로 흔하면서 인수에 따른 위험도 작다. 반면 전략적 인수는 10% 정도이며, 수직적 인수도 많은 편은 아니다. 수평적 인수는 제품과 시장이 동일한 기업을 인수하거나, 제품은 동일하지만 시장은 다른 기업을 인수, 혹은 유사한 제품군을 가진 기업을 인수하는 경우다. 전략적 인수는 시장은 동일하지만 새로운 제품을 가진 기업을 인수, 혹은 새로운 제품과 시장을 가진 기업을 인수하는 것이다. 이러한 인수의 목적은 〈표 4-6〉처럼 다양하게 분류할 수 있다.

〈표 4-6〉 인수 목적의 분류

분류	인수동기
사업시너지(Operating Synergy) • 규모의 경제(Economies of Scale) • 범위의 경제(Economies of Scales)	고객, 납품기업 또는 경쟁사를 인수하여 규모 또는 범위의 경제를 통한 경영 효율(Operating Efficiency)의 증진
재무시너지(Financial Synergy)	자본 비용의 최소화
다각화(Diversification) • 현재 시장의 새로운 제품 • 새로운 시장의 새로운 제품 • 새로운 시장의 현 제품	고성장 제품 또는 시장에로의 입지조성
전략적 재편성(Strategic Realignment) • 기술의 변화 • 규제와 정치상황의 변화	환경변화에 신속하게 적응
저평가 자산 가치기업의 인수	기업의 보유자산을 취득하는 원가보다 저평가된 기업의 인수
경영자의 사적 이익 추구	인수를 통한 규모의 확대를 통하여 경영권이나 보수를 높임
조세목적	이월결손금, 조세혜택 등 목적
시장장악력	시장점유율을 높여 가격설정의 유리한 고지
저평가 기업의 인수	시장형성 가격이 낮다고 판단되는 기업의 인수

(출처: Donald DePamphilis, Mergers and Acquisitions Basics, Burlington, Elsevier, 2011, p. 5. 편집)

2011년에 구글은 모토롤라의 휴대폰 사업 분야를 인수하였다. 인수 목적은 모토롤라가 보유하고 있던 1만 7,000여 건의 특허를 확보하는 것이었다. 인수 후 특허만 남겨둔 채 모토롤라 홈 사업 부문과 핸드 셋 사업 부문을 차례로 아리스(Arris)와 레노버(Lenovo)에 매각했다. 이처럼 기업 인수 시에는 분명한 목적이 있어야 한다. 인수 목적이 분명해야만 인수 후에도 명확한 로드맵 아래에서 기업을 성공적으로 운영해 나갈 수 있다. 또한 기존 보유 사업부 및 회사와의 정확한 시너지 효과 산출을 통해 적정한 수준의 인수 금액을 산정할 수 있다.[22]

인수자문사는 인수자에 대하여 인수 전략과 관련하여 〈표 4-7〉을 확인하여야 한다.

〈표 4-7〉 자문사의 인수자에 대한 질의

인수 목적의 질의
• 기업 또는 기업주가 전략적으로 결정한 산업인가 아니면 검토하는 단계인가.   • 기업의 주력 핵심 산업으로 판단한 것인지 부수사업으로 판단한 것인지.   • 인수 목적은 구체적으로 무엇인가   • 투자 금액은 얼마까지 가능한가.   • 매각 기업이 중소기업인 경우 미래가치를 인정하지 않으면 매각하지 않을 것이어서 높은 배수를 원하는 경우 인수할 것인가.   • 매각 기업의 기업주나 주주가 매각 후 여생을 위한 충분한 자금이 확보되지 않는 경우 매각하지 않을 것인데 인수할 것인가.   • 매각 기업 리스트와 진행을 원하는 기업은 어느 기업인가.

2) 시너지의 목적

(1) 개요

기업을 인수하는 목적으로 흔히 시너지를 논한다. 예를 들어 시가총액 1000억 원의 기업과 500억 원의 기업이 합병하여 시가총액이 2000억 원이

되었다면 500억 원은 시너지로 인한 것으로 볼 수 있다. 시너지는 매출의 증가나 비용의 감소를 통한 이익과 기업 가치의 증가를 의미한다. 많은 기업들이 시너지를 고려할 때 현재의 상황이 변하지 않는다는 정태적인 관점에서 판단하는 오류를 범한다. 하지만 시너지는 단기적인 효과가 아니라 장기적인 투자의 결과임을 알고 있어야 한다. 시너지 효과를 얻어내는 것은 위험을 감수하는 투자이며, 결단력 있는 기업가의 몫이다. 인수 시너지는 매출성장성, 유사 산업 진출, 새로운 지역 진출, 시장점유율 증대, 시장진출 가속화, 새로운 고객창출, 기술과 혁신의 인수, 우수한 임직원과 경영 능력의 인수, 원가 절감, 방어적 목적의 경쟁 기업 견제, 중요한 자산 또는 계약의 인수, 시장 진입 장벽의 형성을 통해 달성될 수 있다. 따라서 기업을 인수할 때 가장 먼저 해야 할 일은 인수 대상 기업을 명확히 규정하는 것이다. 기존 상품을 확대하는 것인지, 새로운 상품이 대상인지, 새로운 시장으로의 진입인지, 경쟁사를 인수하는 것인지를 분명하게 해야 한다.

시너지의 원천은 〈표 4-8〉과 같다.

〈표 4-8〉 시너지의 원천과 내용

시너지의 원천		사례	효과
구분	내용		
운영시너지 (Operating synergy)	중복기능의 제거	중복간접부문(Duplicate overhead positions)의 조정	수익률 개선
	생산성 향상	1인당 생산의 증가	수익률 개선
	구매원가 절감	구매량 증가에 따른 할인 등 혜택	수익률 개선
	효율적인 운전 자본 관리	• 매출채권 회수 기간의 단축 • 재고 자산 회전률의 향상	투자수익률 개선
	설비자산 관리: 규모와 범위의 경제	• 유휴설비 가동률 개선 • 데이터 센터, 기술 개발, 콜센터의 효율	투자수익률 개선

운영시너지 (Operating synergy)		• 복합 생산라인과 운영 가능	
	조직개편	경영진의 감축	의사소통의 개선 관료적 안이함 개선
재무시너지 (Financial synergy)	자금 조달 능력 향상	인수 대상 기업의 자산을 기초로 한 자금 조달	자금 조달 능력 개선
	레버리지의 증가	이자 비용의 절감 가능성	자본 비용 감축
마케팅과 제품시너지 (Marketing product synergy)	새로운 유통망 이용	매출증가의 기회	매출증가
	크로스 판매 기회	동일 고객에게 다양한 제품판매 기회	매출증가
	기술 개발	기술 개발 능력의 공유	혁신력의 향상
	시장개발	판매촉진 예산의 증가	시장점유율 확대
경영시너지 (Control)	새로운 기회 포착	인수 대상 기업이 모르는 기회 포착	성장기회
	전향적인 경영 관리	적극적인 의사 결정	수익성 향상

(출처: Donald DePamphilis, 〈Mergers and acquisitions basics〉, Burlington, Elsevier, 2011, p. 26.)

(2) 비용과 매출 시너지

원가에서의 시너지는 인수 기업에 관계없이 공통적인 측면이 강하고 좀 더 쉽게 파악할 수 있어 인수 가격 협상에 반영될 소지가 있으나 매출시너지는 인수 기업에 따라 많이 다르고 그 시너지를 실현하는 것도 어려워 인수 가격 협상에서 가격에 반영되기 어렵다. 동일 업종 기업을 인수하는 경우 원가와 매출 시너지 덕에 인수된 기업의 이익이 20%까지 늘어난다. M&A로 인한 매출에서의 시너지는 소비자들이 그러한 통합에 동의하는 경우에 효과적이라는 것이 역사의 교훈이다(Revenue synergies are earned when customers like the idea.). 즉 소비자에게도 이익이 되는 경우에 M&A로 인한 매출 시너지가 달성된다는 점이다. 이러한 이유로 매출시너지의 성공률은 아주 낮다. 따라서 인수가 성공적이기 위해서는 마케팅 전략의 4P인 판매촉진(promotion), 지역(place), 가격(price)과 제품(product)에 추가로 사람(people) 즉 고객이 추가되어야 한다. 예를 들어 거래은행이나 사 입는 옷을 사람들은 잘 바꾸지 않는다. 따라서 인수 기업은 이러한 점을 감안하여 전략을 짜야한다. 만일 인수 기업이 소비자에게 불편을 주는 전략을 시행하면 고객은 떠날 수 있다. 따라서 어느 정도 고객이 안정적인 구매 행위를 보일 때까지는 필요한 전략을 연기시키는 것이 좋다.

2015년 초의 넉 달간 1조 3000억 달러 규모의 M&A가 이루어졌다. 그중 5억 달러 규모의 M&A는 43%를 차지해 1999년 이후 가장 많았다. 이러한 거래의 많은 부분이 성장 전략보다는 비용 절감을 목표로 했다.[23] 동일·유사 제품을 생산하는 기업들이 통합되면—업종에 따라 다르겠지만—약 2% 정도의 원가 절감 효과가 있으며, 마케팅과 영업 부분에서도 이런 효과가 나타날 수 있다. 예를 들어 제과업계가 통합되면 영업 인력 감소, 광고 등 판매 촉진 비용의 원가 절감에 따른 시너지가 날 수 있다. 중소기업은 보통 경영 효율이 떨어지므로 인수 후 원가 절감 등을 통해 시너지를 낼 수 있다. 거대기업(conglomerate)과 사모펀드도 그래서 이 같은 시너지에 관심을 보이고 있다.

그러나 보완재를 공급하는 기업들이 통합되는 경우 원가시너지보다는 매출시너지가 크다. 동일한 산업 내의 기업이 통합하더라도 시장과 제품이 완전히 중복되는 경우는 드물다. 따라서 매출시너지는 어느 정도는 나타난다. 동일한 시장에서 연관된 제품을 제공하는 기업을 인수하는 것이 전혀 다른 제품을 제공하는 기업을 인수하는 것보다는 시너지가 있다. 대표적인 사례는 컴퓨터 하드웨어 기업이었던 IBM이 1995년에 소프트웨어 기업인 로터스(Lotus Development Corporation)를 당시 시가총액의 2배를 주고 인수한 것이다. IBM은 자신의 하드웨어 시장에 소프트웨어도 공급하는 것이 인수논거였다. 당시엔 회의적으로 보았던 이 거래는 두 기업을 독립적으로 경영함으로써 문화적 차이를 극복하고 성공을 거두었고 IBM은 소프트웨어 시장에 성공적으로 진출했다. 은행과 보험회사의 통합도 또 다른 예이다. 은행 간의 통합이 40% 성공률은 기록한 것에 비하여 은행과 보험과의 통합은 70%의 성공률을 낳았다. 그러나 실패한 경우도 있다. 대부분 동일한 시장에서 잘못된 유통경로를 통해서 제품을 공급한 것이 원인이다.

(3) 사업 영역의 시너지

사업 영역의 시너지는 사업 영역의 확대를 통한 경제(Economies of Scope)에서 나온다. 여러 제품 또는 사업을 하나의 관리부서, 영업부서 또는 유통부서가 처리함으로써 달성될 수 있다. 또한 연관 산업을 인수하여 시너지를 낼 수 있다. 국내 사모펀드인 스카이레이크 인베스트먼트가 전기전자 분야 시험인증 관련 기업 4곳을 잇달아 인수했다. 동 펀드는 인증 업체 중 분야별 경쟁력을 갖춘 기업을 각각 인수해 하나의 풀을 만든다면 기업들의 다양한 니즈에 대응하기가 수월해질 것으로 판단했다. 인증 사업 범위도 전기전자·의료기기 등에서 점차 확대해 나갈 방침이다.[24]

(4) 기술 개발의 시너지

제약업계는 세계적으로 M&A 거래가 활발하다. 시너지를 목적으로 한 거래로, 글로벌 제약사의 성장 전략은 M&A를 통한 것이며 R&D 역량을 합치기 위해서도 추진된다. 일본 의약품 시장은 1970년대부터 성장을 계속하다가 1990년대에 성장이 둔화되었다. 소형 제약사는 도태되기 시작하고 유통 및 판매 경쟁보다 신약 개발과 품질 경쟁으로 사업 전략이 바뀌었다.

대형 제약사와 소형 제약사의 인수·합병이 이루어져 1990년대 1,500개까지

난립했던 제약사는 2000년대 크게 감소했다. '글로벌' 제약사들은 항암제나 백신 등 핵심 제품에 집중하고 있어 우리 제약사들도 전문화와 기술 개발 등에 집중하여야 한다.

그러나 2010년대 국내 제약사 간 M&A는 사실상 전무한 실정이다. 우리나라 제약사는 대부분 동일한 복제약(generic)을 생산·판매하고 있어 안정적인 매출을 거두고 있기에 M&A에 의한 시너지를 내기 어렵기 때문이다. 특허가 만료된 오리지널 의약품은 모든 제약사가 그것의 복제약을 만들어 판매할 수 있다. 이러한 상황에서 제약사가 다른 제약사를 인수하면 결국 동일한 제품군으로 시장에서 피인수업체와 인수업체가 경쟁하게 된다. 약 20조 원에 이르는 국내 제약 시장에서 복제약이 차지하는 비중은 약 40% 수준이다 (2016~2017).

2세대 경영자들이 M&A를 추진하더라도 창업주나 기존 임직원들이 지금도 잘 되는 기업이 굳이 위험한 인수를 할 이유가 없다고 반대하는 것이다. 현재 사업이 만족스러운 상황에서 변화를 택할 이유가 없는 것이다. 또한 우리나라 기업의 폐쇄적인 기업 문화로 M&A 시장에 나올 가능성도 적다. 가족경영으로 회사를 운영하는 제약사들은 대부분 사업 확장보다 안정적인 승계에 더 관심이 많다.

신약 개발에 주력하는 바이오 업체도 기술이 아직 검증되지 않아 인수할 유인이 적다. 연구 중인 기술로 특허권을 취득한 경우도 드물고, 지속적인 투자가 필요하다는 문제도 있다. 더욱이 신약 개발을 하는 바이오 업체들의 요구 가격이 너무 높다는 문제도 있다. 또한 완제 의약품을 생산하는 국내 제약사는 2013년 기준으로 무려 265곳에 달한다. 이 가운데 36곳을 제외하고는 한해 매출이 1000억 원도 되지 않는다. 국내 제약시장은 세계 11위이지만 20조 원에 못 미치는 국내 제약시장에 너무 많은 제약사들이 난립한 것이다. 최근 엔 바이오벤처가 역으로 제약사를 인수하는 이른바 "역M&A"가 일어났다. 그 만큼 연구·개발 투자가 중요해지고 있음을 방증하는 현상이다.[25]

(5) 마케팅과 제품의 시너지

온라인 기업과 오프라인 기업 간의 합병은 시너지를 낼 수 있는 유통전략 이다. 2016년에 신발 유통업체인 DSW가 온라인 신발판매업체인 이바이스 (Ebuys)를 6000여만 달러에 인수했다. 이바이스는 북미지역은 물론 유럽, 호 주, 아시아에서도 온라인을 통해 판매하고 있고, DSW는 미국과 푸에르토리코 에서 400여 개의 판매점을 운영하고 있다.[26]

'벤처 연합군'을 형성해 사업 시너지를 극대화하려는 곳도 나오고 있다. 지 주 회사가 잠재력은 있지만 인지도나 영업력, 경영 능력이 떨어지는 회사들을 모아 시너지를 내는 방식의 사업 모델이다. 지주 회사는 인수한 회사의 재무, 회계, 영업 등을 대신해주고 계열사 간 사업을 융합하는 일을 맡는다. 계열사 는 각자가 강점을 지닌 업무에만 집중하면 된다. 국내에서는 옐로모바일이 대 표적이다. 해외에선 이미 이 같은 방법으로 성공한 사례가 적지 않다. 미국의 인터액티브코프(IAC)가 대표적이다.[27]

옐로우모바일은 생활 콘텐츠 전문 기업으로 수많은 M&A를 성사시켰다. 창업 후 2년간 쿠차, 쿠폰모아, 굿닥, 우리펜션, 모바일 광고업체 카울리 등 20여 개 기업을 인수했다. 모바일-로컬 신사업으로 시너지 효과를 노린다는 전략이다. 동 M&A의 시너지는, 옐로우모바일의 유통망을 이용한 매출의 증가, 동일 고객에게 다양한 제품 판매기회의 제공, 공동 시장개발 등을 통하여 실현될 것이다.

옐로우모바일에 이어 공격적인 인수·합병을 통한 대형 벤처연합 모델이 업계의 새로운 성장 전략으로 주목받고 있는 가운데 기존 모델에서 진화한 제2의 벤처연합사가 등장했다. 국내 최초의 온오프모바일 O2O(Online to Offline) 벤처연합을 표방하며 출범한 500V(오백볼트, 대표 김충범)가 그 주인공이다. 500V는 다양한 영역의 유망 스타트업과 중소기업 12곳이 "제휴 인수·합병(Alliance M&A)"을 통해 손을 잡았다. 500V는 1년에 50개 이상, 총 500개 벤처기업을 인수·합병 하는 것이 목표다.[28)]

3) 규모의 경제

산업 내에서 이루어지는 인수·합병은 그 산업의 라이프사이클의 자연적인 결과이다. 처음에는 성장성과 경쟁력에서 차이가 나지만 점점 산업이 성숙해지고 퇴보함에 따라 기업 간 차이는 사라지며 수익성이 떨어지는 것이다. 이러한 통합은 매출 시너지보다는 원가시너지를 목적으로 한다. 하지만 동일한 시장에서 다른 제품을 가진 기업을 인수하는 경우 고객과 유통에서의 시너지가 실현될 수 있다.

규모의 경제는 규모가 커짐으로써 가격 결정력도 커져 판매 가격을 높이거나, 평균 제조단가를 낮추거나, 기업에 불필요한 조직과 인원을 감축함으로써 달성된다. 대표적인 사례는 금융 기관의 경우이다. 합병으로 각 금융 기관의 지점들이 통합되면 비용이 크게 절감된다. 조직과 인원을 감축하고 고객 베이스는 커지는 것이다.

신한, KB, 하나, 농협이 4강을 형성한 금융그룹의 역사는 M&A의 연속이었다. 경쟁력을 위하여 대형화를 채택한 결과이다. IMF 외환위기 전 우리나라 은행은 총 30곳이었지만 지금은 13곳으로 줄었다. IMF 외환위기가 나기 전에는 조흥은행, 상업은행, 제일은행, 한일은행, 서울은행이 설립 순으로 역사와 전통을 자랑하는 은행이면서 5대 대형은행이었다.[29] 우리나라는 금융 기관의 규모가 너무 작고 숫자만 많다. 미국 투자은행인 골드만삭스의 자본금이 84조 원인데 비해, 우리나라는 62개 증권사를 모두 합해봐야 42조 원 정도이다. 이러한 규모로는 아직 경쟁력이 약하다. 우리나라 저축은행과 대부업체도 치열한 경쟁에서 살아남기 위하여 규모의 경제, 경영 효율성 제고 등의 목적으로 인수를 통한 대형화와 통폐합을 추진하고 있다.[30]

4) 신사업 진출

기업이 새로운 업종에 진출할 때는 처음부터 시작하여 새로 기업을 만드는 경우도 있지만 기존 사업을 인수하여 시작하는 경우도 있다(diversification acquisition). 기업을 인수하여 신사업에 진출하는 경우는 사업의 준비기간, 건설기간 등의 단축, 시장참여 시간의 단축, 신속한 시장 확대, 신규시장 참여 시의 마찰 회피, 자본적·기술적 한계의 극복, 유능한 경영진의 확보, 진입 장벽의 회피 등의 장점이 있다. 인수를 통한 진출로 초기 투자 위험을 줄이되, 인수 시 지나친 가격을 지불하거나 인수 후 운영에 실패하지 않도록 해야 한다. 반면 기업의 내부적인 투자를 통해 새로운 사업에 진출하는 그린 필드 방식(Green field investment)은 시간이 많이 소요되고 불확실성이 따른다. 신제품 사업에 뛰어드는 경우 성공 확률은 10%정도 밖에 되지 않는다고 알려졌다. M&A를 이용하는 방식으로는 브라운 필드(Brown field) 방식이 있으며, 두 가지 방법을 병행하는 것을 투 트랙(Two track) 전략이라 한다. 물론 여기에는 기존의 시장에 새로운 상품이나 서비스를 제공하는 것이 목적인 경우도 있다. 또한 새로이 투자를 하는 원가보다 낮게 평가된 기존 기업을 인수하여 신사업에 진출하는 경우도 있다. 대기업에 비해 규모가 작아 선택과 집중의 전략을 펼쳐왔던 중견중소기업들이 기존 사업과 무관한 영역까지 뛰어들기도 한다. 특히 업종상황이 악화되는 경우 신사업으로 돌파구를 마련하려는 것이다.[31]

대표적인 사례가 아마존이다. 온라인 서점인 아마존은 미국 최대 전자상거래 기업으로 성장했다. 전 세계 소비자에게 그야말로 '모든 것'을 제공하고 있는 것이다. 2013년 전자상거래 부문 매출은 610억 달러로, 2위인 이베이의 금액보다 4배 이상 많다. 아마존이 위기를 극복하고 성장할 수 있었던 비결은 주력 사업과 연관된 신사업을 추진하는 등 꾸준히 사업 확장을 시도했기 때문이다. 일본의 마쓰시타(현 파나소닉)는 한때 세계 TV 시장을 주름 잡았다. 지금은 LED 조명을 이용하는 실내 농장 사업을 진행 중이다. 오랜 불황에 따른 내부 역량 소진과 한국 전자제품 제조업체의 추격 등 급변한 대내외 상황이 변신의 이유였다. 파나소닉뿐 아니라 후지쯔와 도시바 등 유명 전자제품 회사도 실내 채소 재배 사업에 뛰어들고 있다. 그리고 TV 등을 판매하는 B2C 회사에서 시스템, 자동차 부품 등을 주력으로 하는 B2B 기업으로 전환했다.[32]

그러나 명심할 것은 이러한 다각화 전략은 성공률이 낮다는 점이다. 모든 혁신 시도가 성공하는 건 아니기 때문이다. 소니는 한참 잘나가던 1995년에 영화·음악 등 엔터테인먼트 분야를 신사업으로 설정하고 변신을 시도했다. 하지만 결과는 나빴다. 문제는 변신의 방향과 타이밍이었다. 사실, 소니의 경영진은 세계 수위 기술력을 바탕으로 한 전자제품 사업을 유지하면서 점차 콘텐츠 등의 소프트웨어로 주력을 전환할 생각이었다. 하지만 전자사업 부문 엔지니어들은 "소니는 더는 기술 회사가 아니다"라며 하나둘 떠나버렸다. 기대했던 엔터테인먼트 사업도 주력으로 자리 잡지 못하고 주춤거렸다. 위기에 봉착한 소니는 또 다른 변신을 성급하게 시도했다. 2012년에 글로벌 전자회사의 명성을 되찾겠다며 스마트폰 시장에 뛰어든 것이다. 아직 사업을 접은 것은 아니지만, 스마트폰 시장에서는 소니의 모바일 사업을 실패로 보고 있다. 소니는 변신의 타이밍을 놓친 것이다. 이는 과거 기술력에 대한 자부심으로 어느 전자제품 부문에서든 성공할 것이라고 자만심을 가졌기 때문이다.[33]

이 사례로부터의 교훈이라면, 기존 시장에 새로운 제품으로 또는 새로운 시장에 기존 제품으로 진출하는 것을 우선 검토해보아야 한다는 것이다. 이를 통하여 신사업이 도출될 수도 있다. 또한 현재의 경쟁력과 기술력을 바탕으로 시너지가 날 수 있는 새로운 사업을 찾아낼 수도 있다.

5) 영업망 확보

2016년 삼성전자는 미국 가전업체 데이코(Dacor)를 인수(1억 달러)했다고 발표했다. 데이코는 미국 캘리포니아 주에 위치한 가전업체다. 삼성전자는 전 세계 주요 가전제품 분야에서 선두기업이며 미국에서도 미국 가전 브랜드 점유율 1위를 차지한다. 그럼에도 불구하고 인수한 이유는 마케팅 전략 차원이다. 삼성전자는 소비자 시장에서는 강하지만 건설회사 등을 대상으로 하는 기업용 시장에서는 그렇지 못하다. 기술이나 브랜드 가치도 있지만 현지에 맞는 영업망을 확보하기 위한 목적도 있다.

6) 승계의 구도

가업을 승계할 목적으로 인수하는 경우도 있다. 한국타이어는 2012년 지주회사 체제로 전환하면서 신사업과 M&A를 내세우며 의욕적으로 시장의 매물을 검토했다. 이 같은 움직임에는 단일 업종 기업의 성장성 한계 극복 이외에도 '후계구도'가 있다. 조양래 회장은 지주사인 한국타이어월드와이드와 핵심 계열사인 한국타이어를 조현식·조현범 형제에게 각각 맡기고 경영 성과를 평가하는 경쟁 구도를 만들었다. 타이어 제조업으로 그룹 구조가 쏠린 탓에 형제의 분리 경영을 결정할 경우 비타이어 계열사의 규모를 키워야 하는 부담이 있는 것이다.[34]

7) 변혁적 인수

변혁적 인수(Transformational deal)는 1990년대 호황기에 인기를 누렸던 인수유형으로, 기업 혹은 산업 전체를 송두리째 변화시키는 것을 목적으로 한다. 실제로 이러한 인수방법은 자산의 대대적인 재배치를 통해 기업의 경쟁기반을 바꾸어 놓는다. 듀폰은 제1차 세계대전 이후 M&A를 통해 폭탄 제조사에서 종합 화학 기업으로 거듭났다. GM은 몇 개의 자동차 회사를 인수함으로써 자동차 산업 전체에 변화를 가져왔다. 그러나 GM이 처음부터 변혁적 인수에 나선 것은 아니었다. 소규모 자동차 회사를 여러 곳 인수하여 포드를 인수할 수 있을 정도의 규모로 만든 것이다. 마찬가지로 듀폰도 오랜 기간에 걸쳐 차근차근 인수를 시도하면서 제품 범위를 확장해 종합 화학 기업으로 거듭났다.

오늘날에는 IBM을 '컴퓨터 회사'라고 부르는 사람이 없다. 하드웨어에 집중하던 노선을 과감히 수정해 '서비스 회사'로 탈바꿈했기 때문이다. IBM은 고객들이 컴퓨터에 관한 모든 서비스를 제공받을 수 있는 토털 솔루션 업체로 변신했다. 방식은 공격적인 M&A였다. 소프트웨어 자산 관리 업체인 '아이소곤' 등을 인수한 것이다. 2007년 프린터 부문 분리에 이어 통계 처리 소프트웨어인 'SPSS 데이터 솔루션'을 인수하는 등 70개 이상의 소프트웨어·서비스 기업도 인수·합병했다. 1993년에는 당시 총매출의 27%에 불과하던 소프트웨어·서비스 사업 부문 매출 비중이 현재와 같은 82%까지 커졌다. IBM은 '서비스-컨설팅-소프트웨어'를 아우르는 세계 최대 기업으로 성장했다. 세계 최대의 제조 기업이던 IBM이 20여 년 만에 세계 최대의 서비스 기업으로 완벽하게 변신한 것이다.[35] 그러나 이처럼 리스크가 높은 변혁적 거래는 지양해야 한다. 최근 다른 기업들의 대형 인수(mega deal)를 통한 기업 변혁 노력은 실패했거나 실패를 향해 가고 있다. 눈부시게 화려하기 때문에 가는 길이 더욱 위험하고 목적지가 불확실하다는 사실을 유념해야 한다.

국내에서는 석유화학 산업에 대한 전망이 점차 비관적으로 바뀌면서 변혁적 인수의 필요성이 주목받고 있다. 중국이 석유화학 범용 제품에 이어 고부가가치 제품에까지 손을 뻗치고 있는 데다, 중동의 에타크래커 및 미국의 셰일가스 개발이 가시화되면서 국내산업을 위협하고 있기 때문이다. 이에 따라 화학업계는 인수를 통해 위기를 극복하고자 활로를 모색하고 있다.[36]

8) 전략적 확장

(1) 전략적 확장의 개념

M&A 성공의 열쇠는 기존 핵심 사업과의 연관성과 운영 면에서 개선할 점이 있는 기업을 인수하는 것이다. 맥킨지는 〈가치를 창출하는 인수 거래(Deals that create value)〉라는 연구에서 5년에 걸쳐 231개 기업에 대한 M&A 거래 전후의 주가 움직임을 분석했다. 그 결과, 기업은 신규지역 진출, 또는 기존의 제품서비스에 대한 새로운 유통망 확보를 통해 시장점유율 증대를 꾀하는 확장형(Expansionist) 인수를 선호한다는 것이 밝혀졌다. 전략적 확장이란 사업기반(Business base)의 수평적 또는 수직적 다변화에 목적이 있다. 수평적 확장으로 시장에서의 점유율을 높이거나 시장을 장악하기 위한 경우, 새로운 고객과 새로운 지역에 침투하기 위한 경우, 새로운 영업망 확충이 목적인 경우도 있다. 또한 규모를 확장하여 원가를 절감하려는 목적도 있다. 핵심 사업의 강화를 목표로 하는 경우에는 비슷한 상품군이나 고객군을 추가해 사업규모를 확장하거나, 신상품 도입, 신규고객층, 신규채널, 신규시장 추가 등을 통한 사업범위 확장과 격차해소를 목표로 한다. 대표적인 것이 자신의 시장 또는 유통망을 통하여 관련 있는 제품을 생산하는 기업을 인수하는 다변화(diversification)이다. 인수한 회사의 제품을 자신의 시장에서 판매하는 것이다.

작은 기업이 큰 기업을 인수하여 확장하는 경우도 있다. 이를 '보아뱀' M&A라고 한다. 생텍쥐페리의 《어린 왕자》에서 보아뱀이 자기 몸집보다 몇 배나 큰 코끼리를 잡아먹은 것을 빗댄 말이다. 대표적인 예는 인도의 타타그룹으로, 영국의 코러스스틸을 비롯해 재규어, 랜드로버 등 자사보다 규모가 큰 기업을 인수해 매출기준 세계 100위 기업으로 성장했다. 일반적으로 M&A의 성공 확률은 30%에 불과하며, 작은 기업이 큰 기업을 인수한 경우는 더욱 드물다.[37]

(2) 전략적 확장의 사례

레노버는 2005년 IBM의 PC사업부를 17억 5000만 달러(약 1조 9000억 원)

에 샀다. 그 후 레노버는 세계 1위의 PC 업체로 떠올랐고, IBM은 재무 상황 개선과 중국 시장으로의 판로 확대라는 소득을 얻었다.[38] 아마존은 2009년 자포스를 12억 달러(약 1조 3000억 원)에 인수했다. 자포스의 폭발적인 성장세를 높게 평가하여, 자사의 신발 쇼핑몰 엔드리스닷컴이 자포스를 이길 수 없다고 판단했기 때문이다. 아마존은 독자 경영을 보장했고 자포스는 세계 최대 온라인 신발판매점으로 성장했다.[39]

우리나라에서는 업종에 따른 전략적 확장의 필요성이 제기되고 있다. 예를 들어 교육 서비스 기업들이 적극적인 M&A를 통해 시장 및 사업 영역을 확대할 필요성이 제기되고 있다(2017년).

메가스터디교육은 2016년 매출액이 1745억 원으로 전년 대비 40% 증가했지만 영업 이익은 35억 원, 당기순이익은 30억 원으로 전년 대비 반토막이다. 2017년 김영편입(아이비김영)의 주식 약 12%를 취득하여 지분비율이 68%로 증가하였다. 향후 초중고 수험생부터 대학편입, 성인교육까지 전 세대를 아우르는 교육 기업으로 성장한다는 계획이다.

해커스어학원은 2016년 매출액이 376억으로 전년 대비 2% 감소했지만 영업 이익은 30억 원, 순이익은 42억 원으로 20%대의 감소를 기록했다.

스카이에듀 등을 영위하는 에스티유니타스는 2016년 매출이 3157억 원으로 전년 대비 70% 증가했지만 영업손실은 14억 원으로 전년의 10억 원보다 악화되었다. 회사는 유아 및 초등 교육 전문 브랜드를 출시하고, 프린스턴리뷰를 인수하는 등 사업 확장을 추진하고 있다.

이렇게 교육 서비스 기업은 수익성이 떨어지고 성장의 한계에 직면하여 M&A 전략의 필요성이 제기되고 있다.

9) 전략적 가치

시장 입지 강화, 기술력 향상, 경쟁력의 이점 등 전략적 가치 또는 대안 (strategic value 또는 real option)이라고 한다. 전략적 가치는 크게 세 가지로 나눌 수 있다. 첫째는 미래에 새로운 시장의 개척을 통하여 성장을 하는 것이다(growth options, 전략적 성장대안). 둘째는 미래에 인수한 기업 또는 자산을 현재와는 다른 방법으로 이용할 수 있는 가능성이다(flexibility options, 전략적 전환대안). 셋째는 인수한 기업이나 자산을 향후 처분할 수 있는 가능성이다(divestiture options, 전략적 처분대안). 전략적 성장대안은 미래의 성장기회를 인수하여 그로 인한 위험을 감소시키는 것이다. 컴퓨터 하드웨어와 소프트웨어에서 생명공학에 이르기까지 첨단산업과 새로운 산업에서 특히 중요한 전략적 대안이다. 미래에 큰 기회가 있을 가능성이 있지만, 기술적으로 위험과 불확실성이 높기 때문이다. 기업가적 마인드를 가지고 동 산업에 뛰어들어 개척을 하고 있지만, 자금과 인프라가 부족한 중소기업에 투자하여 그 성장기회를 확보하고 위험을 줄이는 것이다. 전략적 처분대안은 인수한 기업이 예상과 다를 때 처분하거나 청산하는 선택을 말한다. 이러한 처분가능성과 회수금액도 중요한 변수이다. 특히 위험이 큰 인수인 경우 중요한 고려사항이다. 또한 산업과 사업이 어려운 시기에 인수하여 호전되면 매각하는 전략도 있다. 전략적 가치를 감안하여 인수하는 것은 위험이 있다. 하지만 거꾸로 생각해보면 모든 것이 확실하다면 전략적 가치도 없을 것이다. 결국 전략적 가치는 미래의 불확실성을 고려하는 것이다.

전략적 가치를 고려한 인수는 비판의 대상이 된다는 문제점이 있다. 특히 전략적 성장대안이 그렇다. 애널리스트들은 초기시장 진입기업(the first mover into new markets)에 우호적이지 않으며, 주식 시장도 부정적인 반응을 보인다. 물론 전략적 전환대안도 유사한 평가를 받는다. 그러나 전략적 처분대안에 대하여 시장은 긍정적인 편이다. 물론 전략적 처분대안의 가치는 쉽게 파악되지 않아 시장에서 인지하기는 어렵다.

10) 재무적 목적

인수에 있어 재무적인 목적은 주당 순이익 같은 재무성과(Financial performance)를 향상시키려는 데에 있다. 주당 순이익이 낮은 기업이 주당 순이익이 높은 기업을 인수하는 것이다. 상장 기업은 주당 순이익이 떨어지는 것을 원하지 않기 때문에 주당 순이익이 낮은 기업에 인수되는 것을 원하지는 않을 것이다. 주식 시장과 상장 기업은 주당 순이익과 PER(Price-earning ratio, 주가수익비율)에 특히 관심을 가지기 때문에 중요한 요소라고 할 수 있다. 중소기업의 경우 기업 평가에서 낮은 '평가 기준(Multiple)'이 적용되는바, 그래서 이를 통한 재정 거래(arbitrage)도 실시하고 있다. 즉, 중견상장 기업이나 상장대기업이 낮은 가격으로 인수하여 높은 '평가 기준'으로 시가총액에 반영되는 것을 노리는 것이다.

11) 재무적 투자자

사모펀드 등 재무적 투자자가 차익을 노리고 투자하는 경우도 있다. 우리나라에서도 외국계 재무적 투자자들이 이러한 투자를 한다. 2015년에 인포바인의 지분 3% 가량을 보유했던 홍콩계 헤지펀드인 어센더캐피탈이 주식 전량을 처분했다. 어센더캐피탈 측은 불과 주총 10여 일을 앞두고 인포바인에 신규 감사 선임 등을 요구하는 주주제안서를 발송했다. 소액주주 권리 보호 및 기업 지배 구조 개선을 위해 경영진의 횡포를 막겠다는 뜻을 내비치면서 말이다. 하지만 주주총회 후 보유한 인포바인 주식 전량을 매각함으로써 상당한 매매 차익을 실현했다.[40]

12) 기술력 인수

새로운 기술·공정을 인수하기 위한 것이다. 또는 마케팅은 강하지만 기술력이 약한 기업이 기술력은 강하지만 마케팅이 약한 기업을 인수하는 것도 그것이다. 고기술산업(high tech)에서 널리 이루어지기에 '기술인수(tech or talent deal)'라고도 불린다. 특히 IT 산업과 같이 기술 중심의 기업들은 혼자 힘으로 기술 혁신 속도를 따라갈 수 없다. IT 자체의 기술 혁신 속도가 빠르기도 하고, IT와 타 산업의 융합이 필요한 기술 영역이 크게 넓어졌기 때문이다. 그렇다 보니 연구·개발보다 '연결과 개발(C&D, Connect & Development)'이 더 중요해졌다. 즉, 모든 기술을 자체 개발하기보다는 검증된 벤처기업을 인수하는 것이 더 효율적으로 기술을 확보하는 방법이 될 수 있다.

페이스북은 인스타그램의 사진 공유 기능을 11억 명의 가입자들에게 제공함으로써 큰 매출을 기록하였다.[41] 또한 기술의 발전은 새로운 제품이 출현하고 기존제품이 사라지게 한다. 새로운 먹거리를 찾으려는 글로벌 기업들이 인수·합병 시장으로 몰려들고 있다. 사물인터넷(IoT) 등 첨단 기술의 발달로 주력 산업의 패러다임이 급변하자 기존 사업 역량을 강화하는 연구·개발만으로는 경쟁력을 유지하기 어렵다고 판단했기 때문이다. 인수개발(M&D, merger & development)을 통한 미래 생태계 선점 경쟁이 시작된 것이다.

과거 글로벌 기업들의 M&A는 사업 시너지를 통해 수익성을 높이려는 취지로 추진돼왔다. 하지만 최근 들어 미래 수익사업을 발굴하는 데 무게를 두고 매물을 찾는 글로벌 기업들이 늘고 있다. 구글과 애플은 세계 비즈니스 생태계 주도권을 두고 싸움을 하고 있다. 두 회사가 잇따라 무인차 시장에 진출하겠다고 선언한 것이 대표적 사례다. 신약의 특허 기간이 속속 끝나면서 수익성 확보에 비상이 걸린 대형 제약사들은 기술력이 좋은 중소형 기업들을 사들이고 있다. 제약 업체들이 실패 위험이 큰 신약 개발을 직접 추진하기보다 M&A를 통한 사업 확장을 꾀하고 있는 것이다.[42] 특히 중국 기업들은 정보통신기술 등을 중심으로 기술과 특허를 보유한 기업들을 인수함으로써 기술적 한계를 뛰어넘는 전략을 구사한다. 2015년경부터 중국은 기술·지식재산권 인수를 늘리고 있다. 2016년 화웨이가 삼성전자를 상대로 특허 소송을 시작한 것처럼 중국과의 기술전쟁은 격화될 것이다.[43]

전자, 철강, 조선 등 그간 한국 경제를 이끌던 주력 사업의 성장세도 둔화되면서 한국으로서는 새로운 먹거리 창출이 절실하다. 특히 한국 기업은 미국, 일본 등에 비해 원천 기술이 부족해 기존 사업을 확대하기보다는 M&A를 통해 새로운 먹거리를 찾는 방안을 검토해야 한다.[44] 삼성전자는 그동안 "빠른 추격자" 전략을 통해 경쟁력을 키웠다. 글로벌 IT기업이라고 하지만 하드웨어 중심이다 보니 내부적으로 기술투자에 집중하는 데 더 익숙했다. 그러나 "시장 선도자"로서 소프트웨어 등 새 분야에서 성장동력을 발굴해야 하는 과제에 직면했다. 따라서 삼성전자도 인수·합병에 적극적으로 나서고 있다.[45]

또한 R&D 기능의 통합과 시너지를 위한 목적으로 인수하는 경우도 있다. R&D 부서의 규모를 확대하는 것은 연구 및 개발에 더욱 효과적이며, 연구개발의 위험을 감소시킬 수 있다. 특히 제약 산업은 R&D 시너지 목적의 인수가 많다. 제약 산업의 R&D 통합은 과학지식의 공유와 통합, 개발단계별 신제품의 보유를 통하여 시너지를 낼 수 있다. 스위스 제약사 로슈가 한 예이다. 2014년 2조 원 규모의 M&A를 성사시키며 첨단 항암바이오 분야 혁신의약품 개발을 위한 기술 확보를 시도하였다.[46]

국내 조선업도 기술력 확보를 위해 설계업체 인수가 요구된다. 특히 해양플랜트 사업은 유럽 엔지니어링 업체에 기초 설계를 의존하고 있다. 초대형 글로벌 엔지니어링기업도 M&A로 성장하였다. 설계 기술력 확보를 단시일 내에 달성하는 것이 쉽지 않을 경우, 해외 업체 인수를 통한 기술력 확보를 전략적으로 검토할 필요가 있다.[47]

13) 임직원 인수

능력 있는 핵심 경영진이나 직원을 인수하는 것이다. 대표적인 사례가 페이스북이다. 핫포테이토의 창업자 저스틴 셰퍼를 위치 데이터베이스 책임자로 임명하는 등 인수를 인력 확보의 수단으로 사용한 것이다. 이를 채용을 위한 인수인 "어크-하이어(Acq-hire: Acquire와 Hire의 합성어)"라고 한다.[48]

14) 자원 인수

에너지산업에는 이런 말이 있다. "원유 생산은 유전보다 월스트리트에서 하는 것이 쉽다(It's a lot easier to drill for oil on Wall Street than in the ground.)." 원유나 가스 관련 기업 시가총액의 70~80%는 그 기업이 보유한 자원에 의해 결정되기 때문이다. 즉, 기업의 가치를 보유자원으로 평가하는 것이다. 자원 개발보다 자원을 보유한 기업을 인수하는 것이 합리적이라는 뜻이기도 하다.

15) 법률과 규제

규제완화도 인수 목적의 핵심이다. 금융서비스, 건강산업, 미디어, 정보통신, 군수산업 같은 규제완화가 이루어지는 곳은 진입 장벽이 낮아지고 경쟁이 치열해짐에 따라 인수가 촉진되고 있다.

16) 개인적 목적

경영자나 기업주가 특정한 사업을 하고자 하는 욕구, 대형 기업을 경영하고자 하는 마음 등이 있을 수 있다. 전문경영자가 다른 기업을 인수해 더 큰 기업을 운영함으로써 자신의 급여 수준을 높이고, 회사의 주가를 높인 다음 스톡옵션을 통해 이익을 얻고자 하는 욕구가 있을 수도 있다. 개인 투자가가 기업을 인수하려는 경우는 대체로 소득을 위하여 직업을 구하는 경우이다.

17) 경쟁사 견제

2015년 전후 M&A 열기는 기업의 생존 경쟁의 산물이다. 경쟁사에 뺏길 경우 큰 손실이 발생할 수 있다는 위기의식 때문이기도 하다. 경쟁업체가 M&A에 성공하자, 이에 따른 위기감이 경쟁적 M&A에 불을 지피기도 했다. 인수를 통해 규모를 키우지 못하면 자신이 인수 대상이 될 수 있다는 점을 우려하기도 했다. 그러나 M&A가 제대로 성과를 못 낼 경우에는 기업과 주주들이 큰 타격을 입을 수 있다.[49]

때로는 인수 의지가 별로 없으면서도 인수에 뛰어들어 가격을 올려놓고, 결국 승자가 된 경쟁사에 타격을 입히는 전략을 쓰기도 한다. 매각 작업이 인기가 높을 것이라고 착각한 경쟁사가 '조바심'을 내면서 고액의 베팅을 하게끔 유도하는 것이다. 예를 들어 2012년 하이마트 매각 본 입찰에서는 주요 인수 후보 중 이마트와 SK네트웍스가 불참하고 롯데쇼핑만 참여했다. 세 개의 대기업이 치열하게 다툴 것이라고 기대했던 하이마트 주주들은 크게 실망했고, 주가도 크게 하락하였다. 소문에 의하면 SK네트웍스와 이마트는 하이마트를 인수할 계획이 없었다고 한다.[50]

21세기 들어서는 페이스북, 아마존, 넷플릭스, 아마존을 나타내는 'FANG'으로 대표되는 기술기업들이 M&A를 촉진하고 있다. 이들 거대기업과의 경쟁에서 살아남으려는 기업들이 활로를 찾아 M&A에 나선 것이다. CVS헬스케어가 미국 생명보험사 에트나를 700억 달러 규모에 인수하려는 시도는 아마존의 의약품 유통업 진출을 견제하려는 것으로 보인다. 이러한 시도는 유통을 넘어 미디어, 보건·의료 등 다른 많은 분야로 확대되었는데, 많은 기업들이 독자 생존이 어렵다는 위기감을 느끼고 있다.

18) 부실의 정상화

경영의 부실로 인해 기업이 어려움에 처했지만, 청산하는 것보다는 계속 경영하는 것이 나은 기업을 인수하여 정상화(Turnaround)시키는 경우도 있다. 특히 경기가 악화되어 수익성이 급격히 떨어졌지만 아직 손실은 나타나지 않은 기업을 저가에 인수하여 경기가 좋을 때를 기다리는 전략적 인수도 있다. 이는 최악의 상태에 몰린 기업을 저가로 인수할 수 있는 좋은 기회이다.

SM그룹은 부실기업을 인수하여 매출 2조 5000억 원, 자산규모 5조 원, 순이익 2000억 원을 달성했다. 1980~1990년대에는 국내 30대 그룹에 들었다가 몰락했던 TK케미칼(옛 동국무역)과 대한해운을 인수하여 흑자 기업으로 변신시켰다. 20여 년간 경영난에 시달리는 20개 기업도 인수하여 대부분 1~3년 안에 흑자로 전환시켰다. 세계적인 투자가 워런 버핏처럼 부도가 났거나 법정관리에 들어간 부실기업을 인수해 흑자 기업으로 만들며 그룹을 키운 것이다.

기업주인 우오현은 1988년에 광주에서 삼라건설을 창업함으로써 번 자금을 바탕으로 2004년에 진덕산업을 인수했다. 그리고 이후 매년 한두 개씩 기업을 사들였다. 벡셀, 경남모직, 남선알미늄, 우방처럼 우리나라의 각 제조업종을 대표하는 기업들을 줄줄이 계열사로 편입한 것이다. 기업 인수 후에 가장 신경 쓰는 것이 직원들의 사기다. 그래서 '인력 감축이 없는 인수'가 그의 지론이다. "어려움을 겪은 직원들은 회사에 대한 애사심이 각별합니다. 그런 마음을 잘 보듬어주면 직원들이 회사를 살리겠다는 일념으로 나보다도 더 열심히 일합니다. (중략) 대한해운을 인수하면서 내린 첫 결정이 10여 명의 계약직 여직원을 정규직으로 전환한 것입니다. 계약직 직원들이 정규직으로 전환되고 월급도 오르자 새벽에 회계 학원까지 나가면서 회사 일에 열정을 보였지요"라고 말했다.[51] 독일 자동차 부품 회사 KDK오토모티브는 중견기업 갑을상사그룹에 인수되어 자동차 부품인 대시보드 등을 생산하고 있다. 2010~2012년 3년간 총 673억 원의 영업 적자를 낸 끝에 법정관리에 들어간 회사를 인수한 것이다.

그러나 인수 다음 해부터 매년 100억 원대의 흑자를 냈다. 이는 기업주가 현지에서 구조조정을 진두지휘하고 벤츠 등 외국 자동차 회사들을 돌며 영업에 나선 결과이다. 폴크스바겐과 벌인 협상 성공도 주효했다. 부품의 80%를 납품받던 폭스바겐이 이 회사가 쓰러지면서 부품 조달에 심각한 타격을 입었기에, 이 회사를 인수해 살리는 조건으로 폭스바겐에 납품 가격을 5% 인상해달라고 요구해 결국 관철시키기도 했다.

부품 형틀인 금형을 독일산보다 20% 저렴한 한국산으로 교체하는 등 원가절감 노력도 기울였다. 처음에는 한국 제품을 의심하던 독일 직원들도 가격 대비 우수한 성능을 인정하게 됐다.[52]

제5장 국가 간 거래

1. 기회와 위험

21세기 들어 세계화 또는 글로벌화와 함께 세계적으로 산업과 경제의 구조조정이 일어나고 있다. 또한 세계화와 함께 경쟁 시장의 지역개념도 바뀌고 있다. 21세기 들어 시장은 글로벌화되고, 아울러 통합되고 있다. 많은 산업이 국경의 범위를 넘어 세계 시장에서 경쟁한다. 기업의 해외 진출은 이젠 글로벌기업뿐만 아니라 국내의 대기업에 나아가 중소기업에도 닥친 변화이다. 국제 시장에서의 M&A는 선택의 문제가 아니라 새로운 현실이다. 국내 거래보다 실패위험이 훨씬 높으며, 대부분의 거래는 통합 단계에서 실패한다. 국가 간 M&A의 65%가 실패한다는 결과 자료가 나와 있으며, 거래 후 3년이 지났을 때 88%가 실패한다고 알려져 있다. 국가 간 M&A와 관련된 리스크의 80% 이상은 법률, 노동, 회계 및 문화적 통합의 이슈와 관련된 해당 국가의 '소프트' 한 차이, 기업의 투명성, 기업 시스템, 거래 시스템(계약의 법적 효력 등) 그리고 환율 위험 등과 관련된 것이다. 법적 이슈로는 투자에 대한 해당 국가의 승인, 특정 산업(예를 들어 중국의 경우 방위산업, 에너지산업, 인프라스트럭처, 금융 산업)에 대한 외국인 투자의 금지, 부동산 소유 제한, 송금 제한, 환전의 어려움, 과도한 조세 정책, 과중한 노동 규제 등 행정 규제는 물론 전쟁이나 소요 같은 위험도 있다.

선진국이나 개발도상국들은 대부분 금융, 에너지, 자원 등의 민감한 산업에 대해 인수를 금지하거나 제한하는 법을 정하고 있다. 예를 들어 2014년에는 미국 제너럴일렉트릭의 알스톰 인수 추진에 반대해온 프랑스 정부가 자국기업의 외국 기업 인수·합병에 대한 거부권 행사 규정을 새로 만들었다.[1] 독일과 프랑스와 이탈리아 등 유럽 국가는 사회주의적 성향이 존재해 인수 후 구조 조정이 미국이나 한국보다 용이하지 않다.[2]

개발도상국은 더욱 많은 제재를 통해 외국 기업의 법적 실체나 소유비율을 제한하기도 한다. 소급 입법에도 유의해야 하는데, 이는 새로운 환경 관련 법이 제정되거나 소급 적용되어 기업에 새로운 의무를 부과하는 것을 뜻한다. 따라서 해외 투자의 경우에는 투자원금과 과실을 본국으로 회수할 때 새로운 법률에 의한 제한이나 금지, 몰수, 환차 손실, 전쟁, 혁명이나 폭동과 같은 내란 등의 위험을 감안해야 한다. 반대로 해외에서의 기업 인수를 규제하는 경우도 있다.

중국은 해외 기업 M&A 규모가 1억 달러를 넘는 경우 국가발전개혁위원회의 심사와 승인을 받아야 한다. 2014년에는 규모액을 10억 달러로 올릴 것이라는 보도가 나왔었다. 금액에 관계없이 통신, 수자원, 전력, 언론 등의 민감한 산업 부문은 여전히 심사를 유지하고 있다.[3] 또한 국가별 환경변화를 유심히 들여다보아야 한다. 중국의 가장 큰 변화는 임금이 크게 오르고 있다는 점이며, 인도는 숙련된 기술자가 매우 부족하다.

해외 투자나 M&A를 진행할 때 고려 사항과 투자전략은 〈표 5-1〉과 같다.

〈표 5-1〉 해외 진출 시 고려 사항과 전략

선택전략	고려 사항
수출 또는 사업거래	• 해당 국가에서 진출 기업의 경영 경험이 제한적인 경우 • 위험회피적인 경우 • 진입 장벽이 높은 경우
조인트벤처 (JV)	• 인수한 기업의 불필요한 자산을 분리하기가 어려운 경우 • 해당 국가에서의 진출 경험이 제한적인 경우 • 진입 장벽이 높거나 진입 위험이 부정적인 경우 • 문화의 차이가 크거나 사후 통합이 어려운 경우 • 당사자의 이해관계 조정을 분명하게 할 수 있는 경우
단독 진출 (Solo)	• 진입 장벽이 낮은 경우 • 문화의 차이가 큰 경우 • 다국적 기업 경험이 많은 경우 • 높은 기술력을 보유한 기업이 자사 임직원의 기술을 사용하기를 원하는 경우 • 경영권 보유가 중요한 경우 • 재산권과 채권자 권리가 법적으로 보호되는 나라
M&A	• 재산권과 채권자 권리가 법적으로 보호되는 나라 • 인수 대상 기업이 인수 주체 기업의 지식(knowledge)을 늘려주는 경우 • 인수 대상 기업의 성장이 급속한 시장점유율 상승을 가져오는 경우 • 진입 장벽이 높은 경우 • 문화적 차이가 작은 경우 • 인수 주체 기업이 인수 대상 기업보다 큰 경우 • 위험에 도전적인 경우 • 인수 주체 기업이 해당 시장에서 경험이 있는 경우 • 인수 주체 기업이 해당 시장으로의 진출이 늦은 경우

(출처: Donald DePamphilis, Mergers and Acquisitions Basics, Burlington, Elsevier, 2011, p. 647).

2. 거래의 추세

1) 세계의 거래

국경 간 M&A는 글로벌화와 함께 증가하고 있다. 2000년만 해도 국경 간 M&A는 전 세계 M&A 거래의 15%였지만 2007년 이후 50%를 넘어서고 있다. 10억 달러가 넘는 초대형 거래는 주로 유럽, 미국, 영국과 캐나다에서 이루어졌다. 금융 위기 전후 유럽은 국경 간 거래의 주요한 인수 주체였고 미국, 영국과 캐나다가 가장 큰 매각 국가였다. 2013년 전 세계 지역별 M&A 거래가 차지하는 비율(금액 기준)은 미국과 캐나다가 44%(미국과 캐나다는 전 세계 GDP의 22%를 차지), 서유럽 21%, 일본과 호주 12%, 신흥 시장(emerging market) 18%(신흥 시장은 1인당 소득이 9,000달러 이하인 국가를 말하며, 전 세계 GDP의 35%를 차지)이었다. 우리나라 대기업들은 해외 대형 M&A 거래에서 실패하고 있다(2016~2017년). '글로벌' 저금리로 과감한 가격 베팅을 하는 '글로벌' 경쟁 기업들에 밀리고, 세계적으로 유동성 자금은 많은 데 비해 우량 매물은 많지 않아 매각 기업 우위 시장(seller's market)이 조성되고 있기 때문이다. 인수금융 등을 통해 자금을 조달하기 쉬운 환경으로 전략적 투자자뿐만 아니라 사모펀드들도 펀드 자금을 소진하기 위해 높은 가격을 베팅하는 추세이다.

2) 유럽의 거래

유럽 M&A 시장은 유럽의 경제 침체 덕에 투자자들이 선진 기술과 브랜드 및 유럽 시장을 매력적인 가격에 인수할 수 있어 매력적이다. 아시아 기업들이 유럽 기업들에 대한 인수에 적극적으로 나서고 있는 바, 특히 일본 기업들은 동남아시아 기업들과 북미 기업들에 이어 유럽 기업 인수에 적극적으로 나서고 있다. 유럽 경제 침체 지속, 환율 변동성 증가, 가족 기업의 경영 승계 단절 같은 요인들에 따라 M&A 시장으로 중소기업 규모의 매물이 늘어날 것으로 전망되고 있다.[4] 북유럽은 물론 유럽 전체로 진출할 수 있는 유통망을 갖춰 유럽 공략을 염두에 둔 기업들이 노려볼만하다. 2014년 일본 기업은 35개의 유럽 기업을, 중국 기업은 22개의 유럽 기업을 인수했다. 같은 기간 우리나라 기업은 6개 기업을 인수하는 데 그쳤다. 2012~2014년까지 실적으로 한국은 25건으로 일본 80건과 중국 88건에 비하면 30% 수준이다. 거래액 차이는 더욱 커서 같은 기간 일본은 306억 달러, 중국은 359억 달러를 기록한 데 비해 한국은 35억 달러로 10% 수준에 머물고 있다.[5]

3) 중국의 거래

(1) 중국의 해외 인수 거래

2015~2016년 기준 국가별 해외 직접 투자 규모는 〈표 5-2〉와 같다. 중국은 현재 부상하고 있지만 그래도 후발주자이다. 여전히 미국과 일본이 투자를 이끌고 있으며, 기존의 투자금액 규모도 구미대륙이 큰 비중을 차지하고 있다.

중국의 2014년 해외 직접 투자는 국내 직접 투자의 86%에 해당하는 1000억 달러대에 달했고, 2015년에는 국내 투자를 추월할 것으로 예상된다. 2003~2014년 해외 직접 투자의 연평균 증가율은 국내 직접 투자의 7.4%를 5배 이상 앞지르는 39.9% 수준이다.

<표 5-2> 해외 직접 투자 상위 15개국

순위	연간 기준(flow, 억 달러)		순위	잔액 기준(억 달러)	
1	미국	3,383	1	미국	63,495
2	일본	1,357	2	영국	18,848
3	중국	1,078	3	독일	17,103
4	러시아	949	4	프랑스	16,371
5	홍콩	915	5	홍콩	13,524
6	스위스	600	6	스위스	12,594
7	독일	575	7	네덜란드	10,719
8	캐나다	426	8	벨기에	10,090
9	네덜란드	374	9	일본	9,924
10	이탈리아	317	10	캐나다	7,324
11	한국	292	11	중국	6,605
12	싱가포르	260	12	스페인	6,432
13	스페인	260	13	이탈리아	5,984
14	아일랜드	229	14	아일랜드	5,029
15	룩셈부르크	216	15	러시아	5,012

(출처: 중국 상무부)

중국의 해외 직접 투자는 5단계로 나뉜다.

1단계(1979~1995년)는 개혁·개방부터 8차 5개년 계획 종료까지다. 우리나라의 경제 개발 초기와 같이 외자 도입이 중요했기 때문에 해외 투자를 엄격히 통제했다.

2단계(1996~1999년)는 9차 5개년 계획 기간으로, 가공무역을 통해 해외 진출과 외화 획득을 시도했고, 대형 국유 기업을 중심으로 해외 직접 투자가 확대된 시기다.

3단계(2000~ 2005년)는 중국 경제가 안정적으로 고성장한 10차 5개년 계획 시기였다. 이때에는 쩌우추취(走出去)라는 해외 투자 촉진책이 나오고, 해외 직접 투자도 훨씬 확대됐다.

4단계(2006~2010년)부터는 해외 투자가 본격화되고, 질적 변화가 시작된 시기이다. 2008년 세계 금융 위기를 계기로 구미 기업 투자 및 M&A가 본격화되었다.

5단계(2011~2015년)는 중국 기업의 해외 투자 경험이 쌓이고 자금력도 더욱 풍부해지면서 새로운 확장기에 들어선 시기다. 해외 직접 투자가 급속히 증가하면서 원자재와 기술을 확보하고, 해외 유수 기업을 인수하며, 그 브랜드와 기술력을 중국 시장에 접목하려고 한다. 특히 내수 확대 정책이 뚜렷해진 2010년 이후 중국 기업들의 국가 간(Cross-border) M&A 투자가 급증하고 있는 것도 해외 유수 브랜드를 통해 내수 시장을 선점하려는 전략의 일환인 것이다. 금융 위기 후 구조 조정과 정리매각이 불가피한 구미 기업과 위안화 절상으로 자금력이 한껏 늘어난 중국 기업들의 이해관계가 맞아떨어지고 있는 셈이다. 이는 과거에 외환보유액이 급증한 일본 기업들이 해외 기업 사냥에 나섰던 사례와 유사하다.

한편 외환보유액 운용의 다변화와 위안화 절상 압력 조절도 중국 기업들이 해외 기업 M&A에 나선 요인이다. 중국의 외환보유액은 4조 달러다. 하지만 이를 미국 국채와 같은 금융 자산에 대부분 투자한다면 미국 금리 또는 외환 정책 변화에 의해 치명적 타격을 받을 수 있다. 따라서 중국으로서는 이 돈의 운용을 다변하기 위해서라도 기업 지분 투자 등을 늘려야 한다. 물론 해외 투자 확대는 위안화 절상 압력을 조절하는 수단이기도 하다. 산업 분야별로 보면 리스 비즈니스 29.6%(잔액 기준), 금융업 17.9%, 광업 16.1%, 도소매업 13.3%, 제조업 6.4% 순이다. 제조업을 비롯한 다른 산업은 아직 10%대 수준에 머무르고 있다. 따라서 앞으로는 제조업 분야에서의 해외 투자 진출 가능성이 커 보인다.

투자 지역은 아시아가 70%로 최대다. 다음은 중남미와 유럽, 미국 등인데, 광물 자원과 조세피난처 때문으로 판단된다. 2013년 홍콩에의 투자 비중은 58%로 가장 높고, 아시아 투자에서 홍콩이 차지하는 비중도 83.1%다. 기업별로 보면 지방 기업보다 중앙 기업이 많다. 2008년까지 직접 투자의 80% 이상이 중앙 기업에 의해 이루어졌다. 그 비중이 줄기는 했지만, 2013년을 기준으로 중앙 기업 비중이 60%를 차지한다. 그러나 기업 수로 보면 지방 기업 비중이 높다. 2013년까지 해외에 설립된 기업 수는 총 2만5,413개인데, 그중 중앙 정부 소속은 17.7%인 4,510개이고, 나머지 82.3%인 2만 903개는 지방 정부 소속이다. 소유 형태로 보면 국유 기업이 2013년 기준 전체의 55.2%, 유한책임회사 30.8%, 민간 주식회사 7.5%, 그 외 형태는 2% 이하이다.[6]

중국 기업은 M&A 과정에서 자문사보다는 회사 내부 인력을 활용하는 성향이 강하다. 2014년 중국 기업의 해외 기업 M&A는 720억 달러 수준으로, 2010년에 비하면 25% 늘어났다. 하지만 세계적 투자은행에 지급한 M&A 자문 수수료는 4억 달러로 제자리걸음을 한 것만 봐도 그렇다. 중국의 부동산 기업인 완다, 알리바바와 텐센트 역시 투자은행을 활용하지 않고 있다.[7]

(2) 해외 기업의 중국 기업 인수

중국 기업에 대한 외국인 지분은 50% 이하로 묶여있다. 중국 정부는 2015년부터 자유무역구를 대상으로 외국 자본 투자에 대한 사전 심사 제도를 폐지하고 네거티브리스트 방식(예외 항목을 제외하고 원칙적으로 허용)으로 전환했다. 앞으로는 여기서 더 나아가 국유 기업에 대한 투자 규제도 대폭 완화할 것으로 보인다. 외국 자본 M&A에 대한 규제 완화 시 1만여 개에 달하는 지방

국유 기업들이 M&A 대상이 될 것이다.[8]

4) 아시아의 거래

일본 기업들이 자국 수요 침체가 예상되자 중견중소기업들까지 해외 기업 M&A 열풍에 적극 가담하기 시작했다. 초고령화 사회로 접어들면서 경기 전망이 어두워지자 해외로 눈길을 돌리기 시작한 것이다. 특히 인도네시아와 태국 등 아시아 기업과의 M&A가 눈에 띄게 증가했다.[9]

5) 아프리카 대륙의 거래

2002년 이후 아프리카 경제 성장률은 40%가 넘는다. 원자재 값 강세, 중국 자본의 진출, 내수소비가 커졌기 때문이다. 2014년 사모펀드 업계가 조성한 아프리카 펀드의 규모는 33억 달러에 이른다. 금융 위기 이전인 2007년 47억 달러로 정점을 찍은 뒤 줄어들다가 늘기 시작했다. 인수·합병 바람도 거셌다. 세계 2위 맥주회사인 영국 SAB밀러는 코카콜라와 아프리카 시장을 위해 합작 기업을 세웠다. 프랑스 보험사 AXA는 나이지리아 맨사드보험을 인수했다.[10]

아프리카에 대한 투자 규모는 아직 미미한 상태다. 미국 평균 포트폴리오의 0.3%만 아프리카에 투자하고 있다. 하지만 사모펀드나 기업들은 이미 아프리카 투자에 빠르게 뛰어들고 M&A도 증가하고 있다. 경제학자들은 여러 아프리카 국가가 대륙 평균보다 더 많이 성장할 것이라고 봤다. 케냐, 르완다, 탄자니아, 에티오피아 등 일부 아프리카 국가들은 앞으로 10년 동안 경제가 2배 성장할 잠재력이 있으며 연간 경제 성장률이 7%를 넘을 수 있다. 아프리카의 전망을 밝게 하는 요소는 그 외에도 다양하다. 우선 인구통계학적으로 아프리카는 세계에서 가장 젊은 인구를 갖고 있다. 노동인구가 많고 은퇴인구가 적다는 것이다. 노동인구 확대는 수요 증가와 경제 성장으로 이어진다. 또 다른 요소는 정치적 안정이 점차 높아지고 있다.

식량 부족 문제가 세계적인 화두로 떠오르는 상황에서 농사가 가능한 넓은 토지를 가지고 있다는 것도 장점이다. 아프리카는 식량 부족 문제를 해결할 수 있는 열쇠를 가지고 있다. 경작 가능 토지의 50%가 아프리카에 있기 때문이다. 2013년 세계은행은 아프리카 농업 산업이 2010년 3130억 달러 규모에서 2030년까지 조 단위로 급성장할 것이라고 내다봤다. 아울러 경제 성장에 따른 중산층 증가도 기대된다. 투자 전문가들은 지금까지 아프리카에서 가장 빠르게 성장하는 분야는 천연자원과 광산이었지만, 앞으로는 중산층이 늘어나면서 관광, 은행, 브랜드 식료품, 자동차, 주택, 보험 등의 산업들이 발전할 것으로 전망했다. 아프리카의 경제 강국인 나이지리아를 비롯해 가나, 앙골라, 수단 등에서도 2030년까지 중산층이 상당히 늘어날 것이라는 예측이 나온다.[11]

6) 국내의 거래

(1) 일반 동향

2000년대 초반에는 외환 위기로 인해 국내 기업 간 M&A는 전체 M&A의 60% 이하였고, 40% 이상은 외국 기업의 국내 기업 인수였다.

2003년에는 외국 기업의 국내 기업 인수가 30% 이하로 줄고, 국내 기업의 외국 기업 인수가 10% 가까이 치솟았다.

2015년에는 국내 기업 간 M&A가 70% 이상으로 증가하고, 아웃바운드

M&A는 4.3%로 떨어졌다.

국내 기업들은 외국 기업들에 대한 M&A를 추진하기보다는 국내에서의 사업 재편·구조 조정을 우선하고 있는 것이다.

우리나라 기업이 해외 M&A 시장에 진출한 것은 2000년대 중반에 와서다. 2016년에 삼성전자가 미국 전장 기업 하만을 80억 달러에 인수한 것이 국내 기업으로는 역대 최대이다.

우리나라 기업은 해외 기업 M&A에 소극적이다. 2010~2014년 우리나라의 해외 기업 M&A 비중은 평균 3.6%로 일본의 61.1%와 비교해 현저히 낮으며, 해외 직접 투자도 생산 기지나 지점 설립에 편중돼있다. 시장 창출과 경쟁력 확보 차원에서 해외 기업 M&A가 요구되지만, 거래 규모는 너무 작다. 우리나라 기업은 해외 기업 M&A가 대규모 인수자금이 소요되는데다, 국가 간 이질적인 문화와 복잡한 절차 때문에 투자 위험이 커 적극적으로 나서지 못하고 있다.[12] 2015년에도 우리나라 기업이 해외 기업을 대상으로 실시한 M&A는 전체의 약 4%에 불과했다. 일본 72.2%, 독일 47.8%, 중국 21.1%, 미국 14.2% 등에 비교해 현저히 낮다.[13]

중국 기업들이 이처럼 과감히 해외 기업 M&A 전략을 추진하는 걸 보면서 '왜 우리 기업들은 해외 기업 M&A에 소극적일까?'라는 의문을 갖지 않을 수 없을 것이다. 중국 기업들에 비해 기술이나 경영 등 모든 측면에서 우리 기업들이 부족한 점이 없을 텐데 말이다. 물론 중국 기업들이 해외 기업 M&A에 적극 나서는 이유가 특별한 능력이나 재주가 있어서는 아니다. 분명히 중국 기업들도 미국 기업 등 글로벌 기업을 인수·융합하면서 많은 난관을 넘어야 하고, 엄청난 시간과 노력도 들여야 한다. 그러나 중국 기업들은 그런 어려움을 알면서도 해외 기업 M&A를 포기하지 않는다.

반면에 우리 기업들의 해외 기업 M&A 사례는 손에 꼽을 정도로 적다. 그리고 성공 사례는 찾아보기가 더욱 어렵다. 심지어 우리 기업들의 해외 기업 M&A 필요성에 대해 회의적인 주장도 나오고 있다. 물론 해외 기업 M&A에 대한 우리 기업들의 부정적인 시각은 마치 '신 포도(sour grape)'를 바라보는 〈이솝 우화〉의 여우와 다름이 없다. 정말로 원하지만 쉽게 얻을 수 없자 자기 방어기제로 '합리화'하는 것 말이다. 이에 반해 중국 기업들은 시간과 돈이 드는 걸 알면서도 꿋꿋하게 추진하고 있다. 그리고 우리보다 앞서 글로벌 기업이 되고 있다.[14]

우리나라 기업은 세계 M&A 시장에서 '도전적이지만 까다롭다'는 평가를 받고 있다.[15] 우리나라 기업의 해외 기업 M&A는 해외 브랜드를 수입해 팔던 기업이 본사를 인수하는 역(逆)M&A에서 신성장동력 확보를 위한 유망 기업 인수, M&A를 통한 사업 구조 전면 재편 등까지 다양하다.[16] 예를 들면, 글로벌 자문사의 독점 시장이던 국경 간(Cross-Border) M&A 자문을 국내 증권사 최초로 KDB대우증권이 성사시켰다. 한솔제지는 네덜란드와 덴마크 기업 인수를 최초로 자문했다. 그동안 우리나라 증권사가 해외 자문사와 함께 자문을 한 사례는 있지만, 60여 년이라는 우리나라 증권 역사상 단독으로 해외 기업 M&A 자문을 주선한 사례는 이 건이 처음이다.[17]

(2) 국내에의 외국 기업 투자

2014년 외국인투자 M&A 신고액은 79억 달러로 2013년 49억 달러보다 60.3% 증가하였다.[18] 중국은 4조 달러를 넘는 세계 최대의 외환보유액, 세계 10대 은행 중 4개 은행을 차지할 만큼 막대한 민간자본을 보유하고 있다. 2014년 상반기에는 1조 원 정도를 한국에 투자했다. 투자 규모와 범위가 확대되어 초기에 제조업 중심이던 중국 자본의 진출 대상은 금융업으로 확대되고 있다. 아직은 M&A 시장에 흔한 탐색 수준이다. 그러나 자본 시장과 부동산 시장에선 이미 중국 자본의 투자가 본격화됐다. 2014년에만 주식채권에 4조 원대를 투자해 미국과 일본을 제치고 가장 많았다. 2014년 상반기 외국인 주식 순매수의 약 60%는 중국이었다. 중국은 제주도를 비롯한 국내 부동산도 마구 사들여 2010년 부동산 투자 이민 제도를 시행한 이후 제주도에 들어온 중국 자본은 1조 원에 육박한다.[19]

2014년에 중국 기업은 코스닥 시장에서 '아가방' 단 한 개 회사만을 인수했다. 그러나 2015년에는 코스닥 상장 기업 10여 곳의 경영권이 중국 자본에 넘어갔다. 중국 자본은 한국 기업의 기술과 노하우를 단시간에 확보하여 기술 격차를 좁히기 위해 코스닥 상장 기업을 인수하는 것이다. 중국 자본이 코스닥 상장 기업 지분 취득에 들인 금액은 150억~350억 원 수준이다.

이러한 코스닥 상장 기업 M&A의 또 다른 배경은 중국 내 한류 시장을 선점하려는 것이다. 당분간 중국 자본은 코스닥 상장 기업 사냥을 계속할 것이다. 중국 정부가 국영 기업들은 물론 소규모 민간 기업들도 해외 기업 M&A를 적극적으로 진행하도록 독려하는 정책을 쓰고 있기 때문이다. 특히 엔터테인먼트·게임·유아용품 관련 기업에 대한 M&A를 선호하고 있다. 게임 업체 룽투코리아(전 아이넷스쿨), 애니메이션 업체 레드로버, 메모리 반도체 설계 업체 피델릭스 등이 그 예이다. 화장품·바이오 부문에서도 수요가 높아져 자본 유입은 앞으로도 계속될 것이다. 2015년에는 중국 자본이 국내 대형 금융회사를 처음으로 인수하였다. 중국 안방보험은 보고펀드가 보유한 동양생명(국내 8위 생명보험사) 지분 57.5%를 주당 1만 7,750원씩 총 1조 1000억 원에 인수하기로 했다.[20]

그러나 중국 자본의 과거 국내 진출 사례는 좋게 끝나지 않았다. 2005년 쌍용차를 인수했지만 4년 만에 손을 떼고 떠나면서 '기술 탈취' 의혹이 일었다. LCD 업체인 하이디스도 2002년에 매각됐지만 4년 만에 부도 처리되면서 핵심 기술과 일자리만 잃었다는 논란이 일었다. 하지만 하이디스를 인수한 중국 기업 BOE는 하이디스의 기술력·인력을 바탕으로 현재 세계 3위 LCD 업체로 성장했다.[21]

코스닥 상장 기업의 지분을 취득할 때 인수자들은 재무 사항, 휴·폐업 여부, 감사의견 등 기본 사항 외에는 밝힐 의무가 없다. 그래서 출처가 불분명한 중국 자본의 건전성을 확인할 수 없다는 것도 문제로 꼽는다. 일각에서는 중국의 태자당(太子黨, 중국 혁명 원로들의 자제들이 형성한 그룹) 자금이 흘러들어 온다는 얘기와 함께 한국 기업을 자금세탁 경로로 이용하려는 것 아니냐는 의구심도 일고 있다. 중국 자본이 코스닥 상장 기업을 인수할 듯 소문만 흘리면서 주가만 올린 뒤 그 주식을 다시 팔고 나갈 위험도 존재한다.[22]

(3) 자금의 조달

기업파트너십펀드(Corporate Partnership Fund·코파펀드)는 연금과 대기업이 1 대 1로 매칭해 투자하고 대기업이 펀드 운용에 참여하는 M&A펀드다.[23] 2011년 말부터 순차적으로 조성되기 시작해 2014년도에는 국내 15~20개 대기업과 공동투자약정을 체결, 투자 여력이 약 10조 원(펀드 약정 기준 5조 원 내외)

내외이지만 실제 투자 실적은 1조 원가량인 것으로 알려졌다.[24] 2013년에 SK 그룹이 프랑스 최대 방송통신네트워크 업체인 TDF(Telediffusion de France SAS) 인수를 추진할 때 자금 조달방법으로 계획하였다.[25] 2014년에는 넥센타이어와 국민연금이 3000억 원씩 투자하는 코파펀드를 등록하여 해외 투자에 쓰일 예정이다.[26]

3. 거래의 목적

1) 전략적 의미

세계화가 진행되고 전 세계 시장이 하나로 통합되는 오늘날, 다국적 기업에 지역전략(geographic strategy)은 점차적으로 중요한 의미가 있다. 국가 간 M&A는 이러한 지역전략에서 핵심전략을 이룬다. 예를 들어 해외 시장에 진출하기 위하여 현지 업체를 인수하여 유통경로를 확보하는 방법이 그것이다. 국경 간 M&A는 원가 절감보다는 매출증대에 더 큰 주안점을 둔다.

2) 세계화 전략

독일 기업은 미국을 타깃으로 기업 사재기에 나서 2014년 전반기에만 700억 달러 규모의 거래가 진행되었다. 유럽이 초저금리와 장기경기 침체(stagnation)를 겪고 있어 성장을 위한 돌파구가 필요했기 때문이다. 이에 경기회복에 접어든 미국 시장의 매력이 커졌으며, 독일 기업이 그들의 고객이 있

는 곳에 진출한 것이다.[27]

일본은 고령화에 따른 내수 시장 축소의 직접적 타격을 받고 있는 은행과 보험, 유통, 소비재 분야 기업들이 해외 기업을 사들이고 있다. 특히 중국 시장을 선점하려는 의도도 작용하고 있다. 우리나라에서 LG생활건강은 코카콜라음료, 해태음료, 저가화장품 더페이스샵 등을 인수하며 사업 영역을 확장했다. 그러나 성장이 정체되고 있어 어떤 업체를 인수하느냐에 따라 글로벌 브랜드로 성장하느냐, 내수소비재 업체로 남느냐가 갈릴 것이다. 따라서 글로벌 화장품 브랜드 인수를 추진할 것으로 보인다. 화장품 분야에서 R&D 능력을 보유한 상황에서 해외 브랜드 인수를 통해 브랜드 가치를 높인다면 해외 시장에서 시너지를 낼 수 있다.[28] 이랜드그룹은 해외 기업을 인수하여 해외 브랜드를 중국 시장에 진출시켰다. 2013년 인수한 스포츠브랜드 케이스위스(K·Swiss)가 그것이다.[29]

3) 절세의 목적

해외에서의 기업 인수는 글로벌 기업들의 조세 회피 수단으로도 사용된다. 글로벌 기업들은 자국의 높은 세금을 피하기 위해 주로 버뮤다, 케이맨제도, 버진 아일랜드(Virgin Island) 등 유명 조세 회피처에 페이퍼컴퍼니를 설립하는 고전적인 방식을 이용해왔다. 그러나 이러한 기업들에 대한 각국의 제재 강도가 높아지자 해외 기업 M&A가 조세 회피의 창구로 활용되고 있다. 2013년 세계 1위 반도체장비 업체인 미국의 어플라이드 머티어리얼스(Applied materials)와 3위인 일본의 도쿄일렉트론 간의 합병은 개발비용 절감, 시장 지배력 강화 등의 시너지 효과와 연간 1억 달러에 이르는 세금절감 효과를 가져왔다. 합병

후 신규 법인을 세금이 낮은 네덜란드에 등록하기로 함으로써 실효 법인세율을 대폭 떨어뜨린 것이다. 2012년 아일랜드 기업 쿠퍼 인더스트리를 130억 달러에 인수한 미국 에너지기업 이튼코퍼레이션도 연간 1억 6000만 달러의 세금을 아낄 수 있게 되었다. 이튼코퍼레이션은 세율이 낮은 아일랜드에 신규 합병 법인을 등록했다.[30] 법인세율은 나라별로 프랑스 34.4%, 미국 32.8%, 스페인 30.0%, 이탈리아 27.5%, 네덜란드 25.0%, 영국 21.0%, 아일랜드 12.5%이다. 구글 등 미국 기업들이 절세 효과를 노리고 유럽, 특히 아일랜드로 본사를 옮기고 있다.[31] 이에 따라 이를 투자 기회로 삼는 헤지펀드들이 늘고 있다. 즉, 조세 회피용 M&A로 수혜를 입을 만한 회사들에 수십 억 달러에 달하는 금액을 베팅하고 있다. 이러한 기업들의 시장 가치는 실제로 크게 커진다. 헤지펀드들이 이벤트 추구(Event-driven) 전략을 구사하는 것으로, 이는 주가에 현저한 영향을 주는 이벤트 발생 전후의 주가 차이를 활용해 차익을 내는 사건 중심 투자 기법이다. 특히 행동주의 헤지펀드들은 더 나아가 M&A를 통해 법인을 이전하라는 압박까지 가하고 있다.[32] 그러나 2014년 9월 이후 해외 기업들의 미국 기업 인수 규모는 47% 증가했다. 2014년 9월 미국 재무부가 미국 기업들이 법인세율이 낮은 국가의 기업을 인수한 뒤 본사를 이전해 해당 국가의 낮은 법인세율을 적용받는 이른바 세금 바꿔치기 행위에 대한 단속을 강화하면서 시작됐다. 실제 미국 기업이 인수자가 될 때는 정부의 단속을 받지만, 피인수자가 될 경우 별다른 제재를 받지 않는다. 즉, 같은 M&A라도 인수자와 피인수자를 바꾸면 단속망을 피해가면서도 법인세 인하 효과는 그대로 누리게 된다. 미국 기업들이 높은 법인세를 피하기 위해 해외에 쌓아두고 있는 돈도 해마다 늘어나고 있다.[33]

결국 2016년에 미국은 미국 기업이 M&A를 통해 본사를 타국으로 옮겨 법인세를 회피하는 것을 어렵게 하기 위한 규제안을 발표했다. 이 규제에는 합병 회사의 외국 지분이 과다하게 추산돼 조세권이 타국으로 넘어가는 것을 막기 위해 외국 기업이 지난 3년간 획득한 미국 기업의 지분을 합병 회사 지분율 추산 시 인정하지 않는다는 내용이 포함됐다. 이에 따라 미국 정부는 자국 주주의 지분율이 합병 기업의 60% 이상이면 본사가 어디 있는지에 상관없이 미국의 과세 제도가 일부 적용되고, 80%가 넘으면 미국 기업처럼 과세한다.[34]

4) 지역별 목적

해외 시장 M&A는 다양한 목적으로 이루어진다. 그중 하나가 증권 시장의 평가 문제다. 후진국이나 중진국 기업이 선진국 기업을 인수하면 P/E가 높아져서 시가총액이 크게 증가될 수 있다.[35] 물론 원가 절감을 목적으로 진출하는 경우도 많다. 중국이 아프리카로 제조업 기지를 옮기는 사례가 바로 그에 해당한다. 중국에서는 이미 값싼 인건비는 사라졌고, 젊은이들이 공장 노동을 기피하면서 인력난에 시달리고 있다. 전기·수도요금 상승으로 원가가 오르고, 환경 규제가 심해졌다. 또한 미국과 유럽 국가들이 중국을 견제하기 위해 가하는 각종 규제라는 방패를 "메이드 인 아프리카"로 피할 수 있다.[36]

5) 업종별 목적

(1) 금융 기관

소비재 시장의 글로벌화는 보완제품(complementary products)과 지역적 경쟁력을 가진 기업들을 통합하여 세계 각국의 시장과 유통경로를 통하여 제품을 판매할 수 있는 기회를 제공하고 있다. 이러한 인수·합병은 세계 각국의 시장에 효과적으로 진출하는 것을 용이하게 한다. 금융 기관의 통합은, 특히 국가 간 인수(cross-border)는 국가 내의 통합보다 성공 비율이 2배인 것으로 나타났다. 미국 금융 기관의 M&A도 해외에서 성공을 거두었다. 해외 금융 기관 인수는 국내 시장에서의 인수 시에 나타나는 매출시너지의 역효과가 없고, 브랜드 가치를 높이고, 상품구성의 차이를 극복할 수 있는 면이 있어서이다.

(2) 유통산업

해외 시장에 진출할 때 M&A전략에 의하는 장점은 신속하게 시장에 진입할 수 있다는 점과, 시장에 대한 지식을 용이하게 활용할 수 있다는 점이다. 해외 시장을 개척하여 글로벌 기업으로 성장하기 위하여 해외 기업을 인수하는 사례로 월마트를 들 수 있다. 월마트는 미국 내에서는 독자적 성장을 추진했으나 해외에서는 인수를 선택한 것이다. 캐나다와 독일에서는 M&A를 통하여, 중국과 한국에서는 조인트 벤처 형태로 진입하였다. 해외 시장을 직접 개척하는 것은 시간과 비용이 많이 소요되고 위험도 크다. 기존의 유통망이 장악하고 있기 때문이다. 위치선정을 잘못 할 수도 있고, 현지 임직원을 채용하고 훈련시키는 데 많은 시간과 비용이 소요된다.

(3) 제조업

해외 기업을 인수해 세계 시장에 납품하려는 목적도 있다. 예를 들어 우리나라의 신용평가업체인 NICE 그룹이 독일의 자동차 휠 제작업체인 BBS사를 인수한 것이 그 사례이다. 그것은 새로운 성장사업으로 육성할 만한 경량금속

신소재 사업의 활성화를 위한 인수였다. BBS사는 40년 이상 최고급 자동차용 휠을 제작해온 업체로, 포르쉐의 주요 파트너로서 아우디와 벤틀리 등 유럽 최고급 자동차 회사에 알루미늄합금 휠을 납품하고 있다.[37]

4. 거래의 전략

1) 해외의 경우

미국 기업들은 글로벌 시장에서 인수를 가장 많이 한다. 하지만 성공률은 낮은 편이다. 과거 20년 동안 글로벌 M&A에서 가장 성공적인 기업은 유럽소재 기업들이다.

2) 국내의 경우

우리나라 기업의 해외 기업 인수 실적은 부진하다. 한국 기업 문화를 외국 기업이 좋아하지 않는다는 점이 인수의 장애 요인이 되고 있다. 우리나라 기업은 업무 강도가 세고 경직된 기업 문화를 가진 것으로 인식되고 있다. 미국과 유럽 기업들은 가격뿐 아니라 기업의 전통과 노하우를 인정하는지 등의 다양한 요소도 고려하기 때문에 인수에 애를 먹고 있다. 현재 우리나라 기업은 자금 조달 능력도 떨어지며, 인수한 해외 기업에 대한 경영 능력이나 인적 자원도 부족하다.[38]

해외 인수 시에는 사기에 유의해야 한다. 한국 기업들의 동남아시아 국가로의 진출이 활발해지면서 현지에서 인수할 만한 기업을 소개해주고 정부 당국에 로비를 하는 '브로커'가 활개를 치고 있다. M&A 자문 서비스 시장이 아직 발달하지 못한 데다, 까다로운 정부 당국의 승인을 받아야 하기 때문이다. 우리은행은 인도네시아의 소다라 은행을 인수하는 데 3년이 걸렸다. 신한은행도 CNB 은행을 인수하기까지 5년 가까이 걸렸다. 하지만 이러한 경우들 중 상당수가 M&A 착수금을 노린 '사기꾼'이나 능력을 갖추지 못한 '얼치기'에게 당한 경우라 주의를 기울여야 한다.

'브로커' 중 대다수는 '현지 대통령의 숨겨놓은 아들', '왕족', '전직 고위관료', '은행장'등으로 자신을 소개하면서 확인되지도 않은 M&A 매물을 들고 다니거나 당국의 승인을 받아주겠다고 부추긴다. M&A 관련 검토를 위해 동남아시아의 어느 나라를 방문한 우리나라의 한 기업인은 '총리의 친구'라고 자신을 소개한 '브로커'를 만나면서 현지 경찰 사이드카와 순찰차의 호위를 받는 등 '국빈 대접'을 받았다. 하지만 나중에 알고 보니 그 나라에서는 100만 원 정도의 비용을 들이면 현지 도로를 통제하면서 사이드카의 호위를 받을 수 있다. 베트남의 수도인 하노이에 있는 초고층 빌딩 '랜드 마크 72'도 매각 과정에서 사기가 이루어진 사례다. 대주주인 경남기업은 매각주관사의 담당자로부터 "좋은 투자처가 있다"는 제안을 받았다. 이 과정에서 경남기업은 카타르 투자청 명의의 허위 계약서를 제시받았다. 하지만 불행 중 다행히 이 같은 사실을 뒤늦게 파악하고 거래를 중단했다. 경남기업은 착수금 약 7억 원을 돌려달라고 소송을 냈다.[39]

3) 일반적 전략

국가 간 문화적 차이 극복은 쉽지 않은 문제다. 따라서 해외 기업 인수는 점진적 접근으로 하는 것이 합리적이다. 이 과정은 수출 거래, 조인트벤처 또는 지분 투자, 인수로 이어진다. 글로벌 마켓에 진입하려면 수개월 또는 그 이상의 사전준비를 해야 한다. 광범위한 마켓분석, 목표마켓 확인, 제품의 수정 및 정교한 마켓진입 전략 수립이 요구된다. 또한 문화적 차이와 의사소통 방식에 대한 교육도 필요하다. 인수 기업의 경영자가 인수된 기업의 임직원들과 의사소통에 문제가 생기면 인수가 끝난 후에도 M&A가 실패로 돌아갈 수 있음을 명심해야 한다. 또한 국제비즈니스 전문가나 해당 지역의 전문가를 고용해 도움을 받아야 한다. 예를 들어 일부 개발도상국이나 후진국은 탈세가 심하다. 이러한 지역의 기업을 인수하는 경우에는 세법에 의한 과세를 감안해 평가해야 할 것이다. 또한 배당금 과세, 로열티 과세, 청산 시의 과세 같은 세금 문제도 면밀히 검토해야 한다.

해외 기업 인수는 현지사정을 알기가 힘들어 인수 대상 기업을 찾기가 아주 어렵다. 따라서 현지 자문사를 이용해야 한다. 인수 전략의 일환으로 해당 국가의 경제 침체를 이용하는 경우도 있다. 2016년 브라질 경제가 1901년 이후 최대 침체기를 맞으면서 브라질 통화인 '헤알'화의 가치가 2014년 중반에 비해 45% 가까이 떨어지고 주가도 하락하면서 인수 가격 면에서 유리해졌다. 2016년에는 영국이 유럽연합에서 탈퇴하였고, 영국 파운드화가 급락하였다. 영국 기업의 인수에서 가격 면에서 유리한 기회이다. 그러나 환율 하락보다 주가가 더 올라 반드시 유리한 국면은 아니다.[40]

4) 업종별 전략

M&A전략은 업종별로 다르다. 자원 개발이나 인프라 투자는 경제개발의 초기 단계에 진출하여야 한다. 소비재 산업의 경우에는 유통채널과 소매 인프라가 필요하다. 세계 M&A 시장에서 큰 관심을 받고 있지 않는, 여행업계의 해외 기업 M&A가 대표적인 사례이다. 세계적인 온라인 여행사 익스피디아 (Expedia)에서 아시아 사업 확장을 위해 호주 온라인 여행사를 인수하기로 하였다. 인수 대상 호주 여행사는 왓이프닷홀딩스로 6억 5800만 달러(약 6640억 원)에 인수하기로 합의했다. 호주 여행사의 증권 시장 가격에 25%의 프리미엄을 주고 인수한 셈이다. 이러한 인수의 목적은 아시아 지역의 사업을 강화하려는 것이다. 2000년대 들어 온라인 여행업체들이 인수·합병(M&A)을 통해 몸집을 늘리려는 것이다. 우리나라 여행사들을 대상으로 인수타진을 오랫동안 해온 것은 공공연한 비밀이다. 반면 우리나라 여행사들이 해외 여행사를 인수하는 경우는 없다.[41]

5. 자금의 조달

해외 기업 인수를 위한 자금 조달은 현지금융과 국내 자금 조달로 나눌 수 있다. 국내에서는 특히 중소기업을 위하여 정책적으로 자금을 지원해주는 경우가 있다. 예를 들어 정책금융공사가 국내 중소벤처기업의 해외 진출을 지원하기 위해 조성한 "해외 진출 플랫폼펀드"가 그것이다. 정책금융공사는 총

2000억 원 규모의 중소벤처 해외 진출 플랫폼펀드를 조성한다.[42] 1차 조성에서 자금 제공은 공사가 50%를 출자(700억 원 투자 결정)하며, 운용사(3% 이상의 의무출자)와 함께 1400억 원 규모이다. 이미 스틱인베스트먼트와 SBI인베스트먼트 두 곳을 운용사로 선정한 바 있다.[43] 2차 조성은 총 600억 원 규모로 조성된다. 공사가 300억 원을 출자하고 운용사인 엠벤처가 추가로 300억 원을 매칭(matching) 방식으로 출자한다.[44] 우정사업본부도 최대 2000억 원 규모의 해외투자펀드인 "글로벌자산배분펀드(Global Tactical Asset Allocation Fund)"를 조성한다. 펀드 운용은 국내 자문운용사를 통해 먼저 펀드를 설정, 이후 해외 운용사와 일임계약을 통해 재간접 투자 형태로 이루어진다.[45]

해외 자금도 전략적 활용이 가능하다. 중국의 "차이나 벤처 머니"가 한국에 상륙했다. 한국 벤처기업과 유통기업들은 중국 ICT 기업을 통해 중국 시장 진출한다. 한국과 중국의 벤처 교류 시대가 본격적으로 열린 셈이다. ㈜한국벤처투자와 중국 IDG 캐피탈은 1000억 원 규모의 "대한민국 벤처펀드"를 조성하기 위한 업무협약(MOU)을 체결했다. IDG 캐피탈은 텐센트, 샤오미와 바이두를 길러낸 중국 굴지의 벤처캐피탈이다. 2012년 텐센트가 다음카카오에 720억 원을 투자해 2대 주주가 되는 등 이미 중국 업체가 개별적으로 국내에 투자하는 사례는 있어 왔지만, 이처럼 대규모로 국내집중펀드를 운용하는 것은 처음이다. 중국 IDG 캐피탈 대표 등이 직접 투자 대상 발굴에 나서면서 중국 내에서 시장 가능성이 확인된 미디어통신, 콘텐츠, 헬스케어, 게임 등 분야에 집중 투자가 이루어질 것으로 전망된다. 이는 향후 국내 선진 벤처 기술과 중국의 시장 수요를 연결하는 데 활로를 제공할 수 있을 것으로 보인다. 그간 국내 벤처기업의 중국 진출은 '관시(關係)'로 불리는 현지 네트워크 부족과 여러 정책법률적 장벽에 부딪혀 소수 대형업체의 전유물로 남아 있었다. 중국 벤처캐피탈이 지원하고 있는 중국 내 업체들과 협력 관계를 갖고 이미 구축돼 있는 플랫폼을 통해 서비스를 출시한다면 중국 시장 진출이 훨씬 수월해질 것이다.[46)]

현금 지급 없는 기업 합병도 가능하다. 다산네크웍스는 미국 나스닥 상장 기업이자 통신장비 업체인 존 테크놀로지의 지분 58%를 우리나라에서는 처음으로 역삼각합병(상법상 '삼각 주식 교환')으로 890억 4531만 원에 현금 지급 없이 양수했다. 다산네트웍스는 종속 회사인 다산네트웍솔루션즈와 존 테크놀로지의 종속 회사인 디에이코퍼레이션을 합병시켰던 바, 이로써 디에이코퍼레이션은 소멸되고 다산네트웍솔루션즈는 존 테크놀로지의 자회사로 편입되었다. 존 테크놀로지는 합병신주를 발행해 총 지분의 58%를 다산네트웍스에 지급함으로써 주요 종속 회사로 편입되었다.[47)]

6. 제도와 전략

1) 규제와 전략

우리나라 기업이 해외 기업 M&A 투자를 할 때에는 '외국환거래법'에 의하여 사전 신고를 해야 한다. 이러한 사전 신고 제도는 사후 보고로 전환된다. 그 밖의 해외 직접 투자도 일정 금액 한도까지 사후 보고로 전환한다.[48)]

국경 간 M&A는 해당 국가의 승인을 받아야 하는 경우가 많다. 때로는 승인을 받기 위해 1년씩 기다린다. 승인을 받을 때 심사 대상은 다양한 분야이다. 미국의 경우 안보에 미치는 영향을 평가하기 위해 미군과 국토안보부까지 나서서 심사를 한다. 각국 정부는 자국 소비자 보호와 기업 보호, 핵심 산업 유지, 국가 안보 등을 이유로 그 어느 때보다 기업 결합 심사를 까다롭게 보고 있다.[49]

국가마다 M&A 관련 법률도 다르다. 미국의 경우는 연방 법률보다는 주법이 기업을 규제한다. 적대적 인수에 대하여는 이사회에 결정권한이 있다. 심지어는 포이즌 필(poison pills)을 주주총회의 동의 없이 행사할 수 있는 권한을 가질 수도 있다. 또한 30개 이상의 주에서 시차임기제(staggered boards)를 도입하고 있다. 이사회에 강력한 권한을 주는 미국의 법률은 엔론의 회계부정과 같은 사고로 인하여 변화를 겪었다. 이사회의 권한이 점차 주주총회로 넘어갔다. 이 과정에서 특히 헤지펀드들의 역할이 컸다. 한편 유럽 국가들은 법률적으로 기업마다 나름의 적대적 인수에 대한 대항책을 둘 수 있도록 제도가 갖춰져있다. 국내에서의 인수도 다양한 규제가 있지만 독점 규제가 대표적이다. 세계적 의약품회사 베링거인겔하임이 거대 다국적 제약기업 사노피의 동물의 약품 사업부를 인수하자 2016년 한국 정부는 베링거인겔하임 측에 독과점 우려를 이유로 국내 판매 조직을 부분 매각할 것을 명령했다. 두 회사가 합병되면 돼지에 주사하는 백신 시장에서 합병 회사의 시장점유율은 85.9%에 달해 독과점이 심화될 수밖에 없다는 것이 공정위의 판단이었다. 이들이 공정위의 결정에 불복해 판매 조직을 팔지 않으면 이행강제금을 부과하거나 검찰에 고발할 수도 있다.

국가 간 M&A는 조세분쟁과 관련하여 관할권 다툼도 있다. 유명한 2012년 론스타 펀드의 외환은행 투자 자금 회수 과정에서 한국정부와의 과세분쟁이 그것이다. 론스타 펀드가 한국 정부를 상대로 한 투자자국가 간 소송(ISD)의 첫 중재재판이 2015년 5월 워싱턴DC에서 열린다. 재판은 국제투자 중재센터(ICSID)가 맡는다. 한국 정부와 론스타 펀드는 그동안 국제투자 중재센터의 요구에 따라 재판부와 재판관할시역 선정에 대한 협의를 해 왔다.[50] 론스타 펀드는 한국 정부를 상대로 4조 원이 넘는 배상금을 요구했다. 이는 외환은행 투자 자금 회수 과정에서 한국이 부당 과세를 했다며 소송을 제기한 것으로, 당시 한국 정부는 배상금 요구액이 2조 원 정도일 것이라고 밝혔으나 실제로는 43억 달러(약 4조 6500억 원)에 달한다. 이 금액은 론스타 펀드가 2003년 외환은행 인수 이후 배당, 매각 대금 등으로 회수한 금액과 비슷한 액수다.[51]

2) 문화와 전략

(1) 문화적 차이

1990년대 개인용 컴퓨터(PC) 시장에서 상위권 기업들과 격차를 줄이려던 삼성전자는 M&A라는 급진적인 방법을 선택했다. 1995년 개인용 컴퓨터 시장의 점유율 1.9%를 차지하며 세계 6위권에 있던 미국 AST리서치를 단숨에 인수한 것이다. 삼성은 지분을 공개매수하고 채무까지 떠안았다. 하지만 핵심 경영진이 빠져나간 AST리서치는 3년 만에 자본이 잠식돼 미국 증권 거래소에서 쫓겨났다. 1990년대의 삼성은 미국 회사의 경영진과 노동조합을 다룰 능력이 부족했고, 당시 실무진은 AST의 브랜드와 유통망을 활용할 수 있다고 여겼지만 그런 유산을 담을 만한 문화적 포용력이 충분치 않았다. 15억 달러를 쏟아부었지만 1조 원 이상을 잃은 실패였다.[52] 우리나라 기업이 해외 기업을 인수하여 겪는

진통이 예상보다 크다. 한국 기업이 그룹 차원에서 일사불란하게 움직이는 획일적 조직문화를 강조하는 반면, 인수된 해외 기업은 보다 독립적인 경영을 원하는 경우 불협화음을 겪게 마련이다. 보수적이고 경직된 기업 문화가 새로운 조직과 융화하는 과정이 걸림돌로 작용하는 것이다.[53] 미국의 대형 유통업체 타깃은 2015년 캐나다 시장에서 철수했다. 캐나다 내 매장 133개의 문을 닫고 1만 7600여 명의 직원을 해고하였다. 타깃은 2011년 캐나다의 백화점 운영 업체 허드슨스베이가 소유한 220개의 "젤러스" 매장을 임대해 캐나다 시장에 진출했다. 자국 브랜드가 하루아침에 미국 브랜드로 바뀌는 것에 캐나다인들이 거부감을 느낄 거란 걱정은 별로 안 한 것이 문제였다. 캐나다에서 매출 감소로 어려움을 겪는 미국 유통 기업은 타깃만이 아니다. 미국 유통 업체들이 지리적으로 가깝고 언어적·문화적 장벽도 거의 없는 캐나다에서 고전하는 것은 지리적으로 멀지 않고 친숙하다는 이유로 시장 상황을 꼼꼼히 따져보지 않았기 때문이다. 사자나 호랑이가 토끼 한 마리를 잡아도 최선을 다한다는 말이 있다. 세계 최대 시장인 중국과 이웃한 우리나라 기업들에게 캐나다 시장에서 일어난 미국 유통 기업들의 실패 사례는 남의 이야기만은 아닐 것이다.[54]

사실 국가 간 M&A는 대부분 문화적 문제 때문에 실패로 끝이 난다. 국가 간 M&A의 실질적인 문제점과 어려움은 거래가 종결된 지 몇 달 뒤에야 수면 위로 떠오른다. "인수한 기업을 어떻게 기존 사업에 통합할 것인가?" "독립법인으로 운영할 것인가, 아니면 사업부서로 운영할 것인가?" "통합은 매끄럽게 될 것인가?" "중복된 부서, 시스템 및 납품회사는 어떻게 할 것인가?" "임직원, 납품회사 및 공급 기업이 회사와 지속적인 관계를 유지할까?" "임직원은 잔류할 것인가?" "현지의 반응은 어떨까?"

위의 사례를 통해 현지 문화를 깊이 이해하는 것이 중요하다는 것을 알 수 있다. 사람 간의 문제는 매우 민감하게 고려해야 할 사안이다. 이는 성패를 결정하는 중요한 요소이다. 실사가 진행되는 경우라면 문화적 측면을 포함해 전략, 재무, 법률 등에 걸쳐서 철저하게 알아보아야 한다. 수집된 정보는 현지국가의 맥락에서 해석하고, 그 나라만의 문화에 특히 관심을 가져 효과적인 문화적 요소를 고려한 의사소통 계획을 세워야 한다. 뛰어난 국제비즈니스 리더라면 다른 지역의 문화적 배경과 관련해 사람들이 어떻게 살아가고 있는지, 어떤 일을 하며 어떤 방식으로 급여를 받는지 등을 배우고, 이해하고, 실행하려는 열정과, 조용하지만 상대방을 존중하는 겸손함을 가져야 한다. 또한 나라마다 상품을 구매하는 독특한 문화가 있게 마련이다. 라이프스타일이 모두 제각각이며 가치관, 우선순위나 구매습관도 다르다. 현지 임직원과 고객들이 외국 기업의 진입을 어떻게 생각하는지도 파악해야 한다. 그리고 일에 대한 윤리의식, 경영스타일, 정치적 환경, 부패의 문제 등에도 관심을 가져야 한다.

M&A를 진행할 때는 인수할 기업과 인수 기업의 문화 코드가 맞아야 한다. 특히 국가 간의 거래 중에는 기업의 문화가 한국과 다른 곳이 많다. 해당 기업의 독특한 문화와 노조현황, 연금지급 상황 등을 모두 살펴보아야 한다. 예를 들면 서구엔 독특한 직원 연금 시스템이 있다. 회사를 그만둔 직원에게도 연금을 줘야 한다. 이 경우, 현재 일하는 근로자의 임금만 생각하고 M&A를 진행하다가는 큰 낭패를 볼 수 있다. 또한 유럽과 미국은 준법정신이 강하다. 그러나 중동이나 남미와 같은 나라들에서는 일부 권력층이나 엘리트 그룹이 법을 무시하고 마음대로 재량권을 행사하는 경우가 많다. 독일인들은 불확실성을 싫어하고, 프랑스인들은 의심이 많으며 자기비판적인 경향이 있다. 일본인

들은 형식과 의식을 좋아하고, 스웨덴인들은 합의에 의한 의사 결정을 선호한다. 영국인들은 모호함을 잘 받아들이며 외국인들을 당혹스럽게 할 정도로 유머를 사용하기도 한다. 미국인들은 유럽인들에 비해 공식적으로 행동하는 면이 적다.

(2) 중국의 경우

중국 기업들이 해외 기업 M&A를 서두르는 이유는 급성장하는 중국 내수 시장을 선점하기 위해서다. 따라서 중국 기업들이 목표로 삼는 M&A 대상 기업은 '내수 시장 선점 효과를 극대화할 수 있는, 지명도 있는 메인플레이어'이다.

중국 기업은 규모가 큰 기업, 또는 기술 등을 갖춰 시장영향력이 강한 기업에 대한 M&A를 선호한다. 중장기적으로 이익을 내기보다 단기간에 이익을 내는 걸 중시해서 규모가 너무 작거나 시장영향력이 약한 기업에는 별 관심을 보이지 않는다. 따라서 기술력 있는 우리나라 중소기업이 중국 기업과 M&A 협상을 할 때에는 인수 가격은 물론, 인수 후 경영·고용 안정 등 중장기 계획에 대해서도 협상할 필요가 있다. 자칫 과거 쌍용차나 하이디스 사례처럼 기술 이전 후 방치되는 낭패를 겪을 수도 있기 때문이다.

M&A의 진행 과정은 일반적으로 비밀보호계약을 체결하고 면담을 몇 차례한 후 다음 단계로 가는 식이다. 그러나 중국 기업은 다르다. 대개 사장과 톱 매니지먼트 몇 명이 결정권을 갖고 있기에 상대방과 처음 만났을 때 "당신이 결정권을 갖고 있나요?"라고 묻는 게 일반적이다. 즉, 첫 만남에서 매각금액과 출자비율 등을 제시하지 못하면 두 번째 미팅은 없다는 교섭 방식인 것이다. 중국 정부의 공상관리국에서 자본금, 경영 목적, 주주, 회사 주소, 대표자 등

중국 기업의 기본 정보를 얻을 수 있다. 만약 홍콩계 기업이면 홍콩자치정부의 회사등기소에서 등기 관련 서류를 살 수 있다.[55]

중국 기업들의 M&A는 피인수 기업의 가격 평가와 계약 조건, 자금 조달, 거래 구조 등에서 큰 차이를 보인다. 특히 중국의 M&A가 글로벌 스탠다드(Global Standard)와 가장 다른 부분은 자금 조달이다. 중국 밖에서는 전통적인 지불 수단인 현금과 차입, 주식 등은 모두 중국 기업들에게는 매우 느리거나 불가능한 요소다. 중국의 은행법과 증권 관련 법률은 상장사들이 부채나 신주 발행을 통해 기업 인수 자금을 마련하는 것 자체를 엄격하게 금지하기 때문에 차입매수(Leveraged Buyout)도 근본적으로 불가능하다. 그래서 중국 기업들은 '우선 산 뒤 돈은 나중에 내는' 방법을 사용한다. 아래에 예를 소개하겠다.

첫 번째 방법은 상장 기업이 인수 대상 기업과 인수 협상을 시작하면 자사의 주식을 거래 정지 요청하면서 시작된다. 인수자는 이후 거래를 시장에 공개한다. 모든 것이 계획대로 된다면 주가는 급등한다. 50~75% 오르는 게 보통이다. 중국에서 거래되는 거의 모든 주식은 개인투자자들이 보유하고 있다. 따라서 회사의 기업재무제표를 들여다보거나 경쟁력을 분석하기보다는 루머에 의존한다. 인수업체의 주식 거래가 재개되면 주가는 오르고, 인수 업체는 중국 증권 감독 위원회에 증자 허가를 신청한다. 여기서 기업 인수를 위한 자금을 마련하는 것이다. 증자 허가 과정은 보통 6개월 이상이 걸린다. 중국 증권 관련법에서는 신주가 증자 신청 시점 당시 주가보다 반드시 할인된 가격에 발행돼야 한다. 그 결과 먼저 거래를 발표하고 나중에 증자를 신청하는 과정이, 인수업체들에는 주주가치를 덜 희석하면서 목표 기업 인수에 필요한 현금을 조달할 수 있는 길이다.

두 번째 방법은 우호적인 국내 투자펀드에 피인수 기업을 매수하도록 설득하는 것이다. 다른 기업을 사려고 하는 기업이 증자를 통해 돈을 마련할 때까지 투자펀드는 그 기업을 보유한다. 다른 나라 같으면 '작전세력(concert party)'으로 간주돼 모두가 처벌받을 수 있는 일이지만 중국에서는 관행이다. 그래서 특수 목적을 위해서만 존재하는 새로운 형태의 투자펀드도 있다. 그 자신을 '시치관리기금'이라고 하는 데, 이는 시가총액관리펀드로 해석된다. 이들의 유일한 목적은 상장 기업들의 M&A를 성사시키는 것이다. 인수 주체 기업의 주식을 사고팔아 돈을 벌고, 상장사를 대신해 사두었던 기업을 되팔면서 이득을 내는 식이다. 이들은 바이아웃펀드가 아니다. 동 펀드는 특정한 기업을 대신해 기업을 살 뿐 업계에 대한 전문 지식이나 경영 능력이 없기 때문이다. 순전히 임시 대리인에 불과하다. 동 펀드가 목표 기업을 처음 인수해 상장사에 되팔기까지 1년 이상이 걸리고, 이 같은 인수가 인수 기업의 재무제표에 효력을 발휘하기까지는 또 수년이 걸린다.[56]

(3) 문화와 협상

미국과 같은 서구 국가에서 협상은 이해당사자들이 의견 차이를 조정하고 실행 과정을 합의해, 개인 또는 집단의 이해를 조율하여 상호 간의 이익을 증진시키는 절차이다. 그러나 국제거래에서의 협상은 사람과 관습을 이해하고 관계를 형성하는 차원의 문제이다. 안타깝게도 미국인이나 유럽인들은 이를 이해하지 못하고 잘못된 기술적 협상으로 가는 경우가 있다. 이러한 접근은 좌절과 실망만을 낳으며, 결국 시간과 돈만 낭비한 채 실패하고 만다.

인수 계약을 할 때는 계약과 관련된 상대방의 관습이나 문화를 먼저 이해 해야 한다. 예를 들어 어떤 나라에선 최종 인수 계약이 다음 협상의 시작을 의미하는 경우도 있다. 실제로 한 나라에서는 인수 계약서에 향후 추가적인 협 상을 암시하는 모호한 말이나 조건을 포함시키는 것이 관습이다. 서로 문화가 다른 기업 간의 협상은 성공적으로 실행되고 있던 글로벌 확장 전략을 깨기도 하고, 마무리 짓기도 한다.

아시아와 유럽은 세계 시장에서 나름대로 독자적인 협상기술을 개발해왔으 며, 미국보다 훨씬 앞서 있다. 그러나 자국 내에서 통했던 협상 전략이 다른 나 라에서도 반드시 통하는 것은 아니다. 오히려 반대인 경우도 있다. 중요한 것은 어떤 협상기법이 공통적인지, 수정할 것은 무엇인지, 어떤 협상기법은 제외시켜 야 하는지를 분명히 해야 한다는 점이다. 또한 인수 대상 기업을 아무리 잘 이 해한다고 해도 협상에서의 문화적 차이는 별개라는 점을 주의해야 한다. 문화 에 대한 이해는 단순히 훌륭한 지식이 아니며, 해외 시장에서 성공하기 위한 필 수 조건이다.

(4) 문화와 실사

국가 간의 M&A에서는 실사의 어려움도 있다. 아무리 최고의 재무 및 법률 실사라도 대상 기업의 전체를 파악하기는 어려우며, 성공을 보장할 수 없다는 것이 사실이다. 문화에 대한 실사를 소홀히 하면 더욱 큰 재앙이 일어난다. 국 가 간 거래의 실사에서는 현지의 언어와 관습, 법적요건을 깊이 이해하고 있는 사람들이 팀을 이루는 것이 필수적이다.

(5) 문화와 통합

국가 간 M&A 거래에서는 처음부터 통합 문제를 고려하고 시작해야 한다. 또한 거래 진행의 모든 단계에서 항상 통합 문제를 염두에 두어야 한다. 국가 간 M&A의 위험은 아주 작은 부분에서 오므로, 문화 고유의 부문에 집중적인 관심을 가질 필요가 있다. 아무리 인수 대상 기업의 수치가 좋아도 이러한 문제가 잘 다루어지지 않으면 실패한다는 것을 명심해야 한다.

문화적인 면을 잘 해결하기 위해서는, 우선 통합 이후 인수된 기업이 희망하는 공통된 문화를 명확히 파악해야 한다. 각 기업의 강점을 묶을 수 있는 문화가 좋고, 가급적이면 고위 임원들이 문화적 변화를 위해 지원하는 공식 프로그램을 준비해 실행하는 것이 좋다. 현지의 문화를 이해하기 위한 교육이나 워크숍도 실행해야 한다. 이러한 교육에는 국가 간의 문화 차이뿐만 아니라 두 기업 간의 문화 차이도 포함시켜야 한다.

투명하고 명확한 의사소통은 두 회사의 경영진이 인수 후 통합을 하기 위한 협력의 기반이다. 인수 대상 기업에 대해서는 전체적인 전략의 방향에 대한 이해가 먼저 이루어져야 하며, 현지사정에 맞추어 전략을 조정해야 한다. 인수 대상 기업의 핵심 임직원은 조기에 의사 결정 과정을 통합시켜야 한다. 그래야 현지법인의 전략과 전체 기업의 전략이 조화를 이룰 수 있다. 정기적으로 인수 대상 기업과 인수 기업의 경영진이 얼굴을 맞대고 미팅을 하거나 직무 로테이션을 하는 등의 방법으로 소통을 하는 것이 좋다. 한편 현지기업의 경영 관리는 인수로 인한 가치를 창출할 수 있는 의사 결정에 초점을 맞추어야 한다. 세세한 현지의 반응을 일일이 통제하거나, 적합하지 않은 규칙 또는 절차는 강요하지 않는 것이 좋다.

제6장 기업 평가

1. 평가의 이해

1) 평가와 개념

기업 가치에 대한 평가는 기업가들이 관심을 가지는 주제 중 하나이다. 천년 이상의 시간 동안 기업가들 사이에서 기업 가치의 평가보다 더 많이 논의되고, 분석되었으며, 논쟁을 일으킨 주제는 없었다. 대학 교재, 경영관련 서적과 세미나에서 자문사와 회계사, 기업, 부동산 전문 변호사, 평가 전문가들이 기업 평가에 매진하고 있다. 심지어 고대 그리스와 로마의 철학자들도 이 문제를 다루었다. 기업 평가는 M&A뿐만 아니라 주주 간 분쟁, 소송, 이혼, 상속 및 증여세 등의 문제 때문에 필요하다. 일반적으로 매각자가 기업을 매각하고 인수자로부터 받는 금액은 영어로 'Consideration'이라고 부르며, 정의된 용어

(Defined term)이기 때문에 대문자로 사용된다. 기업을 평가한다는 것은 합리적인 판단이 깃든 예술과 과학의 조합이다. 즉, 가치는 과학뿐만 아니라 많은 양의 기예(技藝)도 필요로 한다.

M&A에서 가격은 가장 어렵고 민감한 문제이다. M&A의 핵심은 거래의 가격이기 때문에 거래를 위한 가격 결정은 어찌보면 간단하기도 하다. 매각 기업이 지나치게 높은 가격을 요구하거나, 인수 기업이 지나치게 낮은 가격을 요구하면 거래는 성사될 수 없다. 특히 우리나라는 M&A의 역사가 짧아서 가격과 평가에 대한 괴리가 정말 심각하다. 이것이 우리나라에서 M&A 시장이 활성화되지 않는 가장 큰 이유 중 하나기도 하다. 극단적으로 말하면, 매각 기업의 희망 가격과 인수 기업의 희망 가격은 보통 10배까지 차이가 난다. 실제로 매각 기업이 거래 가격의 최소 2배에서 많게는 10배까지 요구하는 경우도 더러 있다. 반대로 인수 기업은 거래 가격의 반값에 인수를 진행하려고 한다. 그중에서도 중소기업의 가격괴리는 심각한 수준이다. 사정이 이렇다 보니 M&A 시장의 활성화는 아직 먼 이야기이다.

많은 매각 기업과 기업주들은 매각의 절차와 거래 대금에 대해 지나치게 비현실적인 기대감을 가지고 있다. 우리나라에서 중소기업과 비상장 기업의 M&A 성사비율이 아주 낮은 이유이기도 하다. 지나치게 높은 거래 가격, 대박을 노리는 과도한 욕심으로 인해 중소기업과 비상장 기업은 거래가 거의 성사되지 않는다. 특히 보유한 부동산 가치에 대한 잘못된 이해가 거래를 더욱 어렵게 만든다. 매각에 성공한 기업을 보면, 당시 시장에서 제시된 기업 가치의 70~80% 수준에서 거래가 이루어진 경우가 많다. 기업의 인수는 수백 억 원에서 수조 원까지 투자되는 '위험한' 의사 결정이기 때문에 싼 가격이 아니면 좀처럼 성사되지 않는다. 그럼에도 불구하고 대부분의 기업주나 경영자들은 시가보다 훨씬 높은 가격을 요구한다. 하지만 기업의 성장세가 꺾이고 수익성이 악화되면 급하게 매각하려다 파산하거나, 팔리더라도 시장이 좋을 때 가격의 10~30% 수준에서 팔리는 경우가 대부분이다. 782억 달러였던 스마트폰 제조기업 블랙베리의 시가총액이 2013년에 40억 달러까지 떨어진 것이 대표적인 사례이다.

기업을 매각하거나 인수하는 기업은 M&A 전문 자문사에 평가 금액에 대한 자문을 받는 것이 좋다. 즉, 객관적인 평가 금액을 알 필요가 있다. 자문사를 통해 매각가격에 대한 사실적인 근거자료도 받을 수 있다. 일반적으로 기업이 매각여부를 결정할 때는 현실적인 매각가격에 대한 자문사의 의견이 중요한 변수가 된다.

2) 거래 사례

기업을 경영하는 기업가들은 언론에 보도되는 인수·합병의 거래 가격에 놀란다. 수천억 원 또는 수십조 원에 매각되었다는 보도가 잇따르기 때문이다. 또한 동종업계의 한 기업이 얼마에 팔렸다는 소문을 듣고 큰 기대감에 부풀기도 한다. 하지만 그들은 실상을 잘 모르고 있다. 여기서는 일부 거래 사례를 통해 가격에 대한 이해에 쉽게 접근해보기로 한다.

가장 '큰' 거래의 대표적인 사례인 아웃도어 기업 네파의 매각사례부터 보자. 2012년에 매각된 네파에는 당시 세간의 이목이 집중되었었다. 대주주의 지분이 53%였는데 6000억 원을 받았다는 언론의 보도는 많은 기업가들을 설레게 만들기에 충분했다. 네파는 대출이 없고 현금성 자산만 2000억 원이 있었다. 기업을 인수할 때 현금보유액이 더해지면서 회사의 실제 가치가 8000억 원이 된 셈이었다. 2012년 7개월간의 당기 순이익은 708억 원으로, 연간 단위로 환산하면 1200억 원이었다. 결과적으로 네파는 당기 순이익 대비 10배의 가격에 팔린 것이다. 그런데 당시 네파는 성장성이 컸기 때문에 높은 평가를 받은 것으로 알려져 있다. 따라서 중소기업이나 성장성이 크지 않은 기업은 순이익의 10배 이내에서 거래가 이루어질 것이다.

세계적인 사모펀드가 계산한 평가를 이해하는 것도 중요하다. 모건스탠리 사모펀드(MSPE)가 한화L&C 건자재사업부의 기업 가치(EV, Enterprise Value)를 약 3000억 원 수준으로 평가해 인수에 나섰다. 이는 영업 이익에 감가상각비를 합한 금액 대비 기업 가치 비율(EV/EBITDA)의 7.4배를 적용한 것이다. 한화L&C의 순 부채(차입금총액에서 현금성 자산을 차감한 금액) 규모는 1400억 원이다. 모건스탠리 사모펀드가 한화그룹과 체결한 계약금액을 기준으로 주식 가치인 지분 가치(Equity Value)는 약 1600억 원이다. 현금 창출력을 나타내는 상각 전 영업 이익(EBITDA)은 전 년도에 330억 원을 기록했지만 한화그룹에서 계열 분리됨에 따라 절감 가능한 비용 등을 반영해 지난해 실적 기준 한화 L&C의 정상 상각 전 영업 이익(Normalized EBITDA)을 400억 원 수준으로 평가했다는 추정이다. 국내 M&A 시장에서 사모투자펀드 운용사들의 인수 거래 평균치는 상각 전 영업 이익의 7~8배 수준이며, 최근 사모펀드 업계의 경쟁 심화로 조금씩 상향되고 있는 추세다.[1]

국내 토종브랜드인 커피전문점 할리스 커피는 지분 중 60%를 300억 원 중반대의 가격에 매각한 것으로 알려져 있다.[2] 이 회사의 2012년 순이익은 52억 원이었다. 순이익의 10배 정도로 평가한다면, 기업 주식의 전체 가치는 520억 원이고,

이 금액에서 60%는 300억 원대이다. 따라서 당기 순이익 대비 비율은 10배 정도를 벗어나지 못했다. 물론 여기에는 경영권 프리미엄이 포함되었다. 나이스홀딩스는 2012년 모바일 기기용 배터리팩 제조업체인 아이티엠반도체의 지분 중 48.84%를 200억 원(100%인 경우 410억 원)에 인수했다. 당시 피인수 기업은 자기 자본이 267억 원, 이익잉여금 157억 원, 영업 이익 72억 원, 당기 순이익 36억 원이었다. P/E가 11.4인 셈이었다. 성장 가능성이 있는 업종이라 비율이 높게 나온 것 같지만, 일반적으로 중소기업은 당기 순이익에 적용되는 배수가 낮다. 2013년에는 에스에이티가 중소벤처기업인 한국도로전산을 인수하기로 하였는데, 거래 금액은 70억 원 규모로 하여 지분 100%를 취득하기로 결정했었다. 이 기업은 2012년에 10억 원의 순이익을 기록했다.[3] 따라서 PER은 7이 적용되었은 바, 이는 생각보다 높은 수치이다. 미국에서 10년 동안의 데이터를 분석한 연구 결과를 보면, 거래 금액이 500만 달러 이하인 소기업 거래에서는 PER이 2.5~3 정도밖에 되지 않았다.

3) 시장의 이해

매각 기업의 매각가액은 외부환경의 영향도 받는다. 경제동향, 산업동향, 지역성, 금융 시장이 그것이다. 경제상황이 좋지 않아 산업이 퇴보하고 금융 시장이 악화된 경우, 기업이 속한 지역이 불리한 요인이 되는 경우에 가격이 낮아지는 것은 자연스러운 현상이다. 사업의 위험성도 가격에 영향을 미친다. 거시경제 등의 리스크(Systemic risk)는 거래 가격에 있어 중요한 변수이다. 경제상황이 나빠지면 거래 가격도 하향조정될 것이다. 인수 기업에 다른 투자 대안이 있다는 점과, 그것들의 리스크도 가격에 영향을 끼친다. 다른 투자 대안이 위험도가 낮고 수익성이 좋다면 그것에 투자할 것이기 때문이다. 1990년대 말에서 2000년대 초에는 IT기업 붐, 이른바 닷컴 버블이 일면서 해당 기업들에 대한 거래가 상상할 수도 없었던 높은 평가에 따라 이루어졌다. 그러나 그 가격도 이제는 무의미해졌다. 2000년대 중반에는 저금리와 풍부한 자금공급으로 사모펀드가 특히 높은 가격을 지불하지만, 2007년 들어 발생한 금융 위기는 차입환경을 경직시켜 평가가 낮아졌다.

금융 위기 이전과 이후의 시장은 매우 다르다. 2004년부터 2008년까지는 기업을 상장시키거나 자금 조달을 할 때 규제가 그다지 심한 편이 아니었다. 모든 기업들이 경영성과는 무관할 정도로 자금이 풍부했고, 자금 조달도 쉬운 편이었기 때문이다. 자금 시장의 호황과 함께 기업의 가치도 높게 평가되었다. 그러나 오늘날에는 안전자산의 선호와 함께 기업의 성과가 매우 중시되고 있다. 때문에 대부분의 M&A 거래는 특정 시장 또는 특정 분야에서 최고 위치에 있는 기업이나 리더기업을 중심으로 이루어지고 있다. 성과가 높은 기업들은 과거 2008년에 이루어진 평가에서 높은 평가지수(Valuation multiple)를 받고 있다(즉, 높은 PER 등이 적용되고 있다). 그러나 그렇지 못한 평범한 기업이나 성과가 저조한 기업은 평가지수가 낮거나 투자자나 인수자로부터 관심조차 받지 못하고 있다(거의 거래가 되지 않거나, 거래가 되더라도 매우 낮은 가격에만 거래가 이루어질 수 있다). 특정 시장이나 특정 분야에서 최고의 자리에 있는 기업만이 M&A의 기회가 있으며, 자문사들도 그러한 기업들을 눈여겨보고 있다.

M&A와 투자 시장의 구조는 금융 시장과 투자 시장의 흐름과 함께 이해하는 것이 좋다. 여기서는 미국을 중심으로 설명하기로 한다. 미국의 경우, 자본 시장에서는 다음의 〈표 6-1〉과 같은 내용을 알아야 한다(2005년 기준).

구분	소기업 (Small companies)	중기업(Middle market)			대기업 (Large companies)
		중소 (Lower)	중견 (Middle)	중대 (Upper)	
기업의 수	5400만 개	30만 개			2,000개
GDP구성	15%	40%			45%
평가배수	2~3배	4~11배			12배 이상
매출 규모		5	150	500	1000

(단위: 100만 달러)

표를 보면 소기업과 중기업 및 대기업의 구분 기준은 매출 규모가 50억 원과 1조 원임을 알 수 있다. 소기업의 거래 가격은 이익의 2~3배, 중기업은 4~11배, 대기업은 12배 이상으로 이루어진다.

참고로 이러한 시장 구분에 따른 기업의 특징을 보면 다음의 〈표 6-2〉와 같다.

〈표 6-2〉 미국 M&A 시장의 구분과 특징

구분	소기업 (Small companies)	중기업(Middle market)			대기업 (Large companies)
		중소 (Lower)	중견 (Middle)	중대 (Upper)	
매출 규모	500만 달러 미만 (60억 원 미만)	500만 ~1억 5000만 달러 (60억~1600억 원)	1억 5000만 달러 ~5억 달러 (1600억~6000억 원)		
EBITDA 규모	50만 달러 미만 (6억 원 미만)	50만~1500만 달러 (6억 원~160억 원)	1500만~5억 달러 (160억 원~6000억 원)		
기업가목표 (Ownership goal)	사적인 삶과 중복 (Lifestyle)	사적인 삶과 중복 및 기업 가치 창조	기업 가치 창조		
자본동인 (Capital motives)	재무 상태가 아닌 사업에서의 현금관리	재무 상태가 아닌 사업관리	재무 상태의 순자산 관리		
소유구조 (Ownership profile)	기업가에 의한 경영 (Owner-managed)	기업가경영과 전문경영 (Owner managed, professionally managed)	전문경영		

핵심경영자의 역할		모든 경영 관리에 간여	일부 경영 관리에 간여하고 일부 기능적 관리	기능적 관리 (Functional management)		
자본관리	부채	기업대출 (Business banking)	금융 기관 금융 (Commercial banking)	기업 금융(Corporate banking)		
	자본	개인 또는 가족	개인 또는 사적출자 (Private equity)	사적 출자(Private equity)		
M&A 자문사		기업브로커 (Business broker)	M&A 자문사 또는 지방 IB	국내 IB	국내 IB 또는 국제적 IB	국제적 IB

4) 평가의 오해

(1) 언론보도와 소문

많은 기업가들은 언론에서 보도되는 거래나 소문으로 매각 사실을 듣는다. 자세한 속사정은 모른 채 생각보다 높은 가격, 또는 '대박'을 터뜨린 거래 가격에 놀라거나 희망에 부풀기도 한다. 그러나 현실은 냉정하다. 대부분의 M&A 시장에서 거래되는 가격은 그 회사의 순이익에서 10배 이내이며, 이를 초과하는 경우는 아주 드물다.

(2) 인수자의 지급의사

기업주들이 가장 많이 하는 질문은 "우리 회사는 얼마인가?"이다. 이 질문에 대한 진부하지만 가장 최선인 답은 "인수자가 지불하고자 하는 가격이다"이다. 전문가의 평가는 단지 숫자에 불과하다. 매각 기업 입장에서 현실적인 가격은 인수 기업이 지불하려는 가격이고, 인수 기업 입장에서 현실적인 가격은 매각 기업이 팔려는 가격이다. 두 가격이 일치하지 않으면 거래는 이루어지지 않는다. 매각을 진정으로 희망한다면 인수자가 지급하는 가격을 받아들이는 것이 유일한 답이다.

(3) 단 하나의 가격?

특히 중소기업의 기업주들은 기업의 가치가 단 하나만 존재한다고 생각하는 경향이 있다. 그러나 기업의 가격은 누가 평가하느냐에 따라, 평가목적에 따라 다르며 가격의 범위만이 존재한다. 심지어 아무런 가치가 없다고 평가받은 기업이 엄청난 가치가 있다고 평가받는 모순적인 일도 일어난다. 결국 기업평가는 평가의 목적과 필요에 따라 상대적인 것이라고 할 수 있다. 특정하게 정해진 가격이 아니라 범위의 개념(Range concept)인 것이다. 그리고 평가 방법에 따라 범위는 달라지며, 하나의 평가 방법 내에서도 여러 개의 평가 금액이 존재할 수 있다. 평가에는 늘 주관적인 판단이 개입되기 때문이다. 이러한 현상을 이유로, 한 가지 평가 방법에 의한 평가를 보통 서브 월드(Sub world)라고 부른다.

'기업을 평가하는 최선의 방법'이라는 것은 없다. 하나의 평가 방법을 적용할 때에도 평가의 변수에 따라 다양한 가능성이 존재하기 때문에 평가가 무한하게 나올 수 있다. 또한 평가는 투자자나 인수자에 따라서도 달라진다. 전략적 투자자인 기업의 경우에는 투자자마다 대상 기업의 평가 금액이 다르게 나타난다. 대상 기업의 독자적 가치는 비슷하겠지만 자신들이 생각하는 시너지는 모두 다르기 때문이다. 그러나 재무적 투자자의 경우에는 개인 투자자나 전략적 투자자의 기업이 아닌 투자자의 입장에서 평가하게 된다. 이들은 기업의 영업자산보다 손익에 더 중점을 두며, 거래의 구조를 짤 때는 재무 상태뿐만 아니라 이익흐름도 고려한다. 따라서 재무적 투자자는 거래를 통해 시너지를 창출하는 것이 아니라 인수 대상 기업 자체로 이익을 실현해야 하므로 거래를 위한 자금 조달을 할 수 있는 담보능력이 있어야 한다. 이러한 이유 때문

에 재무적 투자자들은 세전현금기준 영업 이익(EBITDA)이나 잉여 현금 흐름
(Free cash flow)과 같은 이익측정치를 할인한 금액에 기초하여 평가하는 경향
이 있다. 투자자가 개인인 경우에는 대체로 30~40%의 수익률을 기대하는 것
이 일반적이며, 이들이 소기업에 관심을 가진다는 것을 의미한다. 소기업은 이
익의 3~4배에서 거래되기 때문이다.

(4) 과거실적과 평가

과거에 어떤 기업이 매년 엄청난 이익을 냈다면 기업 가치가 높이 평가될
까? 만일 그 기업의 이익이 현재까지도 계속되고 있다면 그럴 수 있다. 하지만
그렇지 않다면 평가는 같을 수 없다. 어제까지는 초우량기업이었더라도 내일
하루아침에 부도가 나기도 한다. 결국 기업의 가치는 그 기업의 미래 수익성이
라고 볼 수 있으며, 이것이 기업 가치 평가의 출발선이다.

기업을 평가할 때 분명히 알아야 할 것은, 기업의 가치는 '미래의 이익'에 의
해 결정된다는 점이다. 어떤 사업이든, 회사가 아무리 시가가 높은 부동산, 최
고의 최첨단 설비, 최고기술과 특허권을 보유하더라도 미래에 이익을 내지 못
하면 무가치하며, 거기에 돈을 지불할 이유가 없다.

(5) 평가와 시장 거래 가격

기업의 평가는 평가 전문가(Business appraiser)에게 맡기는 것이 좋다. 물
론 투자은행이나 M&A 자문사도 평가를 하긴 하지만 기업 평가는 여러 가지
가정과 추정을 전제로 만들어진다. 어떤 기업의 주가가 얼마이어야 한다는 전
문가의 판단은 의미는 있지만, 주식 가격은 증권 거래소에서 거래되는 가격이

'실제' 가격이다. 따라서 기업의 거래 가격도 시장에서 거래되고 결정되는 가격이 실제 가격이다.

평가 금액은 실제로 인수자가 지급하려는 가격을 무시하게 만들어 거래 성사를 방해한다. 그러나 어떠한 방법을 사용하여 평가하더라도 평가 금액은 평가 요소들의 주관성 때문에 아주 제한적인 의미만을 가진다. 매각 기업의 기업주가 기업을 어떤 식으로 평가하고, 평가 전문가들이 그 가격을 얼마로 평가하든지 간에 인수 기업이 지불하는 가격이 진정한 가격이다. 인수 기업이 지불하지 않는 가격은 무의미한 숫자일 뿐이다. 매각 기업은 그 기업의 가치가 시장에서 결정되는 대로 따라야 한다. 특히 상장 기업은 주당 순이익이 감소되거나 주가가 떨어지는 거래는 하지 않는다는 점도 알아두어야 한다. 따라서 매각가액에 대해서는 합리적인 결정을 해야 한다. 매각 기업은 착각하여 '황당한' 가격을 제시해서는 안 되며, 시장의 현실을 이해하고 받아들여야 한다. 그렇지 않다면 매각은 하지 않는 편이 좋다. 매각 가능성은 없는데 오히려 시장에 알려져 피해만 입을 가능성이 높기 때문이다.

(6) 상장 기업의 주가와 거래 가격

상장 기업의 주식은 시세가 있어 간단히 평가할 수 있다. 그러나 상장 기업의 인수는 시가에 프리미엄을 주는 형태로 이루어진다. 이러한 프리미엄은 경영권을 인수함에 따른 경영권 프리미엄과 인수 후 경영을 통해 실현될 시너지에 대한 프리미엄이 포함된다.

(7) 기업주의 평가와 거래

기업주는 대체로 자신이 생각하는 가치가 있다. 이는 매우 주관적이다. 실제로 기업을 매각하는 경우, 기업의 가치에 대한 논의가 진행된 후 의향서에 가격이 제시되면 기업가들은 그동안 한 고생과 들인 공이 주마등처럼 스쳐지나간다. 그러면서 시장의 냉혹한 가격을 납득하지 못한다. 또한 기업가들은 자신이 운영하는 사업이 시장에서 생각하는 것보다 훨씬 위험성이 적다고 생각하는 경향이 있다. 그렇기 때문에 기업주가 생각하는 가격이 인수 기업이 생각하는 가격보다 2~3배 넘는 것도 이상한 것은 아니다. 기업주들은 자신의 기업이 잘 운영되면 달성할 수 있는 이익의 잠재력을 가지고 평가하려 하지만, 이는 인수자가 전혀 관심이 없는 수치다. 현재 국내 M&A 시장에는 수요자는 없고 공급자만 넘쳐난다. 수요자들을 끌어들이려면 매력적인 '가격'이 형성돼야 한다. 그런데 매각 기업이 도저히 수용할 수 없는 가격을 제시하는 경우가 많다. 혹은 어디선가로부터 얻은 정보나 들은 소문에 의해 자기 회사의 실적이나 경쟁력을 감안하지 않은 채 황당한 생각을 품기도 한다.

(8) 부동산과 영업권의 가치

많은 매각 기업들은 자신들의 회사에 대해 "브랜드 가치가 높다" "부동산 가치가 높다" "영업권 가치가 높다"라는 착각을 한다. 그러나 거꾸로 생각해보았을 때, 투자를 했는데 수익이 나지 않는다면 무슨 소용이 있겠는가. 기술력 또는 경쟁력과 같은 무형의 자산은 중요한 요소이지만 평가를 할 때는 어려운 문제를 제공한다. 회사가 보유한 재산, 브랜드, 영업권, 특허권 등은 그것이 향후 이익을 창출할 경우에만 의미가 있다. 이러한 무형자산을 별도로 가격에 반영하려면, 그것이 향후에 수입을 증가시키거나 원가를 감소시킬 것이라는 게 확실해야 한다. 그렇지 않으면 그 가치는 이미 손익에 반영되어있는 셈이다.

기업을 평가할 때 의견의 일치를 보기 가장 어려운 부분이 부동산과 관련된 것이다. 기업을 평가할 때 부동산 가격은 전혀 감안되지 않는 것이 원칙이다. 이 점은 참 설득하기 어려운 부분이다. 예를 들어 기업주가 자신이 가진 돈 100억 원을 투자해 토지를 사고, 그 땅 위에 공장을 지어 사업을 한다고 가정해보자. 이익은 매년 1억 원씩 나온다. 이 기업은 얼마로 평가되어야 할까? 매각 기업은 100억 원 이상을 받으려고 할 것이다. 그러나 인수 기업이 투자 금액에서 최소한 10%의 수익률을 얻길 원한다면 10억 원 이상은 지급하지 않을 것이다. 만일 100억 원을 주고 인수를 한다면 1%의 수익률은 인수 기업에 손해이다. 매각 기업의 기업주는 부동산이 남아 있기 때문에 손해볼 것이 없다고 주장할 수 있지만, 이것은 오해일 뿐이다.

다음의 〈표 6-3〉은 100억 원을 주고 인수를 했다고 가정했을 때의 인수자 손익을 검토한 것이다. 현재 부동산 시장은 가격이 올라가는 것을 기대하기 어렵다. 부동산 가격이 그대로 유지된다는 가정하에서 이해의 편의를 위해 복리가 아닌 단리로 계산해보았다.

〈표 6-3〉 부동산 투자 금액으로 인수한 경우의 수지 판단

기업을 운영한 기간(년)	실현이익	부동산 처분금액	n년 후 회수금액	인수자가 원하는 회수금액	차이 (손해금액)
1	1	100	101	110	9
2	2	100	102	120	18
3	3	100	103	130	27
4	4	100	104	140	36
5	5	100	105	150	45

6	6	100	105	160	54
7	7	100	106	170	63
8	8	100	107	180	72
9	9	100	108	190	81

위의 〈표 6-3〉에 나와 있듯이, 인수자가 이러한 회사를 인수했을 땐 운영을 하면 할수록 손해이다. 인수를 하자마자 다시 매각하는 것이 가장 좋은 방법이다. 매각 기업은 차라리 사업을 그만두고 부동산을 파는 것이 좋다. 100억 원을 투자하여 1년에 1%의 수익을 내는 것은 손해가 크기 때문에 부동산을 팔아 정기예금을 하는 것이 훨씬 합리적일 수 있다. 인수 기업은 이 사업을 100억 원에 인수하지 않을 것이다. 인수 기업은 사업을 하기 위해 기업을 인수하는 것이지 부동산을 인수하려는 것이 아니기 때문이다. 만약 매각 기업이 90억 원에 판다면 인수를 고려할 수도 있다. 인수하자마자 부동산을 팔아 10억 원의 이익을 낼 수 있기 때문이다. 그러나 인수 기업이 부동산 투자자가 아닌 이상 이러한 거래는 이루어지지 않는다. 따라서 부동산 가치를 주장하는 기업은 회사보다 부동산을 팔아야 한다.

기업 평가 시 기업이 보유한 현금은 평가된 가격에 더해진다. 따라서 가급적이면 사옥 같은 부동산을 취득하지 않는 것이 바람직하고, 유휴 부동산은 매각하여 현금이나 예금으로 보유하는 것이 좋다.

(9) 순자산과 기업의 가치

일부 기업의 기업가는 회사의 순자산, 즉 자기 자본을 평가 금액으로 생각한다. 그러나 자기 자본이 100억 원인 것에 비해 이익이 1억 원이라면 어떤 기업이어도 100억 원에 인수하려 하지는 않을 것이다. 오히려 이런 기업은 청산을 하는 것이 좋다. 만일 청산을 하는 데 20억 원의 비용이 추가로 든다면 그 기업은 70억 원 이상의 가치는 없을 것이다. 1929년 세계 경제 대공황에 따른 주가 대폭락 이후 투자자들은 기업의 자산 가치가 무의미하다는 것을 알게 되었다. 이에 따라 미래에 수익을 얼마나 실현해 내느냐가 중요한 요소가 되었으며, 기업이 현재 가지고 있는 자산의 가치는 고려대상에서 제외되었다. 안타깝게도 부동산을 많이 보유한 호텔, 골프장, 제조업체의 기업주들은 이러한 사항을 이해하지 못하는 경향이 있다.

그러나 거래 가격의 평가나 시장 가치와는 상관없이 장부 가치가 때로는 평가의 출발점이 될 수 있다. 장부 가치란 회사의 자산에서 부채를 차감한 순자산을 의미한다. 특히 대부분의 은행, 부동산 등 자산이 많은 금융 기관과, 재고 자산이나 유동자산이 대부분인 유통회사에는 장부 가치가 의미가 있다. 그러나 장부 가치는 향후 기업을 경영했을 때 창출될 이익과 가치를 감안하지 않는다는 문제점이 있다. 특히 여행사 등과 같은 서비스기업은 자산이 거의 없으므로 장부 가치의 의미가 없다.

(10) 부실기업 평가

자본잠식(자산보다 부채가 큰 기업)이 된 기업이나 지속적으로 손실이 난 기업은 평가 금액이 낮다. 그러나 꼭 그런 것만은 아니다. 기업 전체의 가치가 그 기업의 부채보다 작은 기업을 보통 언더워터(Underwater)라고 부르는데, 이런 기업도 미래 수익 가치를 주장할 수 있다. 과거에는 손실이 나고 자본잠식 상태였더라도 향후 수익성이 좋아진다면 높은 평가가 가능하다고 볼 수 있다. 영업손실이 나는 기업이라면 자산 가치를 주장하는 것이 유리할 것이다. 또는 공헌이익(Contribution)을 주장하는 것도 좋은 방법이다. 공헌이익은 전체 매출에서 매출과 직접적으로 관련이 있는 비용을 차감한 금액이다. 매출 원가, 영업사원 관련 비용, 판매비용 등을 들 수 있다. 이는 인수 기업이 인수 후 지출하지 않아도 되는 비용이 있을 수 있기 때문에 가능하다. 지출하지 않아도 되는 비용으로 인한 시너지로 이익이 생긴다면 인수 가치는 있다.

5) 시너지 가격

독자적 가치란 인수 대상 기업을 현 상태로 계속 경영하는 경우의 가격을 말한다. 즉, 인수 후 시너지 효과가 발생하기 전의 평가 금액이다. 인수를 위한 실사 과정에서는 먼저 인수 대상 기업이 현재와 같이 운영될 때 독자적 가치가 얼마인지를 명확히 파악해야 한다. 이때 명심해야 할 점은 인수를 위해 지불하는 가격의 대부분은 인수 대상 기업 현재 상태의 사업가치를 반영한 것이며, 인수한 후의 증가할 가치에 대한 대가가 아니라는 사실이다. 인수 기업이 지불할 수 있는 최대금액(Walk-away price)은 인수 대상 기업의 독자적 가치에 시너지 효과를 더한 금액이다.

시너지로 인한 가치가 누구의 것인지를 결정하는 것은 어려운 문제이다. 많은 매각 기업의 기업주들은 시너지 효과 전체를 기업 매각의 대가로 받아야 한다고 생각한다. 이들은 인수 후 시너지 효과를 내기 위해 인수 기업이 많은 투자를 해야 하며, 예기치 못한 위험이 잠재되어 있음을 생각하지 못한다. 반대로 인수 기업은 그 기업의 독자적 가치에만 인수대가를 지불하려 하면서 시너지 효과는 자신의 것이라 생각한다. 사실 전략적 투자자는 인수 대상 기업의 독자적 가치만 바라보고 인수하지 않는다. 오래 전부터 전략적 투자자들은 재무적 투자자보다 시너지 효과를 포함한 높은 가격을 지불했다. 2000년대 중반 이후부터는 사모펀드들이 풍부한 차입 자금을 동원하여 더 높은 가격을 제시하였다가, 금융 위기 이후 차입 자금 조달에 한동안 어려움을 겪었다. 재무적 투자자들도 이미 보유하고 있는 기업과 결합했을 때 시너지를 낼 수 있다면 높은 가격을 지불할 수 있을 것이다. 대체로 인수 기업이 누리는 시너지의 일부는 매각 기업의 기업주와 공유한다. 이상적인 방법은 독자적 가치와 최대 지불가능 금액 중간 정도에서 가격이 결정되는 것이다.

6) 자문사 평가

골드만삭스 같은 메이저 금융 기관은 대형 거래를 위한 자문과 거래를 추진한다. 이들은 평가가격의견서(fairness opinion letter)를 써주고 큰 수입을 만든다. 이는 해당 거래의 거래 가격의 적절성에 대하여 제3자로서 의견을 제시하는 것을 말한다. 기업은 이를 통해 주주의 소송 등으로부터 이사회를 보호하는 역할을 수행한다.

평가가격의견서는 보통 '공정한 가격의 범위(a range of fair price)'로 나타낸다. 그리고 동 평가는 다양한 평가 방법을 적용한 결과라는 '경고(caveat)'와 함께, 그 평가는 산업 분석, 기업 현황 등을 고려한 것이다. 이것은 기업이 통제할 수 없는 면이 있고, 평가 금액은 반드시 기업의 진실한 가치를 반영하거나 미래를 확정하는 것은 아니라는 전제와 함께 제공한다. 그래서 많은 기업들이 평가를 자문사에 의뢰하고 있다.

2. 평가 방법

1) 평가의 개요

  기업주나 경영자는 자기기업의 가치에 항상 관심을 가지고, 기업 가치를 지나치게 높게 평가하는 경향이 있다. 여기서는 기업의 가치를 평가하는 방법을 기초적인 수준에서 서술해 보고자 한다. 기업 가치의 평가 방법을 이해하는 것은 경영에도 도움이 된다. 평가의 근거와 요소를 제대로 이해한다면 기업의 가치를 향상시킬 수 있는 전략을 도출할 수 있기 때문이다. 따라서 다음 절에서는 기업의 가치를 높일 수 있는 경영 전략에 대하여 설명할 것이다. 물론 최종적인 기업의 거래는 기업을 매각하려는 자와 인수자 사이의 협상에 의해 결정된다.

  기업 평가 전문가(appraiser), M&A 자문사(broker)나 투자은행(investment banker) 등의 세계에서는 기업 평가에 크게 네 가지 접근 방법이 사용된다. 수익 접근(income, discounted cash flow), 상대 가치 평가(relative 또는 market based), 대체 원가(replacement cost) 그리고 자산 접근(asset oriented) 등이 그것이다. 대체 원가 법으로는 기업의 자산을 대체하는 데 소요되는 원가를 알 수 있고, 자산의 가치가 실질적으로 있는 유형자산을 보유한 기업에 적용할 수 있다. 그러나 무형자산이 많은 기업의 세계에서는 잘 적용되지 않는다.

  기업의 가치는 배수를 적용하여 평가하는 것이 일반적이다. 기업의 이익에 5배 또는 10배로 평가하는 것이다. 어렵긴 하지만 현금 흐름 할인(DCF, Discounted cash flow)을 적용할 수도 있다. 기업이 앞으로 벌어들일 현금으로 가치를 평가하는 방식이다. 산업별로 독특한 평가 방식을 적용하기도 한다. 예를 들어 부동산 임대회사는 임대수익에 배수를 적용하는 경우가 있다. 그러나 인수를 하는 기업 입장에서는 수익성이 가장 중요한 요소이므로 배수나 현금흐름 할인을 많이 사용한다. 인터넷 비즈니스나 정보통신 비즈니스 또는 새로 창업한 회사는 실적이 없거나 미미하므로 평가하기가 쉽지 않다. 이런 경우에는 매출이나 이익의 성장 잠재력으로 평가하는 것이 원칙이다. 기업의 가치란 미래의 이익을 반영하는 것이기 때문이다.

기업의 가치와 관련하여 다양한 용어가 사용된다. 시장 가치(Market value)는 대체로 증권회사에서 상장주식을 매각할 때 공개 시장에 나오는 가격이다. 공정 시장 가치(fair market value)는 인수 기업과 매각 기업이 모든 정보를 알고 있을 때 양 당사자가 수용할 수 있는 가격이다. 상장 기업인 경우에는 시장 거래 가격이 이에 해당될 수 있다. 비상장 기업인 경우에도 유사한 상장 기업의 거래 가격을 확인할 수 있다면 이를 적용할 수 있을 것이다. 하지만 유사한 거래 사례를 찾기가 어렵다. 그래서 평가 전문가들은 공정 가치(fair value)라는 개념을 사용한다. 공정 시장 가치는 이론적인 시장 가치를 말하기도 하는 바, 때로는 조세 기타 법적 목적에서 평가한 가치를 말하기도 한다. 국내에서는 세법에 의한 평가가 여기에 해당할 수 있다. 공정 시장 가치를 평가하는 기법은 엄격하고 상세하게 정해져 있다.

법적인 문제로 평가를 할 때는 법원에서 이를 정해주는데, 경제적으로 논리적이고 일관성이 있는 것만은 아니다. 담보평가(Collateral value)는 금융 기관이 대출을 할 때 평가하는 금액이다. 반면 공정 가치(Fair value)는 회계에서 사용하는 용어이다. 주주 간의 분쟁이나 이혼 등과 같은 경우에 공정한 분배를 위한 목적으로 사용된다. 공정 시장 가치는 시장성이 없는 경우 감액하여 평가하지만, 대체로 공정 가치에는 이를 반영하지 않는다. 공정 가치의 주안점은 시장성이 아니라 공정성에 있기 때문이다. 또한 공정 시장 가치는 경영권을 감안해 적용하지만, 공정 가치는 반영하지 않는 편이다. 그러나 법원에는 시장성과 경영권 문제에 대한 다양한 견해가 존재한다. 투자자 입장의 평가(Investment value)란 전략적 투자자가 자신의 입장에서 가치를 평가하는 것을 말한다. 특정 투자자의 평가인 셈이며, 시너지를 반영한 평가(Synergistic value)이다. 여기서 중요한 것은 각각의 평가 방법이 아주 다른 시각과 전제하에 행해진다는 점이다. 따라서 실제로 평가를 할 때는 접근 방법을 분명히 해 다른 접근 방법과 혼합된 평가를 내려서는 안 된다.

기업의 가치는 보통 공정 시장 가치로 평가된다. 공정 시장 가치란 쉽게 말하면 시장, 즉 기업들과 투자자들이 평가를 할 때 적용되는 가치이다. 공정 시장 가치를 평가하는 방법은 다양하지만, 여기서는 세 가지 방법을 소개하고자 한다. 시장 거래가치(Market value)와 이론 시장 가치(Fair market value estimation), 상대 가치(Comparable companies)이다.

시장 거래가치는 증권 거래소에서 거래되는 실제 거래가액이나 해당 기업의 주식을 거래한 사실이 있는 경우 그 가치를 기준으로 평가하는 것을 말한다.

이론 시장 가치란 합리적인 사람들 사이에 거래될 것이라 예상하는 가격으로, 이론적인 모델을 세워 평가한다. 가장 이해하기 어렵고 설명하기가 힘든 평가 방법이다. 이론 시장 가치는 자산을 기준으로 접근하는 방법, 수익을 기준으로 접근으로 하는 방법, 시장을 기준으로 접근하는 방법이 있다.

마지막으로 상대 가치는 평가 대상 기업과 사업내용이 유사한 기업 가치와 비교하여 평가하는 방법이다. 〈표 6-4〉처럼 해당 기업의 주식 가치와 일정한 관련성을 갖는 특정 재무 정보들을 이용하여 기업 가치를 추정하는 방법이다.

기업에 따라 어떤 평가 방법을 적용할 것인가의 기준은 〈표 6-5〉와 같다. 물론 단 한 가지 평가 방법을 적용하기보다는 이러한 평가의 평균값을 사용할 수도 있다. 어떤 전문가의 견해에 따르면 거래 가격의 평가에는 보통 현금 가치 평가를 20%, 상대 가치 평가를 20%, 비교 가능 인수·합병 거래를 50%, 사모펀드 인수 가격을 10% 적용하는 것으로 조사되었다. 반 정도가 비교 가능 거래를 적용하는 셈이다. 또한 다른 방법을 함께 비교함으로써 평가를 검증(double-check, reality check)하는 수단으로 사용할 수도 있다.

〈표 6-4〉 기업 가치 평가의 개념도

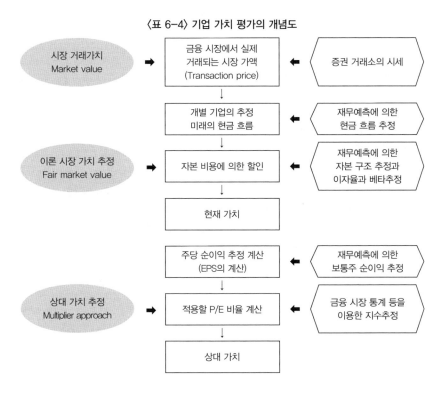

〈표 6-5〉 평가 방법의 선택 기준

평가 방법	적용의 기준
현재 가치 평가 (Discounted Cash Flow)	• 현금 흐름을 추정할 수 있는 상장·비상장 기업 • 현금 흐름을 예측할 수 있을 정도의 연혁을 가진 스타트업 • 애널리스트가 장기적 관심(long-term horizon)을 가질 경우 • 애널리스트가 회사의 현금 흐름의 추정을 신뢰하는 경우 • 당기나 가까운 미래의 이익이나 현금 흐름이 마이너스이지만, 그 이후에는 플러스로 예상되는 경우 • 회사의 경쟁력이 지속될 수 있다고 예상되는 경우 • 현금 흐름의 크기와 시기가 크게 변동하리라 예상되는 경우
비교 가능 기업 상대 가치 평가 (Comparable Companies)	• 성장성·수익성과 위험 요인이 유사한 기업들이 여럿 있는 경우 • 애널리스트가 단기적 관심(short-term horizon)을 가질 경우 • 과거, 현재 또는 가까운 미래의 이익 또는 현금 흐름이 플러스인 경우 • 애널리스트가 평균적으로 시장이 합리적이라고 확신하는 경우 • 현금 흐름을 추정할 충분한 정보가 부족한 경우 • 사업이 순환적인(cyclical) 경우: 통상적으로 정상화(normalized)된 이익을 사용 • 기업들 간에 성장률이 크게 차이 나는 경우: PEG 비율 사용
비교 가능 거래 (Comparable Transactions)	• 최근 유사한 기업의 거래가 존재하는 경우 • 애널리스트가 단기적 관심(short-term horizon)을 가질 경우 • 애널리스트가 평균적으로 시장이 합리적이라고 확신하는 경우 • 현금 흐름을 추정하는 데 필요한 정보가 충분하지 않은 경우
비교 가능 산업 상대 가치 평가 (Same or Comparable Industry)	• 동일 산업 또는 비교 가능 산업 내의 기업들이 수익성·성장성과 위험이 실질적으로 유사한 경우 • 애널리스트가 평균적으로 시장이 합리적이라고 확신하는 경우 • 현금 흐름을 추정하는 데 필요한 정보가 충분하지 않은 경우
대체 원가 접근법 (Replacement- Cost Approach)	• 애널리스트가 회사자산을 대체할 때 현행원가를 알기를 원하는 경우 • 회사의 자산이 용이하게 구분 가능하고, 유형적이고, 분리할 수 있는 경우 • 회사의 이익 또는 현금 흐름이 마이너스인 경우
장부 가치 접근법 (Tangible Book Value)	• 회사의 자산이 현금화가 가능한 경우 • 특히 금융서비스나 유통 관련 기업인 경우 • 회사의 이익 또는 현금 흐름이 마이너스인 경우
분리 가치 (Breakup Value)	• 회사의 사업이나 제품 생산 라인을 구분한 가치의 합계가 계속 기업 전체 가치보다 큰 경우
청산 가치 (Liquidation Value)	• 애널리스트가 회사를 청산한 경우의 자산 가치를 알기를 원하는 경우 • 회사의 자산이 분리할 수 있고, 유형적이고, 시장성이 있는 경우 • 회사가 부도 등이 나거나 실질적인 위기에 빠진 경우 • 정상적인 청산이 가능한 경우

(출처: Donald DePamphilis, Mergers and Acquisitions Basics, Burlington, Elsevier, 2011, p. 289.)

2) 차이와 전략

기업의 현금 흐름을 기초로 평가한 금액과 시장 거래 가치는 차이가 난다.

시장 거래 가치가 높으면 해당 산업의 성장성을 반영한 것일 수 있다. 또한 이는 그 기업이 기업 가치를 높일 수 있는 전략이 부재함을 의미할 수도 있다. 잠재적 시너지로 인하여 외부의 평가가 수익 가치보다 높은 경우라면 M&A를 전략적으로 고려하여야 한다.

3) 평가의 절차

기업을 평가하려면 일정한 절차를 밟아야 한다.

첫째, 기업의 이익과 현금 흐름을 정확히 측정해야 한다. 회계 감사를 받는 기업마저도 많은 경우 수치가 신뢰할 수 없는 경우가 있다. 특히 중소기업이나 대주주가 한 명인 경우가 그렇다.

둘째, 어떤 평가 방법을 적용할지 결정해야 한다.

셋째, 평가 방법별로 자본 비용과 현금 흐름 등을 추정해야 한다.

마지막으로 경영권할증, 비상장할인, 소액주주할인 같은 조정을 한다.

4) 상대가치법

(1) 의의

상대가치법은 M&A 시장에서 가장 널리 사용되는 평가 방법이다. 상대가치법은 평가 대상과 유사한 자산이 시장에서 어떻게 평가되는가를 기초로 평가하는 방법이다. 이 접근 방법은 '평가 대상의 가치는 유사한 기업·거래, 또는 비교 가능한 산업 평균 등의 지표(indicators)를 기초로 추정할 수 있다'는 가정을 한다. 이러한 평가 지표(valuation indicators)에는 순이익, 영업 현금 흐름, EBITDA, 매출과 자산 가치 등이 있다. 이 방식은 '시장 기준(market based)'이라고도 불린다. 투자자가 순이익, 영업 현금 흐름 등에 대하여 얼마나 지불할 것인가를 반영하여 평가하기 때문이다.

상대가치법은 일반적으로 배율에 의하여 평가하는 방법이다. 따라서 '상대 가치 평가(Market Comparable Approach-Factor or Multiplier Approach)' 라고도 불린다. 우리나라의 세법도 수익 가치를 계산할 때 수익환원법을 사용하는 바, 결국 어느 정도는 상대가치법을 적용한다고 볼 수 있다. 평가 대상 기업과 유사한 기업이 존재하는 경우 평가 방법은 〈표 6-6〉과 같다. 상대 가치 평가는 간단하고 쉬우며, 현재 가치 할인 평가보다 훨씬 적은 가정을 전제로 한다. 또한 시장 가치를 반영하기 때문에 더 설득력이 있다.

〈표 6-6〉 상대 가치 평가의 기본 공식

$MV_T = (MV_C \div VI_C) \times VI_T$
MV_T: 평가 대상 기업의 평가 가치 MV_C: 비교 가능 기업의 시장 가치(Market Value) VI_C: 비교 가능 기업의 평가 지표(Value Indicator) VI_T: 평가 대상 기업의 평가 지표 $(MV_C \div VI_C)$: 비교 대상 기업의 평가 지표 대비 시장 가치 배수

(출처: Donald DePamphilis, Mergers and Acquisitions Basics, Burlington, Elsevier, 2011, p. 261.)

이론 시장 가치는 확실하지 않은 미래의 수익성 등을 추정 적용하여 주관적인 면이 크다는 것이 단점이다. 이에 대한 대안이 상대 가치 평가이다. 평가 대상 기업과 유사한 사업 또는 업종을 경영하고 있는 기업을 비교하여 평가하는 방법이다. 대표적인 것으로 기업 가치와 이익의 비율인 PER에 의한 평가 방식이 있다. 유사한 상장 기업의 당기 순이익이 100억 원이고 시가총액이 1000억 원이라면 PER는 10이다. 회사의 순이익이 10억 원이면 10배인 100억 원으로 평가된다는 말이다. 상대 가치로 평가를 할 때는 비교 대상 기업과 업종이 같아야 하며 리스크 등도 유사해야 의미가 있다.

그러나 주관적인 판단이 개입된다는 문제점은 여전히 남아 있다. 비교 대상 기업과 평가 대상 기업의 비교 가능성이 완전한가는 지극히 주관적인 부분이다. 일반적으로 배율은 투자 기업이 투자원금을 회수하는 기간과 같은 의미를 가진다.

규모가 작을수록 평가에 적용되는 배수도 작다. 위험도가 높을수록 수익률도 높게 요구되기 때문이다. 상대 가치에 의한 평가 방법으로 다음 〈표 6-7〉과 같은 지수가 사용되는데, 이외에도 다양한 지수가 적용된다.

주식 시장에서는 일반적으로 PER이 널리 알려져 있지만, Enterprise Value/EBITDA(기업 가치·영업 현금 비율)가 투자 시장에서는 더욱 널리 사용되고 있다. M&A 거래에서 중개 업무와 컨설팅을 하는 자문사(investment banker)들은 대체로 비교 가능한 기업의 배율(comparable metrics)을 사용하는 경향이 강하다. 여기서 중요한 것은 평가 대상 기업과 유사한 기업을 찾는 것이다. 그러니까 수익성, 이익 또는 현금 흐름의 성장성 및 위험이 유사하여야 한다는 것이다. 실무적으로는 동일 산업 분야에 경쟁 시장, 제품, 레버리지 및 규모가 비슷한 기업에서 비교 대상을 찾는다. 동종·유사 산업이 좋다. 유사성이 있다면 다른 산업의 기업도 사용이 가능하기 때문이다.

상대 가치에 의한 평가에는 경영권 프리미엄이 포함되지 않는다.

명칭과 기호	비고
Price earning ratio: P/E, PER	Equity value to net income으로, 기업의 주식 가치를 평가한다.
Enterprise value to EBITDA	Enterprise value는 주식 가치에 차입금을 합한 금액으로, 이에 의한 평가를 할 때는 차입금을 차감한 금액이 주식 가치이다.
Enterprise value to revenue	매출 대비 기업 전체 가치를 평가하는 것으로, 자주 사용되지는 않는다.
Market value to EBIT(1-tax rate)	Market value는 시가총액을 의미한다.
Market value/Book value	종종 장부 가치 대비 시가총액의 비율을 사용하기도 하는데, 특수한 업종에 사용되거나 참고 목적으로 사용한다.

(2) PER에 의한 평가

가격이익비율(Price earning ratio or P/E, PER)은 이익과 주가 사이의 비율이다. 어떤 기업의 이익이 10억 원인데 주식 가치 총액이 100억 원이라면, 그 비율은 10배가 된다. 만일 평가하려는 회사가 이 회사와 업종, 규모 등이 비슷하다면, 평가 대상 기업의 이익에 10을 곱해 가치를 평가하는 식이다. 높은 가격이익비율은 투자자들이 기업을 우호적으로 평가했다는 것을 의미한다. 반면에 낮은 가격이익비율은 투자자들이 해당 기업의 성장 잠재력을 낮게 평가했음을 뜻한다.

대부분의 비상장 장외 기업들이 코스피나 코스닥에 상장하면서 적용하고 있는 가치 평가 방법은 PER이다.[4] 주당 순이익(EPS, Earnings per share) 또는 PER은 상장 기업에 중요한 수치이다. 상장 기업이 인수로 인해 EPS가 악화될 수도 있고, 자신의 PER보다 높은 가격에 기업을 인수하려 하지도 않을 것이기 때문이다. 상장 기업이 인수를 하려고 할 때, 때로는 가격 협상 범위가 아주 제한적일 수도 있고, 때로는 아주 탄력적일 수도 있다.

(3) EV/EBITDA에 의한 평가

중소기업이나 중견기업 중 비상장 기업에 대한 평가와 분석은 보통 EV/EBITDA로 시작된다.

EBIDTA는 비상장 기업의 평가 기준으로 중요하고 또 널리 사용되는 이익 개념이다. 이는 기업의 자본 구조에 관계없이 현금 창출 능력을 보여주는 지표다. 차입금의 사용에 따라 이익이 차이가 나고, 감가상각 방법에 따라 이익이 변동되는 경우를 제거할 수 있어 합리적이다.

EV는 Enterprise Value의 약자다. 이것은 회사가 발행한 모든 증권(보통주, 우선주, 회사채와 차입 등)의 시장 가치에서 회사가 보유한 현금성 자산을 차감한 금액이다. EBITDA는 'Earnings before interests, taxes, depreciation and amortization'의 약자이다. 즉, 이자 비용, 법인세, 감가상각과 감모상각의 비용을 차감하기 이전의 이익이라는 뜻이다. 이는 영업 이익에 감가상각을 더하여 계산한다. 영업 이익은 이자 비용을 차감하기 전의 이익을 말하며, 감가상각과 감모상각은 실제로 '현금'이 지출되는 비용이므로, 이를 더하면 현금 기준 영업 이익이 된다. 즉, 기업이 차입금에 대한 이자를 지급하기 전 영업에서 벌어들인 현금을 뜻하는 것이다.

기업은 영업으로 번 현금을 이자 비용으로 지급하고, 나머지는 주주들에게 배당할 수 있다. 따라서 현금 영업 이익은 기업의 가치인 주식과 금융 부채를 평가하기 위한 기초가 된다. EBIT도 사용되지만, 감가상각 등의 영향을 제거하기 위해 EBITDA가 많이 사용된다. 그러나 감가상각 자료를 구하지 못했거나 자본적 지출이 큰 기업인 경우에는 전자가 사용될 수 있다. EBITDA는 기업의 M&A 시 가장 많이 사용되고, 금융 기관에서 대출이나 신용평가를 할 때도 반영된다. 그러나 EBITDA는 기업의 현금 창출 능력을 대표하여 널리 사용되지만, 순 운전 자본의 변동, 투자와 자금 조달 측면을 무시하는 것임을 유의하여야 한다. 특히 경상적인 투자가 반영되지 않는다는 문제점이 있다.

기업의 전체 가치는 세전현금기준 영업 이익(EBITDA)을 기준으로 한 배율로 평가된다. 이 평가 금액은 차입금을 포함하므로, 차입금을 차감하면 주식 가치가 된다. 개별 기업의 EVITDA 배수(Multiple)의 계산 사례는 〈표 6-8〉을 참조하라.

〈표 6-8〉 개별 기업의 EBITDA 배수(Multiple) 계산 사례

A사와 B사의 시장 가치는 각각 403.6억 원과 543억 원이다. 두 기업 부채의 상환기간은 평균 12년과 10년이고, 부채의 시장이자율은 7.5%와 7%이다.

재무제표			
		A	B
손익계산서	매출	72.7	114.7
	매출 원가	48.6	75.9
	비용	16.10	11.20
	영업 이익(EBIT)	8.0	27.6
	이자 비용	0.7	0.3
	세전이익	7.3	27.3
	법인세	3.1	14.1
	순이익	4.2	13.2
대차대조표	현금	3.8	6.2
	기타 유동자산	14.6	29.8
	비 유동자산	42.7	77.2
	자산총액	63.1	113.2
	유동부채	13.3	28.3
	장기차입금	14.6	8.8
	기타 장기 부채	8.8	26.4
	부채 총액	36.7	63.5

대차대조표	자기 자본	24.4	49.7
	자기 자본과 부채 총액	63.1	113.2
현금 흐름 표	당기순이익	4.2	13.2
	감가상각비	4.1	8.1
	운전 자본의 증감	(−)0.4	1.1
	투자활동	(−)6.9	(−)9.3
	재무활동	(−)1.2	(−)9.4
	현금변동	(−)0.2	3.7

(단위: 십억 원)

장기 부채의 시가를 계산하려면 이자 비용과 원금지급액의 현재 가치를 계산해야 한다. 이를 계산한 식이 아래의 공식이다. 대차대조표에 표시된 금액보다 작다. 이러한 계산은 참고하라는 의미에서 제시한 것이다. 부채의 현재 가치는 별도로 공부해야 한다.

$$PV_{D.A} = 0.7 \times \frac{1-1 \div (1.075)^{12}}{0.075} + \frac{14.6}{(1.075)^{12}} = 11.55 \text{ 10억 원}$$

$$PV_{D.B} = 0.3 \times \frac{1-1 \div (1.070)^{10}}{0.07} + \frac{8.8}{(1.07)^{10}} = 6.58 \text{ 10억 원}$$

$PV_{D.A}$: A사 장기차입금의 현재 가치

EBITDA Multiple = (자기 자본의 시장 가치 + 부채의 시장 가치 − 현금) ÷ EBITDA
A사: $(403.6 + 115.6 - 38.0) \div (80.0 + 41.0) = 3.98$
B사: $(543.0 + 65.8 - 62.0) \div (27.6 + 81.0) = 1.53$

(출처: Donald DePamphilis, Mergers and Acquisitions Basics, Burlington, Elsevier, 2011, pp. 266-8.)

(4) 기타 배수의 적용

산업에 따라 또는 상황에 따라 다른 지수도 사용한다. 자산 가치를 기준으로 기업을 평가하는 경우도 있는데, 주로 재고 자산이나 부동산이 중요한 의미를 가지는 업종에 적용된다. 그러나 재고 자산이나 부동산이 적고 의미가 없는 산업, 예를 들어 서비스 산업 같은 경우에는 적용되지 않는다. 매출총이익, 공헌이익이나 매출의 배수는 기업에 손실이 발생하는 경우에 적용할 수 있다. 매출액 대비 배율도 사용되는데, 사업이나 영업을 양도할 때 적용한다. 기업 가치의 핵심 요소는 현금 흐름이나 수익성이므로, 매출은 기업의 가치와 직접적인 관련성이 없기 때문에 보조지표(Sanity check)로 사용된다. 또한 초기 기술 관련 기업이 이익을 내지 못한 경우에 적용될 수 있다. 매출총이익인 경우에는 1~2가 적용될 수 있다. 이익이나 현금 흐름 개념 대신에 자산 가치를 사용하기도 하는데, 장부 가치가 주로 사용되지만 대체 원가를 넣을 수도 있다. 예를 들어, 미국은 산업 대부분의 매출대비 가격비율이 0.5 내지 1.0 사이이다.

어떤 사업 부문은 전통적인 배수와는 다른 그 사업에 특수한 배율을 사용하기도 하는데, 다음의 〈표 6-9〉가 그 예이다.

〈표 6-9〉 배수평가에 적용되는 특수한 요소

부문(Sector)	배수
기업 전체 가치(Enterprise value)가 적용되는 사례	
• 통신업(Telecommunication)	Access lines, Fiber miles, Route miles
• 통신업(Telecommunication) • 미디어(Media)	Broadcast cash flow(BCF) 또는 구독자수(Subscriber)
• 카지노 • 레스토랑 • 소매	Earnings before interest, Taxes, Depreciation, Amortization, and Rent expenses(EBITDAR)
• 자연자원(Natural resources) • 원유와 가스	Earnings before interest, Taxes, Depreciation, Depletion, Amortization, and Exploration expenses(EBITDAX)
• 금속과 광업(Metals and mining) • 자연자원(Natural resources) • 원유와 가스 • 종이와 임산물(Paper and forest products)	인구(Population, POP)
• 금속과 광업(Metals and mining) • 자연자원(Natural resources) • 원유와 가스	매장량(Reserves)
• 부동산 • 소매	면적(Square footage)
지분 가치(Equity value)가 적용되는 사례	
• 금융 기관(Financial institutions) • 주택건설업(Homebuilders)	주당장부가액(Book value, per share)

• 부동산	Cash available for distribution, per share 또는 영업 현금 흐름(Funds from operations, FFO, per share)
• 자연자원(Natural resources)	잉여 현금 흐름(Discretionary cash flow, per share)
• 금융 기관(Financial institutions) • 광업(Mining) • 부동산	순자산(Net asset value, NAV, per share)

(출처: Joshua Rosenbaum and Joshua Pearl, 〈Investment banking〉, New York, John Wiley & Sons, 2013, p. 49.)

(5) 적용 배수

개요

적용할 수 있는 배수는 유사상장 기업의 배수나 실제 유사 기업의 거래 사례에서의 배수이다. 유사 기업의 거래 사례는 찾기가 어렵기 때문에 비교 가능한 상장 기업의 배수를 적용하는 방법(Comparable public company analysis)이 널리 사용된다. 비교 가능한 거래 사례가 있다면 그 배수를 적용 (Comparable transaction analysis)하는 것이 좋다. 그러나 M&A 거래의 속성 상 거래를 찾더라도 정확한 거래 가격을 아는 것은 쉽지 않다.

배수를 적용하려면 유사한 기업과 비교해야 한다. 업종, 규모, 리스크, 미래 성장 가능성과 성장률에 따라 배수에 차이가 있기 때문이다. 배율은 고정된 것이 아니라 산업마다 다르고, 산업 내에서도 기업에 따라 적용되는 비율이 다르다. 같은 산업군이라도 고객의 안정성이 높으면 높은 배율이 적용될 수 있고, 고객과 장기계약에 의해 공급한다면 역시 높은 배율을 적용할 수 있다. 동일 산업 내에서도 규모가 큰 기업은 배수가 크다. 매출과 이익의 성장성, 고객 충성도가 높거나 우수한 인적 자원, 높은 평판을 가진 기업은 산업 내에서 더 높은 배수를 적용할 수 있다. 반면 회계상 중요한 문제가 있거나 대주주를 바꾸는 것이 기업 지속성에 문제가 된다면 배수는 낮아질 수밖에 없다. 특히 매출과 이익의 성장성은 가치 평가와 거래 성사 여부에도 중요한 작용을 한다. 성장성이 높으면 이익에 적용되는 배수도 커진다. 예를 들어 벤처기업의 경우에는 이익이 적더라도 성장성이 아주 높으면 높은 배수가 적용될 수 있다.

경제상황에 따라서도 배율이 달라진다. 금융 위기 이후의 주식 시장은 특히 두 가지를 유의해야 한다. 첫째는 이익변동성(Earnings fluctuations)이다. 대부분의 기업들은 금융 위기를 겪으면서 이익이 크게 감소하여 높은 배율이 적용되었다. 이는 이익변동성에도 불구하고 기업의 내재 가치(Underlying value)가 변하지 않았기 때문이다. 둘째는 주가변동성(Value fluctuation)이다. 오늘날의 투자자들은 금융 위기 이후에 같은 이익을 내는 기업이라도 작게 평가하는 경향이 있다. 따라서 배율이 작아질 수 있다.

업종별 배수

미국의 경우, EV/EBITDA 비율은 대부분의 산업에서 3~8이라고 한다. 그러나 기업의 규모나 산업에 따라 다르기 때문에 일률적으로 적용할 수 없다. 미국의 M&A와 자본 시장의 기업 규모별 EV/EBITDA와 기타 자료는 다음 〈표 6-10〉과 같다(2005년 기준).

〈표 6-10〉 미국 M&A 시장의 구분과 분석(Segmented Capital Market)

구분	소기업 (Small companies)	중기업(Middle market)			대기업 (Large companies)
		중소(Lower)	중견 (Middle)	중대(Upper)	
기업의 수	5.400만 개	30만 개			2,000개
GDP구성	15%	40%			45%
EV/EBITDA	2~3배	4~11배			12배 이상

매출 규모 (백만달러)		5	150	500	1000	

(출처: Kenneth H. Marks, 〈Middle market M&A〉, New Jersey, Wiley & Sons, 2012, pp. 4-5.)

로이터에 따르면, 2014년 상반기에 미국에서 이루어진 M&A는 피인수 기업의 가치를 상각 전 영업 이익(EBITDA)의 평균 13배로 평가했다. 이는 2013년 11.8배보다 더 증가한 수치이고, 2008년 이후 최고 몸값이다.[5] 2017년을 전후한 M&A 거래의 거래가격의 EBITDA Multiple이 13배에 이르며 2007년의 12.7배를 웃돈다.

실제로 미국의 중소기업 M&A에 적용되는 EBITDA 배수는 4~7인 것으로 알려져 있다. 성장률을 2%라고 가정하면 투자자들이 시장에서 기대하는 수익률(Investor return expectation)은 16~27%인 셈이다. 위의 표를 적용할 때는 여러 요인들을 감안해야 한다. 예를 들어 기업가가 회사의 세세한 것까지 일일이 관리하거나, 한 사람에 의해 기업이 좌지우지되는 경우에는 규모가 대기업이라도 소기업 기준으로 평가할 수 있다. 반면 회사가 조직적으로 관리되고 있다면 소기업이라도 중소기업으로 놓고 평가할 수 있다. 사모펀드는 중소기업이나 중견기업에 일반적으로 EBITDA의 4~7배를 적용해 투자한다. 반면 전략적 투자자는 4~7도 적용하지만 그 이상을 적용하기도 한다. 시너지 효과를 고려하면 EBITDA가 조정되기 때문이다. 참고로 미국에서 2003년부터 2012년까지 LBO에 의한 인수의 적용배수(Purchase multiple)는 해마다 달랐다. 다음 〈표 6-11〉은 연도별 배수의 변동내용이다.

〈표 6-11〉 LBO의 평균 인수 가격(미국, 2003~2012)

〈표 6-11〉 LBO의 평균 인수 가격(미국, 2003~2012)

연도	EV/EBITDA
2003	7.1
2004	7.4
2005	8.2
2006	8.6
2007	9.8
2008	9.5
2009	7.9
2011	9.1
2012	8.9

(출처: Joshua Rosenbaum and Joshua Pearl, 〈Investment banking〉, New York, John Wiley & Sons, 2013, p. 205.)

한편 시장에서의 수급과 자금 시장에 따라 또는 지역별로 그 배수는 큰 차이가 난다. 2016년 아시아·태평양 지역에서 사모펀드가 인수한 기업들의 EBITDA 대비 인수가가 사상 최대인 17배(2015년 16.6배)를 기록하였다. 이 지역에서의 인수경쟁이 치열해졌고, M&A 시장에 들어온 자금이 초과 공급 상태였기 때문이다. 특히 M&A 시장에서 사모펀드뿐만 아니라 '글로벌' 국부 펀드나 연기금 같은 기관투자자는 물론 중국 대기업 등이 공격적으로 기업 인수에 나서면서 경쟁은 보다 격화되었기 때문이다.

2013년 국내 M&A 시장의 EBITDA 배수는 7~9배 수준인 것으로 알려져 있다.[6] 〈표 6-12〉는 우리나라의 일부 업종과 일부 기업의 배율 사례이다.

〈표 6-12〉 업종별, 기업별 배수의 사례

업종/기업	기준일	시가총액 (억 원)	PER	추정 PER	(추정) PBR	B	추정 EV/EBIDTA
호텔업	2013		26.43				
호텔신라	2013.2.25	18,407	33.43	19.36	3.07	0.55	12.2
여행업	2013		26.43				
하나투어	2013.2.25	8,038	38.19	22.11	4.8	0.31	13.6

모두투어	2013.2.25	3,754	27.7	17.64	5.08	–	–
제약업	2013.3.21			28.81			
녹십자	2013.3.21	15,297	28.61	23.46	2.28	0.15	14.4
화장품	2014			41.75			
아모레퍼시픽	2014.7.24.	97,450	42.93	34.55	4.5		15.8
아모레G	2014. 3Q	65,987	45.1	31.55	3.24		7.3
한국콜마(OEM 회사이고 급속 성장)	2014. 3Q	10,151	72.16	41.66	8.91		25
자동차 부품	2013.3.11			9.93			
현대 모비스	2013.3.11	299,332	9.90	7.9	(1.4) 2.13	0.88	7.5
중장비 부품	2013.3.14			30.49			
두산인프라코어	2013.3.14	25,636	8.59	16.9	(1.1) 1.39	1.75	10.7

대형 유통업체에 통상 적용되는 EV/EBITDA 배수는 8~9배로 알려졌다.[7] IT 산업의 경우 아래 〈표 6-13〉을 보면 2009년도는 지나치게 높아, 이를 제외하면 평균 PER은 15.27이다.

〈표 6-13〉 IT산업의 연도별 PER 통계

연도	KRXIT
2013(1~6월)	16.88
2012	21.94
2011	11.24
2010	17.78
2009	95.76
2008	10.30
2007	15.35
2006	13.37

한국거래소는 레저지수를 업종지수에 추가하였다. 레저지수(KRX Leisure)에는 카지노업체인 강원랜드와 파라다이스, 여행업체인 하나투어와 모두투어, 엔터테인먼트 및 콘텐츠업체인 CJ CGC, 온미디어, 대원미디어, 삼화네트웍스,

미디어플렉스, 그리고 악기회사인 삼익악기 등 10개 종목으로 구성되어 있다. 2015년 금호고속 매각이 진행되었는데 5000억 원대 매각가격을 제시한 것으로 알려졌다. 금호고속의 연간 현금 창출 능력이라고 할 수 있는 EBITDA(감가상각 및 법인세이자 차감 전 영업 이익으로 손익계산서의 영업 이익에 감가상각비를 합하여 계산)가 800억 원대여서 그 7~8배를 적정가격으로 보기 때문이다.[8]

(6) 배수의 요인

PER(price earning ration) 같은 수치는 그 사업에 대한 성장률 전망과 위험성에 대한 평가에 따라 달라진다. 동일한 산업에 속하는 기업이라도 PER가 다르다. 배수가 20인 기업과 15인 기업이 있는 경우, 15인 기업이 저평가되었다고 볼 수는 없다. 성장률의 차이가 있기 때문이다. 따라서 상대 가치 평가 방법을 적용할 때에는 성장률을 감안하여야 한다. 이를 위하여 사용하는 것이 PEG 비율이다. 이것은 PER를 성장률로 나눈 값이다. PER 비율이 PEG 비율보다 크면 고평가된 것으로 볼 수 있다. 고평가 된 기업은 PEG 비율을 적용하여 평가한 결과보다 높이 평가된 경우이다. 따라서 PEG 비율은 수많은 대상 기업들 중 가장 매력 있는 목표 기업을 찾는데 유용하다. PER 대신 현금 흐름 대비 평가나 EBITDA 배수도 사용할 수 있다. PEG를 사용하여 대상 기업의 내재가격을 〈표 6-14〉처럼 계산할 수 있다.

〈표 6-14〉 PEG에 기초한 내재가격 계산 산식

구분	산식	설명
비교 대상 기업 PEG 계산	$A = \dfrac{MV_C \div VI_C}{VI_{TGR}}$	MV_C: 비교 대상 기업의 시장 가치 VI_C: 비교 대상 기업의 평가 요소(value indicator) VI_{TCR} : 평가 대상 기업의 평가 요소 성장률

평가 대상 기업 내재 가치	$MV_T = A \times VI_{TGR} \times VI_T$	MV_T: 평가 대상 기업의 내재 가치 A: 비교 대상 기업의 PEG VI_T: 평가 대상 기업의 평가 요소

(출처: Donald DePamphilis, Mergers and Acquisitions Basics, Burlington, Elsevier, 2011, pp. 268-9.)

성장률과 배수의 관계를 보여주는 사례를 들면 다음과 같다.

〈표 6-15〉 성장률과 배수의 적용 사례

사례	A사와 B사의 주당 순이익 성장률은 각각 15%와 9%로 추정된다. 현재 주당 순이익은 각각 2,050원과 3,150원이고, 주가는 각각 31,480원과 26,000원이다. A사와 B사가 속한 산업의 평균 주당 순이익 주가비율(PER)과 성장률은 각각 12.4%와 11%이다.
적용	산업 평균 주당 순이익·성장률 비율(Industry average PEG ratio): 12,400÷11=1.1273 A사 주식의 내재적 가격(implied share price): 1.1273×15×2,050=34,660 B사 주식의 내재적 가격(implied share price): 1.1273×9×3,150=31,960
이해	A사와 B사의 암묵적 가격과 실제 시가와 차이는 각각 10.1%{(34,660-31,480)÷31,380}과 22.9%{(31,960-26,000)÷26,000}으로 B사가 더 저평가되었다고 할 수 있다. 그러나 A사가 더 성장률이 높고 예상이익의 위험이 작다면 A사가 더 매력적인 인수 대상이라고 할 수 있다.

(출처: Donald DePamphilis, Mergers and Acquisitions Basics, Burlington, Elsevier, 2011, p. 269.)

또한 산업의 동향과 개별 기업의 현황에 따라 배수는 달라진다. 2017년 마스크 팩 시트 전문 제조업체인 피앤씨산업인 EBITDA Multiple 7.6배에 매각되었다. 그러나 화장품 제조자 개발 생산(Original Development Manufacturing, ODM) 기업인 한국콜마와 코스맥스의 시가총액이 EBITDA Multiple 20배에 상당한다. 사드 여파로 국내 브랜드 화장품 회사들이 타격을 받아 과거 30~40배에 달했었다. 동 산업의 배수가 점차 하향조정되고, 이 기업도 실적이 악화되고 있어 낮은 배수가 적용된 것으로 보인다.

(7) 배수에 의한 평가의 절차

〈표 6-16〉은 거래 사례에 의한 평가의 사례다.

〈표 6-16〉 거래사례에 의한 평가의 사례

비교 대상 기업	적용배율(MVC/VIC)				
	과거(trailing) P/E	미래(forward) P/E	Price/Sales	Price/Book	평균값
A	11.25	8.73	1.17	3.71	
B	9.18	7.68	0.69	2.17	
C	10.79	8.05	0.91	2.54	
D	7.36	8.35	0.61	1.86	
E	11.92	6.89	0.77	1.59	
F	8.75	8.73	0.80	2.53	
G	3.17	7.91	0.36	0.81	
H	11.96	10.75	1.75	2.10	
평균배수(Average Multiple Times)	9.30	8.39	0.88	2.16	
평가 대상 기업 실적 (추정치)(V_{IT})	4.38	3.27	92.66	26.49	
평가 금액(Estimated Market Value)	40.72	27.42	81.77	57.32	51.81
P/E는 52주를 기준으로 함					

(출처: Donald DePamphilis, Mergers and Acquisitions Basics, Burlington, Elsevier, 2011, p. 263.) (금액 단위: 10억)

위의 〈표 6-16〉에서 산업 평균값을 사용하여 평가하는 방법도 있다. 예를 들어 동일·유사 산업의 P/E ration가 12.4라면, 3.27×12.4인 40.54로 평가 하는 것이다.

비교 가능 산업 또는 회사 선택(Select the universe of comparable companies)

동일한 산업이나 유사한 산업의 평균값을 사용할 수 있다. 이 방법의 장점 은 '적용하기가 쉽다'는 점이다. 문제는 산업의 배수가 개별 기업에 맞지 않을 수 있다는 점이다. 해당 산업에서 개별 기업의 수익성, 위험, 성장성 및 자본 구조가 다를 수 있기 때문이다.

개별 기업을 기준으로 상대 가치를 평가할 때 가장 먼저 해야 할 일은 평가 하려는 회사를 정확하게 아는 것이다. 다양한 경로와 정보에 의해 산업 분류, 상품, 고객, 경쟁사, 분배채널, 최종 마켓, 재무 정보 등을 파악하는 것이 좋 다. 한 가지 방법이 평가 대상 기업을 이해한 후, 평가 대상 기업과 유사한 회 사의 주요 특징을 파악하는 것이다. 비교를 위한 기본적인 틀은 다음의 〈표 6-17〉과 같다.

〈표 6-17〉 사업과 재무 프로필의 틀

사업 프로필	재무 프로필
• 분야(Sector) • 상품(Product and services) • 고객과 대상마켓(Customers and end markets) • 유통경로(Distribution channel) • 지역(Geography)	• 규모(Size) • 수익성(Profitability) • 성장 프로필(Growth profile) • 투자수익률(Return on investment) • 신용 프로필(Credit profile)

(출처: Joshua Rosenbaum and Joshua Pearl, 〈Investment banking〉, New York, John Wiley & Sons, 2013, p. 18.)

비교 대상 기업은 평가 대상 기업과 경쟁관계에 있는 상장 기업에서부터 출 발한다. 모든 상장 기업을 포함시키기 위해 종목코드를 전부 검토해야 한다. 그 리고 기업이 선정되면 그 기업의 애널리스트 분석보고서를 참조하는 것이 좋 다. 애널리스트 분석보고서를 보면 그 기업의 경쟁 기업을 언급하기도 하므로 이를 참고한다. 평가 대상 기업과 같은 사업비교 대상 기업을 선정할 때 기준이 되는 분야는 평가 대상 기업이 속한 산업 또는 시장이며, 고객기반이 유사해야 한다. 고객기반이 유사하면 사업 기회와 리스크도 비슷하다.

고객과 목표시장은 구분해야 한다. 가정용품을 판매하는 기업의 목표시장은 가정이지만, 고객은 판매 기업이다. 또한 유통경로도 유사해야 한다. 도매 유통 경로를 가진 기업과 소매 유통경로를 가진 기업은 아주 다르다. 회사의 지역적 입지가 다른 경우에는 기업의 사업 기회와 리스크가 달라지고, 평가도 다르다. 동일한 산업에서는 기업의 규모별로 배수가 다르다. 유사한 규모의 기업은 규모의 경제, 구매력, 가격 설정, 고객, 성장성, 주식거래의 유동성이 비슷하기 때문이다. 규모는 매출, 시가총액 등에 의해 결정된다. 과거의 성장성과 미래의 성장성은 기업 평가에 있어 결정적인 요소이다. 성장성이 높은 기업은 더 높게 평가되기 때문이다. 기업의 자체적인 성장성은 인수를 통한 성장성보다 더 높게 평가되며, 성장성은 매출, EBITDA, EPS 등에 의해 알 수 있다. 또한 다양한 기업 신용평가지수도 고려되어야 한다.

비교 대상 기업의 재무 정보 확보(Locate the necessary financial information)

비교 대상 기업의 재무 정보를 입수한다. 우선 매출, 매출총이익, 자본적 지출(Capital expenditures, Capex), EBITDA, EBIT, 당기 순이익, 주당 순이익, 자본금, 발행 주식 수, 사업내용 등은 비교 대상 기업의 인터넷 사이트의 'Investor relations(IR)'이나 전자공시시스템(미국의 경우 SEC Filings)의 상장법인 사업보고서(미국의 경우 10-K Annual report), 외부 감사 대상 기업의 감사보고서, 상장법인의 반기보고서와 분기보고서(전년도와 비교식 분기실적 및 누적 실적. 미국의 경우 10-Q Quarterly report)에서 입수한다. 애널리스트의 기업 분석보고서는 기업의 향후 추정치뿐만 아니라 유용한 정보를 많이 제공한다.

비교 대상 기업의 정보 정리(Spread key statistics, ratios and multiples)

비교 대상 기업의 가치와 재무 정보를 알아야 배수를 계산할 수 있다. 지분 가치 또는 시가총액(Equity value 또는 Market capitalization)은 회사의 발행 주식(Basic shares outstanding)에 주식옵션("In-the-money" stock option)과 전환증권(Convertible securities)이 합쳐진 가격이다. 즉, 시가총액은 회사의 현재 주식 가격에 희석주식 수(Fully diluted shares outstanding)를 곱하여 계산하며, 여기서 희석주식 수는 회사의 발행 주식에 주식옵션과 전환증권이 합쳐진 것을 말한다. 주식옵션은 'Treasury stock method'를 사용하여 전환사채는 전환됐다는 가정하에 계산한다. 모든 옵션과 워런트가 현재 시세에 따라 가중 평균 실행가격(Weighted average strike price)으로 행사된다고 보고서 계산하는 것이다. 전환증권은 전환가정법(If-converted method)으로 계산하는 경우 전환금액을 전환가격으로 나누어 계산한다. 이로 인한 주식 가치는 전환으로 발행하는 주식 수에 최신 주가를 곱하여 계산한다. 그리고 전환채무는 회사의 채무에서 제외한다. 반면 순주계산(Net share settlement) 방식은 전환증권 발행 시에 점점 더 많이 사용되고 있는 방식이다. 최소 전환증권의 액면가는 현금으로 정산되는 것이 허용된다. 전환가격을 초과하는 발행가액에만 추가 주식이 발행된다.

그런 다음에는 기업 전체의 가치를 계산한다. 기업 전체 가치는 회사의 모든 소유주 지분의 합계로, 채권자와 주주의 회사 자산에 대한 모든 청구권을 말한다. 지분 가치, 차입금, 우선주, 'Non controlling interest'의 합계에서 현금과 현금성 자산을 차감한 금액이다.

다음으로는 배수를 계산한다. 기업 전체의 가치에는 EBITDA, EBIT, 매출을 사용한다. EV/EBITDA와 P/E가 대표적인 수치이다. 투자자들은 미래를 보고 투자하기 때문에 이익은 미래 추정이익을 사용하는 것이 원칙이다. 같은 업종임에도 차이가 나는 이유는 성장률 전망이 차이가 나기 때문이다.

배수의 결정(Benchmark the comparable companies)

비교 대상 기업 간 그리고 평가 대상 기업을 분석·비교하여 가장 유사한 회사의 사무, 재무 등의 배수를 적용시킨다. 지나치게 벗어난 배수는 배제한다.

평가 금액의 산정(Determine valuation)

보통은 배수의 평균값이나 중앙값(Medians)을 사용하여 평가한다.

5) 거래의 사례

(1) 사례가격에 의한 평가

기업 가치 평가의 출발은 시가이다. 특히 증권 거래소 또는 코스닥의 시세가 시가 역할을 한다. 그러나 다음의 〈표 6-18〉과 같은 문제점이 발생한다.

〈표 6-18〉 기업 가치 평가 시 시장 거래 가치의 문제점

① 비상장 기업(Private firm)은 시장 거래가 되지 않는다.
② 상장 기업이라도 거래가 거의 없거나 주식이 적으면 시가가 적절하지 않을 수 있다.
③ 시장 거래 가격이 저평가 또는 고평가되는 경우가 있다.
④ 기업 가치에는 경영권 가치(Control stake)가 포함되는 경우가 있는데, 시장 거래 가격에는 이러한 경영권 가치가 포함되어 있지 않다.

비상장 기업의 경우 유사한 최신 거래 사례를 찾기가 어렵다는 것이 이 방법의 가장 큰 문제이다.

(2) 평가의 절차

거래 가격의 사례를 기준으로 평가(recent comparable or precedent transaction method)할 때 다음과 같은 절차를 따른다. 첫째, 비교 가능한 거래를 찾는다. 둘째, 비교 가능한 거래의 정보를 수집한다. 셋째, 관련된 평가 지표를 만든다. 넷째, 비교 가능 거래를 벤치마킹한다. 다섯째, 평가 결과를 도출한다. 〈표 6-18〉에서도 사례로 제시한 〈표 6-19〉의 상대 가치 평가의 사례는 제목을 '거래 사례에 의한 평가의 사례'로 바꾸고, '비교 대상 기업'대신 '최신 거래 사례'로 대체하여 적용할 수도 있다.

〈표 6-19〉 거래 사례에 의한 평가의 사례(금액 단위: 10억)

비교 대상 기업	적용배율(MVC/VIC)				평균값
	과거(trailing) P/E	미래(forward) P/E	Price/Sales	Price/Book	
A	11.25	8.73	1.17	3.71	
B	9.18	7.68	0.69	2.17	
C	10.79	8.05	0.91	2.54	
D	7.36	8.35	0.61	1.86	
E	11.92	6.89	0.77	1.59	
F	8.75	8.73	0.80	2.53	
G	3.17	7.91	0.36	0.81	
H	11.96	10.75	1.75	2.10	
평균배수(Average Multiple Times)	9.30	8.39	0.88	2.16	
평가 대상 기업 실적 (추정치) (V_{IT})	4.38	3.27	92.66	26.49	
평가 금액(Estimated Market Value)	40.72	27.42	81.77	57.32	51.81
P/E는 52주를 기준으로 함					

(출처: Donald DePamphilis, Mergers and Acquisitions Basics, Burlington, Elsevier, 2011, p. 263.)

첫째, 우선 평가 대상 기업을 정확히 이해해야 한다. 그런 다음 유사 기업의 거래 사례를 찾는다. 투자은행은 거래의 데이터베이스를 보유하고 있다. 다양한 경로를 통하여 유사 기업의 거래 사례를 찾아본다. 평가 대상 기업이나 관련 기업 및 해당 산업에 대한 애널리스트의 보고서도 찾아볼 수 있다. 블룸버그는 산업별, 거래 크기별, 대금 지급 방법별, 시기별, 지역별 등의 거래 내역을 검색해볼 수 있는 정보를 보유하고 있다. 비교 가능한 거래를 찾으면 거래의 특수한 성격이나 맥락을 이해해야 한다. 거래의 배경을 잘 이해해야만 배수를 제대로 적용할 수 있다. 거래 당시의 시장 상황도 알아야 하며, 경제 환경 그리고 금융 시장의 동향도 아는 것이 좋다. 이러한 거시적인 환경요인은 거래의 자금 조달과 가격에 영향을 주기 때문이다. 또 하나 알아야 할 것이 거래의 역학 관계(Deal dynamics)이다. 이는 인수자가 기업인지 사모펀드인지, 거래의 동기가 무엇인지, 경매를 통한 매각인지 협상 거래인지, 적대적 거래인지, 거래 대금의 지불수단은 무엇인지 등을 가리킨다.

둘째, 비교 대상 거래 사례 기업의 정보를 수집한다. 거래 사례 기업이 상장 기업인 경우 거래의 정보는 비상장 기업보다 쉽게 얻을 수 있다. 법적인 공시 의무가 있기 때문이다. 상장 기업의 M&A 거래에 대한 상세한 내용은 전자공시시스템에서 찾아볼 수 있다. 보도된 뉴스 자료를 통해서도 일반적인 사항을 알 수 있다. 물론 그 후에 변동 사항은 없는지도 추적해야 한다. 거래대상 기업이 비상장인 경우에는 공시 의무가 없다. 다만 인수자가 누구냐에 따라 인수 금융의 형태에 의한 공시 의무가 있을 수 있다. 비상장 기업 간의 거래인 경우에는 비공식적인 방법인 뉴스 등의 자료에 의존할 수밖에 없다. 사실상 필요한 정보를 얻기 어렵기 때문에 참고대상에서 제외될 수 있다.

셋째, 비교 가능한 거래 사례의 각종 정보를 수집하여 정리한다. 거래가액,

대가의 지급 형태, 거래대상 기업의 재무 정보, 배수 등이 그것이다. 거래 가격을 기준으로 순이익, 매출, 현금 흐름, EBITDA 및 장부가액 대비 거래 가격 비율을 산정한다.

넷째, 비교 가능한 거래 중에서 선택한다. 인용한 거래 중 평가 대상 기업에 적용될 수 있는 것을 찾은 다음 가장 적절한 거래를 선택하고, 그렇지 못한 거래는 제외한다. 평가 대상 기업의 사업과 재무 상황을 검토하여 거래 당시의 시장상황과 거래의 배경을 반영할 수 있다. 최신거래 사례가 거래 조건이나 거래 시 경제 환경이 비슷하므로 선택하는 것이 좋다.

다섯째, 평가 대상 기업을 최종 평가한다. 비교 가능한 거래 수치를 사용하고, 검증과정을 거쳐 다른 평가 방법에 의한 평가 수치와 조율을 한다. 일반적으로 가장 적합한 거래 두세 가지를 표본으로 한다. 이에 의한 평가는 다른 평가 방법에 의한 평가 금액과 조정 작업을 거쳐야 한다. 이에 의한 평가는 상대 가치 평가와는 달리 경영권 할증이 포함되어있다.

6) 이론적 평가

(1) 의의

이론 시장 가치는 말 그대로 이론적으로 평가한 가치이다. 특정한 시점에 형성된 시장 가치와 대비되는 평가이기도 하다. 이론적 가치는 기업의 잠재적 가치를 평가하는 것으로, 본질가치(Intrinsic value)라고도 한다. 따라서 학생들에게 기업 가치의 평가를 강의할 때 우선적으로 소개하는 방법이기도 하다. 금융 위기와 같이 시장이 급격히 붕괴되는 경우나, 비교 가능한 거래 사례가 없는 경우에 사용하기 좋다. 이론 시장 가치는 합리적인 참여자들 사이에서 거래될 것이라고 추정되는 이론적인 가격, 즉 경제적 합리성에 근거해 시장에서 결정되는 가격의 기준이다. 그러나 문제는 이렇게 복잡한 방법으로 평가한 것이 더 정확한 평가라고 보장할 수 없다는 점이다. 따라서 M&A 실무자들은 이를 잘 사용하지 않는다.

이론 시장 가치는 기업이 미래에 창출할 이익(현금 흐름)에 할인율을 적용하여 현재 가치로 평가한다. 현재 가치란 미래의 현금 흐름에 적정한 할인율을 적용한 금액을 말하는데, 이를 현금 흐름 할인 모형(Discounted cash flow valuation, DCF, Enterprise Model 또는 FCFF Model)이라고 부른다. 기업의 가치는 기업의 미래 현금 흐름(Free cash flow, FCF)으로부터 도출됨을 전제로 한다. 그런데 이론 시장 가치는 평가에 사용되는 변수에 따라 변동이 크다. 따라서 핵심변수의 가정에 따른 가격의 범위로 평가를 한다. 이러한 변수 효과에 관한 민감도 분석(Sensitivity analysis)도 수행한다. 이때 현실을 반영하지 않은 변수를 사용하게 되면 그 평가는 무의미해질 수 있다. 동 평가 금액은 보통주, 우선주와 채권자 시장 가치에서 기업의 현금을 차감한 금액을 평가한 것이다. 이것은 차입금을 상환하고 기업의 현금을 사용할 수 있는 권리를 가진 보통주와 우선주를 인수하는 금액이다. 이 평가 방식을 적용할 때에는, 경영권이 포함된 주식인 경우 경영권 프리미엄을 별도로 감안해야 한다.

이론 시장 가치 중 계속 기업 가치에 의한 자기 자본 가치를 추정하는 접근법에는 다음 〈표 6-20〉과 같이 두 가지가 있다.

〈표 6-20〉 계속 기업 가치에 의한 이론 시장 가치 계산 방법

접근법	내 용	비 고
자기 자본 가치의 평가 (Equity valuation approach)	① 기업의 주주에게 귀속되는 현금 흐름을 자기 자본 비용으로 할인한 현재 가치(Present value)로 평가. ② 주주에게 귀속되는 현금이란 기업이 번 현금 중 기업의 채권자인 금융 기관 등에 지급하는 이자를 차감한 금액.	이 방법은 기업의 자금 조달방법에 따라 주주의 현금 흐름이 변동된다는 단점이 있어, 투자 의사 결정이 자금 조달 의사 결정과 분리되지 않는다는 문제점이 있다.
기업 전체 가치의 평가 (Enterprise value approach)	① 기업 전체의 현금 흐름을 가중 평균 자본 비용으로 할인한 현재 가치(Present value)로 평가. ② 기업의 전체 가치를 평가한 후에 부채를 차감하여 자기 자본 가치를 평가.	일반적으로 사용되는 방법이다.

이론 시장 가치의 평가절차는 대상 기업의 이해, 현금 흐름의 추정, 자본 비용의 산정, 잔여기간 종가의 계산, 평가 금액의 산정이다. 개별 기업의 자본 비용은 다양한 경로를 통해 구해볼 수 있다 미국의 경우 Ibbotson Associates, Value Line, Standard & Poor's, Bloomberg 등에서 볼 수 있다.

(2) 대상 기업의 이해(Target and key performance drivers)

우선 평가 대상 기업을 분석하는 것에서부터 출발한다. 회사를 제대로 이해하지 못하면 가정을 잘못해 평가에서 오류가 발생할 수 있기 때문에 회사로부터 정보를 수집하고 검토해야 한다. 평가 대상 기업의 사업과 산업, 경쟁 기업 또는 유사 기업, 고객 및 공급자를 파악한 업계 잡지나 연구보고서, 리서치 리포트도 정보를 얻을 수 있는 원천이다. 상장 기업의 경우 전자공시시스템에 공시되는 사업보고서(미국의 경우 SEC filings-10-Ks, 10-Qs, 8-Ks), 실적발표 (Earnings call transcript), 투자설명회 등을 통해 사업과 재무에 관한 정보를 찾아볼 수 있다. 애널리스트의 보고서도 향후 2~3년의 추정치와 함께 회사에 관한 좋은 정보를 제공한다. 그러나 비상장법인과 미등록법인, 상장법인의 사

업부 정보는 회사의 경영진에 의존할 수밖에 없다. 기업을 매각할 때는 비상장 법인의 투자 정보(CIM, Confidential information memorandum), 감사보고서, 회사 사이트 등을 통해 정보를 입수할 수 있다. 회사의 재무제표는 미래의 성과와 현금 흐름을 추정하기 위한 기초적인 자료이다.

다음으로는 회사의 성과를 파악할 수 있는 지표를 이해해야 한다. 재무 실적의 중요한 결정인자인 매출성장성, 수익성, 현금 흐름을 기초로 현재의 현금 흐름을 추정할 수 있다. 재무 실적에 영향을 주는 내적 요인으로는 공장 또는 매장의 신설, 신제품 출시, 새로운 매출계약의 확보, 사업효율의 증가 등이 있고, 외적 요인은 기업의 인수, 마켓 트렌드, 최종소비자 트렌드, 소비자 구매패턴, 거시경제 변수, 법적 환경 등이다.

(3) 현금 흐름 추정(Project the cash flow)

잉여 현금 흐름의 의의

잉여 현금 흐름(Free cash flow, FCF)은 기업이 번 현금수입 중 비용과 일정한 설비유지 투자를 차감하고 남은 현금으로, 쉬운 말로 '여유자금'이라 한다. 즉, 현금수입에서 현금지출 비용, 법인세 지출, 일정하게 들어가는 투자를 차감한 금액을 일컫는다. 기업을 평가할 때는 회계상 이익보다 현금 흐름을 기준으로 한다. 이는 현금 흐름이 재무성과를 파악하는 데 더 효과적이기 때문이며, 회계상 이익은 조작될 수 있지만 현금 흐름은 그렇지 않기 때문이기도 하다. 잉여 현금 흐름은 기업을 평가할 때 사용하는 용어로, '평가 현금 흐름(valuation cash flow)'이라고도 부른다. 잉여 현금 흐름은 기업 전체의 현금 흐름(free cash flow to the firm, FCFF, enterprise cash flow)과 주주가 가지고 갈 수 있는 현금 흐름(free cash flow to equity investors, FCFE, equity cash flow)으로 나뉜다. FCFE는 FCFF를 기준으로 〈표 6-21〉과 같이 계산한다.

<표 6-21〉 FCFF로부터 FCFE의 환산

FCFE = FCFF + 신규 차입 및 우선주식의 발행 금액 – 차입 및 우선주식 원금 상환 – 우선주 배당

주주 현금 흐름은 영업, 투자 및 자금 조달을 포함한다. 하지만 기업 전체의 현금 흐름은 자금 조달 활동을 제외한다.

추정의 기간

현금 흐름은 기업 경영이 안정된 상태의 시점까지 추정하는 것이 원칙이다. 잔여 가치를 산정하기 위한 최종 추정 연도의 현금 흐름은 안정화된 정상 추정치여야 한다. 현금 흐름에 의한 평가에서 잔여 가치가 차지하는 비중이 크므로, 기업 경영이 안정되었을 때의 잔여 가치를 최대한 정확하게 측정해야 한다. 보통 5년 정도의 현금 흐름을 추정한다. 산업, 기업의 성장 단계와 재무실적의 예측 가능성에 따라 기간은 늘어날 수 있다. 기업이나 경제 사이클을 감안하면 5년이 적당하다고 볼 수 있다. 무한하게 현금 흐름을 사용하는 것은 불가능하므로 5년 뒤에는 상대 가치 평가 등에 기초해 잔여 가치를 평가한다.

급격한 성장을 보이는 기업인 경우에는 10년까지 추정할 필요가 있다. 또한 자연자원, 위성통신 또는 전기·가스·상하수도·교통과 같은 장기계약과 매출 흐름을 보이는 산업도 그렇다.

계산 방법

현금 흐름 계산 방법은 다음 〈표 6-22〉와 같이 요약할 수 있다.

〈표 6-22〉 계속 기업 가치 평가를 위한 잉여 현금 흐름의 계산 방법

구분	설명
이자 비용 차감 전 이익 × (1−한계법인세율) = 이자 비용 차감 전 법인세 차감 후 이익 EBIT(Earnings Before Interest and Taxes) Less: Taxes(at the Marginal Tax Rate) = EBIAT(Earnings Before Interests After Taxes) or NOPAT(Net Operating Profit After Taxes)	기업의 투자자인 주주와 채권자는 기업이 미래에 벌어들일 현금에 의해 이자와 배당을 받는다. 따라서 이자 비용을 차감하기 전의 이익을 기초로 현금 흐름을 계산하는데, 이를 EBIT(Earning before interest and tax)라고 한다. 이러한 이익에서 법인세를 납부해야 하므로 그 금액을 차감한다.
(+) 감가상각비와 감모상각 Plus: Depreciation and Amortization	감가상각비와 감모상각은 현금이 지출되는 비용이 아니므로 벌어들이는 현금 금액을 계산하기 위하여 이익계산 시 차감한 감가상각비와 감모상각을 더한다.
(−) 운전 자본 추가소요액 Less or Plus: Working Capital Additions	사업을 지속하기 위해서는 운전 자본과 집기비품 구입 등이 필요하므로 이를 차감한다. 운전 자본이란 유동자산(현금과 단기 금융상품은 제외)에서 유동부채(금융 부채 제외)를 차감한 금액이다. 집기비품 등 고정자산 취득을 위한 지출을 자본적 지출이라고 한다. 차감되는 자본적 지출은 신규투자나 설비확장을 제외하고 경상적인 유지를 위한 투자를 말한다.
(−) 자본적 지출 Less: Capital Expenditures	
= 잉여 현금 흐름 FCF(Free cash flow) to Firm	

현금 흐름의 추정

추정의 기초

과거의 재무제표에 나타난 실적은 추정을 위한 기초 자료이다. 안정적인 산업과 기업에는 유용한 자료이다. 과거의 장기적 실적흐름을 보는 것도 의미가 있지만, 보통은 3년치의 실적이 사용된다. 관행적으로 현금 흐름을 추정할 때에는 과거의 재무 정보를 이용한다. 정상적인 재무실적을 추정하기 위해 비정상적인 항목을 수정하고 최근 정보를 반영하는 작업을 해야 한다. 상장 기업인 경우, 애널리스트 분석보고서의 추정치도 이용할 수 있다. 비상장법인인 경우에는 회사의 자료에 의존할 수밖에 없으며, 자문사가 직접 추정하는 경우도

있다. 이때는 회사의 과거 재무 정보, 산업의 흐름 및 동종업종의 상장 기업 분석보고서를 참조한다.

이론적으로는 현금 흐름의 추정치를 사용하는 것이 타당하지만, 과거의 재무제표를 이용할 수도 있다. 즉, 과거 재무제표의 현금 흐름을 기초로 평가를 하는 것이다. 실적이 크게 변동되지 않는 기업은 과거실적도 의미가 있다.

매출의 추정

매출의 추정은 과거 실적을 출발점으로 한다. 비상장 기업인 경우에는 공시 자료가 없기 때문에 회사가 제공한 정보에 의존할 수밖에 없다. 상장 기업은 과거 실적뿐만 아니라 애널리스트의 분석보고서가 일차 출처가 될 수 있다. 물론 비상장 기업도 동종업종의 애널리스트 분석보고서를 통해서 매출 성장률을 추정할 수 있다. 산업 분석이나 컨설팅 보고서가 있다면 좀 더 장기적인 성장추세도 알 수 있다. 매출을 추정한 후에는 회사의 과거 매출 성장률, 동료의 검증(Peer estimates), 시장전망을 감안해 문제가 없는지 검토해야 한다.

매출 원가와 판매관리비의 추정

보통은 매출대비 비율로 추정하고, 비율이 바뀔 것이라는 예측이 입증되면 이를 반영한다. 개별 비목을 일일이 검토하여 추정할 수는 있지만, 쉬운 일이 아니다. 과거의 재무제표를 기초로 삼았을 때는 애널리스트의 분석보고서에 나와 있다면, 이를 이용한다. 때로는 EBITDA나 EBIT만을 중심으로 추정하고 상세한 항목은 표시하지 않기도 한다. 기업 평가 시 운용리스(operating lease)는 부채로 간주하니 비용에서 제외시킨다. 그리고 그에 상응하는 감가상각도 반영한다.

법인세율

여기서 적용되는 법인세율은 기업의 이익에 실제로 부과되는 법인세율이다. 이는 한계세율(marginal rate), 즉 발생된 이익에 추가로 지급하는 법적인 세율 또는 유효세율(effective tax rate), '이익에 대하여 실질적으로 부담할 세율'이라고도 불린다. 보통 유효세율은 각종 법적인 감면으로 한계세율보다는 작다. 때로는 납부가 연기된 세금을 부담하는 경우 역전될 수도 있다. 법적인 감면 등이 객관적으로 가능한 경우에는 단기적으로는 유효세율을 적용할 수 있다. 그러나 장기적 추정인 경우에는 감면 등이 확실하지 않으므로 한계세율을 사용할 수 있다.

감가상각과 감모상각

감가상각이나 감모상각은 회사의 투자예산과 매출예산을 기초로 해 개별적으로 추정할 수 있다. 일반적으로 감가상각은 매출 또는 자본적 지출에 대한 비율로 추정한다. 매출과 감가상각은 실제로 연관성이 있기 때문이다. 실제 회사의 투자예산에 의한 유형자산과 자본적 지출을 감안해 계산하는 것은 큰 차이가 없다.

자본적 지출

과거 재무제표의 자본적 지출 금액은 상당히 믿을 수 있는 근거이다. 물론 회사의 전략, 산업의 변동에 따라 변동될 수는 있다. 자본적 지출에 있어서 현상유지를 위한 것(Maintenance capex)과, 사업 확장과 증설 같이 성장을 위한 자본적 지출(Growth capex)을 구분해야 한다. 현상유지를 위한 것만 자본적 지출로 차감한다.

순 운전 자본의 변동

순 운전 자본(Net working capital, NWC)이란 유동자산(현금과 예금 같은 현금성 자산과 단기 금융상품은 제외)에서 유동부채(차입금 제외)를 차감한 금액이다. 운전 자본을 계산할 때 제외되는 현금과 단기금융상품에서는 정상적인 경영을 위해 필요한 현금을 제외한다. 순 운전 자본이 증가하면 그만큼 자금이 소요되므로 이를 감안하는 것이다. 성장하는 기업은 재고 자산이 늘고 매출채권이 증가하여 순 운전 자본도 증가한다. 어떤 기업은 성장 폭이 너무 커서 과도한 투자, 지나친 매출채권의 증가로 부도에 몰리기도 한다. 순 운전 자본은 일반적으로 매출의 일정 비율을 이용해 추정한다. 전년도 또는 과거 3년간의 평균 비율을 참고한다. 회사의 추세와 산업흐름 등도 감안하여 조정한다.

매출채권, 재고 자산과 매입채무에는 비율분석을 사용하기도 한다. 매출채권은 매출채권 회전일수(Days sales outstanding, DSO)를 기초로 계산한다.

$$DSO = \frac{A/R}{Sales} \times 365(366)$$

그리고 재고 자산은 재고 자산 보유일수(Days inventory held, DIH)를 기초로 계산한다.

$$DIH = \frac{Inventory}{COGS} \times 365(366)$$

매입채무는 매입채무 회전일수(Days payable outstanding, DPO)를 기초로 계산한다.

$$DPO = \frac{A/P}{COGS} \times 365(366)$$

기타 유동자산이나 유동부채는 일반적으로 매출대비 비율을 이용해 추정한다.

(4) 자본 비용 산정(Weighted average cost of capital, WACC)

자본 비용의 의미

자본 비용은 쉬운 개념이지만, 자기 자본의 자본 비용은 어려운 개념이다. 특히 대기업이나 상장 기업이 아닌 중소기업의 자기 자본 비용은 개념도 잘 이해되지 않지만, 너무 커서 놀라울 때도 있다. 자기 자본의 자본 비용을 정말 제대로 이해하면 왜 중소기업의 평가 금액이 그렇게 작은지를 알 수 있을 것이다. 여기서는 자본 비용을 이해하기 위한 기초적인 설명을 하고자 한다.

채권자와 주주는 투자자로서 적정한 대가(Return)를 요구한다. 투자자가 요구하는 수익률(Required rate of return)은 투자를 받는 기업 입장에서는 '비용'이 된다. 이것이 자본 비용이다. 이는 요구수익률 또는 적정할인율(Appropriate discount rate)로도 불린다.

화폐의 시간가치(Time value of money) 이해

자본 비용을 이해하기 위해서 기초적으로 알아야 할 것이 화폐의 시간가치이다. 가장 간단한 예는 20년 전의 1억 원과 지금의 1억 원은 같은 1억 원이 아니라는 것이다. 화폐의 시간가치에 의해 시간이 흐름에 따라 같은 금액이라도 가치가 달라진다.

화폐의 시간가치는 모든 경제활동에서 기초적이고 필수적인 개념이다. 은행에 정기예금을 들어서 생활하는 사람이 있다고 가정해 보자. 이 사람에겐 은행 이자율이 기대수익률이다. 단순한 현금 흐름(Single cash flow)을 따라 1년 동안 1억 원을 정기예금에 넣는다. 이자율은 5%이고 세금은 없다고 가정했을 때, 받은 이자를 다시 예금하면 재산은 〈표 6-23〉과 같이 증가한다.

〈표 6-23〉 미래가치의 계산

연도별	미래가치
1년 뒤	$100,000,000 \times 1.05 = 105,000,000$
2년 뒤	$105,000,000 \times 1.05 = 110,250,000 = 100,000,000 \times 1.05 \times 1.05$
3년 뒤	$110,250,000 \times 1.05 = 100,000,000 \times 1.05 \times 1.05 \times 1.05$
⋮	⋮
n년 뒤	$100,000,000 \times 1.05^n$

이를 수식으로 표시하면 다음과 같다.

미래가치 계산 공식

$$FV_n = CF_0(1 + k)^n$$

FV_n는 n년 뒤의 미래가치, CF_0는 현재의 원금(Cash flow), k는 이자율을 나타낸다. 미래가치를 계산할 때 $(1+k)^n$을 'Future value factor'라고 부른다. 이러한 값은 이자율별·기간별에 따라 표로 만들어져 있는데, 'Table of future value factor'라고 부른다.

미래가치는 3년 뒤 1억 1576만 2,500원으로 늘어난다. 3년 뒤 1억 1576만

2,500원은 현재시점에서 1억 원의 가치를 가진다. 이것이 현재 가치(Present value, PV)이다. 현재 가치는 다음과 같이 계산한다.

현재 가치 계산 공식

$$PV_0(CF_0) = \frac{CF_n}{(1 + k)^n}$$

이 수식에서 $\frac{1}{(1 + k)^n}$ 을 'Present value factor'라고 부른다. 이러한 값은 이자율별·기간별에 따라 표로 만들어져 있는데, 이를 'Table of present value factor'라고 부른다.

타인 자본(차입금 또는 대출)의 자본 비용

기업이 금융 기관에서 대출을 받는 경우에는 자본 비용을 간단하게 파악할 수 있다. 금융 기관은 기업에 대출을 해주면서 일정한 이자를 요구한다. 기업이 부담하는 이자가 바로 자본 비용이다. 기업의 현재 차입금에 대하여 지급하는 이자의 비율은 차입 후 사정이 바뀌지 않았다면 '타인 자본 비용'으로 사용할 수 있다. 상황이 바뀌었다면 시장이자율과 기업의 대출금 상환 위험(default risk)을 감안하여 이자 비용을 추정해야 한다. 통상적으로 기업의 장기성 순수회사채(long-term option-free bonds)의 실질이자율(yield to maturity, YTM)로 추정한다. 기업이 운용리스(operating lease)를 사용한다면 리스 지출은 비용으로 처리한다. 하지만 기업을 평가할 때에는 운용리스도 자금 조달로 본다. 따라서 미래의 리스 지출은 현재 가치로 환산하여 부채로 인식하며, 그 이자상당액을 이자 비용으로 반영한다.

그러나 기업이 지급하는 이자가 차입금의 자본 비용이 되는 것은 아니다. 이자를 지급하면 기업이 부담하는 법인세가 줄어들기 때문에, 줄어든 법인세만큼 자본 비용이 차감된다. 실질적인(Effective) 타인 자본 비용은 이자율에 (1-법인세율)을 곱하여 계산한다.

예를 들어, 어떤 기업이 은행에서 연리 10%로 1억 원을 대출받았다고 해보자. 대출이자를 지급하기 전에는 이익이 1억 원이고 법인세율은 30%이다.

⟨표 6-24⟩ 타인 자본의 법인세 효과 사례 분석

구분	대출이 없는 경우	대출을 받은 경우	차이(실제부담)
이자 지급 전 이익	100,000,000	100,000,000	-
이자 지급액	0	10,000,000	-10,000,000
이자 지급 후 이익	100,000,000	90,000,000	-
법인세(30%)	30,000,000	27,000,000	+3,000,000
세금 지급 후 이익	70,000,000	63,000,000	-7,000,000

위의 ⟨표 6-24⟩를 보면 이자를 1000만 원 지급하였지만 법인세가 300만 원이 절감되어 실질적인 부담액은 700만 원이다. 따라서 타인 자본 비용은 10%가 아닌 10%×(1-30%)인 7%가 된다. 실제 타인 자본 비용의 계산은 이렇게 단순하지 않지만, 이론적인 타인 자본의 자본 비용은 그 내용만으로도 책 한 권이 소요되므로, 이에 대해서는 재무관리 분야의 책을 참고하기 바란다.

자기 자본의 자본 비용(Cost of equity)

자기 자본의 자본 비용은 개념을 이해하기가 참 어렵다. 계산하는 과정도 직접적으로 다가오지 않지만, 생각보다 너무 높은 자기 자본 비용도 납득하기 어렵다. 자기 자본 비용은 중소기업의 경우 특히 높게 나온다. 때문에 자기 자본 비용은 중소기업을 매각하려고 한다면 기업주가 꼭 이해해야 하는 수치이다. 예를 들어 매각하려는 중소기업의 당기 순이익이 10억 원이라면 자기 자본 비용은 20% 내외라고 볼 수 있다. 간단히 하면 10억 원의 5배인 50억 원이 시장에서 형성되는 거래 가격인 것이다. 10억 원씩 이익이 나는 기업의 주주는 50억 원에 기업을 팔 리가 없다. 우선 명심해야 할 것은 기업의 이익 10억 원은 예금이자와 같이 확정된 것이 아니라는 점이다. 언제 어떻게 될지 모르는 것이 기업과 사업이다. 20억 원의 이익이 날 수도 있지만 하루아침에 파산할 수도 있는 것이 기업의 세계이다. 기업에 투자를 하거나 인수하는 경우에는 이러한 위험에 늘 노출되어 있다고 보면 된다.

다음으로는 자기 자본의 자본 비용을 계산하는 방법이다. 대출을 받으면 이자를 지급하므로 그 (자본)비용을 바로 파악할 수 있다. 주주가 투자한 자본금은 이자를 지급하지 않으므로 자본 비용이 직접적으로 파악되지 않는다. 그러나 주주도 투자자인 이상 수익률을 요구하게 되는데, 이것이 자기 자본의 자본 비용이다. 자본 비용은 CAPM(Capital asset pricing model)이라는 다소 어려운 방법으로 계산한다.

〈표 6-25〉 자기 자본 비용의 계산 공식

Re = Rf + Be × (Rm − Rf)   = Risk - free rate + Leveraged beta × Market risk premium
Re: Cost of equity, 자기 자본의 자본 비용   Rf: Risk-free rate, 무위험이자율   Be: Levered beta, 차입베타   Rm: Expected return on the market, 시장수익률   Rm−Rf: Market risk premium, 시장위험 프리미엄

위의 〈표 6-25〉와 같은 공식에 대해 여기서는 이론적으로 설명하지 않을 것이다. 어떻게든 일반인이 이해할 수 있도록 설명하려고 한다.

Rf는 무위험(Risk free) 자산의 수익률이다. 국가에서 발행한 국채와 같이 투자위험이 거의 없는 경우의 수익률을 말한다. 일반적으로 위험이 작으면 요구수익률이 작다. 따라서 수익률이 낮다. 국공채 수익률은 만기 3년짜리를 사용하는데 그 수익률은 경제신문이나 인터넷에서 쉽게 찾을 수 있다. 전문가마다 단기 채권과 장기 채권 중 어느 것을 사용할지에 대해 의견의 일치를 보이는 것은 아니다. 미국에서는 투자은행마다 다르지만 10년짜리 국가채권을 사용하기도 하고 더 장기적인 채권을 사용하기도 한다. 회사의 수명을 고려하여 장기 채권을 사용하는 것이다. 즉, 전략적 투자자나 장기 투자자는 10년 또는 장기 채권의 수익률을 사용하는 것이 바람직하다.

그러나 기업에 투자하는 투자자는 무위험이자율로는 만족할 수 없다. 위험이 크기 때문이다. 사채를 빌리는 경우에 이자율이 높은 것은 위험이 높기 때문인 것과 마찬가지이다. 위험을 측정하려면 기준이 있어야 한다. 보통 종합주가지수 같은 전체 증권 시장의 위험을 기준으로 측정한다. 종합주가지수도 변동성이 있으므로 투자위험이 있다. 국채보다는 위험이 크므로 위험에 따른 추가적인 수익을 요구한다. 이를 리스크 프리미엄이라고 한다. 금융 시장 전문가와 학자들은 시장 리스크 프리미엄을 측정하기 위한 시간 범위에 대해 의견이 다르다. 어떤 사람들은 과거 10년 또는 제2차 세계대전 후의 기간 등 최근의 시간을 전제로 하고, 어떤 사람들은 대공황 이전부터 현재까지를 기준으로 삼는다. 2012년 전 세계 82개 국가를 대상으로 조사한 것을 보면 5.0% 내지 7%를 사용하고, 미국은 5.4% 또는 5.5%를 사용했으며, 한국의 경우 평균값은 6.7%, 중앙값은 7.3%였다. 우리나라는 국가위험(country risk)을 미국보다 1.5% 정도 크게 보는 것이다. 1926년부터 2011년까지 시장 리스크 프리미엄은 약 6.62%인 것으로 측정되었다. 미국 월스트리트에서는 5~8%의 프리미엄을 사용한다. 많은 투자은행들은 평가의 일관성을 유지하기 위해 시장 리스크 프리미엄 측정을 위한 기준을 가지고 있다. 우리나라에서는 통상적으로 6~8%를 시장 리스크 프리미엄으로 사용할 수 있다. 참고로, 위의 계산식에서 (Rm-Rf)가 시장 리스크 프리미엄(Market Risk Premium)이다. 3년 만기 국채의 수익률이 3%라면 종합주가지수에 투자하는 사람의 요구 수익률은 9~11%인 셈이다.

종합주가지수는 상장 기업의 주가지수이다. 따라서 중소기업이나 비상장 기업보다는 규모가 크고 우량기업으로 위험이 작다. 그러나 위험이 큰 사업을 영위하는 기업은 종합주가지수보다 위험이 더 크다는 것은 분명하다. 기업의 리스크를 측정할 때는 종합주가지수에 비해 위험성이 얼마나 더 큰지를 기준으로 리스크를 측정할 수 있다. 그 위험의 측정치가 앞의 공식에서 Be이다. 이는 전제 주식 시장의 변동에 대하여 특정 기업의 주식 가격이 얼마나 변동하느냐를 측정하는 수치이다. 그 수치가 크면 위험이 큰 것이고, 작을수록 위험도 작다. '1'인 경우 시장과 같은 것이다. 이러한 측정치는 증권 시장에서 업종별로, 기업별로 구할 수 있다. Be는 전체시장수익과 개별 기업의 주식수익률 공분산의 측정치이다. 여기서는 공분산 계산을 생략한다. 일반적으로 역사적 수치보다는 추정치를 많이 사용한다. 상장 기업은 이러한 수치를 쉽게 얻을 수 있지만 비상장 기업은 유사상장 기업의 수치를 참고한다.

해당 기업의 역사적 자료를 기초로 베타를 계산하는 방법에 대한 대안으로는 유사 기업의 베타를 사용하여 추정하는 방법이 있다. 이 방법은 '기업의 베타는 그 기업의 과거 자료보다는 그 기업이 속한 산업의 사업 위험, 즉 사이클(cyclicality)과 영업 레버리지를 반영한다'고 보는 것이다. 첫 번째로 할 일은 유사 기업을 찾는 것이다. 그 다음에는 유사 기업의 베타를 계산한 후 '무차입베타'를 계산한다. 마지막으로 '무차입베타'의 평균값을 사용하여 대상 기업의 부채 비율과 법인세율을 감안하여 차입베타를 계산해낸다.

아래에서 계산 방법을 설명할 것이지만 간단하게 이해할 수도 있다. 시장 리스크 프리미엄이 6.5%라고 가정한다면 중소기업이나 비상장 기업의 Be는 1.5~2.0 정도 된다고 생각한다. 2라고 가정하면 시장 리스크 프리미엄은 13%이고 3년 만기 국채수익률이 3%라면 15%가 자기 자본의 자본 비용인 것이다. 중소기업이나 비상장 기업의 향후 추정이익이 10억 원 정도라면 주식 가격은 $\frac{10억\ 원}{0.15}$인 67억 원이며, 경영권 할증을 30% 인정한다면 87억 원이 평가가액이 된다. 순이익의 10배 이내에서 거래되는 것이다. 물론 성장성이 있는 기업은 더 높은 가격으로, 향후 수익성이 악화된다면 더 낮은 가격으로 평가될 것이다. 실제 거래 가격은 당사자 간의 협상과 생각의 문제이다.

부채가 없는 경우 β는 '무차입베타(un-levered β)' 또는 'βu'라고 불린다. βu은 기업이 속한 산업과 기업의 영업 레버리지(operating leverage)에 의해 결정된다. 보통 영업 레버리지는 기업의 고정 비용이 차지하는 비율에 의해 계산한다. 기업이 차입을 하게 되면 그에 따른 위험이 증가하므로 β는 이를 반영하여 수정된다. 이는 '차입베타(leveraged or levered β)' 또는 'βl'라고 불린다. 차입베타는 기업이 고정된 이자 비용(financial leverage)을 지불함으로써 주주에게 지급될 이익이 감소되는 위험을 반영한 것이다. 베타는 역사를 자료로 추정하여 사용한다. 이 경우에는 미래에도 상황이 바뀌지 않을 것이라고 가정하지만, 현실은 그렇지 않다. 따라서 유사 기업을 이용하여 베타를 추정할 수도 있다. 추정의 사례는 〈표 6-26〉과 같다.

〈표 6-26〉 사례 기업에 의한 베타의 추정(법인세율 40%)

1단계: 유사 기업 선정			2단계: 무차입베타 평균값 계산 = 차입베타 ÷ [1+(1-0.4)×0.2662]	3단계: 베타의 계산
기업	차입베타	부채 비율 (D/E)		
대상 기업	0.2900	0.2662	0.2501	
A	0.6000	0.0762	0.5738	
B	0.6600	0.3204	0.5536	
C	0.6800	0.3044	0.5750	
			평균 = 0.4881	0.4881 × [1+(1-0.6)×0.2662]

(출처: Donald DePamphilis, Mergers and Acquisitions Basics, Burlington, Elsevier, 2011, p. 228.)

유사상장 기업의 베타수치를 사용하여 계산해보자. 기업의 베타는 그 기업의 자본 구조를 반영하고 있다. 따라서 비교 대상 상장 기업은 자본 구조가 같을 수가 없으므로 조정해야 한다. 이를 위해 비교 대상 상장 기업의 베타의 차입금이 없는 경우의 무차입베타를 다음의 〈표 6-27〉과 같이 측정한다.

〈표 6-27〉 무차입베타의 계산 공식

$Bu = \dfrac{Bl}{1+\dfrac{D}{E} \times (1-t)}$	Bu = Unlevered beta, 차입금이 없을 경우의 비교 대상 상장 기업의 베타 Bl = Levered beta, 비교 대상 상장 기업의 베타 D/E = Debt-to-equity ratio, 비교 대상 상장 기업의 부채 비율 t = Marginal tax rate: 비교 대상 상장 기업의 법인세율

법인세율을 차감한 것은 이자 비용에 따른 법인세 효과를 감안한 것이다. 예를 들어 비교 대상 상장 기업의 차입베타(Levered beta)를 찾아봤더니 1.5였다. 이 상장 기업의 부채 비율이 50%이고 법인세율은 25%라고 가정한다면, 다음과 같이 계산된다.

$$Bu = \frac{1.5}{1 + 50\% \times (1-25\%)} = 1.09$$

비교할 수 있는 상장 기업을 가능한 한 여러 곳을 찾아 무차입베타의 평균값으로 사용하는 것이 일반적이다. 계산식에 적용한 다음, 평가 대상 기업의 자본 구조(부채 비율 100%)와 한계세율(20%)을 적용하여 차입베타를 역산한다.

$$1.09 = \frac{BI}{1 + 100\% \times (1-20\%)} \qquad BI = 1.09 \times 1.8 = 2$$

따라서 자기 자본의 자본 비용은 3년 만기 국채이자율이 3%, 시장 리스크 프리미엄이 7%라면 3%+2×7%=17%이다.

그러나 이 모델에 의해 측정한 수익률은 실제 수익률과는 크게 차이가 난다. 동 모델이 전체 시장만을 비교하여 위험을 측정하기 때문에 일부 전문가들은 복수변수 모델(multi-factors model)을 사용하기도 한다. 또한 측정된 베타는 측정 방법이나 시기에 따라 안정적이지도 않다. 비상장 기업의 주주는 대부분 자신의 부를 분산시켜 투자하지도 않는다. 따라서 비상장 기업과 관련해서는 체계적 위험뿐만 아니라 비체계적 위험도 고려해야 한다. 결국 비상장 기업에 관해서는 '전체 위험을 감안한 베타(total beta)'를 측정해야 한다. 이를 위한 대안으로 특정 사업의 위험 요인을 구분하여 집계하는 방식(buildup method)을 사용한다. 이 방법은 회사의 시장 베타를 '1'로 가정하고, 여기에 기업의 규모(firm size), 산업 위험(industry risk)과 기업 고유 위험(company-specific risk)을 더하는 방식이다. 후자는 비체계적 위험에 해당한다. 특정 사업의 위험 요인을 구분하여 집계하는 방식(buildup method)의 경우는 〈표 6-28〉에 따라 계산한다.

〈표 6-28〉 Buildup Method에 의한 자기자본의 계산산식

Ke = Rf + ERP + FSP + IRP + CSR	Ke = 자기 자본의 자본 비용(cost of equity) Rf = 무위험 수익률 ERP = 자기 자본 위험 프리미엄(equity risk premium) (=시장수익률-무위험 수익률) FSP = 기업 규모 프리미엄(firm size premium) IRP = 산업 위험 프리미엄(industry-risk premium) CSR = 기업 고유 위험 프리미엄 (company-specific risk premium)

(출처: Donald DePamphilis, Mergers and Acquisitions Basics, Burlington, Elsevier, 2011, p. 359.)

특히 기업 규모(firm size) 변수는 가장 중요한 변수다. 규모 프리미엄(size premium, SP)은 실증적 경험에서 나온 것으로, 회사의 규모가 작을수록 위험이 크니 자기 자본의 자본 비용도 커져야 한다는 것이다. 또한 작은 기업보다는 큰 기업이 도산의 위험이 작다는 점을 반영하는 것이기도 하다. 〈표 6-29〉는 1963년 이후의 데이터로 만든 '규모에 따른 프리미엄의 수치'이다.

〈표 6-29〉 기업 규모 프리미엄(size premium)

시가총액 기준		자기 자본 기준	
시가총액(Market Value)	추가 프리미엄	자기 자본(Book Value)	추가 프리미엄
21589~ (22조 원 이상)	0	11465~ (12조 원 이상)	0
7150~21589 (8조 원 이상)	1.3%	4184~11465 (4조 원 이상)	1.0%
2933~7150 (3조 원 이상)	2.4%	1157~4184 (1조 2000억 원 이상)	2.1%
687~1556 (7000억 원 이상)	4.4%	382~923 (4000억 원 이상)	3.7%
111~687 (1200억 원 이상)	5.2%	60~382 (700억 원 이상)	4.4%
0~111 (1200억 원 미만)	7.2%	0~60 (700억 원 미만)	5.6%

(출처: Donald DePamphilis, Mergers and Acquisitions Basics, Burlington, Elsevier, 2011, p. 220.) (단위: 100만 달러)

산업 위험(industry risk) 프리미엄은 특정 산업이 경기를 타서 위험성이 더 큰 경우에 적용되는 수치이다. 기업 고유 위험(company-specific risk)으로는 경영 능력 부족(lack of professional management), 특정 고객이나 공급자에 대한 지나친 의존, 자본 구조 및 자본 조달 관련 어려움, 제품의 다양성 부족, 대체재화의 존재, 신규 경쟁 기업 진입의 가능성, 손익이나 현금 흐름의 변동성 등이 있다. 그러나 이 방법은 역시 문제점이 있다. 기업 규모와 관련된 위험, 산업 위험 등을 각각 독립적인 변수로 보고 프리미엄을 더하고 있지만, 이들 상호 간에 관련성이 있기 때문이다. 따라서 중복적으로 프리미엄이 반영될 수 있다. 또한 기업 고유의 위험을 판단할 때 주관성이 개입되어 중대한 오류를 초래할 수도 있다.

우선주식은 채권보다는 위험하지만 보통주식보다는 위험하지 않다. 따라 그 자본 비용은 채권과 보통주식의 중간값이다.

기업의 자금 조달은 차입금과 자기 자본으로 구성된다. 차입금의 자본 비용과 자기 자본의 자본 비용 평균을 내면 그 기업의 평균 자본 비용이 계산된다. 이 평균 자본 비용은 앞에서 설명한 은행이자와 같은 역할을 한다. 현 시점에서 1억 원을 가지고 이자율 5%의 정기예금에 가입하면 3년 뒤에는 1억 1576만 2,500원으로 늘어난다. 3년 뒤의 1억 1576만 2,500원은 현재 입장에서 1억 원의 가치를 가진다. 3년 뒤 금액의 현재 가치를 계산할 때는 다음과 같이 계산한다.

$$\text{현재 가치} = \frac{115,762,500}{(1+0.05)^3} = 100,000,000$$

그러나 3년 후 기업의 이익은 불확실성이 크다. 따라서 자본 비용은 5%보다 훨씬 클 것이다. 만일 가중 평균 자본 비용이 12%라면 그 이익의 현재 가치는 다음과 같이 훨씬 작아진다.

$$현재 \ 가치 = \frac{115,762,500}{(1 + 0.12)^3} = 82,397,461$$

가중 평균 자본 비용의 계산식은 다음과 같다.

WACC = (세후 부채자본 비용 × 부채 구성비율) + (자기 자본 비용 × 자기 자본 구성비율)

가중 평균 자본 비용의 계산은 네 단계를 거쳐 계산한다. 목표 자본 구조의 설정, 부채의 자본 비용의 추정, 자기 자본 자본 비용의 추정, 가중 평균 자본 비용의 계산이다. 부채의 자본 비용과 자기 자본은 앞에서 설명했으므로 여기서는 목표 자본 구조와 가중 평균 자본 비용을 설명하겠다.

자본 구조의 설정(Target Capital Structure)

이론 시장 가치에 의한 기업의 평가는 미래의 현금 흐름을 자본 비용으로 뺀 뒤에 평가하는 것이므로, 자본 비용도 미래의 자본 비용이라고 할 수 있다. 자본 비용을 계산하려면 차입금과 자기 자본의 구성비율을 계산해야 하기 때문에 기업의 향후 자본 구조를 결정해야 한다. 이때 사용되는 자기 자본, 타인 자본 및 우선주의 금액은 시장 가치를 따른다. 왜냐하면 향후에 기업이 자금을 조달할 때에는 시장에서 평가된 가액으로 발행되기 때문이다. 또는 해당 기업이 목표로 하는 자본 구조나 산업 평균 자본 구조를 사용할 수도 있다. 또한 자본 비용을 계산하는 CAPM 모델은 기존의 자본 구조가 아니라 추가로 자금 조달하는 경우를 전제로 계산한다.

목표 자본 구조는 회사의 미래 기업 전략에 부응하는 자본 구조이다. 평가 대상 기업에서 결정해야 하는 사항이지만, 회사자료가 없는 경우에는 과거와 현재의 자본 구조, 유사 기업의 자본 구조를 참조해야 한다. 상장 기업인 경우에는 현재의 자본 구조를 그대로 사용할 수 있다. 그러나 유사 기업과 비교했을 때 지나치게 편차가 나면 유사 기업 평균이나 중간값을 반영하여 합리적으로 조정해야 한다. 비상장 기업인 경우에는 유사 기업 평균이나 중간값을 사용한다.

가중 평균 자본 비용의 계산(Weighted average cost of capital, WACC)

기업은 자기 자본뿐만 아니라 타인의 자본도 사용한다. 따라서 기업이 미래에 창출할 현금 흐름을 현재 가치로 계산하려면 평균 자본 비용을 계산해야 한다. 가중 평균 자본 비용은 다음과 같이 계산한다.

$$\text{WACC} = \frac{D}{D+E} \times r_d \times (1-T_c) + \frac{D}{D+E} \times r_e$$

D와 E는 부채와 자기 자본, r_e는 자기 자본의 자본 비용, r_d는 타인 자본의 자본 비용, 그리고 T_c는 법인세율(Corporate tax rate)이다. 이자율이 10%, 법인세율이 30%, 자기 자본 비용이 15%, 부채가 100억 원, 자기 자본이 50억 원이라면 자본 비용은 다음과 같다.

$$\text{WACC} = \frac{100}{150} \times 10\%(1-30\%) + \frac{100}{150} \times 15\% = 9.7\%$$

(5) 평가 금액 산정(Present value and valuation)

이렇게 추정 기간의 현금 흐름과 종가를 자본 비용으로 할인하여 현재 가치를 계산하면 기업의 가치가 산출된다. 이러한 평가는 많은 가정을 전제로 한다. 그러므로 단 하나의 가격을 산정하지 않고 가격의 범위로 산정한다. 이러한 가정들을 변경하여 가격을 산정해보는 것을 '민감도 분석(sensitivity analysis)'이라고 한다.

특수한 가정을 전제로 한 평가도 있다. 현금 흐름이 변동하지 않는 것을 가정하는 것(Zero-Growth Valuation Model)이 그중 하나다. 이 경우의 평가 산식이 〈표 6-30〉이다.

〈표 6-30〉 제로 성장 현금 흐름 가정하의 평가

현금 흐름의 기준	평가 산식	비고
기업 전체(Free Cash Flow to Firm)	FCFF/WACC	
주주 귀속(Free Cash Flow to Equity)	FCFE/ke	ke=자기 자본 자본 비용

이 방법은 간단하여 이해하기 쉽다. 더 '복잡하게' 평가하더라도 많은 가정과 정보 때문에 평가를 더 잘한다는 보장도 없다. 그래서 부동산 사업이나 소규모 비상장법인 평가에 적용된다.

또 하나의 접근 방법은 '불변 성장률 평가 모형(Constant-Growth Valuation Model)'이다. 이 방법은 현금 흐름이 일정하게 성장하는 것을 가정하는 모형으로, 성장률이 어느 정도 예측 가능하다면 성숙 시장(mature market)에 적용할 수 있다. 미국에서는 음료수, 화장품, 위생용품(personal care products), 청소용품(cleaning products) 시장에 적용되고 있다. 성장률은 과거 5~10년간의 해당 시장성장률을 사용한다. 이에 대해서는 〈표 6-31〉을 참조하라.

〈표 6-31〉 불변성장 현금 흐름 가정하의 평가

현금 흐름의 기준	평가 산식	비고
기업 전체(Free Cash Flow to Firm)	FCFF ÷ (WACC − g)	g = constant growth rate
주주 귀속(Free Cash Flow to Equity)	FCFE ÷ (ke − g)	ke = 자기 자본 자본 비용

마지막으로 현금 흐름이 일정하지 않은 경우의 모델(Variable-Growth, Supernormal 또는 Non-constant Valuation Model)이다. 많은 기업들이 저성장, 고성장 그리고 안정된 성장의 사이클을 보여준다. 핸드폰, PC, 케이블TV 기업들이 그 예이다. 이 기업들은 제품 개발 과정 초기에는 진입 장벽 때문에 5~10년간 수십 퍼센트의 성장률을 보이다가, 시장이 포화되면서 성장률이 안정되고, 결국 전체 산업 성장률이 점차 떨어지는 경향을 보인다. 역사적으로도 5~10년 정도의 기간이 지나면 성장률이 안정되는 시기가 오는 것이 보인다. 따라서 5~10년간의 해당 시장성장률을 사용하는 것이 합리적이다. 이렇게 안정된 성장기 현금 흐름의 평가 금액을 '종가'라고 부른다(terminal, sustainable, horizon 또는 continuing-growth value).

기업의 미래 현금 흐름이 무제한 유지될 수는 없다. 기업의 경영이 안정되는 시점까지만 추정하고 그 이후에는 일정한 성장률을 가정할 수밖에 없는 것이다. 예를 들어 향후 5년의 현금 흐름을 추정하고, 그 이후에는 2%의 성장을 추정하여 일정하게 성장한다고 보는 것이다. 이 경우 5년 이후의 현금 흐름의 현재 가치를 '종가'라고 부른다. 그런데 종가는 평가 금액의 중요한 부분을 차지한다. 전체 기업의 가치의 75% 또는 그 이상을 차지할 수 있다. 따라서 기간 선택을 잘해야 하고, 성장률에 대한 가정도 합리적이어야 한다. 그렇지 않으면 잘못된 평가를 할 수 있다. 종가가 전체 기업 가치의 75% 이상을 차지하면 통상적인 5년의 기간을 늘려 10년까지 추정하는 것이 바람직하다.

종가를 계산하는 방법은 두 가지로 대별할 수 있다. 하나는 상대 가치 평가(exit multiple method, EMM)이고, 다른 하나는 일정한 영구성장률을 가정하는 방법(perpetuity growth method, PGM)이다. 전자는 마지막 연도의 영업 현금 흐름(EBITDA) 또는 EBIT를 사용하여 배수를 적용하는 방식이고, 후자는 마지막 연도의 현금 흐름을 계산한 후 일정한 성장률을 가정하여 계산하는 방식이다. 배수를 적용할 때에는 최근 유사 기업의 배수를 사용하고, 최종 추정 연도의 EBITDA에 배수를 곱하여 계산한다. 후자의 방식을 적용하는 경우 다음과 같이 계산한다.

$$\text{Terminal Value} = \frac{FCF_n \times (1 + g)}{r - g}$$

FCF = un · levered free cash flow
n = terminal year of the projection period
g = perpetuity growth rate
r = WACC

최종 추정 연도가 '5년 뒤'인 경우 EBITDA가 5억 원이고 유사 기업의 배수가 9이면 45억 원으로 종가를 계산한다. 만약 추정을 5년 동안으로 하고 마지막 추정 기간의 잉여 현금 흐름이 3억 원이며, 자본 비용은 13%, 성장률을 3%로 가정하면 종가는 다음과 같다.

$$\text{증가} = \frac{300,000,000 \times (1 + 0.03)}{0.13 - 0.03} = 3,090,000,000원$$

여기서 장기성장률(stable growth rate)은 해당 산업의 장기성장률을 기초로 산출하며, 보통 명목 GDP 성장률인 2~4%이다. 장기성장률은 그 기업이 속한 산업의 성장률 또는 전체 경제(overall economy)보다 작거나 같은 경우가 일반적이다. 다국적 기업은 장기성장률이 세계 경제 성장률 또는 관련 지역의 성장률보다 크면 안 된다. 또한 두 가지 방법을 모두 사용하여 결과물의 합리성을 검증(sanity test)한다. 이러한 평가 모형을 일반화하면 다음과 같다. 그러니까 이 공식을 주식 가치 평가에 사용한다면 〈표 6-32〉처럼 현금 흐름과 자본 비용만 바꾸면 된다.

〈표 6-32〉 이론적 시장 가치 평가의 산식

$$P_{0,FCFF} = \sum_{t=1}^{n} \frac{FCFF_0(1+g_t)^t}{(1+WACC)^t} + \frac{P_n}{(1+WACC)^n}$$

$$P_n = \frac{FCFF_n(1+g_m)}{WACC_m - g_m}$$

$FCFF_0$: year 0의 현금 흐름
$WACC_m$: year n 이후의 자본 비용
P_n: year n의 종가
g_t: year n까지의 성장률
g_m: year n이후의 장기성장률

(출처 : Donald DePamphilis, Mergers and Acquisitions Basics, Burlington, Elsevier, 2011, p. 236.)

기업 전체 현금 흐름을 기준으로 기업 전체 가치를 평가한 금액에 기초하여 주식의 가치를 산정할 수 있다. 기업 전체 가치에 영업외 자산(nonoperating assets)의 가치를 더하고, 보통주식 이외의 채무금액(non-equity claim on future cash flows)을 차감하여 계산하는 것이다. 영업에 사용되지 않는 영업외 자산도 기업 가치를 구성하는 바, 여기에는 잉여 현금(excess cash balances), 투자주식, 유휴자산(unused, under-used assets) 등이 있다. 이러한 영업외 자산은 별도로 기업 가치 계산에 합산을 한다. 잉여 현금은 기업 경영에 필요한 최소한의 현금을 초과하는 현금과 시장성 있는 단기성 증권을 말한다. 다른 기업에의 투자주식은 그 가치를 평가해야 한다. 채무에는 장기차입금(long-term debt), 운영 리스(operating lease), 이연법인세, 연금부채(unfunded pension liabilities), 소수주주 지분이 있다. 자본 리스와 운영 리스는 모두 평가목적상 부채로 취급한다. 자본 리스는 기업회계상 부채로 기록되지만, 운영 리스는 부채로 기록되지 않으므로 부채로 환산해주어야 한다. 이연법인세와 연금부채는 전문적인 것이니 이에 관한 내용을 추후에 보완하겠다.

(6) 평가의 사례

〈표 6-33〉은 사례 비상장 기업을 평가한 것이다.

〈표 6-33〉 비상장 기업의 이론 시장 가치 평가 사례

구분	내용
사례 내용	[자기 자본 비용 관련 정보] • 산업의 평균 베타는 2이고, 부채 비율(debt-equity-ratio)은 0.4이다. • 회사의 법인세율(marginal tax rate)은 40%이다. • 상장지수와 비교 가능한 유사 상장 기업 주가 회귀분석의 R^2은 25이다. • 회사의 목표 부채 비율은 0.5이다. • 전체 상장주식의 역사적 자기 자본 프리미엄은 5.5%이다. • 관련 국공채 이자율은 4.5%이다. [타인 자본 비용 관련 정보] • 회계상 차입금은 5년 후 만기가 돌아오며, 액면금액은 500억 원이고, 이자 비용은 매년 40억 원이다. • 회사의 신용평가상 차입이자율은 7.5%이다. [가중 평균 자본 비용 관련 정보] • 회사가 5년이 지난 후에는 산업의 위험과 특성에 맞는 기업이 될 것으로 보이며, 가중 평균자본 비용은 11%로 예상된다. [현금 흐름 관련 정보] • A사는 최근 연도(current year)에 매출 1000억 원, EBITDA 200억 원을 실현했다.

구분		사례 내용

<table>
<tr><td rowspan="5">사례 내용</td><td colspan="2">• 경상적인 자본적 지출은 감가상각비와 동일하고, 순 운전 자본은 향후 변동이 없을 것으로 추정된다. 따라서 가용 현금 흐름(free cash flow)은 세후 영업 이익(EBIT)과 같다.</td></tr>
</table>

<table>
<thead>
<tr><td rowspan="2">사례 내용</td><td colspan="7">• 경상적인 자본적 지출은 감가상각비와 동일하고, 순 운전 자본은 향후 변동이 없을 것으로 추정된다. 따라서 가용 현금 흐름(free cash flow)은 세후 영업 이익(EBIT)과 같다.
• 회사의 매출과 영업 이익(EBIT)은 향후 5년 간 15%, 그 후에는 5% 성장할 것으로 추정된다.
• 매출총이익률은 변동이 없을 것으로 추정된다.
• 가용현금 흐름 추정은 다음과 같다.</td></tr>
</thead>
</table>

사례 내용

- 경상적인 자본적 지출은 감가상각비와 동일하고, 순 운전 자본은 향후 변동이 없을 것으로 추정된다. 따라서 가용 현금 흐름(free cash flow)은 세후 영업 이익(EBIT)과 같다.
- 회사의 매출과 영업 이익(EBIT)은 향후 5년 간 15%, 그 후에는 5% 성장할 것으로 추정된다.
- 매출총이익률은 변동이 없을 것으로 추정된다.
- 가용현금 흐름 추정은 다음과 같다.

구분	사업연도					
	1	2	3	4	5	6
영업 이익(EBIT)	23,000	26,450	30,417.5	34,980.12	40,227.14	42,238.5
세후영업 이익= 가용현금 흐름 EBIT(1−세율)	13,800	15,870	18,250.5	20,988.07	24,136.28	25,343.10

(단위: 100만 원)

자기 자본 비용

- 동일산업 유사 기업의 무차입베타(un-levered beta)의 계산

$$\frac{산업\ 평균\ 차입베타(levered\ \beta)}{\{1+(1-법인세율)\times산업\ 평균\ 부채\ 비율\}} = \frac{2}{(1+0.6\times0.4)} = 1.61$$

- 총 베타(total beta)의 계산[총 베타는 경영 위험[operating risk]와 산업 위험만 반영]

$$\frac{1.61}{\sqrt{0.26}} = 3.22$$

- 회사의 차입베타의 계산
  총베타 × {1 + (1 − 법인세율) × 회사 부채 비율} = 3.22 × 0.6 × 0.5 = 4.19

- 회사의 자기 자본 비용의 계산
  국공채이자율 + 차입베타 × 시장자기 자본프리미엄 = 4.5 + 4.19 × 5.5 = 27.6

타인 자본 비용

세전타인자본 비용 × (1 − 법인세율) = 7.5 × (1 − 0.4) = 4.5

가중 평균 자본 비용

자기 자본 비용 × 자기 자본비율 + 타인자본 비용 × 타인자본비율 =
27.6 × 0.67 + 4.5 × 0.33 = 19.98

부채의 시장 가치 계산

$$이자\ 비용 \times \frac{1-\dfrac{1}{(1+이자율)^5}}{이자율} + \frac{차입\ 원금}{(1+이자율)^5} =$$

$$4,000,000,000 \times \frac{1-\dfrac{1}{(1+0.075)^5}}{0.075} + \frac{50,000,000,000}{(1+0.075)^5} = 51,011,470,000$$

자기 자본 가치 계산	$222,818,165,000 - 51,011,470,000 = 171,806,695,000$

(출처: Donald DePamphilis, Mergers and Acquisitions Basics, Burlington, Elsevier, 2011, pp. 362–3.)

7) 자산접근법

자산접근법은 통상적으로 '장부 가치'를 말한다. 이는 회계적인 접근이므로 가치 평가에는= 어울리지 않는다. 자산을 기준으로 평가하는 방법(asset-oriented methods)은 유형자산과 청산 가치 등에 기초한 접근 방법이다. 장부 가치를 기초로 평가하는 것은 시장 가치를 별로 반영하지 못한다.

자산접근법은 제조업에는 어울리지 않지만, 약품판매상이나 개인용 컴퓨터 (PC) 판매상 같이 재고 자산이 많은 유통회사에는 유용한 평가 방법이 될 수 있다. 또한 금융회사처럼 당좌자산이 대부분을 차지하는 기업에 적용할 수 있다. 장부 가치를 사용하여 평가하는 사례는 〈표 6-34〉와 같다.

〈표 6-34〉 장부 가치에 의한 평가와 분석 사례

구분	내용			
사례	회사는 IT 제품 판매 회사로, 현재 주가는 주당 19,300원이다. 향후 5년간 순이익 성장률은 9.5%, 베타는 0.89이다. 회사의 자기 자본은 3조 4000억 원, 영업권은 7000억 원이다. 발행 주식은 1억 7200만 주이다.			
비교 대상 기업의 정보	회사	시장 가치/ 유형자산 가치	베타	추정 순이익 증가율(%)
	A	0.91	0.9	11.6
	B	0.70	0.4	6.9
	C	1.01	1.09	12.1
	D	0.93	0.97	13.2
평가와 검토	회사의 주당 유형자산 가치는 (3조 4000억 원 - 7000억 원) ÷ 172만 주 = 15,700원이다. B사는 성장률과 위험이 차이가 나서 제외시키고 산업 평균 배율을 계산한다. 산업 평균 배율은 (0.91 + 1.10 + 0.93) ÷ 3 = 0.95이므로			

(출처: Donald DePamphilis, Mergers and Acquisitions Basics, Burlington, Elsevier, 2011, p. 272.)

청산 가치(liquidation value)는 최악의 기업의 최소가치로서, '청산 시의 가치'를 평가하는 것이다. 특히 부실기업에 적용될 수 있다. 보통 9~12개월간 정상적인 절차를 거쳐 회사의 자산이 팔릴 수 있다는 가정하에서 평가한다. 통상적으로 정상적인 채권은 장부가액의 80~90%, 재고 자산은 상태에 따라 다르겠지만 장부가액의 80~90%가 회수될 수 있다고 본다.

그러나 짧은 시간에 청산하는 경우에는 60~65%로 본다. 유형 고정자산은 상태에 따라 크게 다르다. 토지는 장부가액보다 보통 크고, 선급비용은 회수되는 금액으로 평가한다. 갑작스런 청산을 하면 청산 가치는 급격하게 감소한다. 한편 '대체 원가(replacement-cost method)'로 평가하는 방법도 있다. 이는 회사의 자산을 현행 대체 원가로 평가하여 부채가액을 차감함으로써 평가하는 방법이다. 그러나 사업의 시너지와 영업권을 감안하지 않아 저평가되므로 잘 사용하지는 않는다.

'분할 기업 가치(breakup value)'라는 개념도 있다. 회사의 사업을 분할하여 계산한 금액을 말한다. 여러 사업부를 운영하는 기업은 분리하여 사업별로 평가하거나 기업 전체의 계속 기업 가치로 평가할 수 있다. 분할 사업 가치가 계속 기업 가치보다 크다면 사업부를 분할하여 평가하는 것이 합리적이다. 예를 들어, 미디어 사업과 엔터테인먼트 사업을 하고 있는 기업이 두 사업을 분할하기로 결정했다. 미디어 사업의 추정 이익은 31억 달러, 엔터테인먼트 사업은 5억 달러이다. 두 사업에 적용할 PER(price earning ration)는 각각 17과 7.3으로 분할한다. 그렇게 평가하면 527억 달러와 37억 달러로, 합치면 564억 달러이다. 현재 시가총액이 504억 달러라면 약 12%만큼 저평가되어 있는 셈이다.

8) 평가의 조정

(1) 평균값에 의한 평가

기업을 평가하는 최선의 방법은 없다. 그러므로 다양한 평가 결과들을 평균하여 계산하기도 한다. 물론 평가자마다 평가 방법별로 가중치를 다르게 한다.

(2) 비상장(Private companies) 및 시장성(Marketability) 조정

비상장법인의 주식은 상장주식에 비해 매각이 어렵다. 또한 상장 기업보다 시스템이 갖추어져 있지 않아 재무 정보와 경영정보의 질과 신뢰도가 낮다. 기업의 규모도 작아서 상장 기업보다는 낮게 평가된다. 이러한 조정은 이론적 가치일 경우 30% 내지 60%까지 나올 수 있다. 상대 가치 평가에 의한 경우에는 일반적으로 25% 내외 할인율이 적용된다. 물론 시대에 다르다. 1992년 이전 연구 자료를 보면 50%까지 할인되었음을 알 수 있지만, 1999년 이후 연구 자료를 보면 5~35%의 할인율이 보이며 평균값은 20%였다. 할인율이 떨어진 이유는 비상장 기업의 경영투명성 향상, 인터넷을 통한 정보 공유, 비상장법인을 위한 거래 시장 출현 등이 그 원인이다. 보통 '유동성 할인(liquidity 또는 marketability discount)'이라고 불린다. 비상장법인의 지분 매각은 상장법인의 지분과 달리 쉽게 매각되지 않으며, 낮게 거래된다는 점을 감안한 것이다. 그런데 이러한 할인비율은 이론적으로 계산되는 것이 아니라 실제로 거래되는 가격을 기초로 해 사후에 집계된 수치이다. 그러나 상대 가치나 이론적 시장 가치가 배수나 자본 비용에 이미 반영된 경우에는 평가감액을 하지 않는다. 시장성 할인은 기업에 고유한 요인을 반영하여 〈표 6-35〉와 같이 조정된다.

〈표 6-35〉 시장성 할인율을 적용하는 방법

기업 고유 요인	조정 방법	20%의 중간 값에의 조정 방향
기업의 규모	중대 규모	감소
	중소기업	증가
기업의 재무 상태에서 유동성 자산이 차지하는 비율	50% 이상	감소
	50% 이하	증가
기업의 수익성	산업 평균의 2배	감소
	산업 평균의 50%	증가
현금 흐름 증가율	산업 평균의 2배	감소
	산업 평균의 50%	증가
부채 비율	산업 평균의 50%	감소
	산업 평균의 2배	증가
시장성 할인		= 20% ± 조정

(출처: Donald DePamphilis, Mergers and Acquisitions Basics, Burlington, Elsevier, 2011, p. 367.)

(3) 경영권 할증(Control premiums)

주식 시장에서 거래되는 주가는 쉽게 돈으로 지불할 수 있는 가격이다. 그러나 회사의 경영권 인수는 현 시세보다 훨씬 높은 가격을 줘야 한다. 이를 경영권 할증이라고 한다. 인수 프리미엄은 인수로 인하여 발생하는 시너지 등에 지급하는 가격이다. 미국 증권 시장 자료에 의하면 대략 30~40%의 경영권 프리미엄을 지불한다. 경영권 프리미엄은 이론적으로 계산하는 것이 아니라 실제 시장에서 거래된 실증자료로 파악한다.

경영권 프리미엄을 지급하는 이유는 누구나 쉽게 알 수 있다. 경영권을 확보하면 임원 선출, 보수의 산정, 경영 전략의 수립, 사업 관련 결정, 자산의 취득 및 매각, 계약, 기업 인수, 기업 매각, 자본 구조 결정, 상장, 배당금 지급과 같은 의사 결정을 할 수 있는 권리를 가지기 때문이다. 이로 인한 실질적 경영권 인수의 이익(pure control premium)은 부적당한 경영진 교체, 기업 전략 조정, 새로운 시장으로의 진입, 사업 다각화를 통해 달성된다. 따라서 경영권 프리미엄의 크기는 매각 기업의 현 경영진의 경영 능력에 대한 판단, 비사업용 자산의 가치, 비용 절감 가능성, 새로운 사업 기회의 가치 등에 의해 결정될 것이다. 〈표 6-36〉은 개별 회사의 경영권 프리미엄을 조정하는 방법의 사례이다.

〈표 6-36〉 인수 대상 기업의 전략과 경영 개선을 통한 경영권 프리미엄의 계산 사례

요인	가이드라인	반영 방법
경영진 교체	현 경영진 유지	없음
	현 경영진 교체	프리미엄 증가
비용 절감 가능성 (Discretionary expenses)	총 비용의 5% 이상 절감가능	프리미엄 증가
	총 비용의 5% 미만 절감가능	없음
비사업용 자산	인수대가의 10% 이상의 매각가능	프리미엄 증가
	인수대가의 10% 미만의 매각가능	없음
새로운 사업 기회	독자 가치의 20% 이상의 가치	프리미엄 증가
	독자 가치의 20% 미만의 가치	없음
경영권 프리미엄의 조정	기본 경영권 프리미엄 ± 프리미엄 조정	

(출처: Donald DePamphilis, Mergers and Acquisitions Basics, Burlington, Elsevier, 2011, p. 368.)

경영권 프리미엄에 대한 실증적 자료는 제한적일 수밖에 없고, 그 크기에 대한 논란도 많다. 소유한 주식의 분산이 잘 이루어지고, 투자자 보호도 잘 이루어지는 국가에서는 2~5%로 아주 작은 경우도 있다. 하지만 소유가 집중되고 경영 투명성이 떨어지는 국가에서는 60~65%까지 이르는 등 매우 큰 경우도 있다. 전 세계적으로 중간 값(median estimates)은 10~12%로 추정된다. 〈표 6-36〉에서 기본 경영권 프리미엄은 해당 국가의 기업 관련 법률 시스템, 법

률의 실질적 효력 등에 따른 투자자 보호 제도, 주식의 분산도에 따라 결정할 수 있다.

2011년까지 약 30년 동안 미국에서 경영권 프리미엄의 평균은 43%였다. 경영권 프리미엄은 시기에 따라 크게 변동된다. 미국에서는 2003년에 최고를 기록하여 63%였고, 2007년에는 31%로 떨어졌다. 미국의 경우 인수 대상 기업의 주주도 M&A로 인하여 1990년대에는 18.5%, 2000대에는 25.1%의 초과수익(average abnormal returns)을 올렸다. 적대적 인수는 우호적인 인수보다 초과수익률이 더 높다. 초과수익은 통상적인 주식보유이익(normal return)을 초과하는 수익을 말한다. 종전에는 인수 기업의 주주는 마이너스의 수익인 것으로 나타났다. 하지만 이들 조사는 샘플 기업이 적고 상장 기업을 위주였고, 방법론상으로도 문제가 있는 것으로 보인다.

2000년대 초에 전 세계를 대상으로 조사한 바에 따르면 인수 기업의 주주도 상장대기업의 인수나 주식 교환에 의한 인수를 제외하고는 1~1.5%의 초과수익을 얻은 것으로 나타났다. 2013년 미국에서는 경영권 프리미엄이 빠른 속도로 하락했다. 뉴욕증시가 최고치 경신을 지속해 주가상승 부담이 높아진 데다 경기회복에 대한 확신이 낮아지면서, 프리미엄을 지급하는 데 소극적이 되어 19%의 프리미엄을 기록한 것이다. 이는 1995년 이후 최저 수준이며 과거 평균치의 30%를 크게 밑도는 수치이다.[9]

기업 평가 전문가들은 실무적으로 시장 조사 전문 업체인 팩트셋머저스탯(FactSet Mergerstat)이 발행하는 〈Control Premium Study〉나 더프앤드펠프스(Duff and Phelps)의 것 같은 정보를 이용한다. 하지만 여기서 제공되는 경영권 프리미엄은 시너지 가치가 포함될 수 있다는 문제점이 있다.

우리나라에서 M&A에 따른 경영권 프리미엄은 천차만별이다. 2008~2009년 거래를 분석해보면 경영권 프리미엄은 5%에서 886%까지로 차이가 크다. 이 시기에 프리미엄이 가장 높았던 거래는 삼양옵틱스로, 기준 주가는 1055원이었는데 주당 1만 408원이었으며, 고로 경영권 프리미엄은 887%에 달했다. 반면 한빛소프트는 기준 주가가 5,310원이었으며, 주당 5,571원에 거래되어 5%에 불과했다. M&A 시장에서 경영권 프리미엄은 대상 기업에 내재된 변수, 지분구성, 양수자의 향후 사업 계획, 증권 시장의 상황 등 다양한 변수에 따라 달라지기 때문에 정량적 가치 측정이 매우 어렵다. M&A 거래 시 가격 결정의 변수로 작용할 수 있는 요소인 매각 지분 비율, 총 거래 금액, 거래 당시의 주식 시장 상황, 양수도 당사자들의 의지, 인수 당사자의 회사 경영 능력, 대상 기업이 영위하는 업종의 매력도 등으로 인해 거래 건마다 차이가 있다. 〈표 6-37〉은 2008~2009년 사례이지만, 금융 위기 기간 중의 것이라서 경영권 프리미엄이 합리적인 것인지는 독자 여러분들이 개별적으로 판단해야 할 것 같다.[10]

〈표 6-37〉 2008~2009년 국내 경영권 프리미엄의 사례

회사명	공시일	기준 주가	거래 단가	프리미엄(%)	거래 금액(억 원)
대진공업	2009.1.14.	3,066	11,148	264	215
삼양옵틱스	2008.9.17.	1,055	10,408	90	240
위트콤	2008.9.2.	3,315	7,477	56	157
모빌리언스	2008.8.29.	3,970	8,532	53	119
이너렉스	2008.6.17.	511	3,071	83	87
좋은 사람들	2008.8.25.	5,003	7,745	35	135
대상팜스코	2008.8.22.	1,470	3,791	61	754
ST&J글로벌	2008.8.22.	707	1,597	56	85
모빌링크텔레콤	2008.6.26.	3,372	11,255	70	230
엔케이바이오	2008.6.16.	865	4,100	79	288
이니텍	2008.6.16.	3,325	8,162	59	378
에스씨디	2008.5.30.	4,560	5,258	13	591

쓰리세븐	2008.5.30.	7,200	9,050	20	181
한빛소프트	2008.5.19.	5,310	5,571	5	300
디앤에코	2008.5.8.	1,495	11,804	87	120
모빌리언스	2008.5.8.	4,445	8,389	47	118
희훈디앤지	2008.4.14.	1,846	2,543	27	293

미국 증시는 2009년 3월 이후, 200% 가까이 상승했다. 대부분의 주식이 장기 평균과 비교해 고평가된 수준에서 거래된다. 이렇게 주가가 상승하면서 인수 기업이 피인수 기업에 지불하는 인수 프리미엄은 줄어든 것이다. 2014년 상반기 인수 프리미엄은 24.8%다. 이는 거래가 공표되기 전 피인수 기업의 4주 평균 주가와 인수 가격의 차이로 측정된 수치이다. 2013년 28.1%, 2012년 30%와 비교해 감소했다. 미국 증시의 극적인 상승세에 비추어 인수 프리미엄의 감소는 당연한 결과다.[11]

(4) 소액주주 할인

소액주주 할인(minority discount)은 경영권 할증과는 반대 개념이다. 소액주주 할인은 경영권 및 할증금액과 관련이 있기에 〈표 6-29〉처럼 계산할 수 있다.

〈표 6-38〉은 실무적으로 사용되지만, 실증적인 사례는 없다.

〈표 6-38〉 소액주주 할인의 계산 공식 사례

$$\text{소액주주 할인} = 1 - \frac{1}{1 + \text{할증지급액(premiumpaid)}}$$

(출처: Donald DePamphilis, Mergers and Acquisitions Basics, Burlington, Elsevier, 2011. p. 369.)

(5) 시장성 할인과 경영권 할증

시장성 할인과 경영권 할증은 반대로 움직인다. 소유 주식의 매각이 용이하면 경영권 할증은 감소한다. 대주주의 경영에 만족하지 않는 주주는 주식을 매각하고 떠나게 되니, 경영권을 가진 주식의 가치를 떨어뜨리기 때문이다.

시장성이 떨어져 주식을 매각하기 어렵다면 경영권을 높이 평가할 수밖에 없다. 대주주도 소수주주가 아주 싸게 팔지 않는 한 그들의 주식을 인수할 이유도 없다. 결국 시장성 할인이 커질수록 경영권 할증도 커진다.

9) 손익 재계산

(1) 배경의 이해

기업을 평가하고자 할 때는 평가 대상 기업의 이익을 그대로 반영하지 못한다. 상장 기업을 포함한 많은 비상장 기업이 법인세를 줄이기 위해 이익을 줄이는 시도를 하기 때문이다. 그 외에도 매각 대상 기업의 이익은 여러 가지 면에서 수정할 부분이 있다. 회사의 재무제표를 수정하여 정상적으로 조정해야 한다.

(2) 역사적 손익과 추정손익

배율을 적용해 기업을 평가할 때는 향후 1년간의 추정이익을 이용한다. 전년도 또는 최근연도 이익을 사용하기도 하는데, 현실적으로 추정이익을 계산하는 것이 쉽지 않기 때문이다. 과거 수년간의 평균이익이 더 합리적이라고 판단되는 경우에는 그것을 사용할 수도 있다. 그러나 평균적인 수치는 자의적이고 모순적인 계산일 수 있음을 유의해야 한다. 이익이 감소하는 추세라면 과

거의 수치는 의미가 없을 것이다. 향후 실적이 좋아질 것이라는 가정하에 추정한 이익을 사용하는 것이 가격 협상에서 유리하다.

(3) 이익의 조정

기업의 정상적인 이익이 얼마인지를 분석·관리하기 위해서, 사업계획서를 작성하기 위해서, 또는 기업의 가치를 평가하기 위해서 이익을 추정하기 위해 과거의 재무 정보를 사용하는 경우에는 다양한 수정이 필요하다. 정상적인(on a normalized basis) 성과를 측정하기 위해 비경상적인 항목(non-recurring items)을 조정하는 것도 그러하다. 이를 '재무 정보 정상화(scrubbing 또는 sanitizing)'라고 하며, 이에 따라 다양한 조정이 이루어진다. 이에는 '가산되는 항목(positive adjustment, increase in EBITDA)'과 '차감되는 항목(negative adjustment, decrease in EBITDA)'이 있는 바, 이는 다음과 같다.

첫째는 지나치게 높은 기업주 급여(excess owner adjustment)이다. 그리고 정당한 임원 급여를 초과하는 비용도 마찬가지다. 특히 중소기업이나 비상장 기업은 지나치게 높은 기업주 급여를 조정해야 한다. 그리고 기업주의 배우자나 가족, 기타 친척의 급여 중 실제로 일하지 않는 경우나 실질적으로 필요가 없는 고용인 경우 그 비용을 제외시킬 수 있다.

둘째는 기업주의 사적인 지출이다. 기업주의 고급차 구매 비용, 골프 비용 등 사적 비용, 개인적인 출장·여가 비용, 가족에 대한 급여, 사적인 또는 과다한 보험료, 임차료가 그것이다. 또한 기업주나 그 가족과 사적인 관계가 있는 전문가나 기업에 높은 가격으로 지급하는 지출이나 필요 없는 지출도 그렇다.

셋째는 일회성 비용(one-time events) 또는 특별한 지출이다. 과거에 비해

지나치게 높은 대손비용, 사고로 인한 손실, 인명피해 비용, 비정기적인 법률 비용, 비정기적인 회계 감사 비용, 새로운 지점개설 비용, 새로운 제품출시 관련 비용, 비정기적인 개발비용 등이다. 비경상적인 재고 자산 감모처리, 비경상적인 고정자산의 처분손실, 비경상적인 무형자산의 감모, 공장폐쇄나 본사의 인력감축과 같은 구조 조정 비용, 채무의 면제, 소송으로 인한 결과도 포함된다. 여기에는 회계원칙의 변경으로 인해 발생하는 요소들도 포함된다.

넷째는 중단된 사업(discontinued operation)과 관련된 비용이다. 특정한 사업을 중단했는데, 그 사업과 관련한 비용이 여전히 발생했다고 해보자. 이 비용은 향후에는 발생하지 않을 것이기 때문에 제외되어야 한다. 예를 들어 공장을 폐쇄했다면 향후 그 공장과 관련된 비용이 없을 것이다. 그러니 손익 계산을 다시 해야 한다. 이로 인하여 평가상 유리한 고지에 오를 수 있다. 그러나 사업전략의 정상적인 변화로 인한 것은 제외한다. 또한 사업장·공장이 불필요해졌다면 처분하는 것이 유리하다. 이를 통하여 차입금을 갚아서 부채를 줄이고, 동 사업장과 관련된 비용을 절감함으로써 평가가 좋아질 수 있다.

다섯째는 조정이 가능하지만 지나치게 높은 임직원들의 급여나 상여금이다. 또한 꼭 필요하지 않은 직원 관련 비용도 있다. 과다한 차량 지원 비용과 보험료가 그 예이다.

여섯째는 임의적인 지출이다. 특별한 기부금, 향후 지급되지 않을 고객 인센티브 비용, 절세를 위한 지나친 지출 등이 포함된다.

일곱째는 흔히 나타나는 기업의 회계 처리 오류이다. 매출 기간 계산 오류(예를 들어 올해 매출을 전년도에 기록한 것), 재고 자산 누락(예를 들어 매출로 회계 처리하지 않은 재고 자산 중 회사가 보유하지 않고 운송 중인 것), 비용 기간 계산 오류(예를 들어 내년 비용을 올해 기록한 것, 과거에 대손상각할 것을 올해의 비용으로 처리한 것, 과거의 재고 자산 평가 손실이나 감모 손실을 올해의 비용으로 처리한 것 등), 사용하지 않는 고정자산을 감각상각, 퇴직급여의 과소·과대 계상, 환경 또는 소송 관련 손실의 과소·과대 계상 등이 그것이다. 특히 분식회계와 관련된 문제를 해결해야 한다. 우리나라는 금융 기관과의 거래 관계, 절세의 문제 등으로 상당히 많은 기업이 분식회계를 한다. 기업을 평가하는 경우 정상적인 회계 처리를 전제로 평가하며, 이를 위하여 인수 실사가 진행된다. 예를 들어 전년도에 매출 인식을 위하여 진행률을 높게 계산했다면, 다시 계상하여 올해의 매출로 수정한다고 해보자. 그러면 그만큼 평가에서 유리해진다. 대손상각 처리도 검토해야 한다. 최근에 대손상각했지만 실질적으로 과거의 대손인 경우에는 이를 검토하여 수정된 손익으로 평가하면 유리해진다.

여덟째는 회계 처리의 차이다. 예를 들어 재고 자산의 경우 통상적으로 평균법이나 선입선출법으로 계산하는 것을 원칙으로 하며, 후입선출법은 특별히 인플레이션이 심한 경우가 아니면 적용하지 않는다.

아홉째는 흔히 나타나는 절세 목적인 경우이다. 그러니까 법인세를 줄이기 위해 임의적으로 비용을 과다 처리 한 경우이다.

열 번째는 기업이 정상적인 매출 성장을 달성하는 데 요구되는 광고·교육 비용 등을 반영하는 것이다. 이럴 경우 일시적인 비용 삭감으로 인한 비용 감소는 정상적인 것으로 보지 않는다.

3. 가격의 이해

거래 가격을 지칭하는 용어는 다양하다. 대가총액(total consideration)은 현금 지급, 주식 지급 및 신규 차입에 의한 지급을 포괄하는 용어이다. 부동산 같은 비 금융자산(non-financial assets)으로 지급하는 경우도 있다. 이를 현물지급(payment in kind)이라고 부른다. 총인수금액 또는 기업 가치(total purchase price, enterprise value)는 대가총액에 인수자가 부담하는 매각 기업의 부채를 합한 금액이다. 이 금액이 인수자가 투자하는 총액을 의미한다. 인수부채는 순 부채를 말하며 총부채에서 현금자산과 유가증권을 차감한 금액이다. 언론에서 발표되는 가격은 보통 기업 가치이다. 순인수금액은 총인수금액에 인수한 기타 부채를 더하고 인수 기업의 자산을 매각하여 받는 금액을 차감한 금액을 말한다. 인수한 기타 부채는 매각 기업의 재무제표에 반영되지 않는 부채를 말한다.

제7장 거래와 세금

1. 매각과 세금

기업을 매각할 때는 소득세, 양도소득세, 부가가치세(사업 양도의 경우), 증여세 등 많은 조세 문제를 해결해야 한다.

기업을 매각하는 이유 중에는 세금 문제가 있다. 기업주가 나이가 들어 은퇴를 생각하기 시작할 때 기업을 자식들에게 승계할지, 사업을 중단하고 배당으로 가져갈지, 매각을 할지를 결정하게 하는 가장 큰 변수는 세금이다. 배당으로 가져가는 것은 사업을 중단하고 청산하는 방식이다. 그러나 청산을 하려고 결정했을 때 보면, 청산비용과 청산으로 인한 손실이 생각보다 아주 크다. 배당에 대한 소득세도 최고세율이 42%(소득세 38%, 주민세 3.8%)로 거의 절반의 금액을 세금으로 내야 한다. 자녀승계 시 세금도 마찬가지이다. 상속세나 증여세의 최고세율은 50%이다. 기업을 승계하는 경우 상속세나 증여세 문제로 기업을 매각하는 경우도 허다하다. 기업승계는 자녀에게 기업대출 전체에 대한 보증을 서게 한다. 어떤 기업도 영원히 승승장구할 수는 없다. 보증으로 인한 후유증은 기업인이라면 얼마나 무서운지 알 것이다. 그러나 기업을 매각하는 경우 20%로 저렴하다.

기업을 매각하는 경우, 중소기업은 10%, 중소기업이 아닌 경우에는 20%로 세금이 저렴하다. 부동산이 많은 기업인 경우에는 최고 40%까지 양도소득세를 부담해야 할 수도 있다. 주식을 취득함으로써 과점주주(51% 이상의 주식 소유)가 되거나 이미 과점주주인 상태에서 주식을 취득했을 때는 법인이 소유한 취득세 과세 대상 물건에 대한 취득세(2%)를 납부할 의무가 있음에 유의하여야 한다.

간주취득세는 회사 주식을 취득할 때 해당 회사의 자산(부동산)까지 인수한 것으로 간주하여 매기는 세금이다. 이 세금 때문에 사모펀드들 사이에서는 건물 등 자산이 많은 기업을 인수하는 것을 '금기'로 여겼다. MBK파트너스가 홈플러스를 인수하면서 홈플러스의 지주 회사 전환을 이용하여 800억 원을 절세할 수 있었다. 통상 사모펀드가 특수 목적 법인을 세워 인수하면 간주취득세를 내야 하지만, 지주 회사는 세금(농특세 제외)을 면제받을 수 있었다. '독점 규제 및 공정 거래에 관한 법률'에 따른 지주 회사가 되거나, 지주 회사가 자회사의 주식을 취득하는 경우에는 간주취득세를 2018년 12월 31일까지 면제하고 있다.[1]

주식을 양도하면 증권 거래세를 부담하는데, 이는 주식 거래가액의 0.5%에 해당하는 금액이다. 증권 거래세는 양도소득 계산 시 필요경비로 차감된다.

여기서는 기업을 매각할 때의 세금 문제를 검토해보기로 한다.

2. 양도세 대상

1) 과세의 구분

주식을 양도하는 경우 양도소득세가 부가된다. 과세 방식은 상장주식, 비상장주식, 기타 자산(특정 주식과 부동산과다보유법인 주식)으로 구분해 각각 다르게 정하고 있다.[2] 상장주식이나 비상장주식이 기타 자산에 해당하는 경우에는 기타 자산으로 놓고 과세를 한다.[3]

2) 상장된 주식

(1) 개요

상장법인의 주식은 대주주가 아닌 경우 양도소득세를 과세하지 않는다. 상장법인의 주식 중 대주주가 양도하는 주식에만 양도소득세를 부여한다.[4] 대주주란 지분 비율이 1% 이상이거나 시가총액이 25억 원 이상인 경우이다.[5] 따라서 주식 시장에서 거래되는 일반인들의 주식은 과세되지 않으나, 작은 상장기업들의 큰손들은 과세 대상이 될 수 있다. 장외거래의 경우에도 과세된다.

(2) 지분 비율 기준 대주주

양도소득세가 과세되는 상장법인의 대주주는 대주주 본인과 가족 등이 회사 주식의 1% 이상을 보유한 경우이다. 세법에서는 가족 등을 특수 관계자 또는 기타주주라고 부르며, 주주 본인과 특수한 관계에 있는 사람들 모두 양도소득세를 낸다. 즉 상장법인의 주식을 소유하고 있는 주주(또는 출자자) 1인 및 특수 관계자(세법에서 '기타주주'라 부른다.)가 법인지분의 1% 이상을 소유한 경우에 동 주주 및 특수 관계자에 대하여 양도소득세를 과세한다.[6] 코스닥 상장법인은 2%, 20억 원, 코넥스 상장법인은 4%, 10억 원, 벤처기업의 주식은 4%, 40억 원 이상인 경우에 대주주로 본다.[7]

기타주주란 주주 1인과 친족,[8] 그 밖의 특수한 관계에 있는 사람들이다.[9] 주식에는 신주인수권과 증권예탁증권이 포함된다.[10]

주식의 소유비율은 주식 양도일 직전인 사업연도 종료일 현재를 기준으로 판단한다.[11] 양도일 직전의 사업연도 종료일에는 비율에 미달하였으나, 그 후에 주식을 취득해 대주주 비율에 해당하면 취득일 이후의 주주 및 특수 관계자의 주주를 포함한다.[12] 이 경우에는 대주주 자격을 취득일 이후부터 해당 사업연도 종료일까지 대주주로 본다.[13]

(3) 장외의 거래

상장주식을 증권 시장에서 거래하지 않는 경우 양도소득세가 과세된다.[14] 여기에는 신주인수권과 증권예탁증권이 포함된다.[15]

3) 비상장법인

비상장주식은 모두 양도소득세가 과세된다.[16] 비상장법인의 주식은 대주주 여부에 관계없이 양도소득세가 과세된다는 점이 상장주식과 다르다.

4) 부동산 주식

(1) 부동산 과다법인 주식

주식에 대한 과세는 상장주식의 대주주나 장외거래주식 또는 비상장주식에 적용하지만, 부동산을 과다하게 보유한 법인의 주식은 높은 세율로 과세를 내린다.[17] 법인의 자산 중 50% 이상이 부동산 또는 다른 법인의 주식을 보유하고 주주와 특수 관계자인 주주의 지분이 50% 이상인 경우,[18] 법인의 주주(또는 출자자) 1인과 특수 관계자인 주주가 법인주식의 50% 이상을 제3자(그 주주 및 특수 관계자인 주주가 아닌 주주를 말함)에게 양도하는 경우다.[19] 특수 관계자란 친족 관계(6촌 이내의 혈족, 4촌 이내의 인척, 배우자, 사실상의 혼인 관계에 있는 자, 친생자로서 다른 사람에게 친 양자 입양된 자 및 그 배우자·직계비속), 지배적인 영향력을 행사하는 법인(본인이 직접 또는 그와 친족 관계 또는 경제적 연관 관계에 있는 자를 통하여 법인의 경영에 대하여 지배적인 영향력을 행사하고 있는 경우 그 법인), 본인이 직접 또는 그와 친족 관계, 경제적 연관 관계 또는 지배적인 영향력을 행사하는 법인을 통하여 법인의 경영에 대하여 지배적인 영향력을 행사하고 있는 경우 그 법인을 말한다.[20] 주식을 수회에 걸쳐 양도하는 때에는 그들 중 1인이 주식을 양도하는 날로 거슬러 올라가 3년 내 그들이 양도한 주식 등을 합산하여 계산한다. 따라서 이러한 중과세를 벗어나려면 3년 이상에 걸쳐 매각할 수밖에 없다.[21]

(2) 부동산이 50% 이상인 보유의 판정

부동산이란 토지와 건물, 부동산에 관한 권리[22]를 말한다.[23] 주식을 수회에 걸쳐 양도할 때는 그들 중 1인이 주식을 양도하던 날부터 시작하여 3년 내에 양도한 주식 등을 합산하도록 하고 있다. 이 경우에는 그들 중 1인이 주식을 양도하는 날들 중 최초로 양도하는 날의 해당 법인 자산총액을 기준으로 한다.[24] 2014년 2월 21일 전에 양도한 경우에는 합산하는 기간의 초일 현재의 자산총액을 기준으로 했으나, 현재는 개정된 상태이다.

부동산의 보유비율은 양도일 현재 당해법인의 자산총액을 기준으로 판정한다. 양도일 현재의 자산총액을 알 수 없는 경우에는 양도일의 직전 사업연도 종료일의 자산총액을 기준으로 한다.[25] 자산총액 및 자산가액은 해당 법인의 장부가액에 따른다.[26] 그러나 토지와 건축물[27]은 기준 시가와 장부가액 중 큰 금액으로 한다.[28]

부동산 가액에는 부동산 매매업자의 매매용 토지 및 건물, 주택신축 판매업자의 주택건설용 토지 및 미판매된 완성주택의 가액, 토지 등을 취득할 수 있는 권리의 가액이 포함된다.[29] 자산총액을 계산할 때 무형자산 중 개발비와 사용수익 기부자산[30]은 제외된다.[31] 그리고 양도일에서 1년이 되는 날부터 양도일까지의 기간 중 차입금 또는 증자 등에 의해 증가한 현금·금융재산[32] 및 대여금의 합계액도 자산총액에서 제외된다.[33] 이 경우 제외되는 것은 차입금 또는 증자 등에 의해 증가한 현금·금융재산 및 대여금의 합계액에 '한한다'.[34] 이는 자산총액 중 부동산 가액의 비율을 감소시키기 위해 증자나 차입하는 것을 막기 위한 입법일 것이다.

(3) 주식 과반수 보유의 판정

주주와 특수 관계자가 그 법인의 주식을 50% 이상 보유하고 있어야 한다.[35] 주식을 수회에 걸쳐 양도할 때, 그들 중 1인이 주식을 양도하는 날로 거슬러 올라가 합산하는 기간 중 최초로 양도하는 날 현재의 당해 법인의 주식 합계액을 기준으로 한다.[36] 2014년 2월 21일 이전에 양도한 경우에는 합산하는 기간의 초일 현재를 기준으로 하였으나, 현재는 개정되었다.

5) 골프장 주식

골프장 등 부동산이 80% 이상인 법인의 주식은 별도로 과세된다.[37] 여기에 해당하는 업종은 〈체육시설의 설치이용에 관한 법률〉에 의한 골프장·스키장·체육시설업과 〈관광 진흥법〉에 의한 휴양·콘도 미니엄 전문 휴양시설을 건설 또는 취득하여 직접 경영하거나 분양, 임대 사업을 하는 법인에 적용된다.[38] 골프 연습장은 이에 해당하지 않는다.[39]

또한 법인의 자산총액에서 토지, 건물 및 부동산에 관한 권리[40]가 80% 이상인 법인에 적용된다.[41] 판정의 기준일은 양도일 현재의 당해법인의 자산총액을 기준으로 판정한다. 다만, 양도일 현재의 자산총액을 알 수 없는 경우에는 양도일이 속하는 사업연도의 직전 사업연도 종료일 현재의 자산총액을 기준으로 한다.[42] 부동산 및 자산의 평가는 앞에서 설명한 부동산 주식 방법과 같은 방식이 적용된다.

6) 회원권 주식

이용권, 회원권, 그 밖에 명칭과 관계없이 시설물을 배타적으로 이용하거나 일반 이용자보다 유리한 조건으로 이용할 수 있게 약정한 단체의 구성원이 된 자에게 부여되는 시설물 이용권은 양도소득세가 과세된다.[43] 법인의 주식(또는 출자지분)을 소유하는 것만으로 시설물을 배타적으로 이용하거나 일반 이용자

보다 유리한 조건으로 시설물 이용권을 부여받는다면 그 주식 등도 양도소득세가 별도로 과세된다.[44]

7) 기타 사례

(1) 자본 감소에 따른 소득

법인이 자본 감소를 위해 주주로부터 주식을 취득해 소각하는 경우, 주식 소각을 당한 주주가 법인으로부터 받는 금액이 주식 취득을 위해 소요된 금액을 초과하는 경우, 그 초과금액은 양도소득이 아닌 의제배당소득으로 과세된다.[45]

(2) 증자에 의한 경영권 양도에 따른 소득

주식회사의 경영권을 대법원 판례[46] 및 조세심판원 심판례[47]를 인용하면, 주주권 중 일부인 경영권, 의결권은 주식과 분리하여 양도할 수 있다. 따라서 경영권 양도는 '소득세법' 제21조 1항 7호 〈광업권·어업권·산업재산권 및 … 그 밖에 이와 유사한 자산이나 권리를 양도하거나 그 대가로 받는 금품〉에 해당되는 기타소득이므로, '소득세법' 제37조(기타소득의 필요경비 계산) 및 동법 시행령 제87조 1항(기타소득의 필요경비 계산) 규정에 따라 필요경비 80%를 인정해야 한다고 주장하는 사람들도 있다. 그러나 대법원 판례[48] 중 "주주권은 자유롭게 처분할 수 있는 것이고, 그중 공익권이라 하여 그 처분이 제한되는 것은 아니다"라는 판시는 주주권 중 공익권을 분리하여 양도 가능하다는 것을 의미하는 것이 아니다. 공익권 또한 주주권의 일부이므로 공익권이 주주권을 처분하는 데 제한을 주지 않는다는 내용이 판결 전문에서 확인되며, 또한 '상

법상 주식불가분의 원칙에 따라 주주권의 권리를 세분화하여 유상양도하는 것은 인정하지 않고 있다.[49]

'소득세법' 제21조 1항 7호 '광업권·어업권·산업재산권 및 … 그 밖에 이와 유사한 자산이나 권리를 양도하거나 그 대가로 받는 금품'에서 규정한 자산이나 권리는 무체재산권 성격을 지닌 것을 말한다. 주식회사의 경영권은 주주권의 일부가 아니라 주주권의 일부인 의결권에서 발생하는 회사에 대한 지배력으로부터 생겨난다. 이는 주주집단이 보유한 주식의 수, 즉 의결권 정도에 따라 결정되는 권리로[50] 경영권 자체만으로는 경제적으로 보람된 이익을 창출시킬 수 있는 재산권적 권리로 볼 수 없다. 또한 경영권을 무체재산권적 성격의 권리로 규정할 만한 어떠한 근거도 확인할 수 없다.[51] 기존 주주는 양수인이 지정한 사람들로 새로운 이사회를 구성할 수 있으며, 양수인이 법인의 최대 주주가 되게끔 이사회를 개최해 제3자 배정 방식의 유상 증자를 결의할 수 있다. 이는 양수인이 법인의 경영권을 취득할 수 있게 한 대가로 받은 것이므로, '소득세법' 제21조 1항 7호의 권리 양도 대가로 볼 수는 없다. '소득세법' 제21조 1항 17호에 규정된 사례금으로 보는 것이 타당하다. 따라서 '소득세법' 제37조 및 동법 시행령 제87조 1항 규정에 따라 기타소득에 대한 필요경비 80%를 인정할 수 없다. 또한 경영권 등을 양도 대가로 받으면서 법인의 주식을 양도한 사실은 없으므로 주식 취득 당시 발생한 비용을 필요경비로 인정할 근거가 없다. 주식 취득 금액 중 일부 금액을 따로 분리해 경영권에 대한 대가로 지급했다고 볼 만한 객관적인 사실도 확인되지 않아 당초 경영권 인수를 위해 소요된 비용을 필요경비라고 할 수 없다. 이러한 경영권 양수도 계약은 의결권이 있는 주식이 수반되지 않은 것으로, 계약의 실질은 자신의 대주주와 등기이사로서의 지위를 이용해 법인의 경영권을 취득할 수 있도록 알선하고 그 대가를 수령한 것이다. 이 대가를 '소득세법' 제21조 1항 17호(사례금) 기타소득으로 판단하여 필요경비로 인정하지 않고 과세함이 타당하다.[52]

3. 양도의 이익

1) 이익의 계산

양도소득세는 종합소득세와 합산하지 않고 별도로 과세한다.[53]

주식 양도에 따른 양도소득 금액은 양도가액에서 주식의 취득가액과 취득에 소요된 비용을 차감하여 차익을 계산한다.[54] 세액계산의 기준이 되는 양도소득 과세표준은 양도소득 금액에서 양도소득 공제를 차감한 금액이다.[55]

2) 양도의 가액

(1) 실제 거래된 가액

양도가액은 양도자와 양수자 간에 실제로 거래한 가액에 따른다.[56] 그러나 부당하게 높거나 낮은 가액으로 거래하면 증여세가 부과될 수 있으니 조심해야 한다. 이에 대해서는 뒤에서 설명한다. 주식을 양도한 후에 조정하기로 한 금액은 조정한 날 양도가액을 수정하여 신고한다.[57]

(2) 시가가 적용되는 경우

특이한 경우이긴 하지만 특수한 관계에 있는 법인에 지나치게 싸거나 비싼 금액으로 주식을 매각한 경우에는 이를 인정하지 않는다. 양도 당시의 시가로 계산해 양도소득세를 과세한다.

즉, 〈법인세법〉 제52조에 따라 특수관계에 있는 법인(외국법인 포함)에 양도하여 부당행위부인으로 인해 상여배당 등으로 처분된 금액이 있는 경우에는 당시의 시가를 실지 거래가액으로 본다.[58]

(3) 증여세가 과세된 경우

주식을 제3자에게 시가보다 높은 가격에 팔 때는 시가보다 많이 받은 금액을 증여로 치고 증여세를 과세한다. 증여세가 과세된 후 또 다시 양도소득세가 과세되면 이중과세가 되므로 양도가액을 시가로 보아 양도소득세를 과세한다. 즉, 특수 관계자(외국법인 포함) 외의 사람에게 자산을 시가보다 높은 가격으로 양도하면 〈상속세 및 증여세법〉 제35조에 따라 증여로 과세되기 때문에 양도가액에서 증여 재산가액을 뺀 금액을 실지 거래가액으로 본다.[59]

3) 취득의 가액

주식의 양도차익을 계산할 때는 양도가액에서 취득원가와 기타비용을 차감하여 계산한다. 취득가액에도 실지 거래가액을 적용한다.[60] 법인 설립 당시 자본의 취득가액은 원칙적으로 액면 가액이었다. 할증발행을 했다면 그 금액이 취득원가가 된다.

실지 거래가액은 〈소득세법 시행령〉 제89조 1항에 의한 취득원가이므로,[61]

동 시행령 제3항의 '자산재평가법'에 의해 재평가를 할 때는 재평가 금액을 취득원가로 보지 않는다.

주식 매수 선택권을 행사하여 취득한 주식을 양도할 때는 주식 매수 선택권을 행사하던 당시의 시가를 취득가액으로 한다.[62] 상속 또는 증여받은 자산의 취득원가는 상속개시일이나 증여일 현재에서 '상속세 및 증여세법' 제60조 내지는 제66조의 규정에 의해 평가한 가액을 취득당시의 실지 거래가액으로 본다.[63]

주식을 취득하는 과정에서 취득에 관한 분쟁이 있는 자산의 소유권 등을 확보하기 위해서는 직접 소요된 소송비용·화해비용 등을 취득원가로 인정한다.[64] 그러나 지출한 연도의 종합소득세를 계산할 때는 필요경비에 산입된 것을 제외한다.[65]

4) 필요경비 등

주식 양도차익을 계산할 때 양도가액에서 공제할 필요경비에는 양도와 관련된 비용이 있다.[66] 자본적 지출은 해당 사항이 아니다.

자산을 양도하기 위해 직접 지출한 비용으로는 '증권 거래세법'에 따라 납부한 증권 거래세와 양도소득세 과세표준 신고서 작성비용 및 계약서 작성비용, 공증비용, 인지대 및 소개비, 기타 유사한 비용이 인정된다.[67]

4. 세액 계산

1) 양도세 세율

(1) 기본적 세율

주식을 양도하면 양도소득세와, 양도소득세의 10%인 주민세를 부담해야 한다. 중소기업 이외의 기업 중 대주주가 1년 미만 보유한 주식은 30%, 중소기업의 대주주의 비상장주식은 3억 원까지는 20%, 3억 원을 초과하는 것은 25%이다. 다만 2018년 1월1일부터 2018년 12월 31일까지 양도분은 금액에 관계없이 20%를 적용한다.[68]

대주주가 아닌 경우 중소기업은 10%, 기타는 20%이다. 중소기업 대주주의 주식 양도소득세율은 2016년부터 10%에서 20%로 인상되었다. 이는 중견기업·대기업의 양도소득세율 20%와 형평성을 맞추기 위한 것이다. 다만 대주주가 아닌 주주는 종전대로 10%를 유지한다. 2018년에는 다시 위와 같이 개정되었다. 주식에 대하여는 아래와 같이 다양한 세율이 적용되므로 주의해야 한다. 하나의 자산이 둘 이상의 세율에 해당할 때는 그중 가장 높은 것을 적용한다.[69]

중소기업이란 주식의 양도일 현재 '중소기업기본법' 제2조에 나와 있는 중소기업 설명에 해당하는 기업을 말한다.[70] 중소기업이 발행한 주식에 해당하는지는 주식 양도일이 속하는 사업연도의 직전 사업연도 종료일 현재 '중소기업기본법' 제2조에 따라 판단한다. 주식을 양도한 날이 속해 있는 사업연도의 직전 사업연도 종료일이 중소기업 유예기간에 해당하면 중소기업의 주식을 양도

한 것으로 보고 양도소득세율을 적용한다.[71]

보유기간은 해당 자산의 취득일에서부터 양도일까지로 한다.[72] 이 경우에는 취득일에 대한 특례가 있다. 첫째, 상속받은 자산은 피상속인이 그 자산을 취득한 날을 자산 취득일로 본다.[73] 둘째, 법인의 합병·분할(물적 분할은 제외한다)로 인해 합병 법인, 분할 신설 법인 또는 분할·합병의 상대방 법인으로부터 새로 주식 등을 취득한 경우에는 그 주식을 취득한 날을 자산 취득일로 본다.[74]

(2) 부동산 주식

위에서 설명한 부동산 주식과 골프장 주식, 회원권 주식은 다음의 〈표 7-1〉과 같은 누진세율을 적용한다.[75]

〈표 7-1〉 특수주식의 양도소득세율

과세표준	세율
0~12,000,000	6%
12,000,000~46,000,000	720,000 + 12,000,000 초과금액의 15%
46,000,000~88,000,000	5,820,000 + 46,000,000 초과금액의 24%
88,000,000~150,000,000	15,900,000 + 88,000,000 초과금액의 35%
150,000,000~	30,760,000 + 150,000,000 초과금액의 38%

그러나 이러한 주식 중 법인의 자산총액 중 '법인세법'제55조의 2 제2항에 따른 비사업용토지의 가액이 차지하는 비율이 50% 이상인 법인의 주식도 〈표 7-1〉과 같다.[76]

5. 가격과 세금

1) 가격의 문제

주식과 경영권을 매각할 때 세법에서는 거래 가격을 있는 그대로 인정하지 않는 경우가 있다. 세법이 정한 가격보다 싸거나 비싸게 매각하는 경우, 양도소득세를 더 내거나 증여세를 과세하는 경우도 있다. 따라서 거래를 할 때는 이 점에 대한 검토가 사전에 이루어져야 한다.

2) 양도세 추가

(1) 개요

주식과 경영권을 거래하고자 할 때 시가보다 지나치게 높거나 낮게 거래되면 양도소득세를 추가로 가세하는 경우는, 주주가 제3자가 아닌 친족 등과 거래할 때에만 적용된다. 제3자와의 거래에서는 해당 사항이 없다. 즉, 특수 관계자끼리 시가보다 높은 가격으로 매입하거나 시가보다 낮은 가격으로 자산을 양도할 때 적용된다.[77] 그러나 시가와 거래가액의 차액이 3억 원 이상이거나 시가에서 5% 이상 차이가 나는 경우에만 적용된다.[78] 이러한 부당거래의 경우에는 그 취득가액 또는 양도가액을 시가로 계산하여 과세한다.[79] 주주의 주식을 법인이 취득하는 경우에도 '저가로 취득할 때' 적용된다. 법인이 주주 등 특수 관계자로부터 시가에 미달하는 수준으로 매입하는 경우 시가와 매입한 가액과의 차액만큼의 양도차익에 대하여 추가로 양도소득세가 과세된다. 그러나 법인은 그 차익만큼을 수입금액으로 보지 않는다.[80]

(2) 특수 관계자와 시가

이 부분은 전문가의 도움을 받는 것이 가장 좋다. 여기서는 간단하게 관련 규정을 설명해보도록 하겠다.

특수 관계자란 '국세기본법 시행령' 제1조 2의 제1항 및 제2항, 같은 조 제3항 1호에 따른 사람을 말한다.[81] 해당 규정에 대한 설명을 참고하기 바란다.

시가는 상속세 및 증여세 규정[82]에 따르고, '조세특례제한법' 제101조의 규정에 따라 할증평가는 하지 않는다. '상속세 및 증여세법 시행령' 제49조 1항 본문에 따라 수용가격·공매가격 및 감정가격 등을 적용할 때, "평가기준일 전후 6월(증여재산의 경우에는 3월로 한다) 이내의 기간"은 "양도일 또는 취득일 전후 각 3월의 기간"으로 본다. '조세특례제한법' 제101조 중 "상속받거나 증여받는 경우"는 "양도하는 경우"로 본다.[83] 부당행위계산 적용 시 최대 주주 등이 양도하는 주식은 할증평가하며, 중소기업의 최대 주주 등이 소유한 주식을 2006년 2월 9일부터 2012년 12월 31일까지 양도하는 경우에는 '조세특례제한법' 제101조에 따라 할증평가하지 않는다.[84]

(3) 해외거래의 경우

「국제조세조정에 관한 법률」은 국세와 지방세에 관하여 규정하는 다른 법률보다 우선하여 적용한다(국제조세조정에 관한 법률 제3조 제1항). 국제거래에 대해서는 「소득세법」 제41조와 「법인세법」 제52조의 부당행위 부인 규정을 적용하지 아니한다(국제조세조정에 관한 법률 제3조 제1항). 그러나 자산을 무상으로 이전하거나 채무를 면제하는 경우, 수익이 없는 자산을 매입하였거나 현물출자를 받았거나 그 자산에 대한 비용을 부담한 경우, 출연금을 대신 부담한 경우, 그 밖의 자본거래로서 「법인세법 시행령」 제88조 제1항 제8호 각 목의 어느 하나 또는 같은 항 제8호의 2에 해당하는 경우(증자, 합병, 감자, 분할 등)는 국내세법상 부당행위 부인 규정이 적용된다(국제조세조정에 관한 법률 제3조 제1항 단서, 국제조세조정에 관한 법률 시행령 제3조의 2). 자산의 증여 중 현저히 저렴한 대가를 받고 이전하는 경우는 국내세법상 부당행위 부인 규정이 적용되지 않는다(국제조세조정에 관한 법률 제3조 제1항 단서, 국제조세조정에 관한 법률 시행령 제3조의 2 괄호). 따라서 거주자가 국외 특수 관계인에게 주식을 정상 가격보다 낮은 가격으로 양도하는 경우 과세관청은 정상 가격을 기준으로 양도소득세 및 증권거래세를 재계산할 수 있다(국제조세조정에 관한 법률 제2조 제1항 제10호, 제4조 제1항, 증권거래세법 제7조 제1항 제2호 가목 2). 주식을 양도한 경우 특수 관계가 있는 경우로서 양도 가격이 정상 가격보다 낮다면 정상 가격을 기준으로 양도소득세, 지방소득세 및 증권거래세가 과세될 수 있다. 그러나 특수 관계에 있지 아니한 경우에는 자산의 증여 중 현저히 저렴한 대가를 받고 이전하는 경우는 국내세법상 부당행위 부인 규정이 적용되지 않는다(국제조세조정에 관한 법률 제3조 제1항 단서, 국제조세조정에 관한 법률 시행령 제3조의 2 괄호). 그러므로 정상 가격을 다시 산정하여 과세하는 문제가 발생할 가능성은 낮다.

세법은 다른 소득에 해당되지 않는 소득으로써 외국 법인이 '국내에서 하는 사업이나 국내에서 제공하는 인적 용역 또는 국내에 있는 자산과 관련하여 제공받은 경제적 이익으로 생긴 소득'을 국내원천 기타소득으로 규정하고 있다(법인세법 제93조 제10호 차목). 국세청은 "외국 법인이 특수 관계자인 거주자로부터 국내 비상장주식을 현물출자 받고 신주를 발행함에 있어 현물출자 받은 비상장주식의 시가와 교부하는 신주의 발행가액과의 차이는 「법인세법」 제93조 제10호에서 규정하고 있는 기타소득에 해당하는 것"이라고 해석하였다(국제세원-593, 2011.12.30. 참조). 이에 근거하여 특수 관계인인 거주자로부터 국내 주식을 저가로 양수받는 경우 기타소득으로 볼 수 있다. 또한 「한국-호주 조세조약」은 호주의 거주자가 한국 내 원천에 따른 '기타소득'을 얻는 경우 해당 기타소득을 한국에서 과세할 수 있도록 규정하고 있다(한국-호주 조세조약 제22조 제2항). 따라서 호주법인이 주식을 저가로 취득하는 경우, 호주법인이 특수 관계인의 지위에 있다면 이에 따른 경제적 이익은 국내원천 기타소득으로 과세될 수 있고 지방소득세를 포함하여 22%로 원천징수 하여야 한다.

다른 소득에 해당되지 않는 경우로서 국내에 있는 자산을 증여받아 생기는 소득은 국내원천소득으로 본다(법인세법 제93조 제10호 다목). 국내세법은 특수 관계인이 아닌 자 간에 거래라도 거래의 관행상 정당한 사유 없이 재산을 시가보다 현저히 낮은 가액으로 양수하거나 시가보다 현저히 높은 가액으로 양도한 경우로서 그 대가와 시가의 차액이 시가의 30% 이상인 경우에는 그 대가와 시가의 차액에서 3억 원을 뺀 금액을 증여로 보아 증여세를 과세한다(증여세법 제35조 제2항, 증여세법시행령 제26조 제3항, 제4항). 이렇게 특수 관계인이 아닌 거래의 경우 국내원천소득으로 증여세가 과세될 수 있다. 물론 국제 거래에 대해서는 「소득세법」 제41조와 「법인세법」 제52조의 부당행위 부인 규정을 적용하지 아니한다(국제조세조정에 관한 법률 제3조 제1항). 부당행위 계산 부인은 법인세와 소득세에 적용하는 것으로 증여세는 관계가 없다. 상속세나 증여세 규정을 배제하는 것이 아니므로 특수 관계자와의 거래에서도 증여세가 과세될 소지가 있다.

3) 증여세 과세

(1) 개요

경영권이나 기업을 매각할 때 이 부분은 조심해야 한다. 세법은 시가에 대한 규정을 정해두고 있다. 주식과 경영권을 매각할 때 세법이 정한 시가보다 높거나 낮게 거래하는 경우에는 그 차액만큼을 증여로 과세해야 한다는 규정이 있다.

(2) 과세 대상

주식을 시가보다 낮거나 높게 거래한 경우에는 그로 인해 이익을 취득한 자에게 증여세를 과세한다.[85] 저가로 매각한 경우에는 인수자가, 고가로 매각한 경우에는 양도자가 증여를 받은 것으로 보고 증여세를 부과한다.[86] 그러나 특수 관계자 간 거래와 특수 관계자가 아닌 사람들 간의 거래는 경우에 따라 다르게 적용한다.[87] 즉 특수 관계자가 아닌 자들 간의 거래인 경우, 거래의 관행상 정당한 사유 없이 저가 또는 고가로 거래했다면 증여로 간주하지 않고 법적 효력을 적용시킨다는 것이다.[88] 제3자 간의 거래인 경우에는 세법이 정한 가격보다 높거나 낮게 거래한 근거나 반증을 제시하면 증여세를 과세할 수 없다.

(3) 특수 관계자

과세의 요건

특수 관계자와의 거래에 적용되는 요건이다. 특수 관계자란 양도자 또는 양수자가 '상속세 및 증여세법 시행령' 제12조 2의 제1항 각 호 중 하나라도 해당되는 자를 말한다.[89] 증여세가 과세되는 저가 또는 고가의 거래란 시가와

30% 이상 차이가 나거나 차액이 3억 원 이상인 거래를 말한다.[90]

〈표 7-2〉 특수 관계자들 간 부당거래 시 증여요건과 증여금액

구분		과세의 요건
시가와 30% 이상의 차이	저가 거래	$\dfrac{거래가액-시가}{시가} \geqq 30\%$
	고가 거래	$\dfrac{거래가액-시가}{시가} \geqq 30\%$
또는		
차액이 3억 원 이상	저가 거래	시가-거래가액 $\geqq$ 3억 원
	고가 거래	거래가액-시가 $\geqq$ 3억 원

증여의 금액

증여금액은 다음의 〈표 7-3〉과 같이 계산한다.[91]

〈표 7-3〉 특수 관계자 간 부당거래의 증여금액 계산식

구분	증여금액
시가에서 대가를 차감한 가액이 시가의 30% 이상이거나 대가에서 시가를 차감한 가액이 시가의 30% 이상인 경우	시가와 대가의 차이-Min (시가의 30%, 3억 원)
기타의 경우	시가와 대가의 차이-3억 원

(4) 제3자 거래

제3자와의 거래인 경우, 증여세가 과세되는 요건은 시가와 대가의 차이가 시가의 30% 이상 차이가 날 때이다.[92] 증여금액은 다음의 〈표 7-4〉와 같다.[93]

〈표 7-4〉 제3자 간 부당거래의 증여금액 계산식

구분	증여금액
제3자 간 부당거래의 증여금액의 계산식	시가와 대가의 차이-3억원

주식 가격은 법인의 영업권 등의 미래가치, 자산과 부채의 가치를 감안해 평

가하는 것이 일반적이다. 그러나 비상장주식은 거래가 빈번하게 발생하거나 주식 시장과 같이 다수인이 거래하여 형성되는 시가가 없으므로 적정한 가격을 평가할 수 있도록 '상속세 및 증여세법' 제63조 및 동법 시행령 제54조의 평가 방법을 규정해 적용하도록 하고 있다. 비상장주식의 가치 평가 방법에 대해서는 시장성이 적더라도, 그에 대한 객관적인 교환가치가 적정하게 반영된 정상적 거래의 실례가 있다면 그 거래 가격을 시가로 보아 주식을 평가한다는 대법원 판례[94]가 있다.

거래 사례가 없는 경우에는 보편적으로 인정되는 여러 평가 방법들을 고려하되, 거래 당시 당해 비상장법인 및 거래당사자의 상황, 당해 업종의 특성 등을 종합적으로 고려하여 합리적으로 판단해야 한다고 판시[95]하고 있다. 그러나 비상장주식에 관한 객관적 교환가치가 적정하게 반영된 정상적인 거래실례가 있더라도, 거래시기, 거래경위, 거래 후 회사의 내부사정이나 경영상태의 변화, 다른 평가 방법을 기초로 산정한 주식가액과의 근접성 등에 비추어 위와 같은 거래 가격에 의해 비상장주식의 매수 가액이 결정되기 어려운 경우가 있다. 위와 같은 거래가액 또는 그 거래가액을 합리적인 기준에 따라 조정한 가액을 주식의 공정한 가액을 산정하기 위한 요소로 고려할 수 있다고 판시[96]하고 있다. 결국 대법원의 판단기준은 특수 관계자가 아닌 양도·양수자 간 협상에 의해 합의된 1주당 매매가액이 거래의 관행상 정당한 사유를 바탕으로 이루어졌는지 여부를 평가할 때 기준으로 적용될 수 있다.[97]

비상장주식에 대한 특정시점의 객관적 교환가치를 반영한 거래가액을 산정하기가 어렵고, 과거에 거래한 해당 기업과 특수한 관계가 아닌 양도자들이 인수자에게 초과이익을 증여할 이유가 없는 경우가 있다. 또한 당해 주식거래가 건전한 사회통념 또는 거래관행에서 벗어나거나 경제적 합리성을 결여한 비정상적인 거래라고 보이지 않는 경우도 있다. 이때는 보충적 평가 방법에 의해 산정한 가액보다 낮다는 이유 때문에 이익을 증여받은 것으로 보고 증여세를 과세하는 것은 잘못된 것으로 판단한다.[98]

예를 들어보자. 코스닥 상장법인의 대주주가 상장법인으로부터 주식 전부를 매각하였다. 관할 세무서는 계약당일 주식의 거래소 종가와 '상속세 및 증여세법'상의 평가 금액과 비교해, 거래의 관행상 정당한 사유 없이 주식을 시가보다 현저히 높은 가액으로 양도했다고 보고 증여세를 부과한 사건이 있었다.[99] 거래 관행상 정당한 사유가 있는지의 여부는 당해 거래의 경위, 거래 당사자 간의 관계, 거래가액의 결정 과정, 경영권 프리미엄 등을 확인하여 적정한 교환가치를 반영한 거래인지를 먼저 판단해야 한다는 것이 심판소의 입장이었다.[100] 예를 들어 주식을 양도하기 위해 여덟 번의 협의 끝에 주식의 거래가액을 확정하였고, 과거 투자펀드의 유상 증자 참여가액이 확인되었다고 해보자. 매매사례 가액도 나와 있으며, 실제로 투자가 이루어지지는 않았으나 유사한 가격에 투자제안이 이루어졌다면, 고가에 양도했다고 가정하여 증여세를 과세할 수는 없다.[101] 또한 IT 벤처기업의 경우 장래의 성장 가능성이 가치 평가의 중요한 기준이기 때문에 세법의 평가보다 수십 배의 가격으로 거래했더라도 이를 비정상적인 거래로 단정, 증여세를 부과하는 것은 위법하다는 고등법원의 판결이 있다. IT 벤처기업 같이 기술력과 장래 성장 가능성 등을 감안하여 합리적으로 평가하였다면 세법상 증여세를 부과하기 어렵다는 판단이다. 주식을 양도할 때 이에 대한 개별적·세부적인 별도의 평가를 했다는 자료가 없고, 경영권 프리미엄이 포함되었다는 등의 거래의 관행상 정당한 사유를 제시하지 못할 때 증여세를 과세하는 것은 정당하다는 것이 심판소의 입장이다.[102) 따라서 평가의 객관적 증거와 경영권 프리미엄 등 기초자료를 작성하여 준비해야 할 것이다.

(5) 대가와 시가

시가란 '상속세 및 증여세법' 제60조부터 제66조까지의 규정에 따라 평가한 가액을 말한다.[102) 대가 및 시가의 산정기준일은 당해 재산대금을 청산한 날을 기준으로 한다.[104) 대금을 청산한 날이 분명하지 않은 경우에는 등기부·등록부 또는 명부 등에 기재된 등기·등록접수일 또는 명의개서일을 산정기준일로 한다. 대금을 청산하기 전 소유권이전 등기(등록 및 명의의 개서를 포함한다)를 한 경우에는 등기부·등록부 또는 명부 등에 기재된 등기접수일을, 장기할부 조건인 경우에는 소유권이전 등기(등록 및 명의개서를 포함한다) 접수일·인도일 또는 사용수익일 중 빠른 날을 산정기준일로 한다.[105) 매매계약 후 환율의 급격한 변동 등을 통해 산정기준일을 정하는 것이 불합리하다고 인정되면 매매계약일을 기준으로 한다.[106)

(6) 적용의 배제

개인과 법인 간에 재산을 양수 또는 양도할 때, 그 대가가 시가[107)에 해당되어 당해 법인의 거래에 대한 부당행위 부인[108)이 적용되지 않는 경우(상장주식의 경우 시간 외 시장에서 매매된 경우를 포함한다)에는 이러한 증여의제의 규정을 적용하지 않는다.[109) 다만, 거짓으로 하거나 그 밖의 부정한 방법으로 상속세 또는 증여세를 감소시켰다는 것이 인정되는 경우에는 적용하도록 한다.[110)

4) 배당의 의제

주식의 매도가 자산거래인 주식의 양도에 해당하는지, 아니면 자본거래인 주식의 소각이나 자본의 환급에 해당하는지는 법률행위 해석의 문제로 두고 거래 내용과 당사자의 의사를 기초로 판단한다. 그러나 실질 과세의 원칙상 단순히 당해 계약서의 내용이나 형식에만 의존하는 것이 아니라, 당사자의 의사와 계약 체결의 경위, 대금의 결정 방법, 거래의 경과 등 거래의 전체 과정을 실질적으로 파악한 뒤 판단해야 한다.[111] 매각 기업은 기업영업을 포괄적으로 양도하기 위해 발행 주식 전부를 인수 기업에 일괄양도했고, 인수 기업은 사업을 양도받은 후 인수한 주식을 소각했다. 국세청은 이러한 거래를 주식의 양도가 아닌 주식의 소각이라 판단해, 주식 양도차익을 의제배당으로 처리해 과세하였다. 그러나 대법원에서는 이러한 판단을 인정하지 않았고 주식 양도차익으로 보아 과세하였다.[112]

6. 세액의 감면

내국법인이 자산의 대부분을 다른 내국법인에 양도(자산의 포괄적 양도)하고, 그 대가로 인수법인의 주식을 받고 청산하는 경우 양도소득세를 내지 않아도 된다. 이를 인정받으려면 다음과 같은 세 가지 요건을 갖추어야 한다. 첫째, 자산의 포괄적 양도일 현재 1년 이상 계속하여 사업을 하던 내국법인들 간의 양도·양수이어야 한다. 둘째, 피인수법인이 인수법인으로부터 그 자산의 포괄적 양도로 인하여 취득하는 인수대가 중 의결권 있는 인수법인의 주식의 가액이 80% 이상이고, 소정의 방식으로 배정되고, 자산의 포괄적 양도일이 속하는 사업연도의 종료일까지 그 주식을 보유하여야 한다. 셋째, 인수법인이 자산의 포괄적 양도일이 속하는 사업연도의 종료일까지 피인수법인으로부터 승계 받은 사업을 계속하여야 한다.[113]

주식을 매각한 후 그중 일부를 다시 투자하는 경우가 있다. 보통 사모펀드가 인수해 기존 경영진이 다시 남아 경영을 하는 경우이다. 이때는 다시 투자한 금액의 매각이 사실상 완료되지 않았으므로 양도소득세를 내면 억울한 부분이 있다. 따라서 세법에서는 이런 경우에 세금부과를 연기하고 있고, 벤처기업에만 적용한다. 그러나 벤처기업의 주주가 주식을 양도한 후 그 양도대금 중 80% 이상을 재투자했을 때만 해당되므로 적용이 까다롭다.[114] 세법의 규정과 감면은 잘못 적용하면 세금이 추징되는 경우가 있다. 따라서 사전에 국세청에 공식적인 질의를 하여 유권해석(advance ruling)을 받는 것이 바람직하다. 그러나 잘못된 질의에 의한 해석은 효력이 없으며 시간도 많이 걸린다. 미국에서도 5~6개월씩 걸리기도 한다. 따라서 빠르게 진행하려면 전문가의 조언을 받는 것이 좋다.

7. 인 수 와 세 금

여기서는 인수로 인한 취득세 문제를 설명한다. 주식을 취득하는 경우에도 법인의 부동산을 취득한 것으로 보아 취득세가 과세되는 경우이다.

즉, 법인의 주식을 취득함으로써 과점주주가 되었을 때에는 그 과점주주가 해당 법인의 부동산 등을 취득(법인 설립 시는 제외)한 것으로 보아 취득세를 과세한다(지방세법 제7조 제5항). 과점주주에 대한 취득세를 과세함에 있어 대도시 내 법인 본점 또는 주사무소의 사업용 부동산 등에 대하여는 중과세를 하지 아니한다(지방세법 기본 통칙 7-3 1호). 과점주주의 납세의무 성립 당시 당해 법인의 취득 시기가 도래되지 아니한 물건에 대하여는 과점주주에게 납세의무가 없으며, 연부 취득 중인 물건에 대하여는 연부 취득 시기가 도래된 부분에 한하여 납세의무가 있다(지방세법 기본 통칙 7-3 2호).

과점주주가 아닌 주주가 다른 주주의 주식을 취득하거나 증자 등으로 최초로 과점주주가 된 경우에는 최초로 과점주주가 된 날 현재 해당 과점주주가 소유하고 있는 법인의 주식을 모두 취득한 것으로 보아 취득세를 부과한다(지방세법 시행령 제11조 제1항). 주식의 취득 등으로 과점주주가 된 때에는 해당 과점주주가 기존에 주주였는지 여부는 불문하고 과점주주 취득세 납세의무가 성립한다(조심2013지448, 2013.7.16.).

이미 과점주주가 된 주주가 해당 법인의 주식을 취득하여 해당 법인의 주식의 총액에 대한 과점주주가 가진 주식의 비율이 증가된 경우에는 그 증가분을 취득으로 보아 취득세를 부과한다. 다만, 증가된 후의 주식의 비율이 해당 과점주주가 이전에 가지고 있던 주식의 최고비율보다 증가되지 아니한 경우에는 취득세를 부과하지 아니한다(지방세법 시행령 제11조 제2항).

과점주주였으나 주식의 양도, 해당 법인의 증자 등으로 과점주주에 해당하지 아니하게 되었다가 해당 법인의 주식을 취득하여 다시 과점주주가 된 경우에는 다시 과점주주가 된 당시의 주식의 비율이 그 이전에 과점주주가 된 당시의 주식의 비율보다 증가된 경우에만 그 증가분만을 취득으로 보아 취득세를 부과한다(지방세법 시행령 제11조 제3항).

과점주주란 주주 1명과 그의 특수 관계인으로서 그들의 소유주식의 합계가 해당 법인의 발행주식 총수의 50%를 초과하면서 그에 관한 권리를 실질적으로 행사하는 자들을 말한다(지방세 기본법 제46조 제2호). 특수 관계인은 3가지를 정하고 있다(지방세 기본법 시행령 제24조 제2항, 제2조 제1항).

첫째는 친족관계로 6촌 이내의 혈족, 4촌 이내의 인척, 배우자(사실상의 혼인관계에 있는 사람을 포함), 친생자로서 다른 사람에게 친양자로 입양된 사람 및 그 배우자·직계비속이다(지방세 기본법 시행령 제2조 제1항).

둘째는 경제적 연관관계가 있는 자로 임원과 그 밖의 사용인, 본인의 금전이나 그 밖의 재산으로 생계를 유지하는 사람, 앞의 사람과 생계를 함께하는 친족이다(지방세 기본법 시행령 제2조 제2항).

셋째는 경영지배관계에 있는 경우이다. 본인이 개인인 경우 본인이 직접 또는 그와 친족관계 또는 경제적 연관관계에 있는 자를 통하여 법인의 경영에 대하여 지배적인 영향력을 행사하고 있는 경우 그 법인이다. 본인이 법인인 경우 개인 또는 법인이 직접 또는 그와 친족관계 또는 경제적 연관관계에 있는 자를 통하여 본인인 법인의 경영에 대하여 지배적인 영향력을 행사하고 있는 경우 그 개인 또는 법인(지방세 기본법 시행령 제2조 제3항 가목) 또는 본인이 직접 또는 그와 경제적 연관관계 또는 가족의 관계에 있는 자를 통하여 어느 법인의 경영에 대하여 지배적인 영향력을 행사하고 있는 경우 그 법인이다(지방세 기본법 시행령 제2조 제3항). 해당 법인의 경영에 대하여 지배적인 영향력을 행사하고 있는 것으로 보는 경우는 영리법인과 비영리법인으로 나누어 정하고 있다. 영리법인인 경우에는 법인의 발행주식의 50% 이상을 출자한 경우나 임원의 임면권의 행사, 사업 방침의 결정 등 법인의 경영에 대하여 사실상 영향력을 행사하고 있다고 인정되는 경우이다. 비영리법인인 경우 법인의 이사의 과반수를 차지하는 경우나 법인의 출연재산(설립을 위한 출연재산만 해당된다)의 30% 이상을 출연하고 그중 1명이 설립자인 경우이다(지방세 기본법 시행령 제2조 제4항).

제2부

M&A의 진행 전략

제1장 절차의 개요

1. 절차의 이해

M&A를 하려면 기본적인 절차와 흐름을 잘 이해해야 한다. 이는 실사와 협상을 포함한 사전 준비 단계와, 계약과 이행단계, 사후 관리 단계로 나뉜다. 이러한 절차는 당사자인 기업과 기업주의 성격, 기업들의 입장에 따라 변경될 수 있다. 사실 경험 많은 M&A 전문가도 거래가 언제 어떻게 진행될지는 예측하기 어렵다. 수많은 요소들이 거래가 진행되는 방향, 진행기간과 시점에 영향을 주기 때문이다. 몇 달이 걸릴 수도 있고, 몇 년이 걸리는 경우도 있다. 모든 M&A 거래가 동일한 절차와 순서에 따라 진행되는 것도 아니다. 예상치 못하게 바뀔 수 있고, 거꾸로 갈 수도 있다. 중요한 것은 거래 단계별로 필요한 전문가의 도움을 반드시 받아야 한다는 점이다. 특히 회계사와 변호사 자문은

반드시 받아야 한다. 자문을 구할 변호사는 M&A를 전문으로 하는 회계사와 변호사여야 한다. 비용은 수천만 원 또는 수억 원이 들지만, 이를 아끼려다가 수십억 원, 수백억 원이 날아갈 수 있다.

2. 기본적 절차

인수든, 매각이든 절차는 동전의 양면과 같다. 크게 대상 기업 탐색(search), 기업 분석, 거래를 위한 접근(relationship development), 협상, 법적인 규제 검토(regulator management), 거래 구조(deal structuring) 개발, 실사 및 통합으로 구성된다. 기업 내부적으로 거래의 진행, 거래 조건의 협상 등에서 재무책임자(CFO)가 일반적으로 핵심 역할을 한다.

거래의 진행은 대체적으로 이렇다. 우선 매각 기업의 기초정보인 티저(Teaser)를 제공한다. 티저는 말 그대로 매각 기업에 관심을 가지도록 "유인한다"는 뜻이다. 이는 회사가 드러나지 않는 범위 내에서 기본적인 정보를 제공하여 투자자의 관심을 받기 위한 것이다. 만약 인수 희망 기업이 매각 기업에 관심을 가지게 되어 추가적인 정보를 원하는 경우에는, 매각 기업의 거래 진행 동의를 받아 비밀 유지약정서를 보내 서명을 받는다. 비밀 유지약정서를 작성한 후 회사소개서(Offering memorandum)를 제공하고, 그 외에도 인수 희망 기업이 원하는 정보가 있으면 매각 기업과 조율하여 제공한다. 그 과정에서 회사를 방문하고 공장견학을 하기도 하며, 예비적인 서면실사 등도 진행한다.

경우에 따라 진행 절차나 범위는 다르다. 때로는 인수의향서를 제공받기 전에 기본적인 의향서(Preliminary offers or indications of interest, IOI)를 제공받기도 한다.

그 후, 보통 4주 정도의 기한을 정하여 잠재적 인수자는 인수의향서를 제출한다. 또한 프레젠테이션과 실사도 진행한다. 프레젠테이션과 실사가 끝난 후에는 보통 3주 정도의 기한을 정하여 최종 인수 의사(Final offers)를 제출하도록 한다. 최종적으로 인수자가 결정되면 일반적으로 2개월 정도 안에 마무리 절차가 진행된다. 이러한 절차는 사전 계획과 절차에 따라 매각 기업과 자문사 사이에서 서면으로 작성된 절차와 서류 등에 의해 이루어져야 한다. 거래를 진행할 때 각 단계별로 기한을 설정하는 것이 좋다. 한편 공개 매각을 하는 경우에는 인수의향서 접수, 예비 실사, 본입찰, 우선협상대상자 선정, 양해각서 체결, 정밀 실사를 거쳐 본계약을 체결하게 된다.

전형적인 절차는 다음의 〈표 1-1〉과 같다.

〈표 1-1〉 M&A의 진행 절차

대분류	구분	절차	비고
사전 절차 (Pre-dealdecision acrivities)	기업 전략	• 공통: 매도 또는 투자 유치 기업 및 매수 기업의 중장기 전략의 수립 및 검토 • 매수 기업: 인수 기준 확정, 인수의 대상, 인수금액의 크기, 기업 가치 평가의 기준, 통합 계획, 자금 조달계획, 인수팀 구성 및 인수 업무 지시	각 기업과 기업주의 미래 경영비전과 중장기 전략에 입각하여 M&A 및 투자 유치 전략을 수립함
	인수 전략 (Acquisition plan)	인수 기업의 전략적 목표 실현에 적합한 결정요인 결정	
	거래 가능 기업 파악 (Compile a target list): 탐색과 분류(Search Zand screen)	매각 기업은 자기 기업을 인수할 가능성이 있는 기업을, 인수 기업은 인수 대상 기업을 파악 및 리스트 작성	

사전 절차 (Pre-dealdecision acrivities)	기업 정보 제공		매각 기업: M&A 및 투자 유치를 추진하는 기업에 자문사가 기업 정보를 요청하여 정보를 수령하거나, 감사보고서나 회사소개서 또는 회사 사이트에서 자문사가 정보를 수집.	인수 기업에 대한 정밀 실사를 통해 인수가 진행됨으로, 기업 정보는 객관적이고 사실에 입각하여 작성해야 함
	기업 정보 편집		매각 기업: 인수 및 투자 가능성이 있는 기업에 제공할 정보를 요약 및 편집함(Anonymous & Blind pre-teaser, Teaser와 Information memorandum 작성)	
	잠재 거래 기업과의 접촉 (Contact with the targets)	시장에 기초적인 기업 정보 제공	매각 기업: 기본적 투자 기업 정보(Anonymous & Blind preteaser)를 사전에 잠재적 인수 및 투자 기업에 제공(이메일 제공과 자문사 사이트에 게시)	프리티저(Pre-teaser)는 회사의 업종, 최근 몇 년간 연평균 매출과 이익 등만을 제공하는 것으로, 회사의 실체를 파악할 수 없도록 만듦
		전화 또는 편지	매각 기업: 대상 기업의 기업주나 전략 담당 부서에 전화 또는 편지를 보내 만남을 추진	
	접촉 계획 수립		인수 기업: 인수를 희망하는 기업과의 접촉 계획을 수립	
	자문 계약		자문사: M&A 및 투자 유치를 의뢰하는 기업과 자문사 간 M&A 자문 계약서의 작성, 승인 및 날인	동 계약은 M&A 및 투자 유치가 실제로 이루어지는 경우에만 효력이 있는 계약으로 필수적인 절차이며, 비밀 유지약정서를 받기 전에 체결함. 자문 계약 없는 M&A 및 투자 유치의 진행은 없음
	M&A 당사자의 탐색		공통: 관심을 표명(Indication of interest)하는 기업을 자문사가 접촉하고 인수 가능성 등을 파악한 후 비밀유지약정서를 제출	• 기본적인 기업 정보와 거래 조건 등을 사전에 조율하여 거래 가능성을 타진 • 거래대상 기업의 산업, 규모, 투자 금액, 재무와 영업 현황 등을 자문 기업이 검토하고, 대상 기업들을 사전에 조율
			공통: 매각 및 인수 기업과 협의하여 추가 정보(티저, Offering document or information memorandum)를 제공할 기업을 선택 및 제공	
			공통: 매각 기업과 실질적 인수의향이 있는 인수 기업 확정	
	설명회		공통: 필요한 경우 설명회 개최(Presentation)	• 설명회는 별도의 자료를 사용하거나, 중소기업의 경우 투자설명서를 기초로 보완적이고 추가적인 설명을 함
협상	예비적 의향서 제출		공통: 기본적인 인수 및 투자의향서(Preliminary offers or indications of interest, IOI)를 제출(잠재적 인수 및 투자자가 기업을 방문하기도 함)하고 매각 기업이 동의	임의적인 절차이며 법적 구속력은 없음

협상	최초의 미팅 (Management Meeting)	공통: 기초적인 실사를 바탕으로 인수나 투자를 희망하는 기업이 어느 정도 인수 및 투자 가능성을 확인하기 위하여 만남	개괄적인 거래의사, 거래 조건 및 진행에 대하여 의견을 교환함
	기초적인 실사와 평가	공통: 비밀 유지약정서와 자문 계약서에 기초하여 기업 정보를 회사(Data room)에서 제공하고 매수 및 투자 희망 기업이 추가적인 자료를 요청하면, 이를 바탕으로 인수 및 투자 희망 기업에 의한 서면실사와 평가를 수행함	매각 희망 기업은 각종 실사 등에 대비하여 임원 등과 사전에 의논해야 하며, M&A 시의 특별 공로금과 거래 후 근로계약 등을 제시해야 하며, 직원들에게는 끝까지 비공개로 두어야 함
	의향서 관련 협상		개괄적인 거래 조건 등에 대하여 의견의 일치가 이루어지면, 본계약을 하기 전에 가계약 형식의 서류를 작성
	의향서(Letter of Intent) 제출, 거래 구조 결정 (Structure deal)		인수 및 투자 방식(Transaction structuring), 협상 및 자금 조달(Financing) 계획 등
	1차 실사 (Due diligence), 자금 조달 계획 (Financing Plan)	필요한 경우 인수 및 투자 희망 기업에 의한 기본적인 실사를 함. 매각 및 투자 유치 추진 기업의 재무자료 등을 검토하고, 방문하여 일반적인 브리핑과 질의 등을 수행. 이를 바탕으로 본계약서를 작성	
	거래 진행 여부 결정 (Close or walk away)		
	계약서 작성 및 승인	• 계약서 작성은 당사자 간의 조율을 통해 확정 • 이사회와 주주총회에서 M&A 및 투자 유치를 승인	실사를 하면서 최종적인 계약서 확정. 계약금이 지급되고, 중개수수료도 최종 지급됨
	2차 실사	본계약을 바탕으로 정밀 실사를 진행. 이에 의해 최종 거래가 확정	
사후 절차 (Post-deal decision activities)	통합 계획의 수립 (Integration plan)		
	거래 종결(Closing)	잔금을 지급하고, 경영권 양도 또는 증자 등의 기타 절차를 마무리	
	통합(Post merger integration)		
	사후평가		

제2장 자문사 선정

1. 자문사 이해

1) 자문사의 역할

(1) M&A 자문사의 등장과 역할

M&A 자문은 기업 경영권을 사고파는 비즈니스이다. 기업주와 자문사의 최고 인력들이 직접 얼굴을 맞댄 자리에서 주요 업무가 이뤄진다. M&A 자문을 'Owner & Senior Business'라고 부르는 이유다. 그래서 기업 최고경영자와의 인맥이 필요하다.[1] 비즈니스 브로커나 M&A 중개자라는 직업은 약 100년의 역사가 있지만, 그들의 직업적 전문성은 최근 수십 년 동안에 형성되었다. 자문사의 역할은 M&A를 위한 전략적·전술적 자문, 매각 또는 인수 기회 제공, 잠재적 인수자와 매각 기업 사전 검토, 최초의 접촉, 협상 과정 지원, 기업 가

치 평가와 거래 구조 등에 대한 조언이 포함된다.

1997년 외환위기 이후 한국 증권업계는 줄곧 '투자은행(IB, investment bank) 후진국'이라는 평가를 들어야 했다. 그 당시는 'M&A 자문'이라는 용어가 국내에 생소하던 시절이라, 쏟아지는 기업과 은행 매물은 모조리 외국계 증권사의 것이 되었다. M&A 자문 시장을 독식한 외국계 증권사는 매각가의 4~5%를 수수료로 받으며 거래 한 건당 수백억 원씩을 벌어들였다. 2000년대 중반에야 우리투자증권(현 NH투자증권), 대우증권, 삼성증권 등 국내 대형 증권사들이 뛰어들면서 비로소 외국계 증권사의 독과점이 깨지기 시작했고, 수수료는 1% 수준으로 떨어졌다.

국내 M&A 시장은 특히 경쟁이 극심한 곳으로 정평이 나있다. 한 해 M&A 자문실적이 0건'인 증권사가 많고, 중소형 외국계 증권사들은 짐을 쌀 정도다. 골드만삭스는 전 세계 80개 국가에 3,000여 명의 'M&A 뱅커(Banker)'들을 투입하고 있다. 골드만삭스 전체 직원 3만 명의 10%에 달하는 인원이다. 투자은행의 M&A 부서는 플랫폼 사업으로 인식되며, 기업고객으로부터 투자 기회를 만들어내는 사업부이다. 실제 M&A 자문으로 길을 열어놓으면 기업 공개, 유상 증자, 회사채 발행 등 고객사의 다른 거래들로 이어지는 경우가 대부분이다.[2]

M&A에는 회계, 재무, 협상, 마케팅, 기업 분석, IT 지식, 법률, 조세 등 복잡하고 다양한 지식과 경험이 필요하다. 대형 M&A 거래는 너무 복잡해서 몇 사람 정도의 지식과 경험으로 거래를 완료하기 힘들다. 따라서 수많은 전문가들이 공동으로 일을 한다. 이런 복합한 거래에서는 변호사만 하더라도 M&A 거래, 기업조세, 임직원 복리후생, 부동산, 반덤핑, 증권 업무, 환경 및 지적

소유권 분야의 전문변호사들이 십여 명 또는 수십 명이 일하기도 한다.

일부 기업은 자문사를 고용하지 않고 직접 매각하거나 인수하려고 시도한다. 촉망되는 수익성 있는 기업이라 판단하고 '그림 같은' 제안서를 작성하여 최적의 전략적 또는 재무적 투자자를 찾아냈다. 과연 이들이 성공할까? 아니다. 진짜 도박은 지금부터 시작이다. 수많은 투자자들을 만나는 것을 조율하고, 자기 회사가 얼마나 좋은 회사인지 설득시켜야 한다. 또한 경쟁사, 종업원, 고객 등이 모르게 해야 하는 어려움이 도사리고 있다. 여기에 자문사가 등장한다.

2015년 국내 M&A 자문 상위 20위에 오른 투자은행이 수행한 거래 규모는 107조 원(공동 자문일 경우 중복 집계)이다. 1조 원 이상 초대형 거래가 전년 대비 2배에 이를 정도로 시장 규모는 커졌다. 하지만 거래 건수는 148건으로, 2014년의 175건, 2013년의 172건에 비해 줄었다. 148건 가운데서도 부동산 거래와 회계법인, 산업은행의 자문을 제외하면 46건으로, 2013년의 98건의 절반 수준에 그친다. M&A를 하려는 기업들이나 사모펀드들이 투자은행에 대한 의존도를 낮추고 있기 때문이다. 2014년과 2015년 대기업 간 자발적인 구조 조정 거래에서 회계법인과 법무법인의 자문을 받았지만 투자은행의 자문은 줄었다. 대기업 스스로 투자은행의 역량을 보유하고 있기 때문이다. 또한 투자은행 출신 M&A전문가들이 사모펀드로 진출하면서 사모펀드가 직접 거래를 진행하고 있다. 회계법인과 법무법인의 자문 시장 진출도 원인이다. 회계법인의 M&A 시장 수임 비중은 70%에 육박한다. 2015년에 이루어진 109건의 바이아웃 거래 가운데 76건이 회계법인으로부터 재무전략 자문을 받은 것으로 나타났다.[3] 2015년 글로벌 투자은행 업계에서 M&A 자문은 1조 8000억 달러로, 골드만삭스가 5년 연속 1위를 했다. 2위는 모건스탠리로 1조 5300억 달러를 기록했고, 3위는 JP모건이 1조 5000억 달러, 4위는 뱅크오브아메리카로 1조 1500억 달러, 5위는 씨티그룹은 8780억 달러이다.[4]

(2) 시장 조성

M&A 자문사는 매각 기업을 발굴하고, 인수 기업을 위한 인수 자문의 역할을 수행한다. 가장 기본적인 역할 중 하나는 매각 기업과 인수 기업을 위한 M&A 시장을 조성하는 것이다. 상장 기업을 위해서는 증권 거래소가 시장의 역할을 하지만, 중소기업이나 비상장 기업을 위한 또는 상장 기업의 경영권 거래를 위한 공개 시장은 존재하지 않는다. 자문사는 이러한 주식과 경영권 거래를 위한 시장 조성의 역할(providing essential liquidity)을 한다. 또한 상장 기업인 경우, 특히 거래가 복잡하고 중요한 경우, 투자자나 애널리스트와 정보를 주고받는다. 그러면서 거래가 성사되도록 자문사나 투자홍보자문사를 고용하기도 한다.

(3) 종합적 M&A 자문 서비스 제공

M&A 자문사는 비즈니스와 재무 관련 자문 서비스가 유기적이고 통합적으로 그리고 시너지가 나도록 하는 기능을 제공한다. 기업 평가(Business valuation), 전략적 성장의 기획(Strategic growth planning), 실적 개선(Business performance improvement), 기업 재무(Corporate finance), M&A 자문(M&A advisory), 개인 재무 관리(Personal financial planning), 재산 관리(Wealth management), 회계와 세무(Accounting and tax), 법률(legal), 부동산관리

(Estate planning) 업무까지도 포함한다. 투자은행은 그중에서도 자금 조달과 M&A의 전략적 자문을 제공한다.

(4) 종합적 조정자 역할

글로벌 경제의 변화로 인해 M&A 자문사의 업무는 전통적인 역할로는 충분하지 못하다. M&A 자문사는 전략적 자문을 제공해야 하며, 거래에만 집중하는 것은 한계가 있다. 종합적 자문을 해야 한다.

우선 고객의 장기적 니즈를 이해해야 한다. 회사의 비즈니스 사이클과 기업가의 라이프사이클을 이해해야 하며, 사전에 주도적으로 거래를 준비하고, 필요한 전략적 의사 결정을 해야 한다. 거래를 성공적으로 실행하기 위하여 기업을 효과적으로 운영하게 자문하며, 거래 절차를 수행하면서 계속적으로 다음 거래 단계로 이행하도록 조력해야 한다. 또한 거래를 진행하면서도 매각 기업의 경영진이 본업에 충실할 수 있도록 중재와 역할을 해야 한다.

M&A 자문사는 그야말로 프로가 되어야 한다. 많은 지식과 경험이 필요하고, 협상을 주도하에 당사자 모두에게 이익이 되도록 해야 한다. M&A 자문사는 다양한 기질의 사람들과 잘 대화하고 조정할 수 있어야 하며, 매각 기업이나 인수 기업의 이런저런 온갖 말을 들어주고 이해해야 한다. 이러한 역할을 위해서는 M&A와 관련된 지식, 기타 많은 분야에 대하여 정통한 만물박사(Generalist)가 되어야 한다. 또한 회계, 법률, 협상 등 각각에 대하여 전문가(Specialist)가 되어야 한다. 자문사는 매각 희망 기업을 만나고, 매각 전략을 짜면서 협상을 주도하는 역할을 한다.

(5) 매각 마케팅 전략 수립(Develop the marketing strategy)

매각 자문을 하는 자문사의 주요 업무 중 하나는 매각 마케팅 계획과 전략 수립이다. 매각 자문사는 M&A 마케팅 전략을 자신의 입장이 아니라 매각 기업에 맞게 수립해야 한다. 즉 매각 기업의 주어진 여건에 따라 맞춤 전략을 개발해야 한다. 만일 매각 기업이 인수할 만한 가치가 있고, 이를 인수할 가능성이 있고, 충분한 자금을 보유한 몇 개의 전략적 인수 기업(Srategic buyers)이 있다면 100개 기업 또는 그 이상의 잠재인수자를 대상으로 하는 공개 매각이 권장된다. 그러나 매각 기업이 수익성이 아주 좋으나 인수 기업이 나타나지 않는다면 광범위한 기업을 대상으로 마케팅을 하는 것이 좋다.

(6) 투자은행의 자금 조달 업무

투자은행(Investment Bank)은 자금 조달원인 상업은행(Commercial banks), 저축은행(Savings and loan institutions), 할부금융사(Fanance companies)와 협력 관계를 갖고 자금 조달을 중개한다. 상업은행 등이 자금을 제공할 때에는 투자은행(Lead arrangers)에 많이 의존한다. 실사 과정에서 주도적인 역할을 하는 투자은행이 개최하는 "금융 기관 미팅(Bank meeting)"이 열리게 된다. 여기서 인수 대상 기업의 프레젠테이션과 함께 투자의 매력을 제시하고, 투자은행이 제안하는 자금 조달 구조에 대한 설명을 들으면서 질의응답 시간을 갖는다. 상업은행 등은 프레젠테이션 자료를 제공받고 회사의 정보(Confidential information memorandum, CIM or "bank book")를 인수 대상 기업의 경영진과 투자은행으로부터 받는다. 내부적인 평가절차(Internal credit processes)를 거쳐 최종 투자 결정을 하기 전에 추가적인 정보를 요청하고, 최종적 분석과 평가를 행한다.

회사채 발행 업무도 투자은행이 한다. LBO형 투자 구조의 경우에 회사채를 통한 자금 조달에 기관투자자가 참여한다. 기관투자자에는 뮤추얼펀드(Mutual Fund), 헤지펀드, 펜션펀드, 보험사 등이 있다. 이 투자자들은 인수 대상 기업의 사업, 산업 및 재무 정보를 포함하는 법적 문서인 "예비적인 투자 정보(preliminary offering memorandum, OM)"를 받는다. 이 문서에는 엄격한 법적 심사와 공시 의무가 적용된다. 투자 대상 평가를 위한 의사 결정 과정에서 이들은 "로드쇼 프레젠테이션(Road-show presentation)"이라고 불리는 개별미팅(One-on-one meeting)에 참가하기도 한다. 여기서 핵심 임원이 투자의 매력과 거래에 대한 설명을 한다. 로드쇼는 거래의 규모나 범위에 따라 보통 3~5일의 과정이며, 거래를 주도하는 인수 금융 기관의 직원(Banker)과 재무적 투자자의 임직원이 잠재적 투자자의 미팅을 진행하는 인수 대상 기업의 경영진을 수행한다. 이러한 미팅은 여러 투자자들과의 조찬이나 오찬 형식으로 이루어질 수도 있다. 미국에서 전형적인 로드쇼는 뉴욕, 보스턴, 로스엔젤레스, 샌프란시스코와 일부 작은 도시들에서 이루어진다. 자금 조달이 필요하지 않다면 투자은행이 개입하지 않기도 한다. 480억 달러 규모였던 하인즈 사의 크래프트 사 인수·합병에는 글로벌 대형 투자은행이 참여하지 않았다. 이는 대형 투자은행이 빠진 M&A 중 사상 최대 규모였다. 물론 추가적인 자금 조달이 필요하지 않았기 때문에 가능했다.[5]

2) 자문사 경영

(1) 자문사의 운영

M&A 자문사에서는 다양한 분야의 전문가가 함께 일하는 경우도 있고, 회계사 같은 기업 전문가들이 독자적으로 운영하는 경우도 있다. 업종의 특성을 모르면 M&A 거래는 어려우므로 업종별 조사 및 발굴 업무를 수행할 전문가와 팀을 구성한다. 자문사는 인수 기업과 매각 기업을 자문하고 있는 전문가와 늘 상호협조하는 관계를 유지해야 한다.

M&A 시장은 불어나고 있어도 M&A '자문사 시장'은 죽고 있다. 2000년대 초만 해도 초대형 거래에서 M&A 자문사가 매각금액의 1% 정도를 수수료로 받았다. 2010년대가 되자 1% 이하로 떨어졌다. 더욱이 국내 굴지 기업들이 자체적으로 M&A 관련 업무를 소화하기 시작했다. 이들의 정보력과 인력, 인적 네트워크는 자문사의 것과는 비교를 불허할 만큼 훌륭하다. 매각주관사로 선정되기 위해 직접 영업을 하는 판이다. 기업들이 대규모 M&A는 물론 소규모 M&A까지 뛰어들 가능성은 크다. 자문사들이 살아남기 위한 방법은 하나다. 전문성을 더욱 키워 자문사만의 경쟁력을 강화하는 것이다.[6]

(2) 자문사의 기업윤리

공인회계사나 변호사 협회의 윤리규정과 같이 중소기업과 중견기업의 자문사들을 위한 모임인 미국의 자문사협회(AMAA, Alliance of Merger & Acquisition Advisors)는 직업윤리규정을 다음과 같이 제안(proposed standards of conducts and best practice)하였다.

품위에 관한 규정

- 지속적인 전문교육과 실무능력을 배양하여 합리적인 직업소양을 유지한다(maintain an appropriate level of professional competence by an ongoing commitment to development of their knowledge and skills.).

- 관련 법령과 전문가로서의 기준에 따라 업무를 수행한다(perform duties in accordance with relevant laws, regulations, and technical standards).

- 협회의 법적·윤리적 목적의 달성을 해치는 행위를 해서는 안 된다(refrain from either actively or passively subverting the attainment of the organization's legitimate and ethical objectives).

- 책임이 따르는 판단 또는 성공적인 성과를 방해하는 직업적인 한계와 기타 제한요소를 인지하고, 이를 알려야 한다(recognize and communicate professional limitations or other constraints that would impede responsible judgement or successful performance of an activity.).

- 자신의 직업의 명성을 해칠 수 있는 일을 수행하거나 지지하는 일을 하지 않는다(refrain from engaging in or supporting any activity that would discredit the profession.).

모범적 업무지침

- 관련 정보를 공정하고도 객관적으로 제공한다(communicate information fairly and objectively).

- 관련된 신뢰할 수 있는 정보를 적절하게 분석한 후에 완전하고 명확한 보고와 제안을 한다(prepare complete and clear reports and recommendations after appropriate analyses of relevant and reliable information).

- 청구한 자문수수료에 상당하는 공정한 가치를 제공한다(provide fair value for fees charged).

- 고객으로부터 수수료, 대가, 기타의 혜택을 받기 전에 고객이 그것을 인지하고 동의를 받아야 한다(gain a client's knowledge and consent before holding, receiving, bargaining for, becoming entitled to, or acquiring any fee, remuneration, or benefit from the client).

- 관련된 임직원들에게 업무와 관련하여 알게 된 정보의 비밀 유지에 대하여 알리고, 비밀 유지를 위하여 사후 관리를 해야 한다(inform subordinate as appropriate regarding the confidentiality of information acquired in the course of their work and monitor their activities to assure the maintenance of that confidentiality).

- 업무수행 중에 지득한 비밀 정보를 개인적으로 또는 제3자를 통하여 비윤리적인 또는 불법적인 이득을 위하여 사용하지 말아야 한다(refrain from using or appearing to use confidential information acquired in the course of their work for unethical or illegal advantage, either personally or through third parties.).

- 정당한 이유가 있는 경우나 정황상 정당한 통지를 받은 경우를 제외하고

는 거래를 철회하지 말아야 한다. 거래가 중단되거나 철회한 경우에 자문사는 고객에게 권리가 있는 모든 서류와 재산을 고객 또는 고객이 지정한 자에게 전달하고, 업무와 관련하여 지득한 정보를 고객에게 돌려준 즉시 자문수수료 또는 발생비용을 위한 청구서를 제출해야 한다(not withdraw their services except for good cause and upon such notice as is appropriate for the circumstances. Upon discharge or withdrawal, the profession should transition the matter, including all papers and property to which the client entitled to, to the client or the client's designee, give the client all information that may be required in connection with the matter, and promptly render an account for outstanding fees and disbursements).

• 자문업무의 성격, 자문업무의 대상과 범위, 그리고 자문수수료의 금액 또는 자문수수료의 계산 방법을 포함하는 서면약정서 또는 계약서를 고객과 체결해야 한다(have a written agreement or contract between the professional and client, covering the nature of the assignment, the subject matter of the assignment, scope of work, and amount or basis for the fees.).

직업적 윤리(업무의 한계)

• 오류이거나 잘못된 것으로 알고 있는 다른 사람, 레터, 보고서, 언급이나 보장 사항을 독립적으로 판단한다(disassociate themselves from any person, letter, report, statement, or representation that they know, or should know, is false or misleading, regardless of whether such letter, report, statement or representation is subject to a disclaimer of responsibility.).

- 오류이거나, 잘못된 것으로 알고 있거나, 알아야 할 의무가 있는 어떠한 구두의 리포트, 언급이나 보장을 하지 않아야 한다(refrain from making any oral report, statement, or representation that they know, or should know, is false or misleading).
- 모든 거래에서 정상적인 직업적 품위를 지킨다(uphold normal professional courtesy in all dealings).
- 다른 계약된 고객과 이해상충이 발생하거나 발생할 가능성이 있는 것으로 판단되는 고객을 위한 계약을 하지 않도록 조치를 취한다(take appropriate steps to ensure that they do not accept engagements on behalf of a current client that result or could be perceived to result in a conflict of interest with another current client.).
- 계약과 관련하여 직업적 판단에 영향을 줄 것으로 보이는 제3자와의 관계에서 가지는 영향, 이해 또는 관계를 고객에게 알려야 한다(disclose to the client any influence, interest, or relationship they have with the other parties that, in respect to the engagement, would reasonably be perceived to affect their professional judgement.).
- 자신의 임무를 윤리적으로 할 수 있는 가능성을 해칠 수 있는 어떤 행동에 개입해서는 안 된다(refrain from engaging in any activity that would prejudice their ability to carry out their duties ethically).

(3) 자문사의 자문과 법률 문제

미국과 영국 등 주요 선진국에서는 M&A 자문사는 인가 또는 등록을 하여야 한다. 미국에서는 사업용 자산 거래, 주식 교환 등 M&A 관련 자문 업무를 하는 중개인은 미국 증권거래위원회에 등록하고 금융산업규제기구에 가입하도록 하고 있다. 다만 소규모 거래 등은 등록하지 않아도 된다. 영국에서는 인가를 받아야 한다.

우리나라에서도 2013년 M&A 자문업에 자격증(라이선스) 제도를 도입하는 입법안이 논의되었다. 현행 자본 시장 관련 법은 주식 등을 사고팔거나 혹은 청약을 권유하고 승낙하는 등의 영업을 '투자중개업'으로 규정한다. 그러나 우리나라에서 M&A는 투자중개와는 완전히 다른 업무다. 회계법인은 「공인회계사법 시행령」 14조에 자산 등에 대한 매도거래 또는 계약의 타당성에 대해 의견을 제시하는 업무 등으로 M&A 자문 근거가 있다.

(4) 자문사의 세금

자문사가 법인인 경우에는 법인세가 과세되고, 개인사업자인 경우에는 종합소득세가 과세된다. 그러나 M&A 자문을 사업으로 하지 않는 사람이 일시적으로 이런 서비스를 제공하고서 받은 수수료는 기타소득으로 과세된다. 문제는 기타소득 중 어느 소득으로 과세되느냐에 따라 세금이 달라지므로 조심해야 한다. 이와 관련하여 다음과 같은 판례가 도움이 될 것 같다.

용역을 제공하고 받은 금액이 '소득세법' 제21조 1항의 기타소득 중 어느 소득에 해당되는지 여부는 당사자 사이에 맺은 거래의 형식명칭 및 외관에 구애될 것이 아니라 그 실질내용에 따라 판단해야 할 것이다. 아울러 그 판단을 함에 있어서는 소득이 발생한 활동에 대한 것뿐만 아니라 그 전후를 통한 모든 사정을 참작하여 판단한다.[7] '소득세법' 제21조 1항 19호의 기타소득(변호사, 공인회계사, 세무사, 건축사, 측량사, 변리사, 그밖에 전문적 지식 또는 특별한 기능을 가진 자가 그 지식 또는 기능을 활용하여 보수 또는 그 밖의 대가를 받고 제공하는 용역)은 주로 전문적 지식 또는 특별한 기능을 가진 자가 당해 지식 또는 기능을 활용하여 용역을 제공하고 받는 대가를 말한다고 해석되며,[8] 같은 항 16호의 기타소득(재산권에 관한 알선수수료)은 주로 재산의 매매·양도·교환·임대차 계약 및 기타 이와 유사한 계약을 알선하고 받는 수수료를 말한다고 해석된다.[9]

M&A 중개인은 M&A와 관련하여 풍부한 노하우와 경험 등을 소유하고, 구조 조정 등과 관련된 종업원 고용승계 문제, 매각자산 등의 범위 확정, 인수자금 조달, 매수자 물색 및 정보 제공 등 여러 문제점에 대한 원만한 해결 방안을 전문가의 지식을 바탕으로 제공하므로, 그를 단순히 중개인으로 보아 재산권에 대한 알선수수를 한 것으로 판단한 것은 옳지 않아 보인다. 그러나 국세심판에서는 M&A와 관련한 노하우와 경험, 전문가적 지식이 어떤 것인지 불분명하고, 동종 업무 수행 경력은 있지만 특별한 자격을 보유하지 않으며, 매매목적물·매매가격·대금 지급 방법 등의 기초자료를 바탕으로 전문지식에 의하여 수익성·위험성·법적 문제 등을 면밀히 검토하여 도출해낸 것이라기보다는, 개략적이고 자의적인 평가에 기반 한 매매 제안에 불과한 경우에는 단순한 중개에 해당된다고 보고 있다. 또한 M&A 자문 용역을 제공하면서 법률회사·회계법인·M&A 전문가 등 전문적 지식을 가진 타인을 활용하여 자문용역을 제공하는 경우에는 기타소득 중 '재산권에 대한 알선 수수료'로 보는 것

이 타당하다.[10]

(5) M&A 거래의 성공 전략

기본적 성공 전략

M&A의 성공은 세 가지 관점에서 볼 수 있다. 첫째는 성공 가능성에 대한 상상력의 발휘이다. 둘째는 목적을 달성하기 위하여 타당한 계획을 세우는 것이다. 셋째는 목적을 현실적으로 달성하기 위한 자문사의 실행능력이다.

2014년 들어 미국 IT 업계 M&A 사례 가운데 69%는 자문사를 선정하지 않은 경우였다. 27%였던 10년 전과 비교하면 2.5배 이상 급증한 수치다. 매출 순익 등을 기초로 가치를 산정하는 방식이 드러나지 않는 가치를 중시하는 IT 업계에서 적용되지 않는 것이다. 또한 인적 네트워크를 활용하는 투자은행(IB) 방식은 디지털 혁명 이후 사양길로 접어들었다. 또한 기업들은 전문가들로 구성된 내부 M&A 전담부서를 두고 있다. 성공을 꿈꾸는 젊은 인재들에게 투자은행은 더 이상 최고의 길이 아닐 수도 있다[11]

신규 자문거래

매각이나 인수를 고려하는 기업과 M&A 자문사의 관계는 신뢰를 쌓는 과정이다. M&A처럼 중대한 의사 결정을 하고 거래를 진행하는 것은 신중을 기해야 하는 중요한 일이다. 그러니 조금씩 신뢰를 구축한다는 생각을 가지고 접근해야 한다. 기업을 만나는 경우 우선 그 기업과 기업주를 분석하고 평가해야 한다. "이들의 요구가 현실성이 있는가?"도 중요한 문제이다. 자문 업무를 하는 사람에게는 시간이 핵심적인 자원이다. 성공적인 자문사는 현실성이 없는 M&A 기회에 시간을 낭비하지 않는다. 잠재적 고객을 만나면 이들에게 거래에 대하여 분명한 정보를 제공하고, 어떤 거래가 가능한지 전달해야 한다.

기존 자문거래

"성공은 성공을 부른다(Good work begets good work)." 한 사람의 고객을 위한 것이라도 최선을 다해 거래를 성사시키면, 그것은 곧 또 다른 고객의 성공을 낳는다는 점을 알아야 한다. 기존의 고객을 위해서 거래가 성사될 수 있도록 최선을 다해야 한다. 거래가 성사될 때까지 진행상황을 정기적으로 알리고 필요한 정보가 있으면 제공해야 한다. 또한 매각 희망 기업과 인수 희망 기업 간에 거래가 이루어질 수 있도록 시장 조성을 위한 노력을 끊임없이 수행해야 한다.

특별 계약거래

자문사가 매각 기업과 '특별한' 계약을 맺고 매각을 추진하는 경우가 있다. 매각 자문사는 일반 자문 기업과는 달리 많은 시간과 비용을 지출하여 거래를 진행하는 계약 관계를 맺으므로 상당한 수수료를 미리 받는다. 매각 기업이 적극적으로 매각을 추진하는 경우 잠재적 인수 대상 기업의 리스트를 최소한 100개 정도는 준비해야 한다. 물론 인수할 가능성이 상당히 높은 기업이어야 한다. 이 정도를 확보하면 여러 인수 기업의 인수제시가 가능하다고 본다. 물론 더 많은 리스트가 확보되면 가능성은 더 높아질 수 있다.

일반 계약거래

M&A 거래를 위해서는 우선 거래 가능성이 있는 기업을 파악하여 리스트를 만든다. 대상 기업군의 발굴에는 창의력을 발휘해야 한다. 기본적으로 경쟁사, 납품기업과 고객기업이 잠재적 거래대상에 오른다. 인터넷에서도 많은 정보를 얻을 수 있다. 미국의 경우에는 CapitalIQ(www.capitaliq.com)와 OneSource(www.onesource.com) 같은 정보기업이 제공해준다. 매각 기업은 늘 유리한 입장에 서있다. 괜찮은 기업이라면 매각하려고 하면 많은 인수자들이 나타난다. 매각 의사가 없는 기업이라도 좋은 기업은 많은 기업들이 인수를 타진한다. 이런 상황에서 자문사의 입지는 작다.

3) 자문사의 종류

(1) 자문사의 개요

M&A의 자문사는 크게 사업중개인(Business broker), M&A 자문사(M&A inter-mediary), 투자은행(Investment banker)등 세 가지로 볼 수 있다. 기업의 규모, 시장의 성격과 기업의 성격에 따라 다음의 〈표 2-1〉과 같은 역할을 한다.

〈표 2-1〉 M&A 자문사의 종류별 비교

성격	사업중개인	M&A 자문	비상장법인 투자은행	투자은행
거래 사이즈	20억 원 이하	1000억 원 이하	1000억 원 이하	1000억 원 이상
자본 구조, 자본 구조 조정과 자금 조달	×	×	○	○
인수 참여	가능	가능	○	○
공개 매수	×	×	가능	○
가격 결정	협상	협상 또는 비공개협의	제한적 경매	공개 경재

미국의 경우 M&A 대상 기업과 자문 기업의 종류는 다음의 〈표 2-2〉와 같다.

〈표 2-2〉 미국의 M&A 대상 기업과 자문 기업

기업 구분	연매출	자문사	기업 수
개인기업	10억 원 미만	(부동산)중개인	6,000,000
중소기업	10억~100억 원	M&A 중개인	1,000,000
중견기업	100억~2500억 원	자문사	150,000
대형기업	2500억~5000억 원	자문사	3,000
대기업	5000억 원 이상	세계적 자문사	3,000

(출처: www.census.gov/epcd/www/smallbus.html)

2014년(11월까지) 기준 글로벌 M&A 규모는 3조 1000억 달러이다. 자문 1위를 차지한 골드만삭스는 이 중 9353억 달러를 자문하였고, M&A 자문으로 17억 달러를 벌어들였다.[12]

사실 M&A에는 많은 전문가들이나 자문사들이 관여한다. 또한 자문사는 이러한 역할을 어느 정도 할 수 있는 능력을 갖추어야 한다. 경영 전략 전문가(strategic advisor), 경영 자문(operational consultant), M&A 자문 (M&A intermediary), 투자은행(investment banker), 사업중개인(business broker), 기업 평가 전문가(valuation expert), 세무자문기업(tax accountant or attorney), 회계법인(audit accountant), 변호사(deal attorney), 재무자문(financial advisor), 재산관리자문(wealth manager), 실사자문사(due diligence consultant), 기업통합자문사(integration manager)가 그것이다. 비상장 기업이나 중소기업 또는 중견기업 M&A 시장에서는 수많은 자문사들이 활동하고 있다. 회계사, 컨설턴트, 중소투자은행, 브로커 등 다양한 사람들이 거래를 진행하고 있는 것이다. 세계적인 투자은행들은 상장 기업이나 대기업에만 수익성을 위하여 집중하고 있다. 그렇기 때문에 기업들은 신뢰할 수 있고 능력 있는 자문사를 택하기가 쉽지 않다.

해외 거래인 경우에는 해당국 정부의 규제와 관련된 문제를 해결해야 한다. 그러므로 자문사 선정 시 그 점을 감안해야 한다. 예를 들어 중국 기업들의 M&A 자문 업무는 중국 은행들이 대부분 진행한다. 중국계 금융 기관들은 중국의 정보를 담당하는 부서들과 좋은 관계를 맺고 있는 바, 이는 거래를 성사시킬 때 많은 시간과 노력을 절약하게 해준다. 게다가 글로벌 투자은행보다 낮은 가격에 자문을 담당하면서도 M&A 노하우는 빠르게 따라잡고 있다. 이에 따라 글로벌 투자은행들은 인수 측이 아닌 매각 측 회사의 자문을 담당하는 경향이 있다. 그러나 미국 등 서구국가가 안보 등과 관련된 이유를 들어 M&A 과정을 조사하거나, 반 담합 규제 등을 시도할 경우 중국 자문사가 이를 감당하기는 어렵다.[13]

미국에서 소기업들은 대부분 그 지역 지방은행들과 거래한다. 하지만 소기업들은 자본 시장에서 혜택을 보기는 어렵다. 관심을 가져주는 투자자들을 찾기도 힘들다. 중소기업이나 비상장 기업은 자문사들이 가장 많이 활동하는 분야이다. 중소기업은 대체로 기업주가 경영을 담당하고, 기업의 부채에 대한 인적 담보를 제공함으로써 무한책임을 부담하며, 기업의 수입이 기업주의 생계 수단이고, 대개 기업주의 은퇴기에도 2세에게 경영권을 넘기지 않으며, 기업의 가치는 해마다 크게 바뀐다. 중대기업은 세계적인 투자은행들로부터 두 번째 우선순위의 관심을 받는다. 대기업과 상장 기업들이 대부분 포진하는 바, 이들은 대부분의 투자 분석에서 현금 흐름 분석 기법을 사용한다. 이들은 세계적인 투자은행들이 활동하는 영역이기도 하다. 이 시장이 전통적인 재무이론, 자본 시장론이 개발·적용되는 영역이다.

(2) 사업중개인

사업중개인은 해당 지역에서 소기업을 위하여 일을 하는데, 보통 20억 원 규모 이하의 거래를 담당한다. 이들은 부동산중개인과 유사한 역할을 수행한다. 이들도 거래 가격을 제안하고, 거래사업체 리스트를 인터넷에 올리고, 때로는 부동산중개인 자격을 가지기도 한다. 대체로 인수자는 개인들이다.

(3) 투자은행

투자은행은 기업의 주식과 채권 등 증권(Company securities)을 판매하고 거래하는 인가(License) 금융 기관을 의미하는 용어이다. 비상장법인 투자은행(Private investment bank)은 비상장 기업이 비상장 기업시장에서의 M&A 업무를 자문하는 투자은행이다. 이들은 M&A 자문사의 역할도 수행한다. 자금조달이나 부채차환 등 전통적인 금융업무도 수행한다.

투자은행은 상장 기업과 대기업을 중심으로 기업재무와 함께 자문 서비스를 제공한다. 또한 비즈니스 개발팀, 리서치팀, 많은 애널리스트 등 전문가를 고용하여 큰 조직을 가지고 최고의 사무실을 가지고 있으며, 비즈니스 브로커보다는 좀 더 포괄적인 자문 서비스를 제공한다. 미국의 경우 투자은행과 거래하려면 100억 원 정도의 수수료가 최소수수료 규모이다. 그 이하인 경우가 비즈니스 브로커와 거래할 때의 것이다.

비즈니스 브로커는 투자은행과 유사한 일을 하지만 작은 수의 직원과 조직을 가지고 있다. 한 사람이 모든 것을 수행하는 비즈니스 브로커도 많다. 투자은행은 계약금, 월 수수료, 성공수수료를 청구하는데, 비즈니스 브로커도 약정금이나 계약금을 받으며 대부분은 성공수수료만 받는 조건부계약이다.

1929년의 대공황 때문에 탄생한 글래스-스티걸법(Glass-Steagal Act)이 1999년에 폐지되었다. 이 법은 대공황의 원인인 상업은행에 대한 규제 방안으로, 은행에서는 위험도 높은 증권 관련 거래를 할 수 없도록 상업은행과 투자은행의 업무를 분리하였다. 그러나 1999년에 폐지되면서 상업은행의 증권업 겸업이 다시 허용되기 시작했다.

(4) M&A 자문사

M&A 자문 기업(Intermediary)은 매각 기업이나 인수 기업의 대리인 역할을 수행한다. 때로는 투자은행(Investment banker) 또는 비즈니스 브로커(Business broker)라고 부르기도 한다. 이들은 기본적으로 기업 '세일즈맨(Sales people)'으로서 기업을 매각하는 사람이다. 미국에서는 M&A 거래를 하는 개인은 모두 증권 관련 시험을 통과한 뒤 등록해야 한다.

미국에서 '부티크(boutique) 자문회사'는 자본 규모로 상위 25위에 속하지 않는 중소형자문사를 부르는 개념으로 사용된다. 이들은 M&A 자문과 같은 전통 투자은행 업무를 중심으로 지역별 또는 자산가별, 업종별로 시장을 전문화했다. 라자드 등 자문사는 포춘 100대 기업을 전문으로 하는 부티크 자문사로, 파이퍼 재프리 등은 거래 규모 5000만 ~ 5억 달러가량의 중소형 거래를 전담하는 자문사이다.[14]

자문사 중에는 글로벌IB에 버금가는 활동을 하는 기업도 있다. 라자드는 2014년 대형은행들을 제치고 미국 투자은행 중 사상 처음으로 M&A 자문 매출이 10억 달러(약 1조 900억 원)를 넘었고, 순익만 5000억 원에 이른다. 2014년 이 같은 독립 IB들의 M&A 시장점유율은 28%로, 2007년에 비해 2배 가까이

증가했다. 대형 투자은행은 금융 위기 이전의 76%에서 61%로 줄었다.[15]

(5) 법무법인과 회계법인

M&A는 법률 문제가 많아 비즈니스 전문 변호사들이 활동하는 로펌에서 많이 취급하고 있다. 회계법인도 미국의 대형 회계법인과 제휴된 한국 회계법인들(PWC, Ernst&Young, Arthur Anderson, KPMG) 등에서 M&A 관련 서비스를 제공한다. 회계법인은 자체 자금 동원 능력이 없기 때문에 투자은행에 비해서도 상대적으로 우월한 위치에 있는 것은 아니다.

변호사는 M&A 거래에 깊숙이 관여한다. 거래 구조의 결정, 거래리스크의 분석, 세금 문제의 검토, 재무관련 조건의 검토, 자금 조달 준비, 거래 종결을 위한 일정의 협의, 채권자에게 의견서(Opinion of counsel letters) 제공, 실사 범위 제시, 인수 계약서와 관련문서의 작성 및 검토 등의 역할을 하고 있다.

4) 자문사 선정

(1) 개요

기업을 직접 매각하려는 시도의 가장 중대한 문제점은 비밀 유지가 안 된다는 점이다. 이러한 문제로 인하여 자문사를 찾게 만든다. 또한 직접 매각을 추진하거나 인수를 추진하는 경우 대상 기업을 찾기도 힘들지만, 찾더라도 접촉하는 것이 더 어렵다. 설령 만나더라도 거래 가격이나 거래 조건에 대한 대화도 꺼내기 어렵다. 대기업이나 상장 기업 같은 대형 거래는 대부분 세계적인 투자은행이나 국내의 대형 증권회사가 배타적인 계약을 함으로써 이루어진다. 그러나 미들마켓에서는 거래에 관여하는 많은 자문사들 중 하나가 거래를 진행하게 된다. 현실적으로 이러한 자문사들은 기업의 자문사와의 관계와 신뢰 관계에 의하여 선택된다. 매각을 추진하는 기업 입장에서는 가장 중요한 것이 "비밀을 유지할 수 있는 신뢰할 수 있는 자문사를 찾는 것"이다.

매각 기업은 자신의 회사를 높게 평가하는 자문사를 선택하려는 경향이 있는 것은 자연스럽다. 일부 매각 자문사들은 계약을 따내려고 지나치게 낙관적인 가격을 제시하기도 한다. 그러나 계약이 이루어지면 제시 가격은 무의미해진다. 따라서 지나치게 높은 가격을 제시하거나 성사 확률을 높다는 자문사들을 조심해야 한다. 중소기업이나 비상장 기업을 매각하는 것은 쉽지 않으며, 가격도 생각보다 훨씬 낮다는 점을 알아야 한다.

(2) 선정의 기준

전략·성향이 일치하는 자문사

매각 기업은 매각 자문사를 선정할 때 매각 전략의 철학이 같은 회사를 선정해야 한다. 물론 매각 마케팅 전략의 세세한 내용은 다를 수 있지만, 핵심전략은 같아야 한다. 예를 들어 매각 기업이 잠재 인수 기업과 일대일로 비밀리에 거래를 진행하기를 원한다면 거기에 맞는 자문사를 선정해야 한다. 반대로 매각 기업이 최고의 매각 가격을 얻기 위하여 시장에서 공개 매각을 원한다면, 마찬가지로 거기에 맞는 자문사를 선정해야 한다.

또한 매각 기업은 자문사와 밀접하게 일을 하게 되므로, 두 기업의 성향이 유사한 것이 좋다. 공격적이고 신중하며 정중하고 도전적인지 등을 고려하는 식이다. 매각 기업과 자문사는 얼굴을 맞대고 일하므로 매각 기업의 취향에 맞추는 것은 자문사의 몫이지 매각 기업이 할 일이 아니다.

전문 자문사

매각 기업은 잠재적인 인수자를 많이 보유하는 자문사가 필요하다. 또한 해당 업종의 M&A 전문가도 필요하다. 업종협회에서도 잠재적 인수자를 구할 수 있다. 해당 업종의 전문가는 그 업종의 가격 문제에 정통하고 인수 계약에 들어갈 때 필요한 보장 조항도 잘 안다. 물론 해당 업종에서 M&A를 성사시킨 경험도 중요하다. 따라서 자문사는 업종을 이해한 뒤 업종에 따라 M&A에 접근할 필요가 있다.

많은 기업들이 국경을 넘는 M&A 거래에도 관심을 가지므로 자문사가 해외와 연결되지 않은 경우는 해외 거래에 관심 있는 기업들에겐 관심대상에서 제외된다. 자문사들이 데이터를 바탕으로 잠재적인 해외인수 기업을 찾아낼 수 있겠지만 실질적으로 거래를 성사시키는 것은 또 다른 문제이다.

(3) 제안요청

자문사 선정을 위하여 자문사에 제안을 요청하기도 한다. 제안요청서(RFP, request for proposal)는 매각 기업이나 인수 기업이 M&A 진행에 필요한 요구사항을 제시함으로써 자문사가 자문제안서를 작성하는 데 도움을 주기 위한 문서를 말한다. 제안요청서에는 해당 M&A의 제목, 목적, 내용, 진행 기간, 거래 금액, 참가 자격, 제출 서류, 요구 사항, 평가 기준 등의 내용이 포함된다.

매각을 하는 경우에는 자문사가 매각 대상 기업이 어떤 회사인줄을 일반적으로 알 수밖에 없어 회사 이름과 기본 재무 자료 및 간단한 설명을 포함시키는 게 일반적이다.

인수를 추진하는 경우에는 보통 대상 회사 이름을 알려주지 않고 기본 사업 내용과 기초 재무자료 및 거래(Deal) 구조를 알려줘서, 자문사가 자문수수료 제안을 하도록 하게 한다.

매수 대상 회사와 비밀 유지 계약을 맺은 경우에는 동일한 수준의 비밀 약정을 맺고 상당한 수준의 정보를 알려주기도 한다. 그러나 일반적으로 신뢰할 수 있는 자문사에게만 배포하기 때문에 비밀 유지 약정은 하지 않는다.

2. 자문사 미팅

1) 미팅과 소개

매각을 희망하는 기업의 경우 보통 첫 미팅 때에는 자문사 측에서 회사를 방문한다. 딱딱해 보이는 또는 정장차림의 변호사나 자문사 직원이 회사를 방문하면 직원들이 의아해할 수 있다. 특히 평상복 차림으로 일하는 IT 관련 기업에 이런 사람들이 들락날락하면 뭔가 심상치 않은 일이 있을지도 모른다는 얘기가 돌게 마련이다. 물론 M&A 전문가들은 명품 의류를 선호한다. 경쟁이 치열한 M&A 시장에서는 옷차림으로 좋은 인상을 주는 것이 무척 중요하기 때문이다. 물론 이 또한 경우에 따라 다르다. 저가 의류를 파는 기업과 거래할 때 그 기업의 옷을 사 입는 것은 긍정적인 효과를 가져올 수 있다. 특히 의류업체와 관련될 때 특히 더 신경을 써야 한다. 패션회사 CEO들은 누가 어떤 옷을 입고 무엇을 걸쳤는지 꼼꼼하게 관찰하는 경향도 있다. M&A를 위한 프레젠테이션을 하러 갈 때는 옷을 신경 써서 입어야 한다는 것은 수십 년 전부터 전해 내려오는 기본 전략이다.[16] 자문사에서 미팅을 하는 경우도 많다. 보안과 비밀 유지에 민감한 기업의 경우 그렇다. 자문사와 기업의 미팅은 자문사의 회사 소개로 시작된다.

사실 많은 기업이 자문사의 거래실적을 요구한다. 그리고 많은 자문사들이 자랑스럽게 M&A 거래실적을 보여준다. 그러나 필자같이 철저히 보안을 유지하며 거래를 진행하는 자문사는 회사의 방침을 이유로 어떤 거래 정보도 제공하지 않는다. 거래가 종결된 후에도 특별한 요구가 없는 이상 공개하지 않는 것이 필자의 전략이다. 비밀과 보안 유지를 회사의 경쟁력으로 내세우기 때문이다. 그리고 이것이 매각이나 인수를 고려하는 기업에게는 가장 중요하기 때문이다.

인수를 희망하는 기업은 인수 대상 기업을 분명히 알아야 한다. 애매하게 "좋은 기업을 소개해달라"고 요구하는 기업은 사실상 쇼핑객일 뿐이다. 인수 대상 기업의 입지(geography), 산업, 제품, 고객, 규모 및 수익성에 대한 구체적인 요구 사항을 명확히 제시해야 한다.

2) 정보 수집

(1) 대상 기업 이해

기업을 매각하든 인수하든 가장 중요한 것은 회사를 정확히 이해하는 것이다. 회사에 대한 기초적인 이해를 위하여 재무 분석과 산업의 이해는 필수적이다. 이를 통해 기업의 가치를 평가하고, 매각 기업의 성장성과 비전을 제시할 수 있다.

매각 기업의 경우 매각의 사유를 정확히 파악하는 것도 중요하다. 기업주의 단순한 은퇴 때문인지, 회사에 문제가 있는지, 사업의 미래가 불투명해서인지를 알아야 한다. 그렇지 않으면 매각은 실패로 끝나며, 쓸데없이 시간만 낭비할 수 있다. 주주가 많은 경우 매각 기업의 주주 간의 약정에 의하여 또는 사모펀드나 벤처캐피탈 주주가 거래를 거부할 수 있는 권한이 있는지 등을 확인해야 한다. 또한 은퇴 후에 하고 싶은 일과, 언제 은퇴하고 싶은가를 아는 것도 중요하다.

(2) 거래 방식 이해

기업을 매각하는 경우 여러 가지 거래 방식을 고려할 수 있다. 경영권을 매각하는 단순한 거래로부터 다양한 구조의 구조 조정 등도 논의될 수 있다. 거래 방식으로는 다음과 같이 많은 것들을 생각해볼 수 있다.

- 주식 및 경영권 100% 매각
- 새로운 주주 및 경영진 영입
  - 구주 매각 또는 유상 증자에 의한 대주주 변경
- 내부 경영진에 의한 인수
- 기존 주주에 의한 인수
- 차입금 구조 조정
- 소수주주의 구조 조정
- 대주주의 구조 조정
- 우선주 발행
- 합병

- 가족승계
- 기업 상장
- 계획적 청산

(3) 예비적 평가 및 자문 서비스

거래를 진행하기 전에 M&A와 관련된 사전 자문을 제공한다. 예를 들어 기업의 가치의 평가 및 제시, M&A 관련 최근 동향, 핵심적인 기업 전략, 보안 및 비밀 보장 방법, 매각 전략 등이다. 특히 거래 가격에 대한 상호이해는 중요하다. 과다한 가격으로는 거래가 되지도 않을 뿐만 아니라, 회사만 피해를 볼 뿐이다. 거래 가격에 대한 논의는 가능한 빨리 하는 것이 좋다. 그래야만 거래가 효과적으로 진행된다. 지나치게 비관적인 입장이나 비관적인 뉴스만을 고려하는 것이나, 지나치게 높은 가격을 논의하는 것은 바람직하지 않다. 너무 비관적인 평가는 나름대로 기대를 하고 있는 기업주로서는 거래를 하지 않게 할 것이고, 너무 높은 가격은 거래를 성사시킬 수 없게 하기 때문이다. 거래의 진행 방향에 따라 물론 최고 가격을 받을 수도 있다. 또한 기업주와 거래의 진행 절차 등에 대하여 이해를 나누는 것이 필요하다.

또한 인수 기업이 생각지도 않은 회사의 중대한 문제점도 마찬가지이다. 중대한 문제점은 종업원, 납품기업, 고객 등과의 소송, 주주간의 분쟁, 탈세, 회계분식과 부정 등 다양하다. 중대한 문제점을 숨기고 거래하는 것은 불가능하다. 인수 기업은 철저한 실사를 진행한다.

중소기업의 기업주는 기업과 자신의 삶을 동일시한다. 따라서 기업을 매각하는 것은 삶의 상실에 가까우며, 따라서 매각은 심리적으로나 정신적으로나 지극히 어려운 문제이다. 출구 전략 또는 매각 전략을 짜기 전에 자신의 인생의 질문을 돌아보고 이를 분명하게 하는 것이 좋다. 그러한 질문으로는 다음의 〈표 2-3〉과 같은 것이 있다.

〈표 2-3〉 매각 전략의 수립 전에 고려할 내적인 질문

구분	질문	비고
사업 목적의 회고	처음에 기업을 시작한 목적은 무엇인가?	
	그 목적은 성취되었는가?	
매각 후 삶의 고찰	어느 시점에 경영에서 물러나거나 매각할 생각인가?	
	기업을 매각한다면 일부만, 아니면 전부를 매각할 것인가?	
	기업을 매각한 후 경영자, 고문 또는 멘토로 남고 싶은가?	
	회사에 잔류하게 되면 단지 직원으로서 봉사할 것인가?	
	회사를 매각한 후 무엇을 할 것인가?	
매각 대금 고려 사항	앞으로 돈이 얼마나 필요하며, 그것은 무엇 때문인가?	
	매각 대금은 어떻게 관리 또는 투자할 것인가?	
	매각 대금은 전액 현금으로 받을 것인가?	
	현금으로 모두 받지 않을 경우 무엇을 원하는가?	
	자녀에게 얼마나 물려줄 것인가?	
	매각에 따른 세금은 얼마인지 알고 있는가?	
인수자 고려 사항 Nature of Buyer	가족에게 경영권을 인계할 수 있는가?	
	동업자나 종업원에게 경영권을 매각할 의향이 있는가?	
	경쟁사, 공급자(기업), 고객(기업)에게 경영권을 매각할 의향이 있는가?	
	투자 수익 목적 투자자에게 매각할 의향이 있는가?	
사업의 영속성 문제 Continuity of the Business	동업자가 경영권 매각을 상의하였고, 그가 이에 동의하였는가?	
	가족들과 종업원들은 경영권 매각으로 어떤 영향을 미치는가?	
	당신과 종업원들은 고용승계를 주장할 것인가?	
	경영권의 매각이 계속적인 고객서비스에 미치는 영향은 중대한 가?	

이러한 질문에 대하여 기업주나 대주주는 실제로 종이에 적어서 가까운 사람이나 사업파트너와 의논하는 것도 좋다. 기업을 매각하고 난 후의 삶을 깊이 생각해보는 것이다. 이 점을 명확히 해야 심적으로 평화로워질 수 있고, 새

로운 마음으로 사업에 매진할 수도 있으며, '경제적인' 매각 전략과 매각 일정
을 잡을 수 있다.

3. 자 문 사 계 약

매각 기업과 매수 기업 양측의 대리인이 되어서는 안 된다. 이해관계의 상충
이 발생하기 때문이다. 양쪽을 위하여 일하게 되면 비효율적이고 비윤리적인
행동을 유발하게 된다.

1) 거래의 제안

(1) 제안의 내용

우리나라에서의 M&A 거래 자문에는 어려운 면이 있다. M&A 자문을 하
는 사람이나 회사들이 각종 불법 거래나 부당거래로 언론에 보도되고 있는 것
을 봐도 그렇다. 이에 따라 M&A 자문을 하는 회사들에 대한 부정적인 관념
이 존재한다. 계약 관념도 없어서 자문 계약을 하는 것을 꺼리고, 나중에 딴
소리를 하는 기업도 많다. 신용사회가 정착되지 못하다 보니 서로 믿지도 않는
다. M&A 자문사도 믿기 어렵다. 매각 기업 정보를 쉽사리 오픈하고, 거래 진
행도 투명하지 않은 경우가 많다. 매각을 추진하는 기업도 투명하지 않다. 법
적인 또는 회계상 중대한 문제점을 은닉하려고 한다. 우리나라 M&A의 역사가
아직 일천하기 때문이다. 시간이 흐르면 긍정적인 방향으로 정착될 것으로 생

각한다.

M&A 자문사와 의뢰 기업 간에 거래를 의뢰하거나 제안하는 경우 평가의 기준과 평가 금액을 제시하고 협의를 해야 한다. 자문사는 매각 희망 기업의 기본적인 평가 금액을 제시하거나 희망 매각가액을 협의한다. 기업의 평가는 주관적인데다, 단 하나의 가격만 있는 것이 아니므로 가격의 범위를 정할 수밖에 없다. 자문사와 기업은 평가의 기준, 최소 가격과 최대금액에 대하여 협의를 해야 한다. 매각 기업의 기대가 현실과 지나치게 유리된 경우 거래 진행을 하는 것은 좋지 않다. 거래가 되지도 않을 뿐더러 매각 기업도 피해만 입을 가능성이 크다. 유의할 것은 가격을 제시할 때 기업의 가치(Enterprise value)와 주식의 가치를 분명히 구분해야 하고, 매각 기업 측에서 잘못 이해하지 않도록 해야 한다. 거래를 진행할 때 정보의 제공, 대화 및 협상 등을 위하여 한 사람(Point-person)을 임명해야 한다. 정보의 요청, 미팅, 질의응답 기타 등은 이 사람을 통하여 이루어져야 한다.

(2) M&A와 기업 회생 신청

매각 자문을 하는 기업 중 상당수가 경영위기에 직면한 기업이다. 일부기업은 부도나 파산 위험에 처해있는 경우도 많다. 우리나라의 많은 기업이 경영이 악화된 시점에 매각을 시도하기 때문이다. 이런 경우에는 법적인 절차에 따라 기업 회생을 신청하는 것을 고려해야 한다. 기업 회생은 일시적인 자금 부족으로 부도에 몰린 기업을 법원의 결정에 따라 채무를 동결하고 회생시키는 제도이다. 기업 회생 제도는 기업주와 회사를 보호하며, 이를 통하여 기업은 정상적인 매각도 가능할 수 있다.

2) 자문 수수료

(1) 심리적 문제

M&A 자문수수료는 변호사 수임료보다 훨씬 비싸다. 그러나 자문사를 이용하는 것은 그만한 가치가 있기 때문이며, 이는 매각 가능성 및 가격과 관련해서도 중요한 역할을 한다. 이렇게 비싼 자문수수료의 이면에는 거래 성사의 확률과 거래 금액이 있다. M&A의 성사 확률은 매우 작다. 세계적인 투자은행의 한국사무실도 거래를 성사시키는 경우는 1년에 몇 건이 안 된다. 투자은행의 거래대상은 상장 기업이나 우량기업 같이 인수 희망 기업이 많아 거래 성사의 확률이 그나마 높은 편이다. 그러나 중소기업이나 비상장 기업의 거래확률은 0에 가깝다고 할 만큼 낮다. 중소기업과 비상장 기업에 M&A 자문을 하는 기업은 수많은 자료정리 업무, 미팅, 출장 등 많은 시간과 비용을 투자하지만 성사되는 거래는 거의 없다고 봐도 무방하다. 따라서 자문수수료가 높은 것은 어쩔 수 없는 현실이다. M&A 거래가 성사되면 주주나 기업주는 거금을 받는다. 일부기업은 자문사가 받을 수수료에 민감하거나 아까워한다. 그러나 거래 성사의 확률과 자문사의 역할, 거래 금액의 95% 이상이 매각 기업의 몫이라는 점을 생각하면 그렇게 생각할 일이 아니다.

M&A를 통해 성장을 추구하는 기업은 시장을 꾸준히 조사하고, 관련 지식과 노하우가 풍부한 인재를 육성하거나 스카우트하는 등 투자를 해야 한다. 기업의 운명이 걸린 문제이기 때문이다. 또한 기업을 매각할 때도 마찬가지이다. 그런데 우리나라 기업은 M&A 과정에서 당연히 드는 자문비용 마저도 주지 않으려 하거나, 지나치게 덤핑하려 한다. 세계적인 기업들은 M&A 자문사에 높은 자문수수료를 지급하고 인수를 의뢰하거나 매각을 의뢰한다. 그만큼

이익이 되기 때문이다. 그러나 우리나라의 기업들은 사전에 수수료를 깎거나, 심지어 계약 시 정한 수수료를 주지 않으려는 것 때문에 세계 M&A 시장에서 유명하다. M&A는 기업의 명운이 걸린 중요한 일임에도 불구하고, 기업들은 비용을 아끼려다 소탐대실(小貪大失)하는 경향이 강하다.[17] 우리나라는 증권사, 회계법인, 로펌이 너무 많고 경쟁이 치열하여 '덤핑'이 심하다. 기업 공개(IPO)의 경우 공모 규모 5000억 원 이상인 경우 수수료 1%면 높은 편이지만, 홍콩 증시에서는 대략 7~8%, 미국 증시에서는 대략 3~4%는 되는 것으로 알려져있다. M&A의 덤핑도 심하다. 결국 낮은 자문수수료는 저질 서비스로 이어진다. 물론 수익성이 떨어지니 고급 인력도 없다. 결국 소비자인 기업이 피해자가 될 뿐이다.[18]

(2) 수수료 실제

개요

M&A 관련 산업은 막대한 규모로 성장하고 있으며, 그 높은 성장세는 멈출 기미를 보이지 않고 있다. 10억 달러 이상 규모의 거래인 경우, 거래에 참여하는 당사회사는 각각 투자은행에 0.9%의 수수료(Investment banker fees)를 지불한다. 즉, 대형 거래의 거래 금액의 1.8%가 투자은행가의 몫이 된다. 1억 달러 이상 규모의 거래는 최대 2.5%의 수수료를 지불하게 된다. 그러나 규모가 작아질수록 수수료율은 점점 높아진다. 최근 자문사의 수수료 수익성은 떨어지고 있다. 2014년에는 세계 M&A 거래 금액은 70% 늘었지만, 자문수수료 수입은 38% 증가하였다. 물론 초대형 거래가 많고, 대형 거래에서 나오는 수수료가 중소형 거래보다 낮기 때문이다. 초대형 거래는 총 거래 금액(지분 가치

+ 차입금) 대비 0.07~0.19%, 10억~50억 달러 규모는 0.96%, 5억 달러 이하는 1.2~2.5%이다.[19]

자문사의 수수료는 개별사안에 따라 다르고 유동적이다. 일반적으로 매각 기업으로부터 받는 자문 수수료는 분명하지만, 인수 기업으로부터 받는 자문 수수료는 불확실하다. 자문사들은 대개 부동산중개인과 같이 거래 성사에 따른 성공수수료를 받는다. 이는 대부분의 변호사나 회계사들이 일한 시간에 따라 청구를 하는 것과는 뚜렷이 다르다. 자문수수료는 보통 계약금과 성공수수료로 나누어진다.

계약금은 기업의 가치 평가, 매각 기업과의 상담 및 기본 정보의 준비, 기초적 자문 등을 위한 수수료인데, 'Up-front fee'라든가 'Retainer', 'advisory fee' 등 다양하게 불린다. 일반적으로 성공수수료를 받는 경우 상계되지만, 독립적인 자문수수료로 받기도 한다. 계약금을 받지 않고 거래 진행에 따라 기간별로 'Engagement fee'를 받는 경우도 있다. 글로벌 자문사들은 고정 비용 부담 때문에 10~20만 달러 정도의 계약금(retainer fee)을 받고 시작한다. 어떤 자문사들은 계약금을 일정한 조건이 성립되면 받는 경우도 있다. 예를 들면 자문 계약서의 승인, 잠재적 거래 기업 또는 리스트의 작성 또는 확정, 비밀 유지약정서의 수령, 당사자 미팅, 인수의향서 교환, 인수 계약서 초안의 작성 시에 청구하여 받는 것이다. 선불수수료(Up-front retainer)는 자문 계약을 체결할 때 자문사가 받는 선금이다. 중견기업 M&A 시장(Middle-market transactions)에서 흔히 1000만 원 내지 1억 원(약 1만~10만 달러)이 청구되며, 거래가 성사되면 수수료 지급금액에서 차감된다. 어떤 때에는 선불수수료를 매월 분할하여 지급하기도 한다. 이렇게 하면 자문사의 수입이 안정화되어서 좋고, 또한 매각 기업도 한번 알아보는 정도가 아니라 정말 매각할 의사가 있음을 확인할 수 있는 증거가 된다. 미국에서는 설사 거래가 안 돼도 계약 초기부터 '약정수수료(Engagement fee)'를 받으며, 또한 매달 '착수금(Retainer fee)'을 받는다. 그렇지만 한국에서는 경쟁 심화로 성공수수료로만 받는 경우도 있는데, 심지어 그나마도 받기 힘들 때도 있다. 중소 자문사들은 수십 개의 매각 기업을 보유하면서도 계약금도 없이 고객에 대한 정보도 제대로 수집하지 못하고 거래를 진행할 수밖에 없다. 200억~300억 원 규모의 거래에서 '착수금'을 3000만 원 정도 받지만, 받는 시점은 상황에 따라 다르다. 인수 자문(Buy-side engagement)의 경우 매각 자문보다는 성공수수료가 적지만, 거래기간에 따라 월정 수수료를 받기도 한다. 자문사가 지급한 경비(Expense reimbursement)를 청구하기도 한다. 자문사는 고객을 위하여 지출한 현금비용(Out-of-pocket expenses)을 고객이 부담해주기를 바란다. 출장비용, 인쇄비용, 야간근무 식대 등이 그것이다. 미국에서는 인수 대상 기업과 산업을 분석하고 인수 대상 기업을 찾아내는 일에 대한 자문수수료로 5만~10만 달러 정도를 지급받는다. 사실 자문사들은 이러한 일을 잘 하지 않는다. 성사 확률이 너무 낮고, 시간과 비용이 너무 많이 소비되기 때문이다. 우리나라에서는 이를 부담하는 기업이 드물다. 대부분 비용이 아깝다 보니 기존 직원을 헛되이 이 일에 종사시킨다.

자문사들은 매각 자문 계약서에 계약 기간이 끝나거나 종료된 후에 일정 기간 동안의 거래에 대하여 수수료를 받는 조항을 항상 넣는다. 이 조항을 처음 본 매각 기업들은 놀라며 불공정하다고 생각하거나, 심지어 기분 나빠한다. 그러나 자문사가 소개한 잠재적 인수자가 계약 종료 후 인수한 경우 자문사가 수수료를 받는 것은 정당하다. 어떤 경우에는 자문사 수수료를 주지 않으려고 잠재적 인수자와 비밀리에 계약 종료 후에 진행하자는 밀담을 나누기도 한다.

정액수수료(Flat fee)

정액수수료는 자문사와 매각 기업이 기업의 가치를 산정하고, 거기에 일정한 수수료율을 적용하여 결정한다. 따라서 실제 매각금액에 관계없이 금액은 고정적이다. 유일한 변수는 거래의 성사여부이다.

정률수수료(Flat percentage fee)

정률수수료는 가장 흔한 형태이고, 결론적으로 가장 좋은 방식이다. 매각 기업은 거래 금액(Transaction value)의 몇 퍼센트를 지급하는 약정을 한다. 거래 금액은 지분거래가액(The equity purchased)에 부채 상환 또는 인수금액(Debt payed off or assumed)을 합한 금액이다. 통상 400억~500억 원(약 3000만 달러) 정도의 거래에서는 2%(지분 거래 금액의 4~5%)가 지급된다. 100억 원(약 1000만 달러) 정도의 작은 거래에서는 3%(지분 거래 금액의 6~7%), 2000억 원(약 1억 5000만 달러)의 대형 거래에서는 0.85%(지분 거래 금액의 1.7~2.5%)가 적용된다. 큰 거래에서나 소형 거래에서나 하는 일은 유사하므로 거래 사이즈에 따라 수수료율은 달라진다. 그러나 이러한 방식은 소정 금액을 초과하는 경우 수수료율이 적어진다. 그래서 자문사가 수수료 금액이 큰 거래만 하려고 하는 문제점이 있다.

리먼 수수료(Lehman fee)

리먼 수수료는 1970년대 초반 투자은행 리먼 브러더스(Lehman Brothers)가 만들어낸 수수료율 계산방식이다. 전통적인 리먼 수수료 방식은 늘어난 거래 금액에 대하여 점차 낮은 수수료율을 적용하는 방식이다. 그 수수료율의 적용 방식은 다양하고 업계에서 많이 언급되지만, 잘 사용되지는 않는다. 리먼 수수료 방식의 이점은 처음에 높은 수수료율이 적용됨으로써 자문사가 수행하는 M&A 업무에 대해 고유한 고정 비용을 회수할 수 있다는 점이다. 반면에 거래 금액이 커지더라도 수수료 금액은 크게 증가하지 않는다. 왜냐하면 거래 금액이 큰 것은 자문사의 기능이라기보다는 기업의 가치로 인한 것이기 때문이다. 이 방식의 단점은 손쉬운 거래 금액에 높은 수수료를 지급한다는 점이다. 이 수수료의 지불금액은 사실상 자문수수료의 구실을 하지만, 더 높은 거래에 대하여 노력하지 않게 하는 문제점이 발생할 수 있다.

중소기업이나 중견기업을 대상으로 일하는 자문사들은 리먼 수수료율을 2배로 수정한 수수료율(Double lehman)을 사용한다. 100만 달러까지는 10%, 추가 100만 달러마다 8%, 6%, 4%를 적용하고, 400만 달러를 초과하는 경우 3%를 적용하는 것이다. 수정 리먼 수수료율(Modified lehman formula)도 있다. 100억 원대까지는 2%, 그 이상은 낮은 수수료율을 적용한다.

역 리먼 수수료율(Reverse lehman fee)

역 리먼 수수료율은 오늘날 가장 많이 사용되는 방법이다. 이는 리먼 수수료의 변형으로, 높은 금액에 대하여 더 높은 수수료를 지급하는 방식이다. 그리고 수수료의 분리구간이 2개 또는 3개로 흔히 단순하다. 예를 들어 기업의 가치가 500억 원인 경우 다음의 〈표 2-4〉와 같이 수수료율을 적용한다.

〈표 2-4〉 역 리먼 방식의 M&A 수수료율

거래 금액(지분 가치 + 부채)	정률 수수료율	역 리먼 수수료율	비고
이하	3.0%	1.5%	정률수수료의 50%로 나타남
475억 원(37.5백만 달러) ~525억 원(42.5백만 달러)	2.75%	2.75%	평가 금액의 ±5% 범위에서 정률수수료를 10% 인상한 것으로 보임
초과	2.0%	4.0%	정률수수료의 2배로 나타남

이 방식의 장점은 자문사로 하여금 거래 가격을 최대한 올리려고 노력하게 하여 매각 기업과 이해관계가 평형을 이루게 한다는 점이다.

차등 수수료

일부 매각 기업들은 매각금액을 최대화하기 위하여 일정한 금액을 초과하는 경우에는 수수료율을 높게 하고, 그렇지 않은 경우에는 낮게 하는 수수료 조건을 원하는 경우도 있다.

조언 수수료

전반적인 매각 자문이 아니라, 매각에 따른 전문적인 조언이나 자문만을 원하는 기업도 있다. 이러한 기업들은 대체로 일정한 수수료율에 거래 성공에 따른 보수조건(fixed rate plus closing bonus)을 선호한다.

최소 수수료

거래 금액이 작거나 부실기업의 거래의 경우 최소한도의 수수료 규정을 넣어 최소수수료를 확보한다.

수수료율의 사례

이를 바탕으로 수수료율의 거래 금액 구간별 수수료율은 다음과 같이 정할 수 있다. 여기서 지분거래가액 수수료율은 거래 금액 수수료율의 2배 정도로 할 수 있다. 그리고 두 가지 수수료 중 큰 금액으로 정한다는 희망적인 내용이다. 미국의 중소기업이나 중견기업을 대상으로 하는 자문사들이 받는 수수료는 실제로 다음의 〈표 2-5〉와 같다. 1000만 달러(100억 원)까지는 5~7%, 1000만 달러에서 1500만 달러(150억 원)는 4~5%, 1500만 달러에서 2000만 달러(200억 원)까지는 3~4%, 그 이상은 1~3%이다.

〈표 2-5〉 M&A 수수료율 예시

총 인수금액	종류			
	정률 수수료율	(수정) 리먼 수수료율	역 리먼 수수료율	
			총 인수금액	수수료율
100억 원(1000만 달러)까지	3.0%	4.5%	500억 원 미만	1%
100억 원~500억 원 (3000만 달러)	2.5%	3.6%		
500억 원(3000만 달러) ~1000억 원	2.0%	2.8%		
1000억 원(1억 달러) ~2000억 원	1.5%	1.2%	500억~700억 원	2%
2000억 원 (1억 5000만 달러) ~1조 원	0.85%	1.0%	700억 원 초과	700억 원까지 2%, 700억 원 초과금액의 5% 추가
1조 원(10억 달러) 이상	0.50%	0.8%		

특수한 수수료 조건

매각 기업에 따라 특수한 수수료율이 정해지기도 하며, 다음과 같은 두 가지가 흔히 사용된다.

첫째는 시간 기준 수수료율(월별, 일별, 시간별)이다. 부도기업, 담보권자의 매각, 법원에 의한 매각집행의 경우에는 월정보수조건이 적용된다. 또는 시간당 청구 수수료율을 정하고, 실제로 일한 시간에 따라 지급하는 조건이 적용된다. 법원은 변호사나 회계사 등과 일할 때 흔히 이 방식을 사용한다. 물론 이는 비합리적이지만 어쩔 수가 없다.

둘째는 특수상황 수수료율(Situation-based incentive fees)이다. 예를 들어 객관적인 평가에 의하면 400억 원의 가치가 있는 기업이 있다고 하자. 기업주는 최근 300억 원에 사겠다는 제의를 받았다. 그는 매각을 진행하면 나타나는 비용, 혼잡, 불확실성 등을 생각하여 그냥 이 가격에 팔기를 고려하고 있다. 그런데 실제 기업의 가치는 400억 원 이상으로 판단되니까 좀 더 고려해보라는 조언을 듣는다. 이런 경우에는 300억 원까지는 수수료가 없고, 300억 원을 넘는 경우 10%으로 하는 조건으로 계약할 수 있다.

회생 절차에서의 수수료

법원 파산부의 '회생 절차에서의 M&A에 관한 준칙(이하 '회생실무준칙')'에 따르면 M&A를 성공시켰을 때 매각주관사와 관리인이 받는 성공보수와 관련된 수수료 규정이 2006년 이후 10년째 그대로이다. '회생실무준칙' 제11호에 따르면 주관사의 성공보수는 유상 증자대금 전액과 사채 인수 대금의 50%를 합산한 금액(유입자금)을 기준으로 정해진다. 유입자금 100억 원 미만에서 1조 원 이상까지 총 8개 구간별로 수수료는 정해져있다. 유입자금이 1000억 원 이상에서 2000억 원 미만일 경우 유입자금의 0.4%에 8억 9000만 원을 가산한 금액이 성공보수가 되고, 5000억 원 이상 1조 원 미만인 경우 유입자금의 0.09%에 18억 4000만 원을 더한 금액으로 결정된다. 또 수수료에 상한선을 정함으로써 최고 금액은 30억 원이다. 한편 관리인이 회생 기업을 제3자 매각에 성공시켜 받는 보수 역시 2006년 이후 그대로인 것으로 나타났다.[20]

3) 자문 계약

(1) 자문사 결정

보안 유지와 자문사 선택

기업의 매각에는 위험이 따른다. 매각 사실이 알려지면 고객과 종업원에게 문제가 발생할 수 있다. 매각을 위한 실사 후 최종적으로 매각이 이루어지지 않으면 후유증은 더 심각하다. 따라서 믿을 수 있는 자문사를 선택하는 것이 가장 중요하다.

매각 기업은 비밀 유지와 보안에 민감하다. 매각을 고려하는 기업이나 인수 기업의 의뢰를 받아 매각을 타진하기 위하여 기업을 방문하는 경우에는 비밀 유지약정서를 가지고, 또는 그 기업에서 제시한 비밀 유지약서에 서명하겠다는 의사를 분명히 표명해야 한다. 매각 타진을 받고 있는 기업의 기업주를 만나는 경우 조심스럽게 접근해야 한다. 우선 "여러 번 자주 이 같은 문의를 받는 것을 저는 알고 있습니다"라고 말하는 것은 매각 기업의 입장을 이해하고 존중한다는 좋은 언급이다. 처음부터 비즈니스 이야기를 하지 않고 스포츠, 자식 이야기, 음악이나 여행 등에 대하여 이야기를 나누는 것도 좋다. 진지하게 이런 이야기를 나누면 단지 사업만을 위해 만나러 나온 게 아니라고 느끼게 된다. 중요한 것은 진실성이다. 그리고 좋은 관계를 유지하는 것이 필요하다. 그냥 말로만 좋은 관계는 의미가 없다.

기업주는 매각과 관련하여 경쟁사 및 종업원 등이 매각 사실을 알까봐 늘 우려하여 거래를 꺼리기 마련이다. 특히 비밀 유지에 관심이 있는 매각 기업이라면 이를 잘 이해하고 용의주도하게 비밀 유지를 처리하는 자문사를 찾아가는 것이 바람직하다.

자문사의 필요성

매각 기업과 기업주로서는 기업의 가치 평가, 매각 준비, 거래를 위한 협상, 거래의 종결절차는 처음 겪는 일이다. 물론 매각과 인수를 많이 경험한 전략적 투자자나 재무적 투자자들은 거래 경험이 많다. 따라서 경험이 없는 기업은 전문가의 조언을 받아야 한다. 기업을 팔려는 사람이 아무리 전문서적을 읽고 지식을 가지고 있더라도 변호사, 회계사, 투자은행 또는 M&A 중개인의 도움 없이는 진행을 하기가 어렵다. 대부분의 M&A는 인수 기업이나 매각 기업이 단독으로 하기는 어렵다. 특히 경쟁사에 매각할 의사가 있는 경우에는 그렇다. M&A의 협상을 매각 기업의 기업주가 직접 하는 것은 특히 기업가의 성격 및 감정 통제 등과 관련한 위험이 많다.

M&A 전문 자문사, 변호사, 회계사를 고용하는 것은 지출에 비하여 큰 도움을 받는다. 물론 무료로 일하지는 않는다. 변호사의 경우 3000만 원 내지 1억여 원(2만 5,000 ~ 10만 달러)까지, 회계사의 경우 3000만 원 내지 1억 원(2만 5,000 ~ 7만 5,000달러), 자문사는 경우에 따라 다르지만 거래 금액의 3~10% 정도의 비용이 발생한다. 경우에 따라서는 부동산 감정, 환경 문제 분석, 데이터베이스 또는 IT 조사, 마케팅 조사 비용이 발생할 수도 있다. 이런

비용은 각각 1000만 원 내지 1억여 원(1만~10만 달러)이 소요될 수 있다. 기업들은 자문사에 자문비용을 지출하기를 꺼린다. 하지만 경험 있는 사업가라면 자문사가 잠재적 거래 기업을 발굴해내고, 거래 가격을 결정할 때 조언을 하고, 협상을 이끌어나가 거래를 성공적으로 마무리하여 자신에게 이익을 준다는 것을 알고 있다.

자문사의 최종선택의 기준

자문사는 거래의 경험이 있고, 평판이 좋고, 신뢰할 수 있으며, 사업에 대한 이해가 깊고, 창의성과 회계 및 법률 관련 지식을 가지고 있어야 한다. 물론 규모가 크고 명성 있는 자문사가 일을 잘한다. 그러나 이들은 작은 고객에게 큰 관심을 쏟지 않으며, 그런 고객들의 일은 주니어들에게 맡긴다.

대부분의 사람들은 자신에게 좋은 말을 하는 사람을 좋아하고, 고언을 하는 사람을 피한다. 기업의 경영자도 마찬가지이다. 임원이나 관리자, 외부 전문가들이 사실을 말하기보다 기분 좋은 말을 하는 것을 좋아한다. 그리고 틀림없이 자신이 틀렸다고 말하는 사람과는 거래를 하지 않는다. 여기에서 문제가 발생한다. 그러나 계약 관계를 유지하는 것에만 관심을 갖고 "틀렸다"고 말하지 않는 사람과 거래해서는 안 된다. 경솔한 자문사가 아니라 신중하고 분명한 잣대가 있는, 오히려 매각 기업이나 인수 기업에 진실을 말하고 고언을 할 수 있으며, 매각 기업의 잘못된 생각을 비판할 수 있는 자문사가 더욱 도움이 된다. 잘못된 생각을 말해주는 자문사를 피하면 어떻게 좋은 아이디어를 얻을 수 있을까? 많은 자문 기업들이 매각 자문을 하면서, 특히 거래가액에 대하여 터무니없는 행위를 한다. 시장에서 평가된 가격보다 몇 배 또는 10배 이상 팔릴 수 있다고 말하는 것이다. 이러한 거래는 성사될 수 없을 뿐만 아니라, 기업만 시장에 노출되어 피해를 입기 마련이다. 그러니 객관적 진실을 말하는 전문가의 말을 들으려고 노력해야 한다.

(2) 거래 위임장

자문을 의뢰하는 기업은 자문사 위임장에 서명을 한다. 물론 사전에 자문계약을 체결하는 경우에는 생략할 수 있다. 위임장의 양식 사례는 다음의 〈표 2-6〉과 같다.

〈표 2-6〉 M&A 자문사 위임장 양식

위 임 장

(주)대한민국(이하 "회사")의 대표이사 및 주주인 김철수(이하 "의뢰자")와 (주)코리아프로페셔널(이하 "자문사")은 다음과 같이 합의한다.

의뢰자는 회사의 주주로서 회사의 주식과 경영권을 매각(이하 "경영권 매각")할 의사가 있음을 확인하다.
의뢰자는 자문사를 회사와 의뢰자의 경영권 매각의 자문회사로 지정한다.
자문사는 회사와 의뢰자가 경영권 매각을 의도하고 있다는 것을 비밀로 유지한다.
자문사는 경영권 매각을 위하여 회사 정보의 제3자 제공 및 거래의 진행에 대하여 의뢰자의 동의를 받는다.

회사와 의뢰자 및 자문사는 위의 합의사항에 동의하고 승인한다.

20○○년 ○○월 ○○일

회사: (주)대한민국 대표이사
의뢰자: 김철수

자문사: (주)코리아프로페셔널

위임장의 더 간략한 양식은 다음의 〈표 2-7〉과 같다.

〈표 2-7〉 위임장

위 임 장

　(주)대한민국의 경영권과 그 주주의 주식의 양도와 관련해서 (주)코리아프로페셔널을 자문사로 위임하여 지정하였음을 확인합니다.

(주)대한민국 대표이사 및 주주 ○○○

20○○년 ○○월 ○○일

자문 계약의 이행약정

　본인은 (주)대한민국의 경영권과 그 주주의 주식의 양도와 관련하여 잠재적 인수자를 (주)코리아프로페셔널이 제시하는 경우 (주)코리아프로페셔널이 본인에게 제시하고 구두로 수용한 자문약정서(안)에 서명날인을 하고 거래를 진행할 것을 약정합니다.

(주)대한민국 대표이사 및 주주 ○○○

20○○년 ○○월 ○○일

[별첨] 자문약정서(안)

　매각 기업은 자문사에 비밀 유지약정서(Confidentiality agreement)를 요구한다. 즉, 매각 기업이나 그들의 변호사 등이 제공한 어떤 정보도 공개되지 않아야 하며, 특히 매각을 고려하고 있다는 사실이 알려지지 않도록 요구한다.

(3) 매각 자문 계약서 사례

　매각 자문의 경우 계약서의 사례는 다음의 〈표 2-8〉과 같다. 이 사례는 금융 기관의 관리를 받는 기업과의 M&A 자문 계약이다.

〈표 2-8〉 자문 계약서(채권단과의 계약

자문 계약서

이 문서는 (주)코리아프로페셔널(이하 "자문사")이 주식회사 대한민국(이하 "회사")의 신주 발행 및 회사주주(이하 "주주")의 경영권 양도와 관련하여 채권단(이하 "채권단")에게 제공하는 자문 서비스(이하 "자문 서비스")와 관련한 계약을 채권단이 승인하고, 서면으로 확정하기 위한 목적으로 작성되었다.

— 당사자 —

계약자: 회사, 주주와 채권단
자문사: (주)코리아프로페셔널

본계약은, 기업 또는 개인, 그 관계 회사나 관련 회사(이하 "잠재적 거래자")로부터 증자에 의한 회사로의 투자 유치 거래, 주주의 주식양도 또는 잠재적 인수자와 회사의 합병(이하 "M&A와 투자가치")와 관련해 을이 갑에게 제공하는 자문 서비스에 대하여, 갑과 을의 권리 의무에 관한 사항을 정함을 목적으로 한다.

제1조 자문사의 지정
　계약자는 자문사를 자문 서비스 제공자로 지정한다.

제2조 자문사의 역할
① 자문사는 본계약을 추진하는 데 있어 제1조에서 정하는 M&A와 투자 유치의 자문 서비스 제공자로서 자문을 수행한다.
② 계약자는 잠재적 인수자 및 기타의 당사자와 M&A와 투자 유치와 관련하여 분쟁이 있는 경우 계약자와 잠재적 인수자 및 기타의 당사자 간에 해결하며 을은 책임을 부담하지 않는다.

제3조 비밀 유지의 의무
① 본계약 관련 모든 자료는 본계약 성사목적으로만 사용되어야 하고, 계약자와 자문사는 그에 따른 비밀을 유지해야 한다.
② 본계약 관련 비밀 준수를 요하는 관련 자료의 범위에는 계약자가 M&A와 투자 유치를 의도하고 있다는 사실을 포함하여 M&A 및 투자 유치와 관련해 제공된 문서, 자료 및 관련된 교섭, 토의사항, 그 내용 및 조건 등을 포함한다. 다만 M&A 및 투자 유치가 진행되면서 공개된 자료, 계약자가 공개한 자료와 인수 희망자가 비밀 유지 의무를 위반한 경우는 제외한다.

제4조 비밀 유지 의무의 면제

본계약의 진행 중 혹은 성사 후 법적인 조치, 관계 행정당국의 적법한 요구에 의한 경우 등 본계약에 관한 관련 자료를 불가피하게 제공해야 할 경우에는 본비밀을 유지할 의무를 면제한다. 다만, 위와 같이 불가피하게 정보를 제공을 해야 할 경우에도 반드시 본계약의 당사자인 상대방에게 사전에 그 사실을 통보하여 상대방이 적절한 보호 또는 대응 조치를 하도록 해야 하며(단, 관련 법률에 의해서 거래 정보 제공 사실 유예 통지가 있는 경우에는 예외로 한다), 적절한 보호 또는 대응 조치를 취할 시간적 여유가 없이 불가피하게 정보가 제공되어야 하는 경우에는 최소한의 정보와 자료만이 제공되도록 최선을 다하기로 한다.

제5조 M&A와 투자 유치의 자문 서비스 수수료

① 본계약 체결과 관련하여 계약금은 없다.

② 계약자가 잠재적 인수자(또는 잠재적 인수자가 출자한 법인, 잠재적 인수자와 관련된 기업 또는 개인을 포함한다. 이하 같다)와 M&A 및 투자 유치와 관련해 각 당사자를 구속하는 계약(이하 "투자계약")을 체결하는 시점을 자문 서비스의 완료로 보아 자문 서비스 수수료를 현금으로 지급한다.

③ 자문사에게 지급하는 자문보수는 일억 오천만 원(150,000,000원)으로 한다.

④ 이유를 불문하고 본계약이 종결 또는 해지된 경우라 하더라도 종결 또는 해지 후 3년 이내에 자문사가 계약자를 위해 본 M&A와 투자 유치 성사를 위해 접촉했던 투자자 또는 그 투자자의 특수 관계자 또는 관계 회사 그리고 그 투자자의 인수자문사가 소개한 자와 계약자가 유사한 M&A와 투자 유치계약을 체결하는 경우 자문사의 용역제공 여부와 관계 없이 계약자는 본조에서 정한 용역수수료를 자문사에 지급해야 한다. 만일 이러한 사실을 자문사에 알리지 않고 거래하는 경우 본계약에서 정한 용역수수료의 2배를 지급한다.

⑤ 계약자는 용역수수료 지급 시 자문사에 부가가치세를 별도로 즉시 지급한다.

⑥ 본용역수수료는 계약자 간의 사후 분쟁으로 조정되지 아니하며, 계약자가 본거래 건에 관련해 지급하거나 지급할 법률, 회계 및 세무 등에 관한 검토, 실사 등의 수수료는 포함하지 아니한다. 법률, 회계 및 세무 등에 관한 검토 실사, 감정평가, 여행경비 등은 계약자의 책임에 의하여 진행하며, 이를 진행한 계약자가 부담한다.

⑦ 계약자의 주채권은행인 ○○은행 외의 자문수수료는 ○○은행이 부담 및 지급하고, ○○은행의 책임 아래 채권단 간에 정산하기로 한다.

제6조 상호협조와 정보 제공 관계

자문사는 M&A와 투자 유치 추진 상황을 계약자에게 수시로 통보하고, 계약자는 자문사가 M&A와 투자 유치 성사를 위하여 계약자에게 요청하는 정보나 자료를 제공하는 등 상호 적극 협조한다. 자문사는 M&A와 투자 유치가 성사되거나 성사될 가능성이 있을 경우에는 계약자에게 이를 통지해야 하며, 각 당사자는 거래 성사를 고의로 방해하거나 곤란하게 하는 행위를 해서는 아니 된다.

제7조 계약의 효력, 변경 및 해지

본계약서는 계약자와 자문사의 기명날인과 동시에 효력이 발생하며, 계약자가 M&A와 투자 유치를 중단하기로 결정하지 않는 이상 유효하다.

제8조 계약의 해석 및 관할 법원
　본계약에 명시되지 않는 사항 및 본계약의 해석상에 이의가 있는 경우 본계약서를 근거로 쌍방이 합의해 결정하며, 본계약의 수행 과정에서 발생하는 일체의 분쟁에 대해서는 서울중앙지방법원을 1심 관할 법원으로 정한다.

　계약자와 자문사는 위의 내용을 성실히 이행할 것을 증명하기 위하여 아래에 기명날인한 후 본계약서 2부를 작성하여 각 1부씩 보관한다.

20 　년 　월 　일

갑: 채권단 주채권은행 ○○은행
을: (주)코리아프로페셔널

(4) 인수 자문 계약서

인수 자문 계약서는 매각 자문 계약서를 변형하여 사용하면 된다. 다음의 〈표 2-9〉는 자문사가 매각 자문을 하는 경우 인수 기업으로부터 받는 수수료(finders' fee)의 계약서 양식이다. 매각 자문이나 기타의 자문도 자문수수료를 변경하는 등 이 계약서를 수정해 사용할 수 있다.

〈표 2-9〉 M&A 자문 계약서(Finders' Fee) 양식(영문 포함)

자 문 계 약 서

　이 문서는 (주)코리아프로페셔널(이하 "자문사")이 (주)대한민국(이하 "회사")와 회사의 주주(이하 "주주", 회사와 주주는 "계약자")에게 제공하는 자문 서비스와 관련한 계약을 회사 및 주주가 승인하고, 서면으로 확정하기 위한 목적으로 작성되었다.

　― 당사자 ―

　계약자 : 회사 및 주주
　자문사 : (주)코리아프로페셔널

본계약은 계약자에게 제공하는 자문 서비스와 관련해 계약자와 자문사의 권리의무에 관한 사항을 정함을 목적으로 한다.

제1조 자문 서비스의 범위
① 자문사가 계약자에게 제공하는 자문 서비스는 다음 거래(이하 "투자거래")를 위해 제공하는 제2항의 자문 서비스를 말한다. 다만, 〈자본 시장과 금융투자업 관한 법률〉의 대상이 되는 공모거래 등은 제외한다.
　i. 계약자와 제3자 또는 타 기업(이하 "잠재적 거래자") 간의 주식 또는 경영권의 거래
　ii. 계약자 또는 잠재적 거래자 간의 영업과 권리 또는 사업의 거래
　iii. 계약자와 잠재적 거래자 간의 자본금의 증자 또는 기타의 투자
　iv. 계약자와 잠재적 거래자 간의 조인트벤처, 공동사업 또는 합병
② 자문사가 제공하는 자문 서비스는 투자거래를 위한 잠재적 거래자의 발굴을 위한 탐색과 교섭을 통해 계약자가 투자거래를 하도록 하는 것이다. 다만 자문사가 잠재적 거래자를 위하여 매각 자문을 하는 경우에는 계약자와 잠재적 거래자 간의 이해관계의 충돌이 발생할 수 있는 자문은 계약자에게 제공하지 않는다.
③ 계약자와 자문사는 투자거래가 향후 국세청 세무 조사나 검찰 기타 정부당국에 의한 조사 대상이 될 수 있음을 인지해 합법적으로 투자거래가 되도록 상호협조하며 불법적인 투자거래를 상호 간에 요청하지 않는다.

제2조 자문 서비스 제공자의 지정
　계약자는 자문사를 계약자의 자문 서비스 제공자로 지정한다.

제3조 비밀 유지의 의무
① 본계약 관련 모든 정보와 자료는 투자거래의 성사목적으로만 사용하며, 계약자와 자문사는 각각 그에 따른 비밀을 유지해야 한다.
② 본계약 관련 비밀 유지를 요하는 정보와 자료에는 계약자가 투자거래를 의도하고 있다는 사실, 투자거래와 관련해 제공된 문서, 자료 및 관련된 교섭, 토의사항, 그 내용 및 조건 등을 포함한다.
③ 본계약의 진행 중 혹은 성사 후 법적인 조치, 관계 행정당국의 적법한 요구에 의한 경우 등 본계약에 관한 관련 자료를 불가피하게 제공해야 할 경우에는 본비밀을 유지할 의무를 면제한다. 다만, 위와 같이 불가피하게 정보를 제공해야 할 경우에도 반드시 본계약의 당사자인 상대방에게 사전에 그 사실을 통보해 상대방이 적절한 보호 또는 대응 조치를 할 수 있도록 해야 하며(단, 관련 법률에 의해서 거래 정보 제공사실 유예통지가 있는 경우에는 예외로 한다), 적절한 보호 또는 대응 조치를 취할 시간적 여유가 없이 불가피하게 정보가 제공되어야 하는 경우에는 최소한의 정보와 자료만이 제공되도록 최선을 다하기로 한다.

제4조 자문 서비스의 대가
① 자문 서비스의 계약금은 없는 것으로 한다.

② 계약자가 잠재적 거래자(또는 잠재적 거래자가 출자한 법인, 잠재적 거래자와 관련된 기업 또는 개인을 포함한다. 이하 같다)와 투자거래와 관련하여 각 당사자를 구속하는 계약(이하 "투자계약")을 체결하는 경우에는 인수금액의 1%를 수수료로 지급한다. 다만, 계약자와 잠재적 거래자 간의 사업(사업과 관련된 인허가 포함) 또는 영업의 거래인 경우 인수로 지급한 금액, 법인 설립 및 자본금의 증자인 경우에는 증자금액, 합병인 경우에는 잠재적 거래자의 평가 금액을 인수금액으로 본다.

③ 투자계약 당시의 인수금액 이외에 투자계약 후에 조건부로 지급하기로 한 경우에는 그에 따른 대가를 계약자와 잠재적 거래자 간에 수수하기로 한 날 또는 수수한 날 중 빠른 날을 투자계약을 체결한 날로 본다.

④ 자문사가 투자거래 성사를 위해 계약자에게 제시하였던 잠재적 거래자·그 특수 관계자·그 관계 회사(이하 이항에서 "잠재적 거래자 등"), 또는 잠재적 거래자 등의 자문사가 소개한 자와 본계약이 유효한 기간 및 본계약의 해지 후 5년 이내에 계약자가 투자계약을 체결하는 경우 또는 투자거래를 하는 경우에는 자문사의 용역 제공 여부와 관계없이 계약자는 본계약에서 정한 용역수수료를 자문사에 지급해야 한다.

⑤ 계약자는 자문 서비스 대가 지급 시 부가가치세를 별도로 지급한다.

⑥ 계약자와 잠재적 투자자 간의 투자거래가 성사된 이후 계약자와 잠재적 투자자 간에 분쟁이 발생한 경우에는, 그로 인해 거래 성공자문수수료의 금액이 감액되거나 변동되지 않으며, 분쟁으로 인한 책임은 계약자가 부담하며, 을은 그로인한 책임을 부담하지 않는다.

제5조 자문사의 잠재적 거래자와의 자문 계약

① 자문사 또는 잠재적 거래자가 계약자에게 제공하는 정보에 대하여 자문사는 어떠한 보증과 보장도 하지 않으며, 계약자가 분석·검토 및 실사를 통해 판단해야 한다.

② 계약자가 투자계약을 체결함에 따라 잠재적 거래자에게 거래 대금을 지급할 때는 자문사와 잠재적 거래자와의 계약에 따라 자문사가 받을 금액을 자문사에 직접 지급한다. 이 경우 자문사는 관련 계약서를 계약자에게 제시한다.

제6조 계약의 효력, 변경 및 해지

본계약서는 계약자가 자문사에 제4조에 따른 계약금을 지급하고, 계약자와 자문사가 기명날인을 함으로써 효력이 발생한다.

제7조 계약의 해석 및 관할 법원

본계약에 명시되지 않는 사항 및 본계약의 해석상에 이의가 있는 경우 본계약서를 근거로 쌍방이 합의해 결정하며, 본계약의 수행과정에서 발생하는 일체의 분쟁에 대해서는 서울중앙지방법원을 1심 관할 법원으로 정한다.

계약자와 자문사는 위의 내용을 성실히 이행할 것을 증명하기 위하여 아래에 기명날인한 후 본계약서 2부를 작성하여 각 1부씩 보관한다.

20 년 월 일

회사: (주)대한민국

(법인인감날인 또는 기명 및 서명)

주주:

(개인인감날인 또는 기명 및 서명)

자문사: (주)코리아프로페셔널

(5) 영문 계약서

다음의 〈표 2-10〉은 영문 자문 계약서 양식이다.

〈표 2-10〉 영문 자문 계약서
(Investment bank engagement letter with the target comments)

Engagement Letter with the Target Comments

[Date]

[The Company]

Ladies and Gentlemen:

The purpose of this letter is to confirm the engagement of _____ (the "Financial Adviser") by _____ (the "Company") as financial and strategic adviser to the Company, including without limitation in connection with a possible transaction or series or combination of transactions, whereby, directly or indirectly, more than 50% of the outstanding securities, assets or business of the Company is acquired by or combined with any person or entity (a "Buyer") or any of its affiliates, through a sale or exchange of capital stock or assets, a lease of assets with or without a purchase option, a merger or consolidation, a tender or exchange offer, a leveraged buyout, the formation of a joint venture or partnership, or any other business combination or similar transaction (a "Transaction") [except that notwithstanding anything in this Agreement to the contrary, Financial Adviser shall not be deemed to be engaged, and no Transaction shall be deemed to have occurred, in connection with any transaction between the Company and (i) any existing investor of the Company, and (ii) any person listed on attached Schedule 1].

이 문서는 (주)코리아프로페셔널(이하 "자문사")이 (주)대한민국(이하 "회사")에 제공하는 재무적·전략적 자문 서비스(이하 "자문 서비스")와 관련하여, 자문사와 회사가 체결할 계약을 회사가 승인하여 서면으로 확정하기 위한 목적으로 작성되었다.

자문 업무는 회사의 주식 또는 회사의 자산 또는 사업의 전부 또는 일부를 기업 또는 개인(이하 "잠재적 인수자"), 그 관계 회사나 관련 회사에 매각하거나 잠재적 인수자와 합병하는 등 잠재적 거래 또는 합병 등과 관련한 모든 자문 업무를 말한다. 잠재적 거래 또는 합병 등에는 매각뿐만 아니라 주식 또는 자산의 교환, 인수옵션이 있거나 없는 자산의 리스, 흡수·합병 또는 신설·합병, 공개매수 또는 교환오퍼, 차입 매수, 조인트벤처 또는 공동사업, 기타 유사한 거래를 포함한다(이하 "잠재적 거래"). 다만 회사와 회사의 현재 투자자와 〈첨부명세서 1〉에 표시된 기업 또는 사람과 사이의 거래는 잠재적 거래로 보지 않는다.

Section 1. Services to be Rendered

Financial Adviser will perform such of the following financial advisory services as the Company may reasonably request:

제1장. 자문 서비스의 범위

자문사는 회사가 합리적으로 요청하는 다음과 같은 자문 서비스를 제공한다.

(a) Financial Adviser will familiarize itself to the extent it deems appropriate and feasible with the business, operations, properties, financial condition and prospects of the Company and, to the extent relevant, any prospective Buyer, it being understood that Financial Adviser shall, in the course of such familiarization, rely entirely upon publicly available information and such other information as may be supplied by the Company or such Buyer, without assuming any responsibility for independent investigation or verification thereof;

1.1. 자문사는 가능한 한 필요한 범위에서, 회사와 관련된 잠재적 인수자의 사업, 경영, 성격, 재무 상태와 전망을 이해하고자 할 것이고, 이 경우 독자적인 사실 확인 또는 검증 없이 공개된 정보와, 회사와 잠재적 인수자에 의하여 제공된 정보에 의한다.

(b) Financial Adviser will advise and assist the Company in developing a general strategy for accomplishing a Transaction;

1.2. 자문사는 잠재적 거래를 위한 통상적인 전략을 마련하는 데 조언과 조력을 한다.

(c) Financial Adviser will advise and assist the Company in identifying potential Buyers and will, on behalf of the Company, contact such Buyers as the Company may agree to [in writing];

1.3. 자문사는 잠재적 인수 기업의 발굴을 위하여 회사에 조언과 조력을 제공하며, 회사를 대리하여 회사가 (서면으로) 접촉을 원하는 잠재적 인수 기업과 접촉할 수 있다.

(d) At the Company's request, Financial Adviser will assist the Company in the preparation of descriptive data concerning the Company (the "Offering Memorandum"), based upon information provided by the Company, the reasonableness, accuracy and completeness of which information Financial Adviser will not be required to investigate and about which Financial Adviser will express no opinion. The Financial Adviser will not distribute the Offering Memorandum to any potential Buyer except those that the Company has agreed that Financial Adviser will contact in accordance with Section 1(c);

> 1.4. 회사가 요청하는 경우(회사와 자문사와의 별도의 계약에 따라), 자문사는 회사가 제공하는 정보에 기초하여, 그 정보의 합리성, 정확성과 완전성에 대하여 조사하지 않고 그 정보에 의견을 표명하지 않는 것을 전제로 하여, 회사에 관한 설명서(이하 "투자제안서")의 작성을 지원하거나 직접 작성할 수 있다. 자문사는 1.3에 의하여 자문사로 하여금 접촉하도록 요청한 잠재적 인수자를 제외하고 어떠한 잠재적 인수자에게도 투자제안서를 제출하지 않는다.

(e) Financial Adviser will consult with and advise the Company concerning opportunities for any Transaction and periodically advise the Company as to the status of dealings with any potential Buyer;

> 1.5. 자문사는 잠재적 거래의 기회에 대하여 회사에 조언을 제공하며, 필요한 경우(또는 정기적으로) 회사에 잠재적 인수자에 관한 현황을 조언한다.(회사가 자문사가 하는 일반적 자문 서비스 이외에 추가적인 자문 서비스를 원하는 경우, 회사와 자문사는 별도의 계약에 의하여 잠재적 인수 기업의 발굴과 관련하여 그 절차와 진행, 그리고 정기적으로 잠재적 인수 기업의 발굴 현황 등을 제출하거나 추가적인 자문 서비스를 제공할 수 있다)

(f) Financial Adviser will advise and assist management of the Company in making presentations to the Company's Board of Directors concerning general strategy regarding any proposed Transaction;

> 1.6. 자문사는 잠재적 거래를 위한 통상적 전략에 관하여 이사회나 최고경영자를 위한 프레젠테이션을 제작하는 데 조언과 조력을 한다.

(g) Financial Adviser will advise and assist the Company in the course of its negotiations of a Transaction with any potential Buyer;

> 1.7. 자문사는 잠재적 인수자와 잠재적 거래의 협상 과정에 조언과 조력을 한다.

(h) Financial Adviser will advise and assist the Company in the execution of and closing under a definitive agreement with respect to a Transaction;

1.8. 자문사는 잠재적 거래와 관련하여 최종적인 계약서를 작성하고 완결시키면서 조언과 조력을 한다.

(i) Financial Adviser will, at the request of the Company's Board of Directors, provide the Company with a fairness opinion in connection with the Board's approval of a Transaction; and

1.9. 회사의 이사회에서 요청하는 경우, 자문사는 회사에 거래의 공정성에 대하여 의견을 제시한다.

(j) Financial Adviser will render such other financial advisory and investment banking services as may time to time be agreed upon by Financial Adviser and the Company.

1.10. 자문사는 자문사와 회사 간의 별도의 계약에 의하여 다른 자문 서비스를 제공할 수 있다.

Section2. Information Provided by the Company
(a) The Company shall make available to Financial Adviser information concerning the business, assets, liabilities, operations, and financial or other condition of the Company that Financial Adviser reasonably requests in connection with the rendering of services hereunder; and

제2장. 회사의 정보 제공
2.1. 회사는 자문사가 이 계약서에 의한 자문 서비스와 관련하여 합리적으로 요청하는, 회사의 사업, 자산, 부채, 경영, 그리고 재무 상태 또는 기타 상황과 관련한 정보를 자문사에 제공해야 한다.

(b) The Company recognizes and confirms that Financial Adviser will use and rely upon the information provided by or on behalf of the Company and its advisers and agents and on publicly available information in performing the services contemplated hereby. It is understood that in performing under this engagement, Financial Adviser may assume and rely upon the accuracy and completeness of, and is not assuming any responsibility for independent investigation or verification of, the information furnished to Financial Adviser by the Company. It is also understood that Financial Adviser is not assuming any responsibility for any independent valuation or appraisal of any of the assets of the Company or any prospective Buyer. The Company will promptly notify Financial Adviser if the Company learns of any material inaccuracy or misstatement in, or any material omission from, any such information furnished by the Company to Financial Adviser.

2.2. 자문사는 이 계약서에 따른 자문 서비스를 제공할 때, 회사와 회사의 대리인 등에 의하여 제공된 정보와 공개된 정보를 사용하고 그에 의존한다는 점을 인지하고 확인한다. 이 계약서를 이행함에 있어서, 회사가 자문사에 제공하는 정보와 관련하여, 자문사는 그 정확성과 완전성을 전제하고 신뢰하며, 그 정보의 독자적인 조사 또는 입증 책임을 부담하지 않는다. 자문사는 회사 또는 잠재적 인수자의 자산에 대하여 독자적인 평가의무를 부담하지 않는다. 회사가 자문사에 제공한 정보에 중대한 오류 등이 있거나 중대한 누락이 있는 경우에는 즉시 통지해야 한다.

Section 3. Fees
As compensation for the services rendered hereunder, the Company agrees to pay Financial Adviser (via wire transfer) the following fees in cash: a transaction fee equal to _____% of Aggregate Consideration (as defined below) paid or payable in connection with a Transaction.

제3장. 자문수수료
이 계약서에 의한 자문 서비스에 대한 대가로, 회사는 자문사에 다음의 자문수수료를 현금으로 지급한다.
거래로 인하여 받거나 받을 총 거래 금액(아래에서 정의되었다)의 5%에 상당하는 거래수수료

The transaction fee shall be contingent upon the consummation of a Transaction and shall be payable at the closing thereof, provided that compensation attributable to that part of Aggregate Consideration which is (i) contingent upon the realization of future financial performance (eg. an earn-out or similar provision) or (ii) deferred (including without limitation any Aggregate Consideration held in escrow) shall be paid by the Company to Financial Adviser promptly after the receipt of such Aggregate Consideration by the Company or holders of its equity.

거래수수료는 거래가 성사된 경우에 성립된다. 만일 총 거래 금액이 (i) 향후 재무 실적의 달성 여부에 따라 발생하거나(언·아웃 방식 또는 기타 유사한 조건을 포함한다), (ii) 지급이 연기된 경우(총 거래 금액 전부 또는 일부분이 위탁된 경우 등을 포함한다)에는 그에 따른 대가를 회사나 회사의 주주가 받은 후에 즉시 자문사에 지급할 때까지 거래수수료는 자문사에 지급할 채무로 남는다.

[A revised version of this paragraph immediately follows it.] For purposes hereof, the term "Aggregate Consideration" shall mean the total amount of all cash, securities, contractual arrangements (including any employment or noncompetition agreements and management or consulting fees) and any other consideration paid for the Company's equity securities (or, in the case of a sale of assets, paid for such assets) plus the value of any indebtedness, capital lease arrangements, preferred stock obligations and other similar items directly or indirectly assumed, retired or defeased in connection with a Transaction. Consideration paid for the Company's equity securities shall include any stock appreciation rights, options, warrants or convertible securities acquired or assumed in connection with a Transaction and the amount of any off balance sheet obligations acquired or assumed in connection with a Transaction, in each case calculated as of the closing date.In the event such Transaction takes the form of a sale of assets, Aggregate Consideration shall include (i) the value of any current assets not purchased, minus (ii) the value of any current liabilities not assumed. In the event such Transaction takes the form of a recapitalization, restructuring, spin-off, split-off or similar transaction, Aggregate Consideration shall include the fair market value of (i) the equity securities of the Company retained by the Company's security holders following such Transaction and (ii) any securities received by the Company's security holders in exchange for or in respect of securities of the Company following such Transaction (all securities received by such security holders being deemed to have been paid to such security holders in such Transaction). The value of securities that are freely tradable in an established public market will be determined on the basis of the last market closing price prior to the consummation of a Transaction. The value of securities, lease payments and other consideration that are not freely tradable or have no established public market, or if the consideration utilized consists of property other than securities, the value of such property shall be the fair market value thereof as determined in good faith by Financial Adviser.

[이 조항의 대안으로 개정 조항이 바로 뒤에 나온다.] "총 거래 금액"이란 회사의 주식(자산 매각인 경우 그 자산)의 인수 대가로 지급하는 모든 현금성 지급, 유가증권, 약정서 등(고용 또는 경업 금지 약정과 경영 관리 또는 자문과 관련된 수수료를 포함한다), 기타의 금액에, 거래와 관련하여 직접적으로 또는 간접적으로 인수하거나 상환하거나 면제시킨 모든 부채금액, 자본 리스로 인한 부채금액, 우선주식발행 채무 및 기타 유사한 것을 합친 금액을 말한다. 회사의 주식의 인수 대가로 지급하는 금액에는, 거래의 종결 시점을 기준으로 계산한, 거래와 관련하여 회사의 주주가 획득하거나 회사가 부담할 주가상승으로 인한 혜택, 옵션, 워런트 또는 전환증권 및 회사의 부외 부채를 포함한다. 거래가 자산 매각의 방식으로 이루어지는 경우에는, 총 거래 금액은 (i) 매각하지 않은 유동자산의 가액에서 (ii) 매각되지 않은 유동부채의 금액을 차감한 금액을 포함한다. 거래가 자본 구조의 개편(Recapitalization), 구조 조정(Restructuring), 인적 분할, 물적 분할 및 기타 유사한 거래의 방식인 경우에는, 총 거래 금액에는 (i) 그러한 거래로 인하여 회사의 주주가 보유하게 되는 회사의 주식과 (ii) 그러한 거래로 인하여 회사의 주주가 회사의 주식 등(그와 같은 거래로 인하여 관련된 주주에게 지급된 것으로 간주되는 모든 주식 등을 말한다)과의 교환으로 또는 관련하여 받는 주식 등의 공정 가치를 포함한다. 증권 거래소나 코스닥에 상장되어 정상적으로 거래되는 주식 등의 가치는 거래의 종결 직전일의 가격을 기초로 결정한다. 증권 거래소나 코스닥에 상장되어 있지 않거나 정상적인 거래가 없는 주식 등, 리스의 지급과

기타의 지급이나 주식 등과는 다른 수단으로 지급된 경우에는, 자문사가 합리적으로 결정한 공정 가치로 한다.

[Substitute for the foregoing:] For purposes hereof, the term "Aggregate Consideration" shall mean the total amount of all cash, securities, and other consideration paid for the Company's equity securities (or, in the case of a sale of assets, paid for such assets), plus the value of any net debt and capital lease obligations of the Company assumed, retired, or defeased in connection with the Transaction. For purposes of this letter, (1) net debt shall be limited to debt for borrowed money, which the Company expects to consist solely of amounts outstanding under a credit facility and its ___ % Senior Subordinated Notes due 20__ , and, for greater certainty, shall not include any guarantees or any letters of credit or similar credit support instruments less any of the Company's cash as of the closing; (2) equity securities shall include the value of any outstanding options and warrants acquired in the Transaction, net of exercise price; and (3) the consideration paid shall not include any consideration paid for the working capital of the Company calculated as of the date of closing.

(앞 조항의 대안 조항) "총 거래 금액"이란 회사의 주식 등(자산을 매각한 경우에는 자산)의 대가로 지급한 모든 현금성 자산, 증권과 기타의 대가에 거래와 관련하여 인수되거나 상환되거나 면제된 회사의 순 부채와 자본 리스 부채의 가액을 합한 금액이다. 여기에서, (1) '순 부채'란 차입한 부채로 신용대출, 단기차입금 등에서 현금성 자산을 차감한 금액을 말하며, 지급의무가 확정되지 않은 지급 보증 등은 포함하지 않고, (2) 주식에는 거래와 관련하여 받은 옵션과 워런트의 가액에서 행사를 위하여 지급할 금액을 차감한 금액을 포함하고, (3) 거래의 종결 시에 계상한 회사의 운전 자본에 대하여 지급한 금액은 포함하지 않는다.

Section 4. Expenses
Whether or not any Transaction is proposed or consummated and without in any way reducing or affecting the provisions of Exhibit A hereto, the Company shall reimburse Financial Adviser for its reasonable, documented out-of-pocket expenses (not to exceed $_____ in the aggregate without the Company's written consent) incurred in connection with the provision of services hereunder, the execution and delivery of this letter agreement and the consummation of any Transaction contemplated or attempted hereby, including without limitation the fees, disbursements and other charges of Financial Adviser's counsel. Out-of-pocket expenses also shall include, but not be limited to, travel and lodging, data processing and communication charges, research and courier services.

제4장. 실비부담
거래를 추진하거나 또는 거래가 종결되거나에 관계없이, 그리고 첨부 서류 A의 어떤 조항을 무효로 하거나 영향을 주거나에 관계없이, 회사는 자문 서비스의 제공, 자문 계약서의 이행, 거래의 종결과 관련하여 자문사가 지급한, 증빙에 의하여 입증된 합리적인 실비(회사의 서면 동의가 없는 경우에는 백만 원을 초과하지 않는다)를 자문사에게 지급해야 한다. 실비는 출장비, 숙박비, 정보처리비용, 통신비용, 조사비용과 우편과 택배관련 비용 그리고 유사한 실비를 포함한다.

Section 5. Indemnity

The Company agrees to the provisions of Exhibit A hereto which provide for certain indemnification by the Company of Financial Adviser and certain related persons. Such indemnification is an integral part of this agreement and the terms thereof are incorporated by reference herein. Such indemnification shall survive any termination, expiration or completion of Financial Adviser's engagement hereunder.

제5장. 면책

회사에 의한 자문사 및 그 관련자들의 면책 보장을 명시한 〈첨부명세서 A〉의 조항에 회사는 동의한다. 이러한 면책은 이 계약서의 일부로서 효력을 갖는다. 이러한 면책은 이 자문 계약서가 계약이 만료거나, 계약이 종료되거나, 계약의 목적이 달성되더라도 유효하다.

Section 6. Term

The term of Financial Adviser's engagement shall extend from the date hereof until the six month anniversary of the date hereof and shall continue thereafter until ten (10) days after such time as the Company or Financial Adviser shall have notified the other party in writing of the termination of this Agreement (the "Term"); provided, however, that (i) termination of Financial Adviser's engagement hereunder shall not affect either party's continuing obligation to indemnify the other party and certain related persons as provided in Exhibit A; (ii) Financial Adviser shall be entitled to its full fees under Section 3 hereof in the event that a Transaction is consummated at any time prior to the expiration of six (6) months after such termination, which Transaction involves an Identified Party (as defined below); (iii) termination of Financial Adviser's engagement hereunder shall not affect the Company's obligation to reimburse the expenses accruing prior to such termination to the extent provided for in Section 4; and (iv) Financial Adviser's obligations regarding confidentiality under Section 7(b) hereof shall continue indefinitely. "Identified Party" shall mean a party set forth on a mutually agreed upon list of prospective Buyers identified by Financial Adviser, a draft of which Financial Adviser shall provide to the Company within five (5) business days of termination. [or: "Identified Party" shall mean any prospective buyer originated by Financial Adviser or with which Financial Adviser held substantive discussions regarding a Transaction prior to termination.]

제6장. 계약 기간

자문 계약서의 계약 기간은 계약일로부터 6개월간이다. 계약 기간이 종료된 후 회사 또는 자문사가 이 계약서의 계약 기간의 종료(이하 "계약기한")를 상대방에게 문서로 통보한 후 10일이 되는 날로 종료된다. 그러나 (i) 자문 계약서가 계약 기간이 종료되더라도 〈첨부명세서 A〉의 당사자에 대한 면책조항에는 효력이 없고, (ii) 자문사가 회사에 거래를 제안한 잠재적 인수자(이하 "거래 진행 잠재적 인수자")와 계약기한 후 6개월 이내에 회사가 거래를 종료한 경우에는 회사는 제3장에 의한 자문수수료 전액을 자문사에게 지급할 의무가 있고, (iii) 자문 계약서의 종료는 제4장에서 정하는 바에 따라 계약기한 전에 발생한 실비를 지급할 의무에 영향을 미치지 않고, (iv) 제7장 2.에 의한 자문사의 비밀 유지 의무는 지속된다. "거래 진행 잠재적 인수자"란 자문사가 발굴하여 회사에 제시한 잠재적 인수자를 말하며 자문 계약서가 종료되는 경우 한 달 이내에 자문사가 거래 진행 잠재적 인수자를 회사에 통지한다("거래 진행 잠재적 인수자"란 자문사가 자문 계약서의 계약종료 전에 잠재적 인수자로 발굴하여 회사와 진행하거나 실질적인 거래의 논의를 진행한 인수자를 말한다).

Section 7. Miscellaneous

(a) Financial Adviser acknowledges that the Company shall have no obligation to enter into any Transaction and shall have the right to reject any Transaction or to terminate negotiations with respect to any Transaction at any time.

제7장. 기타

7.1. 자문사는 회사가 거래를 할 의무가 없으며, 언제라도 거래를 거절하거나 협상을 종료할 권리를 가진다는 것을 인정한다.

(b) Except as contemplated by the terms hereof or as required by applicable law, Financial Adviser shall keep confidential all information provided to it by the Company, and shall not disclose such information to any third party, other than in confidence to its employees, agents, representatives and advisers (who Financial Adviser shall require will agree to hold it in confidence), without the Company's prior approval. Except as agreed to in writing by the Company or to the extent contemplated by this Agreement, Financial Adviser shall keep confidential its engagement by the Company, any discussions regarding a proposed Transaction or the status or terms thereof, and all other information disclosed orally or in writing about the Company by it or its representatives to Financial Adviser or its representatives, except for information contained in the Offering Memorandum or any supplementary materials prepared by the Company. Prior to or upon receipt of the Offering Memorandum, Financial Adviser shall require any potential Buyers to whom Financial Adviser provides the Offering Memorandum to agree to hold such information confidential.

7.2. 자문 계약서와 관련 법령에 의한 경우를 제외하고, 자문사는 회사가 자문사에 제공하는 모든 정보를 비밀로 유지하고, 회사의 사전 동의를 받지 않고는, (자문사가 비밀 유지를 요구하여 동의한) 종업원, 대리인 등을 제외하고는 제3자에게 제공하지 않는다. 회사가 서면으로 동의하거나 이 자문 계약서에서 정한 것을 제외하고는, 자문사는 회사에 의하여 준비된 투자제안서와 그와 관련된 서류를 제외하고는, 회사와의 자문 계약서의 약정, 잠재적 거래에 대한 논의사항, 자문사의 자문 서비스의 내용 및 회사 또는 그 대리인에 의하여 자문사 또는 그 대리인에게 구두로 또는 서면으로 제공하는 모든 정보를 비밀로 유지한다. 투자제안서를 제공하기 전 또는 제공할 때에는 자문사는 투자제안서를 제공하는 잠재적 투자자에게 그 정보를 비밀로 유지할 것을 요구한다.

(c) The advice (oral or written) rendered by Financial Adviser pursuant to this agreement is intended solely for the benefit and use of the Board of Directors of the Company in considering the matters to which this agreement relates, and the Company agrees that such advice may not be relied upon by any other person, used for any other purpose or reproduced, disseminated, quoted or referred to at any time, in any manner or for any purpose, nor shall any public references to Financial Adviser be made by the Company, without the prior written consent of Financial Adviser.

7.3. 이 자문계약서와 관련하여 자문사가 구두로 또는 서면으로 제공한 자문은 이 자문 계약서의 내용을 고려하여 회사 또는 주주를 위하여만 의도된 것이므로 회사는 그 같은 자문은 제3자와는 관련이 없고, 다른 목적으로 사용되거나 복제하거나 배포되거나 인용될 수 없으며, 자문사의 사전 서면동의가 없이 회사는 자문사를 일반대중에게 공개하거나 언급하지 않는다.

(d) The Company agrees that Financial Adviser shall have the right after completion of a Transaction to place advertisements in financial and other newspapers and journals at its own expense describing its services hereunder, such advertisements to contain only the existence of the Transaction, Financial Adviser's role therein and any other publicly available information [, provided that such advertisement shall require the prior review and approval by the Company, which shall not be unreasonably withheld].

7.4. 회사는 자문사가 거래가 종결된 경우에는 거래의 존재, 그 거래에서의 자문사의 역할, 기타 일반적으로 공개된 정보에 한하여 자문사의 비용으로 신문, 잡지 등에 광고 등을 하거나 기타 자문사의 광고 목적에 사용하는 것에 동의한다.

(e) This agreement may not be amended or modified except by a writing executed by each of the parties and this agreement, including all controversies arising from or relating to performance under this agreement, shall be governed by and construed in accordance with the laws of the State of New York, without giving effect such state's rules concerning conflicts of law. The provisions of this agreement, including without limitation the obligation to make the payments set forth in Section 3, shall be binding on the Company and its successors and assigns.

7.5. 이 자문계약서는 당사자가 서면으로 모두 동의한 경우를 제외하고는 수정할 수 없고, 이 자문계약서로부터 또는 이 자문계약서와 관련하여 발생하는 모든 분쟁을 포함하여 이 자문계약서는 대한민국의 법을 따르고 그에 따라 해석된다. 제3장의 자문수수료의 지급의무를 포함하여 이 자문계약서는 회사뿐만 아니라 회사의 승계인과 인수자에게도 효력이 있다.

(f) Any lawsuits with respect to, in connection with or arising out of this agreement shall be brought in [a federal or state court in New York City], and the parties hereto consent to the jurisdiction and venue of such courts as the sole and exclusive forum, unless such court is unavailable for the resolution of claims by the parties arising under or relating to this agreement. The parties hereto further agree that proper service of process on a party may be made in any such action by registered mail.

7.6. 이 자문계약서와 관련한 모든 법적 분쟁은 서울지방법원을 1심으로 한다.

(g) To the extent permitted by applicable law, the Company hereby waives trial by jury, rights of setoff, and the right to impose counterclaims in any lawsuit with respect to, in connection with or arising out of this agreement, or any other claim or dispute relating to the engagement of Financial Adviser arising between the parties hereto. The Company hereto confirms that the foregoing waivers are informed and freely made.

7.7. 관련 법령에 의하여 허용되는 한, 이 자문계약서와 관련하여 또는 이 자문계약서로부터 발생하는 소송과 자문서비스와 관련한 분쟁과 관련하여, 회사는 상쇄청구, 반소(反訴)권을 포기한다. 회사는 이러한 포기를 알았고 자유의사로 하였음을 확인한다.

(h) The relationship of Financial Adviser to the Company hereunder shall be that of an independent contractor and Financial Adviser shall have no authority to bind, represent or otherwise act as agent for the Company.

7.8. 이 자문계약서에서 자문사와 회사의 관계는 각각 독립적인 계약자로서의 관계이며 자문사는 회사의 대리인으로 법적 효력을 가지거나, 회사를 대표하거나 등의 권한을 갖는 것은 아니다.

If the foregoing correctly sets forth the understanding and agreement between Financial Adviser and the Company, please so indicate by signing the enclosed copy of this letter, whereupon it shall become a binding agreement between the parties hereto as of the date first above written.

상기 내용은 자문사와 회사 간의 이해와 동의사항과 부합하므로, 이 자문계약서에 서명날인을 한다. 이로써 이 자문계약서는 서명날인을 한 아래의 날로부터 당사자 간에 법적으로 유효한 계약으로 승인된다.

Very truly yours,

[FINANCIAL ADVISER]

By: _____
    Managing Director

Accepted and Agreed to as of the day first written above:

[THE COMPANY]

By: _____
    Chairman of the Board and Chief Executive Officer

2100년 1월 1일

회사:
(주)가나다주식회사 대표이사
회사의 주주

자문사:
(주)코리아프로페셔널 대표이사

Exhibit A (첨부명세서 A)

The Company shall indemnify and hold harmless Financial Adviser and its affiliates, and the respective directors, officers, controlling persons, agents and employees of each of the foregoing (Financial Adviser and all of such other persons collectively, the "Indemnified Parties"), from and against any losses, claims or proceedings,including shareholder actions, damages, judgments, assessments, investigation costs, settlement costs, fines, penalties, arbitration awards, other liabilities, and reasonable costs, fees and expenses (collectively, "Losses") (i) related to or arising out of (A) oral or written information provided by the Company, the Company's employees or other agents, which either the Company or Financial Adviser provides to any persons, or (B) other action or failure to act by the

Company, the Company's employees or other agents or Financial Adviser at the Company's request or with the Company's consent, or (ii) otherwise related to or arising out of the engagement of Financial Adviser under this Agreement or any transaction or conduct in connection therewith, provided that this clause (ii) shall not apply if such Losses arose primarily out of the gross negligence or bad faith of such Indemnified Party. If multiple claims are brought against an Indemnified Party in an arbitration, with respect to at least one of which indemnification is permitted under applicable law and provided for under this Agreement, the Company agrees that any arbitration award shall be conclusively deemed to be based on claims as to which indemnification is permitted and provided for, except to the extent the arbitration award expressly states that the award, or any portion thereof, is based solely on a claim as to which indemnification is not available.

회사는 면책대상손실(아래에 정의)로부터 자문사, 자문사의 관계 회사, 자문사의 임직원, 기타 자문사가 관계하는 자(이하 자문사와 위의 모든 자를 "면책당사자")의 책임을 면책한다. 면책대상손실이란 손해, 주주를 포함하여 보상청구 및 소송, 배상, 추징, 조사비용, 분쟁조정비용, 벌금, 과태료, 중재, 기타 유사한 책임, 합리적으로 인정되는 원가, 수수료 및 비용 등(이하 전체를 "면책대상손실")을 말한다. 면책대상손실은 (i) 회사, 회사의 임직원이나 회사의 대리인에 의해 제공되는 구두 또는 서면의 정보로부터 또는 그 정보와 관련하거나 (ii) 기타 이 자문 계약서에 따른 자문 서비스, 그와 관련된 거래나 행위와 관련하거나 그것으로부터 발생하는 것에 한정한다. 다만, 면책대상손실이 면책대상자의 중과실이나 고의로 인하여 발생한 경우에는 그렇지 않다. (중략)

The Company shall further reimburse any Indemnified Party promptly for amounts sufficient to cover any reasonable legal or other fees or expenses as they are incurred (i) in investigating, preparing or pursuing any action or other proceeding (whether formal or informal) or threat thereof, whether or not in connection with pending or threatened litigation or arbitration and whether or not any Indemnified Party is a party (an "Action") and (ii) in connection with enforcing such Indemnified Party's rights under this Agreement (including, without limitation, its rights under this Exhibit A); provided, however, that in the event that the Losses of such Indemnified Party arose primarily out of the gross negligence or bad faith of such Indemnified Party, such Indemnified Party will promptly remit to the Company any amounts reimbursed under this paragraph.

회사는 추가로 면책당사자에게, (i) 현재 진행 중이거나 진행될 예정이거나 또는 면책당사자가 당사자로 참가하거나 참가하지 않거나를 막론하고, 공식적인 또는 비공식적인 조사, 소송 및 기타의 절차(이하 "소송 등")를 위하여, 그리고 (ii) 이 계약서에 따른 면책당사자의 권리 행사와 관련하여, 면책당사자가 부담하거나 부담해야 할 합리적이고 충분한 소송비용 및 기타 비용을 즉시 지급해야 한다. 그러나 그러한 면책당사자의 면책대상손실이 전체적으로 면책당사자의 중대한 과실 또는 고의에 의하여 발생한 경우에는, 그 면책당사자는 즉시 회사에 지급받은 금액을 돌려주어야 한다.

The Company may, after notice to Financial Adviser, and shall, if requested by Financial Adviser, assume the defense of any such Action including the employment of counsel and will not settle, compromise, consent or otherwise resolve or seek to terminate any pending or threatened Action (whether or not any Indemnified Party is a party thereto) unless it obtains the prior written consent of Financial Adviser, such written consent not to be unreasonably withheld, or an express, unconditional release of each Indemnified Party from all liability relating to such Action and the engagement of Financial Adviser under this Agreement. Financial Adviser will not settle, compromise, consent or otherwise resolve or seek to terminate any pending or threatened Action unless it obtains the prior written consent of the Company, such written consent not to be unreasonably withheld, or an express, unconditional release of the Company and each of its affiliates from all liability relating to such Action. Any Indemnified Party shall be entitled to retain separate counsel of its choice and participate in the defense of any Action in connection with any of the matters to which this Exhibit A relates, but the fees and expenses of such counsel shall be at the expense of such Indemnified Party unless: (i) the Company has failed promptly to assume the defense and employ counsel or (ii) the named parties to any such Action (including any impleaded parties) include such Indemnified Party and the Company, and such Indemnified Person shall have been advised by counsel that there may be one or more legal defenses available to it which are different from or in addition to those available to the Company; provided that the Company shall not in such event be responsible under this Exhibit A for the fees and expenses of more than one firm of separate counsel (in addition to local counsel) in connection with any such Action in the same jurisdiction for all Indemnified Parties.

(출처: Miller Edwin L. Mergers and Acquisition (New Jersey: John Wiley & Sons, 2008): index.)

4. 자문사의 자문

자문사의 자문

기업의 매각이나 인수, 구조 조정은 사전 검토 없이 진행하는 것은 무리이고 불가능하다. 특히 매각을 할 때에는 산업·기업 분석 등이 선행되어야 한다. 단순한 매각만 진행하는 자문계약만으로는 매각하기가 어려우니, 사전에 자문사로부터 자문을 받아야 한다.

중소형 자문사는 거래 성사 가능성을 높이기 위해 많은 고객리스트를 보유하고 있다. 그러나 많은 고객이 비현실적인 가격 요구, 법적 문제, 조세 문제, 분식회계 등으로 사실상 인수가 불가능하다. 잠재적 인수 기업들은 자문사가 적절한 기업 정보를 제공하지도 못하고, 형편없는 기업을 소개한다는 불만을 제기한다. 또한 잠재적 인수 기업의 요구와 인수 전략을 이해하지 못한다고 불만을 제기한다.

반면 자문사는 잠재적 인수 기업이 모든 고객 정보를 달라고 요구할 뿐만 아니라, 대체 어떤 기업을 원하는지도 모르겠다는 불만을 제기한다. 따라서 매각 희망 기업이나 잠재적 인수 기업이나 자문사에 무작정 의뢰하지 말고, 사전에 자문사의 자문을 받는 것이 권장된다. 아무런 지출도 하지 않고서 자문사에 많은 것은 요구하는 것은 잘못이다.

자문 내용 중에는 기업의 가치 평가가 있다. 사전에 기업 분석을 통하여 시장에서 거래될 수 있는 가격을 평가를 통해 계산하고, 이를 개선할 전략을 모색해야 한다.

기업 분석을 할 때에는 회계 분석이 기초적인 접근 방법이다. 매출채권과 재고 자산의 연령 분석을 통해 부실한 자산이 있는지, 과도한 투자가 있는지를 분석하는 것이다. 특히 경쟁 기업이라든가 그 기업이 속한 산업의 연령 분석을 비교해보면 부실 재고와 부실 채권을 쉽게 파악할 수 있고, 신용판매와 재고 투자전략도 평가할 수 있다. 투자금액이 적어지면 그만큼 현금 보유량과 평가 금액도 커진다.

수익성 분석에서 기초적인 자료는 '자기 자본이익률(ROE, return on equity)'이다. 자기 자본이익률을 계산하여 수익률이 낮거나 떨어지는지 분석해야 한다. 자기 자본이익률이 상대적으로 낮거나 하락 중이라면 가능한 빨리 매각하거나 전략적 전환을 모색해야 한다. 또한 매출 원가율, 판매비·관리비 비율, 영업 이익률을 경쟁사나 산업 평균과 비교하여 그 문제점을 파악하고 개선 방법을 찾아야 한다.

고정자산을 자기 자본과 장기차입금의 합계액으로 나눈 값이 '고정 장기 적합 비율'이다. 우량기업이 되려면 고정 장기 적합 비율이 100%보다 낮아야 한다. 또한 장기차입금의 상환기간도 가급적 길어야 한다.

'부채 상환 능력(Solvency Ratios)'은 기업의 금융 부채 사용 정도와 채무 상환 능력을 나타내는 지표이다. 이는 유동 비율이 단기적인 도산 위험(Immediate Default Risk)을 나타내는 것과는 약간 다르다. 부채 상환 능력은 기업 경영에서 핵심적인 요소이다.

〈표 2-11〉 부채 상환 능력 재무 비율의 종류

비율	내용
(총)부채 비율 (Dept-to- Equity Ratio)	부채 총계(Total Debt) ——————————————— 자기 자본(Total Equity) ① 대표적인 비율로 기업이 재무 위험에서 벗어나면서 채무를 상환할 능력을 보여준다. ② 부채 총계는 모든 부채를 포함하는 것으로, '이자 비용이 발생하지 아니하는 항목(Non-Interest Bearing Accounts)'인 부채도 포함된다. ③ 재무 위험은 이자 비용이 발생하는 부채의 사용으로 인한 위험을 나타낸 것이다. 그러므로 이자 비용이 발생하지 않는 부채는 감안하지 않는다. 하지만 기업의 유동성과 부채 상환 능력도 기업의 위험에 중요한 요소이므로, 이를 감안하는 것도 타당하다.
금융 부채 비율	금융 부채 총액(Interest Bearing Liabilities) ———————————————————— 총자금 조달액 ① 고정 비용인 금융 비용이 발생하는 타인 자금을 얼마나 사용하는지를 측정하는 것으로, 그중 하나가 금융 부채 비율이다. 동 비율은 기업의 자본 구조 면에서 실질적인 부채 비율을 의미할 것이다. ② 즉, '이자 비용이 발생하지 않는 부채(Non-Interest Bearing Liabilities)'의 효과를 제외함으로써 총부채 비율의 분자에서 이자 비용이 발생하지 않는 부채를 제외하고, '이자 비용이 발생하는 장단기 부채(Interest Bearing Liabilities, Both Short-term and Long-term Debt)'를 분자로 한 것이다. ③ 총 자금 조달 액은 자기 자본과 이자 발생 타인 자본 합계액을 말한다.

5. 비밀 유지

1) 비밀과 전략

M&A 정보는 누설된다. 특히 세계적인 기업의 거래는 시점의 차이가 있을 뿐 공식 발표 전에 거의 언론에 노출된다. 정보가 새면 기업을 파는 쪽은 이

득을 얻을 수도 있다. 기업을 사는 '바이어'는 그렇지 않았을 때보다 평균 18%

더 많은 가격 프리미엄을 내야 하기 때문이다. 따라서 정보가 샌다면 그 정보

의 제공자가 '매각 기업(Seller)'일 가능성이 큰 셈이다. 전략적 누설도 많다. 경

영자가 M&A를 성사시키고 싶은데 이사회가 반대하는 경우이다. 경영자는 투

자자들의 호응을 얻고, 이사회의 반대를 무력화시키기 위해 전략적으로 정보

를 유출한다.[21]

우량 자문사는 M&A를 진행하면서 내부적 또는 외부적으로 비밀 유지를

하는 데 능숙하다. 사실 자문사는 매각 기업보다 직업상 비밀 유지를 더 잘한

다. 왜냐하면 자문사는 인수자에게 정보를 제공하면서 바로 매각 기업이 노출

되지 않게 하려고 하기 때문이다. 자문사는 잠재인수자를 수십 명 또는 수백

명 만나더라도 매각 기업의 매각 사실이 알려지지 않게 해야 한다. 또한 상장

기업의 경우에는 철저한 비밀 유지를 통하여 주가에 영향을 주지 않아야 한

다. 자문사는 항상 매각 기업 기업주의 동의를 받아 일을 진행하는 것이 원칙

으로 한다.

2) 비밀과 처벌

매각 기업의 임직원이 매각 정보를 이용하여 부정한 돈을 받은 경우에는 배

임죄로 처벌된다. 배임수재죄는 타인의 사무를 처리하는 자가 그 임무에 관하

여 부정한 청탁을 받고 재물 또는 재산상의 이익을 취득한 경우에, 배임증재

죄는 이와 같이 재물 또는 이익을 공여한 경우에 각 성립한다.[22] 다음은 관련

된 판례이다.

한 정리회사의 이사가 자신의 회사가 매각을 추진할 것이라는 사실을 다른

회사의 M&A 팀장을 통해 그 그룹의 투자사업 본부장에게 알려주었다. 그 그룹의 계열사는 특수 목적회사를 설립하여 투자사업 본부장을 대표이사로 임명하였고, 특수 목적회사를 주축으로 한 '그룹의 계열사 컨소시엄'은 우선협상대상자로 선정된 후 정리회사의 회사채 2000억 원 및 신주 3002억 원을 인수하였다.

투자사업 본부장이 작성한 문서에는 매각 기업 이사 갑에 관하여 '적극적인 지원 공로 감안, M&A 보상금 대상'으로 기재되었고, 매각 기업의 이사는 투자사업 본부장에게 30억 원을 요구하였으며, 협의 결과 21억 원을 지급받기로 하였다. 특수 목적회사가 인수 자금으로 이를 지급하려고 하였으나 약 12억 원에 대하여만 승인을 받자, 투자사업 본부장은 나머지 금액을 그룹 계열사의 비자금으로 지급하기로 하였다.

특수 목적회사와 매각 기업 이사, 그 이사가 이름을 빌린 사람 사이에 경영 자문합의서가 작성되었다. 대법원의 판결은 다음과 같다. 그 이사는 회사의 이사로 취임한 후 다른 사업 부문을 담당하기는 하였지만, 이사의 지위에서 다른 이사들에 대한 감시의무가 있을 뿐만 아니라, 이사의 본래 사무로서 이사회에 참석하여 발언하고 의결하는 등의 방법으로 회사의 매각 절차에 관여할 수 있는 지위에 있었으며, 실제로 이사 취임을 전후하여 모 그룹과 접촉하여 회사에 관련한 정보를 제공하고 그 그룹을 인수업체로 추천하였을 뿐만 아니라, 인수 기업인 특수 목적회사와 경영 자문 계약까지 체결하는 등 매각 과정에 관여하였다. 이사의 이와 같은 업무는 회사의 매각 관련 업무와 밀접한 관계에 있다고 하지 않을 수 없으므로, 이사는 회사의 매각 관련 업무를 처리하는 자의 지위에 있었다고 본다.

또한 투자사업 본부장이 지급하기로 한 21억 원이나 실제로 지급한 19억 원은 상당한 거액이고, 이사가 회사 인수와 관련하여 도움을 준 외에는 인수 기업의 대표이사인 투자사업 본부장으로부터 특별한 대가를 받을 이유가 없으며, 이사가 회사 내의 다른 임직원들 몰래 비밀리에 받은 것 등을 감안하면, 투자사업 본부장과 이사 사이에 부정한 청탁이 있었음을 인정할 명백한 증거는 없으나, 이사가 회사 인수와 관련한 정보를 제공하는 등으로 특수 목적회사의 회사 인수를 도와달라는 취지의 묵시적 청탁이 있었다고 추인함이 상당하고, 피인수 기업의 이사와 인수 기업의 대표이사 사이의 이와 같은 청탁은 사회상규 또는 신의성실의 원칙에 반하는 부정한 청탁이라고 할 것이다.[23]

제3장 거래의 준비

1. 매각의 준비

1) 마음의 준비

(1) 버리고 떠나기

기업을 경영하는 사람은 언젠가는 결단을 내려야 한다. 일단 매각하기로 결정한 경우 명심할 것은 거래의 최종 목적(end goal)은 거래의 성사이며, 각각의 거래 단계에서 현실적인 중간 목적(practical goal)은 거래의 다음 단계로 이행하는 것이라는 점이다. 기업 매각은 막연한 생각으로 하면 안 된다. 기업을 매각하고 무엇을 할 것인지를 분명히 해야 한다. 기업 매각의 목적은 '매각'에 있다. 어디서 들은 소문을 믿고 '대박'을 꿈꾼다면 하지 않는 편이 좋다. 특히 중소기업의 매각확률은 매우 낮으며, 거래 가격은 생각보다 훨씬 적다. 기업을 떠나려는 생각을 가지고 매각을 고려해, 매각 성사만을 목적으로 접근한다면 성공할 수 있다. 기업을 매각하면 대개 상당한 금액을 확보할 수 있으며, 그 금액이면 평생 사는 데 문제가 없을 것이다.

하지만 엄청난 액수의 돈을 꿈꾸는 것은 어리석은 생각이다. "M&A의 모든 것은 거래를 성사시키는 것이다(Closing deal, ladies and gentlemen, is what M&A is all about)." 꼭 명심해야 할 말이다. 대부분의 기업들은 매각을 시도하더라도 평생 동안 많아야 10개 내외의 인수 희망 기업을 만나게 된다. 그중 실제로 매각될 기회는 매우 적거나 없는 경우도 많다. 따라서 지금 진행하는 인수 희망 기업의 M&A가 마지막 일이라는 자세로 매각에 임해야 한다. 그렇지 않으면 매각 가능성은 거의 없다고 보아도 무방하다.

중소기업이나 비상장 기업은 대기업이나 상장 기업보다 매각 가능성이 매우 낮다. 특히 중소기업은 가격이나 조건을 생각보다 훨씬 낮게 제시해야 매각될 수 있다는 점을 명심해야 한다. 아무리 작은 기업이라도 인수 희망 기업은 수십 억 원 또는 수백 억 원의 차입금 인수와 현금 지급을 요한다. 따라서 인수 희망 기업은 정말 좋은 조건이 아니면 좀처럼 인수하지 않는다는 점을 미리 알아야 한다.

거래에 참여하는 매각 기업이나 인수 기업 모두 거래가 성사되는 방향이 아니라 자기의 '욕심'에만 집착해 시간만 낭비하고 고생만 한다. 기업을 매각한다는 결정은 중대하고 어려운 결정이다. 일단 결정이 되면 적극적으로 매각을 결단하는 것이 최선의 결과를 낳는다. 기업 매각에 수동적으로 임하면서 최고의 결과를 기대하는 것은, 원숭이가 타자기 앞에 앉아 우연히 자판을 눌렀는데 위대한 문학작품이 탄생하기를 바라는 것과 다름이 없다. 통계학자의 계산에 의하면 침팬지가 우연히 셰익스피어의 햄릿을 만들어내려면 대략 $4.4 \times 10^{360,783}$번 시도해야 가능한데, 이 같은 확률로는 누구도 매각을 생각하지 않을 것이다. 기업 매각은 기업 경영의 전략보다도 더욱 어려운 것이며, 적극적으로 추진되어야 한다. 또한 마음을 비우고 매각에 임해야 한다.

(2) 진실과 객관성

대부분의 기업주는 자기 회사를 누구보다 잘 안다고 생각한다. 그러나 이는 주관적인 판단일 뿐이다. 시장과 인수자는 이에 동의하지 않는다. 따라서 자기 회사를 매각하려면 인수자와 시장의 시각으로 분석·평가해야 한다. 시장에서 바라보는 회사 가치에 대한 객관적인 시각을 갖춘다면 자기 회사를 잘 팔 수 있다. 또한 자기 회사 정보에 대한 진실성도 있어야 한다. 환자가 의사에게 자신의 증세를 부정확하게 또는 불완전하게 말하면, 의사는 결코 환자를 효과적으로 진단하고 치료할 수 없다. 기업이 매각을 진행하는 경우 정직성은 필수이다. M&A 자문사나 변호사에게 매각 사유와 기업의 진실을 있는 그대로 밝혀야 한다. 이러한 진실성은 두 가지 이유 때문에 중요하다.

첫째, 매각 사유를 명백히 밝히지 않으면 매각의 실질적인 진행은 거의 불가능하기 때문이다. 100% 불가능하지는 않지만 기업 매각은 명백한 매각 사유의 제시 없이는 어렵다.

둘째, 인수자나 인수 기업은 그 기업의 매각 사유를 꼼꼼히 밝히는 데 주력하기 때문이다. 만일 매각 기업이 말한 매각 사유가 거짓으로 판명되면 인수자들은 옳건 그르건 매각 기업이 말하는 모든 것을 믿지 않게 된다. 그리고 인수를 포기하거나 거래 협상에서 철수한다.

"정직은 최선의 전략이다(Honesty is the best policy)." 정직하지 못한 매각 의사로 인해 최종적인 계약 단계에서 계약이 무산될 수 있다. 예를 들어 향후 기업 경영이 어려워질 것으로 보이는 기업의 경우, 최종적인 매각 조건에서 매각 후 구주주가 여전히 많은 지분을 보유하거나 매각 대금을 인수 기업의 이익으로 지급하는 조건(Earn-out) 중 하나를 선택하도록 제안하면 인수 기업의 기업주는 매각을 포기하게 된다.

매각 기업이 자신의 경영상 문제점이나 회계, 법률상의 문제 등이 인수 과정에서 발견되지 않을 것이라고 생각하는 것은 오산이다. 인수 기업은 회계사와 변호사를 고용하여 매각 기업을 철저하게 뒤진다. 또한 인수 기업은 문제점을 발견하면 거래 조건과 가격에 이를 반영할 것이다. 따라서 매각 기업은 먼저 문제점들을 공개하여 협상 시 자신의 통제하에 놓아야 한다. 어떤 기업가도 그렇게 순진하거나 무지하지 않다. 기업을 인수하는 회사는 수천만 원 또는 수억 원을 투자하는 것이 아니다. 수십 억, 수백 억 원의 부채를 인수하고 수십 억, 수백 억, 더 나아가 수조 원의 인수 대금을 지급한다. 그런 상황에서 어떤 기업이 적당히 실사하고 인수할까? 거꾸로 생각해보면 알 것이다. 매각 기업은 회사의 모든 문제를 인수자에게 공개할 의무가 있다. 명심해야 할 점은 최종적인 인수 계약서에는 예상되는 문제점 등에 대한 매각 기업의 보장 조항이 들어간다는 것이다. 사실 중소기업의 매각 과정에서 매각이 무산되는 이유는 매각 기업의 허위정보 때문인 경우가 많다. 그 결과로 매각은 무산되고 시간만 낭비한 채 기업의 매각 사실이 알려질 뿐이다.

M&A 시장에서는 협상이 줄줄이 좌초하는 경우가 일반적이다. 따라서 매도자 측은 민감한 사안에 대해 의견을 조율한 후 거래를 진행하거나 실사를 진행

해야 한다. 또한 정밀 실사 과정에서 문제점이 발견되어 결렬되는 경우도 많다. 따라서 매각 기업은 문제점을 사전에 공개하는 것이 좋다. 2013년 1월 대한해운 매각 우선협상자로 선정됐던 한앤컴퍼니는 정밀 실사 과정에서 해외 우발채무가 새롭게 발견됐다며 인수를 중도 포기했다. 최대 1000억 원에 달하는 채무를 떠안아야 하는 위험이 있었기 때문이다. 고양종합터미널 매각은 소송 문제가 발목을 잡았다. 당초 맥쿼리 자산운용을 우선협상자로 선정했지만, 고양터미널 분양 관련 소송이 진행 중인 것이 걸림돌이 됐다. 결론적으로 문제점은 먼저 공개해야 하고, 공개된 상태에서 매각을 해야 문제가 발생하지 않는다.[1]

(3) 마음의 준비

기업을 왜 매각하려는지, 매각 후에 무엇을 할 것인지, 그리고 매각 후의 삶을 위해 필요한 자금이 얼마인지를 명확하게 객관적으로 생각해보아야 한다. 그리고 M&A의 절차를 분명히 이해하여 기업의 가치를 시장에서 얼마로 평가하는지 이해하고 기대치를 조정해야 한다.

기업가는 자신의 기업에 대하여 많은 감정과 애증을 가지고 있으므로 매각이라는 의사 결정을 객관적으로 받아들여 그러한 감정으로부터 자유로워야 한다. 매각의 출발선에 서서 모든 것을 객관적으로 바라보아야 쉽지 않은 매각 가능성, 생각보다 낮은 가격, 피곤하고 기나긴 매각 절차의 진행에 따른 실망과 스트레스에서 어느 정도 벗어날 수 있다. 특히 매각 기업이 알아야 할 것은, 인수 기업은 투자 대비 수익성이 있는 경우에 매각 기업을 인수한다는 점이다. 따라서 회사가 보유한 부동산 가격이나 재고 자산의 가치 등은 아무런 의미가 없음을 알아야 한다. 그 가치가 아무리 크더라도 인수 기업의 투자 대비 수익성이 나쁘면 인수할 이유가 없다. 부동산이나 재고가치가 크다면 매각할 이유도 없다. 그 시점에서 사업을 정리하고 청산하는 것이 훨씬 더 이익이 될 것이다. 그러나 인수 기업은 기업을 인수해서 청산할 목적으로 투자하지 않는다. 이 점이 중요하다.

2) 전략의 검토

(1) 매각의 방식

공개 매각과 개별매각

매각 방식에는 공개 매각(Auction)과 협의매각(Negotiated transaction)이 있다. 공개 매각 때에는 많은 인수 기업을 만날 수 있어 매각 가능성을 높일 수 있지만, 회사가 노출되어 경영상의 어려움이 생길 뿐만 아니라 기업 존립마저 위태로워질 수 있다. 협의매각 때에는 매각 사실이 노출되지 않지만 인수 희망 기업을 찾아내기가 쉽지 않다. 어느 경우든 M&A 전문가인 매각 자문사를 통해 진행해야 한다. 직접매각은 사실상 불가능하다.

사업의 전부매각과 일부매각

기업 전체를 매각 또는 인수(Buyout. 100%, Outside-retire transaction)하는 경우도 있지만, 전체 주식이 아닌 경영권 인수(Majority investment. 50% 초과) 또는 일부 인수(Minority investment. 50% 이하)도 있다. 경영권을 유지하면서 일부 현금화를 원하는 경우(Outside-continue transaction)도 있고, 필요한 자금을 외부로부터 조달하기 위해 일부 지분을 매각하거나 제3자 배정 증자를 하기도 한다. 물론 주주 간에는 향후 경영권 인수 문제를 약정하는 것이 좋다. 기업가 중 상당수는 재산이 지나치게 주식에 집중되어 있다.

그러나 재산을 한 기업의 지분으로만 가지고 있는 것은 위험부담이 크므로, 가능하다면 일부를 매각하여 현금화하는 것이 좋다. 또한 역량 있는 전략적 투자자나 재무적 투자자가 참여함으로써 성장의 한계를 극복할 수도 있다. 일부 매각의 방식인 분할(Spinoff)은 기업의 사업부, 생산라인 또는 자산의 일부를 처분하는 것을 말한다.

매각 대상 주식의 결정

대주주 본인 이외의 기타 주주에 대해서도 매각 의사를 분명히 확인해야 한다. 소수주주들은 주식 매수 청구권(Appraisal rights)을 행사할 수도 있기 때문이다. 또한 소수주주가 매각을 거절하면 매각이 취소되는 경우도 있음을 알아야 한다. 사전에 주주들이 매각은 물론 거래가액에 대해서도 합의를 이루는 것이 좋다. 대주주가 다른 주주에게 공동매각청구권(drag along)을 행사하는 것도 고려하여야 한다. 이는 동일한 조건에서 같이 지분을 매각하는 것을 요청할 수 있는 권한을 말한다. 이 경우 문제는 2대 주주가 우선매수권을 가진 경우 대주주 지분을 인수할 수 있다.[2] 한편 과거 우리나라의 주식회사에서는 차명 주식이 많아 문제가 되기도 했다. 차명 주주가 악의적으로 나오는 경우 매각은 쉽지 않다. 그러니 이를 사전에 정리해야 한다. 또한 주주 간에 약정에 의해 주식을 양도할 때 일정한 제한을 두는 경우도 있으므로 유의해야 한다.

사모펀드와의 거래에서는 매각 기업의 대주주가 주식 매각 대금을 자신의 기업에 재투자하는 경우가 있다. 사모펀드에 경영권을 매각하고 소액 주주로 남아 있다가 3~5년 뒤에 제3자 또는 사모펀드에 매각하는 경우도 있다. 드물지만 후자가 전자보다 매각금액이 큰 경우도 있으므로, 전액 매각을 지나치게 요구하지 말고 인수한 사모펀드와 잔류하는 것도 좋은 방법이다.

(2) 매각 추진의 시점

기업 매각의 성패와 거래 금액은 사전 준비와 거래의 진행 시기가 결정한다. 한마디로, 준비와 거래의 진행은 오늘 당장 시작하는 것이 최선이다. 대부분의 기업들은 최고실적을 달성한 후나, 기업에 위기가 닥쳐 기업의 실적과 가치를 더 높일 방법이 거의 없을 때나, 기업주의 건강이 갑자기 나빠지는 등 어쩔 수 없이 은퇴를 해야 할 때 매각을 상의한다. 기업을 매각하려면 사전에 준비를 충실하게 해야 하고 매각 시점도 잘 선택해야 한다. 그래야만 인수 기업과 좋은 조건에 협상이 가능하고, IM이나 프레젠테이션, Pant tour, 협상에서 유리한 입장에 설 수 있으며, 거래 성사 가능성도 높일 수 있다. 그러나 가장 높은 가격을 제시할 기업이 언제 나타날지, 기업의 실적이 어떻게 될지는 아무도 모른다. 따라서 늘 자문사와 계약을 하거나 상의를 하여 매각을 추진하고 있는 것이 가장 좋다. 매각은 특정시점이 아니라 계속 준비하고 있어야 하는 것이다. 어느 날 갑자기 가장 좋은 실적을 낸 때에 매각한다고 하여 매각이 되거나, 가장 좋은 조건을 제시하는 기업을 만날 수 있는 것이 결코 아니다. 기업이 제품을 늘 팔고 있듯이, 기업을 매각할 의사가 있다면 기업을 늘 팔고 있어야 한다.

(3) 조세 검토

기업을 매각하기 전에 조세 부담에 대해 검토를 하고 절세 계획도 수립해야 한다. 가능하다면 몇 년 전부터 준비하는 것이 바람직하다. 기업을 상속하거나 증여할 때 가장 큰 문제는 세금이다. 말 그대로 세금폭탄이 기다리고 있을 수 있다. 주식과 경영권을 매각할 때는 20%(특수한 경우 높은 세금)의 세금을 내므로 액수가 적은 편이다. 그러나 부동산이 많거나 높은 양도소득세를 과세하는 주식이 일부 있으므로 사전에 미리 검토해야 한다.

(4) 매각 가격과 조건의 명확화

매각 조건과 가격이 명확해야 한다. 인수자도 분명한 정보를 받아야 판단을 잘할 수 있고, 쓸데없는 시간 낭비도 줄일 수 있다. 가격과 조건이 명확하지 않으면 인수 조건이 너무 달라져서 인수 기업과의 거래가 어려울 수도 있다.

(5) 매각 전략 수립

매각을 추진하는 기업은 인수자의 입장에서 거래의 논리(deal logic)를 검토하고, 인수자의 시너지도 검토하여야 한다.

3) 회사의 정비

(1) 인수실사와 리스크

기업을 매각하게 되면 인수의향서를 받고 실사에 들어간다. 큰돈을 투자하는 기업이 대충 실사할 리가 없다. 회계, 세금 문제, 법률 문제, 종업원, 환경 문제 등 구석구석 정밀하게 실사가 진행된다. 실사에서 중대한 문제가 발생되면 인수는 철회되고 매각 기업은 큰 타격을 입는다. 매각을 고려한다면 회사의 회계, 법률 등 많은 것을 정비하여야 한다.

인수 기업이 실사를 하면서 발견된 재무정보는 매각자보다 훨씬 심각하게 받아들인다(Ugly financial warts look even uglier to a buyer!). 부실 채권, 지급기일이 경과한 매입채무, 장부에 기록되지 않는 채무, 기업주와 회사 간 채권과 채무, 계약과 관련 있는 분쟁이 그것이다. 기업주의 사적 골프비용 등은 가급적 없애는 것이 좋다. 기업주와 기업 간의 채권과 채무는 매각 전에 정리하는 것이 좋다.

대부분의 비상장 기업의 재무제표는 인수 기업이 문제를 제기할 점들을 가지고 있다. 가장 많이 제기되는 것들로는 장기 미회수 채권, 부실 재고자산, 부실설비, 분쟁 중인 부채 등이 그것이다. 이들 문제점들은 사전에 미리 정리하여야 한다. 이러한 문제로 인해 거래가액이 조정될 수도 있기 때문이다.

한편 대부분의 소규모 비상장 기업은 회계감사를 받을 필요는 없다. 단순한 검토만으로 보통 충분하다. 그러나 기업을 매각할 생각이 있는 경우 회계감사를 받는 것이 좋다. 최소한 투자자에게 재무제표가 어느 정도 정확할 것이라는 생각을 심어준다. 또한 인수자가 실사를 한 결과로 비싼 대가를 치르거나 거래가 중단되는 문제점을 미리 적시할 수 있다. 따라서 기업은 결산이 끝나면 회계감사나 회계사의 검토를 받아야 한다. 이를 통해서 인수자가 기업의 실적이 외부 실사를 받아서 신뢰할 수 있는 재무제표로 인식하게 한다.

(2) 우발채무(Contingent Liability)와 부외부채

우발채무와 부외부채는 인수 기업이 가장 관심을 보이는 주제이다. 우발채무와 부외부채를 속이고 매각하면 소송으로 돌아온다. 물론 인수계약을 할 때 매각금액의 상당 부분을 보증금으로 예치하게 하여 상계하지만 모자라면 민사소송이나 형사소송을 제기하기도 한다. 우발채무의 존재는 매각을 어렵게 만들고 평가금액에도 나쁜 영향을 미친다. 리스계약의 경우 운용리스인지 자본리스인지 분명하게 판단하여야 한다. 자본리스를 운용리스로 잘못 판단하는 경우 부외부채로 나타나기 때문이다. 법률 문제는 사전에 모두 해결하여야 한다. 감추려고 해봐야 소용없다. 또한 회사와 관련된 소송이 아무리 승소 가능성이 높더라도 인수자는 불안해한다. 따라서 관련된 문제들은 조속히 해결하는 것이 답이다.

(3) 기업 이익(Profit)의 정비

기업 이익은 가장 기본적이고 결정적인 기업 가치의 평가 요소이다. 1인 주주이거나 가족경영 형태같이 소수의 주주가 운영하는 비상장 기업(closely held businesses)은 사업과 관련되지 않은 차량유지비, 골프비용, 여행비용, 통신비용, 음식 같은 사적 비용(personal expenses)을 많이 지출한다. 이런 비용 지출은 바람직하지도 않지만 이익을 감소시켜 평가를 낮추는 요인이다. 사적 비용을 없애고 기업회계로 전환을 하여야 한다. 한편 매각 직전에 이익을 늘리기 위하여 경상적인 자본적 지출이나 수선비 등을 줄여서는 안 된다. 인수 기업은 실사를 통하여 이를 쉽게 파악하기 때문에 가격 결정 시 오히려 좋지 않은 영향을 줄 수 있다. 특히 마케팅 관련 비용을 줄이지 말아야 한다. 이는 오히려 기업의 수익성을 떨어뜨리고 인수 기업에게 나쁜 인상을 줄 수 있다.

(4) 추정 재무정보와 예산편성능력(Meeting Projections)

인수 기업은 기업의 '미래'를 산다. 인수 기업은 향후 매출, 이익 및 현금 흐름에 관심을 가진다. 따라서 매각을 고려하는 기업가는 매출, 이익과 현금 흐름에 대해 합리적 근거에 입각한 예측정보를 제공하여야 한다. 예산을 설정하는 능력은 경영능력을 평가하는 요소 중 하나이다. 월별 매출, 매출원가, 비용, 현금 흐름의 정확한 예측능력은 높이 평가된다. 매출을 추정할 때 매년 일정한 비율로 성장하는 것을 가정하는 것은 의미가 없다. 현실은 그렇게 움직이지 않는 것이 당연하다.

(5) 재무 상태(Balance Sheet)

M&A가 성사되지 않는 장애 요인 중 하나가 재무 상태이다. 적정한 순 운전자금의 보유, 짧은 현금 사이클, 단순한 지분 구조, 적정한 유동비율은 재무 상태 평가 시 고려할 사항이다. 당좌비율도 중요하다. 특히 부실 재고, 부실 채권 등의 경우 인수 기업이 거래가 끝난 후에도 클레임을 청구하여 매각대금을 줄이려고 할 수도 있으므로 유의하여야 한다. 특히 이러한 사실을 은닉하는 것은 좋지 않다. 2018년 호반건설이 우선협상대상자로 선정되어 매각을 추진했던 대우건설이 숨겨진 해외 사업장 손실 3000억 원이 뒤늦게 밝혀져 매각이 무산되었다. 이러한 부실은 사전에 회계상으로 떨어버리든지 아니면 이를 공개한 상태에서 흥정하여야 한다.

회수기간이 지난 채권이나 부실 채권 또는 부실재고가 있는 경우 거래금액에서 공제될 수 있으므로 채권 관리에도 관심을 가져야 한다. 이러한 부실을 반영하게 되면 손익이 감소하게 되고, 결국 이를 근거로 가격을 재협상하려 할 것이다. 어느 금융업계 관계자는 "실사를 진행하다 보면 장부에 나오지 않는 '보이지 않는 부실'이 상당할 때가 많다"면서 "정확한 부실 규모도 알기 어려운

업체들을 누가 손대려 하겠냐?"고 반문한다.[3]

4) 요약소개서

(1) 개념과 의미

요약소개서는 "티저(Teaser)" 또는 "익명 티저(Anonymous or blind teaser)"라고 부른다. 관심을 가질 만한 기업에 회사 이름을 비공개로 하고 비밀이 아닌 정보를 제공하는 서류이다. 말 그대로 인수 희망 기업에 더 많은 정보를 알리기 위해 만드는(tease) 문서이다. 티저는 보통 1~2페이지로 구성된 "엘리베이터 안에서 간단히 볼 수 있는 서류(Written elevator speech)"이다. 이는 기업에 관한 정보를 가장 많이 요약된 형태로, 사업, 투자의 매력, 재무 실적, 기업 비전, 거래 조건 등을 포함한다.

티저는 간결성이 핵심이므로 가급적 한 페이지로 만든다. 또한 가정주부도 이해할 수 있도록 쉽고 간단하게 만든다. 매각을 고려하는 기업 중 대부분은 자문사에 계약금이나 회사소개서를 작성하는 수수료의 사전 지급에 유보적이다. 자문사가 매각을 보장하지 않기 때문이다. 하지만 그것 때문에 자문사는 회사를 이해하기 어렵고, 매각자문의 전략을 짜기도 어려우며, 매각은 더욱 불확실해진다. 기업의 매각은 지극히 어려운 일이다. 그러니 이 정도의 자문수수료도 지급하지 않고 매각을 성사시키려 한다면 매각은 요원하다. 이러한 티저에 대하여 관심이 있는 기업이 추가적인 정보를 요구하는 경우 비밀 유지약정서를 받는다.

한편 제공되는 비밀 정보의 보안을 위해 최초의 정보는 아주 간략하게 제공한다. 진지하게 관심을 가지는 기업에게만 비밀 유지약정서를 작성한 후 상세한 정보를 제공한다.

티저는 투자안내서(Offering memorandum, Offering document, Confidential information memorandum, Deal book)가 완성됐거나 거의 완성된 후에 제공하는 것이 좋다. 매각 기업이 어디인지를 드러내지 않으면서도 잠재적 인수 기업에 충분한 정보를 제공해 인수에 관심을 갖게 만드는 것은 정말 어려운 일이다. 어떤 때는 매각 기업이 드러나지 않게 하기 위해 사실이 아닌 정보를 사용할 수밖에 없는 경우도 있다. 우주항공 산업에 부품을 제공하는 기업의 경우는 대부분 전 세계의 우주항공 기업에 부품을 제공하기 때문에 부품제조 기업의 위치가 중요한 요소가 아니므로 일부러 위치를 엉뚱한 곳으로 표시하기도 한다.

(2) 제공 시기

티저는 비밀 유지 약정(Confidentiality agreement)을 체결하기 전에 제공된다. 자문사가 여러 곳에 무작위로 매각 기업 정보를 공개(Spraying and praying)하기보다는 제대로 된 진행을 위해 매각 기업에 대해 관심과 인수 의사가 있을 만한 기업에 티저를 제공해야 한다. 자문사는 잠재적 인수자와 만나 실질적으로 관심을 가지고 있는 기업인지를 파악해야 해서 정말로 가능성이 있는 기업에만 추가 정보를 제공해야 한다.

(3) 내용과 구성

티저에 포함되는 기본적인 내용은 다음과 같다. 중요한 것은 대상 기업의 중요한 포인트를 제시해야 한다는 점이다. 고객 기반, 매출 규모, 고객의 재이용 정도(Recurring revenue), 매출 성장성, 이익 성장성, 지적 재산 등이 그 예이다.

첫째는 제목이다. 회사의 사업 내용과 주주가 원하는 것을 나타내는 짤막한 제목을 적는다.

둘째는 회사의 개요이다. 기업과 사업에 대한 압축 요약이다. 회사의 사업 내용, 회사의 위치, 사업의 경쟁력을 제시한다. 여기서 핵심은 그 기업이 어느 회사인지를 드러내지 않으면서 잠재적 인수자가 회사를 충분히 이해할 수 있도록 설명하는 것이다.

셋째는 투자 소개(Investment considerations)이다. 잠재적 인수자는 회사의 개요를 읽은 후 그 기업에 투자를 하면 얻을 수 있는 매각 기업의 경쟁력이나 장점(Special quality)이 무엇인지 알고 싶어 한다. 여기에는 보통 '●' 표시 (Bullet point)를 사용하거나 간략하게 기술된다. 여기서도 회사의 정체가 밝혀지지 않도록 하면서 회사의 경쟁력과 장점을 잘 보여주는 것이 중요하다.

넷째는 요약된 재무 정보(Financial summary)이다. 재무 정보는 핵심적인 정보만 제공하는 것이 좋다. 매출과 (가능하다면 수정된) EBITDA 정도만으로도 충분하다. 물론 업종이나 상황에 따라 고객의 수, 판매 수량 등 특별한 통계숫자나 매출총이익 등이 제공될 수 있다. 종종 5년간의 손익계산서와 같은 재무 요약 정보와 EBITDA 및 추정 재무 정보도 제공한다. 그리고 2~3년 정도의 향후 추정 손익 계산서도 제공될 수 있다. 가장 최근의 재무 상태표의 요약 정보가 제공되는 경우도 있는데, 이해의 편의를 위해 손익계산서의 비용은 매출 대비 비율로 표시하기도 한다.

다섯째는 매각 기업과 주주의 거래 내용과 조건(Shareholders' objectives)이며, 이는 명확하게 제시해야 한다.

여섯째는 연락처(Contact information)이다. 보통은 자문사를 통해 연락을 하지만 직접 매각하는 경우도 있다. 후자의 경우에는 기업의 이름이 바로 드러나므로 변호사를 임명하여 접촉하게 한다.

5) 자료실 준비

(1) 의의

자료실(Data rooms, Online data room)은 실사가 진행되는 동안 인수 기업이 정보를 볼 수 있도록 자료를 제공하기 위해 사용되는 곳을 말한다. 과거 인터넷이 없을 때에는 변호사 사무실에 이러한 서류를 비치해놓았고, 잠재적 인수자는 이를 보기 위해 사무실을 방문해야 했다. 이때는 질문을 할 수도 없었고 최신 자료를 다시 요청할 수도 없어서 '제한적'이었다. 게다가 이 과정에서 법무법인의 주니어 변호사가 많은 고생을 하였다. 담당 변호사는 자리를 지키고 앉아 감시하면서 서류가 복사, 분실, 도난되는 것을 방지해야 했고, 서류들의 목록을 작성한 뒤 나가고 들어오는 것을 일일이 기록해야 했다. 법학전문대학원에서 3년간 공부한 사람들이 이런 일을 한 것이다.

이러한 문제점은 매각 기업이 인수 후보 기업에 정보박스(Data box)를 보내주는 방식으로 바뀌면서 어느 정도 개선되었다. 정보박스에는 자료실의 정보와 문서의 복사본이 담긴다. 이로 인해 인수자는 자신의 사무실에서 매각 기업의 정보를 볼 수 있게 되었다. 그렇지만 매각 기업을 전혀 방문할 수 없다는 것과 서류들이 복사되어 정보가 새는 문제점이 발생하기 시작했다. 물론 비밀유지약정서를 작성하지만 정보 유출의 위험성은 커질 수밖에 없다. 스캔 등을 통해 유출될 수도 있다.

오늘날에는 온라인 데이터룸이 일반적이다. 미국의 경우 IntraLinks, Inc. 와 R. R. Donneley & Sons company's venue, Merrill data site, Firmex Inc. 같은 수많은 데이터룸 컴퓨터 소프트웨어 회사에서 데이터룸용 소프트웨어를 제공하고 있다. 클라우드 기반 M&A 플랫폼 제공 업체 인트라링크스는 2015년 한국에 진출했다. 인트라링크스는 피인수 기업과 인수 기업이 실사를 위한 기업 정보와 관련된 문서·파일을 안전하게 공유할 수 있도록 해주는 가상데이터 룸(VDR)을 제공하고 있다. 포춘 1,000대 기업의 99%가 인트라링크스의 솔루션을 사용하고 있으며, 전 세계적으로 30조 달러 규모의 거래가 이 솔루션 안에서 이뤄졌다. 전통적으로 인수·합병과 관련된 기업 정보를 전달하기 위해 물리적 정보나 이메일 등을 이용해왔지만, 동 솔루션이 확산되면서 기업들의 인수·합병과 관련된 활동의 패턴이 바뀌었다. 이러한 솔루션이 보편적으로 자리를 잡은 북미·유럽 시장에 비해 한국을 비롯한 아시아·태평양 지역의 이용률은 낮은 편이다.[4] 매각 기업들은 과거 데이터 룸의 자료를 여기에 올리며 이를 통해서 편리하고도 안전하게 자료를 관리하고 있다. 이는 솔루션을 온라인에서 제공함으로써 매각 기업이 허용된 인수 희망 기업 사람만 정보에 접근하게 하고, 인수 기업은 패스워드를 통하여 로그인하여 정보를 볼 수 있기 때문이다.

(2) 자료실 정보의 구성

기업 내부적으로 인수 희망 기업을 위한 회사 소개 사진이나 비디오를 준비하는 것이 좋다. 매각을 위한 회사소개서를 만들 때는 내부의 임직원들이 눈치챌 수 있으므로 영업이나 마케팅 홍보용으로 제작하게 하는 방법을 쓴다. 여기에 티저나 기업 매각을 위한 회사소개서에 나온 내용들이 들어가게끔 하면 된다. 물론 이를 영업이나 마케팅 목적에도 사용할 수 있다. 기업의 내부에서 만들든지 외부에서 만들든지 기업을 매각한다는 사실을 말할 이유는 없다.

데이터룸은 잠재적인 매수자들(특히 경쟁 입찰 방식에 의한 매수자 물색에서 다수의 매수자가 경합하는 경우)을 위해 정보를 제공하는 수단 또는 최종 인수 실사 시 매수자가 요구하는 정보를 체계적으로 제공하기 위한 수단이다. 제공하는 정보는 매수자가 인수 실사 시 요구할 정보이다. 자료실에는 자료의 목록이나 요약본을 비치하고 최종 실사 시 원본을 전부 공개할 수도 있다. 제공되는 정보에 대해서는 정보를 제한할 필요성(기업비밀 등), 자료 간 불일치 여부, 민감한 정보의 공개 수위 등을 검토하기 위해 내부 검증과 전문가의 검토가 필요하다. 제공하는 정보의 비밀 수준을 단계별로 구분하고 분류하여 공개의 수위와 시기를 조절할 수도 있다. 자료가 불일치하는 경우에는 매도자에게 불리한 가격 조건을 제시할 수 있다. 데이터룸을 운영할 때는 사무집기를 비치하여 운영직원을 두어 매수자의 이용을 돕고 기밀 유출을 통제해야 한다. 자료실을 두지 않는 경우에는 관련 정보를 책자로 엮은 자료집(Document book)을 만들어 제공할 수 있다.

여기에는 다음의 〈표 3-1〉과 같은 것들이 있다.

〈표 3-1〉 데이터룸 준비 자료

분류	자료명	보완자료
재무 정보	• 최근 5년 또는 3년간 감사보고서(Audited financial reports) • 최근 2년간의 월차보고서(Internal monthly financial reports) • 향후 2~5년 추정재무제표 • 재무제표명세서 − 매출채권연령 분석표(Account receivable aging) − 매입채무연령 분석표(Account payable aging) − 재고 자산의 분류(Inventory breakdown) − 고정자산 명세서와 관련 평가 서류(Fixed asset listing and any relevant appraisals) • 내부보고서와 분석(Internal management reports and analyses) • 세무신고서(Tax returns): 법인세신고서, 부가가치세 신고서	• 최근 5년 또는 3년 결산서와 부속명세서
계약 관련 서류	• 매출처와의 계약서(Customer contracts) • 구매처와의 계약서(Supply contracts) • 임대차 및 리스 계약(Leases) • 주주 간 계약서(Shareholders agreements) • 특수 관계자와의 계약서(Related party agreements) • 임직원과의 비밀누설금지(Non-disclosure agreements) 또는 경쟁업체 취업 제한 계약(Noncompete agreements)	
직원정보	• 종업원 정보(Employee breakdown): 직급 구분(Job titles), 인원(Head counts), 급여표(Pay rates), 기타 • 복리후생 관련 서류와 부담 비용(Employee benefit documentation and costs) • 종업원 보험 등(Workers' compensation and insurances documents)	
임원 정보	• 임원 관련 계약(Management contracts) • 스톡옵션 내용(Stock option plans)	
컴퓨터와 정보 시스템	• 정보 시스템 요약(Overview of information system)	
인허가와 지적 소유권	• 특허권 등 지적 소유권의 내용(Patents and other intellectual property documents) • 환경 관련 자료와 인허가(Environmental studies, permits, and reports)	
소송 법률 문제	• 진행 중인 또는 예정된 소송관련 서류(Legal documentation related to any current or pending lawsuits)	
법인 서류, 주주총회와 이사회 서류	• 법인 서류(정관, 등기부등본, 창립총회 등, Incorporation papers) • 주주총회 및 이사회 회의록(Board minutes)	

2. 인수 준비

1) 선정 기준

인수를 추진하는 경우 우선 인수 대상 기업 선정 기준(selection criteria)을 마련하여야 한다. 인수 대상 산업, 지역과 거래 규모(deal size) 같은 것이 그 예이다. 거래 규모는 인수하는 데 쓸 수 있는 최대 지급액을 말한다. 단순하게 최대 현금 지급 가능 금액 또는 부담 금액으로 나타내기도 하지만, 최대 PER 비율, P/B 비율 등 비율로 표시할 수도 있다. 인수 대상 기업을 결정하기 위한 기준은 필터(Filter or screen)라고 불린다. M&A로 성공한 세계적인 기업 시스코의 M&A 대상 물색은 크게 세 카테고리안에서 이루어진다. 시장에서 성장세를 높여주는 경우와 영역을 확장시켜주는 경우, 그리고 새로운 시장에 진입하는 경우이다.

예컨대 시스코가 인수한 스타렌트(Starent)는 모바일 시장에서의 초기 성장에 큰 도움을 주어 시장 선두 자리를 안겨줬다. 에어스페이스와 소스파이어는 기업용 모바일 오피스와 보안 시장에서 시장 확대를 가능케 한 대표적 사례다. 새로운 시장에 진입한 사례는 1993년에 인수한 크레센도. 단순한 라우터 기업에서 독보적인 네트워크 기업으로 발돋움하게 했다. 직접 투자할 때는 반드시 시스코의 사업제품 그룹과의 전략적인 연관성과 재정적인 건전함을 동시에 따진다. 독립적으로 돈을 벌어줄 수 있을 만큼의 튼튼함을 요건으로 삼는 것이다. 망해가는 피인수 기업을 선정하는 대부분 기업과는 매우 다른 점이다.[5]

인수 대상 기업은 기업이 추구하는 전략과 목적에 맞는 기업이어야 한다. 이를 바탕으로 사업 현황(인적 자원과 경영 능력, 재무 구조 및 손익 구조, 시장점유율), 기업의 구조(매출과 자산부채 규모 등), 인수 예상 가액의 적정성, 주주 구성 등에 대한 정보도 파악해야 한다. 이렇게 인수 대상 후보 기업이 파악되면 실제로 인수를 추진할 인수 대상 기업을 결정한다.

인수 대상 기업을 평가할 때 그 기업의 시장 입지가 안정적인지, 향후 성장 가능성은 있는지를 파악해야 한다. 한 기업의 성장 최대 잠재치와 실제 성과 사이의 격차를 찾아내는 역량이야말로 베인캐피탈을 성공적인 사모펀드사로 성장시킨 비결 중 하나였다고 한다. 베인캐피탈은 업계 6위 기업을 인수할 의향이 없었을뿐더러, 이미 최대 잠재치를 달성한 업계 1위 업체를 인수 대상으로 주목하지도 않았다. 반면 시장에서 좋은 입지를 가지고 있으면서도 경영이 부실한 기업의 상황을 잘 판단하여 성공적 인수를 할 수 있었다.

2) 인수팀 구성

기업을 인수하려면 인수 업무를 담당할 인수팀을 구성해야 한다. 이때에는 기업의 경영에 있어 능력 있는 사람을 채용하는 것이 중요하다. 기업 인수는 기업의 사활이 걸린 문제이다. 따라서 기업주와 최고경영자가 인수를 직접 주재해야 한다. 기업주가 직접 하기보다 임직원이 하면 이해관계가 바뀌게 할 수도 있는 대리인비용이 발생한다. 인수를 위한 승인 절차가 길면 길수록 악수를 둘 확률도 커진다.

인수 대상 기업을 탐색하는 팀(Search team)은 자금전문가, 회계전문가, 법률전문가, 경영 관리자, 투자개발전문가, 해당 산업전문가 등으로 구성되어야 한다. 물론 이 팀은 인수 대상 기업의 기준을 처음 설정한 사람들로 구성하는 것이 좋다. 또한 변호사, 자문사, 회계사, 산업전문가 등 외부전문가들과 함께 하는 것이 좋다. 인수 대상 기업이 개별적으로 개발한 고객 정보 콘텐츠나 특허 등을 설정한 소프트웨어 같은 기술을 가지고 있어 인수 기업이 그 기술을 고려해 인수하는 경우 이를 검토하기 위한 전문가를 고용해야 한다.

M&A로 성공한 세계적인 기업인 시스코의 M&A 전략은 사전 준비가 반이다. 시장, 기술, 지역별 전문가로 이루어진 기업개발(Corporate development) 전담팀이 주축이 된다. 이 팀은 해당 지역 분야에서 10년 이상 일한 전문가로 구성되어 있으며, 이스라엘, 인도, 중국, 체코 등 세계 주요 타깃지역에 걸쳐 있는 글로벌팀이다. 투자부터 파트너십, 인수까지 직접 관할한다.[6]

제4장 거래의 탐색

1. 탐색의 절차

1) 기초적 접근

잠재적 거래 대상 기업을 발굴하고 찾아내는 일은 어렵고도 중요한 일이다. 이는 직원에게 맡길 일이 아니며, 기업주나 핵심 임원과 부서장이 직접 해야 한다. M&A 자문사를 고용하여 탐색하는 것은 비용에 비하여 아주 효과적이다. 잠재적 인수자나 잠재적 매각 기업을 찾는 방법으로는 소극적 방법(Passive approach)과 적극적 방법(Assertive approach)이 있다. 전자는 이메일이나 편지를 보내는 방식이고, 후자는 직접 전화를 한 뒤 찾아가는 것이다.

2) 매각의 탐색

(1) 매각의 준비와 시점

자금 시장이 경직되고 실물시장도 침체되면 기업은 자금 조달뿐만 아니라 경영자체도 어려워진다. 기업 가치도 저평가되고, 확실한 수익모델이나 시장경쟁력이 있는 상품을 가지고 안정적인 현금 흐름을 보이는 기업에만 인수 의사를 드러낸다. 즉, 높은 시장점유율 과 핵심 역량, 성장성을 보유한 기업에만 관심을 가지는 것이다. 문제는 매각을 고려하는 기업들이 자금 시장이 활황이고 기업 실적이 좋으면 매각에 관심을 갖지 않거나, 매각에 관심을 갖더라도 지나치게 높은 가격을 요구하여 거래가 이루어지지 않는다는 점이다. 그러다가 자금 사정이 악화되고 기업 실적이 불투명해지면 매각을 시도한다. 세상에 기업 가치처럼 종잡을 수 없는 것이 없다. 1000억 원을 호가하던 기업이 하루아침에 몰락하고 가치가 증발해버리기도 한다. 이것이 매각 기업이 생각하는 가격과 인수자가 생각하는 가격이 크게 차이가 나는 변수이다. 기업이 부실해지고 나서야 매각하려는 풍토는 우리나라 중소기업 M&A 시장이 제 기능을 하지 못하는 원인 중의 하나이다. 사실 우리나라 중소기업 M&A에서 1년 내에 성공적으로 매각할 가능성은 1%도 안 되는 것이 비공식적인 통계이다. 최선의 매각 시점은 늘 기업이 잘될 때이며, 최선의 가격은 그때 어느 정도 만족한, 그리고 어느 정도는 손해를 보는 가격이다.

사실 기업이 매각에 성공하는 것은 골프에서의 홀인원과 같다. 대부분의 골퍼들은 홀인원을 평생에 한 번도 하지 못한다. 반면 어떤 골퍼는 첫 번째 샷에서 홀인원을 하고는 평생 못하기도 한다. 거꾸로 어떤 골퍼는 연속하여 홀인원을 하기도 한다. 홀인원을 하려고 많은 라운딩을 하더라도 소용없다. 워낙 확률이 적기 때문이다. 누가 언제 어디서 홀인원을 할지 알 수 없듯이, 매각 기업이 언제 누구에게 팔릴지는 전혀 예측할 수가 없다. 그러나 프로골퍼나 로핸디 골퍼가 홀인원을 할 확률이 높긴 하지만, 반드시 그런 것도 아니다. 골퍼가 홀인원에 대해 마음을 비우듯이, 매각 기업도 마음을 비워야 한다.

(2) 자문사의 역할

잠재적 인수 기업을 물색하는 것은 자문사의 몫이다. 매각 기업이 인수 기업을 직접 찾아가 매각을 의뢰하는 것은 가능하겠지만, 성사는 어렵고 불리하다. 누가 인수자인지 알기도 어렵다. 그래서 자문사를 찾는 것이 합리적이다. 잠재적 인수 기업은 매각 기업에 직접 찾아와 인수의향서를 제시하고 접근하는 경우도 있다. 매각 기업과 인수 기업이 협의에 성공하는 경우도 있지만, 자문사 없이 진행하는 거래에는 많은 난관이 기다릴 뿐이다. 매각 자문사는 잠재적 인수 기업 리스트를 확보하고 있고, 이들에 대한 직접 또는 간접 자료를 확보할 수 있는 능력이 있다.

(3) 매각 방식의 구분

매각방법은 다음의 〈표 4-1〉과 같이 세 가지로 나누어서 생각해볼 수 있다.

매각 방식을 결정할 때는 많은 요소들을 고려해야 한다. 무엇보다 중요한 것은 그 기업이 속한 산업의 특성과 그 기업의 특성, 그리고 시장 진입의 용이성(The ease of entry into its industry)이다. 예를 들어 레스토랑 체인점의 경우 다양한 인수자가 나타날 수 있다. 기존에 레스토랑 체인점을 운영하고 있는 기업, 외식업에 진출하여 시너지를 얻으려는 호텔과 부동산 개발업자, 그리고 특별한 기술 없이도 운영할 수 있는 기업을 찾는 돈 많은 은퇴자 등이 그러하다. 그러나 핵물질 처리 기업의 경우 인수자가 매우 제한될 가능성이 있다.

<표 4-1> M&A 매각에서의 선택 대안

구분	개별거래 (Negotiated sale)	제한적 공개 매각 (Limited auction)	전면적 공개 매각 (Broad auction)
거래 방식 (Approach)	일대일 접촉	• 제한된 인수자(Screened list of buyers) 접촉 • 하나 혹은 두 개 기업의 입찰방식 진행(Step bidding process)	• 다양한 전략적·재무적 투자자 접촉 • 이 단계(Two-step) 입찰 방식 진행
인수자 수 (Bidders contracted)	1~4	5~25	26~200
마케팅용 자료 (Marketing materials)	매각 기업의 내부문서(Internal report)로 특정한 잠재적 인수 기업에 맞게 보완되기도 함	특정 잠재적 인수 기업에 맞게 만들어진 티저나 기업설명서(Offering memorandum)	일반적인(Standard) 티저나 기업설명서
비밀 유지 (Confidentiality)	높은 수준의 비밀 유지	적정한 수준의 비밀 유지	공개적
거래의 선택 (Flexibility)	기업마다 개별적인 접근	어느 정도 구조화	구조화되고 정형화된 절차
소요기간 (Timetable)	2~3개월	4~5개월	5~6개월
이점 (Advantages)	• 조기에 마무리 • 비밀 유지 • 재량권 보유 • 경영 관리의 유지	• 일정의 합리적 관리 • 적당한 비밀 유지 • 좋은 인수 기업 가능성 제고	• 많은 잠재적 인수 기업 접촉 • 경매 방식에 의한 최고가 판매 가능성
단점 (Disadvantages)	• 인수 기업이 계약에서 우위를 가질 수 있음 • 제한된 인수 기업으로 좋은 인수 기업을 만나지 못할 가능성이 있음	• 최선의 인수 기업에 매각되지 않을 수 있음 • 경영 관리상 혼란가능성	• 비밀 유지가 매우 어려움 • 많은 시간 소요 • 경영 관리상 혼란이 가장 큼

(출처: Mark A. Filippell, 〈Mergers and acquisitions playbook: Lessons from the middle-market trenches〉, John Wiley & Sons, Inc, 2011, p. 145.)

(4) 매각의 탐색 방법

매각의 탐색 방법도 아래에 나오는 인수의 탐색 방법을 사용하여 접근할 수 있다. 이에 대하여는 인수의 탐색을 보기 바란다.

(5) 티저 제공

티저는 인수에 관심을 가질 만한 기업에 제공하는 요약 정보로, 회사 이름을 노출하지 않은 채 정보를 제공한다. 일부 자문사들은 회사가 어디인지 알 수 있게 해주는 정보나 심지어는 회사 이름을 노출시키는 경우도 있다. 이는 심각한 문제이다. 인수자나 인수자문사도 저자를 찾아와 회사 이름을 공개하라고 요구한다. 이런 회사와는 거래를 할 수 없다. 회사가 노출되지 않으면서도 인수자에게 충분한 정보를 제공하여 인수에 관심을 갖게 만드는 것이 자문사의 역량이다.

이메일이나 서신 등에 의해 무차별적으로 정보를 보내는 방식(Shotgun approach)은 비밀 유지에 문제가 발생하므로 유의해야 한다. 그러나 기술적으로 회사를 드러내지 않고 할 수 있는 방법은 있다. 이것도 자문사의 역량이다. 이렇게 함으로써 매각 가능성을 높일 수 있기 때문이다. 미국의 경우, 중소기업이나 중견기업 M&A 시장에서 50곳 정도의 재무적 투자자에게 알리면 경험상 최적의 잠재적 인수자를 만날 확률이 95%라고 한다. 150곳 정도에 더 알리면 5%의 확률이 추가된다고 한다. 자문사들은 무차별적 마케팅 방식을 사용한다. 그렇지 않으면 매각 가능성이 너무 작기 때문이다. 한편 매각 기업이 드러나지 않도록 정보를 제공하면서, 인수자 측에서 요구하는 추가 정보도 제공할 수 있다. 인수에 관심 있는 기업이 비밀 유지약정서를 작성하려면 대표이사나 이사의 승인을 받아야 하는 바, 지나치게 제한된 정보로는 승인을 받기 어렵기 때문이다. 또한 개별 기업에 회사가 드러나더라도 큰 문제가 발생할 소지가 없다면 추가 정보를 제공할 수도 있다. 물론 매각 기업이나 기업주의 동의를 받은 뒤에 해야 한다. 이렇게 추가 정보를 요청받은 경우, 매각 기업 기업주의 동의를 받아 추가 정보를 제공하기 전에 다음과 같이 인수 주체 기업의 양해를 구하는 것이 바람직하다.

㈜글로벌M&A입니다.
귀사에서 요청한 자료를 준비하고 있습니다.
㈜글로벌M&A는 매각 기업의 자문사로서 매각 기업을 보호할 의무가 있습니다.
따라서 당사는 매각 기업 측이 동의하는 바에 따라 정보를 제공해야 함을 이해해주시기를 바랍니다.
M&A는 수백억 원 또는 수천억 원이 거래되는 중대한 거래이며, 매각 기업의 수십 명 또는 수천 명의 임직원의 이해와, 주주와 기업의 명운이 걸린 중대한 과업입니다.
따라서 당사는 절차를 따라 신중하게 정보를 제공합니다.
최대한 빠른 기간 내에 요청하신 정보를 제공해드리겠습니다.

㈜글로벌M&A 김근수 드림

상장 기업이나 대기업은 티저 자체도 작성하지 않고 비밀리에 일을 추진한다. 필자도 상장 기업과 대기업의 매각 자문을 하고 있지만, 특별한 인수자가 나타나지 않으면 일체 말하지 않는다. 물론 상장 기업 기업주의 동의 없이는 어떤 액션도 취하지 않는다.

(6) 개별적 접근

매각 기업을 인수할 가능성이 있는 기업과 직접 접촉하는 방법이다. 유사 기업을 인수한 기업, 동일 업종의 기업, 수직계열화가 가능한 기업, 해당 업종에 진출하려는 기업을 직접 만나는 방법이기도 하다. 그러나 모르는 사업과 회사에는 관심을 가지기 어렵다. 따라서 인수 가능성이 있는 기업과 어떤 형식으로든 관계가 있는 상태에서 진행하는 것과 그렇지 않은 것의 상황은 전혀 다르다. 경쟁사나 관련 업체 등 언젠가 매수에 나서줄 것 같은 기업과도 좋은 관계를 유지하는 것이 중요하다. 따라서 매각을 바로 추진하기보다는 점차적으로 관련 비즈니스 관계를 풀어나가는 것이 좋다.

매각 기업이 영위하는 업종을 인수하려는 '업종 인수자'(Industry buyers)나 해당 업종에 전문화된 재무적 투자자(Specialized financial sponsors)를 직접 찾아내는 것은 개별적 탐색의 방법이다. 업종 인수자는 매각 기업과 동일 업종에 속하기도 하지만, 사업을 다각화하기 위해 그 업종을 선택하는 투자 기업(Diversification parties)도 있다. 또한 매각 기업의 기업주를 만나 인수에 관심이 있는 기업의 정보를 문의할 수도 있다. 하지만 해외의 잠재적 인수자에게는 접근하기가 어렵다. 글로벌 자문사나 글로벌 네트워크를 가진 자문사를 통하여 접촉할 수 밖에 없다. 때로는 직접 외국 기업에 매각 기업의 정보를 제공할 수 있다. 외국 기업 본사의 웹사이트나 한국 지사에서 주소와 관련 경영진에 관한 정보를 검색할 수 있다.

이 방식은 매우 단순하지만 매수자가 우월한 위치에서 협상할 수 있는 문제점이 도사리고 있다. 이를 예방하기 위한 몇 가지 접근 방법이 있다.

첫째는 잠재적 매수자에게 단 하나의 매수자만 있는 것이 아니라고 하는 것이다. 매각 기업이 한 기업에만 매달리면 매수 기업은 유리한 입장에서 흥정하려고 하기 때문이다.

둘째는 해당 기업에 매각이 성사될 가능성은 있지만 먼저 인수 제안을 하면 기회가 더 있을 수도 있다는 암시를 하는 것이다. 심지어는 매각 기업에게 제시된 가격도 말할 수 있다. 인수 희망 기업은 즉시 인수 제안을 하지 않으면 인수 기회를 놓치게 된다는 것을 두려워할 것이다. 매각 기업이 사전에 조사를 하여 매각 기업에 가장 관심 있는 기업이 어디이고, 어느 기업이 가장 좋은 조건을 제시할 것인지 알 수 있는 경우에 가장 효과적이다. 따라서 매각 기업의 잠재적 인수 기업과 그들이 제시할 가격 범위에 대해 어느 정도 파악을 해야 한다.

셋째는 해당 기업의 매각 진행이 되고 있어 곧 매각될 예정이라고 하면서 그 거래 가격을 인수 가능성이 있는 기업에 전하는 것이다. 주의할 것은 제시된 가격은 확정되었다는 점과, 흥정 가능성이 없다는 점을 분명히 해야 한다는 점이다. 인수 기업이 이 가격에 대해 단순히 제안된 가격이 아닌 실질적인 거래 가격임을 믿어야 가능하다. 만일 그 가격 이상으로 지급할 의사가 있는 인수 희망 기업에는 좋은 기회가 될 것이다. 그러나 그렇지 않다면 더 이상 논의할 필요가 없다. 이 방식은 대부분의 재무적 투자자들이 공개 매각이 어려워지면 사용하는 기법이다. 그러나 인수 기업이 이 가격을 흔쾌히 받아들이더라도 실사 과정을 통한 가격 협상을 시도할 수 있다.

넷째는 더 간접적인 방식인데, 매각에 대해 일체 논하지 않는 방식이다. 매각 기업은 인수 가능성이 있는 기업과 합작투자나 기타 전략적 공동사업에 대한 논의를 시작한다. 이러한 과정에서 전략적 선택을 통해 그 기업의 인수가 타당하다고 판단되면 인수를 제안하게끔 유도하는 것이다. 그러면 인수 기업이 적극적으로 나서고, 매각 기업은 소극적으로 협상테이블에 앉게 되는 이상적인 결과를 초래할 수 있다. 특히 매각 기업이 상장 기업이라면 매각 사실이 드러나는 것은 위험하다. 따라서 인수에 관심이 있는 기업에 매각이 아니라 투자 유치를 요청하는 소개서를 보내는 것이 바람직하다.

다음은 상장 기업을 매각하면서 수직계열화 가능성이 있는 대기업에 실제로 투자 유치나 전략적 제휴를 요청했던 문서를 간략하게 요약한 것이다.

전략적 제휴 제안서

㈜글로벌은 기업의 전략적 제휴와 투자, 인수·합병을 자문하는 기업입니다.
당사가 자문하는 기업 중 철강 관련 제조가공업을 영위하는 코스닥 상장 기업인 A사는 연관된 기업과 전략적 제휴 또는 자본 참여를 통한 전략적 동반자 기업의 유치를 희망하고 있습니다.
보안 유지를 위하여 A사의 이름을 밝히지 못하는 점을 양해해주시기 바랍니다. A사의 기본적인 정보는 아래와 같습니다. 마찬가지로 보안 유지를 위하여 최소의 정보만 제공함을 양해해주기 바랍니다.
이러한 제안에 관심이 있으시면 ㈜글로벌과 협의를 해주십시오. 그러면 A사의 기업주와 협의를 거쳐 미팅을 하겠습니다.

기업 소개	철강 관련 제조가공업(매출 1000억 원 미만, EBITDA 100억 원 미만)
거래 개요	제3자 배정 방식 증자를 하거나 또는 대주주 지분 일부 매각 방식입니다.
자문사	<ul><li>㈜글로벌은 회사로부터 자문사로 선정되었습니다. 다음의 절차가 진행되지 않는 경우에는 보안 유지를 위하여 어떠한 경우에도 회사명을 밝히지 않음을 양해하기 바랍니다.</li><li>자문사와 관심 기업의 기업주 또는 책임 있는 임원이 최초의 직접 미팅을 진행하고자 합니다.</li><li>최초의 직접 미팅 후 자문사가 회사의 대주주에게 미팅 사실을 알린 후 회사의 대주주가 추가적인 절차를 희망하는 경우에만 진행합니다.</li><li>추가 진행은 자문사가 참여하고 회사의 기업주와 인수 희망 기업의 기업주 또는 책임 있는 임원이 직접 미팅하는 방식으로 진행합니다. 향후 진행 절차는 회사의 대주주와의 합의하는 바에 빠릅니다.</li></ul>

김근수(Managing Director, CPA, CFA, Ph. D.)
Tel. 02-539-2831, 010-5380-6831, ksk0508@gmail.com
서울시 강남구 역삼동 739-5 영원빌딩 402호
㈜글로벌

(7) 공개 매각

공개와 공개 매각 전략

매각 기업이 매각 정보의 유출을 자신에게 유리한 방향으로 이용할 수 있다. 그중 하나는 잠재 인수 기업에 매각 협상을 위한 결단을 내리도록 협상 테이블에서 종용할 수 있다는 것이다. "이젠 기밀이 유출되었다. 우린 결단을 내려야 한다. 향후 2주 내에 모든 것이 종결되지 않으면 협상을 그만두겠다"라고 선언하는 것이다. 또 하나는 잠재 인수 기업들 중 일부를 정리할 수 있는 것이다. 인수 진행상에서 표면에 노출되는 것을 아주 꺼리면서 지나치게 조심스럽게 행동하는 기업들이라도 정보가 유출되면 알려지게 마련이다. 이 경우 오히려 새로운 인수 기업이 나타날 수도 있다.

정보가 공개되더라도 뜻밖의 좋은 결과가 생길 수 있다. 오히려 관심이 많은 잠재적 인수자가 인수 의사를 밝히고 더 좋은 가격을 제시할 수 있기 때문이다. "결과가 좋으면 다 좋은 것이다(All's well that ends well)."

제한적 경매

제한적 경매(Limited auction)는 완전 경매 방식에 비해 비용이나 위험 요인, 경영 혼란을 통제할 수 있어 효과적인 매각 방식이다. 보통 10개 정도의 인수 희망 기업을 선정하면 가장 좋은 조건으로 매각할 가능성이 90%나 된다고 한다(The 90-10 rule). 전면적 공개 매각 방식에 실패하면 기업은 시장에서 이미지가 나빠지게 된다. 회사의 경영 상태가 호전되더라도 9개월 이내에 다시 매각 시도를 하기가 매우 어렵다. 회복하는 데 2년이 걸릴 수도 있다. 제한적 경매는 실패하더라도 시장에 소문이 나지 않을 수가 있다. 따라서 경영이 호전되면 다시 새로운 인수자와 협상할 수 있다.

전면적 경매

최선의 인수자를 놓칠 가능성을 줄일 수 있는 최선의 또는 유일하다고 할 수 있는 방법은 전면적 경매 방식이다. 이 방식으로 매각하는 경우 50개, 75개, 100개, 심지어는 200개 기업과 만나야 한다. 이러한 매각 방식은 자문사가 진행하며 기업은 관여하지 않는, 그야말로 자문을 업으로 삼는 사람들이 하는 일이다.

그러나 전면적 경매가 유일하게 가장 효과적인 기업 매각의 방식은 아니다. 개별적 매각이나 제한적인 경매를 통해서 최소한 50% 내지 75%의 시간만을 소비하고도 기업 경영에 무리를 주지 않는 한도의 좋은 가격에 매각할 수도 있다.

〈표 4-2〉 제한적 공개 매각 공고문 사례

기업 매각 공고
Ⅰ. 개요 ① 매각의 방식 : 구주 및 경영권 매각, 제3자 배정 방식의 경영권 확보를 위한 유상 증자 　　또는 회사채 발행 등 외부자본의 유치 ② 입찰의 방법 : 공개경쟁입찰(제한적 경쟁 입찰 또는 협의) ③ 영위업종 : 반도체 부품의 제조 Ⅱ. 매각의 진행 ① 인수 의향 기업 미팅 　　– 미팅 기한 : 2020.1.1.까지 (대한민국 표준시. 이하 동일) 　　– 미팅 장소 : 매각주간사 (주)코리아프로페셔널 　　　　(서울특별시 강남구 역삼동 739-5 영원빌딩 402호) 　　– 미팅 방법 : 자문사에 이메일로 요청 및 미팅 약속 　　– 미팅 주제 : 인수 의향 기업 소개, 인수 의향, 자금 조달 방법, 인수 가격 등 　　　　사전 조율 ② 비밀 유지약정서 제출 　　– 제출 기한 : 2020.2.1.까지

- 제출 장소 : 매각주간사
- 제출 서류 : 자문사와 회사가 요청하는 비밀 유지약정서, 기타 회사와 자
  문사가 요청하는 서류
- 제출 대상 : 미팅을 통해 회사와 자문사가 선정한 기업
③ 회사소개서 등의 제공
- 제공 기일 : 2020.3.1.
- 제출 방법 : 선정된 기업에 우편 또는 이메일 제공
- 추가 정보 : 2020.3.7.까지 추가 정보를 요청하고 회사가 제공할 수 있는
  정보를 2020.3.14.까지 제공
④ 인수의향서 접수
- 제출 기한 : 2020.3.31.까지
- 제출 장소 : 매각주간사
- 포함 내용 : 인수 예정 가격, 실사 기간, 매각 기업의 보장 사항 등 인수 계
  약서(안)의 주요 내용, 자금 조달 방안
- 인수의향서 등은 매각주간사로부터 직접 수령하거나, 매각주간사에 메일
  로 요청하여 받을 수 있음
⑤ 예비적 인수자 선정
- 선정 기간 : 2020.4.7.까지
- 향후 일정 : 개별적으로 협의함
⑥ 기타
- 본공고문은 회사의 매각을 청약 또는 청약의 유인에 해당하지 않음
- 인수의향서는 제출 기한 내에 제출 장소에 직접 제출된 것에 한해 유효함
- 접수된 제반서류는 취소, 철회, 회수, 교환 또는 변경할 수 없음
- 상기 일정 및 내용은 회사의 사정에 따라 사전 통지 없이 변경될 수 있고,
  이 경우 회사 및 매각주관사는 아무런 법률적 책임을 부담하지 아니함
- 접수 기간 이후 추가 접수 여부의 판단은 전적으로 회사와 주간사의 고유
  권한임
- 예비후보자의 선정 등은 회사 및 매각주간사의 고유 권한으로, 모든 참가
  자는 그 결과에 대하여 일체의 이의를 제기할 수 없음
- 기타 세부 일정 및 내용은 매각주간사인 (주)코리아프로페셔널(김근수 이
  사, Tel : 02-539-2831, E-mail : ksk0508@gmail.com)으로 문의 바람

20○○년 ○○월 ○○일

매각주간사 (주)코리아프로페셔널

다음은 필자가 운영하는 (주)글로벌M&A가 공고했던 사례이다.

〈표 4-3〉 제한적 공개 매각 공고문 실제 사례

기업 매각 공고

Ⅰ. 개요
 ① 매각의 방식 : 구주 및 경영권 매각
 ② 매각의 방법 : 제한적 경쟁 매각 또는 개별협의

Ⅱ. 매각의 대상
 ① 베트남 호치민 소재(매출 50~100억 원) Crane, Hoist 제조업체, 인수하는 경우 동남
  아시아시장에서 교두보를 확보할 수 있으며, 국내 대주주 기업과의 전략적 제휴를 통
  하여 높은 성장성과 수익성을 달성할 수 있을 것으로 추정
 ② 국내 본사와 전략적 제휴, 지분 투자(경영권 인수 포함)를 협의할 수 있으며, 국내본사
  는 매출 1000억 원 내외의 기업으로 세계적인 경쟁력을 보유하고 있으며 기술과 제품
  경쟁력을 바탕으로 30조 규모로 알려진 해외 시장에 진출하는 경우 높은 성장성과 수
  익성을 창출 가능(추가 정보는 www.kskim.kr 참조)

Ⅲ. 매각의 진행
 ① 인수 의향 기업 미팅
  2014.7.31.까지 매각주간사 (주)글로벌M&A에 이메일로 요청 및 미팅 약속
 ② 비밀 유지약정서 및 거래 진행
  주간사와 회사가 동의하는 기업에 한해 예비 인수 후보 기업을 선정하고 비밀 유지약
  정서를 받고 협의 진행
 ③ 본공고문은 회사의 매각을 청약 또는 청약의 유인에 해당하지 않으며, 상기 일정 및 내
  용은 회사의 사정에 따라 사전 통지 없이 변경될 수 있고, 이 경우 회사 및 매각주관사
  는 아무런 법률적 책임을 부담하지 아니함
 ④ 예비후보자의 선정 등은 회사 및 매각주간사의 고유 권한으로, 모든 참가자는 그 결과
  에 대하여 일체의 이의를 제기할 수 없음

기타 세부 사항 및 내용은 매각주간사인 (주)글로벌M&A으로 문의 바람
(김근수 이사, Tel : 02-539-2831, E-mail : ksk0508@gmail.com)

2014년 7월 20일

매각주간사 (주)글로벌M&A
www.kskim.kr

3) 인수의 탐색

(1) 개요

인수 대상 기업의 탐색은 자문사를 통한 것과 더불어 자체적인 계획을 수립하고, 후보자를 검색하고, 접촉을 시도하는 것으로 시작된다.

(2) 인수 대상 전체 집단 확인

인수하고자 하는 전체 집단(defining the search universe)을 정의하는 것으로부터 출발한다. 여기서 다시 기업의 경영 전략으로 돌아가야 한다. 기업 전략에서 M&A는 어떤 역할을 하는지, 어떻게 기업 가치를 창출할 것인지 돌아보는 것이다. 이로부터 모집단 기업을 파악하는 것이다.

인수 대상 기업 선정 기준을 기초로 인수 대상 기업의 데이터를 찾는다. 금융감독원 전자공시시스템(dart.fss.or.kr)에서 업종별·기업별로 법정감사에 관한 것 등 상장 기업 관련 기업 정보를 찾을 수 있다. 미국에는 이러한 정보를 제공하는 기업들(Dun & Bradstreet, S&P Corporate Register, Capital IQ 등)도 있다. 법무법인이나 회계법인, 그리고 자문사들에 의뢰할 수도 있다. 물론 비용 부담을 하여야 한다.

인터넷에서도 풍부한 정보를 찾을 수 있다(Naver, Google Finance, Yahoo! Finance, Hoover's, EDGAR Online 등). 미국에서 찾는 경우 도널드 디팜필리스(Donald DePamphilis)가 쓴 『기업의 인수와 합병(*Mergers and Acquisitions Basics*)』(Burlington, Elsevier, 2011)의 152~153페이지를 보면 다양한 정보 경로를 확인할 수 있다(너무 많아서 소개하지 않는다). 비밀 유지가 필요 없다면 신문지상에 공고를 할 수도 있다. 물론 효과적인 방법은 아니다.

(3) 인수 대상 기업 선정

인수 대상 기업을 정하기 위해서는, 첫째로 잠재적 인수 대상 기업 리스트를 작성, 둘째로 잠재적 인수 대상 기업에 대한 검토, 셋째로 기업별 구체적 프로필 작성의 순서로 진행한다.

기업이 속한 산업에서 인수를 추진하는 경우에는 인수 대상 기업을 쉽게 파악할 수 있을 뿐만 아니라 우선순위도 쉽게 정할 수 있다. 현업에 종사하는 경영자는 자기 사업의 경쟁 기반에 대한 직관적인 이해를 토대로 선별적 인수를 통해 가장 큰 효과를 창출할 수 있는 방법을 알고 있다. 그러나 타 산업으로 진출하는 경우에는 M&A 컨설턴트나 투자은행(Investment bank) 등 외부자료를 알아보아야 한다.

주요 기업들에서는 인수 대상 기업을 발굴하고 선별할 때 회사 내 M&A 전담팀이 외부 자문사들과 공동으로 인수 대상 기업을 찾는다. 우선 잠재적 인수 대상 기업을 찾아내어 리스트를 만든다. 인수가 가능한 기업은 금융감독원의 업종별 감사보고서가 기초적인 자료이다. 인수할 만한 기업은 대게 회계 감사를 받는 기업들이다. 또한 동 업종의 사업자 단체의 회원명부도 활용할 수 있다. 대체로 75~100개 정도의 목표 기업 리스트를 준비하는 것이 권장된다. 산업의 특성이나 경제 전반의 상황을 고려하여 50개 정도로 하는 것도 좋다. 그러나 정말로 인수를 원한다면 50개 이하는 권장되지 않는다. 또한 상당한 기간 동안 여러 개의 기업을 인수하고자 한다면 최소한 100개 정도의 리스트를 만들어야 한다. 만일 인수에 실패한다면 인수 대상 기업의 리스트 작성에 적용된 기준을 재검토하여야 한다. 많은 인수 대상 기업들의 제품, 시장, 매출, 수익성, 지분 구조, 임원 구성 같은 정보를 파악한 후 10~15개 정도의 업체를 선정하여 2단계 검토에 들어간다.

잠재적 인수 기업 리스트가 확보되면 실제 인수를 추진할 기업을 찾아내는 작업(pruning)을 한다. 우선 잠재적 인수 대상 기업 리스트를 작성한 후에는 잠재적 인수 대상 기업에 대한 1차 검토를 실시한다. 그 뒤 최초의 탐색 기준에 새로운 기준(secondary selection criteria)을 적용하여 대상 기업을 찾아낸다. 〈표 4-4〉와 같은 선정 기준이 이 작업에 사용될 수 있다.

〈표 4-4〉 인수 대상 기업 선정

구분	내용
시장 세분화(Market Segment)	산업 내에서 인수 대상 부문(target segment)을 구분
생산라인(Product Line)	인수 대상 기업을 산업 내에서 특정 생산라인으로 제한
수익성(Profitability)	매출이익률, 총자산수익률 등으로 구체적으로 제한
부채 비율(Degree of Leverage)	부채 비율의 범위를 명시
시장점유율(Market Share)	시장점유율 순위 또는 시장점유율 수치의 명시
경영문화(Cultural Compatibility)	• 인수 대상 기업의 비전, 경영 관리 시스템, 명성 등에 의한 인수 대상 기업의 평가 • 해외 기업인 경우 언어와 관습 문제를 검토

인수 대상 기업의 정보는 가능한 경우 그 고객, 납품업체, 퇴직 임직원, 관련 협회 등을 통하여 입수할 수도 있다. 또한 인수 주체 기업의 임원이나 부서별 관리자들은 인수 대상 기업에 대한 정보를 가진 경우가 많으므로 이를 활용한다.

핵심 사업의 경쟁 기반에 부합하는지 여부를 평가 기준으로 삼아 인수 대상 기업을 추린 후, 이 기업들을 대상으로 순위를 매긴다. 이때 전통적인 SWOT 분석을 실시할 수 있다. 즉 인수 대상 기업과 그 경쟁사들의 장점(Strength), 단점(Weakness), 기회(Opportunity), 위협(Threat)을 분석하는 것이다. 기업의 고객 기반은 특히 중요하기 때문에 인수경험이 많은 전문가는 인수 대상 기업이 강력한 고객 기반을 갖추고 있지 않는 한 인수를 추진하지 않기도 한다.

마지막으로 각 인수 대상 기업마다 사실에 기반한 기초 자료를 만들어야 한다. 노련한 인수 기업들은 인수 대상 기업에 대해 충분히 알고 있으며, 해당 산업의 특성, 그 기업의 경쟁력과 최근 실적, 또 현 경영진에 대해서도 숙지하고 있다. 산업을 이해하기 위해서 그 산업에 속한 상장 기업의 분석보고서(security analyst reports)를 이용한다. 산업의 이해는 산업의 규모와 구조, 주요 기업과 시장점유율, 시장 독과점 정도(market concentration), 유통 경로, 산업에의 영향 요인(시장, 기술, 규제 등), 경쟁의 특징(가격 경쟁, 투자경쟁 등)에 관한 것이다.

이러한 검토를 기초로 하여 구체적인 목표 기업을 5개 내외로 정한다. 나머지 기업들에 관한 자료는 폐기하지 않고 잠정적으로 유보한다. 선정된 기업에 대해서는 사전적인 분석과 예비 실사를 하고 인수를 위한 접근 방법을 준비한다. 대상 기업에 대한 정보 수집은 그 기업의 매력과 인수 가능성 두 가지를 목표로 한다. 목표 기업이 구체적으로 정해지면 재무 정보, 구체적인 기업 정보, 제품, 언론 보도자료, 기업주 관련 정보, 임원들의 신상 등을 파악한다.

(4) 인수를 위한 접근 방법

인수 대상 기업이 결정되면 접근 전략(approach strategy)을 수립하여야 하며, 그것은 인수 대상 기업이 매각될 가능성과 그 사유 등 그 기업의 프로필 작성에 포함된다. 매각할 사유로는 자금 조달의 어려움, 기업주의 투자 회수 희망 또는 기업 승계의 문제점이 대표적인 사유이다. 기업의 약 20% 정도는 매각을 생각하고, 좋은 조건에 대해서는 관심을 갖는다. 하지만 적극적으로 나서지는 않는다. 그래서 어렵다.

이는 첫 접촉(first contact)을 시도함으로써 시작된다. 그리하여 일단 인수 대상 기업을 찾아내면 매각 가능성을 타진해야 한다. 인수 대상 기업에의 접근은 기업의 규모, 기업 상장 여부, 인수 기간 등에 따라 그 방법이 다를 수 있다. 일반적으로 인수를 위한 접근 전략은 〈표 4-5〉와 같이 정리할 수 있다.

〈표 4-5〉 인수를 위한 접근 전략

구분	전략					
우호적인 접근 (Friendly Approach)	간접적인 의향 타진(Initial Query/Casual Pass)					
	If yes	If no				
	↓	↓			↓	
	인수 협상 진행 (Proceed to negotiated settlement)(A)	공격적 접근 시도			인수 포기 (Walk away)	
공격적인 접근 (Aggressive Approach)	↓					
	인수의 제안(Bear Hug)			↓		
	If yes	If no				
	↓	↓				
	A	위임장 경쟁 (Proxy Fight)	시장 매수 (Open Market Purchases)	공개 매수 (Tender Offer)		소송 (Litigation)
				If yes	If no	
				↓	↓	
				A	공개 매수 진행	

인수를 위한 탐색과 최종적인 거래 성사의 흐름을 인수 대상 기업의 수를 예를 들어 다음과 같이 정리할 수 있다. 〈표 4-6〉은 인수가 얼마나 어려운지를 잘 보여준다.

〈표 4-6〉 인수 대상 기업과 인수 절차의 예시

절차	인수 후보 기업 수
인수 주체 기업이 마련한 인수 대상 요건에 기초한 전체 후보군 확정 (Universe of Candidates based on Initial Search Criteria)	500개 이상
후보군 압축 (Refinement of Candidate List)	100개 이상
거래 진행을 위한 대화에 관심을 보인 기업 (Candidates interested in Talking)	20개
인수 주체 기업이 마련한 기준에 맞는 기업 (Candidates that meet Detailed Screening Objectives)	10개
인수 가격이 합리적인 기업 (Candidates with Realistic Valuation Expectation)	5개
예비 검토 후 추가 진행을 할 수 있는 기업 (Candidates that survive Preliminary Due Diligence)	3개
추가 진행 후 거래를 중단한 기업을 제외한 최종 인수 제안 기업 (Formal Offers after one of three Candidates drops out of the Process)	2개
거래 성사 (Closed Deal)	1개

(출처: Jeffrey C, Hooke, M&A, Wiley, 2015, p. 60.)

접근 방법은 전화, 이메일, 편지 또는 개인적 접근을 통해서 한다. 대상 기업 10개 가운데 1개 정도만 관심을 표명한다. 그리고 2개 정도의 기업은 관심은 있지만 침묵을 지킨다. 후자의 경우 지속적인 노력을 기울여야 접근이 가능하다. 처음에는 조인트벤처 설립, 전략적 마케팅 제휴 등 모호하고도 간접적인 내용의 편지로 시작한다.

일단 인수를 하려는 기업이 정해지면 기업주나 대주주를 만나야 한다. 가능하면 자문사를 통하여 접근하고, 가급적 최고경영자를 만나야 한다. 직접 접촉하는 것보다 자문사를 통하는 것이 덜 민감하게 느낀다.

인수 대상 기업이 상장 기업이라면 조심스럽게 접근해야 한다. 직접 접근하기는 아주 어렵지만, 성공적으로 성사시키는 경우도 꽤 있다. 하지만 인수자가 불리한 입장에 선다는 단점이 있다. 접근은 아주 조심스럽게 이루어져야 하며, 대상 기업이 이러한 거래에 착수한다는 소문이 날 우려가 없도록 최대한 배려하여야 한다. 루머가 돌면 거래는 더 이상 진행되기가 힘들다. 고객은 대주주가 바뀌는 경우에 품질과 서비스의 변경 등에 대하여 민감하게 반응하고, 납품업체는 계속 공급할 수 있을지 우려하기 때문이다. 종업원도 마찬가지이다.

중요한 방법 중 하나는 매각 대상 기업과 사적인 관계를 갖는 것이다. 특히 시간적인 여유가 있을 때, 대상 기업이 비상장 기업인 경우 또는 매각을 생각지도 않은 기업인 경우에 좋은 방법이다. 개인적인 관계는 인수 대상 비상장 기업의 최고위급 경영진과 갖는 것이 권장된다.

그러나 사적인 관계를 갖지 않거나 가질 수 없는 경우에는 조인트벤처, 투자 또는 마케팅 제휴 전략 같은 "모호한" 서신을 통해서 접근하는 것이 좋다. 서신을 보내 인수를 제안하는 것을 "인수 제안(bear hug)"이라고 부른다. 주주에게 직접 제안하는 것은 "주식공개매수(Tender Offer)"라고 부르기도 한다. 서신을 보낼 때는 정중하게 M&A 관련 제안 서신(formal inquiry)을 보내야 한다. 대부분의 기업들은 M&A에 대하여 민감하므로 주의 깊게 서신을 작성하여야 한다. 그러나 현실적으로 인수 대상 기업에서 연락이 오는 경우는 거의 없다. 그러니 전화가 올 때에 대비하여 논의할 여러 가지 대안을 미리 생각해놓아야 한다. 가능하면 서면으로 정리하여 핵심을 명확히 하되 간접적으로 표현하고, 자신과 회사 및 그 장점을 명확히 하고, 가능성 있는 상호관계와 그 이점과 제휴 방법을 명시한다. 실제로 관심을 갖는 경우 경영권 인수를 포함한 여러 가지 대안을 제안한다. 인수에도 관심을 갖는 경우 직접 미팅을 제안한다.

개별적 접근 방식(Negotiated sale)은 매각 기업 또는 그 자문사가 단 하나 또는 소수의 기업에 연락해 매각 의사를 제안하는 방식이다. 그러나 대개 미팅을 성사시키기가 힘들다. 개별적 거래의 가능성이 큰 기업으로는 그 기업의 매출 거래처나 매입 거래처일 수 있다. 이 경우 자문사는 매각 대상 기업에 기업을 매각할 의사가 있는지를 질문한다. 만일 그 대답이 "노"라면 처음부터 매각 논의를 중단시킨다. 매각을 고려하지 않는 것이 명확하다면 차라리 술자리나 골프 모임을 제안해 순수한 사교적인 만남을 하는 것이 바람직하다. 이런 만남에서는 인수 희망 기업이 매각 대상 기업에 최고의 가격을 제시하면서 매각 대상 기업을 운영할 최적의 기업임을 설득할 수 있다. 상장 기업인 경우에는 대주주의 주식을 인수한다. 그러나 많은 수의 주주가 있는 경우 인수 제안 (tender offer)을 할 수밖에 없다. 이럴 때에는 인수 대상 기업의 경영진이나 주주가 동의하는 경우에는 우호적 인수가 되겠지만, 그렇지 않은 경우에는 적대적 인수로 나아갈 수 있다.

인수 대상 기업을 M&A 목적으로 만나기는 어렵다. 설령 매각에 관심이 있더라도 직접 만나는 경우 좀처럼 매각 의사를 표시하지 않는다. 설령 이야기가 잘되었더라도 매각 기업이 거래의 우위에 서므로 협상은 이루어지기 어렵다. 따라서 자문사를 통해 간접적인 전략을 추진하는 것이 좋다. 미팅이 가능한 경우에는 직접적인 접근보다는 상호관심사를 논의하고 협상의 여지를 파악해야 한다. 상대방 기업주 등은 이러한 접촉에 대해 '빼앗긴다'는 식의 거부감을 가지기도 하고, 인수 대상 기업에 오른다는 '자부심'을 느끼기도 한다. 이러한 기업주의 의중을 파악하고 진지하게 접근하는 것이 중요하다. 자문사를 통하여 비공식적 제안(Casual Pass)의 방식이 사전에 이루어질 수 있다. 산업 컨퍼런스나 비공식적인 모임 같은 비공식적인 경로를 통해 인수 대상 기업의 임원이나 주주들과 "거래"에 대하여 간접적으로 논의를 해보는 것이다. 아주 소극적인 접근이다. 인수 대상 기업의 반응을 보고 협상의 여지를 파악할 수 있는 장점이 있으나 인수 대상 기업이 눈치를 채고 방어 수단을 사용함으로써 거래가 어려워질 수도 있다.

인수 대상 기업 후보 100개를 선정하여 모든 노력을 경주하더라도 2개 정도만 인수 제안을 할 수 있다. 그중에 반 미만의 기업만이 합리적인 가격을 요구한다. 그러니 어려운 문제인 것이다. 어떤 방식으로 접근하든 단기간에 승부를 낼 수는 없다. 중장기간에 걸쳐 인수 대상 기업주에게 언제든지 문을 열어놓고 대화할 수 있음을 인지시키고 정기적 대화를 시도하는 것이 성사 확률을 조금이나마 높일 수 있다. 결국 최종적인 인수가 성사되려면 1년 이상의 시간이 소요되는 것이 일반적이다.

이 같은 인수 전략의 목적과 장단점은 〈표 4-7〉과 같이 정리할 수 있다.

〈표 4-7〉 인수 전략의 목적과 장단점

전략의 목적(Common Strategy Objectives)		
• 경영권 확보 • 인수 가격의 최소화 • 거래 비용의 최소화 • 효율적인 사전 통합 전략 수립		
전략별 장단점(Advantages and Disadvantages of Alternative Takeover Tactics)		
전략의 종류	장점	단점
간접 타진 (Casual Pass/Informal Inquiry)	간접적으로 인수 대상 기업의 반응을 확인	사전에 인수 의향 정보가 노출될 가능성이 있음
인수 제안 (Bear Hug/Formal Letter)	인수 대상 기업을 인수 협상의 장으로 응하게 할 수 있음	사전에 인수 의향 정보가 노출
시장 매수 (Open Market Purchases)	• 거래 비용 절감 가능 • 인수 대상 기업의 주주가 매수 주식을 인수하는 경우 이익 실현 가능	• 경영권 확보가 어려움 • 공시 없이 인수하는 데 한계 • 주가를 올릴 수 있음 • 인수 실패 시 손실 가능성

위임장 경쟁(Proxy Contest)	• 공개 매수보다 거래 비용 작음 • 공개 매수 회피 가능	• 인수 대상 기업의 주식이 널리 분산된 경우 성공 가능성 낮음 • 거래 비용 발생
공개 매수(Tender Offer)	• 인수 대상 기업의 임원진을 압박할 수 있음 • 인수 희망 주식 수가 확보되지 않는 경우 취득하지 않아도 됨	• 거래 비용이 가장 큼 • 핵심 경영진, 고객 및 거래 기업의 이탈로 인한 통합 실패 가능성
법적 소송(Litigation)	인수 대상 기업의 경영진을 압박	• 거래 비용의 문제

(5) 해외 탐색

해외 기업을 찾기는 어려운 일이다. 해외 네트워크를 가진 자문사 등을 통해 찾거나 다양한 정보를 추적해야 한다. 미국의 비상장 기업에 관한 정보는 〈표 4-8〉에서 확인할 수 있다.

〈표 4-8〉 미국의 비상장 기업 관련 정보 출처

구분	출처	내용
정보 웹사이트	www.washingtonresearchers.com	지역 정부 기관, 상공회의소와 규제 당국, 신용 평가 기관 같은 정보 출처를 제공
	Fuld & Company: www.fuld.com	
데이터 베이스	Dun & Bradstreet: www.smallbusiness.dnb.com	기업의 과거 상환 기록(payments histories)과 일부 재무 정보
	Hoover's: www.hoovers.com	국내외, 상장 기업, 비영리 법인, 협회와 중소기업 4만 개의 정보와 1800만 개 기타 기업의 일부 정보
	Standard & Poor's NetAdvantage: www.netadvantage.standardandpoors.com	12만 5,000개 기업의 재무 정보와 임원 정보
	InfoUSA: www.infousa.com	산업 벤치마킹과 기업 정보
	Forbes: www.forbes.com/list	매년 비상장 기업 중 우량기업 정보 제공
	Inc: www.inc.com/inc5000	매년 최고 성장 기업 500개 기업 리스트

(출처: Donald DePamphilis, Mergers and Acquisitions Basics, Burlington, Elsevier, 2011, p. 350.)

2014년 전후 동남아시아에는 M&A 바람이 거세게 불었다. 인도네시아의 자카르타에 있는 글로벌 투자금융 전문가들은 외국에서 오는 전화에 눈코 뜰 새 없이 바빴다. 하지만 한국 기업의 인수 성공사례는 드물었다. 반면 일본 기업은 화교 자본의 아성을 뚫고 동남아시아 M&A 시장에서 두각을 나타냈다. 일본은 이 지역에 대해 장기적 안목을 갖고 수십 년간 현지법인이나 지사를 운영하며 인맥을 쌓았기 때문이다.

가족 기업이 대부분인 동남아시아 기업 M&A에 성공하기 위해서는 오너와 그 주변 핵심 인물들과 인맥을 쌓고 그들의 기질을 파악하는 것이 중요하다. 가족 기업이라는 특성상 최대 주주 지분을 팔려는 사례는 많지 않고, 자본 확충에 필요한 전략적 수준에서 지분만 파는 사례가 대부분이다. 이때 일단 소수 지분을 인수한 후 나중에 기회가 주어지면 지분을 추가로 사는 전략을 펴야 한다. 일본 기업들은 이처럼 '기다릴 줄 아는' 전략을 구사했다. 한국 기업이 가장 부족한 점이 바로 이런 유연성이다.

한국 기업들이 지나치게 '빨리빨리'에 익숙해 기다리지 않고 "내일 당장 결정하라"고 얘기하면 상대방은 불쾌하게 생각한다. 한국 기업은 '윗선에서 좋아하는 쪽으로 답을 정해놓고 테이블에 앉는' 경우가 많기 때문에 협상에 성공하기가 쉽지 않다.

일반적인 상식과 다르게 동남아시아 기업이 '싸지 않다'는 점도 한국 기업이 잘 모르는 사실이다. 이 지역 기업들이 매우 빠르게 성장하기 때문에 오너들은 매수자들이 미래 가치를 후하게 쳐주기를 원한다.[1]

2. 적대적 인수

1) 의의와 개념

M&A는 그 성격에 따라 우호적 M&A(인수 대상 기업과의 협상과 계약에 의한 인수), (negotiated tender offer, friendly takeover)와 적대적 M&A(상대 기업의 동의 없이 강행하는 경우)로 나뉜다. 적대적 인수는 인수 대상 기업의 이사회나 대주주의 의사에 반하여 회사의 경영권을 빼앗는 방식이다. 적대적 M&A는 두 얼굴을 지녔다. 무능하고 비윤리적인 경영진을 견제해 주주 이익을 키우는 순기능과 함께, 잘나가는 기업의 경영권을 뒤흔들어 경영 효율을 떨어뜨리는 부작용도 있다. 미국에서는 1980년대에 적대적 인수가 가장 많아 전체 거래의 14%에 이르렀지만 1990년대에는 4%로 떨어졌다. 1990년대에는 주가가 올라가 기업 가치가 높게 평가되어 인수 제안을 쉽게 받아들인 것이 이유였다. 물론 적대적 인수에 대해 정부가 규제를 강화하고 기업들이 적대적 인수에 대한 대비 전략을 세운 것도 원인이다.

적대적 인수는 미국에서는 널리 사용되지만, 미국 이외의 지역에서는 그렇지 않다. 우리나라는 1990년대 초반까지 적대적 M&A는 사실상 불가능했다. 1968년 제정된 〈자본 시장육성법〉 때문이었다. 대주주가 아닌 사람이 기업의 지분 10% 이상을 인수하려면 기존 대주주에게서 매입하도록 하는 등 기존 대주주 경영권 보호 장치는 굳건했다. 이 제도는 1993년에야 사라졌다. 그래서 1994년은 적대적 M&A가 시도된 첫 해로 기록됐다. 적대적 M&A의 첫 사례인 한솔제지의 동해투금 인수부터 동부그룹의 한농 인수 등이 발생한 해이기

도 하다[2]

적대적 인수 전략으로는 인수 대상 기업의 이사회에 대하여 인수 대상 기업의 주주로부터 직접 주식을 사들이는 전략(hostile tender offer)과 증권 거래소(public stock exchange)에서 주식을 사들이는 전략(open market purchase)이 있다.

2) 인수의 제안

협상에 의한 인수가 실패하는 경우 처음 하는 것이 인수 제안(bear hug)이다. 대상 기업의 주주 또는 이사회에 인수 가격(현재 주가에서 상당한 프리미엄 포함)을 포함한 제안서를 제출하는 것이다. 종종 이러한 사실을 공표하기도 한다. 현실적으로 인수를 제안하는 것에 매각 기업이 응할 가능성은 낮다. 따라서 인수를 제안하기보다는 간접적인 제안을 하는 것이 가능성을 높일 수 있다. 예를 들어 철강 산업을 영위하는 기업에 인수 제안을 하면서 다음과 같은 취지의 레터를 보낸 일이 있다.

철강 산업은 2005년 이후 미국, 일본, 유럽 등 세계 주요 철강 업체의 M&A 등 규모의 경제에 기초한 경쟁력 향상 노력이 경쟁적으로 추진하고 있습니다. 선진국이 거쳤듯이 우리나라의 철강 수요가 정점을 지나 성숙기에 들어서고 있고, 중국은 물론 인도도 신흥 철강 강국으로의 진입을 노리고 있어 안팎으로 경쟁이 심화될 것으로 보입니다.

우리나라도 2013년부터 중국발 공급 과잉과 장기 불황으로 외환위기 이후 최대 위기를 맞고 있는 철강 업계가 사활을 건 인수·합병과 구조 조정,

통폐합 등 사업 구조 재편에 나서고 있습니다. 현대제철, 현대하이스코, 동부특수강, 세아베스틸, 포스코특수강, 동국제강, 유니온스틸, 동부제철 등이 구조 조정과 M&A를 통한 생존 전략에 돌입하였습니다.

산업 내에서 이루어지는 인수·합병은 그 산업의 라이프사이클의 자연적 결과입니다. 처음에는 성장성과 경쟁력에서 차이가 나지만, 점점 산업이 성숙하거나 퇴보하면서 기업 간 차이가 사라지면서 수익성도 떨어지는 것입니다. 이러한 통합은 매출 시너지보다는 원가 시너지를 목적으로 합니다. 규모의 경제는 규모가 커짐으로써 가격 결정력도 커져 판매 가격을 높일거나, 평균 제조 단가를 낮추거나, 기업의 불필요한 조직과 인원을 감축함으로써 달성됩니다.

㈜글로벌M&A는 철강 산업 내의 M&A를 통한 경영 효율 달성 및 성장 전략에 초점을 맞추어 귀사의 이익에 도움이 되는 전략을 탐색하고자 합니다.

법정 관리 중인 골프장의 회원이 다른 골프장을 통해 적대적 인수·합병을 시도하는 경우도 있다. 경남 합천의 아델스코트CC가 그런 경우이다. 다른 골프장이 골프장을 인수하여 포괄적인 회원권으로 바꾸는 방식이다. 현 골프장은 대중 골프장으로 전환하면서 회원권의 90%를 출자 전환하고, 10%는 이용할인 쿠폰으로 제공하며, 이후 골프장 전문 경영 회사를 통해 연 38억 원에 임대 운영하는 방식이다. 담보권·채권을 변제하기 위해 골프장을 담보로 제공하고, 270억 원의 신규 차입을 하는 것도 포함되었다.[3] 이렇게 대중 골프장으로 전환한 후 주식을 매각하거나 증자를 통해 새로운 기업을 영입할 수도 있을 것이다.

3) 공개적 매수

비상장 기업 주식의 인수는 계약에 의해 이루어지지만, 상장 기업을 인수할 때는 공개 매수의 형태를 취하는 경우도 있다. 이를 주식공개매수(Tender offer)라고 하는데, 한 집단이 일정 기간 동안 정해진 조건에 맞춰 불특정 다수로부터 장외에서 주식을 매수하는 방법이다. 이는 인수 제안(bear hug)을 이사회나 경영진이 거부하거나 다른 기업이 인수를 시도하는 것을 저지하려는 목적 또는 지금이 인수하기에 가장 결정적인 시기라고 판단될 때 이루어진다. 보통 상장 기업은 주주가 너무 많아서 이런 방법을 이용하기도 한다. 공개 매수를 시도하기 전에 비밀리에 주식을 현재 가격으로 취득하기도 한다.

공개매수에서는 통상적으로 현금 지급이 이루어진다. 또한 대가를 주식으로 지급하는 것을 교환오퍼(Exchange offer)라고 한다. 교환오퍼는 주식을 발행하는 데 많은 시간이 소요되어 대상 기업이 방어할 기회를 주고, 다른 인수자를 찾아나서는 경우 인수 가격이 높아질 수 있는 문제점이 있다. 때로는 인수 대상 기업의 주식 소유가 크게 분산되어 있는 경우 주식을 표시 안 나게 조금씩 사들이는 인수 방법(creeping takeover strategy)도 사용될 수 있다. 비상장 기업의 주주가 여럿인 경우나 주주 간에 분쟁이 있는 경우에도 사용할 수 있는 방법이다.

2단계 공개 매수(two-tier tender offer)도 있다. 일정한 최대한도의 주식 수에 대해서는 일정한(일 단계) 가격으로(또는 현금으로) 공개 매수하고, 잔여 주식은 지배권을 획득한 후 특별주주총회를 개최하여 합병(back-end merger) 시에 보다 낮은(이 단계) 가격으로(또는 주식 교환으로) 취득하려는 시도이다. 특별 주주 총회에서 소주주는 합병에 따를 수밖에 없다. 여기에는 인수 대상 기업의 주주로 하여금 첫 번째 오퍼의 높은 가격의 공개 매수에 적극적으로 응하게 하기 위한 목적도 있다. 물론 공개 매수에 대항하여 주주는 정당한 가격을 청구하는 주식 매수청구권(appraisal rights)을 행사할 수 있다.

4) 위임장 경쟁

위임장 경쟁(proxy contest)은 주주로부터 위임을 받아 주주총회에서 투표권을 확보하여 경영진을 교체하거나 경영 방침을 변화시키려는 시도이다. 인수 대상 기업의 방어가 약하면 위임장 경쟁을 먼저하고 공개적 매수에 들어가나 방어가 강력하면 동시에 위임장 경쟁과 공개적 매수를 추진한다. 위임장 경쟁은 성공률은 낮은 편이고, 그 비용도 과다하게 들어간다. 미국에서는 소송 비용을 빼고도 평균 600만 달러가 소요된다고 한다. 50%를 초과하는 주식을 보유하지 않음에도 경영권을 행사하려는 경우, 공개적 매수 전에 방어 전략을 무산시키기 위해, 문제 있는 경영진을 퇴진시키기 위해, 경영 실적이 부진한 현 경영진을 퇴진시키려고, 일부 사업부의 매각, 배당금의 지급, 더 나아가 기업 매각을 추진하기 위한 압박을 위해서이기도 한다. 대체로 위임장 경쟁 중 20~33%만이 임원을 바꾼다.

위임장 경쟁의 경우에는 성공률이 매우 낮지만 그 결과에 관계없이 주주가 이익을 보는 경우가 많다. 1980년대와 1990년 중반까지의 연구를 보면 6~19%의 주가이익을 본 것으로 나타났다. 위임장 경쟁의 원인으로는 잠재적 경영진 교체, 기업의 사업 구조 조정 가능성, 대주주 변경 가능성 등이 있다.

이사 선출은 주주총회에서 하지만, 선출 방식은 두 가지가 있다. 일반적으로 주식 수에 따라 투표(straight vote)를 하므로 대주주가 원하는 이사를 다

뽑을 수 있다. 대주주가 원하는 이사에게 자신의 주식 전부를 기반으로 투표할 수 있기 때문이다. 반면 누적적 투표 방식(cumulative voting system)은 소수주주도 이사로 진출할 수 있다. 이 방식의 투표권은 보유주식 수에 선출할 이사의 수를 곱하여 계산한다. 주주는 이 투표권을 분할하여 자신이 원하는 이사에게 투표할 수 있다. 20%를 가진 소수주주 전부가 자신에게 투표하는 경우 이사회로 진출이 가능하다.

위임장 경쟁은 특별주주총회를 요구하면서 시작한다. 때로는 정기주주총회에서 임원의 교체를 요구할 수도 있다. 주주총회가 개최되기 전에 주주에게 직접 일리고 공격적인 언론플레이를 추진하기도 한다. 대상 기업도 이에 대응하여 언론플레이를 한다. 위임장 경쟁 문서를 받은 주주는 선택하여 서명한 뒤 이를 대행하는 금융 기관에 보낸다. 미국의 일부 주에서는 특별주주총회를 열지 않고도 이사회 의식의 증가 및 이사의 해임과 선출을 할 수 있는 제도를 두고 있다. 일부 주주들이 다른 주주의 동의를 청구(consent solicitation)하여 이러한 권리를 행사하도록 하고 있다.

이사의 해임에 대한 우리나라 법의 규정을 이해하여야 한다. 주주에게는 이사해임권한이 있다.[3] 언제든지 주주총회의 결의로 이사를 해임할 수도 있다. 다만, 해임 결의는 출석한 주주의 결의권의 3분의 2 이상이고, 또한 발행 주식 총수의 3분의 1 이상의 수로써 하여야 한다. 이러한 권리는 대주주인 경우에만 가능하므로 소액주주는 방법이 없다.

따라서 '상법'은 소주주에게도 특별한 경우에는 이사의 해임을 청구할 수 있도록 하고 있다. 즉, 이사가 그 직무에 관하여 부정 행위 또는 법령이나 정관을 위반한 중대한 사실이 있는데도 주주총회에서 그 해임을 부결한 때에는 발행 주식 총수의 100분의 3 이상에 해당하는 주식을 가진 주주는 총회의 결의가 있은 날부터 1개월 내에 그 이사의 해임을 법원에 청구할 수 있도록 하였다. 즉, 소액주주는 '상법' 제366조에 의하여 주주총회의 소집을 청구하여 이사를 해임하도록 할 수 있다. 그러나 대주주의 반대로 이사를 해임하지 못한 경우에는 법원에 청구하도록 한 것이다. 다만, 이사의 직무 행위가 부정하거나 법령 또는 정관을 위배한 경우에만 청구가 가능하도록 하였다.

주식회사의 이사가 위법한 행위를 할 때에는 회사에 대해 손해 배상의 책임을 진다.[4] 그러나 이는 사후적인 조치이므로 미리 이러한 위법행위를 예방할 필요가 있다. 이를 '상법'상 주주의 유지청구권이라 한다.[5] 즉, 주주는 회사의 직접적인 경영에 참여하지도 못하고, 그렇다고 회사의 감사권도 가지지 못한다. 이러한 상황에서 이사가 불법적이고 부당한 경영을 하는 경우에 수수 방관만을 할 수는 없는 것이다. 따라서 '상법'은 일정한 주주가 이사의 행위를 중단시킬 수 있는 제도를 둔 것이다. 이사의 행위를 중지시킬 수 있는 경우는 "이사가 법령 또는 정관에 위반한 행위를 하여 이로 인해 회사에 회복할 수 없는 손해가 생길 염려가 있는 경우"이다. 즉, 비정상적으로 업무를 수행하여 회사에 회복할 수 없는 손해를 끼칠 위험이 있는 경우에는 사전에 중지를 청구할 수 있는 것이다. 그러나 이러한 손해가 절대로 회복할 수 없는 경우만을 의미하는 것은 아니고, 비용이나 절차 등으로 보아 회복이 곤란한 경우도 가능하다고 본다.

이러한 청구를 할 수 있는 자는 제한이 있다. 우선 감사가 청구를 할 수 있다. 물론 주주도 할 수 있다. 그러나 모든 주주가 청구할 수 있는 것은 아니고, 지분 비율이 1% 이상인 주주만이 청구할 수 있다. 따라서 1% 미만의 주식을 소유한 주주는 다른 주주와 연대하여 청구할 수밖에 없을 것이다. 이러한 청구는 그 이사에게 하는 것이다. 이러한 유지청구는 소송에 의하는 것만은 아니다. 그러나 이러한 청구를 해도 그 이사가 그 행위를 중단하지 않는 경우에는, 주주는 그 이사를 피고로 하여 소송을 제기하고 더욱이 가처분 신청을 하여 그 행위를 중지시킬 수도 있다.[6] 물론 처음부터 소송에 의해 유지청구를 할 수 있다. 이러한 유지청구를 함에도 주주가 당해 행위를 한 경우에는 손해배상책임을 질 수 있다.

5) 소송 제기

소송의 제기는 인수 대상 기업의 저항이 큰 경우에 가장 효과적인 방법이다. 인수 대상 기업의 이사회가 주주의 이익에 반하는 경우에 소송을 제기한다.

6) 투자의 목적

경영권 확보가 아닌 투자로 인한 수익 목적의 시도도 있다. 대표적인 것이 1980년대 행동주의 헤지펀드들이 사용했던 그린메일(green mail) 전략이다. 이들은 투자 대상 기업에 대하여 지배 구조 개선, 이사회 개혁, 경영 개선 등의 요구를 하고, 기업의 가치를 높여 투자 수익을 내는 전략이다.[7] 1980년대에 많은 투기꾼(raider)들이 주식을 사들인 후 경영권 인수 협박을 한 뒤 높은 가격에 대상 기업에 되팔아 큰 이익을 실현하였다.

7) 대응 전략

(1) 법적 문제

유럽은 경영권 방어 조치를 넓게 인정한다. 미국에서도 포이즌 필(Poison pill)을 허용하며, 많은 기업이 이 제도를 도입하고 있다. 우리나라는 특정 주주에게만 이익이 되고 상식에 어긋나는 정관은 무효가 될 수 있다.

이제는 우리나라도 글로벌 시대에 맞는 법률 체계를 갖추어야 할 때이다.[8) 적대적 인수에 대한 전략은 사전적 전략과 사후적 전략으로 나눌 수 있다.

(2) 인수자의 전략

인수 기업은 적대적 인수를 시도하기 전에 여러 가지를 사전에 검토하여야 한다. 인수 대상 기업의 방어책과 인수 대상 기업의 실제 거래 가능 주식의 수가 그것이다. 인수 대상 기업의 방어 수단이 약하다는 판단이 서는 경우 공개매수에 들어가고, 강력하다는 판단이 서는 경우 공개매수와 위임장 경쟁을 동시에 사용한다. 또한 법적 소송에 들어가서 압박할 수도 있다. 소송의 이슈는 인수 대상 기업의 임원진이 공개매수를 충분히 검토하지 않았거나, 인수 대상 기업의 대응책이 주주의 이익에 반하거나, 현재의 임원의 이익을 위해서만 대응한다는 점을 내세울 수 있다. 인수 기업은 인수 대상 기업의 주주에게 현 경영진보다 인수 기업이 경영 능력이 더 많으며, 회사의 가치를 높일 수 있다는 메시지를 주여야 한다. 미국의 일부 주에서는 특별주주총회를 하지 않고도 기존 임원을 해임하고 새로운 임원을 선임할 수 있도록 하고 있다. 이 주들은 주주들이 다른 주주들에게 자신들의 요구 사항에 대하여 동의 요청(consent solicitation)을 함으로써 동의를 받을 수 있게 하고 있다. 이 방법은 주주총회를 여는 데 소요되는 시간을 절약할 수 있다. 위임장 경쟁은 투표한 주식 수의 비율에 의하여 결정되지만, 동의 요청은 발행 주식 수 대비 비율에 의하여 결정된다는 점이 다르다. 따라서 동의 요청은 성공하기가 쉽지 않다.

(3) 인수 대상 기업의 대응

적대적 인수 시도에 대한 기업의 사전적 전략은 〈표 4-9〉와 같다.

〈표 4-9〉 적대적 인수에 대한 사전적 전략의 종류

포이즌 필(Poison Pill)		
정관의 방어 조항 (Shark Repellants)	이사회 방어권의 강화	임기별·종류별 임원 선임
		누적적 의결권
		이사회 해임 사유의 제한
	주주권의 제한	특별 주주총회 소집의 제한
		사전 통지 의무
		초 다수 의결권
	기타	반 그린메일 조항
		공정 가치 조항
		황금 주
		회사 변경
황금낙하산(Golden Parachutes)		

이러한 사전적 전략의 목적은 인수를 지연시키고, 인수에 따른 비용을 높게 만드는 것이다. 적대적 M&A에 대한 대응 방법에는 여러 가지가 있다. 대표적인 경영권 방어책은 황금주(黃金株, Golden share), 포이즌 필(Poison Pill), 황금낙하산 등이다. 미국과 일본에서 시행 중인 이런 장치들은 자칫 소액주주의 권익을 침해하는 '양날의 칼'이 될 수 있기 때문에 도입에 신중을 기해야 한다. 또한 제도가 도입되더라도 우리나라 실정에 맞게 보완해야 한다는 것이 전문가들의 지적이다.[9]

정관의 방어 조항(shark repellents)은 정관(corporate charter or corpo-ration bylaws)의 변경에 의한 적대적 인수를 막기 위한 것으로, 경영권을 확보하기 위하여 이사회의의 권한을 강화하기 위한 제도로서 포이즌 필에 앞서서 사용되는 제도이다. 이는 포이즌 필을 보완하기 위한 제도로 사용된다. 그 주요 목적은 주주총회에서 위임장 경쟁을 하는 경우 이사회의 경영권을 확보하는 것을 어렵게 만드는 것이며, 정관을 변경해야 하므로 주주총회의 결의가 필요하다. 이에는 다양한 것이 있지만, 대표적인 것으로 이사회의 지연(staggered board elections), 주주행위의 제한(restrictions on shareholder actions), 그린메일 제한(anti-greenmail provision), 의결권의 차별화(differential voting rights shares), 그리고 부채를 통한 방어(debt-based defense)가 있다.

사전 통지 의무(advance notice provisions)는 주주의 의안 제출과 임원 선임 시 사전에 통지 기간을 규정하는 제도이다. 이때에는 두 달 전 같이 상당한 기간을 규정하기도 한다.

첫 번째 방법은 '초다수결의제'로, 임원의 의결 요건을 강화해 이사회를 장악하지 못하게 하는 것이다.[10] 코스닥 상장 기업인 나노캠텍은 2014년 정기주주총회에서 '정관' 33조 주주총회 결의 방법에 따라, 적대적 M&A로 기존 임원을 해임하거나 신규 임원을 선임할 경우 주총 출석 주주 의결권의 4분의 3 이상, 발행 주식 총 수의 3분의 2 이상 찬성을 얻어야 안건을 승인할 수 있도록 정했다.[11] 주주총회 소집권한, 정관의 변경, M&A를 제한하기 위하여 초 다수 결의제를 사용하는 경우도 있다. 예를 들어 M&A를 시도하는 경우 이해관계자(interested party)를 제외한 80%의 의결권을 정하는 것이다. 이는 특정인이 일정한(통상 5~10%) 주식을 취득하는 경우에 적용된다. 또 하나는 누적적 의결권 제도(cumulative voting rights)이다. 이는 이사 선임 시 주주가 보유한 주식 수에 선임할 임원의 수를 곱한 만큼 의결권을 주는 제도이다. 동 주주는 이 의결권에 따라 한 임원에게만 투표를 할 수 있는 것이다.

1980년대에 투기꾼들이 주식을 취득한 후 인수를 위장하여 압력을 행사하고, 보유주식을 회사에 매각하여 큰 이득을 취했다. 이것을 그린메일(greenmail)이라고 불렸다. 반 그린메일(anti-greenmail provisions)은 투기세력이 경영권 인수를 가장한 압박으로 취득한 주식을 고가에 회사에 되파는 것을 막기 위한 제도이다. 즉, 정관에 회사가 프리미엄을 주고 주식을 인수하는 것을 제한하는 규정을 두는 것이다.

공정 가치 조항(fair price provisions)은 경영권 인수를 추진하는 자는 소액주주의 주식에 대하여 공정 시장 가치로 인수하도록 요구하는 조항이다. 이는 2단계 공개매수(two-tier tender offer)에 효과적인 대응 전략이다. 공정 시장 가치는 "기업 이익의 10배" 같이 표시할 수 있고, 인수자가 취득한 가격 중 최고 가격으로 정할 수도 있다.

의결권차등(dual class recapitalization)은 주식별로 의결권을 달리하는 주식이다. 즉, 일부 주식에 대하여는 소정의 배당을 보장해주고 의결권을 적게 주는 주식이다. 차별 의결권을 가진 주식을 차등의결권주식(differential voting rights shares, DVR)이라고 부른다. 의결권이 큰 주식은 다수의결권주식(super-voting shares), 적은 주식을 소수의결권주식(fractional voting rights) 또는 무의결권주식(no voting rights)이라고 한다. 기업을 공개하는 경우에도 차등의결권주식을 발행하기도 한다. 특히 창업기업주가 기업의 장기적 성과에 결정적인 경우에 그렇다. 페이스북의 마크 주커버그와 구글의 레리 페이지가 그 예이다. 우리나라의 '상법'도 이러한 규정을 두고 있다. 제344조, 제344조의 2, 제344조의 3이 그것이다.

두 번째는 '황금낙하산(golden parachute)'으로, 독소 조항을 도입하는 '포이즌 필' 방식 중 하나이다. 예를 들어 제3자가 기업을 인수하려 할 때 인수할 그룹의 이사에게 엄청난 거액의 퇴직 장려금(employee severance packages)을 주도록 정하는 것이 그렇다.[12] 이것은 경영권이 바뀌는 경우 일부 임직원에게만 적용되는 조항이다. 황금낙하산은 현 경영진이 교체될 경우 거액의 퇴직금 때문에 기업사냥꾼들에게 큰 부담을 주는 제도이지만, 무능한 경영진 교체에 너무 많은 비용이 사용되는 부작용도 있다.[13] 또한 일부 임원은 적대적 인수를 적극적으로 이용하여 이익을 보려고 할 수도 있다. 코스닥 상장 기업 나노캠텍은 2014년 정기주주총회에서, 대표이사 또는 이사가 임기 중 적대적 M&A로 본인 의사에 반해 실직할 경우 통상적인 퇴직금 외에도 대표이사에게는 100억 원, 그 밖의 이사들에게는 20억 원을 퇴직 후 7일 이내로 지급하도록 '정관' 36조 2항에 규정하였다.[14] 2016년 정기주주총회에서 서울옥션, 테크윙 등은 "대표이사가 적대적 M&A로 해임될 경우 통상적인 퇴직금 외 퇴직보상액으로 대표이사에게 수십억 내지 100억 원 이상을 지급하고 이사 해임 시에는 수십억 원을 추가로 지급한다"는 황금낙하산 조항을 상정하기로 했다.[15]

황금낙하산은 정관의 방어 조항으로 간주되지 않는다. 왜냐하면 시간을 벌기 위해서가 아니라 경영권 확보에 비용부담이 크도록 하려는 것이기 때문이다. 이렇게 임원에게 지급하는 금액이 우리나라 세법상 손비로 인정되는지,

개인에게는 어떻게 세금이 과세되는지는 확실하지 않다. 미국에서 1986년 세법 개정 시 이러한 지출은 손비로 인정하지 않고, 개인에게 일반 소득세에 20%의 추가적인 세금을 과세하도록 정하였다.

세 번째 방법은 '황금주'이다. 황금주란 1주 만으로도 합병 등 중요 사항에 대한 거부권을 행사할 수 있어, 적대적 M&A를 원천 봉쇄할 수 있는 권한을 가진 아주 특별한 주식이다. 그러나 이는 소액주주의 정당한 문제 제기를 막고, 다른 주주들의 의결권을 침해한다는 부작용이 있다. 일본에서는 황금주 도입을 통한 대주주 횡포를 막기 위해 주주총회에서 황금주를 무효화할 수 있는 보완책을 마련했다.[16]

네 번째 방법은 '포이즌 필'이다. "주주권 계획(shareholder rights plan)"이라고도 불리는 포이즌 필은 회사가 주주에게 새로이 발행한 주식을 인수할 권리를 주는 것을 말한다. 예를 들어 적대적인 인수 시도자가 일정 비율 이상의 주식을 취득하는 경우(보통 10~20%), 보통주 또는 참가적 우선주를 취득할 수 있는 권리를 가지거나("flip-in pill"), 합병 또는 인수 대상 기업 자산의 50% 이상 취득 또는 공개적 매수의 시도가 진행되는 경우 인수 기업의 주식을 살 권리를 갖는 것이다(flip-over pill). 보통주식 포이즌 필은 통상적으로 배당으로 실행되며, 이사회가 결정할 권한을 가지기도 하여 다른 규정이 없는 한 주주총회의 결의가 필요하지 않다. 따라서 포이즌 필은 사후적 전략으로도 사용할 수 있다.

포이즌 필은 적대적 M&A 위협이 있을 경우 대주주가 시세보다 훨씬 싼 값에 신주를 인수하거나 우호적인 제3자에게 배정할 수 있게 할 수도 있다. 포이즌 필은 임기별 이사 제도(staggered board)와 함께 사용하는 경우 효과가 크다. 이사회에서 포이즌 필을 실행하지 않을 권리를 가지므로 인수자로서는 이 사회와 협상에 응할 수밖에 없어 인수 가격이 올라가게 마련이다. 그러나 이는 경영진의 힘을 강화시키고 불리한 주주들이 소송을 제기할 문제점이 있으며, 이 역시 기존 소액주주의 주주가치를 희석시킨다는 부작용이 있다.[17] 최근에 는 이사회가 포이즌 필을 폐지하거나 주주총회의 승인을 받도록 압력을 받고 있다. 대부분의 포이즌 필은 주주에게 상당한 금액을 지불(nominal payment) 하게 한다.

다섯 번째 방법은 전환주 발행이다. 현재 이사회를 장악하고 있는 1대 주주 가 전환 주식을 발행하고 있다가 적대적 M&A 위협이 있을 때 이를 보통주로 전환, 지분율을 끌어올릴 수 있다. 상법상 전환주식은 이사회의 결의로 발행할 수 있다.

또 하나는 이사의 임기를 기간별로 달리하는 방법(staggered/classified board election)과 특별한 사유 없이 이사를 해임하지 못하는 규정(cause provision, inability to remove directors without cause)을 두는 것이다. 전자 는 이사회 구성원을 임기별로 나누어서 매년 일부 임원만 재선임하도록 한다. 이렇게 하면 적대적 인수자는 설령 대주주라 할지라도 매년 임원의 일부만을 선임할 수 있다.

회사변경(re-incorporation)은 적대적 인수에 유리한 회사로 변경하는 것을 말한다. 미국의 경우 적대적 인수에 대한 방어가 유리한 지역에 자회사를 설 립하여 이전하는 경우가 그것이다.

또 하나는 인수 대상 기업이 투명한 경영을 하여야한다는 점이다. 분식회계 같은 문제가 있는 경우 경영권 방어가 어려워질 수 있다. 대표적인 사례가 신일산업의 사례이다. 신일산업은 적대적 인수 시도에 대한 적극적인 방어를 하였지만, 다음과 같은 문제로 어려움을 겪고 있다. 첫 번째 문제는 주주가 주식을 담보로 제공한 사실을 공시 누락하여 의결권 제한 가능성이 노정되었다. 두 번째 문제는 분식회계 혐의와 관련된 고발장을 접수된 것이다. 분식회계 혐의가 입증되면 상장 폐지 절차를 밟을 수도 있다. 물론 진위 여부를 알 수 없다. 따라서 인수 대상 기업은 공시와 회계 등에 대하여 투명한 경영을 반드시 해야 한다.[18]

(4) 다른 나라의 제도

해외 주요 국가들은 다양한 경영권 방어책을 운영하고 있다. 미국과 일본 등에서는 해외 자본의 공격을 막기 위해 기존 주주들이 시가보다 싼값에 지분을 살 수 있는 권리를 부여하는 Poison Pill(신주인수선택권)을 인정하고 있다. 물론 이를 남용하면 기업의 가치가 하락하므로 경영진의 방어 행위가 회사나 주주에 대한 신탁의무(fiduciary duty)를 지켰는지 등을 살펴 적법성 여부를 판단한다.

'1주 1의결권' 원칙을 고수하고 있는 우리나라와 달리 해외 다수의 국가들은 주식마다 차등적으로 의결권을 부여하는 차등의결권제도를 경영권 보호 장치로 활용하고 있다. 미국 뉴욕 증권거래소는 적대적 인수·합병이 만연했던 1980년대에 많은 기업의 요구로 1994년에 차등의결권제도를 도입한 후 지금까지 유지하고 있다. 영국과 프랑스, 네덜란드 등 유럽 국가들도 명시적으로 복수의결권 주식을 인정하고 있다. 그리스와 스페인 등은 미국과 마찬가지로 개별 회사 차원에서 차등의결권제도를 도입할 수 있도록 했다.

보유주식의 수나 비율에 상관없이 기업 주요 경영 사안에 대해 거부권을 행사할 수 있는 황금주제도를 채택한 나라도 있다. 영국 정부는 1984년에 통신사인 브리티시텔레콤을 민영화할 때 황금주제도를 채택했다.

국가 핵심 기간산업의 인수·합병을 사전에 막는 제도도 있다. 미국은 엑손·플로리오법과 증권거래법, 증권법 등 연방법 차원에서 적대적 M&A를 규제하는 각종 제도를 시행하고 있다. 1988년에 도입된 엑손·플로리오법은 미국 대통령이 안보에 영향을 미칠 수 있다고 판단되는 사안에 대해 사전·사후 심사권을 갖고 M&A를 금지하도록 하는 등 포괄적으로 규제하고 있다. 네덜란드는 발행 주식 중 대부분을 신탁회사에 맡기고 이를 근거로 수익증권을 발행함으로써 일반 투자자에 의한 의결권 행사를 막았고, 오스트리아는 기간산업체와 금융사의 주식을 정부나 정부 투자 기관이 일정 부분 소유함으로써 외국 자본에 의한 M&A에 대처하는 방안을 썼다.

이외에도 해외에서는 신주의 제3자 배정을 통해 경영권 인수에는 관심이 없는 우호주주에게 주식을 발행하는 백지주나, 별도의 우호경영권 인수자에게게 주식을 발행하는 제도를 도입하고 있다.[19]

(5) 사후적 대응 전략

대응의 개요

사후적 대응 전략으로는 〈표 4-10〉과 같은 것이 있다.

〈표 4-10〉 적대적 인수에 대한 사후적 전략의 종류

그린메일(Green Mail)
불가침 협정(Standstill Agreement)

역 공개매수(Pac-Man Defense)
백기사(White Knights and White Squires)
종업원지주 제도
차입 자본 재편(Leveraged Recapitalization)
자사주 매수(Share Repurchase or Buyback Plans)
기업 구조 조정(Corporate Restructuring)
소송(Litigation)

(출처: Donald DePamphilis, Mergers and Acquisitions Basics, Burlington, Elsevier, 2011, p. 191.)

적대적 인수에 대하여 할 수 있는 대응조치 중 하나는 그린메일(green mail)이다. 이는 적대적 인수 시도를 하지 않는다는 조건(standstill agreement)으로 적대적 인수를 시도하는 자의 주식을 사는 것이다. 그리고 적대적 인수자에 대하여 주식 취득의 한도 조건과 매각할 수 있는 조건을 정한다. 이러한 주식 취득에는 주주에 대한 차별 대우의 성격(discriminatory nature)이 있다. 우리나라에서는 어떤 법적 문제가 있는지는 확실하지 않지만, 미국에서는 델라웨어 같은 일부 주에서 유효한 것으로 인정하며, 다른 주들은 임원의 책임(fiduciary responsibility)에 대하여 주주에게 소송하는 것을 인정해주고 있다.

백기사(white knight)는 적대적 인수 시도가 있는 경우 인수 대상 기업이 희망하는 또 다른 인수 주체 기업을 말한다. 백기사는 적대적 인수를 추진하는 기업보다 더 좋은 조건으로 인수할 의사를 가지고 있는 기업이어야 한다. 그것은 반드시 더 높은 가격만을 의미하지는 않으며, 현 경영진이 기업 발전을 위하여 계속 경영진에 남아있기를 바라는 경우도 백기사에 해당된다. 때로는 사전약정(lock-up)을 하는 경우도 있다. 즉, 인수 대상 기업의 신주를 사전에 약정한 가격으로 인수하거나, 그 자산을 미리 정한 가격으로 백기사가 취득할 수 있는 선택권을 주기도 하는 것이다. 종업원지주제도를 도입하면 적대적 인수 시에 종업원이 현 경영진의 우호세력이 될 수 있다.

차입 자본 재편(leveraged recapitalization)은 추가로 대출을 받아 자사주를 취득하거나 배당금을 지급하는 전략이다. 차입금 비율이 높아지면 인수자가 인수 자금을 차입에 의하여 조달하는 것을 막을 수 있다.

적대적 인수에 대처하는 방법으로 자사주 매수(share repurchase or buyback plans)를 선택할 수 있다. 자사주를 매집함으로써 시장에서 인수할 수 있는 주식 수를 제한할 수 있고, 취득 후 재매각하여 이익을 실현하려는 투기꾼(arbitrageur)을 견제할 수도 있다.

기업 구조 조정(corporate restructuring)은 상장의 폐지, 주요 자산 매각, 자산 취득, 심지어 청산을 선택하는 것을 말한다. 상장을 폐지하기 위하여 현 경영진이 자사주를 대량 매수하면서 경영권을 유지하고 기존주주도 이익을 누릴 수 있다. 법적 분쟁을 막기 위하여 인수 가격은 시세에 상당한 프리미엄을 포함하여야 한다. 자산의 취득은 주요 자산을 취득하여 현금을 소진시킴으로써 인수 대상 기업의 자금력을 낮추는 방식이다.

적대적 인수에 대하여 법적으로 대응하는 방법도 있다. 독과점 관련 법률 위반, 증권 관련 법률 위반, 인수자의 공시 위반, 또는 사기 등의 혐의로 소송을 제기하는 것이다. 법원이 위법성을 판단할 때까지 적대적 인수 행위를 중단시키는 법원 명령을 청구할 수도 있다. 그동안 적대적 인수에 대응할 시간을 번다. 이러한 대응 전략은 미국의 경우 성공률은 8%에 불과하지만, 인수 프리미엄을 약 30%나 증가시켰다. 인수자도 주주명부의 확보나 불합리한 적대적 인수 대응 전략을 제거하기 위하여 소송을 제기할 수 있다.

대응의 사례

2016~2017년 쓰리디엔터가 자연과환경에 대하여 적대적 인수·합병을 시도하였다. 문제는 제미니투자를 통해 대규모 차익을 거두며 '먹튀' 논란을 일으켰던 과거와 유사한 패턴을 보이고 있다는 점이다. 적대적 인수의 공격 주체가 '고구미'에서 '쓰리디엔터'로 바뀌었지만 주도인물 역시 상당히 겹친다. 고구미는 과거 코스닥 상장사 제미니투자를 상대로 적대적 M&A를 시도했지만 한 달여 만에 지분을 처분했고 2배가량의 차익을 남겼다. 문제는 과거 고구미가 적대적 M&A라는 이슈를 만들어 주가를 부양해 매각 차익을 노렸다는 의혹이 불거졌을 때도 특별한 처벌을 받지 않았다는 점이다. 한국거래소와 금융감독원은 적대적 M&A와 관련된 주식 매각 제한 규정을 두고 있지 않고 있고, 적대적 M&A 이슈를 만든 후 단기간에 차익을 남겨도 공시만 제대로 하면 제재의 근거가 없는 것으로 본다. 그동안 발생한 사건을 요약하면 다음과 같다.

2016년 8월 4일 쓰리디엔터 등(60여 명)이 경영 참여와 투자를 위해 지분을 매집하여 5.39%를 보유 중이라고 공시했다.

2016년 8월 5일 6.41%를 보유하고 있다고 공시했다.

2016년 8월 16일 쓰리디엔터가 회사를 상대로 신주 발행 금지 등 가처분 신청을 제기했다고 공시했다.

2016년 8월 22일 주식 10.96%를 확보했다고 공시했다.

2016년 9월 9일 신주 발행 금지 등 가처분이 기각됐다고 공시했다.

2016년 9월 12일 신주 발행 금지 등 가처분 기각에 항고했다고 공시했다.

2016년 9월 13일 11.49%로 상승했다고 공시했다.

2016년 9월 29일 회계장부 등 열람 및 등사 가처분 신청을 냈다고 공시했다.

2016년 10월 21일 임시주주총회 소집 허가 신청을 제기했다고 공시했다. △임시의장 선임의 건 △정관 일부 변경의 건 △이사 7인 해임의 건 △이사 5인 선임의 건 등이다. 이들은 "2014년 감자 이후 뚜렷한 사업 개선 노력이 없었고, 지속된 증자를 통해 마련된 자금 역시 신규 사업이나 시설 개선이 아닌 단순 운영자금으로 활용하는 등 현 경영진이 책임을 다하지 못했다"고 말했다. 자연과환경은 잇따른 실적 부진 탓에 2016년 초 M&A 시장에서 매물로 거론돼왔다. 두 대표는 실제로 경영권 매각을 위해 매각주관사를 선정하고 몇몇 인수 후보자와 협상을 진행한 것으로 알려졌다. 거래 규모는 80억 원의 지분가치와 40억 원 규모의 제3자 배정 유상증자 참여 등을 더해 130억 원 수준이 제시됐다.

2016년 11월 초 40억 원의 제3자 배정 유상증자가 마무리된 후 유상증자 참여자들 대부분이 정 대표의 우호지분인 것으로 알려지며 정 대표의 지분율이 11.9%로 높아졌다.

2016년 11월 7일 쓰리디엔터와 특별관계자 117인의 지분이 10.71%에서 11.07%까지 증가했다고 공시했다.

2016년 12월 2일 쓰리디엔터 대표 외 23명을 '자본 시장과 금융투자업에 관한 법률(이하 '자본 시장법') 176조(시세 조종 행위 금지) 및 178조(부정 거래 행위 등의 금지) 위반과 관련,

고소했다고 공시했다.

　2016년 12월 2일 회계장부 등 열람 및 등사 가처분 신청서에 따라 본점에서 20일간 열람 하도록 했다고 공시했다.

　2016년 12월 19일 주주총회 결의 중 정관 제31조 제2항 부분에 관한 효력을 정지해달라 고 가처분 신청 등 소송을 제기했다.

　2016년 12월 26일 쓰리디엔터 대표와 고구미 임원들이 지분을 매각한 것으로 알려졌다.

　2016년 12월 28일 주주명부 열람 및 등사 가처분 신청 취하서를 제출했다고 공시했다.

　2017년 1월 4일 쓰리디엔터로부터 주주총회결의 무효를 확인하는 소송에 피소됐다고 공 시했다.

　2017년 1월 5일 자연과환경 이병용 대표가 우호지분 확대 의지를 밝혔다. 주주총회결의 효력 정지 등 가처분 소송이 대전지방법원에서 기각됐다고 공시했다.

(6) 차명주식 문제

　차명주식을 본인의 동의 없이 '적대적' 인수를 통해 인수하는 경우 민형사 상의 책임에 유의하여야 한다. 국일제지와 신한은행 사건이 사례이다. 명의를 빌려 수탁자의 이름으로 신호제지의 경영권을 인수했으나, 수탁자가 위탁자의 의사를 무시하고 명의신탁된 주식을 신한은행이 인수했다. 신호제지를 적대적 인수하려는 국일제지와 함께 경영권을 뺏으려는 의도였다. 신한은행도 이러한 사실을 알고 취득하여 경영권은 국일제지로 넘어갔다. 수탁자는 보관 중이던 타인의 주식을 매각하여 횡령죄로 징역 3년이 확정됐다. 2016년 대법원도 신 한은행의 책임을 인정하여 150억 원을 배상하라고 최종 판결했다. 불법행위 사실을 알면서 신호제지의 주식을 매수하고 의결권을 행사해 공동불법행위를 한 책임이 인정된다고 판단한 것이다.

　적대적 M&A 과정에서 경영권 인수를 위해 차명으로 주식을 인수하는 경 우에는 증여세를 조심해야 한다. 세법에는 '명의신탁재산 증여의제'라는 규정 이 있는데, 이는 명의를 빌려준 사람에게 증여세를 부과하는 것이다. 2015년

신일산업에 대한 적대적 M&A 과정에서도 차명으로 주식을 취득하는 바람에 22억 원의 증여세 분쟁이 발생하였다.

3. 예비적 만남

1) 만남의 전략

(1) 개요

자문사의 입장에서 가장 중요한 것은 하나다. 바로 거래가 성사되는 것이다. "거래 성사는 당사자가 동의해야 이루어진다(Deals only get done if buyer and seller find a mutually agreeable deal)." 첫 만남에서는 세부적인 협상이나 제시보다 상호 간의 거래 의사와 관심도 등을 파악하는 데 집중한다. 특히 첫 단계에서는 거래 가격을 제시하지 않는 것이 좋고, 가급적 언급하지도 않도록 한다.

(2) 대화와 협의

인수 기업과 매각 기업이 처음부터 또는 거래의 초기부터 자신들의 목적을 공유해 합리적으로 협상이 진행될 수 있다면 거래 과정에서 나타나는 어려움, 시간의 지연과 거래의 비효율화를 피할 수 있다. 서로 자신의 속마음과 의중을 내놓지 않으면 그만큼 시간만 낭비할 가능성이 크다. 그러나 상대방의 의중을 파악하는 것은 정말 어렵다. 되도록 말을 아끼고 듣기만 하는 것이 좋다.

사람들은 말할 기회가 있으면 뭐든지 말하고 의중을 드러낸다. 특히 매각 기업 측 사람들은 취미 같은 사생활에 대해 이야기를 나누면서 자연스럽게 여행, 골프, 자선 사업 등에 대한 열정을 보이는 등 의중을 드러내는 경우가 많다. 회사를 방문했을 때 종업원들의 표정에서도 많은 정보를 알 수 있다. 그들이 밝고 열정적인지, 아니면 시무룩하고 무기력한지 파악할 수 있고, 사무실의 청결 상태도 많은 것을 알려준다.

(3) 만남의 대상

티저를 제공한 후 관심을 가지는 기업이 나타나면, 자문사는 미팅을 하고 기업을 분석하여 인수 의사를 면밀히 확인한다. 우선 인수 기업의 적임자를 만나야 한다. 아무나 만나서는 안 된다. 원칙적으로 최고경영자나 기업주를 만나는 것이 최선이다. 인수 희망 기업도 인수책임자가 직접 만나는 것이 좋다. 의사 결정 권한이 전혀 없는 사람(Non-decision-maker)을 만나는 것은 피해야 한다.

2) 예비적 검토

(1) 사전적 검토

사전적 검토의 내용

기업을 매각하려는 기업과 인수하려는 기업이 처음 만나기 전에 거래의 성사 가능성을 높이기 위해 다음과 같은 것들을 검토해야 한다.

① 거래의 의향

② 거래의 목적

③ 거래의 가격

④ 거래의 조건

이러한 사항에 대해 어느 정도 기본적인 의향을 알아야 처음부터 성사 가능성이 없는 만남을 예방할 수 있다.

거래 의향

거래 의향은 파악하기 어렵다. 매각 희망 기업이 매각에 반신반의하는 경우도 많다. 매각하겠다고 하고서 나중에 철회하는 경우도 많다. 따라서 매각 희망 기업을 매각의 정당성이나 적절성으로 설득해 확신을 주어야 한다. 기업주의 성향·성격 파악도 중요하다. 개인의 특성에 따라서 접근 방법이 달라지기 때문이다.

인수 희망 기업도 마찬가지이다. 한번 들여다보고 거래를 결정하려는 경향이 있다. 손해볼 것이 없기 때문이다. 따라서 인수 희망 기업도 인수 의향에 대해 좀 더 구체적으로 파악해야 한다.

거래의 가격

매각 희망 기업에 가장 유리한 조건의 가격이 형성되는 경우는 인수 희망 기업이 '인수병(Deal fever)'에 걸렸을 때이다. 그러나 대기업이나 중견기업의 경우에는 적정한 인수 가격을 정해 기업주, 대표이사 또는 이사회와 주주총회의 승인을 받아야 한다. 따라서 매각 희망 기업에도 인수 희망 기업에도 가격 타결은 어려운 문제다.

인수하려는 기업은 기업 가치 평가 결과보다 낮은 가격에 나온 기업 또는 인수 후 즉각적으로 수익이 증대될 것이 명백한 기업을 선택하기 쉽다. 이러한 경우 단기적으로는 눈에 보이는 효과가 나오겠지만, 장기적으로는 부정적 효과나 위험성이 클 수 있다. 당장은 가격이 높아 보일지라도 장기적·전략적 측면에서 합리적인 가격으로 거래를 추진하지 않으면 기회를 놓치게 될 수 있음을 명심해야 한다.

거래의 의지와 조기 종결

거래를 실제로 종결할 의지와 조기에 종결할 능력이 있는지도 중요한 변수이다.

(2) 매각 희망 기업의 사전적 검토

개요

매각 자문사는 인수 희망 기업을 사전에 조심스럽게 평가해 선별해야 한다. 그렇지 않으면 매각 희망 기업은 '보기만 하는 인수자(Tirekicker)' 때문에 많은 시간을 뺏기게 된다. 또한 자문사는 인수 희망 기업이 인수 절차를 계속 진행할지 파악하기 위해 질문을 하거나 서류상으로 검토를 해, 매각 기업이 쓸데없는 미팅을 하지 않도록 중간역할(Buffer)을 해주어야 한다. 그렇지 않으면 자료만 빼가는 기업들로 인해 매각 희망 기업에 피해를 주게 된다.

인수 희망 기업이 회계 감사를 받는 기업인 경우에는 재무제표를 검토해야 한다. 만일 회계 감사를 받지 않는 기업이라면 재무제표를 요구해야 한다. 인터넷을 뒤져보아도 상당한 정보를 수집할 수 있다.

매도 희망 기업이 매수 희망 기업을 실사하는 경우도 발생한다. 예를 들어 거래 대금을 매수 희망 기업 또는 다른 법인의 주식으로 지급받는 경우에는 그 주식 가치를 평가해야 하며, 거래 대금을 후에 지급하는 경우에는 매수 희망 기업의 재무 능력을 평가해야 한다. 만일 재무 능력에 문제가 있다면 보증이나 지급방식 변경을 요구할 수 있다. 공기업 민영화의 경우에는 인수 후의 경영이 국가 경제에 큰 영향을 미치면 거래 대금보다 인수 기업의 경영 능력, 재무 능력 및 사회적 평가가 중요하다. 그러므로 이를 검토해 적절한 인수 후보자 그룹을 선정하는 것도 매수자 실사 중 하나이다.

〈표 4-11〉 최초 접촉 시 예비인수자에게 하는 질문 및 확인 사항

구분		정보
회사이름		공개하지 않아도 가능
회사업종		
기업의 규모		1. 총자산, 매출, 자금보유, 이익잉여금, 차입금 2. 추가적인 정보를 제공하기 위해서는 귀사의 재무제표를 볼 수 있어야 합니다.
인수 의사		특별한 문제가 없다면 이 기업을 반드시 인수할 의사를 가지고 있습니까? 이 기업을 가능하면 인수할 의사가 있습니까? 가격 조건이 싼 경우에만 인수하실 생각이신가요? 특별히 좋은 조건을 제시하는 경우에만 인수하실 생각이신가요? 부실기업을 싸게 인수하는 데 주로 관심을 가지는지요?
투자의 규모 (가능한 투자 금액)		
프리미엄 지불의사		순이익에 지불할 배율은 몇 %를 고려하고 있습니까? 경영권 프리미엄은 몇 % 고려하고 있습니까?
인수 대상 기업의 지역 또는 입지조건		
비밀 유지약정서		회사의 대표이사로하여금 비밀 유지약정서를 제출하게 할 것인지요?
인수관심서류		회사의 대표이사로하여금 기업을 인수하려는 의도가 있는지를 나타내는 서류(Indication of Intent)를 제출하게 할 것인지요?
문의 사항	인수 대상 기업의 구체적 요건	상세업종, 매출 규모, 가격(순이익에 적용할 PER 조건), 지역, 이익 규모
	인수 대상 기업의 투자 규모 및 인수 조건	총 부담규모(현금+차입금), 현금 지급, 차입금인수, 주식 지급

문의 사항	자문조달의 방법	M&A에 사용할 보유자금 규모, 기타 자금의 원천
	최근의 인수 목적 검토 기업의 수	
	회사의 최근 재무제표	익명으로 하여도 무방함

인수 희망 기업이 나타나면, 투자 자금의 조달, 과거의 거래 등을 검토하고 실질적인 인수 의사가 있는지를 조심스럽게 파악해야 한다. 어떤 기업들은 '그냥 한번' 들여다보는 경우도 있다. 인수 희망 기업이 애매하거나 명확한 기준이 없으면 대체로 인수 가능성이 없다. 많은 인수자들이 전략적 인수든 재무적 인수든 매각 기업 리스트를 다 보여달라고 한다. 그러나 이런 기업들은 인수 가능성이 거의 없는 것이 일반적이다. 경우에 따라서는 인수 희망 기업에 회사 소개 같은 자료를 요청하기도 한다.

<표 4-12> 투자자 소개서

투자자 소개서
다음 사항을 포함하여 작성(컨소시엄의 경우 컨소시엄 대표자 명의로 작성) — 다음 — 1. 투자 기업 소개 　투자 기업이 영위하는 사업에 대해 간략하게 서술(컨소시엄, Joint venture, 그룹의 경우 　는 그 구성 기업, 계열 기업 들에 대해서도 서술) 　사업보고서, 회사소개서, 감사보고서 등 자료 제출 가능 　　　　1) 회사의 상장 여부, 등록 여부, 매출 및 손익, 자금 보유 상황 　　　　2) 국적 및 지역 　　　　3) 주요 사업 및 현황 　　　　4) 5% 이상 주주목록 및 주요 차입처 등 채권자 현황 　　　　5) 계열사 현황 　　　　6) 경영진의 이력 사항 　　　　7) 진행 중이거나 계류 중인 중대한 소송 사건 　　　　8) 기타 특이사항(과거 부도, 파산 등의 사항, M&A 경험 등)

2. 동종 산업 및 시장에서의 사업 내용
   ○○업 관련 사업 운영 등에 관한 사항 등

      1) 사업 영위 지역
      2) 사업 연혁 및 사업 규모
      3) 주요 계약

3. 경영 및 투자전략
   당사의 인수가 장기 사업전략과 부합하는지 등

4. 인수 조건 및 자금 조달
   인수 방법, 예상 인수 가액 및 자금 조달 계획

5. 인수 목적 및 회사의 경영 방안
   인수 목적 및 인수 후 경영 방안

6. 재무 사항
   과거 3년간의 감사보고서

7. 법령상 또는 절차상 승인
   법령상 관계 당국의 승인 등, 절차상 회사 내 외부의 동의나 승인이 필요한 경우 이를 위한 방안

8. 기타 사항

20   년   월   일

주 소:
회사명:
대표자: (인)

M&A 거래는 매각 희망 기업과 인수 희망 기업 간의 의견이 일치하고, 가격과 조건이 합의되어야 성사된다(Deals get done only when buyer and seller find common ground and agree to price and terms). 너무 단순해 보이지만 결정적인 말이다. 실질적인 인수 의사가 있어 적극적으로 인수하려는 기업(Committed buyer)은 그들이 인수하려는 기업을 분명히 알고 있다. 수많은 기업들 중에 자신의 기준에 맞는 인수 대상 기업인지를 즉시 판단한다. 이러한 적극적인 의사를 가진 인수자(The highly motivated)는 반드시 거래를 성사시

키려고 한다. 심지어 매달리기까지 한다.

매각 희망 기업은 인수 희망 기업에 실질적인 인수 의사가 없거나 인수 능력에 대한 신뢰성이 떨어지면 만나지 않아야 한다. 그러한 만남은 매각 정보가 유출되어 매각 희망 기업에 큰 피해를 줄 수 있으며, 시간만 낭비할 뿐이다.

'허위' 인수자 차단

그냥 이리저리 알아보고 다니는(Tire kicking) 기업은 피해야 한다. 많은 M&A 자문사들이 회사 정보를 아무에게나 제공하여 조금의 관심만 있으면 매각 희망 기업과 만나게 한다. 이런 자문사는 무조건 피해야 한다. 또한 터무니없는 가격으로 팔아주겠다는 제안에 혹해서도 안 된다. 터무니없는 가격에 인수할 사람은 '시장'에 존재하지 않는다.

허위 인수자를 피하기 위한 몇 가지 방법이 있다. 우선 비밀 유지약정서를 제출하도록 요구한다. 특히 자문사들을 조심해야 한다. 많은 자문사들이 매각 희망 기업의 이름을 알아내려고 접근한다. 인수 희망 기업으로부터 비밀 유지약정서를 받지 않았다면 이런 자문사들에는 정보를 제공해선 안 된다. 일부 인수 희망 기업은 인수팀을 구성하고 자문사를 고용해 적극적으로 인수를 검토하지만, 사실상 인수 의사가 없는 경우도 있다. 지나치게 보수적이어서 위험을 기피하고 인수 가격이나 조건도 지나치게 비합리적이라면 사실상 "인수 의사가 없는 인수자"로 분류해야 한다.

문제가 있는 인수자들은 성격상 여러 가지로 분류할 수 있다.

첫째는 저가 인수자(Bargain hunters)이다. 이들은 기업 경영에 어려움을 겪고 있는 기업을 아주 싸게 인수하는 데에 관심을 갖는다.

둘째는 '쇼핑' 인수자(Window shoppers)다. 이들은 인수할 자금도 의사도 없지만 이런저런 기업들을 기웃거린다. 급한 것도 없고 실제 인수에도 관심이 없이 사업 정보를 알고 싶어 하거나 거래의 진행 과정을 알고 싶어 하기도 한다.

셋째는 돈 없는 인수자(Penniless shoppers)이다. 기업을 인수하고 싶어 하지만 사실상 자금이 없거나 자금 조달 능력이 없는 기업이다.

넷째는 정보 수집 기업(Comparison shoppers)이다. 이들은 고객 기반, 경쟁 기업 정보, 납품업자 정보 등 중요한 정보를 빼내기 위해 인수 타진을 한다. 이들은 전혀 인수할 의사가 없다. 따라서 경쟁사나 납품 기업, 고객 기업, 기타 특별한 인수 목적 없이 접근하는 사람들을 잘 찾아내서 이들에게 정보를 제공하지 않도록 해야 한다.

다섯째는 목적 의식 없는 인수자(Aimless shoppers)이다. 인수 자금을 보유하고 있으나 인수 대상 선정에 막연한 기업이다. 이런 기업은 좀처럼 인수하지 않는다.

여섯째는 M&A 전문가나 유명인(The ruler-of-the-universe magnate)도 조심해야 한다. 이들에게 말려들면 낭패를 당할 수 있다.

일곱째는 경험 없이 아는 척하는 사람(The know-it-all who never sold a company)이다. 대체로 약간 알고 있는 지식으로 모든 것을 다 아는 것처럼 말한다. 이런 사람을 만나는 경우 대처 방법은 그에게 질문을 하고, 논리적으로 논의를 하여 그의 의견을 설명하도록 요구하는 것이다. 제안을 바로 거절하지는 말고 논리적으로 계속 설득해서 변하게 해야 한다.

여덟째는 막무가내 유형의 사람(Mr. Irrational)이다. 지식과 논리가 없는 것을 제외하면 '경험 없이 아는 척하는 사람'과 같다. 이런 사람에게는 지식이나 논리는 아무 소용이 없다. 대화나 거래를 하기도 어렵다. 이 경우에도 최선을 다해야 하지만, 문제가 발생할 때쯤 거래를 중단시켜야 한다. 이런 사람과는 협상과 논의를 계속하지 말아야 한다.

아홉째는 무구한 초보자(The earnest first-timer)다. "경험 없이 아는 척하는 사람(the know-it-all who never sold a company)"과 "막무가내형(Mr. Irrational)"의 중간쯤일 듯하다. 이 유형은 모든 일을 교과서에 나온 대로 해서 "나무를 보느라 숲을 보지 못한다"는 격언을 생각나게 만든다.

열째는 피곤한 논객(The chronic negotiators)이다. 이런 사람은 작은 문제까지 구석구석 까다롭게 묻고 다퉈 피곤하게 한다. 상세하게 확인하는 것은 중요한 일이지만, 결국 그 효과는 반감된다. 전체적인 틀에서 거래를 바라보는 관점이 필요하다.

복수 인수자들

가능하면 복수의 인수 기업들과 거래를 진행하는 것이 유리하다. 인수 기업이 사전에 거래의 오퍼를 하려는 배타적 거래약정을 하지 않는다는 전제하에 서만 하는 것이 좋다.

전략적 대안 고려

기업을 인수하는 기업들은 거래 가격을 현금으로 지불하지 않는 경우가 많다. 언아웃 방식, 연불 지급 또는 주식에 의한 지급 등 조건부 지급(Contingent payment)을 하는 경우도 많다. 매각 기업은 이러한 조건을 받아들일지 결정해야 한다. 또한 인수 희망 기업은 인수가 아닌 좀 더 유기적인 전략적 대안(Organic option)을 생각할 수 있다. 사업파트너, 전략적 제휴, 합작투자나 조인트벤처, 유통이나 상품에 관한 기업 간 계약을 고려할 수도 있다. 더 나아가 자체 성장을 모색하는 것으로 전환할 수도 있다.

(3) 인수자에 대한 사전 검토

인수 주체 기업의 사업성, 주주와 경영진의 신뢰도 등을 충분히 검토해야 한다. 많은 매각 기업이 인수 주체 기업의 경영 능력이 의심스럽거나, 주주나 경영진을 믿을 수 없을 경우 매각을 보류한다. 따라서 감사보고서 같은 공시된 정보 이외의 정보도 입수하도록 검토해야 한다. 많은 경우 인터넷의 관련 뉴스를 통해 어느 정도 파악할 수 있다.

인수 주체 기업이 인수 대상으로 보는 산업·시장이 무엇인지, 인수 대상 기업의 매출, 자산 및 이익 규모가 어느 정도인지, 인수 대상 기업을 평가할 때 P/E나 EV/EBITDA 배수가 어느 정도인지도 명확히 파악해야 한다. 이러한 것이 명확하지 않으면 인수 주체 기업이 인수할 가능성이 낮다.

인수의사가 없이 경험삼아 들여다보는 기업도 조심해야 한다. 2015~2017년 호반건설은 금호산업, 동부건설, 보쉬병원, 블루버드컨트리클럽, SK증권 및 한국종합기술의 인수를 시도했지만 결국 인수하지 않아 시장에서 체리피커(Cherry picker)라는 의심을 받았다. 체리피커는 신포도 대신 체리(버찌)만 골라먹는 것을 의미하며 구매는 하지 않고 실속만 챙기는 사람을 말한다. 물론 가격이 싸지 않으면 인수하지 않는 신중한 자세라는 반론도 있지만, 가업의 자녀 승계를 대비해 M&A 경험을 쌓는 것이라는 말도 나오고 있다. 호반건설주택이 100% 출자한 코너스톤투자파트너스는 대주주의 2세가 80% 이상의 지분을 보유하고 있고 호반건설주택도 최대주주이다. 호반건설은 1조 5천억 원 규모의 현금성 자산을 보유하고 있는 것으로 알려졌다. 그럼에도 낮은 인수가를 제시하거나, M&A 진행 중 중도 하차하는 모습을 보인 것은 적극적인 인수 의지가 없었던 것 아니냐는 분석이지만 사실관계는 확실하지 않다.

(4) 인수 자금 문제

약속의 기본은 시간 엄수다. 프랑스의 왕이었던 루이 18세는 "시간 엄수는 군주의 예절"이라고 말할 만큼 시간 약속에 철저했다고 한다. 절대권력자인 왕에게조차 약속은 어길 수 없는 계약이었다.

M&A 거래에서는 약속이 이행되지 않는 경우가 비일비재하다. 매각자가 인수자의 재무 능력을 꼼꼼하게 살폈더라면 M&A 계약 파기가 애당초 발생치 않을 수도 있다. 계약 자체가 성립되지 않을 가능성이 크기 때문이다.[20]

2013년에 매각 가격이 2조 원이었던 ING생명 매각의 우선협상자가 사모펀드인 MBK파트너스로 바뀌었다. 당초 우선협상자였던 기업이 자금 조달에 차질을 빚으면서 지위가 박탈된 것이다. 인수 희망 기업의 자금 조달 문제는 조심스럽게 확인해야 한다.[21] 매각 희망 기업은 인수자가 자신의 기업을 인수할 수 있는 자금 조달 능력이 있는지를 분명하게 확인해야 한다. M&A 거래가 막판에 깨지는 원인은 많지만, 최초 단계에서 특히 검토해야 할 사항은 인수 희망 기업의 M&A 자금 조달 능력이다. 인수 희망 기업의 자금 조달 능력이 불확실한 경우에는 거래를 진행하는 것을 보류해야 한다.

"K국가에서 발전소 컨설팅으로 받는 자문수수료 수백억 원이 인수 자금의 출처입니다."

코스닥 상장 기업을 인수하기로 한 전직 정부 고위 관료인 기업인이 해외 다국적 기업에서 일했다는 외국인과 유명 연예인의 남편이 함께한 자리에서 한 말이다. 또한 그 나라의 발전소 프로젝트를 수주하여 받는 선수금으로 인수 자금을 조달할 계획이라고 말했다. 하지만 인수 대금 납입을 수차례 연기했고, 결국 거래는 무산됐다.[22]

인수 기업이 유명인이거나 신뢰가 가는 상장 기업, 대기업이나 중견기업이라도 인수 자금 조달 계획이 불분명하거나 조건부인 경우에는 사전에 이 부분을 명확히 한 후에 거래를 진행해야 한다. 특히 상장 기업인 경우 주가 조작 의도 가능성도 있다는 사실을 유의해야 한다.

재무적 투자자도 자금 조성 없이 인수를 시도할 때가 있다. 이들은 인수를 시도하다가 적당하다고 생각하면 그제야 자금에 대해 알아보는 경우가 많다. 이러한 투자자는 실제로 인수를 하기도 하지만, 자금 확보와 함께 인수를 진행하므로 일의 진행이 복잡할 수밖에 없다.

인수자가 금융 기관이나 재무적 투자자로부터 인수 자금을 조달해야 할 경우, 실사와 인수 계약을 완료하기 전에는 자금 조달을 승인받을 수 없다고 말하는 경우가 있다. 그러나 이것 자체가 문제다. 인수자의 자금 조달에 문제가 있을 가능성이 있기 때문이다. 자금 조달은 실사와 인수 계약을 준비함과 동시에 이루어져야 한다.

인수자들이 사채(私債) 시장을 이용하는 경우도 조심해야 한다. 일부 상장사 M&A에서는 매각자가 계약금을 받고 그에 상당한 주식을 넘겨준다. 인수자는 계약금과 중도금을 지급한 후 그에 상응하는 주식을 받아 주식담보 대출 등의 방법으로 부족한 인수금 잔액을 마련한다. 그런데 계약금마저도 사채시장에서 조달하는 경우가 늘어나고 있다. 사채업자들은 자신이 받은 주식을 시장에 매각하고, 주가가 하락하면 다시 매입해 주식을 채워 넣는 수법으로 이득을 챙기고 있다. 대출금에 대한 이자도 챙기고, 주식 거래를 통해 추가 이득도 챙기는 구조인 셈이다.[23]

한편 인수 기업이 차입으로 자금 조달을 하려고 할 수도 있다. 이에 대해서는 매우 조심스러운 접근이 필요하다.

(5) 가격과 인수 조건의 사전 검토

사전에 인수 희망 기업과 매각 희망 기업 간 인수 조건이나 가격 등의 협상이 가능한지, 큰 차이를 보이는지 확인해야 한다. 지나친 차이가 나면 거래가 성사될 수 없으므로 진행하지 말아야 한다. 매각 기업과 인수 희망 기업의 가격 차이 또는 매각 기업이 생각하는 가격과 시장에서 평가되는 가격이 10% 정도 차이가 나는 것은 오히려 특이한 일이다. 그러나 25% 정도 차이가 나면 거래가 쉽지 않다. 더욱이 25%가 넘어가면 사실상 거래는 불가능하다고 볼 수 있다. M&A가 성공하려면 매각 기업과 인수 기업 모두에게 이익이 되는 윈윈 게임이어야 한다. 매각 기업이 기업 가치의 모든 것을 받아내려고 하면 어떠한 기업도 인수하려고 하지 않을 것이다. 거꾸로 인수 기업도 인수로 인한 이익을 모두 차지하려고 한다면 누구도 매각하지 않을 것이다. 매각 기업은 만일 자신이 인수를 한다면 그 가격에 인수할 것인가를, 인수 기업은 자신이 매각 기업이라면 그 가격과 조건에 매각할 것인가를 입장을 바꿔놓고 생각해보아야 한다. 양측 모두 어느 정도의 이익과 어느 정도의 손실을 인정해야 하는 것이다.

매각 희망 기업은 인수 희망 기업이 제시하는 가격을 조심해야 한다. 높은 가격을 제시하는 것이 중요한 것이 아니라, 실제로 그 가격에 인수할 의사가 있는지, 실사 등을 진행하면서 깎으려는 의도가 있는지 잘 살펴야 한다. 결국 협상 과정에서 생길 수 있는 제반 문제들을 먼저 조율하는 것이 선결 조건이다.[24]

일반적으로 전략적 투자자들은 재무적 투자자들에 비해 제시할 수 있는 가격의 범위가 넓다. 시너지 효과가 있기 때문이다. 전략적 인수자는 물론 최소 가격인 독립적인 평가 가격(Stand-alone value) 또는 그 이하의 가격으로 인수하기를 희망할 것이다. 최대 가격은 시너지 효과를 감안할 가격일 것이다. 대체로 그 중간에서 가격이 결정될 것이며 최소 가격이나 최대 가격만 주장하면 거래는 성사되기 어렵다. 잠재적 인수 기업이 "얼마를 요구하느냐?" 또는 "최소 얼마를 생각하느냐?"라고 질문하는 일은 흔하다. 이러한 직선적인 질문에 어떻게 대답하느냐에 따라 정말로 '위험한 지뢰밭(Veritable minefield of danger)'이 될 수도 있다. 왜냐하면 매각 희망 기업이나 자문사가 제시하는 금액이 인수 희망 기업이 제시하려 했던 최대 가격이 될 수 있기 때문이다. 인수 희망 기업은 이 가격을 기준으로 얼마나 낮은 가격을 제시할까 생각하게 마련이다. 이렇게 되면 매수 기업이 지불할 최대 가격이 아니라 매각 기업이 받아들일 최소 가격으로 협상 방향이 바뀌게 되는 것이다.

반면에 지나치게 높은 가격을 제시하는 것은 인수에 관심 있는 기업이 물러나게 만든다. 가장 좋은 방법은 다음과 같이 말하는 것이다. "시장, 조건 또는 협상(The market)에 따라 최종가격이 결정되는 것이 원칙이다. 매각 기업은 가격 범위가 대충 X와 Y 사이에서 결정될 것이라고 생각하고 있다."

이러한 언급은 인수 희망 기업에 다음과 같은 의미를 지닌다. 첫째, 매각 희망 기업은 현실적인 가격을 고려하며 X와 Y의 2배와 같은 지나친 가격은 기대하지 않는다. 둘째, 매각 희망 기업은 순진하지 않으며, 지나치게 낮은 가격은 거절할 것이다. 셋째, 매각 희망 기업은 유연하기에 높은 가격에 집착하지 않을 것이다. 넷째, 매각 희망 기업은 여러 인수 희망 기업의 인수의향서를 받을 것이며, 그에 따라 가격을 결정하기 때문에 X와 Y의 가격 범위를 벗어날 수도 있다. 이러한 방식은 우호적인 기업을 인수에 참여하게 만들고, '쓸모없는' 인수 희망 기업은 피해갈 수 있게 해준다.

그러나 물론 예외가 있다. 매각 희망 기업이 시간에 쫓기고 자금 사정이 나쁜 경우이다. 이때는 직접적으로 제시한다. "매각 희망 기업은 X를 요구한다. 누구든지 그 금액을 지급하면 거래는 바로 성사된다." 그렇지만 그 금액은 나름대로 타당한 가격이어야 하고, 매각 희망 기업이 기꺼이 받아들여야 한다.

(6) 허위 또는 불법 인수자

지난 2000년 대우자동차 인수를 시도했던 포드자동차는 우선협상대상자로 선정된 지 3개월 만에 16개 공장과 300여 개 부품업체 등에 관한 정보만을 입수한 채 돌연 인수를 포기했다. 포드는 대우자동차 정밀 실사에 200여 명의 해외 컨설턴트를 투입하는 등 1000만 달러 이상을 투자했지만, 국내외 자동차 관련 산업 및 계약 현황과 재무제표, 향후 사업 계획 등 상당량의 자료를 넘겨받아 투자 비용 이상의 정보를 빼갔을 것이라고 전문가들은 분석했다. 사실 인수 희망 기업 중에는 정보만 빼가려는 업체가 많으니 조심해야 한다.

무자본 M&A 사기꾼도 조심해야 한다. 사채를 동원해 회사를 인수한 후 자산을 빼돌리는 사기범들이 많다. 사채나 대출 등을 이용해 기업을 인수한 뒤 회사 돈을 빼내 갚는 수법도 쓴다. 이들은 〈특정경제범죄 가중처벌 등에 관한 법률〉상의 횡령 등으로 처벌된다. 회사 돈을 빼돌린 사실을 무마해달라며 회계사에게 뇌물을 주고 재무제표를 조작공시해 〈주식회사의 외부 감사에 관한 법률〉과 〈증권 거래세법〉을 위반하기도 한다.[25]

시채를 동원한 사기 인수의 대표적인 사례로 2012년 디지텍시스템스를 들 수 있다. 유망 중소기업과 '히든챔피언'에 선정된 터치스크린 생산 1위 업체지만, 2012년 3월 기업사냥꾼이 사채업자 등을 동원해 인수한 후 부족한 인수대금을 회사 계열사 자금에서 빼돌려 지급하였다. 이 과정에서 각종 계약을 체결하는 등의 수법으로 700억 원 가까이를 빼돌렸다.[26]

(7) 중소기업 인수의 문제

중소기업 적합 업종 지정 제도는 해당 업종에 대한 대기업들의 진출을 제한하고 있다. 그래서 매각을 앞둔 관련 업체들은 적합 업종 지정 여부를 확인한 뒤 진행하여야 한다. 2015년 중소기업 적합 업종은 제조업 55개와 서비스업 18개이고, 적합 업종별로 사업 축소, 진입·확장자제, (일부) 사업 철수 등 네 가지 사항 중 한두 가지 사항을 권고하며, 지정 기간은 3년이다. 권고 사항이지만 정부와 여론의 눈치를 봐야해 해당 업종 진출이 어렵다. 국내 대기업들만 배제됨으로써 외국계 대기업들과 사모펀드가 그 공백을 이용해 손쉽게 이 업종에서 지위를 강화하는 부작용도 나타나고 있다.[27]

2018년부터 대기업 집단에 인수되는 중소·벤처기업의 중소기업 지위 유지기간이 3년에서 최대 7년으로 늘어났다. 일정한 요건을 갖춘 중소·벤처기업은 최대 7년까지 중소기업요건을 충족하면 중소기업으로 인정한다. 관련법인 「중소기업기본법 시행령」은 중소기업 요건을 충족한 정부 인증을 받은 벤처기업 또는 매출액 대비 연구개발 투자 비중이 5% 이상인 중소기업이 해당된다. 2017년부터 시행 중인 '피인수 중소·벤처기업의 대기업 집단 계열 편입 7년 유예' 조치와 함께 대기업의 중소·벤처 M&A를 활성화할 것으로 기대된다.

3) 인수자 구분

(1) 인수자 이해

기업을 제대로 매각하기 위해서, 그리고 좋은 조건에 높은 가격으로 팔기 위해서는 그 기업에 누가 관심을 갖는지 그리고 왜 관심을 갖는지를 알아야 한다. 매각 기업을 누가 높이 평가하고 실제로 지불 능력이 있는 기업은 어디인지도 알아야 한다. 쉬운 일이긴 하지만 간혹 상당한 조사가 필요한 경우도 있다. 인수 희망 기업은 대체로 사업 운영 기업인 전략적 투자자(Strategic buyers), 투자 목적의 재무적 투자자(Financial sponsors), 종업원, 경영진, 가족 등이 있다.

상장 기업이나 대기업 등 전략적 투자자들은 대체로 지분 전체 또는 경영권을 취득하기를 원한다. 반면 재무적 투자자들은 유연하다. 매각 희망 기업의 일부 경영자들은 지분을 상당 부분 매각하고 경영일선에 남아 있기를 원하는 경우가 있다. 재무적 투자자들은 이를 수용하여 일부 지분을 남겨두고 인수하기도 한다. 종종 경영 능력이 있는 기업가를 계속 경영에 참여하게 하고 동기 부여를 시키기 위해 최대 49%까지 지분을 남겨둔 채 투자하기도 한다. 기업 매각 후 기존 주주가 이렇게 지분을 보유하는 경우는 매각이라기보다는 재무적 결정(Financial restructuring)이라고 부를 수 있다. 기업주들은 자신이 기업이나 지분을 버린 것처럼 보이기를 원하지 않는다. 그렇기 때문에 이러한 투자 결정이 이루어지기도 한다. 사모펀드 같은 재무적 투자자는 거래를 종결하는 데 신속하고 확실성이 높다. 반면 전략적 투자자는 내부적인 절차 등으로 인해 시간이 걸리고 거래가 무산될 가능성도 높다. 전략적 투자자의 지분 투자는 장기적 안목을 가지고 투자를 하기 때문이기도 하다.

사모펀드 같은 재무적 투자자들은 10년 등 법적으로 정해진 기간 내에 투자자들(Limited partners)에게 돌려줘야 하기 때문에 전략적 투자자에 비해 단기적인 비전을 가진다. 그리고 "싸게 사서 비싸게 판다" 이러한 공식을 만족시키기 위해서는 매물이 실제 가치보다 현저히 싸게 나오거나 향후 성장성이 높아 차익이 기대돼야 한다.[28] 재무적 투자자들은 내부적인 수익률이나 평가 지표를 설정하고 있기 때문에 이를 사전에 파악해야 한다. 전략적 투자자들이 시너지 효과를 감안해 인수하지만 재무적 인수자들은 그렇지 못하다. 물론 예외적으로 재무적 인수자들도 인수 기업의 포트폴리오를 통해 약한 시너지 효과를 누릴 수는 있다.

또한 인수 희망 기업들은 인수 절차를 진행할 때 단계별로 자신들의 경영자나 기업의 방침에 따라 거래 여부를 결정하는 기준(Minimal criteria)에 가까운 필터를 가지고 있다. 따라서 인수 희망 기업의 의도와 기준을 명확히 파악하는 것이 중요하다.

전략적 투자자들은 기업 전략을 개발하는 과정(Strategic planning process)에서 시장을 분석하고 경쟁 상황을 평가한다. 이 과정에서 이미 인수 대상 기업이 나타난다. 광범위한 공개 데이터나 협회 등에서도 잠재적 인수 대상 기업을 찾을 수 있다. 또한 IB나 M&A 자문사야말로 가장 중요한 역할을 한다. 수평적 M&A를 추진하는 경우에는 영업 부서 직원이, 수직적 M&A 또는 회사의 사업과 관련 없는 분야를 추진하는 경우에는 구매부서 직원이 인수 대상 기업을 찾아내는 데 도움이 될 수 있다. 물론 대상 기업이 매각을 고려하는지는 알수 없다. 따라서 자문사가 제시하는 정보에 관심을 가지는 기업은 이 과정에서 파악되지 않은 기업일 것이다.

(2) 전략적 인수자

인수담당부서

2003년 73%에 달하던 투자은행(Investment Bank)을 통한 인수·합병 비중이 2013년 들어 31%로 뚝 떨어졌다. 스타트업의 인수·합병에 있어 투자은행이 중간에 개입하는 전통적인 방식이 현격히 줄어들었다. 중견기업이나 대기업이 인수할 만한 스타트업을 찾기 위해 투자은행에서 근무한 경험을 갖춘 사람들을 직접 고용해 회사 내부에 그런 일을 하는 부서를 두는 것이다. 이러한 부서의 기능을 기업개발(corporate development)이라 부른다.

기업 내에서 새로운 기술이나 제품을 자체적으로 개발하는 기능을 연구·개발(research & development)이라 부르지만, 기업개발은 필요한 기술을 외부에서 인수·합병을 통해 획득하는 것이다.[29] 투자 기업이 아닌 기업, 즉 전략적 인수자는 M&A를 전담하는 부서(전략기획실, 신사업개발팀, 지주 회사 등)의 임직원들이 인수 업무를 담당한다. CFO나 재무부서의 핵심 임직원이 이 역할을 많이 담당한다.

기업의 기획실, 전략기획실, 신사업개발팀, 지주 회사 등은 광범위한 기업 전략을 구상하고 실행에 옮긴다. 새로운 경영진 영입, 새로운 시장이나 상품에의 진입 또는 퇴각, 전략적 제휴, 기업의 인수와 매각, 구조 조정 등의 업무를 담당한다. 매각 자문을 하는 자문사는 이러한 역할과 관심사를 잘 이해하는 것이 필요하다. 이들은 기업 전략 개발(Corporate strategy development), M&A 전략과 인수 대상 탐색(Target identification), 거래 정보망 관리(Deal pipeline management), 거래 승인 절차 관리(Managing the internal approval process), 기업 가치 평가와 기업 분석, 협상의 주도, 재무적 실사, 사후 통합, 계열사 등 매각과 인수자 탐색 및 매각 기업 실사(Reverse due diligence) 같은 업무를 진행한다.

전략적 투자자의 성격

전략적 투자자는 사업을 영위하는 기업이나 지주 회사이다. 이들은 투자로부터의 원금이나 배당을 수입원으로 하는 것이 아니라, 기업의 장기적 경영에 관심을 갖는다. 물론 일부는 투자 수익을 목적으로 투자하기도 하고 투자 회사를 설립해 투자하기도 한다. 전략적 투자자는 대체로 사업개발부(Business development)나 기업개발기능(Corporate development function)을 두지만, 때로는 사내 벤처(Corporate venture capital arms, CVC)를 두기도 한다. 대부분의 사내벤처는 모기업의 전략적 지위를 강화하는 기업에 투자한다. 가장 큰 투자 동기는 기술적인 측면이다. 2003년의 자료에 의하면 미국에서 사내벤처는 성장 지향형 사업에 11억 달러를 투자하였는데, 이는 전체 벤처캐피탈 투자의 6%를 차지하였다.

인수 희망 기업이 전략적 투자자인 경우에는 인수 전략, 자금 조달 비용 (Cost of capital), 인수의 동기를 파악해야 한다. 또한 이들이 인수 시 적용하는 기준이 무엇인지, 즉 현금 흐름 할인 모형, 투자 회수 기간(Payback period), 최소 수익률(Minimal hurdle rate), 시장 가치, 주당 순이익 분석

(Accretion/dilution analysis)(특히 상장 기업의 경우) 등 어떤 기준을 적용하는지 알아야 한다. 전략적 투자자를 판단할 때 고려할 사항 중 하나는 이들이 거래 구조(Deal structure)를 결정함에 있어서 얼마나 유연한가이다.

재무적 투자자가 공격적으로 투자하려 하는 반면, 전략적 투자자는 '미칠 지경으로' 신중하다. 전략적 투자자들이 인수 기회를 검토하고 행동에 옮기는 데에는 시간이 정말 많이 걸린다. 이러한 신중성과 장고(長考)는 일상적으로 늘 일어난다. 1년이 넘게 시간을 끄는 신중한 전략적 투자자도 있지만, 한 달 내에 결단을 내리는 공격적 기업도 있다.

신중한 전략적 투자자는 기업 경영에서 M&A에 우선을 두지 않는다. 따라서 이들은 많은 기업을 인수하려고 하지 않는다. 인수 담당 부서도 보통 경험이 적은 사람들로 구성되고, 1~2년 주기로 부서에서 로테이션을 하거나 다른 부서에서 온 사람들이다. 이들이 거래의 성사로 특별한 인센티브를 받는 경우도 드물다.

반면 공격적인 전략적 투자 기업은 스스로 인수 대상 기업을 파악하는 데 많은 노력을 기울인다. 이들의 인수팀은 기업 인수에 대한 경험이 많고, 뛰어난 사람들로 구성된다. 인수를 위한 명확한 가이드라인과 전문 인수 스텝도 보유하고 있다.

(3) 인수자별 매각 전략

일반적으로 인수 희망 기업이 전략적 투자자인 경우가 가격 면에서는 유리하다. 인수 기업은 인수를 통해 시너지가 나기 때문이다. 여러 잠재적 인수자들 중에서 최종적인 인수자를 결정할 때 고려할 요소 중 첫 번째 요소는 이들이 인수했을 때 누릴 수 있는 시너지이다. 시너지가 클 경우 인수자는 높은 가격을 제시할 것이다. 물론 매각 희망 기업이나 자문사, 기업의 독자적 가치에 더 높은 시너지 프리미엄을 줄 수 있는 기업을 선택하는 것은 당연하다.

둘째, 전략적 인수자를 선호하는 이유는 주로 인수 자금을 금융 기관에서 조달하지 않기 때문이다. 금융 기관의 자금을 사용하지 않는 경우 매각 기업은 매각 대금을 후불로 받지는 않을 것이다. 셋째, 전략적 투자자는 매각 희망 기업의 임직원을 보호하려 하고, 무리한 투자를 하지 않으므로 매각 희망 기업이 피해를 입을 위험이 작다. 전략적 투자자들은 무리한 차입 인수로 인해 경영 위험에 처하는 것을 피할 것이다. 넷째, 전략적 인수자는 매각 기업과 같은 업종에 속하거나 관련된 업종을 영위하는 경우가 많아 매각 희망 기업을 신속하게 평가할 수 있다. 그들에게는 매각 희망 기업의 핵심만 말해주면 된다. 결국 전략적 인수자를 가장 먼저 만나는 것이 타당하다.

한편 우리나라에서는 대기업이 중소기업 고유 업종에 진출하거나 중소기업을 인수하는 것이 법적으로 제한되는 경우가 많다. 다만 벤처기업이나 연구·개발 투자 비중이 매출의 5% 이상인 중소기업을 대기업이 인수하는 경우는 상호 출자 제한 기업 집단 계열 편입이 유예된다. 과거에는 3년간 유예되었으나 7년으로 개정되었다. 그러나 인수된 기업은 '중소기업기본법'에 따른 각종 혜택에서 배제된다. 또한 중소·벤처기업과 계열사 간 상호·순환출자 금지 등 지배력 확장 방지를 위한 보완요건은 그대로 유지되고 있다.[30]

일반적으로 전략적 투자자는 재무적 투자자에 비해 자본 비용이 낮아 투자에 따른 최소수익률이 낮다. 따라서 일반적으로는 더 높게 평가해 인수할 수 있다. 그러나 재무적 투자자는 향후 경영을 효율화 또는 정상화시켜 높은 수익률로 올릴 수 있는 자신이 있으면 더 높은 가격을 제시할 수도 있다. 그래서 자본 비용보다는 인수 대상 기업의 리스크를 반영해 투자를 결정한다는 주장이 일반적으로 제기된다.

그러나 현실적으로 반드시 그렇게 되지는 않는다. 사모펀드와 거래하는 경우, 대부분의 직원들이 투자와 자금 조달, 경영 관리의 전문가이므로 큰 문제는 없다. 하지만 사모펀드의 실무자와 협상을 할 때에는 의사 결정의 권한을 얼마나 위양받았는지 확인하는 것도 필요하다. 사모펀드는 투자와 기업 경영의 전문가다. 이들의 실사는 철저하고, 협상 과정은 아주 험난하다. 회사의 모든 문제점들을 다 공개해야 한다. 따라서 사모펀드와 거래를 추진할 때는 전문가의 도움을 받아야 한다. 사모펀드와 거래 협상을 하기 전에 미리 조사를 해보는 것이 필요하다. 또한 웹사이트를 방문해 투자한 기업(Portfolio companies), 관심 영역(Areas of interest), 분야별 전문가(Specific partners to handle a specific area) 등을 파악하는 것도 필요하다.

재무적 투자자를 만나는 경우에는 매각 희망 기업을 인수하여 시너지 효과가 큰 전략적 투자 기업군을 보유한 재무적 투자자가 우선이다. 시너지 효과가 큰 전략적 투자 기업은 해당 산업이나 관련 분야의 기업들을 조사해 파악할 수 있다. 재무적 투자자와 거래 진행을 할 때는 가능하다면 투자에 대한 책임과 권한을 가진 관리자 또는 임원을 만나야 한다. 이들은 단독으로 비밀 유지약정서를 작성할 수 있고, 투자안내서를 직접 받아 분석할 수 있다. 또한 전략적 투자자의 기업주나 고위 임원을 만나게 해줄 수 있는 사람이기 때문이다. 수많은 재무적 투자자들 중에서 잠재적 인수 기업을 선택할 때는 두 가지 점을 고려해야 한다. 그들이 투자하는 사업과 투자 시의 투자 규모이다. 이에 대한 정보는 인수 기업의 웹사이트에서 확인할 수 있다. 명망 있는 재무적 투자자의 웹사이트를 보면 제조업, 서비스업, 소비재 산업, 제약 산업, 운송업, 소프트웨어, 항공우주·전자 산업 등 업종별 관심 분야를 알 수 있다. 문제는 재무적 투자자들이 자신들의 주된 관심 분야가 아니라 우량기업을 놓치지 않기 위해 관심 분야를 과다하게 나열할 수 있다는 점이다.

실제로 투자자가 어떤 분야에 관심을 갖고 있는지 알아내는 것은 쉬운 일이 아니다. 사실 매각 희망 기업이 어느 재무적 투자자와 거래를 하는 것이 바람직한지는 자문사가 창조해내는 서비스의 핵심 가치이다. 한편 재무적 투자자들은 투자 규모에 관한 투자전략이 있다. 어떤 펀드는 작은 투자에 집중해 많은 거래를 하는 반면, 어떤 펀드는 소수의 큰 투자에 집중한다. 재무적 투자자의 투자전략의 가이드라인에 맞지 않으면 사실상 매각 희망 기업이 투자를 받을 확률은 거의 없다. 일부 재무적 투자자들은 부실기업 투자(Turnaround)를 하지만, 대부분의 재무적 투자자들은 경험이 없어서 이런 일에 잘 뛰어들지도 않는다.

4) 자문사 계약

매각 자문사는 인수 희망 기업을 만나고 비밀 유지약정서를 받기 전까지 매각 희망 기업과 자문 계약서를 최종적으로 확정하고 서명해야 한다. 그리고 매각 희망 기업과 인수 희망 기업이 진행 상황을 이해할 수 있도록 진행 계획과 체크리스트를 작성한다. 중요한 절차의 단계, 책임, 기한 등을 기록한다. 특히 매각 희망 기업이 예상치 못한 일에 당황하지 않도록 알아두어야 할 점들을 분명히 해야 한다. 즉 인수의향서를 받는 경우에 필요한 배타적 거래의 의무

조항, 최종 인수 계약서에 포함될 예민한 보장 조항 문제, 배상 조항, 지급 유
예 금액 등이 그것이다.

4. 비밀 유지

1) 진행 조율

잠재적 기업 측과의 미팅 후 그 기업의 인수 의향, 신뢰성, 인수 자금 등을
분석함으로써 진행할지 판단한다. 매각 희망 기업이 거래 진행을 희망하는 경
우에는 본격적으로 거래에 진입한다. 잠재적 인수 기업과의 만남을 통해 예비
인수 후보(Short-list)를 선정하고 나면 인수 희망 기업으로부터 비밀 약정서를
받고 추가적인 절차를 진행한다. 미국의 통계를 보면 매각 의사가 있는 기업주
와 인수 자격이 있는 기업이 예비적인 접촉을 한 경우 중 10% 정도가 의향서
(LOI)를 제출하는 것으로 알려져 있다. 즉, 10개의 인수 기업을 만나야 한 개
정도의 기업으로부터 의향서를 받는 것이다. 물론 의향서를 제출하고 실사가
이어질지, 실사를 하더라도 거래가 성사될지의 여부는 또 다른 문제이다. 성사
될 확률은 아주 낮다.

이러한 개별 협상 거래(Negotiated deal)는 제한된 인수자만을 선정해 진행
하므로 비밀 유지가 잘 되지만, 매각자의 협상 폭이 작다. 비상장 기업 거래에
서는 제한적인 경매 방식이 효과적인 거래 방식이다. 즉, 작은 수의 인수자들이
인수 경쟁을 하는 구도이다. 제한적 경매 방식이 성공적으로 이루어지기 위해

서는 인수자들이 경쟁 인수자들의 존재를 알아야 한다. 즉, 자문사는 경쟁 인수 기업의 존재를 알게 하되 회사명이나 제안서의 가격, 조건은 공개하지 않고 거래를 진행해, 좋은 가격과 조건이 제시되도록 유도해야 한다. 제한적 경매 방식은 공개 매각에 비해 시장에 공개되는 정보를 막고 잡다한 인수자들의 기웃거림을 예방할 수 있다. 또한 비밀 보장도 어느 정도 되고 상당한 경쟁도 있어 바람직한 거래 방식이다. 이 경우에 자문사는 거의 동시에 인수 기업들로부터 의향서를 받아야 한다.

개별 협상 거래와 제한적인 경매 방식은 절차에 있어서도 차이가 있다.

〈표 4-13〉 개별 협상 거래와 제한적 경매 방식의 절차의 차이

개별 협상 거래	제한적 경매 거래
비밀 유지약정서 제공	비밀 유지약정서 제공
정보 교환	Information memorandum 제공
	인수자 방문
	제안서의 청구
	시너지 공유 협상
인수의향서	인수의향서
실사 및 최종계약서 도출	실사 및 최종계약서 도출
종료	종료

때로는 공개 매각(Public auction, Formal auction, Broad auction)거래의 진행을 본격적으로 진행하기 전에 거래의 당사자들은 미리 비밀 유지약정서, 인수계약서(term sheet)나 예비의향서(letter of intent)에 대하여 초기부터 조율하기도 한다.

2) 매각의 경우

(1) 매각당사자와 기업주의 경우

기업이나 기업가 들은 M&A 진행이 외부에 알려지는 것을 우려한다. 비밀 유지는 모든 기업주들이 기업 매각을 고민하게 되는 가장 결정적인 요인이다. 특히 비즈니스에서 신용과 신뢰가 경시되는 풍토에서는 더욱 그렇다. 또한 M&A와 관련된 사기, 불법 거래 등에 관한 보도는 기업인들을 더욱 위축시킨다. 결국 믿을 수 있는 자문사를 만나는 것이 거래 성사보다 중요하다.

저자는 비밀 유지를 거래 성사보다 우선시한다. 비밀 유지가 안 되면 거래 성사도 안 되고 자문 계약도 파기된다. 또한 고객의 동의 없이는 어떤 행동도 하지 않는 것을 기업 전략으로 삼고 있다.

기업을 매각하거나 인수하는 기업가라면 비밀 유지를 철저히 하는 자문사를 찾아야 한다. 자문사의 크기, 명성도 좋지만 비밀 유지가 더 중요하다. 매각에 실패하면 기업에 위기가 올 수 있다는 점을 분명히 알아야 한다.

특히 상장 기업을 매각하는 경우 비밀 유지는 절대적이다. 설령 비밀 유지약정서를 받더라도 인수 주체 기업의 임직원이나 인수자문사가 비밀을 알게 되거나 쉽게 노출되기 쉽다. 인수자문사가 개입되는 거래는 신용 있는 자문사가 진행하는 것이 아니면 가급적 피하는 것이 좋다. 따라서 믿을 수 있는 자문사가 필요하다. 인수 희망 기업이 나타나는 경우 자문사가 직접 만나서 인수 의사와 자금 조달 능력 및 인수 타당성 등을 검증해야 한다. 그리고 인수 주체 기업의 기업주와도 직접 만나야 한다. 또한 비밀 유지약정서 작성이나 미팅은 양 당사자 기업들의 기업주들이 직접 단독으로 만나는 것이 안전하다.

(2) 임직원의 비밀 유지와 관리

특히 회사의 매각이 종결되기 전에 매각 사실이 누설되면 임직원들은 배신감을 느낄 것이다. 그러나 회사의 임직원들이 전혀 모르게 거래를 진행할 수는 없다. 따라서 핵심 임직원을 거래에 참가시켜야 하며, 그들을 매각 절차에 참여시키기 위해서는 그들에게 '상당한' 인센티브를 주어야 한다.

역설적이게도 매각 기업의 임직원들은 직장을 잃을지도 모른다는 걱정을 하지만, 인수 기업은 임직원들이 인수 후 기업을 떠날까봐 걱정을 한다. 따라서 기업을 매각하려면 기업주와 임원 및 관리자 들의 이해를 일치시키는 것이 중요하다. 가장 현실적인 접근 방법은 임원이나 관리자 들의 고용 계약을 M&A 이후 최소한 1년 또는 몇 년 동안 보장하는 것이다. 이렇게 함으로써 임직원들은 거래 후 생계를 잃고 즉시 해고되지 않는다는 보장을 받게 되고, 동시에 영구적이진 않겠지만 인수 후 매각 기업의 핵심 경영자들이 상당한 기간 동안 계속 근무하기를 원하는 인수 기업도 안정감을 가질 수 있다.

이렇게 1년 고용 계약 조건 이외에도 두 가지 조건을 더 제시하는 것이 좋다. 즉, 비용이 들긴 하지만 기업 매각에 도움을 주는 것으로, 이 조치들은 매각 대금을 생각하면 비싼 대가도 아니다. 첫째는 M&A 성공보너스(Closing bonus)이다. 기업 매각의 과정에 관련된 기업의 관리자나 경영자 들은 많은 일을 하게 되고, 스트레스를 받기도 한다. 그렇지만 매각 과정에서 이들이 하는 일은 중요하다. 따라서 추가적인 인센티브를 주는 것은 정당하고 합리적이다. 보통 최저 3개월분, 최고 1년치의 월급이 지급된다. 인센티브는 일에 대한 정당한 대가지만, 기업을 매각하면서 주주가 받는 큰 금액에 대한 질투감이나 질시를 해소시키는 기능도 한다. 터키의 한 음식 배달 업체 창업주는 회사가 약 5억 달러에 팔리자 직원들 덕분이라며 2년 이상 근무한 직원 1인 당 평균 3억 원(약 20년치 월급), 그러니까 총액 약 3000만 달러의 장려금을 지급했다. 그는 회사의 성장이 임직원 모두가 함께 이룬 것이며 많은 사람이 고된 노동과 재능을 투입한 결과였다는 말을 덧붙였다.[31]

둘째는 계속근무 보너스(Retention bonus)이다. 1년 고용 계약 조건은 계약 기간 이후 경영 관리자들이 타 기업으로 떠나는 것을 막지는 못한다. M&A가 이루어지면 경쟁 기업이나 관련 기업 들이 이들에게 손짓을 보내는 경우가 다반사이다. 이때 임직원들이 떠나는 것을 방지하기 위한 수단이 계속근무 보너스이다. 보통 M&A 성공보너스 지급금액과 비슷한 금액이 지급되며, M&A 이후 1년이 되는 날 지급된다. 그러나 그 방식이 "획일적이어서는 안 된다(One size does not fit all)." 사람과 상황에 따라 달라야 하고, 특히 기업의 비밀을 알고 있는 직원은 특별 관리를 해야 한다.

만일 경영자가 기업을 매각한다는 사실을 전체 종업원들에게 공개하기로 결정했다면, 정말로 조심스럽게 접근해야 한다. 이를 위한 절대적인 기준은 없지만 실무적으로 효과적인 접근 방법은 다음과 같다. 우선 각각의 직급별로 모든 종업원들에게 공개하는 것이 최선의 방법이다. 그리고 전체 경영진을 소집하여 매각 사실을 공개하고, 그들의 질의를 받아 최대한 정직하고 완전하게 대답을 해주어야 한다. 향후 일에 대하여 '약삭빠르게' 행동할 일이 아니다. 사람들은 자신이 모든 사실을 아는 것이 아니라는 사실을 느끼면 의심하기 마련이다.

이러한 논의를 진행하면서 기업주는 경영진에게 전체 종업원들의 이해를 구하고 확신을 줄 수 있도록 노력해야 한다. 만일 노조가 있다면 반드시 노조대표자와 만나서 대화하고, 종업원들과의 대화에도 함께 참여하도록 해야 한다.

특히 고용의 계속을 보장하는 매각이 아니라면 하지 않겠다고 분명하게 선언해야 한다.

(3) 비밀 유지와 일반 직원 관리

기업을 매각한다는 사실은 종업원들의 업무 태도에 중대한 영향을 미친다. 종업원들은 혼란스럽고, 기업의 성과도 나빠질 수 있다. 인수 후 급여 삭감 또는 해고를 걱정하여 우수한 종업원들이 회사를 떠날 수도 있다. 기업의 매각은 마지막 시점에 경쟁 기업, 구매처와 고객에게 알려져야 하는데, 종업원이 알게 되면 금방 소문은 퍼지기 마련이다. 또한 매각 기업의 종업원이 이 사실을 알게 되면 거래 협상 때 인수 기업의 협상력을 강화시켜준다(Buyer leverage). 인수 기업은 매각이 실패하면 매각 기업의 기업주가 종업원들의 불안과 혼란을 무마시켜야 한다는 것을 알고 있다. 따라서 상대방으로부터 의향서를 받고 인수 의사가 확실하다는 확신이 서기 전에는 철저히 비밀을 유지하고 실사에 응하지 말아야 한다.

3) 인수의 경우

인수자 측의 비밀 유지도 필수적이다. 비밀 유지에 철저한 기업은 이랜드이다. M&A를 주도하고 있는 M&A 전담팀에 대한 정보는 거의 없다. M&A 전담팀이 철저히 베일에 가려져 있고 비밀리에 진행된다. 알려진 팀 구성원도 글로벌 자문 경험과 CEO 경험이 있는 실력자들이다.[32]

4) 유출과 관리

비밀이 시장에 유출되면 상황은 심각해진다. 이 경우 문제의 심각성은 시점에 따라 다르다. 거래가 곧 종료될 시점이면 그냥 이 사실이 알려지도록 기다리면 될 것이다. 그러나 매각을 위한 마케팅 활동 시점에서 정보가 유출됐다면 매각을 중단하는 등의 많은 문제가 발생한다. 이 경우의 대처 방법에는 여러 가지가 있다. 한 가지 방법은 침묵을 지키는 것이다. 루머가 퍼지고 확대되는 위험이 있는 것은 분명하다. 그러나 루머는 이내 시들해지고 어제 뉴스처럼 잊혀질 수 있다. 그리고 매각이 이루어지면 임직원이나 주주 들이나 속았다는 생각은 하지 않을 것이다.

마치 아무 일도 없었던 것처럼 웃어넘기는 것도 한 방법이다. 이것이 통한다면 최고이다. 예를 들어 매각 사실을 묻는 문의전화가 왔을 때 단호하게 부인하면 의심을 받는다. 오히려 "누가 그래? 나도 이참에 팔게 만나게 해줘!"라고 말하는 것이 훨씬 효과적이다. 대수롭지 않게 웃어넘기는 것이다. "모두가 항상 우리 회사에 눈독을 들이지!"라든가, "팔 생각이야 있지만 가격이 맞지 않네"라든가 "그랬으면 얼마나 좋을까. 골프로 여생을 즐겁게 보낼 텐데"처럼 말하는 것이 실무적으로 잘 넘길 수 있는 가장 좋은 방법이다. 이렇게 하면 어떤 것도 분명하지 않게 된다.

임직원들을 모두 불러서 매각 사실이 더 이상 유출되지 않도록 자제하게 시키는 것도 또 하나의 방법이다. 다른 방법은 모두에게 공개하는 것인데, 이는 최후의 옵션이라고 할 수 있다. 그러나 이것도 루머가 곪아터지는 것보단 낫다. 그리고 공식적으로 부인하는 방법도 있다. 즉, "거래가 성사되기 전까지 우리는 비밀 유지약정서에 따라 아무런 언급도 할 수 없다. 아무런 거래도 없었으므로 어떠한 언급도 할 수 없다"라고 하는 것이다. 이 방식은 상장 기업에서 취하는 공식적 입장(Official line)이지만, 비상장 기업의 것과는 달리 의구심을 일으키기 쉽다.

자문사에 의뢰하여 전략적 검토를 하고 있음을 선언하는 방법도 있다. 이는 기업을 매각한다는 명백한 의사표현이 아니다. 그러므로 회사의 방침에 따라 지출 행위를 행하는 등 정상적인 일상 경영 활동을 하면 된다. 매각이 최종적으로 결렬되면 그때서야 전략적 검토를 끝냈다고 선언하는 것이다.

기업 매각 정보가 일부 사람들에게 유출된 경우에는 개별적인 접촉을 통해 해결하는 것이 최선이다. 매각 사실을 더 이상 유포하지 말고 침묵을 지키도록 경고해야 하며, 그렇지 않을 경우의 책임 문제에 대한 경고와 불이익을 분명히 알려주어야 한다. 즉, 정보가 더 유포되는 상황이 발생하면 그들의 책임으로 간주할 것이라고 분명하게 인지시켜야 한다.

5) 비밀 유지약정서

(1) 비밀 유지로 거래 시작

기업의 매각이나 인수는 비밀을 유지해야 한다. 따라서 매각 희망 기업과 인수 희망 기업은 비밀 유지약정서에 서명을 하고 나서야 거래를 시작하게 된다. 비밀 유지약정서는 양 당사자 모두의 관심사이며, 약정서는 모두를 구속하는 문서(confidentiality agreement or non-disclosure agreement)이다.

기업을 매각하기 위해 작성한 투자설명서(Confidential information memorandum)는 극도로 비밀을 요하는 문서이다. 국내 자문사들은 종종 매각 희망 기업의 이름을 드러내놓고 매각한다. 때로는 어느 기업인지 쉽게 알

수 있는 경우도 많다. 많은 인수자문사나 인수 희망 기업이 회사 이름을 물어 보거나 그냥 상세한 정보를 요구한다. 정말 어처구니가 없다. 기업 매각을 커 피 한잔 사먹듯이 하는 관행을 보면 정말 놀라울 따름이다. 저자도 이 부분은 어떤 비난과 비판을 받아도 절대 인정할 수 없으며, 어떤 정보 제공이나 거래 진행도 거절한다.

보통 M&A 교섭 시작 단계에서 비밀 유지 계약서나 인수의향서를 작성하 고, 인수인의 대리인인 M&A 전문가가 대상 기업의 내부 정보를 수집하게 된 다.[33] 상장 기업의 경우에는 인수의향서를 제출해야 비밀 정보나 기업의 사적 정보를 제공받을 수 있다. 또한 최종적인 인수를 하지 못한 잠재적 인수 기업 이 증권 거래소에서 주식을 취득하거나 적대적 인수 행위를 못하도록 하는 조 항(Standstill clause)을 넣기도 한다.

(2) 비밀 유지약정서의 서명

의의

비밀 유지약정서(Confidentiality agreement, CA; Non-disclosure agreement, NDA) 작성은 매각 희망 기업뿐만 아니라 매수 희망 기업에도 해 당된다. 양측 모두 거래 진행은 비밀로 하기를 원한다. 비밀 유지약정서는 당사 자들 간에 정보를 공유하고, 제3자와는 정보를 공유하지 않는다는 약정서이다. 즉 '제3자'에게 알게 된 정보를 공개하지 않으며, 거래 목적으로만 정보를 사용 한다는 것을 내용으로 한다.

비밀 유지약정서는 2부를 작성하여 당사자들이 서명하고 하나씩 보유한다. 인수 측도 매각 측의 매각 의향을 확인하고 정보를 수집하기 위해, 그리고 비밀 유지 관련 분쟁을 위해 필요하다. 비밀 유지약정서를 작성하더라도 비밀이 완전하게 보장되는 것은 아니지만, 비밀 유지약정서는 비밀 유지에 필수적인 절차서류이다. 많은 경우 비밀 유지약정서를 단순한 요식적인 서류(Boilerplate documents)로 보는 경향이 있다. 비밀 유지약정서는 단순히 한 장의 종이가 아니고, 단지 형식적인 요식 행위도 아니다. 이는 중대한 법률문서이며, 그렇게 다루어져야 한다. 이 문서에 서명을 하게 되면 비밀을 유지해야 하는 법적이고도 윤리적인 의무가 발생한다.

비밀 유지의 기한

비밀 유지는 보통 2~5년 동안 하도록 정한다. 때로는 영구적으로 비밀 유지를 해야 할 정보도 있을 수 있다. 이러한 경우에는 별도 규정을 둘 수 있다.

비밀 유지 방법

비밀 유지를 위해서는 기초적인 규칙(Confidentiality rules of road)을 지켜야 한다. 이메일을 보내는 경우 누구에게 보낼지, 이메일은 보안이 유지되는지, 전화나 메시지는 문제가 없는지 확인하고, 전화를 할 때는 M&A 자문사라는 암시가 드러나지 않도록 통화해야 한다. 회사로부터 자료를 요청하는 경우에도 의사소통의 명분과 이유를 명확히 해야 한다.

자문사는 회사에 컨설턴트, 회계사, 금융 기관 직원, 보험사 직원, 증권사 직원으로 소개되기도 한다. 회사를 방문하거나 출장을 가는 경우 가급적이면 동일한 장소에서 숙박하거나 식사를 하지 않는 것이 좋다. 직원이 눈치챌 가능성도 있기 때문이다. 매각 사실을 알고 있는 경영진을 만날 때는 그 기업의 외부에서 만나며, 변호사 사무실 등을 이용한다. 본사를 방문하게 되는 경우에는 금융상품을 제공하는 은행원처럼 행동하기도 한다. 가능한 한 만남은 간단히 하여 매각에 관여하는 CFO 등만을 만나고 명함은 일체 남기지 않는다. 공장을 견학하더라도 은행원처럼 행동하고 간단한 대화만 나눈다. 옷도 평상복 차림이 좋다. 차는 가급적 평범한 차를 이용한다. 통화는 휴대전화로 한다.

매각 희망 기업의 대주주는 누군가로부터 "회사를 판다며?"라는 질문에 대해 어떻게 대응할 것인지 논의해야 한다. 이런 경우 놀라서 "누구한테 들었어?"라고 대답하면 거래를 시인하는 꼴이 된다. 따라서 대응할 방법을 생각해 놔야 한다. "언제라도 팔 의향이야 있지. 왜? 우리 회사 누가 산다고 해?"라고 대응하는 것도 한 방법이다.

자문사는 내부적으로도 거래에 관한 비밀을 유지해야 한다. 우선 내부에서는 회사 이름은 사용하지 않으며, 코드네임을 사용하는 것이 좋다. 극히 핵심 멤버만 회사 이름을 알도록 해야 한다.

비밀 유지 약정의 위반과 비밀의 누출

비밀 유지 약정을 어기는 자는 좀처럼 매각 기업을 인수하지 않는다. 비밀 유지 약정의 위반은 실제로 가족, 친구 또는 동료직원에게 무심결에 한 실수가 원인이 되는 경우가 많다. 예를 들어 부부는 서로 마음을 털어놓고 얘기하는데, 그중 한 사람이 다른 사람에게 심금을 털어놓게 되고, 그것이 결국은 시장에 흘러나오게 된다. 연구에 의하면 비밀이 새는 원인의 대부분은 매각 기업의 사주라고 한다.

비밀이 유지되지 않으면 고객, 납품회사, 종업원, 경쟁사와의 금융 거래에 문제가 생길 수 있다. 더 중요한 것은 비밀이 유지되지 않으면 회사에 나쁜 영향을 끼치며, 거래에도 나쁜 영향을 준다는 점이다. 결국 인수한 기업에도 부정적인 결과를 가져와 그들이 피해를 본다. 고객은 향후 상품의 품질과 가격에 대해 의심할 수 있다. 컴퓨터 소프트웨어 서비스업체, 기계부품업체나 음식 자재업체의 고객들은 매각 기업의 주인이 바뀔 수 있다는 사실만으로도 다른 기업으로 갈 수 있다. 매각 기업의 인수자에게도 고객을 유지하는 것은 중요한 일이다. 납품회사로서는 새로운 기업주가 자신과 거래를 계속할지 의문이 드는 상황인지라, 과연 제대로 거래 관계를 잘 유지하려고 할지, 더욱이 새로운 인수 기업이 판매대금을 잘 줄지마저도 걱정될 것이다. 따라서 납품조건을 더 빡빡하게 할 수도 있다.

기업을 매각한다는 사실 자체보다 더 혼란을 주는 것은 없다. 해당 기업의 종업원들에게는 기업 매각 소식이 최대관심사이며, 생산성과 효율성을 떨어뜨리게 하는 요인이다. 특히 경쟁사에게는 상대 기업의 매각 사실을 듣는 날이 최고의 희소식을 듣는 날이다. 이 사실을 아는 즉시 매각 기업의 고객, 납품업체와 종업원들에게 알려 매각 기업의 입지를 약화시키고 우월한 입장에 설 수 있기 때문이다. 거래하는 금융 기관도 촉각을 곤두세운다. 언론에 퍼뜨리면 금상첨화일 것이다.

비밀이 누설된 경우 매각 기업과 자문변호사, 자문사는 투자설명서를 받은 기업의 최고경영자에게 연락해야 한다. 비밀이 누설되었고 심각한 법적 조치가 취해질 수 있음을 직접적으로 전달한 뒤, 변호사를 통해 공적 문서로 통지해야 한다. 비밀이 누설된 인수 기업의 최고경영자들은 대개 위반에 대해 아는 것이 없으며 조사할 시간을 달라고 요구한다. 그들은 누설을 막고 관련자들을 해고 시키겠다고 맹세한다. 이는 그 인수 기업이 누설한 경우든 아니든 공통적이다. 자신들이 피해를 보게 될 소송을 회피하고자 하는 것이다. 어떤 최고경영자는 격렬하고 무례하게 비밀 유지약정서를 위반하지 않았다고 주장한다. 때로 이는 단지 엄포일 뿐이다. 여러 정황 증거를 살펴본 결과 직원의 부주의로 발설된 경우에는 자문사를 명예훼손죄 또는 무고죄로 고발하겠다고 협박하기도 한다.

그러나 아무리 비밀 유지약정서를 잘 만들어 서명하더라도 그건 종이 한 장에 불과하다. 거래가 중단된 후 잠재적 인수 기업이 비밀 유지 약정을 위반하더라도 명확한 증거가 없고, 입증하기가 매우 어려우며, 비용도 많이 발생한다. 또한 잠재적 인수 기업은 매각 대상 기업의 영업 비밀과 이러저런 정보를 통해 기업의 가치를 알기 전에는 거래 가격이나 거래 의사를 말할 수 없다는 점이 문제다. 반대로 매각 기업은 인수 조건과 매각 가액을 알기 전에는 정보를 제공하기를 꺼린다.

내용 및 구성

비밀 유지약정서의 양식은 너무나도 다양하다. 그러나 대부분은 동일하고 기본적인 내용을 포함하고 있다. 비밀 유지약정서에 임직원 이직 권유 금지 조항(Non solicitation provision)을 포함시키기도 한다. 이는 거래가 성사되지 않더라도 매각 희망 기업의 임직원에게 입사 요청을 하거나 이직을 권유하지 않는다는 조항이다.

〈표 4-14〉 비밀 유지약정서 양식 사례

비밀 유지약정서

　본비밀 유지약정서(이하 "본약정서")는 경상남도에 소재한 <u>(주)××××</u> 주식회사 (이하 "회사")가 추진하고자 하는 구주 매각, 사업 양도 또는 이와 유사한 경영권 매각(이하 "본 매각")과 관련하여, 서울시에 소재한 <u>(주)</u> (이하 "인수자" 또는 "당사")는 회사가 제공하는 모든 제반 정보(이하 "비밀 정보")를 본 매각 추진과 당사의 투자(이하 "투자") 여부를 검토하기 위해 본약정서 당사자 간에 필요한 정보를 교류함에 있어서 그 비밀을 유지하기 위해 필요한 사항을 정함에 그 목적이 있다.

1. 당사는 본 매각에 진정으로 관심을 가지고 있으며, 회사의 비밀 정보를 요구한다. 당사는 회사 또는 매각 자문사가 제공하는 비밀 정보를 본약정서의 조건에 따라 관리할 것을 동의한다. 당사는 회사 매각이 진행 중임이 공개될 경우 회사에 내외부적으로 예측할 수 없는 피해가 발생함을 인지한다.

2. "비밀 정보"라 함은 본약정서 체결 전후에 어느 당사자(이하 "제공자"), 그 임직원, 대리인 또는 외부 전문가가 다른 당사자(이하 "피제공자")에게 공개 또는 제공하거나 기타 어느 당사자가 알게 되는 매각 또는 투자와 관련된 일체의 정보로서, 다음의 항목들을 포함하되 그에 한정되지 아니한다.

   · 어느 당사자의 명칭과 본약정서와 본약정서 체결의 사실, 매각 또는 투자를 추진하고 있다는 사실
   · 어느 당사자가 제공하는 재무제표, 경영 현황, 생산 현황, 사업 계획, 노하우, 비즈니스 모델, 데이터, 비밀적인 개념이나 사업 배경 등의 정보
   · 본 매각과 관련해 비밀 정보를 취득한 사실, 비밀 정보의 일부를 조사한 사실, 본거래에 관한 협상이나 논의가 진행되는 사실 및 협상되거나 논의된 내용과 진행 상황 등

　비밀 정보의 범위에는 공공 영역의 정보를 포함하지 않는다. "공공 영역의 정보"라 함은 제공자의 임직원 등이 피제공자에게 공개하기 이전에 피제공자의 귀책 사유 없이 공개되어 이미 대중에게 알려진 정보로 다음을 말한다. 단, 정보가 피제공자의 귀책 사유 없이 공공의 영역에 속하게 되었다는 사실의 입증 책임은 피제공자에게 있다.

   · 제공자의 정보 제공 전에 피제공자가 이미 인지하고 있거나 대중에게 공개된 정보
   · 피제공자가 본약정서 위반 없이 대중에게 공개된 정보
   · 피제공자가 제3자로부터 정보를 적법하게 사용할 권리를 부여받은 정보
   · 피제공자가 제공자로부터 제공받은 정보를 참고 또는 이용하지 않고 독자적으로 만든 정보

3. 피제공자는 정보에 대한 비밀을 유지해야 하며, 제공자와 직접 또는 간접적으로 경쟁하는 등 타 용도로 이용하여서는 아니된다. 피제공자는 피제공자, 그 임직원, 대리인 또는 외부 전문가의 본합의서 위반으로 인해 제공자가 입은 제반 손해를 배상해야 한다. 당사는 다

음과 같은 전제 조건하에서 비밀 정보를 당사가 본 매각 거래를 평가할 목적으로만 사용할 것이며, 이 비밀 정보는 당사(당사의 임직원 포함)와 관련자에 의해 비밀 유지가 이루어질 것이라고 약속한다.

·모든 비밀 정보는 본 매각 또는 투자를 위한 평가 및 의사 결정 등을 위한 목적으로 비밀 정보를 필요로 하는 당사 임직원 및 관련자에게만 공개될 수 있다.

·"관련자"라 함은 당사의 모기업과 당사의 계열사(이하 "당사 등"), 당사 등의 대리인, 당사 등의 임직원, 당사 등의 자문인(공인회계사, 세무사, 변호사 및 컨설턴트 기타 유사한 자), 당사 등과의 컨소시엄 구성원(이하 합하여 "관련자")을 말한다.

·비밀 정보의 공개가 법에 의해 요구되는 경우가 아닌 경우, 비밀 정보는 당사 및 관련자 모두에 의해 비밀로 유지하며 회사의 서면 동의 없이 어떠한 공개도 하지 않는다. 또한, 당사 및 관련자는 회사를 평가하거나 본 매각에 참여하는 기간 및 그 이후 5년 동안 비밀 정보를 비밀로 유지한다. 다만 회사와 관련해 조세의 추징, 민형사상의 피해 등의 가능성이 있는 정보인 경우에는 영구적으로 비밀을 유지한다.

·당사가 본약정서의 위반 또는 위반 가능성을 인지할 경우, 이를 즉시 회사에 알리고 그러한 위반으로 인한 손해를 방지하기 위한 적절한 조치를 취할 것이다.

·당사가 본 매각에 불참할 것을 결정한 경우 또는 본 매각의 진행 과정에서 탈락하는 경우 등으로 인해 본약정서에서 정하는 본 매각과 관련한 거래를 진행하지 않을 경우, 당사는 회사의 요청에 따라 회사가 제공한 비밀 정보가 포함된 모든 자료, 복사본, 디스켓 등 전부를(사본을 남기지 않고) 회사에 즉시 반환한다. 이 경우 당사 또는 관련자에 의해 작성된 비밀 정보는 모두 파기한다.

·당사나 당사의 관련자가 법령 또는 그에 따른 정부기관의 명령에 의해 비밀 정보를 공개해야 할 경우 당사는 지체 없이 회사에게 이를 알리고 협조를 요청해 회사가 그에 대한 보호대책 또는 구제 수단을 마련할 수 있도록 해야 하며, 비밀 정보를 공개하는 경우에도 법령상 공개가 요구되는 부분의 정보만을 제공하고, 그와 같이 공개된 정보가 비밀로 유지되도록 최선의 노력으로 협조한다.

4. 본약정서의 어떠한 부분도 본 매각을 확약하거나 투자를 확약하는 것으로 해석되어서는 아니 된다.

5. 당사나 관련자의 정보 제공 요청과 본 매각에 관한 접촉, 협의 및 질의는 모두 매각 자문사에게로만 할 것이며, 회사의 임직원과 직접 접촉할 수 없다.

6. 당사 및 관련자는, 직접적으로든 간접적으로든, 회사의 임직원들을 당사 또는 관련자가 고용하기 위한 목적으로 접촉해서는 안 되며 회사의 임직원으로 하여금 당사 또는 관련자와 접촉하도록 유도해서도 안 된다. 또한 당사 및 관련자는, 직접적으로든 간접적으로든, 회사의 고객 등 회사와 거래하는 자나 기업과 거래하기 위한 목적으로 접촉해서는 안 된다. 이를 위반하여 회사의 임직원을 고용하거나 회사의 고객 등의 정보를 이용하여 거래를 한 경우에는 이로 인한 손해보상 또는 손해 배상 등 민형사상의 책임을 진다.

7. 회사 또는 회사의 매각 자문사에 의해 본 매각과 관련하여 서면으로 작성되어 법적인 효력을 가지는 경우를 제외하고, 비밀 정보의 정확성이나 완전성 또는 적법성에 대해 어떠한 진술 및 보증도 하지 않으며, 비밀 정보를 사용함으로 인해 발생한 결과에 대해 어떠한 책임도 지지 않는다. 또한 피제공자에 대한 정보 제공은 어떠한 경우에도 제공자가 피제공자에게 동 정보 사용에 관한 라이선스를 허여한 것으로 해석되어서는 아니 된다.

8. 피제공자는 본약정서상의 권리 또는 의무의 전부 또는 일부를 제3자에게 양도할 수 없으며, 제공자가 본약정서상의 권리를 행사하지 아니하더라도 이를 당해 권리를 포기하는 것으로 간주해서는 아니된다.

9. 본약정서의 모든 조항은 개별적이며 독립된 것으로 간주한다. 만약 본약정서의 일부분이 관계 법령에 의해 무효 또는 불법으로 되거나 강제 이행이 불가능한 것으로 되더라도 본약정서의 잔여 부분의 효력에는 영향을 미치지 아니한다.

10. 본약정서와 관련해 분쟁 또는 이견이 발생하는 경우, 상호 간의 협의에 의해 이를 해결함을 원칙으로 하고, 이를 상호 원만히 해결할 수 없을 때에는 관련 대한민국 법률에 따라 해결하며, 법률에 따른 분쟁 해결 시 서울지방법원을 제1심의 배타적 전속 관할 법원으로 한다.

당사는 위의 사항들을 모두 인지하였으며, 이에 동의하는 바입니다.

20 년 월 일

인수자
회사명:
주소:
대표이사: (인감날인)
회사
회사명:
주소:
대표이사: (인감날인)

(첨부 서류: 법인인감증명서)

다음은 인수자문사로부터 받는 비밀 유지약정서의 사례이다. 본약정서(《표 4-15》)의 제9조는 인수자문사를 신뢰할 수 없는 경우에 사용하는 "과도한" 조항이므로 경우에 따라 완화하여 사용할 수 있다.

〈표 4-15〉 비밀 유지약정서 양식 사례(인수자문사용)

거래 관계 및 비밀 유지약정서

본거래 관계 및 비밀 유지약정서(이하 "본약정서")는 경상남도에 소재한 ××××주식회사(이하 "회사")가 추진하고자하는 구주 매각, 사업 양도 또는 이와 유사한 경영권 매각(이하 "본매각")과 본매각의 자문사인 (주)글로벌M&A(이하 "매각자문사")와 관련하여, 서울시에 소재한 (주) (이하 "인수자문사" 또는 "당사")는 회사가 제공하는 모든 제반 정보(이하 "비밀 정보")를 본매각 추진과 당사가 자문 서비스를 제공하는 (주)××××(이하 "인수 자문 기업")의 투자(이하 "투자"라 한다.) 여부를 검토하기 위하여 본약정서 당사자들 간에 필요한 정보를 교류함에 있어서 그 비밀을 유지하고 거래 관계를 명확히 하기 위하여 필요한 사항을 정함에 그 목적이 있다.

1. 인수 자문 기업은 본매각에 진정으로 관심을 가지고 있으며, 회사의 비밀 정보를 요구한다. 당사는 회사 또는 매각자문사가 제공하는 비밀 정보를 본약정서의 조건에 따라 관리하는 것에 동의한다. 당사는 회사 매각이 진행 중임이 공개될 경우 회사에 내외부적으로 예측할 수 없는 피해가 발생함을 인지한다.

2. "비밀 정보"라 함은 본약정서 체결 전후에 어느 당사자(이하 "제공자"), 그 임직원, 대리인 또는 외부 전문가가 다른 당사자(이하 "피제공자")에게 공개 또는 제공하거나 기타 어느 당사자가 알게 되는 매각 또는 투자와 관련된 일체의 정보로서 다음의 항목들을 포함하되 그에 한정되지 아니한다.

   - 어느 당사자의 명칭과 본약정서와 본약정서 체결의 사실, 매각 또는 투자를 추진하고 있다는 사실
   - 어느 당사자가 제공하는 재무제표, 경영 현황, 생산 현황, 사업 계획, 노하우, 비즈니스 모델, 데이터, 비밀적인 개념이나 사업 배경 등의 정보
   - 본매각과 관련하여 비밀 정보를 취득한 사실, 비밀 정보의 일부를 조사한 사실, 본거래에 관한 협상이나 논의가 진행되는 사실 및 협상되거나 논의된 내용과 진행 상황 등

   비밀 정보의 범위에는 공공 영역의 정보를 포함하지 않는다. "공공 영역의 정보"라 함은 제공자의 임직원 등이 피제공자에게 공개하기 이전에 피제공자의 귀책 사유 없이 공개되어 이미 대중에게 알려진 정보로 다음을 말한다. 단, 정보가 피제공자의 귀책 사유 없이 공공의 영역에 속하게 되었다는 사실을 입증하는 책임은 피제공자에게 있다.

- 제공자의 정보 제공 전에 피제공자가 이미 인지하고 있거나 대중에게 공개된 정보
- 피제공자가 본약정서를 위반하지 않고서 대중에게 공개한 정보
- 피제공자가 제3자로부터 정보를 적법하게 사용할 권리를 부여받은 정보
- 피제공자가 제공자로부터 제공받은 정보를 참고 또는 이용하지 않고 독자적으로 만든 정보

3. 피제공자는 정보에 대한 비밀을 유지해야 하며, 제공자와 직접적 또는 간접적으로 경쟁하는 등 타 용도로 이용하여서는 아니된다. 피제공자는 피제공자, 그 임직원, 대리인 또는 외부 전문가의 본합의서 위반으로 인해 제공자가 입은 제반 손해를 배상하여야 한다. 당사는 다음과 같은 전제 조건하에서 비밀 정보를 당사가 본매각 거래를 평가할 목적으로만 사용할 것이며, 이 비밀 정보는 당사(당사의 임직원 포함)와 관련자에 의해 비밀 유지가 이루어질 것임을 약속한다.

- 모든 비밀 정보는 본매각 또는 투자를 위한 평가 및 의사 결정 등을 위한 목적으로 비밀 정보를 필요로 하는 당사 임직원 및 관련자에게만 공개될 수 있다.
- "관련자"라 함은 당사의 계열사(이하 "당사 등"), 당사 등의 대리인, 당사 등의 임직원, 당사 등의 자문인(공인회계사, 세무사, 변호사 및 컨설턴트, 기타 유사한 자), 당사 등과의 컨소시엄 구성원(이하 합하여 "관련자")을 말한다.
- 비밀 정보의 공개가 법에 의해 요구되는 경우가 아닌 경우 비밀 정보는 당사 및 관련자 모두에 의해 비밀로 유지되며, 회사의 서면동의 없이 어떠한 공개도 하지 않는다. 또한, 당사 및 관련자는 회사를 평가하거나 본매각에 참여하는 기간 및 그 이후 1년 동안 비밀 정보를 비밀로 유지한다. 다만 회사와 관련하여 조세의 추징, 민형사상의 피해 등의 가능성이 있는 정보인 경우에는 영구적으로 비밀을 유지한다.
- 당사가 본약정서의 위반 또는 위반 가능성을 인지할 경우, 이를 즉시 회사에게 알리고 그러한 위반으로 인한 손해를 방지하기 위한 적절한 조치를 취할 것이다.
- 당사가 본매각에 불참할 것을 결정한 경우 또는 본매각의 진행 과정에서 탈락하는 경우 등으로 인하여 본약정서에서 정하는 본매각과 관련한 거래를 진행하지 않을 경우, 당사는 회사의 요청에 따라 회사가 제공한 비밀 정보가 포함된 모든 자료, 복사본, 디스켓 등 전부를(사본을 남기지 않고) 회사에 즉시 반환한다. 이 경우 당사 또는 관련자에 의하여 작성된 비밀 정보는 모두 파기한다.
- 당사나 당사의 관련자가 법령 또는 그에 따른 정부 기관의 명령에 의해 비밀 정보를 공개해야 할 경우 당사는 지체 없이 회사에 이를 알리고 협조를 요청하여 회사가 그에 대한 보호 대책 또는 구제 수단을 마련할 수 있도록 하여야 하며, 비밀 정보를 공개하는 경우에도 법령상 공개가 요구되는 부분의 정보만을 제공하고, 그와 같이 공개된 정보가 비밀로 유지되도록 최선의 노력으로 협조한다.

4. 본약정서의 어떠한 부분도 본매각을 확약하거나 투자를 확약하는 것으로 해석되어서는 아니된다.

5. 당사나 관련자의 정보 제공의 요청과 본매각에 관한 접촉, 협의 및 질의는 모두 매각자문

사에로만 할 것이며, 회사의 임직원과 직접 접촉할 수 없다. 다만 당사와 회사와의 협의에 의하여 회사의 임직원과 접촉할 수 있다.

6. 당사 및 관련자는, 직접적으로든 간접적으로든, 회사의 임직원들을 인수 자문 기업이 고용하기 위한 목적으로 접촉하여서는 안 되며, 회사의 임직원으로 하여금 인수 자문 기업과 접촉하도록 유도하여서도 안 된다. 또한 당사 및 관련자는 인수 자문 기업을 위하여 직접적으로든 간접적으로든, 회사의 고객 등 회사와 거래하는 자나 기업과 거래하기 위한 목적으로 접촉하여서는 안 된다. 이를 위반하여 회사의 임직원을 고용하거나 회사의 고객 등의 정보를 이용하여 거래를 한 경우에는 이로 인한 손해 보상 또는 손해 배상 등 민형사상의 책임을 진다.

7. 회사 또는 회사의 매각자문사에 의하여 본매각과 관련하여 서면으로 작성되어 법적인 효력을 가지는 경우를 제외하고, 비밀 정보의 정확성이나 완전성 또는 적법성에 대해 어떠한 진술 및 보증도 하지 않으며, 비밀 정보를 사용함으로 인해 발생한 결과에 대해 어떠한 책임도 지지 않는다. 또한 피제공자에 대한 정보 제공은 어떠한 경우에도 제공자가 피제공자에게 동 정보 사용에 관한 라이선스를 허여한 것으로 해석되어서는 아니 된다.

8. 피제공자는 본약정서상의 권리 또는 의무의 전부 또는 일부를 제3자에게 양도할 수 없으며, 제공자가 본약정서상의 권리를 행사하지 아니하더라도 이를 당해 권리를 포기하는 것으로 간주하여서는 아니된다.

9. 인수자문사는 기간에 관계없이 회사의 본매각을 매각자문사를 통해서만 진행하여야 한다. 만일 인수자문사가 회사와 직접 본매각을 진행하는 경우 계약 위반으로 1억 원을 지급하며, 본매각을 성사시킨 경우 인수자문사가 회사로부터 받은 금액에 관계없이, 매각자문사가 회사로부터 받은 자문수수료와는 별도로, 매각자문사가 본매각과 관련하여 받기로 하였던 자문 계약에 따른 자문 수수료를 지급할 의무를 부담한다.

10. 본약정서의 모든 조항은 개별적이며 독립된 것으로 간주한다. 만약 본약정서의 일부분이 관계 법령에 의해 무효 또는 불법으로 되거나 강제 이행이 불가능하더라도 본약정서의 잔여 부분의 효력에는 영향을 미치지 아니한다.

11. 본약정서와 관련하여 분쟁 또는 이견이 발생하는 경우, 상호간의 협의에 의하여 이를 해결함을 원칙으로 하고, 이를 상호 원만히 해결할 수 없을 때에는 관련 대한민국 법률에 따라 해결하며, 법률에 따른 분쟁 해결 시 서울지방법원을 제1심의 배타적 전속 관할 법원으로 한다.

당사는 위의 사항들을 모두 인지하였으며, 이에 동의하는 바입니다.

2014년   월   일

인수자   **회사**

회사명: 회사명:

주소: 주소:

대표이사: (인감날인)   대표이사: (인감날인)

주주: (기명 및 서명)

(첨부 서류: 법인인감증명서)

영문으로 작성된 양식은 〈표 4-16〉과 같다.

〈표 4-16〉 비밀 유지약정서 영문 사례

This Non-discloser Agreement("this Agreement") is made as of June 3, 2010("Effective Date"), by and between ABC Corporation, a California corporation located at 555 California Street, San Francisco, CA 94104("Seller"), and XYZ Corporation located at 200 Crescent Court, Dallas, TX 75201("Buyer").

이 비밀 유지약정서(이하 "이 약정서")는 2010년 6월 3일(이하 "효력발생일")에 샌프란시스코 캘리포니아가 555에 위치한 캘리포니아법인인 ABC(이하 "매각 기업")와 텍사스 크레센트 코트 200에 위치한 법인인 XYZ(이하 "인수 기업") 사이에 체결되었다.

1. In connection with the possible transaction("Proposed Transaction") between Seller and Buyer and in order to allow Seller and Buyer to evaluate the Proposed Transaction, each of Seller and Buyer have and will deliver to the other party hereto, upon the mutual execution and delivery of this agreement certain "Proprietary Information"(as defined below) (such party when disclosing such information being the "Disclosing Party" and when receiving such information being the "Receiving party").

1. 매각 기업과 인수 기업 사이에서 이루어질 수 있는 거래(이하 "잠재 거래")와 관련해, 그리고 매각 기업과 인수 기업이 잠재 거래를 평가하기 위해, 매각 기업과 인수 기업은 이 약정서를 상호 간에 승인하고 제출함과 동시에 각각 아래에서 정의된 기업 정보를 제공하고 수령한다(이하 기업 정보를 제공하는 당사자는 "기업 정보 제공자", 기업 정보를 받는 당사자는 "기업 정보 수령자"라 한다).

2. "Proprietary Information" means any information, technical data, or know-how, including, but not limited to, that which relates to products, services, research, business practices, agreement terms, employees, suppliers, customers, technology, markets, development, inventions, processes, designs, engineering, marketing, finance, analyses or studies, whether conveyed in writings or orally by the Disclosing Party or its Representatives, and shall be deemed to include any notes, analyses, compilations, memoranda or other documents prepared by the Receiving Party or its Representatives that contains or are based on, any information furnished to the Receiving Party or its Representatives pursuant hereto.

Proprietary Information includes the existence and extent of discussions between Seller and Buyer regarding the Proposed Transaction.

Proprietary Information shall not include, however, information that (i) is or become generally available to the public other than as a result of a disclosure bythe Receiving Party or its Representatives in violation of this agreement; (ii) was available to the Receiving Party on a nonconfidential basis prior to its disclosure by the Disclosing Party or its Representatives; (iii) becomes available to the Receiving Party on a nonconfidential basis from a person other than the Disclosing Party or its Representatives who is not otherwise known to the Receiving Party to be bound by a confidential agreement with the Disclosing Party or any of its Representatives, or is otherwise not known to the Receiving Party to be under an obligation to the Disclosing Party or any of its Representatives not to transmit the information to the Receiving Party; or (iv) was independently developed by the Receiving Party without reference to or use of the Proprietary Information. For purposes of this agreement, (i) "Representative" shall means, as to any person, its directors, officers, employees, agents and advisors(including, without limitation, financial advisors, attorneys and accountants); and (ii) "person" shall be broadly interpreted to include any corporation, company, partnership, other entity or individual.

2. 기업 정보는 정보, 기술적인 데이터 또는 노하우를 말하며 다음을 포함하나, 그것에만 제한되는 것은 아니다. 기업 정보 제공자 또는 그 대리인에 의해 문서로 또는 구두로 제공되는 제품, 용역, 연구, 경영 관리기법, 계약 조건, 직원, 납품업체, 고객, 기술, 시장, 엔지니어링, 마케팅, 재무, 분석 또는 연구와 관련된 것, 그리고 이에 따라 기업 정보 수령자 또는 그 대리인에게 제공된 정보를 포함하거나 그에 기초해, 기업 정보 수령자 또는 그 대리인에 의해 만들어진 노트, 분석, 편집, 메모랜덤 기타 서류를 포함한다. 기업 정보는 거래의 제안에 관해 매각 기업과 인수 기업 간의 논의가 있다는 사실과 논의의 정도를 포함한다.

그러나 기업 정보에는 다음의 정보는 포함하지 않는다. (i) 이 약정서를 위반해 기업 정보 수령자 또는 그의 대리인에 의한 기업 정보의 공개가 아닌, 일반적으로 대중에게 알려진 또는 알려지게 된 정보. (ii) 기업 정보 제공자 또는 그의 대리인에 의한 기업 정보의 공개 이전에 비밀 유지 약정이 아닌 방식으로 기업 정보 수령자가 획득할 수 있는 정보. (iii) 기업 정보 수령자가 비밀 약정이 아닌 방식으로 기업 정보 제공자 또는 그의 대리인이 아닌 자로부터 획득할 수 있는 정보. 그렇지 않으면 이 정보는 기업 정보 제공지 또는 그의 대리인과 맺은 비밀 약정세약에 따라 기업 정보 수령자가 알 수 없거나 또는 기업 정보 제공자 또는 그의 대리인 중 누구라도 기업 정보 수령자에게 그 정보를 제공하지 않을 의무를 가져서 기업 정보 수령자가 알 수 없다. (iv) 기업 정보 수령자가 기업 정보를 참고하거나 기업 정보를 사용하지 않고 독자적으로 발굴한 정보.

이 약정서에서 (i) 대리인은 임원, 관리자, 직원, 대리인과 자문사(재무자문사, 변호사와 회계사를 포함)를 의미하고, (ii) 자(者)는 넓은 의미로 법인, 회사, 조합 기타 단체 및 개인을 포함하는 것으로 해석된다.

3. Subject to the immediately succeeding paragraph, unless otherwise agreed to in writing by the Disclosing Party, the Receiving Party (i) except as required by law, shall keep all Proprietary Information confidential for a period of three years from the execution of this Agreement, shall not disclose or reveal any Proprietary Information to any person other than its Representatives who are actively and directly participating in its evaluation of the Proposed Transaction or who otherwise need to know the Proprietary Information for the purpose of evaluating the Proposed Transaction and shall cause those persons to observe the terms of this agreement; (ii) shall not use Proprietary Information for any purpose other than in connection with its evaluation of the Proposed Transaction or the consummation of the Proposed Transaction in a manner that the Disclosing Party has approved; and (iii) except as required by law, shall not disclose to any person (other than those of its Representatives who are actively and directly participating in its evaluation of the Proposed Transaction or who otherwise need to know for the purpose of evaluating the Proposed Transaction and, in the case of its Representatives, whom it will cause to observe the terms of this agreement) any information about the Proposed Transaction, or the terms or conditions or any other facts relating thereto, including the fact that discussion are taking place with respect thereto or the status thereof, or the fact that Proprietary Information has been made available to the Receiving Party or its Representatives. The Receiving Party shall be responsible for any breach of the terms of this agreement by it or its Representatives.

3. 서면으로 기업 정보 제공자에 의해 달리 동의를 받지 않으면, 기업 정보 제공자는 (i) 법령에서 정하는 것을 제외하고는, 이 약정서가 효력이 발생할 때부터 3년 동안 모든

기업 정보를 비밀로 유지해야 하며, 잠재 거래의 평가를 위해 적극적으로 그리고 직접적으로 참여하는 또는 달리 잠재 거래를 평가하기 위해 기업 정보를 알아야 할 필요가 있는 그 대리인 이외의 자에게 기업 정보를 누설해서는 안 되며, 이들도 이 약정서의 내용을 준수하도록 하게 해야 한다. (ii) 잠재 거래를 평가하는 것과 기업 정보 제공자가 승인한 방식으로 잠재 거래가 완료되는 것과 관련되지 않은 목적으로 기업 정보를 사용해서는 안 된다. (iii) 법령에서 정한 것을 제외하고는(잠재 거래의 평가에 적극적으로 그리고 직접적으로 참여하거나 달리 잠재 거래를 평가하기 위해 기업 정보를 알아야 할 필요가 있는 대리인 그리고 대리인의 경우에는 이 약정서의 내용을 준수하게 해야 할 자를 제외하고는), 어떤 자에게도 잠재 거래에 관한 정보, 또는 그것과 관련한 조건 또는 제약 기타 사실(잠재 거래에 관해 논의가 있었다는 사실과 그 진행 과정, 또는 기업 정보가 기업 정보 수령자 또는 그 대리인에게 제공되었다는 사실을 포함한다)을 공개해서는 안 된다. 기업 정보 수령자와 그 대리인이 이 약정서의 내용을 위반한 경우 기업 정보 수령자가 책임을 진다.

4. In the event that the Receiving Party or any of its Representatives are requested pursuant to, or required by, applicable law or regulation or by legal process to disclose any Proprietary Information or any other information concerning the Disclosing Party or the Proposed Transaction, the Receiving Party shall provide the Disclosing Party with prompt notice of such request or requirement in order to enable the Disclosing Party (i) to seek an appropriate protective order or other remedy, (ii) to consult with the Receiving party with respect to the Disclosing Party's taking steps to resist or narrow the scope of such request or legal process, or (iii) to waive compliance, in whole or in part, with the terms of this agreement. In the event that such protective order or other remedy is not obtained, or the Disclosing Party waives compliance, in whole or in part, with the terms of this agreement, the Receiving Party or its Representative shall use commercially reasonable efforts to disclose only that portion of the Proprietary Information that is legally required to be disclosed and to ensure that all Proprietary Information that is so disclosed will be accorded confidential treatment. In the event that the Receiving party or its Representatives shall have complied fully with the provisions of this paragraph, such disclosure may be made by the Receiving Party or its Representatives without any liability hereunder.

4. 관련 법률 또는 관련 규정 그리고 법 절차에 의해 기업 정보 수령자 또는 그 대리인인 기업 정보 제공자 또는 잠재 거래에 관한 정보를 제공하도록 요청받은 경우에는, 기업 정보 수령자는 기업 정보 제공자에게 그 같은 요청이나 요구에 대해 즉시 통지를 해 기업 정보 제공자가 다음을 할 수 있도록 해야 한다. (i) 적절한 방어 조치 또는 기타 보완 조치의 확보. (ii) 기업 정보 수령자에게 정보 요청 또는 법 절차를 회피하거나 그 범위를 줄일 수 있는 조치에 대해 자문을 구함. (iii) 이 약정서를 전부 또는 부분적으

로 적용하지 않음. 이 같은 방어 조치나 기타 보완 조치가 이루어지지 않거나, 기업 정보 제공자가 이 약정서를 전부 또는 부분적으로 적용하지 않는 경우에, 기업 정보 수령자 또는 그 대리인은 법률에 의해 정보의 공개가 요구되는 해당 기업 정보만 공개되도록 그리고 공개된 모든 기업 정보는 상호합의한 비밀 유지 약정에 따라 취급되도록 보장하도록 경제적 합리성에 따라 노력을 기울여야 한다. 기업 정보 수령자 또는 그 대리인이 이 단락의 조항을 완전하게 준수하는 경우에는, 어떤 책임도 없이 기업 정보 수령자와 그 대리인은 그에 따른 정보를 제공할 수 있다.

5. If either party hereto shall determine that it does not wish to proceed with the Proposed Transaction, such party shall promptly advise the other party of that decision. In that case, or in the event that the Disclosing Party, in its sole discretion, so requests or the Proposed Transaction is not consummated by the Receiving Party, the Receiving Party shall within three (3) business days return or destroy the Proprietary Information and all copies, summaries, analyses or extracts thereof or based thereon in the Receiving Party's possession or in the possession of any Representatives of the Receiving Party.

5. 이 약정서의 어느 당사자이든 잠재 거래를 계속 진행할 의사가 없는 경우 즉각 상대방에게 그 결정을 알려야 한다. 이 경우에 또는 기업 정보 제공자가 독자적으로 그렇게 요청하거나 또는 잠재 거래가 기업 정보 수령자에 의해 완료되지 않은 경우에는, 기업 정보 수령자는 영업일 3일 이내에 기업 정보 수령자 또는 그 대리인이 보유하는 기업 정보, 그것의 또는 그것에 기초하는 모든 사본, 요약, 분석 혹은 초록을 반납하거나 폐기해야 한다.

6. Until a definitive agreement regarding the Proposed Transaction has been executed by the parties hereto, neither party shall be under any legal obligation or have any liability to the other party of any nature whatsoever with respect to the Proposed Transaction by virtue of this agreement or otherwise (other than with respect to the confidentiality and other matters set forth herein). Each party retains the right to use any generalized knowledge, ideas, concepts, techniques, methodologies, processes, and know-how learned from the other Party in the course of evaluating the Proposed Transaction that are retained in intangible form in the unaided memory of Buyer, without any obligation to account to the other party, and neither party shall be liable to the other with respect to the retention and use of such data.

6. 잠재 거래에 관해 확정적인 동의가 이 약정서의 당사자들에 의해 실행되기 전까지는, 어떤 당사자도 이 약정서로 인해 또는 다른 것(비밀 유지와 여기에서 제시된 다른 문제 이외의 다른 것)으로 인해 어떤 성격의 법률적 의무와 책임을 다른 당사자에게 지지 않는다. 잠재 거래를 평가하는 과정에서 다른 당사자로부터 알게 되어 인수자가 스스로 기억하는 일반적으로 알려진 지식, 아이디어, 개념, 기술, 방법, 절차와 노하우는

상대방 당사자에게 통지 의무 없이 이용할 권리를 가지고, 어떤 당사자도 그 같은 데이터를 보유하고 사용하는 것에 대해 상대방에게 책임을 지지 않는다.

7. Without prejudice to the rights and remedies otherwise available to either party hereto, each party hereto shall be entitled to equitable relief by way of injunction or otherwise if the other party or any of its Representatives breach or threaten to breach any of the provision of this agreement.

7. 달리 각 당사자의 권리와 권리의 구제 절차를 침해하지 않으면, 각 당사자는 법원 명령에 의해 공정한 구제를 받을 권리가 있으며, 또한 상대방 당사자 또는 그의 대리인이 이 약정의 조문을 위반하거나 위반할 가능성이 있는 경우 달리 구제받을 권리가 있다.

8. It is further understood and agreed that no failure or delay by either party hereto in exercising any right, power, or privilege hereunder shall operate as a waiver thereof, nor shall any single or partial exercise thereof preclude any other or further exercise thereof or the exercise of any right, power or privilege hereunder.

8. 더 나아가, 이 약정서에 따라 각 당사자가 어떤 권리 또는 권한을 행사하지 않거나 권한 행사를 연기하더라도 그 권리나 권한의 포기를 의미하지 않으며, 이러한 권리나 권한을 단 한 번 또는 부분적으로 실행하였다고 해서 이러한 권리나 권한의 다른 행사 또는 추가적인 행사나 실행을 배제하는 것이 아님을 이해하고 양해한다.

9. This agreement shall be governed by and construed in accordance with the laws of the State of California, without giving effects to its principles or rules regarding conflicts of laws, other than such principles directing application of California law. Each party hereby consents and agrees to the exclusive jurisdiction of the federal or state courts located within the city of San Francisco in the state of California for the institution and resolution of any action or proceeding of any kind or nature with respect to or arising out of this agreement brought by any party hereto.

9. 이 약정서는 미국 캘리포니아 주법을 적용하는 원칙과는 다른, 섭외사법의 원리나 규칙을 적용하지 않고 캘리포니아 주법이 적용되고 해석된다. 이에 따라 각 당사자는 이 약정서에 관해 또는 이 약정서로 인해 일방 당사자가 제기하는 모든 소송과 소송 절차의 법 적용과 법적 해결은, 캘리포니아 주 샌프란시스코의 연방 또는 주 법원의 배타적인 관할권을 승낙하고 동의한다.

10. This agreement contains the entire agreement between the parties hereto concerning confidentiality of their respective Proprietary Information, and no modification of this agreement or waive of the terms and conditions hereof

shall be binding upon either party hereto, unless approved in writing by each such party.

10. 이 약정서는 각 당사자의 기업 정보의 비밀 유지와 관련해 당사자들 사이의 모든 약정을 포함하며, 이 약정서의 수정 또는 그 조건의 폐기는 그 당사자에 의해 문서로 승인하지 않으면 각 당사자를 구속하지 않는다.

The authorized representative of the parties have executed this Agreement by their signatures below:

• 각 당사자의 권한 있는 대표자가 이 약정서를 아래에 서명을 남김으로써 작성한다.

XYZ CORPORATION
By:
Name: Maria Hitchcock
Title: President

ABC CORPORATION
By:
Name: Arlene Walters
Title: President

(출처: Mark A. Filippell, 〈Mergers and acquisitions playbook〉, John Wiley & Sons, Inc, 2011, pp. 174–178.)

다음의 〈표 4-17〉은 영문으로 작성된 또 다른 사례이다.

〈표 4-17〉 비밀 유지약정서 영문 사례

CONFIDENTIALITY AGREEMENT

This CONFIDENTIALITY AGREEMENT ("Agreement") is entered into on _____ [date] by and between [the Target], a Delaware corporation(the"Target"), and[Acquirer], a Delaware corporation("Acquirer"), each of which is referred to here inindividually as a "party" and together, as the "parties."

RECITALS

WHEREAS, the parties have been exchanging each other's nonpublic and proprietary information for the purposes of mutually determining whether to engage in a strategic transaction between the Target and Acquirer (the "potential transaction");

WHEREAS, the parties acknowledge and agree that the date of first disclosure of any such nonpublic and proprietary information was _____ (the "Effective Date"); and

WHEREAS, as a material inducement for the parties to continue to provide such information to each other for purposes of the potential transaction, the parties wish to (A) enter into this Agreement, (B) have this Agreement supersede and replace in its entirety all prior agreements pertaining to the confidentiality of each other party's nonpublic and proprietary information that may be disclosed or used in the context of the potential transaction, and (C) have each of the provisions of this Agreement be effective as of the Effective Date.

NOW, THEREFORE, for and in consideration of the mutual covenants and agreements contained in this Agreement and for other good and valuable consideration, the parties agree as follows:

AGREEMENT

1. The parties hereby agree that any and all provisions of this Agreement shall be effective, enforceable against each of the parties, and binding on the parties, as of the Effective Date.

2. In order to allow the parties to evaluate nonpublic and proprietary information for the purposes of mutually determining whether to engage in the potential transaction, each party agrees to deliver to the other and permit the other to have access to and use of certain nonpublic and proprietary business information related to the plans, prospects, products, properties (including, without limitation, intellectual property), finances and operations of the disclosing party.

3. All nonpublic and proprietary information about a party (such as agreements, contracts, financial information, projections and business strategies) furnished by a party or its Representatives (as defined below) in response to requests for information by the other party or in the course of discussions between the parties and their Representatives regarding the potential transaction, together with all analyses, compilations, studies, summaries, extracts or other documents, whether prepared by the disclosing party, the receiving party or others, which contain or otherwise reflect such nonpublic and proprietary information, is referred to in this Agreement as "Proprietary Information." Proprietary Information does not include information which the receiving party can demonstrate (a) is or becomes generally available to the public other than as a result of a disclosure by the receiving party or any of the receiving party's Representatives in breach of this Agreement, (b) was available to the receiving party or its Representatives on a nonconfidential

basis prior to its disclosure by the disclosing party from a person who is not otherwise bound by a confidentiality agreement with the disclosing party, (c) becomes available to the receiving party or its Representatives on a nonconfidential basis from a person other than the disclosing party who is not otherwise bound by a confidentiality agreement with the disclosing party or the disclosing party's Representatives or prohibited from transmitting the information to the receiving party, or (d) is independently developed by the receiving party. As used in this Agreement, the term "person" shall be broadly interpreted to include, without limitation, any individual or any corporation, company, partnership or other association or entity. As used in this Agreement, "Representatives" of any party means, collectively, its directors, officers, employees, agents, independent accountant, investment banker, financial, legal and other advisers, and controlled or controlling persons of such party and its affiliates.

4. The receiving party will use the disclosing party's Proprietary Information solely to evaluate the desirability of the potential transaction. Unless otherwise agreed to in writing by the disclosing party, the receiving party agrees (a) except as required by law (including applicable securities laws), to keep all Proprietary Information confidential and not to disclose or reveal any Proprietary Information to any person other than those employed by the receiving party or acting on the receiving party's behalf and directly participating in the evaluation of the potential transaction and who need to know the Proprietary Information for the purpose of evaluating the potential transaction, (b) to cause the receiving party's Representatives to observe confidentiality terms at least as protective as those set forth in this Agreement and (c) not to use Proprietary Information for any purpose other than in connection with the evaluation of the potential transaction. Each party will make reasonable efforts to control and segregate Proprietary Information received in writing from the other party to permit compliance with the obligations to return copies of such information to the disclosing party. The receiving party acknowledges that the receiving party is responsible for any breach of the terms hereof by the receiving party or the receiving party's Representatives from unauthorized disclosure or use of Proprietary Information.
In addition, each party agrees that, without the written consent of the other party, neither it nor its Representatives will disclose to any other person the fact that the Proprietary Information has been made available to it, that discussions or negotiations are taking place concerning a possible transaction involving the parties or any terms, conditions or other facts with respect

thereto (including the status thereof); provided, that either party may make such disclosure as is required by law or the rules of any securities exchange or market by which such party is bound (in which event, to the extent In the event that the receiving party or any of its Representatives is requested or required (by oral questions, interrogatories, requests for information or documents in legal proceedings, subpoenas, civil investigative demands or other similar processes) to disclose any of the Proprietary Information of the disclosing party, such receiving party shall provide the disclosing party with prompt written notice of any such request or requirement so that the disclosing party may seek a protective order or other appropriate remedy and/or waive compliance with the provisions of this Agreement. If, in the absence of a protective order or other remedy or the receipt of a waiver by the disclosing party, a receiving party or any of its Representatives is nonetheless legally compelled to disclose Proprietary Information of the disclosing party or else stand liable for contempt or suffer other censure or penalty, such receiving party or Representative may, without liability under this Agreement, disclose only that portion of such Proprietary Information which the receiving party reasonably believes is legally required to be disclosed, provided that such receiving party or Representative exercises, at the disclosing party's expense, its reasonable efforts to preserve the confidentiality of such Proprietary Information, including, without limitation, by cooperating with the disclosing party, to obtain an appropriate protective order or other reliable assurance that confidential treatment will be accorded the Proprietary Information by the persons seeking disclosure thereof.

5. If the receiving party determines that the receiving party does not wish to proceed with the potential transaction, the receiving party will promptly notify the disclosing party of that decision. In that case, or in the event that the potential transaction is not consummated by the receiving party, or in the event that the disclosing party at any time prior to the closing of the potential transaction so requests, then, within ten (10) business days of such notice, event or request, (i) each receiving party will deliver to the disclosing party all Proprietary Information (and all copies thereof) furnished to such receiving party or such receiving party's Representatives by or on behalf of the disclosing party pursuant to this Agreement; (ii) all other Proprietary Information prepared by the receiving party or its Representatives shall be destroyed and no copy thereof shall be retained; and (iii) a certificate of compliance with the foregoing shall be provided to the disclosing party by an executive officer of the receiving party. Notwithstanding the return or destruction of the Proprietary Information, each receiving party and

its Representatives (a) may keep one archival copy of such Proprietary Information (other than software source code) for its records related to the proposed transaction, and (b) will continue to be bound by its obligations of confidentiality and other obligations under this Agreement.

6. This Agreement does not grant a receiving party any license to use the disclosing party's Proprietary Information, by implication or otherwise, under any of the disclosing party's patents, trade secrets or any other intellectual property rights.

7. Although the Proprietary Information contains information which both parties believe to be relevant for the purpose of their respective evaluation of the potential transaction, each party acknowledges that, except as provided in any final agreement with respect to a potential transaction, neither it nor any of its Representatives makes any express or implied representation or warranty as to the accuracy or completeness of the Proprietary Information. Except as provided in any final agreement with respect to a potential transaction, neither party nor such party's Representatives shall have any liability to the other party, any of such other party's Representatives or any other person relating to or arising from the use of the Proprietary Information or for any errors therein or omissions therefrom and each party assumes full responsibility for all conclusions such party derived from the Proprietary Information. Each receiving party agrees that it is not entitled to rely on the accuracy or completeness of the Proprietary Information and that a receiving party shall be entitled to rely solely on the representations and warranties, if any, made to a receiving party by a party in any final agreement with respect to the potential transaction. Nothing in this Agreement shall be construed as obligating a party to provide, or to continue to provide, any information to any person.

8. The parties each agree that unless and until a definitive agreement with respect to the potential transaction has been executed and delivered, neither party will be under any legal obligation of any kind with respect to such transaction by virtue of this Agreement or any other written or oral expression with respect to the potential transaction, except for the matters specifically agreed to in this Agreement, and in any other binding written agreement by or between the parties. In the event that the parties do not enter into a definitive agreement, each party will pay its own costs and expenses incurred in connection with the negotiations, including all legal and accounting expenses.

9. Each party agrees that, without the prior written consent of the other party, it will not for a period of one (1) year from the Effective Date directly or

indirectly (including through instruction to its agents) solicit for employment any person who is now employed by the other party and who is identified for solicitation as a result of receipt of Proprietary Information of the other party; provided, however, that neither party will be prohibited from making general public solicitations for employment for any position or from employing any current employee of the other party who contacts the party on his or her own initiative and without impermissible solicitation by such party.

10. Without prejudice to the rights and remedies otherwise available to either party, a party shall be entitled to equitable relief by way of injunction if the other party or any of such other party's Representatives breaches or threaten to breach any of the provisions of this Agreement.

11. This Agreement contains the entire agreement between the parties concerning confidentiality of the Proprietary Information and the matter described in paragraph 9, and supersedes all prior and contemporaneous agreements, understandings, negotiations and discussions, whether oral or written, of the parties pertaining to such matters. No modifications of this Agreement or waiver of the terms and conditions hereof shall be binding upon the parties, unless approved in writing by each of the parties.

12. This Agreement shall be governed by and construed in accordance with the laws of the State of Delaware.

13. If any provision of this Agreement is held to be unenforceable for any reason, it shall be modified rather than voided, if possible, in order to achieve the intent of the parties to the extent possible. In any event, all other provisions of this Agreement shall be deemed valid and enforceable to the extent possible.

14. This Agreement may be executed in one or more counterparts, all of which shall be considered one and the same agreement and shall become effective when one or more counterparts have been signed by each of the parties and delivered to the other party, it being understood that both parties need not sign the same counterpart.

[Signature page immediately follows.]

IN WITNESS WHEREOF, the parties have caused this Agreement to be executed as of the date set forth in the first paragraph of this Agreement.

```
[TARGET]

By: _____
Title:

[ACQUIRER]

By: _____
Title:
```

(출처: Edwin L. Miller Jr., Mergers and Acquisitions, New Jersey, John Wiley & Sons, 2008, p. 43.)

5. 예비적 검토

1) 정보의 제공

(1) 제출의 방식

비밀 유지약정서가 접수되면 기업 정보(Offering memorandum)를 제공한다. 이때 두 가지의 선택이 있다. 첫째는 일반적으로 사용되는 방식으로, 비밀 유지약정서를 제출하는 모든 기업에 제출하는 것이다. 이는 매각 기업에 관심 있는 모든 기업에 정보를 제공함으로써 매각 가능성을 높일 수 있다. 비밀 유지약정서를 먼저 제출하는 기업은 그만큼 관심이 높다는 것을 나타내기 때문이다. 둘째는 비밀 유지약정서가 상당히 많이 제출될 때까지 기다렸다가 동시에 제출하는 방법이다. 잠재적 인수 기업에 동시에 기회를 주지 않는다면 더 높은 매각 가격이 아니라 더 빠른 기업에 기회를 줄 수 있기 때문이다.

기업 정보를 우편으로 보낸다면 '등기 속달'로 보내는 것이 좋다. 큰 봉투에 수령자, 주소와 전화번호를 적고 표지에 "대외비(confidential)"임을 표시한 뒤 봉인한다. 그리고 또 다른 더 큰 봉투에 같은 방식으로 표시한 후 그 봉투를 넣는다. 그렇지 않으면 수령자의 비서나 기타 직원, 우편을 취급하는 부서에서 개봉할 수도 있기 때문이다.

비밀 유지약정서를 작성하더라도 매각 기업은 정보 유출로 인한 위험과 인수 기업의 진정성을 의심하여 정보 제공을 꺼리는 경우가 많다. 이 경우에는 사업 계획은 대외비 사항을 제외한 부분만 요청하여 보낼 수밖에 없다. 거래처 정보도 현재로서는 공개할 수 있는 정보만 제공한다. 그리고 가급적 미팅을 진행하여 의향과 상호 이해를 도모하는 것이 좋다.

기업 정보는 pdf 파일이나 zip 파일로 보내는 것이 좋다. 그렇지 않으면 그 파일에 포함된 도표나 그림 등으로 인하여 파일이 너무 커서 상대방 메일 계정으로부터 자동적으로 거부당할 수 있다. 또한 이를 받는 기업이 이를 편집하거나 변경할 수 있다.

기업 정보를 제공하는 경우 최근 감사보고서를 보내는 것이 좋다. 대부분의 기업들이 인터넷에서 감사보고서를 찾는 방법을 알고 있지만, 일부 중소기업의 경우 그러한 것을 모르는 경우도 있다. 그러니 이를 보내주면 상대방이 일부러 찾는 수고를 덜어줄 수 있다.

(2) 일정 안내

회사 정보를 보낼 때 향후 M&A 진행에 대한 진행 안내 레터(Process letter)를 첨부하는 것이 바람직하다. 진행 안내 레터는 M&A 과정의 전반적인 일정을 나타내주는 것이다. 인수의향서(Indication of interest, IOI) 제출 기한, 최종 관심 기업에 대한 프레젠테이션 일정, 거래 종결 시점 등이 그것이다. 다음의 〈표 4-18〉은 일정표의 사례이다.

〈표 4-18〉 M&A 진행 안내 레터 사례(Sample process letter)

PROCESS LETTER

August 16, 2010
Personal & Confidential
Ms. Marilyn O'Hara
President
ABC Capital Group
One Oxford Center, 20th Floor
Pittsburgh, PA 15219

M&A 일정 안내

2010년 8월 16일

"대외비"

김 근 수

회장

(주)코리아프로페셔널

서울특별시 강남구 역삼동 739-5

영원빌딩 402호

Dear Ms. O'Hara:
Thank you for returning the executed copy of the Confidentiality Agreement related to Virginia Chemical Corporation("VCC" or the "Company"). In return, we have enclosed the VCC Confidential Information Memorandum. The Company has retained Western Reserve Partners LLC("Western Reserve") as its exclusive investment banker with respect to the possible sale of the Company. herefore, absolutely no direct contacts is to made with the Company, and all questions concerning the sale process should be directed to Western Reserve.

The enclosed Confidential Information Memorandum is being furnished on a highly selective basis to qualified parties. The Company would like to consummate a transaction no later than December 6, 2010, and as such, is requesting from all interested parties a written Indication of Interest on or before September 13, 2010 at 5:00 pm. EST. The Indication of Interest should be addressed and sent directly to me, and should contain the following items:

> 회장님께
>
> (주)서울제조(이하 "서울" 또는 "회사")와 관련해 비밀 유지약정서를 제출해주심에 감사를 드립니다. 말씀드린 대로 서울의 회사설명서를 보내드립니다. 회사는 (주)코리아 프로페셔널(이하 "자문사")을 회사의 향후 매각과 관련해 유일하고 배타적인 자문사로 선정하였습니다. 따라서 회사와 직접 접촉은 불가하며 매각 진행과 관련한 모든 문의는 자문사에 해주시기 바랍니다.
>
> 동봉한 회사설명서는 엄정한 기준에 의해 선정된 제한적인 당사자에게만 제공됩니다. 회사는 늦어도 2010년 12월 6일까지 거래가 마무리되기를 희망하므로 2010년 9월 13일 오후 5시(한국시간)까지 인수의향서를 서면으로 제출해주시기 바랍니다. 인수의향서는 자문사에 직접 보내주시기 바라며, 가능하면 다음 사항을 포함해주기 바랍니다.

1. A preliminary, nonbinding enterprise value (assuming a cash-free and debt-free balance sheet) of VCC, assuming an all-cash purchase of 100 percent of the stock;

   > 1. 주식 전체를 현금 지급 조건으로 인수하는 경우의 기업 가치 평가(예비적이며 법적 구속력이 없음. 회사가 부채가 전혀 없고, 보유한 현금이나 예금이 전혀 없다고 가정한 가치를 말함).

2. A preliminary estimate of the working capital balance (excluding cash) and your definition of working capital included in the enterprise value provided in "1." above;

   > 2. 이러한 평가 시에 사용된 운전 자본의 예비적 추정액과 운전 자본의 정의.

3. An indication of the source(s) of the financing contemplated for the potential acquisition, its availability and any contingencies or conditions precedent with respect thereto;

   > 3. 고려 중인 M&A 대금 지급의 방식(현금, 주식, 대출 등), M&A 대금 지급의 조건 등.

4. A preliminary timetable required to consummate the transaction by December 6, 2010;

4. 2010년 12월 6일까지 거래를 종결하기 위한 사전적인 일정의 계획.

5. A list of corporate, shareholder or regulatory approvals required to consummate the proposed transaction;

   5. 거래를 종결시키기 위해 요구되는 귀사와 귀사의 주주의 또는 법적인 승인 절차의 내용.

6. A specific list of additional information required to complete your investigation of VCC;

   6. 귀사가 회사를 조사하기 위해 필요한 추가적인 정보의 상세한 리스트.

7. The names of outsider advisors, if any; currently or expected to be engaged to assist in the evaluation of the proposed transaction;

   7. 귀사가 당 회사의 인수와 관련해 현재 또는 향후 이용할 외부자문사의 명칭(있는 경우에만).

8. Contact information for the individual who will be coordinating the process on your half;

   8. 동 거래를 담당하게 될 귀사의 임직원과 연락처.

9. Two potential dates between September 16 and October 1, 2010, that you and your advisors, lenders, etc. are available, if invited, to visit with management and review additional information.

   9. 만일 귀사(귀사의 자문사와 투자자 등 포함)가 회사의 경영진을 만나고 추가적인 정보를 제공하기 위해 초대하는 경우 2010년 9월 16일과 10월 1일 사이에 가능한 날짜(둘 이상의 날짜).

The Company and Western Reserve will review the proposals as soon as possible and select the interested parties to be included in the next phases of the process. These selected parties will be invited to meet with management and conduct due diligence based on additional information provided by the Company. Following meetings with management, the Company will request all interested parties to submit a Letter of Intent by October 14, 2010. Please feel free to contact me with comments or questions regarding the Confidential Memorandum or the process.

I look forward to hearing from you soon.

Very truly yours,

Mark A. Filippell
Managing Director

Enclosure

회사와 (주)코리아프로페셔널은 제공받은 제안서들을 가능한 빨리 검토해 회사가 원하는 기업과 후속 절차를 진행합니다. 동 기업(들)은 회사 경영진과 만날 예정이며, 회사가 제공하는 추가적인 정보를 바탕으로 예비적 검토나 실사를 할 수 있습니다. 동 미팅 이후에 회사는 참가한 모든 기업에게 2010년 10월 14일까지 의향서(Letter of intent)를 제출하기를 요청합니다. 비밀 유지약정서 또는 절차에 대한 문의는 언제든지 제게 해주시기 바랍니다.

곧 다시 뵙기를 기원합니다.

감사합니다.

김근수
M&A 자문책임자(공인회계사, CFA, Ph. D.)

(출처: Mark A. Filippell, 〈Mergers and acquisitions playbook〉, John Wiley & Sons, Inc, 2011, pp. 179–80.)

2) 회사소개서

(1) 의의

회사소개서를 의미하는 제안서나 투자설명서는 M&A 대상 기업을 소개하며, 거래와 관련된 여러 가지 배경 정보를 담은 제안서(Deal book)이다. 투자은행 등은 M&A를 추진해야 하는 근거를 제시해야 한다. 예를 들어 "기업 인수를 통해 업계 선두주자로 부상할 수 있다" "기업 핵심 사업의 정체성을 극복하기 위해 다른 성장동력을 발굴해야 한다" 등이다.

인수 기업으로서는 매각 기업을 분석하고 평가하기 위해 많은 정보가 필요할 것이다. 첫째, 대상 기업의 시장과 산업에 대한 좀 더 심도 있는 이해가 필요할 것이다. 둘째, 현재 인수 기업의 상품과 사업 구성 간의 적합성을 검토해야 할 것이다. 셋째, 두 기업 간의 문화적 적합성(Cultural fit)을 평가해야 할 것이다. 넷째, 인수 기업과 전략적 적합성(Strategic fit)을 평가해야 할 것이다. 다섯째, 실사 시에 최종적인 검토를 하겠지만 예비적인 SWOT 분석을 해야 한다. 여섯째, 대상 기업의 예상 가치를 감안해 시너지 효과를 분석해야 한다. 일곱째, 통합 전략과 예측을 한다. 여덟째, 재무 분석과 기업의 가치를 평가해야 한다.

회사 또는 M&A 거래와 관련해 문제점이 있다면, 그 문제점을 조기에 공개하면 매각 기업이나 인수 기업 간 거래의 불확실성이 줄고 문제를 좀 더 유리한 방향으로 유도할 수 있다는 점을 알아야 한다. 생각지도 않은 의외의 돌발 변수는 대부분 거래를 무산시킨다.

(2) 정보와 리스크

기업을 매각하는 것은 법률적 리스크를 수반한다. 기업 매각을 소송에 이르는 자격증을 받는 것이라고 말하는 사람도 있다. 기업가들 중 이런 사실을 아는 사람은 드물다. 그러니 기업의 현황과 전망에 대해 허위 또는 과장된 정보를 제공하지 않아야 한다. 손해 배상이나 형사소송을 당할 수 있기 때문이다. 심지어는 매각 자체를 무효로 하는 소송을 당할 수도 있다. 따라서 제공되는 모든 정보를 신중하게 검토하고 정확한지, 아니면 잘못된 것인지를 판단해야 한다. 특히 향후 추정 자료나 추정재무제표 등에 유의해야 한다. 추정 자료는 가급적이면 보수적으로 작성해야 하며, 합리적인 근거에 의한 것이어야 한다.

특히 최종 계약서에는 매각 기업의 주주가 하는 보장 사항에 추정된 정보대로 기업이 운영될 것이라는 것을 포함시키면 안 된다. 잘못되면 검찰의 출두 요구를 받게 될 수도 있다. 따라서 이러한 리스크를 감안해 매각 시에는 전문변호사를 고용해 철저한 법적 자문을 받아야 한다.

매각 기업은 회사에 중요한 문제점이 있거나 중대한 환경 변화가 있는 경우 반드시 자문기업이나 변호사에게 알려야 한다. 진행 과정에서 이러한 정보가 늦게 알려지면 매각 기업에 불리하게 작용하며, 거래가 중단될 가능성이 높다. 따라서 자문기업이나 변호사에게 사전에 알려야만 매각 진행 과정에서 사전에 전략을 세워 대처할 수 있다. 매각 기업과 주주들, 인수 기업과 자문사가 공동으로 사기를 벌이기도 한다. 심지어는 조직폭력범들도 개입한다. 이런 시장에서 옥석을 가려 거래하기가 쉽지 않다. 비즈니스 딜 시장에서 신뢰의 문제는 특히 중요하다. 시장이 혼란스럽고 어지러운 마당에 신뢰를 지키고 유지하는 것은 정말 벅찬 일이다.

앞에서 말한 법률적 리스크는 다시 한 번 강조하고 싶다. 매각을 고려하는 기업이 기업 소개서, 티저(Teaser), 프레젠테이션 자료를 만드는 경우에는 그러한 자료가 인수 후 소송의 대상이 될 수 있다는 점을 늘 유념해야 한다. 그러므로 사실을 정확하게 반영해 만들어야 한다. 때로는 변호사를 통해 문제점이 있는지 검토해보는 것도 좋다. 이 과정에서 변호사들은 회사의 매각에 도움이 되는 자문을 하기도 한다. 자문사는 매각 기업 또는 그 자문변호사를 통해 회사의 연혁(The history of the company)과 최근 재무제표(Recent financial report), 향후 비전과 전망(Forecast) 등 회사를 분석·평가 하는 데 도움이 되는 자료를 제공받는다. 때로는 매각 기업이나 자문변호사와 직접 만나기도 하고, 기업과 공장 등을 보러가기도 한다.

기업을 매각하는 경우 티저라 불리는 요약자료와 회사소개서인 투자제안서 (Offering memorandum)를 만든다. 이 문서들은 잠재적인 인수 기업에 제공하는 매각 기업의 정보(Story)로, 점차적으로 상세한 정보를 제공하는 형식(In progressively increasing levels of detail)을 취한다. 이는 또한 향후 기업설명회(Management presentation) 전에 제공하는 정보이다.

(3) 회사소개서의 의미

기업을 매각하는 경우에 만드는 회사소개서는 내용과 형식에 따라 다양한 이름으로 부른다. Marketing book, Offering memorandum, Prospectus, Confidential business report(CBR), Book, Confidential information memorandum, Business plan, Company profile, Confidential offering memorandum: COM, Information package: IP, Deal book 등이 그것이다. 자문사는 Offering memorandum이나 Prospectus의 사용에 유의해야 한다. 이는 증권 법률과 관련이 있기 때문이다. 그래서 여기서는 누구나 쉽게 알수 있도록 회사소개서로 용어를 통일한다.

회사소개서에 들어갈 내용은 인수 기업이 필요로 하는 모든 정보이다. 이는 상장 기업의 주식을 취득할 때 보는 투자설명서(Prospectus)와 똑같은 역할을 한다. 투자설명서는 상장예정인 기업과 관련된 모든 정보를 제공하며, 투자와 관련된 위험도 상세하게 제공한다. 그러나 투자제안서는 투자설명회와는 성격이 다르다. 물론 회사소개서는 사실상 투자설명서 또는 사업설명서(The prospectus)라고 볼 수 있다.

기업의 매각에서 가장 중요한 역할을 하는 회사소개서는 정확하고 설득력 있으며 완전하게 작성해야 하기에 대부분 자문사가 만든다. 이러한 서류는 제대로 만들려면 두 달 정도가 소요된다. 회사소개서는 자문사가 작성한 후 매각 기업이 이를 검토하게 해 오류 여부나 수정 여부를 확인해야 한다. 회사소개서는 그 자체를 기업의 가치로 연결시키는 로드맵으로 활용될 수 있다. 이러한 서류를 작성하면서 매각 기업은 스스로 자신의 기업을 잘 이해하게 되고, 그래서 회사소개서를 경영지침으로 활용하기도 한다. 많은 기업가들이 이를 전에 알았다면 기업이 더 성장하고 좋아졌을 것이라고 생각하기도 한다.

회사소개서는 인수자에 의해 실사되고 검증되므로 가급적 정확하게 작성되어야 한다. 이것이 잘 이루어지면 매각이 순조롭게 진행될 수 있으나, 그렇지 않으면 매각 후 소송에 휘말릴 수 있다. 인수 후에 경영에 실패한 인수자는 매각 기업이 제공한 정보를 지적하고 이를 소송에 원용하기 때문이다. 회사소개서의 내용에 신뢰성이 있으면 인수 기업은 이를 중심으로 판단하며 더 좋은 조건을 제시한다. 물론 거래가 성사될 가능성은 더 높아지게 마련이다. 내용이 미심쩍으면 진행 단계에서 의심을 가지고 더욱 조심스럽게 파악할 것이고, 거래가 취소될 가능성도 커지기 마련이다. 매각 기업이나 매각 기업의 자문사나 자신의 기업을 더 좋게 보여주려고 하는 것은 자연스러운 일이다. 그러나 "체인은 그것의 가장 약한 부분만큼만의 강도를 가진다(Chain is only as strong as its weakest link)"는 점을 알아야 한다. 한두 가지의 오류나 미진한 부분은 인수자로 하여금 다른 모든 것들도 의심하게 만든다.

(4) 작성과 내용의 구성

중견기업을 매각하는 경우 회사소개서를 만드는 데 보통 6주 내지 8주 정도가 소요된다. 그러나 부실기업은 조기에 매각하는 것이 바람직하므로 인수기업을 찾으면서 단 며칠 안에 만들 필요가 있다. 회사소개서 구성은 기업과 사업에 따라 다를 수 있지만 기본적인 구성 요소는 동일하다.

회사소개서는 회사의 경영, 재무, 매출, 마케팅, 고객, 임직원, 설비 등에 대해 깊이 있는 분석 자료를 제공한다. 정보는 인수 기업이 인수의향서(Offer)를 내기에 충분한 정보를 포함하는 것이 바람직하다. 중소기업과 중견기업(Middle-market company)의 경우로 따지면 일반적으로 3~15페이지 정도의 분량이다.

주제문서(Theme paper)는 큰 주제로 시작해 점차 상세하게 입증하고 결론짓는 방식으로 만든다. 그 양식과 순서는 다양하지만, 대체적으로 다음 순서와 내용으로 한다. 요약 정보(Executive summary), 사업 개황(Business overview or history), 기업의 조직(Organizational structure, Corporate structure, Parent/sub, Brother/sister), 제품과 공정(Description of products, Services, Processes, and so on), 매출, 마케팅 및 성장 기회(Sales, Marketing, Growth opportunities), 경쟁 구도(Competitive landscape), 리스크와 한계(Risk and limitation), 재무 정보(Financial discussion and recast), 그리고 별표로 추정재무제표(Pro forma financial), 재무제표(Historical financial), 기타 명세서(Other supplemental information) 등이다.

우선 요약 정보로 시작한다. 이는 회사소개서의 큰 그림이다. 핵심 주제, 거래 조건 및 방식 등이 포함된다. 핵심 주제는 매각 기업이 가진 가치, 즉 인수하는 기업이 누릴 수 있는 기회를 말한다. 이에는 사업의 경쟁력과 차별성(Differentiating qualities of the business and competitive advantage) 및 성장 기회(Growth opportunity) 등이 포함된다. 또한 회사의 부정적인 측면도 제시하는 것이 현명할 수 있다. 사전에 문제를 표면화하면 긍정적인 방향으로 거래가 진행될 수 있기 때문이다. 어떤 회사도 완전할 수는 없다. 핵심 주제에서 EBITDA가 가장 널리 사용되는 재무 정보이다. 이는 기업과 비즈니스 세계에서 널리 수용된 언어이다. 또 하나는 공헌 이익(Contribution margin)을 사용하기도 한다.

첫 번째는 도입부(Introduction)이다. 이 부분은 티저보다는 훨씬 상세한 정보가 포함된다. 그래프, 차트, 그림도 제공될 수 있다.

두 번째는 사업 개요(Business overview or history)이다. 즉, 상품, 시장(Markets served), 회사 운영(Operations)이다. 이들은 사실에 근거해 정확하고 명확히 기술해야 한다. 그래프, 차트, 그림도 사용할 수 있다. 산업 분석은 포함하지 않거나 별도의 항목으로 두고 기술하지 않기도 하는데, 인수 가능성이 있는 기업이 매각 기업과 동일한 산업에 있거나 그 산업이 널리 알려진 경우에 특히 그렇다. 재무적 투자자(Financial sponsors)나 기업이 아닌 개인이 투자하는 경우나 매각 기업이 특수한 시장에 종사하는 경우에는 산업을 소개하는 것이 좋다. 산업 분석은 경제 분석도 다뤄야 한다. 그리고 그 목표 시장(End market), 산업의 연혁, 상품의 발전 과정, 국내외 경쟁자, 경쟁 구도(Competitive landscape), 리스크와 한계(Risk and limitation), 산업의 지속적인 안정성과 발전에 미치는 요인을 다루는 것이 좋다. 산업 분석도 사실을 잘 반영해 기술해야 한다. 이 부분에서 진실성이 의심스러우면 인수자는 다른 부분도 의심하기 마련이다. 이에 대한 상세한 내용은 아래에 별도로 설명하였다.

세 번째는 성장 가능성(Growth and improvement opportunities)이다. 매각 기업은 매각 희망 가격과 관련해 기업 실적과 향후 성장 가능성에 대해 설득력 있는 설명을 해야 한다.

네 번째는 상세한 재무 정보(One full page of financial information, Providing more line item detail than presented in the teaser)이다. 재무 정보는 보통 EBITDA가 처음에 나온 뒤 이를 중심으로 제공되기에, EBITDA의 계산 근거를 포함시키면서 순이익 수치로 연결시킨다. 인수 기업이 인수 여부를 판단할 수 있을 정도로 상세한 최신 대차대조표도 제공한다. 또한 가능하면 가장 최근의 재무제표에 대해 회계 감사 또는 회계검토를 받아 제공하는 것이 좋고, 월별보고서도 함께 제공하면 좋다.

보통 3년치 재무 정보를 제공하는 것이 바람직하고, 5년치를 제공하면 더욱 좋다. 여기서 제공되는 재무 정보는 정확해야 한다. 또한 최신 재무 정보와 1~2년 정도의 추정치도 같이 제공하는 것이 바람직하다. 공식적인 재무 정보를 수정하였다면 합리적 근거를 제시할 수 있어야 하고, 이에 대한 명확한 부연 설명도 해야 한다. EBITDA는 최종 사업연도(Most recent complete year), 최근 12개월(Trailing 12 months, TTM) 또는 미래(Forward) 수치를 사용해 제공한다. 또 다른 이익 개념은 공헌 이익(Contribution margin)이다. 이는 인수 기업이 인수를 통해 실현할 이익을 말하며, 순이익이 작은 기업에 적용하면 좋다. 하지만 순이익에 대해 5배를 적용한다고 가정하면 공헌 이익에는 2배를 적용하는 것이 합리적이다. 매출총이익인 경우에는 1~2배가 적용될 수 있다.

또한 5년치 추정 재무 정보를 제공하는 것이 바람직하다. 이러한 추정은 자문사의 추정이 아니고 기업 경영진의 추정임을 분명히 나타내야 하고, 재무제표의 양식과 동일한 양식으로 작성한다. 추정 재무 정보를 제공할 때에는 사용한 가정을 주석에서 설명해주어야 한다. 인수 기업은 이를 통해 매각 기업의 향후 추세를 알 수 있다. 추정재무제표를 지나치게 좋게 만드는 것은 바람직하지 않다. 오히려 보수적으로 작성해 실적이 추정치보다 좋게 하는 것이 바람직하다. 추정치보다 낮은 실적은 가격에 부정적인 영향을 준다.

한편 부속 서류는 정리해 포함시킬 수도 있지만, 별도의 표로 첨부시키는 것이 더 바람직하다. 예를 들어 감사보고서가 있다면 함께 첨부해 제출한다. 별도로 추정재무제표(Pro forma financial), 재무제표(Historical financial), 기타 명세서(Other supplemental information)를 제공한다. 필요한 경우 수익적 지출과 자본적 지출, 운전 자본 소요금액, 계절적 요인 등을 제공할 수 있다.

다섯 번째와 여섯 번째는 상세한 거래 금액(Investment considerations, again expanding on what was in the teaser)과 상세한 거래 구조(Shareholder objectives)이다. 상세한 거래 구조는 주주 구성, 매각 사유, 거래 방식에 관한 것이다. 티저에서 제시된 내용을 약간 보완해 제시하면 된다. 인수 기업은 숨어 있는 매각 동기를 궁금해한다. 숨어 있는 매각 동기는 거래를 실패하게 하는 요인이다. 따라서 자문사는 이를 명확히 해야 한다. 매각 기업의 희망 가격(Asking price)은 포함시키지 않는 것이 좋다. 희망 가격을 제시하면 그것은 거래의 최대 가격이 된다.

사업 개황(Business overview)에 포함되는 내용은 기업에 관한 상세 정보로, 가장 긴 부분이다. 여기에 포함되는 내용은 다양하다.

첫째는 기업의 연혁(History)이다. 기업의 설립, 성장, 주주의 변동 등이 포함된다. 또한 기업 조직(Organizational structure, Corporate structure, Parent/ sub, Brother/sister)에 대한 정보도 제공한다.

둘째는 제품과 공정의 설명(Description of products, Services, Processes, and so on)과 상품 구성과 상품 개발(Products, including development efforts)이다. 사진, DVD, 상품 소개서(Brochure), 판매 관련 자료, 마케팅 웹 사이트 주소를 첨부하는 것이 바람직하다.

셋째는 시장과 그 연혁(Market, including how they are evolving)이다. 산업 분석을 제공한 경우에는 그 기업이 속한 특정시장(Niche market)만을 집중적으로 다루고, 산업 분석이 제공되지 않은 경우에는 폭넓은 설명을 제공한다. 또한 매출, 마케팅 및 성장 기회(Sales, Marketing, Growth opportunities) 관련 정보도 제공될 수 있다.

넷째는 영업 조직(Sales organization)이다. 회사가 어떻게 소비자에게 판매하는지는 핵심적인 관심사이다. 따라서 영업 조직의 전개와 현재 상황은 매우 중요하다. 인수 기업은 영업을 통합함으로써 시너지를 얻고자 할 것이기 때문이다.

다섯째는 고객(Customers)이다. 인수 기업은 매각 기업의 고객 기반과 고객 구성을 알고 싶어 한다. 다양한 상품을 제공하는 경우에는 상품별 고객도 포함된다. 그러나 일부 업종 또는 기업에서는 주요한 고객리스트 자체가 핵심 비밀인 경우도 있다. 인수 기업이 경쟁 기업인 경우 고객리스트가 유출되면 매각 기업에 피해가 올 수 있다. 이런 경우에는 매각 절차가 상당히 진행된 뒤, 매각 가액이나 조건에 대한 상당한 합의가 이루어진 후에 제공하는 것이 합리적이다. 한편 반복 구매는 기업 가치에 유리하게 작용하므로 반복 구매에 대한 사항도 포함시키는 것이 좋다.

고객의 수가 적은 경우(Customer concentration)는 부정적인 가격 효과를 가져온다. 보통 한 고객이 매출의 20% 이상을 차지하거나 3~5개의 고객이 매출의 50% 이상을 차지하는 경우 고객집중도가 큰 기업으로 인식된다. 이런 경우, 이를 반박하는 문구도 필요하다. 고객이 다국적 거대기업이고 매출의 의사 결정이 분권화되어 있다면 이를 내세울 수 있다. 그러나 거꾸로 고객집중도가 낮으면 가격에 유리한 영향을 준다.

여섯째는 구매선(Suppliers)이다. 이도 고객 기반과 마찬가지로 비밀 문제가 있다.

일곱째는 본지점(Offices and other facilities) 현황이다. 여기에는 임대차 계약과 관련된 부동산 현황도 포함된다.

여덟째는 전산시스템(Data processing system)이다. 하드웨어와 소프트웨어 명세, 시스템 유지(System maintenance), 고장 수리와 백업, 전산데이터 보안, 전산에서 만들어지는 경영자보고서(Managements reports)가 그것이다.

아홉째는 경영진(Management) 현황이다. 기업의 경영진은 재산이다. 기업 인수 시에 문제가 될 부분은 경쟁사가 매각 기업의 경영진을 스카우트할 가능성이다. 인수 기업 중 특히 재무적 투자자는 인수 후 초기에 인수 기업의 운영을 기존 경영진에게 의존하기 마련이다. 따라서 경영진 중 최상위 5명 내외에 대해서는 한두 소절 정도로 이력과 경력을 기술하고, 기타 경영진에 대해도 간단한 소개를 하는 것이 좋다.

열째는 종업원 현황이다. 경영진이 아닌 종업원의 신상은 일반적으로 제공되지 않는다. 다만 몇 가지 핵심적인 사항을 제공한다. 급여 수준과 복리후생의 현황, 종업원의 학벌과 특별한 자질, 노동조합 존재 및 노동조합과의 계약서, 종업원 근속 기간 상황과 평균 근속 기간, 실적에 따른 성과 제도 등이 그것이다.

열한째는 기업과 관련된 환경 문제(Environmental situation)(오염 등) 정보이다.

열두째는 법률 문제 공시(Legal exposure)이다. 매각 기업은 현재 진행 중인 또는 예상되는 소송을 공시해야 한다. 이는 매각 기업이 피고가 되든 원고가 되든 분명하게 알려야 한다. 매각 기업이 피고가 되어서 드는 소송비용 등이 재무제표에 반영된 금액보다 클 경우에는 보상책임이 있다. 회사가 원고가 되는 소송들에 대해서는 전체 리스트를 만드는 것이 바람직하다.

그러나 영업 양도의 경우에는 리스트에서 제외해야 한다. 주식 등 경영권 양도의 경우에 매각 기업은 소송당사자로서의 권리를 자신이 보유하고 소송을 제기해 그 결과를 받아내야 한다. 대부분의 인수 기업들은 매각 기업이 갖는 소송으로 인한 혜택에 가치를 부여하지 않으며, 그 소송에도 참여하지 않으려 하기 때문이다.

(5) 재무 정보 수정

재무 정보를 제공할 때 수정을 통해 이익을 증가시킬 수 있는 부분이 몇 가지 있다. 첫째는 과도한 기업주 급여이다. 법인이 기업주나 기업주의 가족들에게 동일 직급의 임직원보다 많은 급여를 지급하는 경우 초과된 금액을 수정하는 것이 타당하다. 법인은 이익을 배당하면 이중과세의 문제점이 있다 보니, 급여로 많이 지급하는 것이 유리하기 때문에 과다한 급여를 지급하기도 한다

(우리나라에서는 많지 않은 것 같다—필자 주). 둘째는 과도한 기업주 비용이다. 과도한 개인보험, 사업과 연관이 적은 출장과 골프장 비용, 호화차량 유지비용 등이 그것이다. 셋째는 비경상적인 항목(Nonrecurring events)이다. 이 항목은 다양하다. 예를 들면 주요 시설의 확장 또는 이전, 화재, 결론이 난 장기 미해결 문제같이 단 한 번 지출하고 마는 사항들이다. 여기서 핵심은 '비경상적인' 것인지의 여부이다. 넷째는 매각되지 않는 부분의 항목이다.

또한 이익을 감소시키는 항목도 있다. 이 항목은 잠재적 인수자에게 신뢰를 줄 수 있는 항목이다. 여기에는 비경상적인 이익이 포함된다. 예를 들면 오랜 소송의 결과로 인한 이익, 의외의 환율 변동으로 인한 일시적 소득, 기업주에 대한 낮은 급여 등이다.

(6) 회사소개서의 양식

〈표 4-19〉는 회사소개서의 기초적인 양식이다.

〈표 4-19〉 회사소개서 사례

투자 기업 정보 Information memorandum		
회사명 (주)○○○○		
경영자용 요약 Executive Summary	• 핵심 투자 정보(Thesis): 인수 기업의 가치와 인수 기업이 누릴 수 있는 기회 - EBITDA, 순이익, 매출총이익, 매출, 공헌 이익 등 - 고객 기반(Strong customer base thesis): 매출의 반복성(Recurring sales) - 기타: 성장성, 시너지 • 매각 사유, 거래의 조건 및 방식 등	
투자 기업 소개 The Company' s Background and Business Overview	사업 내용 Business Overview	회사는 충남에 위치한 산업용 고무제품 제조기업으로 국내 산업용 고무제품 분야에서 선두주자입니다. 국내 최고의 산업용 고무제품을 제공하고 최상의 기술력을 보유한 회사는, 200여 명의 직원과 탁월한 경영 능력을 지닌 매니지먼트에 의하여 경영되고 있습니다. 회사는 해외의 유력한 기업들과

투자 기업 소개 The Company's Background and Business Overview	사업 내용 Business Overview	마케팅을 통하여 매출을 확대하고 있으며, 제조기술의 혁신을 통해 더욱 경쟁력 있는 산업용 고무제품을 개발하고 있습니다.
		• 국내외 시장 및 산업 분석(Industry Description)
		– 경제 분석·목표 시장(End market)·산업의 연혁·상품의 역사적 발전·국내외 경쟁 구도·산업의 지속적인 안정성과 발전에 미치는 영향 요인
		– 경쟁 구도에 영향을 주는 요인: 제품의 종류(Type of products or services), 산업의 성장성(Industry growth rate), 산업의 점유율 집중도(Industry concentration), 규모의 경제(Scale economics), 범위의 경제(Scope economics), 제조설비의 종류, 위치와 설치 연도(Type, location, and age of production facilities), 유휴설비(Excess capacity), 퇴출장벽(Exit barrier), 진입 기업(Threat of entry of new firms), 대체재의 출현(Threat of substitute products or services), 유통망과 유통비용(Selling and distribution channels and associated costs), 고객서비스(Customer service), 연구·개발 지출(Research and development expenditures), 성장성과 수익성.
		– 신규 경쟁 기업의 진입에 영향을 주는 요인: 규모의 경제(Scale economics), 범위의 경제(Scope economics), 선두 기업의 우월성(First mover advantage), 특허 같은 법적인 장벽(Legal barrier), 유통망의 제한(Limited access to distribution channels), 제품 차별성(Product differentiation), 기존 기업의 공격가능성(Current competitor retaliation)
		• 상품 개발(Products development efforts)
		– 사진, DVD, 상품소개서(Brochure), 판매 관련 자료, 마케팅 웹사이트
		• 시장(Market Served)과 그 연혁, 경쟁 관계와 경쟁사명(경쟁사별 장단점), 경쟁사와 회사의 매출과 시장점유율
		• 기업 경영(Operation):
		– 매출 증감과 원인, 매출의 계절 요인, 반복 구매 정도(Recurring sales), 고객 집중도(Customer concentration)
		– 영업 조직(Sales organization): 마케팅(영업 조직, 이메일, 인터넷, 미디어, 카탈로그, 입소문), 판매경로(직

투자 기업 소개 The Company's Background and Business Overview	사업 내용 Business Overview	영, 대리점 등), 영업 조직의 전개와 현재 상황, 핵심 영업임직원과 경력 프로필. 통합 후 시너지 분석 • 고객과 매출 　- 고객(Customers) 기반과 고객 구성, 주요 매출처 및 매출처별 매출 현황 　- 고객 구매결정권(Bargaining power of customers)에 영향을 주는 요인: 구매 요인(Buying criteria), 가격 탄력성(Price sensibility), 대체재의 존재 여부(Availability of substitutes), 대체제품 전환 구매 부담 비용(Switching costs), 고객의 수와 평균 구매 단위(Number and average of buyers) 　[참고] 대체재화로의 구매 전환(Potential for substitute products)에 영향을 주는 요인: 상대적 가격 차이(Relative prices), 상대적 효용 차이(Relative performance), 상대적 품질 차이(Relative quality), 서비스 차이(Relative service), 소비자의 대체재 구매 의사(Willingness of customers to switch) • 구매선(Suppliers and vendors)
	회사 연혁 Company History	설립일, 성장 연혁, 위기와 극복, 현재 상황
	회사의 주주 및 관계 회사 Ownership and Related Parties	
	임직원 정보 Employee Info and Benefits	- 경영진(Management) 소개: 주요 경영진과 기타 경영진 - 종업원(Employees) 현황: 부서의 구분(부서 구성 도표), 종업원 수, 부서별 인원, 급여 수준과 복리후생의 현황, 핵심 임직원 소개, 종업원 학벌, 종업원의 특별한 자질, 노동조합의 존재 및 노동조합과의 계약서 등, 종업원 근속 기간 상황과 평균 근속 기간, 실적에 따른 성과 제도
	회사의 제품, 공정 및 기술력 Technology	회사의 제품 및 기술력 제품의 공정 내용 컴퓨터시스템, 소프트웨어, 웹사이트, 도메인 네임 - 전산시스템(Data processing system): 하드웨어와 소프트웨어 명세, 시스템 유지(System maintenance), 고장 수리와 백업, 전산데이터 보안, 전산에서 만들어지는 경영자보고서(Managements reports)

투자 기업 소개 The Company's Background and Business Overview	회사와 지사 등의 위치 Location of offices and facilities	본사, 지사, 공장의 위치, 면적, 임직원 수 – 본·지점(Offices and other facilities) 현황: 임대차 계약과 관련 부동산 현황 관계 회사 현황			
	부동산 현황 Real Estate				
	법률 관계 Legal Disclosure	– 환경 문제(Environmental situation) – 법률 문제 공시(Legal exposure): 현재 진행 중인 또는 예상되는 소송의 내용 – 조세 이슈			
투자의 소개 Investment Considerations	투자 핵심 내용 Investment Highlight	아래 사업 경쟁력과 사업의 비전 그리고 성장 잠재력 중 회사의 핵심을 소개			
	사업 경쟁력과 사업의 비전	• 수익성 높은 상품 구성 　(Broad line of high-margin goods) • 우호적 산업 동향(Favorable industry trend) • 성장성과 수익성 향상(Excellent growth and margin-improving opportunities), 반복구매(Recurring revenue) • 탁월한 종합적 상품 개발 능력 　(Full-service manufacturing capabilities) • 탁월한 임직원(Highly skilled employee base)			
	성장 잠재력 Growth and Improvement Opportunities	기업의 현재 실적이나 입지를 넘어서는 수익성과 기업 가치 상승 잠재력			
	인허가, 지적 소유권 및 연구소 현황	특허권			
	부동산 보유 현황	충남 공장부지 1,380평, 건평 600평			
재무 요약 Financial Summary	회계 감사 여부				
	재무 정보 (Historical Financial)(단위: 억 원)				
	연도	2009	2010	2011	
	영업수익(순액)	49	45	50	
	매출총이익 Gross Profit				
	매출총이익률 Gross Margin				

재무 요약 Financial Summary	영업 이익	7	7	3
	감가상각			
	순이익			
	EBITDA			
	운전 자본 (현금성 자산 제외)			
	차입금			7
	이익잉여금 세법상 공제 가능 이월결손금			
	자본금			
	수정 EBITDA(단위: 억 원)			
	수정 전 EBITDA			
	가산 항목 (Add-backs)			
	과도한 기업주급여 (Excess owner compensation)			
	과도한 기업주 비용 (Excess owner ex- penses): 개인보험, 사업과 연관이 적은 출장과 골프장비용, 호화차량 유지비용			
	비경상적인 항목 (Nonrecurring events): 시설의 확장 또는 이전, 화재			
	매각되지 않는 부분의 항목			
	차감 항목 (Add-in)			
	비경상적 환율 변동으로 인한 일시적 소득			
	기업주에 대한 낮은 급여			
	수정 후 EBITDA			
	추정 손익(Financial Projections)(단위: 억 원)			

연도	FY1	FY2	FY3	FY4	FY5
영업수익(순액)	49	45		50	
영업 이익	7	7		3	
감가상각					
순이익					
EBITDA					
자본적 지출 CAPEX					
추정에 사용된 가정					

재무 요약 **Financial Summary**		*(위 표 참조)*
거래의 개요 **Transaction Overview & Shareholder Objectives**	거래 방식 Transaction Guidance	구주 지분 100% 매각
	거래의 가격, 조건 등	인수를 희망하는 기업이 경영권 프리미엄을 감안하여 제안한 가격을 감안해 협의(인수 희망 가격이 지나치게 낮은 경우 협의중단) 평가의 근거
	과거 거래의 진행의 연혁	회사는 1989년 설립되어 시장에서 국내 최고의 회사로 성장하였습니다. 최근에 코스닥 상장을 목표로 회계 감사를 받고 있습니다. 기업을 매각할 적극적인 의사는 없지만, 만족할 만한 가격을 제시하는 기업에 매각하는 것은 받아들인다는 의사 표시를 오래전부터 하였습니다. 이에 따라 회사는 구주 매각에 의한 M&A를 추진할 목적으로 매각주간사로 (주)코리아프로페셔널을 선정하였습니다. 회사는 주로 세계적인 유수한 해외의 기업에서 M&A의 관심대상이 되고 있으며, 여러 번 인수타진을 하였으나 조건이 맞지 않아 무산되었습니다.
	과거 거래의 진행의 연혁	국내 업계에서는 회사의 가치를 정확하게 파악하지 못하고 있으며, 동 업종을 모르는 국내의 대기업이나 상장 기업은 회사의 가치를 몰라 인수 진행이 어려울 것입니다. 또한 그동안 많은 기업이 관심을 보여 미팅을 가졌지만 무산되었기에 분명한 인수 의사와 상당한 자금력을 가진 기업이 아닌 경우에는 만나기가 어려우며, 당사가 20년 동안 맺어온 관계를 바탕으로 기업주를 설득할 수 있을 것입니다.
	거래가액	평가 후 협의
	매각 사유 Rationale for deal	주 사업인 철강 3개 회사에 집중하고자 함
첨부 서류		• 감사보고서 또는 재무제표 • 사진 또는 비디오 • 회사소개서 또는 프레젠테이션 자료 등

매각 자문 Contact Information	(주)코리아프로페셔널은 회사의 매각과 관련해 잠재적 인수 기업의 발굴 등의 자문 업무와 관련해 자문사로 선정되었습니다. 이에 따라 회사에 관한 추가적인 정보 등의 제공은 잠재적 인수 기업과의 비밀 유지 계약을 통해서만 할 수 있도록 하고 있습니다. 김근수(Managing Director, CPA, CFA, Ph. D.) Tel. 02-539-2831, 010-5380-6831 Fax. 02-539-2834, E-mail. ksk0508@gmail.com 서울시 강남구 역삼동 739-5 영원빌딩 402호 (주)코리아프로페셔널

위 내용은 본 M&A Transaction("매각")에 대한 투자 기업 정보를 포함하고 있으니 참고하시어 본 매각과 관련한 의사 결정 및 의사표시에 참고하시길 바랍니다.

- 본Information Memorandum의 목적
  본Information Memorandum(이하 "Memorandum")은 위에 제시된 기업("회사")에 대한 투자 정보를 제공함으로써 잠재적 인수자에게 회사를 매각하기 위한 목적으로 작성된 것입니다. 당사는 회사에서 제공한 정보를 기초로 해 이를 작성하였으며, 당사는 이에 대해 어떠한 보장이나 보증을 하지 않습니다.

- 본 매각의 추가 진행
  본정보는 회사의 비밀 유지를 위해 회사가 공개하지 않는 범위 안에서 회사와 상의해 제공하는 것입니다. 따라서 회사에 대해 추가적인 자료를 요청하거나 인수에 관심을 가지는 기업은 당사와의 미팅을 통해 인수 의향과 인수 능력 등을 확인한 후 회사의 승인을 득한 후에 비밀 유지약정서 등을 제공한 후 추가적인 정보를 열람할 수 있습니다.
- 향후 일정 및 잠재 인수자 선정
  향후 일정 및 잠재 인수자 선정에 대한 권한은 회사 및 자문사의 고유권한임을 알려드리는 바입니다.

(7) 영문 회사소개서의 사례

〈표 4-20〉은 해외 기업의 회사소개서 사례이다.

〈표 4-20〉 해외 기업 회사소개서 사례

<table>
<tr>
<td colspan="2" align="center">

Briefing Memorandum

April 2013
Financial Advisors: GLOBAL M&A CO. LTD.
Strictly Private & Confidential

</td>
</tr>
<tr>
<td>

OVERVIEW
OF THE
PPORTUNITY

</td>
<td>

■Southeast powerGen Holdings, LLC (the "Company") and the Company's Stockholders (the "Stockholders") have retained Global M&A (the "Advisor") as its financial advisor in connection with the potential sale (the "Transaction") of control of the Company located in Korea (the "Control"). The Company is owned 50.1%, by ArcLight Energy Partners Fund lll, L.P ("Majority Owner"), with GE Energy Financial Services ("Minority Owner") together with Majority Owner and Minority Owner (the "Sellers"), holding minority ownership interest of 24.95%. The Sellers are contemplating a sale of 100% of their equity interests in the Company.

■The Company is a PC manufacturing company that has expanded to Printer and Notebook PC manufacturing since its inception in 1961.

</td>
</tr>
<tr>
<td>

Key Investment
Highlights

</td>
<td>

■**HIGH BRAND RECOGNITION IN THE PC MARKET**

✓With the history of being the leading venture firm to first manufacture PCs in Korea, the Company has attained high brand recognition and has maintained a No. 2 market share in Korea over the last 3 years (2003~2005).

✓The Company's Notebook PC brand 'Averatec' was awarded a 'Korea Master Brand Award 2006, 2007' in Korea for second consecutive years while NBC and CNN gave Averatec top product awards in the United States (Aug 2005).

✓In addition, the release of the LLUON series has strengthened the Company's reputation by differentiating itself from the competition.

</td>
</tr>
</table>

	■QUALITY DESIGN, TECHNOLOGY AND MANUFACTURING
	✓As the first to develop, manufacture and export PCs in Korea, the Company is recognized for its design, technologyand innovation with such products as widescreen etc.
	■GLOBAL BUSINESS EXPERIENCE & NETWORK
	✓The Company owns and operates foreign sales subsidiaries for its Notebook PCs (1 US, 1 Taiwan) that it can leverage with its recognized brand to further launch new products.
	✓The Company also has global sourcing capabilities in utilizing various foreign and domestic networks to procure manufacturing parts and components under favorable terms.
	■EFFICIENT OUT-SOURCED MANUFACTURING
Key Investment Highlights	✓By spinning-off manufacturing operations in 2003 (TG Korea, Inc.) the Company has reduced significant fixed costs as well as gaining the flexibility to respond to changing market conditions (TG Korea, Inc. manufacturing capacity: D/P Ass'y : 170K, M/B Ass'y : 230K).
	✓In addition, Notebook PCs are procured via ODM agreements (Taiwan), allowing cost competition and a flexible supply policy.
	■COOPERATIVE LABOR-MANAGEMENT RELATIONS
	✓The Company does not have a labor union and has handled labor-management discussions and grievances through a joint consultation system since 1984.
	✓The Company has not experienced a single labor dispute, and the Company expects full cooperation from labor in this Transaction.
	■GAINING STRONG CONTROL OF MANAGEMENT
	✓As of March 2007, the low paid-in capital of approximately KRW 20 bn can allow the winning bidder to acquire a significant portion of the voting shares and gain strong control of management.

	■TAX SAVINGS FROM NET OPERATING LOSS
	✓According to KPMG Samjong Accounting Corporation review, the Company, as of March 2007, has a deductible net operating loss of KRW 102.2 bn. Consequently, the acquirer may have tax saving benefits.(Please refer to the Information Memorandum for details).
	■WINNING 'INTEL CORE 2 PROCESSOR CHALLENGER GRAND PRIZE'
	✓The Company was awarded 'Intel core 2 processor challenge grand prize' through intensive competition among the world class PC makers on 17th April 2007(prize money: USD 700,000).
	✓This prize will raise the position of the Company in the high−end PC market and contribute to inspire the employee morale as well.
	■COMPETITIVE NOTEBOOK PC BRAND
Key Investment Highlights	✓Averatec recorded a No. 3 market share in the US in 2005, following HP and Toshiba, subsequent to its release in 2003.
	✓While still under corporate reorganization proceedings, the Company managed to receive the Korea Master Brand Award 2006, 2007 and maintain recognition in the Korean market as well.
	■GLOBAL PC MARKET
	✓According to a IDC report, the global PC market is expected to grow approximately 12.1% on a compounded annual basis to 2009 and reach 308 million units in production.
	■KOREAN PC MARKET
	✓With a PC replacement cycle starting late 2004 and a rising demand for Notebook PCs, the demand for PCs in the Korean market reached 4.3 million units in 2006 and is expected to reach 4.2 million units in 2007.
	✓The Company reported KRW 385 bn revenue in 2006 (KRW 330 bn domestic, KRW 55 bn export) with 53% from Desktop PCs, 36% from Notebook PCs and the remainder from monitors, motherboards and printers (see following table for details).

[KOREAN PC MARKET SHARE TREND]

■ COMPANY ORGANIZATION

✓ The Company reallocated and restructured to reduce the number of employees to 239 as of March 31, 2007 from 712 employees at year end 2004.

✓ Discontinuations of ODM business and brand PC export business are the primary contributor to the revenue decline from the previous year in 2005 and 2006 respectively.

✓ The reason why the gross profit margin of the Company improved since 2006 is the result of the concentration on domestic brand PC market.

✓ Meanwhile, the operation loss of the Company decreased dramatically in 2007 due to the decision of the cease of transaction with AI which is the sales subsidiary in US and non–existence of additional accumulation of bad A/R reserve related to AI. Consequently, EBITDA turned to positive from negative figures.

■ SHAREHOLDER AND REORGANIZATION DEBT STATUS

✓ Korea Development Bank became the majority shareholder (55.97%) of the Company following the capital reduction and debt to equity swaps as per the corporate reorganization plan approved by the Court on January 5, 2006.

✓ As of March 31, 2007, the Company has confirmed reorganization debt of KRW 309bn (secured 61bn and unsecured 248bn).

Key Investment Highlights

[REVENUE BY PRODUCTS AND MARKETS]

(in millions of KRW)

Type	Product/Market		2004	2005	2006	Q1 2007
PC	Desk Top	Export	1,233,932	90,387	1,464	–
		Domestic	308,058	273,702	202,888	40,163
		Subtotal	1,541,990	364,089	204,352	40,163
	Note book	Export	250,430	120,308	42,578	–
		Domestic	57,121	111,490	97,497	22,252
		Subtotal	316,551	231,798	140,075	22,252
Monitor	CRT, LCD	Export	–	11	–	–
		Domestic	100,012	71,607	26,774	9,959
		Subtotal	100,012	71,618	26,774	9,959

Other	M/B, Printer. etc.	Export	93,832	33,213	11,119	–
		Domestic	128,851	56,502	2,692	3,582
		Subtotal	222,683	89,715	13,811	3,582
Total		Export	1,587,194	243,919	55,161	–
		Domestic	594,042	513,301	329,851	75,956
		Total	2,181,236	757,220	385,012	75,956

(Source: Company Annual Reports and Quarterly Report)

▪ SHAREHOLDER AND REORGANIZATION DEBT STATUS

✓ Korea Development Bank became the majority shareholder (55.97%) of the Company following the capital reduction and debt to equity swaps as per the corporate reorganization plan approved by the Court on January 5, 2006.

✓ As of March 31, 2007, the Company has confirmed reorganization debt of KRW 309bn (secured 61bn and unsecured 248bn).

[REVENUE BY PRODUCTS AND MARKETS]

(in millions of KRW)

Type	Product/Market		2004	2005	2006	Q1 2007
PC	Desk Top	Export	1,233,932	90,387	1,464	–
		Domestic	308,058	273,702	202,888	40,163
		Subtotal	1,541,990	364,089	204,352	40,163
	Note book	Export	250,430	120,308	42,578	–
		Domestic	57,121	111,490	97,497	22,252
		Subtotal	316,551	231,798	140,075	22,252
Monitor	CRT, LCD	Export	–	11	–	–
		Domestic	100,012	71,607	26,774	9,959
		Subtotal	100,012	71,618	26,774	9,959
Other	M/B, Printer. etc.	Export	93,832	33,213	11,119	–
		Domestic	128,851	56,502	2,692	3,582
		Subtotal	222,683	89,715	13,811	3,582
Total		Export	1,587,194	243,919	55,161	–
		Domestic	594,042	513,301	329,851	75,956
		Total	2,181,236	757,220	385,012	75,956

(Source: Company Annual Reports and Quarterly Report)

FINANCIAL STATUS

✓ The Company's condensed financial statements for the previous 4 years (2004 to Q1 2007) is as follows:

Key Investment Highlights

Key Investment Highlights

(in millions of KRW)	2004	2005	2006	Q1 2007
Current Assets	560,362	485,824	115,051	119,778
Fixed Assets	315,962	109,177	69,226	69,449
Total Assets	876,325	595,001	184,277	189,227
Current Liab.	751,548	273,680	64,354	69,540
LT Liab.	89,772	615,206	184,264	190,408
Total Liab.	841,319	888,886	248,618	259,959
Paid−in Capital	151,152	177,444	20,086	20,086
Total Equity	35,006	−293,884	−64,341	−70,721
Revenue	2,181,237	757,220	385,012	75,950
Gross Profit	131,869	63,009	53,256	15,289
Operating Profit	−23,410	−264,018	−58,447	−1,117
Ordinary Income	17,829	−409,825	−76,719	−8,175
Net Income	16,213	−409,825	201,314	−8,175

(Source: Company Annual Reports and Quarterly Report)

Deal Structure

- This Transaction is structured to have the winning bidder acquire the Company's newly issued shares and corporate bonds, thereby injecting the Company with cash.
- The acquirer will take control of Company management and the Company plans to use the injected cash for a single lump repayment of the reorganization debt and normalization of the Company operations.

Deal Schedule

PROCESS OVERVIEW

The Seller and the Advisor will conduct the sale through a targeted two−phase process.

Phase I

During Phase I, prospective buyers will be given an opportunity to review a Confidential Information Memorandum("IM" and a financial statements etc.)(collectively, the "Phase I Due Diligence Materials").

All of the Phase I Due Diligence Materials will remain subject to a Confidentiality Agreement between the prospective buyer and the Sellers. Based on the Phase I Due Diligence Materials, prospective buyers will be asked to submit a preliminary, non−binding indication of interest ("Indication of Interest") in writing to the Sellers and the Advisor. Further details around the timing and format of such Indication of Interest will be provided in a separate communication.

Deal Schedule	**Phase II** The Sellers and the Advisor will review the Indications of Interest and will invite a select group of prospective buyers("Selected Buyers") to participate in Phase II. The Selected Buyers will be given access to a comprehensive data including commercial, legal, operating, financing, maintenance, technical, environmental, accounting, permitting and regulatory documentation. The Selected Buyers will also have the opportunity to attend a management presentation and conduct detailed due diligence, including site visits and Q&A. The Sellers and the Advisors will provide the Selected Buyers with a draft Purchase and Sale Agreement("PSA") before submission of their final binding offers("Final Bids"). Selected Buyers will be asked to provide a markup of the PSA with their Final Bid. Upon evaluation of Final Bids, the Sellers and the Advisor expect to finalize the PSA and expeditiously announce and close the Transaction. The Sellers may, at their sole discretion, decide to accelerate, delay, modify or discontinue this sale process at any time. The Advisor will be the sole point of contact for all questions and information requests related to the Transaction.
Key Contacts	All inquiries and requests should be submitted or directed to the Advisor listed below. Under no circumstance should the Seller, the Company or it's affiliates be contacted directly. **CONTACTS:** Global M&A Youngwon Bd. 402, Yeoksam 739-5, Seoul, Korea Tel. 02-539-2831, 010-5380-6831. K. S. Kim(CPA, CFA, Ph. D.) Fax. 02-539-2834, E-mail. ksk0508@gmail.com

This information is for review by prospective buyers who may be interested in the purchase the Control. While the information contained herein is believed to be accurate, the Advisor have not conducted any investigation with respect to such information, and the Company and the Advisor expressly disclaim any and all liability for representations, expressed or implied, contained in, or for omission from, this document. This Briefing Memorandum is not an offer or invitation by the Advisor or the Company or the Seller to purchase or sell securities or assets, whether in relation to this Transaction or otherwise nor any form of commitment or recommendation by the Advisor or the Company.

3) 예비적 조율

(1) 예비적 검토

회사 정보가 제공되면 인수자는 예비적인 검토에 들어가고, 회사와 산업에 대한 정보를 전반적으로 수집한다.

우선 인수 희망 기업은 매각 희망 기업의 매각 사유를 알아야 한다. 또한 인수 희망 기업은 매각 기업이 자신의 전략적 입장과 맞는지를 사전에 검토해야 한다. 그리고 인수 대상 기업으로 결정되어 기본적인 정보를 제공받으면 세 가지를 판단해야 한다.

첫째, "이번 인수로 투자 논거가 가정하는 목표를 실현할 수 있는가?"와 "왜 우리가 이러한 자산(기업)을 소유해야 하는가?"이다. 둘째, "인수 대상 기업의 독자적 가치(Stand alone value)는 얼마인가?"이다. 셋째, "비용 시너지에 매출 성장 기회를 더한 후, 부정적 시너지 효과를 제외해 산출한 시너지의 순 가치는 얼마나 되는가?"이다. 인수 후 인수 대상 기업이 왜, 그리고 어떻게 높은 투자 수익을 돌려줄 수 있는지에 대한 논리가 설득력이 있는지도 테스트해야 한다.

그리고 인수의 과정에서 이미 정해져 있는 '포기 요건(Walk away)'을 정한다. 이를 위해 인수 대상 기업이 제출한 서류, 제공받은 자료 등을 기초로 해 기본적인 재무 실사, 법률 실사 및 투자 타당성 등을 검토한다.

매각 회사도 인수 기업의 인수 의사, 인수 능력, 인수의 진정성, 신뢰성을 검토하여야 한다. 매각 회사의 대출금은 인수 기업이 인수하거나 새로운 차입을 하므로 금융 기관은 인수 기업을 실사한다. 금융 기관은 인수가 바람직한 것인지도 관심을 갖는다. 따라서 금융 기관이 대출을 승인하지 않을 가능성이 있는 기업은 피해야 한다. 한편 금융 기관의 실사는 인수 실사와 더불어 매각 기업으로서는 부담스러운 일이기도 한다. 그래서 매각 기업은 인수가 확실한 경우에만 허용할 수밖에 없다.

(2) 추가적인 정보 교환

보통 잠재적 인수 기업이 비밀 유지약정서를 제출하고 회사설명서를 제공받으면, 약 열흘 정도의 검토할 시간을 가진다. 그 기간이 지나면 서로 연락을 취한다. 잠재적 인수자가 아주 많은 경우에도 마찬가지다. 이를 통해서 자문사는 잠재적 인수 기업의 반응을 살피고 궁금한 점이 있는지를 문의한다. 대부분의 잠재적 인수 기업들은 핵심적인 질문을 제시한다. 또한 막대한 투자를 할 기업은 많은 질문을 하려고 할 것이다.

유사한 질문이 여러 곳에서 제기되면 그 점을 좀 더 보완한 정보를 모든 잠재적 인수 기업에 보내고, 데이터룸에도 비치하도록 한다. 이는 잠재적 인수 기업이 계속해서 매각 기업에 관심을 갖게 해 인수의향서를 제출할 가능성을 높일 수 있다. 그 후 의향서 제출 기한까지 약 1주일 전에 다시 연락을 취하여 의향서 제출 기한을 한 번 더 상기시켜준다. 이러한 시도는 매각 절차가 원활하게 진행되게 하는 효과가 있다.

이 시점에서 매각 기업의 핵심 임원을 만나거나 기업 설비를 견학하는 것이 필요한가에 대한 찬반론이 있다. 이를 허락하면 다른 참가자들을 부당하게 대하는 모양사가 되어 전체적인 매각 절차에 문제가 생길 수 있다. 다른 참가들이 이 사실을 알게 되면 나쁜 영향을 미칠 것이다. 그리고 초대받은 인수자도 기껏해야 자문사가 미숙하다고 느끼거나, 매각 기업이 절박하다고 생각할 뿐이다. 다만 인수 기업이 아주 멀리 떨어져 있는데 우연히 매각 기업의 근처에 와 있거나 매각 기업과 긴밀하게 접촉해온 경우에는 나쁘지 않을 것이다.

4) 예비의향서

(1) 의의와 개념

인수 희망 기업은 인수의향서를 최종 제출하기 전에 좀 더 예비적인 실사를 진행하고, 경영진과 미팅이나 대화도 하고 싶어 하는 경우가 많다. 또한 매각 기업도 인수 희망 기업이 정말 인수 의사가 있는지, 인수 가액은 적절한지 모른 채 정보를 제공하고 미팅을 진행한다는 것이 꺼림칙하기도 하다. 이러한 상황에서 인수자는 매각 기업에 인수 의사와 기타 조건 등에 대해 제안서 또는 예비의향서(Letter of interest)를 제공하는 것이 좋다.

인수 희망자가 기업 정보를 제공받은 후 거래를 진행하는 데 관심을 가지는 경우 예비의향서 또는 제안서를 제출한다. 예비의향서 또는 제안서는 일반적으로 법적 구속력이 없다. 특히, 경매 방식으로 진행하는 경우 사전에 정보(Information memorandum)를 제공해 예비의향서 또는 제안서를 받는다. 이는 단순히 구두로 논의하는 것보다 실질적인 거래로 나아가는 데에 영향력을 미친다. 또한 이러한 서류에 서명하게 함으로써 그냥 한번 보려는 사람들로 인한 시간적 낭비를 줄일 수 있다.

예비의향서 또는 제안서는 M&A에서 절차상의 중요한 랜드마크이다. 그래서 거래의 진행 중 어느 시점에, 매각 기업의 입장과 능력에 따라 예비인수의 향서나 의향서를 받는 것은 필수이다. 예비의향서 또는 제안서(Indications of interest or indication. IOI)는 일반적으로 세세하게 정하지 않으며, 지나치게 공식적인 문서로 만들지도 않는다. 보통 한두 쪽짜리 문서로 만들거나 간단히 이메일로 하는 경우도 있다. 이는 인수 의향이 있는 기업의 의사를 개략적으로 표시하고 향후 최종적인 거래가 어떻게 될 것인지를 사전에 설정하기 위한 것이다. 즉, 인수 기업이 만든 티저라고 볼 수 있다. 예비의향서 또는 제안서에는 정확한 가격은 정하지 않지만 일정한 가격의 범위(Valuation range)를 정할 수 있고, 기타 기본적인 정보, 거래의 마감예정일(Estimated closing date), 자금 조달 방법(Source of funds) 등을 포함할 수 있다. 핵심은 지불할 가격의 범위이다. 이는 "귀사가 제시한 정보에 근거해 당사는 귀사의 인수에 관심이 있으며, 그 대가는 X와 Y 사이일 것이다"라고 통지하는 것이다.

예비의향서 또는 제안서는 당사자를 구속하는 것이 아니기 때문에 인수 기업이 제시한 가격은 예비적이며, 향후 진행 과정에서 최종적인 가격을 오퍼하게 될 것이다. 이 예비의향서 또는 제안서를 매각 기업이 수용하면 경영자 미팅이나 본의향서의 제출로 나아간다.

(2) 예비의향서 구성

예비의향서에는 M&A에 대한 상호 관심과 함께 협상의 초기 단계에서 합의된 기본적인 거래 조건의 윤곽이 포함된다. 여기에는 아래의 사항이 포함될 수 있으나, 초기 단계에서는 아주 간단하게 작성하기도 한다. 그러니 의향서의 자금 조달 계획(Financing contingency) 조항을 유의해야 한다. 이는 "우린 아직 돈이 준비되지 않았다. 거래가 성사된 뒤에 준비하겠다"를 의미하는 전문적인 법률 조항이다. 이런 조항이 들어간 경우 매각 기업은 분명한 거절 의사를 밝히고, 그 조항을 삭제하도록 해야 한다.

〈표 4-21〉은 예비의향서 양식의 사례이다. 우리나라 실정에 맞게 수정하였다.

〈표 4-21〉 예비의향서 사례

아메리카프로페셔널(주)
서울특별시 강남구 역삼동 739-5 영원빌딩 401호

20○○년 ○○월 ○○일

김XX 회장님 귀하
(주)코리아프로페셔널
서울특별시 강남구 역삼동 739-5 영원빌딩 402호

김○○ 회장님

당사는 아프리카프로페셔널(주)(이하 "귀사")의 M&A(이하 "인수")를 위한 귀사의 매각 절차 및 조건을 숙지하고 그에 동의하며, 본거래에 참가하고자 다음과 같이 예비적 인수의향서 및 첨부 서류를 제출합니다. 당사는 귀사의 사업 전망에 대해 깊은 관심을 가지고 있으며, 귀사에 의향서를 제출할 수 있는 기회를 주심에 감사를 드립니다. 당사는 귀사가 소유·운용 중인 귀사의 주식 등 경영권 또는 사업에 대해 투자할 의향이 있습니다.

당사는 귀사가 제공한 정보를 검토하였고 당사의 경영진과 논의를 한 결과 당사와 귀사는 마켓, 고객, 제품 등에 있어서 적합성을 가지고 있어 매력 있는 투자 기회라고 판단하였습니다.

당사는 귀사를 인수함으로써 동 업종에서 선도적인 기업으로 성장할 기회를 획득할 수 있는 가능성에 주목하고 있습니다. 당사는 귀사가 이룩한 놀라운 성장성, 높은 수익률과 시장잠재력에 매력을 느끼고 있습니다. 당사는 늘 귀사와 같은 업종의 선도적인 기업의 인수에 관심을 가지고 있었습니다. 당사는 귀사를 인수한 후 생산 능력의 확장, 마케팅 투자, 기술 개발 투자 등과, 필요한 경우 유사한 기업을 인수해 회사를 성장시키고 최고의 기업으로 성장시킬 계획을 가지고 있습니다.

당사는 화학제품을 생산·판매하는 국내 최대의 기업으로 매출이 1000억 원에 이르고, 연간 100억 원의 이익, 500억 원의 현금을 보유하고 있는 기업입니다.

첨부한 귀사에 대한 당사의 의향서를 참고하시기 바랍니다. 이 의향서는 향후 인수를 위한 논의목적으로만 작성된 것입니다. 당사는 귀사의 경영진과의 만남과 귀사 본·지점 방문 그리고 귀사에 대한 추가적인 정보를 받은 후에 인수의향서의 제출 여부를 결정하겠습니다.

20　　년　　월　　일

주　소:
회 사 명:
대표이사:　　　　　　　(인)

- 도입부(Preamble)에는 매각 기업에 대한 관심 표명의 글을 쓴다.

1. 당사는 귀사를 인수하는 경우 새로운 법인을 설립해(또는 당사와 당사의 계열사가) 투자를 할 예정입니다.
   또는 펀드를 조성해 인수할 것입니다.
   또는 귀사를 인수하는 기업은 당사와 관계 회사인 갑회사입니다.
   또는 당사는 귀사의 영업 및 자산을 계약에 따라 영업 및 자산에 대한 모든 담보권 등 청구권을 소멸시킨 후 사실상 귀사의 모든 영업 및 관련 자산을 인수하고자 합니다. 또한 향후 인수 계약에 따라 정상적인 영업 활동으로 인한 영업 부채만을 인수하고자 하며, 금융 비용이 발생하는 금융 부채는 인수하지 않을 것입니다.

2. 이 의향서의 접수일로부터 거래의 종결 시까지 당사는 귀사가 모든 면에서 정상적으로 경영이 이루어지는 것을 조건으로 해 거래를 진행할 것입니다. 거래가 종결되는 시점에 귀사는 최소한 5억 원의 운전 자본(유동자산에서 유동부채를 뺀 금액으로, 기업회계에 따라 계속적으로 적용한 금액을 기준)을 보유할 것을 조건으로 합니다.

3. 당사는 귀사가 제공한 정보와 귀사와의 미팅을 통해 획득한 재무제표와 추정 재무 정보 같은 정보의 신뢰성을 기초로 해 귀사의 주식 100% 또는 영업 및 관련 자산을 300억 원과 350억 원 사이에서 평가를 하고 인수를 진행할 예정입니다. 새로운 법인을 설립하는 경우 당사는 60억 원을 투자할 예정입니다. 추가로 당사는 국민은행 등 금융 기관으로부터 50억 원 상당의 신용을 제공받을 것이며, 200억 원 상당의 전환사채 등을 발행할 예정입니다(또는 추후 매매금액 협의에 의해 투자 금액을 결정할 것입니다). 당사는 강력한 자금 조달 능력과 가용 자금을 보유하고 있으며, 이러한 자금 조달에 아무런 문제가 없을 것입니다. 귀사의 인수 대가 중 40~50%는 현금으로, 나머지는 주식으로 지급할 것입니다.

   - 초기 단계이므로 거래 가격, 조정 및 대금 지급 방법의 경우 가격에 대해 언급이 없는 경우가 대부분이나, 거래 가격 범위(Valuation range)와 조정에 관한 합의사항이 포함될 수 있다. 전부 현금으로 지급하는 경우라면 이를 포함시킨다. 인수 가격은 거래 시작 단계 또는 중간단계의 정보에 기초해 협상되나 변동된 자료에 의해 조정될 수도

있다. 예를 들어 실사 시 순자산 등을 기초로 해 차이가 날 때는 일정한 범위까지는 조정하지 않고, 이를 초과하는 경우에는 일정한 금액을 조정하는 경우이다. 또한 거래 종료 시까지 예상치 못한 특별한 거래나 사건이 있는 경우 이를 반영시키는 계약을 하기도 한다.

- 대금 지불 방법에 대해서도 현금 지불, 주식 발행, 회사채 발행, 어음 또는 연불 지급 등이 포함될 수 있다.

4. 당사와 귀사와의 의향서를 교환한 후 60일 이내에 거래를 종결하기를 희망합니다.

5. 이 의향서는 당사의 대표이사에 의해 승인을 받았으며, 당사가 실사를 마치면 최종적인 인수 계약서는 대표이사에 의해 승인을 받을 것입니다.
또는
투자와 관련한 투자타당성 분석을 위해 당사 또는 당사로부터 의뢰받은 업체가 요구하는 서류에 대해 충분한 내용의 정보를 받아, 본프로젝트 관련 투자타당성에 대한 분석 결과 투자타당성의 검증이 완료되고, 사의 투자심의회의 승인을 득하고, 펀드 모집이 완료되는 것을 조건으로 합니다.

6. 귀사의 실사를 할 때 필요한 추가적 자료의 리스트는 경영진과 최초 만남 이후에 요청하겠습니다.

7. 귀사에 대한 실사는 ○○회계법인이 담당할 예정입니다. 또한 법률적 검토는 ○○법무 법인이 담당할 예정입니다.

- 의향서가 회사 또는 자문사가 제공한 정보를 기초로 작성되었으며, 실사로 인해 거래 가격이나 조건이 변경되거나 중단될 수 있음을 명시하기도 한다.

8. 김○○ 부장(전화: 02-539-○○○○)이 향후 진행될 거래를 담당할 책임자입니다.

9. 당사의 귀사에 대한 평가는 2012년 12월 31일에 끝나는 사업연도의 귀사의 영업 현금 흐름(EBITDA)과 2013년 1월 15일 코리아프로페셔널이 제공한 정보를 기준으로 하였습니다. 당사가 제안한 가격은 귀사가 제공한 성장성 등 정보의 해석과 영업 현금 흐름의 계산 내용의 분석에 따라 변경될 수도 있습니다.

10. 당사는 가급적 빨리 귀사의 경영진과 만나기를 바라며, 당사는 2013년 1월 29일 오후에 귀사의 경영진과 만나기를 희망합니다.

11. 이 예비적 의향서는 귀사를 인수하는 확정된 계약은 아닙니다. 최종적인 인수는 다음을 만족시켜야 확정될 수 있습니다.
첫째는 당사에 의한 실사가 종결되고, 실사 결과를 당사가 수용해야 합니다. 이 예비적 의향서는 회사의 재무, 법률 문제, 조세 문제, 환경 문제, 노무 문제, 기타 등에 대해 회계사, 변호사, 기타 전문가의 실사가 완전하게 수행되어야 추가적인 진행을 하는 것입니다. 이러한 실사를 위해서는 귀사의 모든 본·지점 등 사업장과 경영 상태를 파악할 수 있어야 합니다.

둘째는 일반적으로 이루어지는 회사의 보장 및 보증이 포함된 인수 계약의 협상에 따라 당사가 수용할 수 있는 인수 계약서가 작성되어야 합니다.

셋째는 이렇게 작성된 인수 계약서가 당사의 대표이사 또는 이사회의 승인을 받아야 합니다. 또한 관련 법령에 따라 인허가나 승인 등이 요구되는 경우에는 그러한 인허가 등을 받아야 합니다.

넷째는 귀사의 경영실적이나 향후 추정실적이 중대하게 악화되는 등의 변화가 없어야 합니다.

12. 이 예비적 인수의향서는 이 예비적 의향서에 기재된 자와 회사에만 공개되는 비밀 정보를 포함하고 있습니다. 이 예비적 인수의향서의 정보는 사전에 당사의 승인이 없이는 복제되거나 공개될 수 없습니다. 이 예비적 인수의향서는 받은 후 어떤 복제나 어떤 기록도 이기지 않고, 어떤 사람에게도 정보를 공개하지 않고, 24시간 이내에 귀사가 이 예비적 인수의향서를 거절함과 함께 원본을 반납하지 않으면 이를 수락한 것으로 간주합니다.

다시 한 번 당사에 이 의향서를 제출할 기회를 준 것에 감사를 표합니다. 이 예비적 의향서가 양 사의 이익이 되기를 바랍니다.

감사합니다.

회장 김○○

상호		대표자	
사업자등록번호		업종	
주소			
담당자 직급 및 성명			
담당자 연락처	전화		
	팩스		
	E-mail		
첨부 서류	·법인인감증명서(주1) 1통 ·법인등기부등본(주민등록등본) 1통 ·사업자등록증 사본 1통 ·최근 3개년 재무제표(개인인 경우 자금 보유 증거서류)		

·공증된 위임장 (대리인이 제출하는 경우)
1) 법인인감증명서가 없는 외국법인의 경우 서명공증 서류 2) 외국법인은 설립지 또는 주소지 국가에서 발행된 법인등기부등본이나 법인등록증명서 등 회사의 존재를 증명하는 서류

5) 장기적 인수

M&A에 탁월한 기업은 인수 대상 기업과 체계적으로 관계를 구축한다. 이렇게 하면 해당 기업이 매물로 나오자마자 혹은 매물로 나오기도 전에 협상을 시작할 수 있다. 민첩하게 움직인 기업은 잠재적 인수 대상 기업에 대해 수개월, 심지어는 수년을 미리 투자해왔고, 인수 효과를 정확히 파악하고 있기 때문에 프리미엄 가격을 기꺼이 제시하거나 신속하게 행동할 수 있다. 이는 시장 변화나 인수 대상 기업의 내부 환경 변화 등으로 인해 인수 대상 기업에 접촉해야 하는 중요한 이유를 경영진에게 제시할 수 있게 해준다.

전략적 인수자가 기업을 인수하기 위해 몇 달씩 또는 몇 년씩 인수 대상 기업과 우호적 관계를 형성하고, 그 사업과 잠재력을 파악하는 시도는 흔한 일이다. 이때 영업 부서 직원들이 이러한 관계 형성에 도움이 될 수 있다. 종종 거래의 성사를 위해 또는 거래가 꽤 오랜 미래에 이루어지거나 쉽지 않은 경우 사전에 조금씩 예비적 조율을 할 필요가 있다. 매각 기업과 인수 기업 양쪽을 조금씩 협상의 테이블로 오도록 유도하는 것이다.

제5장 미팅의 진행

1. 최초의 미팅

1) 미팅의 개요

미국의 M&A 전문가는 매각 기업은 인수 의향 기업이 예비의향서를 제출하기 전에는 어떠한 경우에도 미팅을 가지면 안 된다고 말한다. 그러나 이는 무리한 주장이다. 우리나라에서는 그렇게 진행하면 인수자가 거래 진행을 하는 경우가 거의 없다. 예비의향서를 받으면 좋지만, 인수 기업이 신뢰할만하고 인수 의사가 확실한 경우에 미팅을 진행하는 것이 합리적이다. 어찌되었건 제출된 예비의향서가 매각 기업이 보기에 받아들일만하다면 다음 단계로 인수 기업과 매각 기업의 핵심 경영진 또는 기업주와 미팅을 준비한다. 이러한 미팅에서 매각 기업은 최신 재무자료와 새로운 고객, 거래가 끊긴 고객, 새로운 상품의 개발, 소송 관련 등 인수 기업에 필요한 새로운 정보도 제공한다. 상호 간에 질문과 답변 등의 대화를 나누면서 향후 진행 가능성 등도 판단해본다. 매각 기업의 입장에서 미팅의 최종 목적은 의향서를 받는 것이다. 물론 기업 탐방(Facility tour)이 동시에 진행되기도 한다.

잠재적 인수자를 만날 때 다른 잠재적 인수자가 회사를 방문한 것을 알 수 있도록 일부러 방임하기도 한다. 이는 경쟁 심리를 유도할 수 있다.

2) 미팅 참석자

(1) 참여의 주체

매각 기업의 주요 경영진이 참가하는 것이 원칙이다. 경우에 따라서는 한 사람 또는 몇 사람만 참가할 수도 있다. 자문사도 참석하여 그 모임의 진행을 담당한다. 인수 기업 측에서는 가급적 최종 의사 결정권을 가진 회장, CEO, CFO 또는 사업 개발 담당 부서의 장이 참석하는 것이 좋다. 물론 인수 기업의 자문사도 참석할 수 있다.

변호사나 회계사는 참석해서는 안 된다. 이 미팅은 법률 문제나 회계 문제가 아니라 비즈니스 이슈를 논의하고자 하는 비즈니스맨들의 만남이기 때문이다. 중요한 법률 문제나 회계 문제가 있더라도 이 미팅은 그런 자리가 아니다.

(2) 자문사 역할

M&A를 위한 만남을 어떻게 할 것인가는 매각의 성공과 깊은 관련이 있다. 자문사는 미팅에서 그 목적을 달성할 가능성을 높이면서도 매각 기업이 최소한의 시간을 소비하도록 해야 한다.

내가 외교상이건 사업상이건 거래를 중개하는 경우 항상, 양쪽 당사자 누구에게도 사실 관계를 언급하지 않는다. 당신은 양쪽 당사자 스스로가 열정적으로 진실을 밝히도록 놔둬야 한다. 그리고는 양측으로 하여금 거래의 이득을 양보하고 관대해지라고 설득한다. 만일 당신이 양측 당사자의 심리적 지뢰의 뇌관을 제거해 안정시켜서 양쪽 당사자가 다른 쪽 당사자가 원하는 것을 허용하게 한다면 보통 거래는 성사된다.[1]

미팅 진행 시 자문사는 도입부를 담당하며, 전반적으로 조정자(Navigator) 역할을 한다.

3) 미팅의 장소

매각 기업의 종류에 따라 장소는 달라진다. 서비스업을 영위하는 기업은 회사에서 만날 이유가 없다. 인수 기업이 볼 만한 공장이나 재고가 없기 때문이다. 이런 회사는 자문사의 사무실을 이용하기도 한다. 매각 기업이 제조업체이거나 도·소매업 유통망이 있는 기업이라면 인수 기업은 그 시설을 보고자 한다. 이런 경우 매각 기업에서 미팅이 이루어질 수 있다. 물론 잠시 시설을 둘러보고 주변호텔에서 만남을 계속할 수도 있다. 비밀 유지를 위해 일과 후나 업무가 없는 날 시설을 보는 것이 좋다. 미팅룸에는 프로젝터, 스크린 또는 깨끗한 벽이 있는 것이 좋다.

4) 미팅의 주제

매니지먼트 미팅 시에는 최신 재무 정보와 미래 실적에 대한 정보를 제공하는 것이 좋다. 미팅 시 매각 기업은 5~8쪽 정도로 구체적인 내용을 문서로 준비하는 것이 바람직하다. 그 내용은 거래마다 다르겠지만, 기본적으로 다음과 같은 주제들이 포함된다.

첫째, 전체적인 설명을 하는 도입부(Introduction)이다. 둘째, 인수자 설명 (Buyer's discussion)이다. 인수 기업 소개, 투자 자금, 투자전략과 본 인수 목적 등에 대해 설명한다. 셋째, 매각 기업의 입장 요약이다. 매각의 방식 및 범위, 거래의 구조, 현금 거래, 경영진 잔류 등에 대해 설명을 한다. 넷째, 투자 소개(Opportunity for the buyer)이다. 회사소개서의 내용을 기초로 해 매각 대상 기업의 투자 포인트를 제시한다. 다섯째, 변동 사항(Recent improvements or changes)이다. 회사소개서가 작성된 후 수익성 개선이 따르는 시스템 개선, 새로운 고객 개발 등 중요한 변동 사항을 제시한다. 여섯째, 최신 재무 정보 및 추정재무제표(Financial update and forecast)이다. 일곱째, 기타 투자 포인트(Additional opportunities for buyer)이다. 이는 인수 후 인수 기업이 누릴 수 있는 기회와 시너지에 대한 제시이다. 마지막은 질문과 답변(Q&A)이다. 미팅이 잘 이루어지는 경우 최소한 두 시간 정도의 질의응답이 이어진다. 〈표 5-1〉은 유럽 기업이 한국 기업을 인수하기 위해 실제로 최초 방문했을 때 재무 정보, 미래 실적 및 거래 가격(Valuation) 등을 중심으로 간략하게 준비하고 논의한 자료이다. 기술적인 부분이나 설비 등에 대한 설명은 회사 측에서 하는 것을 전제로 한 것이다.

<표 5-1> 최초 미팅 시 거래 가격(Valuation) 관련 준비 자료 사례

H사 1차 미팅 기본 정보		
재무 정보	거래 가격 정보	• 매출 700억 원, 매출 총이익 85억 원, 영업 이익 29억 원으로, 감가상각 등 13억 원을 감안하면 EBITDA는 42억 원임. • EBITDA에 10배를 하면 420억 원임. • 차입금 290억 원, 현금성 자산 35억 원, 유휴 부동산 매각으로 인한 현금 추정 금액 100억 원을 감안하면 순 부채는 155억 원임. • 따라서 자기 자본(Equity) 평가는 265억 원을 요구함.
	예상 질의	• 영업 이익이 전년도에 비해 27억 원 증가한 요인임. – 대손상각 16억 원 감소: 2013년도에 일시에 대손처리를 한 것임. – 지급수수료 4억 원: 엔지니어링 외주 비용 감소로 영구적 – 급여 관련 비용 4억 원: 고임금 직원 퇴직으로 영구적 – 잡 손실 5억 원 증가: 공기업 납기 지연으로 인한 연체금으로 일시적
추정 정보		• 추정 영업 이익 1차 연도 55억 원, 2차 연도 75억 원, 3차 연도 103억 원, 감가상각 등을 15억 원으로 추정할 경우 EBITDA는 70억 원, 90억 원, 118억 원으로 300억 원 이상의 지분 가치를 요구할 수 있음. • 한국 시장에서의 시너지를 감안하면 시너지에 따른 추가 요구함.
연혁 이해		• 인수 측은 기술 개발을 통하여 특허를 내면서 성공을 거둔 기업으로, M&A를 통하여 크게 성장함. 따라서 인수 경험이 많은 기업이라 기회는 좋음. • 금융 위기 전인 2008년경에 인수 측 회장이 취임하자마자 아시아 담당 책임자를 통해 한국을 방문하여 미팅을 했음 – 상호 거래를 목적으로 하면서 일부 투자(20만 달러 정도)를 요청했으나, 너무 소액이어서 거부함. • 한국 시장이 1조 원이어서 지속적으로 한국 진출을 위해 노력했으나 실패하여 철수함. 중국 시장과 일본 시장에는 이미 진출함.
유의 사항		• 이미 국내 업체와 협상을 진행 중이며, 미팅 후 15일 이내에 추가 진행여부를 알려주여야 가부를 통보할 수 있음. • 경쟁 업체이므로 보안 사항이 많아 상당한 구속력이 있는 의향서가 필요함. • 해외 업체이므로 큰 비용이 듦. 그러니 함부로 거래를 진행하지 않음. • 일단 좋은 반응을 보이게 하는 것이 중요하며, 매력을 가진다면 유리한 입장에 서서 진행이 가능함.
미팅 시 논의 사항		• 국내 시장이 점차 고급화를 지향하면서 고급 제품을 공급하는 해외 인수 측 기업이 국내 시장에 진출하면 시너지 효과가 클 것이라는 점을 어필함.

5) 잠정적 결론

미팅의 결과는 알기 어렵다. 비즈니스맨들은 늘 정중하고 외교적이다. 인수자가 티저나 회사소개서에 메모를 하고 가지고 와서 묻는다면 관심이 있다는 증거이다. 질문이 많고 세세하게 묻는 것도 관심의 표시다. 그러나 핸드폰의 문자를 보거나 다른 것에 눈길을 주고 있다면 관심이 떨어진다는 뜻이다. 인수 기업이 생각보다 빨리 미팅을 끝낸다면 분명 관심이 없는 것이라고 볼 수 있다. 반면 몇 시간 동안 계속되는 것은 좋은 신호다.

대부분의 인수 기업은 얼마나 많은 예비의향서가 제출되었는지, 그리고 자신의 제시 가격이 높은지 낮은지에 대해 물어보기 마련이다. 그러나 가급적 말을 적게 하는 것이 바람직하다. 의도적으로 이런저런 말을 했다간 '양치기 소년'처럼 신용을 잃어버릴 수 있기 때문이다.

6) 인수자 결정

(1) 선택의 기준

잠재적 인수 기업이나 인수 희망 기업이 많은 경우에는 선택을 해야 한다. 보통 최고 가격을 제시하거나 제시할 가능성이 있는, 거래가 성사될 가능성이 높은 기업을 선택한다. 예비의향서를 제출한 기업 중 어떤 기업을 경영자 프레젠테이션에 초대할지를 결정하는 데 있어서 유일한 해답이 존재하는 것은 아니다. 여기서는 이에 대해 몇 가지 사례를 들어 설명한다. 그러나 이는 하나의 실무적인 지침일 뿐 '신성불가침한' 절대기준은 아니다.

11개 기업이 예비의향서를 보내왔는데 그중 4개 기업의 제시 가격이 25% 이상 높은 가격을 제시하였다고 가정하자. 이 경우에는 4개의 기업을 프레젠테이션에 초대한다. 다만 가장 좋은 가격을 제시하고 최종 인수 가능성이 높은 기업을 마지막에 만나도록 일정을 조정한다. 이는 인수 가능성이 낮은 기업에 프레젠테이션을 하면서 문제점들을 찾아내어 해결하기 위해서다. 따라서 인수 가능성이 낮은 7개 기업 중 하나를 초대해 사전에 리허설을 할 필요가 있다. 그렇더라도 프레젠테이션을 하는 경영진에게 이번에 오는 기업이 최선의 기업이 아니라는 점은 알리지만, 순위가 얼마나 낮은지는 알리지 않는다. 이렇게 해야 지나치게 느슨하게 진행되지 않고, 과도하게 신경 쓰지 않게도 할 수 있다. 또한 이러한 진행 과정이 외부에 알려지지 않게 할 수 있다.

제시 가격 등이 유사한 의향서를 11개 받은 경우에는 어려운 '탐색 과정 (Soul-searching)'이 필요하다. 우선 희망자들의 자금 조달 능력과 인수 가능성을 기준으로 해 합리적인 수(Manageable number)로 줄이는 것이 효과적이다.

한 기업이 다른 기업에 비해 매우 높은 가격을 제시한 경우에는 그 기업의 M&A 거래 전력을 파악해야 한다. 실질적으로 얼마나 거래를 완료하였는지가 관건이다. 문제가 없다면 이 기업을 프레젠테이션에 초대하는 것이 당연하지만, 사전에 결정할 것이 유력한 다른 인수자를 초대해 프레젠테이션을 미리 하는 것도 좋은 방법이다.

단 한 곳의 기업만 연락을 한 경우에는 그 기업을 초대할 수밖에 없다. 물론 그 기업에 대한 정보를 사전에 파악해두어야 한다. 이 경우에는 예행 연습을 할 인수자가 없으므로 내부적으로 자문변호사, 자문사, 자문회계사나 적당한 게스트를 초대해 프레젠테이션을 해보는 것이 바람직하다. 물론 실제 프레젠테이션에서는 그 인수자의 순서가 여러 프레젠테이션 중의 하나인 것처럼 해야 한다.

주의해야 할 것은 능숙한 인수 기업은 낮은 가격을 제시한 인수자에게 먼저 프레젠테이션을 하고, 후에 좋은 가격을 제시한 인수자에게 함으로써 프레젠테이션의 질을 향상시키려 한다는 사실을 안다는 점이다. 이 때문에 자문사는 경영진에게 최종 프레젠테이션에 이어 추가적인 프레젠테이션이 있을 것이라고 말한다. 최종 프레젠테이션이 끝나면 이러한 '허위의' 프레젠테이션이 취소되었다고 하는 것이다. 경영진은 할리우드 배우처럼 결코 이번이 마지막 프레젠테이션이라고 완벽하게 연극할 수 없기 때문이다.

(2) 인수자에게 통보

예비의향서를 받아 인수자로 결정한 후 최종 프레젠테이션 대상 인수 기업에 연락을 할 때는 다음과 같은 정보도 제공해야 한다.

첫째, 프레젠테이션 대상 기업으로 선택되었으며, 기업 탐방도 가능할 수 있다는 점이다. 그리고 만남을 위한 장소와 시간을 논의해 가능한 빨리 정한다.

둘째, 인수 기업은 온라인 데이터룸을 이용할 수 있으며, 조만간 코드와 비밀번호가 부여될 것이라는 점이다.

셋째, 인수 기업은 최종적 제안을 해야 한다. 가능한 분명한 날짜를 정해 인수 기업이 준비를 하도록 만든다. 최종 제안서를 제출하는 날짜는 회사소개서를 제공할 때 첨부한 일정표상의 날짜나 근접한 날짜로 한다.

2. 설명회 개최

1) 설명회 준비

(1) 개요

비밀 유지약정서의 서명을 받아 회사소개서를 제공하고 미팅이 이루어지면, 본격적으로 M&A 교섭 및 협상이 진행된다. 인수 가격, 지불 방법, 인수 조건 등을 협의하고, 합의가 이루어지면 인수의향서를 교환한 뒤 인수 계약서의 안을 제시한다.

많은 매각 희망 기업들이 잠재적 인수자를 위한 프레젠테이션을 준비한다.

그러나 중소기업이나 비상장 기업인 경우, 또는 소극적 매각 희망 기업인 경우에는 기업설명회를 준비하지 않는다. 기업설명회가 꼭 필요한 것은 아니다. 최고경영자나 일부 핵심임원들이 회사소개서를 참고해 간략하게 기업설명회를 개최할 수도 있다. 이런 경우에는 회사소개서를 하나하나 설명하면서 추가적인 또는 보완적인 설명을 한다. 1980년대 후반부터 중소기업의 M&A에서는 이 방식이 일반적으로 사용되고 있다. 자문사들이 두 시간 내외에 걸쳐 설명회를 개최하기도 한다. 이미 회사설명서를 제시하였으므로 프레젠테이션에서는 가급적 업데이트된 자료를 보완해 제공한다.

(2) 장소의 선택

프레젠테이션은 매각 기업의 사무실 이외의 장소에서 하는 것을 권장한다. 매각 기업에서 이루어지는 경우 종업원들의 의심을 받기 마련이다. 가까운 비즈니스 클럽, 골프장, 레스토랑 미팅룸, 호텔 미팅룸도 좋다. 장소는 편안한 느낌이 들어야 하고, 방이 커서 빈 공간이 느껴지는 곳은 피한다. 호텔 컨퍼런스룸에서 프레젠테이션이 이루어지는 경우에는 조찬 뷔페를 함께하며 진행하는 것이 좋다. 사람들이 서로 대화하고 편안한 감정을 공유할 수 있게 해준다. 여기에는 종업원이 들어오지 않도록 하는 것이 좋다.

(3) 자료 준비

자료는 기업의 평가 금액, 매각의 진행, 최적의 잠재 인수자, 거래 시의 문제점, 자문사의 담당 책임자, 자문사의 소개 등을 준비하는 것이 좋다. 물론 프레젠테이션의 내용은 대개 투자설명서(Information memorandum)를 반영해 만든다. 프레젠테이션은 실질적으로 투자설명서이자 회사소개서이다. 단지 이전보다 더 다채롭게 구성하고 편집한 것으로, 좀 더 상세한 설명을 제공하는 것이다. 또한 질문들에 대한 답변이나 회사소개서 제공 후 추가된 정보가 포함된다.

프레젠테이션에서는 특정한 잠재적 인수 기업에 맞는 정보를 별도로 제공할 수 있다. 여기에는 잠재적 인수 기업이 매각 기업을 인수하는 경우 발생하는 시너지가 포함될 수 있다. 물론 프레젠테이션의 내용은 대개 투자설명서를 반영해 만들어지고, 슬라이드 형식으로 제공된다. 복잡하고 많은 정보들은 가급적 차트나 그래프로 간략하게 정리된 뒤 제공된다. 가능하다면 의사 결정에 유용하도록 만든다. 예를 들어 과거 5년간의 매출이나 이익을 그대로 보여주기보다는 '과거 5년간 매출과 이익이 꾸준히 상승'과 같이 내용을 제시하고, 그에 대한 상세한 정보를 아래에 표시하는 방식이다. 프레젠테이션은 듣는 사람이 그 정보를 이해하도록 하는 것뿐만 아니라, 결론을 도출할 수 있게 만들어야 한다.

많은 경우 프레젠테이션에는 파워포인트를 이용한다. 파워포인트는 청중들의 눈을 프레젠테이션을 하는 사람에게 집중하게 만들 수 있다. 유의할 것은 프레젠테이션의 사본을 청중에게 제공해야 한다는 점이다. 이를 제공하지 않으면 그들은 메모하느라 정신이 없어진다. 경영진의 설명을 듣고 대화를 나누는 프레젠테이션의 목적을 달성할 수 없게 되는 것이다.

각각의 페이지에는 2~5개 정도의 항목을 사용해 지나치게 많은 정보를 제공하지 않도록 한다. 각 항목에는 제목을 달고, 그 제목별로 간략하게 설명한다. 각 항목은 짧고 명료해야 하며, 5~10단어 이상을 넣지 않는 것이 좋다. 글자는 30~40포인트로 읽기 어렵지 않게 해야 하며, 효과도 요란스럽지 않아야 한다. 또한 그냥 읽어 내려가느라 지루해지도록 만들어서도 안 된다.

보통 자문사가 프레젠테이션의 초안을 작성하지만, 매각 기업이 이를 검토한 뒤 서명하는 것이 바람직하다. 투자설명서는 매각 기업이 검토해 오류가 있는지를 파악하는 것인 데 반해, 프레젠테이션은 매각 기업이 직접 하게 되므로 그 구성과 내용에 대해 스스로 만족해야 한다.

그리고 여러 번 리허설을 통해 잘할 수 있도록 수정하고 교정해야 한다. 첫 번째 프레젠테이션부터 잘하기는 쉽지 않으므로, 중요하지 않거나 가능성이 낮은 잠재적 인수자에게 먼저 하는 것도 고려해볼 만하다.

(4) 자리의 배치

프레젠테이션을 하는 경우 U자형으로 자리를 마련해 스크린은 열린 부분에 위치시키고, 그 부분에 단상을 둔다. 인수 기업이 스크린 반대쪽에 앉고, 매각 기업과 자문기업은 스크린 쪽에 앉는다. 회의실에서 프레젠테이션이 이루어지면 인수자 측과 매각 기업 측을 마주보고 앉게 해서, 서로 반대쪽 끝부분을 마주보지 않도록 해야 대화가 더욱 쉬워진다. CEO가 테이블 끝에 앉는 전통적인 회의실은 프레젠테이션에 어울리지 않는다.

회의실 뒤쪽이나 한쪽에 가벼운 음식이나 다과를 제공하는 것이 좋다. 대화가 더욱 쉽게 이루어지는 효과가 있기 때문이다. 다과는 프레젠테이션을 하는 사람과 인수자 사이에 놓지 않도록 한다.

(5) 자료의 비치

설명회를 개최할 때 상품 브로셔, 상품 샘플(많을수록 좋다), 상품 사진, 회사소개서, 회사 설비 그림과 도면을 비치하는 것을 권장한다. 프레젠테이션 슬라이드 자료의 사본은 사전에 제공하지 않는다. 프레젠테이션은 아주 느리게 진행해 참가자들이 신경을 쓰지 않더라도 이해할 수 있게 만들어 핵심 포인트를 놓치지 않게 하는 것이 좋다.

2) 인수자 접견

프레젠테이션을 하기로 한 날 인수자를 접견하는 것도 중요하다. 인수자가 타 지방에서 비행기로 오는 경우, 매각 기업이나 자문사에서 공항에 마중나가는 것이 좋다. 그리고 출장인 경우에는 호텔을 예약하여 최종 확인을 하고, 호텔까지 안내하는 것이 비즈니스 예의이다. 물론 프레젠테이션 장소를 찾지 못해 헤매지 않도록 안내해야 한다. 또한 호텔 컨퍼런스룸 이외의 장소에서 프레젠테이션이 이루어지는 경우, 장소를 못 찾거나 늦지 않도록 매각 기업이나 자문사가 인수자를 그 장소로 인도하는 것이 좋다.

3) 설명회 진행

(1) 전날의 식사

인수 기업 측에서 전날 도착한 경우에는 밤에 저녁식사를 함께하는 것도 좋다. 이는 공식적인 프레젠테이션과는 전혀 다르며, 서로 친해지고 편해질 수 있는 기회가 된다. 저녁식사 중 거래와 관련된 이야기를 일부 꺼낼 수 있지만, 이것이 주가 돼서는 안 된다. 물론 배우자나 동료들을 대동해서도 안 된다.

(2) 설명의 주체

매각 기업은 가능하면 최고위의 인사가 설명회를 개최해야 한다. 간략한 설명과 함께 매각의 핵심 사항과 매각 사유를 설명하고, 구체적인 설명은 실무 경영진에게 넘긴다.

(3) 관리와 통제

가능한 모든 것을 자문사나 매각 기업이 관리하고 통제할 수 있어야 한다. 설명회는 어디에서 진행하든 토론과 질의응답을 지나치게 길게 하지 않는 것이 좋다. 거래의 실패는 누구의 책임도 아니고 매각 기업의 책임이다. 아무리 작은 문제라도 유의해야 한다. 전자기구 등을 사용하는 경우에는 최종적인 작동 여부를 사전에 확인해야 한다.

(4) 질의와 답변

프레젠테이션이 끝날 때까지 모든 질문이 다루어지고 이에 대한 답변도 이루어지는 것이 좋다. 또한 인수자의 특성에 따라 질문이 제기되면 모두 바로바로 다루어야 한다. 이렇게 하는 것이 건설적인 대화로 이어지게 만들며, 무엇보다도 중요한 프레젠테이션의 목적이 달성될 수 있다.

예외가 있다면 질문에 대한 답변이 바로 이어지는 설명에서 다루어지는 경우인데, 반드시 양해를 구하고 가능한 빨리 다루어야 한다.

(5) 실패와 오류

기업주의 지나친 참견

기업주나 최고경영자는 프레젠테이션에서 말을 너무 많이 하거나 나서지 않는 것이 좋다. 경영진이 진행하는 설명회는 매각 기업 경영진의 경영 능력을 보여주는 면도 있기 때문이다. 마찬가지로 기업주나 최고경영자가 경영진의 설명에 개입하여 수정하거나 추가적인 설명을 하는 것도 좋지 않다. 이러한 행동도 경영진에 대한 인상을 나쁘게 만든다. 문제가 있다면 프레젠테이션 리허설에서 수정해야 한다.

자료를 읽기만 하는 경우

마치 처음 배우는 사람처럼 프레젠테이션 슬라이드를 읽기만 해서는 안 된다. 슬라이드는 설명을 위한 참고자료로 사용하여 더 자세한 정보를 제공해야 한다.

논점을 벗어난 장황한 대화

논점을 벗어나 엉뚱한 얘기를 장황하게 늘어놓는 것은 삼가야 한다. 아주 상세한 정보의 경우 인수팀은 온라인 데이터룸에서 확인하거나 질문을 통해 답을 얻을 수 있다. 프레젠테이션은 특별한 사정이 없는 한 네 시간을 넘기지 않도록 한다.

정보의 일관성

프레젠테이션의 내용에 일관성이 없고 상호모순적인 경우도 있다. 예를 들어 한 사람은 기업의 경쟁력이 소프트웨어 개발에 있다고 하고, 다른 사람은 마케팅, 또 다른 사람은 고객 서비스에 있다고 말하면, 이를 듣는 인수자는 그 회사에 불협화음이 있음을 감지하게 된다. 오히려 다른 사람의 언급을 인용하여 이를 보완하는 것이 훨씬 좋다.

3. 사업장 탐방

1) 탐방의 여부

프레젠테이션이 종결되면 몇 시간에 걸쳐 사무실, 공장 및 설비에 대한 탐방이 이루어질 수 있다. 이는 프레젠테이션이 끝나고 바로 진행되지만, 때로는 프레젠테이션 전에 이루어지기도 한다.

기업 탐방이 필요한지, 어떻게 할 것인지는 매각 기업의 사업 성격에 따라 다르다. 매각 기업이 제조업을 영위하고 제조설비가 아주 큰 경우에는 기업 탐방이 반드시 이루어져야 한다. 또한 기업 설비가 기업 평가에 절대적인 경우에도 마찬가지이다.

그러나 기업 설비가 기업 가치에 큰 관련이 없거나 소매업처럼 판매 시설을 모든 사람들이 볼 수 있는 경우에는 그다지 필요하지도 유용하지도 않다. 또한 지적 소유권이나 노하우가 핵심인 기업도 같다.

어찌되었건 인수 기업이 원하면 진행하고, 원하지 않는다면 할 필요가 없다.

2) 비밀 유지

기업 탐방 시에 비밀 유지에 특별한 관심을 기울여야 한다. 아무리 비밀 유지를 위해 노력하더라도 "○○○는 잠재적 구매자"일 뿐이라고 임직원들에게 직·간접적으로 얘기하는 것은 어리석은 일이다. 루머는 사실로 변해 세상 사람들이 다 알게 될 뿐이다. 그러나 좀처럼 회사공장을 탐방하는 일이 없는 기업에서는 아무 말도 하지 않으면 의심만 키울 뿐이다. 오히려 공장 입구에 "환영 ○○○ 회사"라고 플래카드를 걸어 마치 그들을 잠재적 구매선인 것처럼 생각하게 하는 것이 좋다. 구매 기업이 늘 찾아오는 공장인 경우에는 이 방식이 아주 좋다. 만약 이들 신원을 밝히지 않으려 한다면 일과 후에 탐방할 수도 있다.

이것도 곤란하다면 자신의 기업에 투자하려는, 하지만 이름은 밝힐 수 없는 기업으로 소개할 수 있다. 손님이 자주 찾아오고 이를 공식적으로 알리지 않는 풍토가 정착된 경우, 아무런 통지 없이 방문객을 안내하기도 한다. 여러 인수자가 방문할 때 어떤 경우에는 바이어로, 어떤 때에는 구매자로 또는 경영진의 친구로 방문하게 한다. 가급적 회사 이름을 대지 않고 개인 이름만 알리거나 표시한다.

한편 아무리 인수 예정 기업이나 투자 기업이 엄청난 기업이라고 해서 그들을 최고급차로 배웅하거나 특별한 예우를 갖추는 것은 임직원들을 의심하게 만든다. 자문사 사람들은 가급적 참가하지 않는 것이 좋다. 참가하더라도 단 한 번만 참가해야 한다.

3) 유의할 사항

멀리서 온 투자 기업 사람이라면 공항에서부터 약속 장소로 이동하는 것을 배려해서 세심하게 차를 마련해야 한다. 특히 러시아워나 차가 막히는 시간에 늦지 않도록 여유 있게 준비해야 한다. 실수로 인해 비행기를 놓치거나 하면 나쁜 기억을 갖게 된다.

공장을 탐방할 때 주의할 것은 사용되지 않는 기계다. 대부분 감가상각이 끝났고, 한쪽 편에 쌓여있다. 이런 설비는 공장을 초라해 보이게 하고, 나머지 부분들마저 가치가 떨어져 보이게 만든다. 치워버리거나 잘 정리해 보이지 않는 곳으로 옮겨야 한다. 그렇게 하면 가용 공간이 넓어져 오히려 기존 직원들도 좋아하는 경우가 있다. 한편 청결 상태, 정리 상태, 직원의 표정, 형광등의 교체 상태, 천정의 보수 상태, 화장실 상태 등은 사소해 보이지만 그 기업과 사업의 현황을 보여준다는 점을 알아야 한다.

프레젠테이션과 기업 탐방이 끝난 잠재적 인수 기업으로부터 문의전화가 오는 것은 좋은 신호이다. 이러한 질문에 대한 대응은 최고경영자나 자문사에 의해 확인을 받은 후 하는 것을 권장한다. 마지막에는 의향서 제출 일자와 제출 방법을 알려주고 다른 질문이 있는지 확인하는 것이 좋다.

4. 타당성 검토

1) 인수의 기준

기업의 인수는 기업의 장기적 전략의 일환이다. 인수할 기업의 산업이 결정되면 해당 산업의 연혁과 현황을 분석하고, 산업의 미래도 예측하여야 한다.

이를 기초로 인수의 전략이 마련된다. 산업을 분석하고 이해한 후 인수 대상 기업의 선별기준(Screening criteria)을 마련하여야 한다. 이렇게 선별기준을 정하고 나면 가장 핵심 요소를 결정하여야 한다. 모든 기준을 만족시키는 인수 대상 기업은 없을 것이고, 이러한 경우 판단의 우선 기준을 정하여야 하기 때문이다.

크든 작든, 전략적이든 전술적이든, 모든 M&A는 회사의 가치를 어떻게 창출할 것인가에 대한 명제에서 출발해야 한다. 이를 투자 논거라고 한다. 투자 논거는 현 사업의 수익구조에 대한 정확한 이해를 토대로 해당 사업을 인수 기업의 사업 포트폴리오에 더했을 때 어떠한 추가가치가 발생하는지를 명확히 설명하는 과정이다.

인수에 성공하는 많은 기업들은 투자 논거를 문서의 형태로 기록한다. 사모 펀드 및 벤처캐피탈 회사인 서미트파트너스(Summit Partners)의 대표 조이 트러스티(Joe Trustey)는 투자 논거란 "내가 왜 이 회사를 소유해야 하는지에 대한 설명"이라고 간단히 정의했다. 여러분도 눈을 크게 뜨고 "우리 회사도 당연히 투자 논거를 수립합니다!"라고 말할지도 모르지만, 전략적 투자자보다 투자 논거 수립에 더욱 철저한 사모펀드를 제외하고는 대부분 투자 논거 수립에 소홀할 가능성이 더 높다.

베인앤컴퍼니(Bain&Company)가 전 산업에 걸쳐 250명의 기업임원을 대상으로 설문조사를 실시한 결과, 오직 29%만이 기업 인수 이전에 투자 논거를 수립했다고 답했다. 설문지에는 투자 논거를 "기업 인수의 합리적 근거"로 정의했다. 설문에 따르면 40%이상이 투자 논거가 전혀 없다고 응답했을 뿐 아니라, 투자 논거를 수립한 29% 중 절반이 인수 계약을 체결한 후 3년 내에 투자 논거가 잘못되었음을 깨달았다고 답했다. 다른 기관의 연구조사도 동일한 결론을 보여준다.

대부분의 기업들이 주주의 돈을 M&A에 투자하는 근거를 제시하는 데에 심각할 정도로 소홀한 것이다. 예를 들어 2002년 액센츄어(Accenture)의 조사에 따르면, 설문 대상 임원 중 83%는 M&A 거래의 가치 창출 동인을 정확히 파악하지 못했음을 인정했다. 우수한 투자 논거는 전략적 가치를 모호하게 강조하기보다는 M&A로 인한 구체적인 효과를 기술할 수 있어야 한다. 많은 기업이 M&A주간사의 "만약 포기하시면 경쟁사가 나설 겁니다"라는 말을 듣고 M&A전에 뛰어든다. 예를 들어 특정 기업이 매력적이라서 단순히 매입하는 것이 아니라 우리의 전체적인 전략과 가까운지, 핵심 사업과 맞아떨어지는지 살피고 이에 맞춰 인수 대상 기업을 찾는 것이 순서다.[2]

2) 명확한 전략

M&A로 성공한 미국의 네트워크 장비 업체인 시스코의 CEO인 존 체임버스는 M&A를 통해 진짜 얻고 싶은 것이 무언인지를 빨리 파악하는 것도 중요하다고 말했다. 또한 M&A의 전략이 명확해야 한다고 당부했다. 예를 들어 인수를 통해 최소 시장점유율을 40%까지 확보할 수 있는지, 또 쉽게 따라할 수 없는 기술을 확보해 지속적으로 차별화가 가능한지 등을 전략에 따라 평가해야 한다고 조언했다.

피인수 기업과 자신의 기업이 지역적으로 지나치게 멀어서는 안 된다고도 조언했다. 특히 국경을 넘게 되면 성장 가능성이 낮아질 수 있다고 설명했다. 마지막으로 그는 M&A에 앞서 기존 고객들에게 의견을 물어야 한다고 권고했다.[3] 인수 실패의 원인은 우선 처음에 잘못된 판단과 분석상의 오류에서 오기 때문이다.

3) 인수 시너지

(1) 투자 논거와 시너지

기업 인수의 최종 목적은 기업 가치의 증대이다. 이러한 기업 가치의 중심에 시너지가 있다. 시너지란 전체(The whole)가 부분의 합(The sum of its parts) 보다 큰 것을 말한다. 예를 들어 기업의 가치가 100억 원인 회사가 가치가 200억 원인 회사와 합친 후 가치가 400억 원이 되는 것을 말한다. 즉, 중복 되는 조직의 수를 줄이고 인력을 감축하면 기업 가치가 그만큼 증대되는 것이 다. 수평적 통합이나 수직적 통합(Horizontal and vertical mergers)의 경우에 가장 큰 시너지 효과가 있는 것으로 보나, 이는 통합에 성공하느냐에 의해서 결정된다. 시너지는 간단하게 생각하면 향후 수입의 증가와 비용의 감소이다.

시너지는 가장 "위험한" 단어이다. 시너지는 실패로 끝난 M&A를 정당화하 기 위해 남용되어 왔다. 베인의 설문조사에 따르면, 인수 기업 중 3분의 2가 시너지 효과를 과대 평가했으며, 이를 M&A 결과가 실망스러웠던 주요 원인 중 하나로 꼽았다. 시너지 효과 측정과 관련하여 애로 사항이나 실망 요인이 워낙 많기 때문에 일부 기업은 아예 시너지 효과를 기업 가치 평가에 반영하 지 않는 극단적 조치를 취한다.

긍정적인 시너지를 무시하면 반드시 체결해야 할 M&A를 그냥 지나치는 결 과를 낳을 수도 있기 때문에 이런 접근 방식은 지나치게 극단적인 면도 있다. 이와는 반대로 부정적인 시너지를 무시하면 잘못된 M&A를 할 수도 있다.

(2) 부정적 시너지 문제

부정적인 시너지는 말 그대로 1 더하기 1이 2 이하가 되는 것을 말한다. 거의 모든 인수에서 적어도 얼마 정도는 부정적인 시너지가 발생하기 마련이다. 흔히 저지르는 실수는 기업 가치 평가 모델에서 두 기업의 매출을 단순 합산하고 시너지를 더하되, 매출이 잠식되는 부정적인 시너지는 제외하는 경우이다.

두 기업이 합쳐졌을 때 일부 중복 고객이 한 개의 업체에 사업을 몰아주고 싶지 않기 때문에 고객을 잃는 것은 아닌가? 두 회사가 통합하면서 고객서비스나 주문 처리 과정에서 실수가 벌어질 가능성은 없는가? 있다면, 매출에 미칠 영향은 어느 정도나 될까? 합병 과정에서 어쩔 수 없이 퇴사할 수밖에 없는 인재는 없는가? 이 직원과 밀접한 관계를 구축한 고객이 있어, 이 고객까지 잃게 되지는 않겠는가? 그리고 경영진이 기업 통합과 비용 절감에 몰두하는 동안 어쩔 수 없이 기존 사업의 근간이 약화되지는 않겠는가? 이 같은 M&A의 부산물을 계량화하여 손실금액을 계산해봐야 한다.

소유권 변화에 따른 영향도 반영하여야 한다. 특히 대형그룹사나 중형그룹사의 자회사를 인수하는 경우 더더욱 그렇다. 그룹사 간에 특수 관계를 이용하여 비용우위를 확보하는 경우가 있기 때문이다. 원자재 가격을 저가에 구매하는 경우, 모기업에서 간접비용을 지원해주면 같이 인수 후 비용이 증가하는 경우가 있기 때문이다. 또한 인수 후 경영진이나 주요 인재를 잃을 위험이 있어 이로 인하여 매출손실이 발생할 수 있고, 이러한 이력을 채용하기 위한 비용도 발생할 수 있다.

(3) 시너지의 원천(Sources of synergy)

시너지의 원천은 다양하다. 우선 규모의 효과(Operating economies)이다. "규모의 경제(Economies of scale)"로 불리는 이것은, 기업의 규모가 커지면서 평균 비용이 감소하는 것을 말한다. 수평 통합의 경우 중복 비용의 감소가 원천이다. 일반적으로 수평 통합(Horizontal mergers)에서 규모의 경제가 많이 나타난다.

수직계열화 효과(Economies of vertical integration)도 원가를 낮출 수 있다. 자동차기업이 부품기업을 인수하면 부품기업의 이익만큼 원가를 절감할 수 있는 것이다. 또한 자본 구조 면에서 시너지가 나타날 수 있다. 인수 기업이 인수 대상 기업보다 저렴한 차입금을 사용한다면 차입금 조정을 통하여 이자 비용을 절감할 수 있다.

관리상의 시너지(operations synergy)도 있다. 공장, 콜센터, 영업팀(sales forces), 기타 부서가 중복되는 경우 이를 통합할 수 있다. 관리상의 시너지는 측정이 용이하고 단기적으로 실현 가능할 수 있다. 경영 효율(Differential efficiency)을 증대시킬 수도 있다. 두 회사가 합병되면 우수한 경영 능력을 확보할 가능성이 있고, 구조 조정·경영상의 비효율성 제거에 의하여 경영 효율을 개선할 수 있다.

또 하나는 마케팅 시너지(marketing synergy)이다. 인수 기업이 담당하는 지역과 매각 기업이 담당하는 지역이 다른 경우 인수 후에 마케팅 지역이 확장될 수 있다. 이렇게 함으로써 새로운 지역에서 새로운 고객을 창출할 수 있는 것이다. 이는 최소한의 비용 추가로 큰 이익을 만들어낸다.

상품의 시너지(product synergy)는 인수한 기업의 상품과 자신의 상품을 조합하면 그 가치가 상승하는 경우의 시너지이다.

마지막으로 연구·개발에서의 시너지(research and development synergy)도 있다. 마케팅이나 상품시너지는 실현이 쉽지 않으면서도 장기적으로 실현이 가능하다. 어찌되었든 말은 쉬워도 시너지란 실현하기가 어렵다. 특히 연구·개발의 시너지는 어렵고도 장기적으로 나타난다.

기업의 규모가 커짐에 따라 시장 지배력(Increased market power)도 커진다. 시장 지배력이 커지면 그만큼 판매 가격을 올릴 수 있다. 판매 가격 설정 능력(pricing flexibility)은 산업 내 경쟁력 평가의 신뢰할 수 있는 지표이다. 모든 인수자는 인수 이후에 가격 설정 능력이 좋아지리라 희망한다. 그러나 인수 후 가격 파워에 대해 상당수 기업들이 지나치게 낙관적으로 생각하는 경향이 있다는 지적이 있다.

마지막으로 재무적 측면에서의 효과(Financial economies)로, 즉 재무적 시너지 효과이다. 기업이 통합을 함으로써 규모가 커져 경영 위험이 감소(현금 흐름 위험의 분산 등)하거나, 부채 비율이 저하하거나, 자본 조달 능력이 확대 되는 등 자본 조달상의 이익으로 자본 비용이 감소하여 시너지 효과가 나타나는 경우이다. 일반적으로 기업의 규모가 증가하면 기업의 위험이 감소한다. 기업의 위험이 감소하면 기업의 가치는 증가하는 것이 기업 가치 이론의 핵심이다.

(4) 시너지의 실현 가능성 문제

시너지가 실현되려면 실질적인 기업 통합이 이루어져야 한다. 실질적으로 하나의 회사로 통합되어(Integrated into a single unit) 규모의 경제가 실현되는 경우를 "operating merger"라고 부른다. 반면 법적인 통합은 이루어졌으나 실질적으로 하나의 회사로 통합되지 않아 규모의 경제가 실현되지 않는 경우를 "financial merger"라고 부른다.

인수는 자금 조달 능력을 이용하여 단숨에 기업의 문제점을 해결하는(fix-it) 전략이 아니다. 그것은 인수와 함께 기업을 재구축(buy-versus-build)하는 성장 전략이다. 시너지의 효과와 그 효과가 실현되는 흐름과 시점을 수치화하는 것은 고도의 판단력과 경험이 요구된다. 시너지와 관련하여 문제가 되는 것은 그것이 실현 가능한지의 여부이다. 비효율적인 공장의 통합, 공통 비용의 절감 같은 시너지는 상대적으로 확실하고 즉시 실현이 될 수 있다.

그러나 연구·개발 부서를 통합하여 혁신적인 제품을 개발하는 것 같은 시너지는 그렇지 않다. 그래서 시너지를 고려하여 기업을 인수하는 경우 정말로 신중하게 검토하여야 한다. 어떤 시너지가 가능한지, 시너지의 실현에는 시간이 얼마나 걸리는지, 그 시너지의 효과는 얼마나 큰지, 그리고 그 시너지가 실현성이 얼마나 있는지. 대부분의 인수 기업들은 이와 같은 질문을 던지며 매우 회의적으로 분석한다.

시너지 효과의 종류와 성공 가능성 그리고 효과가 나타나는 기간을 분석하면 〈표 5-2〉와 같다.

〈표 5-2〉 시너지 효과의 종류 빛 성공 가능성과 효과

기간	시너지의 내용	성공가능성
장기 ↑ 단기	매출시너지: 신규 상품을 신규채널을 통해 판매	낮음 ↓ 높음
	매출시너지: 기존 상품을 신규채널을 통해 판매	
	시설 합리화	
	운영 기능 공유: 유통, 판매, 지역 본부 관리 비용 등 운영 비용 공유. 고객과의 관계에 영향을 미칠 수 있는 리스크가 존재하므로 천천히 조치하여야 함	
	양사의 기능 중복: 두 회사에 중복적으로 존재하는 법무, 회계, 인사 등 고객과 대면하지 않는 부서의 통합	

시너지를 분석할 때 시너지의 실현에 필요한 시간, 시너지를 실현하기 위해 필요한 투자 수준도 함께 고려해야 한다. 즉 시너지별로 그 실현 가능성, 시너지 실현을 위하여 필요한 투자, 시너지 실현에 필요한 기간을 각각 추정한다. 이를 통해 현금 흐름 예측 모델을 더 정확하게 구축할 수 있다.

시너지 효과를 상세하고 꼼꼼하게 따져 보는 것은 좋은 결과를 가져올 수도 있다. 이를 통해 다른 기업이 보지 못하는 기회를 발견할 수 있을 뿐 아니라 인수 후에 더 적은 비용과 시간을 들여 인수 가치를 실현할 수 있다는 것을 알게 되어, 매각 대상 기업의 주주에게 더 매력적인 인수 조건을 제시할 수도 있다.

4) 비경제적 요인

M&A로 성공한 미국의 네트워크 장비 업체인 시스코의 CEO인 존 체임버스는 가장 먼저 자신의 회사와 피인수 기업의 비전이 공통분모가 있는지 살펴야 한다고 조언한다. 해당 업계에서 같은 비전을 갖고 있지 않다면 경제적 여건에서 서로 잠시 합쳐질 수 있으나 이내 문제가 발생할 것이다.

존 체임버스는 피인수 기업의 사내 문화도 인수 전에 꼭 확인해야 한다고 지적한다. 사내 문화가 다르면 두 회사의 융합을 기대하기 어렵기 때문이다. 피인수 기업의 직원들이 사업 성공에 있어서 고객을 언급하는지, 회사가 사업적 성공을 직원들과 함께 공유하려는 분위기인지 또는 일부 경영층 인사만 이윤을 창출하는 회사인지를 꼼꼼히 챙겨야 한다고 존 체임버스는 말했다.[4]

5) 인수 모델링

(1) 개요

인수 기업은 인수의 타당성 검토의 일환으로 재무 모델을 검토(financial modeling)해야 한다. M&A를 위한 재무 모델은 인수 대상 기업의 가치 평가, 인수 구조와 자금 조달 구조의 편성을 용이하게 해준다. 인수를 위한 재무 모델은 〈표 5-3〉처럼 구성된다.

〈표 5-3〉 인수를 위한 M&A 모델 설정 절차

1	2	3	4
인수 대상 기업과 인수 주체 기업의 독자(stand-alone) 가치 평가	인수 대상 기업과 인수 주체 기업의 시너지 감안 가치 평가	최초 제안 가격 (initial offer price) 결정	인수 후 두 기업의 자금 조달 능력(combined firm's ability to finance) 평가
• 기업의 이해와 산업의 경쟁 구도 이해 • 과거 3~5년간의 정상 (normalized) 재무 실적 파악(특별 손익 등 제외) • 시장의 향후 성장성과 산업의 경쟁 상황을 기초로 향후 현금 흐름을 추정하여 독자 가치 평가	• 기업 가치의 원천과 감소 요인 및 시너지 실현에 필요한 비용 추정 • 시너지 효과를 감안하여 각각의 독자 가치를 통합 • 시너지 가치를 추정	• 최소 가격과 최고 가격의 범위를 추정 • 인수 주체가 인수 대상 기업 주주와 공유할 시너지 금액 결정 • 지급 수단 결정(현금, 주식 등)	• 자금 조달 대안과는 별도로 미치는 효과를 추정 • 자금 조달 구조 선택

(출처: Donald DePamphilis, Mergers and Acquisitions Basics, Burlington, Elsevier, 2011, p. 303.)

(2) 독자 가치의 평가

인수 주체 기업의 독자 가치 계산 사례는 〈표 5-4〉와 같다.

〈표 5-4〉 인수 모델 사례: 인수 주체 기업 평가 시의 가정

예측 시의 가정 (Forecast Assumption)	가정 수치	추정 연도				
		1	2	3	4	5
매출성장률(%)		4	4	4	4	4
매출원가율(%)		52.5	51.5	51.0	50.5	50.2
감가상각 및 감모상각/유형자산 원가(%)		8.3	8.3	8.3	8.3	8.3
판매비용/매출(%)		14.5	14.5	14.5	14.5	14.5

일반 관리비/매출(%)		19.0	18.5	18.0	17.2	16.4
수입이자/현금예금과 유가증권(%)		5.0	5.0	5.0	5.0	5.0
금융 비용/신규 차입(%)		8.3	8.3	8.3	8.3	8.3
실질 법인세율(%)		18.0	22.0	25.0	30.0	37.0
기타 영업 유동자산/매출(%)		35.0	35.0	35.0	35.0	35.0
기타 자산/매출(%)		35.0	30.0	25.0	20.0	20.0
유형자산 총액/매출(%)		25.0	25.0	25.0	25.0	25.0
최소 현금보유금액/매출(%)		4.5	4.5	4.5	4.5	4.5
유동부채/매출(%)		30.0	30.0	28.0	26.0	25.0
발행 주식 수(만)		426	426	426	426	426
자본 비용(FY 1~5)(%)	11.81					
자본 비용(FY 5)(%)	10.31					
달성 가능 현금 흐름 성장률(%)	4.00					
부채의 시장 가치(FY 0 말)(억 원)	117.1					

(출처: Donald DePamphilis, Mergers and Acquisitions Basics, Burlington, Elsevier, 2011, p. 307.)

인수 주체 기업의 과거 4년간의 재무제표와 〈표 5-4〉를 기초로 한 추정재무제표와 독자 가치 평가는 〈표 5-5〉와 같다.

〈표 5-5〉 인수 모델 사례: 인수 주체 기업 독자 가치 평가를 위한 재무 정보

구분	역사적 재무제표				추정 재무제표				
	(−)3	(−)2	(−)1	0	1	2	3	4	5
손익계산서									
매출	477.9	469.8	459.6	467.0	485.7	505.1	525.3	546.3	568.2
매출 원가: 감가상각	10	10.3	8.1	7.5	10.1	10.5	10.9	113	118
매출 원가: 기타	231.5	228.6	233.3	241.5	244.9	249.6	257.0	264.6	275.1
매출 원가	241.5	238.9	241.4	249.0	255.0	260.1	267.9	275.9	286.9
매출총이익	236.4	231.0	218.2	218.0	230.7	245.0	257.4	270.4	281.2
판매비용	76.1	78.6	68.5	68.1	70.4	73.2	76.2	79.2	82.4
일반 관리비	78.0	86.3	86.8	90.8	92.3	93.4	94.6	94.0	94.2
감모상각	3.2	4.1	5.2	5.2	5.2	5.2	5.2	5.2	5.2
기타비용	0.1	0.5	(−)0.6	(−)1.9	(−)1.6	(−)1.5	(−)1.7	(−)1.6	(−)1.6
판매비와 일반 관리비	157.4	169.5	159.9	162.2	166.3	170.3	174.3	176.8	179.2
영업 이익(EBIT)	79.0	61.5	58.3	55.8	64.4	74.7	83.1	93.6	102.1
금융 수입					2.3	4.0	4.7	7.4	9.6

금융 비용	9.0	11.1	13.2	15.3	12.7	12.8	12.1	9.6	9.6
법인세전순이익	70.0	50.4	45.1	40.5	54.0	65.9	75.7	91.5	102.1
법인세비용	20.1	13.1	6.2	5.5	9.7	14.5	18.9	27.4	37.6
순이익	50.0	37.3	39.0	35.0	44.3	51.4	56.7	64.0	64.0
재무 상태표									
현금성자산	69.5	21.3	24.7	23.2	21.9	22.7	23.6	24.6	25.5
기타 영업(operating)자산	176.7	184.5	160.5	151.9	170.0	176.8	183.9	191.2	198.9
유동자산합계	246.2	205.8	185.2	175.2	191.8	199.5	207.5	215.8	224.4
투자자산					24.5	58.2	71.1	123.5	167.4
유형자산	93.9	115.9	114.7	112.1	121.4	126.3	131.3	136.6	142.0
감가상각누계	33.7	42.2	42.2	47.3	57.4	67.9	78.8	90.1	101.9
유형자산 장부가액	60.2	73.7	72.5	64.8	64.0	58.4	52.6	46.5	40.2
기타 자산	85.2	181.9	209.7	191.4	191.4	191.3	191.3	191.3	191.3
자산총계	391.5	461.3	467.4	431.4	471.8	507.5	522.4	577.1	623.3
유동부채	117.3	131.7	156.5	150.2	145.7	151.5	147.1	142.0	142.0
장기차입금	66.4	98.4	98.3	124.2	124.2	102.1	64.0	58.9	40.0
기타 부채	14.4	14.1	16.3	16.6	17.2	17.9	18.6	19.4	20.1
부채 총계	196.2	244.2	271.1	291.0	287.2	271.5	229.7	220.3	202.2
자본금: 보통주	72.8	204.1	192.3	183.6	183.6	183.6	183.6	183.6	183.6
이익잉여금	120.5	13.0	4.0	− 43.3	1.0	52.4	109.1	173.1	237.5
자기 자본 총계	193.3	217.1	196.3	140.3	184.6	236.0	292.7	366.8	421.1
부채와 자본 총계	391.5	461.3	467.4	431.4	471.8	507.5	522.4	577.1	623.3
발행 주식 수(만)	291.6	390.8	421.6	426	426	426	426	426	426
주당 순이익(원)	1,710	950	920	820	1,040	1,210	1,330	1,500	1,510
장기차입금/자기 자본(%)	37	48	53	93	70	46	24	18	9.5
운전 자본	128.8	74.1	28.7	24.9	46.1	48.0	60.4	78	62.4
현금 흐름표									
세후 영업 이익 {EBIT(1−t)}	58.4	45.5	50.3	48.2	52.8	58.3	62.3	65.5	64.3
(+)감가상각과 감모상각	13.2	14.4	13.3	12.7	15.3	15.7	16.1	16.5	17.0
(−)자본적 지출	20.1	22.1	(12)	(26)	93	49	51	53	55
(−)순 운전 자본의 증감	(20.0)	(54.8)	(45.4)	(3.7)	21.2	1.8	12.4	13.3	8.8
Free Cash Flow	69.5	92.6	110.2	67.2	37.5	6.7	60.9	63.5	67.2

현재 가치 (2011~2015)	210.0
현재 가치 (Terminal Value)	634.2
기업의 시장 가치	844.2

부채의 시장 가치	117.1
(+) 잉여 현금자산 (Excess Cash, Investment)	24.5
주식의 시장 가치	751.7
주당 시장 가치	17,640

(3) 시너지 감안 평가

인수로 인한 시너지를 예상한 금액은 〈표 5-6〉과 같다.

〈표 5-6〉 인수 모델 사례: 인수로 인한 시너지 추정

구분		1	2	3	4	5
매출 시너지			10.0	15.0	20.0	25.0
매출 원가 시너지		0.4	1.1	1.4	1.4	1.4
판매비 시너지		0.2	0.3	0.3	0.3	0.3
일반 관리비 시너지		0.2	0.3	0.3	0.3	0.3
통합 비용	해고 비용	0.07				
	리스 자산 취득	0.01				
	종업원 고용·유지 비용	0.02				
	합계	0.1				

시너지는 결국 기업이 새로 만들어내는 이익 또는 현금 흐름으로 측정된다. 시너지는 두 기업의 단독가치의 합계와 두 기업의 M&A 후의 가치 합계의 차이다. 두 기업의 M&A 후의 시너지를 감안하여 향후 평가하는 금액은 〈표 5-7〉과 같다.

<표 5-7> 인수 모델 사례: 인수 후 평가

추정의 가정		추정 연도				
		1	2	3	4	5
매출 원가 시너지		0.4	1.1	1.4	1.4	1.4
판매비 시너지		0.2	0.3	0.3	0.3	0.3
일반 관리비 시너지		0.2	0.3	0.3	0.3	0.3
매출 시너지			10.0	15.0	20.0	25.0
통합비용		(0.1)				
자본 비용(1~5)(%)	11.81					
자본 비용(5)(%)	10.31					
지속 가능 현금 흐름 성장률(%)	4.0					
차입의 시장 가치	117.2					

손익계산서	사업연도				추정 연도				
	(-)3	(-)2	(-)1	0	1	2	3	4	5
인수 후 두 기업의 순 매출	482.1	476.4	477.9	492.2	514.7	528.5	547.0	565.9	584.8
매출 시너지						10.0	15.0	20.0	25.0
시너지 반영 순 매출	482.1	476.4	477.9	492.2	514.7	538.5	562.0	585.9	609.8
매출 원가 기타	233.9	233.5	243.6	255.6	262.0	269.2	278.4	287.7	299.4
매출 원가 감가상각	10.1	10.6	8.6	8.4	10.4	10.9	11.3	11.8	12.3
매출 원가 시너지					(0.4)	(1.1)	(1.4)	(1.4)	(1.4)
시너지 반영 매출 원가	244.0	244.1	252.1	264.0	272.1	279.0	288.4	298.1	310.3
매출총이익	238.0	234.3	225.8	228.2	242.6	259.5	273.6	287.9	299.5
판매비	76.7	79.9	71.2	71.9	74.8	78.2	81.7	85.2	88.6
판매비 시너지					(0.2)	(0.3)	(0.3)	(0.3)	(0.3)
일반 관리비	78.5	87.4	89.1	95.1	96.5	98.3	99.7	99.6	99.0
일반 관리비 시너지					(0.2)	(0.3)	(0.3)	(0.3)	(0.3)
시너지 반영 판매관리비	155.2	167.3	160.3	167.0	170.9	175.9	180.8	184.2	187.0
통합비용					0.1				
감모상각	3.2	4.1	5.2	5.2	5.2	5.2	5.2	5.2	5.2
기타손익	0.2	0.6	(0.9)	(3.4)	(3.2)	(3.2)	(3.2)	(3.2)	(3.2)
매출 원가와 판매관리비	158.6	172.0	164.6	168.8	173.1	177.9	182.8	186.1	189.0
영업 이익(EBIT)	79.4	62.3	61.2	59.4	69.6	81.6	90.9	101.8	110.5
금융 수입			0.2	0.4	2.9	4.8	5.8	8.7	11.3
금융 비용	9.1	11.1	13.2	15.3	12.7	12.9	12.2	9.6	9.6
법인세비용 전 이익	70.4	51.2	48.2	44.5	59.7	73.6	84.5	100.9	112.2
법인세비용	20.1	13.3	7.0	6.7	11.2	16.3	21.0	29.7	40.2
순이익	50.2	37.9	41.1	37.8	48.5	57.3	63.5	71.2	71.9

재무 상태표	사업연도				추정 연도				
	(–)3	(–)2	(–)1	0	1	2	3	4	5
현금성자산	69.8	22.5	34.4	27.5	23.6	24.7	25.8	27.0	28.1
기타 영업(operating)자산	177.9	186.1	166.5	160.5	178.7	186.8	194.9	203.1	211.3
유동자산 합계	247.7	208.6	200.9	188.0	202.3	211.5	220.7	230.1	239.4
투자 자산					34.7	74.2	94.0	153.9	205.6
유형자산	94.2	116.5	116.4	115.0	124.9	130.3	135.7	141.3	147.0
감가상각 누계	33.8	42.4	42.7	48.4	58.8	69.7	81.0	92.6	105.1
유형자산 장부가액	60.4	74.1	73.7	66.7	66.1	60.6	54.7	48.5	41.9
기타 자산	87.7	184.4	216.1	201.5	201.0	200.5	199.9	199.4	198.9
자산총계	395.8	467.2	490.7	456.2	504.0	546.8	569.3	631.9	686.1
유동부채	118.5	133.2	161.0	154.4	153.0	159.9	156.3	152.0	152.4
장기차입금	67.0	98.9	98.3	124.3	124.4	102.2	64.1	58.9	40.0
기타 부채	14.4	14.1	16.4	16.7	17.4	18.1	18.8	19.6	20.4
부채 총계	199.9	246.3	275.7	295.4	294.7	280.2	239.2	230.5	212.8
자본금: 보통주	75.0	206.8	207.8	198.0	198.0	198.0	198.0	198.0	198.0
이익잉여금	121.0	14.1	7.2	(37.2)	11.3	68.7	132.2	203.4	275.2
자기 자본 총계	196.0	220.9	215.0	160.8	209.3	266.6	330.2	401.4	473.3
부채와 자기 자본 총계	395.9	467.2	490.7	456.2	504.0	546.8	569.3	631.9	686.1
운전 자본	129.2	75.4	40.0	33.6	49.3	51.7	64.4	78.1	87.0
발행 주식 수(만)	299	399	435	445	445	445	445	445	445
현금 흐름표	사업연도				추정 연도				
	(–)3	(–)2	(–)1	0	1	2	3	4	5
세후 영업 이익 EBIT(1–t)	56.7	46.2	52.3	50.5	56.5	63.6	68.3	71.8	70.8
감가상각 감모상각	13.3	14.7	13.8	13.6	15.6	16.1	16.5	17.0	17.5
자본적 지출	20.4	22.3	(0.2)	(1.3)	9.9	5.4	5.5	5.6	5.7
순 운전 자본의 변동	(20.4)	(53.7)	(35.5)	(6.4)	15.7	2.3	12.8	13.7	8.8

현재 가치(FY 1~5)	233.6
현재 가치 (Terminal Value)	696.4
시장 가치	930.0
차입 현재 가치	117.1
잉여 현금	34.7
자기 자본 가치	847.5

(출처: Donald DePamphilis, Mergers and Acquisitions Basics, Burlington, Elsevier, 2011, pp. 311-3.) (단위: 억 원)

(4) 최초 제안 가격 결정

인수자가 제안하는 최초 제안 가격은 최저 가격과 최고 가격의 사이에서 매각 기업이 수용할 수 있다고 생각되는 최저 가격으로 한다. 최초 제안 가치는 〈표 5-8〉 같이 계산할 수 있다.

〈표 5-8〉 최초 제안 가격 제안의 사례 분석

구분		내용				
거래 조건		현금 지급	0%			
		주식 지급	100%			
		매각 기업과 공유할 시너지 비율	30%			
주가정보		인수 주체 기업	16,030			
		매각 대상 기업	14,250			
발행 주식 (단위: 만)	매각 대상 기업	기본 발행 주식	18.1			
		실행옵션 (In-the-Money)	0.2			
		전환 우선주	0.8			
		합계	19.1			
	인수 주체 기업	426				
모델 (Model Output) (단위: 억원)	구분		단독 가치		합병 가치	시너지 가치
			인수 주체	매각 대상	시너지 없는 경우(1) / 시너지 감안한 경우(2)	(1)-(2)
	시장 가치 DCF Valuation		751.7 (1)	59.1 (3)	810.7 (4) / 847.5 (2)	36.8
	최소 제안 가격	27.2 (5)	(1) 앞의 표 〈인수 주체 기업의 단독 가치〉(표 번호 확인)에서 인용			
	최대 제안 가격	64.0 (6)	(2) 앞의 표 〈인수 후 자기 자본 가치〉(표 번호 확인)에서 인용			
	주당 제안 가격	20,020원 (7)	(3) 가정된 매각 대상 기업의 시장 가치			
	인수 프리미엄	41% (8)	4) 앞의 표 〈인수 후 자기 자본 가치에서 시너지를 제외하고 평가한 금액〉(표 번호 확인)에서 인용			
	현금 지급	0	((5) 매각 대상 기업 발행 주식 수 19.1만 주 × 현재 주가 14,250원			
	인수 주체가 발행한 주식	23,867,000주 (9)	(6) 최소 제안 가격 27.2 + 시너지 가치 36.8			
	인수 후 발행 주식 수	450만 주	(7) (최소 제안 가격 27.2 + 시너지 공유 비율 30% × 시너지 가치 36.8) ÷ 발행 주식 수 19.1만 (8) (제안 가격 20,020 - 매각 기업 주가 14,250) ÷ 14,250			

| 인수 후 | 인수 주체 기업 | 95% | (9) 주식 교환 비율 20,020/16,030 × 매각 기업의 발행 주식 |
| 주식 배분 | 매각 대상 기업 | 5% | 수 19,100,000 |

(출처: Donald DePamphilis, Mergers and Acquisitions Basics, Burlington, Elsevier, 2011, pp. 320-1.)

(5) 자금 조달 능력 판단

인수 후의 자본 구조나 자금 조달 능력은 인수 후 기업의 가치를 최대화할 수 있고(또는 자본 비용이 최소화될 수 있는), 상장 기업인 경우 단기적으로 주당 순이익 희석화가 최소화될 수 있는, 그리고 기존 채권 약정에 위배되지 않는 것이어야 한다.

(6) 사후적 분석

〈표 5-8〉의 재무 정보를 기초로 분석한 자료는 〈표 5-9〉와 같다.

〈표 5-9〉 인수 후 재무 정보 분석 사례

구분		추정 연도				
		1	2	3	4	5
부채 비율 Long-Term Debt/Equity	장기 차입금	124.4	102.2	64.1	58.9	40.0
	자기 자본	209.3	266.6	330.2	401.4	473.3
	비율	59%	38%	19%	15%	8%
이자보상비율 Interest Coverage Ratio	영업 이익(EBIT)	69.6	81.6	90.9	101.8	110.5
	이자 비용	12.7	12.9	12.2	9.6	9.6
	비율	5.48	6.33	7.45	10.60	11.57
주당 순이익	순이익	48.5	57.3	63.5	71.2	71.9
	발행 주식 수: 450만 주					
	주당 순이익	1,080	1,270	1,410	1,580	1,600

(출처: Donald DePamphilis, Mergers and Acquisitions Basics, Burlington, Elsevier, 2011, p. 323.)

인수 기업의 인수 가격 조정은 시너지의 범위 내에서 조정될 것이다. 인수 가격 변동은 인수 후 실적에 영향을 준다. 상장 기업이라면 주주에게 제공해야 하는 주당 순이익이 중요한 변수이다. 인수 기업의 경영진은 인수 가격의 변동으로 인한 사후 결과를 감안하여 일정한 데드라인을 정할 수 있다. 〈표 5-10〉은 인수 가격과 조건의 변동에 따른 주당 순이익 변동의 시나리오 분석의 사례이다.

〈표 5-10〉 인수 가격 변동에 따른 사뮬레이션(Simulation) 모델 사례

거래의 조건	현금 지급	25%									
	주식 지급	75%									
	시너지 공유 비율	30%									
기업정보	인수자 주가	16,030									
	매각 자 주가	14,250									
	매각 기업 발행 주식	191,000									
	인수자 발행 주식	4,260,000									
	시너지 가치	368억 원									

			구분				인수 후 주당 순이익				
			시너지 공유	가격 (억)	주당 가격	인수 후 주식 수(만)	1	2	3	4	5
시나리오			0.1	309	16,180	445	1,090	1,290	1,430	1,600	1,610
	최소 제안 가격	272억 원	0.2	346	18,100	448	1,080	1,280	1,420	1,590	1,610
	최대 제안 가격	640억 원	0.3	383	20,000	450	1,080	1,270	1,410	1,580	1,600
	최초 제안 가격	383억 원	0.4	419	21,960	452	1,070	1,270	1,400	1,570	1,590
	주당 최초 제안 가격	20,020	0.5	456	23,880	454	1,070	1,260	1,400	1,570	1,580
	인수 프리미엄	41%	0.6	493	25,810	457	1,060	1,250	1,390	1,560	1,570
			0.7	530	27,740	459	1,060	1,250	1,380	1,550	1,570

(출처: Donald DePamphilis, Mergers and Acquisitions Basics, Burlington, Elsevier, 2011, p. 325.)

5. 사후 진행

미팅이 끝나고 거래를 계속 진행하기로 했다면 협상에 들어간다. 협상 후 최종 종결까지 수많은 절차가 있고, 많은 시간이 소요된다. 물론 매각 기업에게도 이러한 진행 상황을 알려주는 것이 바람직하다. 그러니 〈표 5-11〉과 같은 안내가 필요할 것이다.

<표 5-11> 미팅 후 매각 절차의 진행 절차 및 유의 사항 안내 사례

㈜글로벌M&A 김근수입니다.

미팅과 공장 견학이 성공적으로 마무리되고 인수 절차를 진행하기로 결정하였습니다. 이는 M&A협상과 절차의 본격적인 시작을 의미합니다. 향후 진행과 절차 그리고 중요한 사항을 간략하게 안내해드리겠습니다.

의향서 제출

양 당사자들 간에 거래에 대하여 구두로, 문서로 많은 정보가 오가면서 협상이 시작됩니다. 협상이 어느 정도 마무리되면 인수 측에서 의향서를 제출하는 것이 일반적입니다.

의향서는 인수 기업이 어떤 조건과 가격으로 인수하겠다는 의향을 나타내는 법적 문서입니다. 의향서에는 가격, 지급 형태(현금, 주식, 어음 등), 거래 구조(주식·사업 매각 등), 예치금(escrow arrangements), 사업 인수의 경우 인수 자산과 부채의 범위, 인수 부채의 범위, 실사, 최종 종결일, 기타 협의 사항(고용계약서, 기존 경영진 자문약정서, 겸업 금지 약정, 자금 조달 약정, 리스 약정, 라이선스 약정) 등이 포함됩니다. 그리고 인수계약서의 초안이 제출될 수도 있습니다.

가격은 구체적인 금액을 말하며, 일정한 범위를 말하는 것은 아닙니다. 하지만 때로는 가격의 범위를 표시하기도 하며, 거래 가격을 일정한 공식으로 정하기도 합니다. 예를 들어 실사된 영업 이익에 일정한 배수를 곱하는 방식입니다.

거래가 종결되기 전에 해결되어야 하는 거래의 종결 조건(closing condition)도 포함할 수 있습니다. 실사의 만족스러운 진행, 중요한 계약의 당사자에 의한 계속 동의, 자금 조달, 핵심 임직원의 동의, 이사회 또는 주주총회의 승인, 관계 당국의 승인, 사업에 중대한 변화가 없어야 한다는 조건, 회사의 사업 전망에 중대한 변화가 없어야 한다는 조항 등이 그것입니다.

이행 보증 문제

거래무산수수료(breakup or termination fees)는 거래를 무산시킨 인수 의향 기업이나 매각 기업에 자신의 비용의 보상을 요구하는 금액을 말합니다. 이에는 법률 비용, 자문 비용, 경영 손실 비용뿐만 아니라 다른 거래를 진행하지 못해 잃은 손실도 포함시킬 수 있습니다.

물론 인수 의향 기업보다는 매각 기업에 더 많이 요구되는 것이 보통입니다. 매각 기업이 다른 기업에 매각하기 위하여 거래를 무산시킬 수 있기 때문입니다. 인수의향서를 제출하면 다른 기업과는 매각을 진행할 수 없다는 조항이 들어갑니다. 반대로 인수 의향 기업이 지급하는 무산수수료는 '역·거래무산수수료(reverse breakup fees)'라고 부릅니다. 이러한 경우는 인수 기업의 자금 조달이 어렵거나 인수가 의심스러운 경우 거래무산수수료를 부담시키는 경우가 드물게 있습니다. 미국의 경우 통상 거래의 약 66%가 이 조항을 포함시키며, 거래 금액의 약 3%를 수수료로 약정하는 것으로 알려졌습니다.

반대로 인수의향서는 법적 구속력이 없으므로 인수 의사가 없는 잠재적 인수자에게 당할 가능성도 있습니다. 이런 경우에 대비하여 인수자에게 일정 금액을 예치하게 하는 바, 그 금액이 이행보증금입니다.

실사의 문제

인수의향서가 제출되면 실사가 진행되지만, 대부분의 매각 기업은 실사를 받을 준비가 되어있지 않을 것입니다. 그러니 인수의향서가 서명되는 시점에서 실사 준비를 해놓아야 합니다. 따라서 매각에 착수하는 시점부터 실사 준비를 시작하여야 합니다. 또한 실사를 집중적으로 하더라도 최소한 한 달 이상이 소요되고, 일상 업무와 함께 준비한다면 2~3개월이 소요됩니다.

인수 기업의 실사팀은 최대한 회사의 리스크, 회계의 문제점 등을 부각시켜 거래 조건을 자신들에게 유리하게 이끌려고 합니다. 따라서 이러한 점에 대하여는 사전에 분석·검토함으로써 대응하는 데 필요한 정보를 준비하여야 합니다. 물론 처음부터 이러한 문제점들을 공시하여 이를 전제로 가격과 거래 조건을 정하는 것이 좋습니다.

기업을 매각하는 사람이 명심하여야 할 것은, 실사 시 인수 기업은 기업의 좋은 점이 아니라 문제점을, 가격을 낮출 수 있는 요인들을, 특히 매각 기업이 사전에 제공하지 않은 문제점을 찾는다는 것입니다. M&A는 작은 문제점 때문에도 무산될 수 있습니다. 따라서 매각 기업은 실사에 대한 대응을 재무책임자가 맡도록 하는 것이 바람직합니다. 재무책임자는 필요한 경우 인사부서, 변호사, 영업부서 등과 협의하여야 합니다.

매각 기업은 가급적 이슈에 대하여 신속하게 정보와 자료를 제공하여야 합니다. 그래야만 인수 기업이 실사를 마무리하고 결론을 내릴 수 있습니다.

실사와 계약서 작성

실사가 진행·완결되는 동안 최종인수계약서 작성에 착수합니다. 통상적으로는 실사가 종료된 후 본계약 협상을 시작하는데, 시간관계상 실사와 동시에 협상을 진행하기도 하는 것입니다.

때로는 실사를 간략하게 할 수도 있습니다. 이 경우에는 매각 기업이 인수계약서에 그에 상당하는 강력한 보장 조항을 넣습니다. 인수의향서에 제시된 가격도 실사로 바뀔 수 있습니다. M&A를 처음 경험하는 기업은 인수의향서가 작성되면 '거래는 이제 끝났고 형식적인 절차만 남았다'고 착각합니다. 그러나 거래가 최종적으로 성사되더라도 인수의향서와 거래 종결 사이에는 엄청난 큰 금액의 변동이 있을 수 있습니다.

인수계약서 작성

인수계약서를 작성하는 동안 M&A 전문 변호사와 계약을 체결하고 법률적인 문제를 다루어야 합니다. 즉, 법률적인 문제만 변호사가 다루며, 거래에 관한 비즈니스 관련 이슈들은 자문사가 다룹니다. 변호사는 계약서의 법률적 문제에 집중하게 하고, 거래 조건에 대한 협상은 자문사가 하는 것이 좋습니다. 명심할 것은 M&A는 변호사에게도 전문적인 영역이니, 중대형 로펌의 전문 변호사를 고용하는 것이 좋습니다. 보장 조항은 인수자와 매각자가

어떤 사실을 주장하는 것(claims made as statements of facts)입니다. 그 진술의 내용에는 회사 구조(corporate organiza.tion), 회사의 적법성(good standing), 자본금(capitalization), 조세, 매출채권, 재고 자산, 재무제표, 회계 기록, 재산의 소유권과 담보, 관련 법령의 준수, 소송, 지적 소유권, 부채, 우발채무의 부존재, 주요 계약, 보험 보장 내용(insurance coverage), 직원을 위한 복리 후생 의무, 노동 관련, 중대한 사업의 변화의 부재 등이 있습니다. 보장 사항을 약화시키면 가격을 하향 조정하여야 하는 경우도 있습니다.

최종 계약서가 완성되면 대금이 지급되고, 주주와 임원도 바뀝니다. 물론 대표이사가 상당 기간 동안 경영에 잔류하는 경우가 있습니다. M&A는 이것으로 끝나는 것이 아니며, 계약서에 포함된 내용이 사후적으로 관리됩니다.

이 모든 것은 일반적인 진행 과정입니다. 당사자의 합의에 따라서 얼마든지 변화될 수 있습니다. 다만 서로 간에 우호적으로 협의를 진행한다면 성공적인 거래로 끝날 것입니다.

㈜글로벌M&A 김근수 드림

제6장 협상 진행

1. 협 상 진 행

1) 협상의 의의

협상(Negotiation)이란 처음 만난 상대방을 완전하게 신뢰하지 않는 상태에서, 당사자들 간에 조금씩 주저하며 가격절충(Bargaining)과 약속의 교환을 이루어가는 과정이다. 협상 전략은 협상의 목적을 설정하고 옵션(options)을 선택하는 일련의 의사 결정 포인트를 말한다. 이러한 협상은 M&A의 전 과정에서 새로운 정보, 추가적인 분석 등에 따라 계속 이루어지며, 한번에 이루지는 경우는 없다. 협상이 성공하려면 당사자가 유연한 태도를 갖도록 유도해야 하며, 협상의 포인트와 범위, 정도를 정확히 파악해야 한다.

2) 협상의 절차

보통 협상의 과정은 다음의 〈표 6-1〉과 같이 정리할 수 있다.

〈표 6-1〉 M&A 협상의 과정 개념도

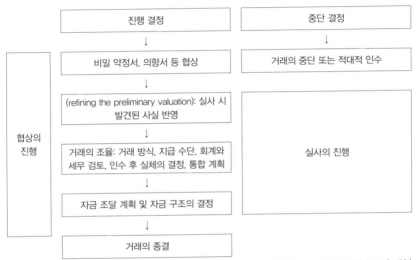

(출처: Donald DePamphilis, 《Mergers and acquisitions basics》, Burlington, Elsevier, 2011, p. 16. 159.)

협상의 출발은 새로운 정보에 기초하여 최초 제안 가격을 재조정하는 것이다.

일반적으로 시너지 효과를 노리는 전략적 투자자들의 의사 결정에는 오랜 시간이 걸린다. 전략적 투자자들 중 대부분은 대기업이며, 이들의 의사 결정은 수반되는 계층적 구조와 절차에 따르기 때문이다. 그러나 경매 방식에 의해 진행되는 경우에는 자문사가 그 전 단계의 절차를 진행하는 데 많은 시간을 소비한다.

협상은 당사자 간에 의견이 일치하지 않는 점부터 시작하는 것이 유용하다.

특히 거래가 성사되지 않게 하는 요인(Deal breaker)을 찾아내는 것이 필요하다. 매각 기업의 입장에서는 빨리 협상이 끝나기를 바랄 것이다. 따라서 무역박람회나 산업 컨퍼런스 참가 같은 중요한 일을 이유로 일정한 협상 기한을 설정하는 것이 바람직하다.

3) 협상 당사자

협상에서 가장 중요한 것은 거래의 의사 결정권자와 진행해야 한다는 점이다. 투자은행이나 기업자문사 같은 M&A 전문가들은 협상에 능숙하다. 그들에게 높은 자문수수료를 지급하는 것은 매각 기업의 이익을 위해서라면 자연스런 것이다. 기업을 경영하는 기업가와는 달리 이들에게는 거래와 협상이 자신의 업이기 때문이다.

4) 체계적 협상

협상에 성공하려면 협상을 위한 계획을 세워야 한다. 협상이 진행되면 협상 내용을 체계적으로 정리하고 문제점을 분명히 하여 해결 방안을 모색해야 한다. 또한 이를 문서화해 분석하고 평가하는 것이 바람직하다.

이메일이나 컴퓨터 문서가 없던 시절에는 일일이 문서로 작성해 빨간 글씨로 협상 내용을 덧붙여 주고받았다. 그러나 오늘날에는 간단한 문제들은 이메일을 주고받아 바로바로 해결하고 직원들이 그것을 재작성한다. 중요한 문제들에 대해서만 변호사와 핵심 인사들이 만나 협상을 진행한다. 협상 과정에서 논의된 모든 것과 합의사항은 문서화하거나 이메일로 남겨놓아야 한다. M&A처럼 큰돈이 걸려 있는 거래에서의 미묘한 대화는 협상테이블의 양 당사자가 다르게 이해될 수 있는 소지가 있기 때문이다. 이메일을 어떤 경우에 사용할지를 아는 것도 문제이다.

그러나 이메일은 수동적인 의사소통 수단이다. 때로는 전화를 걸어 미묘한 문제를 직접 푸는 것도 바람직하다. 5~10번의 이메일을 주고받아야 해결될 문제들이 단 5분의 통화로 해결될 수도 있다.

2. 협상의 기술

1) 난해한 협상

협상은 M&A에서 가장 복잡한 양상을 띤다. 협상은 정말 어렵다. 사안마다 골치 아픈 문제가 도사린다("악마는 디테일에 숨어있다"). 2011년 번역·출간된 『협상의 법칙』의 저자 허브 코언 미국 미시간 주립대학교 교수는 "한국인들은 협상을 너무 못한다"고 비판하였다. 우리나라 기업인들은 협상에 취약해 중요한 협상이 있을 때마다 외국인 파트너나 변호사를 내세우는 경우가 많다. M&A 절차는 소시지를 만드는 것에 비유되곤 하는데, 이는 지저분한 절차를 거쳐 맛있는 것이 만들어지기 때문이다.

협상의 목적은 거래가 성사되는 것임을 잊지 말아야 한다. 이 목적을 늘 염두에 두지 않으면 협상은 어려움과 피곤함으로 인해 중단될 것이다. 모든 것을 거래의 타결이라는 목표에 두어야 한다. 늘 협상을 계속하려는 자세로 임해야 한다.

분명한 것은 어떤 경우든 매각 기업과 인수 기업이 모두 만족할 수 있는 해법이 있음을 믿어야 한다는 점이다. 협상에서의 성공을 위한 기본명제는 손자의 가르침에서 찾을 수 있다. "지피지기자(知彼知己者) 백전불태(百戰不殆)." 상대를 알고 나를 알면 백 번을 싸워도 위태롭지 않다는 뜻이다.

매각 기업이 보기에 인수 희망 기업이 많고 다른 선택 대안도 가지고 있다면 인수 희망자가 쉽게 거래를 진행할 수가 없다.

2) 우호적 무드

인수자는 인수 대상 기업의 경영진과 최대한 협조하는 태도를 가져야 좋은 결과를 얻을 수 있다. 여기에는 현실적인 이유가 있다. 인수에 성공하려면 인수 대상 기업에 대해 심도 깊게 파악하고 있어야 한다.

그러나 인수 대상 기업의 적극적인 협조 없이는 정확한 분석과 실사를 할 수 없다. 인수 대상 기업에 적대적 태도를 취하면 반발심을 사게 마련이다.

또한 인수 대상 기업의 주주와 경영진을 설득해 우리 회사가 가장 적절한 인수자라고 믿게 하면 인수전에 성공할 가능성이 높아진다. 인수 가격을 지나치게 높이는 우를 범하는 것도 피할 수 있다.

"인수 대상 기업의 경영진이 실사에 비협조적인 경우에는 거래에서 손을 떼야 한다. 바로 그가 거래를 결렬시킬 장본인이기 때문이다."[1]

3) 창의적 협상

창의성은 컨설턴트, 특히 M&A 자문사에는 최고의 재산이다.

M&A 거래를 성사시키는 방법은 많다. 그리고 계획이 생각대로 진행되지

않으면 새로운 아이디어를 창안해 추진해나가야 한다. 자문사는 의견의 일치가 않되면 최대한 타협점을 찾아야 한다. 이러한 협상을 하는 데는 타고난 기질도 필요하지만, 타협점을 찾아가는 여러 가지 방법을 창안해내는 상상력도 끊임없이 발휘되어야 한다.

추론의 능력과 근거에 대한 논리적 설명의 능력도 M&A 자문사에 필요한 핵심적인 자질이다. 예를 들어 소크라테스 문답에 능숙한 사람은 이상적인 사람이다. '소크라테스의 대화법(Socratic method)'은 어떤 사상이나 제안이 논리적이고 합리적인지를 결정하기 위해 질문하고 대답하는 방식이다. 여기에 철학 등 인문학적 자질과 상상력이 필요하다.

M&A 협상은 결코 직선으로 순항되지 않는다. 늘 예측하지 못한 일이 발생할 수 있다는 것을 예상해야 한다. 만일 협상이 불가능해지고 어려워지면 다시 만난 서로에게 이익이 되는 창조적인 거래로 나아갈 수 있도록 양보하는 마음을 가지고 진행해보도록 한다. 그렇게 해서 협상이 다시 진행될 수도 있다. 때로는 골프나 등산, 술자리 등을 함께하는 것도 좋은 방법이다.

4) 민감한 대응

협상을 진행할 때 핵심 사항에 집중해야 한다. 세부적이고 중요치 않은 사항에 대한 논쟁으로 거래의 중심이 흐트러져서는 안 된다. 사안에 대해 우선순위를 매기고 중요하지 않은 사항이 일치되지 않으면 뒤로 미루는 것이 좋다.

특히 경험이 없거나 젊은 변호사를 지나치게 많이 개입시켜서는 안 된다. 계약과 법률 문제를 가지고 지나친 요구를 하며 한 치의 양보도 하지 않고 밀어붙이는 경우 거래는 파국으로 끝난다.

비즈니스와 사적인 문제를 구분해야 한다. 민감한 사적 문제는 논의에서 제외해야 한다. 주관적인 판단과 개인적인 감정은 배제하고 객관성과 사실에 의거하여 협상해야 한다.

조심할 것은 협상이 잘 되어 만족스러운 방향으로 나가고 있더라도 낙관적인 태도를 가지거나 떠벌리고 다녀서는 안 된다는 점이다. 인수 기업 측이 이를 알면 어쩐지 손해보고 있다는 생각을 할 것이며, 그에 따라 나쁜 결과를 가져올 수도 있기 때문이다.

협상은 단 0.01%의 문제점으로 파기될 수 있다. 모든 것이 명확하게 정리되지 않으면 깨질 수 있음을 알아야 한다. 협상을 진행하면서 최악의 상황이 나오더라도 실제로는 그렇게 최악이 아니라는 것과, 너무 잘 진행되더라도 그렇게 잘될 것이라고 생각하지 않는 것이 좋다. 오늘과 내일은 분명히 다르다. 일단 합의된 사안은 다시 끄집어내거나 변경하려고 해서는 안 된다. 이는 다른 합의사항마저도 깨지게 할 수도 있다.

5) 양보와 타협

전통적인 협상은 승자-패자 접근법(Win-lose approach)으로 진행된다. 한쪽의 이익은 한쪽의 손실이 되는 협상이다. 물론 협상 주제가 한 개일 때 그렇다. 반면 승자-승자 접근법(Win-win approach)은 당사자가 모두 이익을 갖는 협상이다. 협상 주제가 여러 개이기 때문에 가능하다. M&A에서의 협상은 당사자의 리스크와 이익을 정교하게 주고받는 것이다.

거래 가격의 협상은 가장 중요하고 시간도 많이 소요되는 주제이다. 매각 기업은 가격을 올리려고 시도하고, 인수 기업은 내리려고 시도한다. 여기서 당사자들은 포커게임을 하기 마련이다. 상대방의 의중을 알기가 어렵다는 뜻이다. 그러나 상대방의 상황과 나의 상황을 정확히 인지해야 협상이 잘 진행될 수 있다.

협상은 우선 상대방의 의도와 입장을 분명히 이해하는 것에서 출발해야 한다. 상대방의 협상스타일을 이해한다면 더욱 좋다. 협상을 진행하면서 당사자가 스스로 해결하도록, 그리고 상호 간에 타협점을 찾도록 일단 기다린다. 상당한 진행이 있다고 판단되면 거래 조건을 제시하는 것도 한 방법이다.

"협상을 할 때 가급적 겸손하게 의견을 말하면 상대방도 납득을 하고 반대자도 줄어든다."(벤자민 프랭클린) 협상에서 재미있는 포인트 중 하나는 먼저 말을 꺼내는 사람이 불리하다는 것이다. 인간은 침묵이 흐르면 불편한 느낌을 받으므로 이를 채우려는 본능적인 욕구가 있다. 그러한 때 침묵을 지킨 자는 상대방의 의도를 알고 양보를 간파할 수 있게 된다.

또한 상대방이 제안을 승낙할지는 아무도 모른다. 때론 생각지도 않은 제안이 성립되는 경우도 있고 과감하게 제안했던 것이 조심스럽게 시도될 수도 있다. 《논어》의 〈계씨〉 편에 이런 말이 나온다. "말이 다 끝나지 않았는데도 말하는 것을 조급함이라 하고, 말이 끝났는데도 말하지 않는 것을 숨김이라 한다(言未及之而言謂之躁)." 상대방이 아직 의중을 드러내지 않았는데 말을 먼저 꺼내거나, 말을 꺼내는 도중에 이를 끊고 자신의 말을 하는 것은 조급한 행동이다. 반면 상대가 속마음을 온전하게 털어놓았는데 침묵하는 것도 좋지 않다.

탁월한 협상가들은 말하지 않아야 할 때를 잘 안다. 자기를 드러내려고 하거나 협상에서 주도권을 쥐려고 하기보다는, 조용히 자리에 앉아 잘 듣고 다른 사람들의 논의를 잘 이해하려고 한다. 그리고 결정적인 포인트를 짚어서 말을 한다.

최악의 협상 방법 중 하나는 궁지에 몰린 기업을 다그치는 것이다. 어떤 사람들은 자신의 의지를 어떤 타협이나 양보 없이 밀어붙이는 것을 협상이라고 잘못 이해한다. 협상은 일방적으로 다른 사람에게 의견을 강요하는 것이 아니다. 상대방의 요구를 이해하고 협의하여 성실하게 상호 이익이 되도록 하는 것이다. 때로는 요구도 하여야 한다.

"M&A 거래에서 살아남으려면 좀 더 강한 도전 의식이 필요합니다. 협상 대상자들과 이야기할 때 으레 안 될 거라고 생각하고 말을 안 꺼내는 일이 많죠? 이 말을 기억하세요. '요구하라. 요구하지 않으면 절대로 그것을 얻지 못할 것이다(Ask! If you don't ask, you don't get it).'"[2]

M&A 거래에서 직접적인 협상기술보다 더 중요한 것이 이것이다. 매각 기업은 자신의 매각가치가 극대화될 수 있도록 거래가 진행되고 있으며, 인수 기업에는 진행이 공정하게 되고 있다는 확신을 주어야 한다는 점이다. 협상은 시소게임이고, 끊임없는 논쟁과 제안과 반제안을 주고받는 과정이다. 이건 아주 자연스런 과정이다.

또한 협상은 이해관계의 교환이다. 때때로 매각 기업은 양보하거나 어느 정도 위험을 부담해야 한다. 그렇지 않으면 더 중요한 것을 놓칠 수 있기 때문이다. 협상할 땐 피가 마른다. 협상은 상대방과 하는 것이기 때문에 내 것만 챙기려고 하면 절대 성립되지 않는다.

분명히 할 것은, 양보를 받기 위해서는 또는 양보를 하기 위해서는 무언가를 양보하거나 받아야 한다는 점이다. 그것이 협상이다. 예를 들어 "당신이 A와 B를 양보한다면 우린 C와 D를 양보하겠다"는 식이다. 아무것도 양보하지 않으면 협상이란 존재할 수 없다. 만일 상대방이 우리에게 무언가를 요구하지 않고 그냥 양보하면, 그대로 진행하면 된다. 협상에 성공하려면 우선 협상 상대가 무엇을 원하는지를 파악해야 한다. 상대방이 원하는 것을 파악하면 그 것을 주는 대가로 무엇을 얻을 수 있는지를 생각한다. 성사 가능성이 높지 않은 M&A 거래도 당사자들의 공통분모를 조합해 거래를 성사시킬 수 있다. 2014년 MBK파트너스가 보유하던 테크팩솔루션은 동원시스템즈에 2500억 원에 매각되었다. 2008년 두산으로부터 테크팩솔루션을 3920억 원에 매수한 MBK파트너스는 매각 가이드라인을 5000억 원으로 정해놓아 성사 가능성은 낮았다. 동원시스템즈는 무엇보다도 가격을 깎기를 원하고 있고, 진술·보증 등을 받는 것에는 유연했으나, MBK파트너스는 보증을 가급적 피하고 싶다는 생각이 있었다. 거래를 주관한 법무법인은 이를 이용하여 가격을 낮추고 동시에 면책을 얻어내 거래가 성사되었다.[3]

6) 진실한 협상

협상은 포커게임 같은 면이 있다. 때로는 무관심한 척하기도 하고, 때로는 적극적인 것처럼 행동해야 한다. 상대의 패를 읽기는 어렵다. 그러나 포커페이스는 권장하지 않는다. 오히려 패를 오픈하고 마음을 여는 것이 더 좋은 결과를 가져온다. 인수 의사나 매각 의사, 또는 가격과 관련된 거짓(Bluffing)은 도움이 되지 않는다. 우리나라 기업인들은 자신이 원하는 것을 상대방에게 말하면 약점을 잡힌다는 생각을 종종 한다. 이렇다 보니 협상에서도 자신의 의중을 끝까지 숨기는 경우가 많다. 협상을 통하여 서로가 만족하려면 자신이 무엇을 원하는지 명확히 밝혀야 한다.

또한 협상에 성공하려면 상대방이 무엇을 원하는지 구체적으로 질문할 수 있어야 한다. 서로의 요구 사항을 명확히 하여야만 상대방이 중요시하는 것은 자신이 양보하고, 자신에게 중요한 이슈에서는 상대방의 양보를 이끌어냄으로써 모두 만족할 수 있는 결론을 내릴 수 있다.

정직은 최선의 전략이다. 불리한 사실이 있다면 장황하게 둘러말하지 말고 분명하게 말하는 것이 좋다. 때로는 상대방이 대수롭지 않게 여기는 경우도 있다. 특히 불리한 상황은 사전에 꺼내놓는 것이 좋다. 어차피 실사를 하면 상대방도 알게 될 일이다.

7) 입장 차이

협상 상대방의 목적과 의도를 정확하게 이해하는 것이 중요하다. 거래를 진행할 때 매각 기업과 인수 기업 간에 어느 측이 유리한 입장인지를 잘 판단해야 한다. 이를 잘못 판단하면 상황을 오판할 수 있고, 잘못된 방향으로 몰고 가게 된다. 입장이 수세인 경우 상대방의 제안을 받아들이는 것이 현명하다.

8) 장기 레이스

M&A 거래의 협상은 단거리 경기가 아니라 마라톤이다. 많은 우여곡절을 겪으면서 천천히 긴 안목을 가지고 진행해야 할 것이다.

3. 협상의 내용

1) 사업 이해

거래가 성사되기 위해서는 인수 주체 기업과 매각 기업의 기업주가 사업과 산업의 미래·비전에 대해 어느 정도 일치된 의견을 가져야 한다. 그렇지 않으면 가격 결정 등과 관련한 타협을 이룰 수 없다.

2) 거래 구조

거래 구조(deal structure)는 인수자와 매각 기업 당사자의 권리와 의무를 정하는 약정(agreement)이다. 이러한 거래구조 약정을 완결하는 것이 거래 구조 프로세스(deal-structuring process)이다. 인수의 법적 형태(acquisition vehicle), 인수 후 기업 형태(post-closing organization), 지급 수단, 매각 기업의 법적 형태, 인수 방식, 회계·조세 문제가 포함된다.

3) 가격 협상

(1) 가격의 문제

일반적으로 인수자와 매각 기업이 거래 가격을 결정할 때 영향을 미치는 요인은 〈표 6-2〉와 같다.

〈표 6-2〉 최초 거래 가격 제안(initial offer price) 시 결정 요인

구분	거래 금액	지급 수단
인수 기업	• 예상 시너지 • 인수 대상 기업이 예상 시너지에 공헌하는 정도	• 차입금 조달 능력 • 차입금과 자기 자본의 자본 비용

인수 기업	• 예상 시너지를 인수 대상 기업의 기업주에게 보상하려는 의지 • 다른 투자 대안의 매력 • 인수 경쟁자의 수 • 공시 의무의 내용 • 경영자의 위험에 대한 태도 • 경영권 프리미엄에 대한 태도 • 인수 대상 기업의 경영권 방어 능력	• 주당 순이익 회석의 정도 및 기간 • 거래의 사이즈 • 인수 대상 기업의 미래 경영 위험에 대한 인수자의 태도 • 인수 주체 기업의 상대적 주가 수준
매각 기업	• 인수 경쟁자의 수 • 인수 대상 기업이 예상 시너지에 공헌하는 정도 • 인수 주체 기업의 태도(우호적, 적대적) • 인수 대상 기업의 경영권 방어 능력 • 인수 대상 기업의 기업주 매각에 따른 세금 • 기업의 독자 가치 • 최근 유사 기업의 거래 내용 • 인수 주체 기업의 투자 대안의 매력도	• 인수 주체 기업 주식의 매력도 • 현금과 주식에 대한 선호도 • 세금 • 인수 주체 기업 주가의 상승잠재력

(출처: Donald DePamphilis, Mergers and Acquisitions Basics, Burlington, Elsevier, 2011, p. 316.)

기업을 오랫동안 또는 평생 운영해온 기업가들은 일반적으로 자신의 회사를 지나치게 높이 평가하는 경향이 있다. 그래서 기업주가 생각하는 가격이 인수 기업이 생각하는 가격보다 2~3배 정도 되는 것은 이상할 것도 없다. 만일 가격이 차이나면 결국은 협상에 의해 조정하겠지만, 객관적인 시장 가치를 기반으로 해야 할 것이다.

당사자가 거래를 하려면 중립적인 관점에서 중립적인 가치 평가를 인정해야 한다. 매각 기업의 기업가가 명심해야 할 것은 인수 희망 기업은 수많은 투자 대상들 중의 하나를 검토하고 있으며, 그 목적은 그 기업의 이익을 사는 것이고, 매각 기업의 기업주와 같은 주관적인 감정에 의해 기업을 평가하지 않는다는 점이다.

인수 희망 기업은 여러 가지 투자 대안 중에서 선택하는 것이며, 투자를 한 후 투자 금액 대비 수익률을 비교해 결정한다. 매각 기업의 기업주가 명심해야 할 것은 대부분의 인수 희망 기업이 인수를 추진하다가 가격 문제로 거래를 중단한다는 점이며, 인수 기업의 수는 제한적이기 때문에 다시는 기회가 오지 않을 수 있다는 점이다. 실질적인 거래 가격은 협상에서 최종적으로 결정된다. 때로는 최초 제안 가격과 큰 차이가 나는 경우도 있다.

기업의 가치를 평가하는 전문적인 지식과 기법이 있다. 그러나 이러한 모든 것들의 적용은 실질적으로 효과가 없다(Overkill). 거래 가격은 실제로 협상 능력에 달려 있다. 자문사의 역할은 당사자에게 평가의 방법과 원칙에 대해 설득하고 동의를 하도록 유도하는 것이다.

그러나 좀처럼 양보하지 않을 당사자를 설득하는 것은 정말 어렵다. 기업의 가격은 주어진 것이 아니기 때문이다. 그것은 자명한 수치도 아니고, 객관적인 숫자도 아니며, 해석의 여지가 있는 '추상적인' 숫자이다. 경기가 위축되고 시장이 나빠지면 상대적으로 저평가되는 것은 자연스럽다. 객관적으로는 비싼 가격이 아니지만 인수 기업이 비싸다고 느끼는 건 비관적인 시장 분위기 탓이다. 경기가 나쁘니 향후 수익성이 의문스럽기 때문이다.

(2) 인수자의 기준

기업 성장은 미래를 말하는 것이다. 그 말인 즉, 과거의 성장은 '참고 자료'일 뿐이다. 과거의 고성장이 미래에도 이어질 것이라는 기대는 금물이다. 고성장은 '상대적'저성장을 뒤에 달고 오기 때문이다.

M&A 시장에서 '과거'는 사치다. 특히 인수 주체에게 가장 중요한 것은 인수 대상의 향후 '수익'과 현재 '거래 가격'이다. 자본 시장의 꽃이라 불리는 M&A 시장은 시간이 누구에게 독이 되고 누구에게 득이 되는지 분명히 말해준다.[4] 인수 주체 기업은 최초 가격 제안을 할 때 최소 가격과 최고 가격을 감안하여

제안한다. 최소 가격은 매각 대상 기업의 단독 가치(stand-alone value) 또는 현재 시장 가치이다. 최고 가격은 단독 가치에 시너지를 더한 금액이다.

최초 제시 가격은 단독 가치에 시너지 가치의 일부를 감안한 가격이다. 또한 유사한 거래의 사례도 감안하여 결정한다. 시너지 가치를 얼마나 반영할지는 매각 대상 기업이 시너지 가치 창출에 얼마나 기여할지에 달려있다. 하지만 시너지는 불확실성이 커서 반영 비율이 작다. 그래서 시너지의 반영 정도는 당사자들 간의 협상에 달려있다. 만일 여러 인수자들이 제안을 한다면 매각 기업은 이를 활용하여 인수 주체 기업에 그러한 사실을 알리는 것이 유리하다. 청산 가치도 감안해야 한다. 만일 청산 가치가 더 크다면 매각 기업은 청산을 선택할 것이다. 그러나 실질적으로 청산 비용이 많이 들고, 세금 부담도 있기에 청산 가치는 작다.

인수 주체 기업은 인수 가격을 도출할 때 인수 대상 기업의 독자적 가치(standalone value, intrinsic value)에 인수로 인한 시너지를 감안한다.

그러나 독자적 가치와 시너지를 초과하는 가격인 경우에는 인수로 인한 효과 중 수량화 할 수 없는 시장 입지의 강화, 기술력의 향상, 경쟁력의 이점 등 전략적 가치(strategic value 또는 real option)에 의하여 이를 합리화한다. 물론 전략적 가치가 실재한다면 수량화할 수 있다. 예를 들어 시장 입지가 강화된다면 판매 가격을 올릴 수 있어 매출이 증가하는 것이다.

또 다른 전략적 가치는 인수 주체 기업의 경영 전략이 실현될 수 있는 경우이다. 예를 들어 세계 시장으로의 진출이라는 미래 전략이 설정된 경우 인수 대상 해외 기업은 전략적 가치가 있는 것이다.

그러나 어찌되었건 전략적 가치도 기업의 가치를 높일 수 있는 경우에만 의미가 있다.

인수 금액의 결정에는 심리적 측면도 작용한다. 과거에 기업 인수로 성공한 경험이 있는 경영자나 언론으로부터 높은 평가를 받은 경영자, 높은 보수를 받은 경영자일수록 인수 프리미엄을 높게 지불하는 것으로 나타났다. 또한 기업 매출을 늘려 규모를 키워야 한다는 압박감에 시달릴 경우, 경쟁사에 비해 성장이 느린 기업의 경영자일수록 높은 인수 프리미엄의 위험을 감수하고서라도 인수를 성사시키려는 행태를 보였다. 신흥국 기업이 미국이나 유럽 선진국 기업을 인수할 때도 높은 인수 프리미엄을 지불한다. 선진국 기업을 사들인다는 자부심이 인수 프리미엄에 반영된다는 것이다.[5]

상장 기업은 인수 후에 주당 순이익(EPS)의 증감에 관심을 가진다. 따라서 매각 기업 입장에서도 이를 감안해야 한다. 주당 순이익 분석이 단기 분석이라는 단점이 있지만 증권 시장에서 통용되는 분석이므로 관심을 가져야 한다. 또한 인수 기업은 인수 후 EVITDA에 의한 평가에도 관심을 가진다. 예를 들면, 1600억 원(신규 차입 800억 원에 이자율 6%, 증자 800억 원, 주당 2만 원)에 경쟁 업체를 인수한다고 〈표 6-3〉과 같이 가정해보자.

〈표 6-3〉 M&A로 인한 EPS, EBITDA 분석

구분	인수 기업	매각 기업	수정	추정 금액
매출	3,000	1,000	20	4,020
비용 절감			30	30
EBITDA	600	200	50	850
감가상각 등	(150)	(50)		(200)
인수로 인한 추가 상각			(70)	(70)
수정 후 영업 이익 (Adjusted EBIT)	450	150	(20)	580
이자 비용	(150)		(50)	(200)

법인세 전 이익	300	150	(70)	380
법인세 비용	(120)	(60)	30	(150)
순이익	180	90	(40)	230
EPS	1,000			1,045
발행 주식	18,000,000		4,000,000	22,000,000
P/E multiple	20×		+1×	21×
주가	20,000			21,945

(출처: Jeffrey C. Hooke, M&A, Wiley, 2015, pp. 29~30.) (단위: 억 원)

인수 후 회사의 EPS는 45원만큼 증가한다. 주가는 순이익과 P/E 비율 증가와 함께 1,945원만큼 올라간다.

(3) 가격 제시

M&A를 처음 진행하는 기업가들이 착각하는 것이 있다. 일단 가격을 높이 부르면 인수자가 인수할 것이라고, 또는 그에 가까운 가격에 거래가 될 것이라고 생각하면서 무조건 터무니없이 높은 가격을 부른다는 점이다.

매각 기업이 명심할 것은 기업의 가치는 잠재적 인수자가 지불할 최대 가격이라는 점이다. 평가는 평가이다. 어느 누구도 무리한 투자를 하거나 위험을 부담하지 않으려고 하는 것이 당연하다.

기업의 가치는 인수 기업이 지불하는 가격이며, 인수 기업은 인수 기업의 입장에서 평가한다는 점을 명심해야 한다. 따라서 매각 기업은 자신이 원하는 가격에 대해 분명한 근거를 제시하는 것이 좋다.

가격 협상에서 가장 많이 하는 실수는 인수 기업 측이 가격을 제안하게 하지 않고 매각 기업 측이 먼저 가격을 제안하는 것이다. 매각 기업 측이 제안한 가격은 결국 최고 가격이 되어버린다.

인수 기업 측이 얼마나 시너지를 고려하는지, 어떤 이유로 인수하려는지, 얼마나 가격을 제시할지는 모르는 일이다. 매수 측이 먼저 제안을 하게 되면 매각 측은 늘 협상할 수 있는 입장에 설 수 있다. 따라서 거래 가격의 범위를 제안하는 것이 최선일 것이다.

최근 거래 가격들로 범위를 정하거나, 거래 가격을 정하는 공식을 선정하여 합의를 하는 것도 좋은 방법이다. 때로는 실사하기 전에 당해 연도 이익 또는 영업 이익 대비 일정한 배수에 의하여 평가하기로 하고 실사를 진행하기도 한다.

인수에 정말 관심이 있는 기업이라면 아주 낮은 가격을 제시해 상대방의 의중을 떠보기보다는 합리적인 가격을 제시하는 것이 좋다. 일반적으로 매각 기업이 희망 가격을 제시하는 것은 권장하지 않는다. 자문사도 희망 가격을 제시하지 않는 것이 좋다. 희망 가격을 제시했을 때 인수 기업이 그것보다 더 높은 가격을 생각했다면 손해를 보게 되기 때문이다. 오히려 매각 기업의 정보를 제공하고 인수 기업으로 하여금 가격을 제시하게 하는 것이 좋다.

인수 희망 기업이 여럿이므로 오퍼를 하라고 말하면서 매각 기업의 여러 강점을 제공하는 것도 자문사의 기술 중 하나이다. 또한 매각 기업의 기업주에게도 '합리적인' 가격을 생각해야 한다며 주의를 환기시켜야 한다. 물론 인수 기업에도 매각 기업이 수용할 만한 가격을 제시하라고 언급해두어야 한다. 그렇지 않으면 거래가 깨질 것이다.

매각 기업은 자신이 생각하는 기업 가치에 대한 근거를 준비해야 하며, 인수 기업이 그 근거를 찾게 만들어서는 안 된다. 또한 미팅을 잡거나 논점 제시에서 주도적인 입장을 가지는 것이 유리하다.

(4) 협상의 자세

매각 기업과 인수 기업이 생각하는 가격이 차이가 나는 것은 당연하며, 늘 생기는 일이다. 가격 문제는 거래에서 가장 중요한 이슈지만, 이러한 가격의 차이를 메우고 거래가 성사되는 경우는 매우 적다. 매각 기업은 대개 높은 가격을 부르고, 인수 기업은 낮은 가격을 부르며 결코 양보하려고 하지 않는다.

이러한 주장만 계속하면 거래는 결코 성사되지 않는다. 거래가 성사되려면 무조건 대화에 임해야 하며, 자신의 주장을 재고하고 상대방의 입장을 함께 들어야 한다. 양 당사자가 가격을 일치시키지 않으면 거래는 없다. 매각 기업 기업주의 입장과 목적에 따라 이러한 가격 차이를 조절할 거래 구조와 자금 조달 방식을 결정해야 한다.

"모든 것을 얻으려고 방어하면 아무것도 얻지 못한다"는 프로이센의 왕 프리드리히 2세의 유명한 말이 있다. 이는 M&A 거래에서 거래 가격을 결정할 때 적용할 수 있는 의미심장한 말이다. 많은 기업주들이 기업을 매각할 때 모든 것을 얻기 위해 생각할 수 있는 최고의 가격을 제시한다. 그러나 아무것도 얻지 못한다. 즉, 이 경우 거래 성사율은 '0'이다.

대부분의 투자자들은 이러한 거래에서 막대한 투자 자금을 쓴다. 투자에 따른 위험도 매우 커서 향후 수익성에 대한 '안전한 느낌'이 없으면 투자 결정을 하지 않는다. 그러므로 그 거래 가격이란 많은 매각 기업의 기업주가 생각하는 가격과 거리가 멀다. 양 당사자가 서로 많은 것을 양보하지 않으면 사실상 거래는 불가능하다. 따라서 위의 말은 이렇게 바꿀 수 있다.

"조금 얻으려고 방어한다면 많은 것을 얻을 수 있다."

(5) 가격 재협상

가격 협상이 이루어지고 나서 가격 재협상(Renegotiation)을 요구하는 경우가 있다. 인수 기업의 경우 매각 기업 이익의 감소, 중요 고객과 핵심 직원의 이탈, 소송, 법령의 변화, 거시경제의 악화 등 때문이다. 매각 기업으로서는 이와는 반대 입장 때문일 것이다.

물론 별 이유 없이 악의적·고의적으로 그러는 경우도 있다. 후자는 좋지 않은 방식으로 거래를 폐기시킬 수 있다.

어찌되었든 재협상은 어려우며, 가능한 하지 않는 것이 바람직하다. 이러한 협상이 길어지면 기업은 어려워지고, 변호사 등에게 자문 비용만 많이 지출될 뿐이다.

(6) 가격 차이의 해결 기법

가격 산정 방식의 적용

가격 산정의 공식을 사용하는 것도 한 방법이다. 예를 들어 영업 이익, EBITDA의 10배와 같이 공식으로 정하는 것이다. 특히 필자의 생각으로는 우리나라 기업같이 '숨은 이익'이 있는 경우에 이용하면 좋다.

사업 양도와 협상

주식이 아닌 사업을 인수하는 경우 자산을 시가로 평가하여 장부에 기록하므로, 그만큼 인수 기업은 감가상각이 증가하여 이익을 볼 수 있다. 매각 기업으로서는 이런 경우 추가로 가격을 흥정할 여지가 있다.

언아웃 방식(Earn-out)

가격 차이를 조정할 수 있는 합리적인 방법 중 하나는 언아웃 방식을 사용하는 것이다. 매각 기업이 향후 실적이 좋아지거나 좋아질 가능성이 높은 경우에 실적조건부로 매각하는 방식이다. 과거 실적과 현재 실적이 좋지 않았지만 향후에 실적이 호전될 수 있는 기업에도 적용할 수 있다. 매각 기업으로선 더 좋은 가격을 받을 수 있고, 인수 기업도 향후 실적에 따라 가격을 지불하므로 동의할 수 있다. 매각 기업이 향후 자신이 제시한 가격이 합리적임을 보여줄 수 있는 이익 실현이 가능한 경우에 특히 좋은 방법이다. 언아웃 방식은 아주 다양한 형태로 계약을 할 수 있어 더욱 유연하게 사용될 수 있다. 또한 이 방식에 의하여 인수자가 지불하지 못하는 경우 매각자가 사전에 정한 조건에 따라 되살 수 있는 조건을 달 수 있다. 이에 대하여는 '자금의 조달'절(節)의 '매각인 금융'(조판 후 제목 재확인)을 참고하기 바란다.

지급의 연기(Note) 또는 연불지급(Payment over time)

또 하나의 방법은 지불을 미래로 연기시키는 방식이다. 특히 지금 당장 자금이 부족한 기업에 유리하다. 물론 상호 간 가격에 동의해야 가능하다. 물론 이 경우에는 일정한 보증이나 담보를 제공하는 것이 거래 성사에 도움이 될 것이다.

주식에 의한 지급

주식으로 지급하는 것도 한 방법이다. 인수 기업의 입장에서는 현금을 사용하거나 대출을 사용하지 않아서 좋다.

일부의 인수

가격에 동의하지 않는 경우 또 하나의 방법은 일부만을 우선 인수하는 것이다. 물론 나머지 주식에 대해 옵션(Put option)을 달아줌으로써 향후 일정한 시기에 일정한 가격으로 매각할 권리를 받을 수 있다. 대부분의 경우 그 가격은 향후 기업의 재무 실적과 연관된다. 물론 매각 기업은 보증이나 담보를 받는 것이 좋다.

조건부 가격 평가

2016년 전후 실리콘밸리 스타트업 M&A 거래 방식의 경우 '조건부 가격 평가 방식(boundary)'을 사용했다. 이는 인수 시점에서 매매 가격을 확정하지 않고, 사전에 정한 기간 뒤의 매출과 이익을 기준으로 거래하는 방식이다. 특히 기술 기업과 초창기 기업의 평가 방식으로는 이런 사후적 평가 방식이 합리적이다.[6]

(7) 인수 기업주의 최종적 가격 판단

모 대기업 총수는 M&A 시장에 매물로 나온 기업을 인수하기 위해 당초 예정했던 호가를 무려 500억 원이나 높이라고 전략 담당 임원에게 주문했다. 그 임원은 얼굴이 벌겋게 달아올랐다. 이 가격에 인수하면 이른바 '승자의 재앙'을 맞을 것이 불 보듯 뻔했기 때문이었다. 입찰 경쟁에서 이겨도 너무 비싸게 산 후유증으로 인수 주체가 위험에 빠질지 모른다는 위기감이 몰려왔다.

하지만 기우였다. 그 회장의 예상이 적중한 것이었다. 기업 인수 후 모기업과 이 회사는 시너지 효과를 내며 매출이 동반 상승했다. 덕분에 다른 계열사들도 성장하는 데 도움을 받았다. 무모해보였던 투자가 선견지명의 결단으로 판명된 셈이다.

이는 실제 비즈니스 현장에서 종종 볼 수 있는 광경이다. 이처럼 기업 M&A 현장에서는 전문가들의 과학적 판단과 합리적 계산이 잘 들어맞지 않는 경우가 더러 발생한다. M&A 전문가들 사이에서는 가치산정(Valuation)이라는 말이 자주 쓰인다. '기업 가치 평가액'쯤 되는데, 이보다 높은 가격에 팔리는 매물이 속출한다. 그 밑바탕에는 인수자, 좀 더 정확히 말하면 인수자 측 기업주나 최고경영자의 판단이 깔려 있다. 재량권이 큰 최고경영진이 자신의 감각과 직관력, 인수 의지를 앞세워 끝장 승부를 불사할 때 값은 높아진다. 인수 측 기업주 입장에서는 계산기 두드린 기업 가치 수치보다 장래성 같은 무형의 가치를 기대하고 과감하게 베팅에 나선다.

가치산정은 분명 중요하다. 이를 무시하고 과도한 값을 치렀다가 실패한 사례가 비일비재하다. 가치산정은 고도로 훈련된 전문가들이 재무자료 등 수많은 데이터와 관련 산업의 동향 등 다양한 가정과 전제를 근거로 하여 얻은 과학적 결과물이다.

객관적인 기업 가치산정을 위해 어려운 수학적 모델과 회계 기법이 동원된다. 가장 흔한 방법은 '현금 흐름 할인법'이다. 기업의 미래 현금 창출 능력을 현재 가치로 환산해 기업의 몸값을 판단하는 것이다. 이 방법은 미래 실적을 정확히 계산해내지 못할 경우 가치 판단의 편차가 커지는 단점이 있지만, 현실적이며 유용한 방식으로 널리 활용된다. 주목할 것은 합리적 계산 외의 감성적 요소가 M&A 성공 여부의 큰 변수로 떠오른다는 점이다.

플라스틱 가공회사를 운영하는 한 기업주는 최근 M&A 시장에 회사를 내났다. 그는 값을 비싸게 쳐주는 사람보다 경영 능력과 사업 열정을 두루 갖춘 인물을 찾고 있었다. 평생 일궈온 자식 같은 회사를 아무에게나 줄 수 없다는 것이었다. 그래서 인수 후 기업을 더 키울 수 있는 뜻있는 사람에게 매각하려 했다. 실제로 이렇게 비(非)가격적 요인에 의해 M&A 거래가 크게 좌우되는 사례는 드물지 않다.

또 하나 예를 들어보자. 평소 고급 호텔 경영에 관심이 많았던 그는 경영진이나 외부 전문가들의 만류에도 불구하고 호텔을 사들였다. 제조업을 주력으로 삼은 회사가 호텔 사업을 해 얻을 시너지 효과가 크지 않다는 것이 주된 반론이었지만, 그는 호텔업의 성장성에 기대를 걸었다. 몰려드는 해외 관광객을 호텔 공급이 따르지 못한다는 점에 착안했다. 그의 예상은 맞아떨어져 좀처럼 식을 줄 모르는 한류 열풍과 몰려드는 중국인 관광객들 속에서 호텔 숙박 수요가 급증했다. 성공적인 M&A에는 숫자 너머를 볼 수 있는 고도의 감성이 요구된다.[7]

(8) 인수 기업의 소송 위험

2011년 휴렛팩커드(HP)가 영국 소프트웨어 업체 오토노미의 인수에 항의하여 주주들이 소송을 제기했다. 시가의 10배를 주고 인수한 것이 화근이 되었다. 이로 인하여 회사와 주주에 피해를 줬다는 것이다.[8] 지나치게 높은 가격으로 인수하는 것에는 소송에 휩싸일 위험이 도사린다.

4) 자금 조달

매각을 하든 인수를 하든 자금 조달은 핵심이다. 자금 조달에 실패하면 매각 기업은 손해를 볼 수 있다. 따라서 인수 계약에서 인수 기업이 자금 조달에 실패하는 경우 회수할 수 없는 보증금(non-nefundable deposit in escrow)을 예치시킬 수 있다.

5) 거래 형식

(1) 인수의 형태

'인수의 법적 형태(acquisition vehicle)'는 인수를 위한 기업 형태(legal structure)를 말한다. '인수 후 법적 형태(post-closing organization)'는 인수 후의 법적 형태를 말한다. 이에는 법인, 사업부, 지주 회사, 합작 법인, 합자 회사, 합명 회사 등이 있다.

기업을 인수하는 법적인 방법 또는 인수의 형식(form of acquisition)에는 세 가지가 있다. 첫째는 상법에 의한 합병(statutory merger), 둘째는 주식 취득(stock purchase), 마지막으로 사업양수도(asset purchase)이다.

거래의 방법으로 주식을 거래할 것인지, 영업을 거래할 것인지 등을 정해야 한다. 경영권을 포함한 주식을 인수하거나 합병을 하는 경우에는 모든 위험과 채무가 인수자에게 이전되는 문제가 생긴다. 이런 경우에는 위험을 분산시키기 위해 조인트벤처를 설립하거나 전략적 제휴를 해 공동경영을 한 후 인수하는 방식을 사용할 수 있다.

2014년 우리나라 M&A 시장의 동향을 보면 피인수 기업을 100% 인수하는 기업 매수 비중은 2009년 57.6%에서 2014년 36.2%로 20% 이상 감소했다. 이는 기업들이 인수·합병 위험을 최소화하면서 주력 사업을 보완하고 유동성을 확보하기 위해 스몰딜(small deal)을 활성화하는 경향을 보여준다.[9] 2016년에 '상법'이 개정되어 삼각 분할 합병, 삼각 주식 교환, 간이 영업 양수 제도, 무의결권 주주의 주식 매수 청구권 등이 도입되기에 이르렀다.

삼각 분할 합병은 A사의 계열사인 A-1사가 벤처기업인 B사의 사업 부문을 A-1사에 합병시키면서 인수대금은 A사 지분으로 지급하는 방식이다.

삼각 주식 교환은 포괄적 주식 교환을 통해 다른 기업을 100% 손자기업으로 인수하면서 모기업의 주식을 지급하는 것이다. 인수 기업은 모기업의 별도 주주총회를 거치지 않고 M&A 절차를 진행할 수 있다.

간이 영업 양수 제도는 특정 기업이 인수 대상 기업의 발행 주식 총수의 90% 이상을 보유했을 때 이사회의 결의만으로 영업 양수를 할 수 있는 것이다. 이 경우 이사회의 결의만으로 승인 가능한 소규모 주식 교환 범위는 신주 발행 시 발행 주식 총수의 5%에서 10%로, 주식 이외 재산 교부 시에는 순자산액 중 2% 이하에서 5% 이하로 각각 확대했다.

거래의 방식으로는 다음의 〈표 6-4〉와 같은 방식들이 고려된다.

〈표 6-4〉 M&A의 다양한 형태

구분		내용
거래 의사		적대적 M&A는 우호적 M&A의 반대 개념으로, 당사자의 협의로 거래하는 것이 아닌 일방적인 M&A를 말한다.
전략적 의도 (Strategic intent)	공생 (Symbiosis)	공생이란 당초 의도한 M&A 대상의 효율적인 특정 부문만 공유해 합병하거나 인수하고, 나머지 부문은 그대로 두는 형태이다.
	흡수 (Absorption)	이는 한 기업이 다른 기업 전체를 포괄적으로 인수하는 경우이다. 흡수·합병이 대표적인 방법이다.
	보존 (Preservation)	인수한 후에도 두 기업을 각각 별도로 유지시키는 전략이다.

접근 전략 (Strategy used)	공격적 (Offensive)	시너지 효과 등을 위해 기업이 적극적으로 M&A 전략을 사용하는 경우 이다.
	방어적 (Defensive)	공격적 전략에 대한 대응으로 이를 방어하기 위해서 M&A 전략을 사용 하는 경우이다.
	방관자적 (Spectators)	공격적이거나 방어적인 M&A의 주체적인 전략이 아니라 소극적인 위치 에서 M&A의 대상 기업으로서 더 좋은 비전이나 인수 조건 등을 제시하 는 기업에 M&A되는 경우이다.
교섭 방법		개별교섭, 공개매수(Tender offer)
사업의 상호 연관성 (Relatedness of business)		수평적 결합, 수직적 결합, 다각적 결합(혼합형)
인수 수단		현금 인수, 주식 교환 매수, LBO(Leveraged buy-out)
지배권 취득 방법(법적 형태)		합병, 영업 양수, 주식 취득

이러한 인수방식에 따른 장단점은 〈표 6-5〉와 같다.

〈표 6-5〉 M&A 인수 방식의 장단점

인수 방식	장점		단점	
	인수자	매각 기업	인수자	매각 기업

자산
인수
	• 자산의 선별 인수
	• 자산 시가 평가(step-
	  up) 및 감가상각 가능
	• 노동조합 문제의 해결
	• 주주 승인요건의 회피
	  가능
	• 인수 대상 기업의 소
	  수주주 회피 가능
		• 법인 또는 사업의 계속
		• 세법상 이월결손금 유
		  지
			• 세법상 이월결손금 승
			  계 불능
			• 지적 소유권 이전문제
			• 계약 관계의 이전문제
			• 많은 자산별 인수문서
				• 기업 청산 시 이중과
				  세 문제
				• 자산 매각에 대한 과세
				• 주주총회의 승인 요구

주식
인수
	• 자산부채의 일괄 인수
	• 계약 관계 이전의 용이함
	• 자산별 인수문서 등의
	  감소
	• 세법상 이월결손금 승계
	• 주식 교환 시 종속 회
	  사로 경영
		• 부채 처분
		• 낮은 양도소득세
			• 부채 승계
			• 부외부채의 위험
			• 자산을 장부가로 인수
			• 노동조합의 문제
			• 인수하지 않은 소액주
			  주의 문제
				• 부동산 과다 보유 시
				  높은 양도소득세

합병	• 현금, 주식, 차입 등 다
	  양한 자금 조달 방법
	  가능
	• 자산부채의 일괄 인수
	• 소수주주 인수 문제
	  해결
		• 양도소득세 문제 해결
		  가능
		• 주주와 경영자로서 잔
		  류 가능
		• 현금, 주식 등 다양한
		  대가 수령 가능
			• 합병 반대 소수주주 문
			  제
			• 합병 소요 시간
				• 합병 소요 시간
				• 법인의 소멸

(2) 합병에 의한 인수

합병에는 흡수·합병(Merger)과 신설·합병(Consolidation)이 있다.

흡수·합병은 한 회사가 다른 회사를 흡수하는 것으로, 흡수되는 회사(Acquired firm 또는 disappearing corporation)는 법적인 존재(Legal entity)로서의 자격이 없어지고 흡수하는 회사(Acquirer 또는 surviving corporation)에 통합되는 것이다. 물론 흡수하는 회사는 법적으로 그대로 존재하고, 이름도 일반적으로 그대로 쓴다.

신설·합병은 두 회사가 해산한 뒤 법적인 존재로서의 자격이 없어진 뒤 합쳐서 새로운 회사(Entirely new firm)를 설립하는 것이다. 이렇게 하면 합병 당사 회사의 모든 임직원들이 그대로 승계된다. 참고로 폭력 조직에도 합병이 있는데, 이 경우에도 조직원들이 승계된다는 흥미로운 판결이 있다. 그래서 폭력 조직들 간 통합으로 조직의 이름이 바뀐 경우, 이 조직원들을 새로운 폭력 조직에 가입한 혐의로 처벌할 수 없다. 2009년에 함평식구파가 범서방파와 통합하여 새 범서방파가 된 것이 그것이다. 즉, 폭력 단체에 '가입'을 하면 처벌하는 규정은 폭력 범죄 단체에 새로 들어가겠다는 의지를 벌하려는 것이므로, 통합으로 새로운 파에 흡수된 경우는 가입이 아니라는 것이다.[10]

'상법' 제522조에서 제530조에 따라 합병을 진행하는 경우 외에도, 합병 시 검토해야 할 세법은 다양하고 복잡하다. 법인에 대한 세금 문제와 관련된 중요한 규정으로는, '법인세법'의 경우 제44조(합병 시 피합병법인에 대한 과세), 제45조(합병 시 이월결손금 등 공제 제한), 제44조의 3(적격 합병 시 합병법인에 대한 과세특례), 제44조의 2(비적격 합병 시 합병법인에 대한 과세), 제16조(배당금 또는 분배금의 의제), 제17조(자본거래로 인한 수익의 익금 불산입), 제79조(해산에 의한 청산 소득 금액 계산) 등이 있다. 합병으로 인한 배당 소득 문제는 '소득세법' 제17조와 '소득세법시행령' 제27조, 중복 자산 양도에 대한 과세특례를 다룬 '조세특례제한법' 제47조의 4(합병에 따른 중복 자산의 양도에 대한 과세특례), '상속세 및 증여세법' 제38조(합병에 따른 이익의 증여), 제41조의 5(합병에 따른 상장 등 이익의 증여), '지방세특례제한법' 제57조의 2(기업합병·분할 등에 대한 감면) 등을 검토해야 한다. 이외에도 다양한 세법 검토 사항이 있다.

조세 문제가 복잡하여 해결하기 어렵다면 합병 외에도 지주 회사 설립이나 사업 양도도 검토할 필요가 있다. 사업 양도의 경우 '조세특례제한법' 제37조(자산의 포괄적 양도에 대한 과세특례)를 통한 감면을 검토해야 한다.

합병 시 가장 쟁점이 되는 부분은 '합병 비율'이다. 합병을 계기로 쌍방의 주주들에게 실질적인 자산 가치의 변동이 있어서는 안 될테니, 합병 비율은 쌍방 회사들의 기업 가치를 공정하게 반영해야 한다. 만약 그렇지 못할 경우 합병이 무효화되기도 한다. 그러나 기업의 가치란 수익 가치나 성장성과 같은 미래적 기대치로도 나타낼 수 있고, 계속 기업을 전제로 한다면 이러한 지표가 더욱 실효성 있는 기업 가치를 표현한다고 볼 수도 있다. 따라서 순자산가액과 상이한 합병 비율이더라도 다양한 평가 요소들이 합리적으로 고려되었다면 그 합병 비율은 공정하다고 봐야 한다는 판례도 있다.

'자본 시장법'에서는 상장 기업이 합병을 할 때 적용할 합병 비율 산정 요령을 규정하고 있다. 상장 기업들 간에 합병이 이루어질 때에는 주식의 시가를 기준으로 하여 비율을 정하고, 상장 기업과 비상장 기업이 합병할 때에는 상장 기업은 시가를 기준으로, 비상장 기업은 순자산 가치와 수익 가치를 기준으로 비율을 산정토록 하고 있다.[11]

매각 기업의 주주가 너무 많아 전체 주식을 인수하기 힘든 경우에도 차선책으로 할 수 있는 것이 합병이다. 물론 이 경우는 2단계로 진행할 수 있다. 1단계는 인수 제안(Tender offer)으로 취득하고, 2단계는 소수주주를 축출하는 합병(Squeeze-out merger or back-end merger)을 시도하는 것이다. 이 경우에 주식 매수 청구권(Appraisal rights)을 행사할 수 있다. 이는 합병에 반대하는 소액주주가 법원에 주식의 평가를 청구할 수 있는 제도이다. 물론 이를 통해 얻을 이익에 비해 많은 비용이 지출될 수 있지만, 그래도 이를 감안해야 한다. 소수주주 축출제도(Squeeze-out)는 우리나라도 2012년 4월 15일부터 시행된 개정 '상법'에 반영된 내용으로, 지배주주가 소수주주를 축출할 수 있는 제도이다. 이는 지분의 95% 이상을 보유하고 있는 대주주가 5% 미만 소수주주 주식을 공정한 가격에 강제로 매수해 1인 주주 회사로 만들 수 있도록 한 것이다.

다만 지배주주가 소수주주를 축출하기 위해서는 ① 회사의 경영상 목적 달성에 필요한 경우, ② 주주 총회의 사전 승인, ③ 소수주식의 공정가액에 대한 공인감정인의 평가 및 그 감정 결과에 대한 공개 등과 같은 요건이 충족되어야 한다. 소수주주 축출 제도는 소수주주 관리 비용이 과다하게 발생하거나, 소수주주의 주주권 남용으로 회사의 원활한 운영이 곤란한 경우 등에 사용할 수 있다.

합병은 주주총회의 특별 결의가 필요하다. 따라서 합병에 반대하는 주주가 있다면 이들이 원하는 가격으로 주식을 매수하지 않으면 합병이 성사되지 않거나 지연된다. 2011년에 이런 문제점을 해결하기 위해 자회사가 다른 회사(소멸 회사)와 합병할 때 모회사 주식을 소멸 회사 주주에게 부여함으로써 모회사는 주주총회 없이도 이사회의 결의만으로 합병의 효과를 볼 수 있도록 하는 삼각 합병 제도가 도입되었다. 하지만 특허나 디자인, 상표 등 기술력을 보유한 중소·벤처기업과 합병하는 경우, 이 기업이 소멸되어야 하는 등 실질적으로 합병의 효과를 보기 어려운 단점이 있다. 이에 따라 2015년에는 역삼각 합병(reverse mergers), 삼각 주식 교환, 삼각 분할 합병 등 다양한 제도도 도입되었다.

삼각 분할 합병이란 자회사가 다른 기업의 필요 사업 부문을 분할해 흡수·합병할 때 모회사 주식을 소멸되는 회사의 주주에게 부여하는 것이다. 이런 제도 모두 주주총회의 결의 없이 이사회의 결의만으로 합병의 효과를 누릴 수 있다. 그렇기 때문에 앞으로 국내 기업이 선제적 구조 조정을 하는 데 효과적일 것이다. 또한 특정 기업이 인수 대상 기업의 발행 주식 총수의 90% 이상을 보유했을 때 이사회의 결의만으로 영업 양수를 할 수 있는 간이 영업 양수도 제도도 도입되었다. 이로써 이사회의 결의만으로 승인 가능한 소규모 주식 교환 범위가 발행 주식 총수의 5%에서 10%로, 순자산액 2% 이하에서 5% 이하로 각각 확대되었다.

역삼각 합병이란 자회사가 흡수되면서 소멸하고 다른 회사는 존속하더라도, 그 다른 회사의 주주에게 모회사 주식을 부여하는 방식이다.

삼각 주식 교환이란 자회사가 주식 교환을 통해 다른 회사를 100% 손자회사로 만드는 경우에도 모회사 주식을 그 손자회사의 주주에게 부여하는 방식이다.[12] 이는 비상장 기업이 상장 기업을 인수하는 경우에 사용할 수 있다. 일단 비상장 기업의 대주주가 상장 기업의 경영권을 인수한 후, 비상장 기업이 상장 기업을 인수한다. 그러면서도 형식상으로는 비상장 기업이 상장 기업에 인수된다. 그럼으로써 상장 기업이 존속하여 비상장 기업을 100% 자회사로 만들고, 비상장 기업의 주주는 상장 기업의 대주주가 되어 경영에 참여하는 것이다.

인수 대상 상장 기업은 부실한 상장 기업이거나, 이러한 목적만을 위해 만들어진 상장 기업일 수 있다. 상장 요건을 맞추지 못하는 기업이나, 상장을 위한 시간이나 비용을 줄이려는 기업이 상장하려는 경우에도 이를 이용할 수 있다.

역합병은 기업을 상장시키는데 필요한 비용의 30% 수준과, 두 달 정도의 시간만 있으면 가능하다. 하지만 인수에 따른 실사 등의 절차, 증권 관련 법률에 따른 공시, 기타 요건 및 절차 등 때문에 상장하는 기간만큼 시간이 걸리기도 하고, 복잡한 문제도 도사릴 수 있다.

상장 지분 사모 투자(private investment in public equities, PIPEs)는 역합병에 사용되는 전형적인 자금 조달 방법이다. 인수 대상 상장 기업이 신주나 전환 증권을 제3자 인수 방식으로 발행하며, 주로 헤지펀드나 사모펀드가 이를 인수한다. 동 자금으로 비상장 기업 인수 등을 하는 것이다. 우리나라에서는 이에 대해 '우회 상장'이라는 용어를 사용한다. 우회 상장은 장외 기업이 상장 기업과의 합병을 통해 상장을 위한 심사나 공모주 청약 등의 절차를 밟지 않고 곧바로 상장하는 것이다. 하지만 일부 기업이 이를 악용해 주주들과 일반 투자자들의 피해를 야기하기도 했다.

우회 상장에 대한 요건에 질적 심사 제도가 2011년에 도입되었고, 기업 공개와 같은 기준도 적용해 강화되었다. 2010년에는 32개 기업이 우회 상장을 통해 증시에 들어왔지만, 2012년에는 전무하였다. 우회 상장에 대한 규제는 비상장법인이 상장 기업을 역합병하는 경우에만 발생하고 있다.[13]

그룹인 경우에는 자회사를 통해 합병해 인수하는 경우도 있다. 이를 삼각합병(三角合併, Triangular merger)이라고 한다. 삼각합병은 모회사의 자회사가 인수 대상 기업과 합병하는 방식이다. 우리나라는 2012년 4월에 '상법'이 개정되면서 그 근거가 마련됐다. 삼각합병은 합병 대가로 합병 법인의 모회사 주식이나 현금을 지급할 수 있어 다양한 합병 방식을 가능하게 한다. 모회사는 인수 기업의 채무에 대한 책임을 면할 수 있고, 인수 기업의 우발채무를 승계하는 위험도 피할 수 있다.

삼각합병은 전진형 삼각합병(Forward triangular merger)과 후진형 삼각합병(Reverse triangular merger)으로 나뉜다. 전진형은 모회사가 자회사를 설립한 이후 자회사 주식을 보유하고 있으면서 여기에 제3회사를 합병시키는 방식이다. 후진형은 모회사가 자회사를 설립한 후 자회사를 제3회사에 합병시키는 것으로, 제3회사는 모회사의 자회사가 된다.

삼각 주식 교환과 삼각 분할 합병 등 새로운 제도가 도입되었는데도, 세제 혜택이 수반되지 않으면 활용되기 어렵다. 세법에서는 두 개의 회사 사이에서 M&A가 이루어지는 경우만을 전제로 해 일정한 조건이 충족되는 경우 과세를 이연해주는 조세특례를 적용하고 있다. 삼각 합병 제도가 활용되지 못하는 이유 중 하나가 '과세 혜택이 없다'는 점이다. 세법에도 이에 상응한 과세 혜택 도입을 검토해야 한다.[14]

(3) 주식 인수의 방식

주식 취득(Acquisition of stock)은 회사의 주주만 바뀌는 것이다. 주주만 바뀌는 것은 'Recapitalization'이라고 부른다. 주주가 바뀌지 않고 증자하는 것은 'Growth capital'이라고 한다.

다른 회사의 주식을 취득하는 경우도 세 가지가 있다.

경영권 양도(Sale of control)는 지배주주 또는 대주주가 그 소유 주식을 합의에 의해 양도하는 것이다. 주주 간의 합의에 의해 양도하는 것이 아니라 주식 시장에서 주식을 매수하는 것은 적대적 인수라고 한다. 이는 증권 거래소에 상장된 회사의 주식을 매집해 기업을 매수하는 것으로, 증권거래법상의 대량 주식 소유 비율의 변동 등 법적 규제가 따른다.

또한 공개 매수(Tender offer, Take-over bid)를 하기도 한다. 이는 특정한 상장 또는 등록 회사의 지배권 취득이나 강화를 목적으로 한다. 증권 시장 외에서 일정 기간 동안 일정한 가격으로 그 특정 회사가 발행한 주식을 매수할 것이라 공표한 뒤 대량으로 주식을 취득하는 방법이다.

주식을 인수하는 주체는 개인인 경우도 있지만 법인인 경우도 있다. 법인이 인수하는 경우 주식은 대차대조표에 투자 자산으로 기록된다. 매각 기업의 주주 입장에서는 주식 양도가 세금 면에서 유리하다. 회사의 사업을 양도하는 경우 법인세가 과세되고, 법인을 정리하여 회수하는 경우 다시 소득세가 과세되는 이중과세를 피할 수 있기 때문이다.

한편, 경영권을 인수하지 않고 지분 투자만 하는 경우도 있다. 이를 통해 이사회에 참여하거나, 사업 제휴를 하거나, 회사의 경영 상황을 파악한 후에 기일과 인수 가격을 정하여 경영권을 인수하는 식인 것이다. 후자는 '점진적 인수(creeping takeover)'라고 불린다. 이에 따라 당사자들 간에 주식의 인수나 매각조건(put or call option)이 계약서에 반영된다.

인수 기업은 매각 기업의 자산을 장부가액 그대로 인수하기 때문에 시가에 의한 감각상각을 할 수 없다. 미국의 세법(section 338)은 80% 이상의 주식을 인수하는 경우 자산을 인수하는 것으로 보아 시가로 상각을 할 수 있는 조항이 있다.

(4) 신주 발행

제3자 배정을 통한 증자 방식으로 경영권을 인수하는 경우도 있다. 그러나 경영권 인수를 위해 제3자 배정에 의한 증자를 하는 것은, 회사의 경영자 또는 지배주주의 특정 목적을 위해 소수자 주주들의 이익을 희생시킬 수 있다. 따라서 '상법' 제418조 제2항은 "주주 외의 자에게 신주를 배당할 경우에는 신기술의 도입, 재무 구조의 개선 등 회사의 경영상 목적을 달성하기 위해 필요한 경우에 한한다"라고 규정하고 있다. 이에 따라 경영권 분쟁이 있는 상황에서 경영권 방어를 목적으로 한 제3자 발행은 무효라는 판례가 여러 건 있다.[15]

(5) 주식 교환과 전략적 제휴

주식을 교환하는 경우, 보통 당사자의 주식 가치 비율에 의하여 교환 비율이 결정된다. 하지만 협상에 의해 변화될 수도 있다. 매각 대상 기업에 우선주나 전환사채 같은 증권을 발행한 경우에는 주식 교환은 복잡해진다. 이 경우의 사례분석은 〈표 6-6〉과 같다.

〈표 6-6〉 주식 교환의 사례 분석(우선주나 전환사채가 있는 경우)

기본 정보			
구분	내용	수치	비고
매각 대상 기업	기본 발행 주식 수	200만 주	
	실행 옵션(In-the-Money Options)	15만 주	행사가격: 주당 15,000원
전환증권 (Convertible Securities)	전환사채 • 액면 가액: 1,000,000원 • 교환 비율: 50주 (전환가격 = 20,000원 = 1,000,000원÷50)	10억 원	• 전환사채 발행 수 = 10,000,000,000÷1,000,000 = 10,000 • 전부 발행 시: 10,000×50 = 500,000주 발행
	우선주식 • 액면 가액: 60,000원 • 교환 비율: 2주 (전환가격 = 20,000원 = 60,000÷3)	5억 원	• 우선주식 발행 수 = 5,000,000,000÷60=83,333 • 전부 발행 시=83,333×3= 250,000주

전환증권 (Convertible Securities)	인수 가격의 제안가액 (Offer Price per Share)	3만 원	매각 대상 기업의 주식에 대하여 제안한 인수 가액
	발행 주식 총수		기본 발행 주식 수 200만 + 실행 옵션 15만 + 전환사채 전환 50만 + 우선주식 전환 25만 = 2,900,000주
	지분 가치(Target Equity Value)		(290만 주×주당 3만 원) − (15만 주×1만 5,000원) = 847억 5000만

(출처: Donald DePamphilis, Mergers and Acquisitions Basics, Burlington, Elsevier, 2011, p. 320.)

주식을 포괄적으로 80% 이상 교환할 때 '조세특례제한법' 제38조에 따라 요건을 갖추면 양도소득세 또는 법인세가 과세되지 않는다.

(6) 사업양수도 방법

합병이나 주식 거래가 아닌 회사 전체의 사업을 인수하거나 그 회사의 일부 사업만 인수하는 자산부채 인수 방식 또는 사업양수도(Acquisition of assets, Asset deal)가 있다. '상법'상 '영업 양도'라고 불린다.

이 방법은 부외부채의 위험을 회피할 수 있고, 인수 시 초과 지급한 영업권을 상각해 비용으로 계산할 수 있다. 자산을 시가로 인수해 감가상각을 함으로써 절세 효과도 있다.

그러나 회사의 모든 계약 관계를 파기하고 새로이 맺어야 한다는 문제점도 있다. 매각 기업의 입장에서는 사업 양도나 자산 양도의 경우 법인세가 과세되고, 다시 배당을 하는 경우 소득세가 과세되는 불리한 면이 있다. 그러나 주식을 매각하면 기업의 조세 문제, 우발채무 등에 대해 보장을 요구하는 문제점이 있다.

또한 사업과 관련된 지적 소유권이 이전되지 않을 수 있고, 만약 지적 소유권이 담보로 제공된 경우 그것을 풀어야 하는 문제점도 있다. 때로는 환경 관련 채무, 재산세, 제품 관련 보증 등의 채무를 피할 수 없는 경우도 있다. 이런 위험을 피하기 위해 매각 기업이 이를 부담하는 면책조항(indemnification)을 넣을 수 있다. 매각 기업의 입장에서는 사업 양도나 자산 양도의 경우에는 법인세가 과세되고, 다시 배당을 하는 경우에는 소득세가 과세되는 불리한 면이 있다. 그러나 주식을 매각하는 경우 기업의 조세 문제, 우발채무 등에 대하여 보장을 요구하는 문제점도 있다.

한편 부동산의 취득으로 인한 취득세 등이 발생하는 문제점도 있다. 하지만 이에 대해서는 당사자가 협상을 할 수 있다.

(7) 특수한 거래

호텔에 대한 투자

호텔은 부동산의 취득이나 개발, 입지 선정 등 하드웨어적인 측면과 호텔의 경영이라는 소프트웨어적인 측면이 있다. 하드웨어 측면은 재무적 투자자가 공동으로 호텔을 운영하는 기업에 투자를 하는 것이다. 호텔의 소프트웨어 측면은 호텔 운영의 경험이 있거나 노하우를 가진 전략적 사업자가 호텔을 지을 때부터 사업 계획과 운영 계획을 세워 투자를 하고 실제로 사업을 하는 측면이다.

이러한 전략적 투자자와 재무적 투자자가 공동 투자를 하기 위해서는 전략적 투자자가 개발하는 호텔의 부동산에 대해 예를 들면 20년 등 장기의 마스터 리스(Master lease) 계약을 체결해야 한다. 마스터 리스의 비용은 총 투자 금액의 8~9% 수준(공사기간을 감안하면 전체 기간에 따른 유효비율은 6~7% 수준)이 일반적이다. 마스터 리스 계약이 있어야만 이러한 투자가 가능하다. 여기서 이슈는 전략적 투자자의 마스터 리스와 관련한 책임과 의무의 범위이다.

프로젝트 금융회사(Project financing vehicle)

부동산 개발 사업을 효율적으로 추진하기 위해 설립하는 서류 형태로 존재하는 명목 회사(페이퍼컴퍼니)다. 일명 "프로젝트 금융투자 회사"라 한다. 이는 프로젝트 파이낸싱(Project financing)을 위해 금융 기관과 프로젝트 참여 기업 등으로부터 자금 및 현물을 받아 해당 프로젝트를 수행하고, 자산의 관리 업무는 전문지식을 가진 자산관리자에게 위탁하는 형태이다. 개발 사업 추진을 위한 법인 설립 시 법인세 및 취득록세 등을 감면받을 수 있어 자금을 유치하기 수월하며, 수익성도 좋기 때문에 투자자들에게서 주목을 받고 있다.

(8) 회사의 분할

인수 대상 기업의 사업 중 인수를 원하지 않는 부분은 분할 후 인수할 수 있다. 예를 들어 유휴 토지가 있으면, 그 토지를 매각하여 현금화하면 가격을 올릴 수 있다. 하지만 단기간에 하는 것은 어렵기 때문에 인적 분할을 한 후 매각하는 것이다.

분할로 차입금이 이전되는 경우 주주에게 돌아올 금액이 그만큼 커질 수 있다. 이는 부채가 많은 기업의 회생 과정에도 이용된다. 예를 들어 기업 회생 절차, 즉 법정 관리에 들어간 팬택의 회생 계획안은 법인을 분리하여 신설 법인은 매각하고 존속 법인은 청산하여 채무를 변제하는 방식이었다.

기업 분할의 유형은 인적 분할(spin-off) 또는 주식 배당(spin-off), 주식 교환(split-off), 모회사 소멸(split-up) 등으로 나뉜다. 인적 분할은 회사를 분리한 후 신설 법인의 주식을 모회사의 주주에게 같은 비율로 배분하는 분할이다. 반면 물적 분할은 회사를 분리한 후 신설 법인의 주식을 모두 모회사가 가지는 분할이다.

결국, 인적 분할은 주주에게 기존 또는 신설하는 자회사의 주식을 지급하는, 일종의 '주식 배당'이라고 볼 수 있다. 인적 분할을 통해 독립 경영과 사업별 매각이 가능하다. 적법하게 분할하는 경우 주주에 대한 배당과 모회사에 대한 과세가 면제되며, 사업을 매각함에 따른 과세도 피할 수 있다.

주식 교환은 인적 분할과는 달리 사전에 정한 교환 비율로 모회사의 주식과 자회사의 주식을 교환하는 오퍼(offer)이다. 따라서 모회사의 주주는 그 오퍼를 거절하거나 수락할 수 있다. 즉, 그 지분 비율은 모회사의 지분 비율과 다를 수 있다. 따라서 모회사의 주주는 어느 회사의 주주로 얼마나 남을지 선택할 수 있다. 결국 모회사의 소멸이란 모회사를 주식 배당 또는 주식 교환을 통하여 여러 개의 회사로 분할한 뒤, 모회사는 청산하고 모회사의 주주는 분할된 회사의 주주로 남는 것이다.

회사의 분할은 '상법'에 규정되어있다. 제530조의 2는 회사를 분할함으로써 1개 또는 수 개의 회사를 설립할 수 있도록 정하고 있다. 분할을 하려면 주주총회의 승인을 받아야 한다. 회사가 분할하는 때에는 분할계획서를 작성하여 주주총회의 특별결의(의결권 없는 주주도 포함)에 따른 승인을 받아야 한다. 회사의 분할로 인하여 분할에 관련된 각 회사의 주주의 부담이 가중된다면, 그 주주 전원의 동의를 받아야 한다.[16)]

분할로 인하여 설립되는 회사는 분할 전의 회사 채무에 관해 연대하여 변제할 책임이 있다. 그러나 주주총회의 특별결의로 분할되는 회사의 채무 중에서 출자한 재산에 관한 채무만을 부담하기로 정할 수 있다.[17)]

분할상장매각(carve-out) 방식도 있다. 분할한 자회사를 상장하거나 지분을 매각하는 방식이다. 이를 통해 모회사는 자회사에 투자할 자금의 조달, 차입금 상환 또는 배당금 지급이 가능해진다.

분할에는 복잡한 세금 문제가 도사리므로 전문가의 도움을 받아야 한다. 첫째는 분할로 주주가 받는 주식 등의 금액이 당초 주식을 취득하기 위하여 지급한 금액이라면 배당 소득이 과세되므로, 이에 대해 잘 검토해야 한다. 분할하면서 이전되는 사업에 대해서도 적격 분할인 경우에는 양도손익이 유예된다. 하지만 비적격 분할인 경우에는 주주가 받은 가액과 법인세 부담액에서 이전 사업의 순자산장부가액을 차감한 금액에 법인세를 납부하므로 이에 대해 검토해야 한다.

적격 분할이 이루어지려면 5년 이상된 법인이어야 하고, 독립 경영이 가능하고, 사업을 포괄적으로 승계해야 하고, 주주만이 지분 비율대로 참여해야 하고, 사업을 계속해야 한다. 또한 분할 후 매각한다면 과세될 수 있으므로 면밀한 검토가 필요하다. 현행 세법은 적법한 합병·분할 등에 각종 세제 혜택을 주고 있다. 그런데 이런 구조 조정 이후 지배주주가 지분의 절반 이상을 처분하면 기존 세제 혜택을 다시 회수해간다. 아울러 구조 조정 시점의 미실현 평가 차익을 한꺼번에 과세하도록 규정하고 있다.[18)]

기업을 분할하는 경우 독자 경영이 가능해야 한다. 즉, 최소한의 금융 비용과 차입금 상환이 가능하여 장기적 지속 경영이 가능해야 한다. 따라서 수익성과 성장성 등을 면밀히 분석해야 한다.

기업의 분할은 주주는 물론 채권자와 금융 기관의 동의도 받아야만 한다. 채권자에게는 관련 채권의 담보, 지급 보증의 변경뿐만 아니라 부할 후 회사의 이자와 대출 상환 능력에 대한 승인이 필요하다. 그러므로 금융 기관과 사전에 논의해야 한다.

6) 선결 조건

M&A의 선결 조건이란 매매가 완결되기 전에 꼭 이행되어야 하는 조건이다. 예를 들어 정부 승인이 필요하다면, 정부 승인을 받는 것이 선결 조건이다. 회사의 자산이 제3자에게 담보로 제공된 경우(예컨대 은행저당권)에는 그 담보를 해제하는 것도 조건이다. 자동차부품업체의 경우라면 완성자동차 제조회사로부터 대주주 변경에 따른 거래 지속 여부가 선결 조건이 될 수 있다. 고객이나 납품 기업과의 계약도 이전되어야 한다.

주식 양도도 그렇지만 특히 사업 양도의 형식인 경우에는 계약이 인수자로 이전되려면 상대방이 동의를 하여야 한다는 문제가 있다. 이 경우 고객은 납품 기업에 대해 계약의 변경을 요구할 수도 있다. 물론 요구가 지나치다면 거래가 무산될 수도 있다. 허가 사업이거나 라이선스를 받은 사업인 경우 법적 승인 또는 상대방의 동의를 받아야 할 때도 있다.

회생 기업이라면 채권자와 주주의 동의를 받아야 한다. 2015년 하림그룹이 회생 기업인 팬오션을 인수하면서 '소액주주들의 반대'에 부딪혔다. 소액주주(지분 80%)들은 매각 진행을 위한 변경 회생 계획안에서 추가 감자(자본금 감소)를 진행할 경우 법적 소송을 하겠다고 예고한 것이다. 이는 소액주주들이 매각을 위한 변경 회생 계획안에 감자가 포함될 경우 동의하지 않겠다는 입장을 표명한 것임을 의미한다. 그래서 회생 기업의 인수를 위한 변경 회생 계획 안을 통과시키기 위해 참석 채권단의 3분의 2와 주주의 2분의 1 이상의 동의 를 받아야 했다.[19]

회계 감사의 의견도 선결 조건이 될 수 있다. 인수 대상 기업이 외부 감사인 인 회계법인의 감사 의견을 거절할 가능성이 있는 경우, 이 문제가 해결되는 것을 전제 조건으로 할 수 있다. M&A를 진행할 때 회계 감사가 진행 중인 경 우에는 인수의향서 등에 이러한 문제에 대해 명확한 문구를 넣어야 한다.

노동조합이 있는 경우, 또는 노동조합 때문에 경영에 문제가 있는 경우 인 수를 꺼리는 것이 일반적이다. 이런 경우 사업양수도 방식으로 문제를 해결할 수 있다.

7) 조세와 법률

M&A는 다양한 법률과 연관되어있다. 법률 문제는 변호사 또는 회계사 등 전문가에게 맡기는 것이 최선이다. '사업재편지원특별법'은 M&A 등 사업 재편 과 관련해 '상법', '세법', '공정거래법' 등에 복잡하게 규정되어있는 절차나 규제 를 단일 특별법으로 묶은 법이다. 예를 들어 M&A 과정에서 소액주주가 주식 매수청구권을 행사할 때 기업이 주식을 사들여야 하는 기간을 현행 1개월에 서 1년 정도로 연장하는 방안이 검토되고 있다. 소액주주의 권리를 보호해주 는 장치인 이 조치가 사업 재편에 걸림돌이 된다는 재계의 건의가 많았기 때 문이다. 소액주주들이 주식을 비싸게 사달라고 하면 M&A가 무산될 수 있다 면서 말이다. 현재 최장 120일인 기업 결합심사를 절반 정도로 줄여주는 방안 과 사업 재편 기간에 적대적 M&A 시도 방지, 수도권 토지 매입 시 중과세 배

제 등도 검토되고 있다.[20]

회사의 회계와 조세 문제(accounting consideration)도 검토 대상이다. 다만 조세 부과의 시효를 고려하여 시효가 지난 부분은 제외한다. 탈세와 같은 부정한 행위에 대해서는 국세를 부과할 수 있는 날부터 10년이 제척기간이다. 탈세 등 부정한 경우가 아닌 경우에는 신고를 하지 않으면 7년, 기타의 경우에는 5년이다.[21]

세금으로 인한 처벌 문제도 고려해야 한다. 탈세 금액이 연간 10억 원 이상인 경우에는 무기 또는 5년 이상의 징역, 연간 5억 원 이상 10억 원 미만인 경우에는 3년 이상의 징역에 처해진다. 또한 탈세 금액의 2배 이상 5배 이하에 상당하는 벌금도 부과된다.[22] 탈세로 인한 처벌의 공소시효는 5년이다. 다만, 법인의 대표자 등이 '특정범죄가중처벌 등에 관한 법률'제8조에 따라 처벌되는 경우 법인에 대한 벌금의 공소시효는 10년이다.[23] 따라서 적어도 5년이 지나야 공소시효가 만료되는 것이다.

탈세에는 횡령·배임 문제가 도사린다. 업무상의 횡령과 배임은 10년 이하의 징역 또는 3000만 원 이하의 벌금형에 처한다.[24] 따라서 최대 10년의 공소시효가 존재한다.[25] 이러한 모든 문제를 피하려면 10년이 필요하니, 법률 전문가의 도움을 받아야 한다.

8) 노조와 협상

인수 대상 기업에 노조가 있다면 인수 자체가 불가능해지는 경우가 많다. M&A는 경영상의 판단이기 때문에 노조는 M&A에 원칙적으로 개입할 수 없다. 그러나 때로는 인수를 위해 노조와 협상·합의하는 경우도 있다. 아래에 노조와의 합외와 관련된 판결 사례를 소개하겠다.

2015년에 법원은 하나금융지주의 하나-외환은행 조기 통합 절차 중단 가처분 결정 '이의'신청을 수용했다. M&A 등 고도의 경영 판단 사안은 경영권을 가진 이들의 고유 권한임을 인정한 것이다. 이전까지 노사 갈등으로 합병이 미루어지거나 불발된 사례가 많았다. 그런데 법원이 이로써 분명한 선을 그어준 셈이다. 당초 법원은 노조가 제기한 하나-외환은행 통합 절차 중단 가처분을 받아들였다. 노사가 합의한 5년간 독립 경영 보장 합의서를 깨고 조기 통합을 할 만한 사유가 보이지 않는다는 이유 대문이었다. 당시 결정문을 보면, "노사 단체 협상은 일정 기간 합병에 관한 사용자의 경영권 행사를 제한하는 내용뿐이어서 경영권의 본질적인 부분을 침해하는 것이라고 보기 어렵다"고 명시했다. 그러니까 노사 합의서의 효력을 인정한 것이다.

그런데 법원은 합의서의 구속력을 부인하기 위해 외환은행의 생존이 위태로울 수 있는 상황에 처했다는 증거를 요구했다. 그러나 하나금융이 법원이 납득할 만한 이유를 대지 못하자, 법원은 통합 중단 가처분 결정을 냈다. 이후 하나금융은 법원에 가처분 결정 이의 신청을 냈고, 조기 통합 근거 자료도 제출했다. 결정문은 "가처분 결정 이후, 기준 금리가 1.5%로 낮아져 은행의 순이자 마진이 현저히 낮아질 수밖에 없는 등 금융 환경이 국내외적으로 더 악화되고 불확실해졌다"고 했다. 그래서 가처분 결정 효력을 유지하는 게 적절하지 않고, 외환은행 노사가 합의한 독립 경영에 관한 사안의 구속력도 인정하지 않았다. 그래서 법원은 "M&A는 경영권을 가진 이들의 고유 권한이며, 노사 합의를 수정하는 것은 사측의 책임이 아니라 경영 환경이 급변하면 가능하다"면서 경영진의 손을 들어줬다.

이 결정문을 보면 기업의 권리를 '헌법'이 보장했음을 분명히 한 것을 확인할 수 있다. 그러니까 경영자는 사업이나 영업을 확장, 축소, 전환하거나 폐지, 양도할 자유가 있으며 인수·합병도 가능하다는 것이다. 아울러 인수·합병은 '고도'의 경영적 판단에 따라 이루어지는 바, 그러니 "경영권 행사는 쉼 없이 변동하는 복잡다기한 여러 경제적 여건을 고려해 이루어져야 하는 것으로, 예외적으로 (노사 합의 등) 계약의 구속력이 제한될 수 있다"고 선언했다.[26]

노조와 협의할 사항에는 위로금에 관한 것도 있다. 2015년 한화테크윈(구 삼성테크윈)과 한화탈레스(구 삼성탈레스)가 2200억 원 규모의 합병 위로금을 직원들에게 지급했다. 삼성-한화 '빅딜'에 들어간 총 위로금은 3300억 원이었다. 그중 한화테크윈은 직원 4,700명에게 1인당 4000만 원씩, 총 1880억 원의 합병 위로금을 송금했다. 위로금은 '2000만 원 + 기본급 6개월치'로 산정됐다. 한화탈레스는 1,700명에게 1인당 2000만 원씩 총 340억 원의 합병 위로금을 지급했다. 한화그룹으로 편입된 삼성토탈과 삼성종합 화학 직원들에 대한 위로금 협상은 1인당 6000만 원으로 결정됐다. 4000만 원에 기본급 6개월치를 더한 것이다. 두 회사의 직원 수가 1,800여 명이므로 위로금이 약 1100억 원에 달한다. 위로금은 거래 당사자가 아닌 피인수 기업에서 지급했다. 곧, 위로금만큼 보유 현금이 줄어들면서 기업 가치도 깎였다.

일반적으로 회사를 사들이는 쪽에서 위로금이 빠져나가니, 해당 기업의 가치를 삭감 평가하거나 파는 쪽에서 위로금을 대신 지급하고 매각 대금을 받아 보전하는 식으로 계약을 체결한다. 현금 감소분을 기업 가치에 얼마만큼 반영할지도 계약 과정에서 정한다.[27]

9) 협상의 사례

2015년 당시 유럽에 기반을 둔 대기업이 한국의 중소기업을 인수하는 협상을 진행했다. 그 한국 중소기업의 주 업무는 기계제조업이었다. 그 유럽 기업이 첫 공장 견학 후 질의서를 보내왔고, 한국 중소기업은 이에 따른 검토를 한 것이다. 그 내용은 〈표 6-7〉과 같다.

〈표 6-7〉 M&A 예비 협상

질의와 대응

Property development in Incheon Area: We are wondering how much assets and debt in balance are related to this.
인천 본사와 공장이 지방으로 이전함으로써 현재는 유휴부동산으로, 인수 측은 동 부동산이 필요 없다고 보는 것이다. 따라서 동 부동산과 관련된 채무를 구분하고 싶은 의도이다.
 	
  회사 답변
    • 동 유휴부동산을 개발하면 120억~136억 원의 순 수입이 창출된다. 법인세율 22%를 감안하면 93억~105억 원의 순 수입이다.
    • 사업이 시작되면 회사의 부채를 우선 60억 원 상환할 예정이다.
 	
  비고
    • 회사의 총차입금은 267억 원이다. 따라서 조만간 60억 원을 상환하면 207억 원, 개발 뒤 상환 후에는 167억 원에 이른다. 따라서 감소된 부채금액으로 지분가치가 그만큼 높아질 수 있다.
    • 인수 측은 유휴부동산에 관심이 없을 것이며, 미래의 분양은 불확실하기에 이 부분은 별도로 하는 것이 좋을 것 같다. 따라서 인적 분할을 통하여 분리시키는 것을 고려하는 것이 합리적이다. 60억 원에 달하는 부채를 상환한 뒤 분할하는 것이므로, 회사의 부채는 60억 원만큼 감소할 것이니 평가에서도 유리할 것이다.

The Compared to the size of the operations and to the fact that they are anyway profitable the debt amount from banks is quite significant. Does this go back all the way 200x when Owner purchased the company or is it even older debt which came with the company and relates to the B company time. Potentially banks (or whoever has given the debt) does not require Owner to pay it and it remains in balance sheet but with new owner the case would most likely be different. Are buildings, machines etc. as collaterals for the debt?

회사의 수익성에 비하여 부채가 지나치게 많음을 우려하는 것이다. 다시 말해 회사를 평가할 때 수익성을 기준으로 평가하면 부채가 과다하여 인수가 어려울 수 있지 않을까 우려하는 것으로 보인다.

회사 답변

전 기업주로부터 인수할 당시 부채는 현재 없으며, 회사를 성장시키면서 자연스럽게 증가한 차입금이다.

비고

2014년 EBITDA가 42억 원으로, 여기에 6배를 하면 252억 원으로 평가된다. 2014년 차입금이 291억 원, 현금 관련 자산이 27억 원, 그리고 2015년에 60억 원을 상환하면 순 차입금이 204억 원으로, 평가 금액은 48억 원이다. 물론 유휴 토지를 개발·매각하면 100억 원 정도의 수입이 있으므로, 40억 원을 더하면 88억 원이다. 따라서 2015년 실적을 기준으로 평가를 요청해야 하며, 그렇기에 2015년 실적에 대한 객관적인 자료가 필요하다.

자회사에 대한 질의

회사 답변

북미 자회사는 회사와 관련이 없는 개인 출자자이므로 회사의 재무제표에 반영되지 않는다. 그러나 회사가 소유한 자회사 투자 자산으로 계상되어있다.

비고

- 자회사의 별도의 평가가 필요하므로 자회사에 대한 재무 정보가 필요하다.
- 베트남 법인 이외의 자회사는 특별한 사업 활동이나 비용 발생이 없는 '페이퍼 컴퍼니'일뿐이다. 베트남 법인의 차입금이 60억 원가량이고, 영업 이익은 10억 원 정도라 가치 산정에 추가되거나 감액되지 않을 것 같다. 인수 측에서 베트남 법인에 관심이 없는 경우, 매각하여 50억~100억 원가량으로 예상되는 현금이 들어온다면 그만큼 거래 가치가 높아지므로 유리하다.

검토 사항

검토 주제: 회계감사인의 문제점과 회계 검토

검토 의견

- 글로벌 기업은 통상적으로 감사반에 의한 감사를 신뢰하지 않으며, 국내에서도 신뢰성을 낮추는 문제가 있다. 실제로 감사반이 작성한 재무 정보에서는 문제점이 발견될 가능성이 크다.
- 회계·법률 및 경영상의 문제점을 사실 그대로 공시할 필요가 있다. 따라서 회사 내에서 알고 있는 그리고 감사반에서 알고 있는 문제점들을 공개해야 하며, 그렇지 않아 인수 실사 시 발견되는 경우 협상에서 불리한 입장에 서거나 거래가 중단될 가능성이 있다.

- 회사와 협의를 한 결과 40억~50억 원에 달하는 부실 채권이 있고, 재고 자산은 지금까지 정밀 실사를 하지 않아 얼마나 되는지 확신할 수 없다고 판단된다. 부실 채권은 2014년 이전에 상각할 비용이라면 금액이 크므로 2015년에 '전기손익수정'으로 이익잉여금에 반영하는 것을 검토하고, 재고 자산과 관련한 것도 알고 있는 부실은 마찬가지 방법으로 비용으로 처리하는 것이 검토될 필요가 있다. 그렇지 않으면 사전에 인수 측에 이러한 부실을 전제조건으로 거래 가격과 실사를 제의하는 것이 가격과 거래 조건 협상에 유리할 것으로 보인다.
- 회사는 인원의 감소, 인천 사업장 폐쇄로 인하여 절감되는 비용 등으로 EBITDA가 증가되는 요인을 찾아내어 가격 협상에 유리한 입장에 서도록 준비하여야 한다.

검토 주제: 2015년 실적 및 2016~2015년 매출 자료의 근거 제공

검토 의견
- 2014년 실적이 좋지 않으므로 2015년 실적 또는 2016~2017년 추정치를 근거로 협상을 하는 것이 유리하다.
- 당초 회사에서 제시한 2015년 추정치에 의하면 EBITDA가 70억 원으로, 여기에 6배를 하면 420억 원으로 평가된다. 순 차입금이 204억 원으로 평가 금액은 216억 원이다. 인적 분할을 통하여 유휴부동산과 50억 원에 상당하는 차입금을 분리하면 266억 원까지 평가가 가능하다.
- 인수 실사 시에는 정밀한 실사를 하므로 2015년 실적과 2016~2017년 매출 추정에 대한 객관적인 자료를 준비해야 한다. 특히 과거 10년간 회사는 신제품 개발을 위하여 70억~80억 원을 지출했는데(정부보조금 50%) 이로 인한 매출이 아직은 100억

  원 수준일 정도로 정상화되지 않았고, 회사가 목표로 하는 매출인 5000억 원에 대한 구체적인 입증 자료를 철저히 준비함으로써, 인수 측도 그 제품의 질이 좋지만 아직은 한국 시장에서 시기상조임을 강조하여 협상을 하는 것이 필요하다고 보인다.

검토 주제: 가격 제시

검토 의견
- 거래 가격은 높은 편이 좋지만, 거래가 성사되지 않으면 의미가 없다.
- 2015년 추정치가 맞다면 6배를 적용할 경우 204억 원, 7배를 적용할 경우 274억 원이다. 물론 인적 분할 또는 부동산 현금화 가치는 별개이다.
- 또한 자회사의 평가 금액도 별개로 한다.

검토 주제: 인적 분할의 검토 또는 계약 조건에 포함

검토 의견
- 인적 분할을 할 것인지, 부동산 매각 대금이 회수되는 경우 그 금액만큼 더 받는 조건부 매각을 할지에 대해서는 협상을 해보아야 한다.

- 회사와 이러한 문제를 논의한 결과 인천 토지는 신탁 계약에 따라 소유권 이전 등기가 신탁 회사로 이전되며, 공사 원가와 분양에 대해 신탁 회사에서 책임을 짐으로써 인적 분할을 검토할 필요가 없다고 결론 내렸다. 따라서 향후 분양이 완료되어 현금 수입이 예상되는 수익 증권에 대해 거래 가격에 어떤 형식으로 반영할지 협상해야 한다. 향후 실제 현금이 들어올 때 거래 가격을 추가로 받을지, 미리 거래 가격에 반영한 후 보장 사항에 넣을지 협상해야 한다.

검토 주제: 국내 잠재적 거래자의 거래

검토 의견
국내 잠재적 거래가 어떻게 진행되는지, 그 제시 가격이 얼마인지도 변수다. 따라서 이를 사실대로 인수 측에 전달하는 것을 검토할 필요가 있다.

다음은 매각 기업이 인수 기업에 제안한 최초의 안을 바탕으로 추가적인 논의를 진행한 사례이다.

투자 제안 의뢰

안녕하세요.
회장님.

그동안 ㈜글로벌M&A는 당사가 자문하는 기업(이하 '회사')과 귀사와의 전략적 파트너 관계 형성을 위해 노력해왔습니다. 그동안 보여주신 호의에 감사를 드립니다. 회사는 2015년 6월 3일 예비적 거래 조건 등을 제안한 바 있습니다. 그 제안과 그 후의 상황을 감안하여 회사의 입장을 말씀드리고 귀사와의 전략적 파트너 형성에 대한 예비적이지만 구체적인 안을 듣고 싶습니다. 이를 통하여 상호 간의 실질적 협상을 할 수 있으리라 생각하며, 상호에게 이익이 되는 방향을 모색할 수 있으리라 생각합니다.

회사는 대주주의 주식 100%를 매각하는 자회사 편입과 경영 참여를 여전히 선호합니다. 경영권 매각의 경우 지급 보증과 담보 설정 채무 문제는 전과 같으며, 이 부분에 대하여 추가적인 협상 가능성에 대해 별도로 상의할 수 있습니다. 거래 가액은 최소 평가 금액 70억 원, 그리고 경영권 프리미엄이 붙는 것이 동일합니다. 주식의 평가는 70억 원대 250억 원을 기준으로 하지만, 추가적인 논의가 필요하다고 생각합니다. 특히 최근에 증자로 인한 재무 상태 변화, 최근 실적에 따른 주가의 추이 등을 감안하여 협의할 필요가 있다고 생각합니다. 지급 수단은 현금 선호와 주식 교환 협상이 가능할 것 같습니다.

최근 보도에 의하면 귀사는 종합건설업에 진출하였습니다. 주식 교환으로 귀사의 경영에 참여하는 경우 이러한 신사업 진출 등 주요 경영 의사 결정에 대하여 회사가 어느 정보 이사회의 멤버로서 의사 결정에 참여할 수 있는지에 대하여도 논의를 하였으면 합니다.

회사는 귀사와 전략적 파트너로서 함께 성장할 가능성을 높이 평가하고 있으며, 귀사와의 파트너로서 성장하기를 희망하고 있습니다. 따라서 이제 회장님께서 구상하시는 구체적인 제안을 알려주시면 회사와의 협의 및 회장님과의 지속적인 논의를 통하여 원원(Win-Win)할 수 있는 방안을 찾고자 합니다.

감사합니다.

2015년 8월

김근수 드림

㈜글로벌M&A

4. 사업 제휴

기업은 외부로부터 재무적 투자를 받거나, 매각을 통해 현금을 회수한다. 하지만 기술이나 비재무적 자원을 받기도 한다. M&A는 때로는 잠정적으로 사업 제휴(business alliances)를 거치거나 그렇게 종결되는 경우도 있다. 전략적 제휴의 형태는 〈표 6-8〉과 같다.

〈표 6-8〉 사업 제휴(business alliances)의 종류

종류	성격
조인트벤처	소유, 책임, 위험과 이익을 참여 기업이 공유

전략적 제휴 (strategic alliances)	• 기술 이전(technology transfer), 공동 연구·개발(R&D sharing), 공동 마케팅 (cross-marketing), 공동 교육(cross-training), 공동 제품 개발(coordinated products developments), 장기 계약 • 별도 법인을 설립하지 않음 • 조인트벤처, 파트너십(partnership), 인수의 전 단계로 이용 가능
지분 참여 (equity partnership)	• 소수주로 참여 • 추가 지분이나 경영권을 인수할 옵션 부여 가능
라이선싱 (licensing)	• 제품, 공정, 상품과 관련된 상표(trademark) 및 특허 등에 대하여 사용료를 지불함 으로써 사용 허가를 받음 • 위험과 수익을 공유하지 않는 것이 일반적 • 최초 지급 요금(initial fee)과 매출에 따른 사용 요금(royalties)
프랜차이즈 제휴 (franchise alliances)	• 패스트푸드 체인처럼 당사자들이 라이선스 계약에 의하여 전략적 네트워크를 형성 • 특정 지역이나 시장에서 독점적 판권 등을 제공하기도 함
네트워크 전략 (network alliances)	• 항공사처럼 국제적으로 산업 분야에 따라 기업들 간에 전략적 제휴 형성

(출처: Donald DePamphilis, Mergers and Acquisitions Basics, Burlington, Elsevier, 2011, p. 532.)

사업 제휴가 성공하려면 시너지, 상호 협력, 분명한 목적·역할·책임, 명확한 책임 소재(accountability), 이익 공유(win-win situation), 합리적 제휴 기간과 실적 기대 등이 필요하다. 시너지란 당사자가 강점을 서로 보완해주거나 약점을 소거시킬 수 있는 제휴를 말한다. 유통 채널이나 기술을 교환하는 것도 그 예이다. 제조 활동을 하나의 기업이 하도록 통합시키는 제휴도 바람직하다. 이럴 경우 제조 기능을 통합함으로써 규모의 경제, 제품 개발의 효율성 향상 같은 이점이 발휘된다.

우리나라에서는 2015년에 중소여행사들이 모여 전략적 제휴를 모색하는 기업군이 나타났다. 한국여행업협동조합(트래블쿱)이 그것이다. 즉, 대형 여행사들에 맞서 중소여행사들이 전략적 제휴를 통한 유통과 마케팅을 공유하는, 공동 사이트와 공동 마케팅을 통해 경쟁력을 확보하려는 전략인 것이다. 그러나 동 조합의 법적 형식은 전략적 제휴 방식의 너무 느슨한 조합 형태라서 법적 결속력이 약하다. 그렇기 때문에 공동 사이트나 공동 마케팅을 독립 법인으로 설립·운영하고, 사전에 전략적 제휴를 체결함으로써 향후 강력한 시너지가 예상될 때 합병을 통해 하나의 회사로 상장하는 방식도 고려해볼 만하다.

더욱 강력한 전략적 제휴는 지주 회사를 통한 법적 합병이다. 2012년부터 국내 30여 개 벤처기업들을 인수한 옐로모바일이 대표적인 사례다. 2014년에는 여행사인 여행박사를 100억 원 규모의 제3자 배정 유상 증자를 통해 인수하여 지주 회사가 여행사를 주식 교환 방식으로 인수하기도 했다. 그러니까 지주 회사를 설립함으로써 각 기업을 지주 회사가 인수하되, 기업마다 독립적으로 경영할 수 있도록 보장해주는 연합체를 형성한 것이다. 이를 통하여 인수된 기업들은 공동 마케팅 등으로 시너지를 발휘함으로써 다 함께 성장할 수 있다.

그러나 이러한 전략은 신중하게 이루어져야 한다. 옐로모바일 이전에도 주식 교환 방식을 통한 성장을 추구하던 리타워텍을 보면 이러한 전략이 신중하고 장기적인 비전에 따라 이우러져야 한다고 판단할 수 있다. 리타워텍은 2000년에 등장해 옐로모바일과 같은 주식 교환 방식으로 인수·합병을 진행했다. 그 결과 2000원이었던 주가는 362만 원까지 급등했다. 하지만 내실 없이 덩치만 키운 탓에 주가는 20원까지 폭락했고, 리타워텍은 2003년 시장에서 퇴출되었다.

최근에는 제3의 옐로모바일이 등장했다. 국내 상장사와 연합한 페녹스 벤처캐피탈 코리아(FENOX VC Korea, 페녹스 코리아)가 그것이다. 페녹스 벤처캐피탈은 미국 실리콘밸리에서 2011년 출범한 외국계 벤처캐피탈로, 한국 지사는 2014년에 설립됐다. 옐로모바일은 직접 스타트업을 인수해 추후 기업 공개 등을 통해 비용을 회수하는 것과는 달리, 인수한 스타트업·상장사를 성장시킨 뒤 매각한다. 옐로모바일은 성장하는 데 시간이 필요한, 그러면서도 3년 이내에 매각이 가능한 스타트업을 인수 대상으로 한다.

기업의 연합, 조인트 벤처, 지주 회사 등 전략적 제휴를 통한 성장 전략은 면밀한 시장 분석, 전략적 사업 선택, 자금 조달, 경영 능력 확보, 장기적 성장 전략 등을 구사해야 한다. 단순한 기업 연합이나 지주 회사 등을 통한 외형적 성장은 실패하기 쉽다. 그러니 전문적 자문사를 통하여 강력한 전략적 선택을 자문받아 진행할 필요가 있다.

5. 협상과 결정

1) 협상의 타결

일단 최종 인수협의 대상 기업이 결정되면 보안 유지를 위해 나머지 잠재적 인수 희망자들로부터 제공 정보를 회수하거나 파기시켜야 한다. 그리고 이들에게 서면으로나 구두로나 이전의 비밀 유지약정서는 여전히 유효함을 상기시켜줘야 한다.

당사자 중의 한쪽이 거래 가격의 범위를 제시할 수 있다면 최종적인 타결이 임박한 것이다. 그러나 최종적으로 인수 의사를 밝혔더라도 이는 최종적인 계약은 아니며 이제 정말로 시작일 뿐이다. 인수 기업은 주주, 투자자와 최고경영자를 설득해 동의를 받아야 가능하다.

상장 기업들 간이나 대기업들 간의 합병은 약간 다르다. 당사자들 간에 비밀리에 협상이 이루어지고, 기본 조건(basic parameters of deal)에 대한 합의도 이루어지면 각각의 이사회에서 승인 절차를 밟은 후 합병을 공표하고, 본격적으로 최종 계약(definitive agreement)으로 나아간다.

2) 협상 중단

협상이 당초 예상을 벗어날 때에는 가능한 빨리 결단을 내려야 한다. 인수 기업은 새로운 가격과 조건을 제시하거나 협상을 중단하는 것 중에서 선택을 해야 한다. 인수를 추진할 때에는 인수 후 가치 창출이 요구된다. 협상안을 꼼꼼히 살펴본 후, 협상안이 상식에서 벗어난다면 협상에서 물러날 의무도 있다. 인수 자체에 의문이 생기기 시작하면 언제든 철회해야 한다. M&A의 필요성이 분명하더라도, 시너지 등이 명확하더라도 지나친 프리미엄을 지급하고 인수하는 것은 실패의 원인이 된다. 따라서 인수 경쟁이 지나친 경우에는 인수를 재고하여야 한다.

인수 경쟁이 치열한 경우에는 인수 협상을 치열하게 하고 물러나는 것도 인수 전략이다. 비싸게 인수한 기업은 기업의 가치를 낮추고 경쟁력을 상실하게 되면, 물러난 기업은 반사이익을 얻을 수 있는 것이다.

우리나라 기업이 인수를 추진하는 경우 오너는 결정을 못 내리고, 임원들은 혹시 자기 책임이 될까 눈치만 보며 전전긍긍하여 타결이 어려운 경우가 많다. 사실 인수는 기업가적 판단과 위험 부담을 필요로 하지만, 위험에 지나치게 몸을 사리는 경우가 많다. 이런 기업은 거래가 되지 않는다.[28]

반면 M&A 담당 임원이 인수를 위해 들여왔던 수개월 또는 수년간의 노력이 아까워서, 거래가 성사되었을 경우 추가적인 인센티브를 받게 되는 전문가

집단이 인수를 부추기는 왜곡된 의견도 조심하여야 한다.

사모펀드는 일반 기업에 비해 인수에 대한 애착이 덜하다. 이번 거래를 놓치더라도 다른 기회가 있기 때문이다. 일반 기업은 합리적 인수를 위해 견제와 균형의 장치를 도입한다. 인수 과정에서 한발 떨어져 있는 투자위원회로 하여금 최종 결론을 내리도록 해 냉정한 시각을 유지하려는 것이다. 더 나아가 일부 기업은 중대한 인수 사안과 관련하여 '레드팀'을 구성하기도 한다. 레드팀은 인수추진팀의 반대 입장에 서서 기회가 있을 때마다 인수에 반대 증거를 제시하고 중단시키려고 한다.

거래가 중단되면 새로운 인수 희망 기업과 바로 다시 진행을 할 수도 있고, 일정한 기간 동안 최소한 몇 달간은 거래를 보류시켰다가 다시 처음부터 진행하는 것도 생각해볼 수 있다. 대기 중인 인수 희망 기업에 제시한 조건이 수용될 수 없다고 알린 후 다시 시작하는 것은 매우 기술적인 방법이다.

실사와 협상 과정을 거치다가 중단된 경우 많은 문제가 발생한다. 우선 인수 기업이 매각 기업의 많은 문제점들을 인지하게 된다. 협상이 결렬되면 새로운 인수 기업들은 문제점이 무엇인지 모르지만 경계하기 마련이다. 따라서 인수자와의 협상이 문제가 많고 해결이 어렵다면 빨리 중단하는 것이 좋다.

제7장 자금 조달

1. 인수와 자금

1) 지급 수단

　기업의 인수를 위한 자금 조달 방법은 주식발행에 의한 지급, 차입 등 다양한 방식이 있다. 기업 인수는 거래마다 내용이 달라 자금 조달의 구조도 그만큼 많다. 사업의 성격, 매각 기업의 요구 사항, 자금 시장의 현황, 자본 비용, 기업의 미래, 인수 계약, 인수 조건 등이 모두 다르기 때문이다.

　자금 조달 구조에 영향을 주는 주요 변수는 주당 순이익의 감소 가능성, 매각 기업의 희망, 인수 기업의 경영권 목적, 거래 금액의 크기, 거래 방식의 복잡성, 인수자의 자금 현황, 인수자의 자금 조달 시장, 거래 조건 및 자금 시장 현황이다. 인수 후 주당 순이익이 감소하면 주주나 채권자들이 반대할 수 있다. 경영권 유지가 중요한 경우도 있다. 특히 인수 기업의 대주주의 주식 소유 비율이 작은 경우가 그렇다. 나라마다 경영권 소유 비율이 다르다. 유럽 기업의 63%가 단 한 사람이 대주주인데 반하여, 미국은 20%에 불과하다(2002년 기준). 특히 2007년 후반과 2008년을 지나면서 자금 시장 현황은 중요한 변수가 되었다.

자본 시장은 기업들이 장기자금(Long-term funds)을 조달할 수 있는 채권과 주식의 증권 시장(Market for securities, debt or equity)을 말한다. 비공개 시장 또는 비상장 기업의 자본 시장(Private capital market)은 상장 기업과 달리 자금 조달의 한계가 있고 제한적인 거래가 이루어질 수밖에 없지만 나름대로 발전하고 있다. 2007~2008년 금융 위기 이후 M&A 거래에서는 특히 현금과 시너지가 가장 중요한 변수로 작용하고 있다. 금융 시장의 위축으로 현금을 가진 기업이 좋은 또는 최저 가격으로 인수할 수 있었고, 현금을 아끼기 위해 주식 교환에 의한 거래도 많아졌다. 하지만 인수 대상 기업의 부채를 재조달하는 것(Refinancing)이 어려웠다.

전통적인 인수 대가(Consideration)에는 현금, 후불, 주식, 차입, 조건부 지급 및 이들의 조합이 있다. 예를 들어 150억 원을 지급하는 경우, 현금 50억원, 3년 만기 10% 이자율 어음 50억 원, 인수 기업의 주식 30억 원 그리고 실적기준(in an Earn-out) 지급 20억 원 등과 같이 지급할 수 있다. 1980년부터 2006년까지 26년 동안 미국의 M&A 거래를 보면 현금 지급 45%, 주식 지급 30%, 주식과 현금 혼합지급 25%를 차지하였다. 현금에 의한 지급은 가장 단순한 방법이며 가장 널리 사용된다. 세계적으로 M&A 규모가 커지면서 '현금'과 '주식 매수'등 두 가지 결제 방식을 동시에 택하는 복합 매수 사례도 증가하고 있다. 그러나 국내 기업 M&A의 2014년 동향을 보면 절차가 비교적 단순한 현금 매수가 70% 정도를 차지했고, 주식이나 자산을 매수하는 방식은 그 다음이었다.[1] 물론 어떤 수단으로 지급할지는 당사자가 수용할 수 있는 것이 무엇인지에 달려있다. 주식의 발행은 증권 관련 법률에 의한 제한을 받는다.

인수 자금의 조달과 관련된 구조는 다음의 〈표 7-1〉과 같다.

〈표 7-1〉 인수 자금 조달 구조(The Acquisition financing mix)

매각 기업 금융(Seller's financing) • 지급의 연기 (Deferred payments) • 이익에 의한 지급(Earn-outs) • 분할매각(Installment sales)	**인수 자금의 조달** 기업내부자금 • 보유 현금	투자은행의 지원 • 투자은행의 역할 • 투자은행 자문수수료 • 지원 기간
부채(Debt) 자산 담보 대출(Asset-based lending) • 부동산, 매출채권, 현금 흐름 담보 대출 • 회전 자금 대출(Revolving lines of credit) • 장기대출(Term loans) 대출 금융 기관 (Asset-based commercial lenders) • 금융 기관, 보험회사, 리스회사 등		**자본금(Equity)** 주식의 종류 • 보통주식과 우선주식 자금 조달처 • 벤처캐피탈, 개인 투자, 전략적 투자자, 재무적 투자자, 해외 투자자
선순위부채(Senior debt) 전환사채(Convertible debt) 메자닌(Mezzanine lenders) 후순위부채(Subordinated debt)		

(출처: Andrew J. Sherman, 〈Mergers & Acquisitions〉, New York, AMACOM, 2010, pp. 157~158.)

또한 지급의 수단별로 장점과 단점은 〈표 7-2〉와 같다.

〈표 7-2〉 지급 수단별 장단점

지급 수단(Form of Payment)	인수 기업	매각 기업
현금 또는 현금성 자산	거래가 단순하나 인수 대상 기업의 문제점을 계약서에만 의존하여 해결 가능	확실한 대가를 받으나 양도소득세를 즉시 부담해야 함

주식 지급(보통주, 우선주)	거래가 복잡하고 주당 순이익 희석이 발생할 수 있으나, 매각 기업의 PER보다 더 높은 PER가 적용되는 경우 기업의 가치가 높아짐	주가가 떨어지면 손해를 보지만, 오르는 경우 이익을 볼 수 있음. 또한 양도소득세 과세를 연기받을 가능성도 있음
채무증권 지급(전환채무 포함)	거래가 복잡하고 부채 비율이 높아지나, 법인세 절감 효과가 있음	채권 부실화 위험
미래 실적 조건부 (Performance—related Earn—outs)	통합이 지연되지만 위험을 매각 기업에 전가시킴	가격의 불확실성이 있지만, 거래 가격이 상승할 가능성도 있음

(출처: Donald DePamphilis, Mergers and Acquisitions Basics, Burlington, Elsevier, 2011, pp. 403-4)

M&A는 인수자, 매각 기업과 자금 조달이라는 세 측면 간의 거래(Tripartite transactions)이다. 매각 기업이나 인수자 양쪽의 인수 협상과 자금 조달이 조화를 이루어야 하므로 어려운 협상 과정이다. 따라서 적절한 시간 관리가 중요하다. 실사, 협상, 거래 조건 조율, 거래 종결 등을 진행하면서 자금제공자와 늘 함께해야 한다. 그렇게 해서 거래 종결 전에 자금 조달을 마무리하는 것이 인수자의 의무이다. 자금제공자는 거래의 진행 과정, 인수 거래의 실사, 인수 조건 및 사후 통합에도 관심을 기울여야 한다. 특별히 유의할 것은 완전한 자금 확보가 안된 인수자가 인수 대금을 계약금, 중도금, 잔금 형태로 분할 납입하는 요구를 하는 경우 거래가 무산되는 경우가 많다는 점이다.

2) 결정의 요인

인수 기업이 인수 자금을 조달할 때 고려해야 할 사항은 자본 구조와 자본 비용이다. 이때 매각 기업이 원하는 지불 방법이 결정적으로 작용한다. 어떤 기업주는 현금을 선호하지만 어떤 기업주는 주식을 선호한다. 후자의 경우는 매각 후 받은 주식의 가치가 올라갈 수 있는 경우에 선호할 것이다. 또한 세금 문제도 고려의 대상이다. 현금 거래 때에는 바로 세금을 내야 할 의무가 생기지만 주식 교환은 세법을 적절히 활용하면 지급을 연기할 수도 있다.

인수 대금의 지불은 곧 자금의 조달과 연결된다. 보유한 현금으로 지급할 것인지, 주식을 발행할 것인지를 결정해야 하고 차입, 회사채 발행, 사모펀드를 이용할 수도 있다.

자금 조달 방법에 영향을 주는 요인은 금융 시장의 동향, 인수 대상 기업의 재무 상황 및 신용, 인수 주체와 인수 대상 기업의 종합적 차입 능력 등이다. 자금 조달 수단과 가능성은 인수 대상 기업의 재무 구조 등에 영향을 받는다. 또한 인수 주체 회사의 상황도 영향을 미친다. 현재의 자금 상황, 회사 자산의 담보 제공, 차입금 등이 그것이다. 자금 조달은 가장 창의성이 요구되는 부분이다.

2. 자금조달처

기업을 인수하면 인수 대상 기업의 차입금을 리파이낸싱(Refinancing)한다.

우리나라에서 인수 금융을 추진하는 금융 기관들은 컨소시엄을 형성하여 주관사로 선정되도록 경쟁한다. 주관사 자격을 얻지 못해도 신디케이트(Syndication)에 참여할 수 있다. 결국 경쟁이 치열해지면서 주관사만 인수 금융을 독점하려고 시도한다. 그러다 보니 경쟁이 치열해져서 금리는 낮아진다. 증권사와 사모부채펀드(private debt Fund) 등 시장 참여자가 많아지면서 완전 경쟁에 돌입하고 있는 것이다. 또한 경쟁자가 많아지면서 거래 발굴 부담까지

가중되고 있다.[2]

신한금융의 창조금융플라자는 신한은행의 기업 금융 지점에 신한금융투자의 투자금융전문가를 배치, 은행의 기업 금융 경쟁력과 금융투자의 자본 시장 전문성을 결합하는 형태의 기업 금융 플랫폼이다. 과거에는 대기업 중심의 영업을 했지만, 중견·중소기업을 위한 새로운 플랫폼을 통해 은행 대출뿐만 아니라 회사채 발행, 인수·합병 자금 조달, 기업 공개 등의 수요까지 모두 취급하기에 이르렀다. 우선 중소·중견기업이 밀집한 판교테크노밸리금융센터와 시화중앙금융센터에 시범적으로 개설되었다.[3]

3. 매각인 금융

1) 의의와 개념

매각 기업이 자금 조달(Seller financing)을 하는 경우도 있다. 어음지급(Seller note), 실적조건지급(Earn-out), 후불(Delayed payment), 자문옵션(Consulting agreement)이 그것이다. 사후 지급은 일반적으로 이자가 포함된다. 미국에서는 중소기업의 거래에서 매각 기업이 제공하는 금융(Seller financing 또는 Take-back paper)이 흔하다. 특히 금융 위기 기간이었던 2008년과 2009년에는 많은 거래에 사용되었다.

2) 지급 연기

후불은 인수 대금을 분할해 계약금(Downpayment), 중도금 및 잔금 등으로 나누어 지급하는 방식으로, 매도자 금융 중 하나이다. 실질적으로는 매도자로부터 매입자금을 차입한 것과 같다. 가장 간단한 매각 기업 제공금융은 계약금과 잔금약정서만 받는 형태이다. 나머지 매각잔금은 매각한 회사의 사업과 자산 또는 기타 담보로 제공받는다. 기타 담보는 개인 재산이나 인수 기업 자산의 담보, 인수 기업 유가증권이나 금융자산의 질권 설정 또는 지급 보증을 받기도 한다. 만일 인수 기업이 지급하지 않는 경우 매각 기업의 기업주는 복귀하고 약정 조건에 따라 일정한 금액을 지급받는다.

3) 주식의 지급

인수 기업의 주식으로 지급하는 것도 일종의 매각 기업 금융이다. 이 경우에는 인수 기업의 보통주식, 우선주식 또는 전환증권이 사용된다. 때로는 워런트(Warrants)로, 즉 일정 기간 이후 사전에 정한 가격으로 주식을 취득할 수 있는 권리를 부여하기도 한다.

인수 기업은 신주를 발행하거나 구주를 지급하는 방식 중 선택할 수 있다. 주식 교환(Stock-for-stock)에 의한 거래는 인수 기업이 상장 기업인 경우나 대기업인 경우에 많다.

미국의 경우, 주식 매각 대가 중 주식으로 받는 금액이 50%를 초과하는 경우에는 대가로 받은 주식을 팔 때까지 양도소득세를 내지 않는다. 이는 실질적으로 주식만 바꾸는 거래(주식 교환)로 보아 미국세법의 유사 주식 교환의 하나라고 보고 있다. 우리나라에서도 〈조세특례제한법〉 제46조에 유사한 규정을 두고 있다.

매각 기업의 주주는 인수 기업의 주식으로 매각 대금을 받는 경우 주가가 상승하면 더 큰 이익을 얻을 수 있다. 종종 받은 주식의 가격이 폭등하여 큰돈을 버는 경우도 있다. 그러나 비상장 기업의 주식을 받는 것은 무의미할 수 있다. 물론 상장을 조건으로 받으면 상장으로 인한 주가 상승의 이익을 누릴 수 있지만, 상장이 안 되면 종잇조각이 될 수 있다. 상장 기업의 주식이라도 그 기업의 시가총액 크기, 거래량, 주가의 변동성을 감안해 거래해야 한다. 시가총액이 적거나, 거래량이 적거나, 주가의 변동성이 큰 경우는 매각하기 힘들다.

그러나 상장 기업이 인수하면서 주식으로 받는 경우 유의할 것은 주가가 하락하거나 상장 기업이 부도 등으로 무너지는 경우이다. 이러한 경우에 대비해 반드시 안전장치를 만들어야 한다. 주식을 인수 대금으로 지급하는 경우에는 보유현금의 사용을 절감할 수 있고 차입 규모도 줄일 수 있다는 장점이 있다. 하지만 경영권 문제가 발생할 소지가 있다.

4) 언아웃 방식

(1) 의의와 개념

분할 지급의 또 하나의 형태인 조건부 지급이다. 인수한 기업으로부터 발생하는 현금 흐름으로 지급하는 방식으로, 'Earn-out' 방식이라고 부른다. 당초 기대대로 사업이 진행되는 것을 조건으로 하여 인수 대금 잔액을 지급하는 방식이다. 또 매도기업의 귀책 사유로 인한 클레임이나 분쟁 등이 발생하는 경우 이연된 지불을 조정할 수 있어 유리하다.

이 방식은 매각 기업의 실적이 아직 인수 기업이 만족할 만한 수치로 달성되지 않았고, 매각 기업에는 그 같은 가치가 중요한 경우 인수자와 매각 기업의 가격 격차를 조정하는 방법으로 사용되기도 한다. 이렇게 당사자가 가격에 대해 이견을 보이면 이를 조정해 거래가 성사되도록 유도하는 데 통상적으로 사용한다. 회사가 신제품이나 신기술로 향후 실적이 개선될 가능성이 있는 경우나 인수자가 현 사업을 좀 더 두고 보고 인수하려는 경우, 매각 기업의 실적이 여러 가지 이유로 개선될 가능성이 있는 경우에는 언아웃 방식이 사용될 수 있다. 최종적인 거래 가격은 고정된 가격으로 하거나 일정한 실적에 따른 공식에 의해 연동되기도 한다.

보통 이익을 연계한 지급(Earn-outs)으로 통칭되는 조건부 지급(Contingent payments) 방식은 이론적 타당성이 있다. 예를 들어 매각 기업의 기업주가 향후 3년간 이익이 50% 증가할 것이라고 주장한다고 하자. 그는 이익이 실현될 때까지 기다렸다가 팔 수도 있고, 과거의 이익에 기초해 매각할 수도 있다. 이 경우 적용할 수 있는 세 번째 대안은 기업을 매각하되 과거 수익을 바탕으로 하여 현금으로 지불받고 향후 나타나는 기업 가치에 대해서는 그 이익으로 지불받는 방식이다. 특히 인수 기업에 시너지가 발생하거나 매각 기업의 기업주가 은퇴하기를 원하는 경우 합리적이다. 반대로 이익이 감소하면 받은 금액을 돌려줘야 한다. 이렇게 돌려주지 않고 지분을 추가로 양도하는 방법도 고려할 수 있다.[4]

매각 기업으로서는 향후 실적에 대한 확신이 있을 때 이러한 조건을 받아들일 것이며, 인수 기업은 매각 기업에 대해 실질적인 정보나 확신이 없으므로 이 경우가 합리적이다. 이 방식은 매각 기업의 실적이 좋아지고 핵심 주주가 이를 달성할 수 있을 때 좋은 방법이다. 따라서 기존 경영자가 매각 기업에 남아 계속 경영하는 경우에 의미가 있다.

또한 통상적으로 거래가 종결된 후에도 매각 기업의 경영진이 계속 경영을 하게 된다. 그렇지 않으면 향후 실적이 다른 사람의 경영에 좌우되며, 다른 사람들은 이를 달성할 동기를 가지고 있지 않기 때문에 의미가 없다. 이 방식은 매각 기업 핵심 경영진이 잔류하고 거래가 종결된 뒤에도 경영에 매진하게 하는 동인이 되므로, 매각 기업에서 인수 기업으로 자연스럽게 경영권이 이전되는 효과도 있다. 물론 매각 기업은 원하는 실적을 달성하기 위해 열심히 일하겠지만, 중장기적 비전을 가진 의사 결정에는 관심을 덜 갖는 문제점이 있다.

이러한 조건부 지급 방식은 매각 기업에 이익이 되기도 하지만, 아무것도 얻지 못하는 경우도 있다. 따라서 향후 실적이 좋아질 것이더라도 매각 기업의 주주는 향후 조건부로 받게 되는 대가를 단지 '횡재'한 것이라고 생각하는 것이 좋다. 이러한 방식에는 또 하나의 문제점이 있다. 인수 후에도 매각 기업의 경영진이 경영을 하게 됨으로써 인수 기업으로서는 통합이 실질적으로 늦어진다.

언아웃 방식은 인수 대상 기업의 주주의 수가 적은 경우 및 기술 집약 기업, 서비스기업, 대기업이나 상장 기업보다는 중소기업, 비상장 기업 등을 인수할 때, 인수 주체와 인수 대상 기업이 영위 업종이 다른 경우에 많이 사용된다. 2000년 미국의 조사에 의하면 언아웃을 사용하는 경우 전체 거래 금액의 45%정도가 언아웃으로 지급되고, 언아웃을 사용한 주주 중 62%가 이로 인한 이익을 향유한 것으로 나타난다. 국내에서 이 방식을 사용하는 통계는 파악하진 못했지만 미국의 경우 1990년대에는 전체 거래의 2.5%를 차지하였다. 이 방식에 의한 인수는 인수 기업의 주주에게 인수 공표 전후로 1.5%~5.4%의 추가 이익을 주는 것으로 알려졌다. 이는 인수 기업이 지나치게 높은 가격을 지급하지 않았고, 인수 대상 기업의 잠재력도 제대로 활용할 수 있다고 보기 때문으로 보인다.

언아웃 방식은 벤처기업의 M&A 과정에서도 사용할 수 있다. 벤처기업은 향후 회사의 성장 가능성이나 시장 규모에 대해 예측하기 어렵기 때문에, 가격에 대한 매도자와 매수자 간의 의견차가 크다. 첨단기술이 핵심 자산인 기업 간의 M&A에서도 자주 활용된다. 국내에서는 잘 사용되지 않다가 최근 오비맥주 및 동부특수강의 M&A 과정에서 언아웃 조건이 붙기 시작한 것으로 전해지고 있다. 2014년 한화에너지와 한화케미칼은 삼성종합 화학을 1조 600억 원에 인수하면서 언아웃 조건을 넣었다. 2017~2018년 영업 이익 5% 달성 시 추가 대금으로 매년 500억 원 씩 총 1000억 원을 삼성그룹에 지급하는 조건이다.

언아웃의 반대 개념은 크라백(Craw-back)이다. 이는 미래의 사업 추정이 당초 추정에 미달하는 경우 매수자는 매도자로부터 당초 지급한 대금의 일부를 반환 받는 방법이다.[5]

(2) 문제와 예방

매우 유용한 방식이지만 법조계의 격언대로 "언아웃은 미래의 법정 초대장이다(Earn-outs are an invitation for future litigation)."

이익 연계지급 방식이 성공하는 데는 몇 가지 가이드라인이 있다. 첫째는 단기간으로 설정해야 한다. 미래는 알 수 없으며, 불경기나 호경기 같은 의외의 변수가 작용할 수도 있다. 둘째는 가능하면 매출을 기준으로 해야 한다.

따라서 이익 연계 방식을 도입하는 경우 분명히 해야 할 이슈들이 있다. 첫째는 어떤 재무제표를 기준으로 할 것인지를 정해야 한다. 인수 대상 기업, 인수 기업 또는 두 기업을 합친 것 중 하나일 것이다. 둘째는 이익 연계 방식을 적용할 기간을 정해야 하고, 셋째는 매각 기업의 경영자가 경영과 실적을 통제할 범위를 결정해야 한다. 넷째는 이에 대해 분쟁이 발생하는 경우의 해결 방식을 정해야 한다. 또한 '성공 아니면 실패' 조건으로 하지 않아야 한다.

매각 후 특정 기간의 일정한 성과를 달성하느냐에 따라 지급 여부를 결정하면 기업 경영이 왜곡될 수 있다. 예를 들어 특정 연도의 매출 목표만 설정하면 다른 연도의 매출이나 상품의 개발을 연기시켜야 하는 문제가 발생한다. 이를 예방하기 위해 복합적인 측정치를 사용해야 한다. 매출이나 이익을 특정 연도가 아니라 일정 기간 동안으로 설정하는 것이다.

또 하나의 문제는 잘못하면 인수 기업의 이익에 반하는 경영을 낳을 수 있다는 점이다. 순이익과 영업 현금 흐름을 높이기 위해 광고 비용과 종업원 교육 비용을 줄이거나, 단기적으로 손실이 나지만 장기적으로 이익이 되는 투자를 중단하거나, 단기적인 실적만 나는 투자에 집중하는 등 부작용이 날 수 있다. 이러한 문제점을 해결하기 위해 정교하게 짠 매출, 이익과 투자를 조합한 기준을 마련하여야 한다.

(3) 기준과 실적

여러 가지 방식이 적용될 수 있다. 사전에 정한 일정한 실적이 달성되면 추가지급을 하는 방식, 일정한 기간의 평균 실적을 기준으로 하는 방식, 중간 실적에 따라 지급하는 방식 등 다양한 방식이 있다.

이 방식의 핵심은 무엇을 기준으로 하는가이다. 예를 들어 매출, 매출 총이익, 영업 이익, EBITDA, 매출 증가 등을 기준으로 할 수 있다.

일반적으로 인수 기업은 순이익이나 EBITDA를 기업의 가치 결정과 가장 관련 있는 수치로 보기 때문에 이를 기준으로 결정하려고 한다. 반대로 매각 기업은 특히 인수 기업이 발생시키는 간접비나 일반 관리비 같은 비용 증가의 위험을 부담하고 싶지 않아 하며, 매출은 쉽게 측정할 수 있기 때문에 매출을 기준으로 하는 것이 유리하다. 물론 매출 이외에도 매출 총이익과 순이익을 기준으로 하는 경우도 있고, 주요 고객의 매출 유지, 핵심 인력 유지, 매출 증가, 특정 고객 집중 문제 해소 등을 이용하는 경우도 있다. 매출이 가장 단순하고 좋으며, 여기에 매출총이익률 조건(Gross margin requirement)을 포함시키는 것이 좋다. 마진 없는 매출에만 전념하는 것을 막기 위해서다.

매출 이외의 수익성을 기준으로 하는 경우 수익의 정의, 측정 등에서 복잡한 문제가 도사리고 있으며, 이를 관리하기 어렵다는 문제점이 있다. 이익을 기준으로 하는 경우에는 측정 기준을 마련해야 한다. 기업 회계 기준, 수정된 기업 회계 기준, 부실 채권 문제 등에 대해 명확히 해야 한다. 매출이 아니라 다른 수익성 지수를 사용하는 경우에도 문제가 발생할 소지가 있다. 인수 기업의 입장에서 이는 조작의 가능성이 있다. 단기적 이익을 달성하기 위해 향후 중장기 기업수익성을 위한 설비 투자 또는 개발 비용의 지출을 연기시킬 수 있기 때문이다. 특히 수익성을 기준으로 하는 경우 사전에 그 계산 방법에 대해 포괄적으로 문서로 남겨놓아야 한다. 그렇지 않으면 분쟁과 소송을 초래할 수 있다. 또한 복잡한 계산방식은 나중에 분쟁을 일으키기 쉽다.

매각 기업 입장에서는 매출이 가장 좋은 기준이 될 수 있다. 매각 후 매각 기업의 경영자는 경영에서 물러나게 되는데, 수익성을 기준으로 하면 비용을 통제 못하는 상황에서 문제가 발생하기 마련이다. 통상적으로 그 기간은 1~3년 동안의 실적에 의한다. 예를 들어 새로운 제품의 판매로 인한 매출총이익의 50%를 2년 동안 지급하는 조건도 가능하다.

5) 조건부 지급

향후 사전에 정한 순이익 또는 현금 흐름의 달성, 신제품의 성공적인 시장 진출, 인허가 획득, 특허권 등록 등 당사자 간에 협의된 기준을 달성하는 경우에 조건부로 지급하는 방식(distributed or staged payouts)도 있다.

6) 매각 패키지

'Stapled-financing'이란 매도자가 기업을 매각하면서 자금 조달 등 인수자가 필요로 하는 것들을 패키지로 미리 만들어주는 M&A 방식을 말한다. 아직 국내에서는 공인된 한글용어조차 없을 정도로 생소하지만, 두산그룹이 이 방식을 이용해 사업부를 매각하였다.

두산그룹은 ㈜두산의 포장용기 제조 사업 부문인 테크팩을 사모투자펀드인 MBK에 4000억 원으로 매각했다. MBK는 거래 대금의 절반가량인 2008억 원을 현금으로 지불하였고, 나머지에 대해서는 ㈜두산이 테크팩 사업 부문을 물적 분할하면서 부채로 떠넘긴 것을 인수하기로 했다. 이 경우 매도자가 직접 인수 자금을 빌려준 것은 아니지만, 매각 대상 사업부를 분할하면서 일정 규모의 부채를 전가시킴으로써 인수자가 사실상 M&A 자금 차입을 한 것과 동일한 효과를 본다. 이는 기업들의 자금이 부족해 M&A가 성사되기 힘들 때 각광받을 수 있는 기법이다.

이렇게 하면 매각을 속전속결로 처리함으로써 매각의 장기화에 따른 기업

가치 훼손의 문제를 예방할 수 있기 때문에 매도자 측에 이점이 많다. 또 매도자 측이 M&A 구조 설계와 프로세스 등을 미리 패키지로 만들어놓았기 때문에 인수자 입장에서도 이를 받아들일지 선택만 하면 된다. 인수자는 굳이 자문회사를 따로 둘 필요도 없다. 두산 M&A의 경우, 과중한 부채를 줄이기 위한 것이라기보다는 어려운 인수 금융 환경에서도 두산이 기대하는 매각 가격과 일정을 관철하기 위한 방편의 성격이 강해 일반적인 부채 인수 방식의 M&A와는 다소 차이를 보였다.[6]

4. 차입금 인수

1) 의의와 개념

기업의 자금 조달은 크게 자기자금과 차입으로 구성된다. 차입금과 채권 발행은 자기자금보다 역사가 길며, 가장 오래된 기록은 5000년 전으로 거슬러 올라가는 바, 기원전 3000년경 바빌로니아에서 채권이 발행된 기록이 있다.

일반적으로 M&A가 성사되면 경영권이 바뀌고 금융 기관으로부터 대출금의 상환 요구도 받는다. 중소기업이나 중견기업이 비상장 기업을 인수하는 대부분의 경우 구 주주는 차입금을 전액 상환하고 인수 기업이 새로이 자금을 조달하여 자본 구조를 편성하는 것이 일반적이다.

하지만 인수자가 부채를 그대로 인수받는 경우도 있다. 금융 기관에 인수를 위한 대출 요청은 인수 기업의 연혁, 인수 대상 기업의 실적, 인수의 타당성을 기초로 해야 한다. 금융 기관은 인수 대상 기업의 사업성을 분석할 것이고, 이를 인수해 경영하는 인수 기업의 과거 경영을 평가할 것이다. 또한 인수의 타당성도 검토 대상이 될 것이다.

기업을 인수하는 많은 경우, 인수 자금을 금융 기관으로부터의 차입금에 의존하며, 설비자금 대출과 같이 단기대출이 아니라 중장기대출(Intermediate-term loan)을 이용한다. 흔히 회사 소유 자산이 담보로 제공된다. 오늘날 금융 기관의 대출은 기업 실사와 유사하다. 투자자와 같이 경쟁 상황을 분석하고 시장점유율 추세를 분석하는 등 실사를 통해 기업의 신용을 파악해 대출을 해주고 있다.

전통적인 담보뿐만 아니라 회사의 현금 흐름과 재무 상태가 중요시되고 있다. 국내에서는 인수용 차입금금융을 KB국민은행, 신한은행, 하나은행 등 3개 시중은행이 사실상 과점하고 있다. 한편 M&A가 이루어지면 인수 주체가 누구냐에 따라 신용 등급이 변동되는 위험이 존재한다. 이에 따라 '사채모집위탁계약서'의 '기한 이익 상실 조항'에 '최대 주주 변경 건'을 기입해야 한다. 이는 채권자도 자신이 투자한 회사의 대주주가 바뀌면 회사 측에 만기 전에라도 채무 금액을 일시 상환하도록 요구할 수 있어야 한다는 의미다. 그러나 현 제도는 채권자 보호 측면에서 불충분하다.[7]

2) 차입매수론

인수 기업이나 투자은행은 차입금을 조달해 기업을 인수하는 경우가 많다. 여기서는 주로 투자은행이나 사모펀드가 차입 매수의 주체가 된다. 차입 매수 시에는 'LBO Analysis'라는 전문적인 기법을 사용한다. 이는 투자은행으로 하여금 현금 흐름, 부채 상환, 투자 수익률 등을 기초로 해 투자구조를 판단하는 기법이다. 이를 통해 재무적 투자자에게 수익성을 극대화할 수 있는 투자 구조를 제시하려는 것이다.

이는 투자은행의 차입자본 시장팀(Leveraged finance and capital market team)이 주도하고, 섹터담당팀(Sector coverage team)이 도와준다. 두 팀을 함께 '거래팀(Deal team)'이라고 부른다. 투자 재무 구조를 재무적 투자자가 선택하면, 투자은행은 내부 신용 평가 위원회(Internal credit committee)에 승인을 요청한다. 승인을 받으면 자금 조달 약정을 매각 기업과 그 자문사에 제공한다. 또한 사모펀드, 은행 기타 전문가들이 투자 수익률과 자본 구조를 고려해 투자분석을 하는 경우에도 사용될 수 있다.

3) 차입과 처벌

(1) 회사의 담보 제공

의의

여기서 문제가 되는 것은 인수 기업이 인수 대상 기업의 자산을 담보로 제공받거나(자산담보 부 차입 매수, Asset-based leveraged buyout) 인수 대상 기업의 신용을 이용해 인수 자금을 차입해 인수하는 경우이다. 이러한 차입 매수는 법적으로 이사 또는 이사회의 주주와 회사에의 책임 또는 배임(Fiduciary duties to stockholders)의 문제가 나타난다.

법적인 지식이 없는 사람이면 의아해할 수 있다. 그러나 기업을 매각하는 주주나 매각 기업의 임원이 회사의 재산을 인수하는 기업이나 사람에게 담보를 제공하는 것은 배임이 될 수 있다. 회사에 피해를 줄 수 있는 행위를 했기 때문이다. 특히 상장 기업을 차입 매수에 의해 인수하는 경우에는 더욱 조심해야 한다. 비상장 기업은 대부분 이사나 이사회의 구성원이 대주주가 임명한 사람이며, 이사회와 대주주가 분리되어 있기 때문에 부딪힐 가능성이 적다.

이에 대한 법원의 판결은 이렇다. 이러한 차입 매수에 관해서는 이를 따로 규율하는 법률이 없는 이상 일률적으로 차입 매수 방식에 의한 기업 인수를 주도한 관련자들에게 배임죄가 성립한다거나 성립하지 아니한다고 단정할 수는 없다. 배임죄의 성립 여부는 차입 매수가 이루어지는 과정에서의 행위가 배임죄의 구성 요건에 해당하는지 여부에 따라 개별적으로 판단되어야 한다.[8]

그러나 매수자가 인수를 위한 특수 목적 회사를 설립하고, 이 회사가 취득하는 대상 기업 주식 등을 담보로 제공하고서 빌린 차입금으로 매수자금을 지급할 수 있다. 대상 기업과 인수 목적 회사가 합병하는 LBO 방식에 대한 대법원 판례는 아직 존재하지 않는다. 하지만 LBO 방식으로 인한 M&A에서 배임죄 여부는 여전히 논란거리다. 〈자본 시장과 금융투자업에 관한 법률〉에서는 사모펀드가 설립한 특수 목적 회사에 자기 자본 200%까지만 차입을 허용하고 있다. 이것을 LBO 차입 기준으로 두는 것도 좋은 방법이 될 수 있다.[9]

법적인 판단 사례

업무상 배임죄에 해당하는지는 경영판단의 주장을 인정하느냐에 따라 다르다. 합리적인 채권회수를 위한 보장 장치 없이 계열 기업에 자금을 제공한 신동아그룹 회장과 같은 경우처럼 업무상 배임죄로 처벌되는 경우가 많다. 차입 매수는 우리나라에서 대부분 업무상 배임죄로 처벌되었다. 이는 소액주주나 채권자들을 보호하기 위한 조치이다.[10]

차입 매수라도 지분 100%를 사들이면 위법으로 볼 수 없다는 판결도 있다. 2006년 당시 온세통신을 인수하면서 구주를 모두 소각한 후 사채와 유상 증자에 따른 신주를 인수하였다. 금융사에서 인수 자금을 빌려 온세통신 자산을 담보로 제공했다. 법원은 "1인 주주여서 온세통신과 경제적으로 이해관계가 일치해 양사의 재산은 혼연일체가 돼 구분할 수 없다"며 배임 혐의를 부인했다.[11] 이 판결은 대법원에서도 인정되어 피인수 기업의 지분 100%를 사들이면 위법하지 않다고 판결했다. 그동안 법원이 피인수 기업에 손해를 입히지 않는 레버리지 매수(Leveraged Buyout)에 한해 합법으로 인정해온 데 이어, 앞으로 합법·위법 여부를 가름하는 또 하나의 기준이 될 것으로 기대된다. 인수 기업이 피인수 기업의 구주를 모두 소각하고 새로운 주식을 100% 취득해 피인수 기업의 1인 주주가 됨으로써 인수 기업과 피인수 기업의 경제적 이해관계가 일치한다는 점을 들어 배임 혐의에 대해 무죄를 선고한 것이다.

과거 2006년경 김춘환 S&K월드 회장은 LBO 방식으로 중견 건설업체 ㈜신한을 인수한 데 대해 두 번의 대법원 파기환송을 거친 끝에 유죄 판결을 받았다. 대법원은 김 회장이 신한의 자산을 담보로 제공하고 금융사에서 자금을 대출받아 신한을 인수한 데 대해 "피인수 기업이 담보로 제공된 자산을 잃을 위험이 생겼다"며 배임죄를 인정했다. 검찰이 피인수 기업의 손해 위험을 일으키는 이 방식을 위법하다고 판단해 비슷한 방식의 M&A를 잇따라 기소한 탓에 외국에서는 활발한 방식의 M&A가 오히려 국내에서는 위축되었다.

이 판결은 피인수 기업이 입을 손해 위험을 인수 주체가 지는 것으로 판단한 것으로, 그만큼 자율적 경영판단을 존중했다는 데 의미가 있다. 그동안 법원은 인수자가 서류상 회사를 세워 돈을 빌린 후 피인수 기업과 합병해 합병

법인에 채무를 부담하도록 할 경우에만 배임죄를 적용하지 않았다. 이 판결에도 불구하고 배임죄 우려가 여전한 LBO에 대해 구체적인 가이드라인을 제정하는 게 바람직하다. 어떤 것은 허용되고 어떤 것은 처벌되는지 잣대가 모호한 만큼 이를 구체적으로 제시해 위축된 M&A 시장을 활성화해야 한다.[12]

(2) 주식 담보 대출

인수자들이 사채(私債) 시장을 이용하는 경우도 조심하여야 한다. 일부 상장사 M&A에서 매각 자가 계약금을 받고 그에 상당한 주식을 넘겨주고, 인수자는 계약금과 중도금을 지급한 후 그에 상응하는 주식을 받아 주식담보 대출 등의 방법으로 부족한 인수금 잔액을 마련하는 것이다.

계약금마저도 사채시장에서 조달하는 경우가 늘어나고 있다. 사채업자들은 자신이 받은 주식을 시장에 매각하고, 주가가 하락하면 다시 매입해 주식을 채워놓는 수법으로 이득을 챙기고 있다. 대출금에 대한 이자도 챙기고, 주식 거래를 통해 추가 이득도 챙기는 구조인 셈이다.[13]

4) 차입금 펀드

사모대출펀드(private debt fund)는 적은 수의 투자자가 투자하여 대출 형식으로 자금을 지원하는 펀드이다. 국내법은 사모펀드가 주식 같은 지분에만 투자하고 대출은 할 수 없도록 제한하고 있다. 따라서 국내에서 추진되는 사모대출펀드는 금융권이 인수를 추진하는 기업에 대출을 해주고 그 대출채권을 펀드가 매입하는 형식이다. 유럽의 경우 사모대출펀드의 규모가 거의 1500조 원에 이르고 있다고 한다.[14]

2014년에는 인수를 위한 대출펀드(Loan fund)가 국내 최초로 나타났다. 한 자산운용사가 5000억 원대의 대출펀드를 조성하기로 하고 은행과 보험사 등의 기관 투자자를 모집한다. 이는 3대 시중은행이 과점하고 있는 인수차입 금융에서 보험사나 중소형 연기금이 참여할 수 있는 통로이다. 대출펀드 운용사(General partner)는 그 자산운용사이다.

대출펀드는 M&A를 추진하는 사모투자펀드 등이 필요로 하는 자금을 제공하며, 대출 형식으로 이루어진다. 이는 인수 대상 기업이 정해지지 않은 상태에서 자금을 모집하는 것으로, 일종의 블라인드펀드이다. 이는 자금을 대여할 운용사인 자산운용사가 결정하므로, 인수를 위한 자금 조달처로 활용할 수 있다.

펀드의 수익률은 연간 6%대로 높은 편이다. 최초 대출펀드의 만기는 3년이며 앞으로도 계속 만들어질 계획이다.[15] 여기에는 보험사 10여 곳이 참여할 예정이며, 약 6000억 원 규모가 될 것으로 보인다. 가칭 "신한 M&A 전용 시니어론펀드"로 신한 BNP 파리바자산운용이 운용사로 선정될 예정이다.[16]

5. 차입과 채권

1) 차입 회사채

M&A를 위한 자금 조달은 회사채 발행을 통해서도 이루어진다.

보유한 현금이 모자라는 경우 차입을 하거나 회사채 시장을 통한 자금 조달에 나선다. 미래의 M&A를 위해서 사전에 회사채를 발행하기도 한다. 다국적 기업들은 대규모 M&A 때 대규모 채권 발행으로 자금을 조달하는 데, 50억 달러 이상의 발행 규모를 가진 채권을 '점보 본드'라고 한다. 주류회사인 AB인베브는 사브밀러를 인수하기 위해 460억 달러 규모의 채권을 발행했었다.

2) 메자닌 투자

투자 회사들은 투자 수익을 목적으로 투자하므로 처음부터 지분 참여를 하지는 않는다. 그래서 투자 위험을 감소시키기 위해 전환사채, 신주인수권부사채 등 채권자의 지위로 투자해 인수 기업의 기업 가치가 확보되면 주식으로 전환하는 경우도 있다. 이를 '메자닌 금융(Mezzanine financing)'이라고 한다. 지분 투자를 'First floor financing', 채권 투자를 'Second floor financing'라고 하는데, 메자닌은 이탈리아어로 "중간"이라는 뜻이니 "저위험 중수익" 투자 형태다.

초기 단계의 기업 또는 벤처캐피탈의 지원을 받는 기업은 상당한 실적을 보이거나 지속적인 성장을 달성하기 전에는 받을 수 없다. 메자닌펀드(Mezzanine fund)는 금융 기관의 자금만으로 일반적으로 후순위채투자자로서 높은 성장 가능성이 있는 기업 중에 자금이 부족한 기업에 투자를 한다. 이들은 3~5년의 기한 안에 선순위 대출이나 매각 또는 상장을 통해 투자를 회수할 기업을 찾는다. 결국 선순위나 후순위 그리고 보통주의 중간에 있는 자본 조달 방식이다.

상장 기업의 경우 경영권 프리미엄을 받기에는 재무 구조가 열악한 회사들이 유상 증자나 BW를 통해 사실상 M&A된다. 인수 기업은 싸게 회사를 인수할 수 있고, 매각 기업의 종전 대주주는 M&A 이후에 급등한 주가를 바탕으

로 남은 지분을 비싸게 팔 수 있어 좋다.[17]

자기 자본에 비하면 자본 비용이 저렴하며, 경영권 문제도 적고, 사전에 정한 상환 기준도 있다. 이들의 기대수익률은 대체로 15~30%이다. 투자자에게는 은행대출보다 위험이 크므로 자본 비용이 비싸다. 보통 이자가 지급되고, 추가로 회사의 실적에 따른 보상을 받는다. 후자는 기업의 성장에 기초하며 성공수수료(Success fee) 또는 수익참가수수료(Revenue participation fee)로 불리는 주식 워런트, 즉 로열티를 받는다. 보통 정기적으로 회사 수익의 일정 비율을 받는다. 전체 수익률은 15~20%를 추구하고, 여기에 0.5~2%의 신청수수료(Application fee)와 1~3%의 약정수수료(Commitment fee)를 받는다. 조기에 상환하는 경우 조기 상환에 따른 추가 부담도 있다. 조기 상환 페널티(Prepayment penalty) 또는 최소 수익을 보장하기 위한 수익 유지 부담(Yield maintenance calculation)도 있을 것이다.

이는 운영 자금의 조달에는 일반적으로 사용되지 않으며, 기업의 큰 전환을 위한 시기에 사용되는 자금 조달 방식이다. 장기 또는 영구적인 운전 자금 조달, 설비 투자, 매니지먼트 바이아웃, 자본 구조 조정, 부동산 취득 등이 그것이다. 대체로 담보를 제공받지 않으며, 회사의 현금 흐름과 성장성을 바탕으로 자금을 제공받는다. 따라서 청산 등의 경우에 아무런 보장도 받지 못한다. 물론 선순위나 후순위채권자 다음으로 청구권을 가진다. 따라서 리스크가 크며 요구수익률도 금융 기관 대출에 비해 높다.

거래의 조건은 매우 탄력적이어서 창의적인 면이 장점이며, 만기는 5~7년 정도이고 중간 상환은 없는 것이 보통이다. 자금 시장이나 틈새시장에서 활동하며, 대부분 중소기업을 대상으로 하고, 금액도 상대적으로 적다. 물론 금액의 제한은 없지만 작은 경우에는 10만~75만 달러, 보통은 1000만~5000만 달러 규모이다.

6. 주 식 발 행

1) 증자의 참여

자금 조달을 차입으로 하지 않는 경우에는 자기 자본을 투자한다. 자기 자본은 주식을 발행하는 것을 말한다. 주식회사가 대중화됐던 것은 17세기 초의 동인도회사 설립 때부터였고, 그 역사는 500년도 안 된다. 이는 인수를 위한 자금으로 주식을 발행하는 방식이다.

인수 기업의 주주가 증자에 참여해 자금을 조달할 수도 있지만 사모펀드, 벤처캐피탈이나 엔젤투자자가 참여하기도 한다. 벤처캐피탈은 우선주 인수를 통해 많이 참여한다. 자기 자본에 의한 인수 자금 조달(Equity financing)은 인수 기업이 신주를 발행해 매각 기업의 주주에게 대금을 지급하거나 주주로 참여하게 한다. 또는 인수 기업이 증자를 해 증자대금으로 지급한다. 이는 인수 대상 기업의 제3자 배정(Private placement) 증자에 참여해 경영권을 인수하거나 필요자금을 지원하는 형태이다.

대주주가 소수주주로부터 지분 투자를 받을 때 동반매도청구권(Drag-along right) 관련 조항을 계약에 포함하는 경우가 있다. 소수 지분 투자자의 투자 회수 보장을 위하여 보유 지분 매각 과정에서 대주주의 지분을 묶어서 함께 팔 수 있는 권리이다. 약속한 기한까지 기업 공개 등이 이뤄지지 않아 투자 회수에 실패할 경우에 대비한 장치다.

2016년 두산인프라코어 중국법인(DICC) 매각 실패를 둘러싼 두산인프라코어와 재무적 투자자 간 법정 공방이 결론을 앞두고 있다. 동반매도청구권에 대한 국내 첫 판결이다. 하나금융투자 사모펀드 등은 의도적으로 매각을 방해해 동반매도청구권 조항을 무력화했다며 투자원금과 계약서에서 보장된 15%의 이자 지급을 요구하고 있다. 두산이 인수 후보와의 협상에 필요한 중국법인 정보 제공에 협조하지 않아 매각이 불발됐다며 사실상 동 조항을 무시한 것이라고 주장했다. 반면 두산은 인수 후보 사모펀드들의 인수 의지가 의심됐다며 제한된 정보 제공은 어쩔 수 없는 조치였다고 반박했다.

2) 주식의 지급

주식으로 지급하는 경우 교환비율이 고정된 계약(a share exchange ratio)을 하는 경우도 있다. 이는 주가가 변동되더라도 교환비율은 바뀌지 않는 것이다. 주식으로 매각 대금을 받는 경우 주가가 떨어지면 손해를 볼 수 있다. 이러한 경우에는 계약 조건에 따라 손실을 보전해주는 권리(contingent value right, CVR)를 받을 수 있는 조항을 넣기도 한다. 또한 평가 금액을 고정시키는 방법(a fixed value agreement)도 있다. 인수 기업의 주가가 변동되면 그에 따라 인수 기업이 지급하는 주식 수도 변동되는 것이다.

인수 기업의 주가가 일정한 범위 안에 있는 경우에는 주식 교환 비율이 고정되는 방법(a floating collar agreement)도 있다. 정해진 최저가격 아래로 떨어지는 경우, 최저가격으로 최고 가격보다 높아진 경우에는 최고 가격으로 교환된다.

확정가격 지급 방법(a fixed payment collar agreement or fixed value collar agreement)도 있다. 주식 가격이 일정한 범위 안에 있을 때에는 그 가격에 따라 교환비율을 수정하여 확정된 금액을 받고, 그 범위를 넘어서는 경우, 즉 최저가격 아래로 떨어지는 경우에는 그 최저가격을 적용한 교환비율을, 최고 가격을 넘는 경우 그 최고 가격을 적용한 교환비율을 적용하는 방식이다.

3) 종류 주식 등

2016년 한화그룹 주요 계열사들은 주주총회에서 발행할 수 있는 주식의 종류를 늘리기로 했다. 이익 배당 우선 주식, 의결권 배제 주식, 상환 주식, 전환 주식 및 혼합 주식을 이사회 결의에 의해 주식 총수의 2분의 1 범위 안에서 발행할 수 있도록 한 것이다.

종류 주식의 발행은 다른 주주의 지위에 영향을 줄 우려가 있다. 그러므로 종류 주식의 내용과 수는 미리 정관에 정해야 한다. 소수의 의결권 있는 주주가 회사를 지배하는 것을 예방하기 위하여 '상법' 제344조의 3 제2항은 발행 주식 총수의 4분의 1을 초과하지 않는 범위 내에서만 의결권이 제한되는 종류 주식을 발행할 수 있게 하고 있다. 이러한 주식은 다른 기업을 인수하는 경우에 경영권에 지장을 미치지 않는 범위에서 자금 조달을 하는 데 사용할 수 있다.[18]

7. 개인투자자

기업이 아닌 개인투자자가 인수하거나 투자하는 경우도 있다. 그중 하나가 지인이 투자를 하거나 인수하는 경우이다. 이들은 기업가나 투자전문가는 아니지만 관심을 갖고 투자를 하는 사람들(Unsophisticated emotional investors)이다.

그러나 가능하면 이들로부터 투자를 받지 않는 것이 좋다. 세심한 관리가 필요하고, 분쟁의 소지도 있기 때문이다. 개인투자자가 기업을 인수하려고 할 때는 대체로 소득을 위해 직업을 구하는 경우가 많다. 이들은 가용자금이 작아서 대부분 현금 지급액이 적고 금융차입으로 나머지를 조달하려고 한다.

일반인을 대상으로 자금을 조달하는 방법도 있다. 불특정 다수의 투자자로부터 투자자금을 조달하는 것이 크라우드펀딩(Crowd Funding)이다. 그중 후원형은 문화예술 상품이나 기발한 프로젝트에 돈을 대고, 공연 관람권 또는 시제품을 대가로 받는 방식이다. 미국 최대 크라우드펀딩 업체인 킥스타터와 인디고고 등이 이런 유형에 속한다. 크라우드펀딩으로 모금에 성공한 뒤 페이스북에 20억 달러에 팔린 오큘러스VR, 최초의 스마트 시계인 페블워치 같은 성공 스토리 대부분이 여기에서 나왔다. 한국에도 이 같은 후원형 펀딩 업체들은 이미 적지 않다. 2012년에 설립된 '와디즈'에서는 100여 건의 프로젝트가 모금액을 달성했다. 영화 〈변호인〉이나 〈연평해전〉 등도 이런 방식으로 제작비 일부를 조달했다.

크라우드펀딩의 또 다른 유형은 대출형이다. 돈이 필요한 개인이나 기업이 원금과 이자 상환을 약속하면 개인들이 돈을 빌려주는 것이다. 미국의 P2P(개인 간) 대출 사이트인 렌딩클럽은 2015년까지 70여억 달러의 대출을 성사시켰다. 국내에도 머니옥션과 팝펀딩 같은 대출형 업체들이 '대부업'으로 등록하고 영업 중이다.

다른 하나는 아직 우리나라에서는 사실상 금지되어있기에 논란거리인 지분형이다. 이는 투자자가 돈을 대고 기업이 발행한 주식이나 회사채를 받는 방식이다.[19]

제8장 펀드의 활용

1. 의의와 배경

헤지펀드, 사모펀드 및 벤처캐피탈펀드는 다른 기관 투자자에 비하여 높은 리스크를 부담하고 투자를 한다. 외부 투자자(general partner)가 대부분 투자를 하고, 유한 책임(limited partnership) 법인의 형태를 가진다. 이들은 투자 전략, 약정기간(lockup periods: 투자자들이 펀드에 투자하기로 한 기간), 유동성 (liquidity of portfolios)에 따라 구분된다.

헤지펀드는 투자기간이 짧아 환금성이 큰 자산에 투자를 많이 한다(shorter lockup period). 반면 사모펀드는 좀 더 장기적인 투자를 하고, 비상장법인 주식 같은 유동성이 낮은 자산에도 투자한다. 벤처캐피탈은 창업기업뿐만 아니라 M&A 시장에도 투자한다.

15~16세기 유럽 각국이 황금과 향신료를 구할 목적으로 신항로와 신대륙을 개척하려 했던 항해 활동은 벤처기업의 전형이었다. 스페인, 포르투갈, 네덜란드, 이탈리아, 영국 등에서는 왕과 도시의 군주, 지역의 부호들이 공격적으로 모험가들의 항해 자금을 후원했다. 이들이 바로 벤처캐피탈의 역할을 한 셈이다.

콜럼버스의 항해도 스페인 이사벨라 여왕의 후원을 통해 이루어졌다. 콜럼버스는 항해를 통해 새로 발견된 지역에서 얻는 총이익의 10%를 받고, 이후 이루어지는 교역 활동에 대해 최고 8분의 1의 자본참가권을 여왕으로부터 약속받았다. 1600년에 설립돼 무려 270년간이나 활동했던 동인도회사도 투자가들로부터 자금을 모은 뒤 사업을 통해 성장했다. 제임스 와트(James Watt)의 증기기관, 19세기 초 조지 스티븐슨(George Stephenson)의 증기기관차 개발은 사업가의 자금 후원으로 이루어졌으며, 이 사업가들은 엔젤투자자 역할을 하였다.

영국에서 증기기관차 개발에 성공한 뒤 철도는 새로운 사업 기회를 창출했고, 이로부터 근대적 형태의 투자은행이 등장했다. 독일에서 지멘스가 1870년에 도이체방크를 설립했고, 미국에서 모건이 1864년 JP모건은행을 출범시켰다. 이들은 종래의 대부업 중심의 모델에서 탈피해 채권과 주식 발행을 통해 철도사업자에 대한 적극적인 자금 지원을 하면서 성장했다. 투자은행들은 당시 신발견, 신발명이 집중적으로 이루어진 전기와 화학 산업에 대한 투자를 하였다. 도이체방크는 바이엘과 지멘스, JP모건은 GE에 투자함으로써 20세기를 주도한 산업의 원형을 주조했다.

그러나 20세기 전반기까지만 해도 투자은행의 벤처 투자는 소수 부호들의 자금에 의존하여 기본적으로 엔젤투자가 주류였다. 벤처투자가 대중들의 자금 모집을 통해서 이루어지는 형태로 바뀐 것은 제2차 세계대전 이후였다. 이 과정에서 미국의 조지 O. 도리오(Georges O. Doriot)가 선구적인 역할을 했다. 그는 제2차 세계대전 당시 미군의 전쟁 물자 조달을 담당하면서 미국의 산업체와 대학 연구소의 군수품 개발을 주도했다. 전쟁 후에 MIT 대학과 협력하여 보스턴에 ARD(American Research and Development Corporation)를 설립했다. ARD는 최초로 일반 대중으로부터 공모 형식으로 조성한 펀드를 신기술 기업에 투자하는 벤처캐피탈이었다.

당시까지 공모형 펀드는 주로 안정적인 채권이나 상장주식에 투자하는 것이 관례였고, 위험도가 높은 신기술 사업에 투자한다는 것은 상상하기 힘들었다. 그러나 이 회사는 25년 동안 성장했고, 수백 개의 벤처기업들을 탄생시켰다. 이 회사가 미국 동부에서 성공하자 이를 모방한 벤처캐피탈이 속속 등장하기 시작했다. 특히 서부 캘리포니아 지역에서 벤처캐피탈이 활성화하면서 오늘날 실리콘밸리의 모태가 됐다. 1958년에 드레이퍼가 미국 서부 지역 최초의 벤처캐피탈로 알려져있는 DGA(Draper, Gaither & Anderson)를 설립되면서 많은 벤처캐피탈이 설립되었다. 이때 실리콘밸리의 주역들이 탄생하였는데, 1958년 페어차일드, 그리고 페어차일드의 직원이 독립해 1968년에 인텔, 그리고 스티브 잡스(Steve Jobs)로 이어졌다.[1]

현대적 의미의 사모투자펀드가 등장한 것은 1850년대였다. 1854년 런던과 파리의 상업은행들이 뉴욕의 투자 회사와 함께 미국의 대륙횡단철도에 투자하기 시작한 게 효시였다. 이후 1901년 JP모건이 등장한다. 앤드루 카네기로부터 카네기철강을 4억 8000만 달러에 사들이면서 대규모 M&A가 본격적으로 시작됐다. 사모펀드가 중요한 것은 지속적인 M&A를 통해 기업 가치를 끌어올리고, 잠재력이 있는 스타트업(start-up) 기업들을 발굴해 내면서 자본 시장의 지속적인 성장세를 이끌어가고 있기 때문이다.[2]

금융 기관을 통한 차입은 금융 위기 이후 강화된 규제로 어려워졌다. 반면 사모펀드와 헤지펀드 운용사로부터의 자금 조달이 활발해졌다. 예를 들어 싱가포르 국부펀드인 테마섹은 싱가포르의 중소기업들을 지원하는 사모펀드를 설립했다. 사모펀드가 투자하기에는 너무 작은 기업, 은행 대출 한도를 소진한 중소기업이 투자 대상이며, 글로벌 기업으로 성장하도록 장기 지원해 "인내자본(patience capital)"이라고도 부른다. 운용자산이 1500억 달러인 아폴로글로벌자산운용과 퍼시픽얼라이언스그룹 등도 기업대출 투자 대상을 아시아로 확대하고 있다. KKR은 영국 알르캐피탈과 직접 대출 사업 제휴를 맺었다. 은행과 회사채 시장에서 소외된 중소기업 입장에서는 경영계획서와 향후 2~3년간 현금 창출력으로도 자금을 조달할 통로이다.

레버리지론(Leveraged Loan) 시장은 20년 전만 해도 미국에서 은행권 비중이 71%였으나, 2012년 12%로 급감했다. 레버리지론은 투자등급 이하 기업들에 금융회사가 제공하는 변동금리형 선순위 담보 대출을 말한다. 유럽도 은행 비중이 2002년 94.5%에서 지난해 51.9%로 줄었다. 미국에서는 중소기업에 대출자금을 지원하는 중기대출 상장펀드(BDC)가 상장 거래된다. BDC의 시가총액은 2004년 96억 달러에서 10년 만에 4배 가까이 커졌다.

중기 대출 상장펀드는 공모(IPO) 방식으로 자금을 모아 신생 기업이나 구조조정 중소기업에 주식, 대출, 구조화 금융 등으로 투자하는 기업형 투자기금이다. 국내의 국민연금, 우정사업본부, 교원공제회 등 주요 연기금과 공제회도 유럽 기업과 인프라스트럭처 관련 대출상품에 투자한 데 이어 국내 보험사들도 투자를 시작했다. 그러나 국내 중소기업들은 여전히 은행의 단기대출에만 의존해 자금 조달이 취약하기 짝이 없다.[3]

인수를 위한 자금 조달로 차입에 한계가 있거나 증자에 의한 자금 조달이 여의치 않은 경우에는 사모펀드나 벤처캐피탈을 통해 자금을 조달할 수 있다. 기업 인수에는 기업을 경영목적으로 하는 전략적 매수자(Strategic buyer, Strategic investment, SI)가 있는 반면, 투자를 목적으로 해 투자 후 되팔거나 상장을 통해 자본이득을 실현하려는 투자자도 있다. 이를 재무적 투자자(Financial buyer, Financial investment, FI)라고 한다.

전략적 투자자는 근본 목적이 자신이 운영하는 사업과 기업을 경영하는 것이다. 반면 재무적 투자자의 업은 끊임없이 자금을 조달하여 인수와 투자를 하고, 주식을 매각하거나 상장해 수익을 내는 것이다. 이들에게는 인수할 투자 거래 대상을 열심히 찾아내어 거래를 성사시키는 것이 일인 것이다. 일반적으로 개인이 아닌 투자자는 기관투자자(Institution)라고 한다. 재무적 투자자들은 인수 기업을 직접 경영할 의사가 없으며, 인수 대상 기업의 경영진과 연합해 인수하는 MBO 방식을 취하거나 전략적 매수자와 연합해 인수한다. 물론 경영 능력이 있으면 직접 경영하기도 한다.

재무적 투자자인 사모펀드(Private equity fund, Private equity firm)는 투자나 기업의 인수를 위한 자금 조달로 중 하나로, 자금의 풀(Pool)을 구성한다. 투자 대상(Portfolio) 기업을 사고파는 것 이외의 사업은 운영하지 않는다.

재무적 투자자는 'Financial investors' 또는 'Financial sponsors' 등으로도 불린다. 대표적인 것이 사모펀드다. 사모펀드는 독자적으로 투자하기도 하지만, 기업과 공동으로 투자하기도 한다. 따라서 재무적 투자자를 자금 조달 처의 하나로 설명하고자 한다. 재무적 투자자의 행태를 이해하는 것은 M&A 에서 중요하다.

2012년을 기준으로 전 세계 자산 중 2조 달러를 헤지펀드가, 1조 달러를 사모펀드가, 2000여억 달러를 벤처캐피탈이 운용하고 있다. 2013년 세계 금융 자산 규모는 160조 달러 정도다. 미국의 사모펀드는 펀드 규모가 수백억 원에서 수십조 원까지 다양하고, 역사적으로 연 20% 이상의 수익률을 목표로 하며, 5년 이내에 투자 금액을 회수하려고 한다. 미국에서 사모펀드의 수익률은 상장 시장의 수익률보다 18~20% 이상 수익률이 더 높은 것으로 알려졌다. 상장 시장보다 시장성이 낮은 사모펀드의 투자자에게 그만큼의 수익률을 보장해주는 것이다. 하지만 1980년부터 2001년까지의 실증적 연구에 의하면 사모펀드 수수료를 차감한 실질 수익률은 상장 시장의 수익률과 큰 차이가 없는 것으로 드러났다.

1997년 외환위기 당시 부실기업과 금융 기관은 구조 조정에 나섰다. 우량 대기업들의 지분과 경영권은 외국계 사모펀드에 팔렸다. 하지만 외국계 사모펀드가 자금 회수 과정에서 "먹튀" 논란을 빚었다. 편법과 탈법 시비도 끊이지 않았고, 외국계 사모펀드에 대한 비난의 목소리도 높았다. 론스타의 외환은행 인수는 검찰 수사까지 받아야 했다. 이 때문에 국내에서 사모펀드에 대한 인식은 "기업 사냥꾼", "투기자본"과 동의어로 통용됐다.[4]

사모펀드는 성공 가능성은 낮지만 성공하면 미래의 먹거리가 될 수 있는 사업 분야에 과감하게 투자하는 모험자본의 역할을 한다. 그렇지만 우리나라의 현실은 모험자본 역할이 아니라 안전한 곳으로만 투자가 집중되는 정반대 방향으로 흘러왔다. 국내 사모펀드들이 고수익고위험 투자 및 장기 투자는 상대적으로 기피하고, 중수익중위험 투자 및 단기 투자만 한다는 비판이 있다.[5] 보통 사람들은 사모펀드라고 하면 가능한 싸게 인수해 간접비용을 줄이고 재무관리 이외의 경영에는 관심 없이 최대한 높은 가격에 매각하려는 것으로 이해한다. 그래서 비판자들은 이들을 'Vulture capital(남의 불행을 이용하는 자)', 'Pirate equity(해적펀드)', 'Pump and dump(허위 정보 등으로 헐값에 매입한 주식을 폭등시킨 뒤 팔아치우기)'라고 비판한다.

그러나 이러한 편견이 반드시 옳은 것은 아니다. 부채는 원금과 이자를 갚아야 하지만, 지분 투자는 파트너 성격을 지닌다. 엄밀한 의미에서 사모펀드의 투자는 모험자본이다. 사모펀드는 이들이 회사의 성장에 큰 도움을 주고 매각가치에 큰 기여를 한다는 점을 알아야 한다. 실제로 미국에서는 이들과 함께 일해 큰돈을 버는 기업들이 많다. 또한 인수 기업의 경영에 직접 간여하는 경우도 있다. 따라서 사모펀드를 성공적으로 운영하려면 투자 대상 발굴 능력, 자금 유치 능력, 그리고 투자 대상 기업의 경영을 개선시킬 경영 능력이 필요하다.

2. 기업과 펀드

1) 전략적 파트너

사모펀드는 자금 조달의 창구로 활용되지만, 기업 성장을 위한 파트너가 될 수도 있다. 넥스콘테크놀로지는 매출이 10여 년 만에 4000억 원까지 성장하면서 전문경영인을 구축한 글로벌 사모펀드 운용사인 유니슨캐피탈이 경영권 (약 70%)을 인수하고 전략적 제휴를 통해 공동경영체제를 구축하여 성장 속도와 사업 규모에 맞는 새로운 경영 시스템을 도입하였다. 또한 경쟁사였던 파나소닉 산요전파의 리튬이온 전지용 보호회로 사업부를 인수하였다. 이를 통해 파나소닉을 고객으로 확보하여 국내 대기업 의존도를 낮췄고, 특허기술의 확보 등 시너지 효과도 보았다.[6]

또한 전문경영진을 통해 회사 성장을 도모할 수도 있다. 국내 사모펀드들이 전문경영인들을 영입하고, 인수 기업을 경영하는 경우가 많은 것도 그것 때문이다. 이럴 경우 전문경영인 영입은 인수한 기업이 속한 업종에서 후보군과 직접 접촉하거나 헤드헌팅 업체를 통해 영입하는 경우가 대부분이다. 대기업 출신 전문경영인이 먼저 찾아와 함께 일하는 기회를 타진하는 사례도 많아지고 있다.[7]

전문경영인은 경영 능력이 탁월하다. 한식 전문 프랜차이즈인 놀부의 2014년 매출은 1212억 원으로, 2년 전 대비 53% 정도 늘었다. 같은 기간 영업 이익도 13억 원에서 43억 원으로 3배 넘게 올랐다. 모건스탠리가 2011년 11월에 놀부를 인수한 뒤 3년 만의 실적이다. 햄버거 체인인 버거킹도 2012년 말 국내 사모펀드인 보고펀드에 인수된 뒤 1년 새 매출이 20% 넘게 증가했다.

이렇듯 외식 프랜차이즈 업계의 실적 개선에는 사모펀드를 통한 선진 경영방식 접목이 큰 요인으로 꼽힌다. 놀부는 모건스탠리가 인수한 이후 CEO(최고경영자), CSO(최고전략책임자), CFO(최고재무책임자), COO(최고운영책임자)로 이루어진 4C 체제를 업계 최초로 도입했다. 경영진도 글로벌 기업과 국내 대기업 출신들 중에서 충원하며 완전히 변신했다. 직영 체제를 고수하던 버거킹도 사모펀드 측의 인수 후 가맹 체제로 바꾼 뒤 2014년에만 매장을 37개 늘렸다. 인수 직후인 2013년 4월부터 배달 서비스를 도입했으며, 한국형 메뉴인 '콰트로치즈와퍼' 등을 내놓으면서 발 빠르게 대응한 것도 실적 개선의 비결로 꼽힌다. 국내 치킨프랜차이즈 업계 1위인 BBQ의 자회사였던 BHC도 2013년 6월 씨티그룹에 매각된 뒤 매출이 2배 정도 늘어났다. 2013년에 IMM으로 주인이 바뀐 커피전문점 할리스커피도 1년 만에 매출이 100억 원 넘게 늘었고, 2014년에 유럽계 사모펀드가 매입한 KFC도 매출이 전년보다 50억 원 이상 증가했다.

이 모든 사례는 대규모 구조 조정 후 단기 매각 차익을 내기에 급급했던 과거와 달리, 중·장기적 시각에서 회사의 가치 증대를 우선시한다는 평가가 확산된 덕이다. 즉, 펀드 운용 기간이 길어지면서 단기 차익을 내기보다는 기업을 키워서 몸값을 높이는 가치 투자가 자리를 잡아가고 있는 것이다.[8]

2) 인수 자금 조달

기업을 인수하는 경우 보유 자금이나 신주 발행과 차입을 통해 자금을 조달하지만, 펀드를 조성하여 인수할 수 있다. 즉, 인수 기업이 인수 대상 기업에 대한 인수 자금 조달을 위하여 운용사를 선정하고 프로젝트펀드를 등록하는 것이다. 연기금이나 국내 금융 기관이 출자자(Limited Partner)로 참여한다.[9]

3. 투자자의 종류

1) 개요

통상적으로 사모펀드는 일반 사모펀드와 전문 사모펀드, 사모 투자 전문회사, 기업 재무 안정 사모펀드 등으로 나뉜다. 전문 사모펀드는 헤지펀드에 해당하며, 사모 투자 전문 회사는 주로 경영권에만 투자한다. 기업 재무 안정 사모펀드는 재무 구조 개선 기업의 경영 정상화와 재무 안정 등을 위해 운용된다. 이러한 구분은 곧 운용 목적과 전략에 따라 전문투자형 사모펀드와 경영참여형 사모펀드 등 두 가지로 압축된다.[10]

사모펀드는 일반적으로 비상장 기업에 개별 협상을 통해 투자나 자금을 제공하는 펀드기업 또는 투자 기업을 일컫는 용어이다. 이는 벤처캐피탈, 바이아웃펀드, LBO, 메자닌 등을 포괄하는 개념이 될 수 있다. 즉 재무적 투자자(Financial sponsors)는 종류도, 이름도 다양하다. 벤처캐피탈, LBO 숍(shop), 재무적 투자자로도 불린다.

사모펀드 중에는 사적 또는 가족형(Family office) 펀드가 있다. 통상적인 사모펀드와 같지만 자금이 한 사람 또는 아주 적은 사람으로부터 조달된다는 점이 다르다. 대체로 부유한 개인이 그 자금을 관리하기 위해 투자하는 경우이다. 장기적인 투자가 많아 'Buy and hold'라고도 불린다.

사모펀드라는 용어 자체가 논란이 되기도 하지만 크게 PE: LBO와 PE: VC로 구별하는 것이 일반적이다. 금융업계에서 사모펀드는 LBO Shop이고, 벤처캐피탈은 VC로 불린다. 사모펀드 중에는 부실기업(Distressed company)을 인수해 구조 조정(Restructuring)하는 회사들도 있고, 1980년대에 활개를 친 'Raiders'라고 알려진 시장 가치(Market value)와 청산 가치(Liquidation value)의 차액을 노린 벌처펀드(Vulture fund, 부실자산을 싼 값에 사서 가치를 올린 뒤 되팔아 차익을 내는 것을 목적)도 있다.

벌처펀드는 부실 채권에 투자해 고수익을 올리는 투기성 사모펀드로, 사체를 먹이로 삼는 독수리(Vulture)에서 따왔다. 1980년대 정크본드에 집중 투자한 마이클 밀켄이 선구자다. 2000년대 국내 기업 KT&G에 대한 적대적 인수를 시도한 기업사냥꾼 칼 아이칸도 벌처펀드 운영자다. 벌처펀드는 1990년대에 회사채를 넘어 국채로 영업 범위를 확장했다. 이들은 중남미 국가나 아프리카 국가의 국채를 싸게 사들인 뒤 해당 정부를 상대로 원리금을 받아 내거나 소송을 거는 식으로 일을 추진한다.[11]

2) 헤지펀드 등

헤지펀드는 뮤추얼펀드를 제외하고는 부유한 전문 투자자들로 구성되어 있지만 등록되지 않은 사모투자 기업(Private unregistered investment pools)을 말한다. 그러나 헤지펀드의 자금은 부유한 자산가들만이 아니다. 헤지펀드에 유입되는 자금의 출처가 개인에서 기관으로 크게 이동할 것으로 전망된다. 주로 공적연금과 퇴직연금을 포함한 연기금에서 올 것이라는 전망이다. 2020년까지 헤지펀드로 유입되는 자산의 최소 25%를 점할 것으로 예측된다.[12]

헤지펀드는 다양한 투자전략과 기법을 동원해 수익을 추구한다. 그래서 투자자라기보다 트레이더(Trader)로 간주된다. 이들은 주식, 현물(Commodities), 외환 등 다양한 투자를 하며, 단기적으로 보유하고 매각한다. 주식과 채권에도 투자를 하지만, 때로는 성장성 있는 초기기업이나 중소기업, 중견기업에도 투자를 한다. 또한 매크로 헤지펀드(Macro Hedge Fund) 같이 환율, 금리 등 거시경제변수를 기초로 그 변화를 예상해 채권, 외국환, 상품 등에 투자하는 펀드도 있다.[13]

헤지펀드는 "공적" 투기꾼이다. 돈이 되면 어디든 투자하는 글로벌 헤지펀드들이 2014년도 들어 설탕 시장까지 투자에 나서고 있다. 설탕 원료인 원당의 생산국인 브라질과 인도 등이 심각한 가뭄이 닥치자 매집에 나선 것이다.[14]

그러나 헤지펀드와 사모펀드의 경계는 무너지고 있다. 헤지펀드의 매니저들이 수익을 내고 위험을 분산시켜 더 많은 투자 자금을 끌어들이기 위해 기존 사모펀드의 투자영역에 투자를 하기 때문이다.

헤지펀드가 중소기업이나 중견기업이 속한 미들마켓에 투자할 때 최근 널리 사용하는 투자기법 중 하나는 2순위 자금 또는 2순위 담보 차입(Second lien financing)이다. 이 자금은 다음 〈표 8-1〉과 같이 'Private equity mezzanine financing'과 차이를 보인다.

〈표 8-1〉 2순위 담보 차입과 메자닌의 구분

특징	2순위 담보 차입	메자닌
담보권	있음	없음
투자 근거	잔존 자산 가치(Residual value of assets)	현금 흐름 및 기업 가치
자본금 요소	없음	있을 수 있음
이자	변동금리	고정금리
투자 조건	초과 현금 흐름에 대한 청구권	해당 없음

세계적인 헤지펀드 운영자들의 수입은 상상을 초월한다. 2012년 글로벌 금융 시장의 부진에도 불구하고 골드만삭스 회장인 로이드 블랭크페인은 2600만

달러의 연봉을 받으며 월스트리트 투자은행 연봉순위 1위에 복귀했다. 한창 활황이었던 2007년에 받은 6800만 달러에 비하면 크게 줄어든 금액이다. 하지만 블랭크페인도 이 사람 앞에선 그냥 보통 사람이다. 세계 최대의 사모펀드 블랙스톤의 창업자인 스티브 슈워츠먼 회장은 2008년 7억 달러의 보너스를 챙겼다. 우리나라 돈으로 8000억 원에 상당하는 엄청난 금액이었다.

그런데 이들 모두를 한방에 보내버린 직장인이 있었으니 바로 헤지펀드 매니저이다. 포브스에 따르면 2012년 아팔루사 매니지먼트의 데이빗 테퍼의 수입은 무려 22억 달러였다. 우리나라 돈으로 2조 5000억 원이 넘는 돈을 한 해에 벌어들인 것이다. 2등은 아이칸 캐피탈의 칼 아이칸으로 19억 달러, 3등은 SAC 캐피탈 어드바이저의 스티브 코헨으로 13억 달러를 벌었다.

이처럼 막대한 돈을 벌어들이는 헤지펀드 업계에도 성경이나 불경처럼 변하지 않는 교리가 하나 있다. '2-20'으로 불리는 수수료 공식이 그것으로, 이는 운용수수료 2%와 성과보수 20%를 통해 막대한 부를 거머쥐고 있는 것을 말한다. 알프레드 존스가 1949년 10만 달러를 기반으로 역사상 첫 번째 헤지펀드를 시작한 이래, 성과보수는 헤지펀드 생태계를 금융 자본주의의 최선봉으로 키워낸 핵심 키워드가 됐다. 글로벌 금융 위기를 심화시킨 원흉으로 지적되는 등 해악도 많긴 하다. 하지만 다양한 대체 투자 수단을 통해 높은 수익률을 제공하고 금융 시장의 유동성 및 효율성을 높인다는 점에서 헤지펀드의 존재감은 인정받고 있다.[15]

한국형 헤지펀드는 2011년에 도입되었다. 시장 규모는 2013년 1조 7000억 원대까지 성장했고, 펀드 수도 26개로 꾸준히 늘고 있다. 헤지펀드의 핵심인 성과보수를 받는 운용사도 늘어나고 있다. 삼성자산운용은 2년 연속 성과보수를 받았다. 2013년에는 수익금의 10%에 해당하는 20억 원 안팎의 성과보수를 받을 것이라 전망했으며, 성과보수는 삼성자산운용에 귀속되고 연말 인센티브 성격으로 헤지펀드 매니저(4명)에게 지급될 예정인 것으로 알려졌다.

업계에서는 성과보수의 20%만 매니저들이 받아가도 각각 1억~2억 원 정도 될 것이라 전망했다. 해외 사례와 우리나라의 사례를 동일선상에서 비교하기에는 무리가 따르지만, 그렇다 하더라도 자본주의의 최첨단이자 탐욕의 끝을 달린다는 헤지펀드치고는 다소 민망한 금액이다. 이래서는 우수한 인력들이 헤지펀드 시장으로 오기 힘들다. 2011년 한국형 헤지펀드가 탄생할 당시 헤지펀드 매니저로 발령되면 좌천당한다고 여긴 사람이 대부분이었다고 한다. 헤지펀드 매니저가 막대한 돈을 받는 사례가 나온다면, 우수한 인재들이 적극적으로 헤지펀드 시장에 들어올 것이다.[16]

행동주의 헤지펀드(Activist Hedge Fund)는 목표로 삼은 기업의 주식을 사들인 후 주주의 위치에서 경영에 적극적으로 참여해 수익을 내는 헤지펀드이다. 행동주의 헤지펀드는 썩은 시체까지 파먹는 독수리(Vulture)와 비슷하다는 뜻에서 벌처펀드(Vulture Fund)라고도 불린다.[17] 부도 위기에 처한 기업의 채권이나 국채 등을 낮은 가격에 사들인 뒤 채무자를 상대로 소송을 제기해 더 많은 돈을 받아내는 헤지펀드이기 때문이다. 아르헨티나를 부도 상태로 밀어 넣은 벌처펀드는 'NML 캐피탈'과 '아우렐리우스 캐피탈 매니지먼트'등 2곳이다. 2001년 발생한 1000억 달러 규모의 아르헨티나 디폴트 선언 후 주요 채권자들과 채무 조정 협상에 나서면서 93%의 채권자들 및 기존 채권의 최대 75% 가량을 탕감 받는 데 합의했다. 그러나 이들은 이를 거부하고 아르헨티나 정부를 상대로 미국 법원에 부채 상환 소송을 제기했다. 이들은 아르헨티나 채권을 4800만 달러 정도에 사들였으나, 소송에서는 액면가대로 13억 3000만 달러를 상환하라고 요구한 것으로 알려졌다. 미국 법원은 이들과의 채무 상환에 합의하기 전에는 채무 조정에 합의한 채권자들에게 돈을 지급하지 못하게 한 뒤 양측이 협상하도록 결정했다. 그러나 양측의 협상은 결렬됐다. 이들의 요구를 수용하면 다른 채권자들에게도 같은 조건으로 채무를 상환해야 하기 때문이다.[18] 시체를 뜯어먹는 독수리가 아니라 이렇듯 한 국가와 국민을 시체로 만드는 것이 벌처펀드이다.

3) 엔젤투자자

엔젤투자자(angel investors)는 투자 대상을 물색하고, 투자 자금을 공유하고, 전문지식을 나누고자 모임(investment clubs or networks)을 형성한 부자들을 말한다. 이들은 주로 초기 단계의 기업에 개인자금을 투자한다. 1900년대의 부자들은 영화작품을 위해 투자하였다. 이들은 예술의 후원자로서 영화인에게는 천사로 보였고, 이후 엔젤투자자로 불리게 되었다. 이들은 벤처캐피탈과 개인 투자자의 틈을 채우고 있다. 미국에서 엔젤투자자는 최소한 100만 달러 이상의 재산 또는 최근 2년간 연소득 20만 달러 이상인 사람이어야 한다. 2만 5,000~150만 달러의 자금을 받고자 하는 신설기업이 이들의 투자 대상이다. 엔젤투자자와 벤처캐피탈은 다음의 〈표 8-2〉와 같이 구분된다.

〈표 8-2〉 엔젤투자자와 벤처캐피탈리스트의 구분(미국, 2005년 기준)

구분	엔젤투자자	벤처캐피탈
자금 조달 규모	$25,000~$1,500,000	$500,000 이상
투자 목적	투자 수익 목적과 개인적인 목적	대체로 투자 수익 목적

접근성	익명성, 엔젤그룹이나 중재자를 통한 접근	공개성, 네트워크를 통한 사업 소개
지역성	지역적인 특성	기업에 따라 지역성, 국가, 국제적 성격
투자의 주된 목적	기업가와의 개인적 인연, 지속 가능 한 경쟁력	기존 개발 제품과 기업, 지속 가능 한 경쟁력
투자 조건	하루 내지 3주 정도의 빠른 결정, 개별 협상 가능	몇 주 소요, 표준적인 투자 조건, 일부 협상도 가능
투자 방식	보통주, 우선주, 전환사채	보통주 전환 우선주
지분 소유 비율	10~30%	20% 이상
초기 기업에 투자 후의 가치 평가	$250,000~$10,000,000	$5,000,000 이상
실사	상대적으로 실사는 약식으로 진행	일반적인 실사 진행
장기적 관점의 가치	주요 기업 경영 경험, 일반적 자문, 특정 산업 전문가	기업 도약을 위한 경영 경험, 풍부한 자금과 자금원, 상장과 M&A 경험
기간	5~7년 내에 출구 전략	3~5년 내에 출구 전략
목표 수익률	15~25%	20~40%

엔젤투자자는 그 성격도 다양하다. 하나는 수호천사형이다. 이들은 해당 산업에 관한 전문 지식을 보유하거나 관련 기업을 경영한 경험을 가지고 있다. 적극적으로 경영에 관여해 초기 기업을 성공으로 이끌어가는 투자자이다. 경영자형 엔젤투자자는 주요한 기업에서 핵심임원으로 일한 경험이 있다. 이러한 투자자는 기업을 성장시키는 데 큰 도움을 줄 수 있다.

그러나 대기업을 경영한 기업가는 중소기업에 요구되는 깊이와 세밀함을 잘 모른다는 있는 문제점이 있음에 유의해야 한다. 기업가형 엔젤투자자는 실제로 기업을 경영해본 능숙한 경영자다. 단순투자자인 엔젤유형은 부유한 의사, 변호사 등 전문직 종사자처럼 자기 일에 전념하면서 투자하는 부류이다.

우리나라에서도 유망한 중소기업들의 가능성을 보고 투자하는 엔젤투자자가 큰 폭으로 늘었다. 2013년을 기준으로 엔젤투자센터에 등록된 엔젤투자자의 숫자는 4810명으로, 2012년 2611명보다 84.2%나 늘었다.[19]

4) 벤처캐피탈

벤처캐피탈리스트는 여러 투자자를 대신해 성장 가능성이 있는 기업에 투자하기 위한 벤처펀드를 운용하는 전문가를 말한다. 사모펀드 중 벤처캐피탈 펀드는 성장 잠재력이 큰 초기 단계의 기업(Start-up)에 주로 투자한다. 특히 기술 관련 기업이나 생명과학 분야를 위주로 한다. 물론 다른 업종에 투자하기도 한다. 벤처캐피탈은 여러 투자자로부터 자금을 조달받는데, 때로는 일반 기업이나 정부기관이 벤처캐피탈을 설립해 운영하기도 한다.

엔젤투자자나 벤처캐피탈로부터 투자를 받는 것은 매우 어렵다. 미국의 경우 제출된 사업 계획이나 투자 대상 중 단 0.2~0.5%만이 투자를 받는다. 경쟁력 없는 사업 계획은 오늘날 경쟁 상황에서 관심의 대상이 될 수 없다. 자금 유치를 받을 수 있는 사업은 자신만의 시장을 개척할 수 있는 제품과 인력을 보유하고 상당한 시장점유율도 가질 수 있어야 한다.

벤처캐피탈은 최근 8~10년 동안(2008년 기준) 규모가 커지면서 대규모 투자를 하고 있다. 우리나라에서는 벤처기업에 투자한 후 투자 자금을 회수하는 것이 상장을 통한 전통적인 회수 방식이었다. 그러나 M&A라든가 세컨더리펀드(Secondary fund)를 비롯한 다양한 방법을 통해서도 투자 회수가 이루어져야 한다.[20]

우리나라에서 2013년 새롭게 조성된 벤처펀드는 49개 조합의 총 1조 5374억 원으로, 2012년 41개 조합, 7727억 원보다 액수 기준으로 99% 늘어났다. 2014년 2월 기준으로 운용되고 있는 벤처펀드는 431개 조합, 총 10조 4070억 원에 이른다. 2013년 벤처기업 대상 신규투자는 2001년 이후 최고치인 1조 3845억 원에 달했다. 2012년의 1조 2333억 원보다도 12.3% 증가한 수치다. 해외에서도 한국 벤처기업들의 가능성을 높이 평가하고 있다.[21] 벤처캐피털 산업은 수십 명의 인력으로 연간 수천억~수조 원을 투자하고, 상장된 벤처캐피털들의 기업 가치는 수천억~수조 원을 넘기도 한다. 미국 실리콘밸리는 한국은 테헤란로이다. 삼성역에서 강남역까지 3km 거리에 벤처캐피털과 '벤처캐피털리스트'가 집중되어 있다. 이들은 투자한 회사 간담회나 이사회에 참석하여 경영 상황을 파악하고 사업 방향에 대한 의견을 제시하는 일을 한다. 한 사람이 100개 이상의 신규 기업을 검토하고, 10~30개의 기존 투자 업체를 관리한다. 투자회수는 상장, 매각 방식으로 한다. 전문성이 검증된 톱클래스 '벤처캐피털리스트'는 벤처캐피털 회사의 채용경쟁이 많다. 이들의 급여는 보통 제1금융권과 유사한 수준의 연봉이지만 실적에 따라 수억 내지 수십억 원의 인센티브를 받기도 한다. 국내 벤처캐피털 회사는 아직 200개 이하이고 등록된 '벤처캐피털리스트'인력은 1000여 명이다. 신입을 뽑기보다는 경력이 검증된 사람을 선호한다.

5) 국부펀드(Sovereign Wealth Fund)

국부펀드는 정부가 소유 또는 관리하는(government-backed or -sponsored) 공공자금을 출자해 설립한 자금을 운용하는 기관으로, 중동 석유자본이 시초다. 국부펀드는 무역수지와 오일머니 등으로 보유 외환을 투자용으로 사용하는 자금이다. 최근에 국부펀드는 해외의 주식에도 투자를 늘리고 있다. 1953년 쿠웨이트 투자청이 설립된 것을 시작으로 사우디아라비아, 카타르 등 주요 산유국들의 국부펀드가 만들어졌다.[22]

6) 기업 인수 목적 회사

SPC 또는 SPAC(Special purpose acquisition company, 기업 인수 목적 회사)는 기업 인수 목적으로 설립한 일종의 페이퍼컴퍼니로, 공모를 통해 투자자로부터 자금을 모으고, 인수·합병에 따른 주가상승으로 수익을 창출하는 기업이다.

SPAC는 미국과 유럽 등에서 보편화돼 있는 M&A 방식이다. 우리나라는 2009년 12월 21일 기업 인수 목적 회사 관련 자본 시장법령이 공포되면서 시행되었다. SPAC의 방식은 회사를 설립해 기업 공개를 한 후 공모를 통해 다수의 투자자로부터 대규모 자금을 모집하고, 기업 공개 후 상장해 일정 기간(3년) 내에 비상장 우량기업을 인수·합병하는 것을 목적으로 한다.

비상장 기업과 합병을 하고 나면 자동적으로 소멸되며, 3년 내에 합병을 하지 못했을 경우에도 해산된다. 기업 인수 목적 회사의 주주(투자자)들은 합병 후 가격이 오른 상장주식을 주식 시장에 매각하고 투자 이익을 회수한다.

기존 M&A 시장이 고액투자자나 기관들만 참여했다면, SPAC의 경우 소액 개인투자자들도 참여할 수 있다는 것이 특징이다. 주로 국내 증권사들이 SPAC를 구성하게 되는데, 이들은 개인 투자자들의 투자를 가능하게 하기 위해 각자의 사모펀드를 구성하고 있다. 또 인수 대상 기업인 비상장 기업은 상장의 편의를 제공받을 수 있으며, 효과적으로 상장 기회를 얻을 수 있다는 점에서 매력이 있다.

SPAC 제도는 전문가 그룹이 투자 수익 극대화를 위해 우량 비상장 기업을 발굴해 상장시킨다는 점에서 우회상장 활성화를 유도할 수 있을 것이다. 이런 방식을 통해 2009년에 제도를 시행한 이후 2013년 상반기까지 국내에서 20여 건이 넘는 상장추진이 진행됐다. 국내 제약업계에도 웨일즈제약과 영풍제약 등을 대상으로 2건이 추진된 바 있다. 하지만 2013년까지 주식 시장에서 합병에 성공한 SPAC은 불행히도 6개에 불과하다는 점을 보면 성사율은 높지 않다. 제약업계도 영풍제약과 웨일즈제약이 모두 우회상장에 실패했다.

결국, 새로운 투자상품으로 기대를 모았지만 상장 폐지 비율이 높아지면서 문제점이 노출되고 있다. 협소한 국내 M&A 시장에 비해 단기간에 많은 SPAC 주식이 상장됐다는 점과, SPAC과 합병하는 비상장 기업의 가치 평가 규제 등이 문제의 요인이다.[23]

장외 우량기업을 선정·합병하는 식으로 M&A 시장에 새바람을 불러일으키겠다던 기업 인수 목적 회사(SPAC)들은 줄줄이 청산 단계에 접어들 전망이다. 국내 1호인 대우증권SPC는 2012년 8월 24일까지 상장 예비심사 청구서를 제출하지 못하면 관리종목으로 지정되기로 했었다. 2호인 미래에셋SPC나 동양밸류SPC도 마찬가지였다. M&A만을 목적으로 설립된 SPC는 상장 당시 투자자들로부터 공모자금을 받고, 성장 가능성이 큰 기업과 합병해 주가가 상승하면 그 차익을 투자자들에게 되돌려주는 식으로 운용된다. 장외 기업은 상대적으로 빠른 시간 안에 상장하는 효과를 누릴 수 있어 미국과 유럽 등에서는 보편화됐다. 한국 역시 코스닥기업에 대한 우회상장 수요가 끊이지 않고 있어 성공할 것이란 분석이 많았다. 하지만 한국에서는 아직까지 자리를 잡지 못하고 있다.[24]

2014~2015년에 상장한 기업 인수 목적 회사(SPAC. 약 7000억 원 규모) 50여 개가 인수·합병 대상 기업을 찾고 있다. 2015년에 일반 기업과의 합병을 결의한 회사는 13개이며, 50여 개 회사가 미합병 상태로 남아 있다. 인수 목적 회사는 비상장사와의 합병을 위해 설립되는 페이퍼컴퍼니로, 이를 만든 증

권사가 합병 기업을 찾고 주주총회를 거쳐 심사를 통과시키면 새로운 이름으로 재상장하게 된다.

이 모든 과정이 인수 목적 회사 상장 후 3년 안에 이루어져야 한다. 만약 합병 기업을 찾지 못하면 해산된다. 증권사는 상장 수수료뿐만 아니라 합병 자문 수수료까지 받을 수 있고, 의무적으로 일정 지분을 투자하도록 되어있어 기업 합병에 성공한 뒤 주가가 오르면 보호 예수 기간(1년) 뒤 차익 실현도 가능하다.

합병에 실패해도 일반투자자는 원금과 함께 1~2% 수준의 예금이자를 받을 수 있지만, 많은 자본을 투자한 증권사와 발기인은 큰 손해를 본다. 문제는 합병이 가능한 우량 비상장 기업의 수는 제한적인 반면, 인수 목적 회사가 과도하게 늘어나고 있다는 점이다. 또한 심사 기준이 점차 까다로워지면서 합병 기업을 발굴하기가 보다 어려워졌다.

한편 코넥스 상장법인과 합병하면 상장 심사 기간이 45일에서 30일로 단축되기에 이전 상장 통로로 활용할 수 있다.[25]

4. 자금 조달

과거에 사모펀드의 주업은 비상장 기업을 인수하고 경영을 개선해 매각하는 것이었다. 그러나 2000년에 들어와서 사모펀드들은 포트폴리오 기업으로 변신하였다. 포트폴리오 기업이란 그 기업에 벤처캐피탈 기업, 바이아웃 기업,

지주 회사 기타 투자펀드가 투자를 하는 기업을 말한다.

사모펀드는 주로 장기투자를 하며, 연기금펀드(Pension fund) 등과 같은 대형기관 투자자(Large institutions)의 자금 유치와 차입을 통해 자금을 조달한다. 이들은 수익률을 높이기 위해서 부채(Financial leverage)를 사용하며, LBO fund라고도 불린다. 예를 들어 일부는 자본금, 일부는 신주인수권부 후순위채권(Subordinated debt with warrants), 일부는 대출을 받아 자금을 조달하는 방식이다.

사모펀드의 자금 조달원이자 사모펀드에 투자하는 기업은 자신들이 보유한 투자 포트폴리오 중 일부 금액을 비상장 기업에 투자하려는 대형기관 투자자다. 국민연금 같은 공적 펀드(Public fund), 기업, 보험회사, 비영리단체 보유 펀드(Endowments and foundations), 정부 보유 자금(Sovereign wealth funds), 개인투자자(Wealthy families and individuals) 등이 대부분 사모펀드에 투자한다.

사모펀드에 투자한 일부 대형 기관고객들은 고정적인 수익률을 요구하고 있다. 그러나 대형 인수·합병은 전통적인 차입 매수(leveraged buyout)보다 이익을 내는 데 더 오랜 시간이 걸리며 수익률도 낮다. 이 때문에 사모펀드의 투자 기준과는 맞지 않는다. 따라서 사모펀드들은 공동 투자파트너 영입 등을 통해 투자를 시도하고 있다.[26]

사모펀드에 투자하는 국내 연금 등은 리스크 부담을 피하고 고위험−고수익을 추구하는 사모펀드 투자에 나서길 꺼려한다. 따라서 메자닌 투자를 하거나 배당에서 선순위 조건을 요구하며, M&A에 참여할 때도 보통주보다는 우선주 또는 후순위 대출 성격으로 들어온다.

이러한 투자의 원인 중의 하나는 감사기구 때문이다. 이들은 대체 투자를 확대하는 데 이견이 없다. 하지만 내부 감사, 외부 감사, 국정 감사 등으로부터 문책을 당할까봐 적극 나서지 못하는 상황이다. 국내 3대 연금공단 운용 수익률을 보면 주식, 채권, 대체 투자 중 대체 투자 수익률이 가장 높다. 그러나 국정 감사에서 한두 개 실패한 투자 사례로 질타를 받는 게 현실이다.

금융계열사만 아니면 기업도 지분율 30% 이내에서 사모펀드에 투자(LP)가 가능하다. 지분 30% 기준은 '공정거래법'상 계열사 편입 심사를 받는 기준으로 사실상 투자에 규제가 없다. 그럼에도 불구하고 기업들이 투자자로 나서는 경우는 극히 드물다.[27] 또한 역외펀드로 자금을 조달하기도 한다. 역외펀드는 국내 운용사가 조세피난처를 거점으로 해외 투자자를 유치해 국내 기업에 투자하는 펀드다. 국내 사모펀드를 포함해 상당수 외국계 사모펀드가 역외펀드를 운용한다.[28]

사모펀드는 프로젝트펀드와 블라인드펀드로 나뉜다. 전자는 투자 대상을 정한 뒤 자금을 모으는 방식이다. 프로젝트펀드의 비중은 2010년 39.1%에서 2013년 68.9%로 지속적인 증가 추세에 있다. 투자 대상을 정하지 않은 채 자금을 조성하는 펀드를 블라인드펀드라 한다.[29]

5. 운영과 조직

1) 조직과 구성원

재무적 투자자는 보통 합자 회사(Limited partnership) 형태로 자본금을 조달한다. 사모펀드는 엄청나게 큰 자금을 움직이지만 직원의 수는 적다. 사모펀드의 구성원은 무한 책임 투자자(GP, General partnership)와 유한 책임 투자자(LP, Limited partnership)이다. 사모펀드 자체는 무한 책임 투자자가 되고 외부투자자가 유한 책임 투자자가 된다.

유한 책임 사원은 투자펀드, 보험회사, 연금펀드, 기타 개인들로 구성된다. 펀드의 경영진은 무한 책임 사원(General partners, GP)이고, 외부 투자자는 유한 책임 사원(Limited partners, LP)인 것이다. 사모펀드의 무한 책임 사원은 유한 책임사원들의 돈을 받아 운용한다. 투자의 결정을 하고 인수한 기업을 관리한다.

KKR, 블랙스톤(Black stone), 텍사스퍼시픽(Carlyle texas pacific), 배인캐피탈(Bain capital) 같은 사모펀드에는 여러 부류의 사람들이 일한다. 첫째는 'Associate(Post MBA)'이다. 주니어 스텝으로 엑셀을 사용해 많은 일을 한다. 둘째는 'Agent'로 거래를 탐색하고 처리한다. 셋째는 'Principal'로 파트너의 일종이다.

재무적 투자자의 임직원은 많은 경우 투자은행이나 컨설팅회사 출신의 투자전문가로 구성된다. 또한 특정한 투자를 분석하고 자문해줄 전직 CEO나 기업임원 등 경영전문가나 산업전문가를 고용하기도 한다. 재무적 투자자는 인수 대상을 물색하고 전문적 지식과 경험을 사용하기 위해 인수자문사로 투자 은행을 고용하기도 한다. 또한 재무적 투자자는 자신의 포트폴리오를 시장에 유기적으로 매각하기 위해 투자은행을 자문사로 이용한다.

2) 운영과 수익

사모펀드는 통상적으로 10년 동안 운영되는데, 이 기간 동안 투자자들은 원금과 수익을 회수해야 한다. 상대적으로 긴 투자 기간과 높은 위험률, 그리고 지분 매각의 어려움(Il-liquidity)로 인해 갑부, 보험회사, 은행, 대학기금, 펜션펀드 등만이 투자를 한다. 최소 투자 금액은 100만 달러, 500만 달러 또는 그 이상인 경우도 있다. 회사를 설립할 때 이 돈을 전부 받는 것은 아니며, 투자를 할 때마다 받는 것이 보통이다.

유한 책임 투자자는 투자를 할 때 최소 금액(Minimum amount of equity)이 정해져 있다. 약정 기한(Investment or commitment period) 동안 무한 책임 투자자의 요청이 있으면 일정한 기한 내(보통 10일)에 자금을 송금한다. 약정 기한은 펀드가 조성된 후 5~6년과 약정금액의 75~100%를 투자한 시점 중 빠른 날까지 지속된다. 투자 기간은 10~12년이며, 그 기간의 전반부는 약정 기한이고 후반부는 투자와 투자 자금의 회수 기간이다. 국내 사모펀드의 투자 기간은 평균 7년에서 최대 10년 정도다.[30]

펀드의 무한 책임 사원은 두 가지 방식으로 수익을 창출한다. 매년 받는 관리수수료와 투자 수익이 그것이다. 관리수수료는 펀드에 투하된 원금의 1.5~2.0%이다. 또는 자문수수료(Annual management fee)라는 이름을 쓰며 2~3%를 받기도 한다. 이것으로 급여 및 복리후생비, 임대료, 여비교통비, 시스템운영비, 회계사와 변호사 고용 비용 등을 충당한다. 이러한 수입은 전체 수입의 70% 정도를 차지하는 것으로 알려졌다. 투자수익은 펀드투자자금이 버는 이익의 일정 비율을 받는 것으로, 보통 20% 정도이다. 이들에게는 보통 세제 혜택도 있다. 이는 'carry(carried interest)'라고도 불린다. 또한 거래 성사, 자금 조달, 실사, 경영 관리 명목으로 수수료를 받기도 한다.

미국에서는 사모펀드의 수수료와 투자 방식이 논란이 되고 있다. 2014년 미국 SEC는 조사에 착수하여 사모펀드들이 차입 매수(Leveraged Buy Out) 방식으로 피인수 기업에 인수 비용을 떠넘긴 것과, 관리 수수료 명목으로 추가 부담을 지우는 것은 문제가 있다고 보고 있다. 또한 관리 수수료뿐만이 아니라 인수주선, 자문 수수료 등의 명목으로 사모펀드 내 사업부나 사모펀드 계열 컨설팅 회사가 피인수 기업의 인수 주선 업무나 자문 업무를 하고 수수료를 받는 것이 이해 상충 문제를 야기할 수 있다고 본 것이다.

탈세를 한다는 의혹도 받고 있다. 피인수 기업이 사모펀드에 수수료를 지급하면 이익이 줄고, 법인세도 감소하게 된다. 사모펀드가 소득세 없는 조세 피난처에 본사를 두고 수수료로 받은 돈을 본사로 이전하면 소득세조차 내지 않는다. 사모펀드들이 난립하고 "큰손"인 연기금들이 주요 투자자로 등장하면서 운용 수수료와 성과보수가 낮아졌다. 줄어든 운용 수수료를 만회하기 위해 피인수 기업에서 더 많은 관리 수수료를 받는 것이다. 그러나 사모펀드 업계는 수수료 계약은 사모펀드와 기업 양측의 전문가 합의로 이루어지는 것이며, 수수료를 받는 것이 법적인 문제가 될 이유가 없다고 주장한다.[31]

재무적 투자자의 오너(Partners)와 그곳에서 일하는 투자 프로페셔널 (Investment professionals)도 펀드 또는 특정 투자 대상에 투자한다. 이들의 자금은 유한 책임 투자자가 된다.

헤지펀드 수수료 체계는 대개 2+20 방식이다. 헤지펀드 매니저들이 운용하는 자산의 2%를 기본수수료로 받고, 자산운용을 통해 이익을 낼 경우 이익금에서 20%를 성과보수로 받는 것이다. 미국 헤지펀드 업계에서 2012~2013년 가장 많은 보수를 받은 아팔루사 매니지먼트 데이비드 테퍼 사장은 2012년 22억 달러, 2013년 35억 달러를 받았다.[32]

6. 투자의 방식

1) 개요

투자의 세계는 크게 (상장)주식과 채권 그리고 대체 투자(Alternative invest-ments)로 나뉜다. 대체 투자는 다시 부동산, 상품, 비상장주식(Private equity)과 헤지펀드로 나뉜다. 재무적 투자자들이 비상장주식에 투자하는 것이 M&A 시장에서의 활동이다.

재무적 투자자마다 그 규모, 투자 대상과 투자전략이 다르다. 특정 산업에 집중하는 경우도 있지만, 부실기업 회생(Distressed companies and turnarounds), 소규모기업의 대량 인수(Roll-ups), 기업 구조 조정 목적 매각(Divestitures) 등에만 전념하는 경우도 있다. 물론 대부분의 경우는 다양한 산업과 전략 기회에 관심을 가진다. 재무적 투자자는 일반적으로 특정한 투자에 펀드의 10~20% 이상 투자하지 못하도록 제한을 받는다.

사모펀드는 일정한 요건을 갖춘 기업에 투자를 한다. 사모펀드가 투자한 기업의 최종 소비자는 전략적 투자자이다. 사모펀드와 벤처캐피탈은 투자 대상이 다르다. 사모펀드는 수익성이 있는 기업을 인수하고, 벤처캐피탈은 신설기업(Start-up)에 투자한다. 사모펀드는 따라서 합리적인 성장을 추구하지만, 벤처캐피탈은 엄청난 수익률을 추구한다. 벤처캐피탈이 투자한 기업은 대부분 실패로 끝나기 때문이다. 이베이(E-Bay), 마이크로소프트(Microsoft), 선소프트(Sunsoft), 구글(Google), 애플(Apple) 모두가 벤처캐피탈이 자금을 조달한 기업이다. 헤지펀드도 차입을 통한 M&A 자금 투자를 하지만, 단기 자금 대출이나 경영권이 없는 지분 투자를 우선한다.

2) 투자와 경영

사모펀드에 투자하는 연기금 같은 투자자들은 일반적으로 관리자(controller)의 역할과 이사회의 구성원으로서의 역할만을 하며, 투자 대상 기업의 전략 수립이나 운영에 좀처럼 개입하지 않는다. 반면 통상적인 사모펀드는 인수 후 보통 3~5년 동안 경영을 개선하고, 지나친 지출을 억제하여 매출을 향상시킨다. 때로는 다른 기업을 인수하기도 하면서 회사의 가치를 높이는 작업을 한다. 그리고 마지막에는 인수한 기업을 매각하거나 상장한다(Liquidity event).

특히 소규모의 사모펀드는 투자 대상 기업을 코치하는 역할(role of coach)을 하며, 경영 전략 개발에 적극적으로 개입한다. 여기서 일하는 프로페셔널도 재무적 배경보다는 경영 관리 능력을 가진 사람들이 많다. 이러한 펀드의 투자심의위원회는 투자 초기부터 실사 그리고 출구 전략까지 전반적으로 통제한다.

사모펀드는 성장 잠재력이 크지만 자금이 부족한 회사를 좋아한다. PE-벤처캐피탈은 인더스트리에 따라서 생명공학과 정보통신 등 기술의 기업화에 전념하며, 초기 투자를 많이 해주고 일정 지분을 확보한 후 상장하거나 매각한다. 투자성공률은 낮은 편이다.

3) 투자의 제한

과거에 사모펀드는 사업부 인수나 의결권에 있어 제한을 받았다. 지금은 사모펀드도 기업의 특정 사업부를 별도로 인수할 수 있으며, 〈독점규제 및 공정거래에 관한 법률〉에 의해 의결권 제한도 받지 않게 되었다.

금융전업그룹이나 대형 사모펀드가 법률상 상호 출자 제한 기업 집단으로 지정되더라도 계열사에 대한 의결권을 행사할 수 있고, 5년 안에 계열사 처분 의무 등을 완화하기로 했다. 이에 해당하는 그룹은 미래에셋, 교보생명, MBK 파트너스 등이다. 이들은 '독점규제 및 공정 거래에 관한 법률'상 규제를 받지 않게 되어 기업 M&A에 적극 나설 것으로 보인다.[33]

전문투자형 사모펀드는 순자산 400% 한도 내에서 위험자산을 구성할 수 있도록 개정된다. 이에 따라 한화자산운용은 한화생명이 보유한 총자산 82조 원 가운데 42%인 35조 원을 위탁받았는데, 이는 한화자산운용 전체 운용자산 59조 원의 80%에 해당한다. 한화자산운용은 대체 투자 등 투자은행시장 강화를 위해 사모펀드 운영팀을 만들었다. 미래에셋자산운용 사모펀드 부문도 규제 완화로 국내 시장을 확대하고 있다.[34]

4) 투자의 대상

재무적 투자자는 광범위한 분야에 투자하며, 투자 대상과 구조가 매우 탄력적이다. 하지만 일반적으로 인수 대상 기업 후보의 특징은 다음의 〈표 8-3〉과 같다.

〈표 8-3〉 LBO 투자 대상 기업 후보

- 현금 창출 능력(Strong cash flow generations)
- 강력한 시장 입지(Leading and defensible market positions)
- 성장 가능성(Growth opportunity)
- 경영 개선 가능성(Efficiency enhancement opportunities)
- 작은 자본적 지출(Low capex requirements)
- 우량자산 보유(Strong asset base)
- 우수경영진(Proven management team)

물론 주요 관심 사업이 아닌 기업, 대기업의 실적 미달 사업부, 회생 가능성이 있는 부실기업, 재무적 투자자가 오래 보유하고 있는 사업, 대형화 전략을 위한 중소기업도 투자 대상이 될 수 있다. 상장 기업도 저평가되거나 성장 가능성 또는 경영 개선 가능성이 있는 경우 투자 대상에 오른다. 물론 가능성 있는 출구 전략과 수익성이 보장된다면 어떤 기업도 대상이 될 수 있다.

'롤업(Roll-up)'은 특정 산업 내에서 기업 가치 평가 시 적용되는 배수가 작은 회사를 인수하는 것으로, 특히 사모펀드가 많이 사용하는 기법이다. 이를 통해 규모를 키워 그 배수를 증가시키는 것이다. 또한 특정 산업에서 수많은 기업이 경쟁하고 있을 때 경쟁을 줄이는 효과도 있다.[35]

보통 사모펀드는 투자 대상을 확정하고 투자 자금을 조달한다. 그러나 블라인드펀드는 투자 대상을 미리 정해 놓지 않은 상태에서 펀드를 설정하고 투자하는 펀드이다. 물론 투자 자금의 기본적인 운용 계획은 짜여 있다.

블라인드펀드 중에는 부동산이나 자원 등의 실물자산에 투자하는 펀드가 많다. 한편 이벤트 투자(Event Driven) 전략을 구사하는 헤지펀드들은 저금리로 자금을 조달해 M&A나 자사주 매입, 기업 구조 조정 및 지배 구조 변화 등을 시행할 것 같은 기업에 투자하기도 한다. 글로벌매크로펀드는 금리와 환율, 정책 변화 등 거시경제 움직임에 따라 투자를 한다.

5) LBO

(1) 개념과 의의

차입 매수(Leveraged buy-out, LBO)는 법적 개념이 아니라 일반적으로 기업 인수를 위한 자금의 상당 부분을 인수 대상 기업의 자산을 담보로 제공하거나 인수 대상 기업의 자산으로 지급하기로 해 차입한 자금으로 충당하는 방식의 기업 인수 기법을 일괄해 부르는 경영학상의 용어이다.[36] 즉, LBO는 기업을 인수할 때 인수 대금의 상당 부분을 차입에 의존하는 방식이다. 인수 기업이 주주(때로는 인수 대상 기업의 경영진이 참가하기도 한다)로서 자산이나 사업 활동이 없는 '셸 기업(Shell company)'을 설립해 대출을 받아 사업을 인수하는 거래를 일컫는다.

만일 인수 대상 기업의 경영진이 인수에 깊숙이 관여하는 경우에는 MBO라고 부른다. 셸 기업은 자금 조달 능력이 없으므로 인수하는 사업이나 자산 또는 수익성을 바탕으로 대출이 이루어진다. 이러한 인수 방법은 LBO펀드가 많이 이용하는데, 역사적으로 높은 수익률을 실현하였다.

한편 기업들은 차입 구조 조정(Leveraged recapitulation, Leveraged recap.)

을 하기도 한다. 이는 기업이 레버리지를 높여 차입에 의한 대규모의 대출을 받아 주주에게 특별배당을 하거나 주식을 사들이는 거래이다. 차입 매수는 다른 사람 또는 기업과 동시에 단계적인 거래가 이루어져야 하므로 복잡하다.

(2) 차입 매수의 연혁

차입 매수가 언제 처음 있었는지는 명확하지는 않지만, 초기의 차입 매수는 제2차 세계대전 후 몇 년 사이에 일어났다는 것은 대부분 인정한다. 전후 대공황을 겪은 미국의 기업가들은 부채를 최소화하는 것이 현명하다고 생각하였다. 그러나 1970년대 후반에 들어 새로운 세대의 경영자들이 미국 기업들을 인수하기 시작하였고, 이를 위한 자금 조달 방법으로 차입을 적극적으로 사용하기 시작했다. 차입매수펀드들은 이내 차입을 통한 매수를 자문하고 지원하였다. 1980년대 이전에는 주식담보 차입 인수(Bootstrap acquisition)로 불린, 몇 년 동안은 별로 알려지지 않은 자금 조달 기법이었다. 그러다가 1980년대가 되서야 큰 관심을 받았다. 1980년부터 1988년까지 약 460억 달러의 자금이 유입되었다. 1980년 총 17억 달러 규모의 거래 4개를 시작으로, 1988년에는 1880억 달러 410개의 거래로 이어졌다. 1998년부터 2000년까지는 3850억 달러가 유입되었다.

1998년 이후 경기의 침체, 정크펀드의 붕괴 등으로 차입매수펀드 시장은 크게 변화하였다. 차입매수펀드가 크게 증가하고 같은 시장에서 경쟁함에 따라 적절한 가격에 기업을 인수하는 것은 어려워졌기 때문이다. 더욱이 선순위채권자들이 지나친 차입 매수를 경계하면서 차입매수펀드로 하여금 더 높은 지분 투자를 요구하였다. 1988년에는 지분 투자 비율이 9~17%였다. 그러나 2000년에는 38%, 2001년에는 40%까지 올라갔다. 2004년도에야 35%로 떨어졌다. 2000년 대 말에는 15~25%로 더 떨어졌고 2008년의 금융 위기로 인해 25~35%로 되돌 아갔다.

(3) 차입 인수의 대상

차입매수펀드의 인수 대상은 수익성, 분명한 니치마켓(틈새시장)과 경영 능력을 가진 시스템을 갖춘 기업이다. 차입 인수를 하려면 우선 인수 대상 기업의 기존 채무 규모가 작고 차입 조건이 좋아야 한다. 또한 담보로 제공할 수 있는 자산 가치가 높은 재산을 보유해 추가적인 차입이 가능해야 한다. 인수 대상 기업의 미래 현금 흐름이 좋고 현금 흐름의 리스크가 작은 경우가 좋다. 이자 비용을 상회하는 현금 창출(Free cash flow)로 대출을 상환할 수 있기 때문이다. 때로는 인수한 기업의 불필요한 자산을 매각해 부채를 상환할 수도 있다.

인수 대상 기업의 경영진도 중요하다. 경영 능력이 없는 경영진은 추가적인 부채와 금융 비용의 상환을 보장할 수 없기 때문이다. 또한 인수 대상 기업의 제품이나 용역이 경쟁력이 있어야 하며, 시장 지배력도 강해야 한다. 그렇지 않으면 현금 흐름이 불확실해지며 재무 위험이 높아지는 인수 대상 기업에 큰 부담이 되기 때문이다.

한편, 인수 대상 기업이 기술의존도가 높아 연구·개발에 막대한 투자가 계속적으로 요구되는 경우도 차입 매수에 부담을 줄 수 있다. 특히 인수 대상 기업의 경영이 기대한 바를 벗어나는 경우가 가장 위험한 경우일 것이다.

2014년(상반기)에는 사모펀드가 상장 기업을 인수한 거래의 비율은 사상 최저 수준인 3.5%에 불과했다. 2008년 상반기에 68%에 달했던 것과 대조적이다. 반면 사모펀드끼리 서로 인수 거래에 나서는 사례는 60%로 크게 늘었다. 사모펀드가 상장 기업 인수에 관심을 잃은 것은 주가가 크게 상승하여 인수 대상 기업들의 시가총액이 높아졌기 때문이다.[37]

(4) 자금 조달의 구조

LBO(차입 매수)는 기업 인수 자금 중 상당 금액을 차입을 통해 조달하는 것을 말한다. 매수에 동원되는 차입 금액은 거래마다 다르지만, 거래의 규모가 클수록 금액도 커질 것이며, 이는 향후 EBITDA의 금액과도 관련이 있다. 이 수입으로 원금과 이자를 갚을 수 있기 때문이다.

2011년 자료(Pitch book data, Inc. summer 2011 PE presentation deck)에 의하면 2억 5000만 달러 이하의 거래에서는 약 43%, 2억 5000만 달러와 10억 달러 사이의 거래에서는 62%의 차입이 사용되는 것으로 나타났다. 차입 매수로 인수한 경우 자기 자본의 비율은 보통 20~40%를 차지한다.

이렇게 높은 차입 구조로 인해 LBO의 채무는 신용 평가에서 투자부적격 (Non-investment grade)에 해당한다. 무디스(Moody's)는 Ba1 또는 그 이하, 스탠더드앤드푸어스(Standard and poors)는 BB+ 또는 그 이하의 평가를 받는다. 그 부채는 다양한 투자 기관의 수요를 반영해 다양한 조건을 가진 대출이나 채무증권 등이 될 수 있다.

전통적인 LBO는 60~70%의 차입과 30~40%의 자기 지본 구조를 가진다. 안정적인 현금 흐름을 만들어내는 기업과 상당한 자산을 보유한 기업은 사모펀드의 매력적인 투자 대상 기업이다. 현금 흐름으로 차입금과 금융 비용을 지급해 지분 투자의 수익률을 높일 수 있고, 금융 기관은 우량자산을 보유한 기업에 대출하는 것을 선호하기 때문이다.

경기가 좋을 때에는 자산보다 현금 흐름을, 경기가 나쁠 때에는 자산을 더 중시하기도 한다. 또한 금융 비용은 법인세 효과를 통해 추가적인 이익을 창조한다. 사실 이를 통해 사모펀드는 20% 이상의 높은 수익률을 달성한다.

2003년에서 2012년까지 차입 규모, 인수 배수(Purchase multiple), 부채 구성, 자기 자본 구성의 비율은 해마다 달랐다. 다음 〈표 8-4〉는 미국의 지표이다.

〈표 8-4〉 LBO의 평균 인수 가격(미국, 2003~2012)

연도	EV/EBITDA	EQUITY/EBITDA	DEBT/EBITDA
2003	7.1	2.7	4.4
2004	7.4	3.2	4.9
2005	8.2	4.3	5.5
2006	8.6	4.7	5.6
2007	9.8	5.6	6.2
2008	9.5	4.4	5.2
2009	7.9	3.2	4.0
2010	8.5	4.3	4.7
2011	9.1	5.0	5.2
2012	8.9	5.1	5.3

(출처: Joshua Rosenbaum and Joshua Pearl, 〈Investment banking〉, New York, John Wiley & Sons, 2013, p. 205.)

M&A 시장이 과열되면서 차입 규모도 커지고 있다. 2014년 2분기의 미국 사모펀드들은 5억 달러 이상의 기업 인수에서 차입 규모가 현금 영업 이익(EBITDA)의 10.17배로, 지난 20년 동안의 평균 8.58배에 비해 지나치게 큰 것이다. 닷컴버블이 발생했던 지난 1990년대에도 이 비율이 10배를 넘긴 바 있다. 또 다른 위기가 느껴진다.[38]

차입 자금 중 대표적인 것은 은행차입이다.

회전신용대출A 텀론(Term Loan A, TLA)은 만기까지 원금을 상환하는 텀론(Amortizing term loan)을 말한다. 대출기관은 일정한 상환을 받으므로 위험이 적어 금융 비용이 낮다.

B텀론(Term Loan B, TLB, 또는 Institutional term loan)은 LBO 시장에서 A보다 더 널리 사용된다. 금액도 크고 은행보다는 높은 수익률과 상환 없는 장기투자를 선호하는 기관 투자자가 대상이다.

브리지론(Bridge loan)은 인수 계약을 체결한 후 최종 마감할 때까지의 시간 사이에 자금 사정이 변화되는 경우 일시적으로 사용된다. 이 경우에는 단기적인 자금을 사용해 후에 장기 채권 등으로 대체된다. 브리지론은 차입비용이 높아서 좀처럼 사용되지 않으며 마지막 보루로 남겨놓는다.

나머지 자금은 재무적 투자자 또는 재무적 투자자의 경영진에 의한 자본금 투자(Equity contribution)이다. 일반적으로 전체 자금 조달의 30%를 차지하며, 경영진도 보통 1~5%를 투자한다. 투자에 대한 집중과 투자 수익에 대한 동기부여가 목적이다. 거래 규모가 아주 큰 경우에는 여러 재무적 투자자들이 공동으로 투자(Club deal)한다.

(5) 차입 매수의 수익 창출

2000년대 말 차입매수펀드의 수익성은 경영 개선으로 인한 것이 50%, 레버리지로 인한 것이 20%, 배수의 증가가 30%를 차지한다. 인터넷 버블 당시에는 이 비율이 55%, 15%, 30%였다.

차입 매수의 장점 중 하나는 차입으로 인한 절세 효과이다. 재무적 투자자들은 차입 레버리지와 기업 성장을 통해서 가치를 창출한다. 즉, 영업으로 창출한 현금으로 차입금을 갚음으로써 기업 전체 가치 중 지분 가치를 높이거나, 기업 전체 가치를 상승시켜 지분 가치를 높이는 것이다.

차입매수펀드의 수입은 세 가지이다. 하나는 성공보수(Carried interest)이다. 펀드에 의한 투자의 회수로 발생한 이익이다. 보통은 이익의 20% 정도를 가져간다. 그리고 인수를 위한 기업 탐색, 기업의 평가 및 인수 진행을 위한 간접 비용과 실사를 위한 법률 자문 비용, 회계 자문 비용, 컨설팅 비용을 회수하기 위해 매니지먼트 수수료를 받는데, 약정 금액의 평균 2% 정도이며, 0.75~3% 정도를 받는다. 때로는 차입매수펀드 회사의 임직원도 공동으로 투자에 참여하는 경우도 있다.

(6) 참여 기업과 구조(Key participants)

차입 인수와 관련된 기업으로는 사모펀드, 투자은행과 M&A 자문사, 금융기관과 기관투자자(Institutional lenders), 사채권자(Bond investors), 인수 대상 기업 경영진(Target management)이 있다.

사모펀드는 차입을 통한 인수를 위해 담보로 주식 등을 채권자에게 제공한다. 인수 구조의 관점에서 보면 현 경영자는 LBO 이후에도 상당한 지분을 계속 보유한다. 현재의 지분을 매각하고 새로운 기업의 지분을 보유하거나 (Rolling), 원래의 지분을 계속 보유한다. 기업주뿐만 아니라 다른 경영진도 기업 실적 목표를 정하고, 이에 근거해 스톡옵션 등의 방식으로 계속 참여하기도 한다.

기존 경영진은 기업 실적을 개선해 가치를 공유함으로써 경영에 적극적으

로 참여한다. 현 경영진이 주축이 되어 구조가 짜여진 LBO는 경영진인수
(Management buyout, MBO)라고 불린다.

(7) 차입 인수의 제한

일부 사모펀드 운용사는 대출을 받은 채권단으로부터 재무 관리에 대한 제
약을 받는다. 또한 차입금 규모를 사전에 정한 이익의 일정 수준 이하로 유지
하거나 대출, 보증, 담보 제공은 채권단의 동의를 받기도 한다. 글로벌 금융 위
기 이후 해외 금융 기관도 차입 인수를 제한한다.[39]

7. 투자의 절차

1) 기업의 발굴과 평가

펀드의 투자 기준에 부합하는 기업을 발굴하는 것이 시작이다. 사모펀드는
높은 수익성과 성장성을 보이는 기업에 주목한다.

2) 투자 방식의 결정

현재의 경영진이 기업을 도약시켜 성장시킬 수 있는 최적격자인지를 판단한
다. 현재의 경영진이 적격자인 경우에는 공동투자를 하고 계속 최고경영자로
함께 해 매각 또는 상장을 추진한다(Management buy-out, MBO). 이는 사모
펀드에 경영권을 매각하고 전 기업주도 일부 지분을 보유한 상태에서 기업을

성장시켜 다시 매각하는 기법이다.

이런 방식의 투자는 현 경영진과 사모펀드의 문화가 잘 맞아야 이루어진다. 따라서 상호 간의 지속적인 대화 등을 통해 분명한 방향을 잡아야 할 것이다. 사모펀드가 투자를 할 경우 현 경영진은 자신의 기업이 시스템화되고 '기업화' 된다는 것을 인지해야 한다. 이사회와 주주총회가 정상적으로 운영되고 회계 시스템이 정상화되어 사외이사나 외부전문가가 영입될 수도 있는 것이다. 일반 적으로 사모펀드는 경영자와 공동으로 투자를 하면 현 경영진이 상당한 금액 의 투자를 유지하며 기업을 함께 키워나간다.

투자목적회사를 설립하여 인수하는 방식도 있다. 미국계 글로벌 사모투자 펀드 운용사인 칼라일 그룹(The carlyle group)이 중견 의류수출업체인 약진통 상을 2048억 원에 인수하기로 하였다. 인수를 위한 SPC는 자본금 1150억 원, 부채 900억 원의 재무 구조로 설립된다. 칼라일은 805억 원을 투자해 SPC 지 분 70%를 확보할 예정이다. 나머지 지분 30%는 기존 대주주가 매각 대금 중 일부를 재투자해 취득하기로 하였다. 이에 따라 지분 매각 후에도 약진통상 의 경영은 기존 대주주가 계속 맡을 것으로 예상하였다. 2013년 초 MBK파 트너스가 인수한 아웃도어 업체 네파의 딜 구조와 비슷한 방식이다.[40] 2018년 SM그룹은 인수 방식을 계열사를 통한 직접 인수에서 특수목적법인(SPC)을 통 한 우회 인수로 전환했다. 인수 자금을 유치하고 우회 인수를 통해 위험을 줄 일 목적이다. 직접 인수에 따른 계열기업 신용도 하락으로 전체 그룹에 부담을 주는 것도 방지하자는 의도도 담긴 것으로 보인다. 인수 자금을 조달하는 과 정에서 계열사의 신용도 하락은 다른 계열사에도 영향을 미쳤다. 우회적인 인 수는 지속적인 성장 동력을 확보하면서 재무적 안정성을 가지고 가기 위한 방안으로 보인다.

현재 경영진이 최선이 아니라고 판단하는 경우에는 외부 기업과 공동투자하면서 그들에게 경영을 맡긴다(Management buy-in, MBI). 재미있는 용어로 이 두 가지를 함께 'Buy-in/management buy-out' 또는 'BIMBO(섹시한 여자)'라고 부른다. 사모펀드는 일반적으로 경영권을 인수한다. 그러나 전망이 좋은 기업에는 소액 주주로서의 투자도 한다. 종종 사모펀드는 특정 산업을 목표로 해 해당 산업에서 상당한 경험이 있고 성공적인 경영성과(Strong track record)를 가진 경영진에 자금을 투자해 투자 기회를 창조하기도 한다.

3) 성장 전략의 개발

인수 대상 기업의 향후 성장 전략을 개발한다. 산업, 시장과 경영진을 검토해 그 성장 전략이 성공할 수 있는 가능성을 평가한다.

4) 기업의 인수

금융 기관으로부터의 차입과 펀드의 자금으로 기업을 인수한다. 바이아웃펀드의 경우 종종 중소기업을 인수하려고 시도한다. 이는 인수를 해당 산업에 진출하기 위한 플랫폼으로 인식하는 경우이다. 플랫폼 기업(Platform company)은 특정 산업이나 시장 또는 분야에서 진출하고자 할 때 계속되는 인수의 출발점이 되는 기업이다. 그리고 새로운 기업들을 추가로 인수('Add-on' 또는 'Tuck-in')해 시너지를 창출한다. 조직의 모습은 매우 다를 수 있지만 전략적 인수를 추진하는 사모펀드의 플랫폼 회사는 전략적 인수 기업의 전략 기획실과 동기나 이슈가 비슷할 것이다.

5) 성장 전략의 실행

3년 내지 5년에 걸쳐 기업을 성장시킨다. 자체 성장을 추진하기도 하지만, 때로는 필요한 기업을 인수하는 전략을 사용하기도 한다. 이 기간 동안 배당 등을 억제하고 창출한 이익으로 금융 기관 차입금을 갚아나간다. 따라서 3년 내지 5년 이내에 매각하거나 상장시킬 생각이 없는 경우에는 사모펀드로부터 투자를 받을 이유가 없다. 또한 해당 펀드의 자금 회수를 위한 기간이 얼마나 남았는지도 알아야 한다.

6) 투자 금액 회수

기업을 매각하거나 상장해 투자 금액을 회수한다. 재무적 투자자의 출구전략(Primary exit, Monetization strategy)은 기업에의 매각(이를 'Strategic sale'이라고 부른다), 다른 재무적 투자자에의 매각 또는 상장을 통한 회수이다. 일반적으로 시너지 효과를 노려 높은 가격을 지불하는 전략적 투자자에의 매각을 선호한다. 매각이 성사되지 않는 경우 물론 매각 등을 하기 전에 이익을 보유자금이나 추가 차입을 통해 배당으로 회수(Dividend recapitalization, Dividend recap.)할 수도 있다. 또한 사업부 매각, 유상감자, 추가차입으로 회수할 수도 있다.[41]

2008~2009년 금융 위기 때에는 재무적 투자자들이 투자 기업의 채무를 할인한 뒤 인수해 회수하는 경우도 있었다. 최종 회수금액을 극대화하기 위해 기업 규모의 확대, 경영 개선, 사업의 입지 개선, 내적인 성장 전략 추구 등의 전략을 사용한다. 보통 사모펀드는 설정 후 10년 이내에 투자 수익금을 돌려주고 청산하는 것을 목표로 하는데, 2014년 미국에서 청산된 사모펀드의 운

용 기간은 평균 13.2년으로 역대 최장을 기록 중이다. 2008년에는 11.5년이었다. 운용 성과가 나오지 않아 원치 않게 수명이 길어지고 있는 셈이다. 12%만이 10년 이내, 29%는 12년, 33%는 14년, 14%는 16년, 7%는 18년, 5%는 19년 만에 청산됐다.

사모펀드의 운용 기간이 길어지는 이유는 투자수익률이 과거보다 낮다는 것과, 잠재적으로 심각한 유동성 문제에 직면할 수 있음을 의미한다. 보통 사모펀드들이 10년을 운용하고 최장 3년을 연장하기 때문에 큰 문제는 아닐 수 있다. 벤처캐피탈펀드는 보통 15~20년간 운용하고, 펀드오브펀드도 15년 넘게 운용한다.[42] 우리나라 사모펀드 운용사들은 통상 8~12년의 펀드 약정 기간을 설정하며, 매각과 청산 등에 상당한 시일이 걸리기 때문에 보통 투자 후 5년이 지나면 매각 절차에 착수한다.

8. 법률적 이슈

1) 투자 손실 등

사모펀드가 연기금 등으로부터 투자를 받아 다른 펀드에 재투자한 후 손실이 나서 법적인 분쟁이 벌어졌다. 재투자를 한 펀드가 투자한 기업이 파산한 것이다. 사모펀드에 투자했던 연기금 등은 사모펀드가 펀드 구조를 제대로 알려주지 않아 합리적인 투자 결정을 할 수 없었다며 소송을 제기한 것이다.

그러나 대법원은 투자를 받은 사모펀드가 재투자를 한 사모펀드에 대한 개입과 통제에 한계가 있다며 재간접펀드를 운용하는 자산운용사의 의무를 판단할 때는 이런 특수성도 고려해야 한다며 책임이 없다고 판결했다.[43]

2) 배임과 알선

사모투자펀드 운용사에도 투자 비리는 있다. 2015년 SBI 글로벌인베스트먼트(Global Investment)의 대표이사 등은 투자를 하는 조건으로 금품을 받았기에 배임수재 등의 혐의로 구속되었다. 900억 원을 투자하고 4억 원을 받았다는 것이다. 이는 조성된 사모투자펀드 운용사 대표가 펀드 자금의 투자 대가로 금품을 수수하여 적발된 최초의 사건이다.[44]

9. 조세 관련 이슈

1) 부가세 관련 이슈

현행 '부가가치세법령'에 따르면 금융 기관이나 사모투자 전문회사는 부가가치세를 내지 않는다. 하지만 세무당국은 금융감독원에 등록되지 않은 역외 사모펀드를 사모투자 회사로 인정하지 않아 부가가치세를 과세할 방침이다. 2014년, 역외펀드를 운용해온 스틱 사모펀드가 국세청에 의해 수십억 원대에 달하는 부가가치세 추징 결정을 받았다. 사모펀드 측이 이에 대해 불복할 예정이어서 향후 어떤 결론이 나올지는 불투명하다.[45]

2) 부동산펀드

부동산펀드 업계에서도 유사한 논쟁이 일었다. 부동산 매입 시점에 금융당국에 등록하지 않은 부동산펀드는 취득세 감면 대상이 아니라는 조세심판원의 결정이 나온 것이다. '조세특례제한법'은 '자본 시장과 금융투자 업에 관한 법률'이 인정하는 부동산펀드가 사들이는 부동산에 대하여 감면 혜택을 정하고 있다. 그러나 부동산펀드는 주로 사모로 투자를 받은 이후 바로 부동산을 취득해야 하기 때문에 사후 등록을 할 수밖에 없는 관행이 있어왔다. 거기다가 금융위원회가 펀드를 인정하는 데 등록 여부가 영향을 미치지 않는다는 유권해석을 내려온 것도 문제이다.

거기다가 안전행정부는 2013년 10월 부동산 취득 시점에서 등록되지 않은 펀드는 감면 대상에 해당되지 않는다는 답변을 냈다. 그러나 금융위원회가 2009년에 펀드 등록 전 판매 금지 규정을 만들어놓아 판매가 이루어진 뒤 등록해온 사모펀드들이 결과적으로 법을 어기게 만드는 결과를 초래했다. 아직은 법원의 판결이 남아있어 두고 볼 일이다.[46]

정부는 2001년에 부동산 경기 활성화를 위해 '조세법특례법'을 고쳐 당시 '간접투자자산운용법(현재 '자본 시장법')'상 부동산펀드가 매입한 부동산이면 취득세의 절반(2010년부터는 30%로 축소)을 깎아주기로 했다. 그런데 2013년 말 대구시의 한 구청이 문제를 제기했다. 2009년 시행된 '자본 시장법'에는 종전 법률 시절에 사후 약관 보고만하면 되던 부동산펀드를 금융 당국에 등록하도록 했는데, 등록이 완료되기 전 펀드의 부동산 매입에 대해서도 세금을 감면해줘야 하느냐는 내용이었다. 세법 취지와 무관한 행정 절차의 흠결을 문제 삼은 것이다.

이에 대해 안전행정부는 '자본 시장법'상 펀드 등록 시점을 감면 기준으로 유권해석했다. 그러자 전국의 지자체들이 일제히 '자본 시장법'이 바뀐 이후 5년치 부동산펀드의 거래 서류를 뒤져 등록 이전 매입 부동산에 감면된 세금을 환수하려고 나선 것이다. 그 규모는 무려 1600억 원에 달했다. 그러나 부동산펀드는 사모로 펀드 자금을 모집한 뒤 부동산을 매입하는 방식이라, 유망 매물이 나오더라도 2주 이상이 소요되는 등록 시점을 기다리면 자칫 매물을 놓쳐 펀드 자체를 구성할 수 없다. 그리고 취득세 감면 규정은 "'자본 시장법'상 부동산펀드가 펀드 자산으로 취득하는 부동산이다"라고만 했을 뿐 등록 여부는 명시되어있지 않다. 즉, 법률의 이름만 바뀐 것일 뿐, 감면의 취지에는 아무런 변화가 없으며, 등록 여부를 감면 요건으로 확대 해석하는 것도 합리적이지 않다. 더군다나 등록을 마친 뒤 부동산을 취득해야만 한다면 부동산 시장 활성화라는 입법 취지를 거스르는데다, 부동산 매입 뒤 펀드를 등록한다고 해서 취득세를 감면해주지 말아야할 하등의 이유도 없다.

이러한 문제점 때문에 사후 보고제로 되돌리는 법안이 국회를 통과했다. 그러니까 부동산펀드를 등록하게 한 목적은 투자자 보호인데, 조세 감면을 취소하면 되레 투자자 보호에 배치되는 것이다. 그래서 금융위원회는 2011년에 "부동산펀드 등록 여부는 펀드와 펀드 재산 인정 여부에 영향을 미치지 않는다"라고 업계의 질의에 답했다. 하지만 안전행정부의 위세에 꼬리를 내렸다. 서울시 역시 2011년에 같은 요지의 유권 해석을 내렸다가 이를 한순간에 뒤집었다. 이러한 문제점으로 인해 앞서 내린 판결은 같은 행정법원에서 뒤집혔다.[47]

10. 법인세 관련 이슈

한국정부를 상대로 투자자 국가 간 소송(ISD, Investor-State Dispute)을 제기한 론스타의 숨겨진 의도는 바로 세금에 있었다. 8000억 원대의 법인세·소득세·양도세 등에 대하여 '한국·벨기에 투자 협정'을 들어 과세가 부당하다고 주장한 것이다.

2014년에는 미국 사모펀드인 KRR과 홍콩계인 AEP가 2009년 1조 9225억 원에 인수한 오비맥주를 세계 최대 맥주회사인 벨기에 AB인베브에 6조 1949억 원를 받고 매각하여 두 사모펀드는 인수 5년 만에 4조2724억 원의 차익을 올렸다. 국세청은 KKR 등에 그간 7100억 원에 달하는 배당금에 대한 1500억 원의 배당소득세와 지분 매각 차익에 대한 8000억 원대의 세금을 통지했다. 하지만 이들은 국세심판원에 불복 심판을 청구했다.

이러한 외국계 사모투자펀드들의 조세 회피는 항상 문제점으로 지적되고 있다. 실질적인 영업은 한국에서 하면서 회사가 외국에 있다는 이유만으로 조세를 회피하는 경우가 많다보니, 국세청은 이들과 번번이 세금 전쟁을 벌이고 있다. 사실 외국계 사모투자펀드가 얼마의 세율을 적용받는지는 명확하지 않다. 각국과 맺은 조세 조약에 따라 세율이 다르다 보니 내국법인인지 외국법인인지, 또한 외국법인의 경우 어느 국가에 소속되었는지에 따라 모두 제각각이다. 법인세의 경우 조세 조약이 체결된 국가에 속한 대부분의 사모투자펀드들이 비과세에 해당된다. 이는 외국계 사모투자펀드가 만든 페이퍼 컴퍼니가 탈세와 돈세탁에 이용되는 경우가 많다는 지적을 받는 이유이기도 하다.[48]

법원이 미국에서 만든 펀드의 투자자에게도 세금을 거둘 수 있다는 판결도 나왔다. 동원엔터프라이즈가 2005년 7월 벨기에 법인인 코리아 데어리 홀딩스(KDH)를 통해 우유 판매 업체인 디엠푸드를 170억 원에 매입했던 바, KDH의 주식 판매 수익에 대한 세금을 원천 징수하지 않으면서 세금이 추징되자 소송이 제기된 것이다. 서초세무서는 KDH를 실제로 소유한 영국령 케이맨 제도의 CVC 아시아 펀드와 미국의 AI 펀드에 주식 판매 수익이 귀속된다고 판단하고, 두 펀드에 법인세 13억 760만 원을 부과했다. 법원은 이 펀드들이 한국에 투자하면서도 조세 회피만을 목적으로 벨기에에 법인을 설립했다면, 실질 과세 원칙에 따라 한국에 납세 의무가 있다고 판시했다. 그러니까 AI 펀드는 미국 단체이지만, AI의 구성원들 중 미국에 거주하지 않는 자의 지분 60%에는 한·미 조세 조약이 적용되지 않으며, 한국 세법상 과세 대상에 해당한다고 판단한 것이다.

이에 따라 국세청 관계자는 론스타가 외환은행 주식을 팔고 얻은 수익에 대한 세금 불복 소송에 대해서도, 론스타의 구성원들 중 미국에 거주하지 않는 자의 지분에 대해서는 과세를 인정받을 수 있을 것으로 기대한다고 밝혔다.[49]

11. 세계의 펀드

1) 사모펀드와 연기금

1980년대만 해도 사모펀드는 매년 100억 달러에 미치지 않는 투자를 하는 일종의 틈새투자자로 여겨졌다. 그러나 2000년대 말에는 1,000개 이상의 펀드가 1조 달러 이상을 투자하는 거대한 시장을 형성하였다. 2000년대 초부터 이자율이 떨어지고 대출 요건이 완화됨으로써 오늘날과 같은 사모펀드의 큰 붐이 일어난 것이다.

사모펀드는 미국의 경우 전체 기관투자자 투자 중 7.5%에 할당하는 대체 투자(Alternative asset) 시장이다. 또한 미국 사모펀드 자금의 50%는 공공 또는 사적 펜션펀드로부터의 자금이다. 나머지는 공공기금(Endowments), 공익단체, 보험회사, 은행, 개인투자가 그리고 투자 포트폴리오를 다양화하려는 기타로 구성된다. 이들은 기관투자자와 기업을 연결시키는 중개자의 역할을 한다.

2014년에는 세계 펀드 순자산액이 처음으로 30조 달러를 넘었다. 이는 국제화기금이 추정한 2013년 세계 GDP 규모 74조 달러의 40% 가까이 된다. 국내 펀드의 순자산액도 300조 원에 이른다. 미국의 펀드 순자산 규모가 15조 달러를 넘어 50% 이상을 차지하며 다음으로는 룩셈부르크, 호주, 프랑스, 아일랜드이다. 한국은 13위를 차지했다.[50] 미국의 최대 연기금은 캘리포니아공무원퇴직연금(Calpers캘퍼스)이며, 자산 가치는 3000억 달러에 달한다.[51]

2013년에는 글로벌 사모펀드들이 차입 매수(LBO) 전성기 때보다 더 많은 자금을 보유하고 있었다. 전 세계 곳곳에서 기관투자가들이 더 나은 수익률을 좇아 사모펀드로 쏠렸다. 좀처럼 마땅한 투자 기회를 찾지 못한 데 따른 결과였다. 이렇게 지난 5년간 줄곧 감소세를 보여왔던 '드라이파우더(Dry powder)'가 2012년 12월 이후 약 12% 늘어 7890억 달러(약 836조 5800억 원) 규모를 기록했다. 2008년 글로벌 금융 위기로 그 이듬해 드라이파우더의 규모가 8290억 달러에 달했다. 드라이파우더가 급증한 이유는 사모펀드로 들어오는 유입금은 많은데, 적극적으로 기업 매수에 나서지 않기 때문이었다. 실제로 글로벌 사모펀드들의 2013년 거래 규모는 총 3100억 달러를 기록하는 데 그쳤다. 지난 2007년까지만 해도 성사시켰던 거래 규모는 총 7760억 달러에 달했다.[52]

연금과 국부펀드를 비롯한 전통적인 사모펀드 투자자들이 점차 공동투자와 직접 투자를 크게 확대하고 있다. 사모펀드가 부과하는 높은 수수료를 피해 투자 수익률을 강화하기 위한 목적에서다. 기관투자가들이 사모펀드로부터 매니저를 영입해 내부펀드(in-house fund)를 설립하고 인수 기업을 발굴하려는 노력을 기울이고 있어, 사모펀드는 투자 기회를 찾기가 더욱 힘들게 됐다. 투자자들로부터 운용을 위탁받았으나 아직까지 투자처를 찾지 못한 사모펀드의 "드라이파우더"는 4640억 달러에 달한다. 2013년과 비교해 16% 증가했으며, 이는 금융 위기로 사모펀드가 위축되었던 2008년 4815억 달러에 근접한 수치다. 사모펀드에 의한 차입경영권인수(leveraged buyout)가 미국에서 2013년 대비 22%가 감소한 총 770억 달러에 그쳤다. 전 세계적으로는 1956억 달러 가치의 인수가 있었지만 10년 전과 같은 수준이다.[53] 2015년에도 글로벌 사모펀드 업계가 집행하지 않고 보유한 투자 자금인 드라이 파우더(dry powder)가 1조 1100억 달러 이상에 이르는 것으로 집계되면서 2000년 이후 최고치를 기록했다. 주요한 투자를 놓고 경쟁마저 달아오르면서 자산 가격은 극심하게 치솟았고, 상대적으로 낮은 수익률에 만족하는 대체 투자자들이 자산 시장에 뛰어들면서 사모펀드 업체들은 투자를 못하고 있다. 특히 M&A 시장에서 연기금과 국부펀드 등 과거 활동이 제한적이었던 기관 투자자들이 공격적으로 인수에 나선 것도 그 원인이다.[54]

글로벌 사모펀드는 전 세계를 대상으로 투자 활동을 한다. 2013년에 아프리카 투자를 위해 조성된 사모펀드는 24억 달러 규모다. 아프리카는 위험이 높고 인프라도 열악해 "프런티어 마켓"으로 분류된다. 저금리로 인한 풍부한 보유자금과 그리스 국채 같은 위험 상품 기피 같은 상황에서 6% 이상의 성장률을 보이는 아프리카 시장은 기회의 땅이기도 하다. 사모펀드뿐만 아니라 국부펀드도 아프리카 시장에 진출하고 있다.[55]

세계 5대 사모펀드는 칼라일, 콜버그크래비스로버츠(KKR), 블랙스톤, TPG(Texas Pacific Group), 아폴로를 들 수 있다. 이 중 텍사스퍼시픽그룹(TPG)이 2014년 한국 시장에 본격적으로 진출하였다. 이승준 골드만삭스 전 상무를 한국 대표로 선정하였다.[56]

2014년 아시아·태평양 지역 사모펀드 투자액은 800억 달러대로 전해보다 38.5% 급증하면서 사상 최고치를 기록했다. 총생산(GDP) 대비 사모펀드 투자액 비율을 나타내는 사모펀드 침투 비율을 보면 아시아·태평양 지역 국가인 중국(0.07%), 일본(0.04%), 한국(0.28%), 인도(0.20%) 등은 미국(1.02%)과 영국(0.89%)보다 상당히 낮은 수준으로, 앞으로도 사모펀드들의 투자 여지가 큰 것으로 분석되었다.[57] 아시아 지역 사모펀드는 미국이나 유럽 등 다른 지역에 비해 운용 기간도 길고 투자 자금 회수율도 높지 않다. 회사 매각을 꺼리는 기업들의 가족경영 문화와 경기 둔화 등으로 투자할 곳이 마땅치 않은 탓이다. 또 사모펀드가 투자 회수 방법으로 가장 선호하는 기업 공개 시장 변동성이 심한 탓도 있다. 2014년 미국과 유럽 이외의 지역에서 사모펀드 자금 가운데 투자에 쓰인 돈은 31%에 불과했다. 미국과 유럽 사모펀드 자금 중 53%가, 전 세계 모든 사모펀드 자금 중 38%가 투자된 것과 비교하면 낮은 수준이다. 투자 자금의 회수도 낮아서, 2006년 이후 미국과 유럽 이외 지역에서는 사모펀드 투자 자금 1달러당 55센트만 회수됐다. 아시아 사모펀드가 다른 지역에 비해 실적이 좋지 않지만 여전히 투자 자금은 아시아로 몰리고 있다. 2014년 사모펀드 투자금은 290억 달러로 2012년 이후 최고 수준이다. 아시아 지역이 여전히 강한 매력이 있음을 볼 수 있다. 2015년 기준 아시아 지역 설정 10대 사모펀드는 〈표 8-5〉와 같다.[58]

〈표 8-5〉 2015년 기준 아시아 지역 설정 10대 사모펀드

만기일(Closing Date)	펀드 명	규모(단위: 10억 달러)
2013.6.	KKR Asian Fund	6.0
2008.4.	TPG Asia	4.2
2008.4.	CVC Capital Partners Asia Pacific	4.1
2007.7.	KKR Asian Fund	4.0
2015.2.	Baring Asia Private Equity Fund	4.0
2014.9.	Carlyle Asia Partners	3.9
2014.1.	Affinity Asia Pacific Fund	3.8
2008.3.	Pacific Equity Partners	3.7
2013.4.	RRJ Capital Master Fubd	3.6
2014.5.	CVC Capital Partners Asia Pacific	3.5

AEP(Affinity Equity Partners)는 2002년 UBS 캐피탈 아시아퍼시픽이 독립하면서 설립되었다. AEP는 호주, 뉴질랜드, 한국, 중국, 동남아시아 등 범아시아 지역에 특화된 사모펀드 전문 회사다. 홍콩에 본사를 두고 있지만 2015년에 창업자 K. Y. 탕 회장과 함께 공동 회장으로 선임된 박영택 회장 및 이철주 대표, 이상훈 대표 등 한국인들이 주도하고 있다. AEP는 다양한 한국 기업들에 투자하고 성공적으로 회수하는 과정을 거치면서 명성을 쌓아왔다. 더페이스샵(The Face Shop)과 하이마트는 물론, 2014년에는 4조 원대 차익을 남긴 오비맥주 매각 건 등으로 월등한 투자 회수 실력을 입증했다. 박영택 회장

도 삼성전자에서 국제금융팀장을 맡는 등 19년간 근무한 후 사모펀드 업계로 옮긴 인물이며, 성균관대학교 경제학과와 와튼스쿨 MBA를 마쳤다. 박영택 회장이 공동 회장으로 승진한 배경에는 아시아 최대 규모 매각으로 꼽히는 오비맥주 매각이 한몫을 했다는 뒷이야기도 있다.[59]

세계 사모펀드 규모가 2020년까지 7조 달러로 커질 것이라는 전망도 나왔다. 2013년 3조 6000억 원에 비해 2배가량이다. 이는 국부펀드의 규모가 갈수록 커지는 데다, 채권이나 주식 외에 대체 투자처를 원하는 개인투자자들도 늘어나고 있기 때문이다.

또한 부동산과 헤지펀드를 포함한 대체 자산은 2년 전 7조 9000억 달러에서 13조 6000억 달러 내지 15조 3000억 달러 수준까지 늘어날 것으로 보인다. 구체적으로 부동산 자산은 1조 4000억 달러에서 2조 5000억 달러 내지 2조 9000억 달러로, 헤지펀드 자산은 2조 9000억 달러에서 4조 6000억 달러 내지 5조 달러로 증가할 것으로 기대되었다.[60]

2) 사모대출펀드

사모부채펀드 또는 사모대출펀드(PDF, private debt fund)는 인수·합병 자금을 대출해주는 펀드다. 이는 지분 투자를 주로 했던 사모펀드가 영역을 확대한 꼴이다. 글로벌 사모부채펀드 3대 펀드가 2009년 1월부터 2014년 6월까지 5년여 간 조달한 돈이 730억 달러이다. 론스타 펀드, 오크트리캐피탈매니지먼트, 아폴로글로벌매니지먼트는 각각 280억 달러, 230억 달러, 220억 달러이다. 같은 기간 상위 30위권으로 유입된 돈은 모두 3180억 달러나 됐다. 투자자는 대개 연기금을 비롯한 대형 기관투자가였다.[61]

3) 헤지펀드

헤지펀드는 그 창시자로 알려진 앨프리드 존스가 1949년에 자신의 사모펀드에 대해 주식 투자에 따른 "위험을 회피했다(risk hedged)"고 쓰면서 생겨났다. 그런데 헤지를 하지 않는 헤지펀드도 있다. 따라서 헤지펀드를 시장 수익률 이상의 수익을 추구하면서 투자 상품과 대상에 제한을 두지 않는 펀드로 본다.

헤지펀드의 주요 투자전략으로는 저평가된 증권을 사고(Long) 고평가된 주식은 파는(Short) 롱쇼트 전략, 금융 시장 상황에 따라 다양한 투자전략을 유동적으로 채택하는 멀티 전략, 이자율·환율·상품 시장 등의 방향성에 투자하는 매크로 전략 등이 있다.

M&A, 분사, 구조 조정 같은 사건 발생 시 자산을 사고팔아 수익을 추구하는 펀드는 행동주의 펀드다.[62] 행동주의 헤지펀드의 운용 자산 규모는 2003년 120억 달러였으며,[63] 2015년 자산 규모는 1300억 달러가량이다. 이는 2012년 말 자산 규모인 655억 달러에 비하면 2배 규모다. 행동주의 헤지펀드가 전체 헤지펀드에서 차지하는 비중은 4.3%에 불과하다.

헤지펀드의 수수료는 불특정 다수를 대상으로 하는 공모펀드의 수수료보다 높다. 기본 수수료가 운용 자산의 연 2%이고, 수익이 날 경우 수익의 20%를 가져가는 '2+20'이 기본이다. 이렇듯 수수료가 높지만, 수익률도 높기 때문에 연기금을 포함해 거액의 투자자들이 참여한다.[64]

헤지펀드 산업 규모는 2014년 상반기 기준 1만 1,000펀드 2조 6000억 달러가량이었다.[65] 2015년에는 약 3조 달러였다. 2014년 국내총생산 1조 4210억 달러의 2배에 달했던 것이다.[66] 2018년에는 6조 달러까지 늘어날 것으로 추정된다.[67]

유럽 헤지펀드는 대부분 영국에 자리하고 있다. 헤지펀드 업계 단체인 대안투자매니지먼트협회(Alternative Investment Management Association, AIMA)이다. 협회는 영국에 본사를 두고 있는 헤지펀드 운용사와 관련 기관 간 최대 연합회로, 골드만삭스와 모건스탠리 같은 투자은행과 기관투자가협회 등이 회원사이다. 동 협회 헤지펀드 회원은 1조 5000억 달러 이상의 자산을 운용하고 있다.[68] 헤지펀드는 2009~2014년 6년째 수익률이 S&P500지수보다 낮은 실적을 보였다. 그래서 매년 전체 헤지펀드의 10%가 문을 닫고 있다.[69]

세계 최대 규모의 헤지펀드로는 클리포드 애스니스가 창업한 AQR(Applied Quantitative Research)이 대표적이다. AQR은 운용자산이 1000억 달러 규모이다. 창헤지펀드 중 세계 최대 매크로펀드는 앨런 하워드가 이끄는 브레번하워드로 자산규모 260억 달러에 달한다. 아시아·태평양 지역 소재 헤지펀드 수탁금액 1위는 호주 플래티넘에셋매니지먼트(200억 달러 규모)다.[70]

헤지펀드가 전 세계적으로 악명을 떨치게 한 사건은 '헤지펀드의 제왕'이라 불리는 조지 소로스와 관련된 다음과 같은 두 가지 사건들이다.

조지 소로스는 1992년 당시 유럽환율조정장치(ERM)에 가입한 영국 파운드화를 공격했다. 파운드화가 영국 경제에 비해 고평가되었다고 언론 인터뷰에서 여러 차례 밝히고 파운드화를 대거 팔았다. 환율 방어를 했던 영란은행은 한 달도 안 돼 기술적으로 파산, ERM에서 탈퇴했다. 그때 소로스가 거둔 이익은 10억 달러로 알려졌다.

소로스는 1997년에 발발한 아시아 외환위기와도 닿아있다. 소로스 펀드는 1997년 달러화에 연동되어있던 태국 바트화를 공격했고, 태국 정부는 결국 달러화 연동을 포기했다. 그때 한국은 물론 인도네시아와 말레이시아도 혹

독한 후유증에 시달렸다.[71] 외환은 헤지펀드의 오래된 먹잇감이자, 이렇듯 조지 소로스가 세상에 자신의 이름과 헤지펀드의 위력을 널리 알린 계기가 되었다. 소로스와 같은 헤지펀드의 외환 투자자들은 환율의 향방을 읽을 수 있다. 2015년 미국 연방 준비위원회가 금리를 올릴 것이라는 전망과 함께 헤지펀드 업계는 '엔 매도, 달러 매수' 전략을 통해 이익을 내려는 시도를 했다. 헤지펀드의 이러한 움직임은 환율의 미래까지 보여준다.[72]

2008년 글로벌 금융 위기 이후 2015년까지 행동주의 헤지펀드의 규모는 3배로 불어났다. 2009년 당시 362억 달러였던 행동주의 헤지펀드의 운용자산 규모도 2014년에는 1121억 달러를 기록했다.[73] 2015년을 기준으로 보면 행동주의 헤지펀드 활동의 41%가 북미 지역, 15%가 아시아 지역, 8%가 유럽 지역에서 이루어졌다. 행동주의 투자전략을 택하는 헤지펀드는 늘고 있지만, 실제로 시장을 주도하는 행동주의 펀드는 약 10개다. 행동주의 헤지펀드계의 맏형급인 칼 아이칸부터 밸류액트, 서드포인트, 엘리엇, 자나파트너스, 스타보드밸류, 퍼싱스퀘어, 트리안매니지먼트, 코벡스 매니지먼트 등이 대표적이다.[74]

헤지펀드와 외사 경영진 사이에서 분쟁이 일어나는 경우 헤지펀드에 대해 경영진이 승리할 가능성도 낮아지고 있다. 일단, 미국 시장을 기준으로 2010년 헤지펀드와의 주주총회 표 대결에서 경영진이 승리한 비율은 65%에 달했다. 그러나 이후 승률이 꾸준히 하락해 2011년 56%, 2012년 54%, 2013년 40%, 2014년 41% 등을 각각 기록했다. 상당수 행동주의 헤지펀드들은 장기적 관점으로 기업 가치를 높이는 데 초점을 맞추기보다는 이사회 장악 및 핵심 자산 매각 등을 통해 단기 차익을 극대화하고 있다.

행동주의 헤지펀드의 수익률은 일반 헤지펀드 수익률을 크게 웃돌고 있다.

예를 들면, 2014년 행동주의 헤지펀드의 1년 누적 수익률은 11.82%를 기록함으로써 전체 헤지펀드 수익률 7.88%를 크게 앞섰다.[75]

1980년대까지 행동주의 헤지펀드는 규모가 작고 자본력이 약한 기업들을 대상으로 공격을 일삼았다. 그러다가 2008년 금융 위기 이후 미국 헤지펀드에 대한 규제가 강화(레버리지 비율을 5배 이내로 규제)되면서 대기업을 겨냥하기 시작했다. 2009년 이후 미국 S&P 500대 기업의 15% 이상이 행동주의 헤지펀드의 공격을 받은 것으로 추정된다. 마이크로소프트, 모토로라, 이베이, 야후, 펩시, 다우케미칼 등 유수 글로벌 기업들이 행동주의 펀드의 공격에 무릎을 꿇었다. 행동주의 헤지펀드들이 택한 전략은 주주가치 극대화를 내세운 경영 개입이다. 행동주의 펀드들은 기업의 빈틈을 파고들어 주가를 띄운 후 차익을 챙긴다. 경영진 교체, 이사 추천권 요구, 자사주 매입 등을 주문하고 회사를 팔거나 인수하라고 압박하기도 한다. 이들은 언론 플레이에 능하며, SNS를 적극 활용해 의사를 관철시키기도 한다.[76] 이러한 헤지펀드는 우리나라에도 진출했다.

글로벌 자산 운용사나 헤지펀드가 국내 대기업의 소수 지분에 투자한 뒤 그룹 경영진을 압박한 대표적인 사례는 2003년 'SK-소버린 사태'다. 영국계 자산 운용사인 소버린은 2003년에 SK그룹의 지분 중 14.99%를 전격 매집한 후 최태원 그룹 회장 퇴진 등 지배 구조 개선을 요구하며 SK그룹을 압박했다. SK그룹은 하나은행 등 백기사를 통해 우호지분을 늘리고, 1조 원이 넘는 비용을 투입해 경영권을 방어했다. 2005년 7월 소버린은 SK그룹의 주식을 전량 처분해 9000억 원 이상의 차익을 거뒀다. 2006년에는 '기업사냥꾼'으로 악명이 높은 칼 아이칸이 국내 1위 담배 기업인 KT&G를 공격했다. 아이칸은 다른 헤지펀드들과 연대해 KT&G의 지분 중 6.59%를 매입한 뒤 자회사 매각 등 기업 가치 제고 방안을 KT&G 측에 요구했다. 아이칸은 보유 지분을 전량 매각해 1500억 원의 차익을 벌었다.

삼성물산은 2004년에 영국계인 헤르메스 펀드로부터 적대적 인수·합병 위협을 받았다. 헤르메스가 삼성물산의 지분 중 5%를 사들인 뒤 우선주 소각 등을 요구하면서 분쟁을 일으킨 것이다. 호주의 플래티넘 등 해외 투자자들이 여기에 가세하면서 분쟁이 격화되었다. 헤르메스는 주식을 팔고 나가는 과정에서 주가 조작 혐의로 검찰에 기소되었지만, 결국 무죄 판결을 받았다.[77]

세계 최대 의결권 자문사이자 '모건스탠리 캐피탈 인터내셔널'의 자회사인 ISS(Institutional Shareholder Services)는 삼성물산과 제일모직 간 합병에 반대 의견을 제시했다. 그 와중에 ISS는 과거 국내 기업과 헤지펀드 간 경영권 분쟁 시 주로 헤지펀드를 지지했다는 사실이 드러났다. 그러니까 ISS가 헤지펀드 측의 손을 들어줌으로써 외국인 투자자들의 의결권을 집결시킬 수 있는 계기를 마련해주었다는 것이다.[78]

2015년에는 미국 헤지펀드인 엘리엇 매니지먼트가 삼성물산의 지분 중 7.12%를 7000여억 원에 매수했고, 제일모직과 삼성물산의 합병에 반대 입장을 표명학까지 했다. 제일모직의 삼성물산 합병 계획안은 삼성물산의 가치를 상당히 과소평가한 결과물이며, 합병 조건 또한 공정하지 않아 삼성물산 주주들의 이익에 반한다고 주장한 것이다. 그런데 소액주주가 부당한 대우를 받았다는 식의 문제를 제기해 더 높은 주가를 받아내는 것은 엘리엇 매니지먼트가 자주 쓰는 투자 기법이다. 2003년에는 미국 P&G가 독일 웰라를 인수하면서 제시한 주가가 부당하다면서 저지에 나섰고, 결국 수년간의 법적 분쟁을 거쳐 주가를 높이는 데 성공했다. 2005년에도 미국 유통업체인 샵코를 한 사모투자펀드에 매각하는 거래에 반대하면서 자신들의 샵코 지분 가격을 주당 24달러에서 29달러로 올려서 받아냈다. 2006년에는 인력 컨설팅 업체인 아데코가 독일 기업인 DIS를 인수해 비상장사로 만들려는 계획에 맞선 끝에 지분 가격을 주당 54.5유로에서 113유로로 끌어올린 바 있다.[79] 엘리엇 매니지먼트의 한국 내 법률 대리인은 금융 전문 로펌인 넥서스이다. 김용준 전 헌법재판소장이 상임고문이고, 그의 사위인 최영익 변호사가 대표이며, 아들인 김현중 변호사도 이곳에서 근무한다. 최영익 대표는 2004년 3월 삼성물산 경영권 참여를 선언하면서 지분 중 5%를 인수했던 영국계 투자자인 헤르메스의 법률 대리인을 맡은 경력도 있다.[80]

엘리엇 매니지먼트의 회장 폴 싱어는 유대인 가정에서 태어나 하버드 로스쿨을 거쳐 부동산 회사의 변호사로 활약하다가 헤지펀드를 창업했다. 이후 직접 투자로 기업을 바꾸는 '행동주의 투자자'로 활동하면서 정평이 높아졌다. 워런 버핏이 주도하는 기부자 서약(The Giving Pledge)의 멤버이기도 하다. 또한 동성애자들의 인권 보호 활동에도 거액의 기부를 해왔다. 엘리엇 매니지먼트는 폴 싱어가 1977년 창립함으로써 현존하는 헤지펀드들 중에서는 가장 오래된 곳으로 꼽힌다. 운용 자산이 2015년 기준 약 260억 달러에 이른다. 엘리엇 매니지먼트의 가장 유명한 투자 사례는 2014년 아르헨티나 디폴트(default) 사태를 일으킨 것이다. 아르헨티나는 2001년에 1000억 달러 규모의 디폴트를 선언한 이후 국제 채권단과 채무 구조 조정 합의를 이루어냈다. 그런데 채무 중 약 71~75%를 탕감해주는 합의안에 채권단 중 대다수가 참여했으나, 엘리엇 매니지먼트는 합의에 불응하면서 다른 헤지펀드 한 곳과 함께 미국 법원에 소송을 냈다. 이들은 액면가 13억 3000만 달러의 아르헨티나 국채를 4800만 달러가량의 헐값에 사들인 뒤 소송에서는 액면가 전액을 상환하라고 요구하기까지 했다. 미국 법원이 엘리엇 매니지먼트의 손을 들어주면서 아르헨티나는 이미 채무 조정에 합의한 채권단에도 전액을 상환해야 하는 처지가 되었다. 결국 아르헨티나는 기술적 디폴트로 내몰렸고, 미국 법원 판결을 회피하기 위해 자국 은행을 통한 채무 우회 상환을 시도하는 등 어려움을 겪게 되었다.[81]

4) 국부펀드

과거에 국부펀드는 투자 규모가 크지 않고 투자 대상도 제한적이어서 큰 주목을 받지 못했다. 그러나 중국, 일본 등 외환보유액 1, 2위 국가들까지 투자를 본격적으로 하면서 금융 시장에 큰 영향을 미치고 있다.

전 세계 국부펀드는 2014년 기준 20조 달러에 육박한다. 전통적으로 국부펀드는 자산운용사나 헤지펀드 및 사모펀드를 통하여 투자를 한다. 그러나 2014년 전후로 국부펀드와 연기금은 직접 투자 비중을 늘리고 있다.

〈표 8-6〉 세계의 국부펀드

순위	국가	기관명	규모
1	노르웨이	정부 연금펀드 GPFG	8,930
2	아부다비	아부다비투자청 ADIA	7,730
3	사우디아라비아	SAMA 홀딩스	7,376
4	중국	중국투자공사 CIC	6,527
5	중국	SAFA 투자회사	5,679
6	쿠웨이트	쿠웨이트투자청 KIA	4,100
7	홍콩	홍콩외환국 HKMA	3,267
8	싱가포르	싱가포르투자청 GIC	3,200
9	중국	국가사회보장기금 NSCF	2,016
10	싱가포르	테마섹홀딩스	1,770

21	한국	한국투자공사 KIC	720
	글로벌 국부펀드의 기관 자금		66,090

(2014년 6월 기준, 단위: 억 달러, 머니투데이 2014년 9월 22일 자 참조)

2015년 기준 국부펀드의 총 투자 자산 규모는 6조 3100억 달러에 육박한다. 2008년의 2배가 넘는 규모다. 국부펀드는 주식·채권과 같은 전통적인 투자 자산 외에도 비상장주식이나 부동산 등 대안 투자 상품에도 투자한다. 사실, 국부펀드는 대안 투자 상품에 투자하기에 유리하다. 투자 만기가 긴 자산에 주로 투자하면서도 단기 부채의 비중은 낮기 때문이다. 이에 따라 단기 유동성 제약은 적으면서도 감내할 수 있는 위험 수준은 높다. 이러한 특성 덕분에 국부펀드는 비상장주식이나 부동산처럼 다소 유동성이 떨어지는 자산에 투자해도 큰 부담이 없다.

국부펀드들이 가장 선호하는 것은 부동산이나 인프라로 조사되었다. 부동산이나 인프라에 투자한 경우는 2013년 이후 전체의 절반을 넘어섰다. 국부펀드가 투자한 부동산 규모도 2014년 말 기준 7420억 달러에 달한다. 헤지펀드에 투자하는 국부펀드도 증가했다. 2013년에는 전체의 31%였으며, 2014년에는 33%로 늘어났다. 반면 비상장주식에 투자하는 경우는 다소 줄었다. 2013년에는 비상장주식에 투자한 국부펀드가 전체의 51%였으나, 2014년에는 47%까지 낮아졌다.[82]

5) 벤처기업과 벤처캐피탈

2014년 미국 내 벤처캐피탈 회사에 330억 달러(35조 원)가 넘는 자금이 유치되어 2007년 이후 최고치를 기록했다. 또한 약 105개의 벤처기업이 기업 공개를 진행하여 2000년 이후 최대치를 기록했다.

하지만 일각에서는 이러한 벤처캐피탈 투자열기가 과열됐다는 우려의 목소리를 내고 있다. 실리콘밸리 기업에 대한 "버블현상" 논란도 끊이지 않는다. 반면 850억 7000만 달러의 벤처펀드를 유치했던 지난 2000년의 투자를 감안하면 확대 해석은 경계해야 한다고 의견도 있다.[83)

2013년에는 글로벌 벤처캐피탈 투자액은 2012년보다 2% 상승한 485억 달러를 기록했다. 자금 모집 부분에서는 전년 대비 하락한 280억 달러를 기록했다. 세계 주요국의 전체 벤처캐피탈 투자에서 엔젤과 인큐베이터 투자가 차지하는 비중은 각각 캐나다 20%, 인도 17%, 미국 12%, 유럽 11%를 기록했다.[84)

벤처투자업계에서 유니콘은 평가 가치가 10억 달러가 넘는 스타트업을 뜻한다. 전설 속의 동물인 유니콘처럼 드물다는 뜻에서 나온 말이다. 하지만 이런 개념이 더 이상 적절치 않을 수도 있다. 2012년에만도 10여 개에 그쳤던 유니콘이 2015년에는 100개에 가까워졌다. 미국 스타트업 기술 기업들이 보기에 사모 조달 시장은 공모 시장을 능가한다. 2015년 전반기 동안 미국의 기업 공개 규모가 6억 달러였던데 반해, 사모투자는 200억 달러에 달했다.

미국에서 사모 조달 시장이 급증하게 된 주요한 배경은 2012년에 통과된 잡스(JOBS)법이다. 이 법은 신생 기업의 자본 조달을 원활히 하기 위해 마련되었던 바, 비상장 기업의 주주를 최대 500명으로 제한하던 것을 직원을 제외한 2000명으로 확대한 것이다. 그 결과 비상장 스타트업 주식 거래 플랫폼들 중 가장 규모가 큰 세컨드마켓의 거래량은 2014년에는 전년 대비 4배 증가한 14억 달러를 기록했다. 뮤추얼펀드와 패밀리오피스 등 주류 투자자들의 관심

증가는 파생 상품 계약과 같은 더 복잡한 구조의 2차, 3차 유통 시장도 만들어내고 있다. 나스닥도 2013년에 비상장주식 거래소인 '나스닥 프라이빗마켓'을 출범시켰다. 스타트업이 상장을 늦추는 추세 속에서도 언젠가는 나스닥에 상장하리라는 희망을 가질 수 있도록 비상장주식의 유통을 돕는 것이다.

한편 주식에 대한 통제권을 계속 행사하기를 바라는 기업들은 임직원들이 보유주식을 매도할 수 있는 공식적인 채널을 만들기도 했다. 기업들이 주도하는 공개 매각은 비상장주식 유통 시장의 가장 큰 부분을 차지한다. 이 경우 기업들은 임직원이나 초기 투자자들의 주식을 정해진 매수자들에게 매각한다. 이 과정에서 일반적으로 뮤추얼펀드와 사모펀드, 패밀리오피스, 사모발행에 참여하지 못한 투자자들에게 매각한다. 이로써 기업들은 전 과정을 완벽하게 통제해 주가와 주주를 관리할 수 있다.[85]

6) 엔젤투자자

엔젤투자가 가장 잘 이루어지고 있는 나라는 미국이다. 미국 동부와 서부 해안에 엔젤투자자와 창업자가 집중돼 있다. 유럽은 비즈니스엔젤, 엔젤네트워크, 초기펀드 운영기관 등을 대표하는 비영리협회가 설립·운영되고 있다.

아울러 미국을 포함해 영국 등 다른 나라에서는 "슈퍼엔젤"이 등장하는 추세이다. 이는 다른 사람으로부터 자금을 모아 전문적으로 운용하는 마이크로 벤처캐피탈펀드를 의미한다. 엔젤투자와 벤처캐피탈 사이의 영역에 존재하는 슈퍼엔젤펀드는 VC와 마찬가지로 풀타임 매니저를 보유하고 투자 이익의 일부를 운용 비용으로 가져간다.[86]

7) 부동산펀드

부동산펀드들은 1992년부터 2014년까지 수수료를 제외하고도 연평균 18%의 투자수익률을 올렸다. 아울러 2014년 전 세계 총 210개 폐쇄형 부동산 펀드가 977억 달러의 신규 자금을 조달했다. 이는 역대 최고치인 2008년의 1375억 달러에는 못 미치지만, 2010년의 468억 달러에 비하면 2배 넘게 증가한 수치다. 조달된 신규 자금 중 대부분은 운용 자산이 10억 달러 이상인 대형 펀드에 유입되었다.

부동산 투자 시장에서 알짜배기 몫을 모두 챙겨가는 것은 소수의 대형 부동산펀드다. 대형 부동산펀드의 성공은 부동산 침체기에 거둔 상대적으로 견실한 성과 덕분이다. 리먼브라더스와 모건스탠리, 골드만삭스 등 월스트리트의 대형 은행의 부동산 투자가 대규모 손실을 낸 것과 달리, 사모투자회사의 대형 부동산펀드는 부동산이 꺼지지 직전에 발을 빼 헐값에 재진입할 수 있는 실탄을 마련했다. 세계 최대 상업용 부동산 개발 업체인 미국 프로로지스(www.prologis.com)가 부동산 투자회사 KTR 캐피탈 파트너스(http://ktrcapital.com)를 59억 달러에 인수하기로 합의했다.

대형 펀드는 더 많은 자금을 쌓아가는 한편, 대규모 부동산 투자에도 거침없이 뛰어들고 있다. 이에 비해 중소형 펀드의 '어렵지만 특화된 틈새 부동산 펀드'는 소형 펀드조차도 자금 모집이 원활했다고 한다. 이 펀드들은 주로 의료 시설이나 기숙사, 시니어하우징(노인 주거 복지 시설), 물류창고 등에 특화된 펀드들이다.[87]

2007년 이후 부동산 업계 M&A는 최대 80%나 급감할 정도로 침체되었었다. 그러나 최근에는 이렇듯 M&A 바람이 금융 위기 이후 조용했던 부동산

시장으로까지 확산되고 있다.[88]

12. 국내의 펀드

1) 사모펀드의 연혁

1997년 외환위기 이후, 글로벌 사모펀드들이 한국에 상륙하기 전 국내 사모펀드 시장은 불모지였다. 칼라일은 옛 한미은행(현재 시티은행)을, 뉴브리지캐피탈은 옛 제일은행(현 SC제일은행)을, 론스타는 외환은행을 각각 인수하며 해외 사모펀드들이 국내에 모습을 드러냈다. 이후 이들은 자금 회수 과정에서 '먹튀' 논란을 빚기도 했다.[89]

한국이 사모펀드에 눈 뜨게 된 계기는 1998년 외환위기였다. 한미은행, 제일은행, 만도, 해태제과, 하나로통신 등이 헐값에 줄줄이 팔려 나가던 때였다. 이들을 인수해 큰 차익을 올린 주체는 외국계 은행이나 증권사가 아닌 사모펀드였다. 국내에는 사모펀드가 뭔지 아는 사람도 드물던 때였다.

외환위기가 지나간 뒤에도 한국의 M&A 시장은 외국계 사모펀드들이 휩쓸었다. 2003년 론스타의 외환은행 인수는 사회적으로도 큰 조명을 받았다. 2004년에는 하이닉스와 하이마트가 역시 사모펀드에 팔려나갔다. 국부유출 논란이 일었고, 집권 2년차를 맞은 노무현 정부는 토종 사모펀드 육성을 논의하기 시작했다.

그러나 정부 주도로 사모펀드 도입이 추진된 것도 문제였다. 선진국에서 사모펀드는 사적 계약과 관행에 근거해 자생적으로 만들어졌기 때문이다. 우여곡절 끝에 금산분리나 출자총액제한 조항을 건드리지 않는 선에서 사모펀드를 합법화한 '간접투자자산운용법'이 2004년 국회를 통과했다.[90]

국내 사모펀드는 2004년 말, 지금은 폐지된 '간접투자자산운용업법'을 근거로 출범했다. 2004년 12월 '미래에셋파트너스 1호 사모투자 전문회사'와 '우리 제1호 사모투자 전문회사'가 각각 1000억 원 및 2100억 원 규모로 설립되며 첫 삽을 뜬 사모펀드 시장은 이후 2005년에 국민연금이 3500억 원의 자금을 투자하면서 성장세가 가속되기 시작했다. 이에 따라 사모펀드 시장은 2005년 말 기준으로 15개, 약정액 기준 4조 7000억 원이던 것이 2013년 3월 말 기준으로는 228개, 약정액 42조 원으로 각각 15배, 9배 늘어나는 급성장세를 보였다.[91] 2013년 말 기준으로는 금융위원회에 따르면 약 230개의 사모펀드가 있으며, 이들이 운용하는 자산은 약 42조 3000억 원에 이른다.[92]

급성장하는 국내 사모투자 시장은 도입기를 지나 성숙기 초입에 들어섰다.[93] 사모펀드는 보통 약정금액 모집 후 10년간 기업을 운영하다 되팔아 시세차익을 취한다. 사모펀드 제도 도입 초기 조성된 펀드들의 만기가 2014년부터 돌아오기 시작했다. 사모펀드 업계의 2015년 이후 10년의 과제는 업계의 발전 그 자체가 아니라 낙후된 한국 금융을 어떻게 더 글로벌하게 만드느냐에 달려 있다.[94] 연도별 사모펀드 설정 규모는 〈표 8-7〉과 같다.[95]

〈표 8-7〉 연도별 사모펀드 설정 규모

연도별	설정 규모(조 원 미만 제외)
2006	3조 원
2007	4조 원
2008	9조 원

2009	13조 원
2010	20조 원
2011	26조 원
2012	36조 원
2013	42조 원
2014(8월 현재)	47조 원

사모펀드는 크게 기관 사모펀드, 독립 사모펀드, 외국 자본 사모펀드로 나뉜다. 기관 사모펀드는 은행, 증권, 연기금 등 금융 기관 계열인 곳을 말한다. 산업은행, KTB, 기업은행 등의 사모펀드가 그것이다. 독립 사모펀드는 펀드매니저나 파트너들이 직접 소유한다. 보고펀드, IMM인베스트먼트, H&Q AP 코리아, SkyLake인베스트먼트 등이 독립계로 분류된다. 독립 사모펀드의 운영자(GP)는 일정 규모의 출자금을 낸다. 이를 "GP커미트먼트"라고 부르는데, 통상적으로 총 출자금의 1~3% 수준이다. 또한 펀드를 조성할 때 개인돈 최소 10억~20억 원 이상을 의무적으로 납입한다. 따라서 책임감이 높을 수밖에 없다.

MBK파트너스, 한앤컴퍼니, 앙코르 등은 국내 펀드매니저가 운영하지만, 외국계 자금으로 운용되는 사모펀드다. 이들 역시 독립계지만, 주요 투자자들이 외국계이기 때문이다. 이들은 오랜 투자 경험과 정확한 데이터를 가지고 있다. 독립 사모펀드가 국내 연기금으로부터 메자닌, 선순위 배당 등의 조건으로 투자를 받지만, 이들은 지분(equity) 파트너와 함께하기 때문에 큰 거래에서는 이들이 유리하다. 특히 MBK파트너스는 국내 PEF 중에서 조 단위의 펀드 조성이 가능한 곳이다.[96]

2) 사모펀드의 활동 현황

우리나라에서 사모펀드가 두각을 나타낸 이유는 이들 기업에 지속적으로 자금이 유입되고 있기 때문이다. 저금리와 경기 불황이 지속되면서 대형 연기금 등의 기관투자자들이 투자 수익률 저하를 막기 위해 전통적 투자수단인 주식 채권보다 대체 투자 수단인 사모펀드에 대한 투자를 확대하고 있는 것이다.[97]

우리나라 사모펀드 시장 초기에는 연기금과 금융회사의 투자 비중이 컸지만, 최근에는 개인과 일반법인의 출자가 늘어나면서 어느 정도 균형이 잡혀가는 모양새다. 금융 계열과 비금융 계열 자본이 거의 절반씩을 차지한다.[98] 2005년부터 사모펀드 투자를 시작한 '큰손' 국민연금은 7~8년간 최초 투자부터 회수까지 프로세스 전 과정을 경험했기 때문에 이제는 나름대로 사모펀드를 선별해 투자할 수 있는 역량을 갖춘 상태이다. 앞으로는 사모펀드 운용사가 얼마나 뛰어난 성과를 거둘 수 있을지 증명할 수 있는 실적이 판도에 큰 영향을 미칠 전망이다. 국민연금은 기금이 400조 원을 돌파해 세계 3대 연기금에 올라섰다.[99]

기업은 회사채 발행 또는 차입을 통해 인수를 하면 부채 비율이 높아진다. 사모펀드를 통해 인수 자금을 조달하는 경우에는 이를 줄일 수 있고, 지나친 투자로 인해 부실화되는 '승자의 저주(winner's curse)'에 대한 위험도 상당 부분 낮출 수 있다. 사모펀드를 이용하면 재무건전성이 악화되지 않아 경영 위험을 분산시킬 수 있다. 또한 2013년부터 높은 수익률 보장을 요구하는 사모펀드의 옵션조건 투자를 금지해, 사모펀드를 통한 인수가 더욱 용이해졌다.[100]

사모펀드의 위상도 높아졌다. M&A 자문사인 투자은행과 회계법인, 로펌에게는 사모펀드가 이미 가장 중요한 고객이 되었다. 대기업이 경기 침체에 자금을 쌓아두려는 경향을 보이고 문어발식 경영에 대한 사회적 비판을 잔뜩 의식하고 있어, 사모펀드는 국내 M&A 시장의 큰손으로 자리매김했다. MBK파트너스와 보고펀드, 한앤컴퍼니는 이제 웬만한 경영권 이전 거래에서 단골손님이 되었다.

부동산 시장은 이미 사모펀드 세상이다. 간혹 대기업이나 중견기업이 사업상 필요에 따라 토지나 건물을 매입하기도 하지만, 거래의 80~90%는 자산운용사 등이 설정한 부동산 사모펀드가 인수자로 나서는 실정이다. 사정이 그러하여 글로벌 경기 침체와 금융 시장 불안으로 투자처를 찾지 못한 기관투자자들은 트랙레코드(투자성과)가 어느 정도 쌓인 사모펀드를 찾을 수밖에 없다.

사모펀드가 좋은 인수 대상을 발견해 제안해올 경우 과거처럼 배짱을 부리면서 높은 수익률과 안전장치를 요구하기가 점점 어렵다는 얘기도 나온다. 심지어 다른 기업에 경영권을 넘기지 않고 잠시 사모펀드에 맡겨뒀다가 나중에 사정이 좋아지면 다시 우선 매수하겠다는 제안도 끊이지 않는 것으로 알려졌다. 기관투자자는 아직 사모펀드 측의 방문을 받고 있으나, 언젠가는 돈을 들고 찾아가서 제발 맡겨달라고 할 때가 올 것 같다.[101]

2004년 처음 도입된 한국의 사모펀드는 부실기업을 사들인 후 정상화시켜 되파는 '바이아웃(Buyout)'이 대부분이었다. 그러나 규모가 커지고 영역이 넓어지면서 경쟁도 치열지고 있다.

우리나라 사모펀드의 투자 트렌드 중 하나는 외식업 투자다. 외식업은 상대적으로 회사 규모가 작고 프랜차이즈 등을 통해 매출을 키우기도 좋다. 또한 '현금 장사'이기 때문에 재매각 때도 유동성을 쉽게 확보할 수 있다. 2011년 미국의 모건스탠리가 놀부를 인수하면서 이러한 성향이 나타나기 시작되었다. 이후 2013년부터 사모펀드의 외식업 공략이 본격화되었다. 버거킹코리아, BHC 치킨, 할리스커피, 크라제버거, KFC코리아 등 프랜차이즈 사업을 하는 패스트푸드점과 커피 전문점을 집중적으로 사들였다. 불과 3년 새 사모펀드가 인수한 국내 외식 브랜드는 8개로, 투자한 금액만 5600억 원을 넘어섰다. 사모펀드들이 투자한 외식업체들의 실적도 크게 좋아졌다. 과거에는 지분 100%를 사들임으로써 경영권을 인수하는 방식을 선호했으나, 요즘은 매드포갈릭이나 공차의 경우처럼 기존 기업주의 경영권을 유지해준 뒤 자본과 시스템을 보완해주는 방식으로 전개되고 있다.

사모펀드의 투자 트렌드 중 또 한 가지 주목할 것은 '전문화'다. 하나의 업종에 집중 투자해 해당 업종에서 규모의 경제를 이루는 것이다. 이런 방식의 투자에서 가장 앞서나가고 있는 사모펀드는 스카이레이크로, 전기·전자 분야 시험 인증 관련 기업을 잇달아 M&A했다. 루터어소시에잇코리아(루터PE)는 제조업 기반으로 '브랜드화'를 시작하고 있다.

앞으로 관련 사례가 점차 많아질 것으로 예상되는 트렌드도 있다. 바로 사모펀드가 중견기업 집단 자체를 '통째로 인수'하는 것이다. 지금까지 사모펀드가 해온 투자들 중 대부분은 대기업 계열사 중 한 기업이나 한 사업부를 인수하는 방식으로 이루어졌다. 그런데 이제는 아예 어느 정도 규모가 있는 기업 집단 전체를 인수하고 있다. 2015년 국내 1위 포장재 업체인 태림포장공업그룹이 사모펀드 IMM에 팔렸다. 40년 업력의 중견그룹 창업주가 형제나 자녀에게 경영권을 물려주는 대신 회사 매각을 선택한 것이다. 향후 경영권 승계 과정에서 기업이 쪼개지거나 가치가 훼손되는 것을 막기 위해서였다. 농우바이오도 경영권 승계를 포기하고 사모펀드에 매각했다. 이렇듯 사모펀드 시장이 급성장하면서 사모펀드가 인수한 회사들을 운영하는 전문 경영인 시장도 열리고 있다. 이른바 'C레벨(CEO, CFO 등)'의 전문 경영인들은 스톡옵션 등 파격적 연봉을 받기로 하고서 영입되고 있다.[102]

성장주를 발굴하기 위한 사모펀드 자금이 코스닥 시장에 투자되기도 한다. 그러니까 주로 중소형 주의 성장성에 주목하는 것이다. 하지만 코스닥 시장에 투자하는 해외 사모펀드 중 상당수는 특정 이벤트가 발생해 기업 가치가 크게 하락할 때 투자를 통해 시세 차익을 노리는 사모 투자 전문 회사다. 일반적으로 국내 코스닥 시장에 투자를 잘 하지 않는 해외 사모펀드 및 헤지펀드는 주로 특정 종목에 관심이 생길 경우에 투자하는 경향이 짙다.[103]

3) 개별 사모펀드 현황

사모펀드 시장 규모가 커지면서 조 단위로 돈을 굴리는 대규모 사모펀드도 등장했다. 사모펀드 가운데 가장 큰 곳은 KDB산업은행이 운영하는 산은 사모펀드다. 2013년 8월 약정금액 기준 5조 7000억 원가량, 은행이 아닌 독립 계로는 MBK파트너스가 5조 3000억 원, 미래에셋이 2조 3000억 원, 보고펀드가 1조 억 원 규모의 자금을 운용 중이다.[104]

2013년 우리나라 인수·합병시장의 규모는 34조 원이었는데, 이 가운데 사모펀드가 인수 주체가 된 거래는 8조 원 수준이다. 전체 시장의 24%를 차지하는 셈이다.[105] 우리나라 사모펀드에서 주목받는 인물들은 해외 유학파와 글로벌 컨설팅 회사 컨설턴트 출신들이 많다. 하버드대 출신으로 김병주 MBK파트너스 회장, 한상원 한앤컴퍼니 대표는 하버드대 MBA, 박병무 보고펀드 공동대표는 하버드대 로스쿨, 윤종하 MBK파트너스 대표와 임유철 H&Q아시아

퍼시픽코리아 공동대표는 하버드대 케네디스쿨 출신이다. 이철주 어피너티에쿼티파트너스 대표와 허석준 CVC캐피탈파트너스 대표는 브라운대 출신이다. 안상균 앵커인베스트먼트 대표, 이상현 칼라일 한국대표, 이상훈 어피너티 한국대표는 맥킨지 출신이다. 베인앤드컴퍼니 출신으로는 김수민 유니슨캐피탈 한국대표, 정도현 도미누스인베스트먼트 대표가 있고, 보스턴컨설팅 출신으로는 김태엽 SC PE 대표가 있다. 장기신용 출신도 있다. 김종훈 EQ파트너스 대표와 최창해 SG PE 대표, 유인준 칸사스자산운용 AI 부문 대표 등이 장은 출신이다.[106]

스틱인베스트먼트는 1999년 설립 벤처캐피탈 운용사로 출발하였다. 2015년 운용자산이 3조 원을 돌파하면서 국내 대표 대체 투자 분야 운용사로 자리 잡았다. 해외의 국부펀드로부터도 투자를 받았다. 한국을 중심으로 아시아에 기반을 둔 성장형 중형 규모의 기업에 집중하고 있다. 2015년까지 350개가 넘는 국내외 중소기업에 투자해왔다.[107]

금융 시장에서 사모펀드업계를 "엄친아" 금융엘리트의 최종 집결지라고 부른다. 정관계나 재계 유력인사의 2세들이 대표나 파트너(임원)로 참여해 일하고 있는 곳이 많기 때문이다. 삼성출신 이학수 차남 이상호 글랜우드 대표는 동양매직 인수전에 참여했다. 장남인 이상훈 모건스탠리 사모펀드 대표의 활약은 이미 업계에 정평이 나 있다. 이 대표는 최근 약 3000억 원에 한화L&C 지분 90%를 인수하는 거래를 이끌었다. 또한 전주페이퍼·놀부 등 다양한 투자 건을 성사시켜 M&A 업계의 "마당발"로 통한다. 포메이션8을 이끌고 있는 구본웅 대표는 LS전선 구태회 명예회장의 장손이다. 그는 2014년 11월께 국내 모바일 서비스업체인 옐로모바일이 1억 500만 달러의 투자를 유치하는 데 큰 역할을 한 것으로 알려진다. 도미누스인베스트먼트의 정도현 대표는 정형근 의원의 아들이다. 이정진 H&Q AP 공동대표는 이동원 전 외무부 장관의 사위이다. 이는 사모펀드의 특성상 운용능력 뿐만 아니라 자금 동원이나 투자처의 물색, 기업 경영 등 여러 방면에서 정보와 인맥을 갖춘 유력인사나 가문의 "주니어"들이 많을 수밖에 없는 것이다. 이들 대부분이 어린 시절부터 조기유학을 하거나 최고 학군에서 교육을 받아 탄탄한 인맥을 쌓았고, 부친이나 가문의 후광에서 얻는 인맥까지 더해져 사업에서 도움을 받는 경우가 많다.[108]

4) 사모펀드의 수익성

2004년도 제도 도입 이후 2012년까지 해산된 국내 사모펀드의 연 환산 수익률은 9.9% 정도로 추산된다. 해외는 더 높다. 글로벌 사모펀드의 최근 10년간 성과를 연간 수익률로 환산하면 12.5%에 달한다.[109]

우리나라 은행이 투자한 사모펀드 중 절반 정도가 투자원금을 잃고, 대부분 수익률이 정기예금 이자율보다 낮다고 한다. 우리나라 5대 은행의 사모펀드 평균 수익률은 0.5% 내외인 것으로 알려졌다.[110]

1969~2006년 미국 사모펀드 가운데 수익률 기준 상위 25% 펀드의 평균 투자 수익률(IRR)은 36%를 기록했다. 2010년까지 미국과 유럽의 바이아웃펀드 수익률은 S&P·DAX 주주들의 수익률보다 더 높은 것으로 조사됐다.

사모펀드는 싸게 사서 비싸게 파는 단순한 거래는 이젠 어렵다. 2008년 리먼 사태 이후 이런 인식은 더 강해지고 있다. 이제는 사모펀드가 직접 기업 가치를 제고할 수 있는 역량이 필요하다.[111]

5) 사모펀드의 투자와 회수

우리나라 사모펀드는 전문투자형(헤지펀드, 전문사모집합투자업자)과 경영참여형(Private Equity Fund)으로 나누어지고, 공모펀드와 구별된다. 사모펀드에 대한 투자는 최소 5억 원 이상 적격투자자에 한해 허용한다. 설립 절차는 설립 후 2주 안에 금융위에 사후 보고만 하면 된다.[112] 개인 투자자가 사모펀드에 가입하려면, 이 펀드에 재투자하는 공모재간접펀드에 가입해야 한다. 2004년 국내 사모펀드 시장 출범 이후 2009년까지 바이아웃 투자 비율은 36.8%로 소수 지분 투자 비율인 56.8%보다 적었다. 우리나라 기업들은 개인이나 가족 경영이 많아 구조 조정 등 피치 못할 경우가 아니면 경영권을 내놓지 않기 때문이다.[113]

국내 사모펀드들은 국민연금과 각종 공제회 등 주로 연기금의 출자를 중심으로 운영되기 때문에 서구식 모험투자보다 안정적 운용으로 흐르는 점도 제약 조건으로 작용한다. 사모펀드는 장기모험 투자가 핵심인데, 연기금 등을 관리하는 공기업 직원과 공무원들은 자신의 임기 중 손해가 나지 않기를 원하다 보니 사모펀드의 본래 취지에 역행하는 점이 있다. 국내 사모펀드 중에서도 해외 자금을 조달받는 MBK 파트너스와 한&컴퍼니 등은 외자계로, 국내 연기금에 의존하는 보고펀드와 H&Q 등은 국내계로 분류된다.[114]

사모펀드의 특성상 일정 기간이 지나면 지분을 매각하거나 기업 공개 등을 통해 자금을 회수해야 한다. 하지만 토종 사모펀드의 상당수가 투자 자금 회수에 어려움을 겪고 있는 것으로 알려졌다.[115] 금융감독원 자료에 따르면 우리나라의 사모펀드는 2009년 5.5조 원을 모집하여 0.86조 원을 회수하였고, 2010년 7.3조 원 모집 0.92조 원 회수, 2011년 6.5조 모집 3.8조 원 회수,

2012년 9.7조 원 모집 2.1조 원 회수, 2013년 7.4조 원 모집 3.7조 원 회수로 회수율은 50%에 미달한다.

사모펀드는 풍부한 자금력을 바탕으로 M&A 경쟁에서 승자가 됐지만 '출구 전략' 앞에서는 고개를 숙인다. 인수한 기업들을 계약기간 내 재매각해 투자자에게 원금과 수익을 돌려줘야 하는데, 대부분이 여의치 않았다. 과거 사모펀드들이 대부분 두 자리 수의 내부수익률(IRR)을 기록했다는 점을 감안하면 부담은 더 커진다. 출구 전략에 차질을 빚고 있다는 것은 평판 하락으로 이어져 다음 자금 조달에도 영향을 준다. 투자자들이 만족할 만한 수익을 안겨줘야 하기 때문에 사모펀드들의 고민이 클 것이다.[116] 대표적인 사례로 2007년 MBK파트너스와 맥쿼리 사모펀드가 당시 예상가격의 1조 원의 2배가 넘는 2조 750억 원에 인수한 씨앤앰, 보고펀드와 KTB 사모펀드 컨소시엄이 7076억에 인수한 LG시트론 주식 48%(2013년 1663억 원의 손실발생)가 그것이다.[117] 또한 보고펀드는 2007년에 600억 원에 인수했던 MP3업체 아이리버를 2014년 295억 원에 매각했다. 국내 사모펀드 제도가 도입된 2005년 이후 펀드 설정 이후 5년이 지났는데도 회수하지 못한 자금은 총 6조 원이 넘는다(18개 기업). 투자 자금 회수 실패 사례가 늘어나면서 사모펀드업계에 대한 불신은 커지고 있다.[118] 이에 따라 보고펀드는 사무실을 축소·이전하고, 바이아웃(buy-out) 전문 운용사에서 경영권과 무관한 주요 지분 투자로 전략을 바꾸는 시도도 하였다.[119] 특히 사모펀드들이 2007~2008년 경쟁적으로 비싸게 인수한 기업들이 투자 회수에 실패하면 신뢰를 잃고 시장이 위축되었다.

양적인 확대에 비하여 질적 성장은 더뎠다. 1세대의 주요 사모펀드들이 정부와 연기금의 지원과 핵심 인물의 영향력과 인지도에 따라 성장이 이루어진 것이다.[120] 2011년 프로젝트 금융(Project Financing)에 대한 무분별한 대출이 금융부실을 가져와 저축은행이 줄도산 했듯이 사모펀드의 인수 금융에 대한 우려가 나타나고 있다.

한국 시장의 특성상 국내 사모펀드가 대형 바이아웃으로 기업 가치를 올려 놓는다 해도, 매수자가 절대적으로 부족하고 주식 시장도 침체를 벗어나지 못해 투자 회수가 쉽지 않다. 한국은 서구시장에 비해 규모가 작고 대기업이 주도권을 쥐고 있으며, 안정적 투자를 바라는 연기금이 주력 투자자다. 이런 시장 상황을 무시하고 무조건 미국식 바이아웃 전략으로 가는 것보다 비교적 투자 회수가 용이한 소수 지분 투자, 매수자를 찾기 쉬운 중소기업의 바이아웃, 부동산 인프라 투자와 해외 투자 등으로 범주를 넓히는 것이 낫다.[121]

투자할 만한 인수·합병건이 줄어드는 것 또한 같은 맥락이다. 사모펀드 숫자는 늘고 있지만, 알짜 매물은 시장에서 보기 힘든 상황이다. 언제든 승자의 저주로 이어질 개연성이 있다는 말이다. 사정이 이렇다 보니 토종 사모투자 회사들이 경영권 인수보다 소규모 투자를 통한 안정 지향에만 몰두한다는 지적도 나온다. 기업 가치 극대화보다는 초기 머니게임으로 흐를 개연성도 보인다. 지분 투자를 통해 일정한 수익률을 올리는 데 치중하다 보면 나중에 기존 경영진과의 갈등이나 법적 분쟁이 일어날 소지가 있다.[122]

1차 시장(primary) 사모펀드의 회수를 위하여 2차 펀드(secondary fund)의 활성화가 필요하지만 우리나라는 아직 미진하다. 참고로 국민연금에서는 2009년 판테온 벤처스(Pantheon Ventures)의 2차 펀드에 2억 달러를 출자했고 2014년에도 렉싱턴 파트너스(Lexington Partners)에 6억 달러를 출자한다.[123]

바이아웃은 경영권을 인수한 뒤 기업 가치를 높여 차익을 얻고 지분을 매각하는 것을 말한다. 그러나 사모펀드가 경영권을 인수한 후 기존 기업주나 경영자가 계속 경영을 맡는 경우가 많다. 업계에선 이도저도 아니라는 의미의 "세모(△)형 바이아웃펀드"라는 표현을 쓰기도 한다. 국내 사모펀드들이 경영권을 행사할 만한 전문경영인을 확보하거나 능력을 갖추는 데는 어려움을 겪고 있기 때문이다. 국내에서는 많은 기업들이 오너가 경영에 직접 참여하는 경우가 많아 회사의 최고 의사 결정권자 역할을 해 본 경영자를 찾기가 어렵다. 경영진의 능력에 따라 성패가 좌우되는 사모펀드에서는 전문경영인보다는, 이미 검증된 창업주나 이전 최대 주주에게 경영을 맡기길 원한다. 또한 자본과 인력의 한계가 있는 국내 바이아웃사모펀드의 주된 인수가 주로 외식이나 의류 등의 소규모 업종에 치우쳐 있어 대부분 창업주가 경영에 직접 나서는 경우가 많다. 이러한 반쪽 투자를 하면 새로운 자본의 투입을 통한 기업의 체질 개선이라는 사모펀드 도입의 취지가 무색해진다.

경영진 교체를 통해 기업의 가치를 높여 매각하는 투자가 아닌 지분 인수 뒤 차익 실현에만 치중한다면, 단순한 주식 투자와 다를 게 없다. 금융감독원 관계자는 2013년 사모펀드가 지분을 인수한 뒤 경영진이 잘못된 판단으로 회사에 손실을 미쳤을 경우 사모펀드가 책임을 묻도록 하는 내용의 "옵션 부 투자 가이드라인"을 제정한 뒤 경영 참여를 목적으로 한 투자에 관심을 보이는 사모펀드가 점차 늘고 있는 것으로 알려졌다.[124]

6) 정부정책펀드

금융위원회는 성장사다리펀드가 6000억 원을 출자한 2조 4000억 원 규모의 펀드(29개)를 조성하여 창업단계인 스타트업펀드, 성장 단계에 있는 M&A 펀드, 2차 펀드(Secondary Fund)로 구성하였다. 2015년까지 2차로 2조 원의 추가 성장사다리펀드를 조성한다.[125] 향후 3년간 6조 원 규모로 늘릴 계획이고 회생 절차에 들어간 기업에 대한 재기지원펀드도 1000억 원대 규모로 만든다. 이전에도 모태펀드나 창업펀드 등 정부가 주도해서 설립했던 펀드들이 존재했으나, 성장사다리펀드는 정책자금이 후순위로 투자에 참여한다는 점에서 큰 차이가 있다.

성장사다리펀드의 정책자금과 사모펀드의 민간자금을 묶어 공동으로 기업에 투자하는데 정책자금이 상대적으로 더 위험한 후순위 투자를 담당하고, 민간자금이 덜 위험한 선순위 투자를 담당한다. 과거에는 위험하기 때문에 민간자본의 투자가 잘 이루어지지 않았던 투자 안에도 자금이 보다 더 많이 투자될 수 있게 된 것이다. 즉, 정부가 나서서 직접 모험자본 역할을 수행하게 된 셈이다. 과거에는 자금이 잘 공급되지 않았던 실패 기업 재기 지원이나 국내 중견기업 해외 진출을 돕는 펀드, 초기 단계 기업에 대한 펀드, 지식재산권이나 기술력에 투자하는 펀드 등이 성공적으로 출범되었거나 출범을 준비 중이다.[126] 모태펀드는 정부가 조성한 자금을 다른 펀드에 출자하는 펀드를 말한다.

성장사다리펀드 운용사 선정 과정에서 14개 운용사가 대거 몰려 이중 스틱인베스트먼트와 JKL파트너스가 최종 선정됐다. 1차로 성장사다리 M&A펀드를 3000억 원 규모로 조성한다. 스틱인베스트먼트는 앵커 투자자인 성장사다리펀드에서 받은 750억 원을 종자 돈 삼아 1500억 원대 펀드 자금 모집을 성사시켰고, JKL파트너스도 최근 1760억 원 규모로 M&A펀드 1차 결성을 마무리했다.[127]

2015년 성장사다리펀드는 총 2000억 원을 출자해 조성하는 성장 전략 M&A펀드의 운용사로 코스톤아시아, 프리미어파트너스, 에이치비인베스트먼트, 티에스인베스트먼트 등 4곳을 최종 선정했다. 각각 700억 원씩 총 1400억 원을 출자하는 일반 M&A 분야의 운용사는 코스톤아시아와 프리미어파트너스다. 코스톤아시아는 1500억 원 규모로, 프리미어는 2000억 원 규모로 펀드를 결성한다. 신설된 벤처 M&A 펀드 부문에서는 각각 300억 원씩 티에스인베스트먼트와 에이치비인베스트먼트가 운용사로 선정됐다. 성장사다리펀드는 두 운용사에 각각 300억 원씩을 지원한다.[128]

7) 사모대출펀드

은행권이 대부분 제공하던 M&A대출 시장에 사모대출펀드(Private Debt Fund, PDF)가 나타났다. 사모대출펀드는 소수 기관 투자자가 투자처를 정하지 않은 상태에서 자금을 유치하여 M&A추진 기업에 자금을 대출하는 제도다. 사모대출펀드는 국내엔 생소하지만 유럽에서는 1조 유로 이상 규모로 급성장하는 대체 투자로 급부상 중이고 M&A 활성화 측면에서 기업들의 자금 조달 수단이 확대되는 점은 긍정적이다.[129] 사모펀드가 주로 고위험고수익(high risk-kigh return)을 노린 지분 투자가 목적이라면 사모대출펀드는 인수 금융 또는 리파이낸싱 전용 펀드다.[130]

중소기업과 중견기업의 재도약과 발전을 위한 펀드인 "KDB 기업 성장 디딤돌 펀드"도 있다. 투자 대상은 선제적 경영 개선을 통해 기업 가치 상승여력이 큰 중소중견기업(계열 기업, 법정 관리 워크아웃 기업 제외)의 전환사채, 전환상환우선주 등 혼합형(Mezzanine) 증권 및 사모사채 등이며, 펀드 규모는 총

1000억 원 규모로 조성할 계획이다.[131] 최초의 펀드는 신한은행이 6000억 원 규모로 최초로 조성하였다. 동 펀드의 경우 연 5% 후반에서 연 6% 초반 정도의 중위험과 중수익을 추구한다.[132]

하나은행은 신한BNP파리바자산운용과 5000억 원 규모의 대출펀드(신한시니어론펀드)를 조성했고, 하나대투증권을 통해 4000억 원 규모의 대출펀드를 결성했다.[133] 국민은행은 2015년에 5750억 원 규모의 사모부채펀드(PDF, Private Debt Fund) 결성을 마쳤다. 펀드의 목표 수익률은 4% 중반, 5% 내외로 정했다. 주로 인수금융 및 인수금융 리파이낸싱(Refinancing) 거래에 투자하기로 했다. 중소형 기관투자자들에게 인수금융 투자 기회를 열어주고, 대출 실행 시 기관별 내부심의 같은 심사를 거치지 않아도 된다는 장점이 있다.[134] 한국교직원공제회도 하나자산운용과 손잡고 7000억 원 규모(공제회가 5000억 원 출자, 하나자산운용이 2000억 원 펀딩)의 사모부채펀드(PDF, Private Debt Fund) 결성을 추진하기로 했다. 교직원공제회가 앵커 투자자(Anchor Investor)로 나서고, 하나자산운용이 펀드 운용을 맡는 구조다.

펀드 결성이 완료되면 운용은 크게 두 가지 형태로 이루어질 전망이다. 우선 사모사채는 직접 매입할 수 있다. 대출의 경우는 금융 기관이 보유한 대출채권을 인수하는 방식으로 자금을 지원하게 된다. '자본 시장법'상 "특별자산펀드"는 차주에게 직접 대출을 집행할 수 없기 때문이다.[135]

2015년에도 교직원공제회는 하나자산운용과 1조 원 규모(교직원공제회가 8000억 원 투자)의 M&A펀드(하나시니어론 2호 펀드)를 조성하기로 했다. 투자 기간은 2년이며, 목표 수익률은 연간 5% 수준이다. 주요(앵커) 출자자인 교직원공제회 외에 하나대투증권·현대증권·하나생명·서울보증보험 등이 참여했다. 하나자산운용이 펀드 운용을 맡고, 딜 소싱은 하나대투증권과 현대증권이 전담하기로 했다. 동 펀드는 M&A 기업에 선순위 인수 금융을 제공하기로 했다. 선순위 인수 금융은 미국·유럽 등 선진 금융 시장에서 M&A 거래의 주요 자금 공급원으로 자리매김하고 있다. 하나자산운용이 1조 원 규모의 시니어론펀드 결성에 성공하면서 국내 주요 금융 그룹들 간에 인수 금융 시장을 선점하기 위한 경쟁이 더욱 치열해질 것으로 전망되었다. KB·하나·신한·NH·우리 등 국내 주요 금융 그룹의 시니어론펀드 결성 규모는 약정금액 기준 3조 3400억 원에 달했다.[136)]

8) 메자닌펀드

우리나라에서는 처음으로 메자닌펀드를 전문적으로 운용하는 투자자문회사가 2015년에 등장했다. 메자닌 전문 투자회사인 에이원투자자문㈜이 그것이다. 선형렬 전 KTB 자산운용 전략투자 담당이사가 에이원투자자문의 대표이사다. 그는 국내 메자닌펀드 분야에서 개척자적인 인물로, 2005년부터 업계 최초로 메자닌펀드를 운용했다. 사모펀드 관련 제도의 개편으로 규제 완화 움직임이 나타나자 향후 메자닌 투자를 기반으로 한 헤지펀드 운용으로의 영역 확장을 계획하기도 했다.[137)]

9) 벤처펀드

우리나라의 벤처펀드는 1999~2013년 552개가 조성되어 5조 원대의 투자 받았고, 평균수익률은 3.74%다. 1999~2001년까지 벤처버블로 27개 펀드가 내부수익률 11.45%을 달성하였다. 이로 인하여 투자 자금이 벤처펀드로 몰리면서 2005~2010년까지 349개 펀드의 수익률은 2%대로 떨어졌다. 2000년 대 중반부터 벤처펀드는 쇠퇴하였다. 하지만 2011년 41개 펀드 2.54% 수익 률로부터 2012년 43개 펀드 4.06%, 그리고 2013년에는 21개 펀드 8.72%까 지로 높아졌다.[138] 그런데 국내 벤처캐피탈 중 절반이, 그러니까 2014년 기준 102개 창업 투자 회사 중 50곳이 자본 잠식 상태에 놓여있다.[139] 최근 벤처펀드 결성 금액도 2011년 2조 2885억 원, 2012년 7727억 원, 2013년 1조 7569억 원이다.[140]

벤처캐피탈은 호황을 누리고 있지만, 일부 벤처캐피탈은 자본잠식에 빠지거나 1년간 투자실적이 전무하고 양극화되었다. 2014년 상반기 상위 10개 벤처캐피탈의 펀드 규모는 4조 원대(약정금액 기준)으로 전체 11조 원대의 36.3%를 차지했다.[141]

2014년 신규 벤처펀드 조성 규모는 2조 5382억 원으로 2013년 1조 5679억 원 대비 61.9%가 증가해 사상 최고치를 기록했다. 신규 벤처투자액은 2013년 1조 3845억 원보다 18.4% 증가한 1조 6393억 원이다. 투자업체 수도 전년 755개 대비 19.3% 증가한 901개사를 기록했다. 현재까지 투자 금액 최고기록은 2000년 벤처 붐 당시 2조 211억 원이다.[142]

〈표 8-8〉 우리나라 상위 10위 벤처캐피탈(단위: 억 원)

명칭	금액
한국투자파트너스	6,723
LB인베스트먼트	6,101
에이티엄인베스트먼트	4,997
스틱인베스트먼트	4,875
인터베스트	3,980
한화인베스트먼트	3,375

KTB네트워크	3,062
에이치비엔베스트먼트	2,930
프리미어파트너스	2,905
대성창업투자	2,667

한국벤처투자는 벤처펀드에 자금을 출자하는 모태펀드를 관리·운영한다. 미국의 실리콘밸리와 중국 상하이에 지사가 있어, 미국과 중국 진출 국내 벤처기업과 벤처캐피탈에 대한 투자도 한다. 벤처캐피탈은 펀드 존립 기간 (7~8년) 안에 상장이나 매각을 하여야 한다. 그러나 상장되려면 평균 12년 걸린다.

2차 펀드(secondary fund)는 투자 금액을 회수하지 못한 사모투자펀드나 벤처캐피탈을 위한 펀드다. 펀드 만기 시점과 투자 기업 상장이나 매각 시점이 불일치하는 경우 회수를 위한 유용한 수단이다. 국내에서는 2002년 말 500억원 규모로 조성됐으나 활성화되지 못했다.[143] 2014년에는 유한 책임조합원(LP)의 벤처캐피탈 출자 지분을 사들이는 LP지분 유동화전용 2차 펀드(운용사 케이투인베스트먼파트너스)를 730억 원 규모로 출시했다. 벤처펀드 출자자의 지분을 거래한다는 점에서 벤처펀드가 투자한 기업의 지분을 사고파는 기존 2차 펀드와는 성격이 다르다.[144] 미국도 전체 2차 펀드 중 90% 가량이 LP 유동화전용 2차 펀드다. 물론 시장 활성화를 위해서는 다양한 2차 펀드가 필요하다.[145]

벤처캐피탈이 운용하는 펀드 규모가 2014년 12조 원 규모로 10년 전보다 3배 늘었지만, 등록된 벤처캐피탈은 104개로 2004년 105개보다 오히려 감소했다. 벤처자금 규모가 증가하는데도 벤처캐피탈 수가 늘어나지 않는 원인은 자금의 "쏠림현상"에 있다. 한국벤처투자의 모태펀드로부터 자금을 출자받은 운용사는 총 88개이고, 그중 상위 운용사 20개가 받은 출자금은 전체의 50%에 육박했다. 벤처거품이 꺼진 2000년대 중반 이후부터는 정부 자금이 들어와야 민간자금도 투자되는 게 거의 정석처럼 굳어졌다. 따라서 정부의 벤처 자금을 운용할 수 있는 자격을 취득하는 게 벤처캐피탈의 생존을 위한 절대적 조건이 되고 있다고 한다.[146] 이러다보니 "벤처"기업에 투자하는 모험을 하는 '벤처'캐피탈이 새로이 들어서질 못하고 있다. 예전에는 기술력을 갖춘 벤처기업조차 매출과 담보가 부족하다는 이유로 벤처캐피탈로부터 '문전박대'를 당했다. 하지만 이제는 저금리 여파로 벤처캐피탈이 거꾸로 홀대를 받는 일이 생겨나고 있다. 이런 현상은 화장품, 바이오, 제약, 헬스 케어 등 요즘 잘 나가는 업종에서 더욱 뚜렷하다. 어떤 기업주는 투자해주겠다는 벤처캐피탈 관계자들이 너무 많이 찾아와서 솔직히 도망다니고 싶다고 털어놨다. 벤처기업은 장기적인 측면에서 벤처캐피탈의 자금이 필요하다. 그러나 역대 최저 금리의 여파로 벤처기업들은 벤처캐피탈보다 은행권으로 눈을 돌리고 있다. 물론 보유 자금을 최대한 투자에 활용해 수익을 극대화하는 것이 벤처캐피탈의 본질이다. 그런데 재원은 늘고 있는 반면 수익을 낼만한 투자처는 점차 줄어들고 있는 것이다.[147]

여러 초기 기업에 소액을 투자하는 마이크로 벤처캐피탈이 있다. 기술 발달과 산업 형태의 변화로 소프트웨어 전문 벤처기업 같이 창업할 때 대규모 설비 투자가 필요 없어진 것도 마이크로 벤처캐피탈이 늘어나면서 초기 투자가 증가하게 된 원인이다. 즉, 창업 시 필요한 자금의 규모가 줄었기 때문에 벤처캐피탈이 소액으로 다양한 기업에 투자할 수 있게 된 것이다. 그리고 국내외에서 초기 기업에 대한 M&A가 활발히 진행되며, 예상보다 빨리 투자 금액을 회수하는 사례가 늘어나고 있기 때문이기도 하다.[148)

〈표 8-9〉 국내 초기 기업 전문 벤처캐피탈

명칭	설립 연도	운용 펀드 규모
본엔젤스벤처파트너스	2007	220억 원
캡스톤파트너스	2008	1560억 원
케이큐브벤처스	2012	415억 원
DSC인베스트먼트	2012	891억 원

대기업의 벤처펀드가 성장하지 못하는 가장 큰 이유는 대기업의 벤처 투자를 "문어발식 확장"으로 보는 사회적인 편견 때문이다. 우량 벤처에 대한 투자의 경우 외국의 핫머니는 괜찮고, 우리 대기업들은 절대 안 된다는 이중적인 논리 때문에 대기업이 오히려 역차별을 당하고 있는 것이다.

1990년대 후반만 하더라도 대기업들과 금융권에서 벤처 투자 열풍이 일었다. 대기업의 경우 삼성벤처투자와 현대기술투자 등이 벤처기업전담펀드를 조성해 경쟁적으로 벤처 투자를 단행했다. 당시 벤처펀드 설립은 한화, 금호, 코오롱, 쌍용 등 다른 대기업에도 빠르게 퍼졌다. 금융권의 벤처 투자 열풍도 대단했다.[149)

10) 엔젤투자와 개인투자조합

'벤처기업육성에 관한 특별조치법'에 따르면 개인투자조합은 49인 이하 개인들의 출자로 결성된다. 개인투자조합은 출자금 총액 1억 원 이상, 업무집행조합원(GP)의 출자지분이 출자금 총액의 5% 이상 등의 요건을 갖춰 중소기업청에 등록해야 벤처 투자가 가능하다.

펀드의 운용은 중소기업청이 설립한 한국벤처투자(KVIC)가 맡고 있다. 엔젤투자매칭펀드는 엔젤투자를 받은 기업에 정부가 같은 금액을 함께 투자하는 제도다. 불특정 다수를 대상으로 원금 보장과 수익률 등을 언급하며 조합원을 모집하는 것은 '유사수신행위의 규제에 관한 법률'에 위배된다.

불법 브로커들이 엔젤투자 금액을 전환사채와 상환전환우선주로 투자하여 회수가 보장된다고 유인하지만 사실과 다르다. 보통주 위주로 엔젤투자를 받은 기업만 매칭펀드 신청이 가능하기 때문이다.[150]

우리나라에선 엔젤투자는 2000년 5493억 원, 2003년 3031억 원, 2007년 897억 원, 2010년 341억 원, 2011년 428억 원의 투자 규모이다. 엔젤투자자는 증시 상장이나 매각을 통해 투자 금액을 회수해야 하지만 어렵다. 이 때문에 엔젤투자자의 지분을 중간에 인수해주는 2차 펀드(Secondary Fund)가 엔젤투자 활성화에 디딤돌 역할을 하여야한다.

그러나 엔젤투자자의 투자 자금 회수를 위해 이들의 보유 지분을 매입하는 엔젤 2차 펀드가 투자처를 찾지 못하거나 자금 유치를 못하고 있다. 2012년 정부의 모태펀드와 민간 벤처캐피탈이 300억 원 규모로 공동 조성되었지만, 2014년까지 엔젤투자자 지분을 인수하는 데 25억 원을 투자했다. 엔젤투자자의 지분은 위험이 큰데다가 투자 대상도 많지 않다. 2013년에는 2차 펀드를 조성하려했지만 한 업체도 신청하지 않아 무산되었다.[151]

11) 헤지펀드

우리나라의 헤지펀드는 2011년 12월 설정액 1000억 원 규모로 출범하였고, 2014년 3조 원까지 성장하였다.[152] 우리나라의 기관투자가들은 '글로벌' 헤지펀드를 선호하며, 국민연금도 헤지펀드 투자에 적극적이다. 2016년 우리나라에서도 M&A를 위한 헤지펀드가 출시되었다. 토러스투자증권이 설정했는데, 펀드 규모는 142억 원으로 아주 작지만 최초인 것에 의미가 있으며, 특정 기업 경영권 인수를 위한 것이다.

12) 업종과 펀드

(1) 업종펀드의 일반 현황

2015년 모태펀드 운용 기관인 한국벤처투자가 2015년 선정한 위탁 운용사는 다음과 같다.[153)]

〈표 8-10〉 2015년 모태펀드 투자 종류별 선정 내용

분야	회사명	조합명	조합 결성 최소 금액	모태펀드 출자 금액
해외 진출	미래에셋벤처투자	미래에셋 글로벌 투자조합	400	160
	유안타인베스트먼트	KVIC-유안타 2015 해외 진출 펀드	300	120
	엠벤처투자	엠벤처-유안타 글로벌 성장 지원 투자조합	660	10
	Yuanta Asia Investment			
	아주아이비투자	아주 중소벤처기업 해외 진출 지원펀드	500	200
	스마일게이트인베스트먼트	스마일게이트화통아진펀드	500	200
지방 기업	비케이인베스트먼트	BK동남광역경제권 전략산업투자조합 제2호	100	50
	세종벤처파트너스	세종-강원 강소기업 육성 상생 투자조합	100	50
특허 기술 사업화	서울투자파트너스	서울투자 특허기술 사업화 조합	100	50
	슈프리마인베스트먼트	슈프리마 4호 특허기술 사업화조합	100	50

문화	콘텐츠 영세 기업	이수창업투자	ISU-콘텐츠 영세기업 투자 조합	155	100
	방송영상	에스엠콘텐츠인베스트먼트	SMCI 펀드 7호: 방송콘텐츠펀드	253	150
	기회 개발(제작 초기)	미선정			
	재무적 출자자 유치	미선정			
한국영화 (기획개발/중저예산영화)		미선정			
창조관광		에스제이투자파트너스	SJ-창조관광 밸류업 벤처 조합	220	130
스포츠		유티씨인베스트먼트	유티씨스포츠 1호 펀드	170	100
		보광창업투자	보광22호 스포츠 IT 융복합 투자조합	170	100

(2) 농림어업펀드

업종별로 정책펀드가 다양하다. 그중 하나로 농업을 예로 든다. 일명 "농식품 모태펀드"이다. 축산업과 임업 관련 사업을 하는 곳들이 투자의 대상이다.[154]

우리나라 사모펀드는 식품외식 기업에 많이 투자하였다. KFC, 버거킹, 웅진식품, 할리스, 커피빈, BHC 등이다. 경기 침체로 투자 위험이 높아지자 안정적인 매출과 현금 흐름을 보이기 때문이다.[155] 한국정책금융공사와 중소기업청은 소재부품전문펀드를 조성해 1000억 원 이상의 자금을 지원할 예정이며, 기술력을 갖춘 소재부품 기업을 대상으로 투자할 예정이다.[156]

(3) 문화펀드

글로벌콘텐츠펀드는 문화체육관광부가 글로벌 프로젝트에 투자해 국내 콘텐츠업체의 제작역량을 강화하고 해외 진출 교두보 마련을 위해 계획한 출자사업이다. 2011년 유니온투자파트너스는 문화체육관광부로부터 400억 원을 출자 받아 1236억 원 규모의 글로벌콘텐츠펀드를 결성했다. 이후 2호 조합을 두고 위탁운용사들이 잇달아 결성에 실패했었다.[157]

2015년에는 SBI인베스트먼트가 단독으로 지원했다. 최종 결정되면 모태펀드가 150억 원을 출자하여 총 300억 원 규모로 벤처조합을 조성해야 한다. 그러나 문화콘텐츠 업계에서는 재무적 투자자로부터 자금을 모집하는 것은 쉽지 않다. 영화공연 등 문화콘텐츠 분야에 대한 수익률이 밑바닥이기 때문이다. 그동안 주로 전략적 투자자들이 투자했다. 따라서 모태펀드는 재무적 투자자를 국내외 은행과 국내 연기금으로 한정하지 않고 전략적 투자자가 아니면 모두 인정하기로 한 것이다.[158]

2014년 개봉한 영화 〈명량〉이 국내 영화사를 다시 쓰고 있다. 이 영화는 문화콘텐츠에 투자하는 모태펀드인 "콘텐츠 모태펀드"가 출자한 펀드가 투자한 것으로 제작비는 180억 원이고, 72억 원 9개 펀드(6개 창투사 포함)가 투자했다. 손익분기점은 관객 600만 명(매출 약 450~500억 원, 매출이익률 40% 추정), 1000만 관객인 경우 투자 수익률 30%으로 추산한다.

2007~2013년 모태펀드가 출자한 펀드가 국내 영화산업에 투자한 자금은 6582억 원이다. 2013년 콘텐츠 모태펀드 규모는 1조 원을 넘어섰으며, 정부는 2016년까지 이를 1조 6500억 원 규모로 확대할 계획이다.[159] 모태펀드 문화계정은 그동안 조성된 펀드를 활용해 1500개 업체에 약 1조 3000억 원을 투자했다.[160]

(4) 에너지인프라펀드

2015년 수출입은행은 1325억 원 규모의 '글로벌 에너지·인프라펀드'를 조성했다. 펀드 운용은 해외 에너지·인프라 전문 운용사인 이큐파트너스가 맡기로 했다.[161] 문화체육관광부는 2015년에 200억 원대 규모의 '창조관광기업 육성 펀드'를 조성하고 2019년까지 1000억 원 규모로 확대할 계획이라고 발표했다. 동 펀드는 관광 분야에 60% 이상 투자하며, 이 가운데 절반을 창조관광기업 에 투입하고, 나머지 40%는 별도 제한 없이 벤처·중소기업에 투자하겠다는 것이다.[162]

(5) 바이오헬스펀드

중소기업청은 2015년 4월에 미국 바이오·헬스 케어 전문 벤처캐피탈인 AMV(Asset Management Ventures)와 1억 달러 규모의 공동 펀드를 조성하기 로 합의했다. 동 펀드는 바이오·헬스 케어 분야에 집중적으로 투자될 예정이 고, 국내 중소기업에도 일정 비율 이상을 의무적으로 투자하기로 했다. 중소 기업청은 또 벤처기업 전문 은행인 SVB(Silicon Valley Bank)와 금융 지원 업무 협약을 체결했다. 이를 통해 미국에 진출한 국내 중소·벤처기업이 직접 투·융 자를 제공받거나 SVB의 고객사인 벤처캐피탈로부터 투자를 유치할 수 있는 기회가 열리기도 했다.[163]

13) 부동산펀드

부동산 시장에도 부동산투자신탁(REITs)와 펀드가 투자한다. 이제 대형빌 딩의 투자는 기업이 아니라 이들이다.[164] 2014년 시티은행 본점건물 인수에 블랙스톤 등 펀드가 뛰어든 것이 대표적이다. 임대수익보다 리모델링 등을 통 한 중단기 매각차익을 염두에 둔 인수참여로 보인다. 싱가포르 계 알파인베스

트먼트와 ARA 등도 참여했다.[165]

부동산펀드는 설립할 때 존립 기간을 정한다. 그 기간에는 임대 수익으로 돈을 벌고, 존립 기간 안에 부동산을 팔아 낸 수익을 투자자에게 돌려주고 청산을 하는 방식이다. 그러나 부동산이 팔리지 않아 존립 기간을 연장하는 경우가 많고, 주가로 요동을 치고 있다. 증시에 상장한 부동산 또는 선박투자 회사는 2006년 12개이고, 그 후 매년 4개 정도가 상장되었다.

선박펀드는 투자자로부터 받은 자금으로 선박을 건조하거나 중고 선박을 매입하고, 그 선박을 해운회사에 임대해 용선료를 받아 수익을 내는 구조다. 받은 용선료로 대출 원리금을 갚고, 남은 돈은 투자자들에게 나눠준다. 그러나 해운 업황이 침체되면서 대출 원리금을 갚기에도 빠듯한 상황이 되었다.[166]

부동산에 간접 투자하는 부동산펀드로 자금이 몰려 2015년 1월 설정액이 처음으로 30조 원을 돌파했다. 부동산펀드가 처음 나온 2004년 6월 말 1,000원대, 2005년 2조 5000억 원, 2006년 4조 원, 2007년 6조 8000억 원, 2008년 8조 3000억 원, 2009년 11조 3000억 원, 그리고 2013년 24조 2000억 원, 2014년 29조 6000억 원이었다. 부동산펀드 대부분은 사모펀드로 전체의 95%대였다.

사모펀드는 주택이나 아파트가 아니라 상업용 부동산인 오피스나 호텔, 마트 등을 주요 투자 대상으로 삼는다. 국내 부동산 시장의 포화와 경쟁 격화 등으로 해외 부동산에 대한 관심도 꾸준히 늘어나는 추세다. 2015년 1월 전체 설정액 중에서 해외 부문이 차지하는 비율은 30%였다. 부동산펀드가 전체 펀드 시장에서 차지하는 비중은 2005년 1.3%에서 2014년 7.8%로 높아졌다. 부동산펀드의 개수도 2014년 말 608개로 2005년 80개보다 500개 이상 많아졌다.

리츠(부동산 투자회사) 시장도 커져 2014년 말 기준 운용 규모는 14조 9000억 원(98개)으로 2004년 1조 2000억 원(10개)보다 10배 이상 더 커졌다. 저금리 기조로 자산 운용수익률이 떨어지고 연기금과 보험의 자산 증가가 이뤄지면서 시장에서 부동산펀드 등과 같은 대체투자 상품으로 자금이 몰리고 있는 추세다.[167)

14) 특허와 펀드

KDB인프라자산운용은 자금 부족으로 특허나 기술이 사장될 우려가 있는 벤처·중소기업에 100억~200억 원씩 투자하는 가칭 "특허펀드"를 2015년에 만들기로 했다. 기존 기술금융이 업체당 10억~20억 원을 투자하는 것에 비해 지원규모가 약 10배가량 크다. 이 펀드의 전략은 20~30년 이상 중장기 성과를 낼 수 있는 특허·기술에 투자하는 것이다. 이스라엘 경제의 핵심 벤처캐피털인 요즈마펀드를 벤치마킹한 것이다.

이 펀드는 사업화가 가능한 특허를 직접 사들이거나 특허 보유 회사에 대한 지분 투자 등 다양한 방식을 도입할 예정이다. 전자는 자금이 부족한 벤처기업이나 중소기업의 특허를 사서, 사업화시킬 수 있게 취득 후 임대(sales & lease back) 방식을 취하는 것이다. 특허를 사들이고 개발 및 사업은 벤처·중소기업이 맡아 진행하는 방식이며, 벤처가 사업화에 성공해 자금을 확보하면 특허를 다시 매입하게 하거나, 제3자에 팔아 수익을 창출하는 구조가 될 것이다.

기존의 국내 기술금융은 은행권 위주로 기술·아이디어를 가진 벤처·중소기업의 특허, 의장, 상표권 등 지적재산권 평가를 기반으로 자금을 공급하는 기업금융 형태였다. 정책금융 형태인 기업은행이 2014년 5080억 원대, 우리은

행이 2000억 원대, 대구은행이 200억 원 수준이다. 하지만 은행은 담보 등이

필요하고, 자금 지원 규모도 최대 20억 원을 넘기기가 어렵다[168]

제9장 의향서 제출

1. 의향서의 의의

1) 기초적 개념

의향서는 잠재적 인수 기업이 어떤 조건과 가격으로 인수하겠다는 의향을 나타내는 법적인 문서이다. 초기 단계에서 상호 간에 의견의 일치점과 차이점을 명확하게 하는 데 유용한 문서다.

의향서는 그 서류에 제시된 조건과 절차에 따라 매각 기업주는 기업을 매각하고, 인수자는 그 대금을 지급한다는 것을 기술한 약정서류다. 양 당사자는 이 의향서의 조건에 기초해 거래를 진행하기로 동의한다. 또한 의향서는 매각 기업이 이젠 이 인수 기업과만 거래를 진행한다는 약정이다.

의향서는 거래의 방향, 계약 및 협상의 기본적인 틀이 된다. 이는 최종계약서의 기초가 된다. 즉 가격과 조건, 배타적 거래의 기간, 승인 같은 면에서 예비적 의향서와 비슷한 면이 있다. 그러나 인수의향서가 더 상세한 조건을 기술한다. 또한 예비적 의향서가 거래 가격의 범위를 제안하지만 인수의향서는 보통 하나의 거래가액을 제안한다. 전자는 배타적 거래를 요구하지 않지만, 후자는 배타적 거래 조건을 포함한다. 쉽게 말하면 예비적 의향서는 데이트를 신청하는 것이고, 의향서는 청혼을 하는 것이다.

의향서는 비밀 유지약정서와는 달리 거래당사자가 모두 원하는 문서는 아니다. 매각 측과 인수 측이 원칙적인 동의에 이르면 양 당사자는 일반적으로 의향서를 주고받는다. 즉 당사자가 거래의 중요 조건에 대해 논의를 마무리 짓고 동의를 하는 경우, 그 조건을 포함하는 문서이다. 이는 거래의 큰 틀이며, 거래를 최종적으로 마무리 짓는 로드맵 역할을 한다. 예비의향서, 투자조건서(Term Sheet), 또는 얼마에 인수하겠다는 전화 등 많은 것들이 M&A 거래 시장에서 제안서(Offer)가 될 수 있지만, 이것들의 양식은 같지 않다.

제안서 중에 대표적인 것이 의향서이다. 물건을 사고 팔 때는 의향서가 필요 없다. 그러나 기업을 사고파는 것은 거래의 내용이 복잡하고, 거래 금액의 크기나 위험이 매우 크므로 거래의 절차는 점차적으로 신중하게 진행될 수밖에 없다. 이것이 의향서의 필요성이다. 의향서가 제출되면 인수 기업은 매각 기업을 더 자세히 들여다볼 수 있다.

그러나 의향서는 실무에서 늘 사용되는 것은 아니다. 때로는 바로 인수 계약서의 작성과 협상으로 가는 경우도 있다. 그래서 의향서 작성이 시간 낭비라는 지적도 있다. 또한 인수 계약의 내용이 모두 포함되지 않는 간결한 것이라서 바로 인수 계약서를 작성하기도 한다. 상장 기업이 인수를 추진하거나 인수 대상인 경우에는 의향서를 잘 사용하지 않으며, 특히 매각 대상인 경우에는 시장에 알려지는 것을 우려해 사용하지 않는다.

하지만 비상장 기업의 거래에서는 의향서를 작성하는 것이 당사자 모두에게 유용하다는 것이 중론이다. 인수 절차를 진행하는 데 드는 시간과 금전적 지출과 잠재적 인수 기업에게 기업의 비밀을 제공하기 전에 거래의 주요 조건 등을 협의할 미팅을 갖는 것이 필요하기 때문이다. 또한 잠재적 인수 기업으로서도 독점적으로 거래를 진행할 필요 때문에 작성할 필요가 있다. 물론 인수의향서는 법적강제력이 있는 것은 아니다. 비밀 유지에 관한 조항을 제외하고는 법원에서 효력이 없으며, 인수자로 해금 거래를 종결하는 의무를 부과하지 않는다. 어느 당사자라도 어떤 이유에서든지 거래를 그만둘 수 있다.

의향서 제출은 정말로 인수에 구체적으로 임한다는 진정성을 나타낸다. 이는 인수 기업이 매각 기업에 하는 청혼과 같은 의미를 갖는다. 결혼은 결혼식을 올림으로써 이루어지지만, M&A는 거래가의 종결 시에 성사된다. 인수의향서에 이어 인수 계약서에 대한 협상안이 제출되면(Mark up purchase agreement) 실질적 논쟁과 협상이 본격적으로 시작된다. 어쩌면 인수 계약서는 지상의 지옥 같다고 말할 수도 있다.

2) 투자조건서(Term Sheet)

실무적으로는 가격은 빈칸으로 하고 당사자 간에는 서명하지 않은 포괄적 거래 조건을 기재한 서류(Comprehensive term sheet)를 사용하기도 한다. 이는 인수약정의 주요 부문을 요약한 것이다. 그리고 이에 의해 바로 인수 계약서를 작성하고 가격을 결정한다.

투자조건서는 일반적으로 양해각서(MOU, Memorandum of understanding)를 체결하고 본계약서를 작성하기 전에 계약에 필요한 다양한 세부 조건을 협의하기 위해 작성하는, 어느 정도의 구속력이 있는 약정서를 말하며, 계약내용협의서 또는 이행각서라고도 한다. 이는 엔젤투자나 벤처캐피탈과 같은 자금 조달에서 자주 사용된다. 투자조건서를 작성한 후 이를 기초로 의향서를 작성하기도 한다. 그러나 대부분 투자조건서를 작성하지 않고 인수의향서로 간다.

이행각서는 본계약의 중요 조건을 개괄적으로 표시한 서류(Bullet-point document)이다. 이행각서가 서명되면 최종계약서의 작성에서 그것이 법률적 가이드로서의 역할을 하지만, 최종적인 구속력은 없다. 때로는 구속력이 있기도 하고, 때로는 구속력이 없기도 하다. 이행각서는 인수의향서와 유사하다. 둘 다 예비적인 성격이 있고, 대부분 구속력이 없이 일정한(그러나 불완전하고 예비적인) 조건에 기초해 향후 최종계약에 들어가려는 의도를 가지고 있다. 둘 간의 차이는 미미하며, 대개 스타일 문제이다.

의향서는 전형적으로 문자로 쓰고 당사자의 의향에 초점을 두는 반면, 이행각서는 대개 형식이 없고 네모나 세모 모양의 포인트(Bullet-point) 등으로 거래의 조건을 나열한다. 의향서는 최종적인 것을 암시하나, 이행각서는 하나의 제안이고 합의된 것은 아님을 나타낸다. 표준투자조건서는 2~4페이지 정도이며, 거래의 가격 또는 가격의 범위, 제공 정보의 사용 제한, 배타적 진행, 종결시점 등을 포함시킨다. 배타적 진행에 관한 조항은 매각 기업이 인수 기업의 제안에 대해 경쟁적 인수로 나아가기 위하여 다른 인수자와 협상하는 것을 막고자하는 것이다(no-shop provision).

벤처캐피탈 자금 조달의 경우에 투자조건서는 창업기업을 위한 자금 조달의 조건을 포함한다. 이 경우의 주요 조건은 자금 조달 금액, 주당 가격, 자금 조달 평가 금액(Pre-money valuation), 우선회수권리(Liquidation preference), 의결권, 희석금지조항(Anti-dilution provisions)과 등록권리(Registration rights)이다.

벤처투자에서의 협상은 제안기업(증권 발행기업, 투자자, 중개법인)이 수용할 수 있는 투자조건을 요약한 투자조건서의 배포와 함께 출발한다. 축약 형태의 이행각서는 거래의 진행을 원활히하는 이점이 있다. 그리고 법적으로 어떤 약정을 고려하는 것이 아니기 때문에 법률분쟁을 줄일 수 있다. 의향서는 명확하게 하지 않으면 구속력이 있는 서류가 될 위험이 상존한다. 물론 이행각서에도 비밀 유지약정서의 그것처럼 구속력이 있는 문구가 들어갈 수 있다.

다음은 매각 기업의 대주주와 협의를 거쳐 작성한 사례이다.

〈표 9-1〉 Term Sheet 예시

구분	내용	협의 내용	검토할 사항
거래 당사자	• 매각인: 주주성명, 보유 주식의 수와 지분비율 • 매각인의 매각 주식 수와 지분비율 • 인수인의 명칭과 제3자 참가 여부	• 대 주주 전량 매각 전제 (45%) • 2~3대 주주는 협의 사항	• 대 주주의 주식 전부를 매각하는 것인지 • 대 주주의 매각에 사전 매각 조건으로 반드시 매각할 주주 또는 주식 수가 있는지 • 만일 인수 기업 이외의 사모펀드 등 제3자가 취득하는 것(가정임)을 허용할 것인지
인수 대가의 지급	• 주당 가격(경영권 프리미엄): • 지급 수단: 현금. 주식인 경우 금액, 주식 수와 평가	• 주당 가격(경영권 프리미엄): - 주당 3,250원 이상: 최근 투자 시 평가 2,500원	• 주당 인수 가격을 제안한 가격보다 낮게 요구하는 경우 협상에 응할 것인지

인수 대가의 지급	방법 • 계약금, 중도금 및 잔금의 지급일, 지급 조건 • 지불유예 금액(escrow) 유무, 금액, 정산 조건	기준 경영권 프리미엄 30% 이상 - 최근 투자 시 현금 인수 시 경영권 프리미엄 포함 2,700~2,900원 제시(전체 100억 원, 40억 원에 현재 제시를 받은 상태) - 주식 교환이 전제된 경우 30%를 요구함 - 현금과 주식 비율에 따라 협상 가능 • 지급 수단 - 1안: 현금 68%, 주식 32%(주식 교환 후 세법상 최대 주주 요건인 2% 이상을 갖추지 않기 위해서 주식을 2% 미만으로 설정 시) 매각 주 주당 3,250원, 상대 주식 2,300원 - 2안: 현금 50%, 주식 50%(2% 이상 주식 보유 시 추가 양도소득세 25%를 감안) 매각 주 주당 3,700원, 상대 주식 2,300원 (최대 주주와 비슷한 지분 보유가 예상되어 경영권 문제 발생)	- 100% 조건인 경우, 100% 주식인 경우에 응할 것인지, 현금 50%미만도 가격 등의 조정을 전제로 협의 가능함. 응할 경우 가격 조건은 최소 가격임. 현금인 경우 40억 원이 최소 가격임 • 에스크로우 설정을 요구하는 경우 어떤 조건으로 응할 것인지: 거절
거래 승인	• 주주총회의 승인 여부 및 기일 등 • 인수의 공시 시기 • 기타 정부 승인 사항 등 여부 및 진행		• 인수 측의 주주총회, 공시 등의 기일은 언제쯤으로 할 것인지
실사 및 계약서 작성	• 기본실사의 기간, 실사의 범위, 실사팀 구성 • 정밀실사의 기간, 실사의 범위, 실사팀 구성 • 자문사, 법무법인과 회계법인의 선정 방법 및 명칭, 그 비용의 부담 방법		• 기본실사와 정밀실사를 할 것인지, 실사의 결과에 의하여 가격을 조정할 것인지, 아니면 거래의 여부만을 결정할 것인지: 거래 여부만 결정

매각자 의무	• 매각 후 주식 매각의 제한 • 매각 후 근무 기간 및 조 건, 퇴사의 조건 • 겸업 금지 기간 및 범위	• 매각 제한 기간(lock up) 은 없거나 6개월 미만 조 건 희망. 경영을 해보면 서 최대 1년 미만으로 매 각 여부 결정 • 퇴사 시 최소 3~6개월 전 통보 원칙	• 최소 근무 기간을 정하는 경우 응할 것인지. 최대 언제까지 근무할 것인지 • 급여, 직위, 퇴사 등 근무 조건은 어떻게 할 것인 지: 현재 조건으로 희망 • 퇴사 후 겸업 금지 조건 은 어떻게 할 것인지: 협 의. 취업은 예외로
보장 사항	• 세무 조사, 부외부채 등 매각자가 보장할 사항의 내용	• 경영에 대하여 은행보증 등 위험을 최소화할 경우 지속적 경영 가능 • 퇴사 후 세무 조사 결과 에 대한 책임 없음 • 추후에 다시 협의	• 세무 조사로 인한 추징 시 가격을 조정할 것인지 • 세무 조사에 대하여 보장 사항은 어떻게 할 것인지

이러한 협의 사항을 기초로 협상을 위하여 인수 기업에 다음과 같이 제안할 수 있다.

㈜ABC 주식회사 귀하

㈜ABC가 ㈜가나다와의 경영권을 취득하는 거래 제안에 있어서 다음과 같이 거래 조건을 제안
드립니다.
• 1대 주주가 보유한 주식 45% 전체를 매각하는 것을 전제로 합니다. 1대 주주를 제외한 주주
의 주식은 귀사와의 협의에 의하여 거래 여부를 정하고자 합니다.
• 1대 주주가 매각대가를 주식으로 받는 경우 매각 제한 기간(lock up)은 협의 조건에 따라 최대
1년 미만으로 하고자 합니다.
• 1대 주주가 보유 주식을 매각 후 경영진으로 잔류하여 계속 경영하는 경우 근무 조건은 협의를
거쳐서 정하고자 하며, 퇴사 시 최소 3~6개월 전 통보하는 것을 원칙으로 합니다.
• 1대 주주의 주당 매각 가격은 현금 거래인 경우 45%에 대하여 45억 원을 제시합니다. 최근 모
기업으로부터 현금 인수 시 경영권 프리미엄 포함 전체 주식 가치로 100억 원을 제안을 받았
습니다(주당 평가 금액 2500원, 경영권 프리미엄 500원).

그러나 32%의 주식 교환이 포함된 경우에는 33%의 경영권 프리미엄을 감안하여 3,325원을, 주
식 50%인 경우에는 50%의 경영권 프리미엄을 감안하여 3,750원을 희망하며, 이때 ㈜ABC의 주
당 가격은 2,300원을 기준으로 교환 비율을 정하고자 합니다. 현금과 주식 비율과 기타 조건에
따라 추가 협상이 가능합니다.

㈜가나다 주주 김갑수

첫 번째 제안에 대하여 인수 기업과의 질의응답 및 추가 협의를 진행하였다.

- 1대 주주가 매각 대가를 주식으로 받는 경우 매각 제한 기간(lock up)은 협의 조건에 따라 최대 1년 미만으로 하고자 합니다.
- 1년의 보호 예수 기간은 필수라는 주장이다. 이에 대해 1년 이상인 경우 1대 주주와 인수 기업이 협의하여 상호 동의한다는 것을 전제로 조건을 정하는 것도 가능하다고 제안하였다. 인수 기업의 기본적인 틀은 1대 주주가 가능한 장기간 근무하기를 원한다.
- 가격 조건에 대하여
- 인수 기업은 상장 기업이므로 단독으로 결정할 수 있는 사항이 아니다. 가능한 추가적인 조건 등에 대하여 내부 토론 후 추석 전후로 연락한다고 하였다.
  거래의 종결에 대하여 빠르면 10월 늦으면 11월로 하는 것을 제안하였다.
  또한 매각 기업의 금년도 손익 상황 등의 흐름을 검토하면서 상의하자는 의견이다.

3) 신중함 요구

어느 시점을 지나면 매각 기업은 거래를 중단하기가 쉽지 않다. 거래가 진행되는 탄력으로 거부하기 힘들고, 그동안 들인 노력 때문이기도 하고, 이제 와서 거래가 중단되면 받게 될 후유증 때문이기도 하다.

어떤 인수 기업들은 이러한 점을 악용해 작은 것을 침소봉대해 인수 가격을 후려치려 한다. 일부 대기업들이 이런 짓을 하는 것으로 알려져 있다. 실사 체크리스트를 보면 알 수 있듯 어떤 기업이든 문제점은 있기 마련이다.

법률 실사를 법무법인에 맡기면 일반적으로 기업부서(Corporate team)의 젊은 변호사가 진행한다. 시간당 높은 비용을 청구하기 위해 뭐든 끄집어내므로, 이쯤에서부터 결정에 매우 유의해야 한다.

2. 효력과 보장

1) 법적 효력

의향서에는 구속력이 있는 내용과 구속력이 없는 내용이 함께 포함된다. 비밀 유지 의무와 거래의 배타성은 구속력이 있는 문구로 기타 대부분의 거래 조건은 구속력이 없는 문구로 표시된다. MOU 내지는 LOI(Letter of intent)는 양자 간의 신사협정으로 반드시 인수 종결까지 가야 할 법률상 의무를 부여하는 것은 아니다.[1] 그러나 의향서는 인수 계약의 완성을 지연시킬 수도 있으며, 거래가 종결되지 않는 경우 양 당사자에게 법률적인 위험이 존재한다는 것에 유의하여야 한다. 특히 상장 기업인 경우 의향서에 서명하면 법률이 요하는 절차나 요건을 준수하여야 한다.

의향서에서 매각 기업을 법적으로 구속하는 거의 유일한 조항이 협상의 배타성 조항이다. 인수 기업에 배타적인 거래 조항은 중요하다. 인수 기업은 인수를 위해 실사, 전문가 고용, 계약의 협상 등을 위해 많은 시간과 많은 비용을 지출하기 때문이다. 또한 배타적 거래 조항이 없으면 인수자가 제3자와 또 다른 협상을 진행해 유리한 거래를 하려고 하기 때문이다. 의향서에서 매각 기업은 향후 다른 인수 희망 기업과의 모든 논의를 중단한다는 데 동의한다. 따라서 의향서에 정해진 인수자에게 배타적인 권리를 부여한다.

배타적 권리는 매각 기업의 입장에서 엄청난 양보이므로 조심스럽게 접근해야 한다. 결혼과 비교하면 약혼식과 비슷하다. 차이가 있다면 의향서에는 강력한 법적인 효력을 가져 매각 기업은 법적으로 다른 청혼자(인수 희망 기업)와 결혼에 대한 논의조차 금지된다는 점이다. 그러나 매각 기업으로서는 불리한 배타성 조항에 대해 인수 기업이 가격이나 거래 조건을 중대하게 변경하는 경우 배타성 조항을 파기할 수 있는 조항을 원한다.

일반적으로 구속력이 있는 조항과 구속력이 없는 조항은 다음과 같다. 우선 구속력이 없는 조항은 거래의 대상(Nature of the deal, 주식 거래, 자산 거래 등), 거래 가격과 지급 조건(지급 형태와 시기, Price and terms, Type and terms of consideration), 거래의 주요 요구 사항[고용 계약서, 경쟁금지조항(Noncompete), 거래 종료시한과 장소 등], 운전 자본의 정의 및 계산 방법, 핵심 인력에 관한 양해, 인수 후 최고경영자의 역할, 재무 실사와 법률 실사의 종결 시점, 최초 인수 계약서 안의 작성 시점 등 주요 일정, 보장 사항에 대한 기본적인 사항이다. 한편 의향서의 대표적인 구속력 있는 조항으로는 배타적 거래(Exclusivity, no shop provision), 비밀 유지, 실사 진행(Due diligence expectations), 핵심 임직원 미팅, 거래 종결 전까지 회사의 일상적 업무로의 행위 제한, 거래 진행의 공개 제한, 증거금과 환급 여부(Deposits and refund ability), 그리고 극히 드물지만 거래무산수수료(Breakup fees), 비용 부담(매각 기업과 인수 기업의 각자 부담)이 있다.

2) 이행의 보장

거래무산수수료(breakup or termination fees)는 거래를 무산시킨 인수 의향자나 매각 기업에 자신의 비용을 보상해줄 것을 요구할 때의 금액이다. 이에는 법률비용, 자문비용, 경영손실비용뿐만 아니라 다른 거래를 진행하지 못해 잃은 손실도 포함시킬 수 있다. 물론 인주의향기업보다는 매각 기업에 더 많이 요구된다. 매각 기업이 다른 매각기회를 위하여 무산시킬 수 있기 때문이다. 인수 의향기업이 지급하는 무산수수료는 역거래무산수수료(reverse breakup fees)라고 부른다.

인수 기업의 자금 조달이 어려운 경제상황에서 점차 인수 희망 기업에 거래무산수수료를 부담시키는 거래가 늘고 있다. 미국의 경우 통상 거래의 약 66%가 이 조항을 포함시키며, 거래 금액의 약 3%의 수수료를 약정하는 것으로 알려졌다.

주식 취득약정(stock lockup)을 사용하기도 한다. 인수 의향기업의 최초 인수 제안에 따라 매각 기업의 주식을 인수할 수 있는 권리를 받는 것을 말한다. 매각 기업은 높은 가격을 제시하는 인수 의향자의 제안을 받아들일 수 있으므로 이런 경우 이익을 취득할 권리를 갖는 것이다. 핵심자산인수권(crown jewels lockup)은 매각 기업이 다른 인수자에게 매각하는 경우 매각 기업의 주요 자산을 살 수 있는 권리를 갖는 것을 말한다.

3) 이행보증금

인수의향서는 법적인 구속력이 없으므로 인수 의사가 없는 잠재적 인수자에게 당할 가능성도 있다. 이런 경우에 대비해 인수자에게 일정 금액을 예치하게 하는 방법이 이행보증금이다. 가능하다면 일정 금액은 거래가 성사되지 않으면 돌려주지 않는다는 조항을 두면 더욱 좋다. 이는 상장 기업 M&A 시에 특히 많이 사용된다.

코스닥 상장사인 포비스티앤씨 지분 22%와 경영권을 제이제이밸류홀딩스에 총 310억 원에 넘기기로 약정한 경우가 그 사례이다. 이는 법적 구속력을 지닌 본계약은 아니었지만, 이행보증금으로 30억 원을 지급했다. 아울러 잔금 지급과 함께 구속력 있는 본계약을 체결하기로 하면서 정당한 사유 없이 본계약을 체결하지 않는 경우, 이행보증금의 2배에 달하는 금액을 위약금으로 지급해야 한다는 조건도 달았다. 그러나 결국 이루어지지 않았고, 이행보증금 반환과 위약금 지급을 놓고 분쟁을 겪었다. 그러나 중재자를 통해 양측의 원만한 합의로 마무리되어 추가 위약금 없이 이행보증금 30억 원을 돌려주기로 했고, 향후 소송 등을 제기하지 않기로 했다.[2]

한화그룹은 2008년 대우조선해양 인수 계약 양해각서를 체결하며 3150억 원 규모의 이행보증금을 냈다. 하지만 곧바로 글로벌 금융 위기가 닥치면서 자금 동원력에 문제가 생겼고, 본계약 전 대우조선 실사 여부를 놓고 양측이 팽팽히 맞서면서 인수 진행이 틀어지기 시작했다. 2009년 1월 한화그룹은 결국 대우조선 인수를 포기했고, 산업은행은 한화의 우선협상 지위를 박탈했다. 인수가 결렬된 후 한화그룹은 2009년 '대우조선 노조가 방해해서 실사를 하지 못한 것으로, 그 책임은 산은 측에 있다'며 소송을 냈다. 하지만 하급심 재판부는 인수 대금을 마련하는 데 어려움이 있긴 했으나 양해각서에서 정한 금융 시스템 마비 수준에까지 이른 것으로는 보기 어렵고, 한화 측이 노조의 실사 저지 해소를 위한 노력을 기울이지 않고 대금 지급 조건을 변경해달라고 한 것은 계약체결을 위한 노력을 다하지 않은 것이라며 원고 패소 판결을 했다.[3]

1심과 2심 재판부는 이행보증금의 몰수 행위가 계약을 이행하지 못한 데 따른 징벌의 개념(위약벌)으로 간주한 것이다. 그러나 2016년 대법원은 이를 위약벌이 아니라 손해 배상의 성격이라고 보아 한화 측 손을 들어주어 다시 하급심으로 넘어갔다. 양해각서에 '인수자의 귀책사유로 양해각서가 해제되는 경우 이행보증금 및 그 발생이자는 위약벌로 매도인에게 귀속된다'는 문구로 전액

몰수하는 것은 부당하다고 판결하였다. 문구상으로는 위약벌이지만 실질적으로는 손해 배상에 해당된다고 판단한 것이다. 결국 2018년 한화 측은 1300여 억 원을 되돌려 받았다. 이러한 판결에 따라 향후 위약벌금으로 이행보증금을 몰수하려면 법률전문가의 도움을 받아 새로운 문구를 만드는 것이 필요할 것이다.

2008년 쌍용건설 매각 당시 양해각서를 체결한 동국제강은 글로벌 금융 위기로 건설업계에 유동성 위기가 닥치자 인수 절차를 최소 1년간 유예해달라고 제안했다. 그러나 거절당하자 양해각서 해제를 통보하고 이행보증금 반환 소송을 냈다. 동국제강은 예비 실사 과정에서 공사현장별 미분양아파트 현황 등 쌍용건설의 자산 가치에 관한 자료를 충분히 제공받지 못했다고 주장했다. 그 당시 재판부는 동국제강이 관련 자료를 4개월간 검토·분석했고, 쌍용건설 재무제표에도 문제가 있다는 증거가 없었다며 예비 실사와 확인 실사 당시 기업 가치가 상당한 차이가 있다는 점 역시 양해각서 취소사유가 될 수 없다며 채권단의 손을 들어줬다.[4]

3. 내용과 형식

1) 의향서의 내용

의향서(Letter of Interest, LOI)의 형식은 다양하다. 그러나 어떤 형식이든 잠재적 인수 기업이 어떤 조건과 가격으로 기업을 인수하겠다는 의향을 나타내는 법적인 문서이다. 또한 거래를 종결하는 데 필요한 절차를 포함한다. 따라서 의향서는 인수 계약서의 내용을 닮아 인수 계약서의 조항을 요약한 경우도 있다.

의향서의 핵심은 가격이다. 의향서에는 가격, 운전 자본 조정, 지급의 형태(현금, 주식, 어음 등), 거래의 구조(주식 매각, 사업매각 등), 예치금(escrow arrangements), 사업인수의 경우 인수 자산과 부채의 범위, 인수 부채의 범위, 실사, 최종종결일, 기타 협의사항(고용 계약서, 기존경영진 자문약정서, 경업 금지약정, 자금 조달약정, 리스약정, 라이선스약정) 등이 포함된다. 즉 의향서에는 거래의 가격, 가격과 관련된 조건, 그리고 인수 계약서의 초안이 포함된다. 가격은 구체적인 금액을 말하며, 일정한 범위를 말하는 것은 아니다. 그러나 때로는 가격의 범위를 표시하기도 하며, 거래 가격을 일정한 공식으로 정하기도 한다. 예를 들어 실사된 영업 이익에 일정한 배수를 곱하는 방식이다.

거기에는 필수적으로 인수 계약서의 주요 내용들이 포함된다. 거래가 종결되기 전에 해결되어야 하는 거래의 종결조건(Closing condition)도 포함할 수 있다. 실사의 만족스러운 진행, 중요한 계약의 당사자에 의한 계속 동의, 자금의 조달, 핵심 임직원의 동의, 이사회 또는 주주총회의 승인, 관계 당국의 승인, 사업의 중대한 변화가 없어야 한다는 조건, 회사의 사업 전망에 중대한 변화가 없어야 한다는 조항 등이 그것이다.

2) 의향서 구성

(1) 인사말과 서언(Salutation and preamble)

의향서는 다른 비즈니스 레터처럼 기본적인 것에서부터 시작한다. 미사여구를 동원한 인사로부터 시작해 인수 기업은 의향서를 제출하는 것이 얼마나 기쁜 일인지, 매각 기업과 인수 기업이 거래가 성사되면 얼마나 좋을지 등의 코멘트와 함께 긴 서언을 쓴다. 이 부분은 단지 인사말로, 중요한 역할을 하지는 않는다.

(2) 평가와 거래 구조(valuation and deal structure)

평가에 관한 사항은 보통 의향서의 3~4번째 문단에 나타난다. 엄청난 분량의 표준의향서 양식을 만드는 것보다 이 평가 부분이 훨씬 중요하다. 평가 금액은 하나의 금액으로 써야 한다. 평가 금액은 물론 가장 관심이 가는 부분이지만, 거래의 구조는 유의해야 하는 부분이다.

거래 구조에서 유의해야 할 사항이 있다. 첫째는 거래의 종결 시 지급하는 현금의 금액이다. 둘째는 조건부 지급액(Contingent payment)의 규모이다. 즉 언아웃, 후불 또는 주식에 의한 지급을 말한다. 후불인 경우에는 이자율, 이자의 지급시기와 원금의 지급 시기이다.

(3) 지급 유예 금액(Holdback and escrow)

대부분의 의향서는 지급이 유예된 금액을 포함한다. 즉, 인수 계약서에서 매각 기업이 보장한 것을 위반한 경우 같이 매각 기업이 문제가 발생하는 경우에 대비해 일정 기간 지급을 유예하는 금액을 포함하는 것이다. 이 돈은 에스크로(Escrow)라고 불리는 제3자의 구좌에 보관된다. 보통 거래 금액의 10% 또는 그 이하로 하며, 12개월 이내에 지급된다. 그러나 문제가 있는 기업이나 향후의 수익성이 의심되는 경우에는 더 많은 금액과 기간이 포함될 수도 있다.

(4) 보장 조항(Representations and warranties)

이는 약어로 'Reps and warranties' 또는 'R&W'라고 쓴다. 이는 회사의 과거 (재무제표 등)와 미래에 대한 법률적인 약속이므로 신중하게 다루어야 한다. 그러나 미래에 대한 약속은 비합리적이며, 그런 약속을 하는 것은 잘못이다. 일반적으로 인수 기업이 매각 기업보다 더 많은 의문을 가지며, 인수 후 회사의 재무에 대한 책임을 부담하므로 매각 기업이 더 많은 보장을 한다. 매각 기업은 단지 인수 기업이 최종적인 날에 매각 대금을 가지고 나타나지 않을까봐 걱정할 뿐이다.

(5) 자금 조달(Financing)

인수 기업이 어떻게 인수 자금을 조달하는가에 대한 조항이다. 여기에서 자금 부족에 따른 자금 조달 계획(Financing contingency) 조항이 중요하다. 이는 인수 기업이 현재 자금이 부족하지만 인수 전에는 자금을 조달하겠다는 조항으로, 자금 조달이 안 되면 인수를 포기하는 것이다. 특히 대기업이나 사모펀드가 이러한 조항을 넣는 경우 유의해야 한다. 대기업이나 사모펀드는 이런 조항이 필요하지 않다.

(6) 실사(Due diligence and timing)

실사 조항은 보통 간결하며 한 줄로 하기도 한다. 보통 실사의 기간이 명시된다. 너무 긴 실사 기간이 제시된 경우 실사 기간을 줄여야 한다. 보통 인수 의향서에 서명하고 60일 이내에 실사와 거래가 종결된다.

(7) 거래의 승인과 조건(Approvals and conditions)

인수 기업은 거래의 최종적인 승인권자를 제시한다. 또한 매각 기업 측에도 그렇게 준비하도록 요청한다. 누가 최종 승인하는지 알 수 없는 의향서는 수용될 수 없다.

(8) 임직원 약정(Role of management)

의향서에는 거래가 성사된 후에 매각 기업의 경영진의 역할을 정의할 수 있고, 어떤 임직원들은 계속 그 위치에서 일할 것을 정할 수 있다. 매각 기업의 주주는 인수 기업이 매각 기업의 특정 임직원을 계속 고용을 유지하고, 사후에 사업을 하지 않아야 한다는 조항(Noncompete agreements)을 요구하는 경우 유의해야 한다. 해당 임직원이 자신이 거래의 조건임을 알게 되면 지나친 요구를 할 수도 있다.

(9) 정보 공개(Access to information)

매각 기업은 거래의 성사를 위해 필요한 모든 정보를 실사를 위해 제공하기로 동의한다. 그러나 이것이 인수 기업이 자유로이 매각 기업을 드나들고, 종업원과 만나고, 모든 파일을 다 들여다볼 수 있음을 의미하지는 않는다. 인수 기업은 매각 기업의 동의를 받은 뒤 매각 기업의 종업원과 대화를 해야 한다. 정보가 필요한 경우 자문사 또는 사전에 지정한 사람을 통해서 한다.

(10) 비용(Expenses)

인수의향서에는 매각 기업에 의해 지출된 비용은 매각 기업의 부담이고, 인수 기업이 지출한 비용도 인수 기업의 부담임을 명시한다.

(11) 기타 조항

거래를 깨는 경우에 별도 수수료를 부과하는 것이 매각 기업 입장에서는 나쁘지 않지만, 대부분의 인수자가 이를 원하지 않을 것이다. 배타적 거래 조항이 없는 의향서의 경우 매각 기업이 거래를 깨면 인수 가액의 3~5%의 위약금 조항을 넣기도 한다. 반대로 인수 기업이 자금 조달에 실패해 거래를 깨는 경우 위약금 조항도 넣기도 한다.

(12) 배타적 거래 조항(Exclusivity provisions)

'No shop'이라고도 부른다. 예비적 의향서에는 이러한 조항이 없다. 이는 매각 기업이 본 인수 기업 이외에 어떠한 기업과도 거래의 대화를 하지 않는다는 조항이다. 그 기간에 인수 기업이 실사를 진행하는데, 소요기간과 일치해야 한다. 보통 60일이면 충분하다.

만일 규정된 시간을 넘기면 상대방이 거래를 종결시키라고 확신하지 않을 경우 거래를 중단해야 한다. 때로는 상황이 어떻게 진행될지는 알 수는 없으므로 인수 기업의 조치를 어느 정도 기다리는 것도 좋다. 최근에는 배타적 조항이 없는 'Go shop' 의향서가 교환되는 경우도 있다.

(13) 비밀 유지(Non-disclosure and publicity)

양 당사자가, 당사자가 정한 사람들 이외에 대외적으로 진행되는 거래에 대해 말하지 않겠다는 약정이다.

(14) 구속력 없는 약정(Nonbinding agreement)

의향서의 어떤 조항이 법원에서 구속력이 없음을 나타내는 문구이다.

(15) 관련 법령 또는 법원(Governing law or jurisdiction)

분쟁이 있는 경우 관할 법원을 약정하는 것이다. 당사자의 주소가 다른 경우 중립적인 장소도 바람직하다. 관할 지역에 분쟁이 있는 경우 관련 사안을 전문적으로 다루는 법원을 선택하며, 미국의 경우 기업과 관련해 별도 법원이 있는 델라웨어(Delaware) 주를 선택하기도 한다.

3) 의향서 양식

의향서 양식의 사례는 다음의 〈표 9-2〉와 같다.

〈표 9-2〉 의향서(Letter of intent) 양식, 언아웃(Earn-out) 포함

인수의향서
2014년 12월 31일
홍길동 회장님께
(주)서울은 (주)대한민국의 발행 주식 전체 또는 회사의 사업전체를 인수하는 이 의향서를 제출하게 된 것을 감사하게 생각합니다.
(주)서울 서울시 강남구 역삼동 739-5 영원빌딩 402호
홍길동 회장님 귀하
이 인수의향서(이하 "의향서")는 주식회사 서울이 설립한 자회사 또는 관계 회사(이하 "당사")가 (주)대한민국(이하 "회사")이 발행한 주식 전체를 인수(이하 "인수")할 목적으로 당사가 요약해 제안하는 거래의 조건과 절차입니다. 이 의향서에서 정한 "배타적 진행" 조항, 기타 법적인 구속력이 있는 것으로 정한 것을 제외하고는 이 의향서는 당사와 회사를 구속하

지 않으며, 최종적으로 협상되어 작성된 인수 계약(이하 "최종 인수 계약")에 종속됩니다. 인수는 아래에 따라 진행될 예정이나 절세 효과가 더 큰 경우 등 당사와 회사가 동의하는 경우에는 자산인수방식으로 이루어질 수 있습니다.

당사는 회사의 사업이 당사의 전략적 비전에 적합한 것으로 판단하고 있으며, 향후 회사를 인수한 후 당사는 회사와의 통합에 의한 시너지를 바탕으로 회사의 성장과 수익성을 향상될 것을 기대하고 있습니다.

제1조 목적—동 의향서는 회사를 인수하기 위한 거래 조건과 구조 및 그 절차에 대한 제안을 하는 것이 목적이며 동 의향서는 인수를 위한 모든 사항을 포함하는 것은 아니다. 당사와 회사는 회사의 주식을 양수 받는 계약을 체결하기 위한 필요 사항을 아래와 같이 합의하고, 그 증거로 본의향서를 서명 및 날인해 각 1부씩 보관한다.

제2조 인수 대가와 거래 구조—최종 인수 계약서(아래에서 정의된다)의 조건에 따라, 당사는 회사의 전체 주식을 인수하기 위해 다음과 같이 최대 520억 원(이하 "인수 대가"라 한다)의 대가를 제시한다.

또는

최종 인수 계약서(아래에서 정의된다)의 조건에 따라, 당사는 회사의 전체 영업을 인수한다. 인수하는 회사의 자산은 담보 제공 등 일체의 청구권이 없어야 하며, 부채는 영업부채만을 인수한다. 당사는 최대 520억 원(이하 "인수 대가")을 그 대가로 지급한다.

- 거래가 종결된 시점에 현금으로 200억 원을 지급하되, 그중 150억 원은 회사의 은행대출을 완전히 상환하는 데 사용된다.
- 거래가 종결된 시점에 현금으로 50억 원을 지불 유예 금액(Escrow)으로 한다.
- 우선주식으로 150억 원을 지급한다. 우선주식은 인수 대가를 지급하기 위해 투자자들에게 발행되는 신주 발행분으로 그 가격은 이러한 투자자들에게 발행되는 가격에 의한다.
- 전환권이 없는 회사채로 70억 원을 지급한다. 동 회사채는 당사의 금융 기관 부채의 후순위채로 연리 5%, 1년 만기이다.
- 나머지는 인수 후 매년 회사의 이익으로 지불(Annual earn-out)한다.
- 인수가 종결될 때 계열사와 관련된 부채, 지급 보증, 채권 및 채무가 없어야 한다.

  • 인수 목적물과 거래형식의 경우, 주식을 인수하는 경우에는 인수 대상 주식과 주식 수(지분 비율), 인수 후 지분변동에 대한 제한 사항이 포함된다.
  • 자산부채 인수의 경우에는 인수 대상 자산, 부채 및 사업의 일반적 목록과 인수에서 제외되는 사항이 명시된다.
  • 조건부 지급에 대한 사항이 포함하는 경우, 기업을 인수 후 예상치 못한 우발채무(조세 추징 등), 부외부채(Unrecorded Liabilities), 추정부채(퇴직급여충당금 등 충당금), 기타 부담이 발생할 수 있다. 이러한 상황은 실사 등으로 확인할 수 있으나, 위험은 항상 존재한다. 이러한 상황에 대비한 방법으로 보관계좌(Escrow account)를 이용할 수 있다. 즉, 매매대금의 일정액을 지급하지 않고 별도로 예치하였다가 일정한 상황이 발행하면 이를 차감해 일정 기간이 지나면 그 금액을 지급하는 방식이다.

제3조 인수 대가의 조정—인수 대가는 다음과 같이 조정된다.

- 인수 계약(안)에서 약술된 기준에 따라 인수 대가 조정에 의해 조정된다.

    또는 회사는 현금과 예금(재무 상태표상의 현금과 현금성 자산, 단기금융상품 및 장기금융상품을 말한다), 유가증권, 부채와 계열사 출자금을 상계한 후 정산한다.

- 인수 대가는 회사 경영진이 2009년 예상한 현금 영업 이익과 2009년도 회사의 감사보고서에 보고된 현금 영업 이익과의 차액의 3배만큼 조정된다. 만일 감사보고서에 보고된 현금 영업 이익이 $5,900,000을 초과하면 인수 대가는 증가하고 현금 영업 이익이 $5,900,000에 미달하면 인수 대가는 감소할 것이다.

    또는 2010년, 2011년, 2012년의 연간 현금 영업 이익(이자 비용, 법인세비용, 감가상각, 감모상각 계상 전 이익에 리스비용의 증가액을 합한 금액을 말한다. 이하 "현금 영업 이익"이라 한다)이 59억 원에 미달하는 경우, 그 미달하는 금액의 50%로 한다. 회사의 이익으로 지불하는 금액은 2010년, 2011년, 2012년의 연간 현금 영업 이익이 59억 원을 초과하는 경우 그 초과하는 금액의 50%로 한다. 예를 들어, 비밀 유지약정서에 포함된 2010년 회사 경영진의 현금 영업 이익 예측치가 달성된 경우, 최대 520억 원의 범위 내에서, 회사의 이익으로 지불되는 금액은 28억 원(이에 따라 동 금액으로 제한되거나 확정되는 것은 아니다)이다. 현금 영업 이익은 한국에서 인정한 기업회계에 따라 작성된 회사의 외부회계 감사보고서를 기초로 해 계상한다. 리스비용의 증가액은 매년 회사의 2009년도 리스비용(계열사와 관련한 리스비용을 제외한다)을 초과하는 금액을 말한다. 당사는 현금 영업 이익에 포함된 당사와 회사 사이의 거래, 배분 및 부담에 대한 회계 처리를 제공한다. 그 금액은 회사가 단독으로 운영되는 경우의 현금 영업 이익을 초과해서는 안 된다. 회사의 이익으로 지불되는 금액은 매 사업연도 종료 후 4개월 내에 지급된다.

- 운전 자본이 2억 원을 초과하거나 미달하는 경우에는 그 금액만큼 가산되거나 감액된다.

- 인수 대가의 조정은 지급 유예 금액에서 차감 또는 가산하되, 지급 유예 금액을 초과하는 차감은 즉시 반환한다.

제4조 자금 조달과 재무 구조—인수 자금은 부채와 자본금을 통해서 조달된다. 부채는 국민은행을 통해서 채권과 재고 자산을 담보로 조달된다. 인수 대가의 나머지 잔액은 당사의 자체자금으로 조달된다. 부채에 의한 자금 조달은 은행 측의 실사에 의해 결정된다.

제5조 정상경영과 보장—확정인수 계약서에는 회사의 사업이 중대하게 악화되지 않는다는 전제를 포함해 거래 종결에 필요한 관행적인 진술, 보장, 약정 및 조건 등을 규정할 것이다. 회사의 사업은 거래 종결 시 또는 거래가 중단될 때까지 동 의향서의 서명일 이전과 같이 정상적으로 운영되며, 회사의 자산과 부채의 성격·구성·금액의 중대한 변화가 없고, 재고 자산 이외에는 회사의 자산을 처분하지 아니하며, 의향서의 서명일 이전과는 달리 회사의 장기적 건전성에 해가 될 수 있는 경영상의 인사 관리상의 변화가 없어야 하며, 거래의 종결 시 또는 거래가 종결될 때까지 배당금 기타의 분배금이 지급되지 않는 것으로 한다. 또한 최종 인수 계약서에는 전체 회사주주에 의해 당사에게 제공되는 협의에 의해 상호 동의한 사후손실보전조항과 제3자 보관약정조항이 포함된다.

- M&A가 진행 중일 경우 회사의 운영에 대해 의향서에 포함시킨다. 특별한 내용, 즉 차입, 주요 임직원의 고용 및 해고, 자본적 지출에 대한 제한 규정을 둘 수도 있고, 일상적인 경영 활동은 계속될 것이라는 조항을 넣는다.

제6조 비용부담─당사는 인수 거래와 관련해 당사가 지출한 비용과 원가는 당사의 책임 아래 당사가 부담한다. 회사의 주주는 자신들과 관련된 비용은 자신들의 책임 아래 자신들이 부담하며, 인수 거래가 성사된 경우에는 인수 거래와 관련해 발생한 회사의 비용과 원가(법률자문비용, 자문사 비용 등)도 마찬가지이다.

제7조 최종 인수 계약서와 구속력─당사와 회사는 인수와 관련해 서면으로 작성된 확정인수 계약서(이하 "확정인수 계약서")의 협상을 즉시 개시할 것이다. 이 의향서는 당사와 회사 또는 회사의 주주 사이에 거래를 종결할 법적인 구속력이 있거나 법적인 효력을 갖지 않는다. 그리고 이 인수의향서의 어느 당사자도 다른 당사자에게 이 인수의향서의 약정에 따른 어떠한 채무도 갖지 않는다. 어떤 이유로든지 최종 인수 계약서가 작성되어 교환되지 않으면, 이 인수의향서의 어느 당사자도 다른 어느 당사자에게도 이 의향서에서 특별히 정한 것이 없는 경우 어떠한 채무도 부담하지 않는다. 이 인수의향서는 본의향서는 최종 인수 계약 시까지 유효하며, 최대 2050년 12월 31일 오후 5시(한국시간)까지 효력을 가지며(효력이 종료하더라도 이 인수의향서에서 제시된 구속력 있는 의무를 위반한 경우에는 각 당사자를 면책하지 않는다), 계약협상에 합의가 되지 않는 경우는 자동 해지된다. 쌍방은 본의향서의 해지를 이유로 상대방에게 손해 배상을 청구할 수 없다.

제8조 고용승계─당사는 인수 후에도 회사의 근로자, 해외 파견 직원 및 주재원의 고용을 전원 보장하는 것을 원칙으로 하되 그 구체적인 사항은 본계약에 따른다.

- 경업 금지 약정, 고용승계 등이 포함될 수 있다.

제9조 실사─당사는 회사에 대한 충분한 실사를 해야 한다. 이러한 실사를 위해 당사와 당사의 대리인은 회사의 사업과 운영상황을 모두 보고 검토할 수 있어야 하며 회사의 사무실, 지적 재산, 법률 문제, 기술 관련 자료, 유형자산과 재고 자산, 회계장부와 관련된 기록 일체, 조세 문제와 관련 자료, 환경 관련 정보, 임직원 자료와 관련 복리후생 자료, 추정 자료와 예산자료 등 기타 갑이 필요로 하는 모든 사항에의 접근이 허용되고 검토하고 분석할 수 있어야 한다. 당사는 실사가 진행됨에 따라 회사 일상 업무의 혼란이 최소화할 수 있도록 회사와 공동 노력을 기울인다. 회사는 당사의 실사 과정에서 최대한 협조해야 한다. 또한 당사는 회사와의 합의에 따라 회사의 임직원, 고객, 납품기업, 하청기업 등에 접근이 가능해야 하고 대화를 나눌 수 있어야 한다.

- 실사의 시기와 범위를 정한다. 그 범위에는 임직원과 거래처와의 접촉 허용 여부, 회사 자료를 얼마나 접근할 수 있는지 등이 있다. 이러한 실사는 매수자와 매도자의 기대와 고려 사항이 다르다.
- 매도자 입장에서는 매각 대상 기업에 대한 실사를 허용할 때 매수자에게 이행보증금을

요구할 수 있다. 동 보증금은 매수자가 합리적인 이유 없이 거래를 중단하는 경우 반환하지 않는 금액이며, 거래가 성사되면 거래 대금에서 상계된다.
- 매도자에게 이행보증금을 요구할 수도 있다. 매도자의 성실한 거래를 요구하기 위한 것이다. 동 보증금은 거래가 종결하거나 종결이 확정적이 되면 반환된다. 이러한 이행보증금은 당사자 간에 정한다.

제10조 조건—기타 동 의향서와 이 인수는 다음의 각각에 종속되고 다음의 각각을 조건으로 한다.
1. 최종 인수 계약—인수는 당사와 귀사가 상호 간에 동의한 보장 등의 내용이 포함된 최종 인수 계약, 의향서에서 제시한 조건과 제3자 보관조건약정의 협상과 타결에 종속된다. 최종 인수 계약(안)과 제3자 보관약정과 관련한 논의 내용은 부록 A에 포함되어 있다.
2. 주요 계약의 이전—최종 인수 계약은 다음과 같은 계약의 갱신 또는 계약당사자의 이전이 이행되는 것을 전제로 한다.
   - 주요 고객과 주요 하청업체와의 계약: 주요 고객 및 하청업체와의 계약의 갱신 또는 이전.
   - 리스 계약: 3개의 설비에 대해 수용할 수 있는 갱신조건과 함께 시장 가격 조건으로 A사는 10년 만기로, B사는 4년 만기로 상호 간에 수용할 수 있는 리스계약의 협상 및 체결.
   - 판매대리 및 수수료 계약: C사와 상호 간에 수용할 수 있는 판매 대리와 수수료 계약의 협상 및 체결.
3. 경영진 약정—당사에 의해 회사의 핵심 임직원으로 지정한 자들은 당사가 수용할 수 있는 기간 동안 당사의 임직원으로 잔류하고, 상호 간에 수용할 수 있는 고용 계약과 경쟁금지 계약에 서명해야 한다.
4. 승인—최종 인수 계약서는 법적으로 필요한 모든 정부기관과 기타의 승인. 당사의 핵심 주주와 가족 및 재무책임자는 회사의 인수를 인지하고 지원할 것이다. 위에서 언급된 사람들은 당사 이사회의 핵심 구성원으로, 인수의 최종 타결은 회사 이사회의 공식 승인을 필요로 한다.
5. 임원 상여금—당사의 재무 실적의 성공은 과거 실적 및 예상 실적과 비교한 재무 실적에 연계한 임원 인센티브 제도의 사용에 의해서였다. 당사는 회사의 향후 재무 실적의 성공의 핵심 요인은 회사 경영진의 유지와 회사 경영진의 역량발휘라고 본다. 따라서 당사는 회사의 경영진에게 과거 실적과 예상 실적을 상회하는 (상호 동의한) 재무 실적의 성장에 대해 의미 있는 보상을 해주는 상여 제도를 구축하는데 관심을 갖는다. 당사는 회사의 경영진에게 스톡옵션 등을 제공할 수 있는 위치에 있지 않다.
6. 향후 일정—당사와 회사는 가능한 합리적으로 조기에 확정인수 계약서가 협의되어 서명해 인수를 종결하려고 노력한다. 당사는 인수의 종결가능시점까지 우선주 발행 등 자금 조달을 마무리한다. 당사와 회사의 현 진행 상황에 기초해 다음과 같이 진행하기로 한다.
   - 인수 계약과 제3자 보관약정은 2013년 11월 17일까지 확정
   - 환경실사보고서를 받는 것을 조건으로 2013년 12월 6일까지 실사를 종결
   - 2013년 12월 8일까지 위에서 언급한 리스계약, 판매대리 및 수수료계약과 경영진 상여금약정의 확정
   - 2013년 12월 17일까지 회사 이사회의 승인

– 연말결산과 회계 감사를 위해 2013년 12월 31일부로 거래가 종료되어야 한다.
7. 외부 자문사:
　법률자문―이○○ 변호사, ○○법무법인
　조세자문―이○○ 회계사, ○○회계법인
　환경자문―이○○ 대표, ○○환경자문

- 양 당사자가 M&A 거래를 철회할 수 있는 조항(Escape clause)이 포함된다. 예를 들어 이사회나 주주총회의 승인을 조건으로 하는 경우이다.
- 리스에 대한 재협상여부, 장기 거래계약의 처리 등에 대해도 기재할 수 있다.
- 본계약인 인수 계약을 언제 누가 작성할 것인지에 대해도 언급할 수 있다.
- 일반적으로 인수 계약은 매수자 측에서 작성한다.

제11조 배타적 진행―당사가 인수와 관련해 부담하는 노력과 비용이 중대하므로, 회사는, 본의향서에서 제시된 인수 가격의 제시와 관련해, 이 의향서가 공식적으로 종결될 때까지 그리고 최소한 2050년 12월 31일까지는, 당사와 배타적으로 인수를 진행할 것을 보장해 회사 또는 아래에 서명한 회사의 주주는 직접적이든 간접적이든(자문사 등 대리인을 통해 하는 것을 포함한다.) 어떠한 방식으로든지 회사에 대한 어떤 자와도 인수(본의향서에서 기술된 거래와 그 효력이 유사한 자산 매각, 주식 매각, 합병 또는 공동투자 또는 어떤 형태의 거래이든)의 제안과 관련해 어떠한 문의, 구두 또는 서명 제안을 의뢰하거나, 계획하거나 또는 추진하지 않으며, 또한 논의나 협상에 참여하거나, 타인에게 회사와 관련한 비밀 정보를 제공하거나 또는 어떤 방식으로든 그러한 것을 위한 노력으로 달리 권장하거나 협력해 위에서 말한 어떠한 것을 하거나 하려고 시도하거나 노력을 경주하지 않는다는 것에 동의한다. 만일 회사나 회사의 주주가 그러한 의사표시 또는 제안을 받는 경우 그러한 의사표시 또는 제안은 이를 수용할 권한이 없는 것으로 거절해야 하며, 회사와 회사의 주주는 이를 당사에게 통지해야 한다.

- M&A 추진을 위해 당사자는 일정한 기간(90일, 120일 등) 동안 배타적으로만 협상함을 기재할 수 있다.
- 가끔은 양 당사자를 법적으로 구속할 수 있는 조항이 포함된다. 예를 들어 M&A 의사가 확고하므로 다른 M&A 당사자를 물색하지 않아도 좋다든지, 다른 M&A 거래가 실패하면 당신하고만 M&A 거래를 진행하겠다는 식의 보장문구가 그것이다. 1985년 미국의 텍사스 법원은 텍사코(Texaco)와 펜조일(Pennzoil) 사와의 합병진행 중 예비의향서(Preliminary Letter of intent)를 위반해 텍사코(Texaco) 사에 100억 달러 이상의 보상금 지급판결을 내린 적이 있다.
- 본계약을 하기 위해 일정한 기간을 정해 협상을 완료하는 종료 시점을 정할 수 있다. 통상 종료 시점까지는 상호 배타적인 협상권을 부여하며 연장이 가능하도록 한다.
- 당사자 간에 협상이 진행 중에 다른 매수자에게 대상 기업이 매각된 경우 당초의 매수자가 보상(파기수수료, Breakup Fees, Burst-up Fees, Topping Fees)을 요구할 수 있다. 파기수수료는 당초 매수자가 거래를 위해 부담한 비용정도일 수도 있지만 그 이상일 수도 있다. 예를 들어 이러한 거래가 진행됨에 따라 거래의 경쟁 효과, 광고 효과 등

으로 거래 대상 기업의 가치가 증가해 다른 인수자가 더 비싼 금액을 지급하고 인수한 경우 당초 인수자는 양도자로부터 그 차액의 보상을 요구할 수 있다. 또한 인수자가 당초 인수자와 경쟁관계에 있는 경우 그로 인한 손실을 보상요구 할 수도 있다.

제12조 비밀 유지—법률이 정한 것을 제외하고는 상대방의 사전 문서에 의한 동의가 없으면, 회사 또는 회사의 주주, 당사, 또는 당사와 회사의 임직원·계열사·대리인은 당사자 간의 잠재적 인수의 거래와 관련한 논의가 있음을 공개하거나, 이 인수의향서에 제시된 인수 거래와 관련한 조건 등을 공개해서는 안 된다. 다만 이를 알아야 할 필요가 있는 주주, 임직원, 법률 및 재무자문사와 잠재적 투자자는 제외한다.

- 실무적으로 비밀 유지 계약(Confidentiality Agreement)을 포함시키는 경우도 있다. 그러나 상장법인의 경우에는 공시의무가 있으므로 의향서가 작성되면 당사자의 합의에 의해 공식적인 보도 자료도 준비하고, 증권 시장에 공시해야 한다.

제13조 법률의 적용—본의향서는 대한민국 법의 적용을 받는다. 본의향서와 관련해 분쟁이 발생하고, 그러한 분쟁이 당사자 간에 원만하게 해결되지 아니하는 경우에는 서울지방법원 본원에 소송을 제기하기로 한다.

- 분쟁 발생 시 적용 법률을 정한다. 외국과의 거래 시에는 어느 나라 법을 적용할 것인지도 명시한다.

제14조 신의성실의 원칙—당사와 회사는 신의성실의 원칙에 입각해 협상한다. 본의향서에 기재되지 않은 사항은 양 당사자 간에 합의에 의해 처리한다.

이상.

이 인수의향서에 동의한다면 서명날인을 한 후 동봉한 부본을 아래 서명한 당사로 직접 또는 등기로 송부해주시면 감사하겠습니다. 이 인수의향서는 회사와 이 의향서에 기재된 모든 주주에 의해 서명날인 한 후 2021년 1월 15일 오후 5시(한국시간)까지 당사에 제출하지 않는 경우 효력을 상실하며 아무런 효력도 발생하지 않습니다.

감사합니다.

김갑수
부회장—신사업개발 및 전략담당

위 사실을 인지하고 동의함

(주)대한민국
회장 홍길동

인수의향서 부록 1

의향서 제5조 1. 최종 인수 계약의 조건에서 언급하듯이, 인수 계약서(안)은 다음의 추가 사항 또는/그리고 수정 사항을 만족스럽게 포함시켜야 한다.
- 의향서에서 간단하게 언급된 "회사의 이익으로 지불(Annual earn-out)" 조항을 상호 간에 수용하는 충분히 상세한 규정의 추가.
- 의향서에 간단하게 언급된 "2009 현금 영업 이익" 인수 대가조정 규정을 상호 간에 수용하는 충분히 상세한 규정의 추가.
- 상호 간에 수용할 수 있는 인수 계약서의 체결일부터 45일 동안의 배타적 진행 조항의 추가.

(출처: Mark A. Filippell, Mergers and Acquisitions Playbook, Lessons from the MiddleMarket Trenches, John Wiley & Sons, Inc, 2011, pp. 217–223.)

〈표 9-3〉 M&A 의향서 양식(채권은행이 포함된 경우)

주식 양도양수 의향서

본의향서는 ○○○에 본점을 둔 (주)A(이하 "을" 또는 "양도인")와 ○○○에 본점을 둔 매각 대상 (주)B(이하 "매각 대상 기업")와 ○○○에 본점을 둔 (주)C 주관의 컨소시엄(이하 이 컨소시엄을 "양수인"), ○○○에 본점을 둔 주식회사 (주)D(이하 "채권은행") 사이에 체결되었다.

1. 양도인은 매각 대상 기업의 액면가 ○○○○원인 보통주식을 ○○○○주(이하 "대상 주식"이라 하며, 이는 본의향서 체결일 현재 대상 기업의 전체 발행 주식의 약 ○○%에 해당함)를 보유하고 있다.
2. 매각 대상 기업 및 양도인은 ○○○○년 ○○월 ○○일 ○○○○은행을 비롯한 채권 금융 기관들과 기업개선작업약정(이하 "기업개선작업약정")을 체결하고, 이어 동 약정 제3조 제5항에 따라 ○○○○은행과 주식 매각위임계약을 체결하고 대상 주식 전부에 대한 매각을 ○○○○은행에 위임하였다.
3. ○○○○은행은 대상 주식의 매각을 위해 ○○○○년 ○○월 ○○일 입찰공고를 하였고 이에 따라 양수인이 입찰에 참여해 ○○○○년 ○○월 ○○일 Final Offer를 제출한 바, Final Offer의 심사결과 양수인이 우선협상대상자로 선정되었다.
4. 양도인, 양수인, 매각 대상 기업 및 ○○○○은행은 대상 주식의 매각에 관한 본격적인 협상을 시작하기에 앞서 협상의 원칙과 절차 그리고 기본적인 매각조건을 정하기 위해 다음과 같이 본의향서를 체결하고자 한다.

제1조(실사) 양수인은 본의향서 체결 즉시 매각 대상 기업에 대한 실사를 시작해 ××주 내에 이를 완료하기로 한다. 위 실사 기간은 당사자들 간의 합의에 의해 1주간 연장할 수 있다. 매각 대상 기업은 ○○사무소에 데이터룸을 마련해 실사에 필요한 모든 자료를 비치하

고 양수인이 열람할 수 있도록 해야 한다. 양수인은 필요한 경우 추가 자료의 비치, 공장 등의 방문, 실물자산의 조사, 관계임직원이나 거래업체 직원의 면담 등 양수인이 실사를 위해 필요하다고 판단되는 사항을 요청할 수 있고, 이 경우 매각 대상 기업은 이에 적극 응해야 한다.

제2조(협상) 본의향서의 체결을 위한 협상은 제1조의 실사가 종료된 후 즉시 시작해 2주내에 완료하기로 한다. 위 협상 기간은 당사자들의 합의에 의해 1주간 연장할 수 있다. 이를 위해 양도인은 제1조의 실사 기간 종료 전에 본계약서 초안을 작성해 양수인에게 제시하며, 이를 기초로 협상을 진행하기로 한다.

제3조(인수 가격 및 조정)
① 대상 주식의 인수 가격은 ○○○○억 원으로 한다. 인수 가격은 실사 완료 후 협상 과정에서 조정이 가능하다. 단, 인수 가격의 조정은 아래 제2항 내지 제7항에 규정된 원칙에 따라야 한다.
② 인수 가격의 조정은 실사 결과 매각 대상 기업의 자산 및 부채가 ○○○○년 12월 31일자 기준 ○○회계법인의 ○○○○회계연도 회계 감사보고서(이하 "감사보고서"라고 함)상의 자산 및 부채와 차이가 있는 경우에만 가능하며, 이 경우 아래 제3항 내지 제6항에 따라 인수 가격을 조정하기로 한다.
③ 자산에 대한 실사 결과 감사보고서에 기재된 자산이 감사보고서의 작성기준일 현재 실제로 존재하지 않는 것으로 판명된 경우에는 감사보고서 상의 해당자산의 평가액의 50%를 인수 가격에서 공제한다.
④ 부채에 대한 실사 결과 감사보고서 작성기준일 현재 감사보고서에 기재된 부채 이외에 다른 부채가 존재하는 것으로 판명된 경우 해당 부채금액의 50%를 인수 가액에서 공제한다.
⑤ 감사보고서 작성기준일 이후 발생한 자산 및 부채의 변동에 대해서는 그러한 변동이 통상의 영업과정에서 발생된 것이라면, 이를 이유로 인수 가격의 조정을 요구할 수 없으며, 통상의 영업과정에서 발생한 것이 아니고, 또 그 변동이 중요한 것이라면 그 변동 액의 50% 만큼 인수 가격을 조정한다.
⑥ 감사보고서에 기재된 자산 및 부채를 감사보고서 작성기준일 현재 기업회계기준에 따라 평가한 결과, 감사보고서에 기재된 자산의 가격이 적정가격을 초과하거나 감사보고서에 기재된 부채의 금액이 적정가액을 하회하는 것으로 밝혀진 경우 그 차액의 50% 만큼 인수 가격에서 조정한다. 감사보고서에 기재된 자산 및 부채의 가치에 대한 평가가 기업회계기준 상 적정하게 이루어졌다면 이에 대한 양수인의 주관적 가치 평가의 차이를 이유로 해 인수 가격의 조정을 요구할 수 없다.
⑦ 제2항 내지 제7항에 의한 인수 가격의 조정은 인수 가격의 10% 범위 내에서만 가능하며, 양도인과 양수인은 어떠한 경우에도 인수 가격의 10%를 초과해 인수 가격의 조정을 요구할 수 없다.

제4조(전환사채의 인수)

① 대상 주식의 인수와 관련해 매각 대상 기업은 본의향서의 체결일로부터 가능한 최단시간 내에 양수인에게 아래에 기재된 조건으로 매각 대상 기업의 전환사채를 발행하기로 하며, 양수인은 이를 인수·납입하기로 한다. 매각 대상 기업 및 ○○은행은 양수인이 관련 법규 및 기업개선약정에 따라 전환사채를 유효하게 취득하도록 하는 데 필요한 회사내부 및 외부의 모든 필요한 법적절차를 취하도록 해야 한다.

– 발행 금액: ○○○○억 원

– 액면금액: ○○○○억 원

– 이자율: 연 ○%

– 만기: 발행일로부터 ○○년

– 전환가액: 금 ○천 원

– 전환청구기간: 발행일로부터 1년 되는 날부터 만기까지

② 매각 대상 기업은 양수인이 위 전환사채 금액을 납입한 날의 익일에 납입금액 전부를 인수 기업에게 대여하고, 인수 기업은 위 전환사채를 위 대여금에 대한 담보로써 매각 대상 기업에 제공하기로 한다.

③ 제8조의 본의향서의 유효기간 내에 본계약이 체결되지 아니하는 경우 매각 대상 기업은 즉시 양수인으로부터 제1항의 전환사채를 매입해야 한다. 이 경우 그 매입대금은 제2항의 대여금으로 상계하기로 하며, 양도인과 ○○은행은 위와 같은 전환사채의 매입과 상계가 차질 없이 이행되도록 해야 한다.

제5조(고용승계) 양수인은 대상 주식의 인수 후에도 매각 대상 기업의 근로자, 해외 파견 직원 및 주재원의 고용을 전원 보장하는 것을 원칙으로 하되, 그 구체적인 사항은 본계약에 따른다.

제6조(기업개선작업약정의 효력 유지) 기업개선작업약정 상의 부채조정사항은 양수인의 대상 주식 인수 후에도 그대로 유지되고 불리하게 변경되지 않는 것을 원칙으로 하되, 기존 채권의 금융조건 완화유지는 채권 금융 기관 협의회의 승인을 받는 것을 원칙으로 한다.

제7조(대상 주식 인수 후 주식의 양도제한) 양수인은 본계약 완결일부터 ○○○○년 ○○월 ○○일까지 ○○은행의 사전 서면 동의 없이 대상 주식을 제3자에게 매각할 수 없다. 단 ○○○○년 ○○월 ○○일 이후에도 기업개선약정과 유사한 금융지원이 계속되는 경우, 그에 따라 위 주식 양도제한기간을 연장하기로 한다.

제8조(본의향서의 유효기간 및 배타적 협상권)

① 본의향서의 유효기간은 본의향서 체결일로부터 2개월까지로 한다. 위 유효기간은 당사자들 간의 합의에 의해 연장할 수 있다.

② 본의향서의 유효기간 동안 양도인과 ○○은행은 제3자에게 대상 주식의 매각·처분이나 기타 본의향서와 상충되는 거래를 할 수 없으며, 이와 관련해 제3자에게 그러한 거래를 권유하거나 제3자와 협상을 개시하거나 기타 어떠한 접촉도 할 수 없다. 또한 매각 대상 기업도 중요 영업이나 자산의 매각, 처분, 정관변경, 신주 발행 기타 회사의 통상적인 영

업 활동을 벗어나는 거래나 조직 변경을 할 수 없으며, 이와 관련해 제3자에게 그러한 거래를 권유하거나 제3자와 협상을 개시하거나 기타 어떠한 접촉도 할 수 없다.

제9조(채권 금융 기관의 승인 등)
① 양수인은 대상 주식의 매각은 양도인의 기업개선작업 주관은행인 ○○ 및 ○○은행 그리고 대상 주식의 담보권자인 ○○은행 등 채권 금융 기관들의 승인을 받아야 한다는 것을 알고 있으며, 따라서 대상 주식의 매각에 대해 이러한 승인기관들의 승인을 받지 못해 대상 주식의 매각이 성사되지 못하더라도 이와 관련해 양도인, 매각 대상 기업, ○○은행에 어떠한 책임도 물을 수 없다는 것을 인정한다.
② 양도인, 매각 대상 기업, ○○은행은 대상 주식의 매수와 관련해 양수인 컨소시엄 내의 구성회사 간에 본의향서가 명기되지 않은 다른 조건에 관해 협의가 이루어지지 아니해 대상 주식의 매수가 성사되지 못하더라도, 이와 관련해 양수인에게 어떠한 책임도 물을 수 없다는 것을 인정한다.

제10조(비밀 유지) 본의향서의 당사들은 대상 주식의 입찰 과정, 실사 과정, 협상 과정 기타 대상 주식의 매각과 관련해 상대방으로부터 취득한 모든 정보 및 본의향서의 내용에 대해 비밀을 유지하고 대상 주식의 매매거래 이외의 다른 목적으로 사용할 수 없으며, 제2조의 협상 기간 내에 본계약이 체결되지 아니하는 경우에는 즉시 그러한 정보를 모두 상대방에게 반환하거나 반환할 수 없는 것은 모두 폐기해야 한다. 다만, (i) 관계 법령에 의해 당해 정보의 공개가 요구되는 경우, (ii) 당해 정보가 제공받을 당시 이미 공지의 사실이었거나 또는 제공받은 후 당사자의 귀책 사유 없이 공지의 사실이 된 경우, (iii) 상대방으로부터 당해 정보를 제공받기 전에 이미 그 내용을 알고 있었던 경우에는 예외로 한다.

제11조(분쟁 해결) 본의향서와 관련해 분쟁이 발생하고, 그러한 분쟁이 당사자 간에 원만하게 해결되지 아니하는 경우에는 서울지방법원 본원에 소송을 제기하기로 한다.

제12조(신의성실의무 등)
① 본의향서 체결의 당사자는 본의향서에 기재된 내용에 따라 성실하게 협상에 임하기로 한다.
② 본의향서는 본의향서가 체결되기 이전에 모든 당사자 사이에 있었던 기존의 진술, 통신, 서면상의 합의나 계약에 우선하며, 이에 의해 본의향서의 내용을 부인할 수 없다.

이상의 내용을 증명하기 위해 각 당사자의 적법한 대표자 또는 대리인이 본의향서 3부에 각자 서명하고 ○○은행, 매각 대상 기업 및 인수 기업이 각 1부씩 보관하기로 한다.

4) 영문의 양식

영문인수의향서의 사례를 보면 다음의 〈표 9-4〉와 같다.

〈표 9-4〉 영문인수의향서

Letter of Intent

This form of letter of intent assumes a single buyer buying all of the stock of a privately held company owned by multiple shareholders, and that Target management is in charge of the sale process. Although there is (minimal) language dealing with confidentiality, consideration should be given to having the parties sign a separate confidentiality agreement. Consideration should also be given to adding provisions dealing with employment agreements, earnout payments, and governing law.

[Buyer Letterhead]
[Date]

Target
Address of the Target

Ladies and Gentlemen:

[Xyz, Inc.] (the "Buyer")is pleased to submitt his proposal to acquire all of the outstanding capital stock and othere quity interests in [the Target]("Company").

1. Acquisition. Subject to the terms and conditions of the Definitive Agreement (as defined below), the Buyer is prepared to acquire all of the capital stock and other equity interests of Company for the following consideration aggregating $__ million:

(i) $_____ million in cash, of which approximately $_____ million will be used to repay Company's bank indebtedness in full;

(ii) $_____ million in shares of a new series of preferred stock of the Buyer. The shares will be additional shares of a new series of preferred stock to be placed with investors to fund a portion of the acquisition price, and such shares to be valued at the price paid by such investors; and

$_____ million; such notes will be subordinated to the Buyer's existing or future debt to banks or other financial institutions, and are expected to have a term of

_____ years and bear interest at the rate of _____%.

The transaction is expected to be structured as a reverse triangular merger, but the transaction may be restructured as an asset acquisition if more tax favorable to the Buyer.

The transaction will be structured so as to qualify as a private placement under applicable securities laws. The Buyer desires to minimize the number of Company shareholders who will hold its stock and notes. The consideration will be allocated in such a way so as to repay in full Company's current and any future bridge loans, as well as conform to the liquidation preferences of Company's current capital structure, or as the shareholders of Company may otherwise agree. It is also understood that all equity interests in Company, such as options and warrants, will be cancelled in the transaction. Attached is a capitalization table showing how such consideration (and the components thereof) would be allocated among the bridge note holders and the different classes of stock and shareholders of Company.

The Buyer expects that certain employees of Company who are identified by the Buyer as key employees will commit to become employees of the Buyer, will commit to remain with the Buyer for an acceptable initial period of employment, and will sign mutually acceptable employment and noncompetition agreements.

The Definitive Agreement will provide for customary representations and warranties, covenants, and conditions to closing, including receipt of necessary consents and regulatory approvals and that there has been no material adverse change in the business. We understand that the business will be run in the ordinary course until the closing and that no dividends or other distributions will be made in that period. The Definitive Agreement will also provide for negotiated mutually agreeable indemnification and escrow provisions to be provided by all Company shareholders to the Buyer.

The Buyer will work with Company to ensure that its continuing due diligence effort causes minimal disruption to Company's ongoing business operations. The Buyer desires to negotiate and sign the Definitive Agreement, and to close the acquisition, as soon as reasonably possible. It is understood that the Buyer must complete its preferred stock financing before it is able to close.

● Due Diligence; Access. Company and the Buyer shall each provide the other and its prospective investors with access to its books and records and shall cause its directors, officers, employees, accountants, and other agents and representatives to cooperate with them in connection with the due diligence process.

or,

Rights to Inspect. At all times prior to the Closing, the Company shall provide Purchaser and its representatives with such information, material, instruments, documents and agreements, and/or access to the Company's assets and such books and records of the Company, as Purchaser shall reasonably request in connection with its evaluation of the Company's assets, the Company and the Company's business. Each of the parties agree to keep all information acquired as a result of theses examinations, to the extent that such information is not in or shall not otherwise come into the public domain, confidential and will not disclose it to any person or use it for any other purpose than as required by law in order to enforce or exercise its rights hereunder. In the event that the contemplated Transaction does not close, each party will return to the other party all confidential information and material relating to it.

● Conduct of Business. Purchaser contemplates expenditures related to its pre-closing investigations and its legal accounting work in connection with the proposed Transaction. Accordingly, from the date of this Letter of Intent until Closing or earlier termination of this Letter of Intent as provided herein, the Company will conduct its business only in the ordinary course with a view toward preserving the relationships of the Company's business with its suppliers, customers, employees and others.

● No-Shop. Because of the significant effort and expense that must be undertaken by the Buyer in connection with the acquisition, the Buyer must

If you are in agreement with the foregoing, kindly so indicate by signing and returning to the undersigned the enclosed duplicate copy of this letter. This letter of intent shall expire and be of no force or effect unless a copy hereof duly executed by Company and each security holder named below shall have been received by the Buyer prior to 5:00 p.m. (Eastern time) on _____.

Very truly yours,

Buyer, inc.

By:
Title:

(출처: Edwin L. Miller Jr., Mergers and Acquisitions, New Jersey, John Wiley & Sons, 2008, p. 46.)

4. 제출과 서명

1) 제출의 시점

인수 기업과 매각 기업은 인수·합병 거래에서의 절차에 대한 태도, 지식과 상대적인 우위에 따라 인수의향서의 제출 시기가 달라질 수 있다. 자문사에 의한 공개 매각 같은 정형화된 매각(Structured sale)의 경우에는 조기에 제출하기도 하고, 매각 기업이 비상장 기업이고 인수 기업이 우월적인 지위를 가진 회사인 경우에는 충분한 실사를 거친 후에 제출하기도 한다.

제한적인 경쟁매각(Limited auction)에서는 인수자들의 진행 흐름이 다른 경우 언제 의향서를 받을지가 문제된다. 일반적으로 사모펀드 같은 재무적 인수자들은 조기에 의향서를 제출한다. 그러나 전략적 투자자들은 내부 의사 결정 과정 등으로 느릴 수밖에 없다. 따라서 자문사는 의도적으로 의사 결정을 느리게 하는 기업을 상대로 먼저 진행한다. 때로는 제출 시기를 못 박아 거래 진행을 원활하게 하기도 한다. 의향서는 비밀 유지의 약정하에 제출되기 때문에 다른 인수 기업의 인수 조건이나 가격을 공개해서는 안 된다.

자문사들은 종종 거래 가격과 거래 구조뿐만 아니라 거래의 초기부터 거래의 조건(Deal terms)을 구체적으로 제시하기를 요구하는 사실상 계약서 초안(투자조건서)에 가까운 의향서를 요구하기도 한다. 그러나 인수 기업은 반대로 거래 절차의 다음 절차로 이행하기 위한 최소한 정보만을 넣기를 희망한다.

2) 의향서 제출

최초의 의향서는 인수 희망 기업이 제출하는 것이 일반적이다. 그러나 대부분의 중소기업은 M&A 경험이 없고 변호사를 선임하지 않는 경우도 있다. 그러므로 자문사가 양측을 중재하면서 의향서를 만들어주기도 한다. 의향서를 이메일로 제출해도 무방하다. 보통 의향서는 제출 기한의 마지막 날, 그것도 오후에 제출된다. 먼저 제출하면 가격이나 제시 조건이 알려질 우려가 있기 때문이다. 더 나아가 이를 예방하기 위해 신청을 며칠 연기하기도 한다. 어떤 경우에는 이사회나 기업주의 결정이 늦어져서 그런 경우도 있다. 이런 경우에는 합리적인 범위 내에서 연기를 허용해야 한다. 물론 분명한 이유가 있는 경우는 더 그렇다.

3) 제출과 검토

인수의향서를 제출하면 거래를 진행할지 결정해야 하고, 거래를 진행할 인수자도 결정해야 한다. 물론 가격이 결정적인 변수가 된다. 그러나 어떤 기업들은 가격보다 거래 대금 지급의 보류(Escrow, holdback), 조건(Contingencies) 등이 없는 단순거래(Clean deal)를 우선하는 경우도 있다.

인수의향서는 매우 중요한 문서이니, 이를 제출하기 전에 숙고해야 한다. 또한 의향서를 확정할 때 가능한 중요한 이슈를 최대한 포함시키는 것이 철칙이다. 물론 이렇게 하면 시간도 많이 걸리고 피곤하지만, 매각 기업이 배타적 거래를 해야 함을 감안하면 필요하며, 본격적인 실사를 하기 전에 양 당사자가 상당한 동의를 이룰 것도 요구되기 때문이다. 의향서가 분명하지 않으면 본격적인 실사에서 매각 기업은 불리한 입장에 설 수밖에 없다. 물론 너무 지나칠 필요는 없다. 합리적인 수준에서의 의향서가 본격적인 인수 계약서 협상에서 탄력성을 가질 수 있기 때문이다.

비슷한 가격의 여러 인수의향서가 제출된 경우 가능한 한 모두에게 가격이나 조건을 향상시킬 기회를 주는 것이 좋다. 요구 사항(Purchase agreement markup)은 결국은 가격에 반영되기 마련이다. 이 점에 대해 자문사는 매각 기업 변호사와 긴밀히 협의해야 한다. 그리고 요구 사항이 곤란한 경우로부터 검토를 시작하는 것이 좋다. 우선 그 요구 사항이 변호사의 관행적인 요구인지 기업의 실질적 필요 사항인지를 파악해야 한다. 그리고 그 기업의 조건이 다른 기업들보다 좋지 않다고 전하고, 그 조건을 변경할 수 있는지도 물어본다. 그리고 그 조건을 변경하거나 가격을 높이지 않으면 수용될 수 없음을 통지한다.

또한 가장 높은 가격을 제시한 인수자를 제외하고 두 번째 인수자와 유사한 인수자에게는 가격을 좀 더 올릴 생각이 있는지를 물어본다. 또는 그 가격이 낮아 좀 더 올려야 가능성이 있다고 전하거나, 가격을 올리고 좀 더 조건을 완화시켜야 한다고 전한다. 아주 가격이 낮은 인수자에게는 정중하게 그 사실을 알린다. 제시된 가격대가 50억 원대이면 이번 협상은 출발선이 '50억 원대'라는 점을 알리고, 50억 원에서 몇 억이 추가되는지가 관건이라고 말한다. 이러한 통보를 받은 인수자들이 가격대를 올릴 가능성이 있다. 인수자들은 협상이 경쟁이 치열하고 제시된 조건이 비슷하다는 것을 알면, 보통 많은 인수자들이 제시 가격을 크게 올린다.

이러한 과정을 거쳐 변경된 인수의향서가 접수되면 매각 기업의 변호사가 의향서에 나타난 요구 사항에 대한 의견을 듣는다. 그리고 매각 측 변호사가 인수 측 변호사와 상의해 각각의 인수자가 그 요구 사항에 대해 최선의 조정 방안이 무엇인지를 확인하도록 한다. 가격 등 조건이 유사한 경우에는 요구 사항이 부드러운 의향서를 선택한다. 매각 기업과 그 변호사를 만나 어떤 제안서가 가격이나 조건 면에서 가장 최선인지를 논의한다. 그리고 최선의 인수자와 계약서에 서명하도록 한다. 물론 차선의 인수자도 연락을 해 아마도 이번 진행이 잘못될 가능성이 높다는 등을 얘기하며 인수 의사를 계속 갖도록 해야 한다.

인수자가 제시한 의향서가 가격 차이가 큰 경우가 있다. 물론 높은 가격을 제시한 인수자들의 조건은 까다로울 수 있다. 이렇게 가격 차이가 큰 경우에는 높은 가격을 낸 인수자들과 조건에 대해 협상하는 것이 더 합리적이다. 그러나 높은 가격을 낸 인수자들이 조건이 까다로워 가능성이 없어질 수 있으므로 차선의 인수자들도 유지시켜야 한다. 이들에게는 높은 가격을 낸 인수자들의 조건을 얘기해준다. 이를 통해 이들이 가격을 올려 제안할 수 있다. 이렇게 많은 제안이 들어오면 인수 조건을 더 좋게 유도할 수 있다.

한 인수자가 특히 높은 가격(요구 사항이 까다롭다)을 제시한 경우를 보자. 이런 경우에도 이 인수자를 곧바로 받아들이는 것은 바람직하지 않다. 우선 인수의향서의 법률적인 문제들을 하나하나 검토해야 한다. 그렇지 않으면 더 나빠질 수 있다. 까다로운 조건들은 가격과 상쇄된다. 따라서 이러한 점들을 감안해 인수자를 결정해야 한다. 만일 전체 지분의 51%에 대해 특별히 높은 가격을 제시한 경우에는 매각 기업이 향후 기업 실적에 대해 어떤 판단을 하고 있는지가 중요하다. 또한 인수 기업이 경영권을 행사함에 따라 그 실적도 크게 달라질 수 있다는 점을 고려해야 한다. 물론 실적이 좋아지면 더 큰 돈을 만질 수 있다. 후자의 경우는 가족 기업에서 부모는 매각하려고 하고 자녀주주가 더 큰 실적을 올릴 수 있는 경우에 효과적인 방식이다.

인수의향서를 작성하고 검토할 때 유의해야 할 사항은 많다.

첫 번째로 생각할 것은 이번 거래가 '지나치게' 좋아 보이는 경우이다. 특히 매각 기업 측에서 생각해볼 주제인데, 이런 경우 인수자가 의도하는 것은 '트로이의 목마' 같은 속임수 책략일 수 있다. 가장 좋은 가격인 조건을 제시한 기업을 곧바로 선택하지는 말아야 한다. 다른 기업들도 가격과 조건을 변경할 수 있기 때문이다. 또한 최고 가격을 제시한 것을 간파한 인수자는 실사 시에 발견한 문제점, 자금 동원의 어려움을 이유로 또는 마음이 변해 가격을 낮출 수 있다.

이런 경우 첫 번째 전략은 인수자에게 연락해 제안된 인수 계약서의 조항들을 명확하게 지적하고 분명히 하는 것이다. 아직 유동적인 상황에서 모든 문제점들을 명확하게 하는 것이 가장 좋다. 최선의 결과는 가격을 약간 올리고 계약 조건(Markups of the purchase agreement)을 더 분명하고 유리하게 한 인수의향서에 서명하게 하는 것이다. 이렇게 되면 실사가 성공적으로 진행되고, 인수 계약서의 협상도 원만하게 진행되어 최종 인수가 성사될 가능성도 높아진다.

또한 나머지 인수의향서 제출자도 이 협상이 깨질 때를 대비해 잠재적 인수자로 유지시켜 놓아야 한다. 즉, 이렇게 말하는 것이 좋다. "그쪽이 잠시 잘못 생각하는 것 같다. 조만간 다시 돌아올 것이다." 너무 낮은 가격 조건을 제시한 인수자에게는 "그러한 가격 조건으로는 어렵다"고 말한다. 경험적으로 5명 중에 하나가, 이렇게 거절된 인수자도 드라마같이 놀라운 조건으로 새로운 의향서를 제출한다. 그러나 흔한 일이 아니므로 기대하지 않는 것이 좋다.

지나치게 좋은 가격을 제안한 상대의 조건은 예상과 다를 경우가 많다. 즉, 의향서를 제출해 일정한 기간 동안 매각 기업을 배타적으로 당사자로 삼아 거래 시장에서 빼내 협상에서 나쁜 위치에 오게 해 낮은 가격으로 협상을 진행하려는 의도일 수도 있다. 설령 사기를 시도하지 않더라도 거래를 성사시킬 자금을 조달하지 못할 가능성도 있다. 매각 기업은 자신의 기업의 가치에 대해 냉혹하게 판단할 필요가 있다. 특히 의향서는 인수자를 법적으로 구속하는 것이 아니기 때문에 실사를 통해 거래 조건을 재조정하려고 시도할 수도 있다.

두 번째로 생각할 것은 인수자가 어떻게 자금을 조달하는지를 확인하는 것이다. 현금은 얼마나 있는지, 은행여신한도를 사용하는지, 매각 기업 금융을 사용하려고 하는지를 확인해야 한다. 일단 의향서를 제출하고서 자금 조달처를 찾으려고 하는지도 알아야 한다. 금융 기관으로부터의 자금 조달에 대해 정보 공개를 원하지 않는 경우 매각 기업은 인수자가 금융 기관이 거래를 지원하고 있다는 서면을 요청하는 것도 고려할 수 있다.

세 번째로 생각할 것은 대금 지급 조건이다. 현금인지 조건부인지 등을 고려해야 한다. 물론 이에 부수한 다른 조건도 종합해 판단한다.

네 번째로 생각할 것은 지급 유예 금액의 크기, 이를 통제하는 자, 지급 유예 금액에 붙은 이자의 수익자, 이에 붙은 조건이다. 일반적으로 거래 대금의 10% 정도가 지급 유예 된다. 보통 1년 내지 1년 반 내에 매각 측에 지급된다.

다섯 번째로 생각할 것은 기간이다. 인수의향서는 배타적 거래 조항이 들어가므로 실사와 계약의 기간을 촉박하게 잡아 인수자가 시간을 끌지 않도록 해야 한다.

4) 의향서 수정

의향서가 제출되면 보통 수정 협상이 진행된다. 기술적으로 보통 빨간 글씨로 수정 사항을 표시한 뒤 주고받는다. 의향서를 작성할 때 핵심적인 사항에 집중해야 한다. 까다로운 변호사처럼 작은 이슈를 하나하나 일일이 검토할 일이 아니다.

의향서가 제출되고 나면 거래의 조건이나 가격은 더 좋아지지 않는다. 명심할 것은 의향서에서 제안된 가격은 거래의 종결 시에 매각 기업이 받을 수 있는 한도라는 점이다. 실사 과정을 거치고 계약서를 작성하는 과정에서 드러나지 않았던 다양한 문제들이 나오면서 가격에 부정적인 영향을 주기 때문이다. 이러한 상황에서 매각 기업이 의향서에 매달려봐야 의미가 없다. 즉, 인수의향서에 제시된 가격이나 조건은 좋아지지 않는다. 인수자가 회사의 문제점을 드러내면 가격은 하향조정될 뿐이다. 결국 양자 간에 직접 또는 자문사의 중재 아래 인수 가격과 조건에 대해 일치해야 의향서에 서명할 수 있다.

유의할 것은 특히 공개 매각이나 다자간 협상에서 어떤 기업들은 전략적으로 높은 가격을 써서 거래에 참여한 후에 실사와 협상 과정에서 가격을 내리려고 한다는 점이다. 많은 기업들은 중간쯤의 가격을 제시한다. 어떤 기업들은 가격의 범위를 제시한 뒤에 가격을 확정지으려고 하기도 한다.

5) 의향서 서명

매각 기업은 의향서에 쉽게 서명해서는 안 된다. 또한 매각 기업이 특정인수자와 거래하겠다고 하거나, 이러이러한 조건을 만족시키면 거래하겠다는 의견 등을 쉽게 내비쳐서는 안 된다. 일단 인수의향서에 서명하고 나면 다른 인수자와의 접촉이나 협상은 할 수가 없다. 비즈니스 윤리상으로도 그렇지만 인수의 향서에는 법적인 효력이 있는 배타적 거래 조항(exclusivity provisions)이 포함되기 때문이다. 따라서 후에 더 좋은 조건의 인수자가 나타나더라도 응할 수 없다.

보통 인수의향서를 제출하고 60일 정도, 적게는 30일, 많게는 90일 동안 배타적 거래기간이 유지된다. 만일 이를 무시하고 다른 인수자와 거래를 진행하게 되면 소송을 제기할 수 있다. 어떤 경우에는 이런 소송에서 인수 기업의 매각 기업을 인수 후 계획한 5년간의 이익만큼 청구하기도 한다. 어긴 것이 분명하면 소송에 이길 수 없으며, 결국은 엄청난 비용을 들여서 중재로 해결할 수밖에 없다.

여러 인수자가 있는 경우 좋은 조건을 끌어내고 싶다면 인수의향서에 서명하기 전에 해야 한다. 배타적 조항은 중요한 조항인 것이다. 또한 인수의향서에 서명하기 전에는 어찌되었든 매각 기업이 유리한 상황이다. 그러나 인수의향서에 서명을 하고 나면 입장은 완전히 뒤바뀐다. 매수 기업은 최종 거래가 종결할 때까지 유리한 입장에서 협상을 하게 되고, 매각 기업은 쫓기는 입장에 놓인다. 미국 대통령 지미 카터가 말했듯이, "인생은 불공평하다."

5. 의향서 이후

의향서의 제출로 거래가 성사된 것은 아니다. 이제야 비로소 거래의 시작으로 들어가는 것이다. 거래가 종결되어 주머니에 돈이 들어와야 끝나는 것이다. M&A를 처음 하는 매각 기업은 인수의향서가 서명되면 모든 것이 끝났다고 생각한다. 그러나 아직 샴페인을 터뜨려서는 안 된다. 갈 길이 멀다.

매각 기업과 인수 기업은 언제든지 철회할 수 있고, 수백 가지의 이유를 들어 계약의 변경을 요구할 것이다. 의향서가 제출되고 실사가 진행되기 전에는 회사의 회계자료를 공개해서는 안 된다. 이러한 의향서에 기초해 실사가 이루어지고, 기타의 절차를 거쳐 거래 가격과 조건이 정해지고 거래는 종결로 나아가게 된다.

의향서에 서명을 하고 난 후에 세 가지 일이 진행된다. 첫째, 인수자는 실사를 한다. 둘째, 양측의 변호사가 거래의 종결을 위해 최종 인수 계약의 상세 조항과 수정 요구 사항을 조율하고 기타 법률문서를 마무리한다. 셋째, 인수자가 재무적 투자자인 경우에는 거래를 마무리하기 위한 자금 조달 과정을 마무리하고, 전략적 투자자인 경우에는 자금 조달과 투자를 위한 내부 절차를 진행할 것이다. 그리고 인수 기업은 제3자에게 거래 대금(Escrow) 중의 일부를 대리인을 지정해 예치하고, 대금을 지급할 요건도 통지한다. 그러나 매각 기업은 계속 의향서에 서명하지 않은 것처럼 회사의 이익과 비용을 관리해야 한다.

보통 의향서가 제출되면 거래는 60% 정도는 성사된다. 경우에 따라서는 40% 내지 80% 정도 성사된다. 사안에 따르지만 보통 인수의향서가 제출되면 3건 중 1건 정도는 성사될 것으로 기대해도 좋다.

6. 양해각서 등

1) 의미와 명칭

양해각서(Memorandum Of Understanding, MOU)는 본래 외교 협상 과정에서 당사국이 조약 체결까지는 안 가더라도 양국의 입장을 서로 확인하고 이를 준수하기로 하는 서면합의를 말한다. 이것이 개인이나 법인 간의 거래에 있어서도 본계약을 체결할 단계는 아니지만 당사자 쌍방이 상호 이해 내지 양해한 바를 대강 기재해 메모(각서) 형식으로 서로 교환하는 경우에 양해각서가 이용되고 있는 것이다.

이러한 양해각서는 의향서에 따라 당사자가 상당한 합의에 이르러 최종계약을 앞두고 그동안의 협상 결과를 합의서 형태로 작성하는 것으로, 의향서의 내용을 더 자세히 서술하는 형식이다. 이러한 양해각서는 정식 계약 체결 전에 거래 당사자가 양해각서라는 이름으로 맺는 가계약과 같은 의미로 쓰이고 있다.

IMF 경제위기 때 우리 정부가 공적 자금을 투입해 회생시킨 제일은행과 서울은행을 외국 투자가에게 매각할 때에도 각각 체결한 바 있다. 마땅한 인수 예정자가 나서면 우선 양해각서부터 맺고 난 다음 정식 매매계약을 체결하는 것이다. 정식 매매계약은 자산실사(Due diligence) 후 매매가격을 정한 후에 하도록 되어 있다. 실제 거래에서는 양해각서뿐만 아니라 'Memorandum'이나 'LOI(Letter of intent)'라는 이름으로도 많이 사용된다. 물론 그 제목이 아니라 내용이 중요하다.

2) 법적 효력

양해각서에 나타난 내용의 구체성 여부 및 표현의 구속력 여부에 따라 개별적으로 판단해야 한다. 양해각서의 법적 성격을 검토함에 있어서 유의할 점은, 이러한 법률문서는 그 명칭이나 형식이 아닌 실질적인 내용에 의해 그 효력 여부를 따지게 된다는 것이다. 따라서 비록 명칭은 양해각서로 되어 있더라도 당사자 간의 권리의무나 작위·부작위의 약속을 하고 있다면 계약으로 볼수도 있다. 그러나 양해각서의 말미에 '위의 사항을 승낙(수락)함(Accepted and Agreed by …)"이라고 기재되어 있는 것만으로는 계약의 성립 요건인 청약과 승낙을 갖추었다고 할 수 없다. 당사자의 의사가 표시되어 있는 본문을 살펴보아야 한다.

양해각서에는 정식 계약으로 오인될 수 있는 단순한 기준이 아닌 거래 가격의 책정, 구체적인 작위·부작위 의무의 규정, 계약위반시의 구제수단 등을 기재하는 것은 피하는 것이 좋다. 거래의 내용에 따라서는 본계약 체결 이전이라도 교섭 단계에 있어서의 지적재산권 보호, 비밀 유지에 관한 사항을 약정할 필요가 있는데, 이 조항들은 양해각서보다는 정식으로 비밀 유지 약정(Confidentiality agreement)을 체결하는 것이 옳을 것이다.

그러나 양해각서에 있어서도 약정 기간을 정하거나 당사자 쌍방의 합의에 의해 이를 종료시키기로 하는 것은 특별히 부담을 지우는 것이 아니므로 허용된다고 본다. 또한 양해각서의 서명자도 양 당사자 간의 협력 관계를 돈독히 하는 점에서 고위 책임자가 하는 것이 좋겠지만, 굳이 격식을 따지지 않는 편이 당해 거래가 우호적이고 비형식적임을 나타내는 것이 될 것이다.

유의할 것은 양해각서가 예비적 합의 성격의 양해각서라면 원칙적으로 계약서와 동일한 효력을 갖는다는 점이다. 예비적 합의 수단으로서 작성되는 경우는, 특별한 경우를 제외하고는 양해각서에서 규정된 조건 및 내용이 그대로 본계약서에 이관되는 만큼 본계약서를 작성할 경우와 동일한 비중으로 임해야 한다.

제10장 실사의 진행

1. 실사의 이해

1) 실사의 개념

실사(Due diligence)는 금융 시장에서 유래한 용어이다. 기업이 주식이나 회사채 등 유가증권을 발행하는 경우 회사의 이사회 및 경영진, 주간사, 변호사와 회계사가 관여해 투자자들에게 사업설명서(Prospectus, Offering circular)를 통해 그 기업에 관한 정보를 제공한다. 증권 관련 법령은 이러한 정보를 믿는 선량한 투자자들을 보호하기 위해 이를 제공한 자에게 법적인 의무를 지우고 있다.

따라서 정보 제공자들은 정보의 오류나 누락으로 향후 손해 배상책임이나 처벌위험을 예방하기 위해 동 정보를 분석하고 조사하는 노력을 하는데, 이것이 실사의 원래 개념이다. '주의'를 뜻하는 'Due diligence'라는 용어는 잘못 사용된 명칭인 셈이다. 이제 '실사'는 잠재적 투자처나 투상대상 기업에 대해 조사하는 것을 의미하는 것으로 널리 사용되고 있다.

회사소개서는 인수 의향 기업이 인수의향서를 제출하는 데 필요한 충분한 정보를 포함해야 한다. 그러나 실사 시에 제공하는 정보는 범위가 더 넓어 인수 의향자가 거래를 종결하는 데 필요한 정보를 충분히 제공해야 한다. 회사소개서의 정보는 일반인들을 위한 정보로 쉽게 이해할 수 있는 내용이지만, 실사 때 제공하는 정보는 전문적인 내용이 많다. 실사는 인수의향서가 승인되면 진행되며, 매각 기업이 인수자에게 계약서, 재무 정보, 고객 정보, 임직원 정보 기타 모든 정보를 제공해야 한다. 은유적 표현으로 신조어로 'Open the kimono'라고 표현한다. 실사와 인수 계약서를 작성하는 데는 상당히 많은 돈이 든다. 실사와 계약서 작성이 늦어질수록 인수 기업의 비용부담은 커진다.

실사는 '사업에 대한 실사(Business due diligence)' 또는 전략적 경영 분석 (strategic and operational review), 재무 실사(financial review)와 '법률 실사 (Legal due diligence, legal review)'로 나눌 수 있다. 한편 실사는 매각 기업이 인수 기업을 대상으로 진행될 수 있다. 예를 들어 매각 대금으로 인수 기업의 주식을 받는 경우 실사를 할 수 있는 것이다.

2) 실사의 목적

인수 실사의 목적은 인수 대상 기업을 정확히 알고 인수에 따른 잠재적인 위험을 파악하는 것이다. 또한 거래 가격을 결정할 때의 여러 가정들을 확인하는 목적도 있다. 실사의 핵심적 목적은 결국 기업의 가치와 시너지를 확인하고 중요한 문제점을 찾아내어 위험과 부채를 추적하는 것이다. 해태그룹은 1996년 당시 국내 최대 오디오 업체인 인켈을 인수하면서 정밀실사를 하지 않아 인수 후 예상치 못한 우발채무로 인해 무너졌다. 기업 인수 시 우발채무 문제는 가장 핵심적인 실사 대상이다. 특히 「공정거래법」상 위반으로 부과되는 과징금은 매출의 10% 정도까지 부과하기 때문에 눈여겨보아야 한다. 기업이 대출을 받거나 건설공사 같은 거래를 할 때에는 보증서를 받는다. 기업이 대출금을 갚지 못하거나 거래에서 문제가 생기면 보증기관이 대신 갚아주고 구상권을 행사하여 기업에 대신 갚아준 것만큼의 돈을 청구한다. 기업을 인수하는 과정에서 이러한 우발채무를 실사를 통하여 확인하여야 한다. 따라서 인수 실사의 범위는 매우 광범위하다.

실사 초기 단계부터 전문가의 자문 및 검토를 받는 것이 좋다. 인수 대상 기업의 조직, 인사, 구매, 생산과 기술, 영업과 마케팅(중요한 영업부문에 대한 평가 포함), 재무, 사업 전망, 법률, 재무제표 분석 등 광범위한 검토가 필요하다. 그러나 인수 실사의 경우 광범위하고 방대한 자료 요구와 실사를 하게 되어 매도 기업의 부담과 성사되지 않을 경우의 기밀 유지 등의 문제가 발생한다. 실사를 하기 전에는 매각 기업은 매각가액을 극대화하려고 노력하지만, 실사 단계에서는 잠정적으로 합의된 가격을 방어하기 위해 노력하게 된다. 일부 악의적인 인수자들은 실사를 통해 사업의 리스크를 부각시키고, 수익성과 관련된 재무 정보의 문제점을 찾아내고 제공된 정보의 신뢰성 문제를 제기해 거래 조건과 가격을 조정하려고 한다. 일반적으로 5~10%의 가격 조정은 특이한 것이 아니다.

전략적 투자자들은 인수 대상 기업에 대해 모르는 것이 무엇인지를 파악하는 것이 중요하며, 실사를 통해 투자 논리를 검증하고 자신이 모르는 것을 확인해야 한다. M&A에서 실사는 매우 중요하다. 실사는 투자 논거를 확인하고 개선하거나 포기할 수 있는 가장 적절한 기회를 제공한다. 실사 과정을 통해 인수 대상 기업과 해당 산업의 가치뿐만 아니라, 투자 논거가 얼마나 유효한지를 평가할 수 있다. 기업이 인수를 검토할 때 기업의 최고경영진이 실사보다 더 주목해야 할 분야는 없다. 경영진의 시간과 투자자의 돈을 사용할 최적의 단계가 실사이다. 그래서 가장 성공적인 인수자는 실사에, 특히 전략적 실사에 많은 투자를 할수록 값비싼 실수를 피하고 주주들을 위한 진정한 가치를 창출할 확률을 높일 수 있다는 사실을 알고 있다.

실사를 서두르면 잘못된 판단을 해 위험에 직면할 수 있다. 안타깝게도 이 점을 간과해 실망스러운 결과를 낳는 사례가 너무 자주 일어난다. 수박 겉핥기식 실사는 나중에 높은 대가를 치른다. 실사에 아무리 투자해도 지나치지 않다는 사실은 시행착오를 겪은 후에 알게 된다. 결론적으로 말해 실사는 가장 중요한 위기관리 수단이다.

2. 실사와 경영

1) 경영의 계속

실사가 진행되더라도 매각 기업은 거래가 진행되지 않는다고 가정하고 일상 업무를 계속해야 한다. 그러나 중요한 의사 결정이 포함된 경우에는 인수 기업과 상의하는 것이 타당하다. 인수의향서에 서명하고 최종 인수 계약이 마무리되기 전에 실적이 악화되더라도 수선비와 마케팅 비용은 정상적으로 집행되어야 하고, 보험은 연장되고, 퇴직자가 있는 경우 대체 채용을 해야 한다.

회사를 파는 것을 알면 종업원의 사기는 떨어진다. 기업이 정상적인 경영을 벗어나 장기적인 입장에서 경영이 이루어지지 않는 것을 보면 종업원들은 무슨 일이 일어나는지 눈치채기 마련이다. 결국 종업원들은 일을 하지 않는다.

2) 매각의 공개

매각 기업이나 인수 기업이나 거래가 최종적으로 확정될 가능성이 분명할 때까지 거래 사실을 비밀로 유지해야 한다. 약간의 방심이 회사를 망가뜨릴 수 있다. 또한 인수 기업이 여기저기 말하고 다니면 거래는 불가능하다. 기업이 매각된다는 것을 알면 종업원들은 불안해지고, 핵심적인 임직원들을 자리를 옮기려 할 것이다. 따라서 종업원들에게는 꼭 필요할 때 알려야 한다. 비밀을 유지하기 위한 방법으로 실사 시 실사팀을 일정한 장소로 격리시켜야 한다. 이 곳에 인수 기업의 실사팀이 요구하는 자료를 비치한다.

임직원들이 회사를 판다는 소문에 대해 질문을 받으면 인정도 부인도 거짓말도 하지 않는 것이 좋다. 부인했다가 나중에 팔리면 임직원들은 배신감을 느낄 것이고 신뢰는 무너진다. 오히려 회사의 도약을 위해 투자 유치를 받는 등의 여러 가지 대안을 고려하고 있다고 말하는 것이 한 방법이다.

종업원에게 공개하는 경우 임직원마다 타이밍이 중요하다. 일반적으로 CFO는 알고 있는 것이 좋으며, 몇몇 핵심 임직원은 알고 있는 것도 괜찮다. 특히 회계 부서는 의외의 자료를 요구하는 경우 금방 이상하게 생각할 것이다. 다른 임직원들에게는 필요에 따라 공개한다. 가능하다면 거래가 종료된 후에 알린다. 매각 기업이 아직 임직원에게 매각에 대해 알리지 않은 경우에는 매각 기업의 동의 없이는 실사 시 임직원을 만나면 안 된다.

3. 실사 준비

1) 준비 기간

인수의향서가 제출되면 실사가 진행되지만, 대부분의 매각 기업은 실사를 받을 준비가 되어 있지 않을 것이다. 그러니 인수의향서가 서명되는 시점에 모든 실사 준비가 되어야 한다. 따라서 매각에 착수하는 시점부터 실사에 대한 준비를 하기 시작해야 한다. 실사는 집중적으로 하더라도 최소한 한 달 이상이 소요되고, 일상 업무와 함께 준비한다면 2~3개월이 소요된다.

2) 대응 전략

중소기업, 특히 우리나라의 기업들에서는 분식회계가 많이 일어난다. 그래서 많은 경우 해결할 수 없는 분식회계로 인해 거래가 중단된다. 매각을 추진하는 기업은 회계상의 문제나 기타 문제점을 숨기려 하지 말고 자문사와 상의하여 해결해야 한다. 인수 시의 실사는 일반적인 회계 감사와는 성격이 다르며, 문제점들은 결국 모두 드러나기 마련이다. 인수 기업의 실사팀은 최대한 회사의 리스크와 회계의 문제점 등을 부각시켜 거래 조건을 자신에게 유리하게 이끌어가려고 한다. 따라서 이러한 점에 대해서는 사전에 분석하고 검토해 대응할 수 있는 정보를 준비해야 한다. 물론 처음부터 이러한 문제점들을 공시해 이를 전제로 가격과 거래 조건을 정하는 것이 좋다. 기업을 매각하는 사람이 명심해야 할 것은 실사 시 인수 기업은 기업의 좋은 점이 아니라 문제점과 가격을 낮출 수 있는 것, 사전에 매각 기업이 제공하지 않은 문제점을 찾는다는 것이다.

M&A는 작은 문제점에도 해지될 수 있다. 따라서 매각 기업은 실사에 대한 대응을 재무책임자가 맡도록 하는 것이 바람직하다. 재무책임자는 필요한 경우 인사부서, 변호사, 영업 부서 등과 협의해야 한다. 인수 기업은 매각 기업의 모든 것을 다 들춰내려고 한다. 실사 과정에서 거래가 철회될 수 있는 사유가 나타나기도 한다. 따라서 인수 기업은 실사가 끝난 후에나 변호사를 고용해 계약서 작성을 준비하는 경우도 있다. 쓸데없이 비용을 낭비하지 않으려는 것이다.

실사에서 시간은 거래를 무산시킬 수 있다. 매각 기업은 이슈에 대해 가능한 신속하게 정보와 자료를 제공해야 한다. 그래야만 인수 기업이 실사를 마무리하고 결론을 내릴 수 있다.

3) 정보의 범위

인수의향서가 제출된 후 실사와 협상 과정에서 매각 기업은 인수자가 원하는 모든 자료를 제공해야 한다. 실사 시에 제대로 대응하지 않거나, 인수자가 원하는 자료를 제공하지 않음으로써 가격이 하향 조정이되거나 조건이 악화되게 할 필요는 없다.

실사 시에 제공되는 정보에 유의해야 한다. 특히 경쟁 기업이 인수 실사를 하는 경우 결정적인 정보는 상당히 구속력 있는 인수의 약정이 제시되기 전까지는 제공하지 않아야 한다.

4) 필요한 자료

(1) 회사의 기본 정보(Corporate info)와 전략 정보

회사의 정관, 법인등기부등본, 사업인허가권, 규정 및 이사회 의사록, 결산서와 감사보고서, 주주의 구성(이름, 연락처, 보유주식 수), 임원의 이름과 연락처, 회사가 계약한 변호사, 회계사, 컨설팅 회사 등 기타 유사한 전문가의 명단을 준비해야 한다. 관련된 실사 체크리스트는 다음의 〈표 10-1〉과 같다.

〈표 10-1〉 실사 체크리스트(기업 개요와 경영 전략)

	회사의 연혁	
	기업의 경영 전략	회사에 대한 제3자의 평가나 분석의 검토
	마케팅 전략과 시장 분석과 시장 진입의 제한	
	전략적 제휴 관계의 내용: 전략적 제휴 관계자의 회사의 명칭, 제휴 회사의 담당 임직원, 주소, 전화번호, 제휴 관계가 있는 상품 및 제품의 종류, 전략적 제휴로 인한 이익, 제휴의 제한, 로열티 약정, 전략적 제휴로 인한 배타적 거래 관계, 최근 2년 이내에 종료된 전략적 제휴의 내용	
경영 전략과 회사 개요	운영 자금 등의 부족과 필요한 자금	
	법인 조직도	
	관계 회사(명칭, 지분 관계, 재무제표)와 지점	사업, 재무, 조세 목적으로 다양한 계열사를 보유한 경우, 이를 검토하고 그 계열사도 검토해야 함
	법인과 거래하는 자문변호사, 회계법인, 컨설팅 기업 등	

다음의 〈표 10-2〉는 실제로 모회사가 관련된 정보를 요구한 내용이다.

〈표 10-2〉 실사 시 회사 기본 정보와 전략 정보 요구 사항

구분	내용	주의사항	비고
일반사항	법인등기부등본	폐쇄 및 말소 사항 포함	
	정관		
	사업자등록증		
	사규집	사본 불필요	
	임대차계약서		
	조직도 및 업무분장 표	세부 부서별 인원 현황 첨부	
주식 및 자본	주주명부	주주 이외의 회사와의 관계	
	자본금 변동 내역	설립 이후 현재까지(별첨 양식)	
	스톡옵션	부여 내역 및 계약서	
이사회 등 지배 구조	특수 관계자 현황	주주, 임직원, 주주 및 특수 관계자 소유의 다른 회사 등	
	최대 주주 및 특수 관계자, 기타 이해관계자와의 거래 내역	유가증권, 가지급금, 가수금, 대여금, 차입금, 담보 제공, 채무 보증 등	
	주주총회 의사록 및 이사회 의사록	복사본 불필요	

(2) 고객, 매출, 영업과 마케팅 정보(Sales and marketing info)

일반적으로 실사 시에 인수 기업은 회사의 고객과 관련해 자료를 요구한다. 그 자료는 다음과 같다.

첫째, 고객 불만과 고객에게 보장해주는 클레임의 모든 내용이다.

둘째, 고객에게 제공하는 리베이트 프로그램, 할인, 거래 조건 등의 내용이다.

셋째, 고객과의 공식적 또는 비공식적 계약이다.

넷째, 고객에게 제공한 품질 보증 등과 관련된 내용이다.

고객 리스트(이름, 주소, 연락처와 연락담당자), 거래가 끊긴 주요 거래처 리스

트, 진행 중인 주문, 납품 및 용역 계약서, 시장 조사 보고서, 광고 프로그램, 마케팅 프로그램, 마케팅 예산, 마케팅 시설, 주요 경쟁사 리스트를 제공한다. 고객 정보는 주요 상품별로 매출 구성 비율별로 제공해야 한다. 보통 전체 매출의 5%를 넘으면 주요 거래처이다.

고객 리스트는 민감한 사항이다. 가능한 늦게 그 이름을 공개하며, 가급적 거래가 종결 때까지 연기할 수 있으면 좋다. 인수 기업이 고객과 접촉을 원하는 경우에도 마찬가지이다. 인수 기업이 매각 기업의 경쟁사인 경우에는 조심스럽게 고객 리스트를 제공해야 한다. 처음에는 고객 이름을 익명으로 제공한다. 인수 기업이 실질적인 인수 의사와 인수 능력이 있는 것을 확신하는 경우에만 고객 이름을 공개한다.

영업과 마케팅 관련 체크리스트는 다음의 〈표 10-3〉과 같다.

〈표 10-3〉 실사 체크리스트(영업·마케팅)

	판매와 유통의 전략	
	영업 인력의 경험, 생산성, 최근의 변화	
	판매 인센티브와 보상 체계	
	고객 리스트(이름, 주소, 상대방 이름과 연락처)	
영업 마케팅	상위 10~50개의 주요 고객 리스트(거래처 담당자명, 주소, 전화번호), 매출비율, 매출 상품 및 제품타입	
	계속주문(Open order) 내역	
	납품기업 및 하청업체 계약서 사본	
	매출 신용 제공 방침(Credit policy)	
	최근 거래가 중단되거나 악화된 주요 고객과 그 사유	
	법인 또는 상품 및 용역과 관련된 연구나 조사보고서 사본	
	광고 프로그램, 마켓 계획과 예산, 마케팅 자료의 내역	

	회사와 상품 및 제품의 입지(Positioning)	
	경쟁 상황의 상세한 기술	
	시장에서의 회사의 입지와 장단점	
	주요 경쟁 기업의 내역과 경쟁 관계	
영업 마케팅	상품과 용역의 마케팅을 위한 견본, 카탈로그, 브로셔 등 판촉물	
	고객과 관련된 인센티브 프로그램, 할인 등 거래 조건의 명세서	
	가격, 인센티브, 상품 공급 약정, 품질 약정, 품질 보증 등이 포함된 고객과의 공식 또는 비공식 계약서 사본	
	주요 시장과 제품별 시장의 추세와 핵심 사항	
	상품 또는 제품별 시장 규모와 회사의 매출과 시장점유율	

다음의 〈표 10-4〉는 영업 관련 실제 요청 자료의 예이다.

〈표 10-4〉 실제 요청 자료 예시

목록	내용	유의 사항 및 추가 자료	비고
판매, 매출 및 매출채권	최근 3년간 제품별 매출 현황	제품별 매출 현황(수량 및 단가 정보 포함)	
	최근 3년간 주요 거래처별 매출 현황	거래처별 매출 현황(수량 및 단가 정보 포함)	
	매출채권 연령 분석표	장기미회수 채권은 사유 및 회수 계획 또는 상각 계획을 별도 제시 요망	

(3) 상품 및 상품 개발 관련 정보

일반적으로 실사 시에 인수 기업은 회사의 상품과 관련해 자료를 요구한다.

첫째, 현재 판매 중인 상품과 용역, 개발 중인 상품과 용역의 모든 내용이다.

둘째, 상품이나 용역의 법적인 인허가 등과 관련된 내용이다.

상품 관련 체크리스트는 다음의 〈표 10-5〉와 같다.

<표 10-5> 실사 체크리스트(상품 및 제품, 개발)

상품과 제품	상품 또는 제품별 과거 성장율과 향후 성장률 추정	
	법인의 상품과 용역, 개발 중인 상품과 용역	
	향후 3~5년간의 상품 및 제품 개발, 판매의 전망	
	법인의 상품과 용역 및 개발 중인 상품과 용역 관련, 모든 테스트, 평가, 연구, 조사 기타 데이터의 요약	
	지속적인 성장과 유지를 위하여 필요한 개발 부서의 인력 충원 내역	
	상품 또는 제품별 가격과 경쟁사의 가격	
	법인의 상품과 용역의 법적인 승인 사항과 관련된 모든 자료	
	법인의 상품과 용역 관련 고객 보증 내용과 모든 고객 불만 사항과 소송	
	상품 및 용역의 품질 매뉴얼 사본	
	품질 관련 수상, 제조 및 공정 관련 증명이나 수상, 기타 수상 내용	
	최근에 진행된 품질조사서 사본	

다음의 〈표 10-6〉은 개발비 관련 실사 정보 요청 내용의 사례이다.

〈표 10-6〉 개발비 관련 실사요청 자료

목록	내용	유의 사항 및 추가 자료	비고
개발비	개발비 내역	프로젝트별·연도별 발생 내역, 비용 구분(재료비, 인건비, 외주비 등)	
	국고보조금 수령 및 사용 내역	프로젝트별·연도별	
	지적재산권 현황		

(4) 재무 정보(Financial)

재무 정보는 핵심적이고 결정적인 정보이다. 실사는 이에 집중된다. 자본적 지출의 처리 기준, 감가상각과 감모상각 방법, EBITDA의 수정 사항, 회계 정책의 변경 등 회계 처리 방법에 대해도 검토한다. 재무 정보로 제공되는 자료는 많다.

첫째, 손익계산서, 재무 상태표, 현금 흐름표 등 3대 재무제표이다. 물론 외부 회계 감사를 받은 것이 선호된다.

둘째, 매출채권 및 매입채무 등의 명세서이다. 채권의 기간 분석(Aging schedules)과 부실 채권의 내역도 필요하다. 계정별 원장도 물론 준비해야 한다. 선급비용, 이연법인세, 보증금 등 자산 명세와 감모상각의 내역, 미지급 비용, 선수금, 대출 등 부채의 내역과 우발부채의 내용도 필요하다.

셋째, 추정 재무제표, 투자예산(Capital budget), 사업 계획 및 전략 계획이다.

넷째 모든 은행계정, 은행금고 및 관련 서명 또는 인감도장이다.

고정자산(Fixed asset)에 관한 상세한 내용도 필요하다. 고정자산의 명세서(자산의 명칭, 취득일, 취득원가, 내용연수, 감가상각 누적금액, 장부가액, 위치, 담보 제공 내용, 소유와 리스 구분), 고정자산의 취득과 매각 내용, 고정자산 취득 미지급금, 유휴자산, 자동차등록증 등이다.

재고 자산에 관한 상세한 내용도 필요하다. 재고 자산의 명세(자산의 명칭, 위치, 수량, 취득일, 취득원가), 재고 자산의 평가와 관련된 회계 방침, 재고 자산 평가충당금의 내역, 위탁 재고 자산에 관한 내용 등이 필요하다. 또한 구매처에 과한 정보도 필요하다.

회사의 세금 관련 정보도 준비해야 한다. 모든 세금 관련 신고서, 원천징수 관련 서류, 부동산 관련 세금신고서, 조세 관련 압류 정보, 향후 문제가 될 소지가 있는 조세 문제 등이다. 특히 세금 체납 등은 중요한 문제이다.

비상장 기업이나 중소기업은 대체로 절세와 기업주의 의중이 반영되며, 사업과 관련이 없는 비용이거나 기업주 관련 비용이 많이 발생하는 편이다.

〈표 10-7〉 실사 체크리스트(재무적 정보)

	최근 재무제표 또는 감사보고서 및 예산서	주석 사항의 특기할 만한 사항 검토
	외부 감사인의 매니지먼트 레터와 내부 통제 제도에 대한 의견	내부 통제 시스템의 문제점 존재 여부 및 평가
	분기 재무제표 분석: 제품별 매출, 지역별 매출, 고객별 매출(상위 10개 고객), 매출 수량 및 가격, 상품 및 제품별 평균 판매단가 및 매출 원가, 매출 원가의 직접 원가와 간접 원가의 구성	
	추정 재무제표	
	최근 중간 재무제표	최종 재무제표 이후의 특별한 변동 사항의 존재 여부
	신용평가서	
	최근의 회계 처리 방법, 회계 정책 또는 회계 처리 절차의 변경	
재무정보	내부 통제 절차의 내용	
	자본적 지출과 수익적 지출에 대한 회계 방침	
	감가상각과 감모상각의 방법	
	최근 사업 연도와 최근의 회계 원장	
	회계 또는 재무 추정 자료, 투자 계획 및 투자 예산, 전략적 계획	
	영업 비용의 분류(Breakdown): 매출 원가, 개발비, 판매비와 마케팅 비용, 일반 관리 비용	
	변동 비용과 고정 비용의 분석 자료 사본	
	매출 총이익 분석 자료 사본	
	모든 은행 관련 계정과 금고와 승인된 서명 또는 도장	
	재무 상태표의 명세: 유동 자산, 유형자산, 감가상각 비용, 매출채권 및 매입채무, 충당금, 미지급비용의 내역	
	매출채권의 기간 분석	
	대손충당금의 설정의 기준	
	부실 채권의 내용	
	분쟁 중이거나 회수 기간이 지난 채권	
	선급비용의 내역	

재무정보	선수금 및 선수수입의 내용	
	지급하거나 받은 보증금	
	금융 부채와 우발채무의 내역	
	매입채무의 기간 분석	
	매입채무의 내역	
	미지급 비용 내역	
	관계 회사와의 거래 내역	
	이익 또는 EBITDA를 조정할 내용	

〈표 10-8〉 실사 체크리스트(조세)

조세 문제	최근의 법인세 신고, 부가가치세 신고, 원천징수 신고, 재산세 등 일체의 세무당국에의 신고서 사본	조세 관련 신고와 납부가 모두 이행되었는지 여부
	최근의 세무 조사 또는 예정된 세무 조사의 내역	
	최근의 조세 심판, 조세 소송의 내역	
	조세로 인한 압류 등의 내역	
	향후 가능성이 있는 조세 관련 문제의 내역	세무당국과의 분쟁 여부
	세무상의 이월결손금 검토	인수 시의 효과 검토

다음의 〈표 10-9〉는 실제로 요청한 재무 관련 정보이다.

〈표 10-9〉 재무 관련 실사 자료 요청 사항

목록	내용	유의 사항 및 추가 자료	비고
재무 서류	직전 연도 및 최근 재무제표, 계정명세서	매출 원가 명세서 포함	
	결산서 및 세무조정계산서	최근 3년간	
	계정별 원장	최근 3년간 엑셀파일로 다운받아 제공	
	세무 조사 결정통지문	해당 시	
기타 재무 실사 자료	자금일보		
	금융거래확인서 또는 잔액증명서		
	통장		
	대여금약정서		
	급여대장	최근 3년	

기타	원천징수이행상황 신고서	최근 3년	
재무	부가가치세 신고서	최근 3년	
실사	퇴직급여 추계금액 명세서	인별 계산 내역 및 퇴직금 규정	
자료	유형·무형자산 감각상각 명세서		

〈표 10-10〉 별첨 자본금 변동 내역

날짜	주식의 종류	증자주식 수	주당 액면가	증자 금액	주당 발행가액	총 발행가액	증자 후 자본금	비고

- 연, 월, 일은 효력발생일을 기준으로 기재(유상 증자: 납입일익일, 무상증자: 이사회결의 시 신주배정기준일vs주총결의 시 주총결의일, 액면분할: 구 주권 제출종료일 익일)
- 비고란에는 주주 배정, 제3자 배정 등 증자 방식을 명기
- 각 증자별 배정내역(배정자, 배정주수, 배정비율) 명세작성: 이사회의사록과 연계

(5) 재고 자산과 구매처 정보(Supplier info)

인수 기업은 구매처와 구매 방식에 대한 정보를 알아야 한다. 주요 구매처, 구매 금액, 구매 정책, 구매처와 계약 관계 등이다. 구매처와의 미팅을 원하는 경우 매출처와 마찬가지로 가급적 거래의 종결 시로 미룰 수 있으면 미루는 것이 좋다.

〈표 10-11〉 실사 체크리스트(재고와 원가 및 구매 관리)

재고와 원가	지역·창고별 재고 자산 리스트(명칭, 구매 시기, 단위, 원가)	
	재고 자산의 평가, 감모손실의 처리 방법 및 그 변동 사항	
	재고 자산 평가손실 충당금과 감액 내역	
	재고 자산 실사 내역	
	위탁재고 자산의 내역과 위탁계약서 사본	

구매	구매금액이 큰 30개 주요 구매처명과 구매금액	
	대체구매가 가능한 새로운 구매처	
	계속주문(Open order)의 품명, 수량, 가격 및 금액	
	구매 정책의 요약	
	구매 약정 및 계약서의 사본	

다음의 〈표 10-12〉는 재고 관련 실제 요구 자료의 사례이다.

〈표 10-12〉 재고 관련 실사자료 요청

목록	내용	유의 사항 및 추가 자료	비고
매출 원가	생산흐름도		
	제조원가 명세서	제품별 또는 사업부별 구분이 가능한 경우 구분	
	매입채무, 미지급금의 연령 분석	정상적인 지급 기간이 경과된 채무는 사유 제시	
	주요 매입처별 매입 금액	최근 3년(외주비 등 포함)	
재고 자산	재고 자산 수불 부	최근 3년	
	과거 재고 자산 실사 자료	최근 3년	
	재고 자산 연령 분석표		

(6) 부동산과 공장 설비(Real estate and facility info)

사업장 리스트, 소유 또는 임차부동산 리스트, 부동산과 관련된 평가·리스·권리증서(Deeds)·보험·측량·용도 지역·특별 허가(Variances)·사용 허가 등, 임대차와 리스조건(시작일, 종료일과 종료에 따르는 권리, 개량권리, 임차료, 구매옵션 등 특수조항, 위반과 관련한 조항 등), 진행 중 또는 계획된 공사내역(착수일, 완료예정일, 자금 조달약정 등) 등의 정보를 제공한다.

부동산 설비	회사 사업장 내역	
	소유 또는 임차부동산 내역과 계약 조건	
	부동산의 평가, 임대, 담보, 사용 허가 등의 내역	
	건설 중인 또는 건설 예정인 설비(착공일, 완료예정일, 자금 조달 계획 등)	
설비 장치	소유 또는 임차 고정자산의 내역(고정자산 설명, 구입일, 가격, 감가상각 기간, 감가상각 누계, 장부가액, 설치 장소)	
	설비 장치 등을 평가한 경우 평가내역	
	설비 장치에 대한 담보 설정 내역	
	최근의 설비 장치의 구매와 매각내역	
	설비 장치 구매 대금 미지급 채무의 내역, 진행 중인 구매 주문 내역	
	유휴 설비 장치의 내역	
	자동차 등의 등록증	

(7) 지적 재산(Intellectual property)

지적 재산은 기업 가치의 주요 요소이다. 특허 정보(이름, 등록번호, 등록일, 만료일, 등록국가 등), 특허 신청 내용, 상표, 상호, 저작권, 인터넷 도메인, 지적 재산과 관련된 분쟁의 내용 등이다.

(8) 임직원 정보(Human resources)

특히 컨설팅회사나 서비스회사의 경우에는 인적 자원이 가장 중요한 가치 요소이다. 또한 인수 기업은 직원의 채용 방식과 보상 체계 등에 관한 정보를 필요로 한다. 조직도, 종업원별 정보(입사일, 직위, 업무, 급여), 종업원과의 모든 계약 관계(고용 계약, 비밀 유지 계약, 경업 금지 등), 핵심 임직원 이력서, 임원 급여 규정 사본(급여, 상여금, 커미션, 휴가, 멤버십 기타), 고용 관련 규정(임직원 복리 후생, 휴가 등), 퇴직 관련 규정, 임직원 보험, 고용 관련 문제(임직원의 부정이나 폭력 또는 폭행, 차별 대우, 노동 분쟁 등), 과거 임직원과의 보상 분쟁의 내용 등이다.

전략적 투자자들은 재무적 투자자들에 비해 임직원에 대한 급여와 복리후생에 더욱 관심을 가진다. 이들은 자신의 기업과 통합해야 하는 문제가 있기 때문이다.

〈표 10-14〉 실사 체크리스트(인력과 인사 관리)

인사 관리	회사조직도	
	부서별 임직원의 인원(임원, 재무, 관리, 개발, 판매, 마케팅, 재고 관리, 영업 지원, 자문 등)	
	임직원 채용 및 퇴사 인원 통계	
	임직원 명단(입사일, 직위, 업무, 연봉)	• 고용 계약서류 검토 • 경쟁 금지 약정 • 임직원 인사 평가 정책
	핵심 임직원의 이력서, 핵심 임직원의 리스트와 급여, 상여금, 기타 복리후생 등	• 급여와 퇴직금 관련 노동법 및 세법과의 충돌 문제 검토 • 임직원 상여금 제도 검토 • 핵심 임직원 보상 계획 검토 • 지연된 보상 제도 확인
	임직원 복리후생 관련 연간 지출내역	• 휴가와 질병 관련 회사 제도 • 회사가 부담하는 임직원 관련 보험 • 기타 퇴직 관련 복리후생

(9) 차입거래(Debt and financial dealings)와 자본

인수 기업은 회사의 자금 조달 능력을 평가해야 하며, 채권자와 회사 간에 무슨 문제가 있는지를 알고 싶어 한다. 어음 발행 내역, 금융어음(Commercial paper) 발행 내역, 대출약정, L/C, 보증 또는 이행채무(Financial surety/ performance bond), 기타 보증 관련 내용, 보증 및 담보 내용, 회사 재산에 대한 제3자의 권리, 채무불이행의 내용이다.

〈표 10-15〉 실사 체크리스트(자본 조달과 자본 구조)

자본 조달과 자본 구조	자본금 내역	
	은행여신한도금액(Bank line)	
	차입금 상환 미이행 내역	
	제3자가 증자에 참여한 경우 참여 시기, 투자자명, 주식평가 내역	

(10) 환경 관련 정보(Environmental concerns)

환경 문제는 점점 실사에서 중요한 이슈가 되고 있다. 회사 또는 회사 자산과 관련된 환경 조사 보고서, 환경과 관련된 정부기관과 회사 간의 환경 관련 통지, 청구, 소송 등, 폐기물 처리와 관련된 이슈, 위험 물질과 관련된 이슈, 환경과 관련된 인허가 이슈, 환경과 관련된 소송 또는 청구, 임직원의 안전과 건강 관련 프로그램이다.

(11) 계약서(Contract information)

모든 계약서의 요약 설명, 종속 회사 또는 공동투자 회사와 관련한 출자자 약정, 회사와 임직원, 주주, 특수 관계자·관계 회사와의 계약, 라이선스·프랜차이즈 등 계약, 리스 계약, 유통·대리인·마케팅·납품 등 관련 계약 및 약정, M&A 관련 계약이나 약정, 타 회사 주식과 관련된 옵션 또는 주식 인수약정, 회사와 관련된 비밀 유지 또는 경쟁 제한(Noncompetition) 약정, 경영권에 영향을 줄 수 있는 약정, 임원과의 약정, M&A 자문 계약, 기타 모든 계약서 또는 약정이다.

〈표 10-16〉 계약서 관련 실사 요청 사례

목록	내용	유의 사항 및 추가 자료	비고
주요 계약	주요 계약서	공급 계약, 매입 계약, 유형 설비 자산 매입 계약 등	
	금융 기관별 주요 약정 사항	한도거래, 지급 보증, 파생상품 등	
	담보 제공 내역	담보를 제공한 자산 또는 타인으로부터 지급 보증을 받은 내역	

(12) 보험 계약(Insurance)

회사의 자산을 보호하고 회사의 위험을 예방하는 보험 가입 내용은 중요하다. 회사가 가입한 모든 보험증서를 준비한다.

〈표 10-17〉 실사 체크리스트(보험과 위험관리)

보험과 위험관리	회사가 가입한 종합책임보험, 종업원보험, 부동산보험, 제품보험, 하자보험, 임원보험, 종업원 보상책임보험 등 일체의 보험 내역 및 사본	
	경영 위험과 관련한 자문사와 관련 보고서 내역	
	보험료 납입 내역과 향후 조정될 보험료 내역	
	보험금 청구 내역	
	보험 손실 내역	
	자가 보험 관련 적립금 내역	

(13) 정부 관련 서류(Governmental filings)

정부의 인허가 등 정부와 공공기관 관련 신고 서류 등, 정부와 관련된 각종 분쟁 등이다.

5) 법률적 문제

(1) 개요

M&A에서 법률 문제는 재무 및 회계 문제와 더불어 핵심적인 주제이다. 대부분 변호사의 자문을 받아야 할 전문적인 분야이다. 특히 M&A를 전문적으로 다루는 변호사가 필요하다.

법률 실사의 주요 관심사는 기업의 성격, 소속된 산업, 사업의 성격 및 그 기업의 리스크에 따라 달라진다. 대체로 회사의 자본금구조, 주요 계약, 지적 소유권, 소송 문제, 담보권과 핵심 임직원 문제에 주안점을 둔다. 물론 법률 실사의 주안점은 해당 회사와 관련된 고유한 법률 문제에 집중한다. IT 기업이라면 지적 소유권, 각종 관련 계약 및 핵심 인력 관련 계약에 관심을 가진다. 중공업인 경우에는 물론 이런 것에 관심을 가지지만, 환경적인 문제와 부동산 문제에도 관심을 가져야 한다.

또한 회사가 당사자인 모든 소송·중재·기타와 관련된 정보, 예정된 클레임·소송·중재·수사·조사, 이러한 것들의 결과, 회사와 관련된 파산·법정 관리·은행관리 등, 회사와 관련된 사법부와 행정부의 각종 조치, 임직원과 관련된 법령 관련 각종 이슈 등도 검토된다.

〈표 10-18〉 실사 체크리스트(법률, 소송과 클레임)

분류	내용
법인 서류	법인의 정관과 회사 규칙과 변경 사항, 변경 예정 사항 •M&A 거래와 관련한 규정의 존재 여부 및 내용 검토
	법인의 등기부등본과 변경 사항, 변경 예정 사항
	법인 설립 서류 일체
	자회사 또는 지점의 내역 및 관련 서류

주주와 임원 관련 사항	거래를 종료시키기 위해 필요한 주주 관련 사항을 확정시키는 것이 주목적
	주주총회와 이사회 회의록 •주주 또는 이사는 총회 등과 관련된 적법한 절차에 의한 서면통지 등을 받았는지 확인 •의사록은 법령, 정관 등에 따라 작성되었는지 검토 •증자나 중요 거래가 법령, 정관 등에 따른 승인 여부 •공시되지 않은 소송 등 사업과 관련하여 논의된 사항 검토
	법인과 주주 간에 주고받은 서류(최근 결산보고서와 주주총회)
	주주명부(이름, 주소, 전화번호, 소유 주식 수) •주주명부의 정확성 검토 •주주명부와 재무제표의 자본금과 일치 여부 검토 •기발행 주식의 적법성 검토
	임원 명부(이름, 주소, 전화번호)
	주주 간 약정서, 의결권위탁약정서, 회사 또는 관계 회사 주식의 매각·이전·합병·
주주와 임원 관련 사항	의결권 등의 제한과 관련한 약정서 •기업 M&A를 위한 주주 또는 채권자의 동의 또는 특별한 결의요건의 존재 여부 검토 •이러한 약정 등이 정당한 절차에 의해 이루어진 정당한 거래인지 여부 •M&A를 진행하는 경우 특별한 조건의 존재 여부 •M&A 이후 인수자가 모든 이러한 약정 등을 인수하는지 여부 •일부 주주가 M&A 계약 해지권을 보유하였는지 여부
	회사의 주주, 경영권에 영향을 미칠 수 있는 모든 약정 등의 사본 •우선주식과 전환사채 등이 기업 M&A와 관련해 거부권을 가지고 있는지 검토
	자회사, 법인이 주주인 회사, 법인의 주주인 회사와의 약정사본과 관련 권리의무의 내역
	합작투자약정, 타 회사에의 주식 인수 약정, 기타 권리의무 내역
	회사가 한 증권 발행 약정, 증권 발행의 제한 약정, 증권환매수 약정이나 옵션, 과거 증권 발행과 환매수 내역, 우선구매권(Rights of first refusal), 신주 우선인수권(Preemptive rights), 주식 매각의 제한 사항(Restrictions on transfer of stock), 증권 취득 워런트 또는 기타 권리(Warrants or other rights to purchase securities), 의결권위탁 관련 약정 •정관의 수권주식 수가 이러한 옵션 등에 따른 발행 가능 주식 수를 만족시키는지 검토
	M&A 등과 관련된 인수의 내역, 의향서, 약정서 등 일체 서류 사본
	회사 M&A와 관련된 모든 계약서 사본

주주와 임원 관련 사항	이사와 감사명부 • 이사와 감사가 정관 등에 따라 적법하게 임명되었는지 검토
	임직원에게 부여한 스톡옵션 등 주식관련 약정의 내역
	임직원과 주요 주주 또는 이들의 가족, 기타 특수 관계자 등과의 계약 관계와 계약서 사본
차입 관련 사항	차입금 관련 대출약정 등의 내역 및 사본 • M&A 시 갚아야 할 부채약정의 존재 여부
	차입과 사채 관련 지급 보증, 담보 제공, 제3자 의무, 상환 의무 등의 내역과 사본 • M&A 시 인수 기업이 부담할 사항의 검토
	사채, 전환사채의 약정서와 핵심 조건, 이자 발생 금액, 발행 조건
	차입과 사채 관련 배당 제한의 내역
계약 및 약정	라이선스, 로열티, 프랜차이즈, 리스계약서 사본
	판매, 라이선스 등 회사의 각종 표준계약서 사본
	회사가 당사자인 비밀 유지약정서나 경업 금지약정서 사본 • 회사의 사업 범위 또는 제품 범위의 제한이 있는 계약의 존재 여부 검토
	유통망, 판매 대리권 계약(Distributorship agreements), 하청업체와의 계약(Supply agreements), 마케팅 계약, 외부 가공 계약(Value added reseller agreements), 제품 개발 약정 등 배타적 약정, 권리의무 내역과 관련 약정서 사본 • 계약서의 계약 기간, 취소 가능성, 무리한 약정, 계약서상의 권리와 의무의 검토 • 인수 기업의 방침과 일치하는지 여부 검토 • M&A 시 문제될 조항의 존재
	회사와 관련한 모든 경영 관리의 약정서 사본
	회사와 관련한 모든 면책 또는 손해 보상 약정서 사본
	고정자산의 구매 약정 및 회사 경영과 관련한 약정 등 회사의 경영에 중요한 약정서 사본
	재협상이 임박한 모든 약정서 사본
우발채무 관련	다음의 것과 관련된, 실사리스트에 언급되지 않거나 감사보고서에 기록되지 않은 예상부채(Contingent liability) • 계약서 또는 약정서 • 판매 가격 결정, 협상과 인상 또는 인하 조항 • 보증 또는 애프터서비스 조항이 있는 매출 • 해외 판매 • 제품 보장 채무

우발채무 관련	•퇴직자 연금 등 보장 사항
	•독과점 금지 등과 관련한 사항
	•평등권과 차별 금지 조항
	•환경 문제
	•기타 회사와 관련한 일체의 문제
정부 관련 법률 이행	주요한 인허가증·등록 서류·신고서, 사업자 등록
	정부기관에 제출한 보고서 등의 서류
	동 실사리스트에 제시되지 않은 기타 인허가, 승인 사항 등의 사본
	동 실사리스트에 제시되지 않은 정부 간의 서류, 통지 등의 일체 사본
	진행되었거나 진행 중이거나 진행 예정인 정부 조사 등의 내역
환경 문제	회사 재산에 대한 환경 관련 조사 또는 검토보고서의 사본
	환경 관련 채무, 통지서, 소송, 고발 등의 내역
	폐기물과 위험 물질 관련 법률 저촉 여부에 관한 내외부 보고서
	위험 물질의 내역
	공기 또는 물의 사용, 폐기물·위험 물질의 보관 및 처분 기타 환경 문제와 관련한 인허가 등
	폐기물 등의 처리 규정
	회사에 불리한 새로운 환경 문제의 내역
	공해 방지와 관련한 지급 의무의 내역
	향후 가능한 환경 관련 소송, 청구 등의 내역
	환경 당국과 회사 간의 모든 서류, 통지, 서신 등의 사본
	환경 당국의 보고서, 조사, 허가와 통지, 요청 사항
	사업장의 위험, 환경 등과 관련된 문제의 내역과 관련 서류 사본

(2) 임직원 관련

서비스 산업이나 지적 소유권 또는 지식 중심의 기술 관련 산업의 임직원 관련 법률 실사는 특히 중요하다. 이 실사의 목적은 핵심 인력이 인수 후에 계속 근무하고, 회사가 보유한 지적 소유권의 권리를 확인하고, 임직원의 복리후생을 이해하는 것이다. 법률 실사의 주요 핵심은 경업 금지약정(Noncompete agreements), 전직권유금지약정(Non-solicitation agreements), 비밀 유지 계약(Non-disclosure agreements), 고용 계약, 직무발명약정서(Work-for-hire agreements), 스톡옵션약정, 기타 주식 관련 보상 등이다.

〈표 10-19〉 실사 체크리스트(법률, 임직원)

임직원 관련	회사와 임직원, 자문사, 독립된 사업자 간의 고용 계약, 자문 계약, 개발 계약, 비밀 유지 계약, 직무 관련 발명의 승계 약정, 전직 권유 금지 계약, 경업 금지 약정의 내역과 사본	
	임원 급여, 상여, 특별장려금, 휴가, 회원권 등의 내역과 사본	
	직원의 복리후생, 휴가, 급여 산정 기준 등의 규정 사본	
	퇴직 관련 급여, 연금 등의 내역과 사본	
	단체 협상 약정 등 노동 관련 약정서 사본	
	임직원 복리후생 관련 보험 내역	
	임직원 대출 및 제공한 보증	
	부정 행위, 성폭력이나 폭행, 차별 등으로 인한 임직원 문제의 내역	
	진행 중이거나 진행 가능성이 있는 노동 관련 분쟁, 고충 처리, 중재, 정부 조사, 부당 노동 행위, 불평등노동, 사업장 안전 및 건강 관련 분쟁	
	임직원에 제공된 자동차와 관련된 지출 내역	
	급여와 복리후생 관련 분쟁	
	실업급여 청구 내역	
	사업장 위생 관련 조사, 보고 및 분쟁 내역	
	휴가, 퇴직금, 재해 보상, 대체 근로 혜택, 건강과 의료 관련 혜택, 이직 기타 인사 관리 관련 모든 내부 규정의 사본	
	이익 공유, 성과급 분할 지급, 성과급 관련 규정 내역과 최근 지급내역	

(3) 소송과 분쟁 관련

현재 진행 중인 소송이나 분쟁, 5년 이내의 소송이나 분쟁 등을 검토한다.

<표 10-20> 실사 체크리스트(법률, 소송과 분쟁)

소송과 분쟁	회사와 관련한 과거의 주요, 현재의 모든 소송, 청구, 중재 등의 내역	임직원 관련 분쟁이나 소송 등
	향후 가능성 있는 소송, 청구, 중재 등의 내역	
	회사와 관련한 모든 소송, 청구, 중재 등의 화해, 합의, 명령 등의 내역	
	회사에 특정 행위를 하거나 특정 행위를 금지하는 구속력이 있는 화해, 합의, 판결, 명령, 합의 서류	
소송과 분쟁	회사와 관련이 있는 부도 발생, 법정 관리 등의 진행 내역	
	회계사에게 제공한 모든 변호사 의견서	
	진행 중인 또는 진행이 예상되는 정부 당국의 조사	

(4) 기술과 지적 소유권 법률 실사

지적 소유권과 관련한 법률 실사는 상표, 특허, 저작권, 지적 소유권의 소유권, 지적 소유권의 라이선스, 위반 사항 등을 중심으로 이루어진다. 특히 기술집약적 기업의 경우에 중요한 요소이다.

<표 10-21> 실사 체크리스트(법률, 기술과 지적 소유권)

분류	내용
기술과 개발	지적 재산과 기술 경쟁력
	개발 부서의 개발 전략, 핵심 인력 •회사의 지적 재산에 대한 권리와 임직원 간의 관계 검토 •지적 재산과 관련해 임직원 및 제3자와의 비밀 유지 약정, 발명에 대한 소유권 약정, 경업 금지 약정 및 전직 권유 금지 약정 등의 존재 여부 및 내용 검토
	핵심 기술 개발의 현황, 개발 스케줄, 개발 비용, 개발과 관련된 위험 요인
	등록되지 않은 상표권 및 서비스 표, 국내외에 등록된 또는 등록 신청 중인 특허권, 상표권, 저작권, 서비스 표의 내역(제목, 등록 또는 출원 번호, 날짜, 최초 만료일, 등록 국가, 발명자, 발명 내용) •특허청에의 특허권 등의 등록 내용과 등록 신청 조회 •특허권 등에 대한 라이선스 제공 여부 및 타당성 검토

기술과 개발	• 양도, 담보 제공 등의 조회 • 주요 특허권 등에 대하여 선행 기술 조사(Prior art search), 출원 경과 기록 　(Prosecution history) 등에 의한 유효성 및 가치의 검토 • 주요 특허 등에 대한 제3자의 특허권의 검토 • 특허권 등 권리에 대한 클레임, 소송, 심판 등의 검토 • 발명자가 임직원인지의 검토, 제3자인 경우 정당한 양도 절차 여부
	지적 재산의 라이선스 또는 기술의 부여약정
	지적 재산과 관련된 컨설팅 계약서 등의 내역
	인터넷주소 권리의 내역
	영업 비밀 또는 노하우 보호 방법의 내역
	중요한 영업 비밀 또는 노하우의 내역과 관련된 약정서
	업무 관련 지적 소유권 약정서
	회사, 자회사 또는 제3자의 지적 소유권 관련 분쟁 등의 내역과 관련 서류 등
	회사가 사용 중인 컴퓨터 프로그램 내역과 카탈로그
	컴퓨터 소프트웨어와 관련 기술의 개발, 소유권, 명의 관련 서류
	현재 진행 중이거나 중단된 소프트웨어 프로그램의 디자인, 개발, 프로그래밍, 보완 또는 유지를 위한 외부 기업과의 약정이나 양해각서의 리스트
	소프트웨어 프로그램과 관련된 소스 코드의 공개와 관련된 약정의 리스트
	소프트웨어 프로그램 또는 관련 기술에 대한 권리, 소유권 기타를 취득할 수 있는 권리를 부여한 약정, 옵션 및 기타의 리스트

4. 실사 진행

1) 실사 방법

(1) 개요

실사는 3단계를 거쳐 시행된다. 우선 실사 준비 단계이다. 기업 실사팀 구성, 실사 범위의 결정 및 실사 전략의 수립이 그것이다. 실사팀에는 기업 내외의 전문가가 참여하며 재무 전문가, 회계 전문가, 법률 전문가, 해당 업종 기술자, 환경 전문가, 산업 분석 전문가 등 필요에 따라 다양한 전문가가 투입된다.

실사 전략은 상황에 따라 달라지나 대상 기업과의 실사 협력, 실사의 범위, 실사 시간과 그 배분 전문가의 활용 방법 등에 대한 검토가 요구된다. 실사 준비가 끝나면 실사 전 사전 조사와 함께 본격적인 실사를 하고, 실사에서 발견된 정보와 기타 정보를 검토해 종합적인 결론을 낸다.

(2) 실사팀 구성

실사를 위한 실사팀 또는 인수위원회(Transition team)를 구성해야 한다. 대기업들은 자체적으로 규모가 큰 사업 개발 부서를 두고 실사를 집행한다. 일부 자문사나 컨설턴트 들은 별도의 사업 부서로서 실사와 통합(Transition)을 위한 컨설팅 서비스를 제공한다. 실사팀은 보통 내부 임직원과 외부 전문가로 구성된다. 외부전문가에는 공인회계사, 변호사, 경영 컨설턴트, 엔지니어, 감정평가기관, 환경 전문가, 마케팅 전문가, 재무자문사(Financial Advisor) 등이 있으며, 보통 재무자문사가 중심이 된다. 외부전문가를 이용하는 경우 그들의 실사 경험, 산업의 이해력 등을 평가해야 한다. 아울러 각 분야의 외부전문가를 활용함으로써 효과적으로 신속하게 거래를 진행할 수 있다.

(3) 전통적 실사와 전략적 실사

실사에는 전통적 실사와 전략적 실사가 있다.

전통적 실사는 거래의 성사를 목적으로 가격의 적정성, 제공된 정보의 정확성, 제공되지 않았으나 필요한 정보의 수집 등 기술적인 측면에서 이루어진다. 전통적 실사의 대상은 무엇보다도 재무 정보, 조세, 법률(Legal and regulatory compliance), 환경(Environmental compliance), 인적 자원, 계약 등이 포함된다.

전략적 실사는 거래가 현실적으로 타당한지를 평가하는 것이다 기업 인수를 위한 사업 실사(Business due diligence)는 이 두 가지를 포괄하는 실사이며, 사업 개발 또는 기획부서(Business development personnel)와 재무부서가 자문사와 함께 재무적인 관점과 전략적 관점에서 인수가 타당한지를 검토하고, 대상 기업의 문제점(Business skeleton in the closet)을 조사하는 것을 말한다.

기업 실사는 대상 기업과 관련된 과거, 현재 및 미래의 사실, 예를 들어 인적 자원(통합 가능성 포함), 기업 문화(차이 분석과 통합 가능성), 조직구조와 변화와 통합 가능성, 전산설비 등 정보시스템 등을 파악하고, 회계 감사 및 법적 소송 관계 등 법률 검토 등을 하는 것이다. 보통 실사를 재무 현황 조사(Financial Due Diligence)나 회계사의 회계 실사로 사용하기도 하지만, 이는 실사의 한 측면일 뿐이다. 이러한 기업 실사에는 많은 시간과 노력이 투입되며, 실사 결과는 기업 인수 여부, 기업 가치 평가와 매매가액 및 매매조건 등 협상에 결정적인 영향을 미치고, 인수 후의 통합 전략과 경영에도 중요한 정보로 사용된다.

이러한 실사를 위해 기업설명서와 자료실을 통한 자료를 입수해 분석하는 것, 기타 대상 기업에 관한 정보를 입수해 분석하는 것이 포함된다. 반면 협의의 개념으로서 실사란 본격적인 협상에 들어가기 전에 대상 기업에 실사팀을 보내 대상 기업의 정보를 정밀 검증하고 분석하는 최종 인수 실사(Final Due

Diligence)를 의미한다.

(4) 실사의 접근법

베인 캐피탈의 경쟁력은 외부인의 시각에서 새롭게 기업을 바라보는 독립성에 있다. 단순히 산업 보고서, 사업전략 보고서에 의존하지 않고 밑바닥부터 다시 독자적인 판단을 하는 것이다. 종이에 적힌 숫자만으로 해당 기업의 사업을 판단하기에는 한계가 있다.

투자 논거가 유효한지 시험해보기 위해서 자료를 들여다보는 데 많은 시간을 허비하기보다는, 해당 기업의 고객, 협력업체, 직원, 채권자, 경쟁사 등을 인터뷰하는 데 더 많은 시간을 할애해야 한다.

평판조사(Reference check)를 하는 것도 필요하다. 투자 과정에서 100여 명의 고객에게 전화하고, 50여 명의 고객과 각각 한 시간 넘게 인터뷰하기도 한다. 이미 알고 있는 정보를 말해 주기도 하지만, 가끔 새로운 사실을 제공하기도 한다. 실사를 할 때에는 전략적 판단에 집중하며, 어떤 실사 전문가는 90%의 시간을 전략적 실사에 쏟는다.

피인수 기업의 온갖 내용을 검토하는 인수팀을 발족시키다보니 결과적으로 사업의 핵심에 주의를 기울이는 시간이 적다. 인수 대상 사업에서 가장 중요한 부분에 초점을 맞추고, 나머지는 아웃소싱 하는 것도 좋다.

2) 전략적 실사

전략적 실사(strategic and operational review)는 인수 기업의 내부 기준에 따라 검토하여 이 거래가 현실적으로 타당한지를 평가하는 것으로, 두 개의 핵심적인 질의에 대한 답을 찾는 것이다.

첫째 질문은 외적인 것이다. 이 거래가 경제적인 매력이 있는가? 둘째 질문은 내적인 질문이다. 인수를 한 후 목표 가치를 실현할 수 있는가? 인수 기업의 고위급 관리자가 중심이 되어 매각 기업의 경영진에게 경영과 마케팅 및 영업 전략 등에 대한 질문으로 시작된다.

전략적 실사를 위한 개념을 표로 나타내면 다음의 〈표 10-22〉와 같다. 이 표는 두 가지 질문에 대한 답을 찾기 위한 방법론의 사례를 제시한다. 이 표는 시장 이해, 경쟁 상황 이해, 고려할 주요 전략 이슈, 현 전략 계획에 대한 영향, 거래의 합리성 평가를 위한 핵심을 제시하고 있다.

〈표 10-22〉 전략적 실사의 방법론

"거래는 경제적 타당성이 있는가?" ▶	2. 시장 세분화와 성장률 추세 평가	3. 경쟁사의 핵심적인 전략과 기술의 추세를 요약 정리	7. 요약과 방향(Summary and recommendations)
	• 외부 인터뷰: 선정된 전문가, 고객과 유통 채널	• 외부 인터뷰: 선정된 전문가, 고객과 유통 채널	• 마켓, 기술과 경쟁의 추이에 대한 통찰(Perspective)
	• 주요 세분 시장의 구매 수요와 성장동력(Growth drivers)에 대한 전망과 통찰	• 블라인드 인터뷰: 2차 집단과 선정집단(Secondary sources and select)	• 핵심적 전략 이슈에 대한 통찰(기회와 위험)
	• 관련 시장의 크기와 성장 전망에 대한 개략적 평가	• 요약정리: 경쟁사의 집중분야, 입지(Positioning), 고객 입장의 기업 상품의 가치(Value proposition), 전략적 위상(Strategic initiatives)	• 현 전략 계획에 대한 코멘트
	• 해당 분야에서 선호되는 사업 모델 평가	• 주요 기술의 추세와 경쟁사들의 기술 면에서의 동향	• 사업 계획에서의 핵심적 가정과 전제에 대한 의견 조정(Consensus)
			• 중요한 불확실성에 대한 언급
			• 고려 중인 거래에 대한 의견 조정(Consensus)

1. 기초적 출발점	5. 사업 계획 리뷰	
• 경영자 브리핑과 인터뷰 • 자료 수집과 검토 • 시장 조사, 사업 계획, 전략보고서, 시나리오 연구 • 투자를 위한 최초의 가정 • 시장 세분화와 성장률 추세 • 기술의 추세 • 경쟁사의 위험 • 회사의 포지셔닝과 능력	• 회사의 매출, 원가 및 자금 조달의 분석 • 투자 계획안이 기술전략을 지원할 수 있는지 여부 • 시너지의 내용과 수량화(Synergy identification and quantification)	▶
	4. 경영 기업과 경영 능력의 평가	6. 기업 전략의 위험 검증(Stress test corporate strategy)
"우리는 거래로 목표 가치를 실현할 수 있는가?" ▶	• 회사의 내적인 평가 (Internal company analysis) • 본전략을 추진할 수 있는 경영 능력을 회사가 보유하고 있는지 평가 • 목표로 하는 시너지가 달성될 가능성이 있는지의 여부를 검토	• 현 사업전략의 위험 검증을 위한 내부 논의 • 전략의 현실적 내용 (Fact base of the strategy)의 이해 • 계획 기간 동안의 전략 이행 능력과 중장기 생존 능력(Sustainability) 평가 • 전략의 조직 적합성과 인적 적합성 판단 • 마케팅 전략이 목표에 합치하는지 검토

(출처: Kenneth H. Marks, 《Middle market M&A》, New Jersey, Wiley & Sons, 2012, p. 40.)

인수 기업은 자체적으로 시장 조사나 대상 기업 분석을 행한다. 그리고 인수 대상 기업의 임직원을 면담하기도 한다. 그리고 인수 대상 기업에 실사 체크리스트를 제공한다.

3) 전통적 실사

전통적 실사는 기업이 주관하지만, 회계법인 같은 전문가들을 이용하는 것이 필수적이다. 전통적 실사는 인수 대상 기업의 재무 상태와 영업 실적 등을 실사하고 재무 추정을 위한 틀을 제공하기 위한 것이다. 수익성 분석을 통해 기업의 가치를 추정하기 위한 기본 자료를 확보하고, 향후 인수 후의 구조 조정과 경영 개선을 위한 자료를 확보할 수 있다.

매출에 대한 분석은 시장상황과 경쟁력 분석, 영업 조직과 유통망 및 제품에 대한 평가가 포함된다. 팔려고 내놓은 측에는 인위적으로 매출을 부풀리거나 비용을 줄여 가격을 높일 수 있는 방법이 많다. 이런 과정을 '돼지 목에 진주목걸이(Perfuming the pig)'라고 부른다고 한다. 매출금액을 높이기 위해 팔리지도 않는 상품을 매출로 기록하기도 한다. 심지어 허위 매출을 기록하기도 한다. 매출 원가를 구성하는 비목들에 대한 실사와 함께 원가율 분석을 해야 한다. 필요한 경우 원가관리시스템을 평가하고, 원가 절감 요인과 시스템 개선 방안도 고려해보아야 한다. 판매비와 관리비에 대한 실사와 정확성 분석도 상세하게 해야 한다. 비효율적인 자산 유지 비용(고가의 자동차, 별장 등 유지 비용), 비업무용 자산, 불필요한 비용 지출 등을 파악해 향후 경영 개선에 사용한다. 인수 후의 수익성 개선과 기업 가치 요인에 대한 정보를 확보하고, 민감도 분석 등을 통해 위험을 평가하기도 한다.

재무 상태 실사의 목적은 자산과 부채를 실사를 통해 그 정확성을 확보하고 거래 가격의 조정에 반영하는 것이다. 부실 채권 파악, 재고 자산 실사, 부실 재고 파악, 재고 자산 평가 방법 평가, 고정자산 실사 및 상태 파악과 수선 필요성 파악 같은 실사가 이루어진다. 부채 실사는 주요 구매처의 현황을 파악하고 구매거래의 현황과 관계, 금액과 거래 조건에 대해 채권자와의 불일치, 회계와 조세 문제, 사후 서비스 같은 것과 관련된 부채, 계류 또는 예상되는 소송, 우발 채무와 부외 부채 여부에 대한 분석을 한다.

4) 법률적 실사

법률 실사(Legal due diligence)는 인수 기업의 내부변호사(In-house counsel)나 외부 변호사가 인수 대상 기업의 법률적 문제를 검토하는 것이다. 법률 실사는 일반적으로 사업 실사와 함께 변호사가 주도적으로 추진하며, 법률 실사 체크리스트와 함께 시작한다. 때로는 인수 대상 기업이 작성한 명세서를 받아 이를 검토하는 것으로 대신하기도 한다. 이는 중소기업에서 많이 하며, 법률 실사를 연기해 비용을 절감하려는 경우이다.

매도기업은 매수자가 요구하는 자료들을 검토해 정보를 어느 정도 공개할 것인지 등을 결정해야 한다. 거래가 종결되는 시점에서 변호사에게 거래의 적법성(정당한 승인을 받는 등 법적 절차), 계류 중인 소송과 예상되는 소송 등에 대한 검토, 기타 우발상황 등에 대해 법률 검토의견(Legal opinion)을 받아야 하며, 매수자가 이를 요구하기도 한다.

법률적으로 문제되는 사항으로서 유의해야 할 점은 많다. 회사 일반에 관한 사항으로서 해당 회사의 주식 발행, 주주총회 결의와 운영 규칙, 정관, 이사 및 감사 등 경영진 현황과 이사회 운영 규정과 결의사항을 꼼꼼히 살펴봐야 한다. 자산 현황 및 압류, 담보 등 권리 제한, 채권·채무 관련 법률 문제, 우발채무 등을 자산별 계약별로 파악해야 한다. 주식 인수가 관계 법령에 위배되지 않는가도 검토해야 한다. 아울러 기업 결합신고의 대상이 되는지 여부, 자본거래가 〈외국환거래법〉에 의한 신고 대상인지 및 '세법'상 관련 규정도 파악해야 한다. 지적재산권인 상표권과 특허권, 지적 소유권 사용계약서도 살펴봐야 한다. 아울러 환경 및 안전에 관한 사항으로 인허가 현황, 폐기물 처리와 환경 안전 관리 검사 현황 등을 파악한다. 보험 가입 내용 및 조세 체납 여부를 확인하고 소송 현황과 관련 가압류 조치 사항 및 예상되는 소송도 검토한다. 오늘날에는 환경 관련 문제가 이슈로 부각되면서 전문적 환경 컨설팅 기업을 고용해 실사를 진행하기도 한다. 기업을 인수할 때, 지식재산권(IP, Intellectual Property)은 중요한 요소이다. 인수 과정에서 기업이 보유한 지식 재산을 제대로 파악해야 인수 이후의 법적 위험을 줄이거나 예방할 수 있다. 이를 위해 지식재산 전문가를 통해 치밀한 실사 작업도 하여야 한다. 핵심 인력이 이탈하면 지식재산이 무용지물이 될 수 있으므로 비밀 준수 계약, 경업 금지 계약, 고용계약서 등을 상세하게 파악하여야 한다.

기업이 보유한 지식재산이 어느 정도의 법적 보호를 받고 있었는지를 파악하여 추가적인 안전장치가 필요한지 파악하여야 한다. 직무 발명은 임직원이 개발한 제품을 말한다. 직무 발명을 둘러싼 권리 의무 관계를 파악하여야 하며 직무발명자에 대한 정당한 보상이 이뤄졌는지도 들여다보아야 한다.

2017년 삼성전자가 '글로벌' 전장 기업 하만(Harman)을 약 10조 원에 인수했다. 삼성전자 미국법인(Samsung Electronics America, SEA)의 신설 자회사 실크(Silk)와 하만의 합병을 통해 하만 주식 100%를 취득하는 방식으로 인수한 것이다. 미국 델라웨어 주의 법령상 역삼각 합병에 따른 거래로 기존의 하만 주식은 모두 소멸하고 실크의 주식만이 취득 후 소유주식으로 남았다.

지식재산 기업을 존치시키는 형태의 역삼각 합병은 지식재산권을 양도·이전하는 과정에서 발생될 수 있는 브랜드 가치 훼손 등을 방지하는 데 도움이 된다.

검토되는 자료로는 회사의 기본서류(정관, 등기부등본, 주주명부, 주주총회 및 이사회 의사록, 사규, 고용 계약 등 노동 문제), 중요 계약서(차입약정서, 지적 소유권 등의 사용료계약서, 리스계약서, 회사와 주주 간 또는 주주 상호 간의 약정서, 기타 약정 사항Commitments), 매도기업이 제시한 정보, 계류 중인 소송과 예상되는 법률분쟁, 소비자 보호문제, '공정거래법' 관련 문제, 국제 무역 문제 등과 인수 대상 기업의 법률 문제 등이 있다. 특히 기업의 환경에 대한 책임이 커지고 있어 폐기물 처리 등의 책임 등에 대한 검토가 필요하다.

환경 문제가 중요한 경우에는 법률전문가와 환경 문제 전문가가 공동으로 환경 실사(Environmental due diligence)를 해 공장 부지를 파보고, 폐수시설을 점검하고, 공해로 인한 주민과의 마찰 문제와 공해피해자들의 건강 상태를 검토해본다.

해외의 기업을 인수하는 경우 특히 현지법을 이해하고 준수하는지를 검토하는 것이 요구된다.

5) 실사의 진행

실사는 M&A에 대한 논의가 시작되자마자 지속적으로 이루어진다(Ongoing process). 물론 공식적인 실사는 제안서 또는 의향서가 서명되고 최종 거래 종결 전에 이루어진다.

실사는 60일 이상 하지 않는 것이 좋다. 그 기간은 배타적 거래 조항에 기재된 기간 이내에 해야 한다. 그렇지 않으면 매각 기업은 실사를 하는 중에 다른 인수 기업을 만날 수 있기 때문이다.

과거에는 수많은 자료를 준비한 방에서 실사를 하였다. 오늘날에는 인터넷의 발달로 실시간 데이터룸을 이용하기도 한다.

인수 기업으로부터 추가적인 정보를 요청받은 경우 제공할 정보가 필요한지는 그러한 정보가 거래의 성사에 도움이 되는지의 여부이다.

5. 실사와 종결

실사의 목적은 실사 자체가 아니다. 그래서 실사 후에는 '실사 전에 감안했던 시너지'등을 다시 평가해야 한다. 실사 후 재평가를 하면 좀 더 합리적인 의사 결정이 이루어진다. 보통 인수 후 성공할 가능성이 재평가를 하지 않는 기업보다 4배 정도 큰 것으로 조사되었다. 실사로 발견한 경영 시스템의 비효율을 근본적으로 개량하거나, 고객에게 전에 없던 서비스를 제공하는 등에 의하여 추가적인 이익을 실현할 기회도 얻을 수 있기 때문이다.

실사가 진행되고 완결되는 동안 최종 인수 계약서 작성에 착수한다. 통상적으로는 실사가 종료된 후 본계약 협상을 시작하는데, 시간 관계상 실사와 동시에 협상을 진행하기도 한다.

때로는 실사를 간략하게 할 수도 있다. 이 경우에는 인수 계약서에 매각 기업이 그에 상당하는 강력한 보장 조항을 넣는다. 인수의향서에 제시된 가격도 실사로 바뀔 수 있다. 처음 M&A를 경험하는 기업은 인수의향서가 작성되면 거래는 이제 끝났고 형식적인 절차만 남았다고 착각한다. 그러나 거래가 최종적으로 성사되더라도 인수의향서와 거래의 종결 사이에는 엄청나리만치 큰 금액의 변동이 있을 수 있다. 자문사는 이점에서 협상 조정 역할을 한다. 인수자 측이 지나친 요구를 하는지, 합리적인 요구를 하는지를 간파해야 하며, 인수자가 지나친 요구를 하는 경우에는 협상을 중단시켜야 한다.

실사와 함께 계약서를 작성하기 시작한다. 따라서 계약금을 지급하여야 하는 등 위험이 따르기 마련이다. 따라서 실사가 완료되기 전에 계약금을 지급하는 경우에는 간략한 실사를 하는 것이 좋다. 이 경우 기본적인 질의사항은 다음과 같은 것을 들 수 있다.

〈표 10-23〉 예비 실사 시 간이 질의 사항

구분	질의	주의사항
주식 및 자본	주주명부에 기재된 주주가 주주 전체이고, 전부 실질 주주인지?	차명주주인 경우 전체의 인감도장을 받을 수 있는지?
일반적 사항	회사가 지급 보증을 제공한 경우가 있는지?	
	최대 주주 및 특수 관계자로부터 차입금이 있는지?	차입금이 있는 경우 채권 포기각서를 받아야 함
	구매 및 판매와 관련하여 행정명령이나 소송이 있는지? 예상되는 것은 없는지?	
	회사 및 사업과 관련된 모든 인허가 등록을 받았고 현재 유효하며 분쟁이 생기거나 무효나 취소사유가 없는지?	
	회사 및 사업과 유사하거나 충돌이 되는 회사를 설립한 경우가 있는지?	
	제3자나 다른 회사에 회사의 기술을 이전하기로 하거나 이전을 약정한 것이 있는지?	
	어음이나 수표를 사용하는지?	
고객과 마케팅 관련	매출채권 중 회수가 안 되는 채권이 있는지? 그 원인은?	
	장부상에 기록된 부채 외에 부채는 없는지?	
	프랜차이즈 가맹점으로부터 컴플레인(Complaint), 소송이나 보증한 것이 있는지?	
회계와 세무관련	부가가치세, 법인세, 원천징수, 4대 보험 등 신고와 납부는 완료하였는지?	가능하면 납부 영수증 확인
	본사나 가맹대리점 중 세무 조사나 세무소송을 하였거나 세무조사의 통지를 받은 것은 있는지? 있다면 그 내용은?	

회계와 세무관련	장부에 반영되지 않은 것으로, 임직원이나 제3자에게 정상적인 것이 아닌 금액을 지급하거나 지급할 것이 있는지?	
	장부에 반영되지 않은 것으로, 정상적인 사업 과정에서 발생하지 않는 특별한 금액의 거래가 있는지?	
임직원	급여와 퇴직금은 전액 지급하였는지?	
	노조가 있는지?	
	회사의 핵심 임직원이 퇴직하였거나 퇴직할 가능성이 있는지?	
	임직원에게 스톡옵션을 주거나 주식을 인수할 수 있는 권리를 부여했는지?	

6. 실사와 통합

통합 계획은 실사 첫날부터 세우기 시작해야 한다. 통합의 실행 가능성과 비용은 통합의 궁극적인 성패를 가르는 가장 큰 요인이기 때문이다.

이 두 가지 측면에 대한 고려 없이 철저한 실사를 하거나 적당한 인수 가격을 책정하는 것은 불가능하다.

실사가 효과적으로 진행되려면 거래 및 통합과 관련된 리스크를 파악하기 위해 실사팀이 공조를 이루며 일을 해야 한다. 실사를 하면서 통합을 준비하지 않는 것은 큰 실수이다.

실사팀은 실사를 하면서 통합에 필요한 정보들을 꼼꼼히 정리해 통합팀에 넘겨줘야 한다. 실사를 진행하면서 사전에 통합을 위한 준비와 점검을 하는 것이 바람직하다.

제11장 종결과 계약

1. 거래 마무리

1) 종결의 개요

거래의 마무리(closing)는 주주, 정부 및 고객과 구매처 등 제3자로부터 필요한 동의를 받고 인수 계약서를 완결하는 것이다.

2) 사전적 검토

(1) 고용의 문제

거래를 종결하기 위한 조건 중 하나는 핵심 인력들의 경업 금지약정과 고용의 계속이다. 특히 기술 중심 기업을 인수하는 경우나 임직원이 중요한 자산인 기업을 인수하거나, 경영에 참여하지 않는 사모펀드가 인수하는 경우 중요한 인수 조건이 된다. 인수 계약서에서는 이러한 고용조건을 사전 또는 사후에 만족시키지 못하는 경우 가격을 감액시키는 조항을 넣기도 한다.

때로는 매각 기업의 주주는 매각 대금 중 일부를 종업원들에게 주기도 하며 종업원에게 지급하는 금액을 매각금액에서 차감하기도 한다. 잔류조건 보너스 프로그램(Stay bonus program)은 계약 형식으로 진행되기도 하고, 계획으로만 진행되기도 한다. 이는 거래 종결 시까지 또는 종결 후 6개월 또는 1년 정도의 이전기간(Transition period) 동안 인수 기업과 함께 잔류를 하면 인수 대금의 일정 비율 또는 일정한 금액을 지급하는 것을 말한다.

특히 인수 계약을 하면서 이러한 계약을 선결 요건으로 하는 경우 해당 인력들이 큰 이득을 얻고 거래가액에서 손해를 볼 소지도 있다. 따라서 거래의 기본적인 조건이 합의된 후 최종 인수 계약에 합의를 하기 전에 이러한 것에 대해 협상을 하는 것이 좋다. 그래서 최종 인수 계약과 이러한 약정이 동시에 이루어지도록 해야 한다.

자문옵션은 매각 기업의 경영자가 일정한 기간 동안 자문을 해주면서 추가적인 대가를 받는 것으로, 이러한 방식은 매각 대금을 상승시킬 수 있는 방법 중의 하나이다.

(2) 노조의 문제

기업 인수·합병에서 노동조합은 큰 변수이다. 노동조합의 유무가 인수 후보들의 전략에 영향을 주고 있고, 심지어는 매각 가격에까지 상당 부분 반영되고 있다.

노조는 인수자에게 부담요소다.[1] 노조와 직원의 시위로 무산되기도 한다.

따라서 노조 문제는 사전에 정지를 해야 한다.

(3) 조세의 문제

법인이 납세의무를 이행하지 않는 경우 대주주 또는 과점주주도 법인이 낼 세금에 대해 이차적으로 납세의무를 부담한다. 특히 기업을 주식거래에 의해 처분하는 경우 과거의 대주주 또는 경영자가 경영하던 시기의 세금을 누가 책임질 것인지 문제가 발생할 수 있다. 물론 계약서에 과거의 세금을 과거의 대주주가 부담한다는 계약을 하거나, 주식거래 가액에서 이를 감안해 계약할 수 있지만, 그러한 조항이 없는 경우 새로운 대주주는 법인의 납세의무를 부담하지 않을 수 없다. 한편 과거 대주주나 경영진이 운영한 시기의 세금추징액이 지나치게 커서 법인이 부담할 수 없는 경우는 더욱 문제이다. 이 경우 법인이 세금을 납부하지 않는 경우 과거의 대주주가 이차적인 세금납부의무를 부담해야 한다.

관련된 세법의 규정을 간략하게 소개하면 다음과 같다. 법인의 재산으로 그 법인이 부담할 국세 등에 충당해도 부족한 경우에는 무한 책임사원과 과점주주는 제2차 납세의무를 부담한다.[2] 다만, 과점주주의 경우에는 해당 과점주주가 실질적으로 권리를 행사하는 주식 수(의결권이 없는 주식은 제외한다)의 비율만큼만 부담한다.[3] 그러나 상장법인의 대주주는 이차납세의무가 없다.[4]

법인의 주주로서 제2차 납세의무를 지는지 여부는 당해 국세의 납세의무성립일 현재 주주명부상의 지분율, 과점주주간의 관계, 법인에 자금을 투자할 수 있는 경제적 능력 여부, 임원 선임권 행사 여부, 경영권 행사 여부, 이사회 및 주주총회 참석 여부 등 구체적인 사실관계를 종합적으로 살펴서, 과점주주

등을 종합적으로 판단해 결정한다.[5]

2. 변호사 자문

　인수 계약서를 작성하는 동안 M&A 전문 변호사와 계약을 체결하고 법률적인 문제만을 다루어야 한다. 거래와 관련된 비즈니스 관련 이슈들은 자문사가 다룬다. 변호사들은 '목숨을 걸고' 비즈니스 조건을 협상하지 않는다. 그것은 그들의 일도 아니다. 변호사는 거래를 성사시키는 사람(Deal maker)이 아니다. 변호사는 거래를 성사시키는 사람이 불법적이거나 효력이 없는 일을 하지 않도록 하는 법률전문가이다.

　비스니스와 법률은 별개의 세계이며 달리 접근해야 한다. 즉 계약서의 작성 등 법률 문제는 '전문가'의 영역이며 반드시 변호사에게 의뢰해야 하며, 그들의 판단을 따라야 한다. 알아야 할 것은 대부분의 법무법인은 수많은 법적인 문제를 협상하는 지루한 업무를 신입 변호사에게 맡긴다는 점이다. 이들은 대개 감성적이고 수동적인 태도를 가진다. 이들은 계약서에 수정문구를 빨갛게 선을 긋고, 새로운 계약서를 제출한다. 새로운 부분은 파랑색 또는 초록색으로 표시한다. 반대 측의 변호사는 마찬가지로 신입이며, 이들은 수정된 계약을 무시하고 원래 계약서로 돌아간다. 이렇게 반복적으로 진행되면 결과적으로 변호사 비용은 늘어난다. 변호사는 계약서의 법률적 문제에 집중하게 하고, 거래 조건의 협상은 자문사가 하는 것이 좋다.

기업을 매각하는 경우 대부분의 중견기업이나 대기업들은 6개월 내지 1년 전부터 매각과 관련된 법률적 이슈들을 사전에 변호사와 협의해 검토를 한다. 이러한 검토사항은 엄청나게 많을 수 있다. 보통 변호사들은 로스쿨에서 공부를 할 때 엄청난 분량의 계약서를 만들고 검토하는 훈련을 받는다. 반면 MBA에서는 핵심을 찌를 수 있는 간략한 보고서를 만드는 훈련을 받는다.

M&A에서 변호사는 경영권 거래와 관련한 법률문서를 작성하고 검토하며, 고용 계약, 리스계약, 절세, 부외부채 등의 많은 문제들을 다룬다. 변호사를 선임하고 효과적으로 협력하는 것은 거래의 성사에 큰 영향을 미친다. 따라서 적절한 변호사를 선임하고 공동 작업을 하는 것은 필수이다.

그러나 문제는 해당 기업이 오랫동안 이용해 온 변호사가 있기 때문에 다른 변호사를 선임하는 것이 신의를 배반하는 것 같아 찜찜해한다. 이런 경우에는 전문 변호사를 고용하고 기존 변호사가 관련 있는 항목을 함께 검토하는 것도 한 방법이 될 수 있다.

명심할 것은 M&A는 변호사에게도 전문적인 영역이라는 것이다. 보통 대형 로펌에서 전문적인 변호사들이 일하고 있다.

일반적으로 매각 측 변호사와 인수 측 변호사의 역할은 다음의 〈표 11-1〉과 같다.

〈표 11-1〉 M&A 변호사의 역할

매각 측 변호사의 역할	인수 측 변호사의 역할
거래 진행 자문	거래 진행 자문
거래 포인트 자문	거래 포인트 자문
실사 자료 준비와 실사검토사항 지원	법률 실사의 실행과 다른 실사의 조정
거래문서 검토와 협상(비밀 유지약정서, Term sheet, 의향서, 인수 계약서)	거래문서 작성, 검토와 협상(비밀 유지약정서, Term sheet, 의향서, 인수 계약서)

거래리스크 인수 측으로 전가업무(보장상항의 축소와 제한, 보상조항의 제한)	거래리스크 매각 측으로 전가업무(보장상항의 확대, 보상조항의 확대)
거래 성사를 위한 해법을 제공	거래 성사를 위한 해법을 제공

인수 측 변호사는 증권 거래 관련 법률, 공정 거래 관련 법률 및 기업 법에 대하여 검토하고 문제점의 해결 방안에 대해 조언한다. M&A에서 자문 변호사는 이해관계가 상충되는 매각 측과 인수 측의 해결점을 찾아내고 제안하는 것이다. M&A 전문 변호사는 거래가 종결되는 데 장애가 되는 요소를 해결할 수 있는 풍부한 경험과 지식을 가지고 있다.

M&A에서 변호사는 핵심적인 역할을 하며, 매각의 초기부터 계약을 하는 것이 효과적이다. 중견기업 이상의 기업은 대부분 자문기업과 자문 계약을 맺기 이전부터 변호사와 일을 하기 시작한다. 변호사는 주로 거래의 위험을 최소화하는 것에 관심을 가지며, 거래 조건과 매각 후 위험의 최소화, 절세 등을 다룬다.

3. 계약의 이해

1) 인수 계약

인수 계약서 이전에 작성된 서류는 법적 구속력이 없으나, 인수 계약서는 최종적 계약으로 법적인 구속력이 있으며, 그 효력은 장기적이다. 통상적으로 이 서류의 완성이야말로 거래가 성사된 것을 의미한다. 약어로 SPA(Stock purchase agreement), 또는 APA(Asset purchase agreement)를 쓴다.

매각 기업은 매각 시 계약서가 방대하고 복잡함을 예상하지 못한다. 이는 기업을 그냥 돈만 주고받아 악수하고 거래하던 좋은 시절은 옛날이야기다. 오늘날에는 그렇게 거래될 수 없다. 인수 계약서(Definitive purchase agreement)는 전적으로 법률문서이며, 30~100페이지에 달하는 본문으로 구성된다. 심지어는 1,000페이지가 넘기도 한다. 그것은 너무도 길고 상세하고 복잡해 다 읽다간 눈에서 피가 날 수도 있다. 중견기업의 경우라면 50~100페이지가 될 수 있으며, 여기에 별도의 첨부 서류도 많다. 인수 계약서는 너무나도 중요한 서류이고 많은 위험이 도사리고 있으므로 반드시 변호사에게 의뢰해야 한다. 인수 계약서에 포함된 문구 하나에 큰돈이 걸려 있다.

인수 계약서는 대체로 표준계약서(Boilerplate)가 있고, 큰 차이가 없는 문서양식이다. 전통적으로 최초의 안은 인수자가 만들지만, 실제로는 어느 당사자든 초안을 만들 수 있다. 매각 기업은 인수 기업이 초안을 제시할 때까지 꼭 기다려야 하는 것이 아니다. 어떤 경우에는 인수의향서 작성 전에 초안이 제시될 수도 있다. 불합리하고 일방적인 계약서를 제시하면 거래를 망가뜨릴 뿐만 아니라 이를 수정하느라 많은 시간을 소비하고 변호사 비용도 과다하게 지출할 수 있다.

인수 계약서는 크게 매매의 합의, 진술 및 보증, 당사자가 지켜야 할 사항에 대한 부수 조항, 계약 완료를 위한 선결 조건(Closing conditions), 손해 배상 등으로 구성된다. 진술 및 보증은 매도자가 기업의 상태를 매수자에게 진술하고, 그 내용의 진실성을 보증하는 것이다. 매수자는 그 보증을 믿고 인수를 하는 것이므로 사실이 아닌 경우 책임을 물을 수 있다. 매도자는 기업의 실상을 정확히 공개하면 매수자가 그것을 알고 인수한 것이므로 추후 책임을 면할 수 있다.

당사자가 지켜야 할 사항에는 보통 겸업 금지 의무, 기밀 유지 의무, 협조 의무 등이 있다. 거래 선결조건은 거래가 완결되기 전에 꼭 이행되어야 하는 조건이다. 정부승인이 필요한 경우 그 승인을 받는 것이 선결조건이다. 회사 자산이 담보로 제공된 경우 그 담보를 해제하는 것이 조건이다. 진술 및 보증 또는 부수조항 위반의 경우에는 계약위반의 책임을 지지만, 손해 배상의 약속은 그 책임을 수동적인 배상의무에서 적극적인 약속으로 전환시킨다. 모든 선결조건이 구비되면 매매대금이 지급되고, 주식 또는 자산의 소유권이 이전된다. 이를 보통 클로징(Closing)이라고 한다. 매도자 측 변호사, 매수자 측 변호사, 자문사 등 관련자들이 모두 참가해 필요한 서류를 교환해 이루어진다.[6]

2) 투자 계약

경영권투자가 아니라 지분 투자를 하는 경우 계약 문구는 법으로 허용된 범위 내에서 작성돼야 한다. 창업투자 회사가 벤처기업에 투자를 진행할 때 일반적으로 벤처캐피탈 협회에서 권고하는 표준계약서를 기반으로 한다.

국내 벤처캐피탈의 역사도 20년이 훌쩍 넘으며, 투자계약서도 정형화돼 가고 있다. 벤처펀드와 사모펀드는 투자나 담보의 영역에서 큰 차이를 나타낸다. 사모펀드는 메자닌(Mezzanine) 투자를 하더라도 2년 내 주식으로 전환해야 하는 법적 제한이 있다.[7]

4. 작성 시작

통상적으로 실사가 종료된 후 M&A 본계약 협상을 시작하는데, 시간 관계상 실사와 동시에 매매 협상을 진행하기도 한다.[8] 그러나 실사 후에 계약서를 준비하는 것은 바람직하지 않다. 이는 고속도로를 건설하는 곳에서 차선을 칠하는 엔지니어가 고속도로의 마지막 1km의 포장이 다 끝날 때까지 기다리는 것과 같다. 시간이 지체되면 이번 인수자와 거래가 무산된 경우 다른 인수자와 다시 거래를 시작하는 것을 어렵게 만드는 문제가 있다.

인수의향서에 서명을 하고 나면 양측의 변호사가 최소한 전화로라도 통화를 시작하는 것이 바람직하다. 그리고 실사 전에 실사로부터 발생할 문제를 제외하고 모든 이슈들을 마무리하도록 하는 것이 좋다. 이렇게 하면 거래 성사 가능성을 높일 수 있다.

한편 인수자가 금융 기관이나 재무적 투자자로부터 인수 자금을 조달해야 할 경우, 실사와 인수 계약을 완료하기 전에는 자금 조달을 승인받을 수 없다고 말하는 경우가 있다. 그러나 이것 자체가 문제이다. 그 인수자는 자금 조달에 문제가 있거나 금융 기관 등과의 관계가 의문시된다. 자금 조달은 실사 및 인수 계약의 준비와 동시에 이루어져야 한다.

인수가 잘 진행되면 당사자는 계약서를 준비하기 시작해야 한다. 인수실사팀이 실사 평가를 하는 시점에 인수 계약서를 준비하기 시작한다. 계약서 초안은 거래협상의 쟁점들을 하나하나 타결하고 반영해 수정한다. 일반적으로 인수 기업의 변호사가 작성하나, 매도자 측에서 작성하는 경우도 있다. 인수 계약서의 작성은 거래를 조율한 자문사로부터 법률 문제를 조목조목 정리하는 변호사로 역할이 넘어가는 시점이다. 자문사는 잠재적 인수자가 최종적 인수 의향서를 내도록 그 절차와 과정을 종합적으로 잘 관리(Orchestrate)해야 한다.

M&A 계약은 너무도 중대한 것이므로 변호사에게만 의존해서는 안 된다. 그렇다고 계약서와 부속문서를 작성하는 주체가 변호사가 아니라는 말은 아니다. 이는 변호사의 업무이다. 그러나 이러한 문서에 포함되는 재무적 문구는 변호사가 할 수 없다. 운전자금, 에스크로 금액과 조건, 진술(Representations)과 담보(Warranties), 지급조건(Note terms) 등의 핵심 사항은 심사숙고하여 협의해야 한다.

인수 계약은 처음에는 매각 기업 측 입장과 인수 기업 측 입장을 함께 반영하고, 협상 과정에서 매수 기업과 매각 기업의 입장을 반영해 수정되는 것도 감안해야 한다. 또한 계약 조건을 좀 더 합리화할 수 있는 여지를 줌으로 매각 가격이나 조건에 유리한 위치를 점할 수도 있다. 그러나 매수계약서가 인수 기업 측에서 보아 너무 협상하기 까다로우면 인수 기업은 인수 가격을 하향조정함으로써 상쇄하려고 한다는 점을 유의해야 한다. 이러한 시도는 "계약협상에서는 이길지 모르지만, 돈을 잃는 일이다(Winning the legal battle, but losing the price war)." 인수자에게도 마찬가지로 적용될 수 있다.

5. 계약 조율

최초의 안이 제시되면 매각 기업과 인수자 측 간에 협상이 오고간다. 빨간 줄로 표시해 주고받을 수 있고(Redline ping pong), 가필(Marked up)을 하기도 한다. 계약서는 당사자의 변호사들이 만들지만, 자문사는 이를 잘 조율해야 한다. 물론 자문사가 법률자문가일 필요는 없다.

인수자가 협상 과정에서 인수 계약서를 조금도 수정하지 않으려고 해 협상이 무산되는 경우가 종종 있다. 특히 실사를 하고 난 후에는 협상거리가 늘어남에 따라 협상은 더 어려워진다. 인수 기업이 직접적이건 간접적이건 협상을 하면서 인수 가격이나 인수 조건을 변경하지 않으려 하는 것은 자연스런 일이다.

자문사는 인수자의 요구가 정당한지에 대해 통찰력을 발휘해 판단해야 한다. 또한 그 요구들에 대해 적절하게 협상해야 한다. 자문사의 독립적인 입장은 협상에 도움을 줄 수 있다. 협상이 계속되면 매각 기업은 그냥 어느 선에서 협상을 마무리하려고 한다.

우선적으로 거래 협상 시에 합의된 주요 내용이 제대로 반영되었는지를 검토해야 한다. 그리고 첫째, 인수 가격 및 그것과 관련된 조항이 정확한지를 검토한다. 둘째, 협상이 된 거래형태(주식 양도, 자산 양도 등)가 제대로 반영되었는지를 확인한다. 셋째, 지불 유예조항(Escrow)을 확인하고 어떤 조건이 성립되면 언제 지급되는지를 검토한다. 넷째, 지불 유예 금액, 인수 부채, 자문사 자문수수료, 세금 등을 공제한 후 계약이 종결될 때 매각자 측이 받을 현금 금액을 확인한다. 다섯째, 거래 종료 후 수정 사항(Post-closing adjustments)

이다.

인수의향서가 작성되고 최종 인수 계약을 마무리하는 사이의 기간 동안 기업의 실적이 악화되면 어떤 인수자도 이를 그대로 수용하지 않는다. 분명히 중대한 가격의 하향조정 및 조건 악화가 따르는 것은 냉혹한 진리이다.

6. 승인과 공시

제대로 실사해 투자 논거를 철저히 검증하고, 인수 대상 기업의 독자적 가치를 판단했으며, 긍정적인 시너지 효과가 가시화될 수 있음을 확신했다면, 인수 계약서에 서명할 준비가 된 것이다.

한편 인수 계약서의 승인과 서명이 적법한 사람에 의해 이루어져야 하므로 이를 꼭 확인해야 한다. 임원과 대표이사 또는 이사회의 승인, 그룹 회장의 승인, 주주총회의 승인이 요구된다. 상장 기업은 기업 매각 계약이 체결되면 여러 가지 공시를 해야 할 의무가 있다. 보통 계약금을 받고 인수 계약을 체결해 주주총회에서 임원을 바꾸면서 인수 대금 중 잔금을 지급한다.[9] 인수 계약의 서명(contract signing date)과 거래의 종결시점(closing date)은 다르다.

대기업인 경우에는 공정 거래 관련 법률을 검토하여 관련 승인도 받아야 한다. 인수로 인하여 제품의 가격이 오르거나, 소비자의 선택이 제한되거나, 품질이 떨어질 수 있는 경우 관계 당국은 시장 집중에 대하여 검토하기 마련이다. 2016년 공정거래위원회는 SK텔레콤과 CJ헬로비전 인수·합병을 불허했다.

그러나 매년 수백 건에 달하는 공정거래위원회의 기업 결합 심사에서 불허는 1986년부터 2016년까지 30년 동안 단 6건 밖에 없다. 경쟁 제한성이 크다고 분석된 M&A 심사 때도 '특정 사업부 매각' 혹은 '한시적 요금 인상 금지' 등 제한적 조치를 내렸다. M&A 금지 명령을 내린 사례는 1982년 동양화학공업의 한국과산화공업 인수와 송원산업의 대한정밀화학 인수, 2003년 무학의 대선주조 인수, 2004년 삼익악기의 영창악기 인수, 2006년 동양제철화학의 콜럼비안케미컬즈컴퍼니 인수, 2014년 에실로의 대명광학 인수 등 6건이다.[10]

과거 사례를 보면, 합병 후 1위 회사의 시장점유율이 90%가 넘거나 경쟁자가 사실상 사라지는 매우 극단적 독과점 구조, 또는 차 순위 회사와 격차가 너무 커서 사실상 경쟁이 이뤄지지 않을 것으로 예상될 때 기업 결합 불허 결정을 내렸다. 또한 기업 결합 불허 결정이 나온 업종은 비교적 시장 규모가 크지 않은 경우가 대부분이었고, 이번처럼 기간산업에서 불허 결정이 나온 것은 처음이다.

무학의 대선주조 지분 취득 불허는 기업 결합 시 경남 지역 소주 시장점유율의 97.2%를 차지해 사실상의 독점 체제가 형성될 수 있다는 이유였다. 삼익악기의 영창악기 주식 취득을 승인하지 않은 것도 같은 논리였고, 2009년 호텔롯데의 부산파라다이스 면세점 인수가 불허된 것도 너무 높아지는 시장점유율(97.4%) 때문이었다.

동양제철화학의 인수가 승인받지 못한 이유는 사업자의 수가 줄어 경쟁자가 사실상 사라진다는 판단 때문이었다. 두 회사의 점유율 합계는 64.2%로 다른 불허 사례에 비해 높지 않았으나, 기업 결합 시 업계에 사업자가 2곳밖에 남기 않게 돼 경쟁이 사라진다는 얘기다. 안경렌즈 분야 1위 업체 에실로의 대명광학(업계 2위)과의 기업 결합이 성사됐더라면 합병 회사의 시장점유율은 66.3%가 되어 2위 회사와 55.2% 포인트의 격차가 나는 상황이었다. 당시 공정거래위원회는 1위와 2위의 격차가 너무 커 가격 경쟁이 사라지게 된다며 기업 결합을 승인하지 않았다.

반면 1999년 현대차의 기아차 인수는 양사 합계 점유율이 63%였고, 특히 트럭 시장 합계 점유율이 94.6%로 독과점 문제가 지적됐으나, 조건부 결합이 승인됐다. 당시 대우차(승용차 점유율 36.8%)가 상당한 점유율을 유지했고, 수출·수입을 통해 독과점 문제가 어느 정도 해소할 수 있다는 판단에서였다.[11]

2015년에는 '공정거래법'이 개정되어 자산총액 또는 매출액이 2조 원 미만인 중소중견기업의 계열사 간 합병 등의 경우에는 기업 결합 신고의무가 면제된다. 경쟁제한 우려가 적기 때문이다.[12] 공정거래위원회는 2012년 기업결합신고 가이드북을 발간하였고, 2018년에는 6년 만에 개정했다. 기업이 M&A 등을 할 때에는 직전 사업연도 자산총액이나 매출액이 신고회사 3천억 원 이상, 상대회사 300억 원 이상이면 공정위에 신고해야 한다. 개정판에는 기업들이 자주 질문한 사항에 대한 답변, 공정위의 주요 심사사례, 유권해석 등을 추가했다. 가이드북은 공정위 홈페이지(www.ftc.go.kr)에서 내려받을 수 있다.

중요한 인수는 이사회 또는 주주총회의 동의를 받아야 한다. 매각 기업의 입장에서도 상대방의 의결을 확인하는 것이 좋다. 합병을 하는 경우 '상법' 제522조에 따라 합병계약서를 주주총회 특별결의로 승인받아야 한다. 그러나 합병으로 발행하는 신주가 발행 주식 총수의 10%를 초과하지 않고, 흡수되는 회사의 주주에게 지급하는 금액이 흡수하는 회사 자기 자본의 5%를 초과하지 않을 때에는 '상법' 제527조의 3(소규모 합병)에 의하여 흡수하는 회사는 이사회의 승인만 받으면 된다. 흡수되는 회사의 경우 흡수·합병을 할 때 흡수되는 회사의 총주주의 동의가 있거나 흡수하는 회사가 흡수되는 회사의 주식 90% 이상을 보유한 경우에는 '상법' 제527조의 2(간이합병)에 따라 흡수되는 회사 이사회의 승인만 받으면 된다.

합병이 아니라 '사업을 거래하는 경우'에는, 중요한 사업을 인수하거나 매각할 때 '상법' 제527조의 2에 따라 주주총회 특별결의를 해야 한다. 중요한 자산을 양도하는 경우에도 '상법' 제393조에 따라 이사회의 승인을 받아야 한다. 특히 상장 기업이 인수를 하는 경우 주주총회를 거쳐야 하므로 인수사실이 공개되고 주주총회에서 부결되는 위험이 있다. 그러나 인수 기업이 주식 교환의 방식으로 인수를 하는 경우 발행하는 신주가 인수 기업 전체 발행 주식의 5%를 초과하지 않는 경우 이사회의 의결만으로 인수가 가능하다. 정부는 이 비율을 10%로 개정하려고 하고 있다.[13] 주의할 것은 M&A의 승인과 공시 전 정보를 이용하여 주식을 거래하는 경우 처벌을 받는다는 것이다. 2016년 아가방컴퍼니를 중국계 기업에 매각하면서 미공개정보를 이용해 부당 이득을 챙긴 M&A 중개인 등이 구속기소됐다. 이들은 M&A 공시 직전까지 차명계좌와 법인계좌를 동원해 주식을 매수하고 공시 후 매각하여 수십 억 원의 차익을 보았다. 검찰은 불법 이익 전액을 자진 납부받아 보전 조치도 했다.

7. 인수 계약서

1) 구성의 검토

(1) 사실 설명(Recital)

이 부분은 영어 계약서인 경우 'Whereas'와 함께 시작되기 때문에 'Whereas 장'이라고도 부를 수 있다. 여기서는 몇 가지 사실을 분명히 한다.

첫째는 거래당사자인 매각당사자와 인수당사자의 법적 실체, 법적 실체의 이름과 주소이다.

둘째는 거래의 형식(주식 매각, 자산 매각 등)을 명확하게 정의한다. 주식거래인 경우 발행 주식의 수, 수권주식의 수 등을 분명히 적시한다.

셋째는 매각 대상 기업을 분명히 한다.

넷째 매각 측과 인수 측의 의향을 분명히 한다. 매각 측은 매각을 인수 측은 인수를 희망하는 것을 말한다.

(2) 매각 대상, 가격과 거래 시기

이 부분은 '거래 조항(deal provision)'이라고 부른다. 매각 대상(주식, 자산 등), 거래의 가격, 대가의 지급 방법(현금, 주식 지급 등), 지불 유예 금액(Escrow), 그리고 거래의 종결일과 종결 장소를 정한다. 대부분의 인수는 지불 유예 금액이 포함된다. 이 금액은 예를 들어 보장 조항을 어긴 경우에 조정되는 금액이다. 합병인 경우에는 주식 교환 비율에 관한 것이 포함된다.

거래 가격은 확정되고 향후 변동 사항이 있는 경우 조정되거나, 미래 실적에 따라 가격이 변동되는 계약도 있다. 토지 같은 고정성자산이 아닌 유동성 자산은 실사 결과에 따라 가격에 영향을 준다.

(3) 거래 종결 시 준비 사항

거래를 종결하는 시점에 준비할 사항, 거래를 이메일 등에 의해 종결하는 경우에는 사전에 준비할 사항을 정한다. 매각 기업은 주식증서와 기타 소유권 관련 서류, 인수 기업이 요구하는 경우 임원의 사임서류, 주주명부, 법인 설립 서류 등, 계약서에서 요구한 서류, 정관, 법인등기부등본, 매각 기업의 지분에 영향을 줄 수 있는 옵션, 워런트 등과 관련된 서류, 매각 기업의 변호사에 의해 모든 서류가 제시되었다는 서면의견, 당사자의 서류[지급유예약정서, 비밀 유지약정서, 경업 금지약정서, 직원채용금지약정서(Non-solicitation), 고용약정서]에의 서명, 마감 재무제표(직전일부터 거래 종결 시까지)가 요구된다.

인수 기업은 인수 대금(송금), 필요한 모든 실사를 완료했다는 서류, 인수 기업 이사회의 승인서류, 인수 기업 변호사의 의견서, 그리고 각종 서류에 사인 또는 인감을 찍는다. 인수 대금은 금융 기관을 통하여 송금하거나 현장에서 현금이나 수표로 받을 수 있고, 계약 조건에 따라 어음으로 지급할 수 있다.

(4) 보장 내용 검토

보장 조항(representations and warranties)은 인수자와 매각자가 어떤 사실에 대해 주장(claims made as statements of facts)하는 것이다. 이는 공시(disclosure), 거래 종결조건(termination rights)과 보상조항(indemnification rights)으로서의 기능을 한다.

보장 사항 중 공시는 매각 기업이나 기타 제3자가 인수 측에 하는 매각 기업과 그 사업에 관한 진술이다. 그 진술의 내용에는 회사구조(corporate organization), 회사의 적법성(good standing), 자본금(capitalization), 조세, 매출채권, 재고 자산, 재무제표, 회계기록, 재산의 소유권과 담보, 관련 법령 준수, 소송, 지적 소유권, 부채, 우발채무의 부존재, 주요 계약, 보험 보장 내용(insurance coverage), 종업원, 복리 후생 의무, 노동 관련, 중대한 사업의 변화의 부재 등이다. 인수자가 하는 보장도 있는데, 예를 들어 인수자의 계약당사자 능력이 그것이다.

인수자가 하는 보장은 범위가 작다. 특히 매각 기업이 매각대가를 후에 받거나 인수 기업의 주식을 받는 경우 인수 기업에 자본 구조, 재무제표 등에 대해 보장을 요구하는 것은 정당하다. 보장 사항과 가격은 상관관계가 있다. 보장 사항을 약화시키면 가격을 하향조정해야 한다.

보장을 보험으로 대체하기도 한다. 인수자를 위하여 매도자의 진술과 보장 위반 책임을 보상하는 '진술 보장 보험'이 그것이다. 다만 인수자가 보험에 가입하면 매각자가 그만큼 가격을 깎아주는 구조가 되기도 한다. 2016년경의 보험 계약을 보면 1000억 원 규모의 M&A 거래일 경우 대개 200억 원(거래 규모의 20%)까지 보험을 통해 보상받는다. 매년 보험료는 5억~6억 원(보험금의 약 2.5%) 수준이다. 그러나 국내 보험사는 이 상품을 취급하지 않아 보험 중개업체(마쉬코리아 등)를 통해 AIG 처브 등 '글로벌' 보험회사에 가입해야 했지만, 2016년 국내 AIG손해보험도 이 상품을 취급하기 시작했으며, 최대 보상한도는 일반적으로 1천억 원 수준이고, 2017년에는 현대해상도 취급하여 두 곳이었다. 매수기업과 매도기업을 대상으로 계약서상의 잘못된 진술 및 보증을 폭넓게 보장하여 인수계약 체결 이후 발생할 수 있는 불확실성을 낮춘다. 특히 사모펀드가 주도하는 거래가 많아지면서 인수위험을 줄이기 위해 활용하는 사례가 늘고 있다. 그러나 인수인 쪽의 실사가 제대로 이뤄지지 않으면 보험 가입을 못 하는 경우가 있고 보험금을 받기 위한 절차도 까다로운 문제점이 있다.[14]

어떤 매각 기업의 기업주는 30페이지에 달하는 보장 사항계약서 초안을 보고 의자에서 거의 떨어질 뻔했다고도 한다. 물론 대부분 법적측면의 요식적인 면이 많다. 인수 계약서에는 지나칠 정도로 많은 보장에 관련한 내용이 기록된다. 이는 기본적인 약속으로서 세 가지 부분으로 나뉜다. 즉 매각 측이 하는 약속, 인수 측이 하는 약속 및 양 당사자가 하는 약속이다. 대부분 정형화된 내용으로 구성되어 있다. 그 내용은 매각 측에 부담이 되는 것이 대부분이다. 과거에 대한 보장이 있을 수 있지만 미래에 대해 보장해서는 안 된다. 보통 1~2년간의 기간을 보장한다.

매각 측의 보장 사항을 먼저 보자. 매각 측은 보통 인수 계약서에서 매각 기업에 관해 말한 모든 것은 자신이 알고 있는 한 진실하다는 많은 보장 사항을 인수 측에 제공한다. 이 약속은 간단히 말하면, 매각 측의 회사의 사업은 정상적으로 운영되고 있고, 매각 측은 사업을 매각할 권리를 가지고 있으며, 인수의향서가 작성된 후에 회사는 어떤 중대한 문제가 발생하지 않았으며, 자신은 정말로 진실을 말하고 있다는 것이다. 한마디로 말해 거래가 종결된 후에 인수 측은 '불쾌한' 의외의 것을 발견하지 않는다는 것이다. 만일 이러한 진술이 사실이 아닌 경우 지급 유예 된 금액에서 차감될 것이며, 소송으로 나아갈 수도 있다.

상세한 내용은 계약서에 넣었다. 그러나 인수자가 요청하는 모든 보장 사항을 제한 없이(Without qualifications) 매각 기업이 해주는 것은 아주 예외적이다. 일반적으로 인수 기업이 요구하는 보장 사항에 대해 예외를 두는 공시목록(Disclosure schedule)을 매각 기업은 인수 기업에 작성해 제출한다. 즉 매각 기업이 인수 실사 시에 제출해 공시한 정보에 대해는 보장청구조항을 제외시키는 것이다. 이는 매각 기업이 이를 공시하고, 인수자가 이를 인지하고서 샀기 때문에 문제를 제기할 수 없는 것이다.

따라서 매각 기업은 가급적 처음부터 이러한 정보들을 공개하는 것이 훨씬 유리하다. 이는 본질적으로 보장 사항의 제한을 두고, 그것에 따라 보장 사항의 리스크는 어느 정도 인수자에게 이전된다. 또한 매각 기업은 보장 사항을 제한하기 위해 "매각 기업이 알고 있는(Seller's knowledge)"이라는 문구를 넣기도 한다. 이 조항이 없으면 매각 기업은 자신이 모르고 한 보장에 대해도 책임을 지는 문제가 발생한다. 알고 있음은 실제로 알고 있는 것(Actual knowledge)과 추정인식(Constructive knowledge)이 있다. 후자는 매각 기업이 알아야 했거나 상당한 주의를 가지면서 알았어야 할 것을 의미한다.

거래 종결조건은 계약서가 서명된 날과 실질적인 거래 종결 시점 사이에 기업의 경영(state of the business)과 재무 상황(financial affairs)이 여전히 유효하다는 기술이다. 그리고 보장유효조항(bring-down provision)은 인수 계약서에 서명할 때의 보장 조항이 거래 종료 시점에도 유효해야 한다는 조항이다.

중대한 변동이 있는 경우 인수자는 거래를 중단시킬 수 있는 권리를 정한다. 즉, 거래 종결 약정(covenants)은 인수약정서(definitive agreement)에 서명한 날과 최종 종결 사이에 당사자가 할 일을 정한 약정이기도 하다. 매각 기업이 하는 약정으로 그동안 정상적으로 사업을 운영하고, 특별한 지출은 사전 동의를 받아야 한다는 조항이다.

특별한 지출에는 배당금의 지급, 경영진 보수의 과도한 증가, 자산의 매각이 그 예이다. 배당금의 지급 금지 같은 것은 금지약정(negative covenants)이고, 정상적인 사업 운용 조항은 행위약정(positive covenants)이다. 보장 조항과 거래 종결 약정은 같은 내용이 포함되기도 한다. 예를 들어 인수 계약서에 서명하면서 종결 시의 재무제표가 큰 변동이 없도록 보장 조항을 넣고, 거래 종결 약정으로 두 재무제표에 중대한 변동을 가져오는 거래를 금지하는 조항을 넣는 것이다.

보장 사항은 실질적인 청구권이 없으면 무의미하다. 보상조항(Indemnification)은 당사자가 다른 당사자에게 손해를 보는 경우 제공하는 보장이다. 계약서에는 'Hold harmless'라는 조항으로 표시된다. 보상 책임은 거래가 종결된 후에 발생하는 '당사자의 책임 없이 발생한 손해'에 대하여 다른 당사자가 보상해준다는 조항이다. 그리고 이를 위반한 당사자로 하여금 다른 당사자에게 그 같은 위반으로 인하여 발생함 모든 손해, 손실, 원가와 변호사 비용을 포함한 비용 등을 물어준다는 것이다.

2015년에 보장 사항으로 인한 의미 있는 판례가 나왔다. 현대오일뱅크는 1999년에 한화에너지를 인수하면서 양측이 합의한 계약서에 "한화에너지가 행정 법규를 위반한 사실이 없고, 이와 관련해 행정 기관으로부터 조사를 받지 않고 있다"는 내용의 진술과 보증을 삽입했다. 한화에너지는 진술과 보증(Representations & Warranties) 위반 사항이 나타났을 때에는 최대 500억 원을 보상하기로 했다. 하지만 인수한 뒤 담합을 이유로 과징금을 부과받자, 이로 입은 피해를 보상해달라고 요구했다. 하지만 한화그룹 측은 현대오일뱅크가 한화에너지의 담합 사실을 사전에 알고 있었다는 이유로 배상을 거부했다. 인수자인 현대오일뱅크 측이 해당 담합 행위의 참여자 중 하나였던 까닭에 한화에너지의 담합 사실을 모를 리가 없었다는 것이다. 결국 법정으로 갔다. 담합 행위자들 중 하나인 현대오일뱅크가 한화에너지의 법 위반 사실을 알았을 것이고, 이 경우 배상이 불가능하다는 게 한화 측 입장이었다. 결국 대법원은 2015년에 "주식양수도계약상 진술 및 보증 조항 위반 사실을 알고 있었더라도 손해 배상을 청구할 수 있다"는 판결로 현대오일뱅크의 손을 들어주었다. 대법원은 또한 "계약서상에 '진술과 보증 위반 사실이 있음을 알고 있는 경우에는 손해배상 책임이 면제된다'는 내용을 명시하지 않았기 때문에 손해배상이 가능하다"고 판단했다고 발표했다. 그러니까 신의성실의 원칙은 어디까지나 사회적 통념 내지는 일반 원칙일 뿐 사적 계약상 책임보다 앞서기는 어렵다는 입장인 것이다.

여기서 재판부가 손해 배상이 합당한지를 판단할 때 가장 중요시한 부분은 한화 측의 진술과 보증 위반이 가격을 포함한 거래 조건에 어느 정도나 반영되었는지였다. 하지만 계약 체결 당시만 해도 담합이 적발당하거나, 그로 인해 과징금을 부과받을 것이라는 확신을 현대오일뱅크와 한화 양측 모두 하지 못했다는 점에서 이를 선뜻 거래 가격에 반영하기에도 어려웠을 것이다. 그래서 대법원은 "진술과 보증에 관한 내용을 계약에 삽입하고, 위반 시 최대 500억 원을 배상하기로 한 것은 미래의 불확실성에 대한 위험을 최소화하기 위한 장치다"라고 판단한 것이다. 또한 500억 원이라는 배상 한도를 둔 것 자체가 미래에 발생할지도 모르는 손해를 미리 거래 가격에 반영한 것이나 마찬가지라고 여겼다.

대법원은 "진술과 보증이라는 불확실성 배분 장치를 두고 손해 배상 형태로 거래 대금을 조정할 수 있게끔 했다는 것 자체가, 거래 당사자 각각의 이해를 극대화시키기 위한 것이다"라고 봤다. 그러니까 '진술과 보증'이라는 부분을 둔 것 자체가 서로의 이익을 극대화하기 위한 결정이었던 만큼, 위반 사항이 발생했을 때 손해 배상을 이행하는 것이 '진술과 보증'의 존재 목적에도 부합하다는 것이 대법원의 논리였다.[15] 이는 만약 "진술과 보증 조항을 위반한 사실을 미리 알았더라도 손해 배상을 받을 수 있다"는 취지를 따른 것이기도 하다.

이렇듯 대법원이 큰 틀에서 샌드배깅(Sandbagging)을 허용하기로 한 이상, 앞으로 M&A 협상에 임하는 거래 당사자들과 법률 자문 인력들은 계약서 작성 시점은 물론 거래 완료 이후에도 긴장을 늦출 수 없게 되었다. 샌드배깅 관련 소송이 발생할 가능성이 높은 분야로는 독과점과 환경 규제, 세금 납부 문제 등이 꼽힌다. 따라서 이를 막으려면 "'악의의 인수인', 즉 매각자 측의 진술과 보증 위반 사실을 알고 있는 인수자는 손해 배상을 청구할 수 없다"는 취지의 조항(Anti-sandbagging Clause)을 명시하는 것이 적절할 것이다.[16]

그러나 누구도 보장을 무한정 할 수는 없다. 매각 기업은 보장 조항의 유효 기간, 보상을 해야 하는 손해의 최소 금액, 손해 배상의 한도를 협상한다. 예를 들어 인수자가 받은 금액을 한도로 또는 그 이하의 금액을 한도로 정한다. 유효기간은 통상적인 기간은 없으며 조세, 지적 소유권 및 관련 법령의 준수와 관련된 것은 그 기간이 다른 조항보다 긴 것이 일반적이다. 보통 1~3년의 기한이 사용된다.

조세 문제에 대해는 더 긴 기한이 논의되기도 한다. 손해 배상의 한도는 통상적으로 계약 조항에 삽입되지만, 그 금액은 협상에 의해 정해지며, 위반 사항에 따라 다르다. 또한 일정한 범위(Basket, 'de minimis' claim threshold)를 정해 그 이상의 금액만 차감하도록 정하는 경우도 있다. 보통 거래 금액의 1~2%로 설정된다.

보통 지급 유예 금액만큼이 한도이지만, 거래에 따라 다를 수 있으면 변호사와 상의해야 한다. 이러한 보장 사항에 대해 인수자는 어떤 지급의 확실성을 요구한다. 이에는 개인적 지급 보증, 지급 유예 금액의 예치, 금융 기관 보증, 관계 회사의 보증, 담보 제공의 방식에 의한다. 보통 지급 유예가 설정된다.

자문 계약이 체결되고 나면 매각 기업 등이 관심을 갖는 것은 면책조항(Indemnification) 문제이다. 이 경우 자문사들은 기본적으로 매각 기업에 인수 기업이 제기할 수 있는 소송 등 법적 행위에 대해 보장을 요구한다. 종종 이러한 인수 기업들이 소송에 참여하도록 자문사에 요구한다. 예를 들어 매각 기업이 자문사의 중과실(Gross negligence), 과실(Ordinary negligence), 고의(Clear and convincing mistakes made in bad faith)에 대해 배상 조항을 가지는지 논의된다.

M&A 거래가 제대로 이루어지지 않아 문제가 생기고, 그래서 변호사들이 관련된 모든 사람들을 법률적으로 검토하면 결국 M&A가 끝난 후에 소송이 발생하기 마련이다. 특히 매각 기업의 기업주는 매각으로 인한 수입의 대부분을 받고, 자문사가 이용하는 매각 기업의 실질적 정보를 제공하므로 자문사는 문제가 발생하면 책임이 없다고 주장할 것이다. 그럼 자문사는 중과실에 대해 책임이 있는가? 그렇다. 그러나 대부분 자문사들은 매각 기업이 주장하는 바

를 통제할 수 없고, 모든 사안들을 체크할 시간이나 인적 자원도 없음을 주장하면서 면책조항 없이는 일을 하지 않으려고 한다.

(5) 부록 및 명세서(Exhibits and schedules)

거래를 종결할 때 인수 계약서 이외에도 수많은 복잡한 서류들이 첨부된다. 인수 계약서에는 보통 50~100개의 서류가 첨부된다. 일반적인 문서로는 공시목록(Disclosure schedules), 경업 금지약정서(Noncompete agreement), 노동조합관련 약정서, 고용 계약서, 임직원 인센티브 약정, 임직원 복리후생 규정, 지급 유예약정서(Escrow agreement), 미지급어음(Promissory note, seller note), 판매 대리점 약정서, 유통망계약서(distributor agreements), 고객 또는 납품업체 등 약정서와 제3자 동의서(리스약정 등), 각종 클레임 예상, 보험계약서, 지적소유권 서류(특허권, 실용신안권, 라이선스, 로열티, 상표권, 상호 권 등), 대출 및 담보약정, 주식 및 회사채 약정, 자문사수수료 약정서, 진행 중인 또는 예상되는 소송정보, 과거에 종결된 또는 예상되는 환경관련 분쟁, 회사정관, 회사내규, 주주총회의사록, 이사회의사록, 주식증서, 법인 인감 등이 있다.

2) 계약서 양식

(1) 구주 인수 계약서

〈표 11-2〉 경영권 양도 및 주식 인수 계약서 사례

경영권 및 주식 양도양수 계약서
본점을 ○○(법인등록번호: ○○○○)에 둔 아프리카프로페셔널(주)(이하 "회사")의 경영권

및 회사 발행 주식 중 일부 또는 전부를 양도 및 양수하기 위하여 ○○○○외 ○○인(이하 "갑")과 ○○○○외 ○○인(이하 "을") 간에 다음과 같이 약정한다.

(다음)

제1조(계약의 목적)

본계약은 을이 갑이 소유하고 있는 회사가 발행한 기명식 보통주식을 갑으로부터 양수하고, 을이 회사의 경영권을 적법한 절차를 통하여 갑으로부터 인수하는 것과 관련한 제반의 사항을 정하는 데 그 목적이 있다.

제2조(양수도 대상 주식)

을은 갑이 소유하고 있는 회사 발행 기명식 보통주 ○○○○주(1주당 액면가 ○○○○원인 회사 발행 주식 총수 ○○○○주의 약 ○○%이며 이하 "회사주식"이라 한다)를 양수하기로 한다.

제3조(갑의 진술 및 보증)

① 갑은 본계약일 현재 회사에 대하여 다음 사항을 보증한다.
　1. 회사의 자본금은 금○○○○원(₩○○○○)으로 1주당 액면 가액 ○○○○원(₩ ○○○○)의 기명식 보통주식 ○○○○주를 발행하고 있고, 이외에 어떠한 형태의 주식이나 신주인수권, 전환사채, 신주인수권 부 사채, 주식 매수선택권 등 기타 회사가 주식 발행 의무를 부담하는 권리를 발행하거나 부여한 적이 없다.
　2. 회사는 계류 중인 소송 및 분쟁사건이 없으며, 우발채무 및 부외부채가 존재하지 아니한다.
② 갑은 회사주식에 대하여 다음 사항을 보증한다.
　1. 갑은 본계약 체결일 현재 본건 회사주식의 적법한 소유자이며 매도를 완결할 수 있는 법적 능력을 가지고 있다.
　2. 갑은 본계약에 따른 회사주식의 양도가 회사 및 기타 제3자에 대한 계약위반사유가 되지 아니하고, 기타 제반 법령 및 각종 인허가의 조건위반이 되지 아니한다.
　3. 을이 회사주식을 양수받은 후 주식의 적법한 소유자로서 권리행사를 함에 있어 어떠한 법률상 또는 사실상의 제한 또는 장애도 존재하지 아니한다.
③ 위 제1항 및 제2항의 보증사항 중 어느 하나라도 위배된 경우 갑은 그로 인해 을이 입은 손해를 배상해야 한다.
④ 을은 본계약 체결일로부터 2년이 경과한 기간 내에 본조에 따른 갑의 진술이 허위이거나, 갑이 본조의 보증의무를 위반한 사실을 확인한 경우, 그 사실을 갑에게 현 주소지에 서면으로 통지해야 한다. 단, 본항의 통지는 갑의 현 주소지에 대한 우편 통지를 말하며, 우편발송으로 손해 배상 청구권은 형성되는 것으로 한다.

제4조(비밀 유지)

갑과 을은 상대방의 동의 없이 본계약의 체결 과정, 체결 내용, 이행 과정 등에 관한 일체의 정보를 제3자에게 공개하지 않는다. 단, 관계 법령 및 감독기관에 의하여 요구되거나 법원의 재판에 의하여 요구되는 경우를 제외한다.

제5조(매매 약정기준)

본계약의 매매약정은 별첨의 회사 대차대조표(○○○○년 ○○월 ○○일 현재)를 기준으로 한다(이하 "기준대차대소표").

제6조(매매대금)

① 회사의 경영권 및 회사주식(보통주 ○○○○주)의 매매대금은 1주당 매매단가를 금 ○○○○원(₩○○○○) 총 금 ○○○○원(₩○○○○)으로 함을 원칙으로 한다.

② 기본 실사 및 정밀 실사 결과에 따라 기준대차대조표를 수정하며, 수정 후 대차대조표 (이하 "수정대차대조표")의 자본 총계액이 감소될 경우 그 감소액 중 ○○○○원을 초과 하는 금액을 차감한 금액으로 한다. 단, 재고 자산 부족으로 인한 감소액 중 금 ○○○○ 원 내의 금액은 업무상 착오 분으로 인정하여 차감금액에서 제외한다.

③ 본조 2항 단서의 한도를 초과하는 감소 액 및 자산 감소의 원인이 고의 및 중대한 과실에 의한 것이라고 인정되는 금액은 2항의 단서에 불구하고 매매대금에서 차감한다.

제7조(계약금지급 및 주식인도)

① 본계약 체결 시 을은 갑에게 계약금으로 금 ○○○○원(₩○○○○)을 현금 또는 은행보 증수표로 지급한다.

② 갑은 계약금 수령과 동시에 회사주식 보통주 ○○○○주와 주식 명의개서에 필요한 서류 일체를 을에게 인도한다.

③ 을은 본계약 해제 시 2항의 주식을 갑이 지불할 위약금으로 대체할 수 있다.

제8조(기본 실사)

① 을은 회사의 자산 및 부채를 파악하기 위하여 기본 실사를 실시한다.

② 을은 기준대차대조표에 의거해 실사하며 대차대조표상의 전 계정과목에 대하여 실사할 수 있다.

③ 기본 실사의 범위는 을이 정한다.

④ 기본 실사의 기간은 갑과 을의 합의로 정한다.

제9조(실사 협조)

① 을이 실사에 필요한 인원을 회사에 파견할 경우 갑은 전적으로 협조한다.

② 갑은 기본 실사를 위하여 을이 파견한 사람에게 회사의 장부, 전표, 증빙서 및 관련 서류 일체를 제공한다.

③ 갑은 을이 요청하는 경우 지급어음책, 수표책을 열람케 하고, 자산 및 부채실사가 가능토 록 협조한다.

④ 갑은 을이 요청하는 경우 회사의 임직원을 실사업무에 협조하도록 조치한다.

제10조(수정대차대조표)
① 을은 기본 실사 결과 및 계약 후 실사 일까지의 회계상의 변동 사항을 전표, 장부, 증빙서에 의거 확인 후 수정해 수정대차대조표를 작성한다.
② 작성된 수정대차대조표는 갑의 동의를 얻어 확정한다.

제11조(약정의 해제)
① 을은 기본 실사 결과 갑의 고의 또는 현저한 실수에 의한 자본총액 감소가 확인되고, 그 결과에 의해 회사의 정상적 운영이 불가능하다고 판단될 경우 본약정을 해제할 수 있다.
② 갑은 을이 본약정을 위반해 중도금 등 매매대금의 지급을 지체할 경우 본약정을 해제할 수 있다.
③ 갑이 주권 양도 의무를 불이행하는 경우 본약정을 해제할 수 있다.
④ 갑의 진술과 보증이 허위이거나 사실과 다를 경우 본약정을 해제할 수 있다.
⑤ 본계약의 해제는 원상회복의무 등 소급효를 가지며, 손해 배상의 청구에 영향을 미치지 아니한다.

제12조(위약금)
① 갑의 귀책 사유에 의하여 본약정을 해제할 경우 갑은 을에게 위약금조로 금 ○○○○원(₩○○○○)을 지급하며, 을은 갑에게 회사주식과 주식 명의개서에 필요한 서류 일체를 반환한다.
② 을의 귀책 사유에 의해 본약정을 해제할 경우 을은 갑에게 회사주식과 주식 명의개서에 필요한 서류 일체를 반환한다.

또는

① 본계약의 해제사유가 발생하는 경우 해제권자는 상대방 당사자에게 본계약의 해제와 함께 또는 해제와는 별도로 해제권자가 입은 손해액을 위약금으로 청구할 수 있으며, 상대방 당사자는 해제권자에게 해당 위약금을 지불할 의무가 있다.
② 갑과 을 간에 제1항에 의한 손해에 따른 위약금의 산정에 이견이 있을 경우 위약금은 금 ○○○○원(₩○○○○)으로 한다.

제13조(중도금)
① 기본 실사 결과 중대한 해약사유가 발견되지 아니할 경우 을은 갑에게 중도금조로 금 ○○○○원(₩○○○○)을 현금 또는 은행보증수표로 지급한다.
② 중도금 지급일자는 갑과 을의 합의로 정한다.

제14조(경영권 및 잔여주식의 양도 양수)
① 을의 중도금 지급과 동시에 갑은 잔여주식 ○○○○주와 경영권을 을에게 양도하고, 소유권 이전 및 등기, 등록에 필요한 서류 일체를 을에게 인도한다.
② 갑은 을의 원만한 회사경영을 위하여 필요한 모든 조치를 취한다.

제15조(인계인수 협조)
① 갑은 을의 회사 인수 과정에 차질이 없도록 임직원의 이직방지에 최선을 다한다.
② 갑은 회사의 임직원 중 을이 필요로 하는 인력에 대해 을의 동의 없이 자기 자신을 위하여 채용하지 않는다.
③ 갑은 경영권 양도를 이유로 회사의 거래선과 별도의 거래를 하지 않는다.

제16조(특수 관계자인 임직원)
회사에 재직 중인 갑의 특수 관계자인 임원은 퇴직하며, 퇴직일자는 양자 간의 합의로 정한다.

제17조(정밀 실사)
① 매매대금을 확정하기 위해 을은 정밀 실사를 실시하고 그 결과를 갑에게 제출해 합의한다.
② 정밀 실사의 기간은 ○○일간으로 한다.

제18조(비정상적 거래 등)
① 경영권 양도 양수일 이전에 발생한 비정상적 거래가 확인되고, 그 거래에 의해 회사의 순자산 가액이 감소되었을 경우 그 감소액을 정산금액에서 차감한다.
② 기준대차대조표상에 반영되지 아니한 회사의 채권 채무 및 제세공과금 중 ○○○○년 ○○월 ○○일 이전에 발생한 거래 등에 의해 순자산 감소가 확인될 경우 그 금액을 정산금액에서 차감한다.

제19조(정산 및 잔금)
① 정밀 실사 완료 후 을은 수정대차대조표 및 정밀 실사 결과에 의거 정산금액을 산정하고 갑과 협의 결정한다. 다만, 갑은 잔금지급 후에 정밀 실사에서 발견된 부채 이외의 회사의 확정부채가 발견되거나 우발지급 의무나 채무가 발생한 경우 이를 갑에게 지급해야 한다.
② 을은 갑에게 결정된 정산금액을 잔금으로 현금 또는 은행보증수표로 지급한다.

제20조(차입금의 상환)
① 갑은 갑으로부터 받은 회사주식 양도 대금의 잔금은 갑이 회사로부터 차입한 원리금 전액을 차감하고 수령하며, 차감한 원리금 잔액은 을이 갑을 대신해 회사에 즉시 상환한다.
② 갑은 제1항 이외에 회사가 타인에게 대여한 원리금 전액을 잔금을 지급하기 전에 회사로 상환되도록 해야 한다.

제21조(경업 금지 의무)
갑은 을의 서면 동의 없이는 본계약 체결일로부터 10년간 국내에서 또는 해외에서 국내를 대상으로 해 갑의 명의로, 갑의 계산으로 회사가 영위하고 있는 동종영업을 할 수 없으며, 갑은 동종업종을 영위하는 타 회사의 임원이나 주주가 될 수 없다.

제22조(금융 기관 담보의 해제)

① 을은 갑이 회사를 위하여 제공한 갑 소유 부동산에 대한 제 금융 기관의 담보권을 정산
완료 후에 해지한다.

② 해지의 기일은 갑과 을이 협의하여 결정한다.

제23조(양도·양수 전후의 갑과 을의 책임)

① 본거래를 진행하면서 을이 알게 된 갑의 회사와의 관계에서의 민·형사상의 책임, 기타 법
령의 위반 등의 정보에 대해서는 비밀로 하며, 동 정보에 의해 갑에게 금전상의 피해를
주는 경우 그 피해의 배로 배상하며, 형사상의 피해를 주는 경우 매매대금의 배로 배상
한다. 다만 을은 이러한 정보가 중요한 경우 동 계약을 해지할 수 있으며, 갑은 계약금을
반환한다.

② 잔금을 지급한 후에는 회사 임직원의 급여, 퇴직금 등 회사와 관련한 법령상의 책임은 을
에게 이전되며, 갑은 부담하지 않는다.

③ 본계약과 거래와 관련하여 각 당사자에 의해 발생하는 모든 조세, 공과금 기타 비용은 당
사자 간의 별도 합의가 없는 한 갑과 을은 각각 법령에 의해 각 당사자의 부담으로 한다.

제24조(계약의 효력 발생 시기)

본계약은 갑과 을이 기명날인함과 동시에 효력이 발생한다.

제25조(적용 법규, 관할 법원)

① 본계약에 규정하지 아니한 사항에 대하여는 상법의 규정을 준용한다.

② 본계약에 관해 당사자 사이에 분쟁이 발생한 경우에는 갑과 을은 협의를 통해 우호적으
로 이를 해결하도록 노력해야 한다. 우호적으로 해결되지 않는 분쟁, 본계약의 내용으로 인
해 발생하는 일체의 분쟁 해결 법원은 회사 소재지 관할 법원으로 한다.

갑과 을은 본계약의 내용을 확고하게 하기 위해 기본합의서 2부를 작성, 서명날인 후 각 1부
씩 보관한다.

○○○○년 ○○월 ○○일

[갑]

성명	주민등록번호 또는 법인등록번호	주소	인(서명)	인감증명서

[을]

성명	주민등록번호 또는 법인등록번호	주소	인(서명)	인감증명서

매매 약정 기준을 확정하기 위한 첨부 서류:
1) 대차대조표(기준일자 명시)
2) 손익계산서(기간 명시)
3) 제조원가명세서(기간 명시)
4) 회사의 정관(법인날인 및 대표이사의 인감증명서)
5) 갑과 을의 인감증명서

(2) 증자에 의한 인수 계약서

〈표 11-3〉 증자에 의한 경영권인수 계약서 사례

제1조 [계약의 목적]
본계약은 서울특별시에 본점을 두고 있는 대상 기업의 자본금을 증자하면서 대상 기업의 전체주주가 신주인수권을 포기하고 갑이 단독으로 증자에 참여해 대상 기업의 보통주식을 소유하고, 갑이 대상 기업의 경영권을 적법한 절차를 통해 을로부터 인수하는 것과 관련한 제반의 사항을 정하는 데 그 목적이 있다.

제2조 [증자와 관리]
1. 을과 대상 기업의 전체주주 및 이사회는 적법한 절차를 거쳐서 자본금증자의 결의를 해 자본금 증자를 하되, 을과 대상 기업의 전체주주가 신주인수권을 포기하고 자본금의 증자를 갑이 전액 인수해 갑은 "대상 기업"의 경영권 및 경영권에 종속되는 일체의 권리를 인수한다(이하 "경영권인수").
2. 증자대금은 대상 기업에 입금 후 갑이 보관하고 갑의 지휘를 받아 사용한다.

제3조 [경영권인수 약정기준]
본계약의 약정은 을이 작성해 제시한 별첨의 재무 상태표를 기준으로 한다(이하 "기준대차대조표").

제4조 [증자대금과 인수재산의 사후 관리]

1. 대상 기업의 증자는 금 3억 원으로 함을 원칙으로 한다(발행 기명식 보통주 30,000주, 1주당 액면가 10,000원, 발행 후 대상 기업의 발행 주식 총수의 75%). 이 경우 갑이 을에게 선지급한 2억 원을 대상 기업과 대상 기업의 주주 및 대표이사인 ○○(이하 "대상 기업 대주주")이 갑에게 즉시 반환하는 것으로 한다.

2. 제3조의 기준대차대조표와 달리 자산의 부족과 부채(소송, 조세추징 등 각종 우발채무 포함)의 초과로 금액에 차이가 나는 경우 대상 기업의 대주주가 별도로 부담해 동 금액을 갑에게 지급해야 한다. 단, 총액이 100만 원내인 경우 업무상 착오분으로 인정해 제외한다.

제5조 [증자절차의 이행]

본계약이 체결되면 을은 갑이 지정한 법률대리인을 통해 제2조의 실행을 위한 증자 및 신주인수권 포기 등을 위한 절차를 즉시 이행한다.

제6조 [을의 진술 및 보증]

1. 을은 본계약일 현재 대상 기업에 대하여 다음 사항을 보증한다.

    1) 대상 기업의 자본금은 금 1억 원(₩100,000,000)으로 1주당 액면 가액 일만 원(₩10,000)의 기명식 보통주식 10,000주를 발행하고 있고, 이외에 어떠한 형태의 주식이나 신주인수권, 전환사채, 신주인수권부사채, 주식 매수선택권 등 기타 대상 기업이 주식 발행 의무를 부담하는 권리를 발행하거나 부여한 적이 없다.

    2) 대상 기업은 계류 중인 소송 및 분쟁사건이 없으며, 우발채무 및 부외부채가 존재하지 아니한다.

2. 을은 주식에 대하여 다음 사항을 보증한다.

    1) 을은 본계약 체결일 현재 대상 기업 주식의 적법한 소유자이며 매도를 완결할 수 있는 법적 능력을 가지고 있다.

    2) 을은 본계약에 따른 자본금의 증자가 대상 기업 및 기타 제3자에 대한 계약위반사유가 되지 아니하고, 기타 제반 법령 및 각종 인허가의 조건위반이 되지 아니한다.

    3) 갑이 자본금 증자를 통해 주식을 인수받은 후 주식의 적법한 소유자로서 권리행사를 함에 있어 어떠한 법률상 또는 사실상의 제한 또는 장애도 존재하지 아니한다.

3. 위 제1항 및 제2항의 보증사항 중 어느 하나라도 위배된 경우 을은 그로 인해 갑이 입은 손해를 배상해야 한다.

4. 갑은 본계약 체결일로부터 2년이 경과한 기간 내에 본조에 따른 을의 진술이 허위이거나, 을이 본조의 보증의무를 위반한 사실을 확인한 경우, 그 사실을 을에게 현 주소지에 서면으로 통지해야 한다. 단, 본항의 통지는 을의 현 주소지에 대한 우편 통지를 말하며, 우편발송으로 손해 배상 청구권은 형성되는 것으로 한다.

제7조 [실사]

1. 갑은 대상 기업의 경영 현황, 자산 및 부채를 파악하기 위하여 실사를 실시할 수 있다.

2. 갑은 기준대차대조표에 의거해 실사하며 대차대조표상의 전 계정과목에 대하여 실사할 수 있다.

3. 실사의 범위는 갑이 정한다.
4. 실사의 기간은 갑과 을의 합의로 정한다.

제8조 [실사 협조]
1. 갑이 실사에 필요한 인원을 대상 기업에 파견할 경우 을은 전적으로 협조한다.
2. 을은 실사를 위해 갑이 파견한 요원에게 대상 기업의 장부, 전표, 증빙서 및 관련 서류 일
   체를 제공한다.
3. 을은 갑이 요청하는 경우 지급어음책, 수표책을 열람케 하고, 자산 및 부채실사가 가능토
   록 협조한다.
4. 을은 갑이 요청하는 경우 대상 기업의 임직원을 실사업무에 협조하도록 조치한다.

제9조 [약정의 해제]
1. 갑은 실사 결과 을의 고의 또는 현저한 실수에 의한 자본총액 감소가 확인되거나 본계약
   에 의한 자본금증자 후 1년 이내에 경영 현황이 당초 제시한 것과 크게 다른 경우, 을의
   진술과 보증이 허위이거나 사실과 다를 경우 그 결과에 의해 대상 기업의 정상적 운영이
   불가능하다고 판단될 경우 본계약을 해제할 수 있다.
2. 갑이 본계약의 체결 후 특별한 이유 없이 1년 이내에 자본금의 증자를 하지 않는 경우 을
   은 본계약을 해지할 수 있다.
3. 을의 귀책 사유에 의해 본계약을 해제할 경우 을은 갑에게 증자금액을 즉시 반환하며 을
   은 즉시 대상 기업의 감자절차를 해야 한다.

제10조 [손해 배상]
본계약이 제9조에 의해 해제사유가 발생하는 경우 해제권자는 상대방 당사자에게 본계약의
해제와 함께 또는 해제와는 별도로 해제권자가 입은 손해액을 위약금으로 청구할 수 있으
며, 상대방 당사자는 해제권자에게 해당 위약금을 지불할 의무가 있다.

제11조 [경영권 및 잔여주식의 양도 양수]
1. 을은 본계약 체결 후 갑이 지정하는 일자에 대상 기업으로 하여금 갑이 제시하는 의안(이
   사 및 감사의 선임, 정관의 변경 등)을 결의하기 위한 임시주주총회를 개최하는 주주총회
   소집절차를 밟도록 해야 한다.
2. 을은 전항의 임시주주총회에서 갑이 제시하는 모든 안건이 적법하게 가결되도록 해야 한다.
3. 본조에 의한 임시주주총회를 통해 대상 기업의 등기이사와 감사는 갑이 지정한다.
4. 을은 갑에게 보유한 대상 기업 주식에 대한 의결권을 위임해야 한다.
5. 대상 기업의 대주주는 대상 기업에서 갑이 승낙 없이는 3년 이내에 퇴사할 수 없고, 갑은
   정당한 사유 없이 대상 기업의 대주주를 해고할 수 없다. 3년 내에 퇴사하는 경우에는 보
   유하고 있는 대상 기업의 주식을 포기하고 갑에게 무상 이전한다.
6. 갑은 대상 기업의 대주주가 보유하고 있는 주식을 기업회계에 의한 자기 자본총액에 대
   주주 소유비율을 곱한 금액에 인수할 수 있다.

제12조 [대상 기업 대주주 차입금의 상환]

별첨 기준대차대조표의 대상 기업 대주주 차입금은 대상 기업의 증가된 기업회계상의 이익
잉여금의 25%의 범위 내에서 갑이 선택해 상환한다.

제13조 [경업 금지 의무]
을은 갑의 서면 동의 없이는 본계약 체결일 및 대상 기업 퇴사일로부터 3년간 서울특별시 및 전
국 6대 광역시에서 을 또는 을의 계산으로 대상 기업이 영위하고 있는 동종영업을 할 수 없다.

제14조 [협조]
1. 을은 갑의 대상 기업 경영권인수 과정에 차질이 없도록 임직원의 이직방지에 최선을 다
   한다.
2. 을은 대상 기업의 임직원 중 갑이 필요로 하는 인력에 대해 향후 10년간 갑의 동의 없이
   자기 자신을 위해 채용하지 않는다.
3. 을은 경영권 양도를 이유로 향후 10년간 대상 기업의 거래선과 별도의 거래를 하지 않
   는다.

제15조 [특수 관계자인 임직원]
대상 기업에 재직 중인 을의 특수 관계자인 임직원은 퇴직하며, 퇴직일자는 양자 간의 합의
로 정한다.

제16조 [비정상적 거래 등]
본계약 또는 자본금증자 이전에 발생한 비정상적 거래가 확인되고, 그 거래에 의해 대상 기
업의 순자산 가액이 감소되었을 경우 그 감소액을 을이 갑에게 지급한다.

제17조 [비밀 유지]
갑과 을은 상대방의 동의 없이 본계약의 체결 과정, 체결 내용, 이행 과정 등에 관한 일체의
정보를 제3자에게 공개하지 않는다. 단, 관계 법령 및 감독기관에 의하여 요구되거나 법원의
재판에 의해 요구되는 경우를 제외한다.

제18조 [조세 및 기타 비용]
본계약과 관련해 각 당사자에 의하여 발생한 모든 조세, 공과금 기타 비용은 당사자 간의 별
도 합의가 없는 한 각 당사자의 부담으로 한다.

제19조 [계약의 효력 발생 시기]
본계약은 갑과 을이 기명날인함과 동시에 효력이 발생한다.

제20조 [관할 합의]

본계약에 관해 당사자 사이에 분쟁이 발생한 경우에는 갑과 을은 협의를 통해 우호적으로 이를 해결하도록 노력해야 한다. 우호적으로 해결되지 않는 분쟁에 관한 관할 법원은 갑의 소재지 관할 법원으로 한다.

위를 증명하기 위해 양 당사자는 본계약서 2통을 작성하여 서명 날인한 후 계약 당사자가 각 1통씩 보관한다.

20○○년   월   일

"갑"

상   호:

대 표 이 사:

"을"

주   소:

주민등록번호:

성   명:

(3) 미국 변호사협회의 양식

미국 변호사협회 홈페이지에서 제공하는 인수 계약서 양식을 소개한다. 이 M&A 계약서 양식은 제3자 간에 정상적으로 이루어진 비상장법인의 주식 전체 또는 일부를 인수하는 경우를 위해 만들어졌다.

〈표 11-4〉의 양식은 법인이 증자할 때 청약의 목적으로 작성된 것은 아니다. 또한 증권 거래소에 상장되어 등록할 주식의 경우에 적용되지 않는다. 이 양식은 미국 변호사협회의 모델 M&A 인수 계약서에 따라 법인을 계약의 당사자에 포함시키지 않았다.

STOCK PURCHASE AGREEMENT
주식 인수 계약서

THIS STOCK PURCHASE AGREEMENT (this "Agreement") is made and entered into as of the ____ day of _____ 20____ by and between _____ (the "Seller") and _____(the "Purchaser").

이 주식 인수 계약서(이하 "인수 계약서"라 한다.)는 20____년 ____월 ____일 _____(이하 "주식양도자")와 _____(이하 "주식인수자")에 의해서/사이에서 체결되었다.

RECITALS

WHEREAS, the Seller is the owner of _____ shares of common stock of _____ (the "Company"); and

WHEREAS, the Purchaser desires to purchase [_____/all] of the Seller's shares of common stock of the Company (the "Shares") subject to the terms and conditions here in after set forth in this Agreement; and

WHEREAS, the Seller and the Purchaser have negotiated in good faith and agreed upon an appropriate per share fair value for the Shares; and

OPTIONAL PROVISION

WHEREAS, the Company, the Seller and certain other shareholders of the Company party thereto are party to that certain Shareholders' Agreement dated as of _____, _____, as the same has been amended from time to time (the "Shareholders Agreement"), pursuant to which no[Shareholder](as defined in the Shareholders Agreement) may in any way alienate or dispose of any shares of the Company's capital stock without first offering to convey such shares to the Company and, if the Company does not exercise its right to purchase all of such shares, to the other Shareholders; and

OPTIONAL PROVISIONS

Any other applicable agreements affecting the rights of shareholders or transferability of shares should be addressed in additional recitals.

NOW THEREFORE, in consideration of these premises and for other valuable consideration, the receipt and sufficiency of which are hereby acknowledged, the parties agree as follows:

상술(詳述)

주식양도자는 (주) _____(이하 "회사")의 보통주식 _____주를 소유한 자이고, 주식인수자는 주식양도자가 보유하고 있는 회사의 주식 중 _____주 또는 전부(이하 "양도주식")를 이하 인수 계약서에서 제시된 조건에 따라 인수하기로 한다.

주식양도자와 주식인수자는 선의로 협상을 해 양도주식의 가격에 대해 동의하였다.

옵션 조항

회사, 주식양도자와 회사의 기타주주는 2020년 12월 31일에 약정된(날짜는 계속 수정된다.) 회사의 기타주주의 주주 간 약정(이하 "주주약정서")의 당사자이며, 주주약정서에 따라 주주약정서에서 정의된 주주는 어떤 경우에도 주식을 양도할 때 우선 회사가 매입하도록 제의하지 않고는 주식을 양도하지 못하며, 회사가 주식을 인수할 권리를 행상하지 않는 경우에만 다른 주주에게 주식을 매각할 수 있다.

옵션 조항

양도주주의 권리나 주식의 양도권에 영향을 줄 수 있는 어떤 계약도 추가적인 상술(詳述)에 놓을 수 없다.

이에 따라 다음과 같이 약정한다.

1. Purchase and Sale of the Shares

1.1. Purchase and Sale

Subject to the terms and conditions of this Agreement, at the Closing (as defined herein) the Purchaser hereby agrees to purchase the Shares from the Seller at a purchase price of $_____ per Share for an aggregate purchase price of $_____ (the "Purchase Price"), and the Seller here by agrees to sell the Shares to the Purchaser on the terms and conditions set forth here in.

1.2. Further Assurances

Prior to or simultaneously with the Closing (as defined herein), the Seller will execute and deliver, and will cooperate with the Purchaser in obtaining from appropriate parties such further documents and instruments as may be necessary or appropriate to vest in the Purchaser all right, title and interest in and to the Shares.

1. 양도주식의 양도와 인수

1.1. 양도와 인수

인수 계약서의 조건과 조문에 따라, 거래의 종결(아래에서 정의되었다) 시에 주식인수자는 주식양도자로부터 주당 _____원, 총 인수 대가 _____원(이하 "인수 대가")을 지불하고 양도주식을 인수하기로 약정하고, 주식양도자는 주식인수자에게 양도주식을 매각하기로 약정한다.

1.2. 보장 사항

거래의 종결(아래에서 정의되었다) 전 또는 거래의 종결과 동시에, 주식양도자는 주식

인수자와의 협의하에, 양도주식과 관련한 모든 권리, 주식증서 등이 주인인수자에게 귀속되는 데 필요한/적절한 서류 등을 관련 당사자부터 확보해 주식인수자에게 제출해야 한다.

2. Closing and Delivery

2.1. Closing

The closing of the purchase and sale of the Shares (the "Closing") shall be held at the offices of _____, located at _____, North Carolina, on [month/date/year], [ALTERNATIVE PROVISION FOR TRANSACTIONS REQUIRING FTC APPROVAL UNDER THE HART–SCOTT–RODINO ACT: the date that is two (2) business days following the termination of the applicable waiting period under the Hart–Scott–Rodino Antitrust Improvements Act of 1976 (the "HSRAct") and any rules or regulations issued pursuant to the HSRAct,] or at such other time and place as the parties may agree.

2.2. Delivery

At the Closing, the Purchaser will remit the Purchase Price to the Seller by wire transfer. At the Closing, contemporaneously with the transfer of the Purchase Price to be payable by the Purchaser in the manner set forth herein, the Seller will deliver the certificate(s) representing the Shares to counsel for the Purchaser, and will execute and deliver the Irrevocable Stock Power(s) attached hereto as Exhibit A and such other additional documents and assignment instruments as may be necessary to vest title to the Shares in the name of the Purchaser.

2. 거래의 종결 및 주식의 인도

2.1. 거래의 종결

양도주식의 인수와 양도의 종결(이하 "거래의 종결")은 _____에 위치한 _____의 본사에서 20__년 __월 __일(법률에 의한 제한이 있는 경우: 법에 의한 유예일로부터 2일이 되는 날) 또는 당사자가 동의하는 시간과 장소에서 이루어진다.

2.2 주식의 인도

거래의 종결 시에, 주식인수자는 인수 대가를 금융 기관을 통해 주식양도자에게 송금한다. 거래의 종결 시에, 주식양도자는 양도주식의 증권을 주식인수자의 자문변호사에게 인도하고, 별첨1에 첨부된 취소 불능 주식명의개서위임장과 주식에 관한 모든 권리를 주식인수자에게 이전하는 데 필요한 서류 등에 서명날인해 제출한다.

3. Representations and Warranties of the Seller

In connection with the sale of the Shares to the Purchaser, the Seller represents and warrants to the Purchaser that the following statements are true and correct on the date hereof and will be true and correct on the date of the Closing.

3. 진술과 보증

주식인수자에게의 양도주식 양도와 관련해, 주식양도자는 주식인수자에게 다음에 게 기된 내용이 인수 계약서의 작성일과 거래의 종결의 일에 사실임을 진술하고 보장한다.

3.1. Knowledge of Company's Business

The Seller is aware of the Company's affairs, assets, business, financial condition, prospects and results of operations, and has acquired sufficient information about the Company to reach an informed and knowledgeable decision to sell the Shares to the Purchaser on the terms set forth herein.
The Company is a corporation duly organized, validly existing, and in good standing.

3.1. 회사 사업의 이해

주식양도자는 회사의 업무, 자산, 사업, 재무 상태, 사업의 실적과 추정치를 인지하고, 인수 계약서에 제시된 조건으로 주식인수자가 합리적으로 양도주식을 인수하는 데 필요한 충분한 정보를 제공하였다.
회사는 적법하게 설립되었고 유효하고 모든 자본금은 납입되었다.

3.2. Authorization; Binding Nature

All corporate or other action on the part of the Seller necessary for the authorization, execution and delivery of this Agreement and the performance of all the Seller's obligations hereunder, has been taken or will be taken prior to the Closing. This Agreement has been duly executed and delivered by the Seller and is a valid and binding agreement of the Seller, enforceable in accordance with its terms, subject to laws of general application relating to bankruptcy, insolvency and the relief of debtors, rules and laws governing specific performance, injunctive relief and other equitable remedies [OPTIONAL PROVISION:, and, with respect to the indemnification agreements set forth in this Agreement, principles of public policy]. The Seller has the legal capacity to execute, deliver and perform its obligations under this Agreement.

3.2. 승인과 구속력

동 인수 계약서의 승인과 서명날인·제출과 아래에 게기된 주식양도자의 모든 의무의 이행을 위해 필요한 법인 기타의 모든 행위는 거래의 종결 전에 완료되어야 한다. 동 인수 계약서는 주식양도자에 의해 적절한 절차에 따라 작성, 서명날인 후 제공되어 계약 조항에 따라 시행될 수 있는, 주식양도자의 유효하고 구속력이 있는 계약서이다. 그리고 동 계약서는 부도, 파산 기타 채무자의 구제와 관련해 일반적으로 적용되는 법 및 특정 이행, 금지명령구제와 기타 합리적 구제[옵션 조항: 그리고 동 인수 계약서에 기재된 배상 조항에 대해서는 공공정책의 원칙]를 규율하는 규칙과 법률의 적용을 받는다. 주식양도자는 동 인수 계약서에 따른 약정내용을 향유할 법적 권리를 가진다.

3.3. Consents

No consent from any third party or governmental authority is required in connection with the execution and delivery of this Agreement by the Seller or the fulfillment by the Seller of its obligations under this Agreement, [OPTIONAL PROVISION: except as set forth on Schedule 3.3].

3.3. 동의

주식양도자에 의한 동 인수 계약서의 작성, 기명날인 및 제출과, 주식양도자에 의한 동 주식 인수 계약서상의 의무의 이행과 관련해 제3자나 정부기관으로부터 어떠한 동의도 요구되지 않는다(옵션 조항: 부속명세서 3.3에 게기된 사항은 제외한다).

3.4. No Conflict

The Seller's execution and delivery of this Agreement and performance of its obligations hereunder will not (i) conflict with or result in any violation of any agreement, permit or other instrument to which the Seller is a party or by which the Seller is bound, or to which the Seller's properties or assets are subject, or to the Seller's knowledge, of any statute, law, ordinance or regulation, or order, judgment or decree of any court or other governmental and regulatory authority to which the Seller is bound or to which the Seller's properties or asset are subject, or (ii) require any prior filing or notice with any third party or governmental authority [OPTIONAL PROVISION: except as set forth on Schedule 3.4].

3.4. 제약(制約)의 부재

주식양도자에 의한 동 인수 계약서의 작성, 서명날인 및 제출과 동 인수 계약서에 따른 의무의 이행은 (i) 주식양도자가 그 당사자이거나, 주식양도자가 법적구속력을 가지거나, 주식양도자의 재산을 대상으로 하거나, 또는 주식양도자가 알고 있는 계약·허락·기타 문서와 상충하거나 위반하지 않고, 주식양도자가 법적구속력을 가지거나 주식양도자의 재산을 대상으로 하는 법령, 조례 또는 규정 또는 명령, 사법·행정·입법부의 판단 또는 판결과 상충하거나 위반하지 않고, (ii) 제3자 또는 정부당국에 사전에 서류를 제출하거나 통지를 해야 할 의무가 없다(옵션 조항: 부속명세서 3.4. 제외).

3.5. Title to the Shares

The Seller is the record and beneficial owner of the Shares, and has, and as of the Closing will have, valid, good and marketable title to the Shares, free and clear of any security interests, claims, liens, equities and other encumbrances. The Shares are validly issued, fully paid and non-assessable.

3.5. 주식소유권

주식양도자는 양도주식의 서류상 및 실질적인 소유자이고, 인수 계약서 일과 거래의 종결 시에 법적으로 유효하고, 법적으로 하자가 없고, 양도할 권리를 가진 주식소유자이며, 양도주식에 대한 담보설정, 분쟁, 질권, 청구권 기타 장애 요인이 없다. 양도주식은 법적으로 유효하게 발행되었고, 관련 자본금이 전액 불입되었고, 추가 출자의무가 없다.

3.6. No Restrictions

The Shares are not and, as of the Closing, will not be subject to any rights of co-sale, rights of first refusal or other similar restrictions relating to the disposition or voting of the Shares. [OPTIONAL PROVISION: except as set forth on Schedule 3.6].

3.6. 제한 사항의 부재

양도주식은 인수 계약서 일과 거래의 종결 시에 양도주식의 양도와 주주권리 행사와 관련해, 다른 주주의 주식의 동시 양도계약·조건(Any rights of co-sale), 주식 우선 매수청구권(Rights of first refusal), 기타 유사한 제한이 없다(옵션 조항: 첨부 명세서 3.6 제외).

3.7. Broker's Fees

The Seller has retained no broker or finder in connection with the transactions contemplated by this Agreement.

or

The Seller is responsible for paying any intermediaries he hires during the sale.

3.7. 자문수수료

주식양도자는 동 인수 계약서에 의한 거래와 관련해 중개인 등과 계약관계를 유지하지 않고 있다.

또는

주식양도자는 동 인수 계약서에 의한 거래와 관련해 고용한 중개인 등에게의 지급의무를 부담한다.

3.8. Capitalization

The authorized capital stock of the Company consists of, and immediately prior to the Closing, will consist of:

3.8.1. [OPTIONAL PROVISION FOR USE WHEN COMPANY HAS ISSUED PREFERRED STOCK OF ONE OR MORE CLASSES] Preferred Stock

_____ shares of preferred stock, $____ par value, _____ of which have been designated Series A Preferred Stock (the "Preferred Stock"), [all/none/_____] of which are issued and outstanding, [add other preferred classes if necessary].

3.8.2. Common Stock

_____ shares of common stock, $____ par value (the "Common Stock"), of which _____ shares are issued and outstanding.

3.8.3. [OPTIONAL PROVISION FOR USE WHEN COMPANY HAS EQUITY-BASED DEFERRED COMPENSATION PLANS] Options and Warrants

_____ shares of common stock are reserved for issuance under the Company's _____Plan (the "Equity Plan"), _____options to purchase shares of Common Stock have been granted by the Company under the Equity Plan, _____ shares of Common Stock have been issued pursuant to restricted stock purchase agreements and/or the exercise of outstanding options granted by the Company under the Equity Plan, and _____ shares of Common Stock are available for future issuance under the Equity Plan. _____ shares of Common Stock [and _____ shares of Preferred Stock] are reserved for issuance pursuant to outstanding warrants to purchase shares of Common Stock (the "Warrants").

All the issued and outstanding shares of Common Stock [and Preferred Stock] have been duly authorized and validly issued, are fully paid and nonassessable and were issued in compliance with all applicable federal and state securities laws.

[OPTIONAL PROVISION] The Company has duly and validly reserved (i) _____ shares of Common Stock for issuance upon conversion of the outstanding Preferred Stock,(ii) _____ shares of Common Stock for issuance under the Equity Plan, and (iii) _____ shares of Common Stock for issuance upon exercise of the Warrants. Except for the options granted under the Equity Plan, the Warrants, the conversion rights associated with the Preferred Stock and the Shareholders Agreement, there are no outstanding rights of first refusal, preemptive rights or other rights, options, warrants, conversion rights or other agreements or commitments, either directly or indirectly, for the purchase or acquisition from the Company of any shares of its capital stock or any security convertible into or exercisable for any shares of its capital stock. The Company is not obligated to issue or sell any capital stock and, except for this Agreement, neither the Company nor any of its shareholders is party to, or otherwise bound by, any agreement affecting the voting of the Company's capital stock [OPTIONAL PROVISION: except as set forth on Schedule 3.8].

3.8. 자본구성
　　본 인수 계약서 일과 거래의 종결 직전까지 회사의 수권주식은 다음과 같이 구성된다.
3.8.1. (옵션 조항: 회사가 하나 또는 그 이상의 우선주식을 발행한 경우) 우선주식
　　주당 _____원 _____주의 우선주식은 ___형 우선주식(이하 "우선주식")으로 총 ___주가 발행되었다.
3.8.2. 보통주식
　　주당 _____원 _____주(이하 "보통주식") 중 _____주가 발행되었다.
3.8.3. (옵션 조항: 회사가 주식보상금을 지급하기 약정한 경우) 옵션과 워런트 _____주의 보통주식이 회사의 _____플랜(이하 "주식보상플랜")에 따라 발행이 예정되어 있고, 보통주식을 구매할 수 있는 _____옵션이 주식보상플랜에 의해 회사에 의해 부여

되었고, _____주의 보통주식이 조건부 주식매입약정서와/또는 주식보상플랜에 따라 회사에 의해 부여된 옵션의 행사에 따라 발행되었고, _____주의 보통주식이 주식보상플랜에 따라 향후 발행될 수 있다. _____주의 보통주식(과 _____주의 우선주식)이 보통주식의 매입을 위한 워런트(이하 "워런트")에 따라 발행될 예정이다. 발행된 모든 보통주식(과 우선주식)은 적법한 절차에 따라 유효하게 발행되었고, 주식대금은 전액 납입되어 추가로 납입할 의무는 없으며, 관련법에 따라 발행되었다. (옵션 조항) 회사는 합법적으로 유효하게, (i) 우선주식 전환을 위한 보통주식 _____주, (ii) 주식보상플랜에 따른 보통부식 _____주와 (iii) 워런트 행사를 위한 _____주를 확보하고 있다. 주식보상플랜, 워런트, 우선주식의 상환 권리와 주주약정서를 제외하고는, 직접적이건 간접적이건, 회사로부터 회사의 주식 또는 회사의 주식을 위한 전환 가능한 증권을 취득할 수 있는, 주식 우선매수청구권, 신주인수권 기타 유사한 권리, 옵션, 워런트, 전환 권리 혹은 기타 계약서 등이 없다. 회사는 회사의 주식을 발행하거나 매각해야 할 채무가 없고, 동 인수 계약서를 제외하고는 회사와 회사의 주주 모두는 회사의 주식의 의결권에 영향을 미칠 수 있는 어떠한 계약의 당사자가 되지 않으며 달리 계약에 의해 법적으로 구속력을 가지지 않는다(옵션 조항: 첨부 명세서 3.8을 제외).

3.9. Validity of the Shares

The Shares are not and will not be subject to any preemptive rights, rights of first refusal or other preferential rights that have not been waived, and the Shares are validly issued, fully paid and nonassessable and will be free of any liens or encumbrances(other than those created by the Purchaser) and free of any restrictions on transfer other than those under state and/or federal securities laws as set forth here in [OPTIONAL PROVISION: or in the Shareholders Agreement].

The Shares has no pending condemnation proceedings, lawsuits, or administrative actions relating to it.

3.9. 주식의 유효성

양도주식은 행사되지 않은 신주인수권, 주식 우선매수청구권 또는 주식 인수와 관련한 기타 우선적인 권리의 제약을 받지 않으며, 향후에도 제약을 받지 않는다. 양도주식은 법적으로 유효하게 발행되었고, 양도주식의 주식대금은 전액 납입되어 추가적인 납입의무는 없으며 담보설정 또는 장애 요인(주식 인수인이 창설한 것은 제외한다)이 없으며, 동 인수 계약서에서 나열한 증권 관련 법률에 따른 (옵션 조항: 또는 주식약정서에서 나열한) 것을 제외하고는 어떠한 주식양도의 제한도 없다.

양도주식은 임박한 공매, 경매, 압류나 소송, 행정절차의 대상이 되지 않는다.

3.10. Financial Statements; Changes

3.10.1. The Seller has delivered to the Purchaser [un]audited financial statements of the Company as of _____, 20__ and for the fiscal year then ended and unaudited financial statements of the Company as of and for the ____-month period ended _____, 20__ (collectively, the "Financial Statements"). The Financial

Statements, together with the notes thereto, are complete and correct in all material respects, subject (in the case of the unaudited statements) to normal year-end adjustments, and have been prepared in accordance with generally accepted accounting principles applied on a consistent basis throughout the periods indicated ("GAAP"), except that the unaudited financial statements may not contain all of the notes required by GAAP. The Financial Statements accurately set out, describe and fairly present the financial condition and operating results of the Company as of the dates and for the periods indicated therein, subject (in the case of the unaudited statements) to normal year-end audit adjustments, and except that the unaudited financial statements may not contain all the notes that would be required by GAAP.

3.10. 재무제표와 변동

3.10.1. 주식양도자는 주식 인수인에게 _____ 년 _____ 월 _____ 일로 끝나는 회계연도의 재무제표(회계 감사를 받은 경우 감사보고서를 포함한다)와 _____ 년 _____ 월 _____ 일로 종료되는 _____개월 기간에 대한 재무제표(이하 전체를 "재무제표")를 제출하였다. 재무제표는 그 주석을 포함해, 정상적인 결산조정사항을 반영하고(회계 감사를 받지 않은 경우), 전체적으로 중요성의 관점에서 완전하고 정확하고, 회계 감사를 받지 않은 재무제표가 회계원칙(아래에 정의되었다)이 요구하는 주석사항을 제공하지 않은 것을 제외하고는, 재무제표의 회계기간 전체에 대해 일관성 있게 일반적으로 공정타당 한 회계원칙(이하 "회계원칙")에 따라 작성되었다. 재무제표는 정상적인 결산조정사항을 반영하고(회계 감사를 받지 않은 경우), 회계 감사를 받지 않은 재무제표가 회계원칙이 요구하는 주석사항을 제공하지 않은 것을 제외하고는, 위에 게기한 날짜와 기간의 재무 상태와 경영실적을 정확히 기재하고, 기술하고, 공정하게 제공하였다.

3.10.2. Since _____, 20__, there has not been:

(a) any change in the assets, liabilities, financial condition or operating results of the Company from that reflected in the Financial Statements, except changes in the ordinary course of business that have not been, in the aggregate, materially adverse;

(b) any amendment or change in the Articles of Incorporation or Bylaws of the Company; or

(c) any satisfaction or discharge of any lien, claim or encumbrance or payment of any obligation by the Company, except in the ordinary course of business and that is not material to the assets, properties, financial condition, operating results or business of the Company (as such business is presently conducted and as it is currently proposed to be conducted).

3.10.3. The Company has filed all required tax returns, and no tax authority has liens against the assets of the Company.

3.10.4. The Company has withheld or paid all taxes.

3.10.5. No tax problems with any governmental entity exist. Details of any issues that do exist appear in a schedule.

3.10.6. The Company has provided the closing date balance sheet, and that document fairly presents in all material respects the financial condition of the company as of the closing date.

3.10.7. The Company has provided Buyer with a listing of all bank accounts, certificates of deposit, safe deposit boxes, and credit cards issued to employees.

3.10.8. All computer software and proprietary database owned or licensed by the company are paid for or owned by the Company.

3.10.9. The Seller has provided Buyer with a complete list of all account receivable.

3.10.10. The Company doesn't have any prepayment or deposits from customers for products to be shipped or services to be performed after the closing date.

3.10.11. The Company has given Buyer a purchase order list(the commitments the company has made to buy from suppliers and vendors).

3.10.12. The Company doesn't know of any customer who is requesting to buy less than previous levels.

3.10.2. _____ 년 _____ 월 _____ 일 이후, 다음과 같은 사실이 없다.
   (a) 전체적으로 중대하게 악화된 것이 아닌 그리고 통상적인 경영 활동으로 인한 변화를 제외하고, 재무제표에 반영되었던 자산, 부채, 재무 상태 또는 경영실적과의 차이.
   (b) 회사의 정관 또는 회사의 규정의 변화 또는 수정.
   (c) 통상적인 경영 활동이고, 회사의 자산, 재산, 재무 상태, 경영성과 또는 회사의 사업에 중요하지 않은 활동을 제외하고, 회사가 담보권을 해제하거나 청구권 등을 면제하거나 부채를 지급한 사실.

3.10.3. 회사는 모든 세법상 신고를 완료했고, 세무당국으로부터 회사의 자산에 대한 담보 제공이나 압류 등이 없다.

3.10.4. 회사는 모든 세금을 원천징수하거나 납부하였다.

3.10.5. 과세관청과 어떤 조세 문제도 없다. 현존하는 조세 문제의 상세한 사항은 별도의 명세서로 제출하였다.

3.10.6. 회사는 거래의 종료 시점의 대차대조표를 제공하였고, 그 서류는 거래의 종료 시점의 회사의 재무 상태를 모든 중요한 측면에서 사실대로 제공한다.

3.10.7. 회사는 모든 은행계정, 예금적금통장, 은행금고, 발행한 신용카드 전체 리스트를 제공하였다.

3.10.8. 회사가 소유하거나 라이선스를 받은 모든 컴퓨터 소프트웨어와 데이터베이스는 대금 지급을 완료하였고, 회사의 소유이다.

3.10.9. 회사는 인수자에게 모든 매출채권의 완전한 리스트를 제공하였다.

3.10.10. 회사는 거래의 종결 이후에 상품이나 용역을 제공해야 할 선수금이나 보증금이 없다.

3.10.11. 회사는 회사가 공급자로부터 공급받기로 한 약정인 구매주문 리스트를 모두 제공하였다.

3.10.12. 회사는 과거보다 구매금액이 중요하게 감소한 주요 거래처가 있음을 알지 못한다.

3.11. Registration Rights

[OPTIONAL PROVISION: Except as set forth on Schedule 3.11,] the Company is not under any obligation to register under the Securities Exchange Act of 1934, as amended, any of its presently outstanding securities or any of its securities that may hereafter be issued.

3.11. 등록권리

회사는 증권 관련 법률에 따라 현재 발행된 또는 이후에 발행될 주식을 등기 또는 등록할 의무가 없다(옵션 조항: 〈첨부명세서 3.11〉 제외).

3.12. Voting Agreements

[OPTIONAL PROVISION: Except as set forth on Schedule 3.12,] the Company has no agreement, obligation or commitment with respect to the election of any individual or individuals to its Board of Directors and, [OPTIONAL PROVISION: to the Seller's knowledge,] there is no other voting agreement or arrangement among its stockholders with respect to the election of any individual or individuals to the Board of Directors of the Company, or for any other purpose.

3.12. 의결권 약정

회사는 특정인 또는 특정인들을 이사회의 구성원으로 임명하는 계약, 의무 또는 약정을 하지 않았다. 그리고 (옵션 조항: 주식양도자가 알고 있는) 특정인 또는 특정인들을 이사회의 구성원으로 임명하는 또는 다른 목적으로, 주주들 간에 어떠한 약정 또는 합의가 없다(옵션 조항: 〈첨부명세서 3.12〉 제외).

3.13. Environmental Matters

[OPTIONAL: Except as disclosed on Schedule 3.13,] the Company is, and at all times has been, in full compliance with, and has not been and is not in violation of or liable under, any federal, state, or local environmental law, rule, regulation, or ordinance.

[OPTIONAL: To the Seller's knowledge,] neither the Company nor the Seller nor any person for whose conduct the Company or the Seller may be held responsible has received or has any basis to expect any actual or threatened order, notice or other communication from any governmental authority or private citizen acting in the public interest of any actual or potential violation or failure to comply with any environmental law, or of any actual or threatened obligation to undertake or bear the cost of any environmental, health and safety liabilities with respect to any property or asset (whether real, personal or mixed) in which the Company has or had an interest, or with respect to any property at or to which hazardous materials were generated, manufactured, refined, transferred, imported, used or processed by the Company or any other person for whose conduct it is or may be held responsible, or from which hazardous materials have been transported, treated, stored, handled, transferred, disposed, recycled or received.

3.13. 환경 문제

회사는 환경과 관련된 법령을 지키고 있고/지켰으며, 이를 위반하거나/위반했거나 관련된 채무를 부담하지 않고/부담하지 않았었다. (옵션 조항: 주식양도자가 알고 있는 한) 회사와 주식양도자, 그리고 회사와 주식양도자가 책임을 져야 하는 어떠한 사람도, 회사가 보유하거나 이해관계가 있는 자산이나 재산(부동산, 동산 또는 혼합자산과 재산 포함)과 관련해, 또는 회사 또는 회사가 책임을 부담하는/부담할 수 있는 제3자에 의해 위험한 물질을 발생·생산·정제·이동·수입·사용하거나 또는 그것으로부터 위험한 물질을 운송·취급·저장·조정·이동·처분·재활용·인수하는 재산과 관련해, 관련 환경 관련 법령을 위반하거나/위반할 소지가 있거나 또는 관련 환경 관련 법령의 비용을 부담할/부담하게 될 책임에 대해, 관련 정부당국 또는 공적 업무를 수행하는 자로부터 받은/받을 가능성이 있는 명령, 통지 등을 받을 수 있는 소지가 없다 (옵션 조항: 〈첨부명세서 3.13〉 제외).

3.14. Labor Disputes; Compliance

3.14.1. [OPTIONAL: To the Seller's knowledge,] the Company has complied in all respects with all legal requirements relating to employment practices, terms and conditions of employment, equal employment opportunity, nondiscrimination, immigration, wages, hours, benefits, collective bargaining and other requirements, the payment of social security and similar taxes and occupational safety and health. The Company is not liable for the payment of any taxes, fines, penalties, or other amounts, however designated, for failure to comply with any of the foregoing legal requirements.

3.14. 근로관계 문제와 보장

3.14.1 (옵션 조항: 주식양도자가 알고 있는 한) 회사는 고용 업무, 고용 조건, 채용의 평등성, 고용 차별의 부재, 외국인, 임금, 노동시간, 복리후생, 단체교섭권, 기타 요건, 각종 사회보장보험 등과 관련해 모든 면에서 법적 요건을 만족시키고 있다. 회사는 이러한 법적요건을 만족시키지 못해 조세, 벌금, 과태료, 기타 유사한 내용의 부과금액에 대해 채무가 없다.

3.14.2. [OPTIONAL: To the Seller's knowledge,] (i) the Company has not been, and is not now, a party to any collective bargaining agreement or other labor contract; (ii) there has not been, there is not presently pending or existing, and [OPTIONAL: to the Seller's knowledge] there is not threatened, any strike, slowdown, picketing, work stoppage or employee grievance process involving the Company; (iii) [OPTIONAL: to the Seller's knowledge] no event has occurred or circumstance exists that could provide the basis for any work stoppage or other labor dispute; (iv) there is not pending or [OPTIONAL: to the Seller's knowledge,] threatened against or affecting the Company any proceeding relating to the alleged violation of any legal requirement pertaining to labor relations or employment matters, including any charge or complaint filed with the National Labor Relations Board or any comparable governmental authority, and there is no organizational activity or other labor dispute against or affecting the Company; (v) no application or petition for an election of or for certification of a collective bargaining agent is pending; (vi) no grievance or arbitration proceeding exists that might have an adverse effect upon the Seller or the conduct of its business; (vii) there is no lockout of any employees by the Company, and no such action is contemplated by the Company; and (viii) [OPTIONAL: to the Seller's knowledge] there has been no charge of discriminationfiled against or threatened against the Company with the Equal Employment Opportunity Commission or similar governmental authority.

3.14.2. (옵션 조항: 주식양도자가 알고 있는 한) (i) 회사는 단체교섭협약이나 기타 노동 계약의 당사자가 아니다/아니었다. (ii) 회사와 관련해 파업, 태업, 피켓시위, 근로자자 집단조업중지 또는 근로자고충처리의 진행이 없었고/없고 (옵션 조항: 주식양도자가 알고 있는 한) 없을 것이다. (iii) (옵션 조항: 주식양도자가 알고 있는 한) 근로자 집단 조업중시 또는 기타 노동 분쟁이 발생할 수 있는 사건은 없었고 그 원인을 제공할 상 황은 없다. (iv) 근로관계법 관련 구가나 지방자치단체의 위원회 또는 이에 상당하는 정부기관에 제출된 고발 또는 고소를 포함해, 근로 관련 또는 고용문제와 관련한 법 령상의 요구 사항의 위반으로 회사에 대해 또는 회사에 영향을 미치는 법적 절차가 임 박하거나 (옵션 조항: 주식양도자가 알고 있는 한) 일어나지 않을 것이다. (v) 단체교섭 협약대표자의 선정이나 자격부여를 위한 신청 등이 있지 않았고 계획도 없다. (vi) 주 식양도자나 회사 사업에 나쁜 영향을 줄 수 있는 근로자고충처리나 중재절차의 진행이 없다. (vii) 회사에 의한 사업장폐쇄가 없으며, 회사는 앞으로도 사업장 폐쇄를 계획하 지 않는다. (viii) (옵션 조항: 주식양도자가 알고 있는 한) 고용평등과 관련해 정부기관 에 고용불평등을 이유로 고소, 고발 또는 기소되지 않았고 향후에도 그럴 것이다.

3.15. Employee Benefits

3.15.1. Schedule 3.15 provides a complete and correct list of all "employee benefit plans" as defined by Section 3(3) of ERISA, all specified fringe benefit plans as defined in Section 6039D of the Code, and all other bonus, incentive compensation, deferred compensation, profit sharing, stock option, stock appreciation right, stock bonus, stock purchase, employee stock ownership, savings, severance, change in control, supplemental unemployment, layoff, salary continuation, retirement, pension, health, life insurance, disability, accident, group insurance, vacation, holiday, sick leave, fringe benefit or welfare plan, and any other employee compensation or benefit plan, agreement, policy, practice, commitment, contract or understanding (whether qualified or non-qualified, currently effective or terminated, written or unwritten) and any trust, escrow or other agreement related thereto that (i) is maintained or contributed to by the Company or has been maintained or contributed to in the last six (6) years by the Company, or with respect to which the Company has or may have any liability, and (ii) provides benefits, or describes policies or procedures applicable to any current or former director, officer, employee or service provider of the Company, or the dependents of any thereof, regardless of how (or whether) liabilities for the provision of benefits are accrued or assets are acquired or dedicated with respect to the funding thereof (collectively the "Employee Plans").

3.15. 임직원의 복리후생

3.15.1. 〈첨부명세서 3.15〉는 관련 법령에 의한 퇴직금·퇴직연금 등, 성과보상, 향후 지급될 성과급, 이익공유제도, 스톡옵션, 주가상승으로 인한 임직원 권리, 주식 상여금, 주식구매권리, 종업원지주제도, 근로자저축, 퇴직금, 경영권 변경 시의 보상, 퇴직위로금, 일시해고와 보상, 급여수준 계속제도, 정년, 연금, 건강과 관련한 복리후생, 생명보험, 장애 시의 보상제도, 사고 시의 보상제도, 단체보험, 휴가, 공휴일, 병가, 복리후생플랜 기타 종업원복리후생 계획, 계약, 정책, 약정, 계약 또는 합의(제한이 있든 없든, 현재 유효하든 종료되었든, 서면이든 묵시적이든), 그리고 (i) 회사에 의해 유지되고 부담하는 또는 지난 6년간 유지되었고 지급되었던 또는 회사가 부담하는 또는 부담하게 될, (ii) 그 혜택이 발생하는 방식(또는 부담여부) 이외와 관련된 자금 조달을 위해 자산을 취득하거나 기부하거나를 막론하고 현재 또는 과거의 임직원, 용역제공자 또는 이들의 부양가족에 혜택을 주고 이들에게 적용될 정책이나 절차를 기술한, 신탁 또는 유사한 계약(이하 전체를 "종업원 보상 계획") 전체의 명세를 정확하게 기록하고 있다.

3.15.2. The Seller has no knowledge of any facts or circumstances that might give rise to any liability, and the transactions contemplated hereunder will not result in any liability, (i) for the termination of or withdrawal from any Employee Plan under Sections 4062, 4063 or 4064 of ERISA, (ii) for any lien imposed under Section 302(f) of ERISA or Section 412(n) of the Code, (iii) for any interest payments required under Section 302(e) of ERISA or Section 412(m) of the Code, (iv) for any excise tax imposed by Section 4971 of the Code, (v) for any minimum funding contributions under Section 302(c)(11) of ERISA or Section 412(c)(11) of the Code or (vi) for withdrawal from any multi employer plan under Section 4201 of ERISA.

3.15.2. 주식양도자는 종업원 보상 계획과 관련해 채무가 발생할 수 있는 사실 또는 환경이 없음을 알며, 동 인수 계약서에 의한 거래로 인해 어떠한 채무가 발생하지 않는다.

3.15.3. [OPTIONAL: To the Seller's knowledge,] the Company has, at all times, complied, and currently complies, in all material respects with the applicable continuation requirements for its welfare benefit plans, including (1) Section 4980B of the Code (as well as its predecessor provision, Section 162(k) of the Code) and Sections 601 through 608, inclusive, of ERISA, which provisions are hereinafter referred to collectively as "COBRA" and (2) any applicable state statutes mandating health insurance continuation coverage for employees.

3.15.4. [OPTIONAL: To the Seller's knowledge,] the Company has maintained workers' compensation coverage as required by applicable state law through purchase of insurance and not by self-insurance or otherwise.

3.15.3-4. (옵션 조항: 주식양도자가 알고 있는 한) 회사는 종업원 보상 계획과 관련해 항상 관련 법률을 준수하였고, 준수하고 있다.

3.15.5. [OPTIONAL: To the Seller's knowledge,] there is no material pending or threatened proceeding or litigation relating to any Employee Plan, nor is there any basis for any such proceeding.

3.15.5. (옵션 조항: 주식양도자가 알고 있는 한) 종업원 보상 계획과 관련해 중대한 소송 등의 절차가 진행되지 않으며/않을 것이며, 그것과 관련된 원인을 제공하지 않았다.

3.15.6. [OPTIONAL: To the Seller's knowledge,] except for the continuation coverage requirements of COBRA, the Company has no obligations or potential liability for benefits to employees, former employees or their respective dependents following termination of employment or retirement under any employee benefit plan as defined by Section 3(3) of ERISA.

3.15.7. [OPTIONAL: To the Seller's knowledge,] no written or oral representations have been made to any employee or former employee of the Company promising or guaranteeing any employer payment or funding for the continuation of medical, dental, life or disability coverage for any period of time beyond the end of the current plan year (except to the extent of coverage required under COBRA).

3.15.6. (옵션 조항: 주식양도자가 알고 있는 한) 회사는 회사의 계속 경영 요건에서 정한 것을 제외하면 종업원 보상 계획에 따라 고용이 중단되거나 퇴직 시에 종업원, 종전 종업원 등과 그 부양가족에게 의무나 잠재적 부채가 없다.

3.15.7. (옵션 조항: 주식양도자가 알고 있는 한) 종업원이나 종전 종업원에게 동 종업원 보상 계획의 기간 이외에 추가적인 약정이나 보장, 기타 지급의 약정을 하지 않았다.

3.16. Insurance

3.16.1. [OPTIONAL: To the Seller's knowledge,] all policies of insurance to which the Company is a party or that provide coverage to the Company are valid, outstanding and enforceable; are issued by an insurer that is financially sound and reputable; taken together, provide adequate insurance coverage for the assets and the operations of the Company for all risks normally insured against by a person carrying on the same business or businesses as the Company in the same location; and are sufficient for compliance with all legal requirements and all contracts relating to the business of the Company.

3.16. 보험

3.16.1. (옵션 조항: 주식양도자가 알고 있는 한) 회사가 계약당사자이고 회사에 적용되는 모든 보험 증권은 유효하고 법적으로 효력이 있다. 즉 재정적으로 건전하고 평판 있는 보험회사에 의해 계약이 되었고, 회사의 자산과 영업을 위해 전체적으로 같은 지역

에서 동일한 사업을 영위하는 기업이 일반적으로 보험을 드는 모든 위험을 합리적으로 대비하고 있고, 회사의 사업과 관련한 모든 법적 요구 사항과 모든 계약을 만족시키기에 충분하다.

3.16.2. [OPTIONAL: To the Seller's knowledge,] the Company has not received (i) any refusal of coverage or any notice that a defense will be afforded with reservation of rights or (ii) any notice of cancellation or any other indication that any policy of insurance is no longer in full force or effect or that the issuer of any policy of insurance is not willing or able to perform its obligations thereunder.

3.16.2. (옵션 조항: 주식양도자가 알고 있는 한) 회사는 (i) 보험보장의 거절 또는 권리의 유보의 통지, (ii) 취소의 통지, 보험회사로부터 보험채무의 이행거절, 보험보장범위의 제한통지를 받지 않았다.

3.16.3. [OPTIONAL: To the Seller's knowledge,] the Company has paid all premiums due, and has otherwise performed all of its obligations, under each policy of insurance to which it is a party or that provides coverage to the Company.

3.16.3. (옵션 조항: 주식양도자가 알고 있는 한) 회사는 회사가 계약당사자이거나 회사가 보험보장을 받는 보험계약에 대해 지급기일이 도래한 모든 보험료를 납부하였고, 모든 채무를 이행하였다.

3.16.4. [OPTIONAL: To the Seller's knowledge,] the Company has given notice to the insurer of all claims that may be insured thereby.
3.16.4. The Seller has given a listing of all insurance policies to Buyer.

3.16.4. (옵션 조항: 주식양도자가 알고 있는 한) 회사는 보험회사에게 보험보장이 될 수 있는 모든 클레임에 대해 통지하였다.
3.16.4. 회사는 모든 보험증서의 리스트를 인수자에게 제공하였다.

3.17. Intellectual Property
The term "Intellectual Property Assets" means all intellectual property owned or licensed(as licensor or licensee) by the Company in which the Company has a proprietary interest, including without limitation, the name[insert trade name of Company], the domain name [insert domain name of any Company web-site] and any other URLs or domain names related to the Business, and all logos or trade names associated with or related to the Business. Schedule 3.17 contains a complete and accurate list and summary description, including any royalties or license fees paid or received by the Company, of all contracts relating to the Intellectual Property Assets. Except as set forth in Schedule 3.17, the Intellectual Property Assets are all those necessary for the operation of the business of the

Company as it is currently conducted. The Seller is the owner or licensee of all right, title and interest in and to each of the Intellectual Property Assets, free and clear of all encumbrances, and has the right to use and to transfer without payment to or consent of any third party.

3.17. 지적 소유권

"지적 소유권"이란 회사가 소유하는 또는 부여받아(licensor 또는 licensee로서) 회사에게 권리가 있는 모든 지적 재산을 말한다. 이에는 어떠한 제한도 없는, 상호 (_____주식회사), 도메인 명칭(회사 웹사이트_____), 기타 사업과 관련된 도메인 등, 회사와 회사의 사업과 관련된 모든 로고 또는 상표를 포함한다. 첨부명세서 3.17은, 회사에 의해 지급하거나 수령하는 로열티 또는 라이선스 피를 포함해, 지적 소유권과 관련한 모든 계약의 완전하고 정확한 리스트와 요약 기술서이다. 첨부명세서 3.17을 제외하고, 지적 소유권에는 회사를 현 상태로 경영하기 위해 필요한 모든 것들이 포함된다. 주식양도자는 어떠한 제약도 없이 지적 소유권 모두에 대해 모든 권리, 소유권 등의 소유자이고 라이선스를 가지고 있고 제3자의 동의나 제3자에게 지급할 의무 없이 사용하고 양도할 권리를 가진다.

3.00. Others

3.0001 Changes of control will not trigger some sort of material change, such as an agreement with a major customer that allows the customer to cancel an important contract.

3.0002 Sellers has provided a complete list of all arrangements, contracts, and agreements between the company and other parties to the Buyer. And the Company has presented Buyer with a list of all material contracts, including credit and loan agreements, mortgages, leases, collective bargaining agreements, employment agreements, severance plans, employee benefit plans, and supplier and vendor agreement.

3.0003 Seller doesn't know of any litigation or pending litigation involving the company.

3.00. 기타

3.0001 경영권의 변화가 주요 거래처가 중요한 계약을 취소할 수 있는 약정 등 중요한 변화를 가져오지 않는다.

3.0002 회사와 주식양도자는 주식인수자에게 회사와 제3자와의 모든 약정, 합의 및 계약서를 제공하였다. 그리고 회사는 대출약정서, 담보약정, 리스계약, 단체협약 (collective bargaining), 납품계약 등 모든 중요한 계약서의 리스트를 제공하였다.

3.0003 회사와 주식양도자는 회사와 관련된 어떠한 소송 또는 예상되는 소송을 알지 못한다.

3.18. Accuracy of Information

The representations and warranties contained in this Section 3 do not contain any untrue statement of a material fact or omit to state any material fact necessary in order to make the statements and information contained in this Section 3 not materially misleading.

3.18. 제공되는 정보의 정확성

3조에 포함된 진술과 보장에는 중요한 사실에 대한 사실이 아닌 정보를 포함하지 않으며, 3조에 포함된 진술과 보장에는 중대하게 잘못된 의사 결정을 하지 않도록, 중요한 사실이 누락되지 않았다.

3.19. Disclaimer of Other Representations and Warranties

Except as expressly set forth in this Section 3, the Seller makes no representation or warranty, express or implied, at law or in equity, in respect of the Company, or any of its assets, liabilities or operations, including with respect to merchantability or fitness for any particular purpose, and any such other representations and warranties are hereby expressly disclaimed.

3.19. 진술과 보장을 하지 않은 부분

3조에서 분명하게 한 것을 제외하고는 주식양도자는 명시적으로든 묵시적으로든, 법적으로든 관행으로든, 회사 또는 회사의 자산·부채·경영과 관련해, 또한 기타의 목적을 위해 어떠한 진술이나 보장을 하지 않으며, 그 같은 진술과 보장은 여기에서 명백히 표명하지 않았다.

4. Representations and Warranties of the Purchaser

In connection with the acquisition of the Shares by the Purchaser from the Seller, the Purchaser represents and warrants to the Seller and to the Company that the following statements are true and correct on the date hereof and will be true and correct on the date of the Closing.

4. 주식인수자의 진술과 보증

주식인수자가 주식양도자로부터 양도주식을 인수하는 것과 관련해, 주식인수자는 주식양도자와 회사에게 인수 계약일과 거래의 종결일 다음에 제기하는 것이 사실이고/사실일 것이고 옳음을/옳을 것임을 진술하고 보장한다.

4.1. Authorization; Binding Nature

All corporate or other action on the part of the Purchaser necessary for the authorization, execution and delivery of this Agreement and the performance of all the Purchaser obligations hereunder, has been taken or will be taken prior to the Closing. This Agreement has been duly executed and delivered by the Purchaser and is a valid and legally binding obligation of the Purchaser, enforceable in accordance with its terms, subject to laws of general application relating to bankruptcy, insolvency and the relief of debtors, rules and laws governing specific performance, injunctive relief and other equitable remedies [OPTIONAL

PROVISION: and, with respect to the indemnification agreements set forth in this Agreement, principles of public policy]. The Purchaser has the legal capacity to execute, deliver and perform its obligations under this Agreement.

4.1. 승인 등과 구속력

주식 인수인은 이 인수 계약서의 승인, 이행과 교부 및 이 인수 계약서상 모든 주식 인수인의 의무의 이행을 위해 필요한 모든 법인의 또는 기타의 조치는 거래의 종결 전에 행해져야 한다. 이 인수 계약서는 주식인수자에 의해 적정하게 이행되고 교부되었으며, 주식인수자가 그 조건에 따라 그리고 부도, 파산, 기타 등과 관련해 일반적으로 적용되는 법에 따라 그리고 특정 이행, 금지명령구제, 기타 등과 관련한 법령에 따라 유효하고 법적으로 구속력이 있는 의무를 부담한다(옵션 조항: 그리고 이 인수 계약서와 공공원칙에서 제시된 보상약정과 관련해). 주식인수자는 이 인수 계약서상의 의무를 부담할 법적능력을 가진다.

4.2. Consents

No consent from any third party or governmental authority is required in connection with the execution and delivery of this Agreement by the Purchaser or the fulfillment by the Purchaser of its obligations under this Agreement, [OPTIONAL PROVISION: except as set forth on Schedule 4.2].

4.2. 사전 동의의 부재

주식인수자에 의한 이 인수 계약서의 이행과 교부와 주식인수자에 의한 이 인수 계약서상의 의무의 이행과 관련해 제3자 또는 정부당국으로부터 동의가 필요하지 않다(옵션 조항: 부속명세서 4.2에서 제시한 것 제외).

4.3. Purchase Entirely for Own Account

The Shares are being acquired for investment for the Purchaser's own account and not with a view to the distribution of any part thereof, and the Purchaser has no present intention of selling, granting any participation in, or otherwise distributing the same in a manner contrary to the Securities Act of 1933, as amended (the "Securities Act"), or applicable state securities laws.

4.3. 단독 인수

양도주식은 주식인수자가 단독으로 인수하는 것으로, 제3자에게 매각하거나 분배하지 않는다.

4.4. Investment Experience

The Purchaser is knowledgeable about the risks involved in acquiring securities of closely held companies [OPTIONAL PROVISION FOR SALES OF STOCK IN RECENTLY FORMED COMPANIES: in the development stage] and acknowledges that the Purchaser's acquisition of the Shares is a speculative risk. The Purchaser can bear the economic risk of this investment (including possible complete loss of such investment) for an indefinite period of time and has such knowledge and experience in financial or business matters that it is capable of evaluating the merits and risks of its investment in the securities. The Purchaser understands that the Shares have not been registered under the Securities Act, or under the securities laws of any jurisdiction, and that such registration may never occur.

4.4. 투자에 대한 지식과 경험
주식인수자는 비상장법인의 주식의 인수와 관련한 위험(신설회사를 위한 옵션 조항: 개발단계의 신설회사와 관련한)을 인지하며, 주식인수자의 양도주식의 인수는 투자위험이 존재한다는 것을 인지하고 있다. 주식인수자는 이 투자의 경제적인 위험(이 투자의 완전한 실패를 포함해)을 계속적으로 부담할 수 있으며, 이러한 주식에의 투자를 평가할 수 있는 경제적인 또는 사업적인 지식과 경험을 가지고 있다. 주식인수자는 양도주식이 상장 또는 등록되지 있지 않음을 알고 있으며, 향후 등록이 불가능할 수도 있음을 알고 있다.

4.5. Access to Information
The Purchaser has been given access to full and complete information regarding the Company including, in particular, the current financial condition of the Company, the relative terms of the classes and series of the Company's capital stock and the risks associated therewith, and has utilized such access to the Purchaser's satisfaction for the purpose of obtaining information or verifying information. The Purchaser has not solicited from the Company, and the Company has not provided to the Purchaser, any advice regarding the transactions contemplated by this Agreement. The Purchaser is relying solely on itself and its advisors in assessing and negotiating the purchase of the Shares and not on any statements or representations of the Company or any of its agents or representatives other than statements or representations of or relating to fact.

4.5. 정보 공개
주식인수자는 특히 회사의 현재 재무 상태, 회사 발행 주식의 종류 등과 관련된 정보와 그 위험을 포함해 회사와 관련한 정보를 충분하고도 완전하게 제공받았고, 정보를 획득해 검증할 목적으로 충분하게 이용하였다. 주식인수자는 회사로부터, 회사는 주식인수자에게 이 주식 인수 계약서에 의해 고려되고 있는 거래에 관해 자문을 하거나 받지 않았다. 주식인수자는, 사실의 진술 등이 아닌 회사 또는 회사의 대리인 등의 진술 등에 의존하지 않고, 독자적으로 또는 자신의 자문사의 자문을 통해 양도주식을 평가하고 거래를 협상하였다.

4.6. Restricted Securities
The Purchaser understands that the Shares are characterized as "restricted securities" under the federal securities laws inasmuch as they are being acquired from the Seller in a transaction not involving a public offering and that under such laws

and applicable regulations such securities may be transferred or resold without registration under the Securities Act only in certain limited circumstances. In this connection, the Purchaser represents that it is familiar with Rule 144, as currently in effect, promulgated under the Securities Act, and understands the resale limitations imposed thereby and by the Securities Act.

4.7. [OPTIONAL PROVISION: Investor Status. The Purchaser is an accredited investor within the meaning of Rule 501 of Regulation D promulgated under the Securities Act.]

4.6. 생략

4.7. 생략

4.8.1. Buyer represents that his company is a duly organized entity, validly exists, and is in good standing. In other words, Buyer promises that his company is a going-concern.

4.8.2. Buyer has authority and legal right to execute the purchase agreement.

4.8.3. Buyer pays the fees for any intermediary he utilizes during the sale.

4.8.1. 주식인수자는 인수 기업이 적법하게 설립된 회사로 법적으로 하자 없이 존립하고 있음을, 다시 말해 인수 기업이 계속 기업임을 보증한다.

4.8.2. 주식인수자는 인수 계약을 진행할 권한과 법적 권리를 가진다.

4.8.3. 주식인수자는 인수를 위해 고용한 자문사에게 대가를 지급한다.

5. Conditions to Closing

The obligation of the Purchaser to purchase and pay for the Shares at the Closing and the obligation of the Seller to sell the Shares at the Closing are subject to the following conditions.

5. 거래의 종결 조건

주식인수자가 거래의 종결 시에 주식을 취득하고 대금을 지급할 의무와, 주식양도자가 거래의 종결 시에 양도주식을 매각할 의무는 다음의 조건에 따른다.

5.1. Representations and Warranties

The representations and warranties of the parties contained in this Agreement shall be true and correct in all material respects on the date of the Closing with the same effect as though made on and as of that date.

5.1. 진술과 보장

이 인수 계약서에 포함된 당사자들의 진술과 보장은 거래의 종결 시에도 모든 면에서 사실이고 옳다.

5.2. Performance

Each party shall have performed and complied in all [OPTIONAL PROVISION: material] respects with all agreements and conditions contained in this Agreement required to be performed or complied with by it on or before the Closing.

5.2. 이행

각 당사자는 거래의 종결 시와 종결 전에 이 인수 계약서의 이행을 위해 필요한, 이 인수 계약서의 모든 사항을 이행하고 준수해야 한다.

5.3. Compliance Certificate

Each of the Purchaser and the Seller shall have received a certificate of the other certifying as to the matters set forth in Sections 5.1 and 5.2 above.

5.3. 이행서약

주식양도자와 주식인수자는 각각 위의 5.1과 5.2에 대해 이행을 약속하는 이행서약서를 제출해야 한다.

5.4. Delivery of Documents

The Seller shall have delivered to the Purchaser such documents as the Purchaser may reasonably request, including a certificate of good standing (or equivalent documents) for the Company issued by the secretary of state (or equivalent governmental authority) of its jurisdiction of incorporation and by the secretary of state (or equivalent governmental authority) of each jurisdiction where the Company is qualified to do business, and a copy of the Articles of Incorporation of the Company as in effect at the Closing, certified by the secretary of state (or equivalent government authority) of the Company's jurisdiction of incorporation, and copies of the Bylaws of the Company, certified by an officer of the Company.

5.4. 서류의 제출

주식양도자는 주식인수자에게 거래의 종결 시에 유효한 법인등기부등본, 사업자등록증, 정관, 회사규정 등 주식인수자가 합리적으로 요구하는 서류를 제출해야 한다.

5.5. Actions and Proceedings

As of the Closing Date, there must not be pending or threatened against the Seller, the Purchaser, or the Company any action or proceeding involving any challenge to, or seeking damages or other relief in connection with, any of the transactions contemplated hereunder that may have the effect of preventing, delaying, making illegal, or otherwise interfering with any of the transactions contemplated hereunder.

5.5. 거래 방해 행위 금지

거래의 종결일에 주식양도자, 주식인수자 또는 회사를 상대로 이 인수 계약서에 의해 진행하려는 거래에 대해/관련해, 이 인수 계약서에 의해 진행하려는 거래를 방해하거나, 연기하거나, 불법으로 간주하거나 기타 방해가 될 수 있는 효력을 낳을 수 있는, 거래에 대한 이의신청을 포함해 어떠한 행위 또는 법적절차 그리고 손해 배상청구 또는 기타 구제 절차가 존재하거나 향후 존재해서는 안 된다.

5.6. No Injunction

The consummation of the transactions contemplated hereby shall not violate any order, decree or judgment of any court or governmental authority having competent jurisdiction.

5.6. 거래의 합법성

이 인수 계약서에 의해 진행하려는 거래의 완결이 법원이나 행정당국의 법령, 규칙이나 판결을 위반해서는 안 된다.

5.7. No Material Adverse Change

There shall not have been a material adverse change in the Company's affairs, assets, business, financial condition, or results of operations, as determined by the Purchaser in its sole discretion.

5.7. 중대한 변화의 금지

주식인수자가 독자적으로 판단하였을 때, 회사의 업무, 자산, 사업, 재무 상태 또는 경영성과에 중대하게 부정적인 변화가 있어서는 안 된다.

5.8. Due Diligence Review

The findings of the Purchaser's due diligence review of the Company's affairs, assets, business, financial condition, and results of operations shall be [OPTIONAL: reasonably] satisfactory to the Purchaser [OPTIONAL:, in its sole and absolute discretion]. [Note: The Agreement may require that due diligence findings be "reasonably satisfactory" to the Purchaser or satisfactory to the Purchaser "in its sole and absolute discretion,"but it should not require that due diligence findings be "reasonably satisfactory to the Purchaser in its sole and absolute discretion."]

5.8. 실사 검토

주식인수자에 의한 회사 업무, 자산, 사업, 재무 상태 및 경영성과에 대한 실사 검토의 결과는 (옵션 조항: 합리적으로) 주식인수자가 수용해야(옵션 조항: 독자적으로 판단해야) 한다.

(노트: 생략)

5.9. [OPTIONAL PROVISION FOR USE WHEN SHARES ARE SUBJECT TO SHAREHOLDERS AGREEMENT: Waiver of Rights. Each Shareholder (as defined in the Shareholders Agreement) shall have waived all rights to purchase the Shares that such Shareholder has under the Shareholders Agreement with respect to the transactions contemplated hereby.]

5.9. (주주 간 약정이 있는 경우의 옵션 조항: 권리의 부인. 주주 간 약정서상의 각각의 주주는 이 인수 계약서에 의해 진행할 거래와 관련해 주주 간 약정에 따라 보유하는 있는 양도주식을 구매할 모든 권리를 포기한다.)

5.10. [OPTIONAL PROVISION FOR USE WHEN SHARES ARE SUBJECT TO SHAREHOLDERS AGREEMENT: Joinder to Shareholders Agreement. The Purchaser shall have executed a joinder to the Shareholders Agreement. In addition, the other shareholders of the Company whose consent is required to allow the Purchaser to become a party to the Shareholders Agreement shall have executed an agreement or instrument evidencing such consent.]

5.10. (주식이 주주 간 약정의 제약을 받는 경우의 옵션 조항: 주주약정서에의 참여. 주식인수자는 주주약정서에 참여해야 한다. 주식인수자가 주주약정서의 당사자로 참여하는 것을 동의할 권리가 있는 기타주주도 그러한 동의를 증명하는 동의서 또는 서면을 제출해야 한다.)

5.11. [OPTIONAL PROVISIONS: Other Agreements. Add action necessary for any other applicable agreements.]

5.11. (옵션 조항: 기타 합의사항. 기타 인수 계약서에 필요한 행위)

6. Indemnification
The Seller shall indemnify and hold harmless the Purchaser against and from any and all claims, damages, liability, loss and rights of recovery (civil and criminal, to the extent, if any, legally assignable), including reasonable attorneys' fees and costs, suffered or incurred by the Purchaser by reason of any untrue representation, breach of warranty or nonfulfillment of any covenant by the Seller contained herein or in any certificate, document or instrument delivered by the Seller pursuant hereto or in connection herewith. The Purchaser shall indemnify and hold harmless the Seller against and from any and all claims, damages, liability, loss and rights of recovery (civil and criminal, to the extent, if any, legally assignable), including reasonable attorneys' fees and costs, suffered or incurred by the Seller by reason of any untrue representation, breach of warranty or nonfulfillment of any covenant by the Purchaser contained herein or in any certificate, document or instrument delivered by the Purchaser pursuant hereto or in connection herewith.

[ALTERNATIVE PROVISION 1 - INDEMNIFICATION NOT AFFECTED BY INDEMNIFIED PARTY'S KNOWLEDGE OF BREACH: The right of either the Purchaser or the Seller to indemnification, payment of damages, or other remedy based on the breach of any representation, warranty, or covenant herein shall not be affected by any investigation conducted with respect to, or any knowledge acquired (or capable of being acquired) at any time, whether before or after the execution and delivery of this Agreement or the Closing, with respect to the accuracy or inaccuracy of, or compliance with, any such representation, warranty, or covenant.]
[ALTERNATIVE PROVISION 2 - "ANTI-SANDBAGGING" CLAUSE: Neither party shall have any right to indemnification, reimbursement, or other remedy based upon the breach of any representation or warranty in this Agreement if the non-breaching party had actual knowledge of such breach at the Closing.]

6. 면책

주식양도자는 사실과 다른 진술, 보증의 위반 및 이 인수 계약서, 또는 이와 관련해 주식양도자가 제출한 각종 서류 등에 포함된 약정의 불이행으로 인해, 주식인수자가 겪을 수 있는 합리적인 변호사 비용을 포함해 모든 분쟁, 손해, 채무, 손실과 원상회복권(민사상과 형사상)으로부터 주식인수자를 면책한다. 그리고 주식인수자는 사실과 다른 진술, 보증의 위반 및 이 인수 계약서, 또는 이와 관련해 주식인수자가 제출한 각종 서류 등에 포함된 약정의 불이행으로 인해, 주식양도자가 겪을 수 있는 합리적인 변호사 비용을 포함해 모든 분쟁, 손해, 채무, 손실과 원상회복 권(민사상과 형사상)으로부터 주식양도자를 면책한다.

(대안 조항 1—손해 배상에의 영향. 이 인수 계약서상의 진술, 보증 또는 약정의 위반과 관련해 주식인수자 또는 주식인수자가 갖는 손해 배상 등의 청구권은, 그 진술, 보증 또는 약정의 정확성 및 준수여부와 관련해, 이 인수 계약서의 이행 또는 제출 또는 거래의 종결의 전후를 막론하고 언제라도, 이에 대한 조사나 이에 대해 획득된(또는 획득될 수 있는) 새로운 정보에 의해 영향을 받지 않는다.)

(대안 조항 2—청구권의 제한. 이 인수 계약서의 진술 또는 보증을 위반하지 않은 당사자는 거래의 종결 시에 다른 당사자의 위반 사실을 알고 있는 경우, 그러한 위반에 대해 손해 배상, 반환 등의 청구를 하지 못한다.)

7. Termination

This Agreement may be terminated, by notice given prior to or at the Closing:

7.1. by either the Purchaser or the Seller if a material breach of any provision of this Agreement has been committed by the other party and such breach has not been waived by the non-breaching party;

7.2. by mutual consent of the Purchaser and the Seller; or

7.3. by either the Purchaser or the Seller if the Closing has not occurred (other than through the failure by the party seeking to terminate this Agreement to comply with its obligations under this Agreement) on or before the date specified in Section 2.1 or such later date as the parties may agree upon.

7. 계약의 해지

　이 인수 계약서는 거래의 종결 전 또는 종결 시에 다음과 같이 통지에 의해 종결될 수 있다.

7.1. 이 인수 계약서의 조항을 중대하게 위반하고, 그러한 위반을 수용할 수 없는 경우 주식양도자 또는 주식양도자에 의한 통지

7.2. 주식양도자와 주식인수자의 상호합의에 의한 통지

7.3. 2.1조에 의한 거래의 종결일 또는 당사자가 합의한 그 후의 날에 또는 전에 거래의 종결이 되지 않은 경우(이 인수 계약서의 의무를 이행하기 위한 거래가 종결되지 않은 경우 제외) 주식양도자 또는 주식인수자에 의한 통지

8. Amendment

Any term of this Agreement may be amended and the observance of any term of this Agreement may be waived with the written consent of all parties to be bound or adversely affected thereby.

　8. 계약 수정

　당사자가 동의하는 경우 이 인수 계약서의 일부를 수정하거나, 그 인수 계약서의 일부의 준수를 면제할 수 있다.

9. Expenses

Each of the parties hereto shall pay its own expenses in connection with this Agreement and the consummation of the transactions contemplated hereby.

　9. 비용의 부담

　각 당사자는 이 인수 계약서와 거래와 관련해 관련된 비용을 각자 부담한다.

10. Notices

All notices and other communications provided for hereunder shall be in writing (including by facsimile) and shall be mailed by certified mail, return receipt requested, sent by facsimile on a weekday during regular business hours of the Company (not on a holiday or weekend), or by delivery personally or by a nationally recognized carrier to the address for the recipient thereof set forth on the signature page to this Agreement or such other address as such recipient shall have provided to the other parties in accordance with this Section 10. All such notices and communications shall be deemed received, (a) if personally delivered or delivered by a nationally recognized carrier, upon delivery, (b) if sent by certified mail, upon receipt, and (c) if facsimile, one business day after transmission by facsimile with a transmission report showing delivery of the facsimile with no errors.

　10. 통지

　모든 통지와 의사소통은, 이 인수 계약서에 기재된 주소 또는 10조에 따라 당사자에게 제출한 주소, 회사의 정규적인 업무시간(휴일과 주말을 제외)에 문서(팩스를 포함)로,

배달증명으로, 등기우편으로, 팩스로 보내거나, 혹은 인편으로 또는 신뢰할 수 있는 배달기업을 통해 직접 전달해야 한다. 모든 통지와 의사소통은, (a) 인편으로 또는 신뢰할 수 있는 배달기업을 통해 직접 전달한 경우에는 전달했을 때, (b) 배달증명으로 보낸 경우에는 수령하였을 때, (c) 팩스로 보낸 경우에는 에러 없이 전달되고, 전달된 날의 다음 날(정규적인 업무일)에 전달된 것으로 간주한다.

11. Counterparts

This Agreement may be executed in two or more counterparts, each of which shall be deemed an original but all of which together shall constitute one and the same instrument, and may be executed by means of signatures transmitted by facsimile.

11. 계약서의 수

이 인수 계약서는 둘 또는 그 이상의 부본으로 작성되고, 각각은 하나의 원본으로 간주되나, 전체가 하나로 하나의 계약서를 이루며, 각각 서명해 시행된다.

12. Entire Agreement

This Agreement constitutes the entire agreement between the parties with respect to the subject matter hereof and supersedes all prior agreements, understandings, negotiations and discussions, whether written or oral, between the parties with respect thereto [, including the Shareholders Agreement, which shall be amended as contemplated herein, and [describe other applicable agreements].]

12. 계약의 완성

이 인수 계약서는 당사자 간의 전체 계약을 구성하고, 서면이건 구두이건, (주주약정서를 포함해,) 당사자 간의 모든 앞서의 동의, 이해, 협상, 논의를 대체한다.

13. Survival of Representations and Warranties

All representations and warranties made in this Agreement, or any other instrument or document delivered in connection herewith or therewith, shall survive the execution and delivery hereof or thereof for a period of _____ (___) months after the Closing.

13. 진술과 보증의 효력

이 인수 계약서 또는 기타 문서 등에서 이루어진 모든 진술과 보증은 작성 후 거래의 종결 후 _____개월 동안 유효하다.

14. Binding Effect; Assignment; and Successors

This Agreement and the rights and obligations hereunder shall not be assigned or delegated by any party hereto without the prior written consent of the other parties hereto, which may be granted or withheld in any party's sole discretion. Any attempted assignment of delegation not made in compliance with this Section 14 shall be void and of no effect. This Agreement shall be binding upon and inure to the benefit of each of the parties and their respective heirs, successors and permitted assigns.

14. 법적 효력, 양도와 승계
각 당사자는 다른 당사자의 사전 서면 동의 없이, 이 인수 계약서와 이에 의한 권리와 의무를 양도하거나 위임해서는 안 된다. 14조를 위반해 이루어진 양도나 위임은 무효이고, 효력이 없다. 이 인수 계약서는 각 당사자, 상속인 및 위탁자에게 법적인 효력이 있다.

15. Governing Law
This Agreement shall be construed in accordance with and governed by the laws of the State of North Carolina, without regard to the conflicts of laws principles thereof.

15. 준거법
이 인수 계약서와 관련한 분쟁이 있는 경우 대한민국의 법률에 따라 해석되고 해결한다.

16. Publicity
No party hereto may issue any press release or other public announcement relating to this Agreement or the transactions contemplated hereby without the prior approval of the other parties hereto; provided, however, nothing in this Section 19 will preclude any party from making any disclosures required by state or federal tax law or governmental authority.

or

Buyer and Seller agree to refrain from making any public announcement of the deal until the deal closes.

16. 비공개
당사자는 이 인수 계약서 또는 이 인수 계약서에 의해 추진되는 거래와 관련해 언론에 공개하거나 기타 방법에 의해 공개해서는 안 된다. 그러나 관련 법령이나 국가기관에 의한 공개는 제외한다.

또는

주식인수자와 주식양도자는 거래가 종결되기 전에는 거래에 대해 공표하지 않는다.

17. Construction
The parties hereto have participated jointly in the negotiation and drafting of this Agreement. In the event an ambiguity or question of intent or interpretation arises, this Agreement shall be construed as if drafted jointly by the parties and no presumption or burden of proof shall arise favoring or disfavoring any party by virtue of the authorship of any of the provisions of this Agreement. Any reference to any federal, state, local or foreign statute or law will be deemed also to refer to all rules and regulations promulgated thereunder, unless the context requires

otherwise. The word "including" shall mean including without limitation. Any reference to the singular in this Agreement shall also include the plural and vice versa. All pronouns and any variations thereof used in this Agreement shall be deemed to refer to the masculine, feminine, neuter, singular or plural as the identity of the person or persons referred to may require. The section headings of this Agreement are for reference purposes only and are to be given no effect in the construction or interpretation hereof or thereof.

17. 작성

당사자는 이 인수 계약서의 협상과 작성에 공동으로 참여하였다. 당사자의 의향이나 해석상의 모호함과 의문이 발생하는 경우, 이 인수 계약서는 공동으로 작성한 것으로 간주하고, 이 인수 계약서의 어느 조항을 작성한 자가 누구인가의 문제가 없는 것으로 전제해 해석한다. 관련 법령을 언급하는 경우 특별한 언급이 없으면 공포된 모든 법령, 해정지침 등을 포함하는 것으로 간주한다. "포함한다"는 언급은 제한이 없이 포함함을 의미한다. 이 인수 계약서에서 사용된 단수형은 복수형을 포함하며, 그 반대도 마찬가지이다. 이 인수 계약서에서 사용되는 대명사와 기타 유사한 것은 언급된 사람이나 사람들을 언급하는 데 필요한 남성, 여성, 중성, 단수 또는 복수를 언급하는 것으로 간주된다. 이 인수 계약서의 각조문의 제목은 참고목적으로 사용된 것이며, 그 작성과 해석에 영향을 주지 않는다.

18. Severability

Any invalidity, illegality or limitation of the enforce · ability with respect to any one or more of the provisions of this Agreement, or any part hereof, shall in no way affect or impair the validity, legality or enforce · ability of any other provisions of this Agreement. In case any provision of this Agreement shall be invalid, illegal or unenforceable, it shall, to the extent practicable, be modified so as to make it valid, legal and enforceable and to retain as nearly as practicable the intent of the parties, and the validity, legality, and enforce · ability of the remaining provisions shall not in any way be affected or impaired thereby.

18. 분리

이 인수 계약서의 어느 조항 또는 어느 부분이 효력이 없거나, 불법이거나 이행의 한계가 있더라도 다른 조항 또는 다른 부분의 유효성, 합법성 또는 이행가능성에 영향을 주거나 훼손시키지 않는다. 이 인수 계약서의 어느 조항이 무효이거나 불법이거나 이행할 수 없는 경우, 가능한 범위에서 유효하고 합법적이고 이행 가능하게 수정해 당사자의 의도가 가능한 한 유지되도록 한다. 이 경우 나머지 조항의 유효성, 합법성 및 이행가능성이 영향을 받거나 훼손되지는 않는다.

IN WITNESS WHEREOF, the parties hereto have caused this Stock Purchase Agreement to be duly executed the day and year first above written.

PURCHASER:

_____

Address: By:

                        Name:

Fax: Title:

SELLER:

_____

Address: By:

                        Name:

Fax: Title:

당사자는 위의 내용이 상호합의하에 적절하게 작성되었음을 확인한다.

주식인수자

성   명: (서명 날인)

주민등록번호:

주   소:

주식양도자

성   명: (서명 날인)

주민등록번호:

주   소:

EXHIBIT A IRREVOCABLE STOCK POWER
별첨1 취소 불능 주식명의개서위임장

For value received, and pursuant to that certain Stock Purchase Agreement between the undersigned (the "Seller"), the Purchaser referenced therein, and _____ (the "Company"), dated _____, 20___ (the "Agreement"), the Seller hereby sells, assigns and transfers unto _____. _____ shares of the [common/preferred] stock, $___ par value, of the Company, standing in the Seller's name on the books of the Company represented by Certificate No(s). ____ herewith and does hereby irrevocably constitute and appoint _____ to transfer said stock on the books of the Company with full power of substitution in the premises.

      Dated: _____, 20____
      (Signature)

THE SIGNATURE(S) ON THIS STOCK POWER MUST CORRESPOND WITH THE NAME(S) ON THE FACE OF THE CERTIFICATE IN EVERY PARTICULAR, WITHOUT ALTERATION. TRUSTEES, OFFICERS AND OTHER FIDUCIARIES OR AGENTS SHOULD INDICATE THEIR TITLES OR CAPACITIES.

Exhibits and Schedules	첨부
• Escrow agreement	• 지급 유예약정서
• Flow of funds at closing	• 거래 종결 시 자금의 수수
• Adjusted EBITDA calculation table	• 수정 후 EBITDA 계산표
• Real estate leases and deeds	• 부동산 임대차계약서 및 부동산 권리증서
• Confidentiality agreements	• 비밀 유지약정서
• Noncompetition agreements	• 경업 금지약정서
• Pre-payments and deposit	• 선수금 및 보증금 내역
• Non-solicitation agreements	• 전직권유금지약정서
• Employment agreements	• 고용 계약서
• Calculation of net working capital	• 순 운전 자본의 계산서
• Products in development	• 개발 중인 제품
• Shareholder list	• 주주명부
• Owned properties	• 소유부동산 명세서
• Leased properties	• 임대부동산 명세서
• Capital leases	• 자본 리스 명세서
• Annual financial statements	• 재무제표
• Interim financial statements	• 중간 재무제표
• Closing date balance sheet	• 거래 종료 시점의 재무 상태표
• Material contracts	• 주요 계약서
• Bank accounts	• 은행 계정명세서
• Litigation	• 소송 내용
• Employee benefit plan	• 임직원복리후생 내용
• Labor relation and employees	• 노동 관계와 종업원 명세
• Intellectual property lists	• 지적재산권 명세
• Computer software and proprietary databases	• 컴퓨터 소프트웨어와 데이터베이스 명세

• Environmental reports, disclosures, and notifications	• 환경보고서, 환경공시와 환경 관련 통지
• Storage of hazardous materials	• 위험 재고의 보관 내용
• Compliance with laws	• 법령 관련 준수 사항
• Insurance policy	• 보험증서
• Inventory list	• 재고리스트
• Open purchase orders	• 미 이행 구매 주문
• Brokers and finders agreements	• M&A 관련 자문 계약
• Accounts receivable	• 매출채권 명세서
• Reimbursable expenses	• 선급금 및 선급거래보증금
• Open sales orders	• 회수 가능 지출 비용
• Customer order changes	• 미 이행 매출 관련 주문
• Customers and vendors	• 고객의 매출 주문의 변동
	• 고객 및 납품업체 리스트

(4) 계약서 사례

〈표 11-5〉 인수 계약서 사례1

'×××× 주식회사'(이하 '회사 1' 이라 칭한다)의 1인 주주로서 경영주이고, 관계 회사인 '××××'(이하 '회사 2'라 칭한다) 및 (이하 '회사 3'이라 칭한다)의 경영주인 '××××'(이하 '양도인' 이라 칭한다)과 '×××× 주식회사'(이하 '양수인'이라 칭한다)는 '양도인'이 보유하고 있는 '회사 1'의 주식 및 경영권과 관계 회사인 '회사 2' 및 '회사 3'의 경영권 및 일체의 자산에 관하여 아래와 같이 양도·양수 계약을 체결한다.

제1조 (계약의 목적)
본계약은 '회사 1'의 1인 주주이자 '회사 2', '회사 3'의 차명소유자인 '양도인'이 '양수인'에게 '회사 1'의 회사 발행 주식 1,400주 전량과 '회사 1', '회사 2', '회사 3'의 경영권, 기 소유한 영업권 및 상표권을 비롯한 모든 권한 및 일체의 자산을 '양수인'에게 양도함으로서 본계약의 당사자의 상호이익을 도모함에 그 목적이 있다.

  문제점: 향후 세무 조사를 받는 경우 실질소유자와 차명소유자 간의 세금 문제가 발생할 소지가 있음

  수정: 사업의 명의자와 계약을 하고, '회사1의 1인 주주가 실질적으로 소유하고 있는 회사'를 문구에 포함시키는 것이 좋다는 사견

제2조 (계약 체결로 인한 양수도 대상)
양수도 대상은 다음과 같다.
'양도인'의 양도 대상

'양도인'이 보유한 계약일 이전에 발행된 '회사 1'의 기명식 보통주(1주당 액면가: 금 5,000원) 총수인 1,400주 전량 및 경영권 등 법인체 일체, '회사 2', '회사 3'의 경영권 및 자산 일체
'양도인'이 보유한 상표권을 포함한 지적 재산권 일체
'양도인'이 보유한 '가장 맛있는 족발'에서 사용되는 모든 종류의 레시피

'회사 1'의 양도 대상
'회사 1'이 보유한 영업권 일체
'회사 1'이 보유한 상표권을 포함한 지적 재산권 일체

'회사 2'의 양도 대상
'회사 2'가 보유한 영업권 일체
'회사 2'가 보유한 상표권을 포함한 지적 재산권 일체
'회사 2'가 보유한 '가장 맛있는 족발'에서 사용되는 모든 종류의 레시피

'회사 3'의 양도 대상
'회사 3'이 보유한 영업권 일체
'회사 3'이 보유한 상표권을 포함한 지적 재산권 일체
'회사 3'이 보유한 '가장 맛있는 족발'에서 사용되는 모든 종류의 레시피

제3조 (계약 체결로 인한 대가)
'양수인'이 본계약을 통하여 '양도인'에게 지급하는 양수도 대금은 양수도 대상을 총괄하여 일금 육십억 원 (\6,000,000,000)이다. 계약체결일 이후 양수도 대상에 관하여 자산의 증가가 발생하는 경우라도 양수도 대금에 영향을 주지 않는다.
'양수인'은 계약과 동시에 계약금의 10%인 일금 육억 원(\600,000,000)을 '양도인'에게 지급한다.
최소 1개월간의 실사 및 인수인계 기간을 설정하여 실사 및 인수인계 절차가 종료되면 '양수인'은 잔금 일금 오십사억 원(\5,400,000,000)을 '양도인'에게 지급한다.

> 문제점: 실사 등의 진행 과정에서 예상치 못한 불리한 사항이 발생한 경우 거래 금액을 감액할 근거가 없음
> 인수 후에 발생할 문제점에 대하여 상당한 기간 동안 일정 금액의 지급을 유예할 필요가 있음(escrow)

> 수정: "제5조 및 제6조, 기타의 사유로 양수도 대상이 사실과 다른 경우에는 양도인과 양수인이 협의하여 양수도 대금을 감액한다"와 같은 조항이 필요.
> "다만 인수인계 절차가 종료된 후 ××개월 동안 당사자가 지정한 금융 기관에 ××원을 예치한 후 제5조 및 제6조, 기타 인수상의 문제가 없는 경우에 지급한다"는 뜻의 조항이 필요

제4조 (주식 및 경영권 양수도 방법 및 일정)
인수단의 구성 및 일정

실사 및 외부 평가는 '양수인'이 지정하는 향후 경영에 참여할 인원, 변호사 및 회계사로 구성된 인수단을 구성하여 실시한다.
인수단의 총원은 10명을 넘지 않아야 한다.
인수단의 실사 기간은 최소 1개월간으로 하고, 그 기간이 넘을 시 '양도인'과 '양수인'이 합의하여 기간을 연장할 수 있다.
인수단의 활동에 '양도인'은 최대한 협조하여야 한다.

'회사 1'의 주식 및 경영권 양수도
인수단에 의한 실사 및 외부 평가가 끝난 후 '양도인'이 보유하고 있는 '회사 1'의 기명식 보통주(1주당 액면가: 금 5,000원) 1,400주에 대하여 '양수인'에게 양도하고, '주식 포기 각서'와 주식 양도를 결정한 '이사회 의사록'을 교부한다.
주식 양도와 동시에 임시 주주총회를 열어 현 사내이사인 '양도인' 및 감사의 해임을 결의하고, '양수인'이 임명하는 이사 및 감사를 의결한다.
단, 관계 법령 및 상호 협의에 의하여 세부 일정은 변경될 수 있다.

'회사 2'의 경영권 양수도
'양도인'과 '회사 2'가 보유한 '가장 맛있는 족발'에서 사용되는 모든 종류의 레시피를 '양수인'이 지정하는 자에게 실사 기간 중 확실하게 전수하여야 한다.
인수단에 의한 실사 및 외부 평가가 끝난 후 '양도인'이 차명으로 보유하고 있는 '회사 2'의 대표자를 '양수인'이 임명하는 자로 변경을 완료한다.

'회사 3'의 경영권 양수도
1. '양도인'과 '회사 3'이 보유한 '가장 맛있는 족발'에서 사용되는 모든 종류의 레시피를 '양수인'이 지정하는 자에게 실사 기간 중 확실하게 전수하여야 한다.
2. 인수단에 의한 실사 및 외부 평가가 끝난 후 '양도인'이 차명으로 보유하고 있는 '회사 3'의 대표자를 '양수인'이 임명하는 자로 변경을 완료한다.

제5조 ('양도인'의 보증 사항)
'양도인'은 본계약일 현재 '회사 1'에 대하여 다음 사항을 보증한다.
'회사 1'은 정관상의 주요 사업을 영위할 모든 법률상, 행정상의 인허가, 신고 및 등록을 합법적인 방법으로 취득, 운영하고 있으며, 무효 또는 취소가 될 만한 사유는 존재하지 않는다.
본계약에 의거하여 주식 및 경영권이 양도된 이후에도 '회사 1'이 그 영업을 본계약 체결 이전과 동일하게 영위할 수 있으며, 본계약의 체결 및 이행에 관련하여 행정 관청 및 감독 기관에 대한 보고 및 시정 사항을 적법하고 충실하게 이행한다.
'회사 1'의 자본금은 금 칠백만원 (\7,000,000)으로 액면가액 금 오천 원(\5,000)의 보통주식 일천사백 주(1,400주)를 발행하고 있다.
'회사 1'이 보유한 부동산, 중기, 자동차, 임차권, 기타 사용권은 적법한 등기, 등록, 대항 요건을 갖추고 있으며, 계약일 현재 등기부 또는 등록원부상에 명시된 담보권 이외에는 어떠한 형태의 담보권도 설정되어있지 아니한다.

'회사 1'은 세법상의 신고, 보고, 기타 세무관세에 대한 의무 사항을 위반한 바가 없으며, 회사에 부과된 국세, 지방세 및 관세를 완납하였으며, 환경 관계 법령, 노동 관계 법규 및 기타 행정 법규를 위반한 사실도 없다.

'회사 1'은 계약체결일에 양도인이 내역을 밝힌 채무, 민형사상 쟁송, 각급 기관에 제기된 민원 사건 이외에는 어떠한 형태의 채권, 채무, 민형사상 쟁송, 민원 사건도 존재하지 않는다.('양도인' 작성 내역서 별첨)

'양도인'은 본계약일 현재 '회사 2'에 대하여 다음 사항을 보증한다.

'회사 2'는 주요 사업을 영위할 모든 법률상, 행정상의 인허가, 신고 및 등록을 합법적인 방법으로 취득, 운영하고 있으며, 무효 또는 취소가 될 만한 사유는 존재하지 않는다.

'회사 2'가 보유한 부동산, 중기, 자동차, 임차권, 기타 사용권은 적법한 등기, 등록, 대항 요건을 갖추고 있으며, 계약일 현재 등기부 또는 등록원부상에 명시된 담보권 이외에는 어떠한 형태의 담보권도 설정되어있지 아니한다.

'회사 2'는 세법상의 신고, 보고, 기타 세무관세에 대한 의무 사항을 위반한 바가 없으며, 회사에 부과된 국세, 지방세 및 관세를 완납하였으며, 환경 관계 법령, 노동 관계 법규 및 기타 행정 법규를 위반한 사실도 없다.

'회사 2'는 계약체결일에 양도인이 내역을 밝힌 채권, 채무, 민형사상 쟁송, 각급 기관에 제기된 민원 사건 이외에는 어떠한 형태의 채무, 민형사상 쟁송, 민원 사건도 존재하지 않는다('양도인' 작성 내역서 별첨).

'양도인'은 본계약일 현재 '회사 3'에 대하여 다음 사항을 보증한다.

'회사 3'은 주요 사업을 영위할 모든 법률상, 행정상의 인허가, 신고 및 등록을 합법적인 방법으로 취득, 운영하고 있으며, 무효 또는 취소가 될 만한 사유는 존재하지 않는다.

회사 3"이 보유한 부동산, 중기, 자동차, 임차권, 기타 사용권은 적법한 등기, 등록, 대항 요건을 갖추고 있으며, 계약일 현재 등기부 또는 등록원부상에 명시된 담보권 이외에는 어떠한 형태의 담보권도 설정되어있지 아니한다.

'회사 3'은 세법상의 신고, 보고, 기타 세무 관계에 대한 의무 사항을 위반한 바가 없으며, 회사에 부과된 국세, 지방세 및 관세를 완납하였으며, 환경 관계 법령, 노동 관계 법규 및 기타 행정 법규를 위반한 사실도 없다.

'회사 3'은 계약체결일에 양도인이 내역을 밝힌 채권, 채무, 민형사상 쟁송, 각급 기관에 제기된 민원 사건 이외에는 어떠한 형태의 채무, 민형사상 쟁송, 민원 사건도 존재하지 않는다('양도인' 작성 내역서 별첨).

'양도인'은 다음 사항을 보증한다.

1. '양도인'은 '회사 1'의 주식에 대한 적법한 처분권을 가진 소유자이다.
2. 양도주식에 대하여 어떠한 형태의 담보권도 설정되어있지 아니하며, '양수인'이 주식을 양수받은 후에 소유자로서의 권리 행사를 함에 있어 법률상의 또는 사실상의 제한 또는 장애가 존재하지 아니한다.

3. '양도인'은 '회사 2', '회사 3'의 실질적 소유주로서, 본계약에 의하여 '양도인'이 지정하는 자로 대표자 변경을 하여야 한다. 이에 따라 현 대표의 이름으로 되어있는 모든 내용도 변경하여야 한다.

4. 본계약에 의한 주식 양도가 법률 또는 설립 인허가의 조건에 위반되지 않으며, 회사와 제3자와의 계약상 제3자에 대한 의무 위반이 되거나 또는 기한의 이익 상실 사유가 되지 않으며, 본계약에 의한 주식의 양도에 대하여 필요한 행정 관청, 기타 제3자의 인가, 승인, 동의 또는 통지가 필요한 경우에는 양도인과 양수인이 상호 협의하여 원활한 양수도가 이루어질 수 있도록 최대한 협조한다.

'양도인'은 '가장 맛있는 족발'에서 사용되는 모든 종류의 레시피를 '양수인'이 지정하는 자에게 정확하고 확실하게 전수하여야 한다.

'회사 1', '회사 2', '회사 3'에 관하여 계약체결일에 양도인이 내역을 밝힌 채권, 채무, 민형사상 쟁송, 각급 기관에 제기된 민원 사건 이외에는 어떠한 형태의 채무, 민형사상 쟁송, 민원 사건도 존재하지 않는다.

'양도인'은 이 계약과 동일한 또는 유사한 계약의 진행이 없으며, 이 계약체결일 이후 '양수인' 이외의 어떠한 타인과도 이 계약과 동일한 또는 유사한 계약을 진행하여서는 안 된다.

'양도인'은 계약 체결 후 5년간 동종업종의 주식의 취득, 창업, 취업을 할 수 없다.

'양도인'은 '가장 맛있는 족발'에서 사용되는 모든 종류의 레시피 및 상표권, 상호 및 유사 상호를 양수인 이외의 어떠한 타인에게도 제공한 사실이 없으며, 이 계약체결일 이후 '양수인' 이외의 어떠한 타인에게도 위 레시피 및 상표권, 상호 및 유사 상호를 본인을 포함한 제3자에게 대여, 공여, 판매, 전수를 할 수 없고, 변경, 말소, 소멸에 관한 출원 행위를 하여서도 안 된다.

제6조 (양도인의 의무)
'양도인'은 계약체결일 이후 '양수인'의 서면동의 없이 다음의 행위를 하여서는 안 된다.
'회사 1, 2, 3'의 자본금의 변경을 포함한 정관, 이사회 규칙 등 회사 내규 변경
'회사 1, 2, 3'의 해산, 합병 또는 조직 변경
'회사 1, 2, 3'의 영업권 양도
'회사 1, 2, 3'의 채무 발생
'회사 1, 2, 3'의 내부자와의 계약 행위
기존 유지되고 있는 계약의 변경
고용 계약, 취업 규칙의 변경 및 신규 채용
기타 '회사 1, 2, 3''의 자산 또는 본계약건의 영업에 영향을 미치는 행위 일체

'양도인'은 회사 경영 과정에서 취득한 회사의 영업 비밀을 누설할 수 없으며, '회사 1, 2, 3'의 임직원에게 회사의 퇴직 및 경쟁 업체로의 이직을 권유, 알선할 수 없다.

'양도인'은 회사를 경영하면서 '양도인' 및 '양도인'의 특수 관계자의 명의로 취득한 지적 재산권(특허, 실용신안, 의장등록, 상표권 등)을 '회사 1, 2, 3'에 아무 조건 없이 귀속한다.

'양도인'은 계약이 완료되어 주식 및 경영권 양수도가 완료된 후에도 계약 시점 이전의 세무 문제, 노무 관련 관계 법령 위반 등 모든 법적 문제가 발생하였을 시 모든 법적 문제 및 손해 배상의 책임을 진다.

제7조 (우발 채무에 대한 손해 배상)
아래의 경우 '양수인'은 즉시 이를 '양도인'에게 통보하여야 하며, '양도인'은 이에 대한 사실을 확인 후 1주일 이내에 그 손해를 보상하고 민형사상의 책임을 진다.
'양도인'은 계약이 완료되어 경영권을 인수한 후 3년 이내에 실사 과정에서 발견되지 않은 부외 채무가 발견되거나, '양도인'이 고의로 제시하지 않은 계약일 이전의 원인 행위로 인한 우발 채무가 확인된 경우
'양수인'이 '회사 1, 2, 3'의 경영권을 인수한 후 3년 이내에, 계약일 이전의 행위로서 '회사 1, 2, 3'의 일상적 영업 활동과 관련 없는 행위로 인해 각종 세금과 공과금이 회사로 추징된 경우.

> 문제점: '회사 2'와 '회사 3'은 개인회사이므로 사업을 양수받는 경우 '회사 2'와 '회사 3'에 부과된 세금을 '양도인'이 내지 않으면 연대 납세 의무가 있어 문제가 있음(위 조항에 의하여 가능할 수 있음)

> 수정: "'회사2'와 '회사3'의 사업과 관련된 인수 이전의 책임은 양도인이 부담하며, 이를 부담하지 않는 경우 양도인이 책임을 진다" 같은 조항이나 기타 보장이 필요함

제8조 (경영권 및 운영권 이전)
본계약이 성립한 후 '양도인'은 '양수인'이 지정하는 자를 회사의 경영에 참여시키고, 임시 주주총회에서 경영권 양수도가 완료될 때까지 '회사 1, 2, 3'의 업무 관련 인수인계를 실시한다.
본계약이 성립한 후 '양도인'은 '회사 1'의 법인인감(사용인감 포함), 법인인감카드, 법인카드, 법인통장 등 회사의 경영에 필요한 제반 서류 일체의 물건과 자료를 '양수인'이 지정하는 자에게 인도하여야 한다.
임시 주주총회 전까지 '회사 1'의 기존 사내이사 및 감사의 사임서와 사임등기에 필요한 제반 서류 일체를 기재일자 공란으로 하여 '양수인'이 지정하는 자에게 제출하여야 하고, '회사 2' 및 '회사 3'의 대표자 변경 서류 일체도 같이 제출하여야 한다.

> 문제점: 3대째 운영되어온 가업으로, 가맹점들이 기존 경영진에의 충성도가 클 것으로 보임. 따라서 인수 사실이 알려지면 가맹점이 흔들릴 소지가 있음

> 수정: 양도자가 상당한 기간 동안 직책을 보유하면서 가맹점이 거래가 계속되도록 할 조항이 필요함

제9조 (계약의 해제 또는 해지)
본계약 체결이 후 다음에 해당되는 상황이 발생할 경우 일방 당사자는 상대방 당사자에 대한 서면통지를 통한 계약의 해제 또는 해지를 요청할 수 있고, 그 효력은 즉시 발생한다. 단, 다음 각 항의 발생 책임이 있는 당사자는 동 사유를 이유로 본계약서를 해제 또는 해지할 수 없다.
일방 당사자가 계약서에 규정된 사항을 중대하게 위반하고, 상대방 당사자로부터 서면에 의한 이행 또는 시정의 최고를 받은 후 1주일 이내에 위반 사항을 시정하지 아니할 경우.

천재지변, 법령, 정부 기관의 조치, 기타 불가항력적인 사유로 인하여 계약서에 따른 의무의 이행이 불가능해지거나 효력을 상실한 경우
일방 당사자에게 회사 정리, 화의, 파산 등 도산절차가 게시되는 경우

제9조 1항에 따라 계약서가 해제 또는 해지 되거나 기타의 사유로 효력을 상실하더라도 기발생된 책임이나 의무에는 영향을 미치지 아니한다.

계약서의 해제 또는 해지는 손해 배상 청구에 영향을 미치지 아니한다.

> 문제점: 회사와 가맹점 간의 계약의 지속이 사업의 핵심적인 사항임.
> 가맹점과의 계약이 지속된다는 전제가 필요함

> 수정: 프랜차이즈 가맹점들과 '양도자' 간의 거래 계약의 해지나 거부, 기타 유사한 사유로 '회사 1' 또는 '회사 2'의 사업의 정상적인 지속이 불가능한 경우. 이 경우 프랜차이즈 가맹점과의 계약이 90% 이상 해지나 거부되는 경우 정상적인 지속이 불가능한 것으로 간주한다. 다만 당사자들 간의 합의로 해지나 거부한 프랜차이즈 가맹점의 수만큼 양수도대금을 감액할 수 있다.

제10조 (손해 배상)
본계약서 체결 후 '양도인'이 일방적인 의사 결정 번복이나, 계약서에 명시된 보증 및 의무 사항을 위반할 시 계약금의 배액인 일금 일십이억 원(\1,200,000,000)을 배상한다.
'양도인'과 '양수인'은 고의 또는 과실로 인하여 본계약서에서 정한 계약 조항 및 자신의 진술 및 보장을 위반하여 상대방에게 손해를 발생시킨 경우 위약금을 포함하여 그 손해액의 배액을 배상한다.

제11조 (계약서의 효력)
본계약서의 변경은 '양도인'과 '양수인'의 서면 합의에 의해서만 이루어질 수 있다.
본계약서상에 정해진 사항은 추후 작성될 부속약정서, 양해각서 등에 우선한다.

제12조 (분쟁의 해결 및 관할 법원)
본계약서와 관련하여 여하한의 분쟁이 발생하는 경우 계약 당사자들은 상호 협의를 통해 이를 우호적으로 해결하기 위한 최선의 노력을 하여야 한다.
제12조 1항에도 불구하고 분쟁이 해결되지 않은 경우 계약서와 관련된 분쟁은 서울지방법원을 관할 법원으로 하여 해결하기로 한다.

제13조 (계약서상에 정하지 않은 사항)
본계약서에 규정된 내용 이외의 사항들은 계약서의 취지에 따라 계약당사자들이 별도 협의하여 결정하기로 한다.

계약서 체결의 사실 및 그 내용을 증명하기 위하여 계약서를 4부 작성하고, '양도인', '양수인', '회사 1', '회사 2', '회사 3'의 본인 또는 대표자가 기명날인하여 각 1통씩 보관한다.

2015년 3월   일

8. 중도금 지급

기업의 매각이 확정되고, 협의가 완료되고, 계약서를 작성하고, 계약금을 받는다고 모든 것이 끝나는 것은 아니다. 거래 대금의 지급이 완료되어야 모든 것이 종결되는 것이다.

주의할 것은 당초에 맺은 약정이 이행되지 않는 경우가 종종 있다는 점이다. 2017년 코스닥 상장 기업 우림기계의 매각이 그 사례이다. 지정된 계좌에 계약금을 예치한 후 당초 체결한 주식양수도 계약을 여러 번 변경했다. 거래 대금도 매각 측의 요구에 따라 변경되기도 했다. 자금 지원을 약속했던 투자자들이 인수 대금을 지급하지 않는 등 우여곡절을 겪으며 경영권 매각 계약은 3차례나 변경되었다.

제12장 거래 종결

1. 사전적 준비

1) 준비의 개요

인수의향서의 거래 가격은 구속력이 없는 것이 일반적이어서 최종 인수 계약에서 또는 많은 경우 최종 인수 계약을 하는 자리에서 변화될 수도 있다. 따라서 시간 관리는 중요하다. 시간이 지체되면 당사자의 희망가액이 변하기 십상이다. 의향서가 제출된 후 회사의 실적이 좋아질 가능성이 있으면 매각자는 희망가액이 올라갈 것이다. 반대로 부정적인 상황이 나타나면 인수 기업은 낮추려고 할 것이다. 또한 인수 계약의 핵심적인 조항도 구속력이 없다.

경제동향, 금융 시장, 산업동향 등 외부조건은 통제할 수 없으며 언제라도 변할 수 있다. 예를 들어 2008년 리먼 브러더스 금융 위기 당시에 수많은 거래가 중단되거나 연기되고 무산되었다. 따라서 거래의 진행을 명확하고 신속하게 진행하는 것은 필수적이다.

또한 제3자도 거래에 영향을 미칠 수 있다. 금융 기관의 승인, 소수주주 이슈, 핵심 인력의 고용 계약이 그것이다. 따라서 이러한 문제를 예방하기 위해 사전에 명확하게 정지작업을 하는 것이 중요하다. 조급한 성격이나 우유부단함, 거래 사실의 조기 발설, 허술한 진행(소수주주 주식 인수의 실패, 매각 보너스의 협상실패 등), 기업주의 경영 관리 해이로 인한 문제 발생도 원인이 된다.

거래의 종결을 위한 일정은 자문사가 정확히 정해야 한다. 일정이 지연되면 거래 조건을 다시 협상하려 하거나 자금 조달 관련 문제가 발생하는 등 또 다른 문제가 발생할 수 있다. 거래 종결 직전까지 모든 것이 준비되어야 한다. 자문사와 변호사는 거래의 비즈니스 측면과 법률적 측면의 모든 것을 사전에 정지해놓아야 한다. 변호사는 모든 법률서류를 준비해 서명할 수 있도록 준비해야 한다. 또한 거래의 종결 시 진행될 절차를 사전에 정리해 준비해야 한다. 보통 아침에 시작해 오후 2~3시까지는 종결한다. 은행구좌 문제가 있기 때문이기도 하다.

2) 서류 준비

특히 사업 양도의 경우 준비할 사항이 많다. 자산 별로, 부채 별로 권리의무의 이전 서류가 필요하다. 또한 계약관계도 하나하나 이전해야 하므로 많은 서류를 준비할 시간이 요구된다. 고용 계약, 브랜드, 특허와 회사상호의 이전도 그렇다.

3) 인수 승인

계약서가 작성되었다고 거래가 종결되는 것은 아니다. 기업의 인수는 독점 금지 관련 법령에 저촉되는 경우 그 법령에 의한 승인, 증권 거래 관련 법령에 의한 처리, 주주총회의 소집 및 주주총회의 승인 등이 필요하다. 따라서 매각 기업과 인수 기업이 동시에 거래를 종결할 수가 없다. 인수 계약은 이러한 절차를 밟은 후에 최종적으로 서명될 것이다.

M&A는 이사회와 주주총회의 승인이 필요하다. 매각 기업이 영업이나 사업을 양도하거나 중요한 자산을 양도하는 경우도 마찬가지이다. 대부분의 국가에서 사업 전체의 양도나 중요한 부문을 매각하는 경우 주주총회의 승인을 받도록 규정하고 있다.

4) 지급 준비

대금 지급절차(Flow of funds)는 대금의 조달 및 지급과 관련한 상세한 설명을 기록한 문서이다. 이는 거래의 최종적인 절차이다. 이 서류는 대금을 지불하거나 대금을 받는 모든 당사자들을 기록한다. 금액, 연락처(회사명, 연락담당자이름, 연락처), 대금 지급계정(은행명, 계좌번호, 은행식별 부호Routing number 또는 Sort code)도 포함된다.

M&A 거래는 복잡한 거래이다. 매각자가 돈만 받고 떠나는 것이 아니라 각종 금융 또는 거래상의 부채를 갚고, 세금을 내고 기타 많은 지급을 한다. 인수자는 자금의 원천에서 매각자, 각종 채권자에게 직접 송금하거나 지급한다. 대급지급서류는 다음 〈표 12-1〉과 같다. 이는 실제와는 다른, 극히 단순한 형태이다.

〈표 12-1〉 대금 지급서류(Flow of funds)의 사례

자금의 원천(Sources)	
인수 기업(Buyer)	13,300,000,000
가 은행	4,000,000,000
가 사모펀드	2,500,000,000
인수 기업의 주주 및 임원	700,000,000
합계	20,500,000,000
자금의 사용(Uses)	
인수 대금(Purchase price)	20,000,000,000
운전 자본 조정(Working capital adjustment)	200,000,000
인수자 비용(Buyer fees and expenses)	300,000,000
합계	20,500,000,000
매각자에 대한 지급(Funded to Seller)	
인수 대금(Purchase price)	20,000,000,000
가산:	
운전 자본 조정(Working capital adjustment)	200,000,000
차감:	
매각자 비용(Seller expenses)	(660,000,000)
대출금(Bank loan)	(3,250,000,000)
어음지급(Note payable)	(2,500,000,000)
지급 유예(Funding of escrow account)	(2,000,000,000)
매각자 수령 금액(Net Amount Funded to Seller)	11,790,000,000
인수자 비용(Buyer expenses)	
변호사(Lawyers)	200,000,000
회계사(Accountants)	50,000,000
마케팅 자문사(Marketing consultants)	25,000,000
환경 자문사(Environmental consultant)	25,000,000
합계	300,000,000
매각자 비용(Sellers expenses)	
변호사(Lawyers)	125,000,000
회계사(Accountants)	35,000,000
자문사(Investment banker)	500,000,000
합계	660,000,000

　　이 서류는 인수자가 작성하고 매각 기업에 제공해 오류가 있는지를 검토한다. 이 서류에 서명하면 거래 종결 절차가 시작된다.

거래의 종결 시에 종결시점으로 재무 상태표를 작성했지만, 최종적인 재무 상태표를 작성해 검토하는 데는 상당한 기간이 소요된다. 그리고 이를 기준으로 거래 대금의 조정이 이루어진다. 이러한 거래 대금 조정은 지급 유예 금액을 사용해 이루어진다. 순 운전 자본에 대한 조정도 있다. 거래가 종결되기 전에 양 당사자는 순 운전 자본의 금액을 사전에 정한다. 거래의 마무리 시에 순 운전 자본을 기초로 거래 대금을 조정한다. 거래 금액을 산정할 때 매각 기업의 현금이 반영되므로 사전에 현금을 제외한 순 운전 자본의 조정에 의한 현금조작을 예방하기 위해서이다.

2. 최종적 종결

1) 최종 참가자

거래 종결 장소에는 각 당사회사의 대표자(기업주 또는 고위 임원)와 그 변호사가 참여한다. 또한 회계사, 자문사 및 관련 금융 기관도 참여할 수 있다.

참여하지 않는 경우에는 문제가 발생한 경우 즉시 연락이 가능해야 한다.

대금 지급과 관련해서는 금융 기관뿐만 아니라 매입채무의 채권자도 올 수 있다.

2) 서명과 지급

인수 계약의 서명(contract signing date)와 거래의 종결시점(closing date)은

다르다. 거래의 종결은 일반적으로 두 시간 이내에 종결된다. 대금 지급절차에 동의하고 서명을 하면 거래의 종결절차가 시작된다. 거래의 종결(Closing)은 매각자가 매각 대금을 받고 인수자가 경영권을 인수하는 때이다.

계약서 작성이 종결되면 당사자가 만난 변호사의 입회하에 모든 서명을 완료하고 지급할 돈을 지급하고 나면 거래는 종결된다. 인수 계약서뿐만 아니라 기타 부속문서에도 서명한다. 서명이 완료되고 나서 대금의 분배가 이루어진다.

거래 대금은 인수 기업의 조달해 인수 기업이 통제하는 구좌에 입금해 관리한다. 우선 매각자의 부채가 상환된다. 다음 자문사 등 컨설팅비용이 지급되고, 지급 유예 금액이 송금되고, 매각 자에게 매각 대금이 송금된다. 인수 기업의 컨설팅비용도 지급한다. 대금의 지급은 구좌를 통해 지급되는 것이 바람직하다. 그러나 10억 원(약 100만 달러) 이하의 거래에서는 현금이나 수표를 사용할 수도 있다. 송금 확인을 최종적으로 마무리하기 전에는 거래가 끝난 것이 아니다. 그러나 송금 확인이 끝났다고 거래가 종결된 것도 아니다.

인터넷이 나타나기 전의 거래 종료일이란 사무실에 많은 사람들이 모여 수많은 서류에 서명을 하고 세세한 문제로 논쟁을 하고 돈을 수수하는 날이었다. 그러나 이제는 많은 경우 팩스나 이메일을 통해 거래가 종결된다. 각 당사자는 각각 자신의 자문변호사의 사무실에서 서명을 하고, 전체 문서가 아니라 서명페이지를 팩스를 보내거나 이메일로 상대방에게 보낸다. 자문변호사가 관련 서류를 취합하고 모든 것이 준비되면 송금하도록 자문을 한다.

제3부

M&A의 사후 전략

제1장 사후 마무리

1. 거래의 공개

1) 공개 범위

거래가 종결되면 맨 처음 해야 할 일은 거래를 공표하는 것이다. 비밀 유지 약정서의 내용을 위반하지 않는 한에서 최대한 빨리 임직원에게 알리고 언론에 공개한다.

또한 인수 기업이나 매각 기업에도 거래가 끝났다고 끝이 아니며, 상당 기간 동안 더 만나야 한다. 특히 조심할 것은 당사자 중 한쪽이 상장 기업인 경우 내부정보를 공개하거나, 이를 이용해 주식거래로 이익을 취하면 불법이라는 점이다.

2) 임직원 공개

임직원에게 공개하는 것은 매각 기업 기업주와 인수 기업이 개별적으로 하기도 하지만 공동으로 협의해 하기도 한다. 매각 기업의 기업주와 공동으로 진행하지 않는 경우에는 인수 기업이 해야 할 것이다. 어느 경우는 거래의 종결과 함께 빨리 진행할 것을 권장한다.

거래종결일이나 다음 날 또는 가능한 빠른 날에 임직원들을 모아서 공표를 한다. 거래 종결 후 오랜 시일이 지나지 않도록 해야 한다. 모든 임직원이 참석하기를 기다리지 않도록 한다. 회사가 여러 개의 사업장을 가진 경우에는 가능한 한 전 직원이 모일 수 있도록 해보거나, 컨퍼런스 콜 등을 통해 알린다. 컨퍼런스 콜이 안 되면 사업장 책임자가 알리도록 한다. 어떤 형태로든 루머나 소문이 아니라 공식적인 소식을 분명하게 전달하는 것이 훨씬 좋다.

기업 매각을 알리기 전에 해당 지역의 정서, 해당 기업의 문화와 분위기를 사전에 잘 이해해야 한다. 이러한 사전 이해는 임직원들과의 유대감과 감성을 공유할 수 있도록 도와준다. 인수 기업의 경영자가 유머감각이 있고 편안하고 신뢰가 가는, 정감 있는 사람임을 보여주려면 조심스러운 접근이 필요하다. 지나치게 사무적이어서도 안 되지만, 지나치게 감정적이어서도 안 된다. 기업 매각 소식은 매우 민감한 문제이므로 임직원들의 사기가 떨어지지 않도록 향후 임직원과 인수자들의 비전을 제시하는 등의 노력을 해야 한다. 오히려 임직원들이 새로운 인수자와 함께하는 것에 대한 기대감을 갖도록 유도해야 한다.

한편 매각 기업의 기업주와 협상에서 어려움과 문제가 있었더라도 이런 이야기는 끄집어내지 말아야 한다. 과거보다는 미래와 비전을 얘기하는 것이 좋다. 또한 인수 기업의 전략과 방향을 제시하는 것은 권장되지만, 과거 기업주를 비난하거나 경영상의 문제점을 끄집어내는 것도 좋지 않다. 리더로서의 자부심을 가지고 임직원들을 이끌어가야 한다.

3) 언론 공개

인수 계약서는 보통 거래에 대해 언론에 공개하는 방식을 포함하고 있다. 인수 기업이 언론에 공표할 내용을 결정하고, 비상장 기업 간의 거래인 경우에는 언론에 매출, 이익 및 거래가액을 공표하지 않기도 한다. 상장 기업인 경우는 자문사나 변호사와 상의해 공표할 내용을 결정한다.

2. 대금 정산

1) 정산의 개요

대부분의 거래에서 사후 대음의 정산과 조정(Post-closing adjustments)이 필요하며, 대개 잘 해결된다. 중요한 것은 정산과 조정을 위해 사전에 적용되는 회계 방침을 명백히 기재해 당사자가 동의하는 것이다.

거래 종료 후를 대비해 회계 처리 문제를 아주 세세하게 정리한 뒤 합의하는 것이 중요하다. 특히 언아웃 방식인 경우 그 중요성은 더 이상 말할 필요도 없다. 회계 처리에 대한 철저한 정지와 타협은 분쟁의 소지를 없앨 수 있다.

가격 조정 또는 사후 지급 등과 관련해 인수자가 계약을 어기는 경우 가급적 협의로 해결하지만, 모든 수단을 다 강구해도 해결되지 않는 경우에는 법정으로 갈 수밖에 없다.

2) 순 운전자금

재무 상태 정산(balance-sheet adjustments)은 인수 계약과 거래 종료 시간에 차이가 큰 경우에 발생한다. 보통 운전 자본 조정이 많다. 인수 계약에는 운전 자본(Working capital)과 관련된 계약 조항이 들어간다. 운전 자본은 현금성 자산을 제외한 유동자산에서 유동부채를 차감한 금액이지만 계약에 따라 달리 정할 수 있다. 즉, 거래의 종결시점에 매각 기업이 제시한 추정 재무 상태상의 운전 자본과, 거래 종결 후 30일 내지 60일이 지난 시점에서 상호간에 동의한 날을 기준으로 작성한 실제 재무 상태의 운전 자본이 차이가 나는 경우, 그 차이를 조정해 거래가 이루어진다.

보통 거래 가격은 현금성 자산을 가감하기 때문에 운전 자본 조정을 해야 한다. 그러지 않으면 매각 기업이 재고 자산을 팔거나 채권을 불리한 조건으로라도 회수해 마련 또는 매입채무의 지급을 연기하려 하기 때문이다. 또한 인수 기업으로서도 최종 인수 후 정상적으로 기업을 경영하기 위한 운전 자본을 확보하여야 하기 때문이다.

거래 종결일 현재의 재무 상태표는 상당 부분 추정에 의한다. 최종적인 수치는 몇 주가 흘러야 나온다. 인수 기업은 인수 후 거래 종료일 현재의 재무 상태표를 작성해 매각자에게 제출한다. 이에 의해 순 운전 자본을 조정한다. 동금액은 지불 유예 금액으로 정산된다. 계속 기업을 위한 운전 자본은 거래를 위한 운전 자본과는 약간 다르다. 거래에서 운전 자본을 평가하는 목적은 거래에 포함될 운전 자본의 정상수준(Working capital target, Normal working capital)을 결정하고자 하는 것이다. 정상수준은 당사자 간 협의에 의해 정하거나, 과거 수개월의 평균치를 이용하기도 한다.

거래 종결 시 인수 기업을 정상적으로 운영할 수 있는 운전 자본을 확보하거나 일정수준의 금액을 요구한다. 운전 자본의 부족은 인수 기업으로서는 인수 대가가 증가하는 것을 의미한다. 고의든 아니든 운전 자본의 조작을 예방하고 일정한 운전 자본을 확보하기 위해 거래 종결 후에 운전 자본을 고정시키고 그 차이를 조정하는 조항을 넣어 거래 대금을 사후에 정산해야 한다.

거래 종결일의 운전 자본은 거래 후 30~90일 정도가 지나야 결산을 통해 알 수 있을 것이다. 그리고 그 차이를 거래 대금에서 조정해 주고받는데, 이를 '실제수치조정'이라고 한다. 순 운전 자본이 큰 경우에는 거래 대금이 증가하고 작은 경우에는 감소시키는 방법이 사용된다.

3) 기타의 정산

자기 자본 보장 조항(equity guarantee)도 있다. 자기 자본 총액 변동에 의한 정산을 하는 것이다. 기준일 이후 순 손익 등의 발생에 따른 자기 자본의 변동을 정산하는 것이다. 이 조항은 매각 기업이 계약 후 중대한 배당을 하거나, 급여나 상여금을 지급하는 것을 막을 수 있다. 인수자로서는 좋지만, 매각 기업에는 불리한 조항이므로 거래 가격을 높이려 할 수도 있다.

4) 보장과 보증

미국 메이저리그 뉴욕 양키즈 선수였던 요기 베라(Yogi Berra)의 명언이 있다. "끝나기 전까지 끝난 게 아니다(It Ain't Over 'til It's Over)."

M&A 거래도, 기업도, 골프도, 인생도, 결혼도 최종적인 해피엔딩을 보기 전에는 성공이라고 할 수 없다. M&A 계약 후에도, 기업가의 은퇴 시기에도, 골프의 마지막 홀 퍼팅에서도, 인생의 막바지에서도, 결혼 생활의 마지막에도 실패는 일어날 수 있다. 이것이 우리가 성실하고 정직하게 살아야 할 이유 중 하나이다.

큰돈이 오가는 거래지만 매각 후 몇 달 동안의 기업 실적은 매각 기업에나 인수 기업에나 중요한 사실이다. 대부분의 거래에서 매각 기업의 기업주는 사업, 계약, 매출채권, 매입채무, 기타에 대해 상당한 보장을 받는 계약을 하게 된다. 이러한 보장에 따라 매각 대금이 사후에 지급되기도 한다. 문제가 있으면 변호사와 상의한다. 이와 관련된 대표적인 클레임은 몰랐던 법적 분쟁과 부채, 재무제표의 오류 등이다. 지불 유예 금액으로 해결하지만, 금액이 큰 경우에는 소송으로 번진다.

거래 종결 후에는 늘 사후 관리 문제가 남는다. 대부분의 M&A는 매각 후에 여러 가지 이슈가 발생한다. 이러한 이슈를 얼마나 잘 마무리할지는 매각 기업의 자문변호사가 얼마나 협상을 잘 진행하고 인수 계약서를 잘 썼느냐에 달려 있다. 계약서에 보장 조항이 무난하게 작성되어 있어 당사자의 책임을 명확히 하고, 매각 후 논쟁거리를 해결하는 방법을 분명하게 했다면 매각은 깨끗하게 마무리 될 수 있다.

5) 매각 후 사후 관리

대부분의 인수는 지급되지 않은 금액(에스크로)이 포함된다. 상황이 나빠지면 받을 수 없다. 매각 기업의 종업원, 고객 또는 납품기업이 매각에 대해 동요하지 않아야 매출채권이 잘 회수되고, 상품이 잘 팔린다는 점을 유의해야 한다.

매각 기업은 매수 기업에 매각 후 '인간적으로' 최선을 다해서 도와주어야 한다. 그렇지 않으면 클레임 등을 받기 쉽다. 예를 들어 매출의 상당 부분을 차지하는 거래처가 빠져나가더라도, 그 이유가 거래처의 경영 정책에 의한 것이라면서 매각 기업이 매각 후 나 몰라라 하면 뭐든 구실로 삼아 소송 등을 당할 수 있지만, 최선을 다한 경우 그렇지 않을 수 있기 때문이다. 심지어 지급되지 않은 금액을 초과해 인수 기업이 매각 기업의 기업주에게 소송을 걸게 되고, 오히려 보상을 해야 하는 경우도 발생한다.

인수자는 매각자가 동일한 사업을 새로 시작하거나 자신이 경영하던 곳으로 종업원을 데려가는 것을 우려한다. 경업 금지(Noncompetition agreement)나 전직 권유 금지 계약(Non-solicitation agreement)을 어긴 경우이다. 이러한 계약을 위반한 경우에는 우선 변호사와 상의하도록 한다. 대부분의 경우 소송을 제기하거나 가처분명령(Temporary restraining order)을 청구한다.

3. 기타 마무리

1) 경영의 계속

중소기업을 매각한 경우, 매각 기업의 기업주는 상당 기간, 짧게는 몇 달에서 길게는 몇 년까지 기업에 잔류하기도 한다. 종업원, 고객 및 납품업체가 매각을 받아들이고 안정될 때까지 매각 기업의 기업주는 '라스베이거스'로 떠나서는 안 된다.

2) 세금 납부

매각 후 매각 기업의 주주는 관련 세금을 납부해야 한다. "죽음과 세금은 절대 피할 수 없다(They say that the two things we can never avoid are death and taxes)."

3) 거래 축하연

M&A 거래가 종결되면 또 하나의 숨은 절차가 기다리고 있다. 골프로 말하면 19홀 행사라고 할 수 있다. 성공적으로 거래를 성사시키면 큰돈이 생길 뿐만 아니라 축제가 기다린다. 가장 이상적인 거래는 모두가, 그러니까 매각 기업과 인수 기업과 자문사 등 모든 관련자들이 만족하는 거래이다. 거래가 종료되고 몇 주 지난 후 매각 기업의 기업주와 매각 자문사, 변호사 등 매각 팀이 멋진 저녁식사를 즐기는 것이 좋은 마무리이다.

4) 사후적 검토

거래가 종결된 후에는 실사 시에 파악된 정보를 사후 분석해야 한다.

제2장 통합과 전략

1. 통합 전략

1) 통합의 전략

M&A 전략은 실행되어야 의미가 있다. 최종 인수 계약을 위한 테이블은 인수 기업에는 새로운 출발점일 뿐이다.

인수 기업이나, 매각 기업이나 거래의 가격과 조건에 관심을 가진다. 인수 기업은 거래 후 통합에 특히 관심을 가진다. 반면에 매각자는 매각조건에 사후 지급조건(언아웃)이 포함되거나 거래 후 상당 기간 경영에 계속 참여하기로 한 경우에만 관심을 가지기 마련이다.

기업을 인수하는 것은 많은 시간이 소요되고 복잡하며 피곤한 일이지만, 거래가 종결되고 통합을 이루는 것은 더욱 그렇다. 인수 계약서에 서명을 하고 대금을 주고받아 거래가 종결되어도 사실 변한 건 아무것도 없다. 주주만 바뀌고, 계약서의 종이 한 장만 남은 것이다. 바로 이때부터 인수 후 경영이 진행되는 것이다.

《하버드 비즈니스리뷰》는 M&A 성공 비결로 기업 문화와 전략 등을 알고 합치는 두 기업의 철저한 통합을 꼽았다. 전문가들은 국내 기업 M&A에서 이렇다 할 성공 사례를 찾기 힘든 이유로 통합 실패를 꼽았다. 국내 기업들은 M&A만으로 새로운 성장동력을 확보했다고 생각하기 때문이다.[1] M&A의 성공은 조직 통합을 얼마나 효과적으로 이룸으로써 단일화로 인한 시너지 효과를 달성하느냐에 달려 있다. 협상의 타결에도 중점을 두어야겠지만, 통합화를 위한 준비도 철저히 해야 한다.

기업 인수는 결혼에 비유할 수 있다. 사람들은 보통 결혼할 때 어느 정도의 크고 작은 마찰이 발생하리라 예상한다. 돈, 자녀, 양가 집안 문제부터 치약 뚜껑, 화장실 변기 문제와 같은 사소한 문제까지 다양하게 발생한다.《성공적인 결혼생활의 7대 원칙(*The seven principles for making marriage work*)》의 공동저자 존 가트먼은 결혼의 성공 여부를 예측할 수 있는 지표 중 하나가 부부의 갈등 해결 능력이라고 말한다. 문제 해결을 위한 대화를 자주하지 않아서 사소한 의견 차이를 줄이지 못한다면 갈등이 생기고, 결혼하던 때의 초심을 잊게 된다는 것이다. 기업 간의 결혼도 마찬가지이다. 노련한 인수전문가는 어디서 어떤 문제가 발생할지는 몰라도 문제가 발생할 수 있다는 가능성을 인식한 채 이에 대비한 문제를 진단하고 해결하기 위한 메커니즘을 수립한다.

반면 기업 인수에 미숙한 이들은 문제가 발생할 때마다 당황하며 문제를 해결할 준비도 되어 있지 않다. 그러나 즉흥적으로 문제에 대응하는 방식은 심각한 결과를 가져올 수 있다. 기업을 인수하기만 하면 모든 것이 끝났다고 생각하는 것은, 결혼식만 하면 부부가 백년해로한다고 생각하는 것과 마찬가지이다. 결혼과는 달리 밀월 기간이 없고, 갈등과 대립으로 시작하는 부부 관계가 될 수 있다.

통합 계획을 사전에 수립하고 핵심 부분을 중심으로 신속하게 통합하며, 통합의 중심은 기업 문화에 두어야 한다. 특히 '정복자 신드롬(Conqueror syndrome)'에 주의해야 한다. 시스코는 통합을 진행할 때 우선적으로 두 기업의 사업 영역과 IT체계를 가능한 빠르게 통합한다고 한다.[2] 각각 기업 구성원들은 조직 환경, 기업 문화, 업무처리 방식이 모두 다르다.

가장 큰 문제는 노조가 M&A에 반발하는 경우이다. 통합에 실패하는 일반적인 원인을 보면 부적절한 목표와 통합 계획으로 인한 초기 구조 조정 실패, 핵심 직원의 이탈, 너무 느린 통합 과정, 통합을 위한 조직운영 실패가 있다. 통합기업 간의 공유 비전 부재, 통합을 위한 내외부 의사소통의 미흡 등도 실패의 원인이다.

인수 주체가 재무적 투자자라면 통합에 적극적이지 않다. 재무적 투자자는 직접 경영에 간여하기보다는 경영의 결과를 모니터링하고 중대한 문제가 있는 경우에만 개입하는 편이다.

인수 경험이 많은 기업일수록 인수한 기업의 기존 경영 관리 방식을 유지하는 경향이 있다.

2) 통합의 성패

인수를 추진할 때 인수 기업의 전략 수립에서의 실패보다는 인수 후의 전략

실행의 실패가 더 많다. 1998년 크라이슬러와 다임러벤츠의 370억 달러 규모의 주식 교환에 의한 합병은 당시로서는 최대 규모의 대륙 간 거래였다. 합병 후 시가총액은 1000억 달러에 이르는 초대형기업이었지만, 3년 뒤 시가총액은 440억 달러로 떨어졌고 그 주식은 S&P 500에서 탈락되었다. 그것은 문화적 갈등과 경영 실책이 주원인이었다. 무려 56%의 가치를 상실하였다. 물론 인수 후 도산하는 기업이 많은 것을 생각해보면 다행이라고 볼 수 있다.

특별히 성장성이 높은 기업을 인수하는 경우 의외로 실패하는 경우가 많다. 성장성이 큰 기업은 높은 가격에 인수할 수밖에 없다. 따라서 대기업이나 상장기업이 인수하는 경우가 많으며, 성장하는 기업의 경영문화와 서비스 지향적 마케팅을 놓치는 것이 주원인이다. 능력 있는 임직원이 회사를 떠나고, 관료적인 풍토가 들어오고, M&A와 구조 조정에 대한 우려가 조직 내에 팽배하게 되는 것이다.

2. 절차의 개요

통합의 과정은 크게 여섯 가지로 구분할 수 있다. 인수 전 통합 계획(premerger planning), 의사 소통 문제 해결(resolving communication issues), 새로운 조직 구성 계획(defining the new organizations), 인력 관련 계획 수립(developing staffing plans), 기능과 부서 통합(integrating functions and departments), 새로운 기업 문화 정립(new corporate culture) 등이 그것이다.

통합의 진행 과정에는 지속적인 면이 많다. 예를 들어 의사소통 문제나 새로운 기업 문화의 정립은 통합 기간 내내 지속되고, 미래에도 지속적으로 이루어진다. 과정으로서의 통합은 〈표 2-1〉과 같다.

〈표 2-1〉 과정으로서의 통합

구분	과정
통합 계획 수립 (Integration Planning)	• 사전 인수 계획 수립(Pre-merger planning) • 평가 방법 구체화(Refine valuation) • 과도기 이슈 해결(Resolve transition issues) • 인수 계약상 보장 사항 협상(Negotiating contractual assurances)
의사소통 계획 수립 (Developing Communication Plans)	주주, 임직원, 고객, 투자자, 채권자, 지역사회, 규제 관청 등과의 대화
새로운 조직 구성 (Creating a New Organization)	• 과거 인수 경험 반영 • 사업 성격에 따른 조직 구조
인력 관련 계획 수립 (Developing Staffing Plans)	• 필요한 인적 자원 파악 • 필요한 인적 자원 확보 가능성 검토 • 인적 자원 확보 계획과 일정 • 급여 체계 및 인센티브 관련 전략 수립
기능 통합 (Functional Integration)	• 인수 실사 정보 재평가 • 기업 성과 평가 지표 마련 • 기능별 통합 실행
새로운 기업 문화 정립 (Building a New Corporate Culture)	• 기업 문화와 관련된 이슈 파악 • 공통 목표·기준 등을 반영한 통합

(출처: Donald DePamphilis, Mergers and Acquisitions Basics, Burlington, Elsevier, 2011, p. 190.)

3. 통합 계획

1) 계획 수립

(1) 수립 시기

인수 후의 통합 조직(integration organization)은 거래가 종료되기 전에 구상되어야 한다. 아울러 그 목표와 책임을 명확히 해야 한다. 거래를 발표하거나 심지어는 완료되기 전까지도 통합 문제를 심각하게 고민하지 않는 기업이 너무 많다. 베인앤컴퍼니의 M&A 설문조사에 응한 임원 중 절반에 가까운 응답자들은 실사 과정에서 반드시 필요한 단계들을 정의하는 명확한 로드맵을 그리지 못했다고 답했다. 응답자 중 3분의 1은 실사 기간 중 합병 후 활동 계획을 세우는 데 3분의 1 정도 더 많은 시간을 할애해야 했다고 답했다. 통합 계획 수립을 거래 발표 뒤로 미루는 것은 심각한 실수이다. 거래가 어떻게 작동할지에 대한 구동 원리도 모르면서 어떻게 마음 편하게 투자 결정을 내릴 수 있겠는가?

실사를 하면서도 거래 후 통합에 초점을 맞추지 않는 경우가 많다. 다국적 기업에서 국제 M&A 거래를 진행한 경험이 있는 400명 이상의 담당자들을 조사한 결과, 절반(43%)에 달하는 인원들이 의도한 목적을 성공적으로 달성하지 못하는 가장 흔한 이유로 거래기업 실사 초기 단계부터 거래 후 통합을 고려하지 않았기 때문이라고 대답했다. 처음에 사내 팀을 너무 늦게 투입한 거래 중 38%에게 통합 과정 중 문제가 발생했다.

실사 기간에 통합 계획을 수립하는 것은 인수로 야기될 수 있는 골치 아픈 사안을 미리 예견하고, 이를 해결할 수 있는 전략을 세울 수 있는 좋은 기회이다. 지배 구조와 통합에 대한 계획을 세우는 작업은 실사 단계부터 시작해야 한다. 거래가 결렬될 경우, 투자한 시간을 낭비한 꼴이 될 수도 있다는 단점이 있기는 하다. 거래의 발표와 완료 사이 시점에서 통합을 우선순위 과제로 삼고, 이를 체계적으로 추진해나가기도 한다.

(2) 인수팀 구성

통합에 전념할 인수위원회 또는 인수팀(buyer's transition team)을 구성한
다. 인수팀이나 통합팀에는 통합에 관한 책임은 물론 의사 결정 권한도 부여
하여야 한다. 인수팀은 가능한 일찍, 실사가 진행되는 시점까지는 구성되어야
한다. 양 사 경영진들로 구성된 통합 프로그램 전담 조직과 사무실을 만들어
통합에 전념한다. 거래가 완료될 즈음 통합프로그램팀은 인수한 기업에 대한
명확하고 객관적인 절차를 세워 운영 재정비에 착수해야 한다.

인수위원외 또는 인수팀 등 '인수 후 통합 조직(post-merger integration
organization)'은 경영통합팀(management integration team, MIT)과 통합실무
팀(integration work team)으로 구성된다. 경영통합팀은 양측의 관련 임원이나
부서장으로 구성되며, 인수 과정에서 파악된 시너지 실현에 초점을 맞추고, 인
수 후에는 인수 전과 동일하게 경영 관리가 이루어지도록 한다. 통합실무팀은
주로 통합에 관한 구체적인 실무를 집행한다. 경영통합팀의 책임은 〈표 2-2〉
와 같다.

〈표 2-2〉 경영통합팀의 책임

- 누구가 언제까지 무엇을 할지에 대해 총괄 계획(master schedule)을 수립한다.
- 통합 회사(combined entities)의 성과 목표(required economic performance)를 설정
  한다.
- 기능 부서와 사업 부서를 어떻게 통합할지를 결정할 실무팀을 구성한다.
- 통합이 진행되는 동안 정상적인 경영 활동이 이루어지고, 경영 성과도 달성되도록 집중
  한다.
- 통합 과정과 사업 성과가 계획대로 수행·달성되도록 성과 지표(performance indicators)
  를 사용한 조기 경보 시스템(early earning system)을 만든다.
- 주요 의사 결정을 모니터링하고 신속히 집행한다.
- 통합 계획을 적극적으로 지원하도록 의사소통을 강화한다.

(출처: Donald DePamphilis, Mergers and Acquisitions Basics, Burlington, Elsevier, 2011, p. 193.)

시너지 효과를 파악하기 위해 별도의 '통합실무팀'을 구성하기도 한다. 이런 이유로 다양한 부문의 직원들을 차출하여 구성된 통합실무팀의 임무는 비용 절감과 수익 증대의 기회를 발굴하는 것이다. 통합실무팀에는 M&A 자문사, 회계사, 변호사나 컨설턴트 등도 참여하기도 한다.

인수팀을 구성할 때 사용되는 이른바 '90대 10 법칙'의 내용은 조직 내 평판이 좋은 헌신적인 소수 정예로 통합실무팀을 구성해 통합 작업을 진두지휘하도록 해야 한다는 것이다. 인수한 기업을 계열사의 사업부로 통합시키는 경우에는 그 사업부의 인사가 참여해야 한다. 그래야 시너지를 달성할 방법을 찾을 수 있기 때문이다.

인수 과정에 전혀 개입하지 않았던 임원이 갑자기 통합 책임을 맡게 되거나 통합 프로세스에 대한 경험이 부재한 현업 인력이 투입되는 경우에는 예측하지 못한 시행착오가 발생할 수밖에 없다. 어떤 부서든 전체 직원의 10% 미만이 통합 작업에 참여하도록 선을 긋고 최소 90%의 직원들, 특히 고객 응대부서는 현업에 집중할 수 있도록 해야 한다.

경우에 따라서는 관심 분산을 방지하기 위해 통합팀이 기존 업무에서 아예 손을 떼게 하기도 한다. 통합 계획에는 거래가 마무리되기 이전부터 피인수 기업 경영진도 참여하는 것이 좋다. 이는 최상의 통합안을 만들어내는 한편, 피인수 경영진을 거래에 동참시키기 위해 꼭 필요한 조치이다.

통합은 핵심 사업과 분리해야 한다. M&A로 인해 현업이 흔들려서는 안 된다. 인수 후의 통합을 위해 전념하는 경영진과 빠른 경영 의사 결정을 할 수 있는 별도의 조직이 필요하다. 재무책임자(Financial person, CFO 또는 High-ranking financial executive)는 금융, 급여, 운전자금 등과 관련된 문제를 다룬다. 주문, 고객서비스, 납품업체 등을 다룰 수도 있다. 후자를 재무책임자가 다루지 않는 경우에는 이를 다룰 운영책임자(Operation executive)를 두어야 한다. 인사담당자(Human resources person)는 인수된 회사의 임직원들을 관리한다. IT 담당자도 필요할 수 있다. 통신망, 인터넷, 컴퓨터, 소프트웨어, 이메일 등 기술적인 문제를 관리해야 한다.

(3) 매각 기업과의 협의

거래가 종결되기 전에 매각 기업의 임직원과 대화를 하는 것이 좋다. 거래가 종결되기 수주일 또는 며칠 전에 매각 기업의 관리자들과 대화를 나누는 것이 좋지만, 반드시 매각 기업의 기업주에게 사전에 승인을 받아야 한다. 당장 급한 문제에만 집중해야 하며, 인수 후 인수 기업의 임직원과 함께 할 통합 계획을 논의해서는 안 된다. 기업을 최종적으로 인수하기 전에는 절대로 기업주처럼 행동해서는 안 되는 것이다. 인수 기업의 종업원은 여전히 전 기업주의 임직원이며, 그를 위해 일해야 한다.

기업 인수 전에는 피인수 기업의 경영진과 인수 후 실행 계획에 대해 논의해야 한다. 거래가 마무리되기 전에 '공격 계획'에 대한 동의를 얻기 위해 노력한다. 예전에는 전략을 정한 후에 서류를 숨겼지만, 지금은 투명하게 공개한다. 이렇게 전략을 투명하게 공개하면 인수 초기의 혼란과 마찰의 여지를 줄일 수 있고, 인수 기업과 피인수 기업의 경영진 모두가 처음부터 목표를 명확히 인지할 수 있다.

인수가 결정된 후 기업의 통합은 두 기업을 어떻게 통합할 것인지, 통합을 위해 무엇을 할 것인지, 통합을 해야 하는 것인지에 대해 준비해야 하고, 양측의 경영자들이 함께 협력해 진행하지 않으면 결코 이루어지지 않는다.

(4) 독립성 결정

인수 대상 기업의 향후 경영 독립성(Level of autonomy)을 결정해야 한다. 사모펀드 등 재무적 인수 기업은 대체로 독립적으로 운영하도록 남겨둔다. 반면 전략적 인수 기업은 상당한 통합 과정을 거친다. 그렇지만 재무적 인수자든 전략적 인수자든 인수 기업을 가능한 한 현재 상태 그대로 운영하게 하는 것이 바람직할 수 있다. 그 사업과 경영 관리가 어떻게 되고 있는지를 이해하도록 어느 정도 시간을 주는 것이다. 사업과 경영을 제대로 이해하지 않고 지나친 변화를 시도하면 경영을 악화시킬 수도 있다.

중국 최대 PC업체인 레노버의 IBM PC사업 부문 통합 사례에서 사용된 것처럼 '보존 통합 방식'은 효율적인 것으로 평가된다. 이는 양 당사자의 네트워크나 유통망, 기술 및 브랜드 인지도 등이 상당히 다를 경우, 어느 정도의 독립 경영을 유지하면서 장기적인 통합을 도모하는 방식이다.[3]

(5) 통합의 범위

통합에 성공하려면 사전에 통합 계획을 수립하고, 체계적으로 실행에 옮겨야 한다. 통합 포인트를 주제별로 정리해보면 〈표 2-3〉과 같다.

〈표 2-3〉 통합의 포인트

구분	통합 포인트
변화 기회	① M&A 거래가 성사되면 누구나 변화를 예상한다. 따라서 M&A는 기업의 해묵은 문제를 개혁할 수 있는 기회이다. ② 인력의 구조 조정은 솔직하고 직접적인 대화로 해결한다. "변화나 구조 조정은 없다"는 것은 불가능한 일이므로 진정성을 가지고 접근하는 것이 좋다.

통합 계획	인수 초기부터 통합을 고려해야 하며, 적어도 해당 실사 단계에서는 수립되어야 한다.
통합 조직	① 통합 조직은 규모가 크고 복잡한 경우 원칙적으로 통합위원회, 통합전담팀, 기능별 실행팀 등 세 단계로 구성한다. ② 통합 조직은 통합을 위한 의사소통의 중심이 되어야 한다.
신속한 통합	① 통합 작업을 조기에 진행시키고, 목표 시간 내에 완료한다. ② 대기업의 경우 2년 이내에 통합 작업을 완료해야 한다.
인력 배려	핵심 인력을 유지하고, 전체 임직원을 지지 세력으로 만들어야 한다.
고객 관리	고객 및 고객 관련 조직에 대해서는 특별한 통합 프로그램이 필요하다.

동일 업종 기업을 인수한 규모의 경제 목적 거래(Scale deal)일수록 기업 문화 통합이 더욱 필요하고, 이업종 인수인 범위의 거래(Scope deal)인 경우 상대적으로 기업 문화 통합의 필요성이 작다.

한꺼번에 모든 것을 통합하는 것은 실용적이지 못할 뿐 아니라 효과도 없다. 물론 신속하게 움직이는 것은 매우 중요하지만, 가장 중요한 부문에 집중해야 한다. 통합이 필요한 부분을 꼼꼼히 선정하는 것만이 마찰을 줄이고 가치를 창출해낼 수 있는 가장 좋은 방법이다. 궁극적으로, 통합의 범위는 투자 논거에 뿌리를 두어야 한다. 분야에 따라서는 현재 시점이나 장기적으로 볼 때 통합이 오히려 비생산적일 수도 있다.

통합 작업은 통합이 진정한 가치를 창출해낼 수 있는 부문에만 실행해 일부부서에 국한하는 것이 좋다. 그리고 기업 문화의 통합을 최우선순위로 두어야 한다. 특히 새로 구성된 경영진 간의 단일 문화 구축 등과 같이 필수적으로 공통의 기업 문화를 구축해야 하는 부문은 조기에 결정해, 양 사의 경영진이 협력해서 일할 수 있는 의사 결정 체계를 확립해야 한다.

2) 초기 조치

(1) 초기 계획 수립

우선 최초의 90일 계획을 세운다(100일 계획을 논하는 사람도 있다). 급격한 변화는 인수 기업의 임직원이 적응하기 힘들다는 점도 유념해야 한다.

(2) 최초의 조치

인수 후 즉시 해야 할 일은 여러 가지가 있다. 거래가 종결되기 전에 이러한 일들에 대해 사전 계획을 수립해야 한다. 그리고 거래가 종료되는 시점에 이 정보를 해당 종업원들에게 알려야 한다.

첫째, 회사명, 이메일, 전화번호와 웹사이트이다. 인수 후에 사용할 회사의 이름으로 종전 이름을 쓸지, 인수 기업의 이름을 사용할지, 아니면 다른 이름을 사용할지를 알려야 한다. 전화번호나 이메일도 종전 것을 쓰는지, 아니면 새로운 것이 부여되는지 알려야 한다. 또한 사용할 웹사이트, 회사 서류의 레터헤드, 이메일 서명 등도 결정해야 한다. 변화가 없는 부분이더라도 그런 사실은 알려두어야 한다.

둘째, 급여 관련 정보이다. 임직원의 급여는 종전과 같이 지급되어야 한다. 급여는 당초 결정한 지급 시기에 분명하게 지급되어야 한다. 거래로 인해 흔히 발생하는 금융 기관의 변경이 있더라도 급여가 제때 지급될 수 있도록 유의해야 한다.

셋째, 새로운 임직원과 그 연락처를 분명히 한다. 거래를 임직원에게 통보할 때 매각 기업의 임직원이 의문이 생기면 누구와 접촉해야 하는지 알아야 한다.

넷째, 거래 금융 기관을 통지해야 한다. 특히 금융 기관이 변경되는 경우에는 어느 구좌에 입금하고, 어느 구좌에서 지급해야 하는지를 임직원이 알아야 한다.

다섯째, 임직원에게 구매처의 변경 여부 및 계속 거래 여부를 통지해야 한다.

여섯째, 매출과 관련된 절차와 양식을 제정해야 한다.

(3) 30일 이내에 해야 할 조치

다음과 같은 변화를 시작한다. 그러나 매번 세세한 사항을 알릴 것이 아니라, 이러한 변화를 간략하게 정리해 알린다.

첫째, 구매가이드 라인이나 구매처 등의 변화를 희망하는 경우 한 달 이내에 하는 것이 바람직하다.

둘째, 신입사원의 채용 절차 등에 대해서도 한 달 이내에 조치를 취해야 한다.

셋째, 가장 어려운 문제로, 임직원을 줄이는 일이다. 가능한 빨리 조치를 취하는 것이 임직원들의 혼란을 방지하는 길일 수 있다.

(4) 90일 이내에 해야 할 조치

첫째, 본 지사의 이전이나 폐쇄 같은 조치는 몇 달 이내에 해야 한다.

둘째, IT나 소프트웨어, 그리고 전화와 관련된 사항도 몇 달 이내에 이루어져야 한다.

3) 통합의 속도

통합에서 핵심은 '통합의 속도'와 '통합의 완전성'사이의 균형이다. 시너지 효과는 가급적 조기에 실현하는 것이 중요하며, 이상적으로는 최초의 12~18개월에 실현해야 한다. 앤더슨 컨설팅(Anderson Consulting)이 5억 달러 이상의 글로벌 M&A를 조사한 결과를 보면, 인수 후 통합에 6개월 내지 1년 정도 걸렸으며, 통합 속도가 빠를수록 사후 실적이 좋고 임직원·고객의 이탈도 적었다. 그러나 실질적인 통합은 수년 간 지속된다. 즉, 통합을 신속하게 하더라도 모든 것이 동시에 이루어지는 것은 아니다. 또한 신속한 통합은 임직원·고객의 이탈을 가져올 수 있다. 따라서 인수 후 부정적인 효과를 낳을 수 있는 것은 가려내어 합리적으로 통합해야 한다.

비용 효과와 수익 효과를 단기간에 창출할 수 있는 부문의 통합에 우선 집중하고, 대규모의 장기적 통합 추진이 필요한 부문은 단계적으로 진행하는 것도 바람직하다. 그래서 데이터 처리나 콜 센터의 통합을 연기하기도 한다. 그런 시스템이 적기 공급(on-time delivery)과 고객 서비스 유지에 핵심적인 역할을 하는 경우에는 특히 그렇다.

일단 통합이 필요한 부분을 파악한 후에는 발 빠르게 움직이는 것이 핵심이다. 속도와 집중이 동시에 구현되어야 성과를 거둘 수 있다. 성공적인 인수 기업은 속도를 가장 중요한 성공 요인으로 꼽는다. 시티 그룹의 한 관계자는 이렇게 말했다.

"인수 과정에서 범하는 가장 큰 실수는 통합을 재빨리 진행하지 못하는 것이라고 생각한다. 현실적으로는 빨리 통합할수록 더 나은 결과를 얻을 수 있다. 피인수 기업의 직원은 인수 기업이 뭔가 조치를 내리기를 기다리게 마련인

데, 이때 아무것도 제시하지 못한다면 우수인재들의 사기는 떨어지고 만다."

성공적인 통합에서 속도는 필수적인 요소이다. 특히 기업 문화가 상이한 경우에는 더욱 그렇다.

4. 의사소통 등

1) 고객 유지

인수 후에는 통상적으로 5~10%의 고객들이 이탈하는 것으로 나타났다. 품질과 공급(on-time delivery)의 불확실성, 경쟁 기업들과의 가격 경쟁 심화가 원인이다. 또한 많은 M&A가 주로 원가 절감에 집중한 나머지 매출의 감소로 이어지기도 한다. 따라서 고객이 이런 점과 관련하여 확신을 갖게 해야 한다. 그러니 통합 기간은 경쟁사가 고객들을 빼앗아가기 위해 모든 수단을 동원하는 데 가장 좋은 기간이라는 점을 염두에 두고 고객들에게 각별히 신경써야 한다. 특히 M&A 직후 통합 작업 중에서 대형 거래처들과 주요 거래처들을 유지하는 작업이 중요하다.

인수 후 고객에게서 온 이메일을 읽고, 콜센터 직원들에게 어떤 문의가 들어오는지도 정기적으로 보고받아야 한다. 한편 인수 기업과 매각 기업의 경영진이 함께 가장 큰 주요 거래처들을 찾아다니면서 인수·합병에 대해 알리는 것은 기본이다. 이 과정에서 주요 거래처의 경영진과 미팅하는 것도 권장된다. 박람회나 컨퍼런스에서 주요 고객들을 만날 수도 있다.

매각 기업과 인수 기업의 주요 경영진이 만나지 못하는 주요 고객은 해당 부서장이 만난다.

2) 구매처 통합

구매처는 거래하는 기업이 매각되면 오히려 거래가 끊길까봐 걱정일 테니, 큰 문제는 없을 것이다. 그렇더라도 구매처와 좋은 관계를 유지하고, 거래 대금을 반드시 지급할 것이라는 확신을 주는 것이 바람직하다.

3) 직원 통합

(1) 사람의 중요성

M&A에서 가장 중요한 문제는 인수한 기업의 임직원들에게 인수자의 비전에 따라 동기부여를 해주는 것이다. 인수 기업의 임직원이 새로운 기업과 함께 일하는 데 실패하면 인수도 실패로 끝나기 때문이다. 그래서 인수가 완료되면 내부 통합이 요구된다. 이 과정에서 노동조합과의 관계 개선이나 구성원들 간의 융화도 중요하다. 합병 후 몇 달이 지났는데도 직원들이 예전 회사를 자신의 소속사라고 소개한다면 그 M&A는 실패한 것이다. 모든 M&A의 중심에는 사람이 있다는 사실을 명심해야 한다.[4] 일단 종업원 통합에 성공하려면 다음과 같은 포인트들을 지켜야 한다.

첫째, 정확한 정보를 적극적으로 빠르게 공유한다. 인수된 기업의 직원들로서는 '평상시와 다를 바 없이(business as usual)' 일해줄 것을 새로운 경영진으로부터 요청받더라도 마음이 편할 리는 없을 것이다. 자신도 통합 과정에서 권고사직을 당할지 모른다고 생각하기 때문이다. 그러니 정확한 정보를 신속히 전달해서 직원들의 불안한 마음을 다스려주고, 불확실성도 제거해주어야 한다.

둘째, 떠나는 이들의 뒷모습을 아름답게 치장해주는 것이다. 평가와 절차를 공정하고 공평하게 함으로써 어떤 직원이 구조 조정 대상이 되는지에 관한 원칙을 명확히 하고, 모든 과정에서 구조 조정 대상자들을 배려해주어야 한다. 그렇게 할 때 남은 이들, 즉 이제 내 직원이 된 사람들로부터 진정한 존경심을 얻을 수 있다.

셋째, M&A 후 이른 시일 내에 변화와 혁신을 이루어야 한다. 조사 결과 한국 기업의 직원들은 M&A가 이루어진 뒤 적극적인 변화와 개선이 인수 직후에 이루어지기를 기대하는 편이다. 그렇기에 변화와 개선이 M&A 후 3~6개월 사이에 실행되어야 한다. M&A 후 1년 이상 지난 후에 거론되는 여러 혁신안은 오히려 잘 받아들여지지 않았다.

마지막으로 이 모든 과제를 통합하고 조정하는 통합조정관(integration manager)이 있어야 한다. 통합조정관은 인수 기업에서의 오랜 경험을 바탕으로 피인수 기업이 인수 기업에 잘 통합되도록 하는 미션을 실행한다. 통합조정관은 피인수 기업의 직원들에게는 인수 기업의 모든 상황을 알려주는 대변인이 되고, 피인수 기업의 목소리를 인수 기업의 최고경영자들에게 전달하는 역할을 담당한다. 통합조정관은 업무에 대한 능숙함을 갖추는 것도 중요하지만, 이해관계가 다른 두 집단이 적극적으로 소통하고 조화롭게 통합될 수 있도록 중재할 수 있는 능력을 갖춰야 한다.[5]

인수 사실을 공표하기 전에 인수 기업은 주요 이해당사자들과의 의사소통을 위한 계획을 수립해야 한다. 이 과정에서 인수 대상 기업의 직원들과 직접 대화(미팅)함으로써 어려운 점을 해결해나가야 한다. 직원들과의 질의응답 시간(questions-and-answer session)을 갖는 것은 효과적인 방법이다.

(2) 매각 기업 기업주의 역할

매각에 관여한 임원 등 주요 직원들에게는 상당한 보상과 사후 관리를 해 주어야 한다. 매각에 대해 몰랐던 기타 경영 관리자들에게도 이 사실을 매각 기업 기업주가 직접 알려야 한다. 가급적 인수 기업의 핵심 인사들이 이러한 미팅에 참가하는 것이 좋다. 그러나 어떠한 경우에도 임직원들을 안정시키기 어렵다. 따라서 매각 기업의 경영자가 '상당 기간(transition period) 동안' 회사에 남아 경영에 참여하는 것은 큰 도움이 된다.

(3) 감원과 유지

통합 기간은 경쟁사가 직원들을 빼앗아가기에도 가장 좋은 기간이다. 그러니 인수 대상 기업의 핵심 인력이 이직하지 않도록 조심스럽게 접근해야 한다. 1993년부터 2001년까지 40개 이상의 기업을 인수한 시스코는 인수의 성공 여부를 핵심 직원 유지 비율로 판단한다. 최고경영자는 매월 직원 이직률을 점검하면서 이직률이 급상승하거나 주요 직책에서 직원 이탈이 발생한 경우 상급팀으로 하여금 즉각 원인을 조사하도록 지시한다. 그럼으로써 불만 요인을 해결하기 위한 조치를 취하게 했다.

글로벌 컨설팅 그룹인 타워스 왓슨의 조사를 보면 44%의 기업이 "고용 유지 계약이 기업 인수 시 인재 유지에 매우 효과적, 또는 가장 효과적"이라고 답했음을 확인할 수 있다. 이 가운데 72%가 기업 실사 단계 또는 인수 협상 단계에서 어떤 직원들과 고용 유지 계약을 할지 파악하고 있었다.[6] 인수 대상 기업의 핵심 임직원에게는 고용 유지가 중요하다. 때로는 일정 기간 동안 근무한다는 조건을 달아 특별 인센티브(retention bonuses)를 주기도 한다. 그래서 인수에 성공한 기업의 대부분(92%)이 직원들에게 M&A 이후 잔류 상여금을 지급했다.

그러나 한국은 사정이 다르다. 피인수 기업의 임원 중 대부분은 회사를 떠난다. 대기업 M&A의 사례를 보면 거래가 일어난 해의 평균 퇴직률은 등기임원 60%, 미등기임원 16% 수준이다. 매각 3년 후의 평균 퇴직률은 등기임원 93%, 미등기임원 67%이다. 기술 파트에 있는 임원보다 경영기획·관리·재무 담당 임원의 퇴직률이 높다. 이 같은 업무를 담당하는 임원은 기업 내에서 충원할 수 있지만, 기술을 지닌 전문 인력은 쉽게 영입할 수 없어서다.[7]

(4) 관리자 결정

관리자 선발은 인수 성공을 가늠하는 중요한 잣대다. 그러니 통합 작업 때 맨 처음 해야 할 작업은, 관리자들 중 인수를 후원할 사람과 방해물이 될 사람을 가려내는 것이다. 그리고 각 회사 본연의 사업 추진을 담당할 임원을 임명해야 한다.

당연히 인수 기업과 피인수 기업 직원들의 역량을 제대로 파악해야 하고, 이에 덧붙여 인수 기업과 피인수 기업 사이의 권력 배분을 세심하게 조율하는 작업도 동반해야 한다. 핵심 부서에는 두 기업들에서 선발된 중간관리자들을 배치하고, 상하조직을 확립하며, 직원들이 효율적으로 협업할 수 있도록 공식적인 절차를 마련해야 한다. 또한 통합 과정에서 핵심 경영진이 떠나기도 하니, 인수 기업은 통합 관련 핵심 직책에 중간급 관리자를 후임자로 준비해두어야 한다.

5. 조직 구성

1) 구성 방향

인력 채용 계획은 통합 초기부터 준비해야 한다. 그리고 인수한 기업의 최고 경영진을 구성하는 것은 가장 중요한 일이다. 물론 기능별·부서별 경영진도 구성해야 한다.

통합 과정에서는 일반적으로 권한이 집중된 조직이 효율적이다. 결단을 내릴 필요가 있기 때문이다. 물론 통합 후에는 필요에 따라 분권화를 이루어야 한다.

2) 부서 통합

통합이 필요한 부분을 파악할 때에는 인수의 목적을 고려해야 한다. 투자 목적에 따른 통합 필요의 정도를 정리하면 〈표 2-4〉와 같다.

〈표 2-4〉 투자 목적에 따른 통합 필요

재무적 투자자	전략적 투자자	
적극적 투자	범위의 딜(Deal)	규모의 딜
기능 중복도 낮음	→	기능 중복도 높음
• 최소한의 통합 작업 • 기존 문화를 약간 수정하거나 개선	• 선별적인 통합 작업 • 상이한 문화를 유지하면서 통합 부문에 한해 조율	• 포괄적인 통합 작업 • 주류가 되는 문화를 도입하거나 두 기업들의 문화의 장점만 취사선택

(출처: 데이비드 하딩, 샘 로빗, 김수민 옮김, M&A 마스터 (서울: 청림출판, 2010): p. 181.)

영업 조직을 통합할지 독립적으로 운영할지는 두 기업들의 규모, 제품과 시장의 특성, 입지 조건에 따라 결정된다. 제품이 유사하거나 시장이 중복되고, 영업 조직마저 작다면 쉽게 통합할 수 있다. 그러나 고객들의 요구와 제품에 대한 상세한 이해가 필요하다면 독립적으로 운영하는 것이 좋다.

마케팅 기능의 통합은 사업의 글로벌화 정도, 제품의 다양성과 고유성과 시장의 변화 정도에 달려있다. 글로벌 기업이라면 마케팅 기능을 분권화시키는 것이 일반적이다. 제품 라인이 많거나 제품에 대한 전문지식이 필요하다면 마케팅 기능을 분화시키는 것이 유리할 수 있다.

6. 문화 통합

1) 비전 전달

인수의 비전과 배경을 관계자들에게 이해시켜야 한다. 임직원, 고객, 투자자, 기타 이해관계자 들까지 전략적 근거, 사업의 목적, 통합의 기준과 목표를 이해시켜야 하는 것이다. 이들을 이해시키는 역할은 핵심 경영진이 담당한다.

2) 문화와 통합

인수 후 새로운 기업 문화를 조성하기 위한 첫 번째 조치는 임직원과의 대화와 인터뷰, 또는 경영 스타일이나 경영 실무를 관찰한 뒤 두 기업들의 기업 문화 프로필을 작성하는 것이다. 그럼으로써 문화의 차이와 유사점을 확인하고 그 장점과 단점도 파악한다. 기업 문화는 기업마다, 지역마다 다르다. 그리고 문화의 차이는 통상적으로 생각하는 것보다 훨씬 큰 문제다. 그래서 인수후 통합은 단순한 숫자의 게임이 아니며, 다분히 복합적인 조직과 문화의 변화가 수반된다.

기업 문화 통합 문제를 해결해줄 만병통치약은 없다. 베인&컴퍼니의 연구 결과는 "기업 문화 통합 전략은 합병 후 통합 법인이 지향하는 기업 문화에서 출발해야 한다"는 점이 중요하다는 사실을 보여준다. 즉, 애초에 M&A를 추진하게 된 투자 논거로부터 시작해야 한다는 것이다. 투자 논거가 달라질 경우, 문화 통합에 대한 접근 방법도 달라져야 한다. 기업 문화의 차이를 '소프트한 이슈'로 인식하고, 이에 따라 '소프트'한 해결책만 찾으려고 하기 쉽기 때문이다. 그러나 이는 잘못이다. '소프트'한 사안에 대해서도 그것을 해결하는 데에는 '하드'한 체계적 전술이 필요하다.

기업 문화 통합을 조기에 이룰 수 없을 것 같다면, 이는 인수 자체를 포기해야 할 충분한 사유가 될 수 있다. 초기에 주의 깊게 살펴봐야 하는 핵심 이슈 중 하나는 두 회사들의 경영진이 얼마나 서로 잘 융합할 수 있을지에 관한 문제다. 인수와 통합에 성공하려면 비전, 전략, 기업 문화에 대한 중요한 메시지를 지속적이고 일관성 있게 전파하는 작업을 진행해야 한다. 조직의 하부에까지 새로운 기업 문화를 완벽하게 전달하려면 경영진부터 새로운 비전과 전략에 맞춰 평가 지표를 신속히 조정해야 하는 것이다.

기업 문화를 신속하게 바꾸려면 새로운 비전을 반영하고, 회사의 새로운 성과 목표를 달성하는 직원에게 포상하는 체계도 도입해야 한다. 통합 과정에서 절감된 비용 중 10%를 통합팀뿐만 아니라 본연의 업무를 지속해 공헌한 직원들에게도 나누어주는 경우도 있다. 성공적인 통합을 위해 노력하는 것이 모든 직원들에게 이득이 된다는 것을 증명하는 과정에서 보상이 말보다 더 강한 힘을 발휘한다는 것을 경영진이 간파한 사례인 것이다.

7. 사후적 평가

인수 후 평가(post closing evaluation)는 인수가 당초 기대치만큼 의미가 있는지, 필요한 추가 조치가 무엇인지, 잘된 것은 무엇인지를 평가하고 또 다른 인수를 위한 기초로 삼으려는 목적으로 이루어진다.

인수 후 실적 평가는 당초 인수 시의 예상에 의하여 평가된다. 물론 경영진이 통제할 수 없는 환경 요인은 감안하여야 한다.

인수 당시 추정했던 것은 예상대로인지도 평가하여야 한다. 만일 차이가 난다면 그 원인을 파악하여야 한다. 이러한 분석을 통하여 향후 인수에서 동일한 실수를 하지 않도록 하여야 한다.

만일 인수 기업이 수익성과 성장성에 중대한 문제가 있다면 매각할 것인지를 다시 검토하여야 한다.

저 자 후 기

과학기술의 급격한 변화와 세계화의 물결 속에서, 21세기 M&A는 전 세계 기업과 경제계 최대 화두이다. 오늘날 기업에 M&A는 최대 관심사이며, 기업전략의 핵심으로 떠오르고 있다. 그러나 우리나라의 M&A 시장은 경제규모에 비해 활성화되지 못하고 있고, M&A와 관련해 시중에 나와 있는 국내서적은 미미한 편이다. 분야별로 M&A 전문가들이 많은 책을 출간하고 있지만, M&A에 대한 전반적이고 일반적인 이해와 실무적인 도움을 받을 수 있는 서적은 드물다.

필자는 기업을 매각하거나 인수하려는 기업들과 경영진, 기업의 신사업 개발팀이나 기획실, 사모펀드·벤처캐피탈·헤지펀드 등의 재무적 투자자들, M&A 자문사와 컨설팅 업체, 금융 기관의 M&A 관련 부서, 증권회사의 M&A 관련 부서뿐만 아니라, M&A에 관심 있는 대학생과 일반인 모두에게 도움이 되도록 쓰기 위해 최대한 노력했다. 또한 M&A에 관한 기초적이고 기본적인 개념과 이론뿐만 아니라 매각과 인수 진행 과정의 실무, M&A 전략, 기업 평가, M&A 시장의 동향, M&A 자문사의 컨설팅 등 현실에서 실제 적용할 수 있는 실무서로서의 역할을 할 수 있도록 편집하고 정리했다.

본서의 구성은 크게 M&A의 사전 전략, 진행 전략, 사후 전략으로 나뉜다. 사전 전략에서는 M&A의 기본 개념과 전략적 방향을, 진행 전략에서는 실제로 진행되는 M&A의 실무를, 사후 전략에서는 거래 종료 후 이루어지는 기업통합과 사후 관리를 다루었다.

본서는 필자가 M&A 자문회사를 경영하면서 얻은 실제 경험과 국내외의 서적, 그리고 관련된 뉴스 등을 기초로 편집되었다. M&A는 폭넓고 심도 깊은 지식과 경험을 요구하는 고도의 기업 전략이자 경영 기법이다. 하지만 본서의 초판이 아직 많은 면에서 부족하고 미비하다는 것을 알고 있다. 필자는 지속적으로 M&A와 관련된 해외의 저술, 뉴스, 논문 등을 반영하고 실무경험을 기초로 해 끊임없이 보완할 생각이다. 향후 국내의 M&A 관련 이론서로서, 실무서로서 많은 사람들과 기업들에게 도움을 주고 최고의 지침서가 될 수 있도록 최선을 다할 것을 약속한다.

본서는 한언출판사의 적극적인 출판 수락으로 발간할 수 있게 되었다. 선뜻 출판을 결정해준 한언출판사 김철종 대표이사의 뜻에 감사를 드린다. 마지막으로 20여 년을 함께하며 내 삶의 이정표가 되어준 아내에게 고마운 마음을 전한다.

참 고 문 헌

Andrew J. Sherman, *Mergers & Acquisitions*, New York, AMACOM, 2010.

Bill Snow, *Mergers & Acquisitions for Dummies*, Indianapolis, Wiley Publishing, 2011.

Carl W. Stern and Michael S. Deimler, eds, *The Boston Consulting Group on Strategy*, New Jersey, John Wiley & Sons, 2006.

Donald M. DePamphilis, Mergers, *Acquisitions, and Other Restructuring Activities*, India, Elsevier, 2014.

Donald DePamphilis, Mergers and Acquisitions Basics, Burlington, Elsevier, 2011.

Edwin L. Miller Jr., *Mergers and Acquisitions*, New Jersey, John Wiley & Sons, 2008.

Gary Hamel, What Matters Now, San Francisco, Jossey–Bass, 2012.

HBR's 10 Must Reads: On Strategy, Harvard Business Review, Boston, 2011.

Jeffrey Pfeffer, *Human Equation*, Harvard Business School Pr, 1998.

Joshua Rosenbaum and Joshua Pearl, *Investment Banking*, New York, John Wiley & Sons, 2013.

Kenneth H. Marks, *Middle Market M&A*, New Jersey, Wiley & Sons, 2012.

Mark A. Filippell, *Mergers and Acquisitions Playbook, Lessons from the MiddleM– arket Trenches*, John Wiley & Sons, Inc, 2011.

Martin Checketts, *The Strategic Exit*, Abington Park Media, Australia, 2010.

Richard G. Stieglitz and Stuart Sorkin, *Expensive Mistakes when Buying & Selling Companies*, Acuity Publishing, 2010.

伊丹敬之, 加護野忠男, ゼミナール 経営学入門(세미나 경영학 입문), 日本経済新聞社, 1994.

Donald DePamphilis, Mergers and Acquisitions Basics, Burlington, Elsevier, 2016.

Jeffrey C, Hooke, M&A, Wiley, 2015

B. Barry Massoudi, Do the Right Deal Do the Deal Right, Continental Publishers, 2006.

Kenneth H. Marks, Middle Market M&A, New Jersey, Wiley & Sons, 2012.

Joshua Rosenbaum and Joshua Pearl, Investment Banking ,New York, John Wiley & Sons, 2013.

Kevin K. Boeh, Paul W. Beamish, Mergers and Acquisitions, Sage, 2007.

Mark A. Filippell, Mergers and Acquisitions Playbook, John Wiley & Sons, Inc, 2011.

Edwin L. Miller Jr., Mergers and Acquisitions, New Jersey, John Wiley & Sons, 2008.

데이비드 하딩, 샘 로빗 저, 김수민 역, M&A 마스터, 청림출판, 2010.

박문각 시사상식편집부 저, 최신시사상식 핵심 용어사전, 박문각, 2014.

이용인 저, M&A@CEO, 경영베스트, 2003.

프레더릭 라이켈트 저, 조은정, 김형중 역, 로열티 경영(The Loyalty Effect), 세종서적, 1997.

크리스 주크, 제임스 앨런 저, 김용열 외 역, 핵심에 집중하라(Profit from the Core), 청림출판, 2002.

짐 콜린스 저, 김명철 역, 위대한 기업은 다 어디로 갔을까?, 김영사, 2010.

낸 실버, 존 가트맨 저, 임주현 역, 행복한 부부 이혼하는 부부(The Seven Principles For Making Marriage Work), 문학사상사, 2002.

Census Bureau 홈페이지. 미국 상무부 산하 센서스국 사이트.

주 석

1 부

1장
1) 동아일보, 2014.4.10.
2) Financial News, 2014.6.22.
3) 한국경제매거진, 2014.3.
4) 伊丹敬之加護野忠男, 《세미나 경영학 입문》
5) 매일경제, 2014.1.14.
6) 아시아투데이, 2014.1.15.
7) 이데일리, 2014.11.28.
8) 이투데이, 2014.4.29.
9) 조선일보, 2014.5.13.
10) 머니투데이, 2015.12.27.
11) 이투데이, 2013.11.11.
12) 이데일리, 2015.10.16. 편집
13) 매일경제, 2013.2.4.
14) 연합뉴스, 2014.3.6, 출처: 블룸버그
15) 매일경제신문, 2016.1.4. 편집
16) 연합뉴스, 2016.1.11.
17) 조선일보, 2013.10.28.
18) The Bell, 2015.1.6.
19) 머니투데이, 2015.7.21.
20) 서울경제, 2015.1.5.
21) 머니투데이, 2015.7.21.
22) 서울경제, 2015.1.5.
23) 연합뉴스, 2015.7.21.
24) 글로벌이코노믹, 2016.1.7.
25) 서울경제, 2014.12.3.
26) 한국경제신문, 2015.3.23.
27) The Bell, 2016.2.22. 편집
28) 디지털타임스, 2015.7.1.
29) 한국경제신문, 2015.4.13.
30) 해럴드경제, 2016.2.17. 편집
31) 파이낸셜뉴스, 2015.7.13.
32) 해럴드경제, 2016.2.17.

2장
1) 서울경제, 2014.11.30.
2) 중앙일보, 2015.3.14.
3) 한국경제신문, 2015.3.23.
4) Business Watch, 2015.7.29.
5) 한국일보, 2013.11.6.
6) 조선일보, 2016.3.24. 편집

3장

1) 중소기업뉴스, 2014.12.17.

2) Herald Super-Rich, 2014.6.12.

3) 전자신문, 2014.11.26.

4) 머니투데이, 2015.4.15.

5) 매일경제, 2013.2.26.

6) 연합뉴스, 2014.8.28.

7) 전자신문, 2013.8.20.

8) 아시아경제, 2013.9.21.

9) 매일경제, 2014.7.18.

10) M-economynews, 2014.8.10.

11) 매일경제, 2014.7.18.

12) 이데일리, 2015.10.16. 편집

13) 매일경제, 2013.2.4.

14) 머니위크, 2015.3.12. 편집

15) Newspim, 2014.4.10. 편집

16) 매일경제, 2014.11.4.

17) 뉴스토마토, 2015.7.30.

18) 미국 EDS사 전 회장 레스터 알버탈

19) 한국경제신문, 2013.12.9.

20) 한국경제신문, 2015.2.2.

21) 조선일보, 2015.11.3.

22) 조선일보, 2015.7.2.

23) The Bell, 2014.8.27.

24) 국제뉴스, 2014.12.2.

25) 머니투데이, 2014.5.11.

26) 매일경제, 2014.1.13.

27) 박문각 시사상식편집부 저, 《최신시사상식
핵심 용어사전》, 박문각

28) 매일경제, 2014.1.13

29) 매일경제신문, 2016.1.7.

30) 대법원 2010.5.27. 선고 2010도3399
판결 등 참조, 대법원 2014.1.23. 선고
2013도11735 판결

31) 머니투데이, 2015.4.15.

32) MBO, Management buyout

33) 국민일보, 2014.5.15.

34) 한국경제신문, 2012.1.16.

35) 한국경제 Business, 2013.12.30.

36) 미디어펜, 2015.5.18.

37) 매일경제신문, 2014.6.16.

38) 뉴시스, 2014.2.27.

39) 한국경제신문, 2015.1.5. 강성호 세계경
영연구원 교수, 편집

40) 아주경제, 2014.7.9.

41) 헤럴드 경제, 2014.5.21.

42) 조선일보, 2015.11.12.

43) The Bell, 2015.4.22.

44) 조선일보, 2015.6.4.

45) 법률신문 lawtimes.co.kr, 2012.12.10.

46) 머니투데이, 2014.5.15.

47) 매일경제, 2014.9.24.

48) 서울경제, 2014.6.10.

49) 이코노미스트, 2014.7.7.

50) 인베스트조선, 2015.2.26. 편집

51) 인베스트조선, 2015.2.26.

52) 매일경제신문, 2015.6.30.

53) 한국경제신문, 2015.8.31.

54) 파이낸셜뉴스, 2015.3.5. 편집

4장

1) 한경비즈니스, 2015.3.9.

2) 중앙일보, 2014.6.12.

3) 글로벌이코노믹, 2016.3.17.

4) 월스트리트저널, 2014.10.7.

5) 한국경제매거진, 2013.12.2.

6) 매일경제, 2013.6.21.

7) 매일경제, 2014.8.28.

8) 전자신문, 2013.9.24.

9) 조선일보, 2013.4.4.

10) 이코노미스트, 2014.7.7.

11) 전자신문, 2013.8.25.

12) 매일경제, 2013.6.21.

13) 매일경제, 2013.10.22.

14) 매일경제, 2013.10.22.

15) 매일경제, 2013.10.22.

16) 매일경제, 2013.6.21.

17) 한국경제, 2014.6.13.

18) The Bell, 2015.3.5. 편집

19) 매일경제, 2014.10.13.

20) 중앙일보, 2014.10.24.

21) 전자신문, 2013.9.24.

22) 매일경제, 2014.9.4.

23) 이데일리, 2015.5.6.

24) 매일경제신문, 2015.3.12.

25) 이투데이, 2014.8.1.

26) 이데일리, 2016.2.18.

27) 한국경제신문, 2015.3.20.

28) 아시아경제신문, 2015.2.10.

29) 비즈니스워치, 2014.5.14.

30) 서울파이낸스, 2014.8.13.

31) 뉴스핌, 2015.3.3.

32) 이코노미스트, 2014.11.3.

33) 이코노미스트, 2014.11.3.

34) 조선일보, 2015.10.13.

35) 이코노미스트, 2014.11.3.

36) EBN, 2014.5.12.

37) 연합뉴스, 2012.11.20.

38) 전자신문, 2013.9.24.

39) 전자신문, 2013.9.24.

40) 파이낸셜뉴스, 2015.7.26.

41) 조선일보, 2013.11.22.

42) 한국경제신문, 2015.3.20.

43) 동아일보, 2016.6.1. 편집

44) 한국경제신문, 2015.3.20.

45) Busines Post, 2014.9.3.

46) dailymedi.com, 2014.8.8.

47) 인베스트조선, 2014.8.14.

48) 한국경제매거진, 2013.12.2.

49) 머니투데이, 2015.6.27.

50) 조선일보, 2012.6.24.

51) 조선일보, 2016.6.7. 편집

52) 조선일보, 2016.7.6. 편집

5장

1) 아시아경제, 2014.5.16.

2) 매일경제, 2014.9.4.

3) 이데일리, 2014.5.20.

4) 헤럴드경제, 2015.2.23.

5) fnnews.com, 2015.3.13.

6) 한국경제신문, 2015.5.15.

7) 한국경제, 2015.2.13.

8) 매일경제신문, 2016.3.3. 편집

9) 뉴스토마토, 2016.1.5.

10) 이데일리, 2015.1.12.

11) 조선일보, 2014.12.3.

12) 연합뉴스, 2015.8.27.

13) 문화일보, 2015.10.29.

14) 머니투데이, 2016.2.3.

15) 한국경제, 2013.8.3.

16) 뉴시스, 2014.8.20.

17) 한국경제, 2014.8.18.

18) 디지털타임즈, 2015.3.16.

19) 연합뉴스, 2014.11.16.

20) 한국경제신문, 2015.2.16.

21) 조선일보, 2015.12.7.

22) 조선일보, 2015.10.26.

23) 아시아경제, 2013.8.1.

24) 한국경제, 2014.6.24.

25) 아시아경제, 2013.8.1.

26) 조선일보, 2014.8.19.

27) 이투데이, 2014.9.24.

28) 조선일보, 2014.10.13.

29) The Fact, 2014.10.16.

30) 서울경제, 2013.10.9.

31) 한국경제신문, 2014.5.1.

32) 머니투데이, 2014.7.27.

33) 이데일리, 2015.3.16.

34) 서울신문, 2016.4.6. 편집

35) Jeffrey C, Hooke, M&A, Wiley, 2015, p. 32.

36) 중앙일보, 2014.8.27.

37) 헤럴드경제, 2015.6.2.

38) 매일경제신문, 2014.5.25.

39) 한국경제신문, 2016.3.29. 편집.

40) 헤럴드경제, 2016.2.17. 편집.

41) 이데일리, 2014.7.7.

42) The Bell, 2014.8.18.

43) 한국경제, 2014.7.24.

44) 한국경제, 2014.9.12.

45) 조선일보, 2014.9.11.

46) 동아일보, 2015.2.11.

47) 글로벌이코노믹, 2016.4.20. 편집

48) 전자신문, 2015.6.29.

49) 이데일리, 2014.12.25.

50) 매일경제신문, 2015.1.24.

51) 뉴스웨이, 2015.1.25.

52) 머니투데이, 2013.10.30.

53) 이코노미스트, 2014.7.7.

54) 조선일보, 2015.2.14.

55) 머니투데이, 2015.12.22. 편집

56) The Bell, 2015.5.15.

6장

1) The Bell, 2014.6.20.

2) 한국경제신문, 2013.7.4.

3) 이투데이, 2013.8.19.

4) 글로벌이코노믹, 2015.7.4.

5) The Bell, 2014.7.9.

6) The Bell, 2013.11.10.

7) 글로벌이코노믹, 2015.7.4.

8) 동아일보, 2015.2.24.

9) 뉴스핌, 2013.11.27.

10) 이데일리, 2009.4.9.

11) The Bell, 2014.7.9.

7장

1) '지방세특례제한법' 제57조의 2 제5항 제3호, 한국경제신문, 2016.4.26. 편집

2) '소득세법', 이하 '소법' 제94조 ①

3) '소법' 제94조 ②

4) '소법' 제94조 ① 3호 가목

5) '소득세법 시행령', 이하 '소령' 제157조 ④

6) '소령' §157 ④ 1호

7) '소령' §157 ⑤

8) '국세기본법 시행령' 제20조 참조

9) '소령' 제57조 ④ 1호

10) '소령' 제57조 ④ 1호

11) '소령' 제57조 ④ 1호

12) '소령' 제57조 ④ 1호 후단

13) 양도소득세 집행 기준 §94-157-2

14) '소법' 제94조 ① 3호 가목

15) '소법' 제94조 ① 3호 가목

16) '소법' 제94조 ① 3호 나목

17) '소법' 제94조 ① 4호 다목

18) '소령' 제58조 ① 1호 가목 및 나목

19) '소령' ① 1호

20) '소득세법시행령' 제157조 제4항

21) '소령' 제58조 ②

22) '소법' 제94조 제1항 제1호 및 제2호 참조

23) '소령' 제58조 ① 1호 가목

24) '소령' ②

25) 재산세과-979, 2009.5.20.

26) '소령' 제58조 ③

27) '소득세법' 제94조 제1항 제1호에 따른 자산

28) '소령' 제58조 ③ 괄호

29) 양도소득세 집행기준 94-158-3

30) '법인세법 시행령' 제24조 제1항 제2호 바목 및 사목

31) '소령' 제158조 ③ 1호

32) '상속세 및 증여세법' 제22조의 규정에 의한 금융재산을 말한다

33) '소령' 제158조 ③ 2호

34) 양도소득세 집행기준 94-158-1

35) '소령' 제158조 ① 1호 나목

36) '소령' 제158조 ②

37) '소령' 제158조 ① 5호 가목 및 나목

38) '소령' 제158조 ① 5호 나목, 소칙 ②

39) 부동산거래관리과-207, 2010.2.8.

40) '소법' 제94조 제1항 제1호 및 제2호 참조

41) '소령' 제158조 ① 5호 가목

42) '소득세법 시행규칙', 이하 '소칙' 제76조 ①

43) '소법' 제94조 ① 4호 나목

44) '소법' 제94조 ① 4호 나목 괄호

45) 양도소득세 집행기준 94-0-3

46) 대법원 판례 1992.5.12, 선고 90다8862, 1985.12.10. 선고 84다카319

47) 조세심판원 심판례 2010.9.8, 국심2010중1493

48) 대법원 판례 1985.12.10, 선고 84다카319

49) 정찬형 저, 《상법강의요론》, 심사소득 2011-159, 2013.1.18.

50) 대법원 89누 558, 1990.1.12 및 조세심

판원 2010서1315, 2011.6.15.

51) 심사소득2011-159, 2013.1.18.

52) 심사소득2011-159, 2013.1.18.

53) '소법' 제92조 ①

54) '소법' 제95조 ①

55) '소법' 제92조 ②

56) '소법' 제96조 ①

57) 양도소득세 집행기준 96-162의 2-4

58) '소법' 제96조 ③ 1호

59) '소법' 제96조 ③ 2호

60) '소법' 제97조 ① 1호 가목

61) '소령' 제163조 ① 1호

62) '소령' 제163조 ⑬

63) '소령' 제163조 ⑨

64) '소령' 제163조 ① 2호

65) '소령' 제163조 ① 2호 후단

66) '소법' 제97조 ①

67) '소법' 제97조 ① 3호, '소령' 제163조 ⑤

68) '소법' §104 ① 11호

69) '소법' 제104조 ① 후단

70) '소령' 제167조의 8

71) 양도소득세 집행기준 104-0-2

72) '소법' 제104조 ②

73) '소법' 제104조 ② 1호

74) '소법' 제104조 ② 3호

75) '소법' 제104조 ① 1호, '소법' 제55조 ①

76) '소법' ① 9호, '소령'의 7

77) '소령' 제167조 ③ 1호

78) '소령' 제167조 ③ 단서

79) '소령' 제167조 ④

80) 법인22601-611, 1987.3.7.

81) '소령' 제98조 ①

82) '상속세 및 증여세법' 제60조 내지 제64
조와 동법시행령 제49조 내지 제59조

83) '소령' 제167조 ⑤

84) 양도소득세 집행기준 101-167-5

85) '상속세 및 증여세법', 이하 '상증법' 제35
조 ①

86) '상증법' 제35조 ①

87) 상속세 및 증여세 집행기준 35-0-1

88) '상증법' 제35조 ②

89) '상속세 및 증여세법 시행령', 이하 '상증령'
제26조 ④

90) '상증령' 제26조 ①, ②

91) '상증령' 제26조 ③

92) '상증령' 제26조 ⑤, ⑥

93) '상증령' 제26조 ⑦

94) 대법원 2004.11.26, 선고 2003두4447
판결

95) 대법원 2005도7911, 2008.5.15, 선고

96) 대법원 2005마958 판결, 2006.11.23,
선고

97) 조심 2013중1356, 2013.6.4.

98) 조심 2013중1356, 2013.6.4.

99) 조심 2012전1467, 2013.8.13.

100) 조심 2010서1315, 2011.6.15, 같은 뜻임

101) 조심 2012광5354, 2013.11.26.

102) 조심 2012전1467, 2013.8.13.

103) '상증령' 제26조 ①

104) '상증령' 제26조 ⑧

105) '상증령' 제26조 ⑧ 괄호, '소령' 제16조
① 1호, 2호, 3호

106) '상증령' 제26조 ⑧ 후단

107) '법인세법 시행령' 제89조의 규정에 의한 시가

108) '법인세법' 제52조의 규정

109) '상증령' 제26조 ⑨

110) '상증령' 제26조 ⑨

111) 대법원 2010.10.28. 선고, 2008두 19628 판결 등 참조

112) 대법원 2013두1843, 2013.5.24.

113) '조세특례제한법' 제37조 제1항

114) '조세특례제한법' 제46조의 8 ①

10) 조심 2012서3236, 2013.12.6.

11) 서울경제, 2014.8.22.

12) The Wall Street Journal 한국판, 2014.11.23.

13) 연합인포맥스, 2016.2.24. 편집

14) 이투데이, 2016.1.5.

15) 파이낸셜뉴스, 2015.2.6

16) The Wall Street Journal, 2014.6.19.

17) 이코노미스트, 2014.7.7.

18) The Bell, 2016.1.8.

19) The Bell, 2014.8.21.

20) 한국경제신문, 2015.3.3.

21) 연합인포맥스, 2013.5.1.

22) '형법' 357조 ①, ②

23) 대법원 2010.4.15. 선고 2009도6634 판결

2 부

2장

1) 한국경제신문, 2015.4.21.

2) 한국경제신문, 2015.4.21. 편집

3) 조선일보, 2015.12.30.

4) 뉴스핌, 2015.12.31. 편집

5) 한국경제, 2015.3.26.

6) 아시아투데이, 2016.1.28. -6

7) 대법원 2001.4.24. 선고 2000두5203 판결 참조

8) 조심 2008서2531, 2009.12.29 참조

9) 조심 2011중2530, 2011.11.3 및 조심 2012서3236, 2013.12.6. 참조

3장

1) 파이낸셜뉴스, 2013.8.7. 편집 및 분석

2) 파이낸셜 뉴스, 2014.9.15.

3) 서울신문, 2013.5.14.

4) ZD Net Korea, 2015.8.26.

5) 전자신문, 2013.8.25.

6) 전자신문, 2013.8.25.

4장

1) 매일경제, 2014.3.9.

2) 조선일보, 2015.1.27.

3) Financial News, 2015.4.19.

4) '상법' §399

5) '상법' §402

6) '민사소송법' §714

7) 한국경제, 2014.6.22.

8) 한국경제신문, 2005.11.22.

9) 조선일보, 2006.2.13.

10) 한국경제신문, 2005.11.22.

11) 이투데이, 2014.3.21.

12) 한국경제신문, 2005.11.22.

13) 조선일보, 2006.2.13.

14) 이투데이, 2014.3.21.

15) 일간NTN, 2016.3.25. 편집

16) 조선일보, 2006.2.13.

17) 조선일보, 2006.2.13.

18) 스포츠조선, 2014.6.23.

19) 서울경제신문, 2015.6.10.

20) 머니투데이, 2013.1.4.

21) 파이낸셜뉴스, 2013.8.7.

22) 머니투데이, 2013.2.14.

23) 머니투데이, 2013.2.14.

24) 파이낸셜뉴스, 2013.8.7, 편집 및 분석

25) 법률신문, 2012.12.10.

26) 머니투데이, 2014.5.15.

27) 이데일리, 2015.10.28.

28) 매일경제, 2013.8.30.

29) 머니투데이, 2015.1.23.

30) 머니투데이, 2015.8.25.

31) 한국일보, 2015.7.31.

32) 한국경제, 2014.8.19.

33) 매일경제, 2012.12.12, 법무법인 로시스
남승용

5장

1) 아드난 카쇼기Adnan Khashoggi, 1935~,
터키와 사우디아라비아 간 무기중개상이자
무기업자

2) 매일경제, 2013.6.21, "[매경 MBA] 성공률
90% 이튼 M&A엔 특별한 게 있다."

3) 이투데이, 2014.7.24.

4) 이투데이, 2014.7.24.

6장

1) 데이비드 하딩, 샘 로빗 저, 《M&A 마스터》

2) 조선일보, 2014.11.19. IMF 외환위기 시절
제일생명 매각 주관사인 JP모건의 한국파견
임원인 프랭크 빔이 제일생명의 대주주였던
조양그룹 비서실에서 정문국에게 한 말

3) 이·데일리, 2017.6.14.

4) 이코노믹리뷰, 2015.11.18. 편집

5) 매일경제신문, 2016.4.7.

6) 해럴드경제, 2016.2.17. 편집

7) 이데일리, 2014.6.29.

8) 중앙SUNDAY, 2012.8.12.

9) 머니투데이, 2015.7.21.

10) 해럴드경제, 2016.1.6.

11) 대한변협신문, 2015.6.15.

12) 한국경제신문, 2015.11.25. 편집

13) 파이낸셜뉴스, 2012.9.26.

14) 아시아경제, 2016.4.10. 편집

15) 대한변협신문, 2015.6.15.

16) '상법' 제530조의 3

17) '상법' 제530조의 9

18) 코리아헤럴드, 2015.9.17.

19) 파이낸셜 뉴스, 2015.4.23.

20) 서울신문, 2015.4.20.

21) '국세기본법' 제26조의 2 제1항 제1호

22) 특정범죄가중처벌 등에 관한 법률 제8조

23) '조세범처벌법' 제22조

24) '형법' 제356조

25) '형사소송법' 제249조

26) 뉴스핌, 2015.6.26.

27) 뉴스핌, 2015.7.1.

28) 이코노미스트, 2014.7.7. 편집

7장

1) 머니투데이, 2015.7.21.

2) 인베스트조선, 2015.4.24.

3) 서울경제신문, 2015.4.28.

4) 매일경제, 2013.10.3

5) Business Watch, 2014.11.26.

6) 연합뉴스, 2008.12.23.

7) 이데일리, 2015.4.16.

8) 대법원 2010.4.15. 선고 2009도6634 판결

9) 매일경제신문, 2009.11.11. 강희주 법무법
   인 광장 변호사

10) 한경경제신문, 2012.10.22.

11) 한국경제신문, 2012.7.15.

12) 서울경제신문, 2015.3.20.

13) 머니투데이, 2013.2.14.

14) 한국경제, 2014.6.10.

15) 머니투데이, 2014.5.13.

16) 한국경제, 2014.6.10.

17) 아시아경제, 2014.7.8.

18) 머니투데이, 2016.3.25. 편집

19) 조선일보, 2015.3.25. 편집

8장

1) 머니투데이, 2015.1.18.

2) 매일경제, 2014.9.10.

3) 매일경제, 2014.11.3.

4) 이투데이, 2014.10.2.

5) 매일경제, 2014.11.30.

6) 한국경제, 2014.8.20.

7) 서울경제신문, 2015.5.14.

8) 조선일보, 2015.5.19.

9) 조선일보, 2014.9.11.

10) 일요서울, 2015.5.19.

11) 한국일보, 2014.7.8.

12) The Bell, 2015.3.17.

13) 한국경제, 2014.6.22.

14) 한국경제, 2014.6.23.

15) The Bell, 2013.12.17.

16) The Bell, 2013.12.17.

17) 조선일보, 2015.6.22.

18) 연합뉴스, 2014.7.31.

19) 문화일보, 2014.2.26.

20) 조선비즈, 2014.1.21.

21) 문화일보, 2014.2.26.

22) 머니투데이, 2014.9.22.

23) 데일리팜, 2013.9.7.

24) 조선비즈, 2012.8.22.

25) 서울경제신문, 2015.12.29.

26) 연합뉴스, 2014.10.7.

27) 이투데이, 2014.10.2.

28) 매일경제, 2014.5.12.

29) 이투데이, 2014.10.2.

30) 매일경제, 2013.7.22.

31) 한국경제신문, 2014.7.21.

32) 매일경제, 2014.6.27.

33) 연합뉴스, 2014.2.20.

34) 파이낸셜뉴스, 2014.5.6.

35) 위키피디아, 2013.4.21.

36) 대법원 2010.4.15, 선고 2009도6634
　　판결

37) 머니투데이, 2014.7.31.

38) 아시아경제, 2014.7.17.

39) 한국경제신문, 2014.2.28.

40) The Bell, 2013.12.23.

41) 한국경제, 2014.7.21.

42) 아시아경제, 2015.4.1.

43) 매일경제, 2014.9.11.

44) 머니투데이, 2015.4.30.

45) 매일경제, 2014.5.12.

46) 한겨레신문, 2014.6.22

47) 머니투데이, 2015.8.6.

48) 뉴데일리, 2015.5.21.

49) 경향신문, 2015.4.26.

50) 매일경제, 2014.6.25.

51) 머니투데이, 2014.7.24.

52) 파이낸셜뉴스, 2013.11.27.

53) The Bell, 2014.10.15.

54) 뉴스핌, 2015.7.23.

55) 한국경제, 2014.7.7.

56) 매일경제, 2014.7.18.

57) 매일경제, 2015.5.5.

58) 이데일리, 2015.2.25.

59) 매일경제신문, 2015.3.12.

60) 이데일리, 2015.6.29.

61) 머니투데이, 2014.9.1.

62) 서울신문, 2015.6.13.

63) 조선일보, 2015.6.22.

64) 서울신문, 2015.6.13.

65) 파이낸셜 뉴스, 2014.9.1.

66) 서울신문, 2015.6.13.

67) 연합뉴스, 2014.6.26.

68) 연합뉴스, 2014.7.24.

69) 머니투데이, 2014.6.30.

70) Financial News, 2014.8.10.

71) 서울신문, 2015.6.13.

72) 중앙일보, 2015.6.16.

73) 문화일보, 2015.6.8.

74) 조선일보, 2015.6.22.

75) 문화일보, 2015.6.8.

76) 조선일보, 2015.6.22.

77) 한국경제신문, 2015.6.5.

78) 매일경제신문, 2015.7.6.

79) 연합뉴스, 2015.6.4.

80) 코리아헤럴드, 2015.6.10.

81) 연합뉴스, 2015.6.4. 편집

82) 뉴스 핌, 2015.5.19.

83) 이투데이, 2015.1.12.

84) 대한금융신문, 2014.7.20.

85) The Bell, 2015.6.8.

86) 전자신문, 2014.12.15.

87) The Bell, 2015.4.28.

88) 아시아경제, 2015.4.20.

89) 매일경제, 2013.5.12.

90) 중앙 선데이, 2015.2.8.

91) 매일경제, 2013.5.12.

92) 이투데이, 2013.12.26.

93) 매일경제, 2013.5.12.

94) 중앙 선데이, 2015.2.8.

95) 한국경제, 2014.8.26.

96) 이투데이, 2014.10.2.

97) 이투데이, 2013.10.2.

98) 매일경제, 2013.7.22.

99) 매일경제, 2013.5.12.

100) 한국경제신문, 2013.7.4.

101) 연합뉴스, 2013.7.1.

102) 한국경제신문, 2015.6.29.

103) 파이낸셜뉴스, 2015.6.16.

104) 이투데이, 2013.10.2.

105) 비즈니스포스트, 2014.6.2

106) 매일경제, 2014.12.19.

107) 머니투데이, 2015.2.25.

108) 일요서울, 2015.3.9.

109) 매일경제, 2013.7.22.

110) 한국경제신문, 2013.11.1.

111) 이투데이, 2014.10.2.

112) 매일경제, 2014.9.2.

113) 이투데이, 2014.10.2.

114) 중앙 선데이, 2015.2.8.

115) 매일경제, 2013.7.22.

116) 파이낸셜뉴스, 2013.6.24.

117) 한국경제, 2014.7.9.

118) 한국경제, 2014.7.21.

119) 한국경제, 2014.7.24.

120) 동아일보, 2014.7.29.

121) 중앙 선데이, 2015.2.8.

122) 매일경제, 2013.7.22.

123) 이투데이, 2014.10.2.

124) 조선일보, 2014.10.17.

125) 디지털타임즈, 2014.8.18.

126) 매일경제, 2014.11.30.

127) 매일경제, 2014.10.31.

128) 한국경제신문, 2015.6.5.

129) 이투데이, 2014.6.18.

130) 이데일리, 2014.6.22.

131) 뉴스토마토, 2014.6.17.

132) 이데일리, 2014.6.22.

133) 매일경제, 2014.7.27.

134) 조선일보, 2015.4.7.

135) The Bell, 2014.10.17.

136) 서울경제신문, 2015.6.29.

137) 연합뉴스, 2015.5.4.

138) 한국경제, 2014.6.23.

139) The Bell, 2015.5.27.

140) 한국벤처캐피탈협회

141) 머니투데이, 2014.8.13.

142) 동아일보, 2015.1.21.

143) 머니투데이, 2014.8.11.

144) 한국경제, 2014.10.16.

145) 머니투데이, 2014.8.11.

146) 한국경제신문, 2015.3.2.

147) 매일경제신문, 2015.5.24.

148) 조선일보, 2014.10.14.

149) 이투데이, 2015.1.2.

150) 한국경제, 2014.8.4.

151) 머니투데이, 2014.10.1.

152) 매일경제, 2014.6.26.

153) The Bell, 2015.4.2.

154) The Bell, 2014.8.5.

155) 머니투데이, 2014.8.14.

156) ETNEWS, 2014.8.21.

157) The Bell, 2014.8.14.

158) The Bell, 2015.3.6.

159) 아시아경제, 2014.8.8.

160) 머니투데이, 2014.12.29.

161) 매일경제신문, 2015.4.8.

162) 서울신문, 2015.4.14.

163) 연합뉴스, 2015.4.29.

164) 서울경제, 2014.8.13.

165) 머니투데이, 2014.8.17.

166) 조선일보, 2014.10.2.

167) 연합뉴스, 2015.1.28.

168) 파이내셜뉴스, 2014.12.8.

9장

1) 매일경제, 2012.12.12, 법무법인 로시스 남승용

2) 머니투데이, 2016.5.11. 편집

3) 파이낸셜뉴스, 2013.7.26.

4) 파이낸셜뉴스, 2013.7.26.

11장

1) 파이낸셜뉴스, 2013.10.29.

2) 〈국세기본법〉 39조

3) 〈국세기본법〉 39조 단서

4) 〈국세기본법〉 39조 괄호

5) 징세과—261, 2011.3.20.

6) 매일경제, 2012.12.12, 법무법인 로시스 남승용

7) The Bell, 2014.12.30.

8) 매일경제, 2012.12.12, 법무법인 로시스 남승용

9) 한국경제신문, 2012.8.9.

10) 머니투데이, 2016.7.5. 편집

11) 한국일보, 2016.7.5. 편집

12) 뉴시스, 2014.12.23.

13) 한국경제, 2014.8.6.

14) 한국경제신문, 2016.3.10.

15) The Bell, 2015.11.30.

16) The Bell, 2015.11.30.

3 부

2장

1) 전자신문, 2013.9.24.

2) 진자신문, 2013.8.25.

3) 한국일보, 2013.10.1.

4) 매일경제, 2012.12.12, 법무법인 로시스
   남승용

5) 매일경제신문, 2016.4.8. 편집

6) thescoop.co.kr, 2014.12.18.

7) thescoop.co.kr, 2014.12.18.

M&A 실전 교과서

2014년 07월 10일 1판 1쇄
2021년 04월 15일 5판 3쇄

지은이 김근수
펴낸이 김철종

펴낸곳 (주)한언
출판등록 1983년 9월 30일 제1 - 128호
주소 서울시 종로구 삼일대로 453(경운동) 2층
전화번호 02)701 - 6911 **팩스번호** 02)701 - 4449
전자우편 haneon@haneon.com **홈페이지** www.haneon.com

ISBN 978-89-5596-848-4 13320

이 도서의 국립중앙도서관 출판예정도서목록(CIP)은 서지정보유통지원시스템
홈페이지(http://seoji.nl.go.kr)와 국가자료공동목록시스템(http://www.nl.go.kr/kolisnet)에서
이용하실 수 있습니다.(CIP제어번호: CIP2018017972)

한언의 사명선언문

Since 3rd day of January, 1998

Our Mission   − 우리는 새로운 지식을 창출, 전파하여 전 인류가 이를 공유케 함으로써 인류 문화의 발전과 행복에 이바지한다.

                       − 우리는 끊임없이 학습하는 조직으로서 자신과 조직의 발전을 위해 쉼 없이 노력하며, 궁극적으로는 세계적 콘텐츠 그룹을 지향한다.

                       − 우리는 정신적·물질적으로 최고 수준의 복지를 실현하기 위해 노력 하며, 명실공히 초일류 사원들의 집합체로서 부끄럼 없이 행동한다.

Our Vision   한언은 콘텐츠 기업의 선도적 성공 모델이 된다.

> 저희 한언인들은 위와 같은 사명을 항상 가슴속에 간직하고
> 좋은 책을 만들기 위해 최선을 다하고 있습니다.
> 독자 여러분의 아낌없는 충고와 격려를 부탁 드립니다.
> • 한언 가족 •

HanEon's Mission statement

Our Mission   − We create and broadcast new knowledge for the advancement and happiness of the whole human race.

                       − We do our best to improve ourselves and the organization, with the ultimate goal of striving to be the best content group in the world.

                       − We try to realize the highest quality of welfare system in both mental and physical ways and we behave in a manner that reflects our mission as proud members of HanEon Community.

Our Vision   HanEon will be the leading Success Model of the content group.